Horst Möller
Franz Josef Strauß

PIPER

Zu diesem Buch

Franz Josef Strauß gehört zu den wenigen deutschen Spitzenpolitikern, die die Geschichte der Bundesrepublik maßgeblich mitgeprägt
haben, und zugleich weltweit auf der internationalen Bühne agierten. Als Vorsitzender der CSU, als »Atomminister«, als Verteidigungsminister, der die Bundeswehr aufbaute und über die Spiegel-Affäre
stürzte, als Finanzminister, als Opponent von Willy Brandt und Helmut Schmidt und deren sozialliberaler Koalition, als Bayerischer
Ministerpräsident und zugleich Partner und zeitweiliger Kontra-
hent von Helmut Kohl … Über vierzig Jahre lang war deutsche Politik ohne ihn nicht denkbar. Auf der Basis zentraler Quellenbestände
rückt Horst Möller in dieser ersten großen Biografie das politische
Denken und Handeln von Franz Josef Strauß ins Zentrum. Jenseits
der Klischees wird so der intellektuelle und konzeptionsstarke Politiker, der unruhige, neugierige und vielseitige Geist sichtbar, der den
Menschen Strauß prägte.

Horst Möller, Professor Dr. phil., geboren 1943 in Breslau, zählt zu
den führenden Historikern in Deutschland. Er hatte Lehrstühle an
mehreren Universitäten inne, zuletzt an der LMU München, und
wirkte mehrfach als Gastprofessor, u. a. an der Sorbonne sowie bei
Sciences Po in Paris und in Oxford. Von 1989 bis 1992 war er Direktor des Deutschen Historischen Instituts in Paris, von 1992 bis 2011
des Instituts für Zeitgeschichte München – Berlin. Unter seinen
zahlreichen Veröffentlichungen zur deutschen und europäischen
Geschichte des 17. bis 20. Jahrhunderts sind mehr als ein Dutzend,
z. T. in mehrere Sprachen übersetzte, Monografien, u. a. »Weimar.
Die unvollendete Demokratie« (10. Aufl. 2012), »Parlamentarismus
in Preußen 1919 – 1932« (1985), »Vernunft und Kritik. Deutsche Aufklärung im 17. und 18. Jahrhundert« (4. Aufl. 1997), »Fürstenstaat
oder Bürgernation. Deutschland 1763 – 1815« (4. Aufl. 1998) und
»Europa zwischen den Weltkriegen« (3. Aufl. 2013).

Horst Möller

Franz Josef Strauß

Herrscher und Rebell

Mit 61 Abbildungen

PIPER
München Berlin Zürich

Mehr über unsere Autoren und Bücher:
www.piper.de

Ungekürzte Taschenbuchausgabe
September 2016
© Piper Verlag GmbH, München/Berlin 2015
Umschlaggestaltung: BÜRO JORGE SCHMIDT, München
Umschlagabbildung: Winfried Rabanus/Archiv für Christlich-Soziale Politik
der Hanns-Seidel-Stiftung
Litho: Lorenz & Zeller, Inning am Ammersee
Satz: Kösel Media GmbH, Krugzell
Gesetzt aus der Minion Pro
Druck und Bindung: CPI books GmbH, Leck
Printed in Germany   ISBN 978-3-492-30884-7

Inhalt

Vorwort

Brauchen wir eine geschichtswissenschaftliche Biografie über Franz Josef Strauß? Die Frage ist leicht zu beantworten, wird sie doch immer wieder als Desiderat der Forschung bezeichnet. Zwar existieren zahlreiche Veröffentlichungen über Strauß, auch Biografien, doch befindet sich darunter keine, die auch nur die wichtigsten gedruckten Quellen heranzieht, geschweige denn seinen enormen, ca. 300 Regalmeter umfassenden schriftlichen Nachlass. So überflüssig neue Bücher über Strauß wären, die sich wiederum diese Quellenarbeit ersparen, so notwendig ist eine Strauß-Biografie, die sich darauf einlässt.

Da Franz Josef Strauß zu den ganz wenigen deutschen Spitzenpolitikern gehört, die mehr als vier Jahrzehnte lang als Parlamentarier, Bundesminister für Atomfragen, für Verteidigung, für Finanzen, als Bayerischer Ministerpräsident sowie als CSU-Vorsitzender die Geschichte der Bundesrepublik maßgeblich mitgeprägt haben, ist seine Biografie länger als die aller anderen Politiker der Nachkriegszeit unauflöslich mit der deutschen Geschichte verwoben, zahlreiche politische Weichenstellungen gehen auf ihn zurück oder profitierten von seiner unverwechselbaren politischen Kompetenz und Kraft. Seine Umstrittenheit wurzelt nicht allein in seiner Streitbarkeit, seinem vulkanischen Temperament, seiner Angriffslust, sondern in den von ihm mit Vehemenz und Durchsetzungsstärke verfochtenen politischen Zielen. Dabei erwies er sich als politisch reflektierter, konzeptionsstarker, über den Tag hinaus denkender Staatsmann. Wenige wurden so befehdet wie er, über wenige sind so viele Klischees im Umlauf, und nicht selten lieferte er selbst dafür Anlässe. Doch ist es ziemlich langweilig, immer nur die gleichen starren Stereotypen zu wiederholen: Sie sind bequem, werden aber gerade einem so unruhigen, neugierigen, vielseitigen Geist wie Franz Josef Strauß am wenigsten gerecht, Klischees verzerren die historische Realität, statt das Wissen über sie zu fördern.

Mehr als ein Vierteljahrhundert nach seinem Tod, zu seinem 100. Geburtstag, ist es endlich an der Zeit, eine politische Biografie über ihn zu schreiben, die auf der Basis zentraler Quellenbestände sein politisches Denken und Handeln ins Zentrum rückt, um seine Leistung in der Geschichte der Bundesrepublik und Nachkriegseuropas ermessen zu können. Auch dabei ist allerdings Auswahl unvermeidlich, erlaubt Auswahl doch Erkenntnis. Franz Josef Strauß war zweifellos eine komplexe, keineswegs widerspruchsfreie Persönlichkeit, sie ist nicht in jeder Hinsicht auszuloten. Anfechtbar im Einzelnen, war er doch grandios im Ganzen, weder Heiliger noch Dämon, wie er selbst sagte. Allein schon die Paradoxie des Titels dieser Biografie bringt eine der vielen Spannungslinien der Persönlichkeit von Franz Josef Strauß zum Ausdruck, er stammt aus den *Erinnerungen* seines Widersachers Willy Brandt: »Herrscher und Rebell«.

München, im März 2015   Horst Möller

Teil I

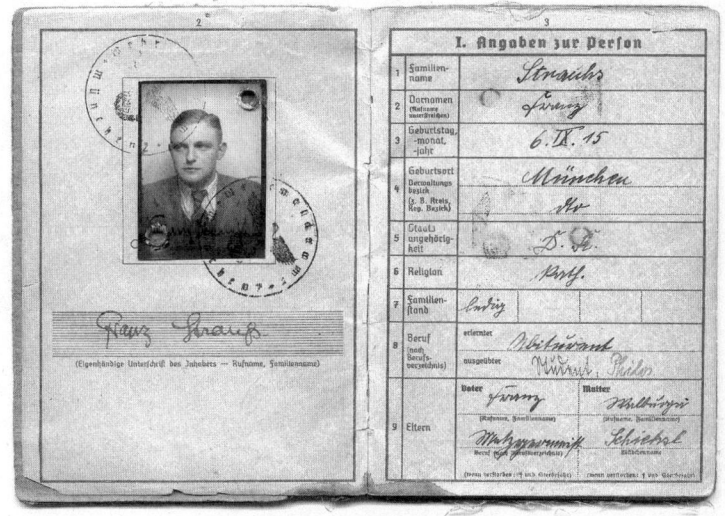

		I. Angaben zur Person		
1	Familienname	*Strauß*		
2	Vornamen (Rufname unterstreichen)	*Franz*		
3	Geburtstag, -monat, -jahr	*6. IX. 15*		
4	Geburtsort Verwaltungsbezirk (z. B. Kreis, Reg. Bezirk)	*München* *ND*		
5	Staatsangehörigkeit	*D. R.*		
6	Religion	*kath.*		
7	Familienstand	*ledig*		
8	Beruf (nach Berufsverzeichnis)	erlernter *Abiturient* ausgeübter *Kunst. Maler*		
9	Eltern	Vater *Franz* (Rufname, Familienname) *Metzgermstr.* Beruf (nach Berufsverzeichnis)	Mutter *Walburga* (Rufname, Familienname) *Schiechel* (Mädchenname)	

(Eigenhändige Unterschrift des Inhabers — Rufname, Familienname)
Franz Strauß

Einleitung

Könnte ein Politiker wie Franz Josef Strauß heute erfolgreich sein, wäre er in der gegenwärtigen politischen Arena überhaupt vorstellbar? So fiktiv diese Frage erscheint, so treffsicher führt sie zum Kern dieser Darstellung. Eine Verneinung dieser Frage, liefe auf die Typisierung der unverwechselbaren individuellen Identität hinaus, würde sie bejaht, lautete das Urteil: Ein großer Politiker prägt nicht allein die Zeitläufte, sondern passt sich ihnen bis zu einem gewissen Grad an, um wirken zu können. Anders gewendet: Um einen Spitzenpolitiker angemessen zu würdigen, muss dieses Wechselspiel von Persönlichkeit und Wirkungsraum erfasst werden, muss erklärt werden, was heute so anders ist und damals so spezifisch war. »Eine Biographie hat ›Geschichte‹ zu sein, das heißt, sie soll stimmen und eine Person im Verhältnis zu ihrer Zeit darstellen. Sie muß eine ›individuelle‹ Persönlichkeit mit allen Schattierungen des menschlichen Charakters beschreiben; es soll also nicht ein Typus für irgendwelche Tugenden oder Laster dargeboten werden. Und schließlich muß sie als ›Zweig der Literatur‹ verfaßt sein«, so resümiert Harold Nicolson drei Leitlinien biografischer Arbeit.[1]

Diese Epochenspezifik gilt nicht allein für Franz Josef Strauß, sie gilt seiner Generation der Nachkriegspolitiker. Doch schon hier stutzen wir: Seiner Generation? Konrad Adenauer, Theodor Heuss, Carlo Schmid, Ludwig Erhard, Kurt Schumacher, Wilhelm Hoegner, Josef Müller – sie alle gehörten einer anderen Generation an, deren Lebenserfahrung die Jahre oder Jahrzehnte vor dem Ersten Weltkrieg und das Kaiserreich einschloss. Sie waren deutlich älter, Adenauer sogar fast 40 Jahre, und wirkten doch eineinhalb Jahrzehnte lang zusammen mit ihm auf der politischen Bühne. Aber auch der nicht im politischen Inhalt, doch an eruptivem, zuweilen ungezügeltem politischem Temperament vergleichbare politische Gegner Herbert Wehner war etwa zehn Jahre älter als Strauß. Das besagt: In den ausgehenden 1940er-, den 1950er- und noch immer den 1960er-Jahren zählte Strauß zu den jungen Politikern, über viele Jahre blieb er der mit Abstand jüngste Spitzenpolitiker der frühen Bundesrepublik. Mit anderen Worten: Er gehörte zwar einer Generation an, erlebte aber in seiner 43 Jahre währenden politischen Laufbahn selbst einen massiven Wandel der politischen Welt und der Politikstile.

Hat er sich selbst in diesen eineinhalb Generationen gewandelt, sich angepasst? Mit einem gewissen Zögern wird man sagen können: Kaum. Doch bezieht sich diese Einschätzung auf seine Persönlichkeit, nicht auf die politischen Inhalte, waren doch nur wenige Politiker so aufgeschlossen für Neues wie er – allein seine Technologiepolitik bildet ein Beispiel, aber auch die Art, mit Innovationen oder neuen Herausforderungen umzugehen. Als Franz Josef Strauß 1955 mit 40 Jahren Atomminister und dann Vorsitzender der im Januar 1956 konstituierten Deutschen Atomkommission wurde, der u. a. die Nobelpreisträger Otto Hahn und Werner Heisenberg angehörten, demonstrierte er dies sofort: Nach eigener Aussage hatte er sich durch »intensive Fachlektüre ... in die Grundsätze der Kernphysik« eingearbeitet, »um mit den Experten zumindest einigermaßen mitreden zu können. Einen Minister mit Kompetenz hielt ich für dieses wichtige und zukunftsorientierte Amt für unerläßlich.« Aus diesem Grund führte er in den USA mit dem »Hochadel« der Nuklearphysiker, unter anderem mit Edward Teller und den »Fachleuten von Berkeley«, »eine Reihe von Gesprächen«.[2]

Lassen wir dahingestellt, in welchem Maße man sich in ein derart kompliziertes Fach als Laie schnell einarbeiten kann, unstrittig ist der Wille von Strauß, in allen Bereichen, für die er in seiner langen politischen Karriere zuständig wurde, Sachkompetenz zu erwerben. Während des Krieges bat er seine Schwester, ihm althistorische bzw. altphilologische Werke an die Ostfront zu senden, noch als Ministerpräsident ließ er sich politikwissenschaftliche, soziologische und historische Werke aus der Bayerischen Staatsbibliothek ausleihen und füllte während der 1980er-Jahre immer wieder eigenhändig Bestellzettel für die Wissenschaftliche Buchgesellschaft in Darmstadt aus, u. a. für grundlegende mehrbändige Reihenwerke wie das *Historische Wörterbuch der Philosophie* oder die von Otto Brunner, Werner Conze und Reinhard Koselleck herausgegebenen *Geschichtlichen Grundbegriffe*, doch schaffte er außer zahlreichen historisch-politischen Werken auch wissenschaftstheoretische an, beispielsweise von Karl R. Popper, oder poetische oder kulturhistorisch interessante, beispielsweise Goethes *Italienische Reise*. Allein der Teil seiner ehemals in Wildbad Kreuth aufgestellten Bibliothek umfasste circa 10 000 Bände, darunter Hunderte von Ausgaben der antiken Klassiker in der Originalsprache. In Bezug auf seine historische und humanistische Bildung kamen ihm nur ganz wenige nahe, insofern gehört er – was in dem gängigen Bild von Franz Josef Strauß kaum vorkommt – zu den ausgesprochen intellektuellen und bildungsbürgerlichen Politikern, in der Nachkriegszeit also zu Politikern wie Theodor Heuss, von dem nicht wenige Werke in seiner Bibliothek stehen, Carlo Schmid, Eugen Gerstenmaier, Ludwig Erhard, Kurt Georg Kiesinger, auf andere Weise auch Willy Brandt, der zwar kein typischer Bildungsbürger, doch aber ein Intellektueller war.

Von den 1950er- bis in die 1980er-Jahre hielt er immer wieder Reden über Grundfragen von Staat und Politik, von Gesellschaft und Wirtschaft. So sprach er früh über »Jugend und Politik«, über das Verhältnis von »Politik und Macht«, über den Menschen »als Maß und Mitte der Politik«, über »ethische und gesellschaftliche Dimensionen der Wirtschaftsordnung«. Er veröffentlichte Bücher wie ein *Programm für Europa*, Analysen zur Weltpolitik, die in angesehenen Zeitschriften wie *Foreign Affairs* veröffentlicht wurden. War Strauß im Ausland, dann traf er dort auch als Abgeordneter ohne Regierungsamt regelmäßig mit führenden Analytikern der weltpolitischen Entwicklung zum Gedankenaustausch zusammen, in Washington beispielsweise mit Henry Kissinger und Zbigniew Brzezinski. Sogar seine Bierzelt- und Aschermittwochsreden, von denen meist nur die »Kracher« und die politische Polemik zitiert werden, enthalten stets weitreichende inhaltliche, zuweilen konzeptionelle Passagen. Zahlreiche Reden hielt Strauß mit wenigen Stichworten, wobei er sich nicht selten lateinische, zuweilen auch griechische Zitate in der Originalsprache, zum Beispiel der Historiker Herodot oder Thukydides, aufschrieb. Mag das Brillieren mit klassischem Bildungsgut partiell durch das kompensatorische Bedürfnis desjenigen motiviert gewesen sein, der, aus bildungsfernen Schichten kommend, stolz sein Wissen zur Schau stellt, so trifft eine solche Einschätzung doch nur einen Punkt, lebte Strauß doch in vollen Zügen aus dieser Bildungtradition, die er sich selbst erarbeitet hatte, trafen doch die Zitate meist den Kern des Problems.

Wenn Franz Josef Strauß zweifellos zutreffend ein erotisches Verhältnis zur Macht attestiert wurde, so ist für ihn ein intellektuelles, ein reflektiert-konzeptionelles Verhältnis zur Macht kaum minder charakteristisch. Vielleicht fiele manches Urteil über Strauß angemessener aus, wenn diese intellektuelle Dimension berücksichtigt würde. Gerade die Verbindung von Macht und Geist zählt zu den singulären Zügen von Franz Josef Strauß, drängten doch bei ihm Reflexion und Konzeption immer zur Tat. Dieser starke Realisierungswille unterschied ihn allerdings von spielerischer intellektueller Unverbindlichkeit. Unbestreitbar ist sein ungeheurer Wissensdurst für sehr unterschiedliche Disziplinen, unbestreitbar die außergewöhnliche intellektuelle Kapazität und Energie des Historikers und Philologen, sich in naturwissenschaftliche, ökonomische und finanzwissenschaftliche Zusammenhänge einzuarbeiten. Und in dieser Kombination humanistischer Interessen mit naturwissenschaftlichen, technologischen und technischen unterschied er sich denn doch von den anderen erwähnten intellektuellen Politikern: Er, der »Konservative«, war ungleich moderner als diese klassischen Bildungsbürger. Allerdings provozierte seine unverkennbare Neigung, das neu erworbene Wissen sogleich zu demonstrieren, auch Spott: Als der neue, aber inzwischen führende Finanzexperte der Unionsfraktion (und nebenamtliche Innsbrucker Volkswirtschaftsstudent) Strauß im Bundestag über »input« und »output« dozierte, fuhr ihm Wehner in die Parade und höhnte: »put, put, put«, was Strauß – selbst für jeden bissigen Zwischenruf zu haben – nicht weiter anfocht.

Stets drängte es ihn auch in Technik und Naturwissenschaft zum Handeln: Trotz aller Fähigkeit zur Reflexion befriedigte ihn doch die Vita contemplativa allein nicht, sie musste mit der Vita activa verbunden werden. Und so war der engagierte Protagonist und Lobbyist der Luftfahrtindustrie ein begeisterter Pilot: Auch wenn seine zum Besuch beim neuen Generalsekretär der KPdSU, Michail Gorbatschow, im Dezember 1987 mitfliegenden Parteifreunde zitterten, so landete er doch sein Flugzeug in dichtem Schneetreiben in Moskau: »Ein interessanter Flug. Sicht null«, wie er nach glücklicher Landung, versteht sich, stolz bemerkte. Da der Treibstoff zur Neige ging, blieb keine praktikable Alternative. Weder für die Flugkompetenz noch für die Risikobereitschaft, noch für die selbstgewisse Zuversicht, mit Energie alles lernen und jede Situation meistern zu können, lassen sich so schnell weitere Beispiele unter Spitzenpolitikern finden. Und auch die Bereitschaft zur undiplomatischen Aussage war bei Strauß stärker ausgeprägt als bei den meisten seiner Kollegen, sogar im damaligen Vergleich. Von Gorbatschow höflich gefragt, ob er das erste Mal in der Sowjetunion sei, antwortete er ohne Umschweife: »Nein. Aber beim ersten Mal bin ich nur bis Stalingrad gekommen.«[3]

Waren führende Politiker der frühen Bundesrepublik noch Männer des 19. Jahrhunderts, wie es Kurt Georg Kiesinger ausgerechnet gegenüber dem noch älteren Adenauer mit Blick auf Theodor Heuss etwas respektlos ausdrückte, gehörten zahlreiche Parteifunktionäre und Angehörige der »Funktionseliten« der nationalsozialistischen Diktatur zu den um 1900 Geborenen, so zählten etliche führende Politiker der mittleren Bundesrepublik zu den im Ersten Weltkrieg bzw. unmittelbar davor oder danach Geborenen: Willy Brandt und Fritz Erler wurden 1913 geboren, Franz Josef Strauß 1915, Helmut Schmidt 1918, Walter Scheel 1919, Richard von Weizsäcker 1920. Sie alle teilten die Erfahrung der nationalsozialistischen Diktatur und des Zweiten Weltkriegs, in dem Strauß, Scheel und

Schmidt Oberleutnant waren. Keiner der Genannten war durch das NS-Regime politisch belastet oder korrumpiert, aber jeder wurde zwangsläufig dadurch geprägt. Sie alle wurden aufgrund der Diktatur- und Kriegserfahrung zu kämpferischen Demokraten, wenngleich in unterschiedlichen Parteien. Strauß jedoch war der Einzige, dessen politisches Wirken bereits 1945 begann und schon während der 1950er-Jahre in die erste Reihe führte.

Nicht erst heute, wo Soziologen und Historiker gern das Wort »Alterskohorte« im Munde führen, ist die Bedeutung der Generationenzugehörigkeit erkannt worden, die unmittelbar das Problem der Biografie berührt. So bemerkte Karl Mannheim bereits 1928, es gelte »aus der Sphäre der Biologie heraus unmittelbar den formalen Wechsel der geistigen und sozialen Strömungen zu verstehen«[4]. Dabei unterschied Mannheim im Anschluss an den Kunsthistoriker Wilhelm Pinder stetige und zeitliche Faktoren, darunter Kulturraum, Nation, Stamm, Familie, Individualität, Typus, sowie die zeitlich definierten »Generationenentelechien«, die »Ausdruck eines ›inneren Zieles‹, Ausdruck eingeborenen Lebens- und Weltgefühls« seien. Ihre Berücksichtigung soll verhindern, dass mit der Fiktion eines postulierten »Zeitgeistes«, dem »Geist einer Epoche«, die Brüche und Differenzen innerhalb dieser Epoche übertüncht werden.[5] Und zu dieser inneren Differenziertheit zählt selbstverständlich die trotz gemeinsamen Erfahrungshintergrunds markante Unterschiedlichkeit der erwähnten Politiker einer Generation sowie die Tatsache, dass in einer Epoche verschiedene Generationen zusammenleben – Adenauer und Strauß gehörten einer Regierung an, doch waren ihre Persönlichkeit, ihr Erfahrungshintergrund, vor allem aber ihr politischer Stil denkbar unterschiedlich: Eine solche individuelle Färbung kennzeichnet die politische Kultur in Demokratien, während Habitus und Aktionsweise politischer Funktionseliten in Diktaturen zumindest nach außen hin homogen sind.

Was epochenspezifisch den Politiker Strauß charakterisiert, muss eine Biografie klären, diese Frage ist in ihrer Problemstellung angelegt. Hierbei handelt es sich keineswegs um eine abstrakte, sondern um eine konkrete Ebene. Teilt man zum Beispiel die Einschätzung von Helmut Schmidt, es habe künftig kein Politiker mehr eine Chance, der nicht »fernsehgerecht« agiere, dann würde das zu der Schlussfolgerung führen: Strauß wäre, hätte er länger gelebt, schon deshalb ein »Unzeitgemäßer«, weil man ihn kaum als »fernsehgerecht« bezeichnen kann. Trotzdem bleiben auch hier Zweifel: Helmut Kohl, der doppelt so lange Bundeskanzler blieb wie der zweifellos fernsehgerechtere Schmidt, gewann trotz fast systematischer Unkenrufe bis zur Niederlage von 1998 alle vorhergehenden Wahlen. So einfach gehen also Person und Zeitstil nicht zusammen, die große Politik bildet eine Melange aus Zeitgemäßem und Unzeit-gemäßem, ja Sperrigem, gegenüber der Epochenspezifik.

Ein wesentlicher Aspekt dieses Problems liegt in der Verortung von Strauß gemäß den starren Kategorien politisch-ideologischer Wertung: War Strauß konservativ? Entspricht er in Habitus und Aktion nicht einem gängigen Bild des typischen Bayern? Aber schon dieses Klischee wirft mehr Fragen auf, als es Antworten liefert. Wenn Max Spindler[6], der verdienstvolle Protagonist bayerischer Geschichtsschreibung, einst bemerkte, Bayern sei katholisch, barock, monarchisch, und wenn man diesen Identifizierungen in Bezug auf Wirtschaft und Gesellschaft noch das Wort agrarisch hinzufügt, dann wird offensichtlich: All das gehört zum bayerischen Erbe, doch erschöpft es sich darin nicht. Solche Beschreibungen treffen sowohl ins Schwarze als auch daneben, Franz Josef Strauß ist auf diese Weise nur partiell zu erfassen: Man mag ihm gar monarchische Züge attestieren, ihn wie Rudolf Augstein den »Herzog von Bayern« nennen, doch eine Restauration der Monarchie war für ihn trotz aller Hochachtung vor den Wittelsbachern nie ein Thema. Er selbst war zwar katholisch, doch Mitgründer einer überkonfessionellen christlichen Partei. Altbayer von Geburt, gehörte die Integration fränkischer, schwäbischer, pfälzischer Landesteile, die Integration der Protestanten doch zu den Selbstverständlichkeiten seines politischen Weltbildes, ein bayerischer Partikularist war der Bundespolitiker, Europäer und Weltpolitiker Strauß trotz aller Heimatverbundenheit nie. Städter von Geburt, doch mit ländlich-fränkischen familiären Wurzeln, waren ihm die den Dörfern zugeschriebene Behäbigkeit und traditionelle Beharrung eher wesensfremd, war er doch ein dynamischer Modernisierer, von Ehrgeiz und Gestaltungswillen getrieben, einer, der stets kulturelle Tradition mit naturwissenschaftlich-technologischem Fortschritt verband. So viele Klischees über Franz Josef Strauß auch im Umlauf sind, so wenig werden sie seiner Persönlichkeit gerecht.

Das beginnt schon damit, ihn als einen Streiter, ja einen Streithammel zu sehen. Doch belegen viele Briefe, schon aus seinen Studentenjahren, der Kriegs- und Nachkriegszeit bis in seine letzten Jahre hinein, zugleich die Fähigkeit, Freundschaften – darunter auch mit vielen jungen Damen, wie zum Teil sehr herzliche Briefwechsel zeigen – zu schließen. Eine große Zahl seiner Freundschaften hielt über Jahrzehnte an; er verstand sich nicht allein auf den Streit, sondern auch auf die Versöhnung mit ehemaligen Kombattanten. Neben der verletzend-sarkastischen Attacke stand ihm auch versöhnliche Selbstironie zu Gebote. Außer den späteren weltweiten politischen Netzwerken lassen auch die privaten wesentliche Züge seiner Persönlichkeit erkennen – obgleich der Amtsträger in seinem persönlichen Umgang später nicht immer eine glückliche Menschenkenntnis an den Tag legte und deshalb unter seinen »Freunden«, die sich dem einflussreichen Machtmenschen näherten, auch »Nachtschattengewächse« waren, wie sich manchmal zu spät herausstellte. Auch in seinem persönlichen Leben war Strauß, wie er selbst sagte, kein Heiliger, aber auch kein Dämon, »kein ausgeklügelt Buch, … ein Mensch mit seinem Widerspruch«, wie es in Conrad Ferdinand Meyers *Huttens letzte Tage* heißt.

Solche Spannungsszenarien auszuleuchten zählt zu den Zielen dieser Biografie, die kein Lebensbild im vordergründigen Sinn ist, sondern unter sachthematischen und systematischen Fragen das politische Wirken von Strauß als dialektischen Prozess von zeittypischen Herausforderungen und persönlicher Prägung begreift. Daraus folgt, dass es hier nicht um die ach so beliebten Enthüllungsstorys oder die zugehörige Schlüssellochperspektive, sondern um eine politische Biografie geht: Persönliches wird nicht ausgespart, sofern es den Menschen und Politiker anschaulicher macht, steht aber nicht im Mittelpunkt. Auch tatsächliche oder mutmaßliche Skandale werden nicht ausgelassen, wenn die Quellen dafür Erkenntnisse liefern, doch basiert eine historische Darstellung nicht auf Mutmaßungen, Gerüchten oder vielfach wiederholten Vorurteilen ohne hinreichende empirische Basis.

Tatsächlich zählt Strauß zu den Problemfällen der politischen Urteilsbildung: »Von der Parteien Hass und Gunst verwirrt, schwankt sein Charakterbild in der Geschichte«, wie es Friedrich Schiller für seinen »Helden« Wallenstein unübertroffen ausgedrückt hat. Daran kranken trotz vieler verdienstvoller Detailstudien nach wie vor die meisten Darstellungen. Und natürlich kann auch die Frage gestellt werden, ob sich die Biografie eines Mannes lohnt, über den schon die Zeitgenossen so viel geschrieben haben und der nie Bundeskanzler geworden ist. Die erste Frage kann allein auf Grundlage des bisher nur ganz punktuell und vereinzelt ausgewerteten außerordentlich umfangreichen Nachlasses und anderer unveröffentlichter Dokumente beantwortet werden. Die zweite Frage soll die Biografie selbst beantworten, nämlich die Frage Jacob Burckhardts nach der »historischen Größe«. Wenngleich Burckhardt Kriterien nennt, nach denen auch hier geurteilt werden kann, bemerkt er doch zu Recht: »Die wirkliche Größe ist ein M y s t e r i u m. Das Prädikat wird weit mehr nach einem dunklen Gefühle als nach eigentlichen Urteilen aus Akten erteilt oder versagt; auch sind es nicht die Leute vom Fach allein, die es erteilen, sondern ein tatsächliches Übereinkommen vieler.«[7]

Unabhängig von der am Ende zu beantwortenden Frage nach seiner »historischen Größe« gibt es doch schon deshalb keinen Zweifel an seiner Biografiewürdigkeit, weil Franz Josef Strauß für Jahrzehnte zu den wirkungsmächtigsten Politikern der Bundesrepublik Deutschland gehörte: Von 1948 zunächst Landesgeschäftsführer, danach von Mai 1949 bis 1952/1953 Generalsekretär, war er von 1961 bis 1988 27 Jahre Partei-vorsitzender der CSU, zwischen 1953 und 1962 Bundesminister in drei Regierungen Konrad Adenauers mit unterschiedlichen Portefeuilles, dar-unter in zwei neuen Ressorts, in denen er jeweils große Aufbauleistungen vollbrachte – 1955/56 als Atom- und vor allem 1956 bis 1962 als Vertei-digungsminister. Und schließlich war Strauß drei Jahre ein außerordent-lich kreativer und effektiver Bundesfinanzminister in der Großen Koali-tion des Bundeskanzlers Kurt Georg Kiesinger 1966 bis 1969, als »Plisch und Plum« mit dem ebenso wortmächtigen, wenngleich doch aus-schließlicher intellektuellen Sozialdemokraten Karl Schiller ein denk-würdiges »Paar« bildend. Zu seiner insgesamt fast 13-jährigen Amtszeit als Bundesminister kommen schließlich zehn Jahre als sehr erfolgreicher Bayerischer Ministerpräsident von 1978 bis zu seinem Tod 1988 hinzu. Jahrzehntelang führender Parteipolitiker, fast 40 Jahre leidenschaftlicher Parlamentarier, darunter 29 Jahre Mitglied des Deutschen Bundestags, insgesamt 23 Jahre Regierungsmitglied: Allein schon diese Daten belegen eine der beeindruckendsten politischen Karrieren in der etwa 65-jähri-gen Geschichte der Bundesrepublik Deutschland, aus deren ersten drei Jahrzehnten er nicht wegzudenken ist.

Seine bis heute anhaltende Umstrittenheit, die heftige Polemik auf sich zog, der er sich selbst stets bediente, macht ihn bis heute interessant. Dazu zählt seine Vorliebe, inhaltlich unmissverständlich Position zu beziehen, Konfrontation dem Konsens vorzuziehen und seine barock anmutende Lebensweise nicht einem glatt gebügelten Image unterzuordnen. In vielen Verhaltensweisen nicht nur eine Autorität, sondern autoritär, war er doch unzweifelhaft ein Demokrat mit Lust an der politischen Debatte, die Kon-troverse galt ihm als Lebenselixier der Demokratie – »Streitkultur« nannte man das später, ohne es auf ihn zu beziehen. Doch ist die Kehrseite nicht zu vernachlässigen: Franz Josef Strauß war nicht allein die personifizierte Konfrontation, sondern kaum minder wesentlich war seine Fähigkeit zur Integration, sonst hätte er nicht Jahrzehnte Vorsitzender einer großen Volkspartei sein können, sonst hätte er nicht Massen von Anhängern, ja Verehrern mobilisieren und Wahlen gewinnen, nicht Konservative von einer in Teilen ausgesprochen fortschrittlichen Politik überzeugen kön-nen. Hunderttausende säumten während des Trauerzugs in München 1988 die Straßen, nur in wenigen Fällen hat der Tod eines Politikers eine solche Anteilnahme hervorgerufen – der »Tod eines Großen«, wie der ihm in wechselseitiger Hassliebe verbundene *Spiegel*-Herausgeber Rudolf Augstein damals schrieb. Das alles bietet, seine Leistungen, Irrtümer und Fehler eingeschlossen, Stoff genug für eine Biografie und ist exemplarisch für seinen hier zu schildernden spezifischen Politikstil. Und nicht zu ver-gessen ist es Strauß' ungemeine Publikumswirksamkeit, die ihn als großen

Parlamentarier, Wahlkämpfer, mobilisierenden Volkstribun, aber auch brillanten parlamentarischen Debattenredner mit großer Formulierungskunst und treffenden Bonmots zu einem die Politik der Bundesrepublik mitprägenden, faszinierenden und unverwechselbaren Vollblutpolitiker machte: Könnte es diese Charakteristik sein, die Strauß heute als Politiker unzeitgemäß erscheinen ließe?

1

Herkunft und Jugend

Schon die Herkunft zeigt, dass Franz Josef Strauß nicht nur Altbayer war, so bayerisch er durch seinen Dialekt und seinen gedrungen-kräftigen Körperbau auch wirkte. Zwar wurde er als Sohn eines Metzgermeisters am 6. September 1915 in München geboren, doch stammten weder die Mutter noch der Vater aus Oberbayern. Die väterliche Familie ist im Mittelfränkischen seit dem 16. Jahrhundert nachweisbar, der erste urkundlich erwähnte Strauß-Urahn Peter, ein Bauer, kam aus Windshofen bei Aurach, der Vater Franz Josef, der 1875 geboren wurde und 1949 starb, stammte von einem Bauernhof im mittelfränkischen Kemathen (Landkreis Feuchtwangen). Da der ältere Bruder den Bauernhof übernahm, wurde er Metzgermeister und erwarb schließlich 1904 in München eine Metzgerei. Die Mutter Walburga, geb. Schießl, die 1877 geboren wurde und 1962 starb, stammte aus Unterwendling (Landkreis Kelheim) in Niederbayern. Die Eltern wurden 1906 in der Ludwigskirche getraut. Franz Josef hatte zwei ältere Schwestern, die zweitgeborene starb bereits nach drei Wochen 1914, während die 1907 geborene Maria ihn überlebte und erst 1997 starb. Das Strauß'sche Elternhaus in der Schellingstraße 49, mitten im Universitäts- und Künstlerviertel Schwabing gelegen, wurde im Zweiten Weltkrieg völlig zerstört, allerdings war die Familie dort schon 1931 ausgezogen, blieb aber in unmittelbarer Nachbarschaft in der Schellingstr. 44: Dieses Haus wurde 1943 – wie auch die folgenden Wohnungen in der Reitmorstraße 14 sowie der Schraudolphstraße 6 – ausgebombt, zu diesem Zeitpunkt war Strauß jedoch längst zur Wehrmacht eingezogen worden. Als er nach München zurückkehrte, wohnte die Familie in der Isabellastr. 5.

Strauß wuchs in einer kleinen Wohnung im »Hinterhof in einfachsten Verhältnissen« auf. Sie bestand aus einer Wohnküche, einem Schlafzimmer für die Eltern und ihn sowie einer Kammer für die Schwester, die Toilette lag außerhalb der Wohnung auf dem Gang. Die Mahlzeiten waren bescheiden, Obst oder Nachtisch »waren bei uns zu Hause unbekannt«, schrieb er später. Obwohl Inhaber einer Metzgerei, konnte der Vater nur Fleisch auf den Tisch bringen, das »zwar nicht verdorben, aber schwerer abzusetzen war«. Die Belieferung des Schlachthofs nahm der Vater mithilfe eines Karrens selbst vor, den er eine gute Stunde durch die Stadt ziehen musste, wobei ihm der Sohn, als er dazu in der Lage war, manchmal half. Als Selbstständiger hatte Vater Strauß keine Sozialversicherung, die Inflation 1923 setzte dem kleinen Betrieb sehr zu, und erst als die ältere Schwester Maria, die sehr gute Schulzeugnisse und drei Jahre eine angesehene Handelsschule besucht hatte, eine Anstellung erhielt, gab sie ihr Gehalt an die Eltern ab, sodass die Familie über die Runden kam.[8] Die in materieller Hinsicht harte Kindheit und Jugend ist neben seiner früh erkennbaren intellektuellen Neugier sicher eine der Erklärungen für seinen unbedingten Aufstiegswillen, für seine beeindruckende, sich selbst nicht schonende Energie, seine physische Widerstandskraft. Der Schwabinger Hinterhof, in dem eine Schlosserei lag, bildete mit der Metzgerei das handwerkliche Milieu seiner unmittelbaren Erfahrungswelt, zugleich aber das Kontrastprogramm zur Schwabinger Bohème und der akademischen Szenerie der Universität mit den Buchhandlungen und Antiquariaten in unmittelbarer Nachbarschaft – für die Bücher fehlte zwar bis zum Studium das Geld, nicht aber die Anschauung.

Wenn Strauß seine Eltern als fürsorglich, seine Mutter als ausgezeichnete Köchin beschreibt, dann spiegelt seine Schilderung die Geborgenheit, die er in der Familie empfand und die auch durch die Stabilität des Weltbilds der Eltern als »katholisch, monarchistisch, antipreußisch« gewährleistet wurde. Den religiös geprägten Charakter der Familie beschrieb auch die Schwester Maria: »Unsere Eltern kümmerten sich immer sehr um uns, aber sie ließen uns trotzdem viel Freiheit und verschonten uns vor überflüssigen Erziehungsversuchen. Sie waren einfache, fleißige und fromme Leute. Herrgottswinkel, Weihwasserkessel, Tischgebet und der regelmäßige Besuch des Sonntagsgottesdienstes waren selbstverständlich. Bei jeder Fronleichnamsprozession ging unser Vater in den Reihen der Marianischen Männerkongregation vom Bürgersaal mit.«[9]

Die Lektüre des Knaben beschränkte sich zunächst auf christliche Erbauungsliteratur und Märchen, nur darüber wurden zu Hause auch Gespräche geführt, die unruhige intellektuelle und künstlerische Welt, die sich nur wenige Meter weiter tummelte, lag jenseits des familiären, durch das harte Leben bestimmten Horizonts. Doch als Schüler in den höheren Klassen des Max-Gymnasiums wurde der junge Franz Josef »ausgesprochen lesehungrig« und verschlang Werke ganz unterschiedlicher Art. Am 16. März 1935 machte er als Jahrgangsbester in ganz Bayern das Abitur. Im Reifezeugnis vom 5. April findet sich neunmal die

Note »hervorragend«, nur im Turnen erhielt er lediglich »lobenswert« (gut). In der Bewertung hieß es: »In der schriftlichen Prüfung erzielte er in allen Fächern die gleichen vorzüglichen Ergebnisse, wie sie schon der Jahresfortgang aufweist. Die mündliche Prüfung wurde ihm erlassen. Während seines Aufenthalts an der Anstalt hat er sich durch seinen ernsten, zielbewußten Fleiß, seine lebendige Teilnahme am Unterricht und seine sittliche Führung das volle Lob und Vertrauen aller seiner Lehrer erworben.«[10] Interessant ist es, dass sein naturwissenschaftliches Interesse an einem humanistischen Gymnasium geweckt, zumindest aber gefördert worden ist. Übrigens hatten auch die späteren naturwissenschaftlichen Nobelpreisträger Max Planck und Werner Heisenberg das Max-Gymnasium besucht.[11] Er erhielt ein Stipendium, das der gymnasialen Elite vorbehalten war und seine akademische Ausbildung trotz der pekuniären Nöte der Familie sicherte. Er wurde in das 1860 für bayerische Spitzenbegabungen gegründete Maximilianeum aufgenommen, blieb aber zu Hause in unmittelbarer Nähe der Universität wohnen und verzichtete damit auf freie Kost und Logis – auch dieser Entschluss bestätigt das intakte Familienleben.

Nach Absolvierung des obligatorischen Arbeitsdienstes begann er an der Ludwig-Maximilians-Universität München ein breit gefächertes Studium der klassischen Sprachen, der Geschichte, Staatswissenschaften und Germanistik, sein Ziel war das Staatsexamen für das höhere Lehramt. An die harten Fakten des Lebens von früh an gewöhnt, alles andere als ein verwöhntes Bürschchen, erfuhr er bald, dass eigene Leistungsbereitschaft und selbstständige Leistung Aufstiegschancen eröffnen und ihm den Weg zur akademischen Bildung ebnen konnten. Die Lektüre, die er später in seinen *Erinnerungen* erwähnt, ging vermutlich auf Anregungen während der Gymnasialzeit und des Studiums zurück, sie erstreckte sich auf klassische literarische Werke, u. a. Lessings *Minna von Barnhelm*, Goethes *Werther*, *Faust* sowie *Dichtung und Wahrheit*, Schillers *Don Carlos* und *Wallenstein*, aber auch spanische Autoren. Natürlich las er außerdem bekannte historische Werke wie Helmut Berves *Griechische Geschichte* und Johann Gustav Droysens Biografie über *Alexander den Großen*. Die von ihm im Rückblick genannte Auswahl von Titeln erscheint etwas zufällig. Das Interesse an der Antike wurde offensichtlich durch den Lateinunterricht, aber auch durch die Kenntnis lateinischer Texte in der Liturgie mitbestimmt, die er sich als Ministrant erworben hatte.

Dieser Weg war dem Sohn des Metzgermeisters nicht vorherbestimmt, der Vater sah ihn zunächst als seinen Nachfolger. Doch wie in vielen vergleichbaren Fällen wurde diese »Bildungsreserve«, wie man das später in der Bundesrepublik nennen sollte, durch den Dienst als Ministrant entdeckt und gefördert. Professor Dr. Johannes Zellinger, der die Messe in der Ludwigskirche zelebrierte, erkannte die Begabung seines Ministranten und erklärte dem, wie seine Schwester Maria schreibt, »entsetzten« Vater, der junge Franz Josef müsse ein humanistisches Gymnasium besuchen. Nachdem der Vater »schweren Herzens« zugestimmt hatte, führte dieser Weg des jungen Franz Josef zunächst zu einer schweren finanziellen Belastung der Familie, doch wurde sie bald dadurch gemildert, dass der Gymnasiast aufgrund seiner Leistungen Schulgelderlass erhielt und mit Nachhilfestunden Geld dazuverdiente.

Schon damals zeigte sich übrigens, dass er bei aller intellektuellen Neugier und Kraft kein durch des Gedankens Blässe angekränkelter Junge war: Mit elf Jahren bekam er sein erstes Fahrrad und entwickelte einen derartigen sportlichen Ehrgeiz, dass er sich später ein Rennrad verdiente und Süddeutscher Jugendmeister im Straßenrennen wurde, wobei er 1934 das 210 Kilometer lange Rennen »Quer durch das bayerische Hochland« in 5 Stunden und 56 Minuten gewann.[12] Diese Leistungen, zu denen auch zählte, mit dem Rad an einem Tag von München nach Lindau und zurück zu fahren, beeindruckten seine Mitschüler vielleicht mehr als seine schulischen Fähigkeiten und die offenbar effektiven Nachhilfestunden u. a. für einige Mitschüler, die zudem den Vorteil für ihn hatten, Kontakt zu »höheren« Gesellschaftsschichten zu knüpfen[13] – ohne dass er, der seinen Nachhilfeschülern intellektuell Überlegene, Minderwertigkeitskomplexe haben musste. Primus seiner Klasse, war er doch niemand, der sich auf Kosten der Mitschüler profilierte, sondern war – wie sich sein Klassenlehrer erinnert – offenbar ausgesprochen hilfsbereit und kameradschaftlich. Dies bestätigen auch zahlreiche Briefe an ihn während der 1930er-Jahre, vor allem aber während des Krieges: Der junge Strauß hatte einen großen, weit verstreuten Freundeskreis. Schon damals wandten sich Freunde, aber auch Fremde an ihn mit der Bitte um Rat, offenbar sahen sie in ihm eine starke Persönlichkeit, in nicht wenigen Zeugnissen über ihn finden sich Hinweise auf seine Verlässlichkeit und Standfestigkeit. Auch während des Krieges blieb die Bindung an seine Eltern und seine ältere Schwester Maria ausgesprochen eng und herzlich.[14]

Das Studium an der Ludwig-Maximilians-Universität München konnte er nach einem sechsmonatigen Arbeitsdienst, den er vom April bis September in Schleißheim bei München ableistete, sowie Überwindung einiger politisch bedingter Hindernisse für die Zulassung 1936 aufnehmen. Franz Josef Strauß wurde durch den dort seit 1918 lehrenden Althistoriker Walter Otto geprägt, der sich vor allem mit seinem zweibändigen Hauptwerk *Priester und Tempel im hellenistischen Ägypten* (1905/1908) wissenschaftliches Ansehen erworben hatte. Der aus Breslau gebürtige Gelehrte war Mitglied der Mittelpartei, wie sich die Deutschnationalen in Bayern nannten. Er zählte zu dem im bürgerlichen München, aber auch an der Universität stark verwurzelten restaurativen Milieu, das aufgrund nationalkonservativer oder monarchistischer Grundhaltung auf die neue Weimarer Republik mit mehr oder weniger ausgeprägten Ressentiments reagierte. Andererseits lehnte Walter Otto aber offenbar trotz der auf Reichsebene 1933 geschlossenen Koalition von NSDAP und DNVP auch den Nationalsozialismus und dessen Griff nach der Universität ab.[15] Otto scheint mit seinem Studenten Strauß nicht allein über Alte Geschichte, sondern ebenso offen über Politik gesprochen zu haben. Die Aufforderung der Fachschaft, einen Vortrag über Rassen im Altertum zu halten, lehnte Otto nicht ab, hielt aber anders, als man von ihm erwartete, einen streng wissenschaftlichen Vortrag, der nichts mit der Rassendoktrin des Nationalsozialismus zu tun hatte. Zu seinem Studenten sagte er nach dessen späterer Erinnerung schon früh: »Es kommt zum Krieg, Strauß! Und dieser Krieg ist von vornherein verloren.«[16] Von Strauß erwartete Otto eine Dissertation über die »Universalgeschichte des Pompeius Trogus in augusteischer Zeit«[17], die aber während des Kriegsdienstes von Strauß nicht vollendet wurde. An einen Freund, der zu dieser Zeit bereits als Wehrmachtssoldat in Polen stationiert war, schrieb er am 15. Oktober 1939: »In den Kinos wird immer noch feste der Westwallfilm gedreht. Theater sollen auch ihre Spielzeit eröffnet haben. Ich habe natürlich keine rechte Ruhe für solche Sachen. Denn ich habe allerhand Sorgen. Die zum Militär eingezogenen Leute können ihr Examen ohne weitere Umstände erledigen, Doktorarbeiten können von diesen auch teilweise eingereicht werden. Andere Prüfungen werden innerhalb weniger Stunden erledigt. Ich werde aber die Zeit so gut es geht bezwingen. Dass ich tätig war, kannst Du Dir schon denken. 300 Seiten sind fertig, aber es ist für meine Begriffe nicht hinreichend. Wenn man Geld hätte, könnte man einige Bilder bringen. Leider dürften sie den Druck sehr verteuern. Und ein Bild ist doch immer etwas Schönes. Ich denke dabei immer an die Kunst.«[18] Das vorliegende Manuskript verbrannte später bei einem Bombenangriff, sein akademischer Lehrer Walter Otto starb bereits im Herbst 1941. Wie einige Postkarten von Otto und der spätere herzliche Dankbrief der Witwe Gertrud Otto zum Beileidsbrief zeigen, hatte Strauß zu Walter Otto ein sehr gutes Verhältnis.

In der Neueren Geschichte hörte Franz Josef Strauß insbesondere bei Karl Alexander von Müller, bei dem er mit der Note 0,5 das Staatsexamen in Neuerer Geschichte ablegte. Die Vorlesungen von Müllers begeisterten ihn, darunter die über das Zeitalter Napoleons. Strauß betonte im Rückblick, von Müller habe über alle politischen Grenzen hinweg großes Ansehen genossen. Tatsächlich war von Müller ein Universitätslehrer

und Historiker mit blendender Darstellungsgabe und thematisch univer-
salem Horizont, die weit über Themen der bayerischen Geschichte, deren
Lehrstuhl er seit 1928 innehatte, hinausreichten. Müller war freundlich,
entgegenkommend, in Diktion und Auftreten elegant. Auch spielte von
Müller im kulturellen Leben Münchens schon während der 1920er-Jahre
eine große Rolle, die auch in seinen dreibändigen brillanten, aber unvoll-
endeten und bis 1932 reichenden Erinnerungen (1951 ff.) erkennbar wird.
Als akademischer Lehrer hatte er eine Reihe bedeutender Schüler, darunter Heinz Gollwitzer und Theodor Schieder, aber auch den einflussreichsten nationalsozialistischen Neuhistoriker der NS-Diktatur Walter Frank.
Schon seit den frühen 1920er-Jahren hatte von Müller, der als Monarchist
die Weimarer Republik ablehnte, in höheren Münchner Gesellschafts-
kreisen um die Gattin des Verlegers Bruckmann persönliche Kontakte zu
Hitler[19], ohne dass man ihn doch als Nationalsozialisten hätte bezeichnen
können. Doch zählte er im Mai 1933 zu den ersten Historikern, die der
NSDAP beitraten, wobei vermutlich sein großer persönlicher Ehrgeiz
und Opportunismus eine Rolle spielten, die ihn dann bald in eine akademische Schlüsselrolle führten: Lehrstuhlinhaber sowohl für Bayerische
als auch Neuere Geschichte, wurde er 1935 zugleich Herausgeber der *Historischen Zeitschrift*, 1936 Präsident der Bayerischen Akademie der Wissenschaften, Ehrenmitglied von Walter Franks Reichsinstitut für deutsche Geschichte und dort nomineller Leiter der Forschungsabteilung zur
Judenfrage.[20] Es ist überraschend, dass Strauß auf diese nationalsozialistische Karriere Karl Alexander von Müllers und die Ambivalenz seiner
Persönlichkeit nicht einging, wo er doch sonst das nationalsozialistische
Klima an der Universität beklagte. Auch kritisierte Strauß politisch motivierte Entlassungen, z. B. die des international berühmten Romanisten
und Dante-Übersetzers Karl Vossler 1937.[21] Der konservative Vossler hatte
zu den nicht sehr zahlreichen Professoren gehört, die schon während der
Weimarer Republik Aufrufe gegen den Antisemitismus unterschrieben
und sich 1932 gegen die Umtriebe nationalsozialistischer Studenten an
der Universität München gewandt hatten.

In einem anderen Fall, dem des Altphilologen Franz Dirlmeier[22], bei
dem Strauß ebenfalls studierte, wies er jedoch auf diese Zwiespältigkeit
hin: Einerseits sei Dirlmeier Gauführer des NS-Dozentenbunds gewesen, andererseits aber nie als »glühender Nazi« aufgetreten, ja, man habe
sogar offen mit ihm über das Regime reden können, ohne dass je die
Gefahr bestanden hätte, von ihm denunziert zu werden. Dirlmeier habe
ihn sogar mehrfach gewarnt, wenn er allzu direkt seine Meinung gesagt
habe: »Ohne daß es mir vielleicht bewußt war, ging es in diesen Jahren
wohl darum, die eigene Identität zu wahren gegenüber jedem Angriff
und Druck. Es war die Auflehnung der Kreatur gegen eine Ordnung,

die mir zutiefst zuwider war. Die Frage, ob ich mir mit ein wenig mehr Selbstbeherrschung die riskanten Konfrontationen ersparen könnte, hat sich mir nicht gestellt. Mein Verhalten war impulsiv und eruptiv, da war keinerlei Filter vorgeschaltet. Wenn man heute die Wahrheit sagt über jemanden, dann kann dieser höchstens beleidigt sein, damals war die Wahrheit, war jedes offene Wort lebensgefährlich.«[23]

Dieser Feststellung ist kaum zu widersprechen, und auch wenn es sich hier um einen subjektiven Rückblick auf das eigene Verhalten handelt, kann man sich in Kenntnis des »späteren« Franz Josef Strauß gut vorstellen, wie »impulsiv und eruptiv« er erst als junger Mann gewesen sein muss. Und unter dieser Voraussetzung sind Denunziationen wahrscheinlich, in solchen Fällen, so Strauß, habe ihn der Professor Dirlmeier gewarnt und unterstützt. Auch habe er ihm deswegen geraten, in eine NS-Organisation einzutreten, damit er ihn schützen könne. Diesem Rat sei er schließlich gefolgt, die Wahl fiel auf das NSSK, das Nationalsozialistische Kraftfahrer-Korps, dem er vom 1. Februar 1938 bis zum Juli 1939 angehörte. »Im NSKK waren im Gegensatz zur SS, wo es von eifernden Scharfmachern wimmelte, biedere Handelsleute, Prokuristen, Diplomingenieure, Architekten, Handwerker vertreten ... Man zahlte einen kleinen Monatsbeitrag, und alle zwei Wochen war ›Sturmabend‹, dabei ging es um die Verlesung irgendwelcher Organisationsinterna oder um Vorbereitung der nächsten Geländefahrt.«[24] Tatsächlich entschieden sich viele der Mitglieder für den NSKK oder ähnliche Organisationen, um durch den Beitritt zu einer – vergleichsweise – harmlosen Organisation sich gegen den Anpassungsdruck des Regimes vor stärkerem Engagement schützen zu können.

In den ausführlichen Briefen von Strauß an seinen altphilologischen Lehrer Dirlmeier finden sich viele Reflexionen, Bemerkungen zur klassischen griechischen und römischen Literatur sowie Berichte über seine Befindlichkeit als Soldat, die ausgesprochen nüchtern formuliert sind und immer wieder erkennen lassen, wie sehr ihm der geistige Austausch fehlte. Franz Josef Strauß berichtet über die alljährliche weihnachtliche Bibellesung und die mit viel Alkohol und Brasilzigarren verbundene Lektüre von Ernst Wiecherts Roman *Das einfache Leben* (1939), der 1938 wegen regimekritischer Äußerungen zeitweise im KZ Buchenwald interniert worden war. Doch finden sich bei Strauß kein einziger nationalsozialistisch gefärbter Satz oder auch nationalistische Töne gegenüber den Nachbarvölkern, oftmals aber Hinweise, die die Erschütterungen der ersten Kriegserfahrungen erkennen lassen.

Am 8. Januar 1939 begrüßte Strauß die Agamemnon-Interpretationen Franz Dirlmeiers mit den Worten: »Die Hauptsache ist, daß so etwas heute überhaupt noch möglich ist.« Er hoffte, im folgenden Semester in

Dirlmeiers Kolleg in einer schlichten Kanoniersuniform erscheinen zu können, »die einen Humanisten als Inhalt hat trotz der äußeren Verwilderung und Barbarisierung«. Am 8. Juni 1940 sprach er von der ungeheuren Aufgabe, vor der die künftigen Erzieher nach dem Krieg stehen würden, »um heute vor einer Jugend Humanismus predigen zu können«.[25] Über den Angriff auf Frankreich schreibt Strauß im gleichen Brief unter anderem: »Noch könnte beiden Völkern viel Blut und Gut erspart werden…« Nach Fragen, wie wohl der Krieg gegen England geführt werden würde, schließt Strauß: »Natürlich besteht allgemein Hoffnung und Wunsch auf ein baldiges Ende des Krieges. Möge der Dämon Europas eine große Katastrophe verhindern und die Verblendeten zur Einsicht bringen.« Der vom Zeitgeist freie Ton der Briefe ist nicht allein aufschlussreich für das Vertrauensverhältnis zwischen dem Professor und dem Doktoranden des benachbarten Fachs, sondern bestätigt die erwähnte Einschätzung von Strauß über Dirlmeier, denn manches wäre ganz anders formuliert worden, hätte er den damaligen Dekan für einen überzeugten Nationalsozialisten gehalten.

Nicht beeindruckt war Franz Josef Strauß von dem Philosophen Kurt Huber, der später – am 13. Juli 1943 – mit anderen Mitgliedern der Weißen Rose hingerichtet worden ist: Hubers Vorlesungen seien nicht nur langweilig gewesen, vielmehr habe er ihn für einen Nazi gehalten. Die Lehre, die Strauß aus diesen Widersprüchlichkeiten des Universitätslebens während er NS-Diktatur zog, war eindeutig: »An diesem Beispiel sieht man, wie einfach es sich im Rückblick die Generation von heute mit ihrer strikten Einteilung in Gut und Böse, in Schwarz und Weiß macht, während derjenige, der die Zeit erlebt hat, weiß, daß die Dinge oft anders lagen, daß ein äußerer Eindruck über Charakter und Haltung eines Menschen in vielen Fällen gar nichts sagte.«[26] Wie sein Studienbuch[27] ausweist, galt das Interesse von Franz Josef Strauß in besonderem Maße der griechischen und römischen Literatur. So hörte er bei dem 1937 entlassenen und nach Großbritannien emigrierten Rudolf Pfeiffer Veranstaltungen u. a. über Aischylos, Euripides, Ovid und Pindar, bei Franz Dirlmeier u. a. über Sophokles, Aristoteles, Lukrez, Theophrast sowie weitere Autoren, u. a. Thukydides, Tacitus, Horaz, Quintilian, römische Satiriker usw. Althistorische Vorlesungen und Seminare besuchte er vor allem bei Walter Otto, u. a. Überblicksvorlesungen zur Griechischen und Römischen Geschichte, zur Weltgeschichte nach dem Tod Alexanders des Großen und Seminare zu Cicero und Justinian. In Germanistik besuchte er Veranstaltungen von Walter Rehm und anderen, darunter über deutsche Literatur des Frühbarock, der Romantik sowie Goethes klassische Dramen und *Faust II,* aber auch Rilke und George. In mittelalterlicher und neuerer Geschichte nahm er an Veranstaltungen von Max Buchner, Max

Spindler und Karl Alexander von Müller teil, u. a. über die deutsche Kaiserzeit, die Reformation, die deutsche Geschichte zwischen 1789 und 1815 sowie die großen europäischen Mächte zwischen 1850 und 1890, daneben an einer Überblicksvorlesung zur deutschen Verfassungsgeschichte und mehreren volkswirtschaftlichen Veranstaltungen bei dem Nationalökonomen Adolf Weber. Unter den von Strauß gewählten Themen finden sich keine nationalsozialistisch geprägten. Lediglich bei einer Übung von Müllers zum »großdeutschen Gedanken« könnte man eine ideologisch motivierte Thematik vermuten, doch ist dies keineswegs zwingend, da Historiker normalerweise den Begriff »großdeutsch« auf die Alternative zu »kleindeutsch« im 19. Jahrhundert bezogen, als es um die Frage eines österreichisch-katholisch geführten »großdeutschen« oder eines preußisch-protestantisch geprägten »kleindeutschen« Reiches ging. Noch nach dem Ersten Weltkrieg hatten sowohl die deutsche als auch die österreichische Nationalversammlung eine Vereinigung beschlossen, was am Widerspruch der alliierten Kriegssieger und den Pariser Vorortverträgen scheiterte.

Konnte Strauß seine Dissertation auch nicht zu Ende führen, so schloss er doch sein Studium in einem Sonderurlaub vom Wehrdienst 1940 mit dem Ersten Staatsexamen glänzend mit den besten Zensuren ab. Über seine Lehrprobe am Theresien-Gymnasium hieß es in der Beurteilung: »Er ist sehr gut begabt und bringt für den Beruf Wissen, geistige Weite und natürliches Lehrgeschick mit. Haltung, Auftreten und Lehrton sind etwas derb; wieviel davon dem Soldatenleben zugute zu halten ist, sei dahingestellt; auch fiel es ihm schwer, in Lehrproben nicht so sehr mit Einfällen zu arbeiten als genau Überdachtes und Geordnetes zu bringen. Er hat sich jedoch in dieser Hinsicht mit Erfolg bemüht, so daß anzunehmen ist, er werde sich bei seiner trefflichen Veranlagung unter überlegener Leitung zu einem erfolgreichen Lehrer namentlich oberer Klassen entwickeln.«[28] 1941 bestand er ebenfalls während eines Sonderurlaubs und mit den besten Zensuren auch das Zweite Staatsexamen.

1943 wurde Franz Josef Strauß zum Studienrat ernannt, worauf allerdings aufgrund des bis zum Kriegsende andauernden Wehrdienstes keine entsprechende Berufstätigkeit folgen konnte. Strauß galt als wissenschaftliche Hochbegabung, so beantragte der schon erwähnte Vorstand des Seminars für Klassische Philologie, Franz Dirlmeier, am 20. August 1941 auch im Namen der Vorstände der Seminare für Alte Geschichte und Lateinische Philologie des Mittelalters, Strauß wenigstens befristet auf eine planmäßige Assistentenstelle einzuweisen, die er bereits kurzfristig vertreten hatte: »F. Strauß gehört zum hoffnungsvollsten akademischen Nachwuchs… Strauß müßte unbedingt die Möglichkeit gegeben werden neben den oben genannten Verpflichtungen hier weiterzuarbeiten am Erwerb des für die höhere akademische Laufbahn erforderlichen Doktortitels.«[29] Dirlmeier setzte sich am 6. Oktober 1942 auch gegenüber dem Kommandeur von Strauß für dessen Beurlaubung ein und übersandte ihm mit einem sehr freundlichen Brief eine Kopie, in der es hieß, er habe Strauß bereits auf eine Liste für das Reichswissenschaftsministerium gesetzt, auf der die künftigen Habilitanden genannt seien.[30]

Wie hatte sich die politische Haltung von Strauß, die während seines Studiums und für seine Nachkriegslaufbahn Bedeutung gewann, während seiner Jugendzeit vorbereitet und entwickelt? Hier müssen wir in die Weimarer Jahre zurückgreifen, spielte doch auch in dieser Hinsicht die Haltung seiner Eltern eine Schlüsselrolle. Strauß beschrieb sein Elternhaus als »durch und durch« politisch, sodass er sich noch nach Jahrzehnten an heftige Diskussionen über die vom Vater präferierte Bayerische Volkspartei, zu deren Gründungsmitgliedern er 1918 gehört hatte, sowie scharfe Kritik an der NSDAP erinnert, während offensichtlich über die Themen seinen Studiums kaum oder gar nicht geredet wurde. Allerdings hat der gymnasiale bzw. akademische Weg des jungen Franz Josef zu keinerlei persönlicher Entfremdung in der Familie geführt.

Die zentralen zeitgeschichtlichen Ereignisse – Erster Weltkrieg, Revolution und Sturz der Monarchie 1918, schließlich die Inflation 1922/23 prägten die politische Erfahrungswelt auch der Familie Strauß, der Weg in die Bayerische Volkspartei als bayerischer Abspaltung von der Zentrumspartei verband deren katholische Orientierung mit der spezifisch bayerisch-föderalistischen, zuweilen partikularistisch getönten Tradition. Der Vater war entschiedener Monarchist und Verehrer der Wittelsbacher-Dynastie, viele Verwandte, sofern sie nicht Bauern blieben, wurden Soldaten oder Polizisten: Dies beurteilte Strauß später als Ausdruck eines starken bayerisch-etatistischen Legitimitätsdenkens, das in der Familie dominiert habe.[31] Die Weimarer Republik wurde kritisch beurteilt, doch als unvermeidlich hingenommen, wofür der Vater ein Schlüsselerlebnis ins Feld führte, über das nach der späteren Erinnerung seines Sohnes zu Hause gesprochen wurde: Der Vater hatte an dem Ende August 1922 auf dem Königsplatz in München stattfindenden Katholikentag teilgenommen. Dort waren der Erzbischof von München und Freising, Michael Kardinal Faulhaber, und der Präsident des Katholikentages, Konrad Adenauer – damals Oberbürgermeister von Köln und Präsident des Preußischen Staatsrates in Berlin –, aneinandergeraten. Während Faulhaber in seiner Predigt wieder einmal behauptete, die Weimarer Republik sei durch Meineid und Hochverrat zustande gekommen, korrigierte ihn Konrad Adenauer in seinem Schlusswort: So sei es nicht gewesen, vielmehr habe sich der alte Staat überlebt.

Adenauers Argument mag den antipreußischen Bayern, Strauß den

Älteren, umso mehr überzeugt haben, als in ihm eine dezidierte Kritik am wilhelminisch-preußischen Kaiserreich mitschwang, dessen Militarismus und soziale Abschottung der militärischen und adligen Eliten Adenauer schon in mehreren großen Reden 1918/19 scharf kritisiert hatte.[32] Jedenfalls hat Vater Strauß offenbar zu Hause vom Katholikentag berichtet, und sein Sohn glaubte sich später zu erinnern, hier erstmals den Namen Adenauer gehört zu haben. Wesentlich mag diese Begebenheit für die politische Haltung der Familie Strauß wohl auch deshalb gewesen sein, weil damit die ständige Delegitimierung der Weimarer Republik, die zum Aufstieg des Nationalsozialismus wesentlich beitrug, zumindest begrenzt wurde. Neben der Verwurzelung im Katholizismus der Bayerischen Volkspartei trug dies vermutlich zur Immunisierung gegen Hitlers Hasstiraden bei. Der Hitler-Putsch vom 9. November 1923 machte den Nationalsozialismus »zum Inbegriff des politischen Hasses meiner Eltern«. Die Beteiligung von Erich Ludendorff, der in der Familie als »Prototyp des unsympathischen preußischen Generals«, als »Verkörperung eines negativen Militarismus«, als »Soldatenschlächter« galt, verstärkte diesen Abscheu gegen den Nationalsozialismus, Hitler und seinen Putsch.[33]

Strauß' Rückblick mag im Einzelnen reflektierter sein, als es die damalige Reaktion seines Vaters gewesen ist. Allerdings überrascht es gerade unter diesem Blickwinkel, dass er in seinen *Erinnerungen* auf einen anderen, zukunftsweisenden Aspekt von Adenauers Rede auf dem Katholikentag nicht eingeht, obwohl sie später für die Gründung beider Unionsparteien wesentlich war, hatte doch Adenauer schon 1922 erklärt: »Wir müssen beim Kampfe für die Geltung der christlichen Grundsätze in den öffentlichen Dingen bei den Nichtkatholiken *Bundesgenossen* suchen... Soweit wir das irgendwie können, müssen wir mit Bestrebungen Gleichgesinnter im evangelischen Lager *Hand in Hand* gehen und suchen, uns *gegenseitig zu unterstützen und zu fördern.*«[34] Adenauer selbst, aber auch andere Beobachter haben diese Passage als erste Idee interpretiert, aus dem katholischen »Zentrumsturm« herauszukommen und eine überkonfessionelle christliche Partei zu gründen. Wie dem auch sei, 1945 wurde dieser Weg beschritten, auch für die Gründung der CSU und ihren ersten Vorsitzenden Josef Müller (und seinen politischen Ziehsohn Franz Josef Strauß) wurde dieses Ziel konstitutiv: Von der ideellen Seite einmal abgesehen, konnte mit einer ausschließlich katholischen Partei, wie es in der Weimarer Republik Zentrum und BVP waren, keine Mehrheit für »christliche Grundsätze in den öffentlichen Dingen« gewonnen werden. Allerdings ist Franz Josef Strauß in einem anderen Zusammenhang auf den Münchner Katholikentag und Adenauers Idee einer überkonfessionellen christlichen Partei – zustimmend – zurückgekommen, nämlich in einer kurzen Würdigung Adenauers zu dessen 100. Geburtstag im Jahre 1976.[35] Entscheidend für die 1920er- und frühen 1930er-Jahre wurde zunächst jedoch die offenbar ausgeprägte Gegnerschaft von Vater Strauß und seiner Familie gegen den Nationalsozialismus und den Antisemitismus, den dieser schon damals als antichristlich verurteilte: Ein Judenfeind galt ihm als Kirchenfeind.

Die Familie Strauß wohnte gegenüber dem Münchner Parteibüro der NSDAP; Heinrich Himmler, der in ihrer Metzgerei einkaufte, versuchte vergeblich, Vater Strauß zum Parteieintritt in die NSDAP zu werben. Tatsächlich zählte die Familie Strauß aufgrund der katholisch-religiösen und bayerisch-monarchistischen, bewusst politisch-legitimistischen Prägung zu einem insgesamt gegenüber dem Nationalsozialismus resistenten Milieu, dessen Grundlagen dem jungen Franz Josef bereits von Kindheit an vermittelt worden waren, ohne dass er sich dagegen auflehnte. Überdies spielte seine früh ausgeprägte intellektuelle Autonomie gegenüber »Zeitgeistern« wohl eine wesentliche Rolle.

»Was an Strauß besonders auffiel, war sein selbständiges Urteil, die NS-Propaganda war von ihm wirkungslos abgeprallt. So äußerte er sich ganz positiv über das antike Judentum, ähnlich wie seinerzeit Theodor Mommsen. Überhaupt nahm Strauß kein Blatt vor den Mund, er ging den Dingen auf den Grund. Ich habe in der NS-Zeit nur noch einen einzigen Historiker gefunden, der mir frei heraus erklärte, ohne die Leistungen der Juden wäre die deutsche Geistesgeschichte des 19. Jahrhunderts überhaupt nicht zu verstehen. Dieser Mann war Hans Haimar Jacobs, Professor für Neuere Geschichte in Jena«, so erinnerte sich Hermann Bengtson, ebenfalls ein – einige Jahre älterer – Schüler von Walter Otto.[36] Strauß und seine gleich gesinnten Freunde bedienten sich mancher Tricks, um der nationalsozialistischen Indoktrinierung auszuweichen, sodass man ihn insgesamt zwar nicht als Widerstandskämpfer, aber doch als »resistent« einstufen kann. Über die offenbar zu Beginn des Regimes an der Ludwig-Maximilians-Universität noch vorkommenden Auseinandersetzungen zwischen der NS-Studentenschaft und regimekritischen Studenten, über die etwa Hans Rall in seinen Briefen an Max Buchner berichtet hat[37], finden sich in Strauß' Darstellungen jedoch keine vergleichbaren Hinweise.

Solche Resistenz war angesichts der großen Erfolge der Nationalsozialisten in der jüngeren Generation, insbesondere in der Studentenschaft, alles andere als selbstverständlich, aber doch nicht so überraschend, wie die viel berufene Einschätzung Münchens als »Hauptstadt der Bewegung« nahelegt, die Hitler als »ehrende« Selbsteinschätzung 1935 einführte und die seltsamerweise bis heute unkritisch übernommen wird. Zwar enthält die satirisch-kritische Schilderung antidemokratischer bürgerlicher Milieus in Lion Feuchtwangers Roman *Erfolg* (1930/1932) einen in seiner destruktiven Wirkung auf die Demokratie keineswegs zu unterschätzenden wahren Kern, der durch den krassen Justizskandal des milden Urteils im Hitler-Prozess 1924 bestätigt wird.[38] Doch auch in München gab es »Parallelgesellschaften«, die widersprüchlich, gelegentlich aber in schwer entwirrbarer Gemengelage waren, darunter das katholische, das monarchistische, das partikularistische, das bildungs- und wirtschaftsbürgerliche, das akademische und künstlerische, das proletarisch-sozialistische Milieu. Zu wichtigen Indikatoren der Differenzierung zählt bis 1933 die Wahlentwicklung.

Die Münchner Wahlergebnisse der NSDAP lagen in der Regel unter dem Reichsdurchschnitt, eine Ausnahme bildete das Jahr 1928. Bei der Reichstagswahl wählten 7,94 Prozent der Wahlberechtigten NSDAP; bei der Reichstagswahl am 14. September 1930, die auf Reichsebene mit 18,3 Prozent der Wählenden den Durchbruch für die NSDAP brachte, lag der Anteil in München bei 21,7 Prozent. Bei den folgenden Reichstagswahlen blieben die Nationalsozialisten deutlich unter dem Gesamtergebnis im Reich: Im Juli 1932 erreichte die NSDAP in München 28,9 Prozent, im Reich insgesamt 37,3, im November 1932 24,8 Prozent, im Reich insgesamt 33,1, und am 5. März 1933 37,8 Prozent, im Reich insgesamt 43,9. Diese nicht mehr völlig freie Wahl war auch die einzige, in der die NSDAP deutlich stärker wurde als die Bayerische Volkspartei (BVP), die sich in Bayern erheblich besser behaupten konnte als die Schwesterpartei, das Zentrum, auf Reichsebene.

Die BVP stellte mit Heinrich Held, der nach den Turbulenzen der frühen 1920er-Jahre als Regierungschef seit 1924 wesentlich zur Stabilisierung in Bayern beigetragen hatte, bis zu seinem unter Druck der NSDAP am 9. März 1933 erfolgenden Rücktritt auch den Ministerpräsidenten. Selbst das letzte Wahlergebnis hätte – auf München bezogen – auch mit der DNVP, die 5,46 Prozent erhielt, nicht zur Mehrheitsbildung gereicht. In München erreichte die BVP 19,44 Prozent, die SPD 18,21 Prozent und die KPD 10,47 Prozent. Bei der Reichspräsidentenwahl kam Hitler in München 1932 im ersten Wahlgang auf 19,9 und im zweiten auf 21,1 Prozent der Stimmen der Wahlberechtigten gegenüber 30,5 Prozent im Reich insgesamt. Selbst bei den ASTA-Wahlen der beiden Münchner Universitäten wurde zwar der Nationalsozialistische Deutsche Studentenbund seit 1930 die stärkste Kraft, kam aber über ein Drittel der Sitze (mit Ausnahme des Jahres 1931, als er statt 10 einmal 11 von 30 Mandaten erhielt) nicht hinaus. Mit anderen Worten: Von einem »braunen München« kann, jedenfalls solange belastbare Wahlergebnisse als Indikator herangezogen werden, nicht die Rede sein. Das gilt auch, wenn man als Bezugsgröße die tatsächlichen Wähler nimmt, die für die NSDAP stimmten, ihr Anteil in München lag bei den Reichstagswahlen im Juli und November 1932 und im März 1933 sowohl deutlich unter dem bayerischen als auch unter dem Reichsdurchschnitt.[39]

Auf die politische, gesellschaftliche und auch kulturelle Entwicklung der bayerischen Hauptstadt ging Franz Josef Strauß in seinen *Erinnerungen* nicht weiter ein – weder auf die sozialen und ökonomischen Probleme noch auf die kulturellen Glanzlichter der 1920er-Jahre; immerhin wurde der in München jahrzehntelang ansässige Schriftsteller Thomas Mann 1929 mit dem Nobelpreis ausgezeichnet. München besaß zwar nicht mehr die Attraktivität für die intellektuelle und künstlerische Bohème wie vor dem Ersten Weltkrieg[40], doch war es mit 680 704 Einwohnern im Jahre 1925 die drittgrößte Stadt des Deutschen Reiches, die 1939 bereits auf 824 000 Einwohner angewachsen war, Landeshauptstadt Bayerns mit großer residenzstädtischer Tradition und noch immer eine der führenden Kultur- und Industriestädte in Deutschland.

Wenn Thomas Mann in München blieb, Bertolt Brecht und Lion Feuchtwanger nach Berlin gingen, dann kann man darin auch eine politische Aussage sehen. Tatsächlich hatte sich nach den Irrwegen und Brutalitäten der Revolution in München und den Räterepubliken seit 1918 und in den frühen 1920er-Jahren hier ein spezifisch reaktionäres Milieu entwickelt. Die Begleitumstände des Hitler-Putsches 1923 und die einäugige politische Justiz, die Hitler nahezu ungeschoren davonkommen ließ, belegen dies. Andererseits aber darf die gesellschaftliche und politische Stabilisierung in Bayern nach 1924 nicht außer Acht gelassen werden. Der Wiederaufstieg des Nationalsozialismus seit 1929/30 ist jedenfalls viel weniger ein bayerisches oder Münchner Spezialproblem, als es die rechtsextremistischen Aktivitäten Hitlers und anderer Gruppen bis 1923/24 waren. Selbst Klaus Mann, wie Feuchtwanger ein gebürtiger Münchner, der in den 1920er-Jahren u. a. auch in Berlin gelebt hatte, bekannte in seinem während des Exils entstandenen Lebensbericht *Der Wendepunkt*: »Das Exil begann in München. Preußen und andere Teile des Reichs standen schon unter dem Nazi-Terror; aber Bayern trotzte noch, freilich nicht mehr lange… Immerhin, es bleibt bemerkenswert, daß der süddeutsche Katholizismus die totale ›Gleichschaltung‹ ein wenig verzögerte. Im Februar 1933 – kurz vor dem Reichstagsbrand und besonders nach diesem Ereignis – gab es manchen politisch oder rassisch Kompromittierten, der vorsichtshalber seinen Wohnsitz von den Ufern der Spree nach der Isarstadt verlegte. Leute, die man in Berlin schon eingesperrt und mißhandelt hätte, erfreuten sich in München noch vollkommener Freiheit… ja, es blieb ihnen sogar unbenommen, den nazifeindlichen Scherzen der ›Pfeffermühle‹ Beifall zu klatschen.«[41]

Das heißt freilich nicht, dass die Bevölkerung Berlins – in der die

Nationalsozialisten weit unterdurchschnittliche Ergebnisse erzielten – weniger resistent gewesen wäre als die Münchner, zumal es dort neben dem intellektuellen auch ein sozialdemokratisch-gewerkschaftliches Milieu gab, das wie das katholische unterdurchschnittlich anfällig für den Nationalsozialismus war. Es bedeutet aber, dass die nationalsozialistische »Machtergreifung« zuerst in der Reichshauptstadt erfolgte, nachdem schon der Reichskanzler von Papen durch seinen Staatsstreich in Preußen am 20. Juli 1932 die rechtmäßige preußische Staatsregierung amtsenthoben und mit der »Säuberung« von Bürokratie und Polizei begonnen hatte. Auf dieser Grundlage konnten die Nationalsozialisten dann auch die Polizei reibungslos übernehmen.

Trotz aller kritischen Darstellung der sich gerade im Vergleich mit dem Berlin der 1920er- und frühen 1930er-Jahre vermindernden kulturellen Anziehungskraft Münchens[42] sollte also dieses Bild nicht zu einseitig aufgrund der Jahre 1919 bis 1923/24 und zum Teil satirisch überzeichneter literarischer Kritik gemalt werden. Weiterhin konnte Erika Manns »Pfeffermühle« politisches Kabarett machen, wurden zeitgenössische Stücke auch von linken Autoren wie Brecht gespielt, beispielsweise die »Dreigroschenoper« oder »Im Dickicht der Städte«. Und auch der linksanarchistische Oskar Maria Graf blieb – wie der »konservative« Thomas Mann – bis 1933 in München, schrieb großartige zeitkritische Romane, Essays und autobiografische Schriften, darunter das die Jahre 1905 bis 1919 behandelnde »Bekenntnis« *Wir sind Gefangene* (1926), in denen die bayerische Lebenswelt das Thema war – Graf betrank sich von fremdem Geld nur wenige Häuser von der Wohnung der Familie Strauß entfernt. Aber auch diese urbayerische Kraftnatur erwähnt Franz Josef Strauß in seinen *Erinnerungen* ebenso wenig wie Karl Valentin und Liesl Karlstadt bzw. das kulturelle Leben Münchens in diesen Jahren.

Offenbar interessierte die zeitgenössische Kultur in München den jungen Franz Josef Strauß damals nicht besonders, sonst hätte sie wohl für ihn auch im Rückblick eine Rolle gespielt. Überraschender ist allerdings, dass er auch über das studentische und universitäre Leben insgesamt, über die kulturelle Szenerie von Schwabing wenig oder nichts sagt. Das mag in der Tat mit den einschneidenden Veränderungen nach der nationalsozialistischen Revolution 1933 zusammenhängen, da er zu diesem Zeitpunkt noch das Gymnasium besuchte und sich darauf konzentrierte: Diese Zielstrebigkeit setzte sich danach in seinem Studium fort. Doch auch dann ist ein Interesse an der zeitgenössischen Literatur und Kunst nicht erkennbar. Dies mag auch erklären, warum er beispielsweise weder die wenige Hundert Meter von der Wohnung entfernten Pinakotheken, die Ausstellung »Entartete Kunst« im neu errichteten »Haus der Kunst« 1937 noch die bauliche Veränderung Münchens durch die NS-Architekten in seiner unmittelbaren Umgebung erwähnte. Angesichts seines schon damals offensichtlichen politischen Interesses und der eindeutigen Ablehnung des Nationalsozialismus überrascht es, dass Strauß zum Beispiel die Bücherverbrennung auf dem Königsplatz am 10. Mai 1933 nicht schilderte. Auf die Gründung des ersten Konzentrationslagers Dachau und andere Terrorakte mit ihrer Einschüchterungswirkung für die Bevölkerung wies er jedoch hin.

Strauß kritisiert in seinen *Erinnerungen* scharf die Reichswehr: »Sie war die Komplizin der Morde vom 30. Juni, sie hat sie gedeckt... Der brutale Machtwille der Nazis hatte sich blutig offenbart. Schon im März 1933 war das Konzentrationslager Dachau eingerichtet worden. Dieser Name war mit Grauen verbunden, auch wenn man nichts Genaueres wußte, als daß dort Freiheit und Menschenwürde, Recht und Menschlichkeit endeten. Wenn es hieß, einer kommt nach Dachau, wurden alle blaß.«[43]

Am 30. Juni 1934 hatte Hitler die SA-Führung um Ernst Röhm ermorden lassen, um einen potenziell konkurrierenden Machtfaktor auszuschalten. Zugleich ließ er seine Schergen blutige Rache nehmen. Zu den Mordopfern zählten unter anderem der ehemalige Reichswehrminister, Reichskanzler und General Kurt von Schleicher und seine Frau, weil Schleicher 1932/33 versucht hatte, durch Absprache mit Gregor Strasser die NSDAP zu spalten. Anders, als viele Deutsche damals annahmen, hätten Strauß' Eltern darin keineswegs eine Beendigung der gewalttätigen Phase des NS-Regimes gesehen, sondern nunmehr alles für möglich gehalten.

Andere Ereignisse, wie etwa den späteren antijüdischen Terror der sogenannten Reichskristallnacht vom 9. November 1938, erwähnte er hingegen nicht mehr. Zwar blieben seine *Erinnerungen* unvollendet und wurden aus dem Nachlass publiziert, sodass er möglicherweise weitere Passagen hinzugefügt hätte, doch erklärt dies allein seine Auswahl nicht, zumal er in den späteren Partien wesentliche politische Themen immer wieder anspricht. Eine mögliche Erklärung wäre, dass er sich bei Darstellung seiner Jugend- und Studienjahre ausschließlich auf Aspekte konzentrieren wollte, die für seine eigene Entwicklung ausschlaggebend waren.

Auch für Musisches interessierte sich Franz Josef Strauß offenbar kaum, in der Unterprima sei er das erste Mal in einem Konzert gewesen, im Theater gelegentlich, vor allem durch Besuche mit der Gymnasialklasse. Gesangsunterricht war das einzige Fach, in dem er an der Gisela-Oberrealschule vor dem Max-Gymnasium einmal mit einer »Fünf« benotet wurde. Während er seiner Schwester entsprechende Qualitäten und Interesse an der Oper bescheinigte, bemerkte er selbstironisch über sich: »Meine Musikalität ist sehr begrenzt – als diese Gottesgabe verteilt wurde, sind andere Träger des Namens Strauß offensichtlich schon so reichlich bedacht gewesen, daß für mich nichts übriggeblieben war.«[44]

2

Im Zweiten Weltkrieg

Franz Josef Strauß studierte von 1936 bis 1939 ausgesprochen zügig, was vielleicht auch die angedeutete kulturelle Abstinenz im München dieser Jahre erklärt. Dadurch förderte er, wenngleich noch ohne Examen, seine Studien so weit, dass die Prüfungen noch im ersten Kriegsjahr abgelegt werden konnten. Dies war für ihn umso wichtiger, als er von Anfang bis Ende des Krieges zur Wehrmacht eingezogen wurde, wenngleich er nicht während des ganzen Krieges zur Front abkommandiert war. Schon als Student hatte Strauß einen Führerschein gemacht, der nach eigener Einschätzung zur Rettung seines Lebens beitrug, weil er dadurch zur motorisierten Truppe kam, nach einer an die *Bekenntnisse des Hochstaplers Felix Krull* von Thomas Mann erinnernden Musterungsszene: Er wurde zur »schweren motorisierten Artillerie« kommandiert, »die im Vergleich zur Infanterie fast eine Art Lebensversicherung war«. Im Kreise der Familie bereitete er sich darauf vor, auf »unbestimmte Zeit Soldat zu sein. Ich ahnte nicht, daß es bis zum April 1945 dauern würde.« Schon zu Beginn des Krieges wurde er denunziert, nur durch viel Glück kam er davon: Nach einem fünfstündigen Verhör, widersprüchlichen Zeugenaussagen, einer teilweisen Leugnung des wirklich Gesagten zerriss sein – ebenfalls regimekritischer – Kommandeur den »Tatbericht«. Strauß hatte nach seiner Erinnerung Hitler, Göring und Goebbels als Kriegsverbrecher bezeichnet sowie »dumm, saudumm, kriegsfreiwillig« gesteigert. Sollte er diese Äußerungen tatsächlich gemacht haben, dann hätte er wirklich schier unglaubliches Glück gehabt. Der ihm wohlwollende Kommandeur bemerkte denn auch trocken, für seine leichtsinnigen Äußerungen hätte man ihn wegen Dummheit einsperren müssen.[45]

Im Frühsommer 1940 wurde er zunächst im Frankreichfeldzug eingesetzt, dann nach dem Angriff auf die Sowjetunion am 22. Juni 1941 an der Ostfront. Nach eineinhalb Jahren entrann er um »Haaresbreite dem Inferno von Stalingrad«. Das Kriegsende erlebte der nach kürzeren anderen Einsätzen u. a. in Dänemark, bei der Heimatluftverteidigung in

Mülheim/Ruhr und kurz vor der Invasion der Alliierten am 1. Juni 1944 zum Oberleutnant beförderte Strauß wiederum in Altenstadt bei Schongau.

Bevor der Leutnant Strauß von der Ostfront nach Deutschland zurückbeordert worden war, diente er zuletzt als Ordonnanzoffizier im Stab des Artillerieregiments in der beginnenden Schlacht um Stalingrad. Zu seinem Glück wurde er am 12. Januar 1943, wenige Wochen vor der Katastrophe von Stalingrad, zu einem Lehrgang an der Feldflak-Artillerieschule nach Stolpmünde abkommandiert. Doch blieb der Militärzug nach einem Fliegerangriff tagelang auf offener Strecke in eisiger Kälte liegen, Strauß erlitt Erfrierungen an beiden Füßen, sodass er Genesungsurlaub erhielt. Im Januar – kurz vor der Verhaftung der Geschwister Scholl am 18. Februar 1943, die er in seinen *Erinnerungen* erwähnt – tauchte er völlig überraschend bei seiner Familie in Schwabing auf und berichtete aufgrund seiner Kriegserfahrungen, nun erkenne der »kleinste Leutnant«, dass der Krieg verloren und seine Fortführung ein Verbrechen sei. Vergleichbare Äußerungen bestätigt auch Hermann Bengtson in seinen eigenen Erinnerungen an Strauß.[46] Tatsächlich hätte die verheerende Niederlage von Stalingrad mit ihren extremen Verlusten im Januar/Februar 1943 jedem Kenner der militärischen Lage zeigen müssen, dass dies endgültig die Kriegswende bedeutete, doch glaubten zu dieser Zeit immer noch viele, allzu viele an den »Endsieg«.

Nach Ausheilung seiner Erfrierungen absolvierte Strauß dann vom März bis Mai seinen vorgesehenen Lehrgang in Stolpmünde, wurde danach aber nicht wieder an die Front abkommandiert: Wegen der zunehmenden Luftangriffe sollten die Flakverbände an der »Heimatfront« verstärkt werden, sodass er nun Ausbildungsoffizier an einer Flakartillerieschule in der Nähe von Schongau wurde.

Aufschlussreich ist im Lichte der Diskussionen der vergangenen Jahre die Frage, was Strauß von den deutschen Verbrechen an der Ostfront gewusst hat, genauer: wie er diese Frage beantwortete. So hat etwa Helmut Schmidt, damals ebenfalls Leutnant an der Ostfront, bemerkt, es habe in seinem Einsatzbereich keine Massenverbrechen gegeben, schon gar nicht solche von Wehrmachtseinheiten; auch seien seine Kameraden antinazistisch gewesen.[47] Im Übrigen bemerkte Schmidt auch, von der Existenz des Konzentrationslagers Bergen-Belsen – unweit seiner Heimatstadt Hamburg gelegen – habe er erst nach dem Krieg erfahren.

Wie beantwortete Franz Josef Strauß in seinen *Erinnerungen* vergleichbare Fragen? Wie schon erwähnt, ging Strauß in seinen *Erinnerungen* auf die Existenz des KZ Dachau ein. Dort heißt es: »An meine Generation und damit auch an mich wird immer wieder die Frage gerichtet, was wir von den Verbrechen des Nationalsozialismus gehört haben und was wir eventuell wußten von Massenmorden, Konzentrationslagern und anderen Greueln. Man läuft heute Gefahr, verlacht, verhöhnt, verspottet zu werden, aber es bleibt dennoch wahr, wenn ich sage, daß ich von Auschwitz und anderen Vernichtungslagern keine Ahnung hatte. Den Namen Auschwitz hörte ich 1945 zum ersten Mal. Ich wußte von Dachau und wußte, daß Dachau ein KZ war, in dem Verbrechen begangen wurden. Mehr wußte ich nicht. Beim deutschen Einmarsch in Lemberg wurde ich jedoch Zeuge eines doppelten Kriegsverbrechens, eines Kriegsverbrechens der Russen und eines Kriegsverbrechens der SS, das in der Hauptsache von ukrainischer Miliz ausgeführt wurde.«[48]

Im Folgenden schildert Strauß die grausigen Verbrechen der sowjetischen Geheimpolizei GPU, bevor er auf zwei deutsche Massenerschießungen durch die SS bzw. eine Einsatzgruppe bereits im Sommer 1941 in der Ukraine eingeht. Nicht lange nach der Mordaktion der sowjetischen Geheimpolizei hörte die Kompanie von Strauß ununterbrochen Schüsse einer Maschinenpistole aus einem Waldstück. Als sie sich näherten, sahen sie hinter »den Bäumen eine Szene des Schreckens: Zusammengetriebene Juden, kommunistische Funktionäre, unschuldige Menschen mußten mit dem Spaten eine Grube ausheben, vielleicht 50 Meter in der Länge und zwei in der Breite. Die Gefangenen standen zu vielen Hunderten, vielleicht auch Tausenden – die Erschießungen erstreckten sich über mehrere Tage. Sie mußten sich hinknien vor der Grube, dann ging ein junger SS-Mann, vielleicht 18 Jahre und sternhagelblau, mit der Maschinenpistole von Kopf zu Kopf, drückte ab, die Toten fielen in die Grube.« Ein ukrainischer Bauer, zufällig Zeuge der Morde, wurde ebenfalls erschossen, »damit es keine Zeugen gab«. Nach seiner Erinnerung sagte Strauß damals zu seinem Batteriechef, einem Oberleutnant: »Lieber als auf die russischen Flugzeuge tät’ ich auf die SS-Bande schießen.« Seine Antwort: »Strauß, ich auch.«

Die schreckliche Beobachtung blieb kein Einzelfall. Als Strauß beim Vormarsch in der Ukraine einmal zurückgeschickt wurde, sah er in den Dörfern »eine eingeschüchterte, völlig verstörte Bevölkerung, Frauen weinten. Ein Einsatzkommando der Einsatzgruppe D (Ohlendorf) hatte alle Männer in den Dörfern erschossen. Ich habe die Tätigkeit dieses Einsatzkommandos zwar nicht mit eigenen Augen gesehen, aber die Spuren, die es hinterließ, waren grausam genug. Hitlers Krieg war ein Vernichtungskrieg.«[49] Tatsächlich ermordete die Einsatzgruppe D bis zum Juni 1942 in der Sowjetunion ungefähr 90 000 Zivilisten, Ohlendorf wurde im August 1948 zum Tode verurteilt und 1951 in Landsberg/Lech hingerichtet.

Erfahrungsberichte von der Ostfront fallen bekanntlich sehr unterschiedlich, ja widersprüchlich aus: Das liegt nicht allein daran, ob man sich erinnern kann oder will, sondern ist auch durch objektive Umstände bedingt. Angesichts einer Länge des Frontverlaufs im Osten von circa 2200 Kilometern und eines unter Militärverwaltung stehenden Hinterlandes, der Etappe, von etwa 1 Million Quadratkilometern, die von nur 100 000 Soldaten organisiert wurde, sind die Erfahrungen oft sehr unterschiedlich: Es ist durchaus vorstellbar, dass Wehrmachtssoldaten Zeugen von Massenverbrechen wurden oder auch nicht. Und tatsächlich zählten die Ukraine, über die Strauß berichtet, und Weißrussland zu den Regionen, in denen Massenerschießungen, vor allem durch Einsatzgruppen und SS-Einheiten, an der Tagesordnung waren.[50]

Franz Josef Strauß gehörte also zu denen, die deutsche Massenverbrechen beim Namen nannten, sie aus eigener Erfahrung bestätigten und in der Einschätzung des Krieges gegen die Sowjetunion mit der späteren Forschung übereinstimmten. Andreas Hillgruber hat dafür bereits 1965 eine Formulierung gebraucht, an die sich Strauß bewusst oder unbewusst anlehnt: Der Krieg des nationalsozialistischen Deutschlands gegen die Sowjetunion war ein »ideologisch-rassistischer Vernichtungskrieg«.[51] Wesentlich aber ist die Darstellung von Strauß nicht für die angemessene Einschätzung des Zweiten Weltkriegs durch die Geschichtswissenschaft, sondern für das »kulturelle Gedächtnis«, wie es sich bei Strauß in der Verbindung von eigenem Erleben und persönlicher Verarbeitung spiegelt. Das spätere Selbstverständnis des Politikers und Staatsmanns, aber natürlich auch speziell des Verteidigungsministers Strauß ist dadurch entscheidend geprägt worden, wie auch, worauf noch einzugehen ist, sein Politikstil durch die Kriegserfahrung mitbeeinflusst worden ist.

Die spezifische Rolle der Wehrmacht in der nationalsozialistischen Diktatur sowie die Form der Kriegführung wurden schon in den Nürnberger Prozessen 1946 deutlich. Im »Hauptkriegsverbrecherprozess« wurden führende Offiziere wie der Chef des OKW, Generalfeldmarschall Wilhelm Keitel, und der Chef des Wehrmachtsführungsstabes, Generaloberst Alfred Jodl, zum Tode verurteilt, die Wehrmacht jedoch nicht als »verbrecherische Organisation« eingestuft. Strauß reflektiert trotz einiger Bemerkungen diese Problematik jedoch nicht grundsätzlich – auch nicht in dem allgemeinen Sinne, in dem André Malraux in seinem Buch *L'espoir* über den Spanischen Bürgerkrieg 1936 feststellt: »Es gibt gerechte Kriege, aber keine unschuldigen Armeen.« Allerdings übte Strauß verschiedentlich heftige Kritik an der Wehrmachtsführung und bemerkte, er sei »voller Zorn über die Generale (gewesen), die es nicht vermocht hatten, Hitler das Handwerk zu legen. Auch mit dem ehemaligen Generalfeldmarschall Albert Kesselring hatte ich über dieses Thema einmal eine mehr als deutliche Aussprache.«[52]

Wie konnte der gegenüber dem NS-Regime und seiner brutalen

Kriegspolitik zweifellos kritische und im Hinblick auf den propagierten Sieg offenbar von Beginn an illusionslose Franz Josef Strauß in Schongau einige Monate als Offizier für »wehrgeistige Führung« wirken? Lag hier nicht ein Widerspruch vor, war die spätere Kritik daran berechtigt? Auch solchen Fragen weicht er in seinen *Erinnerungen* nicht aus. Den Versuch, ihn deswegen von »linker Seite« als »Anhänger der nationalsozialistischen Ideologie zu diffamieren«, weist er entschieden zurück: »Die Wirklichkeit sieht anders aus. Gerade weil meine eindeutig kritische Einstellung gegenüber dem Hitler-Regime bekannt war, wurde ich in Altenstadt von meinem Kommandeur, Hauptmann Willy Schnieber, bedrängt, diese Aufgabe zu übernehmen: ›Strauß, das machen Sie! Wir wollen nicht jemanden kriegen, der nicht zu uns paßt. Wir wollen keinen Weltanschauungsheini.‹«

Nach seiner Erinnerung hielt Strauß in dieser Funktion wie schon beim NSKK Vorträge über Geschichte, vornehmlich über Kriegsgeschichte. Er begann beim Siebenjährigen Krieg (1756 bis 1763) und endete beim Ersten Weltkrieg. Über ihn berichtete er nach eigener Aussage mit solchen Parallelen zur Kriegslage im Zweiten Weltkrieg, dass daraus unschwer zu erkennen war, dass er den Krieg für verloren gehalten habe. Ein Hauptmann machte ihn darauf aufmerksam und gab ihm den Rat, künftig vorsichtiger zu sein. »Wenn nach dem Krieg mit zunehmendem Abstand immer leichtfertiger über das Verhalten der Kriegsgeneration geurteilt wurde und wird, so muß daran erinnert werden, daß jeder, der damals den Krieg für verloren erklärte, im Falle einer Anzeige ohne weiteres mit seiner Hinrichtung zu rechnen hatte.«[53]

Strauß berichtet in seinen *Erinnerungen* eingehender über das Kriegsende, über die verheerenden Wirkungen der Kriegspropaganda, deren Indoktrination zum Glauben an den Endsieg verführt habe, unsinnige Durchhalteparolen, die den Krieg verlängerten, fanatisierte »Jungkämpfer«, die bis zuletzt kämpfen, SS-Kommandos, die »Defaitisten« noch in letzter Minute hinrichten wollten, und auch darüber, dass er vom militärischen Widerstand erfahren habe. Und er wäre nicht Strauß, würde er nicht stets auch auf grundsätzliche Probleme eingehen: z.B. den »größenwahnsinnigen und verbrecherischen Diktator Hitler« oder die strategische Bedeutung dieses Krieges und seiner Folgen.

All diese Beobachtungen entsprechen durchaus der historischen Realität. Seine Schlussfolgerungen sind überzeugend, ebenso seine Selbstdarstellung, die durch verschiedene andere Zeugnisse bestätigt wird. Sie zeigen, dass Strauß offenbar selbst in der militärischen Hierarchie nie ein blinder Befehlsempfänger war, sondern versuchte, in seinen Augen sinnlose Befehle zu unterlaufen bzw. argumentativ gegenüber Vorgesetzten zu entkräften.[54] Dieses bestätigen auch unveröffentlichte Zeugnisse von

Kriegskameraden, von denen einige sogar berichteten, sie verdankten seinem Mut, gegen falsche Befehle von Vorgesetzten zu argumentieren und sich damit durchzusetzen, ihr Leben.[55] Derartige Berichte gibt es auch für das Kriegsende, als der Oberleutnant Strauß mit seinen Soldaten einem SS-Kommando den Soldaten Martin Westermair in Hohenfurch bei Schongau entriss und ihm durch eine zum Schein durchgeführte Verhaftung das Leben rettete bzw. er unsinnige Widerstandshandlungen der Wehrmacht gegen die vorrückenden amerikanischen Truppen in seinem Kommandobereich eigenmächtig unterband[56], was übrigens amerikanische Berichte bestätigen. So schrieb Strauß am 6. Juni 1945 an seine Eltern und seine Schwester, sie seien vermutlich wegen der Nachrichtensendungen in den letzten Kriegswochen in großer Sorge gewesen, weil in ihnen von schweren Kämpfen bei Schongau die Rede gewesen sei. »Aber diese Meldung war reiner Schwindel, wie das meiste bei den Nazis. Wir haben den Widerstand (den der Wehrmacht gegen die Amerikaner) gründlich sabotiert und die Nazis so eingeschüchtert, daß sie froh waren, nicht erschossen zu werden. Leider ist unser Plan, die Schongauer Parteibonzen vorher zu verhaften, nicht in Erfüllung gegangen, da unsere Informationen über die Feindlage nicht stimmten. Ich habe große Angst um Euch und hoffe nur, daß Ihr alles gut überstanden habt.«[57] Natürlich bedürfen autobiografische Texte prinzipiell der Quellenkritik, auch wenn diese Zeugnisse und die eigenen Erinnerungen seinem später so offensichtlichen Persönlichkeitsprofil entsprechen. In dieser Hinsicht stimmen außerdem die Aussagen Dritter mit dem in den *Erinnerungen* zum Ausdruck kommenden Selbstverständnis von Franz Josef Strauß überein und tragen insofern zur Erklärung seines späteren politischen Wirkens bei.

Kaum weniger wichtig ist die generationsspezifische Dimension dieser Alterskohorte, die den Weg zur Bundesrepublik und ihre spätere formative Phase prägte, blieben doch die Kriegserfahrungen stets präsent. Es ist deshalb kein Zufall, dass Strauß, je älter er wurde, desto öfter vom Krieg sprach – nicht in selektiver Form des Heldenepos vieler Veteranen, sondern ebenfalls in nüchterner und ausgesprochen kritischer Weise, misstrauisch gegen jede Verklärung oder Leugnung der brutalen Kriegsrealität.[58] Und Edmund Stoiber berichtet, Strauß habe in besonders fordernden oder erschütternden Lebensphasen unterschiedlichster Art – so nach dem Unfalltod seiner Frau 1984, aber auch schon vorher, als es um seine Kanzlerkandidatur 1979 ging – »überwiegend von seinen Erinnerungen an den Krieg« gesprochen: »von Grenzsituationen, dramatischen Erlebnissen im Schützengraben, von Stalingrad. Dieser Krieg war so traumatisch, dass die Erinnerungen in schwierigsten Lebensmomenten zurückkehrten.«[59] Strauß selbst war sich dieser Wirkung des Krieges bewusst: »Zu meiner Prägung haben sechs Jahre Dienst in der Wehrmacht, davon mehrere Jahre Fronterlebnis, wesentlich beigetragen… Der Preis für diese Erfahrung ist natürlich überhaupt nicht nennbar. Wenn es denn schon unvermeidlich war, so kann ich nur sagen, daß ich dieser Zeit viel verdanke an Persönlichkeitsbildung, Führungsbefähigung und Bereitschaft zum Risiko. Sicherlich war es ein hohes und bitteres Lehrgeld, und wenn man mich gefragt hätte, ob ich bereit sei, diese Lehrzeit in Kauf zu nehmen, um meine Persönlichkeit zu formen und zu finden, hätte ich nein gesagt – aber ich bin nicht gefragt worden.«[60]

Keine Frage, diese Generation hatte ein Schicksal, und in diesem Fall kein selbst gewähltes Schicksal, sondern ein zu tragendes. Auch wenn Strauß, wie er selbst betonte, immer wieder Glück hatte und weder physisch zu Schaden kam noch selbst schuldig wurde, konnte er diese erschütternde Erfahrung nicht abschütteln. Zweifellos gehörten eine gewisse Härte in der politischen Auseinandersetzung, der Unwille zum »faulen« Kompromiss, das konsequente »Nie wieder« zu Unterwerfung unter fanatische Ideologie und menschenverachtende Diktatur zu den essenziellen Postulaten dieses Politikverständnisses, das die Individualität nicht hinter dem Kollektiv verstecken wollte. So unterschiedlich, ja gegensätzlich Stil und Inhalt der beispielhaft Genannten dieser Politikergeneration – Willy Brandt, Franz Josef Strauß, Helmut Schmidt und Walter Scheel – auch waren, ihr unbedingter Wille, die eigene Individualität zu bewahren, unterliegt keinem Zweifel. Insofern war es für diese Generation, aber auch für die älteren führenden westdeutschen Politiker, die schon in der Weimarer Republik aktiv waren, nur konsequent, »antitotalitär« zu werden. So hatte keiner der Spitzenpolitiker der frühen Bundesrepublik eine »nationalsozialistische Vergangenheit« bzw. apologetische Tendenzen, was entscheidend für die Begründung von Rechtsstaat und Demokratie wurde: Diese Einschätzung gilt für Konrad Adenauer, Theodor Heuss, Kurt Schumacher, Carlo Schmid, Jakob Kaiser, Josef Müller, Fritz Schäffer, Ludwig Erhard, Thomas Dehler, Wilhelm Hoegner oder Alois Hundhammer ebenso wie für die nachfolgende Strauß-Generation.

Und auch die fundamentale Maxime künftiger deutscher Politik dürfte so verschieden nicht gewesen sein, auch wenn die anderen sie nicht so formuliert haben wie Franz Josef Strauß: »Ich kenne den Krieg. Deshalb will ich den Frieden. Das ist meine persönliche Konsequenz aus dem Zweiten Weltkrieg, der Europa an den Rand des Untergangs und die Deutschen in die größte Katastrophe ihrer Geschichte geführt hat. Von Anfang an habe ich im Abfall der deutschen Politik von den Grundnormen des christlichen Sittengesetzes die Ursünde gesehen, aus der alles

Unheil erwuchs, das eine verbrecherische und verblendete deutsche Politik über die Völker Europas und nicht zuletzt über das deutsche Volk selbst gebracht hat.«[61]

3

Das »größte Trümmerfeld« der deutschen Geschichte: Politik von der Pike auf

Landrat in Schongau, Oberregierungsrat in München, Pionier der Parteipolitik

Wieder einmal hatte Franz Josef Strauß Glück: Nach nur fünf Wochen in amerikanischer Gefangenschaft, in der er für einen amerikanischen Major namens Rosencranz, der vermutlich deutscher Emigrant war, einen Bericht über die Taktik der russischen Luftwaffe verfassen musste, meldete er sich bei der amerikanischen Militärregierung, um einen Pass zu erhalten. Er erhielt den Pass und wurde, »vor allem wegen meiner Englischkenntnisse, zum stellvertretenden Landrat« des Landkreises Schongau ernannt. Die Ernennung zum Regierungsrat mit einem Monatsgehalt von 370,25 RM zuzüglich Wohngeld von 39,50 RM wurde zum 1. Juni 1945 wirksam.

Voraussetzung war allerdings die Entnazifizierung. Im Fragebogen für die Entnazifizierung wurden alle Fragen nach Mitgliedschaft in der NSDAP bzw. ihren Gliederungen mit Ausnahme des schon erwähnten NSKK mit »Nein« beantwortet. Eigens aufgeführt wurden nach der NSDAP die Allgemeine SS, die Waffen-SS, der Sicherheitsdienst der SS, SA, HJ, NSDStB (Nationalsozialistischer Deutscher Studentenbund), NSDoB, NSFK sowie fördernde Mitgliedschaften in NS-Gliederungen; im NSKK hatte Strauß lediglich einen Mannschaftsrang.[62] Allerdings stimmen diese Angaben nicht völlig mit einer Beurteilung durch einen Referenten des Bayerischen Staatsministeriums überein. Dort wird zwar im Vorschlag zur Ernennung zum Studienrat am 5. Januar 1943 die Frage nach der Mitgliedschaft in der NSDAP verneint, aber für den NSDStB ab 1. November 1937 bejaht. Dies mag auf ein »wohlwollendes« Urteil des Verfassers der Beurteilung, Ministerialrat Dr. Bauerschmidt, zurückzuführen sein, ist jedenfalls aus den Unterlagen nicht zu klären, aber durchaus plausibel, war Bauerschmidt doch bereits Vorsitzender der ministeriellen Prüfungskommission gewesen, die das sehr gute Erste Staatsexamen von Strauß bewertet hatte. Er hatte also schon Jahre vorher dessen Ausnahmebegabung gesehen und wollte ihn unterstützen. Im Schreiben des Ministerialbeamten heißt es weiter: »Während seiner kurzen Zeit seiner unterrichtlichen Tätigkeit – er war vom 18. 11. 1940 bis 14. 4. 1941 vom Wehrdienst beurlaubt – hat er sich als sehr gut begabter Lehrer mit geistiger Weite und natürlichem Lehrgeschick erwiesen. Über seine politische Haltung ist nichts Nachteiliges bekannt geworden.« Diese Formulierung war das Mindeste, was eine Beurteilung enthalten musste, um den Betreffenden nicht zu gefährden. Die Ernennung zum Studienrat für klassische Sprachen und Geschichte erfolgte zum 20. April 1943 an der Oberschule für Jungen an der Damenstiftstraße in München.[63]

Die Spruchkammer Schongau stufte Strauß am 15. 10. 1946 als »Entlastet (Gruppe 5)« ein und gelangte zu dem Schluss: »Belastend ist seine 2-jährige Zugehörigkeit zum NSKK. Es handelt sich jedoch um eine zwangsbedingte nominelle Mitgliedschaft, die weder propagandistisch noch aktiv ausgeübt wurde. Entlastend ist: Strauss hat sich zum Nationalsozialismus nicht nur passiv verhalten, sondern darüber hinaus in hohem Maße aktiv gegen die nationalsozialistischen Maßnahmen und Ideologien Widerstand geleistet. Bei Strauss handelt es sich um einen der schärfsten, überlegendsten und erfolgreichsten Gegner des Nationalsozialismus. Strauss hat für seine Anschauungen an der Schule, an der Universität und während seiner Dienstzeit in der Wehrmacht leidenschaftlich geworben, seine anti-nationalsozialistischen Ansichten unter Gefahr weiterverbreitet, aktiv Widerstand geleistet und Andere zu anti-nationalsozialistischer Denkweise und ebensolchen Handlungen zu überzeugen versucht und überzeugt. Er hat seine religiöse Überzeugung durch Teilnahme an öffentlichen kirchlichen Veranstaltungen gegenüber jedermann bekundet ... Strauss hat als Offizier der Flakartillerieschule Altenstadt durch sein entschlossenes Handeln maßgebend daran mitgewirkt, daß der Landkreis Schongau bei der Besetzung durch die amerikanischen Truppen ohne Blutvergiessen und ohne größere Zerstörungen übergeben werden konnte ...« Strauß habe infolge seiner Haltung wesentliche Nachteile erlitten, sei 1940 verhaftet worden und nur knapp dem Kriegsgericht entgangen, in den letzten Kriegsjahren »schwebte er ständig in Gefahr. Seit dem 20. Juli 1944 ist diese Gefahr zur höchsten Lebensgefahr geworden.« Dieser vom (sozialdemokratischem) Vorsitzenden Josef Greif, einem Finanzbeamten, sowie drei Beisitzern (dem Kommunisten Josef Lindauer, dem sozialdemokratischen Bürgermeister von Peiting, Josef Lory, und dem zur CSU gehörigen Bürgermeister von Burggen, Andreas Lang) unterschriebene Spruch wurde am 17. November 1946 rechtskräftig.[64]

Für dieses Spruchkammerurteil dürfte neben anderen Zeugenaussagen auch die Eidesstattliche Erklärung des schon erwähnten Hauptmanns Willy Schnieber, seines letzten Kommandeurs, von Bedeutung gewesen sein, dessen Adjutant Strauß seit Mai 1943 in der Flakschule Altenstadt gewesen war: Er habe von vornherein festgestellt, dass Strauß »ein kompromißloser und radikaler Gegner des Nazisystems war, der dieses in jeder Hinsicht haßte ... Ich merkte bald, daß Strauß bei seinen Untergebenen einen antinazistischen Einfluß auszuüben begann, weshalb er bei diesen sehr beliebt war. Im besonderen vertrat er die Überzeugung, daß dieser von den Nazis verbrochene Krieg unrettbar verloren sei und um jeden Preis beendet werden müßte ... Von den Nazioffizieren, im besonderen von dem NSFO, wurde er abgelehnt und angegriffen, so daß ich ihn mehrfach warnte, vorsichtiger zu sein. Trotz seiner geschickten Antinazi-Taktik stand er immer in Gefahr, wegen Hochverrats belangt zu werden.« Schnieber erwähnte überdies, Strauß habe Meldungen ausländischer Radiosender weitergegeben und habe aus München immer neue Informationen mitgebracht, die er nach Schniebers Einschätzung aus Widerstandskreisen hatte. Gegen Kriegsende habe er dazu beigetragen, den militärischen Widerstand gegen die Amerikaner aufzugeben, und Soldaten durch Ausstellung falscher Entlassungspapiere davor bewahrt, noch in letzter Minute an die Front geschickt zu werden.[65]

Alle vorliegenden Zeugnisse bestätigen, dass Franz Josef Strauß die nationalsozialistische Ideologie und Diktatur ebenso entschieden ablehnte wie die Kriegsführung des Regimes. Belegt sind regimewidrige Äußerungen und Akte, doch gehörte er keiner Widerstandsgruppe an, sodass man ihn in den gängigen Interpretationskategorien derjenigen, die den Nationalsozialismus ablehnten – Widerstand, Opposition, Resistenz –, nicht passgenau einordnen kann: Am ehesten würde man ihn als Mann aktiver Resistenz bzw. als oppositionell ansehen können, wobei er zweifelsfrei Mut bewies, da er sich vor Selbstgefährdung nicht scheute.

Seit dem 18. Januar 1946 wurden der stellvertretende Landrat Strauß sowie der Rechtsanwalt Theodor Ferstl als Vorsitzende eines Berufungsausschusses eingesetzt, der Einsprüche gegen Spruchkammerentscheidungen prüfen sollte, bis am 15. Juni 1946 die Spruchkammer Schongau ihre Arbeit aufnahm. In den lückenlos protokollierten 27 Verhandlungen wurden 296 Fälle behandelt. Strauß selbst führte bei 164 Fällen den Vorsitz, 118 Fälle wurden für die Antragsteller positiv bzw. eingeschränkt positiv entscheiden, 44 negativ.[66] Dieses Ergebnis zeigt, dass Strauß offenbar differenziert urteilte, Belastete aber keineswegs ungeschoren davonkommen ließ.

Nicht allein das eigene Entnazifizierungsverfahren, auch die politische Beurteilung durch die amerikanische Militärregierung fiel für Strauß außerordentlich positiv aus. So schrieb Major C. E. Carlsen schon nach einem halben Jahr über den stellvertretenden Landrat Strauß: »In this capacity he has proved himself as an absolutely trustworthy and for the reconstruction of the new German administration in the democratic way good qualified official who gave good service for Mil. Govt., specially in the question of Denazification as chairman of the Advisory Committee, besides for C.I.C. as a collaborator in resistance against the Nazis.« Und als Strauß einige Wochen später durch die Stadt München »abgeworben« werden sollte, schrieb der Direktor bei der Militärregierung, Major Carl A. Rein, am 8. Februar 1946 an den Münchner Oberbürgermeister: »We have the highest regard for Mr. Strauss both as a man and as an official und can recommend him highly. Since his work is very important to us here at the present time we trust that our wishes will be taken into consideration.«[67]

Tatsächlich hatte Franz Josef Strauß dem Münchner Oberbürgermeister geschrieben: »Da ich meiner Ausbildung und meiner eigenen Neigung nach besser zu einer Tätigkeit auf kulturellem Gebiete geeignet bin, bewerbe ich mich ... um die Stelle des Stadtschuldirektors«, worauf ihm das Personalreferat am 30.1.1946 mitteilte, dass eine »Einstellung genehmigt wurde«.[68] Zwar hat sich Strauß dann doch nicht für diese Stelle entschieden, aufschlussreich sind seine Bewerbung und ihre Begründung dennoch. Offenbar waren seine kulturellen Interessen so stark, dass er sich zu diesem Zeitpunkt noch nicht definitiv für eine politische Laufbahn entschieden hatte. Zusammen mit seinem ursprünglichen Wunsch der Habilitation zeigt dies: Seine Jahrzehnte später gefallene Bemerkung, er habe eigentlich Professor der Geschichte an der Universität München werden wollen, enthielt einen wahren Kern.

Der Landkreis Schongau hatte 1945 etwa 26 000 »Ureinwohner«, doch wuchs die Bevölkerung in wenigen Jahren aufgrund der Zuzüge durch Vertriebene schnell auf 35 000 bis 38 000 Personen an. Die Unterbringung zählte zu den ersten Organisationsaufgaben von Strauß, wofür ihm nach seinem Ausscheiden als Landrat der Kreisbeauftragte für das Flüchtlingswesen im Landkreis Schongau, Kässl, am 22. Januar 1949 ausdrücklich dankte: »Es kann mit Genugtuung festgestellt werden, daß das Schicksal der Ausgewiesenen im hiesigen Kreisgebiet unter Inanspruchnahme sämtlicher Verwaltungsstellen, vor allem aber Ihrer tatkräftigen Mithilfe, so gelenkt werden konnte, daß im Großen und Ganzen Zufriedenheit unter den hier untergebrachten Familien wahrgenommen werden kann.«[69] Tatsächlich bestätigen alle Zeugnisse die Energie, das Organisationstalent und die Effizienz des stellvertretenden bzw. Landrats Strauß, der schon in seiner ersten zivilen Aufgabe bewies, dass er das zielorientierte Handeln des Offiziers verinnerlicht hatte und trotz seiner zweifellos überragenden intellektuellen Fähigkeiten nicht von des »Gedankens Blässe« angekränkelt war und darin seinen politischen Gegnern und im Lebensweg ähnlich tatkräftigen Zeitgenossen Helmut Schmidt und Walter Scheel glich. Im Landratsamt Schongau musste Franz Josef Strauß von Beginn an mit den drängendsten, zwar banalen, aber existenziellen Problemen umgehen – eine Lehrzeit blieb ihm nicht.

»Zunächst war die Sorge um das tägliche Brot das beherrschende Problem, vor allem für die Leute in der unteren Verwaltung. Ich habe damals, zum Wohle der Bürger meines Landkreises, so viel gestohlen und geschoben, daß ich aus dem Gefängnis nicht mehr herausgekommen wäre, wenn es nach Recht und Gesetz gegangen wäre. Die Kunst des ›Organisierens‹, die man bei der Wehrmacht gelernt hatte, bewährte sich ... Zur Bewältigung der allgemeinen Not war vieles im wahrsten Sinne des Wortes notwendig.«[70]

Diese Kunst des »Organisierens« hatte seinerzeit selbst der strenge Kölner Erzbischof Joseph Kardinal Frings als »lässliche Sünde« eingestuft, sodass man von seinem Namen das geflügelte Wort »fringsen« ableitete. Doch »fringsen« allein reichte nicht, vielmehr wurde diese Aufbaugeneration zur Bewältigung der alltäglichen Probleme, um im kreatürlichen Sinn zu überleben, zu einem schier unglaublichen Improvisationstalent gezwungen, auch wenn die Lage auf dem Land nicht mit derjenigen in zerstörten Großstädten identisch war. Strauß schilderte anschaulich die Aufgaben dieser »Verwaltung« – einer Verwaltung, die oftmals politisch »kopflos« geworden war: Die alten Autoritäten gingen, sofern sie nationalsozialistisch korrumpiert waren, zunächst in Deckung, die neuen waren oft – wie im Fall von Strauß – spontan durch die Militärbehörden eingesetzt worden, wenn sie politisch nicht belastet waren, ohne normalerweise einschlägige Erfahrungen zu haben.

In den Städten war die Lage noch verheerender, weil durch die alliierten Luftangriffe Wohnungen und Infrastruktur weitgehend zerstört worden waren: In Strauß' Heimatstadt München lagen bei Kriegsende 1945 insgesamt 45 Prozent der gesamten städtischen Bausubstanz in Trümmern, 6700 Münchner waren bei den Angriffen getötet, 15 800 verwundet worden, 300 000 obdachlos geworden. Von den vor Kriegsbeginn 1939 824 000 Einwohnern waren am 30. April 1945 nur noch 626 736 übrig. Als 1945 eine große Zahl Evakuierter bzw. Vertriebener in die Stadt strömte, fehlten 117 000 Wohnungen.[71] Auch die Familie Strauß war wie viele andere mehrfach ausgebombt worden, zu ihrem Glück hatte sie aber keine Toten oder Verletzten zu beklagen. Doch sahen sich die Davongekommenen – vom moralischen Desaster Deutschlands einmal abgesehen – überall dem Chaos gegenüber. Der alltägliche Überlebenskampf bestimmte alles.[72] Um eine Zukunftsperspektive zu entwickeln, bedurfte es historischen Denkens, ethisch begründeter starker politischer Überzeugungen, Organisationstalents, Realitätssinns und eben effizienten Improvisationstalents.

Franz Josef Strauß vereinte diese Fähigkeiten, ohne die es dem erst 30-Jährigen kaum möglich gewesen wäre, innerhalb weniger Jahre in politische Schlüsselstellungen zu gelangen, dauerte dies doch auch bei den hoch befähigten Generationsgenossen, die erwähnt wurden, in der Regel ein Jahrzehnt länger. Natürlich spielten auch Zufälle mit, die er selbst immer wieder erwähnte, generell muss auch die Tatsache berücksichtigt werden, dass viele Jahrgangsgenossen im Krieg gefallen, in Gefangenschaft geraten oder physisch und psychisch geschädigt waren. Andere wiederum waren durch die NS-Ideologie korrumpiert oder gar aufgrund der Teilnahme an Verbrechen in den Entnazifizierungsverfahren bzw. Prozessen als so belastet eingestuft worden, dass sie für politische Ämter in einem neu aufzubauenden demokratischen Rechtsstaat nicht infrage kamen. Wenn oft gesagt wird, ein bayerischer Landrat muss alles können und kann alles, mag das zu pauschal sein, doch ein Körnchen Wahrheit ist kaum zu bestreiten.

Zu den Tätigkeitsbereichen von Strauß gehörten die innere Sicherheit und die Polizei- bzw. Gefängnisverwaltung, was nach den im Landkreis am 17. November 1946 offenbar durch eine Bande ehemaliger DPs (Displaced Persons) begangenen drei Morden schnell Priorität gewann sowie durch eine für die Nachkriegsjahre spezifische Kriminalität Aktualität behielt. Strauß organisierte u. a. eine von ihm persönlich geführte Stadtpolizei in Schongau, zu der sieben Mann gehörten.[73] Des Weiteren kümmerte er sich intensiv um die Kulturpolitik, darunter die Errichtung einer Volkshochschule und die Organisation einer Kulturwoche, die er danach auch am 22. Juli 1947 mit einer Rede eröffnete und zu der, anders als man angesichts seiner erwähnten musikalischen Abstinenz erwarten sollte, auch Konzertveranstaltungen gehörten. Ein wesentliches Arbeitsfeld war die Verkehrspolitik mit der Instandsetzung zerstörter Brücken. Zur Beförderung des Wohnungsbaus und der Errichtung von Gewerbeimmobilien initiierte er eine gemeinnützige Siedlungs- und Baugenossenschaft und stiftete selbst einen Teil seines Gehalts der Wohnungsbaugenossenschaft: Auch des daniederliegenden Gesundheitswesens nahm er sich an. Trotz aller konstruktiven Aufbauarbeit gelang es ihm nicht nur, jeweils einen ausgeglichenen Haushalt vorzulegen, sondern sogar Überschüsse zu erzielen.[74]

Auch in anderer Hinsicht bedeuteten seine erfolgreichen Jahre als Landrat eine wichtige Lehrzeit, musste er doch seine Politik gegenüber dem Kreistag vertreten. Er sammelte auf diese Weise auf Kreisebene sowohl gouvernementale als auch parlamentarische Erfahrungen. Und schon hier zeigten sich sein Temperament und seine Neigung, politischen Angriffen alles andere als zimperlich zu begegnen. Der »eingesetzte« Regionalpolitiker entwickelte schnell einen eigenen (Dick-)Kopf und einen eigenen Stil.

Wie dieser in der Bevölkerung ankam, sollte sich bald erweisen, da der von den Amerikanern ernannte stellvertretende Landrat Strauß sich bald einer demokratischen Wahl stellen musste: In der größeren, aber begrenzten Öffentlichkeit der Gasthöfe erklärte er seine Ziele und Handlungen und überzeugte die Mehrheit der Wähler. Kampf wurde von Beginn an sein Metier und kam seiner Neigung zu politischer Rauflust durchaus entgegen. Auch hierin verbindet sich Individuelles mit Generationsspezifischem. Das Leben unter der Diktatur und im Krieg, die Herausforderungen der Aufbaujahre hatten ihn gelehrt, zwischen Alternativen zu entscheiden. Schon 1946 wurde er zum Landrat von Schongau gewählt, nachdem er bereits bei Kandidaturen zum Kreistag Erfahrungen bei der Aufstellung von Listen der CSU gemacht hatte – nicht nur positive Erfahrungen, da seine Wahl zum Landrat nur durch einen Zufall erfolgreich war: Tatsächlich hatte sein Gegenkandidat Josef Hamberger die Wahl gewonnen, jedoch nicht angenommen, da er Landrat von Augsburg wurde. Der Kreistag wählte den zum Stellvertreter gekürten Strauß daraufhin am 31. August 1946 mit 25 von 26 gültigen Stimmen zum Landrat des Kreises Schongau.[75]

Eine heute nicht mehr vorstellbare Besonderheit und zugleich eine Doppelbelastung ergab sich daraus, dass die Ämter als stellvertretender bzw. Landrat nebenamtlich waren und er zur Besoldung in Stellen als Regierungsrat bzw. später Oberregierungsrat eingewiesen wurde, zuerst innerhalb des Landratsamtes, dann im Bayerischen Kultusministerium, wo er zugleich Leiter des Jugendreferats wurde und zusätzlich andere Aufgaben übernahm: So wurde er etwa seit dem 12. Juli 1947 als Stellvertreter eines Regierungsdirektors in den Verwaltungsrat des Landesamtes für Vermögensverwaltung und Wiedergutmachung entsandt. Auch diese Kumulation unterschiedlicher Aufgaben und Rechtsstellungen ist nur aus den zeittypischen Umständen der Nachkriegsjahre erklärbar. Sie trugen neben seinem improvisierenden Temperament dazu bei, späteren administrativen Eigensinn zu verstehen, war Strauß doch nicht als systematisch agierender Verwaltungsjurist in die Politik gelangt.

In seiner Eigenschaft als Leiter des Jugendreferats im Kultusministerium hielt Strauß bei der Gründungstagung des Bayerischen Landesjugendausschusses am 24./25. Mai 1946 in München eine der ersten seiner großen Reden. Unter den Zuhörern waren der damalige Bayerische Ministerpräsident Wilhelm Hoegner, Kultusminister Franz Fendt und der amerikanische General J. Walter Muller als Vertreter der Militärregierung. Übrigens hatte der aus dem Exil zurückgekehrte Sozialdemokrat Hoegner über Strauß schon in dieser Zeit bemerkt: »In einigen Besprechungen fiel mir der junge Franz Josef Strauß von der CSU durch seine klugen Bemerkungen auf. Er war damals der junge Mann Dr. Josef Müllers, schien aber sehr selbständig zu denken.« Über die Zeit, als Strauß Verteidigungsminister war, schrieb Hoegner, er habe zu ihm persönlich ein gutes Verhältnis gehabt[76], und Franz Josef Strauß hat als Bayerischer Ministerpräsident aus Anlass seines 100. Geburtstags am 23. September 1987 in der Münchner Residenz eine warmherzige, Hoegners persönliche Integrität, seinen mutigen Widerstand gegen den Nationalsozialismus, seine Verdienste um die bayerische Verfassungsordnung der Nachkriegszeit und seine politische Lebensleistung würdigende Rede gehalten. Zwar gab es dafür gewissermaßen die protokollarische Pflicht, einen der Vorgänger zu würdigen, doch kann man sie auf sehr unterschiedliche Weise wahrnehmen, formal und distanziert als Pflichtübung oder aber, wie Strauß es getan hat, in wirklicher Hochachtung. Aber natürlich wäre er sich selbst untreu geworden, wenn er nicht in einzelnen Sätzen auch die Unterschiede des großen Sozialdemokraten Hoegner zur SPD der 1980er-Jahre betont hätte.[77]

Die »Jugendrede«, die Strauß im Mai 1946 hielt, war frei von jeglicher Parteipolitik, sie war zu lang, aber sie verband konkrete Informationen und Bemerkungen, sie besaß intellektuellen Tiefgang und moralischen Ernst. Scharf war die Rede von Strauß, deren grundlegender Appell in der Rückgewinnung einer ethischen Basis für die Jugend lag, nur im Hinblick auf die Abrechnung mit dem Nationalsozialismus. Dabei kritisierte er zuerst dessen »geistlose(s), rein physische(s), in den Bereich der Zoologie gehörende(s) Menschenbild«, die »Verachtung und Vernichtung des politischen Gegners und des Angehörigen einer anderen Rasse«, er geißelte »Haß und Vernichtung auf der einen Seite, Größenwahnsinn und Machtvergottung des von einer Rasse getragenen Staates« auf der anderen. Das von zwei universalen Mächten, von Humanismus und Christentum, geprägte Bild des abendländischen Menschen sei »geschändet worden auf den Schlachtfeldern, geschändet worden in den Konzentrations- und Gefangenlagern«. Es dürfte keine Führerprinzipien, keinen Kollektivismus, keine Staatsjugend, keine Ideologie mehr geben, die einen »Unterschied zwischen den Menschen aus rassischen oder religiösen Gründen« betone. Der »junge Mensch soll erleben, daß alles, was Menschenantlitz hat, vor Gott und der Welt gleich viel wert ist, daß kein Mensch sich grundsätzlich besser dünken darf als der andere oder mit Vorrechten gegenüber den anderen ausgestattet«. Die Jugend müsse lernen, dass die 1945 zusammengebrochene Welt »hohl und eitel war, aufgebaut auf Lüge und Verbrechen. Heute soll sie lernen, daß Ehre in der

Selbstverantwortung und in der Einhaltung der ewigen göttlichen Grundsätze besteht, daß Treue nichts zu tun hat mit der Einhaltung eines erzwungenen Fahneneides, daß Gehorsam in erster Linie Befolgung der göttlichen Gebote ist und der menschlichen Gebote nur dann, wenn sie im Einklang mit den göttlichen Geboten stehen, daß kein Staat und keine Regierung das Recht hat, Gehorsam zur Ausführung unsittlicher oder verbrecherischer Taten zu verlangen ... Die Jugend muß heute einsehen, daß es keine Tapferkeit gibt ohne Gerechtigkeit und daß ihrer Tapferkeit im Kriege die sittliche Rechtfertigung fehlte, da sie nicht für eine gerechte Sache kämpfen durfte, sondern für die ungerechte kämpfen mußte ... Man hatte dieser Jugend die Achtung vor dem menschlichen Leben und seiner Würde genommen, man hatte sich bemüht, sie planmäßig und systematisch zu Mördern zu erziehen, denen das Leben eines Kriegsgefangenen oder eines verwundeten Feindes nichts mehr gelten sollte.«

Strauß beklagte die Pervertierung der Sprache im Nationalsozialismus: »Das Schlagwort hat das Wort erschlagen, die Propaganda hat den Begriff der Wahrheit des Gesprochenen in das Gegenteil verkehrt, eine Begriffsinflation und Begriffspervertierung geschaffen«, die »Übertreibungen des Massenstils« und die »nationale Phrase« zur Legitimation benutzt. Die Entnazifizierung müsse bei der Jugend beginnen, weil sie die Zukunft bedeute. »Es genügt für uns nicht, die Schäden der Vergangenheit aufzudecken, einer in ihrem innersten Wesen satanischen Zeit die Maske vom Gesicht zu reißen und unser Verdammungsurteil über sie, ihre Träger und Mitläufer zu sprechen. Unser Gesicht muß nach vorne, in die Zukunft gerichtet sein, wenn sie auch noch so düster und schwer vor uns liegen mag, wenn sich auch der analysierende Geist mit der Zergliederung der Vergangenheit beschäftigt, um Erkenntnisse aus ihr bemüht, die den Weg in die Zukunft erleichtern sollen ... Der Jugend muß ein Ideal gegeben werden, für das sie leben kann, es muß ihr ein Ziel gegeben werden, nach dem sie streben kann.«[78]

In dieser Rede ging Strauß einleitend auf die extrem schwierige materielle Lage, die durch den Krieg bedingte Verrohung und moralische Entwurzelung ein, er zitierte den amerikanischen Präsidenten Truman und dessen Wort, Demokratie könne in der Armut keine Wurzeln schlagen. Er nannte Zahlen über die Wohnungsnot, zur Ernährungslage, zum schweren Schicksal der Vertriebenen (und auch Ressentiments gegen sie), er insistierte auf der Notwendigkeit konkreter Hilfe, dankte der amerikanischen Besatzungsmacht, die dem besiegten Feind helfe, aber vor allem zeigte die Rede einen moralischen und idealistischen Strauß, einen Mann, der die Chance zur demokratischen und rechtsstaatlichen Erneuerung nur auf der Grundlage vorbehaltloser Auseinandersetzung mit der nationalsozialistischen Diktatur und ihrer Verbrechen sah. Schon 1946 lag sein zentrales Anliegen in der Wiedergewinnung moralischer Orientierung und eines erneuerten Wertbewusstseins. Von der viel berufenen Verdrängung keine Spur! Doch gab Strauß in dieser etwa einstündigen Rede außerdem konkrete Anregungen für die künftige Jugendarbeit.

4

Lehrjahre in der Parteipolitik

Im Frühjahr 1946 erfolgte ein weiterer wesentlicher Schritt in die politische Zukunft: Strauß kam über einen Zufall in Kontakt mit Dr. Josef Müller, dem berühmten »Ochsensepp«, und seinem Kreis, der sich regelmäßig in Müllers Wohnung in der Schwabinger Gedonstraße traf. Müller hatte als enger und mit ihm befreundeter Mitarbeiter des Admirals Canaris, des Chefs der Abwehr/Ausland, zum Widerstand gegen Hitler gehört. Als Beauftragter der militärischen Opposition verhandelte Müller durch Vermittlung des Vatikans mit der britischen Regierung. Zwar wurde der im April 1943 verhaftete und wegen Hochverrats angeklagte Josef Müller durch das Reichskriegsgericht freigesprochen, jedoch nicht freigelassen, sondern an unterschiedlichen Orten, darunter auch im Gestapo-Gefängnis in der Berliner Prinz-Albrecht-Straße sowie in Konzentrationslagern, inhaftiert. Erst 1945 befreiten ihn amerikanische Truppen. Als einer der Gründer der CSU wurde der »Ochsensepp« am 17. Dezember 1945 Vorsitzender des Vorläufigen Landesausschusses. Franz Josef Strauß, sein politischer Ziehsohn, wurde Mitgründer der CSU in Schongau.

Die parteipolitische Situation war zunächst offen, hatte die amerikanische Militärregierung (OMGUS) doch nicht allein die NSDAP und alle nationalsozialistischen Massenorganisationen aufgelöst, sondern sämtliche parteipolitischen Aktivitäten untersagt und die Priorität auf die Einrichtung einer Auftragsverwaltung unter amerikanischer Aufsicht gelegt. In ihrer berühmten Direktive JCS 1067 vom 26. April 1945 hieß es: »Deutschland wird nicht besetzt zum Zwecke seiner Befreiung, sondern als besiegter Feindstaat. Ihr Ziel (d. h. das der Alliierten) ist nicht die Unterdrückung, sondern die Besetzung Deutschlands, um gewisse wichtige alliierte Absichten zu verwirklichen ... Das Hauptziel der Alliierten ist es, Deutschland daran zu hindern, je wieder eine Bedrohung des Weltfriedens zu werden. Wichtige Schritte zur Erreichung dieses Zieles sind die Ausschaltung des Nazismus und des Militarismus in jeder Form, die sofortige Verhaftung der Kriegsverbrecher zum Zwecke der Bestrafung, die industrielle Abrüstung und Entmilitarisierung Deutschlands mit langfristiger Kontrolle des deutschen Kriegspotentials und die Vorbereitungen zu einem späteren Wiederaufbau des deutschen politischen Lebens auf demokratischer Grundlage.«[79] Zwar blieb diese Direktive insgesamt nur wenige Wochen in Kraft, doch behielt der Aufbau einer deutschen Auftragsverwaltung unter amerikanischer Aufsicht zunächst Priorität. Innerhalb weniger Monate entwickelte sich jedoch aufgrund der weltpolitischen Konstellation und der Reibungen bzw. konzeptionellen und faktischen Differenzen der Besatzungsmächte untereinander eine politische Dynamik, die innerhalb kürzerer Zeit als vorgesehen kleinere, aber wachsende Spielräume zu deutscher Mitbestimmung, zunächst auf kommunaler Ebene, eröffnete.

Da zu den Zielen der amerikanischen Besatzungsmacht mittelfristig auch die Demokratisierung und der Wiederaufbau des politischen Lebens in Deutschland gehörten, hatte es für die westlichen Zonen eine gewisse Signalwirkung, als sich am 10. Juni 1945 die Sowjetische Militäradministration (SMAD) entschloss, in ihrer Zone »antifaschistische Parteien« zuzulassen. Auch für die Amerikaner entstand, zumal nach der Potsdamer Konferenz vom Juli/August 1945, ein gewisser Zugzwang, sodass in der amerikanischen Zone, zu der Bayern gehörte, ab August 1945 demokratische Parteien lizenziert wurden.[80] Ehemalige Mitglieder der NSDAP durften keine Anträge auf Lizenzierung von Parteien einreichen bzw. unterschreiben, das Genehmigungsverfahren war kompliziert und langwierig und zunächst nur auf kommunaler Ebene möglich, erst ab dem 23. November 1945 ließen die Amerikaner Parteien auch auf Landesebene zu.

Allein aufgrund dieser besatzungsrechtlichen Voraussetzungen war die Wieder- bzw. Neugründung von Parteien ein sich über Monate hinziehender komplizierter Prozess, der naturgemäß durch unterschiedliche Zielsetzungen der an der Gründung beteiligten Politiker zusätzlich erschwert wurde. Beschleunigt wurden die Parteigründungen allerdings durch die Zulassung von Gemeinderatswahlen durch OMGUS für Februar 1946, sodass am 8. Januar 1946 zunächst drei Parteien in Bayern auf Landesebene zugelassen wurden, zwei Wiedergründungen aus der Weimarer Zeit, SPD und KPD, und eine Neugründung, die CSU, wobei keineswegs alle regionalen bzw. kommunalen Gründungen besonders geneigt waren, sich in der Gesamtpartei CSU auf Landesebene zügig zusammenzuschließen.

Aber war eine solche Neugründung zwangsläufig oder setzte sie einen politischen Lernprozess voraus? Wie immer diese Frage konkret zu beantworten ist, unabhängig von der besonderen Rolle Bayerns im Nachkriegsdeutschland ist sie nicht. Die Bundesrepublik entstand nicht vor den Ländern, sondern nach ihnen, ihr föderativer Charakter war nicht allein chronologisch und faktisch vorgegeben, sondern entsprach einer korrespondierenden Zielsetzung der westlichen Besatzungsmächte und der (west)deutschen Politik: Nur während der nationalsozialistischen Diktatur war Deutschland kein föderativer Staat gewesen, sonst aber stets in seiner tausendjährigen Geschichte. Die deutschen Ostgebiete jenseits von Oder und Neiße wurden nach dem Krieg unter polnische bzw. sowjetische Verwaltung gestellt; durch Beschluss des Alliierten Kontrollrats in Berlin 1947 wurde der – politisch bereits seit dem sogenannten Preußenschlag des Reichskanzlers Franz von Papen am 20. Juli 1932 entmachtete – Freistaat Preußen staatsrechtlich aufgelöst.

Was sollte nun mit den zahlreichen preußischen Provinzen geschehen, die als administrative Einheiten noch übrig waren? Da Preußen zwei Drittel des Reichsterritoriums umfasst hatte, wurde eine staatsrechtliche und geografische Neuregelung notwendig: So entstanden auf dem ehemaligen Territorium Preußens neue Länder, unter anderem Nordrhein-Westfalen, Niedersachsen, Schleswig-Holstein, Rheinland-Pfalz usw. Außer den Hansestädten Hamburg und Bremen besaß nach 1945 als einziger Territorialstaat unter den westdeutschen Ländern Bayern, das um die Rheinpfalz (und zeitweise um den Landkreis Lindau) verkleinert wurde, eine eigene, fast 800-jährige Staatstradition. Sie war durch die amerikanische Militärregierung schon am 19. Dezember 1945 durch die Proklamation Nr. 2 bestätigt worden, mit der der Freistaat Bayern wiederbegründet wurde. Das bayerische Bewusstsein einer Eigenstaatlichkeit wurde dadurch wiederbelebt bzw. verstärkt. Aus diesem Grund erfolgte hier auch die Wiedergründung von Parteien auf eigenen Wegen, die Traditionen wieder aufnahmen – »Pfadabhängigkeit« nennen dies in modischer Terminologie heutige Historiker.

Zu diesen Parteitraditionen[81] gehörte eine Sonderrolle bayerischer Parteien in der Weimarer Republik: So hießen die Deutschnationalen in Bayern »Mittelpartei«, so hatte sich die katholische Bayerische Volkspartei (BVP) 1919 von der Zentrumspartei abgespaltet[82], und so besaß als weitere Spezialität der Bayerische Bauernbund eine vergleichsweise starke Stellung: Die BVP wurde zwar bis 1932 stets die stärkste Partei und erreichte bei der Landtagswahl vom 6. Juni 1920 mit 39,4 Prozent ihr bestes Ergebnis, nie aber die absolute Mehrheit. Nachdem sie immer deutlich über 30 Prozent gelegen hatte, sackte sie bei der Landtagswahl am 5. März 1933 auf 27,2 Prozent ab und fiel damit das einzige Mal auf den zweiten Rang zurück – hinter der NSDAP, die 43,1 Prozent erreichte. In den Jahren davor aber benötigte die BVP den Bayerischen Bauernbund – der zugleich Konkurrent war – als Koalitionspartner. Eine weitere Besonderheit entwickelte sich schon in der Weimarer Republik, da die BVP zugleich bayerische Landespartei und Reichspartei war, die von 1920 bis 1933 stets in den Reichstag gelangte. Und noch ein Spezifikum ist bemerkenswert: In Bayern kandidierte die Zentrumspartei nicht, sodass sich eine »Arbeitsteilung« zwischen Zentrumspartei und Bayerischer Volkspartei ergab, ohne dass beide eine Fraktionsgemeinschaft im Reichstag gebildet hätten wie heute CDU und CSU im Bundestag.

Und schließlich müssen für die bayerische Parteiengeschichte der Nachkriegszeit sowohl die historisch begründeten territorialen Unterschiede Frankens, Schwabens und Altbayerns berücksichtigt werden als auch die Konfessionsstruktur mit katholischer Dominanz in Altbayern. Daneben bestand ein starker protestantischer Bevölkerungsanteil vor allem in Mittelfranken und einigen Gebieten Oberfrankens sowie in ehemaligen Reichsstädten wie Nürnberg. So wurde von Beginn an heftig über die regionale Repräsentanz in Parteigremien diskutiert, Hundhammer sprach öfters von einem ausgesprochenen Missverhältnis und prangerte beispielsweise die im Verhältnis zur Mitgliederzahl ungerechte Bevorzugung Frankens bzw. protestantischer Bezirke an, was er mit aussagekräftigen Zahlen belegen konnte.[83]

Sollte man also nach 1945 nicht wie SPD und KPD auch im konservativen bzw. katholischen Spektrum an die Parteien der Weimarer Republik anknüpfen, also die Bayerische Volkspartei wiederbegründen? Eine solche Lösung lag schon deshalb nahe, weil eine Reihe von Politikern der ersten Garnitur, wie Fritz Schäffer, Anton Pfeiffer, Josef Müller, Alois Hundhammer, Karl Scharnagl u.a., bis 1933 in der BVP aktiv war. Tatsächlich gehörten von den 178 biografisch erfassbaren Gründungsmitgliedern der CSU vor 1933 65 der Bayerischen Volkspartei an, sieben weitere dem Zentrum, die tatsächliche Zahl dürfte noch höher gelegen haben. Und nicht nur dies: Es handelte sich bei dieser Gruppe nicht bloß um einfache Parteimitglieder, vielmehr hatten vor 1933 42 unter ihnen zur Führungselite der BVP und fünf zu der des Zentrums gezählt.[84] Oder sollte man an eine echte Neugründung denken, die die konfessionellen Gegensätze im Sinne des erwähnten Vorschlags von Konrad Adenauer aus dem Jahre 1922 überbrücken würde? Wie föderalistisch oder gar partikularistisch sollte die neue Partei sein?

Ein Teil dieser Fragen wurde in Bayern mit der Gründung der Bayernpartei (BP) durch Ludwig Lallinger am 28. Oktober 1946 in München beantwortet, die auf Landesebene durch die amerikanische Militärregierung erst am 29. März 1948 lizenziert wurde. Sie knüpfte dezidiert an die bayerische Sonderentwicklung im Parteiwesen an, wobei sie offensichtlich stärker in der Tradition des Bayerischen Bauernbundes als der Bayerischen Volkspartei stand. Die Zielsetzung der BP war dezidiert föderalistisch, ja partikularistisch, forderte sie doch die Schaffung eines selbstständigen bayerischen Staates. Sie wollte eine eigene bayerische Staatsangehörigkeit und nahm insofern alte deutschnationale Gedanken wieder auf, als sie neben dem Landtag eine gleichberechtigte berufsständische Kammer wünschte. Eine solche Verfassungskonstruktion hatte die nationale Rechte erfolglos bereits 1919 gefordert: Sie hätte ein konsequent repräsentativ-parlamentarisches System verhindert, da dessen Legitimationsgrundlage die allgemeine Repräsentanz der Wahlbevölkerung und nicht bloß die Vertretung einzelner sozialer Schichten ist. Ein derartiges Regierungssystem hätte systematisch und historisch vor die Verfassungsordnung von Weimar, ja sogar vor den Konstitutionalismus des Kaiserreichs zurückgeführt. Zumindest Teile ihrer Führung, wie der Parteivorsitzende Joseph Baumgartner, waren überdies Partikularisten und Monarchisten. Insgesamt verfolgte die BP also eine reaktionäre Politik, deren wesentliche politische Elemente im 19. Jahrhundert wurzelten.

Die Kernfrage der ehemaligen BVP-Politiker und ihrer zugehörigen Milieus lautete: Ist die Restauration der Weimarer Parteienlandschaft ausreichend, würde sie die künftigen Herausforderungen meistern können und auch den jüngeren Teil der Bevölkerung ansprechen, der zu ihrem früheren sozial-kulturellen Milieu zählte? Vor diesem Hintergrund wird klar, dass die Gründung der CSU ein progressiver Akt war, der trotz analoger Wählerbasis im Gegensatz zur zumindest restaurativen Antwort der BP stand. Und diese Konkurrenz erklärt auch, warum die CSU als Partei der Mitte sich später zwar eindeutig gegen Rechtsparteien abgrenzen musste, ihnen aber zugleich auf dem rechten Flügel des Wählerspektrums keinen Raum lassen durfte: Franz Josef Strauß sollte später sagen, rechts von der CSU dürfe es keine demokratisch legitimierte (!) Partei geben.

Entscheidend für den Gründungskonsens innerhalb der ersten Führungsriege der CSU nach 1945[85] war für einen erheblichen Teil die Tatsache, aufgrund der eigenen christlich-katholischen, aber auch bayerisch-föderalistischen Wertorientierung gegenüber der Propaganda und Suggestion des Nationalsozialismus resistent geblieben zu sein. Viele spätere CSU-Politiker standen im Gegensatz zum NS-Regime, nicht wenige wurden verfolgt, weil sie zum Widerstand gehörten oder dessen verdächtigt wurden: Wie die frühen Debatten zeigen, war diese Ablehnung Hitlers auch für sonst sehr gegensätzliche Politiker ein einigendes Band.[86] So wurden während der nationalsozialistischen Diktatur insgesamt 154 Abgeordnete des Bayerischen Landtags vom NS-Regime verfolgt, darunter 61 Sozialdemokraten, 57 Abgeordnete der Bayerischen Volkspartei, 15 Kommunisten und 21 Abgeordnete anderer politischer Richtungen. Für die SPD bedeutete das einen prozentualen Anteil von etwas unter 50 Prozent ihrer Mandatsträger, für die BVP gut 40 Prozent. Auch spielte die Frage eine Rolle, welchen Anteil die Weimarer Parteien am Scheitern der Demokratie hatten, ob nicht auch die BVP zu diesem Versagen beigetragen hatte. Strauß gehörte zu denjenigen, die nicht mehr in alten BVP-Vorstellungen befangen waren und deshalb ihre zeitgemäße Änderung verlangten: »es sollte Schluß sein mit dem Weimarer Parteiensystem, das so kläglich versagt hatte, es sollte eine andere parteipolitische Architektur entstehen, ein wirklicher Neuanfang gemacht werden... Die CSU war eine neue Partei in einer zerstörten Geschichtslandschaft, die versuchte, das Historische neu zu definieren, neu auszufüllen. Durch mein Lebensalter war ich weit getrennt von den Parteien der Weimarer Republik. Aus deren Tun und Scheitern ließ sich allenfalls lernen, wie man es unter keinen Umständen machen durfte. Ihren Vertretern gegenüber war ich deshalb auch oft kritisch und ungeduldig.«[87] Diese historischen Voraussetzungen erklären, warum die Auseinandersetzung in der CSU mit der NS-Vergangenheit in den ersten Nachkriegsjahren intensiv und stark war.

Auf der anderen Seite reichte dieser Kontext nicht aus, in Bezug auf Zukunftsfragen zwischen außerordentlich unterschiedlichen Persönlichkeiten wie Fritz Schäffer, Alois Hundhammer, Josef Müller, Anton Pfeiffer oder dem eher ausgleichenden Hans Ehard, zwischen Katholiken und Protestanten, zwischen Altbayern, Schwaben, Franken, Oberpfälzern, zwischen Partikularisten, Föderalisten und stärker gesamtdeutsch bzw. bundespolitisch Orientierten Einigkeit herzustellen. Kern der Kontroversen wurde immer stärker die Frage, wie die föderalistische Konzeption aussehen und realisiert werden sollte. Die Einigkeit in anderen, beispielsweise kultur- und gesellschaftspolitischen Fragen wurde dadurch überlagert, obwohl auch die Frage der Konfessionsschule genügend Sprengstoff barg.

In den ersten Jahren war die CSU mehr als einmal in Gefahr, durch rüde geführte Flügelkämpfe auseinanderzubrechen. Dazu trug bei, dass der CSU mit der Bayernpartei ein partikularistischer Konkurrent erwuchs und die nachdrückliche Berufung auf die singuläre bayerische Staatstradition Forderungen nach Eigenstaatlichkeit begünstigte – übrigens nicht allein in der CSU: Auch der führende sozialdemokratische Nachkriegspolitiker und zeitweilige Ministerpräsident Wilhelm Hoegner war ein überzeugter bayerischer Föderalist, der sich auf sein sozialdemokratisches Vorbild Georg von Vollmar berief.[88]

Heute ist kaum mehr vorstellbar, dass die Bayernpartei[89] für die CSU eine ernst zu nehmende politische Bedrohung darstellte, doch tatsächlich war sie Ende der 1940er- und zu Beginn der 1950er-Jahre der Hauptgegner; ihr sozial-kultureller Schwerpunkt lag im gleichen Wählerreservoir wie bei der CSU, insbesondere im katholisch-ländlichen bzw. kleinstädtischen Milieu. Bei der ersten Bundestagswahl 1949 erreichte die BP sogar

20,9 Prozent in Bayern, was einem Bundesdurchschnitt von 4,2 Prozent entsprach und ihr – die Fünf-Prozent-Hürde war noch nicht eingeführt – 17 Abgeordnetenmandate einbrachte. Die CSU erreichte bei dieser ersten Bundestagswahl in Bayern 29,2 Prozent, was einem Bundesdurchschnitt von 5,8 Prozent entsprach. Hinter der CSU und der SPD, die 1949 in Bayern auf 22,8 Prozent kam, war also die BP nur wenig schwächer die drittstärkste Partei. Bei den ersten Landtagswahlen in Bayern konnte die BP noch nicht kandidieren, 1950 aber erreichte sie hier 17,9 Prozent hinter der SPD mit 28,0 und der CSU mit 27,4 Prozent.

Wie gefährlich die BP der CSU damals werden konnte, zeigt ein Vergleich der Landtagswahlergebnisse der CSU 1946 und 1950: 1946, als die BP noch nicht antrat, kam die CSU auf 52,3 Prozent, vier Jahre später hatte sie 24,9 Prozent verloren, den größten Teil an die BP, vermutlich auch an die kleine und nur einige Jahre bestehende Wirtschaftliche Aufbauvereinigung von Alfred Loritz, die 1950 erstmals für den Landtag kandidierte und es auf 2,8 Prozent brachte, sowie die Vertriebenenpartei BHE, die in einer Parteienverbindung ihren Anteil von 7,3 Prozent im Jahr 1946 auf 12,3 Prozent bei der Landtagswahl 1950 steigern konnte. Bevor es der CSU gelang, diese kleineren Parteien zumindest bei den Wahlen zu integrieren, vergingen viele Jahre: bei den Bundestagswahlen bis in die 1950er-, bei den Landtagswahlen bis in die 1960er-Jahre.

So bekämpfte die CSU seinerzeit weniger die ohnehin auf andere Wählerschichten zielende SPD als die in mehrerlei Hinsicht konkurrierende BP. Folglich lag in der Frage, in welchem Ausmaß sich die CSU der BP nähern könne, viel Sprengstoff. Ein Teil der traditionell orientierten, dezidiert konfessionell-katholisch bzw. partikularistisch argumentierenden Leitfiguren innerhalb der CSU erwog eine Annäherung, die modernisierende Gruppe aber hielt das für eine Todsünde. So empörte sich Strauß, als Hundhammer – der sogar eine Fusion beider Parteien erwog – einmal die Bayernpartei als »uns wesensverwandte Partei« bezeichnete. Strauß erklärte demgegenüber in der Sitzung des Landesausschusses am 28./29. Februar 1948: »Die Bayernpartei ist eine von uns sehr verschiedene Partei!« Sie sei irregeleitet von einem »Amokläufer«, »für uns ist ein klarer Kampf gegen die Bayernpartei… notwendig«. Er forderte Parteigranden wie Fritz Schäffer, Alois Hundhammer und auch Josef Müller in dezidiertem Ton auf, endlich über die unterschiedlichen Ziele von CSU und BP aufzuklären und in der Öffentlichkeit Stellung zu beziehen, statt sich in Personalquerelen zu verstricken: »Wir haben es vollkommen satt.« Es gehe um die Ziele und die Einheit der CSU und nicht darum, ob einer in der Partei etwas höher oder weiter unten stehe.

Tatsächlich scheute sich Strauß nicht, bei aller Anerkennung der Verdienste der genannten Führungspersönlichkeiten, sie direkt zu kritisieren, zumal der dezidiert konservative und kirchlich-katholische Hundhammer gegen den eher liberalen Müller anging und Fritz Schäffer sogar öffentlich die Legitimation des Parteivorsitzenden Müller bestritt, später gar seine Widerstandstätigkeit in Zweifel zog. Schäffer drohte später ein Parteiausschlussverfahren, er trat aus der CSU aus und wieder ein. Vor allem Hundhammer bekämpfte mit harten Bandagen das in die Zukunft weisende konfessionelle und gesellschaftliche Sammlungskonzept von Müller, das Strauß unterstützte. In Strauß' Kritik fehlte selten der Hinweis auf die Erwartungen der jungen Generation innerhalb und außerhalb der Union sowie auf die negativen Wirkungen, die der personelle Dauerstreit innerhalb der Partei auf die Wähler habe: Sie würden keine klare Position der Union mehr erkennen können, wenn sich die führenden Leute in der Öffentlichkeit voneinander distanzierten und man von den eigenen Leuten, statt von SPD und KPD, »angeschossen« würde. [90]

Während Hundhammer sich gegen die Kritik von Strauß – vergleichsweise gemäßigt – zur Wehr setzte und die Verdienste der »Alten« betonte, steckte in einem anderen Fall ein anderes, ebenfalls gewichtiges Mitglied der Führungsriege zurück. Nachdem Anton Pfeiffer den Parteivorstand als »Politbüro« bezeichnet hatte und dem Parteivorsitzenden Müller vorwarf, Strauß als persönlichen Beauftragten in die Fraktionssitzungen zu entsenden, der dort Rederecht haben solle, ohne doch Mitglied der Fraktion zu sein, rief Strauß dazwischen: »Ich bin nicht dem ›Ochsensepp‹ sein Sklave, auch nicht sein Beauftragter, der für ihn in den Versammlungen herumschleicht.«[91] Darauf betonte Staatsminister Pfeiffer im Februar 1948 mehrfach, er habe »unseren Freund Strauß« nicht persönlich angreifen wollen und würde bedauern, wenn dieser das so verstanden hätte: »Denn gerade auf seine weitere Arbeit setze auch ich große Hoffnungen im Interesse der gemeinsamen Sache der Union.«[92] Und Strauß reagierte darauf versöhnlich: »Herr Staatsminister Pfeiffer hat gestern mit mir eine kleine persönliche Differenz gehabt. Ich habe meine Meinung anschließend gesagt. Herr Staatsminister Pfeiffer war so freundlich und unvoreingenommen, heute morgen die Sache beizulegen. Ich möchte hier als Mitglied der Jungen Union vor aller Öffentlichkeit erklären, daß ich dem Staatsminister Pfeiffer nichts nachtrage und daß ich mich in derselben Weise wie bisher als seinen politischen Freund betrachte.«[93]

Kein Zweifel, Franz Josef Strauß galt bereits in der Frühgeschichte der CSU als ihr großer Hoffnungsträger und war wohl der Einzige aus der jungen Generation, den die alte BVP-Garde aus der Weimarer Republik, die sich mit dem NS-Regime nicht eingelassen hatte, in parteiinternen Kontroversen am ehesten als gleichberechtigten Partner akzeptierte. Schon generationsbedingt, aber auch aufgrund seiner politischen Diagnosen und Grundüberzeugungen war er derjenige, der am entschiedensten zukunftsgeleitet argumentierte.

Das spezifische Verhältnis der CSU zur Bayernpartei zeigte sich bei den Wahlkämpfen von Franz Josef Strauß, in denen sein eigentlicher Widerpart Joseph Baumgartner genau wie er selbst Säle füllen konnte, es zeigte sich aber auch in seiner Zeit als Generalsekretär der CSU seit Ende der 1940er-Jahre, als er heftige Auseinandersetzungen mit Baumgartner hatte, der sich üble persönliche Invektiven leistete. Baumgartners beleidigende öffentliche Äußerungen über Strauß, aber auch seine Briefe an ihn sind voller Schmähungen, die alles weit in den Schatten stellen, was der bekanntlich nicht zimperliche Wahlkämpfer Strauß je von sich gegeben hat. Auf Flugblättern der Bayernpartei wurde die CSU als Partei der »Lügen«, als »betrügerisch« und »scheinheilig« bezeichnet, laut Presseberichten bezeichnete Baumgartner 1951 Strauß als »Antichrist«, als »Lügen-Strauß«, »der in seinem Leben nichts anderes als Lügen gelernt habe«.[94]

Auf der anderen Seite gab es durchaus persönliche Kontakte, so zwischen den beiden Generalsekretären und Bundestagsabgeordneten Strauß und Dr. Anton Besold (erst BP, dann CSU), der sich mit Strauß duzte und ihm brieflich am 18. Juli 1951 ein Vermittlungsgespräch mit Baumgartner über den künftigen Kampagnestil beider Parteien vorschlug. Strauß antwortete darauf am 10. August 1951, dazu sei er bereit, »wenn auch nur die leiseste Aussicht dafür besteht, daß getroffene Abmachungen eingehalten werden«. Als Baumgartner ihn am 29. Juli 1952 in einem mehrseitigen Brief mit einer Fülle von Diffamierungen traktierte, antwortete Strauß mit wenigen Zeilen: »Ich habe nicht die Absicht, mich mit Ihnen in der Tonart und dem Stile dieses Schreibens auseinanderzusetzen.« Auf einen einzigen Anwurf ging Strauß allerdings ein, weil er ihn offenbar als ehrenrühriger empfand als die anderen Baumgartner-Beleidigungen, nämlich die Bemerkung, er, Strauß, habe nie einen richtigen Beruf ausgeübt: Er sei »kein berufsloser Politiker... sondern nach Ablegung der beiden Staatsexamen bereits bayerischer Beamter (gewesen), als Sie noch im Dienste einer Versicherungsgesellschaft waren«.[95]

Baumgartner kam aus dem Bayerischen Bauernbund der Weimarer Republik, gehörte ursprünglich 1945 zu den Mitgründern der CSU und war 1946/47 Bayerischer Landwirtschaftsminister. 1948 trat er zur BP über, betrieb eine entschieden partikularistische Politik und wurde zu einem der schärfsten Gegner der CSU, die er durch die von ihm mit eingefädelte Viererkoalition 1954 unter dem Sozialdemokraten Wilhelm Hoegner in die Opposition drängte. 1957 wurde er erneut Landwirtschaftsminister, bevor er 1959 in der Spielbankenaffäre wegen Meineids verurteilt wurde – ein Urteil, das der Bundesgerichtshof später aufhob, ohne dass ein neues

Verfahren in Gang kam. Baumgartner war in zahlreiche Intrigen verwickelt und auch innerhalb seiner eigenen Partei, deren Vorsitzender er zeitweise war, umstritten.

Unabhängig von der persönlichen Dimension solcher Querelen und Diffamierungen zeigt sich gerade an diesen Vorgängen beispielhaft der »Stil« damaliger politischer Auseinandersetzungen in Bayern: Sie waren sehr viel persönlicher, beleidigender, brutaler, unkontrolliert temperamentvoller als heute. Das war eine Konsequenz der Nachkriegszeit, in der erstmals seit zwölf Jahren wieder offene Kontroversen ausgetragen werden konnten, zugleich aber Grundlagenentscheidungen in allen politischen, wirtschaftlichen und gesellschaftlichen Sektoren zu fällen waren, was partiell die Vehemenz der Auseinandersetzungen erklärt. Man kann die CSU dieser Jahre also als eine besonders diskussionsfreudige Partei ansehen. Weniger positiv aber ist das üppige Arsenal an Beleidigungen, aus dem sich einige Debattierer bedienten, selbst vor Diffamierungen von Parteifreunden schreckten einige führende Mitglieder nicht zurück. Der Parteivorsitzende und erwiesene Widerständler Müller, der zwei Jahre in Konzentrationslagern eingesperrt war, wurde gar auf der Grundlage eines schlecht informierten und verstümmelnden Zeitungsartikels in der *Süddeutschen Zeitung* als Nazikollaborateur bezeichnet, was ihn bei der Militärregierung diskriminierte und ihn in der Partei persönlich und sachlich delegitimieren sollte. Ebenso absurd war es, Müller gleichzeitig eine enge Zusammenarbeit mit Kommunisten zu unterstellen, weil er – ohne Zweifel zu optimistisch oder auch illusionär – Kontakte zur Sowjetischen Militäradministration in Berlin unterhielt, um gesamtdeutsch zu wirken. Es ist bezeichnend, dass bei der erstgenannten Verdächtigung Wilhelm Hoegner glaubwürdig versicherte, aus der SPD kämen solche Angriffe auf Müller nicht, sie würden wohl aus dessen eigener Partei lanciert.

Strauß – der Müller selbstverständlich verteidigte – hat, wie auch die innerparteilichen Kontroversen dieser Jahre zeigen, derartige »Kampagneformen« nicht erfunden, er wirkte sogar in diesen Jahren vergleichsweise gemäßigt, doch wurde sein eigener Stil politischer Auseinandersetzungen durch die frühen Nachkriegsjahre geprägt, und die bayerische Rauflust war auch die seine. Andererseits darf darüber nicht vergessen werden, dass es auch damals persönliche Kontakte über scharfe Kontroversen hinweg gab, beispielsweise die erwähnten zwischen Strauß und Besold, deren Briefe auch bei gegensätzlicher Auffassung in einem freundschaftlich-ironischen Ton gehalten waren. Und schließlich: Selbst die SPD hatte keine Probleme, mithilfe der Bayernpartei die CSU auszubooten und mit dem Partikularisten, Monarchisten und Grundgesetzgegner Baumgartner – der durchaus ebenso heftig gegen die »Roten« wie gegen die CSU polemisierte – eine Regierungskoalition einzugehen. Die Gründerjahre der Republik waren nicht allein Lehrjahre, sondern auch Flegeljahre – doch charakterisiert das Weichspülen politischer Kontroversen wirklich Meisterjahre? Wie dem auch sei: Noch der spätere Strauß muss vor diesem historischen Hintergrund streitbarer politischer Debatten der Parteien gesehen werden, bei denen die gegensätzlichen Inhalte scharf als Alternativen herausgestellt wurden und die Kombattanten um den richtigen Weg in eine noch ungewisse Zukunft rangen.

Und so überrascht es kaum, dass Strauß 1946 ein Anhänger der alleinigen Regierungsbildung durch die CSU war, die selbst so heterogen war, dass sie gut und gern auf weitere Koalitionäre verzichten konnte. Strauß erklärte die innerparteilich diskutierten Alternativen in der außerordentlichen Vorstandssitzung am 10. Dezember 1946 zwar aus dem Maß der Programmtreue, jedoch zugleich generationsbedingt, was er übrigens in diesen Jahren oft tat. So heißt es im Protokoll: » Wir stehen vor der Frage, ein neues Kabinett zu bilden. 52 Prozent der Stimmen, 60 Prozent der Mandate. Frage, ob Koalition oder nicht. Gestern hat sich der Zustand herausgebildet, daß die jungen Aktivisten, die Programmatiker, für eine volle Übernahme der Verantwortung sind. Die älteren Herren hingegen, die Herren Staatssekretäre und Minister, sind für Koalition. Angst, daß die Minister abgeschossen werden. Grundsätzliche Bemerkung... Ob die Mitglieder unserer Regierung Götter oder Teufel sind, sie werden samt und sonders verdonnert von der Presse und dem Rundfunk.«[96] Doch hielten sich der damalige Politikstil und die Argumentationsweise auch später, der ältere Strauß gab die früh erworbene Neigung zur klaren Konturierung keineswegs auf, aber verständlicherweise bezog er sich später dabei nicht mehr auf die junge Generation.

Welche Rolle spielte Franz Josef Strauß organisatorisch in der Frühzeit der CSU? 1946 wurde er stellvertretender Vorsitzender des CSU-Kreisverbandes Schongau, seit 1946 bis zu seinem Tod war er Mitglied des Landesvorstands und des geschäftsführenden Landesvorstands bzw. Präsidiums. Als Generalsekretär nahm er schließlich eine der wichtigsten, wenngleich schwierigsten Aufgaben in der Partei wahr – ein Parteiamt, das seither einen Karrieresprung für jüngere Politiker bedeutete, da es zentrale Organisations- und Koordinationsfelder mit parteipolitischer Programmatik und ständiger Präsenz in der Öffentlichkeit verbindet. Die Publikumswirkung steigert sich normalerweise in Wahlkampfzeiten, führt der Generalsekretär doch dann nicht das Florett, sondern den schweren Säbel. Das Innenleben einer Partei kennt kaum einer besser als der Generalsekretär, im Kampf mit dem politischen Gegner steht er im Rampenlicht, weil er durch die Übertreibung als rhetorisches Mittel Aufsehen erregt. Aber so weit war es 1946 noch nicht.

Bei der ersten Sitzung des erweiterten vorläufigen Landesausschusses der CSU am 30./31. März 1946 ritt Strauß erstmals eine innerparteiliche Attacke, eine Attacke, die die Richtung vorgab und nicht unbedingt in das gängige Bild von Strauß passt, beklagte er sich doch über den Diskussionsstil im Landesausschuss, der über ein anonymes Schreiben mit Diffamierungen des Landesvorsitzenden Dr. Josef Müller debattierte. Strauß brachte die Sache auf den Punkt: »Haben wir ein Duell hier oder eine Union?« Tatsächlich gehörten Worte wie »Schweinehund« damals zu den gängigen Varianten, eigene »Parteifreunde« zu charakterisieren, doch bei Strauß finden sie sich nicht. Er fungierte zu dieser Zeit zugleich als führendes Mitglied der Jungen Union und fragte: »Wenn heute die Jugend hier wäre, glauben Sie nicht, daß die Jugend abgestoßen und angewidert wäre? (Stürmische Zustimmung.)... Ich protestiere gegen eine solche Geschäftsgebarung im allgemeinen, daß hier persönlicher Schmutz und Dreck ausgetragen wird. Wenn wir sechs Jahre draußen gestanden und gehofft haben, daß der Schwindel des Nazismus ein Ende nimmt, haben wir ein Recht, heute zu hoffen, nein zu fordern, daß eine Demokratie mit Disziplin aufgebaut wird.«[97]

Inhaltlich führte Strauß unter anderem aus: »Ich vertrete durchaus ein dem sozialen Fortschritt der Zeit Rechnung tragendes Programm. Wir müssen uns auf die Taktik einstellen oder wir verfallen wieder in den alten Fehler reiner Bürgerlichkeit, die uns auf die Seite abschiebt.« Es gehe darum, gegen den gerade entstehenden »sozialistisch-kommunistischen Block«, der in »ständiger Progression ist, ebenfalls eine Bewegung aufzubauen«, hingegen gehe es »nicht um die eine oder andere Persönlichkeit«.[98] Tatsächlich stand hinter dem deftigen Schlagabtausch die Kontroverse um den künftigen Kurs der CSU, die Auseinandersetzung zwischen dem modernisierenden, sozial und konfessionell aufgeschlossenen Flügel um Josef Müller und dem traditionell-konservativen und klerikal-katholischen Flügel um Alois Hundhammer. Da beide entschiedene Gegner des NS-Regimes gewesen waren, gingen die ständigen Hinweise auf die NS-Vergangenheit in der Debatte an der Sache vorbei.

Und Franz Josef Strauß zählte nicht allein aus persönlicher Verbundenheit mit Müller zu den entschiedenen Modernisierern in der Gründungsgeschichte der CSU. Wiederholt mahnte Strauß dazu, persönliche Streitigkeiten hintanzustellen und sich zu versöhnen[99] – auch diese integrative Rolle, die er später als Parteivorsitzender durchaus wahrnahm, gehört nicht zu den gängigen Einschätzungen, weil das Strauß-Bild durch die von ihm immer wieder als politisches Kampfmittel eingesetzte Polarisierung geprägt wird. Und kaum weniger überraschend ist, dass Franz Josef Strauß keineswegs zu den Vielrednern im erweiterten Landesausschuss der CSU gehörte, sondern sich vergleichsweise selten zu Wort meldete und sich kurz fasste. Trotzdem ging sein Aufstieg in der CSU rasant weiter, schlug ihn Josef Müller doch in der Sitzung vom 6. Dezember 1946 als Kandidaten für den Landesvorstand vor, »weil wir einen Jüngeren brauchen, der die Arbeit leistet und dort in der Hauptsache tatsächlich die Geschäfte mitführt«; mit 64 von 71 Stimmen wählte ihn dann der Landesausschuss in den Vorstand, deren siebenköpfiger Geschäftsführung er danach angehörte.[100]

Seine erste längere, mehrfach von Beifall unterbrochene und am Ende mit »stürmischem Beifall« bedachte Rede hielt Strauß in der Landesversammlung der Christlich-Sozialen Union, die am 14. und 15. Dezember 1946 in Eichstätt stattfand. Es handelte sich um die zentrale CSU-Versammlung dieser Monate, stand doch nicht allein die Entscheidung über die Satzung und das Grundsatzprogramm auf der Tagesordnung, sondern ebenfalls die Regierungsbildung und die Richtlinien über die künftige Politik der Union. Diesmal redete Strauß nicht allein länger als gewöhnlich, sondern ignorierte die Feststellung des Sitzungsleiters Michael Horlacher, die Redezeit sei abgelaufen.

Strauß begann mit einer illusionslosen Lagebeschreibung nach dem für die CSU mit 52,3 Prozent grandiosen Wahlsieg – der einzigen Landtagswahl, in der sie in den 20 Jahren bis 1966 eine absolute Mehrheit erreichte. In diesem historischen Augenblick in der Geschichte Bayerns, in dem sich das Land in einem moralischen und materiellen Tiefstand befinde, müsse die CSU die Verantwortung übernehmen, ohne zu wissen, ob sich die wirtschaftliche und moralische Katastrophe noch verschärfen werde. Deshalb komme es darauf an, in allen entscheidenden politischen Feldern klare Konturen zu gewinnen. »Man erwartet von uns Sauberkeit, Anstand und Ordnung im öffentlichen Leben. Heute ist nun der kritische Zeitpunkt gekommen, wo wir dieses Vertrauen rechtfertigen müssen.« Ein wesentlicher Punkt sei die Pressearbeit, weil »die Presse von sämtlichen Seiten her mit allen möglichen Mitteln auf unsere Leute schießen wird«, ohne zu prüfen, »ob die Maßnahmen der Regierung gut oder schlecht sind, sondern daß darauf geschaut wird, von wem die ausgehen und danach geschossen wird«. Zwar dürfe die Regierung »nicht in einer undemokratischen Weise Presse und Rundfunk« beeinflussen, müsse aber darauf achten, dass der Wille der Regierung dort »in ausgiebiger und überzeugender und entscheidender Weise zum Ausdruck gebracht werden kann ... Der Erfolg einer zukünftigen Regierung hängt nicht allein davon ab, ob ihre Maßnahmen gut oder schlecht sind; er hängt maßgeblich auch davon ab, wie diese Maßnahmen dem Volke dargestellt werden. Jede Regierung wird zum Scheitern verurteilt sein, wenn Presse und Rundfunk sich gegen sie verschworen haben.«

Strauß appellierte an Partei und Fraktion, eng mit der künftigen Regierung zu kooperieren, gerade an dieser Kooperation haperte es aber künftig, weil sich die Fraktion immer stärker zum Machtzentrum neben der Regierung entwickelte und die Kooperation mit der Parteileitung sich auch aufgrund gegensätzlicher Persönlichkeiten schwierig gestaltete. Eine der wesentlichen Ursachen lag darin, dass Alois Hundhammer den Einfluss Josef Müllers und damit der Landesleitung beschränken wollte. Dieser Dissens betraf unmittelbar die einschlägigen Aktivitäten von Strauß. Wie wir sehen werden, komplizierte sich die Situation nach 1949 noch durch die bundespolitische Rolle der CSU-Landesgruppe in der CDU/CSU-Bundestagsfraktion, wobei auch hier die Grundfrage fortwirkte, in welchem Verhältnis föderative und gesamt- bzw. bundesdeutsche Grundorientierung standen. Hier kam Franz Josef Strauß mehr und mehr in eine Schlüsselrolle, erwies er sich doch von Beginn an neben Bundesfinanzminister Fritz Schäffer als der bedeutendste Bundespolitiker der CSU; in den Anfangsjahren gehörte er mit Josef Müller zu denen, die eine konstruktive Verbindung von bayerisch-föderalistischer und gesamtdeutscher Politik wollten.

Im inhaltlichen Teil seiner Rede warnte Strauß davor, »einseitig in die Gefahr zu kommen, eine Bauernpartei zu werden. Wenn wir die Städte verloren haben, müssen wir sie durch unser Sozialministerium zurückerobern.« Die CSU müsse zeigen, »daß eine christliche Sozialpolitik mehr Erfolg hat als ein planvoller Sozialismus«. Strauß wünschte in der künftigen Regierung »keine schwachen oder unentschiedenen Leute … sondern … ganz klare, markante, scharfumrissene Persönlichkeiten der Union«, »eindeutige, klare Figuren … die auch in der Lage sein werden, radikal einschneidende, sozial fortschrittliche Lösungen zu wählen«. Zwar nannte Strauß Josef Müller nicht ausdrücklich, doch plädierte er in zweifelsfreien Andeutungen für ihn als Ministerpräsidenten. »… Man erwartet von uns, daß die Gestalt des Ministerpräsidenten eindeutig unsere Unionsregierung, unseren Willen zum Föderalismus und zur christlichen Kulturidee und unseren Willen zum christlich-sozialen Programm verkörpern wird.«[101]

Ohne Zweifel sprach Strauß zentrale Felder der modernen Regierungsarbeit an, darunter vor allem das Verhältnis von Regierung, Fraktion und Partei, die notwendige Führungsstärke der Minister und des Ministerpräsidenten, aber auch den programmatischen Repräsentationswert und die symbolische Bedeutung, die dem Amt des Regierungschefs zuwuchsen. Für die unmittelbare Nachkriegszeit eher überraschend ist seine präzise Charakterisierung der Pressearbeit, die Notwendigkeit, die Politik nicht nur gut zu machen, sondern sie auch gut zu »verkaufen«. 1946 gab es dafür keine wirklichen Erfahrungswerte, seine Ausführungen entsprangen seinem politischen Instinkt: Später hätte er diese Einschätzungen aufgrund seiner heftigen Kontroversen mit einigen Presseorganen und seiner jahrzehntelangen politischen Praxis ebenso gut als erfahrungsgesättigte politische Maxime formulieren können: »Jede Regierung wird zum Scheitern verurteilt ...«

Für den späteren Strauß aussagekräftig sind seine Bemerkungen über die Notwendigkeit, klare, entschiedene Persönlichkeiten an der Spitze zu wissen, deren inhaltliche politische Kontur deutlich ist. Zu seinen programmatischen Zielen gehörte das Bekenntnis zu Deutschland, aber auch zum Föderalismus, nicht aber zu einem bayerischen Partikularismus wie bei der Bayernpartei. Eine wesentliche Komponente bildete der nicht klerikal-konfessionell verstandene christliche Wertekanon ebenso wie eine gesellschaftlich breite Verankerung, die über bürgerliche und bäuerliche Schichten hinausgriff. Und wiederholt und stets mit großem Nachdruck forderte Strauß eine weitreichende, ja revolutionäre Sozialpolitik. Schon in seinen politischen Anfangsjahren erwies sich das Charakteristikum »konservativ« nur in Bezug auf seine Wertorientierung als angemessen, für manch andere Politikfelder aber als ausgesprochen irreführend.

Auf Wunsch des Parteivorsitzenden Josef Müller gehörte Strauß gemeinsam mit ihm, Michael Horlacher, dem Fraktionsvorsitzenden Alois Hundhammer und Georg Stang der Verhandlungsdelegation der CSU für Koalitionsverhandlungen mit der SPD an.[102] Diese Verhandlungen wurden heftig diskutiert und von Strauß kritisch referiert, weil er weder programmatisch noch personalpolitisch die Handschrift der CSU gewahrt sah. Auch hielt Strauß den statt Josef Müller schließlich gewählten Ministerpräsidenten Hans Ehard offensichtlich nicht für vergleichbar profiliert. Doch stieß der »Ochsensepp«, der die Partei nicht immer geschickt, aber oft taktisch trickreich – und wie man ihm in Anspielung auf seine Tätigkeit bei Abwehrchef Admiral Canaris vorwarf – in Geheimdienstmanier führte, auf erbitterten Widerstand des konservativen Flügels. Trotz seiner unbestreitbaren Verdienste blieb dieser wichtigste Gründer der CSU in seiner Partei persönlich und sachlich umstritten.[103]

Über die gescheiterte Ministerpräsidentenkandidatur von Müller wäre es sogar fast zu einer Spaltung der CSU gekommen.[104] Sie bildete zugleich den vorläufigen Höhepunkt im Kräftemessen zwischen Partei und Fraktion.[105] Für dieses Desaster trugen die Müller-Gegner in der CSU, allen voran der Fraktionsvorsitzende Alois Hundhammer, aber auch der ebenfalls der CSU angehörende Landtagspräsident Michael Horlacher die Hauptverantwortung.

Nach den gescheiterten Koalitionsverhandlungen mit der SPD zog der ursprünglich vorgesehene Ministerpräsidentenkandidat Anton Pfeiffer seine Kandidatur zurück. Die Fraktion »einigte« sich auf folgendes

Prozedere: Da der Fraktionsvorsitzende Hundhammer erklärte, er selbst könne den Parteivorsitzenden Müller aus Gewissensgründen (!) nicht vorschlagen, übernahm der stellvertretende Fraktionsvorsitzende Eugen Rindt diese Aufgabe und schlug Josef Müller als Kandidaten der CSU für das Amt des Ministerpräsidenten vor. Da die CSU mit 104 (von 180) Mandaten eine üppige absolute Mehrheit im Bayerischen Landtag hatte, war die Wahl Müllers eigentlich nur noch Formsache, zumal kein Gegenkandidat benannt wurde. Allerdings erklärten die Fraktionen von SPD sowie der Wirtschaftlichen Aufbau-Vereinigung[106], sie würden geschlossen gegen Müller votieren, die FDP hielt sich zurück und stimmte vermutlich anschließend für Müller. Es wurden 175 gültige Stimmen abgegeben, 73 Jastimmen, 69 Neinstimmen sowie 33 Stimmen für den gar nicht vorgeschlagenen Hans Ehard. Da es keine spezifizierte Regelung gab, hätte der Landtagspräsident erklären müssen, dass sein »Parteifreund« Müller mit der Mehrheit der Stimmen zum Ministerpräsidenten gewählt sei und die Stimmen für den nicht vorgeschlagenen Kandidaten Ehard ungültig seien. Tatsächlich hatte Horlacher vor dem ersten Wahlgang bemerkt, da nur eine Nominierung vorliege, könne auf dem Stimmzettel »ja«, »nein« oder der Name des Kandidaten Müller stehen, anders gekennzeichnete Stimmzettel seien ungültig.[107] Stattdessen erklärte Horlacher danach die Ehard-Stimmen für gültig und einen zweiten Wahlgang für notwendig, da für die Wahl des Ministerpräsidenten[108] eine absolute Mehrheit von 88 Stimmen erforderlich sei, was die Geschäftsordnung jedoch gar nicht vorsah. Nach einer kurzen Unterbrechung der Sitzung machte die CSU erneut einen Vorschlag, dieses Mal nicht der Stellvertreter, sondern der Fraktionsvorsitzende Hundhammer selbst. Er schlug den Staatssekretär im Justizministerium und bis dahin politisch nicht besonders profilierten Hans Ehard vor. Er erhielt von 147 abgegebenen Stimmen sogar 121 – darunter viele der SPD, mit deren Vorsitzenden Hoegner er im Justizministerium gut zusammengearbeitet hatte und den er bereits aus der Weimarer Zeit kannte. 15 Abgeordnete stimmten mit Nein, fünf für den dieses Mal nicht vorgeschlagenen Müller.

Dieser unerhörte Fall charakterisiert wie kein zweiter die rücksichtslose Schärfe der Gründungskämpfe im Bildungsprozess der CSU: Bei der Wahl eines Regierungschefs demontiert die Minderheit in der Fraktion durch ein abgekartetes Spiel vor den Augen der gegnerischen Parteien ihren eigenen Parteivorsitzenden; der ihr angehörende Parlamentspräsident erfindet nicht vorhandene Bestimmungen der Geschäftsordnung, wendet andere falsch an und verkündet vor dem Wahlakt einen anderen Wahlmodus als danach: Dieser sogar für die damalige Politik ungewöhnliche Vorfall symbolisiert die Bedingungen der politischen Sozialisation, in denen Franz Josef Strauß sich entwickelte und unter denen sein ebenfalls zukunftsgerichteter politischer Ziehvater Josef Müller scheiterte. Es bleibt rätselhaft, warum Müller, der ja selbst Jurist und ein Kämpfer war, den Wahlvorgang nicht anfocht, wozu ihn Thomas Dehler von der FDP ermunterte.[109] Und kaum zufällig erinnerte Franz Josef Strauß zu Müllers 80. Geburtstag daran, dass dieser aufgrund der damaligen parteiinternen Kämpfe die Steigerung »Feind, Todfeind, Parteifreund« geprägt habe.

Bei seiner Dankrede aus Anlass seines 80. Geburtstags sagte Müller: »Meine Selbsterkenntnis reicht… soweit aus, daß ich weiß, mit mir ist eine Zusammenarbeit nicht immer leicht. Aber ich habe gerade Dich, lieber Franz Josef, seinerzeit zur Mitarbeit herangezogen, weil ich den Eindruck hatte, daß Du gelegentlich einen ebenso harten Dickschädel aufsetzen kannst wie ich.«[110] Franz Josef Strauß stimmte nicht allein inhaltlich in Grundfragen mit dem »Ochsensepp« überein, sondern wurde durch ihn nach und nach in Schlüsselstellungen gebracht, zuletzt 1948 als Generalsekretär der CSU. Müller war in gewissem Sinne der »einzige… dessen Hilfe durch eigene Anstrengung kaum hätte ersetzt werden können«[111] – obwohl es übertrieben ist, Müller als den Einzigen anzusehen, der das Denken und Handeln von Strauß prägte. Allerdings, und darüber täuschen die offiziellen Würdigungen hinweg, wurde das Verhältnis zwischen Strauß und Müller, den beiden programmatisch vehementesten Modernisierern in der CSU, später aus mehreren Gründen gespannt. Das begann schon, als Strauß sich 1948 vorbehaltlos für Ludwig Erhard und die soziale Marktwirtschaft einsetzte, Müller aber, der die Berufung Erhards zum Direktor des Frankfurter Wirtschaftsrats unterstützt hatte, sich zeitweilig von dessen Konzeption distanzierte: Hier zeigte sich das erste Mal ein inhaltlicher Dissens zwischen Müller und Strauß sowie dessen Bereitschaft, an dem für richtig Erkannten auch gegen seinen Mentor festzuhalten. Eine andere Differenz ergab sich, als der in der CSU zunehmend isolierte Gründervater der Partei paradoxerweise kurzzeitig mit der Bayernpartei liebäugelte, was die kalkulierbare Streitbarkeit von Strauß provozierte. Vielleicht tragen diese Vorgänge zur Erklärung bei, warum er den vielfach gebeutelten und gedemütigten Müller in den 1950er-Jahren nicht stärker unterstützte, um ihm wenigstens ein bescheidenes politisches Comeback zu ermöglichen, nachdem er 1949 den Parteivorsitz und 1952 das Amt des Justizministers verloren hatte. Auch mag die spätere Entfremdung durchaus Züge eines Vater-Sohn-Konflikts gehabt haben.[112]

Von all dem war in Strauß' Rede zu Müllers 80. Geburtstag nur insofern etwas zu spüren, als er in gewohnter Weise nicht allein die Person behandelte, sondern die Konstellation, in der Müller wirkte und den überkonfessionellen christlichen Charakter in der CSU durchkämpfte. Dann aber ehrte Strauß ohne Umschweife die Persönlichkeit Müllers:

»Du hast das einmalige Verdienst, diese Partei – gemeinsam mit Adam Stegerwald, der leider viel zu früh gestorben ist – konzipiert zu haben, nach harten, schweren Auseinandersetzungen – zu denen im Vergleich jüngere Meinungsverschiedenheiten der CSU nur ein sanfter Frühlingshauch sind. Du hast damals diese Deine Meinung durchgesetzt.« Neben diesem Verdienst hob Strauß am 6. April 1978 besonders hervor, »daß Du die Treue zu Deutschland, die Treue zum Deutschen Reich und die Zugehörigkeit zum deutschen Vaterland auch in der Stunde der Not als eine Selbstverständlichkeit herausgestellt [hast] ...« Und überraschend genug dankte Strauß Josef Müller dafür, dass er – wenngleich äußerlich nicht erfolgreich – in mühsamen Verhandlungen mit der sowjetischen Militäradministration in Karlshorst versucht habe, »den Zusammenhang zwischen Ost und West ... zu erhalten«. Ganz brachte es Strauß nicht über sich, Müller ohne Umschweife seinen entscheidenden Förderer zu nennen, auch in dieser Hinsicht bettete er seinen Dank grundsätzlicher ein: »Ich danke Dir persönlich dafür, daß Du mir in entscheidenden Phasen einen guten Rat gegeben oder große Linien aufgezeigt hast. Sicherlich, je älter und selbstständiger man wird, desto mehr ist man darauf angewiesen, Verantwortung auf die eigenen Schultern zu nehmen, aber es wäre einer schlecht beraten ... wenn er nicht den Rat auch der historischen Kontinuität der jeweils vorhergehenden Generation sich zu eigen machen würde.«[113]

Letzteres kam nun freilich etwas verquast daher, insgesamt aber enthalten diese vier Punkte das wesentliche Credo von Strauß' frühen Jahren in der CSU-Führung, nämlich das Bekenntnis zur Überkonfessionalität einer christlichen Partei, zur bundesstaatlichen Ordnung, zur gesamtdeutschen, Ost und West verbindenden Politik sowie schließlich zur Notwendigkeit eines historischen Bewusstseins, d. h. zur historischen Perspektive politischen Denkens und Handelns. Die Laudatio von 1978 führte also zurück in die Kontroversen um die Zielsetzung der CSU in der zweiten Hälfte der 1940er-Jahre.

Damals hatte der Parteivorsitzende Müller verschiedentlich darauf verwiesen, dass Strauß ihn bei den Koalitionsverhandlungen und auch sonst unterstützt habe: »Strauß ist sehr aktiv und wird mich in der Parteiarbeit in vielen Dingen vertreten.« Strauß vertrat auch die Landesleitung in der Fraktion, wodurch er Erfahrungen mit der Integration auseinanderstrebender Kräfte zwischen Regierung, Partei und Parlament gewann und früh eine Schlüsselstellung erlangte, zumal das Verhältnis der Landtagsfraktion zur Parteiführung in diesen Jahren ständig gespannt, ja kontrovers war.[114] Allerdings brachte Strauß diese Rolle bald Gegner unter den »Parteifreunden« ein, die, wie sich in allen frühen Sitzungen zeigte, oft mit harten Bandagen und deftiger Wortwahl stritten.

Strauß setzte sich dagegen von Beginn seiner politischen Laufbahn an mit gewohntem Temperament und Selbstbewusstsein zur Wehr, doch vermied er Diffamierungen, wie sie damals an der Tagesordnung waren.

So kritisierte Hundhammer die Teilnahme von Strauß an der Fraktionssitzung, worauf dieser betonte, ausdrücklich eingeladen worden zu sein. Im Übrigen erklärte er kurz und klar: »Der geschäftsführende Landesvorstand hat das Recht, seine Meinung zu äußern. Hundhammer habe aber abgelehnt, ihn zu Wort kommen zu lassen. Da könne man nur sagen, das sei eine Hanswurstiade. Was heißt da gemeinsame Beratung?« Strauß insistierte, »die Herren der Fraktion würden nicht gewählt werden, wenn die Partei nicht vorgearbeitet hätte«. Er forderte schließlich einen »formellen Entschluß: Daß der Parteivorstand darauf besteht, daß mindestens Delegierte der Parteivorstandschaft an jeder Sitzung teilnehmen dürfen.« In der Fraktionssitzung selbst war es zuvor mit 42 zu 34 Stimmen abgelehnt worden, dass Strauß das Wort ergreife.[115] Allerdings betonten mehrere Abgeordnete später, dass sie vorher keine Kenntnis von der Einladung an Strauß gehabt hätten, andere verwahrten sich gegen seine Wortwahl »Hanswurstiade«, »mittelmäßige Persönlichkeiten«. Josef Müller war sogar noch weiter gegangen als Strauß, wenn er forderte, die Fraktion sei das Sprachrohr, aber die Landesversammlung habe zu entscheiden.

Diese Diskussion zeigte, wie wenig verwurzelt das Prinzip der repräsentativen parlamentarischen Demokratie damals war. So verständlich der Wille, den Parteigremien in der Fraktion Einfluss zu verschaffen, so notwendig auch die Kooperation von Fraktion und Partei, so wenig systemkonform war zumindest die Argumentation von Josef Müller. Doch selbst Strauß agierte nur begrenzt systemkonform, ist doch der Abgeordnete an Weisungen nicht gebunden und nur seinem Gewissen verantwortlich. Obgleich der Fraktionszwang begründet ist, um die Funktionstüchtigkeit der parlamentarischen Regierung zu erhalten, gilt doch im Grundsatz die individuelle Freiheit des Abgeordneten. Schließlich entsprach auch die Praxis der Kandidatenaufstellung, bei der der Parteivorstand in der Vergangenheit meist den Kürzeren gezogen hatte[116], keineswegs der von Müller erstrebten Weisungsbefugnis der Landesversammlung oder des geschäftsführenden Landesvorstands.

Franz Josef Strauß' noch zu behandelndes Engagement im Frankfurter Wirtschaftsrat trug ihm von einigen Partikularisten den Vorwurf ein, er sei ein »Zentralist«, wobei übersehen wurde, dass es zu den Grundprinzipien von Strauß gehörte, deutsche Politik mit der bayerischen zu verbinden, wie er später stets zugleich Bundespolitiker und Föderalist war. Aber natürlich beeinträchtigte in den ersten Nachkriegsjahren der Vorwurf, bayerische Interessen zu vernachlässigen, seinen wachsenden Einfluss in der CSU, weshalb Strauß sofort auf den »Zentralismus«-Vorwurf antwortete: »Ich habe den Herrn Donsberger gebeten, mir dafür einen Beweis zu liefern, denn bei den fünf Sitzungen in Frankfurt, bei denen ich bisher dabei war, habe ich das Gegenteil bewiesen, indem ich als einziges bayerisches Fraktionsmitglied in Frankfurt das Maul aufgemacht habe, die Abgeordneten zu einer Gruppe zusammengefaßt habe, eine Sitzordnung für uns allein erzwungen habe und als einziger von den Bayern offen gegen Köhler und gegen Schlange-Schöningen gesprochen habe, was der Freund Dr. Müller beweisen kann.«[117]

Strauß war im Übrigen einer derjenigen, der sich in der CSU nicht allein in seinem Amt als Landrat, sondern prinzipiell am intensivsten und fortgesetzt mit der nationalsozialistischen Vergangenheit auseinandergesetzt hat. Für die Parteiführung verfasste er ein Papier zur Entnazifizierung, in dem eine Amnestie für die Jahrgänge ab 1913 vorgesehen war.[118]

Von Beginn an beobachtete er die neue Regierungskoalition in Bayern genau, pochte immer wieder darauf, die Handschrift der Union müsse sichtbarer werden. Dazu bedurfte es seiner Meinung nach einer klaren Haltung des Ministerpräsidenten Ehard, den er im Landesausschuss auf seine Verantwortung für die Gesamtpolitik hinwies, die sich selbst auf diejenigen Ressorts erstrecke, die von anderen Parteien besetzt würden. Ein besonderes Augenmerk richtete Strauß dabei auf die Personalpolitik und die Einheit der CSU über die unterschiedlichen Flügel hinweg, die sich nicht im »Personenstreit« erschöpfen dürfe, sondern sich über die Inhalte verständigen müsse. Einen Akzent legte er auf die aktuellen Probleme der Wirtschafts- und Sozialpolitik: »Die christlich-sozialen Ursprünge reichen weit in das 19. Jahrhundert zurück. Es ist jetzt an der Union zu erweisen, ob es eine christlich-soziale Wirtschaftspolitik gibt oder nicht.«[119]

5

Franz Josef Strauß im Frankfurter
Wirtschaftsrat 1948/49

Als der Bayerische Landtag ihn in den Zweizonenwirtschaftsrat (Frankfurter Wirtschaftsrat) wählte, erhielt Franz Josef Strauß das erste Mal
eine politische Aufgabe, die weit über seine bisherigen Wirkungsmög-
lichkeiten hinausging. Wie sich zeigen sollte, handelte es sich um einen
wesentlichen Schritt zu seiner späteren bundespolitischen Präsenz und
zugleich einer entscheidenden wirtschafts-, finanz- und deutschlandpolitischen Weichenstellung. Der Wirtschaftsrat ging auf einen Beschluss der
amerikanischen und britischen Besatzungsmacht vom 29. Mai 1947 zurück. Beide Staaten hatten ein halbes Jahr vorher zum 1. Januar 1947 die
Bizone gegründet, die sie mit einem Wirtschaftsparlament weiter ausbauen wollten. Dadurch wurde ein wichtiger Schritt zur Integration der
westlichen Besatzungszonen getan, der sich nach und nach auch Frankreich anschloss, wodurch praktisch eine Trizone aller drei Westmächte
und damit das Territorium der späteren Bundesrepublik entstand. Der
erste Wirtschaftsrat konstituierte sich am 25. Juni 1946 in Frankfurt und
wurde im Zuge einer Neuorganisation der Bizone zum Zweiten Wirtschaftsrat.

Die Bildung des Wirtschaftsrats war aber nicht allein deutschlandpolitisch von großer Bedeutung, sondern auch als erstes die Zonen übergrei-
fendes, demokratisch legitimiertes Gremium im Nachkriegsdeutschland,
wurden doch die Mitglieder von den Landtagen beider Zonen gewählt,
die ihrerseits aus demokratischen Wahlen hervorgegangen waren. Die
Wahlen erfolgten in der amerikanischen Zone am 1. Dezember 1946, in
der britischen am 20. April 1947. Der erste Wirtschaftsrat hatte 52 Mitglieder, nach der Umorganisation gehörten ihm 104 Abgeordnete an.

Zu den Kompetenzen des Frankfurter Wirtschaftsrats zählten bestimmte Bereiche der Einzelgesetzgebung, unter anderem für Post und
Eisenbahn, sowie für die anderen Sektoren des Wirtschaftslebens die

Rahmengesetzgebung, sodass hier wesentliche wirtschaftspolitische Vorentscheidungen für die spätere Bundesrepublik fielen. Die bedeutsamste und wegweisendste war die Währungsreform vom 21. Juni 1948, also die Einführung der DM in den Westzonen und Westberlin, worauf die vierte Besatzungsmacht, die Sowjetunion, am 24. Juni 1948 mit der bis zum 12. Mai 1949 andauernden Blockade Berlins reagierte. Die Währungseinheit der Westzonen bedeutete tatsächlich einen entscheidenden Schritt zunächst zur Überwindung der geteilten Zonenwirtschaft und schließlich zur Gründung der Bundesrepublik. Den nächsten Akt bildeten verfassungspolitisch die sogenannten Empfehlungen der Londoner Sechsmächtekonferenz (USA, Großbritannien, Frankreich, Benelux-Staaten) vom 7. Juni 1948. Auf ihrer Grundlage erfolgte die Übergabe der sogenannten Frankfurter Dokumente durch die drei Militärgouverneure an die Regierungschefs der westdeutschen Länder am 1. Juli 1948. All diese Entscheidungen standen im Kontext der sich verhärtenden Fronten im beginnenden Kalten Krieg zwischen der Sowjetunion und den westlichen Demokratien.

Unter den Ministerpräsidenten waren die von den Westalliierten geforderten Verfassungsberatungen für das Territorium der drei Westzonen wegen der sich abzeichnenden deutschlandpolitischen Konsequenzen heftig umstritten, ohne dass Einigkeit innerhalb der Parteien bestand.[120] Die Ministerpräsidenten betonten in ihrer Antwort an die Militärgouverneure, angesichts der bisherigen Unmöglichkeit, zu einer Einigung der vier Besatzungsmächte zu gelangen, müsse bei der nun in Aussicht genommenen Neuregelung der staatsrechtlichen Verhältnisse alles vermieden werden, was die Spaltung zwischen West und Ost weiter vertiefe. Der amerikanische Militärgouverneur Lucius D. Clay aber blieb hart, eine Verzögerung der Beratungen schloss er aus, sodass die Länderregierungen am 21./22. Juli 1948 eine Konferenz abhielten, auf der quer durch die Parteien die Kontroverse fortgeführt wurde, bevor man sich schließlich am 26. Juli einigte. Vom 10. bis zum 23. August 1948 beriet der Verfassungskonvent von Herrenchiemsee, danach ab 1. September der Parlamentarische Rat in Bonn eine Verfassung für die drei Westzonen.[121]

Die überregional aktiven Politiker der ersten Stunde, darunter gerade die jungen wie Franz Josef Strauß, agierten also von Beginn an im konfrontativen Umfeld des Ost-West-Gegensatzes, der zugleich den Gegensatz zwischen Demokratie und Diktatur symbolisierte. Auch wenn es Verfechter eines »dritten Weges«, der Neutralität zwischen West und Ost, gab, z. B. den durchaus antikommunistischen Berliner Christdemokraten Jakob Kaiser, so sah die Mehrzahl der führenden Nachkriegspolitiker von Konrad Adenauer bis zu Kurt Schumacher und Ernst Reuter doch keinen Verhandlungsspielraum gegenüber der kommunistischen Diktatur der sowjetischen Besatzungsmacht. Die Sowjetunion wurde nicht allein als ideologische, sondern zunehmend als militärische Bedrohung empfunden. Konrad Adenauers Schlussfolgerung war eindeutig und unbeirrbar; angesichts seiner schon in der Weimarer Republik vertretenen Überzeugungen blieb sie von einer jahrzehntelang durchgehaltenen Konsequenz. Franz Josef Strauß gehörte zu denjenigen, die die von Adenauer zielstrebig betriebene Westintegration der Westzonen und dann der Bundesrepublik unterstützten.

Der Frankfurter Wirtschaftsrat wurde als parlamentarisches Gremium vor allem aufgrund der zur Beratung anstehenden wirtschaftspolitischen Grundentscheidungen Schauplatz der ersten zonenübergreifenden Auseinandersetzungen der Parteien bzw. der Fraktionen. Dabei zeichnete sich schnell ein klarer Gegensatz von CDU, CSU und FDP auf der einen sowie SPD und KPD auf der anderen Seite ab. In diesen Kontroversen unterstützte Franz Josef Strauß einen der fünf Direktoren beim Wirtschaftsrat, Ludwig Erhard. Obwohl der 32-jährige Strauß bei seiner Wahl das jüngste Mitglied war, hielt er sich nicht zurück, sondern kämpfte von Beginn an für die Durchsetzung der sozialen Marktwirtschaft als künftiger Wirtschaftsordnung der Bundesrepublik Deutschland.

In dieser für die Geschichte der Bundesrepublik wegweisenden Entscheidung agierten die Parteien keineswegs immer geschlossen. So enthielt das anfangs auch noch von Konrad Adenauer befürwortete Ahlener Programm der CDU von 1947 sozialistische Elemente, für die insbesondere der nordrhein-westfälische Ministerpräsident Karl Arnold stand. Die CDU suchte wirtschaftspolitisch in der konkreten Nachkriegssituation nach einem »dritten Weg« zwischen Kapitalismus und Sozialismus, einer Art »Synthese von christlich-sozialistischem und privatwirtschaftlichem Gedankengut«.[122]

Sehr viel später, bei einer Rede in Wolfratshausen am 9. November 1975, argumentierte Strauß zutreffend eher als Historiker denn als Politiker: »Ich klage die Urheber des Ahlener Programms genauso wenig an, wie die Verfasser des CSU Grundsatzprogramms von Ende 46, beide sind aus ihrer Zeit heraus zu verstehen... Man muß den Mut haben eine bestimmte Entwicklung oder eine bestimmte ideengeschichtliche Weichenstellung, wenn die Umstände sich geändert haben und wenn das Gegenteil notwendig ist, dann auch aufzugeben und sich zum Fortschritt zu bekennen. Erhard war der Fortschritt gegenüber dem Ahlener Programm.«[123] Adenauer selbst hatte jedoch dem Ahlener Programm bescheinigt, keinen Ewigkeitswert zu haben, doch war die Konzeption Ludwig Erhards auch innerhalb der Unionsfraktion nicht leicht durchzusetzen, wie Strauß nicht nur in seinen *Erinnerungen* betonte, sondern auch in der erwähnten Wolfratshausener Rede: »Die soziale Marktwirtschaft ist im Wirtschaftsrat nur mit ganz knapper Mehrheit durchgesetzt worden. Sie wäre nicht durchgesetzt worden, wenn nicht zwei führende Gewerkschaftler der Unionsparteien im Gegensatz zu den Sozialausschüssen sich für Ludwig Erhard ausgesprochen hätten ... Theo Blank und ... Hugo Karpf. Diese beiden führenden Gewerkschaftler der christlichen Gewerkschaftsseite haben damals an der Seite von Ludwig Erhard das Ahlener Programm zerrissen.«

Ludwig Erhard hingegen kam aus dem ordoliberalen Umfeld des Freiburger Kreises und war ein akademischer Schüler des Nationalökonomen Franz Oppenheimer, besaß aber zu diesem Zeitpunkt keine parteipolitischen Bindungen. Trotzdem setzte sich seine Konzeption – innerparteilich favorisiert von Konrad Adenauer – schließlich als offizielle Wirtschaftspolitik der Unionsparteien durch. Wurde Strauß deutschlandpolitisch eine Stütze Konrad Adenauers, so wirtschaftspolitisch eine Ludwig Erhards. Allerdings ist Strauß' in diesem Zusammenhang gegebene Darstellung unzutreffend, der »Ochsensepp« und er seien nach Frankfurt gefahren, hätten Erhard favorisiert und – da er keiner Partei angehörte – »geheim in die CSU aufgenommen, damit er nicht soviel Schwierigkeiten kriegt«.[124] In seinen *Erinnerungen* wiederholt Strauß diese Geschichte nicht. Tatsächlich hatte die FDP-Fraktion im Wirtschaftsrat Ludwig Erhard als Direktor der Verwaltung für Wirtschaft vorgeschlagen, und die CDU/CSU-Fraktion hatte ihn in ihrer Sitzung vom 29. Februar 1948 neben anderen »in Erwägung gezogen«, dann in einer Sitzung mit der FDP am 1. März 1948 in einer Nachtsitzung ein gemeinsames Vorgehen beraten. Erst als die FDP nach scharfen Auseinandersetzungen die Aussprache abgebrochen hatte, verzichtete die Unionsfraktion auf ihren Kandidaten Dr. Seebohm und beschloss »mit zwölf gegen zwei Stimmen, der Kandidatur Dr. Erhards zuzustimmen«.[125]

Jedenfalls wurde Strauß in der Wirtschafts- und Gesellschaftspolitik ein entschiedener Bewunderer Erhards, der ihn nach seinen Vorlesungen beim Nationalökonomen Adolf Weber in den 1930er-Jahren erstmals mit praktischen volkswirtschaftlichen Fragen in Berührung brachte: Erhard »bot eine übergreifende Konzeption, mit deren Hilfe die drängenden Nöte der damaligen Zeit überwunden werden konnten. Und im praktischen Alltag ging es ja, wie ich in Schongau erlebt hatte, vor allem um eines, um die Befriedigung der notwendigen Lebensbedürfnisse, um Brot, Arbeit und Wohnung.«[126] Charakteristisch war für Strauß schon hier, dass er die konzeptionelle Perspektive mit praktischer Effizienz verband, reflektierte er doch grundsätzlich über die Mängel der Planwirtschaft und die Vorzüge der liberalen, aber sozial definierten Marktwirtschaft. Für Strauß war der Wirtschaftsrat neben seinen regionalen Erfahrungen im Kreistag die erste überregionale parlamentarische Bewährungsprobe, er wurde verschiedentlich als Berichterstatter für die Fraktion nominiert und war einige Male auch ihr Sprecher, doch spielte er noch keine dominierende Rolle und erhielt auch keinen Ausschussvorsitz. Er nahm seine Sitzungspflichten im Wirtschaftsrat meist wahr und fehlte in den Fraktionssitzungen selten: Wegen der Entfernung, aber auch seiner Mehrfachaufgaben stand Strauß an zweiter Stelle derjenigen Mitglieder, die die Unionsfraktion für die Genehmigung eines Autokaufs vorschlug. Der Wirtschaftsrat wies ihm deswegen einen Bezugsschein zu: So kaufte er sich am 16. Juni 1947 für brutto 1019 RM aus Wehrmachtsbeständen einen Opel, Baujahr 1939 mit 1,5 Liter Hubraum[127], mit dem er regelmäßig nach Frankfurt fuhr.

Nicht der erste, sondern der zweite Frankfurter Wirtschaftsrat wurde zum entscheidenden Gremium. Unter den 104 Mitgliedern gehörten 40 zu CDU und CSU, gleich stark waren die Sozialdemokraten; die FDP hatte 8 Mitglieder, die KPD 6, Zentrumspartei (Z) und Deutsche Partei (DP) je 4, die Wirtschaftliche Aufbau-Vereinigung (WAV) 2. Eindeutige Mehrheitsverhältnisse bestanden also nicht. Wenn man die Unionsparteien und die FDP allein rechnet, fehlten ihnen mit 48 Sitzen fünf zur absoluten Mehrheit. Allerdings tendierte keine der kleineren Parteien zu einem Bündnis mit der KPD.

Unter den Mitgliedern des zweiten Wirtschaftsrats befanden sich einige bekannte Politiker ihrer Parteien, wenngleich nicht die Spitzenleute, nicht Adenauer, nicht Schumacher, nicht Heuss. Manche »Schwergewichte der Politik« nahmen den Wirtschaftsrat nicht wirklich ernst, obwohl er als Parlament zum Vorläufer des Parlamentarischen Rats und des Bundestags wurde.[128] Damals konzentrierte sich die Politik noch auf die Länder, überzonale Kompetenzen bildeten sich erst allmählich heraus.

Zu den wichtigeren SPD-Vertretern im Wirtschaftsrat zählten u. a. der eindeutig linksorientierte Wirtschaftsprüfer Dr. Viktor Agartz, ihr späterer »Kronjurist« Dr. Adolf Arndt, der Parteiideologe Willi Eichler, Dr. Karl Mommer, Erwin Schoettle, der hessische Justizminister (und spätere Ministerpräsident) Georg August Zinn, der Ökonom Erich Potthoff und der hessische Gewerkschaftsvorsitzende Willi Richter.

Unter den bekannten CDU-Mitgliedern im Wirtschaftsrat befanden sich der Gewerkschaftssekretär Theodor Blank, der Rechtsanwalt und Verleger Dr. Gerd Bucerius, der Unternehmer Dr. Günter Henle, Reichsminister a. D. Dr. Andreas Hermes, der Fabrikant Dr. Friedrich Holzapfel, der spätere Bundestagspräsident Dr. Erich Köhler, der Bankier (und enge Freund Adenauers) Dr. Robert Pferdmenges und der spätere Bundesarbeitsminister Anton Storch.

CSU-Mitglieder waren neben Strauß der Gewerkschaftssekretär Hugo

Karpf, der Industrielle Dr. Otto Seeling, der Wirtschaftsprüfer Dr. Johannes Semler und Strauß' späterer Schwiegervater, der Brauereibesitzer und Landwirt Dr. Max Zwicknagl. Semler war bis zu seiner berüchtigten »Hühnerfutterrede« (er hatte die Nahrungshilfe der Alliierten als Hühnerfutter bezeichnet und dadurch den Zorn General Clays auf sich gezogen) als Vorgänger von Erhard Direktor der Verwaltung für Wirtschaft.

Zu den bekannteren Gesichtern der FDP zählten der ehemalige nordrhein-westfälische Finanzminister (und spätere Vizekanzler Adenauers) Franz Blücher, das Vorstandsmitglied der MAN Dr. Hans Wellhausen, unter den KPD-Mitgliedern des Wirtschaftsrats war der Parteivorsitzende Max Reimann der wichtigste Kopf.

Der Wirtschaftsrat wählte den CDU-Politiker Erich Köhler zum Präsidenten und zunächst den Sozialdemokraten Georg-August Zinn, danach dessen Parteifreund Gustav Dahrendorf zum Vizepräsidenten. Es gab insgesamt 30, zum Teil nur zeitweise tagende Ausschüsse, Franz Josef Strauß wurde Mitglied des wichtigen Hauptausschusses, des Verkehrsausschusses, des Ausschusses für Beamtenrecht sowie der beiden Untersuchungsausschüsse Dr. Pünder und Kriedemann. Vorsitzender der CDU/CSU-Fraktion wurde im ersten und zweiten Wirtschaftsrat Friedrich Holzapfel (CDU), der SPD-Fraktion Erwin Schoettle und der FDP/LDP/DVP bzw. DP Franz Blücher.

Wie verstand Franz Josef Strauß, der auf Vorschlag des »Ochsensepps« von der CSU-Landtagsfraktion für den zweiten Wirtschaftsrat vom 24. Februar 1948 bis zum 7. September 1949 nominiert worden war, selbst seinen Part, welche Rolle spielte er in diesem Wirtschaftsparlament?

Da Strauß weiterhin Landrat von Schongau und als Oberregierungsrat Leiter des Landesjugendamts im Bayerischen Innenministerium blieb, handelte es sich bei der neuen Aufgabe bereits um eine erhebliche weitere Belastung, zumal er unter den damaligen technischen und verkehrsmäßigen Bedingungen für die Fahrt mit dem Auto etwa acht Stunden benötigte. In der Regel musste er alle zwei Wochen nach Frankfurt, die Sitzungen dauerten oft bis in die Nacht.[129] An fast allen der 161 Sitzungen der CDU/CSU-Fraktion nahm Strauß teil, außerdem an einer Reihe von Sitzungen des Fraktionsvorstands. Soweit die Protokolle erkennen lassen, meldete er sich indes nicht sehr häufig zu Wort.[130] Dennoch spielte die Wahl in den Frankfurter Wirtschaftsrat in Strauß' politischer Biografie eine ausschlaggebende Rolle: »die damit verbundene Bekanntschaft mit führenden Persönlichkeiten bedeutete für mich den Aufbruch in eine fremde Welt. Damit betrat ich eine Bühne, deren Kulissen anders waren.«[131]

Nicht allein im Plenum des Wirtschaftsrats, auch in den Sitzungen der

Unionsfraktion wurde ungleich sachbezogener und nicht persönlich verletzend argumentiert, wie Strauß dies von den Sitzungen der Landesversammlung und des Landesvorstands der CSU kannte. Zwar spielten hier stets auch bayerische Interessen eine Rolle, doch mussten sie integriert werden in die grundlegenden Entscheidungsprozesse für den westdeutschen Wiederaufbau insgesamt. Das kam der Doppelperspektive, die für die politische Laufbahn von Strauß charakteristisch wurde, entgegen und bewahrte ihn schon früh vor partikularistischen Sonderwegen.

Sein erster Redebeitrag im Plenum des Wirtschaftsrats in der Sitzung vom 17., 19. und 20. August 1948 galt der nachdrücklichen Befürwortung eines bizonalen Rechnungshofes durch die CSU. Ein solcher Rechnungshof hätte zur Einsparung erheblicher Kosten führen können. Strauß berücksichtigte außer den sachlichen Gründen auch Verfahrensfragen, so die Priorität der Exekutive zur Berufung des Präsidenten, die in diesem Fall durch den Verwaltungsrat erfolgen sollte, sowie Mitwirkungsrechte der Länder.[132] Diese Initiative war unstrittig, da nur drei Abgeordnete gegen die Errichtung eines Rechnungshofes stimmten. In der Debatte über den durch Erwin Schoettle begründeten SPD-Antrag zur Abberufung des Direktors der Verwaltung für Wirtschaft, Ludwig Erhard, ergriff Strauß jedoch nicht das Wort. Für CDU und CSU sprachen die CDU-Abgeordneten Holzapfel und Storch, für die FDP Franz Blücher. Der Antrag wurde mit 47 zu 35 Stimmen bei 2 Enthaltungen (Zentrum) nach einer kämpferischen Rede Erhards abgelehnt.[133]

Der nächste Debattenbeitrag von Strauß galt dem Gesetz gegen Preistreiberei, das er durchaus für notwendig hielt, seine Anwendung in der Praxis aber für mangelhaft. Er schöpfte aus seiner eigenen Erfahrung als Landrat und nannte konkrete Gründe und Beispiele für die Ineffizienz der Umsetzung, die seiner Einschätzung nach auch am Personal lag, nämlich den Preisprüfern, die »aus innerer Unsicherheit und weil sie jahrelang nur eine Tätigkeit des Ablesens und Vergleichens gewohnt waren, praktisch um dieses Gesetz herumgegangen sind«. Dem sozialdemokratischen Juristen Adolf Arndt hielt er entgegen: »Im Gegensatz zu Herrn Dr. Arndt, der ein talentierter Jurist ist, bin ich ein erfahrener Nichtjurist und erlaube mir deshalb, aus der Praxis heraus zu sagen: In der kurzen Zeit von sechs Wochen, in denen ich als Landrat den Versuch gemacht habe, dieses Gesetz anzuwenden, konnte ich feststellen, daß es sowohl für das Ordnungsstrafverfahren wie für das gerichtliche Strafverfahren anwendbar ist ... «[134]

Diese Rede zeigte bereits Anfänge seiner späteren sachbezogenen Reden, die sprachliche Präzision, die dichte Information, aber auch einige wenige personenbezogene kräftige Formulierungen. Strauß hat später noch einmal ausführlich zum Gesetz gegen Preistreiberei Stellung bezogen und wiederholt zum Wirtschaftsstrafrecht gesprochen – ebenfalls in intensivem Disput mit dem brillanten Juristen Adolf Arndt, dem er mehrfach seine Hochachtung versicherte.[135] Schon hier zeigte sich Strauß' später stärker werdende Neigung, insbesondere mit dem argumentationsstärksten Mann von der anderen Seite die Klingen zu kreuzen, ja geradezu eine gewisse Fixierung auf den stärksten politischen Antipoden zu zeigen. In einer anderen Debatte, in der er die Leistung des Direktors für Ernährung, Landwirtschaft und Forsten, Dr. Hans Schlange-Schöningen, engagiert verteidigte (und Erhard ebenfalls gegen Angriffe in Schutz nahm), redete Strauß eher wahlkämpferisch, etwas lang und nicht ohne Redundanzen, doch mit kräftigem Schlag. Die vielen Zwischenrufe brachten ihn nicht aus der Ruhe.[136] Allerdings gehörte er intern zu denjenigen, die in der Unionsfraktion mehrfach für die Ablösung Schlange-Schöningens votierten.[137]

Dessen Politik provozierte vor allem in der CSU erhebliche Unzufriedenheit, in der Fraktion sprachen andere CSU-Abgeordnete wegen seiner Agrarpolitik sogar von einem »Kleinkrieg zwischen Bayern und Schlange-Schöningen«: Er habe in dieser Übergangsphase Saatgetreide und Nutzvieh nach den Prinzipien der Marktwirtschaft verfrüht freigegeben und den Zusammenbruch der Ernährungswirtschaft den Ländern in die Schuhe geschoben.[138] Schlange-Schöningen wurde andererseits vorgeworfen, er arbeite »absolut zentralistisch und in vielen Fällen diktatorisch«, es fehle eine Abstimmung mit den Länderministern, Gesetzentwürfe seien mangelhaft vorbereitet.[139] Josef Müller verdächtigte Schlange-Schöningen gar der Verbindungen zur Sozialdemokratie, »die ein Vertrauen zu ihm unmöglich« machten, was jedoch der kritischen Einschätzung Schlange-Schöningens durch die SPD-Fraktion widersprach.[140] Konrad Adenauer, der als Gast an der Sitzung vom 19. Oktober 1948 teilnahm, verlangte Einigkeit der Unionsfraktion in der Wirtschaftspolitik: Wenn man sich für diejenige Erhards entscheide, »dann müsse der Direktor, der mit ihm nicht zusammenarbeite, eben fallen«.[141] In mehreren Briefen, u. a. an Friedrich Holzapfel, machte sich Adenauer den Vorwurf der CSU zu eigen, dass die Direktoren, insbesondere Schlange-Schöningen, sich nicht hinreichend mit den Länderministern und den jeweiligen Experten der Unionsfraktion abstimmen würden, und schlug deshalb kleine Expertenbeiräte aus der Union für die Direktoren vor.[142]

Schlange-Schöningen, der einem sozialen »Gesamtkonzept«[143] folgte, sah angesichts der Hungerkrise in großen Teilen der Bevölkerung Ende der 1940er-Jahre noch keinen Spielraum für eine Liberalisierung der Ernährungswirtschaft und wollte durchaus eine Kooperation mit SPD und Gewerkschaften, doch traf er dort vor allem wegen seiner früheren politischen Laufbahn auf starke persönliche Vorbehalte. Sie beruhten unter anderem darauf, dass er ursprünglich deutschnationaler Reichstagsabgeordneter bzw. preußischer Landtagsabgeordneter gewesen war. Allerdings war er im Konflikt mit dem Parteivorsitzenden Alfred Hugenberg aus der DNVP ausgetreten und später Reichsminister im Kabinett Brüning geworden. Die SPD warf Schlange-Schöningen außerdem vor, dass er – der selbst Hitler-Gegner gewesen war – nach 1946 beim schnellen Aufbau einer effizienten Agrarverwaltung zunächst in der Bizone, dann in der Wirtschaftsverwaltung beim Frankfurter Wirtschaftsrat, zu lax bei der Entnazifizierung vorgegangen sei. Auf der anderen Seite wurde die Kritik der Agrarlobby an ihm – der ostelbischer Großgrundbesitzer gewesen war – immer schärfer, die CSU vertrat jedoch diese Lobby in Konkurrenz mit der BP, deren Vorsitzender Baumgartner Schlange-Schöningen noch weitaus schärfer attackierte. Schlange-Schöningen wurde aber dann doch nicht mehr abgelöst und später als Mitglied der CDU Abgeordneter im ersten Deutschen Bundestag bzw. danach Diplomat.

Vor diesem partei- und interessenpolitischen Hintergrund ist die Auseinandersetzung der CSU mit Schlange-Schöningen zu sehen. Franz Josef Strauß' Haltung ihm gegenüber war tatsächlich widersprüchlich: Einerseits mag er die Kritik als überzeugter Anhänger der sozialen Marktwirtschaft und damaliger Anhänger Erhards geteilt haben, andererseits hätte er als Landrat, der die Ernährungsprobleme kannte, für dessen soziale Ernährungspolitik Verständnis und vor der außerordentlich eigenständigen Persönlichkeit Schlange-Schöningen Respekt haben müssen. In diesem Fall aber scheint er der Parteiräson der CSU und seinem Mentor Josef Müller gefolgt zu sein. Im Kreis der alten Hasen im Frankfurter Wirtschaftsrat besaß er noch kein vergleichbares Gewicht. Auffällig ist jedenfalls, dass Strauß sich in den Beratungen der Unionsfraktion im Wirtschaftsrat viel zurückhaltender verhielt als in der Landesversammlung und im Landesvorstand der CSU.

Im Plenum des Wirtschaftsrats sprach er indes dezidiert bei verschiedenen Anlässen. So wies er eine Streikdrohung entschieden mit dem Hinweis zurück, man solle parlamentarische Beratungen nicht mit der Drohung außerparlamentarischer Aktionen belasten.[144] Offensichtlich wurden die Reden im Wirtschaftsrat von Mal zu Mal kämpferischer, nicht zuletzt deshalb, weil er oft im Clinch mit den Kommunisten auf die generelle deutschlandpolitische Konstellation einging und betonte, die Union sei nicht bereit, »die angeblich errungene Einheit um den Preis der Freiheit zu erkaufen«[145] – eine Maxime, die auf die später von Adenauer und Eugen Gerstenmaier gewählte Prioritätensetzung Freiheit – Sicherheit – Einheit hinauslief.

Nach fast zweijähriger Arbeit kam es im Wirtschaftsrat zu einem Aufsehen erregenden Fall, der allerdings schon in der Zeit vor Zusammentritt des Gremiums seinen Ursprung hatte. Der SPD-Abgeordnete Herbert Kriedemann, ein niedersächsischer Landwirt, hatte eine Beleidigungsklage gegen den KPD-Abgeordneten Kurt Müller angestrengt, weil dieser ihn bezichtigt hatte, als V-Mann für die Gestapo tätig gewesen zu sein. Daraufhin beantragte die CDU/CSU-Fraktion im Wirtschaftsrat am 24. Juni 1949 einen Untersuchungsausschuss, dessen Gegenstand u. a. die Prüfung sein sollte, ob Kriedemann, wenn die Vorwürfe zuträfen, überhaupt wählbar gewesen sei.[146]

Die Begründung des Antrags im Plenum fiel Franz Josef Strauß zu, der mit Kriedemann verschiedentlich die Klingen gekreuzt hatte. Die CDU/CSU-Fraktion hatte von dem Vorfall aus der Presse erfahren, und Strauß versicherte, seine Fraktion wolle sine ira et studio eine Klärung der Vorfälle, weil einerseits das Ansehen des Frankfurter Wirtschaftsrats auf dem Spiel stehe, andererseits aber die Notwendigkeit bestehe, in der Auseinandersetzung mit dem Nationalsozialismus nicht nachzulassen. Strauß distanzierte sich jedoch von Versuchen, »beim Kampf der Parteien« die Entnazifizierung als Mittel einzusetzen, »persönliche und politische Gegner lahmzulegen«. »Wir stehen vielmehr auf dem Standpunkt, daß es immer ein Schaden für die Demokratie, ein Schaden für alle Parteien ist, wenn prominente Vertreter demokratischer Parteien wegen politischer oder krimineller Vorwürfe – mögen sie berechtigt oder nicht berechtigt sein – in unerwünschter Weise in das Scheinwerferlicht der Öffentlichkeit gezogen werden.«[147]

Tatsächlich hielt Strauß, der jede taktische Absicht von sich wies, eine Grundsatzrede zur politischen Moral in der Demokratie und zur Auseinandersetzung mit der nationalsozialistischen Vergangenheit. Die KPD-Fraktion nahm der CDU/CSU-Fraktion diese Argumentation nicht ab und warf ihr vor, mit dem Untersuchungsausschuss Wahlkampf betreiben zu wollen. Trotzdem nahm der Wirtschaftsrat bei zwei Gegenstimmen und drei Enthaltungen den Antrag an. Der Untersuchungsausschuss Kriedemann verneinte im Übrigen nach Bericht des Ausschussvorsitzenden Gerd Bucerius die drei Fragen, die Strauß in seiner Begründung des Antrags gestellt hatte. Demzufolge war Kriedemann für den Wirtschaftsrat wählbar, ihm sei kein Schaden dadurch entstanden, und der Öffentlichkeit solle der Bericht zugänglich gemacht werden.[148]

Im Einzelnen ging Strauß auf folgende Probleme ein: Er erwähnte zwar die juristische Seite des Beleidigungsprozesses, erklärte sie aber für zweitrangig im Vergleich zur politischen, die das eigentliche Anliegen des Wirtschaftsrats sein müsse. Die Frage sei, wie der Wirtschaftsrat vor der Öffentlichkeit bestehen könne: »Es darf kein Anschein gerade von den politischen Parteien erweckt werden, die irgendwie für die im Laufe der letzten Jahre durchgeführten Entnazifizierungsmaßnahmen verantwortlich zeichnen, als ob in der Entnazifizierung zweierlei Maß angewendet werde.« Es sei das Geraune bekannt, dass man die Kleinen hänge und die Großen laufen lasse. Aus Gründen der Gerechtigkeit, aber auch der Zweckmäßigkeit können wir es uns nicht leisten, so Strauß, »das für uns im Ausland so notwendige Vertrauen in Frage zu stellen«. Man müsse aufgrund der »Kollektivhaftung« der Deutschen »die inneren und äußeren Beziehungen zur Militärregierung so gut als möglich gestalten«. Angesichts »der noch kaum lebensfähigen deutschen Demokratie« müssten derartige Vorwürfe politisch aufgeklärt und entkräftet werden. Wegen der Vergangenheit »der bewußten 12 Jahre« müsse der Kampf um die politische Säuberung geführt werden, »damit nicht die Mächte der Zersetzung, der Verneinung, der Zerstörung wieder die Oberhand gewinnen über die Kräfte des Aufbaus«.[149]

Keine Frage, Franz Josef Strauß hielt damals eine der wichtigen Grundsatzreden zur Auseinandersetzung mit der nationalsozialistischen Vergangenheit, die fundamentale Probleme der politischen Moral in der Demokratie und ihre öffentliche Wirkung behandelte. Sie entsprach einem bei ihm durchgängigen intensiven Interesse an diesen Fragen, weshalb er auch immer wieder als Sprecher seiner Partei zu historischen und vergangenheitspolitischen Themen benannt wurde.

Resümee

Wenngleich Franz Josef Strauß im Wirtschaftsrat nicht sehr viele Reden hielt und er noch nicht zu dessen prägenden Persönlichkeiten zählte, so doch zu denen, die Profil, Debattierlust und klare programmatische Orientierung zeigten. Wie in den Parteigremien erwies er sich hier ebenfalls als ein vielversprechender, in Stil und Inhalt eigenständiger Politiker, der sich früh »freigeschwommen« hatte. Er gewann Profil mit den geschichtspolitischen Perspektiven, den administrativen Erfahrungen des Landrats und Oberregierungsrats, den parteipolitischen als Wahlkämpfer, des Mitglieds der CSU-Landesversammlung und des geschäftsführenden Landesvorstands, des Generalsekretärs seiner Partei. Kaum weniger entscheidend für seine politische Zukunft waren schließlich die überregionalen, auf alle Westzonen gerichteten parlamentarischen Aktivitäten im Wirtschaftsrat, die überdies den unschätzbaren Vorteil hatten, thematisch und personell über den landespolitischen Tellerrand hinauszublicken. In nur wenigen Jahren erlangte Franz Josef Strauß so vielfältige politische Kompetenzen wie kein zweiter bayerischer Politiker der 1940er-Jahre. Bei der Gründung der Bundesrepublik 1949 war der jüngste unter den führenden Politikern schon eine erfahrene Vielzweckwaffe.

Teil II

6

Generalsekretär in München – Geschäftsführender Vorsitzender der CSU-Landesgruppe im Deutschen Bundestag

Zwar war Franz Josef Strauß auf Vorschlag von Josef Müller und gegen den Widerstand des konservativen Flügels 1948 Generalsekretär geworden[1], doch stand seit der Wahl zum ersten Deutschen Bundestag 1949 sein Abgeordnetenmandat eindeutig im Vordergrund, seine parteiorganisatorische Tätigkeit aber in ihrem Schatten. Trotzdem war es für seine politische Laufbahn wichtig, dass Strauß neben seiner Bonner Aufgabe im Parteivorstand in München präsent blieb, auch wenn er als Generalsekretär keine durchschlagenden Erfolge aufweisen konnte. Allerdings lagen die Gründe dafür keineswegs in erster Linie an seinem Mandat in Bonn[2], sondern vor allem in der Entwicklung seiner Partei, deren einstweiligen Abwärtstrend er nicht aufhalten konnte. Strauß selbst hielt aufgrund seiner dauernden Beanspruchung in Bonn die Ernennung eines »politischen Stellvertreters« des Generalsekretärs für notwendig und schlug dafür Josef Brunner vor, was auf die Zustimmung des neuen Parteivorsitzenden Ehard und des Fraktionsvorsitzenden der CSU im Bayerischen Landtag Hundhammer stieß.[3]

Seit der Währungsreform 1948 war die CSU praktisch mittellos und konnte seit dem 30. Juni 1948 keine Gehälter mehr zahlen. Schon aus finanziellen Gründen war an den Aufbau einer schlagkräftigen Parteiorganisation nicht zu denken, vielmehr wurde die bisherige Organisation stark geschwächt bzw. löste sich nahezu auf.[4] Vergleichbar zur SPD sank die Mitgliederzahl seit 1947 rapide: Zählte die CSU damals 82 189 Mitglieder, so im Jahre 1956 nur noch 43 500, dies war der Tiefststand. Auf der anderen Seite nahm die Konkurrenzpartei auf der Rechten, die BP, zunächst bis 1949 zu, bevor auch sie bis Mitte der 1950er-Jahre Mitglieder verlor. Die Konkurrenzsituation beider Parteien blieb also ein Hemmnis für die Entwicklung der CSU, was auch inhaltliche Gründe hatte: Diese Konstellation verschärfte sich, weil der Hundhammer-Flügel in einigen grundsätzlichen Fragen, insbesondere in Bezug auf die Gestaltung des Föderalismus, die Überkonfessionalität und die Vertretung agrarischer Interessen der BP näherstand als dem progressiven CSU-Flügel um den »Ochsensepp« und Strauß.

Als Generalsekretär bemühte sich Strauß, zunächst die Finanzlage zu verbessern, und sandte am 6. Mai 1949 ein mahnendes Rundschreiben an die 130 der 176 Kreisverbände, die weniger als die Hälfte der fälligen Mitgliedsbeiträge abgeführt hatten. Ohne Umschweife drohte er denjenigen Kreisverbänden, die ihren Zahlungsverpflichtungen nicht nachkämen, mit dem Ausschluss aus den Gremien der CSU.[5]

Der die Gründungsphase der CSU bestimmende Dauerstreit zwischen ihren Flügeln blieb mehr als ein Jahrzehnt virulent. Er wurde durch regionale Differenzen, ja sogar durch heftige Kämpfe einzelner Bezirksverbände untereinander verschärft. An diesem in den ersten Jahren sich verstärkenden Grundproblem einer Volkspartei, die sehr unterschiedliche Strömungen integrieren wollte, änderte die Ablösung Müllers als Parteivorsitzender und die Wahl von Ministerpräsident Hans Ehard kaum etwas, obwohl er viel ausgleichender wirkte als die kantigen Kontrahenten Hundhammer, Müller und Schäffer. Der von Hundhammer begünstigte Nachfolger als Bezirksvorsitzender Oberbayern der CSU, Fritz Schäffer, hatte gegen Müller und die zentrale Organisationsstruktur der CSU mit ideologischem Sendungsbewusstsein öffentlich einen Krieg inszeniert, der dem sozialen und überkonfessionellen Sammlungskonzept Müllers einen schweren Schlag versetzte. Um einem Ausschluss aus der CSU zuvorzukommen, war Schäffer im September 1948 aus der Partei ausgetreten[6], 1949 aber wieder eingetreten[7].

Trotz seiner Bemühungen um Ausgleich, die immerhin ein prekäres äußeres Gleichgewicht erreichten, war Ehard keine wirklich neutrale Instanz oberhalb der beiden Flügel, sondern stand dem konservativen näher. Er hatte keinerlei parteipolitische Erfahrung, sondern war hoher Beamter und Parlamentarier, die CSU führte er von der Staatskanzlei aus in der für ihn charakteristischen sachlichen Art als Verwaltungsjurist und nicht als Vollblutpolitiker, wie es Josef Müller getan hatte und später Franz Josef Strauß tun sollte. Der Persönlichkeit Ehards war das Amt des Ministerpräsidenten gemäß[8], der Parteivorsitz aber »ungeliebt« (Thomas Schlemmer). Insofern hätte sich zwar das impulsive Temperament von Strauß als komplementär erweisen können, doch nur im Fall grundlegender Übereinstimmung der beiden durch ihre Parteiämter zur Führung verpflichteten Politiker. Obwohl sie fair miteinander umgingen, blieben ihre Vorstellungen von Parteiorganisation und Parteiführung zu verschieden: Aufgrund dieser Differenz konnten sie kaum gemeinsam ein Bollwerk gegen die zunehmende Schwächung der CSU bilden.

Strauß selbst hatte noch versucht, Josef Müller zu »retten«, und zwei gleichberechtigte Landesvorsitzende, Müller und Ehard, vorgeschlagen, doch wurde Ehard mit 396 zu 151 Stimmen gewählt.[9] Tatsächlich begnügte die CSU-Führung sich in diesen Jahren aber damit, ihre innere Zerrissenheit halbwegs auszutarieren, ohne eine grundlegende Reorganisation bzw. überhaupt erst den Aufbau einer neuen Parteiorganisation zu erreichen. Wie die Wähler- und Mitgliederverluste zeigen, verlor die CSU immer schneller den Charakter einer Volkspartei, vielmehr bildete sie sich in der ersten Hälfte der 1950er-Jahre zur »bürgerlichen Honoratiorenpartei« zurück.[10]

Selbst die schwere Wahlniederlage von 1950, als die CSU mit 27,4 Prozent sogar 0,6 Prozent hinter der SPD lag und die BP mit 17,9 Prozent aus dem Stand ihr bestes Wahlergebnis erreichte, führte nicht zu einem Aufbruch: Da Hans Ehard trotz des Wahlergebnisses sein drittes Kabinett bilden konnte, verkannte ein Großteil der Partei die dramatische Lage der CSU. Erst der Verlust der Regierungsbeteiligung 1954 bewirkte nach schweren Erschütterungen innerhalb der Partei die im Ergebnis heilsame Krise, die schließlich konstruktive Therapien provozierte: Für sie standen der neue Parteivorsitzende Hanns Seidel sowie Friedrich Zimmermann, der als der erste wirklich starke Generalsekretär eine straffe und wirkungsvolle Organisationsstruktur der CSU schuf, die die Grundlage künftiger Erfolge bildete.

Strauß selbst hatte allerdings schon früher verschiedentlich auf die Defizite der Parteiorganisation hingewiesen und auf der Landesversammlung der CSU am 6. Juli 1952 in Regensburg unmissverständlich betont, dass er mit den »Methoden der Parteiführung« durch den Ministerpräsidenten Hans Ehard »nicht immer ein und derselben Meinung« sei.[11] Selbst diese dezente Wortwahl konnte angesichts der damals noch eher zurückhaltenderen Sprache von Strauß schon als herbe Kritik des Generalsekretärs an seinem Vorsitzenden gelten – eine Kritik, deren besondere Pikanterie darin lag, dass Strauß selbst schon zu diesem frühen Zeitpunkt als Landesvorsitzender vorgeschlagen worden war. Wie berechtigt die Kritik von Strauß war, zeigt die defensive Reaktion von Ehard, der Mängel zugab, aber für das eigentliche Anliegen von Strauß – eine feste und effektive Parteiorganisation – keinen Sinn aufbrachte. Der Aktionsradius des Generalsekretärs blieb also begrenzt.

Diese Grenzen wurden auch deutlich, als Strauß verschiedentlich in den Sitzungen des Landesvorstands auf die Probleme hinwies und als einer der wenigen betonte, Politik, Organisation und Finanzen seien nicht zu trennen, auch sei zur Reorganisation der Partei die »Wiedereinführung eines hauptamtlichen Geschäftsführers« notwendig. Einmal mehr verlangte Strauß Geschlossenheit der CSU nach außen. Dazu gehörte seine Forderung, für die gesamte CSU müsse verbindlich eine Koalition oder Fusion mit der Bayernpartei ausgeschlossen werden.[12]

Obwohl immer wieder, zum Teil auf Initiative von Strauß, Organisationsprobleme thematisiert, Pläne entwickelt, Defizite benannt wurden, erklärte der Landesvorsitzende Ehard am 7. Januar 1950 bei einer Besprechung mit den Bezirksvorsitzenden: Das »Gespann Strauß-Brunner im Generalsekretariat der CSU hat sich seit Oktober 1949 als glücklich und erfolgreich erwiesen, so daß der Wunsch geäußert werden darf, unsere Freunde Strauß und Brunner möchten in diesem Jahr in gleicher Weise zusammenarbeiten und zusammenwirken«.[13]

Strauß kritisierte eine zunehmende Überalterung bei den Orts- und Kreisvorsitzenden, forderte Wahlkreissekretariate, erhöhte Aktivität der Abgeordneten, Pauschaleinnahmen bei der Finanzierung und weitere Maßnahmen, um die Schlagkraft der Partei zu erhöhen. Alle Vorstandsmitglieder stimmten mit ihm und Ehard überein, »daß die innere Kräftigung und Aktivierung der Partei in den nächsten Monaten die erste und dringlichste Voraussetzung für einen Erfolg bei den kommenden Landtagswahlen darstellt«.[14] Doch gelang die notwendige Reorganisation ganz offensichtlich bis zur Landtagswahl nicht, die die CSU erstmals in direkter Konkurrenz mit der BP bestehen musste.

Insgesamt besteht also kein Zweifel, dass Strauß, der 1952 zum stellvertretenden Vorsitzenden gewählt worden war, die Notwendigkeit klar erkannt hat, die CSU von Grund auf zu reorganisieren. Da jedoch seine Möglichkeiten auf diesem Feld einstweilen beschränkt blieben, überrascht es kaum, in welchem Maße er den Schwerpunkt seines Engagements nach Bonn verlegte. Allerdings nahm er meist an den Landesvorstandssitzungen in München teil und äußerte sich dort wiederholt zu Organisations- und Finanzierungsfragen seiner Partei.

Die problematische Entwicklung der CSU vom Ende der 1940er- bis zur Mitte der 1950er-Jahre führte zu einer für Jahrzehnte wirksamen Konstellation, die sich auch durch die Neustrukturierung des Parteiapparats und die ideelle Konsolidierung der Partei in der Ära Seidel/Strauß/Zimmermann nicht änderte, nämlich zur Eigenständigkeit der CSU-Landesgruppe im Deutschen Bundestag. Damit entstanden zwei Machtzentren der Partei: eines in der Staatskanzlei in München, ein anderes in der gemeinsamen Regierungsfraktion von CDU und CSU in Bonn, die mehr und mehr die Domäne von Franz Josef Strauß wurde, ohne dass er sein Münchner Standbein aufgegeben hätte. Allerdings blieb in der Gesamtpartei der Münchner Führungsanspruch für die ersten eineinhalb Jahrzehnte erhalten, da die Parteivorsitzenden Hans Ehard (1949–1955) und Hanns Seidel (1955–1961) außer in den Jahren des zweiten Kabinetts Hoegner (1954–1957) zugleich Bayerische Ministerpräsidenten waren. Die Kandidatur des stellvertretenden Vorsitzenden Strauß für den Parteivorsitz 1955 misslang nicht zuletzt wegen dieser Gewichtsverteilung zwischen der Bundes- und der bayerischen Landespolitik. Erst nach dem Tod Seidels 1961 änderte sich dies: Mit Strauß wurde der erste Bundespolitiker der CSU Parteivorsitzender, erst seitdem akzeptierte die Parteimehrheit dank des politischen Gewichts von Strauß seine Doppelrolle.

Die Gründung einer eigenen Landesgruppe der CSU im Bundestag hatte Franz Josef Strauß in der ersten eigenen Sitzung der CSU-Bundestagsabgeordneten am 19. August 1949 vorgeschlagen und daran erinnert, dass Fritz Schäffer bereits für den Frankfurter Wirtschaftsrat eine eigene CSU-Fraktion gewollt habe. Tatsächlich war dort und im Parlamentarischen Rat in Bonn jedoch ein unmittelbarer Zusammenschluss der Unionsfraktionen erfolgt. Strauß' Vorschlag unterschied sich aber von dem Schäffers: »Die Frage ist also: Machen wir immer das mit, was die CDU macht, was größtenteils ja auch unser aller Wunsch ist, oder behalten wir uns die Möglichkeit offen, auch einmal anders zu handeln, um der Bayernpartei nicht ständig neue Angriffsflächen zu bieten … Für Bonn müssen wir nun einen geschickten Mittelweg finden, etwa die Bildung einer ›Bayerischen Gruppe‹. Diese Gruppe soll ihre Meinung für sich separat bilden, an den großen Fraktionssitzungen der CDU aber teilnehmen und für sich selbst einen oder mehrere Sprecher wählen; also: Separate Meinungsbildung, Ausdruck dieser Meinung durch Sprecher … einerseits, andererseits eine gemeinsame Fraktion mit der CDU. Wir haben dann ein Zweifaches erreicht: Wir können hier unten in Bayern bestehen bleiben und wir können dort oben in Bonn unser gesamtes Gewicht in die Waagschale werfen.«[15] Einen Tag später nahm Fritz Schäffer in einem Brief an Strauß dessen Anregung auf und schlug ihm vor, einen entsprechenden Antrag zu formulieren.[16]

Mit dieser Weichenstellung hatten Schäffer und Strauß eine strategische Richtung eingeschlagen, die den Einfluss der CSU auf die Bundespolitik für die nächsten Jahrzehnte sicherte, auf dieser Klaviatur spielte er selbst während der fast 30-jährigen Zugehörigkeit zum Bundestag virtuos. Zugleich nutzte er dieses Bonner Machtzentrum auch in umgekehrter Richtung zur Steuerung bayerischer Politik, wenn er eine bundespolitische Verstärkung in München benötigte. Unverkennbar führte diese strukturelle Komponente der Unionspolitik aber regelmäßig zu einem Dualismus, sei es in der CDU/CSU-Fraktion selbst, sei es zwischen CSU-Landesgruppe und CSU-geführter bayerischer Staatsregierung.

Den Vorsitz der Landesgruppe übernahm von 1949 bis 1953 Fritz Schäffer. Geschäftsführender Vorsitzender wurde Franz Josef Strauß, stellvertretender Vorsitzender Max Solleder, der dem Bundestag aber nur in der ersten Legislaturperiode angehörte und keine größere bundespolitische Bedeutung erlangte. Aufgrund der starken Belastung Schäffers zunächst als Bundesfinanzminister 1949 bis 1957, danach als Bundesjustizminister, wurde die Landesgruppe faktisch von Strauß geleitet. Von Beginn an nahm er also eine Schlüsselstellung in der Fraktionspolitik ein, zumal der Vorsitzende der Landesgruppe später auch formell erster stellvertretender Vorsitzender der Gesamtfraktion wurde. Aufgrund der Berufung Schäffers zum Bundesminister wurde Strauß als einziger CSU-Abgeordneter neben drei CDU-Abgeordneten sofort Mitglied des Fraktionsvorstands.[17] Strauß selbst hatte in der Fraktionssitzung vom 1. September 1949 mit Nachdruck für die schnelle Wahl eines Fraktionsvorstands plädiert. Angesichts der großen Zahl fundamentaler parlamentarischer Entscheidungen in den ersten Jahren der Ära Adenauer und der Existenz zentrifugaler Kräfte auch innerhalb der Unionsparteien kam der Fraktionsführung eine erhebliche argumentative Integrationsaufgabe zu, zugleich aber trotz der sich schnell festigenden Autorität Konrad Adenauers auch eine Mitwirkung bei der Vorbereitung wichtiger Regierungsentscheidungen.

Nach Bildung einer eigenständigen Landesgruppe, die erstmals am 30./31. August 1949 erfolgte, musste die Fraktionsgemeinschaft der beiden Unionsparteien in jeder Legislaturperiode erneuert werden, nachdem sich die Landesgruppe jeweils autonom konstituiert hatte. Dieses Verfahren gab ihr größeren Spielraum, zu Beginn einer neuen Legislaturperiode spezifische Forderungen an die CDU zu stellen – ein Prozess, der sich bis zum Kreuther Trennungsbeschluss von 1976 fortsetzte.

Schon in der ersten Sitzung der CDU/CSU-Bundestagsfraktion nahm Fritz Schäffer den erwähnten internen Vorschlag von Franz Josef Strauß auf und erklärte für die CSU-Abgeordneten: »Sie wissen, daß die bayerische Landespartei der CSU unter besonderen Verhältnissen kämpft und unter diesen besonderen Verhältnissen den föderativen Gedanken vertreten wird. Wir stellen uns in dieser Situation vor, daß wir auch in die Fraktion ein Stück föderativen Gedanken hineintragen dürfen. Wir haben uns deshalb entschlossen, Sie zu bitten, daß wir eine bayerische Landesgruppe in Ihrem Kreise bilden, wir aber als Mitglieder der Fraktion gelten sollen.« Bereits einleitend hatte Schäffer darauf verwiesen, dass dieser Zusammenschluss CDU und CSU zur größten Fraktion des Bundestags machen würde. Nicht zuletzt aus diesem Grund dürfte Konrad Adenauer sofort zugestimmt haben: Damit sei die Argumentation des SPD-Vorsitzenden Kurt Schumacher, es handele sich um zwei Parteien und zwei Fraktionen, erledigt. Folglich würde auch nicht die SPD, sondern die CDU/CSU den Präsidenten des Bundestags stellen.[18]

Diese »Föderalismusklausel« wurde eine der bis heute geltenden Grundlagen der gemeinsamen Fraktionsbildung der Unionsparteien, aber auch der politischen Stärke der CSU-Landesgruppe. Anfangs spielte die Föderalismusfrage eine wesentliche Rolle, wie allein schon der folgenden Formulierung im Fraktionsvertrag beider Parteien zu entnehmen ist. So durfte die CDU/CSU-Fraktion keiner Grundgesetzänderung zustimmen, »der die Landesgruppe aus Gründen der Wahrung des föderativen Staatsaufbaus widerspricht«. Zwar war das Föderalismusverständnis bei der CSU spezifischer und ausgeprägter als bei der CDU, nachdem allerdings das Grundgesetz den verfassungsrechtlichen Rahmen abgesteckt hatte, ging es nicht mehr um Fundamentalentscheidungen, sondern um die Verfassungspraxis im Bundesstaat. Nun kam es für Strauß darauf an, die Möglichkeiten zu nutzen, die sich aus dem Sonderstatus der CSU in der gemeinsamen Fraktion zweier Parteien ergaben. Von nun an war klar: Die CSU entstand zwar als bayerische Landespartei, wurde aber zugleich Bundespartei. Ihre doppelte Kraft resultierte seit Mitte der 1950er-Jahre aus ihrem im Bundesmaßstab zunehmend beispiellosen Erfolg in Bayern, ohne den kein CDU-Politiker Bundeskanzler werden konnte. »Die landes- und bundespolitische Wirkung der CSU resultiert seit Gründung der Bundesrepublik gerade aus ihrer institutionellen und politischen Doppelrolle als autonome Landespartei mit besonderem Bundescharakter.«[19] Das bundespolitische Gewicht der CSU ist noch offensichtlicher, wenn man es mit der Schwäche, ja zeitweiligen Bedeutungslosigkeit der bayerischen SPD-Vertretung im Bundestag vergleicht, die keine eigene Landesgruppe bilden durfte.[20]

Wenngleich Franz Josef Strauß seine singuläre Stärke durch die optimale Nutzung und Ausnutzung dieser Grundkonstellation entwickelte, überreizte er allerdings immer wieder: Er schoss verschiedentlich Eigentore, die ihm heftigen Widerspruch auch in den eigenen Reihen eintrugen. Insgesamt aber gelang es ihm zumindest in den ersten Jahrzehnten, den bundespolitischen Einfluss der CSU entscheidend zu erhöhen. Je nach politischer Konstellation zog Strauß die bayerische Karte im Bund oder die bundespolitische Karte in Bayern.

Vorsitzender der Landesgruppe war Strauß allerdings nur in Zeiten, in denen die Union die Bundesregierung führte, faktisch von 1949 bis 1953, formell auch noch bis 1957 bzw. 1963 bis 1966. In den insgesamt zwölf Jahren als Bundesminister 1953 bis 1962 und 1966 bis 1969 wuchs sein bundespolitisches Gewicht ohnehin, er behielt auch während dieser Zeit seinen starken Einfluss auf die Landesgruppe. Während der Oppositionsjahre 1969 bis 1982 wahrte er als Parteivorsitzender und Abgeordneter seinen bundespolitischen Einfluss. Er fehlte bei kaum einer Sitzung der Landesgruppe, auch nicht als Parteivorsitzender bzw. Bundesminister.

Die Grundlage schuf Strauß schon in der ersten Wahlperiode, als er nach dem für die CSU enttäuschenden Ergebnis der Wahl zum ersten Deutschen Bundestag am 14. August 1949[21] die CSU bundespolitisch positionierte. Nachdem bei den ersten Sitzungen noch Fritz Schäffer die Fraktion leitete, übernahm Strauß schnell die Führung, als Schäffer in das Amt des Bundesfinanzministers berufen wurde – dieses Amt hatte Strauß in realistischer Einschätzung seiner Bedeutung im Kabinett kompromisslos für die CSU gefordert. Bereits in der ersten Legislaturperiode sorgte er als geschäftsführender Landesgruppenvorsitzender für effiziente Organisationsformen und Arbeitsweisen, sodass die Landesgruppe in der Regel ihre inhaltlichen Vorschläge durchsetzte: Sie wurden zum erheblichen Teil durch Strauß geprägt, weil er in Bezug auf Verfahren, bei den Sachthemen, aber auch koalitionspolitisch schon bald die entscheidenden Akzente setzte. Dadurch steigerte sich die Kohärenz der Entscheidungsbildung, was zu einer selbstbewussten Geschlossenheit der Landesgruppe führte, die in keiner anderen Untergruppe der CDU/CSU-Fraktion erreicht wurde. Naturgemäß war der deutlich größere Teil der Fraktion, die CDU, heterogener, ihre Integrationsaufgabe also noch schwieriger, musste sie doch regionale Unterschiede von Nord und Süd, West und Ost, stärkere konfessionelle und sozialpolitische Divergenzen innerparteilich ausgleichen.

Geringeren Erfolg als in der Sacharbeit der Gesamtfraktion hatte die CSU allerdings in der Durchsetzung personalpolitischer Wünsche. Bei der ersten Kabinettsbildung war sie sogar erfolgreicher als bei der zweiten nach der Bundestagswahl 1953, als Fritz Schäffer nicht Vizekanzler und Strauß nur Bundesminister für besondere Aufgaben wurde – »Bundesminister für selbst gestellte Aufgaben«, wie er selbstironisch formulierte. Noch deutlicher gesagt: Er wurde »Bundesminister ohne besondere Aufgaben«.

Schon in den 1950er-Jahren erreichte die Landesgruppe, die ein eigenes Büro unterhielt, sich vor den Plenarsitzungen regelmäßig traf und sich sehr gut auf die Sitzungen vorbereitete, eine angesichts der vorausgegangenen heftigen Streitereien in der CSU-Landesversammlung bzw. im Landesvorstand kaum für möglich gehaltene Kooperation und Effizienz. »Die Abgeordneten der CSU, zusammengeschlossen in ihrer Landesgruppe, waren eine verschworene Gemeinschaft, die sich von den Vereinigungen der Parlamentarier aus anderen Bundesländern substantiell unterschied. Die Landesgruppe der CSU hatte eigene Farbe, eigenes Gewicht, eigene Qualität.«[22] Der später als großer Polarisierer angesehene

Strauß bewies das erste Mal integrative Kraft. Erleichtert wurde diese Kohärenz, weil die Landesgruppe insgesamt homogener war als Parteivorstand und die Landesversammlung, hatten doch in Konkurrenz zur Bayernpartei etliche Exponenten des konservativen Flügels in ihren Wahlkreisen Niederlagen hinnehmen müssen. Überdies waren die fränkischen und schwäbischen Abgeordneten so gut vertreten[23], dass ein »oberbayerischer Sonderweg« kaum möglich war, was insgesamt die bundespolitische Perspektive innerhalb der CSU-Landesgruppe stärkte. Diese bemerkenswerte Aktivität der CSU-Abgeordneten zeigte sich nicht zuletzt darin, dass während der ersten Legislaturperiode von den 188 Anträgen der Gesamtfraktion allein 90 von der Landesgruppe vorbereitet worden waren, die ja nur 24 der 141 Mandate wahrnahm. Dieser hohe Anteil der CSU-Anträge verminderte sich zwar später, blieb jedoch auch in späteren Legislaturperioden oft deutlich höher, als es ihrer Mandatszahl entsprochen hätte.

Strauß trug erheblich dazu bei, die CSU-Landesgruppe zumindest innerhalb der Gesamtfraktion wie eine selbstständige Fraktion auftreten zu lassen. So gab sich die Landesgruppe 1955 eine eigene Geschäftsordnung, in der ihre Kompetenzen klar geregelt wurden: Zwar akzeptierte die Landesgruppe die Verbindlichkeit der Geschäftsordnung der Gesamtfraktion, bestand aber u. a. darauf, dass in Zweifelsfällen der eigenen Geschäftsordnung Priorität zukomme.[24] Später wurde die Geschäftsordnung mehrfach modifiziert, spezielle Vereinbarungen mit dem CDU-Teil der Fraktion stärkten die Stellung der Landesgruppe weiter. So wurden seit 1957 alle Gesetzesinitiativen der CDU/CSU-Fraktion vom Fraktionsvorsitzenden und seinem ersten Stellvertreter, dem Vorsitzenden der Landesgruppe, gemeinsam unterzeichnet.

Trotz dieser Autonomie kam es in der Ära Adenauer nur vereinzelt zu gravierenden Konflikten zwischen der Landesgruppe und ihren CDU-Kollegen, ja Adenauer fand schon zu Beginn, die Bayern seien zwar eigenwillig, aber doch erträglich. Auch sah Adenauer es offenbar mit einer gewissen Nachsicht, dass bereits in den ersten Sitzungen der 34-jährige junge Abgeordnete aus München keine Scheu hatte, dem fast 40 Jahre älteren, greisen Patriarchen Adenauer, der die ersten Fraktionssitzungen leitete, zu widersprechen. Nachdem Adenauer das Treffen süddeutscher Bundestagsabgeordneter und anderer führender bayerischer Politiker im »Ellwanger Kreis« als verschwörerisches Geheimtreffen zur Verteilung von Kabinettsposten verdächtigt hatte, reagierte Strauß prompt: »Herr Dr. Adenauer! Ich war beinahe bestürzt über das, was Sie jetzt gesagt haben … Es ist Ihnen eine ganz unzutreffende Darstellung gegeben worden.«

Es sei gar nicht um sachliche Gegensätze gegangen. Vielmehr habe er,

Strauß, bei dem Treffen lediglich Informationen über die Rhöndorfer Besprechungen zur Regierungsbildung gegeben, um eine einheitliche Meinung in der Fraktion vorzubereiten. Tatsächlich ging es im »Ellwanger Kreis« um eine Abstimmung der südwestdeutschen CDU-Politiker und der CSU-Führung, um »Rheinpreußen« einen starken süddeutschen Block im Unionsverband entgegenzusetzen und sich bei den anstehenden Personalentscheidungen nicht überfahren zu lassen – ein Punkt, um den es Politikern natürlich vorrangig auch geht, wie Strauß später zugab.[25]

Der alte Fuchs Adenauer hatte sich also durchaus nicht geirrt. Trotzdem wurde der Ellwanger Kreis »überfahren«, doch nicht von Adenauer. Aufgrund einer Gegenaktion von Karl Arnold und Gebhard Müller gelang es dem Ellwanger Kreis schließlich nicht, Hans Ehard zum Präsidenten des Bundesrats wählen zu lassen. Der Vorgang belegt erneut, in welchem Maß die föderative Ausgangsbasis die westdeutsche Nachkriegspolitik prägte – nicht allein in Bayern.

Außer zu Verfahrensfragen, bei denen Strauß schon früh den nüchternen Praktiker erkennen ließ, äußerte er sich auch zur Zusammensetzung des Vorstands und erklärte: »Einigen wir uns darauf, daß unbedingt ein evangelischer Mann herein muß, weil das dem Prinzip und dem Namen unserer Partei entspricht. Ich würde dringend davor warnen ... berufsständische Prinzipien in den engsten Vorstand hereinzubringen.«[26] Diese beiden Forderungen von Strauß entsprachen dem überkonfessionellen Ziel des progressiven Flügels der CSU und widersprachen den Zielsetzungen des konservativen Flügels bzw. auch der BP. Die Ablehnung berufsständischer Überlegungen entsprach konsequent dem Prinzip allgemeiner parlamentarischer Repräsentation. Der in dieser Sitzung ebenfalls anwesende Fritz Schäffer widersprach Strauß nicht. In den ersten Sitzungen der Unionsfraktion des Bundestags war Strauß so wenig ein Vielredner wie im Wirtschaftsrat oder den CSU-Gremien; auch machte er keine Personalvorschläge. Wenn er sich aber äußerte, dann unmissverständlich und mit starkem, meist erfolgreichem Durchsetzungswillen.

Welche für die Gestaltung der politischen Zukunft wesentlichen Fragen mussten nach der Bundestagswahl im August/September 1949 außerdem beantwortet werden, und wo fanden die Beratungen statt? Die Wahl des Orts sagt bereits Wesentliches, tagten doch die Größen der Union im Haus Konrad Adenauers in Rhöndorf: Mit wem konnte, sollte, müsste koaliert werden? Wer sollte Bundespräsident, wer Bundeskanzler werden, wo der provisorische Regierungssitz errichtet werden, da die alte Reichshauptstadt Berlin nicht zur Verfügung stand? All diese Fragen hatte Konrad Adenauer bereits für sich selbst beantwortet, gleichwohl war die noch zu leistende Überzeugungsarbeit ein Kraftakt. War Konrad Adenauer auch »einzig«, wie er sehr viel später als Alterspräsident des

Bundestags 1965 feststellte, so besaß doch selbst er nur eine Stimme. Welche Rolle spielte Franz Josef Strauß in diesem Zusammenhang? Eine wichtige, doch eine kleinere, als er selbst im Rückblick sah.[27] Die Protokolle sind aussagekräftig.

Aus unterschiedlichen Gründen war bei der Rhöndorfer Besprechung vom 21. August 1949, in der die Weichen für die politische Zukunft der Bundesrepublik gestellt wurden, zwar eine Reihe führender CDU-Politiker beteiligt, aber keine vergleichbare Riege der CSU: Anton Pfeiffer war anwesend, meldete sich aber nicht zu Wort, und Michael Horlacher, der erst gegen Ende der Besprechung erschien, sprach sich dort gegen Heuss als Bundespräsident aus. »Der eigentliche Vertreter der CSU bei der Rhöndorfer Konferenz war ich«, konstatierte Franz Josef Strauß später.[28]

Die entscheidende Frage, auf die es in der CDU unterschiedliche Antworten gab, lautete: Soll die Union eine Koalition mit der SPD eingehen oder mit den kleineren Parteien, allen voran der FDP, koalieren? In der vorhergehenden Landesgruppensitzung vom 19. August hatte es zur Koalitionsbildung unterschiedliche Erwägungen gegeben, jedoch keine klare Festlegung. Auch Strauß, der das Für und Wider der Alternativen erörterte, legte sich in keiner Weise fest, von einer klaren Position der CSU konnte zwei Tage vor der Entscheidung keine Rede sein, die Gesamtfraktion tagte vorher nicht.

Ministerpräsident Hans Ehard, sich seines Werts als Bayerischer Ministerpräsident bewusst, wollte sich nach dem Bericht von Strauß nicht in gleicher Stellung wie die anderen Teilnehmer nach Rhöndorf »bestellen« lassen, schließlich war Adenauer zuvor zwar Präsident des Parlamentarischen Rats gewesen, bekleidete aber kein staatliches Amt, sondern war »nur« gerade gewählter Bundestagsabgeordneter sowie Vorsitzender der CDU Rheinland und der NRW-Landtagsfraktion der CDU. Ehard traf sich also außerhalb des Protokolls mit Adenauer am Vorabend in Frankfurt.

Bei der von Adenauer dominierten Rhöndorfer Sitzung ergriff Franz Josef Strauß wie die meisten anderen Diskussionsteilnehmer nur einmal das Wort und unterstützte entschieden Adenauers Wunsch nach einer Kleinen Koalition: »Politische Gründe sprechen gegen Koalition mit SPD. Wir können uns gegen andere Parteien nur halten, wenn wir klaren, nicht sozialistischen Kurs steuern und durchhalten, vor allem gegenüber Bayernpartei. Wenn wir nicht gegen SPD sind, schwerste Einbuße. Man wird in Bayern sagen: ›So haben sie euch belogen‹, wenn wir mit SPD gehen. Der alte Kuhhandel der müden Weimarer Parteien muß aufhören. Man wird uns ein Zusammengehen mit CDU unmöglich machen, wenn hier ein engeres Gespräch mit SPD zustande käme. Wir müssen mit DP in Verbindung treten. Dadurch Isolierung der Bayernpartei.«[29]

Diese Protokollierung durch Gebhard Müller hat Strauß später inhaltlich bestätigt. Allerdings hat er insgesamt verschiedene Versionen geliefert, die übereinstimmend die eigene Rolle betonen.

Tatsächlich entsprach die Bildung der »Kleinen Koalition« nach 1949 durchaus seiner schon früher auch in München für die bayerische Regierungsbildung vertretenen Maxime, wenn möglich eine Koalition ohne SPD zu bilden, deren damalige antimarktwirtschaftliche sozialistische Ideologie er ebenso ablehnte wie andere Ziele der SPD. Und zweifellos hat er Adenauers Position, die also auch die seine war, in Rhöndorf unterstützt. Doch entscheidend auf der Seite der CSU war hier nicht der anwesende Franz Josef Strauß, sondern der abwesende Hans Ehard: Der Ministerpräsident und Landesvorsitzende der CSU hatte sich nämlich bei seinem Frankfurter Treffen am Vorabend, an dem auch Ludwig Erhard teilgenommen hatte, mit Adenauer sowohl über die Koalitionsbildung als auch die Ämterbesetzung verständigt. Theodor Heuss sollte Bundespräsident werden, Konrad Adenauer Bundeskanzler und Ludwig Erhard Wirtschaftsminister. Schon vorher hatte Hans Ehard Anton Pfeiffer als seinen Vertreter bei der Rhöndorfer Besprechung nominiert.[30] Offenbar hatte Ehard seinen Stellvertreter als CSU-Vorsitzender und Landtagspräsidenten Horlacher nicht über diese Absprachen informiert, sonst hätte sich dieser wohl kaum gegen Heuss ausgesprochen, was aber die beiden anderen CSU-Vertreter Pfeiffer und Strauß nicht kommentierten – Staatsminister Anton Pfeiffer, Leiter der Bayerischen Staatskanzlei, hatte wie weitere enge Vertraute von Ehard an der Frankfurter Besprechung mit Adenauer teilgenommen, wusste also Bescheid, Strauß aber war in Frankfurt nicht dabei.

Wie weit er über die Ergebnisse des Frankfurter Treffens – die Johannes von Elmenau protokolliert hatte[31] – informiert war, muss offen bleiben. Strauß selbst erklärte jedenfalls später, weitreichende Vollmachten von Ehard gehabt zu haben. Ob er sie nun vorher kannte oder nicht: Strauß wollte in Rhöndorf genau die Ziele erreichen, die Adenauer und Ehard vereinbart hatten. Adenauer nahm sogleich die Argumentation von Strauß in Rhöndorf auf, der ja eine Koalition mit der SPD als Hindernis für ein Zusammengehen der Unionsparteien bezeichnet hatte, weil er seinerseits damit übereinstimmte und ihm die Unterstützung von Strauß nützlich war. Strauß spielte also bei den Rhöndorfer Weichenstellungen eine wichtige, doch keine ausschlaggebende Rolle. Konrad Adenauer jedenfalls setzte in Rhöndorf, Ehards vorherige Zustimmung im Rücken, seine sämtlichen Ziele durch.

In gewisser Weise wiederholte sich seit 1949 in Bonn die Münchner Konstellation der Jahre zuvor. War Josef Müller bis 1949 zweifellos der große Förderer von Franz Josef Strauß gewesen, dem er selbstbewussteigenständig aus übereinstimmender Überzeugung zuarbeitete, so galt das jetzt in wesentlichen Fragen für Konrad Adenauer. Müllers politische Grundkonzeption der CSU, die er in den ersten Nachkriegsmonaten zunächst gemeinsam mit dem Weimarer Zentrumspolitiker und kurzzeitigen Preußischen Ministerpräsidenten (1921) Adam Stegerwald entwickelt hatte, entsprach derjenigen Adenauers. Da der christliche Gewerkschaftsführer Stegerwald bereits 1920, also noch früher als Adenauer, eine interkonfessionelle Partei gründen wollte, aber schon im Dezember 1945 starb, wurde Strauß mehr und mehr zur wichtigsten Stütze von Josef Müller und nicht mehr nur sein politischer Ziehsohn. Da Müller aber stark an Einfluss verloren hatte und Schäffer zum konservativen Flügel zählte, wurde Strauß früh zum wichtigsten Ansprechpartner in der CSU, der dort einen analogen überkonfessionellen sowie sozialpolitisch akzentuierten marktwirtschaftlichen Kurs vertrat wie Adenauer in der CDU.

Die Voraussetzungen für Strauß waren also günstig, in Adenauer auf bundespolitischer Ebene erneut eine führende Persönlichkeit der älteren Garde zu finden, die aufgrund korrespondierender Überzeugungen für seinen politischen Weg förderlich wurde. Den Nutzen für die eigene Politik sah der in machtpolitischen und personalpolitischen Fragen nüchtern-unsentimentale Kanzler sofort. Zwar war Strauß unabhängiger als die für Adenauer wichtigen Schwergewichte der CDU, doch schätzte der alte Kanzler die Begabung von Strauß, gab »seinen Vertrauten aber auch immer wieder zu verstehen, daß er dieses politische Naturtalent zugleich etwas fürchtet. Doch auch Strauß widerspricht nicht, wenn man ihn als jungen Mann Adenauers bezeichnet. Gerstenmaier, Kiesinger, Strauß – ihre Bedeutung für die parlamentarische, öffentliche und internationale Durchsetzung der jeweiligen Adenauer'schen Linie ist erheblich.«[32]

Seit 1949 wurde Konrad Adenauer im übertragenen Sinne zweifellos sein Lehrmeister, aber aufgrund des Unterschieds der Generationen, der parteipolitischen Hierarchien und der Temperamente handelte es sich um ein eher kompliziertes Verhältnis: hier ein abgeklärter, souveräner Weiser, mit allen Wassern politischer Taktik gewaschen, da der junge Stürmer und Dränger, ein vornehmlich strategisch orientiertes vulkanisches Temperament. Doch hatte sich Strauß schnell von der Richtigkeit der auf Westintegration setzenden Politik Adenauers überzeugt, sodass der Juniorpartner, der immer stärkeren Einfluss auf die Bundespolitik der kleineren Schwesterpartei CSU erreichte, selbst für Konrad Adenauer eine wachsende Bedeutung gewann: Dies zeigte sich nach einigen Jahren insbesondere in der Verteidigungspolitik, für die der ehemalige Offizier, Technikbegeisterte und Stratege dem eingefleischten Zivilisten Adenauer bald unentbehrlich wurde. Eine gewisse Ambivalenz blieb aber auch dann noch. Als Adenauer Bundespräsident Heuss am

9. Oktober 1956 über die Notwendigkeit einer Kabinettsumbildung berichtete und erklärte, Verteidigungsminister Blank habe »offensichtlich nicht mehr die nötige Nervenkraft, um mit seiner schwierigen Aufgabe fertig zu werden«, schlug er – wie noch zu zeigen ist – nach langem Zögern Franz Josef Strauß vor.[33]

Und trotzdem mochten sich die beiden Machtmenschen doch: In gewisser Distanz schätzten sich der alte und der junge, zumal Strauß schnell erkannte, dass Adenauers Kunst der vereinfachenden Präsentation komplizierter Probleme, über die die Intellektuellen spötteten, nicht Folge schlichten Denkens, sondern Teil seiner meisterhaften Herrschaftstechnik und Überzeugungskraft war. Als Strauß selbst ein alter Staatsmann geworden war, bemerkte er in seinen *Erinnerungen* über Adenauer: »Erst bei der Rhöndorfer Konferenz habe ich gemerkt, daß die anderen im Vergleich zu ihm unterschiedlich kleine Zwerge waren ... Adenauer imponierte mir schon durch sein souveränes, selbstbewußtes Auftreten. Er strahlte Persönlichkeit, Charakterstärke und Führungskraft aus, und er vermochte, im großen wie im kleinen, kraftvoll mit dem politischen Handwerkszeug umzugehen ... Er beherrschte alle Formeln der Höflichkeit, konnte, wenn er jemanden für sich gewinnen wollte, geradezu unwiderstehlichen Charme entwickeln. Andererseits konnte er mit einer – bayerisch gesagt – ungeheuren Schlitzohrigkeit einen Gesprächspartner auch aufs Eis führen.«[34]

In einem Interview zum 100. Geburtstag beschrieb Strauß, wie Adenauer alle psychologischen Register gezogen habe, um zu überzeugen, wie geschickt er seine Beispiele gewählt und Diskussionen so organisiert habe, dass sie in der Regel in seinem Sinne abliefen. Zugleich sei er jedoch ungewöhnlich flexibel gewesen: »Wenn er ... harten Widerstand bekam, und merkte, daß er die Schlacht nicht gewinnen würde, bewies er trotz seiner 75 Jahre eine Umstellungsfähigkeit und eine Wandlungsfähigkeit, die man bei viel jüngeren Politikern oft leider vermißt. Aber er stand auf einem festen weltanschaulichen Fundament, alles andere war bei ihm pragmatisch.«[35] Nicht selten verrät die Beschreibung eines anderen viel über den Autor selbst, so auch hier: Franz Josef Strauß sieht den Homo politicus Konrad Adenauer genauso, wie er sich selbst deuten würde und wie er selbst oft genug in seinem langen politischen Leben gehandelt hat – bis zu den Volten, die er während der 1980er-Jahre schlug.

Und ebenso aufschlussreich für den eigenen, später von Strauß virtuos eingesetzten Führungsstil ist eine weitere Schilderung Adenauers: Zu seiner »Meisterschaft im Taktieren« habe »sicherlich auch ein Stück Rücksichtslosigkeit« gehört, »pingelig« sei er in der »Auseinandersetzung mit dem politischen Gegner« nicht gewesen. Von der ersten Stunde an habe es eine scharfe Polarisierung zwischen Regierung und Opposition gegeben, dafür sei auch Kurt Schumacher verantwortlich gewesen, doch sei es »ungerecht, sie dem SPD-Vorsitzenden allein anzulasten. Auch Adenauer hat diese Polarisierung gewollt und genutzt. Er erkannte ihre solidaritätsbildende Wirkung für die eigene Partei und die eigene Koalition. Ein harter parteipolitischer Kampf führte zum Schulterschluß in den eigenen Reihen, machte für den Mann an der Spitze das Regieren leichter.«[36]

War Strauß sich bewusst, wie treffend er die gezielt betriebene »Konfrontationspolitik« Adenauers, die zugleich Integrationspolitik für das eigene Lager war, als Maxime der eigenen Politik erklärte? Kein Zweifel jedenfalls, dass diese Charakterisierung Adenauers kaum minder auf den späteren Strauß zutrifft. Aufschlussreich aber ist das unterschiedliche Verhalten in den Lebensphasen: Zwar scheute auch der junge Strauß vor keiner Kontroverse zurück, doch besaß er noch nicht die Streitlust des alten Strauß, trotz klarer Kontur und Kante suchte er kaum die Konfrontation um der Konfrontation willen. Während der geschilderten Flegeljahre der CSU gehörte Strauß auch in der Wortwahl zu den Gemäßigten. Es spricht also viel dafür, dass er bei Adenauer in die Lehre gegangen war. Allerdings dürften es außerdem die zunehmenden Angriffe und Diffamierungen gewesen sein, die schon während der 1950er-Jahre auf ihn hereinprasselten, die Franz Josef Strauß zugleich sensibilisierten und radikalisierten. Eine Schlüsselrolle spielte dabei zweifellos der Seite an Seite mit Adenauer durchgekämpfte westdeutsche Verteidigungsbeitrag zum westlichen Bündnis und der Aufbau der Bundeswehr.

Zweieinhalb Jahrzehnte dauerte es, bevor der dritte für Strauß entscheidende Politiker nach Josef Müller und Konrad Adenauer auf den Plan trat – der 15 Jahre jüngere Helmut Kohl – aber nicht mehr als Förderer und Lehrer, sondern als »verfreundeter« Antipode im eigenen Unionslager. Und da stellt sich die Frage, warum und in welchem Maße Strauß die Konfrontation ins eigene Unionslager hineingetragen hat. Bis dahin jedenfalls blieb Strauß immer einer der jüngsten, zumindest jüngeren Spitzenpolitiker, nun aber gehörte er urplötzlich fast zur nächsten, der älteren, aber noch nicht alten Generation. Doch darüber ist später zu berichten.

Die ersten politischen Lehrjahre hatte Franz Josef Strauß bereits erfolgreich absolviert, als er in seiner Eigenschaft als geschäftsführender Vorsitzender der CSU-Landesgruppe im Deutschen Bundestag seit 1949 ständig mit dem neuen Bundeskanzler und dem Bundeskabinett zu tun hatte. Nun übernahm er beherzt eine seiner ganz großen Rollen, die des leidenschaftlichen Parlamentariers und Debattenredners, des führenden bayerischen Bundespolitikers. Lange einüben musste er diese Rolle gewiss nicht mehr. Auch diese personelle Konstellation besaß in der CSU-Fraktion eine generationsspezifische Pointe: Der Primus inter Pares Fritz Schäffer gehörte nicht allein zum traditionalistischen Flügel der CSU, sondern war vom Typus her kein klassischer Parlamentarier, obwohl er für die BVP 1920 bis 1933 Abgeordneter des Bayerischen Landtags gewesen war. Nun aber nahm er als Bundesminister ohnehin gouvernementale Aufgaben wahr. Zu den erfahrenen Parlamentariern der CSU-Landesgruppe gehörte vor allem der wie Schäffer 1888 geborene Michael Horlacher. Er war 1924 bis 1933 Mitglied der BVP-Fraktion des Reichstags gewesen, im Dezember 1946 wurde er Präsident des Bayerischen Landtags und 1948 stellvertretender Landesvorsitzender der CSU. Horlachers Einfluss beschränkte sich aber vornehmlich auf die bayerische Politik. Der 1895 geborene Gewerkschaftssekretär Hugo Karpf war nur kurzzeitig 1932/1933 Reichstagsabgeordneter gewesen, einige andere Mitglieder der Landesgruppe hatten erste Erfahrungen zuvor im Bayerischen Landtag gesammelt, gehörten aber nicht zur Parteiführung. Unter den jüngeren Bundestagsabgeordneten wie Richard Jaeger und Richard Stücklen war Strauß zu dieser Zeit der einzige, der sich bereits parlamentarisch, parteipolitisch und überregional Sporen verdient hatte und zugleich in München eine starke Stellung behielt. In der Landesgruppe übernahmen jedenfalls schnell Strauß und seine Generationsgenossen die Führung.[37]

Und vor allem: Die parlamentarische Debatte, der hart und offen geführte parlamentarische Kampf um Mehrheiten, der Wille, durch Argumentation und Konzeption zu überzeugen, waren sein Lebenselixier: Je stärker der Gegner, desto besser kam er in Form, redete sich in Rage, holzte zuerst oder holzte zurück. Die Gründer- und Aufbaujahre der Bundesrepublik, in denen es um fundamentale Entscheidungen ging, erwiesen sich für den Konzeptionalisten, der zugleich ein Realisator war, als ideales Betätigungsfeld. In den ersten Bundestagen kam sowohl bei den Regierungs- als auch den Oppositionsfraktionen eine Riege parlamentarischer Größen zusammen, von denen kaum einer zimperlich war, wussten sie doch alle, dass es wahrlich um Großes ging: den Aufbau einer stabilen rechtsstaatlichen parlamentarischen Demokratie nach der gescheiterten Republik von Weimar und im Schatten der nationalsozialistischen Katastrophe.

Diese Trias hatte schon die Verfassungsberatungen des Parlamentarischen Rats 1948/49 geprägt; sie blieb weiterhin maßgebend für den antitotalitären Grundkonsens der demokratischen Parteien und den Aufbau einer »wehrhaften Demokratie«. Bundesregierung und Bundestag mussten innerhalb der Dialektik von deutschlandpolitischer und außenpolitischer Konstellation des geteilten Landes tragfähige Lösungen finden, die

die Zukunft nicht verbauten, aber der Gegenwart Genüge taten: Welchen Spielraum besaß der Weststaat, konnte er zwischen dem klassischen Neutralismus und der Westintegration entscheiden? Welche Auswirkungen hatten diese Alternativen, wenn sie denn überhaupt bestanden, für die Teilung und das große Ziel der Wiedervereinigung Deutschlands? Wie konnte sich die junge Bundesrepublik im Kalten Krieg zwischen Ost und West positionieren? Durften oder mussten die Westdeutschen sich militärisch engagieren, durften sie gar aufrüsten nach den Exzessen des Nationalismus, Militarismus und der deutschen Kriegsführung im Zweiten Weltkrieg?

Um später so wichtig genommene Fragen wie Dosenpfand ging es damals nicht, dafür aber um Bewältigung des materiellen und moralischen Desasters, um die Integration von zunächst zwölf Millionen Vertriebenen aus den Ostgebieten und andere existenzielle Fragen, ohne zu wissen, ob sich all diese Probleme überhaupt lösen lassen würden. Im ganz konkreten Maßstab hatte schon der Landrat Strauß damit zu tun, im konzeptionellen der Abgeordnete im Frankfurter Wirtschaftsrat, im parteipolitischen der CSU-Generalsekretär. Nun also erwartete ihn eine neue, noch größere Aufgabe im Deutschen Bundestag in Bonn.

So sehr Strauß Adenauer bewunderte und seine Politik mittrug, so wenig hielt ihn diese Übereinstimmung davon ab, auf die Rechte der CSU-Landesgruppe zu pochen. Nachdem die Landesgruppe zwei Jahre lang Erfahrung gesammelt hatte, wie Adenauer mit der Unionsfraktion umging, trafen sich die CSU-Abgeordneten am 31. August/1. September 1951 auf Schloss Kirchheim unter Leitung von Strauß. Die Landesgruppe debattierte über ihre Stellung in der Gesamtfraktion bzw. der Koalition und fasste einen eindeutigen Beschluss: »Die Landesgruppe verlangt größere Selbständigkeit innerhalb der gemeinsamen Fraktion der CDU/CSU und zwar in folgenden Punkten: a) Finanzielle Selbständigkeit, b) räumliche Trennung, c) eigene Sitzungen, Beobachter in der Fraktionssitzung der CDU und Teilnahme nur bei bes. Anlässen, d) eigene Redezeiten im Plenum, e) Behandlung wie eine eigene Fraktion durch die Bundesregierung bei Koalitionsbesprechungen beim Kanzler oder mit einem Minister.«[38]

Die Begründung lautete, die Fraktionsgemeinschaft habe sich weder in Bezug auf den Föderalismus noch in wirtschaftspolitischer Hinsicht für Bayern und damit für die Landesgruppe immer bewährt. Der Bundeskanzler informiere die CDU-Abgeordneten besser als die der CSU und behandele Erklärungen, die ausschließlich vom CDU-Teil der Fraktion kommen, wie solche der Gesamtfraktion. Auch in der Folge ging Strauß verschiedentlich auf die »notorische Vernachlässigung« bayerischer Wirtschaftsinteressen ein und forderte einen stärkeren Einfluss der Landesgruppe auf die Personalpolitik in mehreren Ministerien, darunter dem Auswärtigen Amt, der Dienststelle Blank im Kanzleramt (der Vorläuferin des Bundesverteidigungsministeriums) sowie dem Presse- und Informationsamt. Diese Themen wurden in mehreren Sitzungen besprochen.

Im Übrigen tagte die CSU-Landesgruppe zur Abstimmung mit der Landespolitik und Besprechung spezifisch bayerischer Interessen auf Bundesebene immer wieder gemeinsam mit der CSU-Landtagsfraktion bzw. traf sich mit Ministerpräsident Ehard. Doch selbstverständlich wurden darüber hinaus eine Reihe anderer zentraler Fragen der Bundespolitik besprochen, keineswegs verstand sich die Landesgruppe nur als bayerische Interessenvertretung, Franz Josef Strauß schon gar nicht.

Trotzdem war in den ersten Monaten klar erkennbar, dass Strauß in der Landesgruppe eine sehr viel stärkere, in vielen Fragen dominierende Rolle spielte als in der Gesamtfraktion, deren erster Vorsitzender 1949 bis 1955 Heinrich von Brentano war. Zwar war Strauß Mitglied des Fraktionsvorstands der CDU/CSU-Fraktion, stellvertretendes Mitglied des Ältestenrats sowie Mitglied bzw. Vorsitzender verschiedener Bundestagsausschüsse, darunter 1952/53 für die Beratung des EVG-Vertrags (der nach 1953 in »Ausschuss für Europäische Sicherheit« umbenannt wurde), doch besaßen in dieser Anfangszeit in der Gesamtfraktion vor allem CDU-Abgeordnete, darunter natürlich Brentano, deutlich größeren Einfluss. Dies erklärt vermutlich den Unmut, der in den Beratungen der Landesgruppe zum Ausdruck kam.

Fritz Schäffer als Bundesfinanzminister lag wegen seines etatistisch geprägten Sparkurses, der stärker auf die Reserven des »Juliusturmes« gerichtet war als auf popularitätsorientierte Ausgabenfreude in Wahlkampfzeiten, in Dauerfehde mit dem Kanzler. Nach dem Wahlerfolg von 1957, der der Union die absolute Mehrheit brachte, schob er ihn dann auch ins Justizministerium ab. Aber mit allen Spitzenleuten der CSU-Landesgruppe konnte es sich der Kanzler dann doch nicht verderben. Und deshalb half es auch nichts, als er sich seit 1955 mehrfach der Unterstützung des von ihm besonders geschätzten CSU-Parteivorsitzenden Hanns Seidel versichern wollte, der auch in seinem Amt als Ministerpräsident in erster Linie Landespolitiker blieb.

Ein ernstes Zerwürfnis zwischen den Unionsschwestern drohte im Herbst 1954, als Strauß dem Bundeskanzler am 8. Oktober einen geharnischten Brief mit allen Monita schrieb, die sich in den Augen der CSU inzwischen angesammelt hatten. Obwohl der Absender als Bundesminister für besondere Aufgaben firmierte, attackierte er den Kanzler nicht aus dieser eher schwachen Position, sondern als Führungsmann der CSU-Landesgruppe. Der Brief zeugt vom Unmut der CSU, der sich auf ihrer Nürnberger Landesversammlung gegenüber der Regierungsführung durch den Kanzler entlud. Auf sechs Seiten listete Strauß die Beschwerden auf, die in dem Satz gipfelten, er habe den Eindruck, » … daß wir keine Koalition mehr sind … Es ist mir auch nicht möglich, mit Ihnen in ein produktives Gespräch zu kommen über eine echte Arbeitsverteilung und über die Erfüllung der Versprechungen, die Sie bei der Regierungsbildung auch der CSU und nicht nur der FDP und dem BHE gemacht haben. Die Einseitigkeit der um Sie herum herrschenden Verhältnisse wird allmählich unerträglich.«[39] Adenauer antwortete gleich am nächsten Tag mit einem kaum sechszeiligen Telegramm: »Ihr Brief vom 8. Oktober wird Grundlage einer sehr ernsten Aussprache sein müssen. Ich erlaube mir darauf hinzuweisen, daß ein etwaiges Lautwerden der in diesem Brief zutage getretenen Tendenzen in Nürnberg zu einer öffentlichen Auseinandersetzung führen wird. Eine solche scheint mir höchst inopportun für Ihre Wahl. gez. Adenauer.«[40]

Mit diesem unverhohlen drohenden Unterton meinte Adenauer vermutlich die bayerische Landtagswahl, kaum aber den gut zwei Monate später, am 21./22. Januar 1955, anstehenden Parteitag der CSU in München, bei dem Wahlen für den Parteivorstand notwendig waren. Allerdings war zu diesem Zeitpunkt noch nicht klar, dass Hans Ehard für den Parteivorsitz nicht mehr zur Verfügung stehen würde.[41]

Franz Josef Strauß hatte den Brief an Konrad Adenauer zwar auch in höflicher Form, doch mit der ihm eigenen Vehemenz geschrieben, Adenauer war einen solchen Ton innerhalb der eigenen Reihen nicht gewöhnt und entsprechend gekränkt. Doch handelte es sich keineswegs um einen Alleingang von Strauß. Vielmehr verdächtigte die CSU-Führung den Bundeskanzler, dem Vertriebenenminister Oberländer mit der Schwesterpartei nicht abgesprochene Zusagen zur Ausweitung seines Ministeriums gemacht zu haben. Allerdings war der Brief unmittelbar nach der Sitzung der Bundesregierung und vor der am gleichen Tag beginnenden Landesversammlung der CSU in Nürnberg geschrieben worden: Die letzte Kabinettssitzung werde »mit Recht Enttäuschung und Empörung in den Reihen der CSU auslösen«. Bisher habe er sich stets bemüht, zwischen dem Standpunkt Fritz Schäffers und anderen Forderungen Kompromisse herbeizuführen, wenn das auch einige Male sehr schwergefallen sei.

Wie groß der Unmut in den Reihen der CSU war, zeigte schon die Erklärung des Bundestagsabgeordneten und CSU-Vorstandsmitglieds Dr. Walter Rinke bei der fraglichen Landesversammlung der CSU in Nürnberg: Es stehe gegen Finanzminister Schäffer eine Aktion bevor, gegen die die CSU geschlossen auftreten müsse. Oberländer wolle sein Ministerium und seine Partei, den BHE, ausweiten. Er wolle aus dem BHE die größte nichtsozialistische Sozialpartei machen und habe bereits

aus dem Bundesinnenministerium die Abteilung der Kriegssachgeschä-
digten erhalten. Jetzt solle er auch noch die Ausgabenseite des Lasten-
ausgleichs erhalten, während der unpopuläre Teil bei Schäffer verbleibe.
»Angesichts dieser Bestrebungen komme es darauf an, Dr. Adenauer vor
die Alternative zu stellen: Willst Du den BHE oder die CSU?«[42]

Strauß konstatierte, dass Oberländer durch Koalitionsvereinbarungen,
die hinter dem Rücken der CSU getroffen worden seien, seine Machtpo-
sition ausweite. Während Schäffer als Büttel das Geld eintreiben müsse,
wolle es Oberländer »als feiner Maxe« ausgeben, um damit Stimmen für
den BHE zu gewinnen: Er berufe sich auf ein Versprechen des Bundeskanzlers. Auch andere Redner zeigten sich empört. Der Vorstand entsprach dem Vorschlag von Strauß, die CSU-Landesgruppe solle sich
gegen dieses Verhalten zur Wehr setzen.

Dieser Vorgang reichte bis zum 18. Dezember 1953 zurück, war es
doch damals im Bundeskabinett zu einer Auseinandersetzung über die
Zuständigkeitsverlagerung des Gebiets »Kriegssachgeschädigte« gekommen. Gegen das Votum von Bundesinnenminister Schröder, Justizminister Dehler und Strauß hatte Adenauer unter Hinweis auf Koalitionsvereinbarungen mit Unterstützung von Staatssekretär Globke Oberländers
Wunsch durchgesetzt.[43] Diese Situation wiederholte sich mit weiteren ab-
lehnenden Stellungnahmen anderer Bundesminister in der Sitzung des
Bundeskabinetts am 29. Januar 1954, wobei das Kabinett schließlich mit
Mehrheit bei vier Enthaltungen dem von Adenauer befürworteten Ver-
lagerungsantrag Oberländers zustimmte.[44]

Bei der erneuten Aktion Oberländers fühlte sich die CSU also wiederum von Adenauer hintergangen, der angestaute Unmut entlud sich im
Brief von Strauß, der allerdings nicht mäßigend auf seine Parteifreunde
eingewirkt, sondern ebenfalls seinem Ärger Luft gemacht hatte. Dabei
war nicht zu verkennen, dass Strauß auch erhebliche Bedenken gegen
die Person Oberländers hatte, die nicht nur durch den ebenfalls deutlichen Konkurrenzdruck des BHE auf die CSU vor der Landtagswahl
in Bayern motiviert waren. Sein Hinweis auf die »Einseitigkeit« in der
Umgebung des Bundeskanzlers bezog sich dabei auf Adenauers Staatssekretär Globke, der nicht allein die Linie Adenauers im Fall Oberländer
unterstützt hatte. Vielmehr war er wohl auch dafür verantwortlich, dass
noch eine weitere Änderung, die Dienstaufsicht über die Lastenaus-
gleichsbank, ausgerechnet nach dem Nürnberger Treffen der CSU auf die
Tagesordnung der Kabinettssitzung gesetzt worden war.

So schrieb Strauß am 18. Oktober 1954 einen empörten Brief an den
Staatssekretär Oberländers, Dr. Nahm, in dem es hieß: »Schäffer und ich
haben das beide als eine Provokation der CSU aufgefaßt, die eines Tages
unangenehme Reaktionen auslösen muß. Uns geht es in erster Linie da-

rum, daß an den bestehenden Zuständigkeiten beim Lastenausgleichs-amt nichts geändert wird. Man ist sehr erstaunt über die Tatsache, daß der BHE sich auf Koalitionsversprechungen beruft, die uns unbekannt sind und, wenn überhaupt, hinter unserem Rücken abgeschlossen worden sind.« Herr Oberländer müsse doch verstehen, dass auch die CSU ihre Interessen vertrete. Strauß wunderte sich im Übrigen darüber, wie Oberländer seine Bemerkungen über den »gebenden Weihnachtsmann« als Beleidigung verstehe: Oberländers Humorlosigkeit werde allmählich unerträglich. Noch schärfer reagierte Strauß indes auf persönliche Kritik Oberländers und fuhr schweres Geschütz auf, das den tiefer liegenden Grund seiner Ablehnung aufgrund der NS-Vergangenheit Oberländers deutlich machte: »Wenn er neulich in der Kabinettssitzung gegen mich heftige Vorwürfe gerichtet hat, dann muß ich ihm allerdings erwidern, daß ich an dem Zusammenbruch Deutschlands, der hinter uns liegt, persönlich nicht die geringste Schuld habe. Es gibt aber andere, die besser schweigen sollten, weil sie keinen unwesentlichen Anteil an der Propagierung des 3. Reiches in den ersten Jahren übernommen haben. Wenn man mich dazu zwingt, werde ich offen darüber reden«.[45]

Sehr ausgeprägt war die Harmonie in der Bundesregierung im Herbst 1954 wahrlich nicht, nicht allein die CSU, auch andere Bundesminister waren über die ausgesprochene Nachsicht verärgert, mit der der Bundeskanzler offenbar aus koalitionstaktischen Gründen die Wünsche des BHE behandelte. Insofern überrascht Adenauers Verwunderung über die Reaktion der CSU und die Reduktion seines Unmuts auf den Briefschreiber Strauß. Dessen berechenbare Streitbarkeit hätte er vorhersehen können, zumal dieser persönlich, aber auch die CSU-Landesgruppe, Adenauers Bevorzugung des BHE als Versuch deuten konnte, die Schwesterpartei und ihre Führungsfiguren Schäffer und Strauß zu deckeln.

Das Schreiben von Strauß bezeichnete Adenauer gegenüber Vizekanzler Blücher als »geradezu unverschämten Brief«. Er fühlte sich derart getroffen, dass er es als unzumutbar bezeichnete, in eine Kabinettssitzung zu gehen, bevor die Angelegenheit Strauß nicht aus der Welt sei. Im Übrigen wisse er um seine Schwäche aufgrund der »Koalitionsverhältnisse«, weshalb er »Strauß höchstens mal wieder für einige Wochen in Ordnung bringen« könne.[46] Tatsächlich traf er sich mit Strauß am 13. Oktober 1954 zunächst 40 Minuten unter vier Augen, dann gemeinsam mit Vizekanzler Blücher (FDP) sowie den Bundesministern Hermann Schäfer, Victor Emanuel Preusker und Fritz Schäffer. Mit Blücher und Preusker hatte sich Adenauer vorher abgesprochen, so wichtig war ihm die Vorbereitung auf das Gespräch mit Strauß.

Tatsächlich gab es wohl keinen zweiten Unionspolitiker, der es wie Strauß wagte, immer wieder kritische Briefe an Adenauer zu schreiben bzw. auf dessen harsche Zurechtweisungen mit gleicher Härte zu reagieren. Und dies bezog sich in der Regel nicht auf sachliche Differenzen, bei denen Strauß ausschließlich sachbezogen argumentierte, sondern auf die Zusammenarbeit der beiden Schwesterparteien, auf persönliche Zurücksetzungen, auf mangelnde Beteiligung oder Information durch Adenauer: Strauß entwickelte hier eine deutliche Empfindlichkeit, auf die Adenauer, wenn überhaupt, förmlich reagierte, wie er denn in der Regel juristisch knapp formulierte und bis in die Anrede – »Sehr geehrter Herr Strauß« – distanziert blieb. Strauß schrieb generell »Sehr verehrter Herr Bundeskanzler«. Doch könnte man hier leicht eine Fieberkurve der Beziehungen zeichnen, soweit es Adenauer betraf. So wich er doch urplötzlich vom distanzierenden Tonfall ab: Nur wenige Wochen nach dem großen Krach redete er im November 1954 seinen jungen Minister doch mit »Lieber Herr Strauß« an und unterzeichnete mit »herzlichen Grüßen Ihr«.[47]

Welche weiteren Kritikpunkte nannte Strauß in seinem Brief vom 8. Oktober, die bei Adenauer ganz offensichtlich einen empfindlichen Nerv trafen? Vor allem fühlte sich dieser getroffen, dass Strauß ausgerechnet ihm vorwarf, die aus außenpolitischen Gründen weit gespannte Koalition nicht straff zu führen: »Aber die zahlreichen außenpolitischen Verpflichtungen nehmen Sie in solchem Maße in Anspruch, daß nicht nur Risse in der Koalition eingetreten, sondern auch ernsthafte Schäden in unsrer Innenpolitik entstanden sind.« Strauß führte tatsächlich eine solche Fülle außenpolitischer Aufgaben des Bundeskanzlers auf, dass seine Schlussfolgerung plausibel war. Er beklagte sich weiter über die große Zahl von Bundesministern für besondere Aufgaben, die im Fall der FDP- bzw. BHE-Zugehörigkeit ihre einzige Aufgabe, nämlich die Vermittlungsfunktion zu ihren Fraktionen, nicht wahrgenommen hätten. Im Übrigen würde allein schon die Zahl von sechs Bundesministern für besondere Aufgaben diese der Lächerlichkeit preisgeben.

Empört zeigte sich Strauß auch persönlich, weil er aufgrund seiner gegen Adenauers Optimismus gerichteten Warnungen in Bezug auf die französische Saarpolitik nicht nur von Adenauer zurechtgewiesen worden, sondern Material gegen ihn geliefert worden sei, um ihn als Außenpolitiker lächerlich zu machen. Wer dieses Material der FDP zugespielt habe, sei nicht nachweisbar gewesen, jedoch habe sie es gegen ihn benutzt, insbesondere Dehler. Dazu habe Adenauer Blüchers Tirade gegen ihn, Strauß, auch noch unterstützt. »Es ist für mich als Kabinettsmitglied unmöglich, sich auf Dauer den Vorwürfen meiner eigenen Parteifreunde auszusetzen, an den Rand der politischen Entscheidungen abgedrängt zu sein und gleichzeitig nicht über die Redefreiheit eines Parlamentariers zu verfügen.«

In der Sacharbeit kritisierte Strauß erneut Adenauers Saarpolitik. Er warf ihm Nachgiebigkeit und Untätigkeit gegenüber französischen Initiativen vor, mit denen in Bezug auf Unternehmen vollendete Tatsachen geschaffen würden. Strauß nannte als Beispiel den Fall Schneider-Creusot und kritisierte, dass jedes Ressort unkoordiniert seine eigene Saarpolitik betreibe. Er bemängelte den Angriff auf das »föderative Finanzsystem«, der für die Aufrüstung geplant sei. Zwar sei er als »bundestreuer Föderalist« bereit, an einem Kompromiss mitzuwirken, sah aber in einer vertrauensvollen Zusammenarbeit die Voraussetzung. Strauß schloss seinen Brief mit der unverhohlenen Drohung, mit Schäffer und Balke aus der Bundesregierung auszuscheiden – dies hätte tatsächlich einen Koalitionsbruch, das Ende der Fraktionsgemeinschaft von CDU und CSU und der Regierung Adenauer bedeutet.

Um Theaterdonner handelte es sich nicht, auch nicht in den Sachfragen. So hatte Strauß richtig erkannt, dass für Adenauer die Saarfrage zweitrangig war: Priorität besaß sein Ziel einer deutsch-französischen Aussöhnung und der Wille, das gesamte Vertragspaket zur Westintegration durchzubringen.[48] Adenauer selbst äußerte sich im Bundesvorstand der CDU zu seiner Taktik: Da der französische Premierminister Mendès-France mehrfach erklärt habe, die Lösung der Saarfrage sei Voraussetzung für die Ratifizierung der neuen Abkommen durch das französische Parlament, müsse er sich jetzt zurückhalten, er werde mit ihm jedoch noch eine Aussprache über das Saarproblem haben.[49] Und da Adenauers Taktieren in der Saarpolitik auch bei der FDP, die das Saarstatut ablehnte, und Teilen der CDU auf Widerstand stieß, weil sie unter anderem befürchteten, eine mögliche Aufgabe der Saar könne ein negatives Beispiel für die Wiedervereinigungsfrage geben, schätzte der Machtpolitiker Adenauer offenbar die Einsprüche von Strauß und CSU als weniger koalitionsgefährdend ein als die der anderen Koalitionsparteien.

Diese fragile Lage der Regierung erklärt vermutlich nicht allein seine mangelnde Unterstützung für Strauß gegenüber den Attacken von Dehler, sondern auch Adenauers Verständnis für die Anliegen von Oberländer, was die CSU nicht zuletzt wegen der relativ starken Stellung des BHE in Bayern ärgerte: Die Befürchtungen der CSU bestätigten sich nur allzu schnell, da der BHE wenige Wochen später, am 14. Dezember 1954, durch seine Koalition mit der SPD im zweiten Kabinett Hoegner die CSU aus der Landesregierung verdrängte. Auch verstand es sich für die CSU von selbst, dass die Schwesterpartei, die schließlich in einer Fraktionsgemeinschaft mit der Kanzlerpartei stand, gegenüber den anderen Koalitionspartnern in einer privilegierten Position sein musste. Adenauer, der wieder einmal mit seinem Finanzminister Schäffer im Clinch lag, unterschätzte ganz offenbar den tief gehenden Ärger der CSU: Tatsächlich hatte Strauß oft genug vermittelt, wenn sich Adenauer nun aber gleichzeitig mit Strauß und mit Schäffer anlegte, konnte es selbst für einen Kanzler wie ihn ungemütlich werden. Und wenn beide, Adenauer wie Strauß, nun auch noch persönlich gekränkt waren, stand dies einer konstruktiven Konfliktlösung im Weg.

Adenauer gestand in der folgenden Sitzung des CDU-Bundesvorstands am 11. Oktober 1954 zwar zu, dass aufgrund der mühsam erreichten, aber für die CDU unbedingt nötigen Koalition man schon »mal ungerade gerade sein lassen« müsse, und kritisierte auch »die schrecklichen Entgleisungen von Herrn Dehler« – über den sich auch Strauß aufgeregt hatte, doch verteidigte er Oberländer. Dies mochte Adenauer als taktischen Zwang betrachten, weil er ihn durch Linus Kather gefährdet sah und Oberländer als Garanten für den BHE betrachtete[50], doch bestätigte er damit indirekt die Einschätzung der CSU, ihre Interessen würden auf dem Koalitionsaltar zugunsten des BHE geopfert.

Adenauer sah durch die Nürnberger Ausführungen von Schäffer, insbesondere aber von Strauß die Koalition als derart gefährdet an, dass er »wahrhaft« nicht wusste, »wie das Kabinett die Woche überstehen wird«. Den finanzpolitischen Dissens mit Schäffer brachte er erst in dessen Gegenwart beim CDU-Bundesvorstand zur Sprache, ließ über die Einzelheiten aber Fachpolitiker referieren.[51] Bevor Bundesfinanzminister Fritz Schäffer seine Darstellung der Finanzpolitik und der geplanten Steuerreform gab, erklärte er ohne Umschweife, seine Nürnberger Ausführungen gäben keineswegs nur seine persönliche Ansicht wieder, sondern stimmten vollkommen mit seiner Partei, der CSU, überein.[52]

Schäffers finanz- und steuerpolitische Darlegungen gingen ins Detail, waren ebenso umfassend wie präzis, sodass Adenauer ihn in Sachfragen kaum widerlegen konnte, weswegen er sich auch hütete, näher darauf einzugehen. Stattdessen behandelte er die Beschlussfassung darüber fast ausschließlich als politisches Problem und gab sich weiterhin gekränkt. Der sachliche Gegensatz zwischen beiden hätte deutlicher nicht werden können. Als Adenauer dann den Brief von Strauß erwähnte, konterte Schäffer, es sei besser, diesen persönlich unter vier Augen zu besprechen. Wie Strauß warf er Adenauer vor, seit Wochen keine Möglichkeit zur Aussprache mit ihm bekommen zu haben.

Schäffer brachte den grundlegenden Dissens auf den Punkt: »Ich kämpfe doch nicht um irgendeinen Vorteil, ein Prestige. Ich kämpfe um eine Sache, weil ich der Überzeugung bin, daß mit diesen Koalitionswünschen nach der bisherigen Praxis unsere ganze Demokratie zum Teufel geht, und die Antwort ist, daß Sie mir Ihre persönliche Unzufriedenheit zum Ausdruck bringen!«[53] Die Debatte erstreckte sich dann allerdings nur noch indirekt auf die CSU-Landesversammlung, vermutlich weil einige Tage später, am 13. Oktober, das Gespräch mit Adenauer zustande kam, was zu einer zwar weiterhin fragilen, aber immerhin einstweiligen Befriedung führte. Doch gelang es Adenauer nicht, die »Führer der Koalitionsparteien so zusammenzuschließen, daß eine Gemeinschaft entsteht, in der sich die einzelnen vertrauensvoll zusammenfinden Heute sind sie sich untereinander alle spinnefeind, ohne daß der einzelne – ich muß es leider sagen – für sich allein die Kraft besitzt, die Nachfolge des großen Mannes mit Erfolg anzutreten.«[54] Sicher überschätzte der Adenauer-Vertraute und Diplomat Blankenhorn die Möglichkeit des Bundeskanzlers zur Beherrschung der konfliktreichen Eigendynamik innerhalb von Koalitionen so unterschiedlicher Partner mit starken Persönlichkeiten, wie es außer Adenauer auch Schäffer, Strauß, Schröder und Dehler waren. Und auch ging es nicht nur um die Frage, ob einer der möglichen Nachfolger als individuelle Potenz stark genug war – was für Strauß sicher galt –, sondern in erster Linie auch um die Frage, ob es innerhalb der stärksten Partei, der CDU, eine überzeugende Alternative zu Adenauer gab. Adenauer selbst beklagte sich noch Wochen später in der Fraktionssitzung über »grobe Fehler« des Kabinetts durch seine »ungehörigen Streitigkeiten zwischen einzelnen Ministern. Wenn die Herren schon nicht auf das Wort des Bundeskanzlers hören wollten, so sollte sich der Vorstand einschalten und klarmachen, was Partei, Fraktion und Kabinett wollten.« Zwar seien Meinungsverschiedenheiten natürlich, doch müsse man einmal ein Ende finden und sie in einer Form ausgetragen werden, die in der Öffentlichkeit nicht schade.

Blankenhorn beurteilte also zutreffend die Rivalitäten und den Streit innerhalb der Regierung Adenauer, der sich eben nicht auf die CSU und Strauß beschränkte. Insofern traf Strauß' Bemerkung im Brief an Adenauer wohl zu, er sei vermutlich der Einzige, der Adenauer offen seine Kritik mitteile. Und zutreffend war auch der Verdacht von Strauß, Adenauer verständige sich hinter dem Rücken der CSU mit den anderen Koalitionsparteien. Tatsächlich forderte der Kanzler im persönlichen Gespräch die FDP und Vizekanzler Blücher auf, gegenüber Strauß einen härteren Ton anzuschlagen.[55]

Die Verstimmung zwischen den Koalitionspartnern spiegelte sich kaum in den Kabinettssitzungen. Wenngleich verschiedentlich Finanzminister Schäffer gemäß der Geschäftsordnung sein Veto einlegte, kam es nicht zu einer formellen Beratung der Regierungskrise, sie wurde in unterschiedlichen Ministerrunden erörtert. Bezeichnend war die Tagebucheintragung Heinrich Krones nach einem Gespräch mit Adenauer: »Wenn wir nicht vor der Wahl stünden, müßte Schäffer gehen. Es ist schwer mit diesem harten Kopf fertig zu werden. Immer setzt er aufs neue zum Streit an.«[56] In der Unionsfraktion indes wurde die Verstimmung der bayerischen Abgeordneten offensichtlich. So forderte der CSU-Abge-ordnete Bauer die CDU-Kollegen auf, in der CSU-Landesgruppe »nicht das Gefühl aufkommen zu lassen, daß sie durch die Mehrheit der Frak-tion majorisiert werde«.[57] Im Übrigen kam es zu erneuten Auseinander-setzungen mit der FDP, als Dehler heftig auf die Nürnberger Attacken von Schäffer und Strauß reagierte und sich Bundesbauminister Preusker (FDP) über die von Strauß auf FDP-Politiker beschwerte: »Ich muß … mit allem Ernst darauf hinweisen, daß mir Ihre Äußerungen auf dem CSU-Parteitag von vornherein darauf angelegt zu sein scheinen, ein Weiterbe-stehen der Koalition unmöglich zu machen.«[58] Preusker verlangte, wenn auch in höflichem Ton, die öffentliche Rücknahme eines Satzes, den er als diffamierend empfand, und bedauerte, dass von allen Seiten destruktive Ressentiments in der Koalition am Werke waren.

Was hatte Preusker so an der Nürnberger Strauß-Rede geärgert? Es handelte sich um folgende Passage: »Zum Ausgleich aber für die man-gelnde Koalitionsdisziplin exerzieren die Vertreter der FDP im Kabinett eine um so frommere Regierungsdisziplin. Damit erreichen sie vom Beichtvater Adenauer wieder die Generalabsolution für die Sünden, die die Redner der FDP in der Öffentlichkeit und im Parlament gegen den Geist einer gemeinsamen Koalition mit der CDU/CSU begehen.« Strauß antwortete Preusker postwendend am 16. Oktober 1954: Er habe nicht beabsichtigt, Kabinettsmitglieder der FDP persönlich herabzusetzen. Vielmehr habe er »die Absicht verfolgt, der ständig wachsenden Verär-gerung und Verbitterung der ganzen CSU darüber Ausdruck zu geben, daß die Reden prominenter Sprecher der FDP im Parlament und in der Öffentlichkeit … in keiner Weise mit Kabinettsdisziplin und Koalitions-treue der FDP-Minister in Übereinstimmung stehen«. Er habe immer die »Loyalität der Regierungsmitglieder der FDP im Kabinett … anerkannt«. Einen »Ausweg aus der Koalitionskrise« sehe die CSU nur darin, »wenn alle in der Koalition vertretenen Parteien sich verpflichten, im Parlament und in der Öffentlichkeit, ein dem Geist einer gemeinsamen Koalition entsprechendes Verhalten an den Tag zu legen«. Die CSU sei »gerne bereit, auf der Basis der Gegenseitigkeit sich an eine solche Vereinbarung zu halten«.[59]

Ohne dass auf die Gespräche zwischen Adenauer, Brentano, Blücher, Schäffer und Strauß vom 13. Oktober direkt eingegangen worden wäre, wurde in der Sitzung des Fraktionsvorstands der Union, an der auch Schäffer und Strauß teilnahmen, festgestellt, »daß die Aufrechterhaltung der Koalition angestrebt werden solle«, wobei sich der Vorstand das Schreiben von Strauß an Preusker zu eigen machte. Am 13. Oktober er-klärte die CSU-Landesgruppe einstimmig, dass sie vollkommen mit den Reden von Schäffer und Strauß in Nürnberg übereinstimme.[60]

Am 19. Oktober behandelte dann der Fraktionsvorstand die »Koalitionskrise« in Bezug auf FDP bzw. BHE sogar unter dem Stichwort »Krawalle«. In der Fraktionssitzung des gleichen Tages ging Strauß dann ausführlich auf die Auseinandersetzungen ein, nachdem Heinrich Krone Dehler kritisiert und Strauß gelobt hatte. Tatsächlich lag Dehler, der sein vermutlich durch den Präsidenten des Bundesverfassungsgerichts, Hermann Höpker-Aschoff, initiiertes Ausscheiden[61] aus dem Kabinett 1953 noch immer nicht verwunden hatte, im Dauerstreit mit dem ihm ursprünglich nahestehenden Bundespräsidenten Heuss, dem Bundesverfassungsgericht, aber auch mit CDU und CSU. Die CSU verübelte ihm unter anderem seine scharfen Angriffe auf den politischen Katholizismus, die katholische Kirche sowie eine Klage gegen Kardinal Döpfner. Diese Attacken ärgerten auch Adenauer und Heuss.[62] Allerdings hatten Schäffer und Strauß, die ursprünglich gegen eine Wiederberufung Dehlers votiert hatten, schließlich doch noch zu seinen Gunsten interveniert, unter anderem weil sie voraussahen, dass ein nicht mehr in das Kabinett eingebundener Dehler wegen seiner Wut auf den vorher verehrten Bundeskanzler zu einer stärkeren Belastung der Zusammenarbeit zwischen den Koalitionsparteien werden würde. Auch scheint Strauß, der Dehler schon seit den unmittelbaren Nachkriegsjahren kannte, trotz seiner verbalen Duelle mit dem FDP-Politiker[63] ein gewisses Faible für den ihm wegen seiner rhetorischen Fähigkeiten und seines eruptiven Temperaments verwandten Dehler gehabt zu haben. Doch in den Wochen der Koalitionskrise im Oktober 1954 überdrehte der FDP-Fraktionsvorsitzende wieder einmal, als er in seiner Rede Adenauer bezichtigte, er habe Strauß nach Paris geschickt, um Mendès-France »zu erledigen«.

Schon die Wortwahl traf in der Unionsfraktion auf Unverständnis, sodass es in dieser Auseinandersetzung Heinrich Krone leichtfiel, den von ihm auch nicht gerade geliebten Strauß als Vorbild hinzustellen: Im Gegensatz zu Dehler habe Strauß »durch seinen Brief die Brücke und den Weg zur Wiederverständigung bereitet und gefunden«. Strauß erklärte, es sei nicht seine Absicht gewesen, »etwa die Koalition zum Platzen zu bringen. Aber er habe den Zustand wirklich aufzeigen wollen, wie er sei«. Er ging danach kritisch auf die FDP sowie den BHE ein und wurde schließlich mit starkem Beifall bedacht.[64]

Tatsächlich stand für die Bundesregierung, insbesondere natürlich für den Bundeskanzler, die Vorbereitung der Pariser Verträge im Vordergrund, was auch die außenpolitisch engagierten Minister wie Strauß entsprechend einband, ebenso die Fraktionsführung um Heinrich von Brentano. Für die CSU gab es im Übrigen die bayerischen Schwerpunkte. Die Landtagswahl am 28. November 1954 endete mit einem Debakel: Zwar steigerte sich die CSU von 27,4 auf 38,4 Prozent und stellte die stärkste

Fraktion, doch bildete Wilhelm Hoegner eine von der SPD geführte Regierung, obwohl sich seine Partei von 28 auf 28,1 Prozent kaum verbessern konnte. Bayernpartei, BHE und FDP wurden Koalitionspartner. Bis zum Bruch dieser Viererkoalition und zur Regierungsbildung unter Hanns Seidel am 16. Oktober 1957 musste die CSU fast drei Jahre in die Opposition – eine ungewohnte Erfahrung, die das Selbstverständnis der Partei erschütterte. Das Misstrauen gegenüber der Bayernpartei verstärkte sich, dadurch wurde der klerikal-katholische Flügel um Hundhammer geschwächt. Auch zeigte sich die Unmöglichkeit, die CSU in Bayern gleichsam »nebenbei« aus der Staatskanzlei zu führen, wie das der Neigung und dem etatistischen Denken des bisherigen Ministerpräsidenten Hans Ehard entsprach. Die Partei bedurfte zweier politischer Kraftzentren – in München und in Bonn. Der Verlust der Regierungsbeteiligung in Bayern stärkte jedoch die Bonner CSU-Truppe um Schäffer, Strauß, Jaeger, Stücklen und andere Bundespolitiker. Der Missmut in der CSU über die Regierungsbildung bewirkte dann schließlich den Rücktritt Hans Ehards auch als Parteivorsitzender, zumal Ehard ein ausgesprochener Protagonist der Koalition mit der SPD gewesen war. Hiergegen richtete sich die Skepsis von Strauß, der sich mit dem Ministerpräsidenten aber einig war in der Ablehnung der Bayernpartei als möglicher Koalitionspartnerin. Er fürchtete, die SPD als bayerischer Koalitionspartner der CSU könne versuchen, den Bundesrat zu instrumentalisieren, um dem Widerstand der SPD-Opposition im Bundestag gegen die Westverträge zum Erfolg zu verhelfen. Der Bundespolitiker Strauß attackierte deshalb sogar den Bundesrat, was wiederum Ehard als Angriff auf den Föderalismus bewertete.[65]

Aus welchen Gründen Ehard als Parteivorsitzender zurücktrat, ob aus Verärgerung über die tatsächlich verfehlte Kritik, er sei der Hauptschuldige am Verlust der Regierungsbeteiligung[66], oder aus anderen Erwägungen, lassen seine Ausführungen im Landesvorstand am 8. Januar 1955 erkennen, bei denen er selbst organisatorische Konsequenzen forderte, da die Staatskanzlei nun keine Aufgaben mehr für die CSU übernehmen könne. Offenbar sah Ehard die Verquickung von parteipolitischen Tätigkeiten mit administrativen der Staatskanzlei angesichts der Personalunion von Ministerpräsidentenamt und Parteivorsitz als selbstverständlich an. Interessant ist es, dass diese nicht nur während einer Vielparteienkoalition mit der SPD stattfand und keineswegs unter einem typischen Parteimann erfolgte, sondern einem »Staatsjuristen« wie Ehard, der großes überparteiliches Ansehen genoss und bei allen Wahlen auch immer Stimmen der SPD erhielt. So wurde Ehard am 13. Dezember 1954 mit 157 von 170 gültigen Stimmen zum Präsidenten des Bayerischen Landtags gewählt.

Ehard wies schon am 18. Dezember auf die Notwendigkeit hin, einen anderen Landesvorsitzenden zu wählen, und bekräftigte dies in der Sitzung des geschäftsführenden Landesausschusses der CSU am 8. Januar 1955: »Als Landtagspräsident sei er der Meinung, nicht gleichzeitig der Führer der Oppositionspartei sein zu können…« Öffentlich würde er »die wahren Gründe seines Rücktritts nie erwähnen«. In der Sitzung aber machte Ehard seinem Unmut Luft: Er beklagte, dass Hinweise von ihm sofort zu Indiskretionen in der Presse geführt hätten: »Ich weiß, daß schon seit längerer Zeit Bestrebungen im Gange waren, mich abzuservieren, und zwar in München sowohl als auch in Bonn. Ich könnte sogar Namen nennen.«[67] Ehard nannte keine Namen, auch nicht, als Seidel und Strauß das wünschten, meinte aber offensichtlich Fritz Schäffer und Alois Hundhammer sowie aus dem Hintergrund Konrad Adenauer, »der seine Leute für so etwas habe«.[68] Es herrsche, so Ehard, »immer noch der unausrottbare Irrtum, die BP sei eine christliche Bruderpartei«.

Wenngleich Bundes-, Landes- und Parteipolitik 1954/55 unauflöslich ineinandergriffen und Franz Josef Strauß zu den Schlüsselfiguren auf allen Ebenen zählte, ging es doch innerparteilich in diesen Wochen in erster Linie um den Parteivorsitz und die Reorganisation der CSU, nachdem sie das Machtzentrum der Bayerischen Staatskanzlei verloren hatte. Strauß selbst begründete in der Sitzung am 8. Januar 1955, warum Fritz Schäffer, mit dem ihn ein persönliches Freundschaftsverhältnis verbinde, und überhaupt ein Bundespolitiker jetzt für den Parteivorsitz nicht infrage komme. Schäffer sei als Bundesfinanzminister die notwendige Doppelarbeit nicht zuzumuten, sein Verhältnis zu Adenauer sei schlecht und in der CDU sei er weitgehend isoliert, außerdem im Konflikt mit der FDP. Der neue Vorsitzende müsse in München wohnen, da jetzt unmittelbare Parteiführung, Organisation, Propaganda und Koordinierung von Landtag, Bundestag und Parteiführung nötig seien und die Unterstützung aus Staatskanzlei und Staatsministerien nicht mehr zur Verfügung stehe. Dann schlug Strauß Hanns Seidel vor, betonte aber, dass die Entscheidung im Einverständnis mit den beiden stellvertretenden Parteivorsitzenden getroffen werden müsse, also auch mit ihm selbst (und Rudolf Eberhard).

In der Diskussion über die Kandidatur kam gleichwohl verschiedentlich die Alternative Schäffer auf, dem ein Vorstandsmitglied nicht allein ungewöhnlich großes, sondern geradezu »ein mystisches Ansehen beim kleinen Mann« attestierte. Beim Hin und Her zeigte sich Strauß auch dem von ihm favorisierten Seidel gegenüber ungewöhnlich offen und charakterisierte ihn in dessen Gegenwart treffend: Natürlich würde die Kandidatur Seidels keinen größeren Widerhall finden als diejenige Schäffers, der tatsächlich Seidel gegenüber Interesse am Landesvorsitz geäußert hatte. Strauß verglich beide mit knappen Strichen: Seidel habe sich »bisher vorbildlich um seinen Wahlkreis gekümmert, Seidel ist ein sehr geschätzter, sachlicher, sachkundiger und seriöser Mann. Seidel, Du warst aber bisher kein allzu kontaktfreudiger Mann. Du bist nicht landauflandab gezogen, um für die Partei zu arbeiten. Dein Ansehen als Minister und Politiker ist groß. Schäffer aber ist seit 30 Jahren eine markante Figur der bayerischen Politik.«

Trotzdem beharrte Strauß darauf, wenn man Schäffer weiterhin als Bundesfinanzminister wolle, könne er nicht gleichzeitig Landesvorsitzender bleiben. Würde er dies, müsse er in Bonn zurücktreten.[69] Diskutiert wurde auch erneut eine Kandidatur Josef Müllers, für die aber ganz offenbar kaum Unterstützung bestand. Wurde über den Landesvorsitz sachlich das Für und Wider ausgetauscht, so traf der Vorschlag von Strauß, Dr. Friedrich Zimmermann zum Landesgeschäftsführer der CSU zu berufen, auf heftigsten Widerstand Hundhammers, die dieser mit einer rhetorischen Frage an Strauß einleitete: »Ist es richtig, daß er mit einer geschiedenen Frau verheiratet ist und nicht kirchlich getraut wurde?« Strauß antwortete: »Die jetzige Frau Zimmermann hatte sich mit 18 Jahren verheiratet und zwar mit einem evangelischen Mann. Diese Ehe ist aufgehoben worden. Zimmermann ist in St. Gabriel kirchlich getraut worden.«

Da dieser Vorwurf offenbar bei Strauß auf taube Ohren stieß, fuhr Hundhammer politisches Geschütz auf: Zimmermann habe sich an der Universität als aktiver Nationalsozialist betätigt. Strauß hingegen verwies auf die Jugend Zimmermanns, dieser sei Soldat gewesen und im Übrigen unter die Jugendamnestie gefallen. Tatsächlich war der im Juli 1925 geborene Zimmermann bei Kriegsende erst 19 Jahre, sodass Strauß gegenüber Hundhammer einwandte, man könne »wegen derartiger Nichtigkeiten, die man im Übrigen… endlich begraben sollte, einem jungen aktiven Mann nicht die ganze Zukunft verderben«. Strauß lobte darüber hinaus die hohe Intelligenz, die juristische Kompetenz, Aktivität und politische Begabung Zimmermanns und setzte seinen Kandidaten schließlich gegen die Stimme von Hundhammer durch, nachdem sie sich einen heftigen Wortwechsel geliefert hatten.

Die Frage der Kandidatur für den Landesvorsitz blieb jedoch noch offen, bis der Landesvorstand am 17. Januar zu einer außerordentlichen Sitzung zusammentraf, dort aber zunächst Satzungsfragen zum Wahlmodus klären musste. Die CSU-Landtagsfraktion hatte sich für den Vorschlag Seidel entschieden, bei der anschließenden Befragung der Kreisverbände waren Abstimmungen nicht erfolgt, die Bezirksversammlungen Mittelfranken, Oberfranken und Unterfranken hatten indes drei Kandidaten diskutiert, außer Schäffer und Seidel auch Strauß – der bei diesem Bericht noch nicht anwesend war. Die Meinung überwog, Schäffer solle

Finanzminister bleiben, Seidel und Strauß als Stellvertreter seien das beste Gespann in der gegenwärtigen Situation. Die Landesgruppe im Bundestag hatte ebenfalls die drei Namen diskutiert. Fritz Schäffer selber sagte Seidel seine volle Unterstützung zu und berichtete über seine Probleme mit Adenauer.

Bevor Franz Josef Strauß auf den Landesvorsitz einging, sprach er nochmals eingehend über die Notwendigkeit der Reorganisation der CSU und der Beschäftigung hauptamtlicher Mitarbeiter sowie die Fehler, die die Partei in Bezug auf die Regierungsbildung gemacht habe und die man nicht anderen zuschieben solle. In der Landesgruppe in Bonn hätten er und Schäffer sich entschieden dafür eingesetzt, Hanns Seidel zum Vorsitzenden zu wählen. Im »Fußvolk« in der Partei würde aber gesagt, ihr könnt uns nicht »hinter verschlossenen Türen nur eine einzige Kandidatur vor die Nase setzen«. In der sehr eingehenden Diskussion wurden nicht nur die Personalien offen behandelt, sondern alle Strukturfragen, die mit der Wahl dreier möglicher Kandidaten jeweils für das Verhältnis von Landtagsfraktion, CSU-Landesgruppe, Bundesregierung, Föderalismus, Oppositionspolitik in Bayern, Koalitionspolitik im Bund auftauchen würden. Bei der Frage einer Kandidatur Schäffers wurden vor allem die Konsequenzen für die Finanzpolitik des Bundes, Schäffers Gewicht im Kabinett und schließlich die bundespolitische Bedeutung der CSU besprochen, wenn sie das wichtigste Ressort der Bundesregierung verlöre oder sich Schäffers Einfluss vermindern würde.

Strauß hielt es für entscheidend, dass der neue Landesvorsitzende die Einheit der Partei verkörpere und kein möglicher Kandidat für einen Kurswechsel sei. Er plädierte sogar dafür, die Vorzüge und Nachteile von Kandidaten in Gegenwart der Presse zu diskutieren, um fehlerhafte Gerüchte von vornherein zu konterkarieren: Geheimhaltung sei von einer Landesversammlung mit 600 Leuten ohnehin nicht zu erwarten. Da man sich auch nach einer mehr als vierstündigen Sitzung noch immer nicht über die Kandidatenfrage geeinigt hatte, wurde die Debatte im Landesvorstand am 21. Januar fortgesetzt, wobei wiederum Schäffer und Strauß eingehend argumentierten. Strauß wollte zwar »Wahlmöglichkeiten« bereitstellen, nicht aber gegen Schäffer kandidieren. Allerdings hatte sich die CSU-Landesgruppe schließlich in letzter Minute zu einem eigenen Vorschlag durchgerungen: Da das Schwergewicht der politischen Erfolge der CSU in der Bonner Politik liege, solle einer ihrer Exponenten Landesvorsitzender werden. Da Schäffer die Doppelbelastung als Bundesfinanzminister und Landesvorsitzender nicht zugemutet werden könne, schlage sie den stellvertretenden Vorsitzenden der Landesgruppe, Franz Josef Strauß, vor.

Josef Müller, der zeitweise selbst als vierter der möglichen Kandidaten diskutiert worden war, meinte: Lege Strauß das Sonderministerium nieder – um Landesvorsitzender zu werden –, hätte dies eine starke Wirkung, von Seidel hingegen würde für Bayern zweifellos ein »starkes Beruhigungsfluidum« ausgehen.[70] Die Diskussion drehte sich im Kreise. Alle drei Namen standen bereits in der Presse mitsamt der Information, dass sich Schäffer und Strauß für Seidel ausgesprochen hätten. Seidel gab deshalb zu bedenken, es könne ohnehin niemand daran gehindert werden, bei der Landesversammlung eigene Kandidaten zu präsentieren, so kam es schließlich doch zur Kandidatur von Strauß gegen den von ihm selbst favorisierten Hanns Seidel. Strauß hatte prononciert erklärt, »eine Wahl zwischen verschiedenen Persönlichkeiten innerhalb der Partei« bedeute keine Richtungsverschiedenheit und keine Flügelbildung, persönliche Gegensätze müssten deswegen nicht auftreten.[71]

Von den ursprünglich vier Kandidaten blieben nach dem Rückzug des »Ochsensepp« und Fritz Schäffers nur noch zwei übrig: Hanns Seidel erhielt bei der außerordentlichen Landesversammlung am 22. Januar 1955 380 Stimmen, Franz Josef Strauß 329, dieser wurde dann aber mit Rudolf Eberhard erneut zum stellvertretenden Vorsitzenden gewählt. Insgesamt waren 713 gültige Stimmen abgegeben worden.[72] Später bemerkte Strauß zu dem Ergebnis, es sei eine Abstimmung zwischen der »Landesfront« und der »Bundesfront« gewesen über die Frage, ob ein »Bonner Bayer« oder ein »Münchner Bayer« die CSU führen sollte. Seidel und er hätten in keinem Gegensatz zueinander gestanden.[73] In der CDU-Führung wurde die Wahl Seidels begrüßt, zumal es ihr, wie Heinrich Krone notierte, Franz Josef Strauß »sich und uns« nicht leicht mache.[74] Die Wahl leitete einen Generationswechsel in der CSU ein. Seidel war 1901 geboren, seine Vorgänger Josef Müller und Hans Ehard als Parteivorsitzende 1898 bzw. 1887, Fritz Schäffer 1888, in der Landesgruppe dominierten außer Schäffer ohnehin die jüngeren Abgeordneten.

Die Wahl Hanns Seidels vollzog sich also im Wesentlichen vor der Alternative, ob ein Bundes- oder ein Landespolitiker Parteivorsitzender werden und welche Rolle künftig die Organisationsaufgabe spielen sollte. Im Laufe der Diskussion, die wie üblich auch mit verdeckten Karten geführt wurde, zeigte sich bis kurz vor der Abstimmung, dass tatsächlich alle vier Kandidaten, auch Strauß, Ambitionen auf den Vorsitz hatten. Dies führte bei Strauß zu widersprüchlicher Argumentation: Einerseits betonte er nachdrücklich, wie er es seit Jahren getan hatte, die Bedeutung der Organisationsfrage, die von München aus gelöst werden müsse, weshalb der künftige Vorsitzende dort seinen Schwerpunkt haben solle. Konsequent war deshalb sein Vorschlag, Hanns Seidel zu wählen und Friedrich Zimmermann als Landesgeschäftsführer durchzusetzen. Und ebenso plausibel war es unter diesem Gesichtspunkt, den noch immer führenden Bundespolitiker der CSU, Fritz Schäffer, nicht kandidieren zu lassen, zumal eine Niederlage ihn als Finanzminister geschwächt hätte: Dies war auch der ausschlaggebende Grund für Schäffer, in letzter Minute seine Kandidatur zurückzuziehen, da er nur als alleiniger Kandidat antreten wollte.

In der letzten Diskussionsrunde beharrte Strauß dann aber darauf, die Bundespolitik nicht hinter der Landespolitik zurückstehen zu lassen, weshalb er auch eine prinzipielle Festlegung auf einen Landespolitiker als Parteivorsitzenden der CSU ablehnte. Diese Antwort auf ein Strukturproblem der CSU war durchaus begründet, doch wurden dadurch in dieser besonderen Situation sowohl seine ursprüngliche Empfehlung für Seidel als auch seine Ablehnung Schäffers widersprüchlich, da er selbst schließlich der Kandidat der Landesgruppe wurde. Bei den Beratungen hatte Strauß aber nicht nur die Vor- und vor allem die Nachteile einer Kandidatur aus der CSU-Bundespolitik zu bewältigen, sondern auch die ambivalente Reaktion, die sein Insistieren auf der Organisationsfrage provozierte: Wenngleich die führenden Leute das Problem mangelnder organisatorischer Effizienz und den Verlust der Unterstützung aus der Staatskanzlei nach Bildung der nun SPD-geführten Regierung ebenfalls sahen, gab es doch auch Widerstände gegen den Aufbau eines Parteiapparats, weil die klassischen Honoratiorenpolitiker der CSU Antipathien gegen eine Apparate- und Funktionärspartei hegten. Inhaltlich bedeuteten jedoch auch der Sieg Seidels und die Nominierung Zimmermanns eine Bestätigung für die von Strauß formulierte Notwendigkeit der Reorganisation der CSU.

Wenngleich Strauß also während dieser Wochen taktiert und nicht gewonnen hatte, so war das Wahlergebnis zumal bei einem vergleichsweise hohen Stimmenanteil doch keine wirkliche Niederlage, da er für sich in Anspruch nehmen konnte, am Beginn der Diskussion ohne Umschweife für Seidel votiert zu haben. Allerdings ist kaum zu sagen, ob Strauß seine Meinung nicht während des dynamischen Prozesses der Kandidatenkür, bei der auch eine dezidierte Ablehnung seines Vorschlags Seidel laut geworden war, modifiziert hat. Und ebenso wenig belegbar ist, ob Strauß in diesem Fall gar nicht kurzfristig, sondern langfristig dachte, also seinen Anspruch für einen späteren Zeitpunkt formulieren und aufrechterhalten wollte. Auch war nach dieser Debatte über die möglichen Kandidaten klar, dass bei der nächsten Wahl jedenfalls der jetzt 68-jährige Schäffer kaum infrage kommen würde, Josef Müller schon jetzt kaum Chancen gehabt hatte und nach dem 14 Jahre älteren Hanns Seidel, der nicht zuletzt als Mann der Mitte und des Ausgleichs zwischen den Parteiflügeln gewählt wurde, Strauß der mit Abstand chancenreichste Kandidat für den Parteivorsitz sein würde, wenn der Generationswechsel weiterging und die Modernisierung der CSU, für die eben Strauß noch stärker als Seidel stand, zum Erfolg wurde. Natürlich konnte zu diesem Zeitpunkt aber niemand den frühen Tod des hoch angesehenen Seidel ahnen. Er war, wie Heinrich Krone schrieb, ein »Politiker von Tiefe und Format, ein christlicher Politiker«.[75]

In der Personaldiskussion hatte sich Strauß wieder einmal als Kämpfer bewährt: Er fand Gegenkandidaturen ganz normal und hielt bei der Landesversammlung am 22. Januar eine längere Rede, die in deutlichem Kontrast zu der des zurückhaltenden und knappen Hanns Seidel stand. Strauß argumentierte inhaltlich und bezog innerhalb des widersprüchlichen Geflechts der damaligen CSU-Programmatik und ihrer Flügel eindeutig Stellung. Dabei betonte er die Bedeutung von Bundes- und Europapolitik gegenüber landes- und konfessionspolitischem Provinzialismus, den er als »bayerisches Welttheater« ironisierte. Er wandte sich eindeutig gegen den konservativ-klerikalen Flügel der CSU und vergaß zwar den Historiker, der er war, nicht, richtete aber seinen Blick auf die Zukunftsaufgaben[76]. Jeder der ihn wählte – oder ablehnte –, wusste warum. Er hatte taktiert, verbogen aber hatte er sich nicht, wie überhaupt in Strauß' gesamtem politischem Weg auch innerparteilich die klare Positionsbestimmung dominierte: Nicht allein in Sachfragen, auch in Personalfragen zog er das offene Wort vor.

Dass sich Hanns Seidel gegen Franz Josef Strauß durchsetzte, bedeutete denn auch keinen Knick in dessen Karriere, zumal seine politische Bedeutung in Bonn sich nach dem Koalitionskrach nicht verminderte, sondern wuchs. Weiterhin blieb er stellvertretender Landesvorsitzender und Führungsfigur der CSU-Landesgruppe im Bundestag und avancierte schließlich vom Bundesminister »ohne besondere Aufgaben« im Herbst zum Atomminister, ein Amt, für das er in nur einem Jahr die Fundamente legte und weiterführende Entscheidungen traf. Friedrich Zimmermann wurde im Januar 1955 Hauptgeschäftsführer, ab 1956 Generalsekretär der CSU und blieb es bis 1963. Ihm gelang es, die Partei grundlegend zu reorganisieren, indem er viele der Forderungen von Strauß durchsetzte. So hatte Strauß in ziemlich massiver Form den Vorgänger von Zimmermann, Josef Brunner, gerügt und Richtlinien für die künftige Organisation der Landesleitung und der Aufgaben des Generalsekretärs gegeben.

Diese »Nebenschauplätze« des Bonner Koalitionstheaters trugen seit ihrem dramatischen Höhepunkt im Oktober 1954 einstweilen dazu bei, den Krach zu entschärfen. Konrad Adenauer stärkte mit der Durchsetzung des die Westintegration in der ersten Phase erfolgreich abschließenden Vertragswerkes 1955 seine Autorität beträchtlich. Da er – und damit gab er der Kritik im Strauß-Brief vom 8. Oktober 1954 indirekt recht –

dann 1955 mit der Souveränitätserklärung der Bundesrepublik Deutschland schweren Herzens das Außenministerium an Heinrich von Brentano abgab, wurde er vom operativen außenpolitischen Geschäft entlastet und damit freier für zentrale Fragen der Innenpolitik. Erleichtert konnte sich der Regierungschef aber auch deshalb fühlen, weil Regierungskrisen nun nicht mehr die parlamentarische Mehrheit für die Westverträge gefährdeten.

Das hieß nun freilich nicht, dass es nicht immer wieder im Gebälk der Fraktionsgemeinschaft der beiden Unionsparteien knirschte, zumal Adenauer weiterhin die haushälterisch strenge Finanzpolitik von Fritz Schäffer missfiel[77], besonders in Wahlkampfzeiten! Auch wollte Adenauer dem Stürmer und Dränger Strauß weiterhin Grenzen aufzeigen, und die Entwicklung der FDP bereitete ihm nach wie vor Sorgen, wie er wiederholt dem Bundespräsidenten mitteilte.

Schon am 1. Dezember 1954 kam es erneut zu einem der vielen Zusammenstöße des Bundeskanzlers mit seinem Finanzminister. Als Schäffer in der Sitzung des Bundeskabinetts einen Überblick über die Haushaltslage, die Steuerreform und den Widerstand im Bundesrat gab und erwog, den Vermittlungsausschuss anzurufen, widersprach Adenauer: Der Bundesminister der Finanzen habe bei seiner Darstellung die ungünstigen Seiten der Lage stark herausgestrichen.[78] Dieses Mal kehrte er seinen klassischen Satz um: Offenbar war für Adenauer die Lage nicht so ernst. Im Gegensatz zu ihm sah Schäffer, der freilich seinen Haushalt und die finanzpolitischen Konsequenzen bis in die Details kannte, die finanzielle Lage immer als ernst an. Die künftige Aufgabe, die Bundeswehr finanzieren zu müssen, verdüsterte für Schäffer die Aussichten weiter, was er Adenauer auch mitgeteilt hatte: Die »schönen Zeiten« seien vorbei, »wo eine Außenpolitik ohne Rücksicht auf die Finanzpolitik betrieben werden kann«.[79] Tatsächlich ging es nicht allein um den künftigen Wehrbeitrag der Bundesrepublik, sondern obendrein um eine kostspielige Rentenreform und die fragliche Steuerreform.[80]

Das hinderte Adenauer nicht, Schäffers Berechnung gleich in mehreren Punkten für falsch zu erklären, was diesen in seiner Berufsehre als unbestritten führender deutscher Finanzpolitiker kränkte. Nach einem Wortwechsel, bei dem Adenauer u.a. von Vizekanzler Blücher unterstützt wurde, gab Schäffer zu Protokoll, »daß er einem Gesetzentwurf, der noch völlig ungedeckt sei, nicht zustimmen könne«. Schäffer blieb mit seinem Widerstand allein, und Adenauer bemerkte locker, man könne die Deckungsfrage später erörtern. In der Frage der Änderungswünsche des Bundesrats zum Bundeshaushaltsplan 1955 setzte Schäffer jedoch seinen Vorschlag zur Beschlussfassung gegen Adenauer durch, ebenso im Hinblick auf einen prophylaktischen Beschluss, ggf. den Vermittlungsausschuss anzurufen, wenn der Bundesrat die vom Bundestag beschlossene Steuerreform ablehne.

Auch eine Aussprache im Januar 1955 konnte die grundsätzlich differierenden Auffassungen zwischen Konrad Adenauer und Fritz Schäffer nicht ausräumen.[81] Franz Josef Strauß versuchte immer wieder zu vermitteln, mal mit mehr, mal mit weniger Erfolg. Allerdings beharrte Strauß jenseits der finanzpolitischen Kontroversen prinzipiell auf der eigenständigen Rolle der CSU, die Adenauer wiederholt begrenzen wollte. Insofern überrascht es nicht, dass häufig Reibungen entstanden, wenn sich die CSU von der CDU oder auch Schäffer bzw. Strauß persönlich nicht hinreichend einbezogen oder gar hintergangen fühlten. So kamen bereits 1956 erste Gerüchte über eine mögliche Trennung der Landesgruppe von der Gesamtfraktion auf, nachdem bei einer Tagung des CSU-Landesausschusses am 23./24. Juni 1956 in Bayreuth die Konflikte erneut diskutiert worden waren. Allerdings dementierte Richard Stücklen sie in der Sitzung der CDU/CSU-Fraktion schon am 25. Juni 1956. Doch forderte Stücklen künftig ein geschlosseneres Auftreten des Bundeskabinetts und eine personelle Besetzung nach sachlichen Gesichtspunkten[82], womit Forderungen der CSU angedeutet wurden.

Strauß nahm an der Sitzung nicht teil, hatte aber am Vortag in der Sitzung der Landesgruppe über eine Besprechung mit dem Landesvorsitzenden Hanns Seidel und Fritz Schäffer berichtet, deren Thema die Verbesserung der Zusammenarbeit innerhalb der Bundesregierung war.[83] Auch wenn zu diesem Zeitpunkt keine ernsthaften Trennungsabsichten bestanden, handelte es sich bei dieser Debatte doch um ein Indiz für die Unzufriedenheit in der Landesgruppe – keineswegs erst die Sonthofener Rede von Franz Josef Strauß und schließlich der Trennungsbeschluss von Wildbad Kreuth 1976 brachten solche Überlegungen zum Ausdruck.

Innerhalb der Unionsfraktion des Bundestags entwickelte sich regelmäßig ein der Integration bedürftiges produktives Spannungsverhältnis. Strauß musste außerdem einen weiteren Schauplatz im Auge behalten, der Koordination erforderte. Die parlamentarische Arbeit in Bonn und München bedurfte einer Verzahnung, weswegen die Landesgruppe sich eng mit dem Landesvorstand abstimmte und in der Geschäftsordnung den CSU-Landtagsabgeordneten Rederecht einräumte. Gerade Strauß, der als Vorsitzender der Landesgruppe und stellvertretender Landesvorsitzender eine Scharnierfunktion innehatte, betonte wiederholt die große Bedeutung bundespolitischer Entscheidungen für Bayern. So hatte er schon Jahre vorher anlässlich einer Diskussion über die Verteilung der Einkommen- und Körperschaftssteuer in der gemeinsamen Sitzung von Landtagsfraktion, Landesgruppe und Landesvorstand der CSU am 21. April 1952 nach einer längeren Rede Finanzminister Schäffers erklärt:

»Ich wollte verhindern, daß die Bundestagsfraktion mit Ja stimmt, während die Landtagsfraktion an einer Interpellation beteiligt ist, deren Sinn ein Nein ist. Wenn die Bundestagsfraktion Nein sagt, ist der Rücktritt des Finanzministers unvermeidlich. Sachlich müssen wir uns im klaren sein, daß diese Frage nicht isoliert gesehen werden kann, etwa als Auseinandersetzung zwischen Bayern und Bund. Die Frage ist Bestandteil der gesamten Regierungspolitik.«[84]

Wenngleich auch innerparteilich das strukturelle Spannungsverhältnis zwischen föderativ orientierter Landespolitik und bundespolitischer Perspektive fortbestand, konnte es doch als Erfolgsrezept der CSU genutzt werden, wenn Unterschiede zwischen den Unionsparteien durch die Landesgruppe geschickt instrumentalisiert wurden. Nach Einschätzung führender CSU-Politiker wie Werner Dollinger, der 1961/62 selbst Vorsitzender der Landesgruppe war, oder Franz Heubl, der von 1962 bis 1978 in der Bayerischen Staatsregierung für Bundesangelegenheiten zuständig war, trug die Landesgruppe in erheblichem Ausmaß zur Durchsetzung bayerischer Interessen innerhalb der Unionsfraktion auf Bundesebene bei. Heubl bemerkte 1995 in einem Interview: Er selbst staune noch jetzt, »daß eine Landespartei, die wirklich Landespartei geblieben ist, die bayerische Identität verkörpert, zugleich einen solchen Einfluss in Bonn gewinnen konnte, natürlich auch durch Franz Josef Strauß, der eine in der Welt bekannte Größe geworden ist, der ein politischer Faktor war von Südafrika bis Rußland, von Amerika bis Israel. Das gibt es nicht mehr, das ist ein parteiengeschichtliches europäisches Phänomen einmaliger Art.«[85] Und Richard Jaeger gelangte zu dem Schluss, »daß sich die CSU mit der Methode einer eigenen Landespartei und einer gemeinsamen Fraktion das Höchstmaß an Einfluß gesichert hat, das sie erreichen kann.«[86]

Einfluss in Bonn bedeutete für die CSU aber zugleich Stärkung bayerischer Interessenpolitik auf Bundesebene. Allerdings setzte dies voraus, dass die CSU-Landesgruppe nicht allein bayerische, sondern ebenso Bundespolitik betrieb und sich an der politischen Gewichtsverteilung in Bonn orientierte. Keiner sah diesen Zusammenhang klarer als Franz Josef Strauß, der die Spannungen zwischen Bundesfinanzminister Schäffer und Bundeskanzler Adenauer in den Blick rückte, hatte er doch in der erwähnten Sitzung des Landesvorstands der CSU am 17. Januar 1955 zur Kandidatur Fritz Schäffers für den Parteivorsitz erklärt: »Wir hängen in Bonn naturgemäß an der Konstruktion der CDU/CSU und an dem Erfolg der Bonner Regierung … Hätten wir einen schwächeren Kanzler als Adenauer, könnten wir uns ohne weiteres auch eine stärkere Kraftprobe leisten. Aber der Name und trotz aller Rückschläge auch der Erfolg Adenauers ist, Gott sei Dank, so groß, daß sich die CSU, auch wenn an ihrer

Spitze das Eisenhaupt Schäffer steht, nicht einen Gegensatz zum Kanzler leisten kann. Denn darunter würde der Kanzler etwas leiden und wir noch mehr. Dr. Adenauer wäre der letzte, der nicht als kühler Realpolitiker in eine bürgerliche Koalition die Bayernpartei in allen Gnaden aufnehmen würde, um im Bundestag eine Zweidrittelmehrheit zu bekommen.«[87]

Auf der anderen Seite betrieb Schäffer als Finanzminister keineswegs eine bayerische Interessenpolitik, sondern hatte wegen seiner auf strenge Haushaltsdisziplin ausgerichteten Fiskalpolitik nicht allein Probleme mit dem Bundeskanzler, sondern gelegentlich auch mit seinen bayerischen Parteifreunden, ja, wenn es in der CSU-Landesgruppe bis 1957 Kontroversen gab, dann deshalb.[88]

Wenngleich Friedrich Zimmermann später meinte, Strauß habe sich um die Details und die Organisation nicht gekümmert, gilt das doch nicht für die ersten Jahre, in denen das Profil und die Arbeitsweise der Landesgruppe erst einmal geklärt werden mussten. Zimmermann gehörte damals dem Bundestag noch gar nicht an. Nachdem die Organisations- und Entscheidungsstrukturen geschaffen waren, ging es Strauß dann tatsächlich um die großen Linien, die grundsätzlichen Entscheidungen, die strategischen Konzeptionen, die Koalitionsbildungen, die Nominierung von Kandidaten usw. In diesen Politikfeldern blieb er während der 30 Jahre, in denen er ununterbrochen dem Vorstand der Landesgruppe angehörte, die dominierende Persönlichkeit, auch in den Zeiten, in denen andere Abgeordnete den Vorsitz übernahmen. Dazu trug nicht nur die überragende politische Bedeutung des seit 1955 bedeutendsten Bundespolitikers der CSU bei, sondern auch die Tatsache der Ämterkumulation: Anfangs war er zugleich Generalsekretär bzw. stellvertretender Parteivorsitzender, dann außerdem Bundesminister und schließlich ab 1961 zugleich Parteivorsitzender. Wenngleich andere Landesgruppenvorsitzende wie Hermann Höcherl, Richard Stücklen, Werner Dollinger oder später Friedrich Zimmermann durchaus nicht immer einer Meinung mit Strauß waren und eigenes politisches Gewicht besaßen, bestritt doch keiner von ihnen seine Führungsrolle, selbst wenn für sie alle mehr oder weniger zutraf, was der Fraktionsvorsitzende Heinrich Krone über Höcherl in sein Tagebuch notierte: »Höcherl ist ein gerissener Taktiker. Er weiß, was er will und was die CSU will. Doch ist er nicht ihr Knecht, auch nicht der Knecht von Strauß. Schwierige Aufgaben weiß er zu meistern … Ich bin froh, daß ich Hermann Höcherl in der Führung der Fraktion habe.«[89]

Das bundespolitische Gewicht der CSU wuchs mit dem politischen Einfluss von Strauß: Kein CSU-Politiker konnte das übersehen, nicht die CDU und selbst Konrad Adenauer nicht, der die größte Sensibilität für machtpolitische Konstellationen besaß und nur zu gut wusste, dass die

Fraktionsgemeinschaft eine notwendige Voraussetzung seiner Politik war. Aufgrund des gespannten Verhältnisses zu Schäffer und der Tatsache, dass Hanns Seidel als Landesvorsitzender und Bayerischer Ministerpräsident seit 1955 in erster Linie Landespolitiker blieb, brauchte er Strauß. Dies wurde schon früh deutlich, als sich der junge Bundestagsabgeordnete nicht allein als schlagkräftiger und durchsetzungsstarker Landesgruppenchef erwies, sondern Kompetenz besaß – Kompetenz auf einem Gebiet, auf dem Adenauer zwar die richtige Richtung vorgab, selbst aber ein Laie war: der Sicherheitspolitik.

7

Die Westintegration der Bundesrepublik Deutschland: Franz Josef Strauß an der Seite Konrad Adenauers

Am 7. Februar 1952 debattierte der Bundestag über den Verteidigungsbeitrag der Bundesrepublik. Dies war damals das umstrittenste Terrain der Bonner Politik überhaupt – ein Thema überdies, das die westdeutsche Bevölkerung aufwühlte wie kein zweites, weil es hier nicht allein um Fragen politischer Zweckmäßigkeit ging, sondern weil ein Nerv der durch den Militarismus des NS-Regimes und den Zweiten Weltkrieg traumatisierten Deutschen getroffen wurde. Die rationale Argumentation musste also mit dem Versuch verbunden werden, die hochgradige Emotionalisierung zu vermindern. Für Adenauer war ein Verteidigungsbeitrag der Bundesrepublik nicht allein aus Sicherheitsgründen notwendig. Vielmehr bildete die militärische Westintegration einen essenziellen Baustein auch der politischen Westintegration und zudem ein probates Mittel, die Wiedereingliederung (West)Deutschlands in die demokratische Staatenwelt des Westens zu erreichen. Der Stratege Adenauer sah in diesem Weg zugleich ein taktisches Mittel, die Souveränität wiederzuerlangen.[90] Kaum einer sah diese Zusammenhänge schärfer als Franz Josef Strauß, der dem eingefleischten Zivilisten Adenauer aber sowohl die militärische Erfahrung als auch die notwendigen militärtechnischen Kenntnisse voraushatte.

Für beide stand es außer Frage, dass die freie Welt einer ständigen Bedrohung durch die kommunistischen Diktaturen – geführt von der stalinistischen Sowjetunion – unterlag. Der Kalte Krieg bestimmte damals jede ernsthaft geführte sicherheitspolitische Diskussion. Er war nicht bloß eine abstrakte Drohung, sondern während der Berliner Blockade 1948/49 durch sowjetische Truppen erneut sichtbar geworden. Damals hatten die USA die Ernährung der Berliner Bevölkerung zehn

Monate lang über die Luftbrücke sichergestellt. 1948 war mithilfe eines kommunistischen Putsches in der Tschechoslowakei die Regierung gestürzt und eine Diktatur errichtet worden, nachdem die Rote Armee bei ihrem Vormarsch bereits seit 1945 die osteuropäischen Staaten besetzt und einen »Eisernen Vorhang« heruntergelassen hatte: So formulierte es Winston Churchill schon am 12. Mai 1945 in einem Telegramm an den amerikanischen Präsidenten Harry S. Truman und wiederholte öffentlich diese Charakterisierung in seiner berühmten Rede in Fulton/USA am 5. März 1946. Doch damit nicht genug, hatte der von der Sowjetunion und Rotchina unterstützte Einmarsch des kommunistischen Nordkorea in Südkorea 1950 gerade für das ebenfalls geteilte Deutschland wie ein Menetekel gewirkt. Immer wieder stand die Welt bis in die 1960er-Jahre hinein am Rande eines Krieges, immer wieder schlugen sowjetische Truppen, vom 17. Juni 1953 in der Sowjetischen Besatzungszone über den Ungarn-Aufstand 1956 bis zum Prager Frühling 1968, selbst reformkommunistische Bewegungen nieder oder besetzten wie in Afghanistan seit der Jahreswende 1979/80 andere Staaten.

Jeder verantwortliche Politiker musste sich angesichts einer solchen Machtausdehnung der Sowjetunion und des Kommunismus über eine »containment policy« (George F. Kennan), über eine Eindämmung des kommunistischen Vordringens der Sowjetunion, Gedanken machen, gleich, ob man es als großrussisch-imperialistische Politik oder als marxistisch inspirierte Weltrevolution bewertete. In diesem östlichen Bedrohungsszenario liegt der Keim der NATO als westliches Verteidigungsbündnis. Das außen- und sicherheitspolitische Denken und Handeln von Franz Josef Strauß ist ohne diesen Ost-West-Konflikt nicht zu verstehen.

Doch welche Rolle konnte, sollte, musste die Bundesrepublik darin spielen? Konnte und durfte sie sich darauf verlassen, von den Westmächten – und das hieß angesichts der Kriegsfolgelasten in den europäischen Staaten letztlich ausschließlich den USA – verteidigt zu werden? Durfte die Bundesregierung ihren Staat lediglich zum Objekt werden lassen, dem keinerlei Mitsprache für seine Verteidigung zustand? Welche Chancen bestanden für ein (west)europäisches Bündnis? Wie konnte das Misstrauen der Nachbarn, die noch wenige Jahre zuvor von der deutschen Wehrmacht besetzt worden waren, besänftigt werden? Wie konnte man der sich nach 1945 rasch entwickelnden pazifistischen Grundstimmung der Deutschen gerecht werden?

All diese Fragen mussten bedacht werden, als der Bundestag in emotional aufgeheizter Atmosphäre über einen deutschen Beitrag für die damals beabsichtigte Europäische Verteidigungsgemeinschaft (EVG) debattierte, nachdem die NATO bereits 1948 gegründet worden war. Nach Beginn des Koreakriegs am 25. Juni 1950 hatte sich der Europarat bereits am 11. August 1950 für eine europäische Armee unter deutscher Beteiligung ausgesprochen, am 29. August 1950 richtete die Bundesregierung ein Memorandum über die Sicherheitsfrage an die Westmächte, in dem Adenauer unter bestimmten Vorbehalten einen deutschen Verteidigungsbeitrag anbot.[91] Vorangegangen war ein Sondierungsgespräch, das der amerikanische Hohe Kommissar McCloy mit führenden Mitgliedern der CDU/CSU-Fraktion geführt hatte: Bei einem Abendessen am 13. Juli 1950, zu dem er u. a. Theodor Blank, Heinrich von Brentano, Eugen Gerstenmaier, Kurt Georg Kiesinger und Franz Josef Strauß eingeladen hatte, überraschte er seine Gäste[92] mit der Frage, wie sie über einen deutschen Verteidigungsbeitrag denken würden.

In dieser noch offenen Situation reichte die SPD eine vorbeugende Klage gegen den EVG-Vertrag beim Bundesverfassungsgericht ein. Nach einer – wie Strauß urteilte – der »schwächsten Reden«, die Adenauer im Bundestag je gehalten hat[93], lehnte »Erich Ollenhauer, gut präpariert... für die SPD jede Wiederaufrüstung kategorisch und kompromisslos ab«. Die »Würdenträger der Fraktion, die eigentlich am Zuge gewesen wären zu reden«, hätten sich merklich zurückgehalten, erinnerte sich Strauß später. Daraufhin sei die Wahl auf ihn gefallen, und »ich wollte auch reden. Zwei Tage und Nächte habe ich diese Rede vorbereitet, habe sie meiner Sekretärin diktiert, mehr in Sätzen als in Stichworten wie sonst.«

Noch Jahrzehnte später ist Strauß der Stolz anzumerken, es war eine seiner erfolgreichsten Reden – ein Auftritt, der ihn für Adenauer ministrabel machte und ein Schlüsselerlebnis für ihn selbst bedeutete: »Daß ich als Redner der Union zum Zuge kam, entsprach einer Erfahrung, die ich noch oft in meinem politischen Leben machen sollte – wenn es schwierig und unbequem, kritisch und gefährlich wurde, war ich besonders gefragt.«[94] Ganz so zurückhaltend, wie Strauß schreibt, blieben die Unionspolitiker allerdings nicht, sprachen in dieser Wehrdebatte am 7./8. Februar 1952 doch außer Strauß weitere führende Vertreter der Union, neben dem Fraktionsvorsitzenden Heinrich von Brentano und dem Bundestagspräsidenten Hermann Ehlers der außenpolitische Star der Fraktion, Kurt Georg Kiesinger, Richard Jaeger für die CSU, Ernst Majonica und Robert Tillmanns für die CDU. Ohne Zweifel aber war die Rede von Strauß die eindrucksvollste.

Mit dieser Rede stand Strauß mit einem Schlag in der ersten Reihe der Verteidigungspolitiker der jungen Bundesrepublik; er selbst knüpfte später seine Überlegungen zur politischen Rhetorik an die Aufsehen erregende Wirkung dieser Rede, die ihn früh berühmt machte. Allerdings blieb dieser große Auftritt vom Februar 1952 keineswegs seine einzige Rede zu dieser Thematik, bestimmte ihn doch die Unionsfraktion, Jahre bevor er Verteidigungsminister wurde, immer wieder zu einem ihrer Sprecher. So sprach er am 10. Juli 1952 zur »Europäischen Verteidigungsgemeinschaft« und dann in erneuten eingehenden Grundsatzreden am 5. Dezember zum Thema »Deutschland und der EVG-Vertrag« sowie später nach dessen Scheitern am 24. Februar 1955 über die »Pariser Verträge«. Strauß analysierte jeweils umfassend die Verteidigungs- und Außenpolitik der Westintegration. Tatsächlich waren es also weder der Bundeskanzler noch Theodor Blank, der Beauftragte der Bundesregierung für Sicherheitsfragen bzw. spätere Verteidigungsminister, die während der ersten und zweiten Legislaturperiode des Bundestags die wichtigsten Reden zur Verteidigungspolitik und ihrer außenpolitische Dimension hielten, sondern Franz Josef Strauß. Diese schnelle politische Profilierung hatte indes eine Kehrseite: Engagement, Kompetenz und Vehemenz in der Verteidigungspolitik machten Strauß schnell zur Zielscheibe für eine Polemik der Pazifisten, die nicht sehen wollten, dass Strauß keineswegs um eine aggressive, sondern um eine defensive Militärpolitik rang, um eine Verteidigungspolitik zur Kriegsverhütung, nicht zur Kriegsvorbereitung. Und nicht weniger bezeichnend war, dass der in der ersten einschlägigen Debatte schwächelnde Adenauer seinem Nothelfer Strauß nicht brieflich dankte, wie er es beispielsweise in einer vergleichbaren Situation bei Kurt Georg Kiesinger tat – auch unter politischen Gesinnungsgenossen ist die (wachsende) Stärke des anderen nicht immer ein Anlass zur Freude, zumal sie durch Ovationen der Fraktion nach der Rede von Strauß lautstark bekräftigt wurde. Und noch aufschlussreicher ist, dass Adenauer sich für die nächste große Debatte, nämlich die erste Lesung der Ratifizierungsgesetze zum Deutschlandvertrag und zum Pleven-Vertrag (EVG), selbst sehr gut vorbereitete und am 9./10. Juli 1952 mit Strauß und Gerstenmaier sowie dem die Gegenposition vertretenden Carlo Schmid die Diskussion dominierte.[95]

Charakteristisch für die erste große Rede von Strauß im Februar 1952 im Bundestag war die Analyse der weltpolitischen Ausgangslage: »Wir haben erlebt, daß das Ende des Zweiten Weltkrieges die Weltprobleme nicht gelöst, sondern neu aufgetürmt hat… Dem tragischen Irrtum der Westmächte, daß mit dem militärischen Sieg über Deutschland auch schon eine neue Ordnung der Welt und ihrer Zukunft eingeleitet sei, stand gegenüber die konsequente sowjetische Zielsetzung, daß der militärische Sieg über Deutschland erst… das Sprungbrett für eine Ausdehnung des bolschewistischen Machtbereichs darstelle… deshalb müssen wir heute über die Verteidigung Deutschlands reden.«[96]

In einer globalen Analyse mit regionalen Exempeln belegte Strauß die Ausdehnung des bolschewistischen Machtbereichs, wobei er die Technik der Unterminierung bestehender Herrschaftsordnungen angesichts nichtkommunistischer Bevölkerungsmehrheiten neben der militärischen Eroberung darstellte. Unterbrochen durch ständige Zwischenrufe von KPD-Abgeordneten stellte er auch die Beispiele des Widerstands gegen sowjetische Machteroberung in Berlin, Südkorea und Jugoslawien heraus. Die zeitgenössische Initialzündung, die der Koreakrieg seit 1950 für die Stärkung der westlichen Verteidigungsbereitschaft spielte, hob Strauß ebenfalls hervor: »Das Gewitter von Korea hat den Vorhang vor dem wirklichen Zustand der Welt zerrissen und die freien Völker vor die Entscheidung gestellt, ob sie einzeln nach und nach von dem bolschewistischen Sog verschluckt werden oder ihre Kräfte vereinigen wollen, um dieser Entwicklung auf der Welt Einhalt zu gebieten.«[97] Diese Zwangslage sei der Grund dafür, dass »die freien Völker der Welt ... leider, leider und nochmals leider ... wieder dazu übergehen, einen Teil ihrer wirtschaftlichen und finanziellen Kräfte für die Aufrüstung zu verwenden.« Die Sicherheit der Bundesrepublik und der anderen europäischen Völker beruhe derzeit »leider nur auf der amerikanischen Sicherheitsgarantie«. Strauß behandelte nicht nur die geostrategische Lage Deutschlands, sondern auch die jeweiligen europäischen Kontexte. So plädierte er eindeutig und mit Nachdruck für eine vertrauensvolle deutsch-französische Zusammenarbeit, kritisierte aber ohne Umschweife die Ablehnung der NATO-Mitgliedschaft der Bundesrepublik durch Frankreich sowie dessen Saarpolitik: In Europa stehe mehr auf dem Spiel als französische Saarinteressen. »Deutschland und Frankreich sitzen in einem Boote. Es hat keinen Sinn, über die Verteilung der Sitzplätze zu streiten, wenn der Wogengang um das Boot herum ... eine gemeinsame Anstrengung aller Mann am Ruder erforderlich«[98] macht.

Strauß forderte, eine Lösung der Saarfrage müsse dem freien Willen der deutschen Bevölkerung Rechnung tragen. Ein Europa, dessen Zukunft gesichert sein solle, müsse ideologisch »von dem gemeinsamen Gedanken der Freiheit« ausgehen. Dabei verfocht Strauß die Idee einer auf Freiheit und Gleichberechtigung beruhenden Einigung Europas, eine »europäische Staatsidee«, die durch »Geschichte und Kultur des Abendlandes« vorgezeichnet ist. Gleichermaßen verwarf er eine Summierung »nationalistischer Länderideen« wie auch eine Armee, die sich einen Staat schaffe. Strauß machte deutlich, dass für ihn die Westintegration nicht in erster Linie eine militärische, sondern eine historische und kulturelle Dimension besaß und die Verteidigungsgemeinschaft eine funktionale Bedeutung zur Sicherung der Freiheit Europas hatte, Aufrüstung also kein Selbstzweck war: »Dieses Europa hat ein gemeinsames Schicksal und eine gemeinsame Zukunft. Was liegt näher, als daß es zu einer gemeinsamen Politik kommen muß?«

Strauß verdächtigte die Sowjetunion aber nicht, einen Krieg beginnen zu wollen, vielmehr diene ihre militärische Übermacht als politisches Druckmittel zur Erreichung langfristig konzipierter Ziele. Friedenspolitik sei einerseits ein »erklärter Verzicht darauf, politische Ziele mit Gewalt durchsetzen zu wollen«, andererseits aber auch, »einem eventuellen Angreifer klarzumachen, daß sein Angriff auf den organisierten Gesamtwiderstand Europas und Amerikas stoßen wird«. Jeder Angriff müsse deshalb Selbstmord sein. Diese Doktrin der Friedenswahrung durch Abschreckung verband Strauß schon damals mit der Absicht, der Sowjetunion die Angst vor einem Angriff zu nehmen, indem der reine Defensivcharakter des Bündnisses herausgestellt würde. Strauß erklärte: »Dieses Europa darf niemals aggressiv sein.« Strauß zitierte zustimmend Kurt Schumacher, der gesagt habe: »Schwäche ist Kriegsanziehung.«

Die Befürchtungen der Aufrüstungsgegner nahm Strauß durchaus ernst und gestand ein, dass sowohl ein Nein als auch ein Ja zur Aufrüstung ein Risiko berge. Deshalb müsse der Bundestag auf die beiden Hauptfragen eine Antwort geben. Sie lauteten: »Erstens ...: Ein deutscher Verteidigungsbeitrag verhindert die deutsche Einigung und verewigt die Spaltung unseres Volkes. Zweitens: Ein deutscher Verteidigungsbeitrag erhöht die Kriegsgefahr.«[99] Strauß entkräftete diese Einwände überzeugend und verband sie mit einem entschiedenen Bekenntnis zur deutschen Einheit in Freiheit, die über die Einheit Europas führe. Seine gesamte Argumentation lief darauf hinaus, dass nur ein starkes Europa im Verein mit den USA den Frieden erhalten könne.

Die Kernfrage, ob ein deutscher Verteidigungsbeitrag notwendig sei, konnte nach Meinung von Strauß nicht allein aus deutscher Perspektive beantwortet werden, da sich die Verteidigungsgrenzen der freien Welt um den ganzen Erdball zögen. In den Begründungen zeigte sich nicht in erster Linie die Vorliebe von Strauß für geostrategisches Denken, sondern die entschiedene Ablehnung einer bloß nationalen deutschen Perspektive. Anders als viele seiner Kritiker argwöhnten oder sogar behaupteten, war Strauß nie ein Nationalist, so wenig er je ein bayerischer Partikularist war: Er habe stets seine gesamtdeutsche Verantwortung ernst genommen und sei von ihr nie auch nur einen Millimeter abgewichen.

Für die transnationale Perspektive von Strauß charakteristisch war die Analyse der strategischen und taktischen Situation der Sowjetunion im Kriegsfall, die nicht weniger intensiv ausfiel als die Begründung, warum die Bundesrepublik einen Verteidigungsbeitrag leisten müsse. Eines seiner Kernargumente lautete: »Wir können auf die Dauer weder den europäischen Völkern noch den Amerikanern zumuten oder von ihnen erwarten, daß sie allein Opfer für unsere Verteidigung bringen ... wenn wir selbst nicht bereit sind, nach Erfüllung der notwendigen Vorausetzungen einen Teil dieser Last zu übernehmen ... nur ein kollektives System der westlichen Welt in voller Solidarität einschließlich Deutschlands kann den Frieden retten, was allein das Ziel und das Fernziel unseres Volkes sein muß.«[100]

Immer wieder bemühte sich Strauß um eine sachliche Argumentation auch gegenüber der SPD und versuchte, auf Schumacher und Ollenhauer einzugehen. Diese Rede bezweckte alles andere als eine Polarisierung zwischen Regierung und Opposition, wozu auch seine humorigen Bemerkungen beitrugen: »so gern ich die beiden mitsammen sprechen sehe, so möchte ich doch Herrn Dr. Adenauer und Herrn Dr. Schumacher nicht gern hinter Stacheldraht im Ural sich darüber unterhalten sehen, was sie im Frühjahr 1952 hätten tun sollen!«[101]

Wenngleich Strauß in seiner langen Rede ein leidenschaftliches Plädoyer für einen künftigen Verteidigungsbeitrag der Bundesrepublik hielt, bei dem er die vielen Unterbrechungen von KPD-Vertretern, des WAV-Abgeordneten Alfred Loritz, aber auch einiger SPD-Politiker in der Regel schlagfertig parierte, handelte es sich doch um keine polemische Rede. Wiederholt unterschied er verantwortungsvolle Opposition von bloßer Negation. So betonte er nicht nur Gemeinsamkeiten mit der SPD, sondern appellierte am Ende seiner Rede an sie, den notwendigen Weg zusammen zu gehen.

Während es Konrad Adenauer in der großen Debatte des Deutschen Bundestags am 9./10. Juli 1952 verstand, in seiner von den einen gerühmten, von den anderen verhöhnten Fähigkeit zur Vereinfachung komplizierter Sachverhalte eine klare Alternative herzustellen, glänzte Strauß wiederum als strategischer Analytiker. Adenauer erklärte: »Bei der Frage, ob Genehmigung der Verträge oder nicht, handelt es sich in wenigen Worten kurz zusammengefaßt darum, ob sich die Bundesrepublik an den Westen anschließen soll oder nicht, ob sie sich den Schutz des atlantischen Verteidigungssystems sichern soll oder nicht, ob sie die Integration Europas einschließlich Deutschlands will oder nicht, ob sie die Wiedervereinigung Deutschlands in Freiheit, in einem freien Europa will oder ob sie bereit ist, eine Teilung Deutschlands oder eine Wiedervereinigung Deutschlands in Unfreiheit hinzunehmen.«[102]

Das waren Sätze, die der vergleichsweise komplizierte Redner Strauß als große Kunst Adenauers bezeichnete, dem er eine »lakonische Ausdrucksweise« als politisches Stilmittel attestierte. Anders als Adenauer liebte Strauß die »historischen Exkurse« und erkannte klar die rhetorischen Unterschiede, was seine Bewunderung für Adenauer ebenso wenig schmälerte wie seine Eigenständigkeit ihm gegenüber. Zeugnis seiner Sensibilität ist das einfühlsame Porträt des Staatsmanns und Politikers Adenauer in seinen *Erinnerungen*.[103]

In seiner Rede, die mit ironischen Bemerkungen gegenüber der Opposition gespickt war, aber wiederum keine polemischen Schärfen aufwies, ging Strauß erneut von der weltpolitischen Situation sowie der strategischen Lage der Bundesrepublik und Europas aus: »Deutschland muß aus dem Zustand des Spielballs zwischen zwei Machtblöcken, aus dem Zustand, ein Objekt der Politik der anderen zu sein, endlich einmal herauskommen... Die jahrelange Sorglosigkeit der Westmächte auf der einen Seite, die zielstrebige Macht- und Aufrüstungspolitik der Sowjets auf der anderen Seite haben dazu geführt, daß eine ganze Anzahl europäischer Völker ihre Freiheit verloren haben... daß 18 Millionen Deutsche... dem gleichen Schicksal unterworfen wurden, haben letzten Endes dazu geführt, daß wir in dem Modellfall Korea unser eigenes Schicksal sehen könnten, wenn wir in der Frage der Sicherheit... nüchtern und klar unsere Lage erkennen und dann das tun, was nach dieser Erkenntnis notwendig ist, auch wenn es unpopulär ist...«[104] Es gehe nicht darum, »wieder Soldaten zu spielen«, vielmehr beträfen die bevorstehenden Entscheidungen »eine Schicksalfrage des deutschen Volkes: an ihr wird sich unsere Zukunft entscheiden«. Man müsse, so Strauß, eine Situation herbeiführen, in der es unmöglich sei, dass die vier Mächte sich über Deutschland auf Kosten Deutschlands einigen.

Strauß plädierte für die Anerkennung von Tatsachen anstelle »geistreicher Spekulationen«, zitierte anerkennend Disraeli, den britischen Premierminister aus dem 19. Jahrhundert, und spottete Arthur Schopenhauer variierend über eine Opposition, deren Spiel die »Welt als Wille ohne Vorstellung« sei. Als Fritz Erler in einem Zwischenruf spöttelte, »Disraeli freut sich über Ihre Anerkennung«, replizierte Strauß: »Sie meinen, er freut sich noch?« Erler antwortete: »Ja, sehr!« Darauf Strauß: »... von der Art Seelenwanderung, Herr Kollege Erler, bin ich noch nicht so erfaßt.«

Wesentlich für Strauß war, dass die Verteidigungsgemeinschaft zwar die Bundesrepublik vor dem »Zugriff eines Aggressors« schütze, sie selbst sich aber unentbehrlich für die Sicherheit der anderen mache. Hier wird wieder die gleiche Zielsetzung erkennbar, die auch Adenauer leitete: Das Angebot eines deutschen Verteidigungsbeitrags an die Westmächte diente nicht allein der Sicherheit der Bundesrepublik, sondern sollte außerdem den Weg zur Souveränität ebnen. Die politische und militärische Westintegration sollte unumkehrbar gemacht werden. Wie Adenauer sah Strauß allein in europäischen Lösungen eine Chance für die Wiedervereinigung. Ganz entschieden wandte er sich gegen Neutralitätskonzepte für die Bundesrepublik oder ein wiedervereinigtes Deutschland, wie sie Stalin in den Noten vom März 1952 vorschlug, die er wohl an die Westmächte, nicht aber an die Bundesregierung gesandt hatte. Adenauer und Strauß sahen, was nach jahrzehntelangen politischen und geschichtswissenschaftlichen Kontroversen heute noch klarer belegt werden kann: Stalin verfolgte eine propagandistische Absicht, um die Westintegration der Bundesrepublik zu verhindern.[105] Strauß erklärte in seiner Rede prägnant: »Es besteht für uns kein Zweifel darüber, daß die Neutralisierungspolitik der Sowjetunion gegenüber Deutschland ein Stück ihrer Offensivpolitik und nicht ihrer Defensivpolitik ist.« Die Sowjets, so Strauß, forderten für freie Wahlen in ihrem Herrschaftsbereich eine Gegenleistung, die Neutralisierung, doch mit einem viel weiter gehenden Ziel. Die Deutschen müssten sich darüber klar sein, dass ohne Deutschland Europa nicht zustande kommen könne, aber »auf die Dauer ohne Zusammenschluß der europäischen Völker auch in der gegenwärtig nur möglichen Form ein freies Deutschland nicht einmal in Gestalt der gegenwärtigen Bundesrepublik mehr möglich sein wird«.[106]

Auch in der dritten großen Rede von Strauß im Jahre 1952 ging es um den Deutschland- und den EVG-Vertrag, die der Bundestag in zweiter Lesung am 5. Dezember 1952 debattierte, dieses Mal war Strauß derjenige Sprecher der CDU/CSU-Fraktion, der das Gesamtpaket zusammenfassend würdigen sollte. Damit wurde er erneut zu einer, wenn nicht der wichtigsten parlamentarischen Stütze für Konrad Adenauers Westintegration – nicht allein aus Fraktionsloyalität, sondern aus der vollen Überzeugung, dass es zu diesem Weg keine demokratische Alternative gab. An die Opposition gerichtet, schloss er denn auch konsequent: »Mit der Politik, die Sie wollen, kommen wir auf keinen grünen Zweig, aber vielleicht – zu einer roten Regierung.«[107]

Tatsächlich verbanden sich in den beiden Vertragswerken, dem Deutschlandvertrag und dem EVG-Vertrag, die innen-, außen- und sicherheitspolitischen Fundamentalentscheidungen der frühen Bundesrepublik. Sie folgten den grundlegenden wirtschafts- und sozialpolitischen Weichenstellungen des Frankfurter Wirtschaftsrats für die soziale Marktwirtschaft sowie den verfassungspolitischen des Verfassungskonvents von Herrenchiemsee bzw. des Parlamentarischen Rats in Bonn 1948/49.

All diese Entscheidungen, an denen Strauß mit Ausnahme der verfassungspolitischen direkt beteiligt war, korrespondierten miteinander. Insofern war die Westintegration keineswegs nur militärischer Art, sondern verband essenzielle Komponenten einer politischen Wertorientierung, die den rechtsstaatlichen Demokratien West-, Süd- und Nordeuropas sowie den USA und Kanada gemeinsam waren. Grundlegend wurde die Westintegration auch, weil mit Inkrafttreten des Deutschlandvertrags die Bundesrepublik 1955 ein – wenngleich durch alliierte Vorbehaltsrechte eingeschränkter – souveräner Staat wurde. Diese von der Opposition im Bundestag kritisierten Vorbehaltsrechte waren tatsächlich im deutschen

Interesse, betrafen sie doch die Zuständigkeit der Westalliierten für Deutschland als Ganzes, für Berlin sowie das Recht militärischer Präsenz auf dem Territorium der Bundesrepublik. Letzteres war im sicherheits-politischen Interesse und wurde dann nicht wie vorgesehen durch die Gründung der EVG, sondern durch die NATO-Mitgliedschaft der Bun-desrepublik entscheidend ausgebaut, indem die ehemaligen westalliier-ten Kriegssieger nun zu Verbündeten wurden. Die beiden erstgenannten Vorbehaltsrechte aber waren wesentlich, weil durch sie zugleich die Ver-antwortung der Westalliierten für Gesamtdeutschland – und damit für die Wiedervereinigung – festgeschrieben wurde und die Sicherheit West-berlins, die seit der sowjetischen Blockade 1948/49 bedroht war, eine westliche Garantie erhielt.

Es ist keine Frage, dass die Vertragswerke einen grandiosen Verhand-lungserfolg von Bundeskanzler Konrad Adenauer darstellten, die nur zehn Jahre nach Kriegsende endgültig realisiert wurden und seine Rech-nung aufgehen ließen, zugleich mit und durch die Verpflichtung zu einem militärischen Eigenbeitrag der Bundesrepublik Mitspracherechte zu erreichen. Der Verzicht auf Souveränitätsrechte, auch die Integration in die militärische Führungsstruktur des westlichen Verteidigungsbünd-nisses, bedeutete demgegenüber einen Verzicht auf Rechte, die die Bun-desrepublik zu diesem Zeitpunkt noch gar nicht besaß: Dem realen Ge-winn stand keinerlei realer Verlust gegenüber.

Franz Josef Strauß erkannte dies genauso klar wie Konrad Adenauer und setzte sich deshalb 1952 entschieden, aber wiederum sachlich mit den Argumenten der Opposition auseinander. Dabei war sein Adressat naturgemäß nicht die KPD-Fraktion im Bundestag, die von der sowje-tischen KPdSU abhängig war, sondern die SPD. Sie wollte er überzeu-gen, so waren die damaligen einschlägigen Reden von Franz Josef Strauß beispielhaft für eine parlamentarische Kultur argumentativen und nicht bloß medial wirksamen Austauschs, der sich seinerzeit noch auf Rund-funkübertragungen und Zusammenfassungen in der Presse beschränkte. Allerdings war die SPD nicht nur stärker durch ihre eigene bedeutende historische Tradition gefangen – und insofern eine eigentlich konserva-tive Partei. Sie war überdies durch die Wahlniederlage und Unterlegen-heit gegenüber Adenauer, schließlich den Tod des starken Parteivorsit-zenden Kurt Schumacher zu unflexibel, um sich wirklich auf die neuen internationalen Herausforderungen einstellen zu können. Hinzu kam die auch in CDU-Kreisen um Jakob Kaiser geteilte Befürchtung von Carlo Schmid, Herbert Wehner, Fritz Erler und anderen, die Westintegration verhindere oder erschwere die Wiedervereinigung. In Bezug auf den Ost-West-Konflikt ähnelten sich zwar die Diagnosen von Adenauer und Strauß auf der einen sowie Kurt Schumacher und Ernst Reuter, dem Berliner Regierenden Bürgermeister, auf der anderen Seite, doch waren sie in der SPD nicht mehrheitsfähig und wurden durch den frühen Tod beider noch minoritärer. Es fehlte in der Partei deshalb noch einige Jahre die strategische Kompetenz für den großen politischen Zusammenhang, bis das Godesberger Programm vom 15. November 1959 und die berühmte Bundestagsrede vom 30. Juni 1960, in der sich Herbert Wehner zur Westintegration bekannte, eine realitätsorientierte Wendung brachten, die durch die Erfolge der Regierung Adenauer und die Wahlniederlagen der größten Oppositionspartei bewirkt wurde. Diesen langwierigen parteipolitischen Lernprozess der SPD aber konnte die Bundesregierung nicht abwarten.

Zu Recht zerpflückte Strauß in seiner Grundsatzrede am 5. Dezember 1952 deshalb die Argumente der SPD-Fraktion gegen die Vertragswerke, die u. a. von Adolf Arndt und Willy Brandt vorgetragen wurden. Strauß kritisierte zutreffend, die SPD verliere sich in Details, verfehle so die grundlegende politische Bedeutung der Verträge und argumentiere widersprüchlich: Sie sage nicht, welches Konzept sie selbst verfolge, wenn die von ihr zuvor gewünschte erneute Viererkonferenz der Mächte wiederum scheitere. Auch bedeute die von der SPD vorgeschlagene Vertagung oder Ablehnung der Pariser Verträge, dass das Besatzungsstatut für die Bundesrepublik weiter in Kraft bleibe, sie also weiterhin nur eingeschränkte Handlungsmöglichkeiten besitze.

Die Rede enthielt wiederum grundlegende Passagen, doch wirkte sie insgesamt weniger kohärent als die früheren. Das lag zum Gutteil daran, dass Strauß, abgesehen von zahlreichen Beifallsbekundungen der Regierungsfraktionen, durch Zwischenrufer aus der SPD-Fraktion mehr als 50 Mal unterbrochen wurde und er meist darauf replizierte. Hinzu kam, dass Strauß in dieser Rede deutlich polemischer reagierte und immer wieder mit kritischem Kommentar Zitate von SPD-Politikern verlas, die nicht dem Bundestag angehörten, die SPD aber andererseits mit abweichenden Einschätzungen Schumachers und Reuters konfrontierte.

Im sachlichen Kern bekräftigte Strauß die grundlegenden Vorteile der Verträge: die Rückgewinnung der Souveränität, d. h. »die Rückkehr der obersten deutschen Staatsgewalt in deutsche Hände« und damit Handlungsfreiheit für die deutsche Politik, den reinen Defensivcharakter der geplanten EVG, die der Sicherheit der Bundesrepublik diene, ihre politische Gleichberechtigung mit den westlichen Partnern bewirke und zugleich deren Verpflichtung erhöhe, für das Hauptziel der deutschen Politik, die Wiedervereinigung, einzutreten: »Wir sprechen von Wiedervereinigung in Frieden und Freiheit. Wir sollten davon eine lebendige und klare Vorstellung haben, statt diese Worte zu einer stereotypen Formel erstarren zu lassen, die man manchmal nur um des Alibis wegen regelmäßig in den Mund nimmt. Wiedervereinigung in Frieden heißt, daß der Krieg als Mittel der Politik, d. h. als gewaltsamer Weg zur Wiedervereinigung nach unseren Absichten ausgeschlossen ist und bleiben muß.«[108] Immer wieder kehrt in den Reden von Strauß die Absage an den viel zitierten Satz des großen Kriegstheoretikers Carl von Clausewitz wieder, Krieg sei die Fortsetzung der Politik mit anderen Mitteln – eine Aussage, die im Übrigen nur im Kontext des Clausewitz'schen Gedankengangs verständlich wird.

Hier interessiert einmal mehr die Frage, warum Strauß, der ohne Zweifel Verteidigungspolitik als Friedenspolitik verstand und betrieb, immer wieder zum kriegslüsternen Buhmann wurde, ohne je eine Aussage gemacht zu haben, die dies – gewollte – Missverständnis rechtfertigen könnte. Erklärbar wird das jenseits der persönlichen Diffamierung nur durch die aufgeheizte Stimmung, in der während der 1950er-Jahre jede Diskussion über einen deutschen Verteidigungsbeitrag stattfand, die zu der um sich greifenden »Ohne mich«-Bewegung führte. Keine auch noch so rational begründeten Argumente für diese Politik der Regierung Adenauer, die nicht auf heftige Ressentiments stießen! Da Strauß als engagierter Verteidigungspolitiker – schon bevor er Verteidigungsminister wurde – sich davon so wenig beirren ließ wie Adenauer, anders als dieser aber nicht als alter weiser Zivilist erschien, sondern als bullige Verkörperung deutschen und persönlichen Machtwillens mit mehrjähriger Erfahrung als Wehrmachtsoffizier im Weltkrieg, blieben auch seine zahlreichen Appelle zur Gemeinsamkeit von Regierung und verantwortungsvoller Zusammenarbeit mit der SPD-Opposition in dieser Frage ungehört.

»Wiedervereinigung in Freiheit heißt, daß freie Wahlen die erste und unverzichtbare Voraussetzung dafür darstellen. Unter freien Wahlen verstehen wir genau das, was der Sprachgebrauch und die politische Praxis seit Jahrhunderten aus diesem Begriff gemacht haben.« Mit dieser Feststellung begann die Auseinandersetzung von Strauß mit den in ihr Gegenteil verkehrten Begriffsdefinitionen der kommunistischen Propaganda. Und ebenso klar analysierte er die Zielsetzung der Sowjetunion, den Abschluss der Pariser Verträge durch ihre propagandistische Notenoffensive seit März 1952 zu verhindern. Dabei unterstrich er, dass die Bundesregierung jede Verzögerung für einen Nachteil halte, und wies die Behauptung zurück, die Regierung Adenauer wolle keine Verhandlungen, sie wolle sie nur nicht als Köder zur Verhinderung der Verträge: »Wir sind uns mit der Opposition einig über das Ziel: die Wiedervereinigung. Wir sind uns mit ihr einig in der Erkenntnis, daß darüber Verhandlungen mit der Sowjetunion geführt werden müssen. Wir unterscheiden uns aber dadurch, daß wir das Sicherheitsbündnis mit den Westmächten und die Souveränität der Bundesrepublik vor diesen Verhandlungen durchsetzen wollen.« Und kein Zweifel bestand für Strauß, dass europapolitisch die Verträge nur als »Übergangsstadium zu einem europäischen Staatenbund und – so bald wie möglich – einem europäischen Bundesstaat erscheinen«.[109]

Strauß hielt diese Rede, die die abschließende Begründung der Unionsfraktion für die Pariser Verträge bildete, bereits als Kabinettsmitglied, wenngleich »ohne besondere Aufgaben«. Einmal mehr empfahl er sich auf diese Weise für besondere Aufgaben, und das war zunächst das neue Bundesministerium für Atomfragen. Hier fühlte er sich aufgrund seines enormen naturwissenschaftlichen und technischen Interesses in seinem Element, hier konnte er konkrete Aufbauarbeit leisten, hier seinem Innovationsdrang nachgeben, auch wenn es ihn grundsätzlich in ein klassisches Bundesministerium, das der Verteidigung, zog.

Andererseits ließ das Ministerium ohne Portefeuille, in Grenzen auch das noch kleine Atomministerium, dem Allroundpolitiker Strauß mehr Spielraum für die Fraktionsarbeit im Bundestag und die Parteiarbeit in Bayern, ließ ihm überdies – nicht zur Freude Adenauers – Zeit für Ausflüge in die Außenpolitik.

Strauß' außenpolitische Alleingänge

Ohne Zweifel war Franz Josef Strauß an der Seite Konrad Adenauers ein ebenso engagierter wie markiger Verfechter der Westintegration, wenngleich er nicht für sich in Anspruch nahm, ihr Erfinder gewesen zu sein. Noch gegen Ende seines Lebens rühmte er auch in dieser Frage die überragende Rolle des Bundeskanzlers. Doch war er in geringerem Maße von Adenauer abhängig als führende CDU-Politiker, da Strauß' Einfluss in der Bundespolitik nicht allein aufgrund seiner Kompetenz und Vehemenz wuchs, sondern weil er zudem in der CSU-Landesgruppe eine dominierende Rolle behielt, als er schon Bundesminister war. Diese Konstellation führte zu Reibungen, weil Adenauer auf seine Richtlinienkompetenz und Zuständigkeit für die Außenpolitik pochte, Strauß sich aber selbstständiges Agieren nicht untersagen lassen wollte. Hinzu kam eine gewisse Widersprüchlichkeit, da Adenauer Strauß verschiedentlich mit außenpolitischen Missionen betraute, weil er dessen Qualitäten kannte und schätzte; zudem wusste er ihn in der grundsätzlichen Westorientierung an seiner Seite.

Wie in den Reden zur Wiederbewaffnung, zur Wiedervereinigung und zum Deutschlandvertrag, in die stets geostrategische Argumente einflossen, wurde auch in den mit dem Kanzler abgesprochenen oder nicht ausdrücklich kommunizierten Aktivitäten früh deutlich: Franz Josef Strauß war ein leidenschaftlicher Außenpolitiker, der schon in den 1950er-Jahren begann, international Kontakte zu knüpfen. Am Ende seines Lebens war dann sein weltumspannendes Netzwerk kaum geringer als das deutsche.

Einer der Fälle, in denen Strauß mit Adenauer, zeitweise auch mit dem gerade ernannten Bundesminister des Auswärtigen Amtes Heinrich von Brentano aneinandergeriet, betraf einen Spanien-Besuch im Frühjahr 1955. Strauß selbst deklarierte ihn als »privat«, was er – wie Adenauer richtig argwöhnte – aber nur zum Teil war. So hatte das *St. Galler Tageblatt* am 22. Juni 1955 über seinen Besuch einen Artikel mit einigen zutreffenden und einigen falschen Informationen über Strauß' »Politik auf Reisen« veröffentlicht, auf den Strauß prompt mit einer Richtigstellung antwortete. Seinen Privatbesuch erweiterte Strauß auf Anregung zweier deutschspanischer Kontaktpersonen, die in mehr oder weniger direkter Form zuvor an deutsch-spanischen Wirtschaftsverhandlungen beteiligt gewesen waren, indem er sich mit spanischen Ministern traf. Eine Begegnung mit Staatschef Franco war in Aussicht genommen, fand aber nicht statt. In welcher Weise Strauß den Bundeskanzler vorher informiert hatte, ist nicht dokumentiert. Jedenfalls teilte Strauß Außenminister von Brentano mit, Adenauer habe Bedenken gegen ein solches Treffen mit Franco gehabt, weil es die französische Regierung verärgern könne. Er, Strauß, habe diese Befürchtung zwar nicht geteilt, aber selbstverständlich der Bitte des Bundeskanzlers entsprochen. Es spricht einiges für diese Version, doch haben Presseberichte, die Nachfrage des Auswärtigen Amtes beim Botschafter der Bundesrepublik in Madrid sowie eine Berichterstattung des Presse- und Informationsamtes der Bundesregierung vom 10. Juni 1955 sowohl Adenauer als auch Strauß verärgert.

Der Bundeskanzler sandte am 6. Juni 1955 an Strauß eine förmliche und strenge Mahnung – ähnliche finden sich im Übrigen auch an andere Kabinettsmitglieder. »Sehr geehrter Herr Strauß! Nach § 13 der Geschäftsordnung der Bundesregierung dürfen Bundesminister Auslandsreisen nur im Einvernehmen mit mir unternehmen. Wie ich gehört habe, haben Sie vor kurzem, ohne mich davon in Kenntnis zu setzen, Herrn Bührle in Oerlikon aufgesucht und sich mit ihm über Waffenfragen unterhalten. Ich hatte Sie weiter gebeten, im Anschluß an Ihre Besprechung mit Herrn Pinay nicht nach Spanien zu fahren. Sie haben dies gleichwohl getan und mit dem spanischen Verteidigungsminister Gespräche geführt … Ich bitte Sie daher, in Zukunft § 13 der Geschäftsordnung der Bundesregierung zu beachten und mir eine Aufzeichnung über die von Ihnen in der Schweiz und in Spanien geführten politischen oder militärpolitischen Gespräche vorzulegen. Mit besten Grüßen Ihr Adenauer.«[110]

Adenauer unterschied also klar die in seinem Auftrag durchgeführten Missionen von den Alleingängen. Tatsächlich hatte er Strauß kurz zuvor gebeten, den französischen Außenminister Antoine Pinay am 11. März 1955 in Paris aufzusuchen, um über deutsch-französische Misshelligkeiten in der Saarfrage zu sprechen. Das von Strauß mit Pinay erzielte Einverständnis fasste der Bundeskanzler in einem Brief an den französischen Außenminister am 14. März 1955 zusammen und schlug ein Treffen mit ihm selbst für weitere Fragen der deutsch-französischen Zusammenarbeit vor.[111]

Die »spanische Angelegenheit« aber nahm durch den ausführlichen Zeitungsartikel und die Reaktionen des Auswärtigen Amtes, das sich offenbar umgangen fühlte, eine kritische Wendung. Strauß' Besuch in Spanien, der inkognito stattgefunden und mit weitreichenden Vollmachten der Bundesregierung erfolgt sei, sei geradezu konspirativ organisiert worden. Dazu trugen Hinweise auf die Kontaktpersonen von Strauß in Spanien bei, die diese als verdächtig erscheinen lassen konnten. Sie hätten die Kontakte zu spanischen Regierungsmitgliedern und zu Franco vermittelt.

Es handelte sich um einen spanischen Architekten deutscher Abstammung, der Teilhaber eines Bauunternehmens war, das größere Bauvorhaben für das spanische Arbeitsministerium durchführte, Juan Hoffmann mit Namen. Hoffmann hatte als Dolmetscher – und wohl auch als Berater – an den Wirtschaftsverhandlungen teilgenommen, die der spanische Landwirtschaftsminister 1954 in Bonn geführt hatte. Tatsächlich unterhielt Hoffmann über Jahre hinweg gute Kontakte zu Strauß, der mehrfach auch in dessen Ferienhaus in Malaga zu Gast war. Offenbar ging es um wirtschaftliche Interessen und deutsch-spanische Handelsbeziehungen. Ein »Gschmäckle« sollte die Bemerkung haben, Hoffmann sei in der sogenannten Blauen Division (der spanischen Freiwilligendivision im Feldzug der Wehrmacht gegen die Sowjetunion) als Dolmetscher tätig gewesen. Dieser Tenor wurde noch verstärkt durch den Hinweis auf den zweiten Kontaktmann von Strauß in Spanien, zu dem seine Beziehungen indes lockerer waren. Es handelte sich um den ehemaligen deutschen Diplomaten Erich Gardemann, der in Spanien ein Dauervisum hatte, seinen Wohnsitz aber in Deutschland. Er war als Referent in der Dienststelle Ribbentrop als Gesandtschaftsrat nach Madrid entsandt worden, um Beziehungen zu maßgeblichen Persönlichkeiten aus Politik, Kultur und Wirtschaft zu pflegen. Gardemann war aber bereits im Oktober 1943 aus dem Auswärtigen Dienst ausgeschieden und lebte danach in der Schweiz, später in Spanien, wieder in Deutschland, dann in Brasilien als

Geschäftsmann.[112] Strauß hatte Gardemann durch dessen Vetter, den zeitweiligen CSU-Bundestagsabgeordneten Fürst Fugger von Glött, kennengelernt.

Die insinuierte politische Zweifelhaftigkeit seiner beiden spanischen Kontaktleute hielt sich also tatsächlich in Grenzen, der »Alleingang« von Strauß ebenso, hatte er doch Adenauers engem außenpolitischem Berater Herbert Blankenhorn über seine Gespräche in Spanien berichtet, da der dafür vorgesehene Termin mit dem Bundeskanzler einstweilen nicht zustande kam. Strauß wies im Übrigen die Behauptung zurück, seine beiden Kontaktleute seien »ausgesprochene Nationalsozialisten«, die in Spanien vor allem Beziehungen zur Falange hätten. Er bemerkte dazu unter anderem, dass Juan Hoffmann verschiedentlich vom Bundeskanzler empfangen worden sei, um ihm Informationen aus Spanien zu überbringen.

Strauß erboste sich nicht allein über die Reaktion des Bundeskanzlers, sondern wieder einmal über das Auswärtige Amt. An Heinrich von Brentano, der persönlich mit der Angelegenheit nichts zu tun hatte, da sie vor seinem Amtsantritt lag, und der versuchte, die Wogen zu glätten, schrieb Strauß am 7. Dezember 1955 einen geharnischten offiziellen Protestbrief: »Es ist schlechthin unmöglich, daß ein Beamter des Auswärtigen Amtes über die Privatauslandsreise eines Bundesministers Material bei einer deutschen Auslandsmission anfordert. Dieser Vorgang ist schlechthin skandalös, wenn derselbe Minister sofort nach seiner Rückkehr mit dem Ministerialdirektor des Auswärtigen Amtes, Blankenhorn, eingehend über Verlauf und Erfahrungen dieser Reise gesprochen hat… Ich muß es ablehnen, daß Beamte des Auswärtigen Amtes sich als Kontrolleure von Kabinettsmitgliedern aufspielen.« Strauß informierte Brentano, dass er den Bundeskanzler bereits im Oktober des Vorjahres gemäß § 13 der Geschäftsordnung der Bundesregierung über Einladungen nach Jugoslawien und Spanien informiert habe: Nicht über einen Besuch in Jugoslawien, wohl aber in Spanien sei Einvernehmen erzielt worden.[113] Es könne also keine Rede von einem Alleingang sein.

Da Brentano längere Zeit nicht reagierte, schrieb ihm Strauß noch ein Privatdienstschreiben, in dem er ihn mit »Lieber Freund« anredete: »Ich bitte Dich um Verständnis dafür, daß ich nun wirklich eine zufriedenstellende und zwischen politischen Gesinnungsfreunden loyale Erledigung der Angelegenheit verlangen muß… Der Herr Bundeskanzler ist ja nur für einen Teil der zu erledigenden Punkte zuständig. Ich hoffe dabei, daß er persönlich nicht diese Anordnung gegeben hat, weil das sehr unangenehme persönliche und sachliche Konsequenzen haben würde. Für die übrigen zu erledigenden Punkte ist ausschließlich der Herr Bundesminister des Auswärtigen zuständig. Ich kann nicht einsehen, warum ein Botschafter, der falsches Material über die Auslandsreise eines Bundesministers liefert, nicht dafür Rechenschaft ablegen … soll.«[114]

Ganz offensichtlich wollte Strauß nicht nachgeben, zeigte eine gewisse Rechthaberei, aber auch einen drohenden Unterton gegenüber Adenauer. Offenbar schloss er nicht völlig aus, dass dieser selbst Informationen beim deutschen Botschafter in Spanien hatte anfordern lassen. Nicht allein für den außenpolitischen Betätigungsdrang von Strauß und sein Unabhängigkeitsbedürfnis selbst gegenüber Adenauer ist diese Episode bezeichnend, sondern auch für sein früh durch Verstimmungen geprägtes Verhältnis zum Auswärtigen Amt, selbst wenn dieses einen ihm eng verbundenen Minister wie Brentano hatte. Tatsächlich bestanden jenseits persönlicher und politischer Differenzen auch strukturelle Gründe für die durchaus wechselseitigen Ressentiments, neigte Strauß doch nicht zu institutionalisierter Außenpolitik. Er bevorzugte eine individuell geprägte Geheimdiplomatie auf Vertrauensbasis, mit der effizient Spielräume ausgelotet und persönliche Kontakte hergestellt wurden. Er war eben ein Außenpolitiker, der nicht Außenminister war. Überraschend sind deshalb nicht die immer wieder entstehenden Reibungen, sondern eher die Tatsache, dass er zu einer Reihe deutscher Diplomaten im Ausland, auch zu Botschaftern, durchaus vertrauensvolle persönliche Kontakte unterhielt, wie viele Briefe zeigen. Sie basierten oft auf gemeinsamen politischen Überzeugungen, aber auch dem Wunsch, sich stärker in dem betreffenden Land zu engagieren, als es die offizielle Linie der deutschen Außenpolitik vorgab.

In Spanien hatte Strauß jedoch keinen offiziellen deutschen Ansprechpartner und nutzte deswegen seine persönlichen Bekanntschaften, was natürlich den doppelten Nachteil hatte, mehr oder weniger auf deren Berichte – und ggf. Interessen – angewiesen zu sein und von vornherein in den Verdacht einer Nebenaußenpolitik zu kommen. So antwortete Strauß am 6. Juli 1955 auf den Brief des spanischen Ministers Muñoz Grandes vom 29. Juni, er sei überzeugt, »dass über den Bereich der notwendigen und selbstverständlichen diplomatischen Beziehungen hinaus das gegenseitige Verständnis durch möglichst viele deutsch-spanische Kontakte gefördert werden soll«.[115] Im Übrigen wurden die Kontakte von Strauß in Spanien insofern dramatisiert, als auch andere Politiker wie der CSU-Abgeordnete und Vizepräsident des Bundestags Richard Jaeger in Madrid an einer Tagung teilgenommen und mit spanischen Ministern Gespräche geführt hatte. Über sie berichtete er sowohl dem Bundeskanzler als auch dem Außenminister und Franz Josef Strauß – allerdings mit dem fast verschwörerischen Unterton, er habe seinen Bericht, wie mit ihm, Strauß, besprochen, auf diejenigen Punkte beschränkt, »die die Richtlinien der Politik und die Person des Herrn Bundeskanzlers betreffen«. Über andere Punkte werde er – nach Absprache mit Strauß – besser mündlich Außenminister von Brentano berichten.[116]

In jedem Fall war und blieb Strauß, ohne je Außenminister geworden zu sein, einer der führenden bundesdeutschen Außenpolitiker, wie wir immer wieder sehen werden. Schnell wurde er ein gesuchter Gesprächspartner ausländischer Partner. So berichtet beispielsweise Wilhelm Grewe, einer der wichtigsten Diplomaten der Ära Adenauer und bedeutender Völkerrechtler, über Verhandlungen mit der britischen Regierung unter Leitung der beiden Regierungschefs Adenauer und Macmillan in Bonn vom 6. bis 8. Mai 1957, in denen es unter anderem um die von deutscher Seite nicht gewünschte »Umrüstung« und Reduzierung der britischen Rheinarmee ging: »Der Bundeskanzler schickte in der ersten Aussprache mit den Briten den Verteidigungsminister Strauß und den Generalinspekteur, General Heusinger, zum Angriff vor. Die von Franz Josef Strauß vorgetragenen kritischen Argumente waren wohlbegründet, wenngleich wohl für uns überzeugungskräftiger als für die Briten. Auch wurden sie mit politischem Taktgefühl vorgebracht. Strauß beeindruckte Macmillan offensichtlich so, dass dieser ihn sogleich zu einem Besuch nach London einlud.«[117] Berichte, in welchem Maße Strauß aufgrund seiner Kompetenz und Argumentationskraft ausländische Gesprächspartner beeindruckte, finden sich immer wieder. Innenpolitische Querelen und Ressentiments in der Bundesrepublik trübten deren Bild nicht.

Natürlich war Strauß in den Unionsparteien nicht der einzige wichtige Außenpolitiker – außer dem Bundeskanzler selbst gewannen in der ersten Reihe insbesondere Heinrich von Brentano, Kurt Georg Kiesinger, Eugen Gerstenmaier und Gerhard Schröder Profil auf diesem Feld, außerdem eine ganze Reihe weiterer Bundestagsabgeordneter wie Werner Marx, Alois Mertes, Ernst Majonica. Auch an führenden Diplomaten fehlte es nicht, wie allein schon die Namen Walter Hallstein, Wilhelm Grewe, Herbert Blankenhorn oder Karl Carstens zeigen. Strauß war jedenfalls in der Außenpolitik nicht allein auf weiter Flur. Auf die Idee, Strauß zum Außenminister zu machen, wäre Adenauer aber auch sonst kaum gekommen: In der CSU-Landesgruppe besaß Strauß eine eigene Hausmacht, er war für Adenauers Machtwillen viel zu eigenständig und unkalkulierbar, vermutlich aber auch zu impulsiv. Jedoch war das Amt des Verteidigungsministers ebenfalls ein Amt mit weitreichenden außenpolitischen Zuständigkeiten, was sich allein schon aus der Einbindung in die NATO ergab. Insofern stellte es für Strauß gerade in der Verbindung von Militärpolitik, Außenpolitik und technologischen Komponenten eine ideale Kombination dar. Auch wusste er nur zu gut, dass Adenauer, der bis zur Souveränitätserklärung der Bundesrepublik 1955 in

Personalunion zugleich das Amt des Außenministers innehatte und selbst danach weiter auf seine Zuständigkeit für die Richtlinien der Außenpolitik pochte, ihm gerade dieses Ministerium nicht überlassen würde, fiel es ihm doch schon schwer genug, es Heinrich von Brentano zu übergeben, dessen Loyalität er sich sicher sein konnte, obwohl auch Brentano durchaus ein eigenständiger Politiker war. Schon vor der Berufung ins Auswärtige Amt hatte er als Fraktionsvorsitzender der CDU/CSU-Fraktion bereits eine Schlüsselstellung inne und stand so in der Fraktionshierarchie höher als Strauß.

Als Adenauer im Gespräch mit Bundespräsident Heuss am 6. Juni 1955 vorschlug, als Nachfolger Heinrich von Brentano zum Außenminister zu ernennen, stellte er sogleich klar: Er beabsichtige »in besonderen außenpolitischen Fragen (z. B. Verhältnis zu USA und zur Sowjetunion) nach wie vor persönlich aktiv zu bleiben, um sein internationales Prestige, falls nötig, in die Waagschale werfen zu können. Er müsse daher auch auf eine besonders gute laufende Unterrichtung durch das Auswärtige Amt dringen. Brentano habe diese Beschränkungen seiner künftigen Position akzeptiert.«[118]

Eine solche Selbstbeschränkung hätte sich Strauß schwerlich auferlegt, und Adenauer wusste das nur zu gut. Insofern war das Amt das Verteidigungsministers für Strauß erstrebenswerter, ließ es ihm doch viel größere Gestaltungsspielräume, da Adenauer im Grundsätzlichen Strauß nicht misstrauen musste und im eigentlich Militärischen weder Ehrgeiz noch Kompetenz besaß. Aber noch war es nicht so weit, schlug Adenauer doch im gleichen Gespräch Heuss die Ernennung seines bisherigen Beauftragten, des Chefs des »Amtes Blank« im Bundeskanzleramt, Theodor Blank, als Verteidigungsminister vor, obwohl er gleich einschränkende Bemerkungen zu dessen Eignung machte und deshalb einen starken zivilen Staatssekretär für nötig hielt. Wie sich zeigen sollte, blieb Blank in diesem Ministerium ein Intermezzo. Die an sich schon damals naheliegende Berufung von Strauß verzögerte sich, sei es aus Gründen des Fraktionsproporzes, der Anciennität oder, wahrscheinlicher, aus Misstrauen gegen die Dynamik von Strauß, der erst einmal das neu geschaffene Bundesministerium für Atomfragen übernahm – ein Aufgabenfeld, in dem er erhebliches Innovationspotenzial und Gestaltungsmöglichkeiten besaß.

8

Zwischen Wissen und Gewissen:
Franz Josef Strauß als Atomminister

Wie nicht anders zu erwarten, stürzte sich der neue Minister sogleich ins Getümmel, büffelte einschlägige Lehrbücher, traf sich mit Fachleuten, reflektierte über Grundsatzfragen ziviler Nutzung der Kernkraft, ohne indes die für ihn erst künftig wichtig werdende militärische Dimension aus dem Blick zu verlieren. So hielt er schon am 16. Juli 1955 im Deutschen Bundestag eine typische Strauß-Rede zur Entwicklung von Massenvernichtungswaffen. Er begann mit einer grundsätzlichen historischen Reflexion über Politik und Kriegsführung und endete bei geostrategischen Überlegungen, so ungewöhnlich kurz Strauß sich dieses Mal auch fasste: » ... wir sind uns wohl alle darin einig, daß der Krieg heute keine Fortsetzung der Politik mit anderen Mitteln mehr sein kann, wie es seinerzeit Clausewitz formuliert hat ... Für das 19. Jahrhundert war der Krieg ein Ausnahmezustand, dessen an sich sehr traurige Folgen doch bald wieder überwunden werden konnten, um einem vernünftigen Gespräch der Staatsmänner nicht mehr im Wege zu stehen. Es wurde anders im 20. Jahrhundert. Der erste und der zweite Weltkrieg waren die mit steigender Brutalität geführten Auseinandersetzungen zwischen zwei Mächtegruppen, in denen alle Kraftquellen der Völker und alle verfügbaren Mittel der Technik in den Dienst der Vernichtung gestellt wurden ... als je eine Atombombe auf Hiroshima und Nagasaki geworfen wurde, hat eine völlig neue Epoche begonnen. In der Zwischenzeit ist die Entwicklung der Massenvernichtungswaffen so weit fortgeschritten, daß nicht nur Städte vernichtend getroffen, sondern auch ganze Landstriche verwüstet werden können, wenn eine einzige Bombe auf sie fällt. Die Technik hat begonnen, der Kontrolle der Menschen zu entgleiten.«

Strauß sprach vom »apokalyptischen Gespenst« der »Selbstvernichtung der Menschheit«, angesichts dieser Situation gebe es keine militärischen Lösungen mehr, deshalb sei die »oberste politische Aufgabe ...

die Verhinderung des Krieges«, für die alles, aber auch alles getan werden müsse. Wegen der »selbstmörderischen Sinnlosigkeit« eines Krieges müsse die Anwendung dieser Massenvernichtungswaffen verhindert werden. Der Sinn der NATO-Manöver habe darin gelegen, der Sowjetunion zu zeigen, dass die NATO in der Lage sei, »den erhobenen Atomarm abzuschlagen«.[119]

Wiederum unterliegt es keinem Zweifel, dass für Strauß Atombewaffnung einer Politik der Stärke diente, die er ausschließlich defensiv, als Instrument zur Kriegsverhinderung verstand. Noch später war Strauß überzeugt, dass die Kernenergie Krieg zwischen Industriestaaten verhindere.[120] Diese Grundhaltung blieb unverändert, als der spätere Verteidigungsminister sich nicht allein mit der prinzipiellen Problematik, sondern mit den konkreten Konsequenzen für die Bundeswehr befassen musste. Für diese Aufgabe bildete das Atomministerium, bei dem es ausschließlich um die friedliche Nutzung, nicht aber die strategische Bedeutung und die Veränderung der Kriegstechnik ging, einen wesentlichen Erfahrungsgewinn, eine »nützliche Gesellenzeit«, in der er eine Menge gelernt habe, was ihm später zugute gekommen sei.[121]

Als Adenauer Strauß am 20. Oktober 1955 zum Atomminister berief, um in Deutschland Atomwissenschaft und Atomtechnik aufzubauen, gehörte Strauß bereits einer Planungsgruppe an, die seit 1952 unter der Federführung von Werner Heisenberg im Rahmen der Deutschen Forschungsgemeinschaft Vorbereitungen für eine deutsche Atomkommission schuf. Die Ressortzuständigkeit lag zunächst beim Bundeswirtschaftsministerium, weswegen Ludwig Erhard der Planungskommission angehörte. Erhard stand allerdings, wie auch Thomas Dehler, der eine Verschiebung der Gewichte im Kabinett fürchtete, aus Ressortgründen der Bildung eines eigenen Atomministeriums unter Strauß ablehnend gegenüber.[122] Der Bundeskanzler behielt sich den Vorsitz der künftigen Atomkommission zunächst vor, was ihre Bedeutung unterstrich. Gegründet wurde die Atomkommission aber erst durch Beschluss der Bundesregierung am 21. Dezember 1955 auf Vorschlag von Strauß. Nach der Zustimmung des Kabinetts zur Erklärung des Bundeskanzlers vom 4. Oktober über die Notwendigkeit eines Atomministeriums, mit dessen Leitung er Strauß betrauen wolle, beauftragte das Bundeskabinett ihn am 6. Oktober 1955, einen Sachstandsbericht zum »Atomgebiet« sowie einen Organisationsplan zur Gestaltung des neuen Ministeriums vorzulegen.[123]

Im Kabinett musste Strauß allerdings Widerstände gegen sein Personaltableau überwinden.[124] Er lehnte den Vorschlag Adenauers ab, Botschafter Krekeler in diese Kommission zu berufen: Erstens wolle er keine Beamten in der Kommission und zweitens keinen parteipolitischen Akzent. Stattdessen wünsche er außer Fachleuten wegen der gesellschaftlichen Relevanz der Thematik sowohl einen Vertreter des DGB als auch der Arbeitgeber. Mehrere Minister, die andere Personalvorschläge hatten und dafür plädierten, die Bedeutung der Kommission auf die üblicher Beiräte zu reduzieren, gaben schließlich dem präzis argumentierenden Strauß nach, dem nun durch Kabinettsbeschluss die Zusammensetzung und Zuständigkeit der Kommission überlassen blieben. Auch sein Vorschlag, einen interministeriellen Ausschuss zu bilden, wurde akzeptiert.

Der bald in der Presse laut werdenden Kritik, in der Atomkommission werde die Wissenschaft von der Politik überspielt, begegnete Strauß mit Fakten: In der 25-köpfigen Kommission seien nur zwei Politiker, er selbst als Vorsitzender und der nordrhein-westfälische Staatssekretär Leo Brandt (SPD), ein Ingenieur und Honorarprofessor, der bereits als wichtiger Forschungspolitiker Profil gewonnen hatte. Daneben seien acht Universitätsprofessoren, drei (mit Brandt) Honorarprofessoren, ein Finanzsachverständiger, ein Versicherungssachverständiger, zwölf aktive Wirtschaftler und zwei Sachverständige für Arbeitnehmerfragen. Im Übrigen sei geplant, acht bis zehn Fachkommissionen mit Experten zu bilden.[125] Tatsächlich beschloss das Gremium schon in seiner konstituierenden Sitzung unter Leitung von Strauß zunächst fünf Fachkommissionen: für das Kernenergiegesetz, Forschung und Nachwuchs, Reaktoren, Strahlungsschutz sowie wirtschaftliche, finanzielle und soziale Probleme.[126]

Selbstironisch und teilweise zutreffend antwortete Strauß auf die selbst gestellte Frage: Wie wird man als Historiker und Altphilologe Atomminister? Indem man nichts von Naturwissenschaften versteht, von einem anderen Amt ferngehalten werden soll sowie durch jugendlichen Eifer und organisatorischen Ehrgeiz verspricht, »trotzdem etwas zustande zu bringen«. Natürlich vergaß er nicht hinzuzufügen: »Die Faszination der modernen Technik hat mich sehr früh erfaßt und nie mehr losgelassen. Entscheidend war für mich dabei die Einsicht, daß nur die Mittel der modernen Technik dem Menschen bei seiner oft mühseligen, entwürdigenden und unmenschlichen Arbeit Erleichterung und Ersatz bringen.«[127]

Dies war offensichtlich eine humanitäre Begründung, die der damaligen Begeisterung und hohen Erwartung an die friedliche Nutzung der Kernenergie zugrunde lag und die, worauf Strauß zu Recht hinwies, in den 1950er-Jahren in der deutschen Bevölkerung und von allen politischen Kräften geteilt wurde. Besonders euphorisch waren die Erwartungen der SPD, die auf ihrem Parteitag am 10. bis 14. Juli 1956 in München geradezu »Hymnen auf die Kernenergie« gesungen und die friedliche Nutzung der Kernenergie als »zweite industrielle Revolution« gefeiert habe. Auf diesem Parteitag der SPD hielten Carlo Schmid und Leo Brandt die grundlegenden Referate.[128]

Beide Redner diagnostizierten eine revolutionäre Veränderung der

Produktionsverhältnisse, die wesentlich durch die Möglichkeit zur Spaltung bzw. Anreicherung von Atomen begründet sei, da durch dieses Verfahren ungeahnte Energien freigesetzt würden. Carlo Schmid hielt eine seiner großen, weit in die Geschichte zurückgreifenden Reden zum Thema »Mensch und Technik«. Ganz wie Konrad Adenauer und Franz Josef Strauß gelangte auch er – ohne sie hier zu erwähnen – zu dem Schluss: Deutschland gehöre auf dem »Gebiet der Atomforschung zu den minderentwickelten Völkern«. Man müsse verhindern, dass Deutschland von den Atomländern abhängig werde, weshalb er sich für die deutsche Beteiligung an EURATOM aussprach.[129]

Carlo Schmid hat fast 25 Jahre später über den Münchner SPD-Parteitag berichtet. Auch wenn die ursprüngliche Hochstimmung verflogen war, ging er doch von der Wahrscheinlichkeit aus, dass man künftig angesichts der Grenzen natürlicher Energieressourcen wie Öl und Kohle wohl auf Atomenergie nicht verzichten könne. Er wandte sich zwar gegen irrationale Ängste, doch auch gegen Sorglosigkeit gegenüber medizinischen Gefahren und Umweltschäden: rechtzeitige internationale Schutz- und Sicherheitsmaßnahmen seien erforderlich.[130] Insgesamt unterschieden sich seine Positionen – und die der SPD – nur unwesentlich von denjenigen des Atomministers Strauß, sodass es auch im zuständigen Ausschuss des Deutschen Bundestags eine reibungslose Zusammenarbeit zwischen Regierung und Opposition gab.[131] Der SPD-Parteitag verabschiedete jedenfalls 1956 nach den beiden Grundsatzreden einen Atomplan, in dem es u. a. hieß: »Die Erzeugung von Elektrizität aus Kernenergie hat in solchem Umfang zu erfolgen, daß die deutsche Wirtschaft nicht mehr auf die Einfuhr überteuerter Kohle angewiesen ist.«

Der SPD-Parteitag forderte den Aufbau und den Betrieb von Atomkraftwerken durch die öffentliche Hand, die Förderung der Atomwissenschaft, die Verwendung radioaktiver Isotope in Medizin, Biologie und Landwirtschaft. Zum Wunschkatalog der SPD gehörte auch die – allerdings von der Regierung bereits vorbereitete – Bildung einer Atomkommission. Die tatsächlich außerordentlich hoch gespannten Erwartungen der Sozialdemokraten gipfelten in dem Satz: »Die Atomenergie kann zu einem Segen für Hunderte von Millionen Menschen werden, die noch im Schatten leben. Deutschland muß in der Hilfe für diese Völker mitwirken, aber auch die Lebensmöglichkeiten des eigenen Volkes verbessern.«[132]

Tatsächlich gehörte also die Atompolitik der damaligen Bundesregierung Adenauer, für die Franz Josef Strauß in nur zwölf Monaten Amtszeit die Grundlagen schuf sowie Staat, Wirtschaft und Wissenschaft zusammenführte, zu den bei der großen Parlamentsmehrheit im Prinzip nicht umstrittenen Politikfeldern: Die Sicht der späteren Umweltbewegung und der Kernkraftgegner spielte damals auch bei der Opposition noch keine Rolle. Wenngleich die Technik- und Fortschrittsgläubigkeit der Nachkriegsjahrzehnte bis zum ersten Ölschock von 1973 und vor allem der Atomkatastrophe von Tschernobyl 1986 für den rasanten Ausbau von Kernkraftwerken in Industriestaaten wegweisend war, lag doch eine nüchterne Analyse der energiewirtschaftlichen Lage rohstoffarmer Länder wie der Bundesrepublik dem schnellen Ausbau der Kernenergie zugrunde.

Für Adenauer und Strauß waren allerdings nicht allein der deutsche Rückstand und die Abhängigkeit ein Ärgernis, sondern überdies bestand der Wunsch, die Bundesrepublik sowohl naturwissenschaftlich als auch wirtschaftlich zu stärken, um auch so Gleichwertigkeit mit den Partnerländern zu erreichen, die wie Frankreich bereits 1946 durch eine Entscheidung General de Gaulles mit dem Aufbau der französischen Atomwissenschaft und Atomindustrie begonnen hatten.

Die Frage stellte sich, inwiefern staatliche Förderung, ja ausschlaggebendes Engagement und Lenkung durch die öffentliche Hand die Atompolitik bestimmen sollten. Hier kam es denn auch zu einer prinzipiellen Kontroverse zwischen Strauß und dem von ihm seit der Durchsetzung der sozialen Marktwirtschaft bewunderten und unterstützten Ludwig Erhard, der prinzipiell den Aufbau der Atomwirtschaft als Angelegenheit des Marktes ansah. Strauß hingegen hielt es für ausgeschlossen, dass die deutsche Wirtschaft diese Aufgabe allein schultern könne oder wolle. Darin wurde er bereits in der Atomkommission bestärkt, weil die Privatwirtschaft ihren Anteil nur zögerlich übernehmen wollte und nach seiner Ansicht der große Rückstand zu anderen Ländern ohne staatliche Förderung nicht aufgeholt werden konnte.

Noch Strauß' *Erinnerungen* zeigen den Stolz auf das damals Erreichte: »Erhard vertrat die Vorstellung einer hermetischen Trennung von Staat und Wirtschaft, die schon damals nicht realistisch war und in der Zwischenzeit wesentlich pragmatischer gesehen und behandelt wird ... Wir sind durch die von mir eingeleitete massive staatliche Förderung der Atomwissenschaft und Atomtechnik heute eine der großen Exportnationen auf dem Gebiet der friedlichen Nutzung der Kernenergie, also ohne militärische Komponente.«[133]

Strauß sorgte von Beginn an dafür, dass exzellente Experten beteiligt wurden, andererseits betrieb er die Projekte keineswegs ressortegoistisch, sondern verzahnt mit den Zuständigkeiten anderer Ministerien. Eine parteipolitisch akzentuierte Personalpolitik ist nicht erkennbar, eher schon die Vertretung auch bayerischer Interessen, wollte er doch in Übereinstimmung mit Werner Heisenberg das erste Kernforschungszentrum nach München bzw. Garching holen. Da das nicht gelang, wurde in den USA ein kompletter Reaktor, das »Atomei«, gekauft, wobei Strauß mit dem Bayerischen Ministerpräsidenten Hanns Seidel und dem Physiker Heinz Maier-Leibnitz an einem Strang zog. Adenauer wollte aus politischen Motiven, die aus der Bildung des Süd-West-Staats resultierten, die Anlage in Karlsruhe bauen lassen: Dort arbeitete die Kernforschungsanlage durchaus erfolgreich, wie Strauß anerkannte. Zum 23. März 1956 hatte Strauß Vertreter des Bundesfinanzministeriums, des Landes Baden-Württemberg und der Physikalischen Studiengesellschaft eingeladen und mit ihnen eine Gesellschaft für den Bau und Betrieb eines Reaktors in Karlsruhe gegründet, die mit einem Grundkapital von 30 Millionen DM ausgestattet wurde und zusätzlich eine Nachschusspflicht von 10 Millionen DM vorsah. Gemäß seiner gemischten Förderungskonzeption kamen 50 Prozent der Mittel von der öffentlichen Hand – Bund und Sitzland – und die andere Hälfte aus der Industrie.[134]

Strauß machte sich nicht allein durch Lektüre und Expertengespräch sachkundig, sondern besuchte die amerikanischen, britischen und französischen Zentren der Kernkraftforschung. Er verhandelte konstruktiv mit den Partnerländern, wobei er nicht auf Ablehnung stieß. Auf breiter Basis gelang es ihm, mit seinem kleinen, aber effektiven Ministerium, das zunächst im Hotel »Godesberger Hof« untergebracht wurde, eine Gesamtkonzeption zu entwickeln, Detailregelungen vorzubereiten und die Realisierungsentscheidungen zu fällen bzw. in die Wege zu leiten. Dabei musste er sich mehr als einmal gegen Widerstände selbst in den eigenen Reihen durchsetzen, sei es bei Budgetfragen, sei es für eine international akzeptierte deutsche Gleichberechtigung in der friedlichen Nutzung der Kernenergie, weil auch deutsche Spitzenpolitiker im Ausland sehr viel zurückhaltender auftraten, als Strauß das für angemessen hielt. Ursache seien Minderwertigkeitskomplexe gegenüber ausländischen Regierungen, die er selbst für deplatziert hielt.

Wenngleich alle Welt annahm, dass das Atomministerium für den ehrgeizigen Strauß nur eine Zwischenstation bedeutete, war seinem politischen Agieren doch kein Abwarten anzumerken: »Persönlich hatte ich im Atomministerium eine Aufgabe gefunden, die mir rundum Freude machte, so daß ich mir mehr Zeit in diesem Amt gewünscht hätte, als ich dann hatte. Das Atomressort war keineswegs ein Verlegenheitsministerium, sondern ein Ministerium mit großer Perspektive …«[135] Adenauer hatte richtig kalkuliert: Der Aufbau dieses Ministeriums reizte den jungen Politiker durchaus, schon wenige Wochen nach seiner Ernennung begann er, den organisatorischen und substanziellen Aufbau mit entschiedener Öffentlichkeitsarbeit zu begleiten, gab Interviews, hielt Reden und schrieb Aufsätze zur Atomforschung auch für Zeitungen. In einem Interview umriss er präzise die Notwendigkeit eines Atomministeriums, die vorrangigen Aufgaben und langfristigen Ziele. Man hätte meinen können, dies sei seit Jahren sein Spezialgebiet, wobei er jedoch auf die Notwendigkeit hinwies, zunächst praktische Erfahrungen zu sammeln, weshalb er spätere Korrekturen für wahrscheinlich hielt.

In einem Interview bemerkte Strauß wenige Wochen nach Amtsantritt, Adenauer habe ein eigenes Atomministerium gegründet, »weil der Erforschung und Verwertung der Atomenergie für friedliche Zwecke vom wissenschaftlichen, wirtschaftlichen und politischen Standpunkt aus eine immer größere und für die Zukunft noch nicht absehbare Bedeutung zukomme«. Vorbild seien wegen einer vergleichbaren Größenordnung die Atombehörden in Frankreich und Großbritannien, an deren Organisation er sich zunächst orientiere. Vorrangige Aufgaben seien erstens die Bearbeitung zahlreicher Rechtsprobleme, zweitens die internationale Kooperation innerhalb europäischer Institutionen, aber auch bilateral, drittens ein Arbeitsprogramm auf dem Gebiet der Atomzweckforschung, aber auch der Nachwuchsförderung, wobei allein die Beschäftigungszahlen den zehn- bis fünfzehnjährigen Rückstand der Bundesrepublik demonstrierten: Frankreich verfüge über 1000, Großbritannien über 3000, die USA über 10 000 und die Sowjetunion über mehr als 15 000 in der Atomforschung arbeitende Wissenschaftler und Techniker. Viertens: Des Weiteren seien systematisch diejenigen Gebiete zu bearbeiten, für die die Atomenergie eingesetzt werden könne, von der gewerblichen Wirtschaft und der Landwirtschaft bis zu Medizin und Biologie.

Muteten diese Punkte zum Teil spekulativ an, traf die sechste der von ihm genannten Aufgaben einen Nerv, der bis heute bloß liegt: »Vorbereitung und Ausarbeitung eines umfassenden Gesetzes über den Schutz der Bevölkerung vor Gefährdung durch radioaktive Stoffe (Wasser, Luft, Boden, Abraumbeseitigung, Katastrophenschutz). Dafür müssen gesicherte wissenschaftliche Ergebnisse zu Grunde gelegt werden.«[136]

Später wies Franz Josef Strauß auf die Notwendigkeit hin, das Problem der Wiederaufbereitung und der Endlagerung zu lösen: »…wer für den Betrieb von Kernkraftwerken ist, muß auch fragen, was mit den abgebrannten Brennelementen geschehen soll. Es gibt nur drei Möglichkeiten: Lagerung im Ausland, was immer schwieriger wird und zu Abhängigkeit führt; Endlagerung hierzulande, die wissenschaftlich noch nicht gelöst ist; Wiederaufarbeitung, durch die man zwanzig Jahre gewinnt, ein Zeitraum, in dem die Frage der Endlagerung gelöst werden könnte.«[137] Diese Einschätzung äußerte Franz Josef Strauß vor mehr als einem Vierteljahrhundert, doch bis heute gibt es keine Lösung.

In seinem Interview ging Strauß auf die unterschiedlichen Typen von Reaktoren, ihre jeweiligen Zwecke und Baukosten ein. Er sah aufgrund der Schätzungen des künftigen Energiebedarfs keine vollkommene Ablösung von Kohle und Wasserkraft als Energiequelle vor, sondern zunächst die Deckung des jährlich auftretenden zusätzlichen Bedarfs, wobei er auch die Frage der Wettbewerbsfähigkeit aufwarf. Von Interesse ist die Frage, ob und wie Strauß staatliches und privates Engagement verbinden wollte. Der Bund werde sich die »Verteilung von Kernbrennstoff und die Überwachung seiner Verwendung vorbehalten, außerdem eine Art Konzessionsordnung erlassen. Unter dieser staatlichen Regelung und nach diesen staatlichen Kontrollen wird die Wirtschaft, gleichgültig ob sie in öffentlicher oder privater Hand liegt, Elektrizitätswerke mit Atomstrom errichten können.« An der Beteiligung der öffentlichen Hand, zum Teil durch Gesellschaften, an denen Bund, Länder und Gemeinden mitwirkten, sollte sich im Prinzip nichts ändern: »Ich wünsche weder ein Staatsmonopol noch eine Verstärkung des Zugs zur Großwirtschaft.«[138]

Als Strauß in der ersten Sitzung der Deutschen Atomkommission am 26. Januar 1956 den Mitgliedern für ihre Mitarbeit dankte, wies er erneut auf den Rückstand der Bundesrepublik hin, die erst nach Inkrafttreten der Pariser Verträge mit der Atomforschung beginnen durfte. Er legte den Akzent auf die wirtschaftliche Bedeutung der friedlichen Nutzung der Kernenergie, ohne sie sei Deutschland nicht konkurrenzfähig, werde ökonomisch deklassiert und die mühsam errungene politische Gleichberechtigung verspielt. Wenngleich er vor utopischen Erwartungen warnte, wies er doch auf die entwicklungspolitische Bedeutung hin: Er hoffte darauf, dass das »Leben der Menschheit auch in den sogenannten unterentwickelten Gebieten durch systematische Ausnutzung der Atomenergie für friedliche Zwecke in einem langsamen Entwicklungsprozeß gehoben werden« könne. Im Übrigen plädierte Strauß entschieden für vielfältige Formen europäischer und transatlantischer Kooperation.

Doch wäre er sich nicht selbst treu geblieben, hätte es nicht auch in dieser Rede historische Reminiszenzen gegeben: »Es ist ohne Zweifel eine Tragik in der Geschichte der Menschheit, daß der Begriff Atom nicht als heilende und helfende Kraft, sondern als Faktor unvorstellbarer Zerstörungswirkung zum Bewußtsein der Allgemeinheit gekommen ist. Die Namen Hiroshima, Nagasaki, die Atom- und Wasserstoffbombenversuche im Stillen Ozean und in Sibirien haben in der Menschheit eine moderne Dämonenfurcht wachgerufen und das Gespenst der Selbstvernichtung der Menschheit…« Wenn die Menschheit einem Satz des britischen Außenministers zufolge mit der Wasserstoffbombe leben müsse, dann seien neue politische und völkerrechtliche Regelungen erforderlich.

Franz Josef Strauß hat in seiner Zeit als Atomminister die in diesem Interview angeschnittenen Grundfragen immer wieder variiert, präzisiert und erweitert, kaum je fehlte aber in den einschlägigen Reden und Aufsätzen die moralische Dimension, überschrieb er doch einen seiner

Aufsätze mit dem Titel »Zwischen Wissen und Gewissen. Voraussetzungen und Möglichkeiten deutscher Atomforschung«. Hier gelangte er zu der Schlussfolgerung: »Der Beginn des Atomzeitalters legt allen Völkern den Zwang auf, neue politische Organisationsformen zu finden, in denen sich der Begriff der staatlichen Souveränität im alten Sinne des Wortes mehr und mehr als überholt erweisen wird. Wir sind an einem Punkt angelangt, wo das technische Wissen, auf dessen Fortschritt die Menschheit so stolz war, nicht mehr ausreicht, sondern wo die Synthese zwischen Wissen und Gewissen gefunden werden muß, damit die Furcht von den Völkern genommen wird…«[139]

Nicht allein durch die Nachdenklichkeit, mit der Strauß wiederholt auf die Janusköpfigkeit des technischen Fortschritts einging, auch mit diesem eher beiläufigen Hinweis auf das klassische Attribut moderner Staatlichkeit, die Souveränität, bewies er den reflektierenden Charakter seines politischen Denkens und Handelns: So sehr er wie Adenauer in den 1950er-Jahren auf die Rückkehr der Bundesrepublik als souveräner Staat in die internationale Arena drang, so scharf sah er den Wandel des Souveränitätsbegriffs durch die politische Entwicklung und zugleich den grenzüberschreitenden Charakter moderner Technologie. Wiederum zeigte sich, wie fremd Strauß eingeschränktes nationales Denken lange vor der Globalisierungsdebatte war, wie aufgeschlossen er schließlich Modernisierungsprozessen gegenüberstand. Auch in dieser Hinsicht erwies sich das Jahr als Atomminister als Lehrzeit – nicht allein in der Technologie selbst, sondern zugleich in der Außenpolitik.

Wie Strauß schon bei Amtsantritt erkannt hatte, bedurfte es nicht allein der Grundsatzreflexion, der fachlichen Expertise und Organisation, sondern auch rechtspolitischer Weichenstellungen. So begründete er am 20. Juli 1956 im Bundeskabinett seinen Entwurf für ein Atomgesetz, der nach eingehender Diskussion verabschiedet wurde. Ziel dieses Gesetzes sei, »die möglichst ungehinderte Entwicklung der Forschung und Nutzung der Kernenergie zu gewährleisten. Die Wirtschaft und die Wissenschaft müßten zur Mitarbeit gewonnen werden. Die private Initiative sei wesentlich. Das private Eigentum an Kernbrennstoffen werde daher auch nur so weit beschränkt wie eben notwendig.« Tatsächlich lag für Strauß in der Eigentumsfrage das »zentrale Problem« und »eigentliche Politikum« des ganzen Gesetzes. Er sah allerdings im deutschen Rechtssystem ausreichende Sicherungen: Alle Kernbrennstäbe, die nicht unmittelbar gebraucht würden, sollten in staatlicher Obhut bleiben, ohne dass dadurch das private Eigentum angetastet würde.

Strauß schlug weitere Verhandlungen mit den Ländern wegen ihrer Zuständigkeit für die Forschung vor. Notwendig sei eine Ergänzung des Art. 74 Grundgesetz, um die Erzeugung und Nutzung der Kernenergie sowie Bau und Betrieb entsprechender Anlagen, einschließlich des Gefahrenschutzes, in die konkurrierende Gesetzgebung einzubeziehen. Somit falle der gesamte Sektor in die Zuständigkeit des Bundes, der tatsächlich ein ganz neues Atomrecht benötige.[140] Damit stellte Strauß die Weichen für die künftigen gesetzlichen Regelungen und die Atompolitik, die dann unter seinem Nachfolger weitergeführt wurden.

Der gesetzlichen Grundlage auf nationaler Ebene folgten die europäischen Vereinbarungen. Anders als Carlo Schmid beurteilte Franz Josef Strauß aus der deutschen Interessenlage EURATOM zunächst skeptisch, witterte er doch die Gefahr einer Bevormundung der deutschen Atompolitik. Doch bestätigten sich seine Befürchtungen nicht, wie er später einräumte: EURATOM habe der Bundesrepublik nicht geschadet, allerdings auch nicht besonders geholfen.[141] Eine Wende der deutschen Haltung zeichnete sich durch ein amerikanisches Memorandum an die Bundesregierung ab, in dem die US-Regierung die bilateralen Vereinbarungen als befristet und begrenzt bezeichnete. Als klar wurde, dass die US-Regierung EURATOM als eigentlichen Ansprechpartner sah, verbesserten sich dessen Chancen und verminderten sich die Möglichkeiten der EURATOM-Skeptiker wie Strauß.[142] Die Verhandlungen über EURATOM konkurrierten partiell mit der Vorbereitung eines gemeinsamen Marktes, der späteren Europäischen Wirtschaftsgemeinschaft (EWG), wobei es nicht zuletzt um die Berücksichtigung französischer Interessen ging. Im September 1956 wurden in Bezug auf EURATOM wesentliche Fortschritte erzielt. Das Engagement von Jean Monnet und Gespräche zwischen dem französischen Premierminister Guy Mollet mit Bundeskanzler Adenauer in Bonn bewirkten einen schnellen Abschluss der EURATOM-Verhandlungen.

Nach diesen Gesprächen sowie dem Kabinettsbeschluss über das Atomgesetz am 20. Juli folgte nun die zweite wesentliche Debatte in der Regierung, in der es um die europäische Kooperation, also den EURATOM-Vertrag, ging. In der Kabinettssitzung vom 5. Oktober 1956 legte Strauß[143] dar, dass die Bundesregierung dem Junktim zwischen EURATOM und EWG-Verträgen nicht ausweichen könne, da die Bundesrepublik unter stärksten moralischen Druck geriete, wenn sie vielleicht als einziges Land den fertigen Vertrag nicht unterzeichne. Allerdings kontrolliere EURATOM die deutsche Entwicklung eher, als sie zu fördern.

Adenauer widersprach mit einer bemerkenswerten Feststellung: »Er [Adenauer] möchte über EURATOM auf schnellstem Wege die Möglichkeit erhalten, selbst nukleare Waffen herzustellen.«[144] Die spätere Konstellation, in der Strauß die Rolle als Buhmann spielte, weil man in erster Linie ihm diese Absicht unterstellte, findet hier also eine andere Beleuchtung, da Adenauer in der Frage der Atombewaffnung mit Strauß übereinstimmte. Trotzdem war diese Äußerung, die im Bundeskabinett offenbar zu keiner Diskussion führte, überraschend. Man kann vermuten, dass eine Absprache mit dem französischen Premierminister Guy Mollet in diese Richtung geführt hatte, weil das militärische Nuklearprogramm Frankreich finanziell über den Kopf zu wachsen drohte.[145] Andererseits passt eine solche Interpretation nicht zur Außen- und Sicherheitspolitik Frankreichs, zu der die Singularität der Atombewaffnung unter den kontinentalen NATO-Staaten und eine militärische Suprematie über die Bundesrepublik zählten.[146] Jedenfalls blieb die Atombewaffnung der Bundeswehr noch für viele Jahre ein höchst umstrittenes Thema.

In der Kabinettssitzung vom 5. Oktober verwies Adenauer, der die kurz vorher in Bonn stattfindenden Verhandlungen mit Mollet erwähnte, auf die Zusicherung des belgischen Außenministers Spaak, dass künftig jede Diskriminierung Deutschlands wegfalle und die Bundesrepublik durch EURATOM gewisse Freiheiten erlange. Im Übrigen vertrat Adenauer die Meinung, dass Strauß die deutschen Möglichkeiten über- und den französischen Vorsprung unterschätze. Strauß jedoch sah das Interesse der deutschen Wirtschaft optimistischer als Adenauer, da in fünf Jahren der Großexport der Atomtechnik beginnen werde. Über die Frage, wie die notwendigen Materialien zu beschaffen seien, wo die Eigentumsrechte an den benötigten Erzen und Kernbrennstoffen liegen sollten, ob eine gestaffelte Inkraftsetzung des EURATOM-Vertrags erfolgen würde, sowie weitere offene Fragen kam es ebenfalls zu kontroversen Diskussionen, vor allem zwischen Bundeskanzler Adenauer und Staatssekretär Walter Hallstein auf der einen und Strauß auf der anderen Seite, wobei sich Strauß nur zum Teil durchsetzen konnte. Seiner abschließenden Forderung, »die Kontrolle von EURATOM (müsse) sich in gleicher Weise auf die militärische wie die friedliche Verwendung der Kernenergie erstrecken«, Informationen müssten ohne Diskriminierung in vollem Umfang ausgetauscht werden, stimmte das Bundeskabinett zu.[147] Offenbar hatten sich Adenauer und Hallstein untereinander abgestimmt, Strauß aber war – was er auch monierte – an der Kabinettvorlage des Auswärtigen Amtes nicht beteiligt worden. Hallstein begründete die fehlende Abstimmung mit dem ebenfalls zuständigen Minister mit der knappen Vorbereitungszeit von nur zwei Tagen, in denen der Atomminister nicht erreichbar gewesen sei.

Dies war der letzte Auftritt von Franz Josef Strauß als Atomminister in der Bundesregierung, knapp zwei Wochen später wechselte er das Ressort, nachdem es ihm gelungen war, in kürzester Zeit politisch, organisatorisch, wissenschaftlich und finanziell die Grundlagen der Atompolitik in Deutschland zu legen. Mit dem Schritt vom Parlamentarier zum Regierenden hatte Strauß das erste Mal als Bundesminister bewiesen, was an gouvernementalen Fähigkeiten in ihm steckte. Nun stand er definitiv in der ersten Reihe der bundesdeutschen Spitzenpolitiker. Sein Nachfolger Siegfried Balke, Chemiker von Beruf, in Wissenschaft und Wirtschaft anerkannt, verstand sich nach Strauß in erster Linie als Fachminister. Vergleichbare Energie, politisches Gewicht und Durchsetzungsvermögen wie Strauß besaß er nicht, doch konnte er auf dem von diesem erarbeiteten Fundament aufbauen.

9

Adenauers ungewollter, aber unvermeidlicher Verteidigungsminister: Keine Alternative zu Franz Josef Strauß

Franz Josef Strauß und der Aufbau der Bundeswehr

Hatte sich Konrad Adenauer gegenüber dem Fraktionsvorsitzenden der Union, Heinrich Krone, noch am 27. September 1956 über Strauß in einem Maße aufgeregt, wie es angesichts seiner sonstigen Gelassenheit und Souveränität ungewöhnlich war, so änderte sich nun die Situation des Bundeskabinetts blitzschnell. Kurz zuvor hatte Adenauer Krone aufgefordert, den Kampf gegen Strauß aufzunehmen: Komme es darüber zum Bruch zwischen CDU und CSU, müsse das in Kauf genommen werden, er solle dies der Fraktion mitteilen, was Krone aber ablehnte.[148] Doch schon wenige Tage später, als Krone mit dem CSU-Landesgruppenchef und Adenauers Staatssekretär Globke beim Bundeskanzler war, ging es um eine Umbesetzung im Verteidigungsministerium, es ging um Franz Josef Strauß, den einzigen überragenden Verteidigungspolitiker, den der Bundestag damals hatte. Dafür war nicht entscheidend, dass Strauß dieses Amt schon seit Längerem anstrebte, obwohl er nun, als man ihn unbedingt brauchte, etwas kokettierte. Vielmehr war schon seit den großen Debatten seit 1952 klar, dass es zu ihm aufgrund seiner Kompetenz, Energie und Bereitschaft, die für notwendig erkannten Entscheidungen mit harten Bandagen durchzukämpfen, keine personelle Alternative gab. Doch ist es eher unwahrscheinlich, dass Adenauer ihm wirklich gesagt hat: ›Solange ich Bundeskanzler bin, werden Sie nie Verteidigungsminister.‹[149] Strauß selbst wollte es werden.

Auch Jahrzehnte später hatte Strauß sein Selbstbewusstsein nicht verloren und erklärte in seinen Memoiren ohne Umschweife, er sei damals der festen Meinung gewesen, »die ich bis heute nicht abgelegt habe, daß ich unter den damaligen Umständen und angesichts nicht vorhandener überzeugenderer Alternativen der beste Mann für dieses Amt war«. Diese Selbsteinschätzung ließ Strauß durchaus erkennen, was manche Antipathie gegen ihn verstärkte. Doch kann man es angesichts der meist unglaubwürdigen Koketterie, man strebe ein Amt überhaupt nicht an, durchaus für erfrischend halten, wenn einer hier aus seinem Herzen keine Mördergrube machte. Und vor allem: Strauß hatte mit seiner Selbsteinschätzung objektiv betrachtet ja recht.[150]

Doch Adenauer, der dies vermutlich ebenso sah, zögerte so lange, bis es keinen anderen Ausweg mehr gab, als Strauß um die Übernahme des Amtes zu bitten, da das »halbe Kabinett aus Problemfällen« bestand.[151] In der Bundesregierung war die Kollegialität ohnehin nicht sehr ausgeprägt, die »Zerrissenheit der Gemüter, die mangelnde Harmonie unter den Mitgliedern das Kabinetts« sei schmerzlich, notierte Blankenhorn: »Der eine kritisiert den anderen, der eine versucht in privaten Gesprächen, aber oft auch in der breiten Öffentlichkeit, die Qualitäten des anderen herabzusetzen.«[152]

Strauß selbst, dem allein schon aufgrund seines verteidigungspolitischen Engagements und seines persönlichen Ehrgeizes seit Gründung des Verteidigungsministeriums immer wieder Ambitionen nachgesagt wurden, schätzte zwar Theodor Blank, hielt ihn aber von Beginn an nicht für einen geeigneten Beauftragten bzw. Verteidigungsminister. Allerdings bestritt er vehement, an Blanks Stuhl gesägt zu haben, obwohl seine kritischen Wortmeldungen zum Aufbau der Bundeswehr auch bei den Kabinettssitzungen naturgemäß als Kritik am zuständigen Minister verstanden werden mussten.

Schon während der Jahre, als Blank noch im Bundeskanzleramt als Beauftragter für Wehrfragen amtierte, kam es immer wieder zu Personalempfehlungen von Strauß an Blank und zu Frustrationen zwischen beiden. So reagierte Strauß heftig, als seine Empfehlung, Alfons Goppel als Ministerialrat einzustellen, trotz einer vorherigen Zusage nicht eingehalten wurde, weil sich herausstellte, dass Blank zu diesem Zeitpunkt noch keine höheren Beamten einstellen durfte. Strauß war gekränkt: Wenn man ihn offensichtlich nur zum Schein auffordere, Personalvorschläge zu machen, könne er sich dies künftig sparen. Doch folgten offenbar keine wirklichen Verstimmungen. Erst als in der Zürcher *Weltwoche* vom 15. Oktober 1954 ein Artikel erschien, in dem u. a. vom »Kampf um das Verteidigungsministerium« die Rede war, schrieb Strauß erzürnt an Blank: Er habe bei einem Anruf bei der Redaktion in Zürich erfahren, »dass die Informationen zu diesem Artikel angeblich von Deinem Amt gegeben worden sind. Du wirst daher verstehen können, dass ich Dich um eine Stellungnahme bitten muss. Ich bin jedenfalls nicht gewillt, derartige Dinge, die ich seit Monaten beobachte, ohne weiteres hinzunehmen.«[153]

Blank antwortete Strauß am 25. Oktober 1954 versöhnlich, unterdrückte aber eine dezente Mahnung nicht: »Lieber Freund! Ich begreife sehr wohl Deinen Ärger über Presseäußerungen.« Er empfinde den gleichen Abscheu »gegenüber der Fülle von törichten Veröffentlichungen sensationslüsterner Journalisten«, habe sich aber abgewöhnt, sich darüber zu ärgern: »Du glaubst doch wohl nicht ernstlich, der Stoff für diesen Artikel stamme aus meinem Hause. Eine solche Unterstellung müsste ich mir in aller Form verbitten… Offenbar gibt es genügend Leute, denen sehr an der Vergiftung der Atmosphäre gelegen ist und die sich bemühen, uns beide gegeneinander auszuspielen… Wir können in dieser Sache beiderseits wohl nichts anderes tun, als alles zu vermeiden, was böswilligen Interessenten Nahrung für ihre Spekulationen geben könnte. Mit besten Grüßen Dein Blank.«[154]

So oder so, die Gerüchte hörten nicht auf, doch hatten beide seit ihrem Zusammenwirken im Frankfurter Wirtschaftsrat ein gutes persönliches Verhältnis. Wie erwähnt, rühmte Strauß auch die Verdienste des christlichen Gewerkschaftlers Blank für die Einführung der sozialen Marktwirtschaft. Blank wurde nach der Bundestagswahl von 1957 mit Unterstützung der CSU Bundesarbeitsminister, zeitweilig kühlte sich ihr Verhältnis ab. Blank war »beleidigt und empört«. Strauß besuchte ihn dann aber privat zu einer persönlichen Aussprache, und nach einiger Zeit war der Kontakt zwischen beiden wieder »gut und herzlich«.[155] Tatsächlich war – mit oder ohne Strauß – die Ablösung von Blank als Verteidigungsminister unvermeidlich, und die Einschätzung von Strauß traf wohl zu, die Berufung in dieses Amt sei »automatisch« auf ihn selbst zugelaufen.

Adenauers Regierungssprecher Felix von Eckardt berichtete über ein aufschlussreiches Gespräch mit dem Bundeskanzler über die Notwendigkeit einer Kabinettsumbildung im Herbst 1956, in dem er trotz hohen Lobes für den lauteren Charakter und sonstige Qualitäten von Theodor Blank für dessen Ablösung plädiert habe. Zwar habe dieser als Verteidigungsminister keineswegs versagt, doch habe der Startschuss für die Bundeswehr so lange auf sich warten lassen, dass er nur für die Schublade habe arbeiten können, was zu einem erheblichen Ansehensverlust geführt habe. Adenauer habe geantwortet: »Wissen Sie, was das bedeutet? Das bedeutet Franz Josef Strauß als Verteidigungsminister. Er schießt aus allen Rohren gegen Blank. Wenn Blank geht, gibt es nur Strauß als neuen Verteidigungsminister!«… »Allerdings, Herr Bundeskanzler, aber Strauß wird so oder so Verteidigungsminister, außer ein Herr der SPD übernimmt nach den Wahlen das Amt.«[156]

Wer immer die Verantwortung für die Geburtswehen der Bundeswehr trug, Adenauer konnte schließlich die Augen nicht mehr davor verschließen, dass ihr Aufbau sich im Gestrüpp überhöhter Planungen, nicht einzuhaltender Zusagen an die NATO-Alliierten, innenpolitisch nicht durchzusetzender Wehrpflichtdauer, Finanzierungsproblemen, konzeptioneller Fehlplanungen, Unklarheiten über die Fragen der Atombewaffnung u. a. m. verfangen hatte. So schob Adenauer offiziell die Schwierigkeiten auf gesundheitliche Probleme des Verteidigungsministers Blank. Intern aber war längst klar, dass dieser trotz seiner unbestreitbaren Qualitäten nicht der rechte Mann am rechten Platz war, um richtig zu planen und das Notwendige in den eigenen Reihen, aber auch darüber hinaus durchzusetzen. »Blank, der Verteidigungsminister, dessen ehrliches Wollen von niemandem bestritten wird, hat seine Kräfte überschätzt: bald Widerstände des Finanzministeriums, bald der föderative Aufbau der Bundesrepublik, bald der Mangel an gesetzlicher Handhabung zur Beschaffung der notwendigen Gelände, nicht zuletzt gewisse Hemmungen im Volk und in der öffentlichen Meinung, die infolge der Katastrophe von 1945, der ›Umerziehung‹ durch die Alliierten und dem Bedürfnis nach Frieden und Ruhe nicht gewillt ist, den Weg der Aufrüstung schnell und wirksam zu gehen, all dies hat die Kräfte dieses vortrefflichen Mannes überfordert. Es war notwendig, ihn in seiner Aufgabe durch eine andere Persönlichkeit zu ersetzen. An seiner Stelle berief Adenauer den bisherigen Atomminister Franz Josef Strauß in dieses wichtige Amt.«[157]

Nicht allein die ohnehin notwendige Kabinettsumbildung, sondern auch die bevorstehende NATO-Tagung veranlasste Adenauer, nun endlich zu handeln. So schrieb er unter Verweis auf die Einschätzung des NATO-Botschafters Blankenhorn am 10. Oktober 1956 an Karl Arnold: Der außenpolitische Schaden für die Bundesrepublik sei beträchtlich, da der NATO nicht die Wahrheit gesagt worden sei. In der Sitzung vom 30. Oktober müsse man zugeben, dass die Bundesrepublik die gegebenen Zusagen nicht einhalten werde. »Man wird uns bei der NATO kein Vertrauen schenken, wenn der bisherige Verteidigungsminister dort berichtet und für die Zukunft Versprechungen gibt.«[158]

Tatsächlich kam auf Strauß eine Fülle von Aufgaben zu, das Verteidigungsministerium war vielleicht das schwierigste, gewiss aber das unpopulärste damalige Spitzenamt. Adenauer berief Strauß aufgrund seiner überragenden Stärke, aber genau deswegen hatte er auch so lange gezögert. Man darf spekulieren, ob die späteren Attacken auf Strauß ohne dieses Amt vergleichbar stark gewesen wären, ob nicht seine politische Laufbahn, die hier auf einem ersten Gipfel anlangte, sonst eine ganz andere Wendung genommen hätte.

Als dann aufgrund der Spaltung der FDP ohnehin eine Kabinettsumbildung fällig war, wurde er am 16. Oktober 1956 zum Verteidigungsminister ernannt. Tatsächlich brauchte der Bundeskanzler jetzt einen herausragenden Experten der Verteidigungspolitik, der die Versäumnisse und Fehler des Anfangs ausbügelte und mit Energie den Aufbau der Bundeswehr betrieb. Aber der Machtpolitiker Adenauer ließ auch gegenüber Bundespräsident Theodor Heuss die Katze aus dem Sack, wenn er diesem seine Hintergedanken mitteilte: »... an Stelle Blanks biete sich Atomminister Franz Josef Strauß sehr dringend als Verteidigungsminister an. Er habe die nötige Rücksichtslosigkeit und Vitalität, sich nach allen Seiten hin durchzusetzen, und werde bei der Erfüllung seiner Aufgabe sich sicherlich so mit der SPD zerstreiten, dass der CSU die Lust auf eine große Koalition vergehe.«[159] Und damit traf der realistische Zyniker und Menschenkenner wieder einmal ins Schwarze, wenngleich seine Befürchtung, Strauß strebe eine Große Koalition an, völlig unbegründet war: Als Strauß viel später davon hörte, konnte er dies nur ironisieren.[160]

Mit der Berufung zum Verteidigungsminister, der eine Kompetenz für Atomfragen besaß, veränderte sich die Rolle von Strauß beträchtlich: Zum einen hatte er nun eines der wichtigsten Bundesministerien übernommen, in dem sein Tatendrang, seine Freude an Innovation und persönlicher Gestaltung der Politik ein weites Betätigungsfeld fanden, zum anderen festigte sich schon aus institutionellen Gründen sein Ruf als hartgesottener, durchsetzungsstarker Politiker. Ein »weicher« Verteidigungsminister wäre ein Widerspruch in sich gewesen, ein harter musste auch angesichts der massiven gesellschaftlichen und politischen Ablehnung der Wiederbewaffnung noch mehr Widerstände auf sich ziehen. Das tat eine Kämpfernatur wie Strauß mit einer gewissen Lust, doch erklärt sich der wachsende Hass, der ihm später von linksintellektuellen Kreisen und ihnen verbundenen Journalisten entgegenschlug, nicht zuletzt aus seinem politischen Aufgabenfeld in der zweiten Hälfte der 1950er-Jahre und der Verve, mit der er dies beackerte. Wer gegen den deutschen Verteidigungsbeitrag war, war geradezu reflexhaft zugleich gegen Strauß, dessen figürlich sichtbare Kraftnatur geradezu physisch zum Symbol für all das wurde, was die Linke, was die Pazifisten, was ein Jahrzehnt lang auch die SPD nicht wollte.

Hinzu kam, dass ein Verteidigungsmister schon aus Sicherheitsgründen sich nicht mehr so frei bewegen konnte wie ein »normaler« Abgeordneter oder ein Bundesminister für besondere Aufgaben. Auch diese nun unvermeidliche Distanzierung spielte im Bonner Biotop eine Rolle, wo die Politiker und die Journalisten noch auf dem vergleichsweise kleinen Raum einer mittelgroßen Universitätsstadt miteinander umgingen – mit allen Vorteilen und Nachteilen dieser Nähe, die durchaus auch Kontakte zwischen den Abgeordneten fraktionsübergreifend begünstigte. Die von Strauß beschriebene »verschworene Gemeinschaft« der CSU-Landesgruppe war das eine, führte sie doch auch im ebenso neuen wie fremden Terrain der Bonner Politik Abgeordnete der unterschiedlichen CSU-Flügel und verschiedenen Generationen zueinander: So ist vielleicht die enge, von Strauß als »freundschaftlich« beschriebene Kooperation mit Schäffer eines der überraschenden Phänomene. Schäffer war nicht nur eine Generation älter als Strauß, sondern überdies ein persönlicher Gegner, ja Feind von dessen Mentor Josef Müller und stand diesem und Strauß selbst auf dem dezidiert konservativen Parteiflügel gegenüber.

Die andere Seite der physischen Nähe der Bonner Politiker waren parteiübergreifende Kontakte, die diejenigen zwischen CDU- und CSU-Politikern ergänzten. Sie rührten zum Teil schon aus dem Frankfurter Wirtschaftsrat her. Die Beziehungen zwischen Heinrich von Brentano und Franz Josef Strauß vertieften sich durch die gemeinsame Arbeit in der Fraktionsführung der Unionsparteien. Natürlich gehören zuweilen ambivalente Abneigungen ins Bild, so diejenige des späteren Fraktionsvorsitzenden Heinrich Krone gegen Strauß.

Franz Josef Strauß selbst hat die »Faszination des Anfangs« beschrieben. »Alles mußte neu gemacht werden«, wie es Adenauer ausdrückte, die politische Entwicklung der lange als Provisorium betrachteten Bundesrepublik blieb offen: Das Ringen um politische Alternativen zwischen Politikern von Rang war die Folge, der Bundestag bot die Bühne für die große parlamentarische Debatte über Schicksalsfragen der Nation. Und Strauß war geradezu versessen darauf, argumentativ zu überzeugen und sich mit den Besten zu messen. So bemerkte er, zu Fritz Erler, seinem häufigen parlamentarischen Opponenten in verteidigungspolitischen Debatten der 1950er- und frühen 1960er-Jahre, habe er »persönlich ein recht gutes Verhältnis [gehabt], das selbst durch ein heftiges Rededuell nicht getrübt werden konnte... Erler war ein Gegenspieler, an dem man sich messen und an dem man wachsen konnte, in spielerischem Kampf oder kämpferischem Spiel.« Und über Carlo Schmid, den er schätzte, heißt es bei Strauß: Er »schwebte als humanistischer Geist über den Wogen des Parlaments, als Redner anderen, aber auch sich selbst ein Vergnügen«, seine »poetische Begabung« faszinierte uns immer wieder.[161]

Aber nicht nur parteiübergreifende Bewunderung unter Abgeordneten war selbstverständlich, sondern auch private Begegnungen. Dies hatte nicht zuletzt praktische Gründe, da die wenigsten Abgeordneten ihren Wohnsitz in Bonn oder nahe gelegenen Städten hatten. Viele hausten zunächst wirklich provisorisch, oft mit Kollegen zusammen, trafen sich an freien Abenden, aber auch solchen, an denen Besprechungen in zwangloses Beisammensein übergingen. In Wolfgang Koeppens Roman *Das Treibhaus* beschrieb der Abgeordnete Keetenheuve »seine Abgeordnetenabsteige« als »ein Pied-à-terre der Unlust«: »Den ganzen Tag fürchtete er sich schon vor dieser traurigen Stube.«[162] Viele Abgeordnete führten nicht allein wegen der ständigen Reisen ein Doppelleben, manchmal auch ein familiäres. Dieses Problem hatte Strauß natürlich nicht, dafür wurde er für etliche Frauen aufgrund eines Illustriertenartikels über den »Junggesellen Strauß« interessant. Für ihre Briefe bedankte er sich höflich-ironisch mit der beruhigenden Mitteilung, sie sollten sich wegen seines Junggesellentums keine Sorgen machen.[163] Im Übrigen mangelte es Strauß keineswegs an vielfältigen Kontakten zu zahlreichen Freunden und Freundinnen, die ihm oft sehr herzliche Briefe schrieben.

In den ersten Jahren der Bonner Republik waren »die Dinge politisch-menschlich trotz aller Gegensätze noch nicht so verkrampft wie später«, sodass Strauß »in lockerem Kreis gelegentlich mit Willy Brandt und anderen Abgeordneten der SPD« zusammentraf. »Das waren vergnügliche Abende mit ein bißchen Alkohol und ein bißchen Geschwätz. Die Begegnungen mit Brandt, der zu dieser Zeit als Exponent des rechten Flügels der SPD galt, hatten nur atmosphärisch und menschlich Bedeutung, nicht politisch.«[164] Strauß und Brandt, die sich sicher nicht an jedem Abend mit ein »bißchen Alkohol« begnügt haben dürften, trafen auch wiederholt im »Salon« der zeitweiligen Bonner Geliebten von Willy Brandt, Susanne Sievers, zusammen: Dies war insofern apart, als sie zeitweilig seit 1951 als Stasi-Agentin tätig gewesen sein soll, dann als Doppelagentin verdächtigt und im Juli 1952 in Ostberlin verhaftet wurde. Der »Salon« soll durch die Westspionage der DDR mitfinanziert worden sein. Zu acht Jahren verurteilt, saß Susanne Sievers vier Jahre im berüchtigten Frauengefängnis Hoheneck der DDR, bevor sie nach der Hälfte der Strafe entlassen wurde und nach Bonn zurückkehrte. Danach sollte oder wollte sie möglicherweise wieder für die Stasi arbeiten. Ihr Fall bleibt undurchsichtig, scheint sie doch mehrfach die Seiten gewechselt zu haben, ihren Gästen blieb offenbar jegliche Agententätigkeit verborgen. Wie viele andere Abgeordnete kannte Franz Josef Strauß Susanne Sievers, seit sie 1950 als Sekretärin im Deutschen Bundestag und danach als Journalistin in Bonn arbeitete. Schon 1951 fiel sie dem Verfassungsschutz auf, weil offenbar das Einkommen der geschiedenen zweifachen Mutter und der als mondän angesehene Lebensstil der 30-Jährigen auseinanderklaffen.

Die örtliche Nähe im Bonner »Treibhaus« förderte die persönlichen Kontakte von Politikern untereinander, aber auch mit ihren Mitarbeitern und Journalisten. So erklärt sich wohl, dass Strauß sie – anders als Brandt, der sich 1956/57 von Susanne Sievers trennte – nach ihrer Entlassung aus der Stasi-Haft 1956 zunächst bei der Stellensuche unterstützte. Sie hatte mit dem Journalisten Hinterholzer die *Bonner Informationsbriefe* herausgegeben und nach ihrer Freilassung für die *Freiheitsglocke* Artikel geschrieben. In dieser von der Vereinigung der Opfer des Stalinismus herausgegebenen Zeitschrift publizierten u. a. Strauß selbst, Eugen Gerstenmaier sowie der Schriftsteller Horst Bienek, der seinerseits wegen vermeintlicher Spionage gegen die DDR 1950 verurteilt worden war. So galt Susanne Sievers als Journalistin, wenngleich nach Einschätzung des Verfassungsschutzes nicht als »seriös«. Aufgrund ihrer beruflichen Tätigkeit schien sie für die Pressearbeit des Verteidigungsministeriums oder des Bundespresseamts geeignet zu sein. So hat Strauß sie einmal im Verteidigungsministerium empfangen, ihre schwierige materielle Lage nach vier Jahren sowjetzonaler Haft scheint zu seiner Bereitschaft beigetragen zu haben, sie zu unterstützen, jedenfalls bedankte sie sich in einem Brief für sein warmherziges Verständnis. Wieder einmal zeigte sich seine Hilfsbereitschaft, wieder einmal scheint er dabei etwas unbedacht gewesen zu sein, wurde aber vielleicht auch dadurch beeinflusst, dass Susanne Sievers »politischer Häftling« in der DDR gewesen war.

Da die Angelegenheit sich verzögerte, fragte er jedenfalls bei seinen Beamten nach. Doch als ihm der Bericht vom Verfassungsschutz vorgelegt wurde, entschied Strauß: Eine Einstellung beim Bundesministerium der Verteidigung sei ausgeschlossen.[165] Allerdings ließ er ihr dann für sechs Monate einen Werkvertrag zukommen, für den sie die sozialdemokratische Presse und sonstige Verlautbarungen über die Bundeswehr und das Verteidigungsministerium bzw. ihn selbst auswerten sollte. Sie lieferte ihm dann allerdings außerdem weiter gehende Berichte über Entwicklungen, Tendenzen und Konflikte innerhalb der SPD. Während das Ministerium ihre Berichte als nützlich, teilweise wertvoll einstufte, war Strauß offenbar skeptischer, wie eine Randbemerkung erkennen lässt.

Susanne Sievers wurde mehrfach in der Öffentlichkeit bekannt, einmal wegen der Zeugenaussage in einem *Spiegel*-Prozess, zum anderen wegen der Veröffentlichung ihres Briefwechsels mit Willy Brandt durch den Journalisten Hans Frederik unter dem Titel ... *da war auch ein Mädchen*. Ziel war es zweifellos, Brandt zu diffamieren, weswegen er gegen die Publikation klagte. Doch steckte hinter der Attacke nicht die CSU, wie in der SPD damals behauptet wurde und bis heute in Brandt-Biografien zu lesen ist, sondern der Staatssicherheitsdienst der DDR: Frederik arbeitete nämlich nicht nur für den MfS, sondern vermutlich außerdem noch für den KGB.[166]

Aufgrund einer Liaison mit einem engen Mitarbeiter im Ministerbüro von Strauß, einem Major, geriet Frau Sievers erneut in Verdacht: Sie war im Jahr 1959 nach Ostberlin gereist und hatte sich zuvor mit diesem in einem Westberliner Hotel getroffen. Der Major galt ohnehin als labil und besonders anfällig für weibliche Reize und wurde nach einer Untersuchung aus dem Ministerbüro zur Truppe versetzt, da er nach Auffassung von Verfassungsschutz und Sicherungsgruppe Bonn unter anderem wegen seiner Beziehung zu Susanne Sievers als Sicherheitsrisiko galt. Beide wurden dann im Einverständnis mit Strauß weiterhin beobachtet und verschwanden seitdem offenbar aus seinem Blickfeld. Einen etwa zur Zeit des Mauerbaus in Berlin der Hauptverwaltung Aufklärung des MfS angekündigten Bericht über ein Geheimtreffen von Brandt und Strauß lieferte Susanne Sievers offenbar nicht, wie der Chef der Westspionage der DDR, Markus Wolf, später berichtete.[167]

Die meisten Spitzenpolitiker, die dann wie Willy Brandt, Helmut Schmidt, Franz Josef Strauß, Herbert Wehner, Kurt Georg Kiesinger und andere bis in die 1970er- und 1980er-Jahre führende politische Ämter innehatten, lernten sich also meist schon während der ersten Legislaturperiode nicht allein bei Bundestagsdebatten, sondern je nach Temperament und Neigung oft auch privat näher kennen, wie die beiden fast gleichaltrigen geselligen Charaktere Brandt und Strauß. Jahre danach aufbrechende scharfe, auch persönlich akzentuierte Konflikte verhinderte das nicht. Allerdings zeigen spätere Rückblicke doch wieder wechselseitigen Respekt, was möglicherweise aus dieser frühen Nähe resultiert. Strauß' später zeitweise recht kritisches Urteil über Brandt war die Reaktion auf dessen (außen)politische Wendung, die Strauß zutreffend aus der Erfahrung des Mauerbaus herleitete. Doch davon später.

Wenngleich zu den gemeinsamen Überzeugungen aller demokratischen Parteien der frühen Bundesrepublik der Antikommunismus zählte, die Sowjetunion als Bedrohung und die DDR als ebenso illegitimes wie illegales Gebilde, »die Zone«, angesehen wurde, zogen sie daraus sicherheits- und außenpolitisch nicht die gleichen Schlussfolgerungen. Genau damit aber hatte es der neue Verteidigungsminister zu tun, der sich nun nicht mehr so ungezwungen im Bonner »Treibhaus« bewegen konnte wie seine sozialdemokratischen Abgeordnetenkollegen und zugleich aus Sachgründen auf größere Distanz gehen musste. Anders als bei der Atompolitik fehlte in der zweiten Hälfte der 1950er-Jahre auch der Grundkonsens mit der größten Oppositionspartei. Ohne Zweifel war Strauß bis zu seiner Zeit als Verteidigungsminister auch bei den Sozialdemokraten relativ wohlgelitten, seine Beliebtheitswerte sanken seit 1956 nicht zuletzt amtsbedingt.

Das neue Amt erwies sich zudem als eine wesentlich zeitraubendere Aufgabe, zumal es sich um ein ungleich größeres Ministerium mit einer Vielfalt von Aufgaben handelte. Sein Spektrum war weit, es reichte vom Uniformknopf bis zum atomaren Sprengkopf, vom Sold und Weihnachtsgeld der Soldaten bis zu den Verhandlungen im NATO-Ministerrat, von den parlamentarischen Beratungen bis zu den militärtechnischen Ausrüstungen, von der Unterbringung in Kasernen bis zu globalen strategischen Fragen, von der gesellschaftlichen und politischen Überzeugungsarbeit bis zur Verantwortung, die dem Minister für Unfälle zugeschoben wurde. Wie Briefwechsel, Protokolle, Debatten, Kritik der Gegner zeigen, ist dies keineswegs eine übertriebene Beschreibung. Und natürlich resultierten die Vielfalt der Aufgaben und die organisatorische Herausforderung wesentlich aus der Aufbausituation selbst, in der in allen Sektoren zunächst die Fundamente gelegt werden mussten. Scheitern war hier wahrscheinlicher als Erfolg, Kritik die Regel, Anerkennung die Ausnahme. Der spätere Rückblick von Strauß traf zu: »Das Bundesministerium der Verteidigung ist für den verantwortlichen Minister ein Minenfeld, was nicht nur ich, sondern ohne Ausnahme bisher alle Inhaber dieses Amtes erfahren haben. Geht man abends ins Bett und glaubt, daß alles in Ordnung sei, kann man morgens um sechs Uhr, wenn nicht schon während der Nacht, eines Besseren belehrt werden.«[168]

Wie lange konnte so etwas gut gehen? Es ging – objektiv betrachtet – lange gut, sechs Jahre war Franz Josef Strauß Verteidigungsminister, so lange blieben sonst nur der Sozialdemokrat Georg Leber und der CDU-Politiker Manfred Wörner in diesem Amt. Doch muss bedacht werden, dass sich das gesellschaftliche Klima in der Bundesrepublik seit den 1950er-Jahren geändert hatte. Seit die zweite große Volkspartei, die SPD, mehrfach den Verteidigungsminister gestellt hatte, wandelte sich auch die ursprünglich prinzipielle Animosität bzw. Feindschaft gegen die Bundeswehr: Obwohl viele der großen Herausforderungen blieben, weil sie strukturell bedingt waren, wurde es doch insgesamt für die folgenden Verteidigungsminister einfacher, zumal keiner von ihnen so persönlich attackiert wurde wie Strauß.

Die Beurteilung der Amtszeit des Verteidigungsministers Strauß kann nicht davon absehen, dass in diese Jahre eine Reihe schwerer internationaler Krisen fiel, die zwar nicht die Bundesrepublik unmittelbar, jedoch die politische Konstellation insgesamt und die NATO betrafen. Der entscheidend durch Strauß geprägte Aufbau der Bundeswehr erfolgte im Bedrohungsszenario des Kalten Krieges.

Die Berlin-Blockade 1948/49 durch die Sowjetunion und der für Adenauer ausschlaggebende Schock des Koreakriegs 1950 waren seit Beginn der Bundeswehrplanungen entscheidende Bedingungsfaktoren. Schon eine Woche nach Amtsantritt von Strauß brach am 23. Oktober 1956 der Ungarn-Aufstand los; in das Jahr 1956 fiel auch die heute fast vergessene Suez-Krise, in die immerhin zwei der engsten Verbündeten – Großbritannien und Frankreich – verwickelt waren. Seit 1958 folgte die zweite Berlin-Krise, auf deren Höhepunkt am 13. August 1961 in Berlin die Abriegelung des Ostteils durch den Mauerbau begann. Schließlich wurde die internationale Politik durch die Kubakrise seit 22. Oktober 1962 beherrscht, als die USA öffentlich bekannt machten, dass die Sowjetunion auf Kuba Raketenstellungen aufbaute.

Angesichts der direkten Konfrontation der beiden atomaren Supermächte USA und Sowjetunion in der Schweinebucht schien die Welt am Abgrund eines dritten Weltkriegs zu stehen. Von inneren Problemen abgesehen, folgte international also eine Krise der anderen, ein Bedrohungsszenario dem anderen. Diese massiven Destabilisierungsschübe drohten die internationale Sicherheitsarchitektur und das Gleichgewicht des Schreckens zu verschieben. Wiederholt wuchs die Befürchtung, der Kalte Krieg könne zu einem heißen werden. In Teilen der westdeutschen Bevölkerung stärkte diese Entwicklung zwar die Verteidigungsbereitschaft, zumal auch die deutschlandpolitischen Konferenzen der vier Mächte ergebnislos blieben, doch konnte unter solchen Umständen von einem ungestörten Aufbau der Bundeswehr keine Rede sein. Viele Entscheidungen standen deshalb unter Zeitdruck und Improvisationszwang, zumal keine der strategischen Grundentscheidungen und der Ausrüstung nur in Deutschland durchgekämpft werden mussten, sondern zugleich in die Kompetenz der NATO fielen. Überdies verfolgten mehrere Partnerstaaten dezidiert eigene Konzeptionen und Interessen.

Und natürlich erfolgte der Aufbau der Bundeswehr nicht nur in Deutschland unter der Last der Vergangenheit, sondern vor allem international musste Vertrauen gewonnen werden: Die deutsche Interessenvertretung erforderte also in starkem Maße Rücksicht auf die historisch bedingte Empfindlichkeit der NATO-Partner, insbesondere natürlich der Nachbarländer, wie allein schon das Scheitern der EVG in der Nachtsitzung der französischen Nationalversammlung am 30. August 1954 demonstriert hatte. Auf der anderen Seite veränderten die Probleme einzelner NATO-Mitgliedstaaten wie der britische und der französische Fehlschlag am Suezkanal[169] oder auch der Aufstand in Algerien gegen die französische Kolonialmacht seit 1957, der erst durch die von General de Gaulle abgeschlossenen französisch-algerischen Vereinbarungen von Evian am 18. März 1962 beendet wurde, die Rolle der Bundesrepublik Deutschland im Bündnis, weil sie für die USA mehr und mehr zum wichtigsten und unproblematischsten Partner in Europa wurde. Eine Besonderheit blieb freilich für die Bundesrepublik noch für Jahrzehnte bestehen: die Stationierungskosten der britischen und amerikanischen Armee und ihre Devisenverluste, die zu ständigen Forderungen an die Bundesrepublik führten. Verhandlungen über die von ihr zu leistenden Zahlungen spielten auch schon zu Strauß' und Schäffers Zeiten eine Rolle. Alles in allem standen also wesentliche, eher innere verteidigungspolitische Entscheidungen des neuen Verteidigungsministers in einem krisengeschüttelten internationalen Kontext, wie er in dieser Form seine Nachfolger nur noch vereinzelt belastete.

Nach Einschätzung von Strauß war nicht allein eine Reihe von Pannen der Grund für das Scheitern des Verteidigungsministers Blank, sondern der unumgängliche »Offenbarungseid über die Undurchführbarkeit der von ihm zu verantwortenden Planung«. Dabei sah Strauß durchaus fair die Zwickmühle, in der sich sein Vorgänger von Beginn an befand: »Manche Fehlentscheidung die Blank getroffen hat, ist nur daraus zu erklären, daß man im Herbst 1954, als sich die NATO-Lösung durchsetzte, an der Vorstellung festhielt, die Bundesrepublik könne eine Armee von 500 000 Mann in drei Jahren aufstellen... Diese Planung haben die Alliierten stürmisch gefordert, und die militärischen Berater Blanks haben unter dem Druck der Alliierten dieser Planung stattgegeben. Da Generale nie Schuld tragen an Niederlagen, haben sie die organisatorische Pleite, die Theo Blank aufgezwungen wurde und die er hinterlassen hat, damit begründet, daß die Aufbauzeit von drei Jahren eigentlich erst nach einem achtzehnmonatigen Vorlauf hätte beginnen sollen.«[170]

Strauß hatte sich verschiedentlich intern kritisch zur Aufbauplanung geäußert, wobei es auch zum Dissens mit Adenauer kam. Wenn auch Strauß' Darstellung in den *Erinnerungen* etwas stilisiert ist, hatte er doch immer wieder mit präzisen Argumenten und Zahlenangaben eine realistische Konzeption sowie Korrekturen eingefordert, beispielsweise nach einer ausführlichen Darstellung von Blank im Bundesvorstand der CDU am 20. September 1956. Die in der Diskussion von verschiedenen Rednern als Argumentationshilfe herangezogenen Expertenmeinungen, zum Beispiel über die damals strittige Dienstzeit von Wehrpflichtigen – 12 oder 18 Monate –, konterte Strauß mit der Bemerkung: »Ich bin nicht bereit, allen Experten-Urteilen a priori zu glauben, deren Theorie von heute nicht ganz im Einklang steht mit der Courage ihrer Praxis von damals.« Strauß' Beiträge unterschieden sich in der Regel dadurch, dass er, jeweils aus historischer Perspektive urteilend, die aktuelle geostrategische Lage zwischen den Weltmächten USA und Sowjetunion sowie innerhalb der NATO einbezog und auch Adenauer gegenüber, der sich von der Expertenmeinung »zwingen« lassen wollte, kritisch blieb. Als dieser ihn missverstand oder missverstehen wollte, konterte Strauß trocken: »Dann muß ich wohl chinesisch geredet haben.«[171]

Auch NATO-Botschafter Blankenhorn teilte die Einschätzung von Strauß, dass die Planungen unrealistisch waren, und zählte außerdem den Bundeskanzler selbst, Brentano, Schäffer und Schröder zu denjenigen, die auf Korrekturen drängten und diese der NATO offenlegen wollten.[172] Ende 1956, als der Offenbarungseid bei der NATO anstand, waren zwei Jahre seit der Zusage vergangen, in drei Jahren eine halbe Million

Mann aufzustellen, das wären zu diesem Zeitpunkt ungefähr 330 000 gewesen, tatsächlich hatte die Bundeswehr nur etwa 66 000 unter Waffen.

Als Strauß sein Amt als Verteidigungsminister antrat, bestanden »sehr gute vertragliche Grundlagen für das Hineinführen der Bundeswehr in das NATO-Bündnis, feste Sicherheitsgarantien, unhaltbare deutsche Aufstellungsziele, ungute bürokratische Herrschaftsstrukturen.«[173] Wie General Schmückle, der Pressesprecher von Strauß 1957 bis 1962 und spätere stellvertretende Oberste Befehlshaber der NATO Europa, berichtete, »wehte gleich ein anderer Wind«, als Strauß sein neues Amt antrat. Er befahl General Heusinger, aufgrund der bisherigen Erfahrungen realistische Planziele für den Aufbau der Bundeswehr zu nennen. Als dieser statt der in drei Jahren aufzustellenden 500 000 Mann erklärte, realistisch sei es, in sechs Jahren 350 000 Mann aufzustellen, setzte Strauß diese Korrektur auch gegen Adenauer durch. Er begründete sie unter anderem wie folgt: Würden künftig erneut Korrekturen an überhöhten Planungen notwendig, werde die Glaubwürdigkeit der Bundesrepublik bei den Verbündeten beschädigt. Auch innerhalb der NATO wankte Strauß nicht.[174]

Tatsächlich setzte die schon erwähnte NATO-Tagung nicht allein Adenauer unter Druck, sondern zwang auch den neuen, seit dem 16. Oktober 1956 amtierenden Verteidigungsminister nicht allein zu einer realistischen Korrektur der bisherigen Planungen, sondern zu einer Gesichtswahrung: Den misstrauisch gewordenen Alliierten mussten die Verzögerungen plausibel gemacht, zugleich aber durch einhaltbare Zusagen Befürchtungen genommen werden. Deshalb legte Strauß schon am 22. Oktober 1956 im Bundeskabinett einen Entwurf für die Erklärung vor, die er im NATO-Rat abgeben wollte, und reduzierte in der Sitzung des Bundeskabinetts am 24. Oktober aus diesem Anlass die überzogenen Planungen, worauf das Bundeskabinett mit leichten Modifikationen seine Kabinettvorlage billigte. Strauß hatte darauf hingewiesen, welche finanziellen Mittel notwendig seien und welche Erfahrungswerte es beispielsweise in der Wehrmacht, deren Ausbau unter Diktaturbedingungen sehr viel leichter möglich gewesen sei, für die Rekrutierung gegeben habe.[175]

Über die zweite Sitzung des NATO-Rats berichtete Staatssekretär Hallstein in der Kabinettssitzung vom 19. Dezember, die »Nichterfüllung der Verpflichtung der Bundesregierung zur Aufrüstung« sei nicht zur Sprache gebracht worden, was auf das »geschickte Verhalten der deutschen Delegation zurückzuführen« sei.[176] Diese war von Außenminister von Brentano und Verteidigungsminister Strauß geleitet worden. Tatsächlich gelang es Strauß, in wenigen Wochen in seinem neuen Amt Autorität zu gewinnen und auch die NATO-Partner von der deutschen Verteidigungsleistung zu überzeugen.

Strauß musste sich nun sofort mit Grundsatzfragen der Wehrverfassung, des Verhältnisses von Politik, Gesellschaft und Militär, der außen- und bündnispolitischen Einbettung der deutschen Verteidigungspolitik, den organisatorischen Fragen des Aufbaus sowie der Waffentechnik und der Ausrüstung befassen. Obwohl er zu allen Fragen bereits als Abgeordneter bzw. in seinen vorhergehenden Ressorts Stellung genommen hatte und Eugen Gerstenmaier einmal zu ihm sagte, »Du bist der Sachverständige«, handelte es sich um eine Herkulesaufgabe.

Die Grundprinzipien von Strauß waren von Beginn an klar: Vor dem Hintergrund der militärischen Vergangenheit Deutschlands entwickelte er eine moderne Konzeption der Wehrpolitik. So deutlich er die strukturelle Veränderung der Kriege im Atomzeitalter sah, so überzeugend plädierte er für den Vorrang der Politik vor dem Militär im demokratischen Verfassungsstaat. Hierzu zählte er die Notwendigkeit sowohl der parlamentarischen Kontrolle wie der Teilung militärischer Befehlsgewalt. Hinzu kam die zunächst von Graf Baudissin entwickelte Maxime, künftige Soldaten der Bundeswehr sollten »Staatsbürger in Uniform« und nicht blinde Befehlsempfänger werden, ein Programm, das dann von Gerd Schmückle ausgearbeitet und durch das Organisationsprinzip der »inneren Führung« ergänzt wurde: Damit sollte die Einordnung der Streitkräfte in die demokratisch-parlamentarische Verfassungsordnung gesichert und die Verantwortungsbereitschaft der Soldaten gefördert werden.

Franz Josef Strauß ließ deshalb 1958 beim Verteidigungsministerium einen Beirat für Innere Führung und in Koblenz eine Bundeswehrschule für Innere Führung einrichten.[177] Er folgte in Abkehr von der langen preußisch-deutschen Militärtradition innovativen Prinzipien der Militärpolitik. Und trotz der konfrontativen Atmosphäre, in der Wiederbewaffnung und Aufbau der Bundeswehr stattfanden, setzte Strauß – im Gegensatz zum gängigen Bild – auf einen Grundkonsens mit der SPD. Tatsächlich wurde die Bundeswehr in den Aufbaujahren von den Gegnern des deutschen Verteidigungsbeitrags misstrauisch beäugt, die politischen Gegner hielten oftmals mit »Hysterie … Ausschau … nach ›nazistischen‹ Anklängen in der Bundeswehr. Das war geradezu ein Trauma.« Und tatsächlich schlug die Abneigung gegen die Wiederbewaffnung in massiver und nicht selten persönlicher Weise auf den neben Konrad Adenauer entschiedensten Verfechter zurück: »Was immer ich tat, vorschlug oder anordnete – alles wurde von den Böswilligen als eine Rückkehr zu den Usancen des Dritten Reiches diffamiert.« Das galt selbst für vergleichsweise nebensächliche Bereiche wie den Schnitt der Uniformjacken.[178] Treffend formulierte Strauß in anderem Zusammenhang, als die Union als »militaristisch, deutschnational, größenwahnsinnig« diffamiert wurde, die deutsche Befindlichkeit: »Das Gefährliche ist diese Diskrepanz zwischen Gefühl und Realität, diese zunehmende, man könnte sagen ›Von-Hitler-zu-Hamlet-Entwicklung‹, die bei uns stattgefunden hat.«[179]

Strauß' verteidigungspolitische Zielrichtung ist umso bemerkenswerter, als er sie schon früh intern vertrat, was deshalb nicht als späteres Lippenbekenntnis abzuwerten ist. So erklärte Strauß in der Sitzung der CSU-Landesgruppe am 13. Januar 1955, also eindreiviertel Jahre bevor er selbst Verteidigungsminister wurde, innenpolitisch sei die psychologische Vorbereitung der Wiederbewaffnung noch nicht gelöst: »Das Inkrafttreten der Pariser Verträge und der automatische Gang der Gesetzgebung reichen nicht aus, um einen gesunden Boden und ein geeignetes innenpolitisches Klima zu schaffen. Das neue Militär darf nicht im Zwielicht des Kampfes zwischen Regierung und Opposition heranwachsen, sondern muß als anerkannter Faktor eines demokratischen Rechtsstaates sich in Deutschland ebenso einfügen, wie es in anderen Staaten mit alter demokratischer Tradition der Fall ist.«[180]

Der neue Verteidigungsminister benötigte selbstverständlich einen Pressereferenten, zumal gerade die Verteidigungspolitik wegen ihrer Umstrittenheit der Öffentlichkeit vermittelt werden musste. Angesichts der gesellschaftlichen und politischen Widerstände, auf die der Aufbau der Bundeswehr stieß, suchte Franz Josef Strauß keineswegs einen einfachen, ihm ergebenen Parteigänger: Selbstbewusst, wie er war, hatte er das nicht nötig. Für wen entschied er sich? Zunächst für den späteren General Gerd Schmückle, der schon mit seinem Vorgänger Blank aneinandergeraten und zweifellos eine eigenständige Persönlichkeit war. Schmückle hielt Strauß zwar für einen »ungewöhnlichen Politiker«, fand aber: Ein eher karger, etwas provinzieller Schwabe wie er passe nicht gut zu dem barocken und weltgewandten Bayern. Strauß akzeptierte zunächst die Absage: Er werde Ersatz suchen, falls er keinen angemessenen finde, werde er Schmückle jedoch den Befehl geben, zu ihm als Pressereferent zu kommen.

Nun allerdings war die Überraschung perfekt: Strauß entschied sich für den *Spiegel*-Redakteur Conrad Ahlers. Dies erscheint im Lichte der späteren *Spiegel*-Affäre als grotesk, hatte jedoch eine plausible Vorgeschichte. Ahlers war seit 1951 Chef vom Dienst im Presse- und Informationsamt der Bundesregierung gewesen und seit 1952 Pressereferent in der Dienststelle Blank, also der Vorläuferin des Verteidigungsministeriums, bevor er 1954 zur *Welt* und seit 1957 zum *Spiegel* wechselte. Doch sagte auch Ahlers ab, die damalige Bezahlung im Verteidigungsministerium von monatlich etwa 800 DM lag deutlich unter der beim *Spiegel*. Daraufhin bestellte Strauß erneut Schmückle und sagte: »›Ich will Sie jetzt nicht zwingen, obwohl ich das ja machen könnte. Ich will Ihnen aber mal die Politik erklären, die ich mit der Bundeswehr machen will.‹ Das hat mir sehr imponiert, und am Schluß habe ich gesagt: Gut, probieren Sie es mit mir.… Er war ein enorm großzügiger und enorm anspruchsvoller Vorgesetzter. Er hat mir aber auch freie Hand gelassen, und wir haben eigentlich auch nie Krach miteinander bekommen.«[181]

In den militärpolitischen Grundsätzen von Strauß begegnet kaum eine Überlegung, die sich nicht aus der historischen Erfahrung speist und die nicht in bewusstem Gegensatz zum NS-Regime entwickelt worden wäre. So steuerte er 1961 ein Geleitwort zur Neuauflage der zuerst 1935 erschienenen Sammlung *Kriegsbriefe gefallener deutscher Juden* bei. Seine Begründung lautete: Zwar könne er sich hier nicht mit der »Problematik der jüdischen Assimilation in Deutschland, ihren Gegnern und Befürwortern, ihren Folgen, auch… ihrer historischen Wertung« befassen, doch wolle er »das von den Nationalsozialisten geschändete Bild des jüdischen Mitbürgers und Soldaten in Deutschland wieder in das rechte Licht rücken«.

Strauß beschrieb die psychologischen Mechanismen des Antisemitismus und stellte dessen antichristlichen Kern heraus, der die Juden ihrer Menschenwürde und der Ebenbildlichkeit Gottes als Menschen beraubte: »Der Mensch wurde zur Sache degradiert, zum Vergnügungsmaterial für KZ-Wächter, zum Verarbeitungsmaterial in der überdimensionalen Tötungsmaschinerie.« In wenigen Zeilen charakterisiert Strauß den totalitären Charakter, die »grauenhafte Präzision« der systematischen Auslöschung jedes einzelnen Individuums und verweist darauf, dass die Wurzel dafür in der schon vorher praktizierten Verachtung der Juden als Menschen begonnen habe. Er will das realistische Gegenbild entwerfen, weil die »Ungeheuerlichkeit des Juden- und Völkermordes, die Größenordnungen, in denen sich die Verbrecher austobten«, sich leicht der menschlichen Vorstellungskraft und damit dem Mitleiden entziehen würden.

Sodann stellt Strauß die Opferbereitschaft, die Tapferkeit von 100 000 Männern jüdischen Glaubens bzw. jüdischer Abstammung im Ersten Weltkrieg dar: »Die Kriegsbriefe gefallener deutscher Juden… zeigen uns eine Generation jüdischer Mitbürger, in ihrer Haltung, Gesinnung und Vaterlandsliebe ganz Kinder ihrer Zeit, manchmal für unser Gefühl etwas zu pathetisch, eingenommen vom Stolz und kriegerischen Temperament des Nationalstaats, befeuert von einem Patriotismus, dessen Zielsetzung uns heute seltsam fremd berührt und der nur aus der Zeit heraus zu verstehen ist.« Strauß beschreibt, wie unfassbar es für die jüdischen Frontsoldaten gewesen sein musste, was ihnen nach 1933 in Deutschland widerfuhr, er schildert die »Irrationalität und konsequente Tollheit« von Hitlers Antisemitismus und Himmlers massenmörderischer Umsetzung des Rassenwahns, erwähnt aber auch einzelne Fälle von Humanität und Hilfsbereitschaft, womit er deutlich macht: Man musste nicht Teil der Diskriminierungs- und schließlich der Mordmaschinerie werden, es gab Alternativen zur Mittäterschaft und auch zum Mitläufertum.

Doch bleibt Strauß bei seiner einfühlsamen Darstellung nicht in der Vergangenheit stehen, sondern will daraus die Lehre für die Gegenwart ziehen »als Warnung vor dem Bösen, dem Rassenhaß, den modernen totalitären Herrschaftsformen, als Beispiel für Vaterlandsliebe, Leidensfähigkeit und Treue«. Die Realität strafe die Nazipropaganda gegen die Juden Lügen, sie sei ein »schlagender Gegenbeweis«. Es sei nötig, die »Schicksale der deutschen jüdischen Soldaten, ihre Treue zur Heimat, ihre Tapferkeit im militärischen Kampf als Teil der Tradition der Bundeswehr zu sehen«.[182] Es gab in diesen Jahren nicht viele Verteidigungspolitiker, die sich so eindeutig geäußert haben und dieser Opfergruppe der nationalsozialistischen Verbrechen wenigstens gedanklich und moralisch ihre Würde zurückgeben wollten, indem sie deren Haltung und Taten aus dem Ersten Weltkrieg als positives Erbe für die Bundeswehr in Erinnerung riefen. Und für die historische Sensibilität von Franz Josef Strauß spricht zudem, in welch dezenter Form er zugleich die Distanz zum nationalistischen und kriegerischen Zeitgeist von 1914 erkennen lässt, der freilich nicht allein auf jüdische Freiwillige beschränkt, sondern ein kollektiver Charakterzug der damaligen europäischen Gesellschaften war. Strauß ging es bei der Spezifizierung nur darum, die Absurdität nationalsozialistischer Propaganda gegen vermeintlich unpatriotische Juden zu demonstrieren.

Natürlich lagen hier nicht die einzigen historischen Reminiszenzen seiner verteidigungspolitischen Konzeption. Sie speiste sich zwar aus historischen Erfahrungen, setzte aber prinzipieller an: Strauß wünschte eine differenzierte verfassungspolitische Absicherung und gesellschaftliche Einbindung der Militärpolitik, die alles andere als autokratisch oder autoritär war. So schlug er in der Sitzung des Fraktionsvorstands der CDU/CSU-Bundestagsfraktion am 3. Mai 1955 unter anderem einen Verteidigungsrat vor, der unter Vorsitz des Bundeskanzlers die Ressorts Verteidigung, Auswärtiges, Wirtschaft, Finanzen und Inneres umfassen sollte, wobei fallweise weitere Ressorts und die Leiter der militärischen Abteilungen hinzutreten könnten. Zielte dieses Gremium auf die militärpolitische Koordination der Regierungsarbeit, so der weitere Vorschlag eines Verteidigungsausschusses auf die gesellschaftliche Verankerung, sollte er sich doch »aus den verschiedenen soziologischen Bevölkerungsschichten« zusammensetzen.[183] Tatsächlich durchdachte kaum ein anderer Verteidigungspolitiker der frühen Bundesrepublik bei grundsätzlicher Bejahung eines westdeutschen Verteidigungsbeitrags im westlichen Bündnis die vielfältigen Dimensionen einer künftigen Verteidigungspolitik in einer vergleichbar differenzierten Intensität wie Strauß – umso überraschender sind die Klischees, die über ihn im Umlauf sind.

Einmal im Amt, blieb Strauß aber zunächst kein Spielraum für Grundsatzdiskussionen, musste er doch nicht allein die bevorstehenden Sitzungen des NATO-Rats in kurzer Zeit vorbereiten, sondern neben der Reduzierung der Planzahlen eine Änderung der Führungsstruktur herbeiführen sowie die Entscheidung über die Dauer der Wehrpflicht fällen. Strauß hielt die Einführung der allgemeinen Wehrpflicht zu diesem Zeitpunkt für verfrüht, weil für sie weder die organisatorischen Voraussetzungen noch die notwendigen Unterbringungsmöglichkeiten bestanden. Hinzu kam, dass Strauß – in Übereinstimmung mit den führenden Militärs seiner Umgebung – zunächst eine Freiwilligenarmee mit hoher Qualität nach dem Vorbild der Weimarer Reichswehr aufbauen wollte. Dies setzte voraus, zunächst als Rückgrat der Armee entsprechend qualifizierte Führungs- und Ausbildungskader zu organisieren. Anders als sein Vorgänger Blank wollte Strauß Freiwillige aus dem Bundesgrenzschutz in die Bundeswehr übernehmen, um ihren Aufbau nicht noch mehr zu verlangsamen. Trotz der zum Teil heftigen Ablehnung aus dem Verteidigungsministerium setzte er ein entsprechendes Gesetz durch. Diese Integration von Angehörigen des Bundesgrenzschutzes bewährte sich durchaus.

Das Wehrpflichtgesetz war bereits am 25. Juli 1956 vom Bundestag beschlossen worden, die Dauer des Grundwehrdienstes war allerdings offen geblieben, sodass Strauß am 8. November einen entsprechenden Gesetzentwurf auf der Grundlage des vom Bundestag schon am 7. Juli beschlossenen Wehrdienstes von zwölf Monaten einbrachte. Dabei betonte er, dass »auf die Pflicht des Bürgers zur Verteidigung des Staates« nicht verzichtet werden könne. Wenngleich Strauß das Prinzip der allgemeinen Wehrpflicht für unverzichtbar hielt, wollte er aus pragmatischen Gründen Zeitpunkt und Ausmaß der Realisierung einstweilen offen lassen, unter anderem weil nicht genug Kasernen und Ausbilder zur Verfügung standen. So wurden zunächst zum 1. April 1957 10 000 Mann einberufen[184], die vom gänzlich unmilitärischen Bundespräsidenten Theodor Heuss mit der ironisch-freundlichen Bemerkung »Nun siegt mal schön« begrüßt worden sein sollen. In den damaligen heftigen Debatten ging fast unter, dass an der Spitze des Staates damals mit Adenauer und Heuss zwei eingefleischte Zivilisten standen und der erste Bundesverteidigungsminister Blank ein christlicher Gewerkschafter war – von einer militaristischen Mentalität konnte also keine Rede sein. Und auch der durch die Zeitläufte, nicht durch eigene Entscheidung zum Offizier gewordene Strauß war das Gegenteil eines Militaristen. Es ging ihm allein um die Verteidigungsaufgabe und ihre politischen Konsequenzen, nicht aber um einen militärischen Selbstzweck oder gar eine Militarisierung des Sozialllebens. So betonte er wiederholt, der Zweck der Truppe sei, »den Frieden zu sichern«. Das Ziel der gemeinsamen Anstrengung bestehe nicht darin, eine Auseinandersetzung zu gewinnen, sondern »ihren Ausbruch zu verhindern«.[185] Charakteristisch für Strauß ist auch seine Respektierung der Wehrdienstverweigerung, wobei er den oft vernommenen »falschen Zungenschlag« beklagte: »Wir müssen vor den ethischen Motiven derer, die den Kriegsdienst mit der Waffe aus Gewissensgründen verweigern, den Respekt haben, der ihnen nach der Verfassung und der ihnen auch auf Grund des Rechts zukommt, das jeder Mensch mit einer fundierten Überzeugung für sich beanspruchen kann.« Aber diesen Respekt könnten auch jene beanspruchen, die zum »Verteidigungsdienst mit der Waffe in der Hand bereit sind«.[186]

So charakteristisch es für Strauß war, sich arbeitswütig auf jedes neue Betätigungsfeld zu stürzen und sich so schnell wie möglich persönlich Sachkunde zu erwerben, so bezeichnend war es auch, sich nie allein darauf zu verlassen, sondern mit einem kompetenten Team zu arbeiten. Neben dem Generalinspekteur Adolf Heusinger gehörten die Inspekteure der Waffengattungen dazu: Hans Röttiger (Heer), Josef Kammhuber (Luftwaffe) und Friedrich Ruge (Marine). Hinzu kamen Hans Speidel, erster deutscher General in der NATO, sowie Wolf Graf von Baudissin, von dem das Konzept der »Inneren Führung« und des »Staatsbürgers in Uniform« stammte, was er bereits im Amt Blank entwickelt hatte.[187] Baudissin trat 1956 als Oberst in die Bundeswehr ein und entwickelte später bezeichnenderweise Konzepte zur kooperativen Rüstungskontrolle und Sicherheitspolitik. 1967 wurde er Gründungsdirektor des Instituts für Friedensforschung in Hamburg. Dieses Team war nach dem Urteil von General Schmückle »von einer später nie mehr erreichten Qualität«.[188]

Hans Speidel war schon seit 1951 der wichtigste militärische Berater von Strauß, als dieser gewissermaßen inoffizieller Sprecher seiner Fraktion, zumindest aber der CSU-Landesgruppe im Bundestag war. Strauß schätzte Speidels urbane und noble Haltung, seine hohe Bildung.[189] Doch war Speidel nicht sein einziger Berater, auch andere wie der ehemalige General der Panzertruppen Graf Schwerin gehörten dazu, der ihm schon seit 1955 immer wieder Vorschläge, Informationen und Memoranden schickte, selbst aber offensichtlich das Interesse verfolgte, in das Verteidigungsministerium bzw. die Bundeswehr aufgenommen zu werden, nachdem er schon 1950 kurze Zeit als Berater der Bundesregierung in militärischen Fragen tätig gewesen war. Als Strauß Verteidigungsminister wurde, schickte Graf Schwerin ihm schon am 15. Oktober 1956 einen »Wunschzettel« für ein Gespräch, wobei sein Kernsatz lautete: »Es war der Grundfehler Ihres Vorgängers, keinen direkten Kontakt mit der Truppe zu besitzen und einen gewaltigen Wasserkopf im Verteidigungsministerium aufzubauen, bevor es Truppen gab.«[190] Auch Schwerin hielt es für richtig, Teile des Bundesgrenzschutzes in die Bundeswehr zu integrieren, möglicherweise stammte die Anregung sogar von ihm. Strauß schätzte den Bundesgrenzschutz als »eine Art Reichswehr« wie in der Weimarer Republik ein, wenngleich mit leichter Polizeibewaffnung.

Die Kontakte zu Schwerin und anderen Generälen zeigen: Strauß, der oft Skepsis erkennen ließ, ja deutliche Kritik an Generälen übte, vor allem an solchen der Wehrmacht, schätzte einige besonders hoch, allen voran Speidel und Heusinger: Ihre Kompetenz war für ihn wertvoll, abhängig wurde er aber davon nicht, wie die Tatsache zeigt, dass er die Freiwilligen aus dem Bundesgrenzschutz gegen die explizite Meinung seines Ministeriums durchsetzte, wobei der Erfolg ihm recht gab. Im Umfeld des Verteidigungsministers wuchs die Zahl der Personen, die von Strauß Förderung erhofften. Wie zahlreiche Briefe zeigen, bombardierten Interessenten ihn geradezu: Sie fanden nicht immer, aber ziemlich häufig ein offenes Ohr, die Empfehlungsschreiben von Strauß an andere Politiker, an Ministerien, an Unternehmen sind zahlreich. Nur selten entzog er sich dem Wunsch langjähriger Bekannter oder Freunde, sich für sie einzusetzen, und nur in einigen Fällen konnte Strauß dann seinerseits von der Kompetenz des Bittstellers profitieren.

Unabhängig von denjenigen, die Strauß persönlich gut oder sehr gut kannte, war die Zahl der Petenten während seiner politischen Laufbahn hoch, und zwar auch schon vor seiner Zeit als Verteidigungsminister: Dann wuchs sie allerdings extrem, sodass Strauß in seinen letzten Jahren in diesem Ministerium im Jahresdurchschnitt 5500 Petitionen erreichten, wovon aber nur etwa 1532 Anträge die Befreiung bzw. Rückstellung vom Wehrdienst betrafen, also für das Verteidigungsministerium spezifisch waren.[191]

Neben der militärischen Beratung des Ministers wurde eine weitere Spezifik für die Amtszeit von Strauß charakteristisch. Die Organisationsstruktur, die den Prinzipien der allgemeinen Ministerialverwaltung folgte, wurde den Notwendigkeiten militärischer Organisation angepasst. So bildete Strauß eine Hauptabteilung »Generalinspekteur der Bundeswehr« und brachte die unterschiedlichen Vorstellungen der Truppenteile zum Ausgleich: Heer, Luftwaffe, Marine verfolgten jeweils Eigeninteressen, die austariert werden mussten. Zugleich aber galt es, dem europäisch-atlantischen Denken in der Bundeswehr Geltung zu verschaffen[192], was schon deshalb nicht leicht war, weil viele Offiziere, die schon früher gedient hatten, noch in nationalen Vorstellungen befangen waren. Strauß kannte diese Mentalität aus seinen eigenen militärischen Erfahrungen nur zu gut. Da er selbst gerade in strategischen und sicherheitspolitischen Fragen dezidiert euro-atlantisch dachte, konnte er Überzeugungsarbeit leisten, musste es aber auch, weil die deutsche Sicherheitspolitik Adenauer'scher Prägung von Beginn an auf eine integrative Führungsstruktur innerhalb der NATO setzte und dies der politischen Realität entsprach. Hier lag eine der Pointen der Westintegration, die Souveränität durch partiellen Souveränitätsverzicht erreichte. Gerade weil Strauß zugleich in militärischen Kategorien zu denken vermochte, konnte er die politische Dimension gegenüber den Militärs zur Geltung bringen.

Als Verteidigungsminister zeigte er immer wieder, in welchem Maße er auf militärischen Sachverstand setzte, dialogfähig war und zugleich dem Primat des Politischen folgte. Die ständige Korrespondenz mit den NATO-Partnern nicht allein in Bezug auf militärtechnische Fragen, sondern auf die Sicherheitspolitik insgesamt erlaubte es Strauß – der sich zeitlebens ungern auf einen Sektor der Politik beschränken wollte –, seinen außenpolitischen Leidenschaften zu frönen. Denn kaum hatte er mit seinen Beratern strategische und sicherheitspolitische Konzepte für die Bundesrepublik entwickelt, mussten die europäischen und atlantischen NATO-Partner überzeugt werden, deren Konzeptionen oft divergierten. Ein Beispiel bildet die operative Idee der Vorneverteidigung, die, dem Auf- und Ausbau der Bundeswehr folgend, schrittweise die Verteidigungslinie bis an die innerdeutsche Grenze vorverlegte. Dieses strategische Prinzip setzte sich schließlich für alle östlichen Randstaaten des NATO-Bündnisses aufgrund der Überzeugungsarbeit von Strauß durch.[193] Je stärker jedoch die Bundesrepublik durch sinnvolle eigene strategische Vorstellungen und das zunehmende militärische Gewicht der Bundeswehr präsent wurde, desto größer wurde ihre politische Bedeutung innerhalb der Allianz. Diese Entwicklung stärkte aber nicht allein den Anspruch auf Gleichberechtigung, sondern erlaubte es überdies, stärker deutsche Sicherheitsinteressen zu vertreten und vor allem die Konzeptionen zur operativen Umsetzung zu beeinflussen. Da im militärischen Ernstfall die Bundesrepublik an vorderster Front gestanden hätte, bildete es eine Überlebensfrage, in diesem Feld mitzubestimmen.

Die ständigen Abstimmungen innerhalb der Allianz, die damals 15 Staaten umfasste, bildeten nicht allein eine verteidigungspolitische und militärtechnische, sondern zugleich eine diplomatische Daueraufgabe: Der Außenpolitiker und internationale Stratege Strauß fand hier ein ihm gemäßes Betätigungsfeld, das seitdem zum zweiten außenpolitisch zuständigen Ministerium auch späterer Bundesregierungen wurde. Zugleich verlangte es von Strauß eine stärkere Abstimmung mit dem Außenministerium. Das zuweilen spannungsreiche Verhältnis wurde aber aufgrund seines – trotz gelegentlichen Dissenses – freundschaftlichen Verhältnisses zu Heinrich von Brentano sowie der reibungslosen Arbeitsbeziehungen, später sogar des freundschaftlichen Verhältnisses zum NATO-Botschafter Herbert Blankenhorn entspannt, die wechselseitige Information funktionierte effizient.[194]

Franz Josef Strauß musste drei Adressaten von der Richtigkeit seiner in wesentlichen Bereichen neuen Verteidigungskonzeption überzeugen: erstens die Bundeswehroffiziere selbst, zweitens die alliierten Bündnispartner und drittens die Opposition, die zu diesem Zeitpunkt noch NATO und Westintegration ablehnte. Bei keinem der Adressaten aber war bzw. blieben die Vorstellungen statisch, das zeigte sich nicht allein am Wandel der SPD 1959/60, sondern auch in Hinblick auf die Atombewaffnung innerhalb der NATO oder bei einzelnen Ausrüstungsprojekten, etwa beim Starfighter. Hinzu kam, dass sich das Verteidigungsministerium mehr und mehr zu einem Mammutministerium entwickelte und allein schon wegen der wachsenden Zahl der Soldaten schließlich den größten Personalbestand aller Ressorts aufwies. Angesichts dieser Größe waren naturgemäß technische Probleme bei der Ausrüstung sowie sonstige Zwischenfälle unvermeidlich: Ob es sich nun um technische Pannen oder solche der Personalführung handelte, die politische Verantwortung trug der Minister, ob er eine Entscheidung selbst getroffen hatte oder nicht. In der zumindest in den ersten Jahren skeptischen bzw. militärfeindlichen gesellschaftlichen Atmosphäre der Bundesrepublik blieb zunächst jedes Problem buchstäblich an ihm hängen.

Das begann schon einige Monate nach dem Amtsantritt von Strauß und ausgerechnet zum Zeitpunkt seiner Hochzeit in Rott am Inn, wo er erst in letzter Minute auftauchte, was öffentlich sofort übel vermerkt wurde. Was war der Grund? An der Iller hatte ein Oberjäger – leichtfertig, übereifrig oder aus Schikane, sei dahingestellt – seine Soldaten durch den an dieser Stelle reißenden Fluss geführt. 15 Soldaten ertranken bei diesem gefährlichen Manöver. Hatte Strauß eine derartig unsinnige und dann tödliche Anweisung gegeben? Natürlich nicht! Aber ihm, dem Verteidigungsminister, warf man vor, ohne gründliche Ausbildung den Aufbau der Bundeswehr zu rasant voranzutreiben und deshalb letztlich für das Unglück verantwortlich zu sein. Keine Rede war davon, dass Strauß es war, der eine Reduktion der Aufbauplanung betrieb, der der soliden Schulung Vorrang vor der Quantität gab, von dem es keinen Befehl gab, der dem verantwortlichen Oberjäger auch nur das geringste Alibi verschafft hätte. Natürlich spielten auch hier nicht allein persönliche Animositäten gegen Strauß eine Rolle, doch die sich immer wieder zeigende unauflösliche Melange aus Antipathien gegen den zuständigen Minister und gegen die Aufrüstung führte dazu, dass Strauß zunehmend zum

Buhmann für alles wurde, was in der Verteidigungspolitik kritisch gesehen wurde.

In der Gesellschaft musste zunächst das Grundprinzip überzeugend erkennbar werden, dass die Bundeswehr nicht wie die Reichswehr der Weimarer Republik ein Staat im Staate werden würde, sondern Teil des demokratisch verfassten Staates, der dem Primat demokratisch legitimierter Politik unterlag und im Übrigen kein militärischer Selbstzweck war. Es musste klargemacht werden, dass die Doktrin der Stärke und der Abschreckung eben der Kriegsverhinderung diente und keineswegs offensive Bedeutung besaß. Besonders schwierig erwies sich die Diskussion über eine mögliche Atombewaffnung, nicht allein wegen der »Anti-Atomtod-Bewegung« in Deutschland, sondern wegen der alliierten Reaktionen, die aber im zeitlichen Ablauf weder einheitlich noch konsistent waren. Die Vorstellungen von Strauß blieben jedoch konsistent, weswegen er auf unterschiedliche Widerstände traf. Bei allen Atomwaffengegnern stand er allein schon als bisheriger Atomminister unter Verdacht.

Ein Manko der sicherheitspolitischen Debatte in der westdeutschen Öffentlichkeit bestand von Beginn an in ihrer nationalen Egozentrik, ja Provinzialität. Strauß dagegen war ein europäisch und weltpolitisch denkender Stratege und ging immer wieder gegen die beschränkte nationale Perspektive an – blieb damit jedoch in der öffentlichen Meinung oft erfolglos. Kein zweiter damaliger Politiker konnte wie er aus dem Handgelenk eine präzise Analyse der internationalen Szenerie geben, die globale Perspektiven mit Detailkenntnissen über verschiedene Kontinente verband. Umso mehr nervte ihn die provinzielle Enge vieler Debattenbeiträge zur Außen- und Sicherheitspolitik.

Die Situation der bundesdeutschen Verteidigungspolitik war 1956 komplizierter, als es auf den ersten Blick erscheinen mochte. Zwar waren die Pariser Verträge und die dortigen Regelungen einschließlich der NATO-Mitgliedschaft der Bundesrepublik unter Dach und Fach. Schon das allein war zweifellos ein grandioser Erfolg der Regierung Adenauer, insbesondere des Bundeskanzlers selbst, doch die erwähnte Nichteinhaltung der Zusagen für den Aufbau der Bundeswehr dokumentierte ihre nach wie vor fragile Lage: Der neue Verteidigungsminister musste nicht allein überzeugende Begründungen und einhaltbare Planungen vorlegen, die die Alliierten akzeptierten, vielmehr musste der sicherheitspolitische Beitrag der Bundesrepublik erst bzw. neu definiert, ihre Rolle im Bündnis erst gefunden werden. Hierbei handelte es sich nicht nur um eine militärische, sondern auch um eine außenpolitische Herausforderung ersten Ranges.

Atomwaffen in der Bundesrepublik?

Überdies müssen die wehrpolitischen Überlegungen jener Jahre, auch die Frage der Atombewaffnung in der und für die Bundesrepublik, vor dem Hintergrund europäischer oder globaler Krisen im Ost-West-Verhältnis sowie der Krisen innerhalb des NATO-Bündnisses selbst gesehen werden. 1956 war ein solches Krisenjahr: Nicht allein im Ostblock gab es Krisen, vor allem den Ungarn-Aufstand und die zunächst unkalkulierbare polnische Krise, die zur Wiedereinsetzung des vorher jahrelang inhaftierten Wladyslaw Gomulka als Parteichef führte. Auch die Entwicklung im Nahen Osten war bedrohlich: »Die Allianz war nach dem Suezkrieg 1956 in eine tiefe Krise geraten. Die deutsche Stellung gewann dabei zunehmend an Gewicht, weil die Amerikaner zu Briten und Franzosen auf Distanz gegangen waren und ihnen die nukleare Solidarität verweigert hatten.«[195]

NATO-Botschafter Blankenhorn sprach in seinem Tagebuch von einer »schweren Krise der westlichen Welt« und dem »Mangel einer klaren außenpolitischen Konzeption in Washington«.[196] Adenauers Vertrauen in die Amerikaner wurde durch ihr Verhalten in der Suez-Krise, zugleich aber auch dadurch erschüttert, dass sie ihre Bündnispartner nicht über ihre Pläne zur Veränderung ihrer Strategie informiert hatten.

Der sowjetische Ministerpräsident Bulganin drohte 1956 mit dem Einsatz von Interkontinentalraketen gegen die beiden Hauptstädte, wenn Großbritannien und Frankreich ihre Truppen nicht sofort aus Ägypten abzögen. Als die Amerikaner auf Nachfrage der französischen Regierung keinen atomaren Schutz anboten, verstärkte dies die eigenen französischen Atompläne, ja, Strauß nannte diese Situation sogar »die endgültige Geburtsstunde der französischen Atombombe«. Das wird bestätigt durch die Verhandlungen, die Bundeskanzler Adenauer mit dem französischen Premierminister Guy Mollet am 6. November 1956 in Paris führte. Angesichts der russischen Drohung fühlten sich die französischen Verhandlungspartner bis ins Mark getroffen.[197] Doch ermöglichte diese schwierige internationale Situation Fortschritte in der Europapolitik im Allgemeinen und bei EURATOM im Besonderen. Dabei wurde die zentrale Versorgung der beteiligten Staaten mit Kernbrennstäben durch eine europäische Atomagentur vereinbart.[198]

Als Strauß am 10. Mai 1957 eine Große Anfrage der SPD-Bundestagsfraktion beantwortete, die auf Verhinderung atomarer Waffen in der Bundesrepublik zielte, ging er nicht allein auf die neun Fragen der SPD ein. Vielmehr ordnete er, wie es charakteristisch für ihn war, seine Antworten in den strategischen Gesamtzusammenhang ein und analysierte das sowjetische Bedrohungspotenzial. Die Antwort des Verteidigungsministers sah der Bundeskanzler als so wichtig an, dass er zum 9. Mai, also dem Vortag, eigens eine Sondersitzung des Kabinetts einberufen hatte, auf der Strauß den Entwurf seiner Antwort vorlas. Adenauer erklärte, Strauß' Entwurf habe außer in einigen stilistischen Kleinigkeiten seine volle Zustimmung.[199] Adenauer äußerte seine Besorgnis über die erhebliche Beunruhigung in der Bevölkerung, die nicht allein eine rationale Seite habe: »Das Wahlbemühen der Opposition sei es offensichtlich, die gefühlsmäßige und begreifliche Sorge der Bevölkerung vor den Wirkungen der Atomwaffe im Wahlkampf auszunützen. Eine solche Sorge könne und dürfe man nicht bagatellisieren.« Da auch die meisten anderen Minister ähnliche Befürchtungen hatten wie Adenauer, schlug Vizekanzler Blücher vor, der Bundeskanzler solle vor die Antwort des Verteidigungsministers »eine eigene Erklärung setzen, die die gefühlsmäßige Seite der Angelegenheit behandle«.[200] So geschah es. Ganz offensichtlich fanden mehrere Teilnehmer den Entwurf von Strauß – bei grundsätzlicher Übereinstimmung in allen Sachpunkten – zu rational. Nur Eugen Gerstenmaier betonte in offensichtlicher Skepsis gegenüber einer zu starken Emotionalisierung und mit ausdrücklicher Zustimmung zum argumentativen Charakter von Strauß' Text, die Debatte müsse ein hohes Niveau haben. Tatsächlich war die Rede von Strauß sachorientiert, er schielte nicht auf den in einigen Monaten bevorstehenden Wahlkampf.

Auf der anderen Seite musste aber der deutschen Bevölkerung klargemacht werden, warum die Bundesregierung, anders als bisher öffentlich dargestellt, Atomwaffen zumindest in amerikanischer Verfügungsgewalt auf deutschem Boden zulassen wollte, warum überhaupt über eine Atombewaffnung der Bundeswehr nachgedacht wurde. Da die SPD nicht allein eine Große Anfrage eingebracht hatte, sondern auch noch eine Reihe von Anträgen vorbereitete, die Adenauer in der Sondersitzung am 9. Mai 1957 seinen Ministern vorlas, zwang die Opposition die Regierung zur öffentlichen Klarstellung ihrer Position.

In ihrem Entschließungsantrag zur Großen Anfrage wollte die SPD-Fraktion von der Bundesregierung u. a. sowohl den Verzicht auf Ausrüstung der Bundeswehr mit Atomwaffen als auch auf die Lagerung von Atomwaffen auf dem Territorium der Bundesrepublik erreichen. Schließlich sollte die Regierung die Stationierung von ausländischen Verbänden mit Atomwaffen ablehnen. Unabhängig von der grundsätzlichen Befürchtung der SPD, die weitere Aufrüstung würde die ost-westliche Konfrontation verschärfen, spielte es eine Rolle, dass sie über die Veränderungen der NATO-Verteidigungskonzeption seit 1956/57 wohl kaum ausreichend informiert war. Diese Diskussionen hatten zunächst auch in der Bundesregierung erhebliche Unruhe erzeugt, zum einen, weil sie nicht vorher in amerikanische und britische Überlegungen eingeweiht worden war, zum anderen, weil sie die Sicherheit der Bundesrepublik dadurch beeinträchtigt sah. Auf diesen möglichen Wandel der NATO-Strategie, der sich ohne ihre Mitwirkung zu vollziehen drohte, musste die Bundesregierung reagieren, wollte sie nicht von den wesentlichen strategischen Entscheidungen innerhalb des Bündnisses abgekoppelt werden.

Auslöser neuer verteidigungspolitischer Konzeptionen war wieder einmal ein Ereignis im sowjetischen Machtblock, das als Bedrohung erschien und Ängste erzeugte: der Einmarsch sowjetischer Truppen in Ungarn im November 1956 und die Niederschlagung des dortigen Aufstands, der der Westen hilflos zusehen musste. Der Aufbau der Bundeswehr steckte zu diesem Zeitpunkt noch in den Kinderschuhen, umso eindeutiger sahen die Verantwortlichen die völlige Abhängigkeit der Bundesrepublik von den USA. Sie aber erschien Adenauer und Strauß keine absolut sichere Bank, weil die amerikanische Verteidigungskonzeption sich verschiedentlich wandelte, ohne dass dabei auf das Sicherheitsinteresse der Bundesrepublik die notwendige Rücksicht genommen wurde. Das galt beispielsweise für den sogenannten Radford-Plan vom Sommer 1956, demzufolge die konventionellen Bodentruppen in Europa deutlich verringert werden sollten, als Kompensation aber die Luftwaffe verstärkt mit nuklearer Munition ausgestattet werden sollte: Dies hätte im Ernstfall eine Strategie totaler Vergeltung bedeutet und das militärische Gewicht konventioneller Streitkräfte, auch der Bundeswehr, drastisch vermindert.

Die Frage stellte sich, warum dann in der Bundesrepublik der Aufbau der Bundeswehr so rasant erfolgen sollte, wie es die NATO forderte. Auf der anderen Seite war diese Strategie gefährlich, weil jede Reaktion des Westens eine vollständige Überreaktion bewirken konnte: Eine kleine Grenzverletzung hätte einen atomaren Gegenschlag auslösen können.[201] Das Bundeskabinett beriet über diese Gefahr, dass die Bundesrepublik zum Schauplatz eines Atomkriegs werden könnte, bereits am 20. Juli 1956, nachdem Franz Josef Strauß, zu dieser Zeit noch Atomminister, über die amerikanische Atompolitik berichtet hatte. Nach Gesprächen mit Experten und Verteidigungspolitikern in den USA und Frankreich gelangte Strauß zu dem Ergebnis, die Bundesrepublik müsse anstreben, »an den Erfahrungen, insbesondere im Zusammenhang mit den Atombombenversuchen, beteiligt zu werden ... Nur dann könne man hinsichtlich der Gliederung, Technik und Taktik der aufzustellenden Bundeswehr das Richtige tun ... Eine Nation, die heute nicht selbst Atomwaffen produziere, sei deklassiert ...« Strauß vermittelte dem Bundeskabinett eine genaue Übersicht zum damaligen Stand der Atombewaffnung, zur spezifischen Rivalität zwischen den USA und der Sowjetunion und ihrem gemeinsamen Interesse, keine weiteren Mächte mit Atomwaffenproduktion zuzulassen, um ihr Monopol zu behalten. Allerdings sei Großbritannien dabei, dieses Monopol zu durchbrechen.

In seiner Kritik des Radford-Plans verwies der Bundeskanzler in dieser Sitzung auf die Äußerungen des amerikanischen Außenministers John Foster Dulles, dass zunächst doch keine Herabsetzung der geplanten deutschen Truppenstärke beabsichtigt sei.[202] Man hat die Beunruhigung über den Radford-Plan als Ursache von Adenauers Sinneswandel in der Atompolitik bezeichnet, noch mehr aber die Rolle von Strauß betont: »Hier schlug die Stunde von Strauß, der seine Kabinettskollegen über die strategische Bedeutung von Nuklearwaffen aufklärte und damit dem eigentlich zuständigen Verteidigungsminister Blank die Schau stahl. Schließlich sah sich auch der Kanzler genötigt, trotz bleibender ethischer Vorbehalte gegen Atomwaffen der Haltung seines Atomministers beizupflichten...«[203] Was schien der Bundesrepublik anderes übrig zu bleiben, als sich selbst zu stärken, um ihre Sicherheit zu gewährleisten?

In einer Sondersitzung des Bundeskabinetts am 9. November 1956 sprach Adenauer mit der ausdrücklichen Bitte um Verschwiegenheit den euro-atlantischen Dissens direkt an: »Die Situation zwischen den europäischen Völkern und den Vereinigten Staaten bedarf einer Zurechtrückung, denn die Spanne zwischen den Ansichten der Amerikaner und den europäischen Völkern ist außerordentlich groß.«[204] Der Radford-Plan erregte Adenauer nicht allein »wegen des Hanges zum Isolationismus, sondern wegen der Betonung der nuklearen Waffen«. Adenauer befürchtete aufgrund des schleppenden Aufbaus der Bundeswehr, der viele bürokratische Hürden zu überwinden habe, den mangelnden Einfluss der Bundesrepublik: Sie könne sich vor »russischer Sklaverei« nur retten, wenn man die Amerikaner von der Fehlerhaftigkeit ihrer Konzeption überzeuge. Dies war die Absicht eines beschwörenden Briefes von Adenauer an Dulles[205], Adenauer versuchte ihm klarzumachen, dass auch das Schicksal Amerikas an der Freiheit Europas hänge. Adenauer vertrat wie Strauß entschieden die Ansicht, die Bundesrepublik müsse schleunigst eigenes militärisches Gewicht entwickeln: »Wir müssen Herrn Kollegen Strauß jede irgendwie mit dem Grundgesetz zu vereinbarende Unterstützung geben, damit wir so schnell wie möglich in diesem Weltgeschehen etwas bedeuten.« Eine eigene »Wehrmacht« hielt er für lebensnotwendig.[206]

Vom Radford-Plan war der zu diesem Zeitpunkt in den USA zu Besuch weilende Bundeskanzler nicht informiert worden, was die deutsche Beunruhigung verstärkte. Der Plan des Admirals Radford stieß jedoch bei anderen Bündnispartnern ebenfalls auf Unverständnis, die Amerikaner zogen ihn deshalb nach heftigen Kontroversen zurück. Ein neuer

Beschluss auf der NATO-Konferenz in Paris machte ihn am 19. Dezember 1956 gegenstandslos: Künftig sollten starke konventionelle Streitkräfte mit der Ausrüstung der NATO-Truppen in Europa durch taktische Atomwaffen verbunden werden. Diese taktischen Atomwaffen wiesen sowohl geringere Radioaktivität als auch geringeres Zerstörungspotenzial auf. Ziel dieser kombinierten Verteidigungsstrategie war eine Steigerung der Kampfkraft und der Flexibilität der NATO. Verteidigungsminister Strauß berichtete, ergänzt durch Staatssekretär Hallstein, dem Bundeskabinett über die NATO-Ratstagung am 19. Dezember 1956.[207] Die NATO-Beschlüsse bildeten künftig die verbindliche Grundlage für die Verteidigungspolitik der Bundesrepublik, zu der zumindest gehörte, bei hier stationierten NATO-Truppen Atombewaffnung zuzulassen.

Da die Briten am 15. Mai 1957 ihre erste Wasserstoffbombe zündeten, wollten sie ihrerseits die in Deutschland stationierten Truppen vermindern. Bei den für die Sicherheitspolitik der Bundesrepublik in erster Linie verantwortlichen Regierungsmitgliedern, also bei Adenauer, Brentano und Strauß, mussten schon deshalb alle Alarmglocken schrillen, weil sie bereits durch das Wechselbad der amerikanischen Strategiediskussion gegangen waren. Für sie konnte es vorerst keine Alternative zur Sicherstellung des deutschen Verteidigungsbeitrags im Rahmen der Beschlüsse des NATO-Rats vom Dezember 1956 geben.

Strauß gelangte deshalb in seiner Bundestagsrede vom 10. Mai 1957 zu dem Schluss: »Die Rote Armee besitzt eine erhebliche Überlegenheit an konventionellen Waffen, sie verfügt über Atomkampfmittel aller Art. Wird den Verteidigungskräften in Europa eine mindestens gleichwertige Ausrüstung und Bewaffnung verweigert, so bedeutet das geradezu einen Anreiz zur Aggression. Aus diesem Grunde kann die Bundesregierung aus ihrer Verantwortung für das deutsche Volk keinen Einspruch dagegen einlegen, daß bis zum Abschluß eines umfassenden Abrüstungsabkommens die auf dem Gebiet der Bundesrepublik stationierten Streitkräfte über moderne Waffen verfügen.«[208]

War die Stationierung von Atomsprengköpfen bei amerikanischen Truppen das eine, so die Frage, ob die Bundeswehr über sie verfügen könne oder selbst mit ihnen ausgerüstet werden solle, das andere. Beides war umstritten. In der Logik von Adenauer und Strauß, die die Gleichberechtigung und Souveränität der Bundesrepublik anstrebten, durfte die Verfügung über den Einsatz der in der Bundesrepublik lagernden Waffen nicht allein den Alliierten überlassen bleiben. Wollte man die Bundeswehr zu einem militärisch gleichwertigen Partner in der NATO machen, lag es nahe, im Rahmen ihres Abschreckungskonzepts auch die Bundeswehr vergleichbar auszurüsten. Doch provozierte allein schon die Diskussion über eine solche Möglichkeit emotionale Widerstände, denen mit argumentativer Rationalität kaum beizukommen war – ganz abgesehen von der berechtigten Frage, ob die Bundesrepublik durch eine solche Bewaffnung selbst stärker gefährdet und eher zum Angriffsziel werden könnte. Auf diese Befürchtung ging Strauß ein, hielt sie jedoch für unbegründet. Er verwies auf die für die Lagerung in Deutschland geltenden strengen amerikanischen Sicherheitskriterien und die umfangreiche Zivilschutzgesetzgebung.

Da Strauß selbst rationale Argumente und nüchternes Abwägen äußerst temperamentvoll vortrug, wirkte er auf viele Zuhörer eher emotional als rational, obwohl seine Reden logischer Argumentation folgten. Diese sachbezogene Rationalität zeigt die Lektüre auch dieser Rede zweifelsfrei, sie war ohne Polemik: Die Leidenschaft des Redners Strauß erzeugte dennoch einen gegenteiligen Eindruck.

Tatsächlich entwickelte Strauß in dieser Grundsatzrede zur Verteidigungspolitik, die von der Friedenssehnsucht der Völker nach zwei schrecklichen Kriegen ausging, eine in sich schlüssige Argumentation: Die von ihm erwähnte Schritt um Schritt erfolgte Ausdehnung des Machtbereichs der Sowjetunion nach 1945, die Berliner Blockade 1948/49, die Niederschlagung von Demonstrationen und Aufständen durch die Rote Armee vom 17. Juni 1953 in der SBZ, in Ungarn 1956, die ständige sowohl konventionelle als auch atomare Aufrüstung der Sowjetunion – das alles waren Fakten. Niemand bewaffnet sich, um sich vor Kälte zu schützen, meinte schon Aristoteles. Die zwingende Schlussfolgerung, die Strauß' gesamte Verteidigungspolitik charakterisiert, lautete: Um den Krieg zu verhindern, müssen wir so stark werden, dass ein Angriff Selbstmord wäre. Ein solcher Satz wirkt nicht pazifistisch, bezweckte aber gleichwohl Friedenspolitik. So erklärte er auch in dieser Rede nachdrücklich die Bereitschaft zur – beiderseitigen! – Abrüstung, zum prinzipiellen Gewaltverzicht in Bezug auf die Wiedervereinigung und die Grenzziehung, die Absage an den Krieg als Mittel der Politik.

Ohne Umschweife lehnte Strauß jedoch eine einseitige Vorleistung ab, inakzeptabel erschien ihm »der bedingungslose Verzicht – ich wiederhole: der bedingungslose Verzicht – auf die Ausstattung der eigenen Streitkräfte mit Atomwaffen«. Diese Grundforderung ergänze die Sowjetunion »ohne jedes eigene Entgegenkommen« durch eine zweite, nämlich die »Verweigerung von Atomwaffen für die ausländischen NATO-Streitkräfte«. Würde man dies akzeptieren, handelte es sich nach Einschätzung von Strauß um »eine Vorleistung gegenüber den Sowjets, die jede Aussicht auf ein umfassendes Abrüstungsabkommen erheblich vermindern ... wenn nicht überhaupt aussichtslos machen würde. Denn gerade durch die Unterwerfung unter diese sowjetischen Forderungen muß die Hoffnung der Sowjets auf eine einseitige Abrüstung der freien Völker ohne sowjetische Gegenleistung, auf einen Abzug der USA-Truppen energischen Auftrieb erhalten.«[209]

Im Prinzip galt diese Konstellation für den gesamten Kalten Krieg und insbesondere für die Nachrüstungsdebatte nach dem NATO-Doppelbeschluss vom Dezember 1979, der auf Initiative des dann amtierenden Bundeskanzlers Helmut Schmidt zurückging und den dieser in seiner eigenen Partei, der SPD, nicht durchsetzen konnte. Gerade diese spätere Politik Schmidts und die folgende Realisierung des NATO-Doppelbeschlusses durch Helmut Kohl gegen heftige Widerstände in der Bundesrepublik trugen Früchte: Der militärische Druck und seine finanziellen Folgen trugen dazu bei, die Sowjetunion in der Mitte der 1980er-Jahre zu Reformen zu zwingen. Dieser Prozess bewies geradezu postum, wie treffend schon der Verteidigungsminister Strauß ein Vierteljahrhundert zuvor argumentiert hatte.

Doch damals wie später konnte Realitätssinn die pazifistischen Illusionen nicht entkräften, die der vielfach erwiesenen brutalen imperialistischen Machtpolitik des Kreml am besten ohne Waffen entgegentreten wollten. Doch so können Politiker, die für Sicherheit und Freiheit ihrer Völker verantwortlich sind, nicht handeln: So konnte Strauß nicht handeln, später Schmidt nicht und auch nicht Kohl. Aber was für andere Staaten selbstverständlich war, wie die nachhaltige Unterstützung der Nachrüstung durch den sozialistischen französischen Präsidenten François Mitterrand zeigte, galt aufgrund des deutschen Traumas nicht. Und nicht zuletzt wegen dieses Traumas wurde der Verteidigungspolitiker Franz Josef Strauß zum Buhmann. Schon ein marginales Beispiel zeigt dies: Waren Zwischenfragen der SPD-Abgeordneten Fritz Erler und Carlo Schmid rein argumentativ, so gehörten zu den Zwischenrufen bei dieser vollkommen sachlichen Strauß-Rede doch auch solche des heute zu Recht vergessenen Berliner SPD-Abgeordneten Richard Schröter, eines Hauptschulrats: Er titulierte den Verteidigungsminister zweimal als »Propagandaminister Strauß« – jeder im Bundestag und darüber hinaus wusste, wer der einzige Propagandaminister in Deutschland gewesen war.

Strauß bekräftigte in dieser Rede, dass die Bundesrepublik als einziger Staat auf die Produktion zahlreicher schwerer Waffen und »vollkommen auf die Herstellung der atomaren, biologischen und chemischen Kampfmittel verzichtet« habe. Er fügte dann hinzu, die Bundesregierung sei erklärte Gegnerin »einer Ausdehnung der Atomwaffenproduktion auf immer mehr mittlere und kleinere Völker«.

Allerdings befürwortete er nicht einen Verzicht auf Atomwaffen unter allen Umständen und für alle Zeit, insofern ließ auch seine Zusammenfassung Spielräume: »Die Bundesregierung hat die Ausrüstung der Bundeswehr mit Atomwaffen bisher weder verlangt noch ist sie ihr angeboten oder aufgedrängt worden. Es ist ihr ausgesprochener Wunsch, daß durch den Abschluß eines Abrüstungsabkommens sich dieses Problem von selbst erledigt.«[210]

Das Problem erledigte sich nicht von selbst, Abrüstungsverhandlungen blieben bis in die 1980er-Jahre auf der Tagesordnung der internationalen Politik, wenngleich zeitweilig Teilerfolge erzielt wurden. Und auch die Zahl der Atommächte nahm zu, zunächst in Europa mit Frankreich. Und auch Großbritannien baute seine Atomstreitkraft weiter aus. Insofern veränderte sich die Situation der bundesrepublikanischen Verteidigungspolitik. Dabei muss betont werden, dass sie nie als nationaler Alleingang konzipiert wurde, sondern stets als kooperative NATO-Verteidigung in integrierter Führungsstruktur.

Eine erneute Belebung erfuhr die Verteidigungspolitik der Bundesrepublik, nachdem die Londoner Abrüstungskonferenz gescheitert war und deswegen alternative Konzepte erwogen wurden. Dazu gehörte der Disengagement-Plan, in dem der polnische Außenminister Adam Rapacki vor der UNO am 2. Oktober 1957 die Schaffung einer kernwaffenfreien Zone in Mitteleuropa vorschlug. Er passte durchaus ins Konzept der sowjetischen Militärpolitik, weil er die amerikanische Präsenz sowie vor allem ihre nukleare Kompetenz in der Bundesrepublik vermindert und damit die konventionelle Überlegenheit der Roten Armee zum entscheidenden militärischen Gewicht gemacht hätte. Aber auch die atombestückten Waffen, die hinter der polnischen Grenze stationiert waren, hätten jedes Angriffsziel in Westeuropa erreichen können. Der Rapacki-Plan, so verführerisch er in den Augen der Pazifisten und Atomwaffengegner auch war, hätte im Fall seiner Realisierung ein gefährliches militärisches Ungleichgewicht in Europa bewirkt: Für Strauß und die Verteidigungsexperten der NATO erhöhte aber gerade das Übergewicht einer Seite prinzipiell die Kriegsgefahr und verminderte die Sicherheit des Westens, zuvörderst der Bundesrepublik.

Weil Strauß erkannte, welche Suggestion vom Rapacki-Plan ausging, sezierte er diesen Vorschlag am 23. Januar 1958 im Bundestag mit üblichem Scharfblick. Er ging von der Feststellung aus, dass eine atomwaffenfreie Zone keinerlei Schutz dafür bietet, nicht von Raketen angegriffen zu werden. Strauß betonte die Unmöglichkeit einer wirksamen Kontrolle innerhalb eines diktatorischen Systems, in dem innerhalb weniger Stunden unbemerkt die Atomsprengköpfe transportiert werden könnten: »Die Kontrollkommission legt sich nachts um 12 Uhr beruhigt hin mit der Überzeugung, daß kein einziger Atomsprengkörper in diesem Gebiet ist, und morgens um 6 Uhr wacht sie auf, wenn die Atomsprengköpfe verwendet werden.«[211] Ungeklärt sei das Problem des Überschießens einer atomwaffenfreien Zone. Vor allem aber lehnten es die USA ab, für ein solches Gebiet Sicherheitsgarantien zu übernehmen. Schließlich kritisierte Strauß zutreffend, dass der Rapacki-Plan ein militärisch-technisches Konzept ohne politische Konzeption sei. So würde der Status quo verschlechtert und die Sicherheitsbürgschaft für die Bundesrepublik gefährdet. Dem Plan fehle jede Perspektive auf eine allgemeine kontrollierte Abrüstung konventioneller und atomarer Waffen sowie zur Wiedervereinigung Deutschlands. Es überrascht etwas, dass der stets misstrauische Adenauer in einem thematisch einschlägigen Aufsatz von Strauß, dessen Bewertungen völlig mit Strauß' Rede übereinstimmten, Anknüpfungspunkte an den Rapacki-Plan erblickte und deshalb wieder einmal auf seine Richtlinienkompetenz pochte.[212]

Seit den ersten Überlegungen zu einem deutschen Verteidigungsbeitrag war und blieb die Bundeswehrplanung ein heiß umstrittenes Thema, nicht allein im Bundestag, auch in der Öffentlichkeit. Die Lagerung atomarer Sprengköpfe bei den in der Bundesrepublik stationierten amerikanischen Streitkräften, noch mehr aber die Frage der atomaren Ausrüstung der Bundeswehr erhitzte nach den frühen Entscheidungen seit 1950 und den Pariser Verträgen erneut die Gemüter. Die »Anti-Atomtod«-Bewegung zielte ebenso auf die Mobilisierung breiten gesellschaftlichen Widerstands wie die »Göttinger Erklärung« deutscher Atomwissenschaftler vom 12. April 1957. In ihr hieß es u. a.: »Die Pläne einer atomaren Bewaffnung der Bundeswehr erfüllen die unterzeichnenden Atomforscher mit tiefer Sorge.« Sie wiesen auf die Zerstörungskraft sowohl »taktischer« als auch der viel größeren »strategischen« Atomwaffen hin: Bereits jede einzelne taktische Atomwaffe habe eine Wirkung wie die von Hiroshima. Die Unterzeichner bekannten sich »zur Freiheit, wie sie heute die westliche Welt gegen den Kommunismus vertritt. Wir leugnen nicht, daß die gegenseitige Angst vor den Wasserstoffbomben heute einen wesentlichen Beitrag zur Erhaltung des Friedens der ganzen Welt leistet.« Doch hielten die Unterzeichner die Sicherung von Frieden und Freiheit mit diesem Mittel auf die Dauer für unzuverlässig und im Versagensfall für tödlich. Sie verneinten eine mögliche Mitwirkung an solchen Vorhaben, bekannten sich aber mit Nachdruck zur »friedlichen Verwendung der Atomenergie«, die »mit allen Mitteln zu fördern« sei.

Da dieser Aufruf[213] ganz offensichtlich nicht von Ideologen stammte, in sachlichem Ton gehalten war und von führenden Atomwissenschaftlern, darunter mehreren Nobelpreisträgern, unterzeichnet worden war, traf er auf große Resonanz: Hochrangige Experten wie Max Born, Walter Gerlach, Otto Hahn, Werner Heisenberg, Max von Laue, Heinz Maier-Leibnitz, die zum Teil Franz Josef Strauß beim Aufbau einer friedlichen Nutzung der Atomenergie unterstützt hatten, konnte niemand ignorie-

Die elterliche Metzgerei (rechts) in der Schellingstraße 49 in München.

Franz Josef Strauß mit dem Vater, um 1920.

Der Erstkommunikant,
1925.

Der Schüler: Franz Josef Strauß (dritter von rechts, obere Reihe) im Kreis seiner
Schulkameraden, ca. 1922/26.

Der Student kurz vor dem Examen, 1940.

Als Soldat an der Ostfront: Leutnant Franz Josef Strauß mit seinem Kommandeur Hauptmann Fraß, 1942.

Der Landrat in Schongau, 1947.

Franz Josef Strauß weiht in Schongau eine Brücke ein, 1947.

Silvester mit zwei jungen Damen, 1947.

Als Abgeordneter für den Wahlkreis Weilheim, ca. 1949–1953.

ren. Allerdings wurde ihr Aufruf auch von Gegnern der Atomenergie bzw. der Bundeswehr überhaupt instrumentalisiert. In der Frankfurter Paulskirche fand am 23. März 1958 eine Großkundgebung statt, nachdem u. a. der SPD-Bundestagsabgeordnete Walter Menzel am 10. März einen Arbeitsausschuss »Kampf dem Atomtod« organisiert hatte. Der in Frankfurt verabschiedete Aufruf entfachte eine breite Bewegung. An der Kundgebung nahmen führende SPD-Politiker wie der Vorsitzende Erich Ollenhauer und Helene Wessel teil, ebenso der DGB-Vorsitzende Willi Richter, zahlreiche evangelische Theologen, Schriftsteller, Wissenschaftler und Linksintellektuelle wie Eugen Kogon und Robert Jungk.

Zwei Tage später brachte die SPD-Fraktion des Deutschen Bundestags einen Gesetzentwurf für eine Volksbefragung zur Atomausrüstung der Bundeswehr ein, als der Bundestag mit der Koalitionsmehrheit eine atomare Ausrüstung befürwortete. In Berlin konstituierte sich offenbar auf Initiative des Regierenden Bürgermeisters Willy Brandt am 11. April ein Ausschuss »Berliner Appell gegen den Atomtod«. Allerdings äußerte Willy Brandt am 21. April 1958 in einem Brief an den Parteivorsitzenden Ollenhauer aus politischen, nicht aber aus rechtlichen Gründen Bedenken gegen eine Volksbefragung: Bei einigen Befürwortern gebe es Gründe, die mit der Sache nichts zu tun hätten. »Gegen eine Festlegung auf eine Volksbefragung in Westberlin spricht vor allem, aber nicht allein, die Unmöglichkeit, hier im Bewußtsein der Öffentlichkeit in eine ›Aktion‹ gemeinsam mit der SED hineingedrängt zu werden.«[214] Tatsächlich hatte die SED zu einer Aktion gegen die Atombewaffnung der Bundeswehr aufgerufen. Willy Brandt wünschte eine Erklärung, dass der Parteivorstand der SPD nicht die Absicht habe, Westberlin in die Volksbefragung einzubeziehen.

»Die Anti-Atomtod-Kampagne war nichts anderes als die deutsche Dramatisierung eines Vorgangs, der in allen Ländern der NATO stattfand.« So lautete das Urteil von Strauß. Doch nachdem der Bundestag sich für die Atombewaffnung der Bundeswehr ausgesprochen hatte, gab es in den Augen von Strauß gleichwohl ein Problem: Nach seiner Darstellung wollte Adenauer »auch hier als meisterhafter Taktiker ... wahrscheinlich unter dem Einfluss seiner Berater, den Vollzug des Beschlusses aussetzen«.[215] In der Sitzung vom 14. April 1958 befasste sich die Bundesregierung mit verfassungsrechtlichen Aspekten der Volksbefragung sowie der gegen die Atomausrüstung gerichteten »Atomtod-Propaganda«. Bundeskanzler Adenauer bemerkte einleitend: »Die SPD sei im Begriff, den Boden der Verfassung zu verlassen, was sie seit Menschengedenken nicht getan habe.« Das Bundeskabinett bekräftigte seine bisherige Auffassung, »daß die nuklearen Waffen bei allen Völkern durch eine allgemeine kontrollierte Abrüstung abgeschafft werden sollten. Dies ist das einzig wirksame Vorgehen gegen den Atomtod. Diejenigen, die jetzt für einen einseitigen Atomwaffen-Verzicht eintreten, gefährden das Ziel der allgemeinen kontrollierten Abrüstung und den Erfolg der Gipfelkonferenz.«

Verteidigungsminister Strauß war bei dieser Sitzung nicht anwesend, doch entsprach der Beschluss exakt seiner Argumentation in der Bundestagsrede vom 10. Mai 1957. Die Bundesregierung hielt die vorhergehenden bzw. beabsichtigten Landtagsbeschlüsse gegen die Atombewaffnung für verfassungswidrig, weil diese Fragen allein in die Zuständigkeit der Bundesregierung fielen. Tatsächlich hatte es in Ländern mit SPD-geführten Regierungen entsprechende Beschlüsse bzw. Absichtsbekundungen für Gesetze zu einer Volksbefragung gegeben. Die Bundesregierung erklärte, »daß die Verwirklichung der Absicht parlamentarischer Fraktionen, Volksbefragungen zur Atomfrage zu veranlassen, gegen das Grundgesetz verstößt«.[216] Dieser Auffassung stimmte das Bundesverfassungsgericht am 28. Juli 1958[217] zu und erklärte die entsprechenden Gesetze in Hamburg und Bremen für unwirksam, sodass die in der Sitzung des Bundeskabinetts vom 30. April 1958 eingehend diskutierten Argumente, die alle in den Ländern beabsichtigten oder auch abgelehnten Volksbefragungen betrafen, bestätigt wurden.[218]

Da die CDU/CSU nach der Wahl von 1957 die absolute Mehrheit im Bundestag gewann, besaß der Antrag auf Grundgesetzänderung der SPD ohnehin keine Chance, sondern war ein propagandistisches Mittel im Meinungskampf. Andere einschlägige Grundgesetzänderungen wurden ebenfalls im Kabinett beraten. Strauß allerdings vertrat die Meinung, Artikel 73 Nr. 1 GG stelle die Kompetenz der Bundes auch für die Atombewaffnung vollkommen klar. »Die vorgeschlagene Nr. 11 a in Artikel 74 bedeute nur, daß der Bund neben den Ländern nun auch die Zuständigkeit für die Gesetzgebung über die friedliche Verwendung der Atomenergie habe.«[219]

Tatsächlich hatte die SPD schon vorher das Interesse an weiteren Aktivitäten verloren, nicht allein wegen des Verfassungsgerichtsurteils, sondern auch wegen des Misserfolgs in der nordrhein-westfälischen Landtagswahl am 6. Juli 1958, die die Partei intensiv auf die »Anti-Atomtod«-Kampagne ausgerichtet hatte: Ein erfolgreicher Wahlschlager war sie nur zu offensichtlich nicht.[220] Der Kampf gegen die Atombewaffnung 1957 bis 1959 bedeutete zugleich Höhepunkt und Wendepunkt der scharfen Oppositionspolitik der SPD gegen die Verteidigungspolitik von Strauß und die Bundeswehr, zumal es auch innerhalb der SPD schon früher abweichende Einschätzungen gegeben hatte. So schlug ein internes Memorandum des sicherheitspolitischen Beraters der Partei, Friedrich Beermann, bereits im Februar 1958 dringende Korrekturen vor.[221]

Der gesamte Diskussionsprozess zeigt: Franz Josef Strauß stand also weder mit seiner Befürwortung der Atombewaffnung der Bundeswehr noch in Bezug auf die Verfahrensfragen gegenüber der SPD allein, in der besagten Kabinettssitzung vom 14. April 1958 gab es keine kritische Wortmeldung. Das heißt auch: Die auf Strauß konzentrierte Kritik der Opposition war nur insoweit angemessen, als er als zuständiger Verteidigungsminister agierte, nicht aber darin, ihn als atombesessenen Machtpolitiker zu denunzieren, der dem Kabinett seinen Willen aufgezwungen hätte. Andererseits übertreibt Strauß selbst in den entsprechenden Passagen seiner *Erinnerungen,* wenn er Adenauer ein taktisch motiviertes Zurückweichen zuschreibt, um die eigene Festigkeit umso strahlender hervortreten zu lassen. Tatsächlich fand die Kabinettssitzung so nicht statt, wie er sie schildert, und faktisch unterschied sich die Haltung des Bundeskanzlers von der des Verteidigungsministers um keinen Deut.

Diese Diskrepanz erklärt sich weniger aus dem Wunsch nach überhöhender Selbstdarstellung, die Strauß zumal in diesem Sektor nicht nötig hatte, als aus dem verzwickten Verhältnis zu Adenauer. Strauß bewunderte den »Alten« mehr als jeden anderen Politiker, vermutlich war er sogar der einzige, den er verehrte. In den grundlegenden außen- und sicherheitspolitischen Positionen stimmten beide überein, und Strauß erkannte auch in den *Erinnerungen* ohne Umschweife an, dass Adenauer es war, der seit 1949 die entscheidenden Weichen für die mehrdimensionale Westintegration gestellt hat. Doch immer wieder verdächtigte er den Regierungschef und CDU-Vorsitzenden, der CSU nicht das ihr zustehende Gewicht beizumessen. Strauß selbst war in weit größerem Maße ein Stratege als ein Taktiker, in Adenauer sah er jedoch wiederholt und zu Recht den genialen Taktiker. Dessen Verhalten war ihm schon deshalb nicht geheuer, weil er sich selbst in dieser Beziehung weniger stark fühlte. Und schließlich waren beide entschiedene Machtpolitiker, was sie nicht allein in persönliche Konkurrenzsituationen brachte, sondern stets auch in schwesterparteilichen Zwist, je stärker sich Strauß als führender Politiker der CSU profilierte. Die zahlreichen in- und ausländischen Zeitungsberichte, in denen schon der Verteidigungsminister Franz Josef Strauß ohne sein Zutun als potenzieller und als wahrscheinlichster Nachfolger des inzwischen ja über 80-jährigen Adenauers genannt wurde, verstärkten vermutlich das Misstrauen Adenauers, der stets eifersüchtig auf seine, des Kanzlers, Dominanz pochte.

Trotz dieser damals vertraulichen verbalen Rangeleien muss auch daran erinnert werden, dass Strauß in seinen Bundestagsreden Adenauer stets stützte, sich auf ihn berief und sich jeglicher Kritik enthielt. Und für Adenauer galt diese Haltung ebenfalls, man muss also sowohl spätere Erinnerungen wie den zeitgenössischen Briefwechsel beider vor dem Hintergrund ihrer fundamentalen politischen Gemeinsamkeit lesen.[222]

Eine besondere Note erhält die parlamentarische und öffentliche Debatte der Jahre 1957/58 durch damals geheime, teils parallele Beratungen über eine deutsch-französische Rüstungskooperation auch bei der Entwicklung von Atomwaffen. Nachdem der französische Premierminister Guy Mollet schon im Herbst 1956 dem Bundeskanzler eine Zusammenarbeit bei der Rüstungsproduktion vorgeschlagen hatte, waren die Franzosen nun sogar – natürlich auch aus wirtschaftlichen Gründen – zu einer engen französisch-deutsch-italienischen Kooperation in der militärischen Atomforschung bereit: Nur drei Monate nach seinem Amtsantritt gelang Strauß ein erster wichtiger Erfolg auf diesem Sektor: Am 17. Januar 1957 unterzeichnete er gemeinsam mit dem damaligen französischen Verteidigungsminister Maurice Bourgès-Maunoury bei einem Besuch in dem in der algerischen Wüste gelegenen französischen Forschungszentrum Colomb-Béchar eine Vereinbarung zur gemeinsamen Forschung und Entwicklung auf dem Gebiet »neuer Waffen«[223]: Wie Strauß später berichtete, habe ihm der nachfolgende Verteidigungsminister Jacques Chaban-Delmas dann Ende 1957 zu seiner großen Überraschung das Angebot gemacht, gemeinsam im Verhältnis 45:45:10 Atomwaffen zu entwickeln und zu produzieren.

Sollte Strauß tatsächlich so überrascht gewesen sein, hätte ihm Konrad Adenauer, der am 16. November 1957 in Anwesenheit Außenminister Heinrich von Brentanos und des französischen Botschafters Couve de Murville den Staatssekretär des französischen Außenministeriums, Maurice Faure, empfangen hatte, nichts über diese Gespräche[224] berichtet.

In beiden Fällen besprachen die Teilnehmer in erster Linie die in ihren Augen fragile europäische Sicherheitslage und die deutsch-französische Rüstungskooperation. Faure schloss die Lagebeurteilung seiner Regierung mit dem Ergebnis: »Europa sei … in Zukunft mehr auf sich selbst angewiesen. Eine Verteidigung Westeuropas ohne amerikanische Mitwirkung sei zwar undenkbar, aber Europa sollte mehr aus eigener Kraft schaffen können.« Adenauer bestätigte diese Sorgen: Es sei für die Europäer schrecklich, wenn alle vier Jahre aufgrund der amerikanischen Präsidentschaftswahlen, bei denen auch innenpolitische Gründe mitspielten, »Ungewißheit über die Politik der folgenden amerikanischen Regierung entstehe«. Darin vor allem sah Adenauer den Grund für die Entwicklung der Wasserstoffbombe in Großbritannien. Die entscheidenden Vorschläge von Maurice Faure lauteten: »In der Dezember-Sitzung des NATO-Rates sollten sich Deutschland, Italien, Frankreich und die Benelux-Staaten dagegen wehren, daß es innerhalb der NATO zwei Kategorien von Staaten gebe. Man könne nicht hinnehmen, daß nur die Vereinigten Staaten und Großbritannien über Kernwaffen und Raketen mit Atomsprengköpfen verfügen. Es sollte grundsätzlich keine Diskriminierung zwischen den

NATO-Staaten akzeptiert werden. In der Tagung würden die kontinental-europäischen Länder stärker auftreten können, wenn sie sich vorher über eine gemeinsame Gestaltung der militärischen Forschung und Waffen-fabrikation einigen würden... Die französische Regierung habe daher den Wunsch ausgesprochen, daß Bundesminister Strauß möglichst bald mit dem französischen Verteidigungsminister Chaban-Delmas zusammentreffe.« Mit dem italienischen Verteidigungsminister habe man bei dessen Besuch in Paris zwei Tage zuvor ebenfalls über diese Vorschläge gesprochen, er habe »sein volles Einverständnis für die Aufstellung eines gemeinsamen Programmes für die militärische Forschung und Fabrika-tion« erklärt.[225]

Diese Aufzeichnung stimmt – abgesehen von kleineren Versehen bei den Daten – mit der Darstellung in Strauß' *Erinnerungen* überein. Tat-sächlich entsprachen die französischen Vorschläge ziemlich genau der Position, die er selbst schon längere Zeit im Bundeskabinett vertreten hatte, nämlich ein europäisches Atomprogramm für militärische Zwecke zu entwickeln. Adenauer wurde in dem Gespräch mit Faure noch deut-licher. Nachdem er betont hatte, man könne einer gemeinsamen Gefahr nur gemeinsam begegnen, fasste Heinrich von Brentano zusammen, »es müsse darauf bestanden werden, daß die europäischen Staaten auch Raketen und Kernwaffen zu ihrer Verfügung erhalten, um im Falle eines Angriffs gerüstet zu sein. Der Herr Bundeskanzler fügte hinzu: ›Wir müssen sie produzieren.‹«[226] Schließlich vergewisserte sich Faure noch-mals, »ob Deutschland die Herstellung von Atomwaffen in die gemein-samen Anstrengungen einbeziehen wolle. Italien habe sich hiermit ein-verstanden erklärt. Der Herr Bundeskanzler bejahte diese Frage, worauf Herr Faure seiner Genugtuung Ausdruck gab.« Das geplante Treffen der Verteidigungsminister sollte sich dann dem Wunsch Adenauers gemäß auf konkrete Punkte, nicht aber allgemeinpolitische Fragen beziehen. Faure ergänzte in Bezug auf die früheren Vereinbarungen zwischen Strauß und Bourgès-Maunoury in Colomb-Béchar: Der französische Generalstab wünsche eine möglichst umfassende und enge Zusammen-arbeit mit Deutschland.

Auf der Grundlage dieser Vorgeschichte und dieses Gesprächs trafen sich dann wenige Tage später, am 20. November 1957, unmittelbar vor der NATO-Konferenz, die vom 16. bis 19. Dezember stattfand, Strauß und Chaban-Delmas in Paris in Gegenwart von Botschafter Blankenhorn.

Tatsächlich bereitete Frankreich schon seit 1951 eine atomare Rüstung vor. Allerdings ordnete der französische Premierminister Félix Gaillard formell erst im April 1958 die Produktion französischer Atomwaffen an. Im Gespräch mit Strauß wandte sich Chaban-Delmas erneut gegen ein Monopol der Amerikaner und Briten bei der Herstellung von Atomwaffen und befürwortete – wie schon Faure gegenüber Adenauer – dezidiert eine gemeinsame Stellungnahme Frankreichs, Italiens und der Bundesrepublik auf der NATO-Konferenz. Er kritisierte die USA, die ihren europäischen Alliierten Kenntnisse vorenthielten, die in der Sowjetunion längst bekannt seien, ihnen aber nun erhebliche Forschungskosten verursachen würden. Chaban verwies auf die frühere deutsch-französische Vereinbarung zur Rüstungskooperation von Colomb-Béchar, die er ganz offensichtlich erweitern und vertiefen wollte. In seiner Antwort nannte Strauß diejenigen Waffentypen, bei welchen er eine Kooperation für sinnvoll hielt, und fuhr dann fort:»Die Bundesregierung wisse, daß, wenn ein Abrüstungsabkommen unmöglich sei, was leider der Fall zu sein scheine, die Übernahme von Atomköpfen für alle strategisch exponierten Staaten wie die Bundesrepublik, Frankreich und Italien unvermeidbar sei.«[227] Strauß ging dann auf technische Probleme ein, unter anderem auf die Unsinnigkeit, Flugkörper zu entwickeln, ohne die Sprengköpfe zu berücksichtigen.

Strauß erklärte, die Bundesregierung »sei grundsätzlich zu einer engen, konkreten französisch-italienisch-deutschen Zusammenarbeit auf diesem Gebiet bereit«. Er bezog sich dabei ausdrücklich auf ein Gespräch, das er in dieser Angelegenheit mit dem Bundeskanzler geführt habe: Dies zeigt, dass Adenauer seinen Verteidigungsminister – natürlich, möchte man meinen – informiert hatte. Was hätte sonst die Vereinbarung eines Treffens der beiden Verteidigungsminister durch ihn und Faure vier Tage vorher bedeuten sollen?[228]

Strauß sah allerdings ein politisches Problem, nämlich den freiwilligen Verzicht auf die Herstellung atomarer Waffen, den die Bundesrepublik in den Pariser Verträgen erklärt hatte – ein Hindernis, das auch Adenauer erwähnt hatte. Aus diesem Grund sei, so Strauß, »jede formelle Änderung dieser Verträge, die ratifikationsbedürftig sein könnte, die die öffentliche Meinung irgendeines Nachbarlandes beunruhigen könnte und zweifellos zu ultimativen Maßnahmen seitens der Sowjetunion führen würde, zu vermeiden. Jeder neue Schritt könne nur völlig geräuschlos, völlig geheim und vollkommen legal erfolgen.«[229]

Strauß stimmte auch hierin nahtlos mit Adenauer überein, beide betrieben zwangsläufig in der Öffentlichkeit eine Zeit lang ein Doppelspiel: Trotz veränderter Sicherheitslage und der französischen Avancen konnten sie ihre Diagnose, die Bundesrepublik müsse an der Atombewaffnung und ihrer Produktion im Rahmen europäischer Rüstungskooperationen beteiligt werden, nicht offen äußern. Die von der französischen Regierung ausgehende Initiative entsprach nicht nur dem ohnehin dringenden Wunsch stärkerer deutsch-französischer Zusammenarbeit, sondern war ebenfalls taktisch willkommen. In einem seiner berühmten Teegespräche, die Adenauer vertraulich führte, um Journalisten auf künftige Entwicklungen einzustimmen, wurde er auch nach der Atompolitik gefragt. Adenauer wich unmittelbar vor den deutsch-französischen Beratungen, die immerhin eine längere Vorgeschichte hatten, einer direkten Beantwortung der Frage aus, ob die Bundesrepublik auf der bevorstehenden NATO-Tagung eine Beteiligung an atomarer Rüstung verlangen werde. Auch das mehrmalige Insistieren des britischen Journalisten Tyerman am 13. November 1957 lockte Adenauer nicht aus der Reserve, doch ließ er bewusst Interpretationsspielraum: »... wir werden z. B. nicht sagen, wir wollen jetzt auch Atomwaffen erzeugen, wir wollen jetzt auch diese ferngelenkten Waffen selbst machen, weil wir nach der WEU das nicht dürfen und nach den Pariser Verträgen. Hinzu kommt, daß doch die nationalsozialistische Vergangenheit immerhin noch da ist, die kann man nicht so schnell aus der Welt schaffen. Daher werden wir bei all diesen Dingen versuchen, keinen Anstoß zu erregen.«[230]

Verteidigungsminister Chaban-Delmas verstand die von Strauß ebenfalls geäußerten deutschen Bedenken nur zu gut, zumal nach der ja erst drei Jahre zurückliegenden Ablehnung der EVG durch die Assemblée nationale: Schließlich ging auch seine Regierung ein erhebliches innenpolitisches Risiko ein. Doch hielt er eine Änderung der Pariser Verträge für überflüssig und holte die deutschen Partner mit einer spitzfindigen Unterscheidung aus der Bredouille: Die französische Regierung beabsichtige, »Deutsche an den französischen Arbeiten zu beteiligen, und das könne sowohl auf französischem oder italienischem Hoheitsgebiet stattfinden, so daß die Grundsätze der Pariser Abkommen gar nicht berührt würden«. Er berichtete sodann vom Stand der französischen Atomforschung auf militärischem Gebiet und stimmte Strauß in Bezug auf die Notwendigkeit der Geheimhaltung zu: Auch die französische Öffentlichkeit würde nicht informiert, nicht einmal alle Regierungsmitglieder seien eingeweiht, dass Versuchsexplosionen durchgeführt würden. Die beiden Minister vereinbarten das Verfahren für die Verfolgung ihrer Pläne bei der NATO-Konferenz, die Einbeziehung der Regierungschefs sowie die offiziellen Sprachregelungen, wobei Strauß vorschlug, über eine deutsche Teilnahme an einem »europäischen Forschungsinstitut für Flugkörper« zu sprechen.

Wiederum nur wenige Tage später kam es am 25. November 1957 zum geplanten Dreiertreffen der beiden Minister mit dem italienischen Verteidigungsminister Paolo Emilio Taviani, über das ein streng geheimes Protokoll angefertigt wurde. Hier wurden die einzelnen Felder der gemeinsamen Verteidigungskonzeptionen sowie der Rüstungskooperation präzisiert, u. a. »les applications militaires de l'énergie nucléaire«.

Die Kooperation sollte im Übrigen im Rahmen der Verteidigungspolitik der NATO erfolgen und ihr auch offiziell mitgeteilt werden: Wie dies bezüglich der Atomrüstung geschehen sollte, die der eigentlich brisante Kern der Vereinbarung war, blieb allerdings noch offen: »Pour ce qui concerne les accords relatifs aux applications militaires de l'énergie nucléaire, les informations seront réglées, le cas échéant, dans un cadre de réciprocité et après accord des trois pays.«[231] Die drei Verteidigungsminister blieben über die einschlägigen Fragen in engem Kontakt und trafen sich dann erneut am Ostermontag, dem 7. April 1958, in Rom. Die Formulierung von Strauß für ein gemeinsames Abkommen lautete: »Gemeinsame Erforschung und Nutzung der Kernenergie für militärische Zwecke.«

Die trilateralen Vereinbarungen über die Rüstungskooperation hätten der Bundesrepublik politisch ungleich größeres Gewicht in der NATO gegeben und sie militärisch durch Mitwirkung an der nuklearen Verteidigungsstrategie und Rüstungsproduktion gestärkt. Das Vorhaben hätte außerdem die militärische Zusammenarbeit in Europa gefördert und den europäischen Bündnispartnern gemeinsam größere Eigenständigkeit innerhalb der NATO verschafft, wodurch die einseitige Abhängigkeit von den USA vermindert worden wäre. Diese Politik von Adenauer und Strauß sowie ihrer französischen und italienischen Partner war wohlbegründet. Allerdings trug die Absicht der USA, atomare Waffen in Europa zu stationieren, ebenfalls der veränderten Sicherheitslage Rechnung. Die Atomkraftgegner wurden durch diese Entscheidung keineswegs beruhigt, für die Bundesrepublik bedeutete es die schlechtere Alternative in der Atombewaffnung, weil sie weder auf die Produktion noch die Lagerung, noch den möglichen Einsatz wirksamen Einfluss erlangte und die Abhängigkeit von den USA erhalten blieb.

Da die eigenständige Beteiligung Europas auch in den Augen General de Gaulles verstärkt und zugleich die Abhängigkeit von den USA verringert werden sollte, hätte er die von seinen Vorgängern eingeleitete Rüstungskooperation eigentlich fortsetzen müssen. Trotzdem hat er unmittelbar nach Rückkehr an die Macht im Sommer 1958 aufgrund seines nationalen Selbstverständnisses sowie des Wunsches, die alleinige kontinentale europäische Atommacht in der NATO zu sein, das weit gediehene Kooperationsprojekt beendet.[232] Und de Gaulle war um jeden Preis dagegen, Deutschland Herstellung und Besitz von Atomwaffen zu erlauben.[233] Dies widersprach der eigenen Zielsetzung in der NATO-Politik, war jedoch als nachwirkendes historisch bedingtes Trauma der Franzosen verständlich.

Adenauer und Strauß hätten aufgrund des Bundestagsbeschlusses, des Verfassungsgerichtsurteils gegen die Volksbefragungen, der SPD-Wahlniederlage und deren sich ankündigenden wehrpolitischen Kurswechsels gerade jetzt freiere Hand für die atomare Rüstungskooperation gehabt; sie waren daher über die abrupte Änderung des französischen Kurses umso mehr beunruhigt. Nun mussten sie sich nicht nur über militärpolitische Schwankungen in den USA, sondern auch noch in Frankreich Sorgen machen.[234]

Als Strauß später mit französischen Diplomaten über diesen Kurswechsel beriet, meinte er spitz, er interessiere sich für die Argumente, »die heute gegen etwas sprächen, was damals als dringend notwendig hingestellt worden sei«. Und ebenso wenig überzeugte ihn die militärische Bedeutung der nun in Aussicht stehenden französischen Atombewaffnung, die er als »Alleingang« bezeichnete: Er glaube zwar nicht, dass die Gewichte in der Welt durch zwei, drei Atombomben geändert würden, könne aber verstehen, dass ein solches Vorgehen für Frankreich »politisch wertvoll« sei. Und kurz und knapp wies er die französischen Diplomaten auf die Konsequenz hin: Unter diesen Umständen müsse die Bindung der USA an den Kontinent unter den gleichen Bedingungen beibehalten werden.[235]

Der französisch-deutsch-italienische Traum von einem größeren militärischen Eigengewicht Europas gegenüber den USA war folglich ausgeträumt, allerdings auch derjenige der Bundesrepublik als Teil einer selbstständigen europäischen Atommacht. Wie dem auch sei: Die Frage einer deutschen Beteiligung an atomarer Ausrüstung hatte intern auf der militär- und rüstungspolitischen Tagesordnung gestanden, nicht zuletzt, weil die beiden anderen größeren europäischen NATO-Mächte eine eigene Produktion, Ausrüstung und Verfügungsgewalt über ihre künftigen Atomwaffen anstrebten. Aber nicht nur dies: Angesichts der zweifelsfrei konventionellen Überlegenheit des Warschauer Pakts, der am 14. Mai 1955 gegründet worden war, konnte und musste über nukleare Bewaffnung nur im Verhältnis zur konventionellen gesprochen werden, und zwar im Kontext der Ost-West-Konfrontation: Eine Reduzierung der wehrpolitischen Diskussion auf die Atomfrage greift allemal zu kurz.

Unter den veränderten politischen Rahmenbedingungen bemühte sich Franz Josef Strauß auch nach 1958/59 weiterhin um eine Kooperation mit Frankreich. So erklärte er beispielsweise dem französischen Verteidigungsminister Pierre Messmer in Paris am 28. März 1960, für die Bundesrepublik komme nur eine integrierte Konzeption zur Verteidigung infrage. Er schlug seinem französischen Kollegen eine gemeinsame Studiengruppe, die gemeinsame Ausbildung von Offizieren sowie weitere Kooperationen vor und war damit zum Teil seiner Zeit voraus. Als er allerdings unter Rückgriff auf die früheren Vereinbarungen mit Messmers Vorgängern erneut ein Dokument zur Zusammenarbeit in militärtechnischer Forschung, Entwicklung und Produktion ins Gespräch brachte, reagierte Messmer darauf mit der Bemerkung, dies sei »sehr delikat«. Immerhin unterzeichneten die beiden Verteidigungsminister bei diesem Treffen unter Hinzuziehung ihrer Mitarbeiter Abkommen über das Transall-Flugzeug (für Militärtransporte) sowie die Entwicklung eines Standardpanzers und weiterer einzelner Waffensysteme.

In der gleichen Beratung kritisierte Strauß einen neuen britischen Vorstoß zur Verteidigungsplanung der NATO, der auf dem Radford-Plan basierte: Dies sei eine »Alles oder Nichts«-Strategie, die im Übrigen angesichts der immer näher rückenden atomaren Parität der Sowjetunion die Möglichkeit der Erpressung eröffne.[236] Diese erneute Ablehnung aller Varianten des Radford-Plans zeigt, dass Strauß, so zentral für ihn die Atombewaffnung und die integrierte deutsche Teilnahme daran waren, eine ausschließliche Fixierung auf die nukleare Verteidigungsstrategie für verhängnisvoll hielt. Den Ernstfall vorausgesetzt – und dies hätte schon Folge der Berlin-Krise sein können –, war eine verantwortbare Verteidigung kaum möglich, wenn der atomare Gegenschlag gegen einen konventionellen sowjetischen Vorstoß ohne Alternative gewesen wäre. In jedem Fall hätte die Frage gestellt werden müssen: Darf wegen einer territorial begrenzten Auseinandersetzung ein weltweiter Atomkrieg geführt werden, dessen Ergebnis nach den Mechanismen eines solchen Krieges die Vernichtung der Menschheit gewesen wäre?

In der deutschen Öffentlichkeit, aber auch in der Bundesregierung blieb die Thematik weiterhin aktuell. Allerdings veränderten die Entscheidungen von 1957/58, vor allem Frankreichs Ausstieg aus der atomaren Rüstungskooperation mit der Bundesrepublik, sowie schließlich Chruschtschows Ultimatum vom 27. November 1958, mit dem die zweite Berlin-Krise begann, die politischen Rahmenbedingungen grundlegend.

Franz Josef Strauß ging darauf in einem Artikel der April-Ausgabe 1959 der renommierten Zeitschrift *Foreign Affairs* ein, der in deutscher Fassung im Bulletin der Bundesregierung unter dem Titel »Wege zu Sicherheit und Frieden« erschien. Dieser Artikel war ein typischer Strauß, erklärte er doch die aktuellen Probleme mit weiter historischer Perspektive seit 1917: Er hielt es für falsch, »die Probleme der Gegenwart nur aus der Gegenwart heraus zu erklären und in sowjetische Vorschläge oder Noten das hinein zu interpretieren, was man gerne aus ihnen herauslesen möchte«.[237] In der festen Überzeugung, man könne die sowjetische Deutschlandpolitik nur aus ihren ideologischen und machtpolitischen Prämissen sowie ihrer historischen Entwicklung angemessen verstehen, skizzierte er mit klaren Strichen das deutsch-sowjetische Verhältnis seit der Oktoberrevolution von 1917 während der Weimarer Republik. Strauß schlug den Bogen von Lenin über Stalin bis zu Hitler, bevor er zur alliierten Deutschlandpolitik nach 1945 überging. Dabei erklärte er den Wandel der Zielsetzung Stalins von Zerstückelungsplänen auf den deutschlandpolitischen Kriegskonferenzen bis zu dem Augenblick, in dem für ihn »die Karte der deutschen Einheit … eine wichtige politische Waffe« wurde: Stalins Ziel sei es dann geworden, für die sowjetische Nachkriegspolitik eine günstige strategische Ausgangsposition zu erringen. Sodann analysierte Strauß sowohl die westliche als auch die östliche Deutschlandpolitik. Wenn es auch Modifikationen gab, so sei doch das grundsätzliche Ziel der sowjetischen Deutschlandpolitik in den 1950er-Jahren erhalten geblieben: möglichst die Bundesrepublik vom Westen fernzuhalten und Einfluss auf ganz Deutschland zu gewinnen.

Dieser Aufsatz zeigt einmal mehr die grundlegende Struktur politischen Denkens von Franz Josef Strauß: Die historische Analyse galt ihm als unverzichtbare Voraussetzung der politischen Urteilsbildung in der Gegenwart. Erst diese Doppelperspektive ermöglichte es, die Unterschiede der Epochen und damit die Spezifik aktueller Konstellationen zu erfassen. Und so verstand es sich für Strauß von selbst, dass man »an die strategischen Notwendigkeiten der Gegenwart und der voraussehbaren Zukunft nicht mit der politischen oder militärischen Denkwelt der dreißiger Jahre herangehen« könne.[238] Und deshalb interpretierte er beispielsweise den Begriff »europäische Sicherheit« im historischen Vergleich, der die Ähnlichkeiten und die Unterschiede hervortreten lässt: »Es gibt in einer kleinen und unteilbar gewordenen Welt nicht eine spezifische europäische Sicherheit. Historische Erfahrung und technische Gegenwart sprechen dagegen. Beide Weltkriege haben als europäische Kriege begonnen und schließlich die ganze Erde umspannt.« Ein europäischer Sicherheitspakt unter den europäischen Staaten wäre nur möglich mit präzisen Nichtangriffsversprechen, Beistandsgarantien, verbindlicher Schiedsordnung etc. Doch eine solche Lösung sei ausgeschlossen durch die physische Präsenz und Nähe der Sowjetunion mit der stärksten Truppenpräsenz gegenüber 15 kleinen desintegrierten Nationalarmeen sowie wegen der kommunistischen Lehre der Weltrevolution. In dieser Situation sei es aber kein Allheilmittel mehr, Sicherheit in den amerikanischen Interkontinentalraketen und im atomaren Patt zu suchen. Strauß nannte ohne Umschweife die drei Voraussetzungen der Strategie der Abschreckung: erstens den Besitz der Waffen, zweitens die Entschlossenheit, sie einzusetzen, drittens müsse ein Anlass vorhanden sein, »der die Anwendung dieser Waffen mit ihren unübersehbaren gegenseitigen Folgen vor der eigenen öffentlichen Meinung als berechtigt und die Wahrscheinlichkeit ihrer Anwendung der anderen Seite als plausibel erscheinen läßt«. Fehle eine dieser drei Voraussetzungen, verliere die Strategie der Abschreckung ihren Sinn.

Strauß, der es nicht versäumte, auf die spezifischen – auch propagandistischen – Methoden der sowjetischen Offensivstrategie hinzuweisen, warnte vor dem Irrglauben, es könne eine isolierte europäische Sicherheit geben, solange die große Spannung in der Welt anhalte. Aus dieser Analyse zog Strauß die von ihm als notwendig angesehenen verteidigungspolitischen Konsequenzen. Immer wieder argumentierte er in der Öffentlichkeit für die Verteidigungspolitik der Bundesregierung, die er maßgeblich prägte: Der Stil der einschlägigen Reden ist alles andere als agitatorisch, Strauß wollte überzeugen durch die Kraft der Fakten, der Begründungen, der Lehren aus der Geschichte. Sein Publikum war jeweils unterschiedlich. So hielt er am 4. April 1960 einen Vortrag im Bayerischen Rundfunk, um in der populären Reihe »Politik aus erster Hand« möglichst viele Hörer zu erreichen. Der brillante Analytiker der Sicherheitspolitik und ihrer internationalen politischen, militärischen und technischen Dimensionen erwies sich hier kaum minder als politischer Pädagoge, indem er die komplexe Problematik verständlich darstellte – die belehrende Ader, die auch zu seinem Charakter gehörte, ergänzte hier seine argumentative Neigung.

Strauß erklärte seinen Rundfunkhörern, warum die Bundesrepublik ein gleichberechtigter Partner innerhalb der NATO sein müsse, warum diese aber einer integrierten Führungsstruktur bedürfe. Als einziger Mitgliedsstaat hätte deshalb die Bundesrepublik »schon im Frieden die volle Integration ihrer Streitkräfte in das Kommandosystem der NATO durchgeführt«. Übrigens begrenzte diese Integrationspolitik, die Adenauer und Strauß von Beginn an aus voller Überzeugung betrieben hatten, auch ihre eigenen Machtbefugnisse und zwang sie in zentralen Fragen zu Verhandlungen mit den Bündnispartnern. Gehen hemmungslos machtbesessene Politiker, als die sie oft dargestellt wurden, solche Wege? So verwahrte Strauß sich dagegen, dass »man die Bemühungen … Dr. Adenauers, des deutschen Bundeskanzlers, eines großen Europäers, eines überzeugten Anhängers der Atlantischen Gemeinschaft und eines Mannes mit scharfem Blick für die westlichen politischen Probleme immer wieder mit den Maßstäben des Hitler-Regimes und mit den Erinnerungsmethoden an dieses Regime mißt«.[239]

Strauß blieb aber nie bei allgemeinen Überlegungen stehen, sondern brachte Beispiele. So demonstrierte er die Notwendigkeit, die Logistik innerhalb der NATO-Verbände auszubauen, er zeigte, in welch revolutionärem Ausmaß die moderne Kriegstechnik den Raum der Kriegsführung veränderte: Die Frage, ob das Territorium der Bundesrepublik groß oder klein genug sei für eine bestimmte Verteidigungsstrategie, könne man realistisch nur vor dem Hintergrund der modernen Verkehrs- und Nachrichtentechnik sowie der Schnelligkeit, Reichweite und Wirkung moderner Kampfmittel beurteilen. Dabei setzte er sich auch mit der vorliegenden Literatur auseinander und zögerte nicht, zustimmend den Wehrexperten der SPD, Fritz Erler, zu zitieren, dessen Kompetenz und Brillanz er schätzte.

Strauß vermittelte seinen Hörern, warum zur eigenen Sicherheit die NATO auf Einhaltung der deutschen Verpflichtungen zum Aufbau der Bundeswehr bestehen müsste, in welchen Schritten er sich bisher vollzogen hatte und gemäß dem 1958 vereinbarten NATO Plan MC 70 künftig fortgesetzt würde. Strauß ging auf eine ganze Reihe zentraler Probleme ein, beispielsweise auf Ausbildungsprobleme bei der Luftwaffe angesichts des engen Luftraums der Bundesrepublik und der Gefahr unbeabsichtigten Eindringens in fremden Luftraum.

Auch Veröffentlichungen über Schwächen der NATO erwähnte er: Sie würden den Kreml freuen und die Sicherheit der NATO-Staaten gefährden. Diese Einschätzung stammte vom 2. März 1960, zweieinhalb Jahre vor der *Spiegel*-Krise. Auch dieser Text war, wie alle verteidigungspolitischen Reden und Aufsätze dieser Jahre, frei von Polemik, vertrat Strauß doch die Meinung, man müsse sich bemühen, diese komplizierte Thematik »in einer aufgeregten Welt so leidenschaftslos darzustellen, wie es sich einem in aller Schwere, in aller Unentrinnbarkeit bei der praktischen Arbeit der täglichen Verantwortung für die Verteidigung der Bundesrepublik stellt«.[240]

Strauß, Mende und die sicherheitspolitische Konzeption der FDP

Die sicherheitspolitische Linie von Strauß blieb konsistent, auch als sich der wahrscheinliche Koalitionspartner FDP in zum Teil widersprüchliche Aussagen verheddert. Franz Josef Strauß nahm deshalb im Herbst 1961 direkte Kontakte zum Parteivorsitzenden Erich Mende auf, zu dem er augenscheinlich ein gutes Arbeitsverhältnis unterhielt. Am 25. September 1961 hatte das Presse- und Informationsamt der Bundesregierung eingehend »Programmatische Äußerungen der FDP zur Außen- und Verteidigungspolitik« vor und nach der Wahl dokumentiert. Schon 1959/60 hatten Vorschläge u. a. des FDP-Abgeordneten Ernst Achenbach für Aufsehen gesorgt, rief er doch zur Abrüstung in Mitteleuropa sowie zur Aufnahme diplomatischer Beziehungen zu Deutschlands östlichen Nachbarstaaten auf.

Bereits am 27. Januar 1959 hatte die FDP-Bundestagsfraktion den Grundriss eines Deutschland-Vertrags als Gegenvorschlag zum sowjetischen Friedensvertragsentwurf beschlossen. Am 5. Mai 1959 äußerte sich die FDP zur bevorstehenden Genfer Konferenz der vier Mächte, am

23. Mai veröffentlichte die Partei die sogenannte Berliner Erklärung zur Deutschlandpolitik. Für die FDP handelte es sich ein Jahrzehnt vor der Ostpolitik der Großen Koalition bzw. der sozialliberalen Koalition seit 1969 nicht allein darum, die Wiedervereinigungspolitik zu stimulieren. Vielmehr führte sie eine grundlegende innerparteiliche Auseinandersetzung um ihren künftigen deutschlandpolitischen Kurs. Der Streit verschärfte sich während ihrer Oppositionsjahre, als Thomas Dehler seine Rede über die vermeintlich verpassten Gelegenheiten zur Wiedervereinigung nach der sowjetischen Notenoffensive vom März 1952 mit persönlich gefärbten scharfen Angriffen auf Konrad Adenauer garnierte. Gegenüber einem Parteifreund hatte Dehler geklagt, in der Frage der deutschen Wiedervereinigung geschähe nur Negatives, er merke wenig von Wille und Mut[241], am 23. Januar 1958 setzte er dann zur Generalabrechnung an. Sie wurde von dem früheren CDU-Innenminister (1949/50) Gustav Heinemann in inhaltlich vergleichbarer Schärfe flankiert. Nach einem Umweg in der durch ihn gegründeten pazifistischen Gesamtdeutschen Volkspartei war Heinemann 1957 für die SPD in den Bundestag gewählt worden. Heinrich Krone nannte die Reden Heinemanns »Haßgesänge gegen den Kanzler«, dem vorgeworfen worden sei, die Wiedervereinigung nicht zu wollen – dies hätten bisher nicht einmal KPD-Abgeordnete behauptet.[242] Nur in der persönlichen Schärfe stand Dehler in der FDP allein, nicht aber in Hinblick auf eine deutschlandpolitische Neuorientierung, die zum Teil mit neutralistischer Note auch andere FDP-Politiker vertraten, beispielsweise Karl Georg Pfleiderer oder Wolfgang Schollwer.

Offensichtlich war also der Dissens zwischen Erich Mende auf der einen, Thomas Dehler, Wolfgang Döring sowie weiteren FDP-Politikern auf der anderen Seite. Plädierte der eine für eine Fortsetzung der westlichen Bündnispolitik, so hielten Letztere eine neue Außen- und Sicherheitspolitik mit anderen Akteuren für erforderlich. In mancher Beziehung erinnerte diese Kontroverse an die frühen 1950er-Jahre, allerdings mit einem entscheidenden Unterschied: Seit dem 30. Juni 1960 übernahm die SPD – trotz eines vorherigen Deutschlandplans von Herbert Wehner vom 18. März 1959 – schließlich die Grundprinzipien von Adenauers und Strauß' Außen- und Sicherheitspolitik, nach Verlust der absoluten Mehrheit am 17. September 1961 benötigte jedoch die Union die FDP zur Regierungsbildung. Kompliziert wurde die Situation durch die Diskussion über eine erneute Kanzlerschaft Konrad Adenauers.

Franz Josef Strauß reagierte zunächst mit einem von ihm als geheim gekennzeichneten Non-Paper zur Vorbereitung von Koalitionsverhandlungen.[243] Zu den Kernforderungen gehörte die Weiterentwicklung der bisherigen Verteidigungspolitik, die dem Schutz der deutschen Lebensinteressen diene. »Wiedervereinigung jedoch nur in Freiheit und Sicherheit. Abrüstung nur ohne Minderung der europäischen und deutschen Sicherheit und nur ohne Diskriminierung. Keine atomwaffenfreie Zone und keine Beschränkung der Bundeswehr auf Ausrüstung mit konventionellen Waffen.« Die weiteren von Strauß stichwortartig genannten Notwendigkeiten betrafen die Erhöhung der Kampfkraft der Bundeswehr, Sondermaßnahmen im Zusammenhang der Berlin-Krise (darunter zusätzliche Einberufungen), Novellierungen bzw. Erlass einschlägiger Gesetze, u. a. über den Ausnahmezustand, den Notdienst, eine Verlängerung des Grundwehrdienstes, schließlich Erhöhung der für diese Maßnahmen benötigten finanziellen Mittel.

Über diese zentralen Ziele der Sicherheitspolitik nahm Strauß Kontakt mit Adenauer, von Brentano und Mende auf. Am 4. Oktober 1961 verfasste Strauß für Adenauer einen grundlegenden Text zur Vorbereitung der Koalitionsverhandlungen, in dem es u. a. hieß: »Die militärische Verteidigung der Bundesrepublik Deutschland kann ebenso wie die der anderen europäischen Staaten nicht mehr mit nationalen Kräften, auch nicht mehr in der Form verbündeter Koalitionsarmeen erfolgen. Die einzig mögliche und zweckentsprechende Form ist eine amerikanisch-europäische Verteidigungsgemeinschaft mit einem hohen Grade der Integration der … Streitkräfte. Das erfordert im einzelnen:

1. Eingliederung der Bundeswehr in die Kommandostruktur der NATO.
2. Stärke und Ausrüstung der Bundeswehr nach den Beschlüssen der NATO nach nationalen Notwendigkeiten …
3. Allgemeine Verteidigungspflicht des Staatsbürgers auf militärischem und zivilem Gebiet, auf militärischem Gebiet mit einer Dienstzeit von 18 Monaten.
4. Ausrüstung der Bundeswehr gemäß den Fortschritten der Waffentechnik mit modernen konventionellen Waffen.
5. Ausrüstung der Bundeswehr mit Atomwaffenträgern (Artillerie-Raketen-Flugzeuge) gemäß MC 70 … In der Frage der Verfügungsgewalt über Atomwaffen ist eine Regelung anzustreben, wonach den europäischen Partnern der NATO für ihre Selbstverteidigung ein eigenes Entscheidungsrecht nach einer noch zu erarbeitenden NATO-Formel zugestanden wird. Die Aufstellung einer unter NATO-Kommando stehenden europäischen Raketenwaffe für mittlere Reichweite wird für notwendig gehalten.«[244]

Die weiteren Punkte dieses Papiers betrafen die Finanzierung (1962: 13,5 Mrd. DM, danach Steigerungen), Zivilschutz, technische Nothilfe u. a. m. Obwohl es sich hier ausschließlich um sicherheitspolitische Themen handelte, übersandte Strauß dieses Papier offenbar am 11. Oktober 1961 an Erich Mende, in dem er auch auf persönliche Gespräche zwischen beiden über diese Frage verwies. Dies geschah nicht primär in seiner Eigenschaft als Verteidigungsminister, sondern als Parteivorsitzender, der in Koalitionsverhandlungen ging: Insofern war Adenauers Misstrauen unberechtigt, als er vom Treffen beider erfuhr. Zu Recht vermutete er aber wohl, dass bei diesem Gespräch auch seine Kanzlerschaft diskutiert worden ist. Und da war er verständlicherweise auf der Hut. Doch bleiben wir einstweilen bei der Verteidigungspolitik.

Mende stimmte offenbar im Wesentlichen mit den Eckpunkten von Strauß überein und erhob Einwände nur hinsichtlich der Verfügungsgewalt über atomare Sprengkörper, worauf Strauß am 11. Oktober mit einer Erläuterung reagierte: »Die in meinem Papier vom 4.10.1961, Ziffer 5, genannte Formulierung, wonach den europäischen Partnern der NATO für ihre Selbstverteidigung ein eigenes Entscheidungsrecht über den Einsatz von Atomsprengkörpern nach einer noch zu erarbeitenden NATO-Formel zugestanden werden soll, schließt natürlich ein, daß es sich hier nicht um nationale Verfügungsgewalt handelt, sondern um ein Mitbestimmungsrecht der europäischen Partner. Der Ausdruck ›NATO-Formel‹ soll ausdrücklich betonen, daß für den Einsatz dieser Atomsprengköpfe weder ein amerikanisches Monopol noch eine nationale Verfügungsgewalt gelten soll. Ich erlaube mir deshalb, Ihre Interpretation sachlich zu modifizieren und drei Punkte festzulegen ...«[245]

In der folgenden Koalitionsvereinbarung finden sich dann mit kleineren Modifikationen die verteidigungspolitischen Richtlinien von Strauß wieder.[246] In der Sitzung der neuen, von CDU/CSU und FDP gebildeten Bundesregierung legte der Verteidigungsminister dann seinen Gesetzentwurf zur Erhöhung der Wehrdienstzeit von 12 auf 18 Monate vor und begründete ihn u. a. damit, dass nicht genügend Freiwillige zur Verfügung stünden. Allerdings wies er zugleich darauf hin, dass keineswegs alle wehrpflichtigen jungen Männer auch eingezogen würden, weil dies angesichts der geburtenstarken Jahrgänge eine Vergrößerung der Bundeswehr auf 900000 Mann bedeuten würde. Das Kabinett stimmte der Vorlage von Strauß einstimmig zu.[247]

10

Fehlschläge, Beschaffungsprobleme, Skandale oder Skandalisierungen?

So erfolgreich und fundamental die Amtszeit von Franz Josef Strauß für die Verteidigungspolitik der Bundesrepublik und den Aufbau der Bundeswehr auch war, von Fehlern und Rückschlägen konnte sie angesichts der gigantischen Probleme nicht frei bleiben. Bis heute blieb es kaum einem Verteidigungsminister erspart, vor allem bei Fragen der Ausrüstungspolitik angegriffen zu werden, das gilt insbesondere für hochmoderne Waffensysteme, deren Funktionstüchtigkeit sich erst in der Praxis erweist. Kommt es zu Unfällen, steht der Verteidigungsminister sofort in der Kritik, obwohl stets eine ganze Reihe von Personen und Institutionen an der Planung und Beschaffung beteiligt ist: die militärtechnischen Experten, die Militärs, die Ministerialbürokratie einschließlich der Staatssekretäre, der Verteidigungsminister, das Bundeskabinett, der Verteidigungs- und Haushaltsausschuss des Bundestags, gelegentlich weitere Ausschüsse und das Plenum. In allen parlamentarischen Gremien sitzen nicht allein die Angehörigen der Koalition, sondern auch die der Opposition. Und nicht zu vergessen sind die herstellenden Unternehmen mit ihren technischen Experten, aber auch ihren wirtschaftlichen Interessen und ihren Lobbyisten. Höchst unwahrscheinlich ist also, dass gravierende Fehler bei Großprojekten nur auf die Fehlentscheidungen Einzelner zurückzuführen sind. Und doch gilt die politische Verantwortlichkeit des Verteidigungsministers: Er trifft schließlich für sein Haus nach allen Gutachtern, Planern, Verwaltern die politische Entscheidung, die er erst im Kabinett vertritt, dann im Bundestag und seinen Ausschüssen; auch wenn er sich dort vertreten lässt oder mit seinen Beratern auftritt, bleibt er politisch verantwortlich.

Doch ändert auch dies nichts an der gestaffelten Mitverantwortung auf unterschiedlichen Stufen, die vor allem belegt: Der Minister kann kaum unbegründete, unberatene, undiskutierte und undurchsichtige einsame

Entschlüsse im stillen Kämmerlein fassen. Das zeigt kein Thema stärker als die Entscheidung für den Ankauf und die Modifikation der Starfighter-Kampfjets, die Strauß nach anfänglichem Zögern schließlich traf. Diese komplexen Entscheidungsstrukturen zeigen: Die Reduktion des Starfighter-Problems auf ein Problem Strauß war irreführend und wurde durch die ständig sich erhitzende öffentliche Debatte und die scharfen Attacken nicht angemessener. Und mit welchen taktischen Mechanismen ein solcher Angriff geführt wird, zeigt schon eine einzige Tatsache: Die SPD-Opposition hatte dem Starfighter-Projekt zugestimmt – nach den sich häufenden Abstürzen des Jets war aber vom vorherigen Einverständnis keine Rede mehr. Gerecht ist es nicht, aber verständlich durchaus: Selbstkritik ist nicht Sache der Opposition, Regierungskritik aber gehört zum System. Dies betraf im Übrigen auch eher marginale Probleme: Ob Strauß nun einen Piloten versetzte, der in fremden Luftraum eingedrungen war, wie im Fall des Oberstleutnants Barth, als Strauß – fälschlich – vorgeworfen wurde, dem Bundestag eine falsche Auskunft gegeben zu haben, ob es nun um den Spionagefall Fritz Lompscher ging[248] oder eine Verkehrssache, bei der sein Fahrer Leonhard Kaiser verbotswidrig in eine Straße beim Bundestag eingebogen war, stets rauschte es im Blätterwald, stets wurde ein Skandal suggeriert. Kaum oder nur in winzigen Artikeln an unauffälliger Stelle wurde veröffentlicht, wenn ein Textvergleich der Ausschussprotokolle ergab, dass Strauß wie im Fall Barth oder anderen Fällen richtig geantwortet oder angemessen gehandelt hatte: Allerdings gab es auch solide Presseberichterstattung, so wenn die *Welt* am 11. Mai 1962 titelte: »Strauß verhielt sich korrekt: Verteidigungsausschuß befaßt sich mit ›Fall Barth‹.«[249] Über all diese marginalen Fälle wird hier nicht eigens berichtet, weil sie weder zur Darstellung der Politik von Strauß beitragen noch überhaupt besondere Bedeutung haben – einmal abgesehen davon, dass in einem Ministerium mit mehreren Tausend Mitarbeitern und Hunderttausenden Soldaten Personalprobleme Alltag sind und Fehlentscheidungen auf allen Ebenen der Hierarchie vorkommen.

Welche Probleme der Verteidigungspolitik von Strauß erregten also die Öffentlichkeit, bevor die hohen Wellen, die die *Spiegel*-Krise schlug, alles andere für eine Weile überschwemmten und die Frage nach den Leistungen des Verteidigungsministers unter sich begruben?

Der Skandal um den Schützenpanzer HS-30

Beginnen wir mit der Affäre um den Schützenpanzer HS-30 von der Firma Hispano-Suiza, die auch Strauß einen Skandal nannte. Worin bestand er? In den ersten Jahren des Aufbaus der Bundeswehr wirkte psychologisch der Koreakrieg fort, ihre Führung lebte in der Befürchtung – Strauß nannte es »Psychose« –, ein Krieg könne jederzeit ausbrechen und man müsse für ihn gewappnet sein. Da man sich zur Improvisation gezwungen sah, um schnell rüsten zu können, blieb man den konventionellen Formen der Kriegsführung verhaftet und setzte zunächst auf Panzertruppen als Rückgrat der Vorne-Verteidigung. Der erste interimistische Inspekteur des Heers, General Hellmuth Laegeler, übernahm die volle Verantwortung für den Aufbau der Panzertruppe mit dem Schützenpanzer HS-30 auf der Grundlage eines von Hispano-Suiza zur Verfügung gestellten Holzmodells. Der Auftrag lautete auf 12 000 Panzer gemäß diesem Modell. Tatsächlich war der Vertrag viel zu vage formuliert. Er enthielt, wie Strauß später bemängelte, keine Klausel über die Truppentauglichkeit und Kriegsverwendungsfähigkeit des Panzers. Auch hatte man offenbar keine hinreichenden Informationen über die Firma Hispano-Suiza eingeholt, der eine hinreichende einschlägige Erfahrung fehlte: Der Skandal wurde offensichtlich bei Lieferung der ersten Exemplare, die bereits mangelhaft waren und sich im Gelände als nicht einsatzfähig erwiesen.

Zwar fällt die Lieferung der ersten HS-30 in die Amtszeit von Strauß, nicht aber Vertragsabschluss und Bestellung, die noch durch Theodor Blank erfolgten. Strauß trug also für das Debakel keinerlei Verantwortung, sondern erbte es bei Übernahme des Verteidigungsministers von seinem Vorgänger: Doch nahm er Blank ausdrücklich in Schutz, dieser habe nur die Unterschrift unter einen Vertrag gesetzt, den Laegeler ganz unzulänglich und überhastet vorbereitet habe.[250]

Strauß selbst erwog danach, die weitere Annahme der HS-30 zu verweigern und die Verträge mit Hispano-Suiza zu kündigen, doch fürchteten seine juristischen Berater, den Prozess wegen der mangelhaften Vertragsformulierungen zu verlieren, wobei sie die Entschädigung für das Unternehmen auf 300 Millionen DM schätzten. Strauß einigte sich mit dem Hersteller schließlich auf eine Umkonstruktion des HS-30, soweit diese möglich war, und vereinbarte eine erhebliche Reduzierung der Stückzahlen auf nur noch 2200, die dann leidlich funktionierten und seit 1959 geliefert wurden. Summa summarum: Ein Beschaffungsskandal gewiss, aber keiner, den Strauß verursacht hatte, vielmehr hat er den drohenden Schaden deutlich verringert, als er die Verantwortung als Verteidigungsminister übernahm.

Auch für diesen Fall gilt im Übrigen die generelle Einschätzung von Gerd Schmückle. Er konzedierte ohne Umschweife, dass bei der Rüstungsbeschaffung Fehler unterlaufen seien. »Nur ist weitgehend unbekannt geblieben, wie sehr sie Ergebnis einer in solchen Großprojekten noch unerfahrenen Bürokratie gewesen waren … Zeitweise kam es in den Abteilungsleitersitzungen zu turbulenten Szenen, wenn FJS den verantwortlichen Militärs und den für die Vertragsunterzeichnung zuständigen Beamten die heftigsten Vorwürfe machte. Doch nach außen nahm er sie in Schutz.«[251] Tatsächlich herrschte in der Aufbauphase der Bundeswehr ein Bedrohungsszenario. Es führte wie die anfänglichen NATO-Planungen und die entsprechenden deutschen Zusagen zu Hast und Improvisation, das Bewusstsein veränderter Herausforderungen war rudimentär. Die wachsende Sorge, die Zusagen nicht einhalten zu können, beförderte Fehlentscheidungen, bis der neue Verteidigungsminister Strauß Realismus durchsetzte, Entscheidungs- und Beratungsstrukturen neu ordnete sowie militärpolitische Konzeptionen entwickelte, die der damaligen Lage angemessen waren.

Der Starfighter am Boden

Im Unterschied zur Anschaffung des Schützenpanzers HS-30 trug Strauß für die des Starfighters tatsächlich die politische Verantwortung. Und zweifellos zeigten die sich häufenden Abstürze mit tragischen Todesfällen zumindest Versäumnisse bei der Ausrüstung der Bundeswehr mit diesem Kampfjet, wenn nicht Fehlkalkulationen. Die Frage ist: Wie kamen sie zustande, wären sie vermeidbar gewesen, wie verteilt sich die Verantwortung? Und schließlich: Kann, ja muss man von einem Skandal sprechen?

Hatte Strauß das HS-30-Projekt von seinem Vorgänger geerbt, so sein Nachfolger Kai-Uwe von Hassel den Starfighter, sodass sich die Untersuchungen über die Entscheidungsbildung, die Absturzursachen und die Konsequenzen bis in die Mitte der 1960er-Jahre hinzogen. Der Bundestag diskutierte noch Jahre nach dem Rücktritt von Strauß über den Starfighter, also müssen spätere Unterlagen herangezogen werden, da nach den ersten schockierenden Abstürzen des Kampfflugzeugs noch nicht alle Fakten rekonstruiert werden konnten. So brachten erst die Bundestagsdebatte vom 20. und 21. Januar 1965, in der Strauß eine eingehende Darstellung aus seiner Sicht gab, Fritz Erlers Antwort sowie der Bericht des Verteidigungsausschusses vom 17. März 1966 eine Zusammenstellung der Fakten sowie abschließende politische Bewertungen von Regierung, Koalition und Opposition.[252]

Die Debatte war dadurch befeuert worden, dass der SPD-Abgeordnete Karl Wienand sich in mehreren Presseveröffentlichungen vor der erwähnten Bundestagsdebatte über den Kampfjet F-104, den Starfighter, geäußert hatte und dies nun wiederholte: Die Anschaffung des Starfighters sei »der teuerste Mißgriff, den je ein Minister getan hat«, worauf

Strauß, wie er sagte, »in demselben Jargon« konterte, »daß das der größte Unsinn ist, der je über Luftwaffenrüstung gesprochen worden ist«.[253] Wienand warf ihm außerdem vor: »... noch ehe Experten die Vor- und Nachteile der drei Rivalen gegeneinander abgewogen hatten, erklärte der deutsche Verteidigungsminister in aller Öffentlichkeit, für die deutsche Bundeswehr komme nur eine einzige Maschine in Frage, nämlich der ›Starfighter‹ von der amerikanischen Firma Lockheed, der er damit vorab ein Monopol verschaffte«. Er warf Strauß Naivität und falsche Geschäftstaktik vor: Ein Politiker, der über derartige Summen verfüge, müsse eben auch Geschäftsmann sein. Es ging also nicht um einen Korruptionsvorwurf, sondern um die Frage einer sündhaft teuren Fehlentscheidung. Strauß antwortete auf Wienand, der ganz offensichtlich keine Kompetenz für die militärtechnische Seite der Angelegenheit besaß und deshalb diese allgemeine Form der Kritik wählte: »Im Übrigen, Herr Kollege Wienand, handelt doch der Minister einen solchen Vertrag nicht persönlich aus. Was soll er denn sonst noch alles tun: Flugzeuge einfliegen, die Elektronik überprüfen, Schiffsstähle kontrollieren und dann noch einen Vertrag von diesem Umfang aushandeln?! Er muß sich auf die Qualität seiner besten Mitarbeiter verlassen. Ich würde das Team, dessen Namen Ihnen sicherlich genannt werden können, nicht einfach kollektiv der Unfähigkeit, der Dummheit oder etwa gar der bewußten Schädigung des deutschen Steuerzahlers bezichtigen. Das haben diese Männer einfach nicht verdient.«[254]

Allerdings hatte Wienand nur in verschärfender Form wiederholt, was Helmut Schmidt im *SPD-Pressedienst* am 30. Januar 1959 bereits über das Geschäft mit Lockheed behauptet hatte – auch er wusste es besser. Ganz offenbar verfolgten einige SPD-Politiker eine Doppelstrategie: Während die SPD im Verteidigungsausschuss zugestimmt hatte, verstärkte sie nach ihrer Kehrtwendung öffentlich die Kritik. Sie attackierte nicht unbedingt den Starfighter, aber den Vertrag – und eben den Verteidigungsminister. So führte Schmidt wenige Wochen später seine Kritik fort, indem am 2. Februar 1959 wiederum in einer Pressemitteilung der SPD-Fraktion erklärte: »... Es ist keineswegs ausgeschlossen, daß der Starfighter – die weitgehenden deutschen Änderungswünsche als realisierbar vorausgesetzt – der für die Bundeswehr bestgeeignete Abfangjäger wäre. Es geht aber im Augenblick nicht um die Qualifikation des Starfighter, sondern a) um seinen Preis, b) um den Lizenz-Nachbau in der Bundesrepublik. Das heißt: es geht um die Wirtschaftlichkeit des Gesamtprojektes ...«[255]

Vorausgegangen war ein jahrelanger publizistischer Dauerbeschuss durch die SPD-Zeitung *Vorwärts* auf Strauß. Andere Zeitungen sowie einzelne SPD-Politiker spielten die Begleitmusik zur Debatte über den Ankauf, vor allem aber über die zahlreichen Abstürze des Flugzeugs, die naturgemäß die Öffentlichkeit beunruhigten. Diese Kritik richtete sich auf die vermuteten Sicherheitsmängel, vorher ging es jedoch um die Kostenfrage. Schnell geriet dabei aus dem Blick, dass die SPD – wie erwähnt – anfangs dem Kauf des Starfighters positiv gegenüberstand.

Diese anfängliche Zustimmung der Opposition zeigt zunächst, wie schwierig diese Entscheidung war und deshalb selbst die politische Verantwortung keineswegs nur bei der Regierung lag. So schrieb beispielsweise der *Vorwärts* am 12. Oktober 1956 über den bisherigen Kampfjäger F-86, die Bundesrepublik Deutschland könne »mit diesem Jäger (F-86) überhaupt nicht verteidigt werden … Erst der Einsatz des ›Starfighter‹ kann hierin einen Wandel schaffen … «[256] Am 24. Mai 1957 bemerkte der *Vorwärts*, es solle derzeit im Westen doch nur »eine Maschine geben, den amerikanischen ›Starfighter‹, der den vier neuen russischen Jägertypen gewachsen ist«. Der sozialdemokratische *Parlamentarische Pressedienst* berichtete am 22. Oktober 1958, dass die seit Jahren ausstehende Entscheidung über den Ankauf eines neuen Kampfjets für die Bundeswehr endlich bevorstehe. Dieses Allroundflugzeug mit über 2200 Kilometer Geschwindigkeit in der Stunde könne für unterschiedliche Aufgaben eingesetzt werden: als Abfangjäger, Jagdbomber und Aufklärer. Festzuhalten bleibt aus dieser zutreffenden Formulierung, dass dieses Projekt seit Jahren geplant, beraten, vorbereitet und auch in der Öffentlichkeit diskutiert wurde. Es handelte sich also keineswegs um eine übereilte Entscheidung, vielmehr wurden von den Experten und in den zuständigen Gremien alle Aspekte hin und her gewendet. Und schließlich hat der Verteidigungsausschuss des Deutschen Bundestags am 6. November 1958 einstimmig (bei einer Enthaltung), also mit den Stimmen der SPD-Abgeordneten, dem von der Bundesregierung vorgeschlagenen Kauf von 300 Maschinen im Wert von 1,2 Milliarden DM zugestimmt. Tatsächlich hatte sich sogar noch mehr als ein Jahr später der Verteidigungsausschuss am 9. Dezember 1959, als es um die Frage ging, ob zusätzliche Starfighter bestellt werden sollten, nochmals in geheimer Sitzung mit 18 Stimmen bei drei Enthaltungen für die Beschaffung weiterer 364 Starfighter ausgesprochen – Verteidigungsminister Strauß war bei dieser Sitzung nicht anwesend.

Dies alles war Wienand bekannt. Die Beratung und Entscheidung über den Starfighter-Kauf im Bundestag völlig zu verdrehen und die Fakten wider besseres Wissen zu ignorieren bzw. zu lügen spielte in der »kritischen« Presseberichterstattung keine Rolle, obwohl es ziemlich dreist war, auf ein schnelles Vergessen zu spekulieren. Gleichwohl gehörten Wienands Behauptungen zu denen, die sich in der öffentlichen Meinung geradezu verselbstständigten, weil sie unaufhörlich wiederholt wurden: Es ging gegen Strauß, das reichte.

Die Kritik kam erst auf, als Konstruktionsänderungen für das Flugzeug diskutiert wurden, und zwar bezog sich die Ablehnung zunächst nicht auf mögliche technische Probleme, sondern auch bei dieser Frage auf wirtschaftliche: Hierher gehört beispielsweise die Kritik des SPD-Abgeordneten Helmut Schmidt vom 30. Januar 1959 – also 15 Monate nachdem seine eigene Partei zugestimmt hatte.

Wie kam es also zum Ankauf des Starfighters, was waren die Gründe? Die grundlegende Entscheidung für die Beschaffung des Flugzeugs ging zunächst von mehreren Fragen aus: Benötigt die deutsche Luftwaffe einen solchen Kampfjet? Was ist auf dem Markt? Welchen Jet schaffen die anderen NATO-Partner an? Inwieweit kann jetzt oder später eine eigens dafür aufzubauende deutsche Luftfahrtindustrie – als Vorstufe ihrer zivilen Aufgabe – beteiligt werden?

Die Erstausstattung der deutschen Luftwaffe konnte aus Kosten- und Zeitgründen nur mit auslaufenden, kurzfristig zu beschaffenden Typen erfolgen, die durch die technische Entwicklung überholt wurden. Da zugleich die sowjetische Luftwaffe mit modernen Waffensystemen ausgerüstet wurde, bestand innerhalb der NATO Konsens, auch die Bundeswehr mit einem modernen Kampfjet auszustatten. Er sollte den sowjetischen MIG-Kampfjets ebenbürtig, nach Möglichkeit sogar überlegen und innerhalb der Partnerländer standardisiert sein. Ein deutscher Alleingang war schon deswegen von der Bundeswehr nicht erwünscht. Die Planung begann 1957: Strauß stand wie alle Verteidigungsminister vor der permanenten Doppelaufgabe, die Bundeswehr aktuell einsatzfähig zu halten, aber ständig für die Zukunft zu investieren. Aus Kostengründen mussten solche Waffensysteme während ihrer gesamten Nutzungsdauer optimal einsatzfähig und nicht schon nach kurzer Zeit überholt sein. Deswegen war die Anschaffung eines Flugzeugs mit zweifacher Schallgeschwindigkeit erforderlich – eines Typs, mit dem die Bundeswehr keine Erfahrung haben konnte und der deshalb höchste Anforderungen an die Einsatzvorbereitung stellte, u. a. auch an die Ausbildung der Piloten, die solche Maschinen noch nicht geflogen hatten.

Tatsächlich hat eine ganze Reihe weiterer NATO-Staaten sich damals für das amerikanische Angebot, also den Starfighter, entschieden: Belgien, Dänemark, Kanada, Italien, die Niederlande, Norwegen und eben die Bundesrepublik. Auch außerhalb der NATO fand der Starfighter Anklang, etwa in Japan und Nationalchina. Noch 1965 wies der Inspekteur der Luftwaffe darauf hin, dass durch den Ankauf dieses Jets in insgesamt neun europäischen Ländern »einmalig eine europaweite Verwendung eines einzigen Flugzeugtyps von Norwegen bis zur Türkei erreicht worden sei, was zur Stärkung der Verteidigungskraft der NATO erheblich beiträgt«.[257] Allein diese internationale Resonanz zeigt: Es handelte sich bei der Entscheidung für den Starfighter weder um eine deutsche Ausnahme noch um eine einsame Entscheidung des Verteidigungsministers Strauß. Offenbar sprachen gute Gründe dafür, das amerikanische Angebot der Firma Lockheed anzunehmen.

Die Attraktivität des Starfighters lag nicht allein in den drei erwähnten funktionalen Kapazitäten des Flugzeugs, sondern – und dieser Punkt dürfte für alle Käufer entscheidend gewesen sein – in den möglichen Alternativen: Nach gründlicher Prüfung von insgesamt 14 Flugzeugtypen, mehreren amerikanischen, englischen, französischen und eines schwedischen, blieben drei Angebote im Rennen, neben dem F-104 G Starfighter die französische Mirage III A sowie der Grumman Super Tiger – gegen ihn sprach u. a., dass man die Katze im Sack erworben hätte, da er noch in der Erprobungsphase war; seine Qualitäten konnten deshalb nicht definitiv beurteilt werden und die Produktionszeit hätte zu lange gedauert: Tatsächlich wurde dieser Typ nie gebaut. Blieb die Alternative Mirage oder Starfighter. Sie wurde sowohl innerhalb des Verteidigungsministeriums als auch der zuständigen Bundestagsausschüsse eingehend beraten, bevor man sich 1958 für eine Mehrzweckversion des Starfighters, den Typ F-104 G, entschied, eines der modernsten Waffensysteme überhaupt. Was waren die weiteren Gründe? Wer stimmte zu?

Strauß selbst wollte wie Adenauer, unter anderem wegen der angestrebten engeren deutsch-französischen Kooperation, die Mirage. Doch war er im Verteidigungsministerium damit weitgehend allein, er stand – wie es Schmückle formulierte – in Bonn »einer geschlossen Front« gegenüber. Alle Testpiloten und Luftwaffenoffiziere einschließlich des Inspekteurs der Luftwaffe, Kammhuber, und die Rüstungstechniker hielten nach Kenntnisnahme des Prototyps der Mirage den Starfighter zweifelsfrei für den besseren Kampfjet. Gegen die Mirage sprach u. a., dass sie zu wenig Raum für das Navigationssystem bot, keine Unterbringungsmöglichkeiten für das geforderte Radarsystem und eine viel zu geringe Reichweite hatte.[258] Für den Kauf des Starfighters plädierten auch die Haushälter und Rüstungswirtschaftler. Sollte und konnte Strauß sich gegen den Rat aller Experten entscheiden? Man braucht keine Phantasie, um sich die Schlagzeilen und die Reaktion der Opposition vorzustellen.

Problematisiert wurde später die Umrüstung. Sie ergab sich aus einer Forderung der NATO vom Dezember 1961, die ihrerseits auf einer Diagnose der Waffentechnik der sowjetischen Luftwaffe beruhte. Sie wurde insgesamt planmäßig, wenngleich nicht im geforderten Umfang durchgeführt. Die Umrüstung begann im Dezember bei der Auslieferung der ersten Maschinen, weil die gesamte Umrüstzeit mit neun Jahren veranschlagt wurde. Die Zahl der für Luftwaffe und Marine anzuschaffenden Kampfjets wurde auf 700 erhöht.[259]

Die Bundesregierung gelangte 1966 zu dem Schluss: »Der Wert des Starfighter-Waffensystems für die Sicherheit der Bundesrepublik Deutschland und die Gesamtverteidigung des Westens im Rahmen der NATO ist unbestritten. Die Beurteilung der bereits umgerüsteten und assignierten deutschen F 104-G Geschwader durch die NATO ist ›gut‹.«[260]

Die von Strauß ursprünglich nicht gewünschte Entscheidung für den Starfighter wurde ihm aus einem generellen Grund erleichtert: Der amerikanische Hersteller akzeptierte für den Starfighter eine Beteiligung der neu aufzubauenden deutschen Luftfahrtindustrie bei der Produktion in Form einer Lizenz sowie die Wartung durch deutsche Unternehmen. Da Strauß schon seit Längerem intensiv für den Aufbau einer eigenen deutschen Luftfahrtindustrie plädierte, sah er in der Anschaffung des Starfighters eine Initialzündung für zivile Initiativen. Mit dem Starfighter wurde Franz Josef Strauß zum politischen Initiator für den Aufbau einer deutschen Luftfahrtindustrie, der auch später eine seiner Leidenschaften galt.

Am damals größten Beschaffungsprojekt für die Bundeswehr, dem Starfighter, ist also weder etwas Geheimnisvolles noch etwas sachlich Fragwürdiges, was Strauß vorzuwerfen wäre. Allerdings gab es zwei kritische Punkte: Um dem Starfighter eine zusätzliche Funktionstüchtigkeit zu verschaffen, bedurfte es der erwähnten Nachrüstung, die das Flugzeug mehrere Hundert Kilo schwerer machte und möglicherweise seine Beherrschbarkeit komplizierte. Dies ist zwar nicht eindeutig geklärt, weil damals etliche erfahrene Piloten immer wieder beteuerten, dass sie den Jet gerne flögen und es sich um ein hervorragendes Flugzeug handele. Auch in der späteren Ursachenanalyse einer eigens dafür eingerichteten technischen Kommission tauchte dieser Grund nicht auf. Vielmehr wurde darauf hingewiesen, dass die am Starfighter vorgenommenen Änderungen geringer gewesen seien als bei vergleichbaren Kampfjets.

Ein weiterer, häufig genannter Grund mag darin gelegen haben, dass zu schnell zu viele Flugzeuge dieses Typs angeschafft wurden, wie Generalleutnant Johannes Steinhoff, einer der besten deutschen Piloten, meinte. Aufgrund dieser, durch administrative Entscheidungsprozeduren vorgegebenen Ausrüstungsgeschwindigkeit konnte sich die Luftwaffe nicht auf die ihr bis dahin fremden Maschinen einstellen, mit einer Streckung der Ausrüstung über mehrere Jahre wäre dies leichter gewesen.

Steinhoff, inzwischen Chef des Stabs der Alliierten Luftstreitkräfte Europa Mitte, räumte Jahre danach bei einer späteren Anhörung des Verteidigungsausschusses des Deutschen Bundestags ein, »daß bei Einführung des Waffensystems Starfighter Fehler unterlaufen sein mögen. Diese müssen jedoch im Zusammenhang mit der besonders schwierigen Ausgangslage gesehen werden. Da war zunächst das Vakuum von 12 Jahren ohne eigene Luftwaffe und sodann das Überspringen einer ganzen Flugzeuggeneration vom Ultraschall- in den doppelten Schallbereich zu meistern.«[261]

Beide möglichen Ursachen beruhen allerdings auf späteren Erfahrungen mit dem Starfighter, und es ist mehr als zweifelhaft, ob bei Abwägung aller Aspekte diese Probleme wirklich vorhersehbar waren. Gründe für eine Skandalisierung liegen hier jedoch ebenfalls nicht.

Die Abstürze waren tatsächlich das eigentlich Beunruhigende am Starfighter-Projekt, weshalb alle Fraktionen hierzu Fragen stellten und es bereits zur Amtszeit von Strauß zu einer Debatte gekommen war, nachdem das Verteidigungsministerium am 29. Juni 1962 einen Bericht über den Flugzeugunfall vom 19. Juni 1962 vorgelegt hatte. In der Sitzung des Verteidigungsausschusses des Deutschen Bundestags verglich der Inspekteur der Luftwaffe, General Kammhuber, nochmals Starfighter und Mirage und gelangte nach detaillierter Darlegung zu dem Ergebnis, die damalige Entscheidung sei richtig gewesen.[262]

Verteidigungsminister Strauß erklärte in derselben Sitzung, es sei eine endgültige Klärung der Absturzursachen nötig, bevor eine Stellungnahme abgegeben werden könne, seine Gesamteinschätzung lautete: »Ich möchte mich nicht auf die lange Vorgeschichte der Auswahl und auf die allgemeine Zustimmung berufen, die damals das Starfighter-Programm trotz vieler Fragen und einiger Bedenken gefunden hat. Ich stelle nur fest: wenn wir jetzt nach den vieljährigen Erfahrungen, die wir in Entwicklung, Nachbau, Ausbildung, Erprobung und Aufstellung der ersten Einheiten haben sammeln können, noch einmal die Wahl zu treffen hätten, würden wir auf Grund einer Bilanz aller Vor- und Nachteile wieder genau dieselbe Entscheidung fällen. Es gibt kein Flugzeug, das nur Vorteile, und ein anderes, das nur Nachteile hat … sondern immer nur eine Bilanzierung der Vor- und Nachteile, um am Ende festzustellen, was überwiegt … «[263]

In der Antwort auf die Große Anfrage der SPD erklärte Verteidigungsminister von Hassel 1966 zu den Abstürzen zusammenfassend: »Die Bundesregierung hält jede Unfallrate für unerträglich. Im internationalen Vergleich und im Vergleich zu früheren Waffensystemen waren die Unfallraten bis zum Jahre 1964 nicht anomal. Die Unfallhäufung seit Mitte 1965 ist anomal, eine typische Starfighter-Unfallursache ist nicht feststellbar.«[264] Genau hier lag das Problem: Die Ursache blieb rätselhaft, die Schwankungsbreite der Unfälle pro Jahr war beträchtlich. Die Abstürze des vorher benutzten Flugzeugs, »dem in aller Welt bewährten Typ F 84-F«, der jetzt auslaufe, seien zahlreicher gewesen als beim Starfighter, nämlich im Durchschnitt 20,2 pro Jahr. In ihrer Antwort listete die Bundesregierung die Starfighter-Abstürze auf, berechnete das Verhältnis zu den Flugstunden usw. 1964 war in Relation zur größeren Zahl der Flugstunden keine Erhöhung der Unfallzahl festzustellen, 1963 hatte es keinen Todesfall und keinen Totalverlust eines Flugzeugs gegeben. 1964 hatte sich verglichen mit 1962 zwar die Zahl der Toten halbiert, die Totalverluste des Flugzeugs sich aber von sieben auf neun erhöht.[265]

Insgesamt waren zwischen dem Einführungsjahr 1961 und dem Frühjahr 1966 bei Starfighter-Abstürzen 26 Todesfälle – von insgesamt 114 Flugtoten bei Luftwaffe und Marine – in diesem Zeitraum zu beklagen. In diesen fünf Jahren stürzten 47 Flugzeuge dieses Typs ab, was 5,8 Prozent der Gesamtauslieferung in diesem Zeitraum ausmachte.[266]

Die Aussagen der Starfighter-Piloten gaben keine verwertbaren Hinweise: Schon in früheren Anhörungen des Verteidigungsausschusses hatten die befragten Piloten sich stets positiv über das Flugzeug geäußert. Die Auflistung des Verteidigungsausschusses von 1966, die sich auf technische Gutachten und Untersuchungskommissionen von Experten stützte, nannte folgende Ursachen für tödliche Abstürze: in sechs Fällen Fehler der Flugzeugführer, in acht Fällen technische Mängel, in sieben Fällen sonstige Gründe wie Flugplatzeinrichtungen, Wetter u. a., in fünf Fällen war die Untersuchung noch nicht abgeschlossen bzw. die Ursache unbekannt.[267]

Vermutet wurde als weitere mögliche Ursache in der stets risikoreichen Übergangsphase bei der Erprobung neuer Waffensysteme die mangelnde Erfahrung der Piloten mit diesem Jet. Erfahrung aber, so Verteidigungsminister von Hassel 1966, könne nicht befohlen, sondern nur »erflogen« werden. Nach der internationalen Statistik waren Flugzeugführer mit mehr als 2000 Flugstunden nur zu zwei Prozent an Unfällen beteiligt, weshalb die Luftwaffe die Zahl der Flugstunden erhöht hatte. Die Bundesregierung konnte auch darauf verweisen, dass im Verteidigungsausschuss mehrfach die nach dem Bericht der Luftwaffenführung und der Sachverständigen eingeleiteten Maßnahmen des Verteidigungsministeriums befürwortet worden waren. Sowie technische Mängel auftauchten, würden sie abgestellt, Umrüstungen erfolgten allerdings durch gemeinsame Beschlussfassung der Konsortialländer, d. h. derjenigen NATO-Partner, die ebenfalls den Starfighter angeschafft hatten. Alle Sicherheitsregelungen, auch am Boden, bedurften der Genehmigung durch die NATO. Allerdings gab es Ausnahmen, etwa die im Alleingang durch Anordnung von Hassels vorgenommene Verbesserung des Schleudersitzes.

Alles in allem konnten in keiner der parlamentarischen oder Sachverständigenuntersuchungen politische Fehlentscheidungen oder Versäumnisse der beiden Verteidigungsminister, die nacheinander zuständig waren, Franz Josef Strauß und Kai-Uwe von Hassel, nachgewiesen werden. Diese Feststellung ändert natürlich nichts daran, dass die Abstürze mit Todesfällen höchst beklagenswert waren. In den zahlreichen Fällen, in denen sich die Piloten retten konnten, aber der Totalverlust eines Flugzeugs unvermeidbar war, entstand zumindest großer materieller Schaden. Er lag schon beim ursprünglichen Anschaffungswert, also ohne Umrüstung, erheblich über 5 Millionen DM, später wurde er in einigen Veröffentlichungen gar mit über 8 Millionen DM pro Flugzeug beziffert.

Die Einzelergebnisse der parlamentarischen Untersuchungen wurden allerdings in der Öffentlichkeit weniger zur Kenntnis genommen als die bis 1976 dann insgesamt 177 Abstürze mit mehr als 80 toten Piloten sowie die sich über die Jahre hin steigernde öffentliche Kritik. Sie nahm seit 1960/61 aufgrund der damals gemeldeten Abstürze und der hohen Kosten des »teuersten Vogels« der Bundesrepublik zu, an ihr änderte auch der 1961 beginnende Lizenzbau in Deutschland nichts. Hinzu kam eine Fülle von Beschwerden über Lärmbelästigungen, die angesichts des geringen Luftraums über der Bundesrepublik und der hohen Geschwindigkeit des Starfighters von 2200 Stundenkilometern unvermeidlich war. Der Kampfjet brauchte weniger als zehn Minuten, um die Bundesrepublik in west-östlicher Richtung, und nur etwa 25 Minuten, um sie von der dänischen bis zur österreichischen Grenze zu überfliegen.

Als Verteidigungsminister Strauß im Oktober den ersten umgerüsteten F-104 G übernahm, lobte er nochmals den »ganz gewaltigen Vorteil gegenüber anderen Flugzeugtypen, die für die Luftverteidigung geeignet erscheinen. Der Starfighter ist Mehrzweckjäger, das heißt, er ist nicht nur für den Einsatz als Abfangjäger (Interceptor) geeignet, sondern er ist genauso gut in der Lage, das Landheer im taktischen Rahmen zu unterstützen, weit in das feindliche Hinterland Aufklärungsflüge durchzuführen und selbst Punktziele im feindlichen Aufmarschgebiet als Jabo anzugreifen.«[268] Das klang natürlich martialisch, aber ebenso selbstverständlich wurden Kampfjets nach solchen Kriterien angeschafft, ein Verteidigungsminister musste sich an ihnen ausrichten, spätere christdemokratische oder sozialdemokratische Nachfolger argumentierten nicht anders. Trotzdem schien das Ganze irgendwie zu dem in den Augen seiner Gegner machtbesessenen Strauß zu passen, gegen diese sozialpsychologisch und nicht sachlich zu erklärende Gemengelage war schwer anzukommen. Deshalb spielte ein weiteres Argument, das der Verteidigungsminister im Oktober 1961 nochmals ins Feld führte, in der öffentlichen Diskussion kaum eine Rolle, die Tatsache nämlich, dass die Standardisierung innerhalb der NATO durch die Verwendung dieses Typs in mehreren Staaten Wartung, Instandsetzung und Ersatzteilbeschaffung vereinfache.

Ab 1962 spielte dann die Kritik an den Kosten und Folgen des Umbaus eine zentrale Rolle, nachdem in einer Reihe von Presseveröffentlichungen von der *Flug-Revue* über SPD-Organe bis zur Illustrierten *Quick* und den *Spiegel* hier die Ursache für die zeitweilig sehr hohe Absturzrate vermutet wurde. Sofern es sich um Sachkritik handelte, stammten die Argumente allesamt aus der Zeitschrift *Flug-Revue*, die sich zum Teil auf amerikanische Quellen berief, sie wurden von den anderen Zeitschriften übernommen, was einem Verstärkereffekt gleichkam: Während viele Untersuchungen und Expertengutachten zu differenzierteren Ergebnissen kamen bzw. keine eindeutigen Ursachen der Abstürze identifizieren konnten, bewirkte die ständige Wiederholung der Argumente aus der *Flug-Revue* den Eindruck unumstößlicher Gewissheit. So akzeptierte die Öffentlichkeit, keineswegs aber alle Experten, folgende Kritik: Durch den Einbau dieser Elektronik, die der Mehrzweckverwendung des Jets diente, sei dieser erheblich teurer geworden, die Elektronik sei zu schwer und zu unflexibel, dadurch brauche das Flugzeug längere Startbahnen, die Reichweite würde vermindert. Für einen angemessenen Einsatz der Flugzeuge sei ein kompliziertes Luft-Leitsystem erforderlich, das weitere hohe Kosten verursache. Hinzu kämen mangelhafte Schleudersitze, was die hohe Zahl tödlicher Abstürze erkläre. Fazit: Das Flugzeug sei zu teuer, zu kompliziert, habe nicht den notwendigen Sicherheitsstandard und erfülle selbst nach der Umrüstung der Elektronik keineswegs optimal alle vorgesehenen Funktionen eines Mehrzweckjets. Aus dem »meistgerühmten Kampfjet der NATO«, aus dem »Wundervogel« wurde der teure, allzu »teure Vogel«, ein »fliegender Sarg« und wie schon der vorher benutzte und nun ausrangierte F-84 ein »Witwenmacher«.

Die Fernsehsendung *Panorama* setzte am 22. April 1963 nach: Obendrein sei das Flugzeug aus geografischen Gründen falsch stationiert, es stehe zu dicht an der Grenze, sinnvollerweise müsse es aber »tief in Frankreich« stehen. Das war nicht von der Hand zu weisen, machte allerdings die Rechnung ohne den Wirt, ohne General de Gaulle, der die integrierte Führungsstruktur der NATO verließ und im militärischen Sektor auf die französische Souveränität pochte. Diese Kritik fiel, wie viele andere der mehrere Jahre weitergehenden Debatte über den Starfighter F-104 G, schon nicht mehr in die Amtszeit von Strauß. Natürlich änderte das nichts daran, dass alle wesentlichen Entscheidungen während seiner Amtszeit erfolgt waren.

So wenig berechtigt persönliche Attacken auf ihn in dieser Angelegenheit waren, so notwendig war es zweifellos, den sachlichen Kern dieser Argumente ernst zu nehmen: Sie spielten deshalb bei allen Überprüfungen im Verteidigungsministerium, bei der Luftwaffe, in der NATO, aber auch in den parlamentarischen Kontrollgremien bereits zur Amtszeit von Strauß und ebenso der seines Nachfolgers von Hassel eine zentrale Rolle. Nun geriet dieser immer stärker in die Schusslinie.

Die mangelnde Transparenz und Komplexität, die in allen militäri-

schen Sektoren unvermeidliche Geheimhaltung verursachten Spekulationen und insgesamt den Eindruck in der Öffentlichkeit, hier werde nicht
mit offenen Karten gespielt. Vielmehr werde eine frühere Fehlentscheidung seit Jahren verschleiert, wobei sich in der sachbezogeneren Berichterstattung – allerdings auch nur in ihr – die Fokussierung auf einen vermeintlich allein verantwortlichen Minister auflöste. Ein Beispiel dafür ist
der nüchtern-sachliche Kommentar der *Süddeutschen Zeitung*: »Ärger-
lich an der ganzen Sache ist vor allem die Geheimnistuerei des Verteidigungsministeriums, dessen Experten der Öffentlichkeit einfach nicht
sagen wollen (oder dürfen), was mit dem Starfighter wirklich los ist: mit
seinem Navigationssystem, mit dem Verhältnis von Wartungs- und Flug-
zeiten, mit den ständigen ›Verbesserungen‹ und ihren Kosten. Wenn
man einen Fehlgriff getan hat, sollte das zugegeben werden. Gegen Irrtümer in der Beschaffung von technischem Gerät ist niemand gefeit.
Nach den häufigen Abstürzen kann der Starfighter nur bedingt als das
›beste verfügbare Flugzeug‹ bezeichnet werden – auch wenn anderswo
die Abstürze noch zahlreicher sind ...«[269]

Das klingt vernünftig. Doch die Crux lag nicht allein im Zwang zur
Geheimhaltung für NATO-Interna, sondern auch darin, dass die Experten eben keine zweifelsfreie Ursache gefunden hatten, die zumindest für
die Mehrzahl der Abstürze zutraf. Die erwähnten Großen Anfragen aller
Fraktionen erfolgten, nachdem Probleme des Starfighters seit Jahren diskutiert wurden. Trotzdem zeigt die Beantwortung durch Verteidigungsminister von Hassel im Frühjahr 1966, dass man genau das noch immer
nicht wusste, was die Öffentlichkeit, aber auch das Verteidigungsministerium selbst und seine Experten wissen wollten: Warum stürzten zeitweilig überproportional viele F-104 G ab, manchmal aber auch über längere
Zeiträume kein einziger dieser Kampfjets?

In einem solchen Fall, in dem noch nach Jahren die Ursachen unklar
waren, konnten Probleme bei der Anschaffung kaum vorhergesehen werden – dies erklärt auch die Einigkeit von Abgeordneten aller Fraktionen
im Verteidigungsausschuss in den ersten Jahren.

Starfighter- und Lockheed-Skandal

Stoff für eine Skandalisierung lieferten nicht allein die geschilderten Probleme des Starfighters, die erst Jahre nach der Entscheidung auftauchten
und auch erst dann heftige Kritik bewirkten, sondern ein späterer Verdacht: Er kam erst in den 1970er-Jahren auf und beschränkte sich nicht
auf die Bundesrepublik. Ihm zufolge hatte das amerikanische Flugzeug-
unternehmen Lockheed in Deutschland, Italien, den Niederlanden und

Japan Bestechungsgelder gezahlt. In diesem Zusammenhang behauptete der frühere Lockheed-Lobbyist Ernest F. Hauser, 1961 seien an Strauß und die CSU zehn Millionen Dollar für den Kauf von 916 F-104 Starfighter Kampfjets gezahlt worden. Zwar macht allein schon der Zeitpunkt stutzig, weil die Entscheidung für den Starfighter tatsächlich ungefähr vier Jahre vor den von Hauser behaupteten Zahlungen an die CSU gefallen war. Hätte Lockheed Strauß bestechen wollen, so wäre dafür nur der Zeitpunkt infrage gekommen, als Bundeskanzler und Verteidigungsminister noch eine Präferenz für die Mirage hatten, also nicht 1961, sondern 1957/58. Und auch die von Hauser genannte Zahl der von Lockheed zu diesem Zeitpunkt gekauften Flugzeuge stimmt nicht, vom deutschen Lizenzbau des Jets einmal abgesehen.

Jedenfalls strengte Franz Josef Strauß eine Verleumdungsklage gegen Hauser an, die erfolgreich war. Interessanterweise wurden die Verdächtigungen vor der Bundestagswahl 1976 in Umlauf gebracht, aber auch danach noch weiterverbreitet. So wurde am 28. September 1976 ein Telefongespräch zwischen Franz Josef Strauß und einem seiner engsten Vertrauten, dem Chefredakteur des *Bayernkurier* Wilfried Scharnagl, abgehört. Der Text wurde um einige nicht gesprochene Sätze ergänzt, die es in sich hatten, weil sie den Verdacht der Bestechlichkeit auf Strauß lenken sollten – ein Verdacht, der jeder Grundlage entbehrte. Der Text wurde auf ein Formular des BND montiert, zum einen, um die Spur zu verwischen, zum anderen, um seine Glaubwürdigkeit zu sichern. Im Übrigen wurden dadurch die bundesdeutschen Geheimdienste illegaler Abhörpraktiken verdächtigt, man wollte also mehrere Fliegen mit einer Klappe schlagen.

In dieser gefälschten Form wurde der Text anonym an die *Süddeutsche Zeitung* gesandt. Sie schickte dieses Machwerk an beide Gesprächsteilnehmer zur Stellungnahme. Sie stellten fest, dass ein Teil des Gesprächs korrekt wiedergegeben, ein anderer gefälscht war. Die *Süddeutsche Zeitung* veröffentlichte am 14. Januar 1978 den illegalen und gefälschten Mitschnitt auszugsweise. Wegen der Schwere des Vorwurfs setzte daraufhin der Deutsche Bundestag einen Lockheed-Untersuchungsausschuss ein, der von 1978 bis 1980 tagte und in seinem Abschlussbericht am 20. März 1980 den Verdacht der Bestechlichkeit gegen Franz Josef Strauß als unbegründet zurückwies.[270] Strauß selbst hatte zu dem Telefongespräch ausgesagt und Teile bestätigt.[271] Schon vorher hatte ein umfangreiches Gutachten aus dem Bundesjustizministerium 1977 keinerlei Hinweise auf eine etwaige Bestechlichkeit von Strauß entdecken können: Der Bundestag hatte damals eine sozialliberale Mehrheit, Bundesjustizminister war der Sozialdemokrat Hans-Jochen Vogel – Interesse an irgendeiner Vertuschung konnten sie schon deshalb nicht haben.

Dieses Gutachten des Bundesjustizministeriums zum Fall Lockheed betraf freilich nur zum geringeren Teil Franz Josef Strauß, vielmehr untersuchte es generell Bestechungsvorwürfe gegen Beamte und Abgeordnete, auch solche der SPD, die in den 1970er-Jahren an Ankaufentscheidungen mitgewirkt hatten. Das »Tagebuch«, mit dessen Hilfe der Waffenlobbyist Hauser Strauß belasten wollte, war, wie das Justizministerium feststellte, gefälscht.[272] Die Arbeitsgruppe gelangte zu dem Schluss, »daß Lockheed zunächst in die Leitung der Lufthansa und später in den militärischen Bereich, in den Beamtenapparat und in die politischen Parteien massiv hineingewirkt hat. Aus den bisher bekannten Unterlagen ergibt sich jedoch kein Beweis dafür, daß Lockheed dabei direkt oder indirekt an Personen oder Parteien Schmiergelder gezahlt hat.«[273] Da keine Nachweise zu erbringen waren, empfahl die Arbeitsgruppe, »den Gerüchten, im Starfighter-Geschäft seien von Lockheed Zuwendungen an politische Parteien, an Politiker, an Beamte oder Offiziere in der Bundesrepublik gemacht worden, nicht mehr weiter nachzugehen«.[274] Der Schlussbericht vom 22. Dezember 1977[275] folgte diesen Einschätzungen und wurde in wesentlichen Punkten später vom Untersuchungsausschuss des Bundestags 1980 bestätigt.

Im Übrigen ist Franz Josef Strauß immer wieder zum bevorzugten Objekt von Stasi-Beobachtungen und -Kampagnen geworden, schon 1971 hatte sie ebenfalls erfolglos versucht, Strauß in einem *Braunbuch* über westdeutsche Politiker eine »faschistische Vergangenheit« anzuhängen. Doch selbst mit Fälschungen und Spekulationen kam man nicht weiter. So wurde ihm das mit keinen stichhaltigen Belegen versehene vage Etikett aufgeklebt, er sei »durchaus nicht unbelastet« gewesen. Im Klartext hieß das: Bei allen Recherchen hatte die Stasi nichts Belastendes über ihn gefunden. Nach Hans-Dietrich Genscher und vor Willy Brandt, Helmut Kohl und Helmut Schmidt war Franz Josef Strauß der meistbespitzelte führende bundesrepublikanische Politiker im Visier der Stasi. Die Hauptabteilung IX/11 eröffnete im Juni 1970 eine Desinformationskampagne gegen Strauß. Auf Befehl Erich Mielkes wurde der »Forschungsvorgang ›Michel‹« begonnen: Die Zielvorgabe lautete, »sowohl die faschistische Vergangenheit der Hintermänner und Verbindungen von Strauß als auch die Tatsache, dass er selbst ein Faschist reinsten Wassers ist, an Hand von Dokumenten« nachzuweisen. Doch trotz der 1766 über ihn zwischen 1969 und 1987 gesammelten Vorgänge und »Informationen«[276] blieb die Ausbeute ausgesprochen mager.

Schon der Untersuchungsausschuss des Bundestags befasste sich mit der Frage, wer das Telefongespräch abgehört und die Fälschung hergestellt haben könnte. Wegen der zahlreichen Desinformationskampagnen durch die DDR hielt man es für möglich, dass deren Staatssicherheitsdienst dahintersteckte, hatte aber keine Beweise, sodass auch andere Möglichkeiten nicht ausgeschlossen wurden. Erst seit 2013 ist belegt, dass tatsächlich die Stasi hinter der Verleumdung steckte.[277]

Die Fibag-Affäre

Zu den Affären, die seinerzeit am meisten Staub aufwirbelten, gehörte die sogenannte Fibag-Affäre (Fibag: Finanzbau-AG), die 1960/61 noch in die Amtszeit von Strauß als Verteidigungsminister fiel. Wären die Behauptungen wahr gewesen, hätte es sich tatsächlich um eine veritable Korruptionsaffäre gehandelt. Strauß war jedoch nur insofern in die Angelegenheit verwickelt, als er einen offiziellen Empfehlungsbrief für den Fibag-Plan geschrieben hatte. Behauptet wurde damals jedoch, er sei Teilhaber der Fibag oder zumindest des vorgesehenen Geschäfts gewesen. Die SPD-Opposition erklärte durch ihren Sprecher Fritz Erler allerdings expressis verbis, man werfe Strauß keine Korruption vor, sondern ausschließlich eine Kompetenzüberschreitung als Verteidigungsminister in Form einer Empfehlung für das Bauvorhaben der noch zu gründenden Fibag.

Diese Unterscheidung zwischen Bestechlichkeit und Kompetenzüberschreitung ist wesentlich, Korruption wäre ein Rücktrittsgrund und Straftatbestand gewesen, der fragliche Empfehlungsbrief aber bestenfalls eine lässliche Sünde in einem eher marginalen Bereich. Jedenfalls kam es in der Angelegenheit nicht allein zu einer vom *Spiegel* initiierten Pressekampagne, sondern auch zu einer auf sie bezogenen Bundestagsdebatte und zu mehreren Prozessen, darunter von Strauß gegen den *Spiegel*-Herausgeber Rudolf Augstein. Die anderen von Strauß angestrengten Beleidigungsprozesse betrafen eidliche bzw. uneidliche Falschaussagen, die ihn belasteten. Solche Klagen kamen außer von Strauß von demjenigen, der ihn in die Affäre hineingezogen haben sollte, dem Herausgeber der *Passauer Neuen Presse*, Dr. Hans (Johannes Evangelist) Kapfinger.

Hauptgegenstand der Affäre war der Bau von etwa 500 Wohnungen für Angehörige amerikanischer Soldaten, die nach Wunsch der amerikanischen Regierung vom Bund finanziert werden sollten, was die Bundesregierung jedoch abgelehnt hatte. Daraufhin beschwerten sich die amerikanischen Stellen, womit dann auch das Bundesverteidigungsministerium befasst wurde. Interessiert an dem Bauvorhaben war ein Architekt namens Lothar Schloß, der dem Bundesfinanzministerium eine gemischte Finanzierung auf dem amerikanischen und deutschen Kapitalmarkt vorschlug, wobei die amerikanischen Kapitalgeber eine Sicherung durch die Miete für sieben Jahre erhalten sollten. Sowohl das Bundesfinanzministerium als auch das Verteidigungsministerium hielten diesen Weg für gangbar. Um in den USA verhandeln zu können, bat der Architekt um Empfehlungsschreiben, die der Verteidigungsminister auch am 1. bzw. 20. Juni 1960 ausfertigen ließ. Das letzte Schreiben sandte Strauß direkt an seinen amerikanischen Kollegen Thomas S. Gates. Dagegen war nichts einzuwenden, weil dieses Vorhaben einen schon lange zwischen der amerikanischen und der Bundesregierung strittigen Vorgang abschloss, ohne deutsche Haushaltsmittel zu erfordern.

Strauß schrieb vor, während und nach seinen Amtszeiten wie erwähnt immer wieder Empfehlungsbriefe, in der Regel für Personen, die sich um Stellungen bewarben, des Öfteren auch für Firmen, die Aufträge suchten. Dies erregte normalerweise keinen Anstoß. In diesem Fall war es deshalb anders, weil Strauß den Architekten Schloß, der an öffentlichen Aufträgen interessiert war, auf Vermittlung des Zeitungsverlegers Kapfinger 1959 empfangen hatte, der für Schloß auch ein Gespräch mit dem bayerischen Wirtschaftsminister Schedl für ein anderes Projekt arrangiert hatte.

Strauß führte am 1. Dezember 1959 in München mit dem ihm bis dahin unbekannten Architekten Schloß ein Gespräch, in dem er ihm unter anderem gesagt hatte, er könne im Verteidigungsministerium sein Interesse für Aufträge anmelden, doch solle er sowohl seinen beruflichen Werdegang als auch bisherige Aufträge seines Münchner Architekturbüros mitteilen. Mit Bezug auf dieses Gespräch schrieb Schloß am nächsten Tag, dem 2. Dezember 1959, an den Verteidigungsminister und führte bisherige Tätigkeiten auf. Dem Brief zufolge war er zwischen 1945 als planungs- und bauleitender Architekt für das Universitätsbauamt München und beim Finanzbauamt München bei einschlägigen Bauvorhaben tätig gewesen, hatte zwischen 1952 und 1954 in einer europäischen Organisation gearbeitet und seit 1954 ein selbstständiges Architekturbüro in München gegründet, das ebenfalls öffentliche Aufträge erhalten hatte. Er gab u. a. an, durch seine Pariser Zweigstelle an dortigen Wohnungsbauten für die amerikanische Armee beteiligt gewesen zu sein.[278] Das Ministerium, nicht Strauß persönlich, gab diese Bewerbung an die einschlägigen Baubehörden weiter – auch hier war noch nichts Ungewöhnliches zu erkennen. Die Auflistung der beruflichen Tätigkeit, die der Architekt Schloß gab, legte jedenfalls den Schluss nahe, er sei seriös und für die fraglichen Bauvorhaben, auch Kasernenbauten der Bundeswehr, einwandfrei und spezifisch qualifiziert.

Zwei wesentliche Fragen beantworten die Quellen: Hat Strauß im Alleingang gehandelt oder sein Ministerium ordnungsgemäß die Unterlagen prüfen lassen? Hat er andere zuständige Ressorts tatsächlich umgangen? Wäre das so, würde es den Verdacht des *Spiegel* bestärken, er habe etwas zu verbergen, und die Kleine Anfrage der SPD-Bundestags-

fraktion berechtigt erscheinen. Doch so war es nicht. Der Verteidigungsminister hatte die Unterlagen von Schloß prüfen lassen und außerdem
nachgefragt, ob die anderen Ressorts informiert seien.

So teilte der Bundesminister für wirtschaftlichen Besitz des Bundes
am 20. Januar 1960 mit, der Bundesminister für Verteidigung habe ein an
ihn persönlich gerichtetes Bewerbungsschreiben des Architekturbüros
Lothar Schloß, München, mit der Bitte übersandt, das Architekturbüro
in der Planung von Bauvorhaben der Bundeswehr wenn möglich einzuschalten. Er bitte dem Wunsch nachzukommen, »sofern das Architekturbüro Lothar Schloß als leistungsfähig bekannt ist und eine Einschaltung
desselben zu einer wesentlichen Entlastung der Finanzbauämter beiträgt«.[279] Die unter anderem angeschriebene Oberfinanzdirektion München antwortete der Bauabteilung des Ministeriums für den wirtschaftlichen Besitz des Bundes, das Architekturbüro Schloß sei genügend
bekannt und habe bereits eine Reihe von Aufträgen durchgeführt, die im
Einzelnen aufgelistet wurden.

Ein Vermerk des Bundesfinanzministeriums über eine Besprechung
mit Schloß zu dem geplanten Bauvorhaben am 6. April 1960 ging im
Durchdruck am 14. April an mehr als 20 Referate und Unterabteilungen
aller zuständigen Ressorts sowie an den Staatssekretär des Bundeskanzleramts und das Auswärtige Amt.[280]

Außerdem finden sich mehrere einschlägige Vermerke des Vorzim-
mers von Strauß an den Ministerialdirigenten Dr. Kaumann, u. a. vom
31. Mai 1960: »Herr Minister bittet Sie, heute nachmittag Architekt Schloß
zu empfangen und mit ihm die mit amerikanischen Stellen abgestimmte
Planung über den Bau von Wohnungen zur Durchführung des Eddle-
man-Planes durchzusehen. Der Herr Minister bittet sodann um Ihre
Stellungnahme, ob die Planung als sachlich und finanziell einwandfrei
beurteilt werden kann und ob man den Amerikanern gegenüber ein
positives Votum abgeben kann.«[281] Am 5. August 1960 folgte ein weiterer
Vermerk: »Der Herr Minister bittet Sie zu prüfen, ob unter Verwendung
der bisher vorhandenen Unterlagen mit den zuständigen Ministerien:
Finanzministerium und Wohnungsbauministerium schon Verbindung
aufgenommen werden kann, um das Vorhaben des Herrn Schloß zu
unterstützen.«[282] Über die von Schloß vorgeschlagene Einschaltung eines
Consulting-Büros zur Koordinierung der unterschiedlichen Gewerke –
also wohl seines eigenen Architekturbüros – korrespondierte der Verte-
digungsminister mit seinem Ministerialdirigenten Kaumann, der Strauß
am 10. August 1960 mitteilte: Das Verteidigungsministerium selbst habe
in den vergangenen Jahren verschiedentlich solche Büros vorgeschlagen,
worauf mehrere Bundesländer, darunter Niedersachsen, sie bei militärischen Bauvorhaben eingerichtet hatten.[283]

Diese Belege zeigen zweifelsfrei: Weder wurde von Strauß der Vorgang als persönliche und geheim zu haltende Angelegenheit betrachtet, noch verzichtete er auf Prüfung der Unterlagen von Schloß, sondern ordnete sie in seinem Ministerium an. Und ebenso wenig wurden die zuständigen Ressorts umgangen, sondern einbezogen. Die zu beteiligenden Bundesministerien haben selbst Prüfungen vorgenommen, weil sie das Fibag-Projekt ganz offenbar für einen erwägenswerten Vorschlag hielten. Dieser Teil der Vorwürfe, der im Mittelpunkt der SPD-Anfrage und des Untersuchungsausschusses des Bundestags stand, entbehrte also jeglicher Grundlage.

In ein konkretes Stadium gelangte die Planung erst, als Kapfinger auf Betreiben des Münchner Kaufmanns Wolfgang Winkel mit dem New Yorker Geschäftsmann Bernat Brach Interesse an einer Firmengründung entwickelte, an der sich Kapfinger laut Vortrag mit 25 Prozent beteiligen wollte: Die Fibag, an der neben Schloß und ihm auch der Architekt und Bauingenieur Karl Willy Braun beteiligt werden sollte, sollte das Bauvorhaben für die amerikanische Armee durchführen. Anschließend wandte sich Kapfinger mehrfach mit der Bitte um Unterstützung des Vorhabens an Strauß, was ebenfalls nicht ungewöhnlich war, da sie sich gut kannten. Der Vertrag, den Schloß, Braun und Kapfinger zur Gründung der Fibag unterzeichneten, sah ein Stammkapital von 500 000 DM vor. Im Fall der Auftragserteilung für die Wohnungen amerikanischer Soldaten sollte Kapfinger kostenlos davon Aktien im Wert von 125 000 DM erhalten. Kapfinger übernahm in dem Vertrag keinerlei Haftung und verpflichtete sich lediglich, seine Verbindungen einzusetzen, um das Bauvorhaben zu fördern und eine Auftragserteilung an die noch zu gründende Fibag zu erreichen.[284] Die hier vorgesehene »Provision« wäre freilich für die bloße Vermittlung von Kontakten in die Politik beträchtlich gewesen.

Brisant wurde die Sache, als der *Spiegel* am 31. Januar 1962 über zweifellos dubiose Vorkommnisse berichtete. Einer der Geschäftspartner, Karl Willy Braun, hatte eine vermeintliche Aussage Kapfingers zitiert, er müsse leider von dem risikolosen »Bombengeschäft« seinen Anteil von 25 Prozent mit Strauß teilen, weil ohne diesen das Projekt nicht zu verwirklichen sei. Unabhängig vom Wahrheitsgehalt der Aussage Brauns, der am 12. Mai 1961 darüber eine eidesstattliche Erklärung abgab, sind hier mehrere fragwürdige Aspekte zu nennen: War Kapfinger so blöd, eine solche Information – wenn sie denn zutreffend gewesen wäre – an ihm nur oberflächlich Bekannte wie Braun weiterzugeben? Möglich, aber unwahrscheinlich, hätte er sich doch dann selbst der aktiven Bestechung schuldig und seinen wichtigsten Partner als passiv bestechlich zumindest erpressbar gemacht.

Gravierender aber ist die Frage: Worin lag der jetzt zu verteilende risikolose Gewinn von 25 Prozent, da das Bauvorhaben weder gesichert noch begonnen war und zunächst für sieben Jahre die Mieten zur Hypothekendeckung benötigt wurden? Außerdem mussten bei dem doch sehr vagen Finanzierungsplan auch die deutschen Kreditgeber bedient werden. Zu diesem Zeitpunkt handelte es sich erst einmal um eine Investition zur Gründung eines Unternehmens, das – mit Empfehlungen vom Minister oder ohne – Kredite erst einmal beschaffen, Planungen vorlegen und das ganze Vorhaben realisieren musste, bevor die Rückzahlungen erfolgen konnten und erst dann Gewinne zu machen waren. Die andere mögliche Variante wäre nur der Bauauftrag gewesen, nicht aber die Trägerschaft des ganzen Vorhabens – aber auch dieses Geschäft war alles andere als in trockenen Tüchern. So oder so: Gewinn konnte Kapfinger vielleicht überhaupt nicht, zumindest aber vorerst nicht verteilen, warum sollte er also damit prahlen? Vielleicht gab er mit seinen Beziehungen zum Verteidigungsminister an – dies ist möglich, aber nicht strafbar. Plausibel ist die ganze Story also nicht, sollte sie zutreffen, muss es sich um unglaubliche geschäftliche Dilettanten gehandelt haben. Und dann hätte Franz Josef Strauß – dies war nicht das einzige Mal – gutgläubig und ohne hinreichende Prüfung den falschen Leuten Empfehlungen gegeben. Entscheidend aber ist: Das Verteidigungsministerium hätte ohnehin keinen Auftrag vergeben können, es wäre nicht der Bauträger gewesen. Die Geldgeber wären Banken gewesen, der Mieter die amerikanischen Streitkräfte, der Bauträger eine private Gesellschaft.

Da auch der Architekt Schloß noch eine Aussage gemacht haben soll, derzufolge Brauns Angaben zutrafen, wurde die Angelegenheit immer verwickelter und führte zu einer Reihe von Meineidsprozessen, weil Kapfinger vehement bestritt, diese Aussage überhaupt gemacht zu haben. Außerdem stellte Franz Josef Strauß Strafanträge gegen Braun und Schloß sowie gegen Rudolf Augstein und den *Spiegel*-Verlag wegen des erwähnten Artikels und erwirkte eine einstweilige Verfügung.

Die Klagen, die Kapfinger gegen Braun angestrengt hatte, zogen sich nahezu drei Jahre hin, dabei wurden Widersprüche zwischen den Aussagen von Schloß und Braun aufgedeckt, außerdem gab es Unterschiede in den Aussagen beider Zeugen. Braun hatte nach eigener Aussage nicht geglaubt, dass Strauß sich an dem Bauvorhaben beteiligen wollte. Schließlich kam eine weitere Variante ins Spiel, der zufolge der Name Strauß in dem Gespräch mit Kapfinger gar nicht gefallen sei. Der Beklagte Braun hatte demnach lediglich angenommen, der Minister sei mit dem Teilungspartner gemeint gewesen. Die Sache war einigermaßen unklar. Der Zeuge Schloß erklärte nun, er könne sich an den Wortlaut nicht erinnern, zwar sei der Name Strauß in dem Gespräch gefallen, doch wisse er nicht mehr, in welchem Zusammenhang.

Schließlich kam auch noch einer der Initiatoren, der Kaufmann Winkel, wieder ins Spiel, weil er als Teilungspartner von Kapfinger genannt wurde. Auch liegt ein Vertrag vor, in dem Kapfinger Winkel mit der Vertretung seiner Interessen bei der Fibag beauftragt, doch ist der Text nicht unterschrieben. Allerdings ist in einer kriminaltechnischen Untersuchung der Verdacht ausgeräumt worden, das Schriftstück sei erst später, während der Prozesse, hergestellt worden. Im Prozess sagte Kapfinger aus, er habe diesen Vertrag deshalb nicht unterzeichnet, weil er ohnehin keine Realisierungschance für das Bauvorhaben mehr gesehen habe.[285] In einem der Prozesse sagte Schloß am 4. Dezember 1962 aus: »Es war zwischen mir und Winkel von vornherein klar und auch abgesprochen, daß Winkel an dem von mir betriebenen Projekt unmittelbar nicht beteiligt werden sollte, sondern daß er seine Ansprüche allein an Dr. Kapfinger zu stellen hatte. Welche Absprachen Winkel mit Dr. Kapfinger hatte, wußte ich nicht. Ich halte es aber aufgrund meiner Erfahrungen mit Winkel selbst für durchaus möglich, daß er an Dr. Kapfinger wegen einer Beteiligung mit 50 Prozent herangetreten ist.«[286]

Vollends verwirrend wird die Angelegenheit durch einen sehr langen, etwas schwatzhaften Brief des schon erwähnten New Yorker Kaufmanns Bernat Brach (der offenbar deutschsprachiger Herkunft war, wie sein Deutsch erkennen lässt) an Kapfinger. Brach beklagte sich über die Unzuverlässigkeit des Architekten Schloß, der nicht nur gelogen habe, sondern, ohne ihn vorher zu informieren, erst auf Nachfrage mitgeteilt habe, die Fibag werde nicht gegründet, das würde zu teuer und das Bauvorhaben habe ohnehin keine Realisierungschance. Strauß wird in dem Schreiben nicht erwähnt, allerdings finden sich mehrfach Bemerkungen von Brach, Schloß habe sich in Bezug auf seinen (d. h. Kapfingers) Freund unmöglich verhalten. Mit diesem Freund ist vermutlich, aber nicht sicher Strauß gemeint. Gründe werden aber nicht angegeben, es könnte ein Hinweis auf die Prahlerei von Schloß sein, er sei ein »Saufkumpan« von Strauß und Kapfinger. Strauß klagte dagegen ebenfalls – tatsächlich hatte er Schloß den Unterlagen zufolge nur einmal gesehen. Im Übrigen sagte Brach in dem Prozess Strauß-Augstein schriftlich aus, Kapfinger habe im persönlichen Gespräch die Behauptungen über eine Beteiligung von Strauß brüsk und spontan zurückgewiesen. Mehrere weitere an dem Projekt Beteiligte haben sowohl in den Prozessen als auch im Untersuchungsausschuss des Bundestags erklärt, sie hätten von einer Beteiligung des Verteidigungsministers an Fibag nie etwas gehört.

Die Aussage, die der *Spiegel* von Schloß wiedergegeben hatte, Strauß habe ihm Aufträge in Höhe von 200 000 DM zugesagt, bestritt Schloß: Weder treffe dies zu noch habe er dem *Spiegel* dergleichen gesagt. Beide »Zeugen« – Schloß und Braun – waren offenkundig dubiose Figuren, vermutlich Hochstapler und Lügner: Jedenfalls legen die Prozesse und andere Informationen über sie, die dort zutage traten, eine solche Schlussfolgerung nahe. Deshalb ist es gut möglich, dass Schloß oder Braun, möglicherweise auch gegen »Honorierung« ihrer »Informationen«, dem *Spiegel* diese Angaben gemacht haben und sie wieder zurückzogen, als es im Prozess brenzlig für sie wurde. Schließlich trat in dieser Schmierenkomödie noch eine Reihe weiterer dubioser Figuren auf, die, wie beispielsweise der ehemalige SS-Mann Hans Herrschaft, der sich als »Berater« von Braun ausgab, mehrfach wegen kleinerer Vergehen verurteilt worden und gerichtsbekannt war. Obwohl er mit der Fibag-Geschichte nichts zu tun hatte, versuchte er, sich an sie anzuhängen.

So albern manche Aussagen auch waren, diese Prozesse, an denen Strauß zum Teil selbst nicht beteiligt war, müssen rekonstruiert werden: Sie zeigen, dass sich aus ihnen nicht einmal eine halbwegs plausible Indizienkette gegen Strauß rekonstruieren lässt. Das ohnehin schon unklare Bild wurde noch schummeriger, als der vierte im Bunde, Winkel, wiederum eine andere Aussage machte: Schloß habe ihm gegenüber erklärt, er wisse überhaupt nichts von einer Beteiligung von Strauß an diesem Geschäft, sei sogar überzeugt, dass der gar nichts gewusst habe. Nur habe Kapfinger Äußerungen gemacht, die er, Schloß, so verstanden habe. Wie grotesk die ganze Geschichte ist, ergibt sich allerdings auch daraus, dass die Fibag tatsächlich nie gegründet worden ist, das Ganze erwies sich also als Luftnummer.

Das Landgericht gelangte zu dem Ergebnis: Entscheidend sei, was Kapfinger wörtlich geäußert habe. Braun sei nicht in der Lage, den Wortlaut wörtlich wiederzugeben, der Zeuge Schloß ebenfalls nicht. Die Beweisaufnahme habe auch nicht ergeben, dass Kapfinger vom »Teilen mit Strauß« gesprochen habe, auch eine Bemerkung wie »Teilen mit ihm« lasse jedenfalls Spielraum für Missverständnisse und keine eindeutigen Schlüsse zu.[287] Kapfinger sagte im Übrigen im Prozess Strauß-Augstein in Nürnberg aus, Strauß habe von seiner eigenen geplanten Beteiligung an Fibag gar nichts gewusst.

Eine Luftnummer wäre die Fibag-Affäre vermutlich ohne den *Spiegel*-Artikel auch geblieben, der den Aufhänger für den Antrag der Oppositionsparteien SPD und FDP für einen Untersuchungsausschuss des Bundestags bildete. Allerdings war es schon vorher zu einem Vergleich zwischen *Spiegel* und dem Verteidigungsminister gekommen. Einer der Gründe lag darin, dass das Hamburger Magazin zwar einen Verdacht durch die sprachliche Form der Berichterstattung nicht ausgeschlossen, andererseits aber keinen direkten Korruptionsvorwurf erhoben hatte. Die suggestive Form des *Spiegel*-Textes ließ jedoch Gerüchte ins Kraut schießen, die wiederum von anderen Publikationen zitiert und damit weiterverbreitet und verfestigt wurden. Strauß war in keiner besonders starken Position, weil der *Spiegel* nicht direkt Korruption behauptete. Vermutungen, tatsächliche oder vermeintliche Zitate und Erinnerungen der beiden fragwürdigen Zeugen reichten aber aus, Verdacht zu nähren. Formulierungen dieser Art waren für Strauß juristisch schwer angreifbar. Diese Methode begann schon mit dem ersten Artikel.

Ins Rollen kam die Affäre durch den Artikel »Kapfingers Erzählungen« im *Spiegel* vom 31. Januar 1959, dessen Autor zunächst nichts anderes tat, als die Darstellung von Karl Willy Braun über das erwähnte Gespräch mit Hans Kapfinger zu berichten und sie um die Bestätigung von Schloß zu ergänzen. So weit, so gut. Doch dann kam die journalistische Pointe. Rudolf Augstein, der sich bekanntlich hervorragend auf sein Handwerk verstand und seit Jahren eine »Kriegserklärung« an Strauß abgegeben hatte, fuhr geradezu treuherzig fort und schien sogar für Strauß Partei zu nehmen: »Das kann nicht wahr sein. Mehr noch: Das ist nicht wahr ... Wir halten es für ausgeschlossen, daß Strauß sich an dem wahnwitzigen und hochstaplerischen Projekt der Amateure Kapfinger, Schloß und Braun als stiller Gesellschafter beteiligen wollte ...« Dies klingt vernünftig, konnte man doch an allem Möglichen zweifeln, kaum aber an der Intelligenz von Franz Josef Strauß. Nun aber kommt, was Augstein vermutlich als Fangschuss verstand: »Es sieht demnach so aus, als werde Kapfinger sich demnächst ... auf Strafantrag ... des Bundesverteidigungsministers Strauß auf der Anklagebank wiederfinden ... Denn es würde den unglaublichen Spekulationen Vorschub leisten, wenn Strauß die unerhörte Bekundung stehen ließe.«[288]

Doch ging die Rechnung, Strauß juristisch gegen Kapfinger vorgehen zu lassen, nicht auf: Es wäre ein zu schönes Spektakel gewesen, am Ende des daraus entstehenden publizistischen Dauerbrenners hätten sich unter den Augen der Öffentlichkeit die beiden gegenseitig fertigmachen sollen. Strauß wäre dann vermutlich politisch erledigt gewesen, doch er hielt sich nicht an Augsteins Regieanweisung, er verklagte nämlich nicht Kapfinger, der ihm postwendend versichert hatte, die fragliche Äußerung überhaupt nicht gemacht zu haben, sondern den *Spiegel*, Braun und Schloß. Kapfinger seinerseits verklagte ebenfalls Braun und Schloß.

In der einstweiligen Verfügung des Landgerichts Nürnberg vom 7. Februar 1962 gegen Augstein hieß es: »Dem Antragsteller wird ... verboten, in jedweder Form zu behaupten und zu verbreiten:

1. Der Antragsteller (Strauß) habe unter Verletzung seiner dienstlichen Obliegenheiten als Bundesverteidigungsminister das Projekt der Fibag ... in der Absicht und zu dem Zweck gefördert, an dem Gewinn dieses Unternehmens beteiligt zu werden.

2. Der Antragsteller habe dem Mitbegründer der Fibag, Lothar Schloß, Aufträge im Werte von rund 200 000 DM zugesichert und bei Finanz-bauämtern nachgefragt, ob diese Aufträge auch richtig plaziert würden.«[289]

Der *Spiegel* legte gegen dagegen Berufung ein, worüber am 2. und 5. März 1962 verhandelt wurde. In der Verhandlung wurden als Zeugen auch Kapfinger und Winkel gehört, die versicherten, es sei nie davon die Rede gewesen, mit Strauß zu teilen. Die beiden anderen Zeugen Braun und Schloß wiederholten dagegen ihre Version. Zu einem Vergleich kam es aus juristischen Gründen: Da Augstein erklärte, weder habe er die ihm zur Last gelegte Behauptung aufgestellt noch werde er eine solche Be-hauptung künftig aufstellen, entfiel die sogenannte Wiederholungsgefahr und damit für Strauß ein Erfolg versprechender Klagegrund. Deshalb riet ihm sein Anwalt Cramer, sich auf den Vergleich einzulassen, der ihm auch Genüge tat – oder besser: getan hätte, wenn sich Augstein an sein Versprechen vor Gericht gehalten hätte.

Der Vergleich lautete: »Die Antragsgegner (Augstein und ›Spiegel‹) erklären, daß sie mit ihrer Veröffentlichung in der ›Spiegel-Nummer‹ vom 31. Januar 1962 nicht behauptet haben und nicht behaupten wollten, und daß sie, auch in der Form der Fragestellung, in Zukunft nicht behaupten werden,

1. der Antragsteller (Strauß) habe sich für die Förderung des housing-Programms materielle Vorteile zusichern lassen,
2. er habe Lothar Schloß Aufträge im Ausmaß von 200 000 DM zuge-sichert und bei den Finanzbauämtern nachgefragt, ob diese Aufträge richtig placiert würden.«[290]

Im endgültigen Urteil gegen Braun gelangte das Landgericht München am 18. Dezember 1964 zu dem Ergebnis, »die eidesstattlichen Erklärun-gen des Klägers (Braun), die im ›Spiegel‹ veröffentlicht wurden, (sind) unrichtig«. Dieses Mal hatte Braun Kapfinger verklagt, der Braun bezich-tigt hatte, falsche eidesstattliche Erklärungen abgegeben zu haben.

Augstein hielt sich nicht an diesen Vergleich, schon am 29./30. Sep-tember 1962 bemerkte er, er könne seine damalige Erklärung in diesem Vergleich heute nicht so eindeutig aufrechterhalten. Das war so vage for-muliert, dass es kaum justiziabel war, zumal er nicht sagte, welche Schluss-folgerung er aus dieser Meinungsänderung ziehen würde. Als er dann allerdings Jahre später, am 1. April 1964, schrieb, Kapfinger habe von ihm (Strauß) behauptet, »halbe-halbe mit ihm teilen zu müssen«, verklagte Strauß den *Spiegel* am 8. Juni 1964 erneut.[291]

Tatsächlich liegen keinerlei Hinweise auf Bestechlichkeit von Strauß vor: Mehrfach ist dies in Gerichtsverfahren festgestellt bzw. bekräftigt worden, überdies gilt in einem Rechtsstaat ohnehin die Unschuldsvermutung, bis eine Schuld bewiesen ist. Trotzdem haben Strauß diese sich über mehrere Jahre hinziehenden Prozesse politisch erheblich geschadet: Die Gerüchte blieben aktuell und sickerten, auch wenn sie aus der Luft gegriffen waren, immer stärker ins öffentliche Bewusstsein ein. Zwar wissen in solchen Fällen am Ende nur noch wenige, worum es eigentlich geht, wirksam bleibt ein solcher Verdacht allemal: *Semper aliquid haeret*, hätte Strauß Plutarch folgend gesagt – immer bleibt etwas hängen. Wie weit dies ging, zeigen schon die Zweifel sogar einiger seiner politischen »Freunde«, die erwogen, den unter Dauerbeschuss geratenen Verteidigungsminister fallen zu lassen. So berichtete Heinrich Krone in seinem Tagebuch über ein Gespräch mit Adenauers Staatssekretär Globke: »Wir sprachen über Strauß, den der Kanzler mit dieser Fibag-Geschichte stürzen sehen möchte. Mit Globke einig, daß die Fibag-Untersuchung diesen Anlaß nicht bringt... Mit Globke einig, daß Strauß Minister bleiben muß. Ginge er, so wäre das doch ein ›unbegründetes‹ Eingeständnis ›von Schuld‹; wir verlören eine starke politische Kraft und bekämen im Bereich der CDU/CSU Schwierigkeiten.« Im Übrigen war offenbar selbst Strauß' Staatssekretär Volkmar Hopf der Meinung, Strauß solle zurücktreten. Darüber sei aber mit Strauß nicht zu reden, er sei »niedergeschlagen und schimpft«, wie Krone in einem anderen Eintrag berichtet.[292]

Adenauer hatte bei einem seiner früheren Büroleiter, Ministerialdirektor Dr. Rudolf Petz, ein internes Gutachten zur Fibag-Affäre in Auftrag gegeben, mit dem er dann allerdings nicht zufrieden war. Petz war zu dem Schluss gelangt, als einzig denkbarer Vorwurf gegen Strauß könne übrig bleiben, dass er mit Schreiben vom 20.7.1960 den damaligen Verteidigungsminister der USA gebeten hatte, das vom Architekten Schloß vorgeschlagene Projekt zu fördern, »ohne diese Befürwortung mit dem Bundesfinanzministerium und dem Bundeswohnungsbauministerium vorher abgestimmt zu haben und sich von der zuständigen Abteilung seines Hauses über den Stand des Projekts unterrichten zu lassen«.[293]

Übrigens forderte das Verteidigungsministerium am 12. Juni 1961 von Schloß das allgemeine Empfehlungsschreiben für amerikanische Interessenten (to whom it may concern) wieder zurück, nachdem in einem Vermerk des Ministeriums darauf hingewiesen wurde, dass die sachlichen Voraussetzungen für die Empfehlung des Projekts entfallen seien. Strauß billigte die Entscheidungsvorlage seines Hauses, die einige Tage vor der Kleinen Anfrage der SPD-Fraktion des Bundestags dann per Einschreiben an Schloß abgesandt wurde. Dieser verweigerte zunächst die Herausgabe, worauf das Ministerium ankündigte, in diesem Fall eine offizielle öffentliche Erklärung darüber abzugeben. Hierin sah Schloß eine Vernichtung seiner beruflichen Existenz. Das letzte Schreiben von Ministerialdirigent Kaumann an Schloß datierte vom 6. September 1961[294], also vier Monate vor dem Artikel »Kapfingers Erzählungen«, den der *Spiegel* am 31. Januar 1962 publizierte. Gut möglich ist es, dass die »Erzählungen von Schloß« darauf zurückzuführen waren, dass das Verteidigungsministerium sein Projekt dann doch nicht unterstützte.

Adenauers Verhalten in dieser Angelegenheit hatte wohl weniger mit der Fibag-Affäre selbst und den erwähnten Reibereien mit Strauß zu tun als mit dessen Kontakten zum FDP-Vorsitzenden Erich Mende nach der Bundestagswahl 1961. Damals wurden die Rufe immer lauter, den greisen, immerhin 85 Jahre alten Kanzler durch Erhard zu ersetzen, die den stets auf der Hut befindlichen Adenauer ein halbes Jahr zuvor geärgert hatten. Tatsächlich zählte auch Strauß zu den Kritikern von Adenauers Wahlkampfführung im August 1961 und vertrat die Ansicht, die Zeit für einen Wechsel im Kanzleramt sei reif. Im Rückblick schildert er das so: »In dieser Situation hat Adenauer einige psychologische Fehler begangen, die er später selbst nicht leugnete: Erstens setzte er den Wahlkampf fort, statt ihn abzubrechen. Zweitens gebrauchte er einen Tag nach dem Mauerbau die anders gemeinte, aber vom politischen Gegner bewußt mißdeutete und ausgeschlachtete Formel ›Herr Brandt alias Frahm‹. Und drittens ging er nicht unverzüglich nach Berlin, sondern überließ die publikumswirksame Bühne öffentlichen Handelns dem Regierenden Bürgermeister und SPD-Kanzlerkandidaten Willy Brandt.«[295]

Adenauers Ablösung durch Erhard hielt auch Strauß damals für richtig, was den allgemein verbreiteten Eindruck verstärkte, er wolle Erhard nur als Platzhalter, um dann selbst Bundeskanzler zu werden. Diese Einschätzung war allein schon deshalb plausibel, weil Strauß so wenig wie Adenauer Ludwig Erhard für einen geeigneten Bundeskanzler hielt: Er schätzte ihn als Wirtschaftspolitiker und bewunderte ihn wegen seines unbeirrbaren und erfolgreichen Kampfes für die soziale Marktwirtschaft, sah ihn aber nicht als »richtigen« Politiker an, was sich nur zu bald bestätigen sollte. Strauß kommentierte im Rückblick die Situation nach der Bundestagswahl 1961: »Zwar gehörte ich zu denen, die die Meinung vertraten, daß Adenauers Zeit als Bundeskanzler im Ablaufen begriffen war, ich sah aber auch, daß Erhard bei aller Popularität, die er besaß, nicht durchzusetzen war. Vielleicht war das auch gut so, wie ich nachträglich sagen muß. Erhard war für jede Form machtpolitischer Auseinandersetzung ungeeignet, da ihm der entschlossene Umgang mit den Instrumenten der Macht seinem Charakter nach zutiefst zuwider war. Der gefährdete Adenauer indessen verstand es, seine Truppen zusammenzuhalten und schwankende Einheiten wieder zu gewinnen.«[296] Der »gefährdete

Adenauer« vergaß Strauß dieses Schwanken nicht, und das erklärt zu einem Gutteil die Dauerkrise des Jahres 1962, die *Spiegel*-Affäre und die Koalitionsverhandlungen zur Zeit von Strauß' Rücktritt im Dezember 1962. Über sie ist noch zu berichten.

Heinrich Krone, der am 27. März 1962 ein intensives Gespräch mit Strauß führte, spielte darauf an: »Wir sprachen auch über die Kanzler-Nachfolge. Nur von seiner Eskapade ›1961‹ für Erhard und damit für den baldigen Kanzler Strauß will er nicht gern hören. Fast drei Stunden dauerte unser Gespräch. Ob es sich lohnt, ob er manches erkennt und einsieht, daß er Sprengpulver sein kann, besonders wenn er den Schmeichlern weiter ins Garn geht – ich weiß es nicht.«[297] Aber vor allem ging es bei diesem Gespräch auch um die Fibag-Affäre und die Folgen, nachdem der Bundestag einen Untersuchungsausschuss eingesetzt hatte.

Die Tagebucheintragung von Krone ist darüber hinaus aufschlussreich, weil sie etwas über das komplizierte Verhältnis der beiden Spitzenpolitiker aussagt. Der 20 Jahre ältere Heinrich Krone stand zwar nie im Rampenlicht, doch zählte er als Vertrauter Adenauers, langjähriger Fraktionsvorsitzender der CDU/CSU seit 1955 und späterer Sonderminister mehr als ein Jahrzehnt zu den wichtigsten Bonner Politikern. Aufgrund seiner Integrität, seines abwägenden politischen Urteils, seiner integrativen Kraft, schließlich seiner Resistenz gegenüber dem Nationalsozialismus sowie seiner langen politischen Erfahrung, die ihn als Zentrumsabgeordneten schon von 1925 bis 1930 in den Reichstag der Weimarer Republik geführt hatte, genoss er großes Ansehen. In seinem Tagebuch finden sich verschiedentlich distanziert-kritische, manchmal scharfe Bemerkungen über Strauß, zugleich aber Anerkennung für seinen politischen Rang. Über das Gespräch vom 27. März 1962 notierte Krone: »Ich rief ›Franz Josef‹ Strauß an, der heute abend bei mir war. Eine klare und harte Aussprache, die auch feststellte, daß es zwischen ihm und mir so gut wie nie zu einem offenen Gespräch gekommen sei. Als ich ihm sagte, weshalb ich von mir aus dieses Gespräch gesucht hätte und das gerade jetzt, wo der Ausschuß eingesetzt sei, und wie ich über den Ausgang der Untersuchung und auch in der Frage seines Verbleibens in der politischen Führungsarbeit dächte, dankte er mir mit sich wiederholenden Worten und sichtlich bewegt. Er wolle aber sein Amt als Minister abgeben. Nicht jetzt vor der Untersuchung. Seine Frau und seine Verwandten drängten ihn. Strauß ist niedergeschlagen; ich glaube aber, daß er bleibt, wenn das alles vorbei ist. Er rechnet damit, daß man aus der Junggesellenzeit gegen ihn noch dieses und jenes vorbringt. Ich bat Strauß, er möchte seine Frau sehr herzlich grüßen und ihr sagen, auch sie solle tapfer sein und durchstehen.«[298]

Der erfahrene und nüchtern argumentierende frühere Fraktionsvorsitzende Krone hielt offenbar einen Rücktritt von Strauß nicht für richtig, wie der schon zitierte Eintrag bestätigt. Auch gegenüber Konrad Adenauer blieb Krone bei aller Loyalität ein selbstständiger Akteur. Aufschlussreich ist indes die zumindest partielle Resignation von Strauß, die zeigt, in welchem Maße selbst ein robuster Charakter wie er durch ständige Angriffe zermürbt werden kann, auch wenn er das in der Öffentlichkeit nicht erkennen ließ. Immer wieder besaß er die Fähigkeit, schwere Rückschläge in kürzester Zeit »wegzustecken«, jedenfalls sich nach außen die Verletzungen nicht anmerken zu lassen, sodass er oft wie ein Stier in der Arena wirkte. Kaum einer hielt ihn deshalb angesichts sich ständig wiederholender ungerechtfertigter Attacken für schutzbedürftig. Ganz anders fielen beispielsweise die Reaktionen im Fall des von vornherein sensibel wirkenden Willy Brandt aus, der ausgesprochen beleidigt auf ungerechtfertigte Angriffe reagieren konnte, und dem dann sofort eine Welle von Sympathie entgegenschlug. Erkennbar wurde jedoch die wachsende Reizbarkeit von Franz Josef Strauß – menschlich nachvollziehbar, dennoch politisch ein Schwächezeichen.

Unabhängig von weiteren Überlegungen mag hierin auch ein Grund für Strauß gelegen haben, den Rücktritt vom Amt des Verteidigungsministers zu erwägen, und zwar mehrere Monate vor der *Spiegel*-Krise. Die CSU-Landesgruppe beriet am 16. September 1962 die Frage, wer nach der bevorstehenden bayerischen Landtagswahl am 25. November Bayerischer Ministerpräsident werden könne. Strauß äußerte sich zu der sich für ihn möglicherweise ergebenden Alternative Bonn oder München: »Er sei persönlich schon seit längerem zu der Einsicht gekommen, daß sechs Jahre Verteidigungsministerium mit ihrem unheimlichen Verschleißprozeß eine Phase der physischen und psychischen Regeneration an anderer Stelle für den Träger dieses Amtes notwendig machen. Nun sei durch den Ruf aus München an und für sich eine Gelegenheit, diesen Entschluß in die Tat umzusetzen.«[299] Zwar war der »Ruf nach München« noch nicht formell ergangen, doch war Strauß neben Alois Hundhammer, Rudolf Eberhard und Alfons Goppel im Gespräch. Nach dem krankheitsbedingten Rücktritt von Hanns Seidel war Franz Josef Strauß am 18. März 1961 mit 94,8 Prozent der Stimmen zum CSU-Vorsitzenden gewählt worden und inzwischen die zweifelsfrei dominierende Persönlichkeit seiner Partei, allerdings gab es nach wie vor Flügelkämpfe in der CSU, und nicht wenige sahen das politische Kraftwerk lieber in einiger Entfernung in Bonn als im Münchner Getümmel. Doch hätte er damals um die Kandidatur für das Ministerpräsidentenamt wirklich energisch gekämpft, wäre die Entscheidung wohl kaum so leicht zugunsten von Alfons Goppel ausgefallen. Die Niederlage in einer Kampfabstimmung hätte eine schwere Autoritätseinbuße des Parteivorsitzenden Strauß bedeutet und vermutlich die Partei in eine schwere Krise gestürzt, zumal in diesem Fall auch die Autorität von Strauß als führender CSU-Bundespolitiker gelitten hätte. Doch unabhängig von dieser noch zu erörternden Frage hat Franz Josef Strauß diesen Wechsel offenbar ernsthaft erwogen und ausdrücklich betont, es sei kein Abstieg, wenn ein Bundesminister Bayerischer Ministerpräsident werde. In jedem Fall zeigt diese Überlegung ihn zu diesem Zeitpunkt von einer ungewohnt resignativen Seite und auch, welche extreme Belastung das Amt des Verteidigungsministers und die ständigen Angriffe auf ihn darstellten. Die sich über Jahre hinweg steigernden Attacken des *Spiegel*, die er ausdrücklich erwähnte, darunter die Fibag-Affäre, spielten für Strauß' Überlegungen zweifellos eine Rolle.

Als Konrad Adenauer seine Entscheidung für Bonn begrüßte, antwortete ihm Franz Josef Strauß am 12. Oktober 1962, also mehrere Wochen vor dem Wahltermin: »Der Entschluss, auf eine Kandidatur als bayrischer Ministerpräsident zu verzichten, ist mir nicht leicht gefallen. Andererseits wäre ich nicht gerne aus dem Bereich der internationalen militärpolitischen Diskussion und aus dem vertrauten engeren Kreis ausgeschieden. Ich glaube, daß wir mit der Entscheidung für Goppel eine brauchbare Wahl getroffen haben und daß wir gute Aussichten für die Landtagswahlen haben…«[300] Welche Motive im Einzelnen sonst noch mitgespielt haben mögen, hier nannte Strauß ein wesentliches. Seine Leidenschaft für die internationale Politik in Kombination mit der Verteidigungspolitik war auch nach sechs Jahren als Verteidigungsminister ungebrochen. Und so verwurzelt er in Bayern war, bis dahin und noch für die nächsten beiden Jahrzehnte sah er in der Bundespolitik seine ureigenste Domäne. Auf der anderen Seite war ihm wohl bewusst, wie sehr er hier im Zentrum aller Angriffe stand, was ihm als bayerischer Regierungschef sicher nicht völlig, aber weitgehend erspart geblieben wäre. So fügte er in seinem Brief an Adenauer hinzu: »Inzwischen haben… neue Angriffe gegen mich begonnen, die eine raffinierte Vermengung richtiger Details mit falschen Behauptungen und Kombinationen darstellen… Der publizistische Terror ist eine genauso kriminelle Angelegenheit wie der gewaltsame. Besonders bezeichnend war die Feststellung, dass man diese Angriffe nicht unternommen hätte, wenn ich nach München gegangen wäre.«

Wie lauteten die Vorwürfe der Opposition im Bundestag, welche Erkenntnisse erbrachte der Fibag-Untersuchungsausschuss? Zunächst muss die Fairness von Fritz Erler als Sprecher der SPD-Fraktion betont werden, der am 25. Oktober 1962 bei der Debatte über den Schlussbericht erklärte: »Wir haben – und ich stehe nicht an, das hier noch einmal sehr deutlich zu sagen – bereits bei Einsetzung des Untersuchungsausschusses klargemacht, daß wir nicht den Vorwurf teilen und auch nicht zu untersuchen bereit sind, weil er uns nicht begründet zu sein schien, der Verteidigungsminister habe sich in dieser Sache persönlich bereichert oder bereichern wollen.«[301] Diese Sachlichkeit unterschied sich deutlich von den widersprüchlichen Aussagen dubioser Zeugen über ein Gespräch, an das die Teilnehmer unterschiedliche Erinnerungen äußerten. Als einziges »Indiz« für die Insinuationen gegen Strauß mussten die erwähnten *Spiegel*-Artikel herhalten. Trotzdem ist die Einsetzung eines Untersuchungsausschusses, ungeachtet der Tatsache, dass es sich in aller Regel um ein parteipolitisches Instrument der Opposition gegen die Regierung handelt, wirkungsvoll. Zumindest im interessierten Teil der politischen Öffentlichkeit löst ein solcher Vorgang Diskussionen aus oder befeuert sie – wie in diesem Fall – erneut. Dies gilt umso mehr, als in der dritten Wahlperiode gar kein und in der vierten Wahlperiode des Bundestags überhaupt nur zwei Untersuchungsausschüsse eingesetzt wurden. Insgesamt gab es drei Untersuchungsverfahren, in einem Fall fungierte der Verteidigungsausschuss als Untersuchungsausschuss. Da der Ausschuss vom 28. März bis zum 30. August unter dem Vorsitz des CDU-Abgeordneten Matthias Hoogen und seines Stellvertreters, des SPD-Abgeordneten Gerhard Jahn, 21 Mal tagte, war ihm eine längere Aufmerksamkeit sicher.[302]

Der Antrag der SPD-Fraktion erstreckte sich auf die Frage, ob die öffentlich aufgestellte Behauptung zutreffe, der Verteidigungsminister habe seine Dienstpflichten verletzt, indem er erstens bei der Oberfinanzdirektion München eine Heranziehung des Architekten Schloß zu öffentlichen Aufträgen erwirkte, »obwohl dessen fachliche Eignung ernsthaft zu bezweifeln war«, und zweitens »ohne sachgerechte Prüfung und ohne zuständig gewesen zu sein die Tätigkeit und Vorschläge einer privaten Interessengruppe für die Errichtung von Wohnungen für die USA-Streitkräfte amtlich gegenüber dem Verteidigungsminister der USA unterstützte«. Hinzu kam die Frage, ob eine frühere Kleine Anfrage der SPD-Fraktion wahrheitsgemäß beantwortet worden sei.[303]

Pikant war die weder damals noch später kritisierte Tatsache, dass der Rechtsvertreter des *Spiegel* im Nürnberger Prozess Strauß-Augstein kein Geringerer als der damalige SPD-Abgeordnete Gustav Heinemann war. Dagegen ist nichts einzuwenden. Dass Heinemann dann aber Mitglied des Untersuchungsausschusses wurde und dort mittels seiner Fragen versuchte, den Verdacht der eigenen Fraktion deutlich auszuweiten, hatte ein »Gschmäckle«. Zum guten Stil hätte es gehört, den Verdacht einer Interessenkollision und Voreingenommenheit gar nicht erst aufkommen zu lassen.

Unter Hinweis auf die Doppelrolle von Heinemann wies denn auch Rechtsanwalt Cramer das Ansinnen zurück, dem Untersuchungsausschuss seine eigenen Prozessunterlagen zur Verfügung zu stellen[304], da sie dann in den Folgeprozessen für den Rechtsvertreter der Gegenseite einsehbar gewesen wären. War das Rechtsgefühl reflexhaft hoch sensibilisiert, wenn irgendein Verdacht gegen Strauß geäußert wurde, so blieb es in diesem Fall eher schläfrig. Im Übrigen bestärkten Heinemanns Aktivitäten in dieser Angelegenheit diejenigen in der CDU/CSU, die wie Ernst Benda, der damalige Bundestagsabgeordnete und spätere Präsident des Bundesverfassungsgerichts, argwöhnten, es gehe in der Fibag-Angelegenheit gar nicht um Strauß, sondern um einen Angriff auf die von ihm verkörperte Verteidigungspolitik der Bundesregierung, deren scharfer Gegner der Pazifist Heinemann seit den frühen 1950er-Jahren war.

Zwar entlastete der Schlussbericht des Untersuchungsausschusses vom 28. Juni 1962 Strauß eindeutig, doch nun entschied sich die – allerdings hierbei zunächst nicht beschlussfähige – FDP-Fraktion, mit den Stimmen der SPD-Fraktion den Bericht mit 226 gegen 224 der CDU/CSU (bei vier Enthaltungen) an den Ausschuss zurückzuverweisen.[305] 23 Fraktionsmitglieder der CDU/CSU hatten gefehlt, darunter eine Reihe entschuldigt wegen ihrer Verpflichtungen in Straßburg. Die FDP-Fraktion und auch ihre Minister stimmten nicht einheitlich ab, das FDP-Ausschussmitglied Rolf Dahlgrün war offensichtlich wie die FDP-Bundesminister Mischnick, Scheel und Starke und die Unionsfraktion für die Annahme des Berichts, der Strauß entlastete.

Nun handelte es sich nicht mehr nur um eine Angelegenheit Strauß, sondern um eine Koalitionskrise, da der größere Teil einer Koalitionsfraktion mit der Opposition gegen die führende Regierungspartei stimmte. Dies empfand nicht allein Strauß als schweren Loyalitätsbruch, es bedeutete für ihn den Beginn eines nie mehr zu kittenden Bruchs mit der FDP. Bereits ein gutes halbes Jahr nach der Regierungsbildung trauten sich die beiden Partner CDU/CSU und FDP nicht mehr über den Weg. Das Verhalten der FDP war auch deswegen ein Eigentor, weil das Ergebnis nur zufällig zustande gekommen war, da der CDU-Abgeordnete Hans Richarts beim »Hammelsprung« versehentlich in die falsche Tür lief. Andernfalls hätte sie sich nicht allein illoyal verhalten, sondern zugleich erfolglos – eine zweifelhafte Mischung. Richarts schrieb Strauß daraufhin einen zerknirschten Entschuldigungsbrief, auf den dieser sehr freundlich antwortete: So ein Missgeschick könne jedem passieren, es würde ihre menschlichen und politischen Beziehungen nicht belasten.[306]

In ihrer Sitzung vom 28. Juni 1962 diskutierte die CDU/CSU-Fraktion nach einer Lagebeurteilung durch den Fraktionsvorsitzenden von Brentano die Fibag-Affäre und das Verhalten der FDP-Fraktion. Heftig wurde kritisiert, dass zwei der FDP-Bundesminister – Hans Lenz und Wolfgang Stammberger – für die Rückverweisung des Berichts und damit gegen ihren Ministerkollegen Strauß gestimmt hatten. Auch wurde bemängelt,

dass so viele Fraktionsmitglieder gefehlt hatten, von denen ein Teil allerdings wegen anderer Verpflichtungen entschuldigt war und die nicht wissen konnten, dass die FDP »abtrünnig« wurde und die Koalitionsmehrheit deshalb gefährdet war. Parteigrößen wie Thomas Dehler kalkulierten
ohnehin mit dem Bruch der Koalition[307], andere wie Stammberger unterhielten engere Kontakte zum *Spiegel*, dessen Herausgeber Augstein FDP-
Mitglied und später auch kurze Zeit FDP-Bundestagsabgeordneter war.
Querverbindungen zwischen führenden FDP-Politikern und dem *Spiegel*
spielten in dieser und der folgenden Krise in Bezug auf Strauß eine allerdings im Einzelnen ungeklärte Rolle. Doch selbst Erich Mende erklärte
in der Sitzung des FDP-Bundesvorstands am 9. Juli 1962, eine Koalition,
die in einer ständigen Krise schwebe, sei unmöglich, dann solle man lieber rechtzeitig Schluss machen.[308] Diese Krise hing allerdings nur zum
geringeren Teil mit Strauß zusammen, sondern bezog sich auf grundsätzliche Meinungsunterschiede über die Deutschland-, Außen- und Verteidigungspolitik und resultierte nicht zuletzt auch aus der Entstehungsgeschichte der Regierung und dem Ultimatum der FDP zur zeitlichen
Begrenzung der Kanzlerschaft Konrad Adenauers auf zwei Jahre.

Rainer Barzel und andere warfen die Frage nach der Koalitionsfähigkeit der FDP auf. Das Verhalten der SPD sei indes eindeutig motiviert,
sie wolle Strauß beseitigen, wie der Vorsitzende des Untersuchungsausschusses Matthias Hoogen und einige andere Fraktionsmitglieder feststellten. Die Fraktion teilte die Meinung, dass die Rücküberweisung des
Abschlussberichts an den Untersuchungsausschuss die Sache um Monate
bis zu den Landtagswahlen in Bayern, Hessen, Nordrhein-Westfalen und
Schleswig-Holstein hinauszögere und damit zu einer unerträglichen
Belastung für Strauß würde. Man müsse solidarisch mit ihm sein und
stärker herausstellen, dass »kein Mensch ihm irgendeine Bereicherungs-
absicht unterstelle«, wie der Abgeordnete Süsterhenn sagte.[309] In der Beratung der Fraktion wurde sogar die Möglichkeit eines Koalitionsbruchs
wegen des Verhaltens der FDP angedeutet, zumal sie die Union vorher
nicht einmal im Koalitionsausschuss über ihre Absicht informiert hatte,
mit der SPD zu stimmen. Daraufhin ergriff Bundeskanzler Adenauer das
Wort: »Ich möchte Sie bitten an Strauß zu denken. Ich bin der Auffassung, daß es gerade im Interesse von Strauß und uns allen liegt, wenn wir
wohl in den vier Wänden sehr deutlich mit der FDP sprechen ... Darin
kommt das Thema Fibag auch zur Erörterung. Aber denken Sie doch
auch einmal an die Leute, die nicht die ›FAZ‹ oder die ›Welt‹ lesen, sondern jeden Tag nur ein paar Zeilen. Wenn die hören, daß die Koalition
wegen Fibag auseinandergebrochen ist, dann fragen die doch, was mag
da alles passiert sein? ... Ich habe mich auch sehr geärgert, aber der Ärger
darf einem nie die Selbstbeherrschung nehmen.« Man müsse im Übrigen

herausstellen, dass der FDP-Abgeordnete Ewald Bucher ausdrücklich betont habe, kein Mensch denke daran, dass Strauß schmutzige Finger habe: Das müsse man den Leuten einhämmern, und das interessiere sie.[310]

Erst gegen Ende der Debatte ergriff Strauß selbst das Wort.[311] Er äußerte sich zu Verfahrensfragen des Untersuchungsausschusses, der wie alle derartigen Ausschüsse ein Instrument der Opposition sei, zum Wankelmut der FDP und schließlich zu dem in seinen Augen eigentlichen Motiv, dem Angriff auf die Verteidigungs- und Europapolitik und die NATO: Dahinter steckten Neutralisten wie Gustav Heinemann, dessen Rolle als Rechtsberater des *Spiegel* er übrigens erwähnte, ohne sie allerdings zu kommentieren. Die Unionsfraktion beschloss am Ende der Debatte eine Ehrenerklärung für Franz Josef Strauß.

Als der Untersuchungsausschuss dann nach drei Monaten erneut seinen Schlussbericht vorlegte, nahm der Bundestag ihn am 25. Oktober 1962 an und verneinte eine Dienstpflichtverletzung des Verteidigungsministers in der Fibag-Affäre. Schon vorher hatte ihn Konrad Adenauer »exkulpiert«, als er seinem Verteidigungsminister am 9. August 1962 aufgrund des (weiteren) Berichts von Ministerialdirektor a. D. Dr. Petz und dem FDP-Abgeordneten Dr. Dahlgrün förmlich mitteilte: »Ich bin … zu der Überzeugung gekommen, daß der gegen Sie erhobene Vorwurf der Dienstpflichtverletzung unbegründet ist.«[312] Adenauer teilte dies auch dem Bundeskabinett mit, wogegen keiner der FDP-Minister Widerspruch einlegte – auch nicht Justizminister Stammberger.[313]

Da kurz nach der Annahme des Untersuchungsberichts des Fibag-Ausschusses die *Spiegel*-Krise begann, ist hier verschiedentlich ein Zusammenhang mit dem Verhalten von Strauß konstruiert worden. Dagegen spricht aber allein schon die Chronologie: Der Bericht wäre tatsächlich bereits am 28. Juni 1962 – also mehrere Monate vor der *Spiegel*-Krise – verabschiedet worden, wenn die FDP ihren Koalitionspartner von ihrer Absicht unterrichtet hätte: Mit Sicherheit hätte dann die Union ihre Abgeordneten zusammengetrommelt – nur drei der 23 fehlenden hätten zur Mehrheit ausgereicht. Deutlicher ist jedoch ein anderer Kontext: Da der berühmt-berüchtigte *Spiegel*-Artikel »Bedingt abwehrbereit«, der die Affäre auslöste, am 8. Oktober 1962, also unmittelbar vor dem Ende der Fibag-Untersuchung des Bundestags veröffentlicht wurde, kann man ihn durchaus als weitere Attacke auf Strauß ansehen, nachdem seine sichere Entlastung nur wenige Tage bevorstand. Und der Inhalt bestätigte dann tatsächlich die Annahme zahlreicher Unionspolitiker: Es handelte sich bei der Serie von *Spiegel*-Artikeln gegen Strauß nicht allein um persönliche Angriffe, sondern um solche auf seine Verteidigungspolitik.

Franz Josef Strauß wurde also in allen drei erwähnten Fällen entlastet, das Image eines Skandal-Ministers hatte er trotzdem weg. In der öffentlichen Meinungsbildung ist die Attacke sehr viel leichter als die Defensive. Für die Korrektur einer Skandalisierung interessieren sich viel weniger Menschen als für die ursprüngliche, über längere Zeiträume wiederholte Meldung selbst. Die Richtigstellung erfolgt oft erst nach Monaten oder – wie in diesem Fall – nach Jahren. Und nicht zu vergessen: Die Angriffe spielten sich auf unterschiedlichen Schauplätzen zum erheblichen Teil gleichzeitig ab – einmal abgesehen von dem in einer parlamentarischen Demokratie ohnehin strittigen politischen Tagesgeschäft. Hinzu kommt ein weiteres Problem: Was sollte Strauß gegen Rufschädigung oder Verleumdung anderes tun, als sich jedenfalls in den gravierendsten Fällen juristisch zur Wehr zu setzen? Zwar neigte er ohnehin zum Prozessieren und auch zur Rechthaberei, aber in solchen Fällen besaß er kaum eine Alternative, weil es als Eingeständnis gegolten hätte, sich nicht zur Wehr zu setzen. Also bekam er flugs ein weiteres Etikett, das des Streithammels, was natürlich nur allzugut zu seiner Bereitschaft passte, politische Alternativen zuzuspitzen und die eigenen Ziele kämpferisch zu vertreten. Wie leicht wird in solchen Situationen auch ein Dickhäuter zum Dünnhäuter!

Kaum war die Fibag-Affäre in den Schubladen verschwunden, da brach am 26. Oktober 1962 das erste wirklich starke politische Erdbeben in der noch jungen Geschichte der Bundesrepublik Deutschland aus und bewirkte das politische Ende von Franz Josef Strauß als Verteidigungsminister. Die *Spiegel*-Affäre bewirkte eine Verzerrung der mehr als sechsjährigen Amtszeit von Franz Josef Strauß als Architekt der bundesdeutschen Verteidigungspolitik und der Bundeswehr im öffentlichen Meinungsbild.

Spiegel-Affäre und Rücktritt als Verteidigungsminister 1962

Die *Spiegel*-Affäre bildete den vorläufigen Abschluss einer mehrjährigen politischen Schlacht des *Spiegel*-Herausgebers Rudolf Augstein gegen Franz Josef Strauß. Der Augstein-Biograf Peter Merseburger – SPD-Mitglied seit 1950 und also einer Vorliebe für Strauß nicht verdächtig – war selbst fünf Jahre *Spiegel*-Redakteur, er nannte die Artikelserie des Magazins einen »Kreuzzug Augsteins gegen Strauß«.[314] Die *Spiegel*-Titelgeschichte »Endkampf« vom April 1961 bezeichnete Merseburger als »wohl schärfste Polemik gegen einen deutschen Politiker … die in der Bundesrepublik bislang veröffentlicht wurde«.[315]

Insofern lag es nahe, die Verhaftungsaktion gegen den *Spiegel* vordergründig als Rachefeldzug gegen das Hamburger Magazin und seinen Herausgeber anzusehen. Wäre es so gewesen, hätte es selbstverständlich nicht sein dürfen. Wäre es so, hätte es sich selbstverständlich um einen politischen und rechtlichen Skandal ersten Ranges gehandelt. Die ungleiche Schlachtordnung, dass zwar Medien einen »Kreuzzug« gegen Minister führen dürfen, nicht aber Minister gegen Medien, ist systembedingt, geht doch Pressefreiheit über alles. Doch muss ohne Verantwortungsbewusstsein wahrgenommene Pressefreiheit systemgeschützt sein? In der Bundestagsdebatte zur *Spiegel*-Affäre stellte der FDP-Vorsitzende Dr. Erich Mende am 7. November unter dem Beifall aller Fraktionen fest: »Die Pressefreiheit ist ein Grundrecht unserer Verfassung. Aber dieses Grundrecht der Meinungs- und Informationsfreiheit ist nicht schrankenlos, wie auch die Freiheit niemals schrankenlos sein kann. Sie muß gebunden sein an die Verantwortung vor dem Gesetz, vor dem Recht und schließlich auch an Moral und Ethos. Die Presse- und Informationsfreiheit unseres Grundgesetzes hat spätestens ihre Grenze dort, wo kriminelle Delikte beginnen, vor allem der Landesverrat beginnt.«[316] Lassen wir die letzte Frage einstweilen außer Betracht, so unterliegt es doch keinem Zweifel: Die pausenlosen Diffamierungen des *Spiegel* gegen Strauß zeugen nicht von einer verantwortungsvollen Nutzung der Pressefreiheit.

Wie auch immer: Allein schon die Chronologie der Vorgänge, aber auch die Tatsache, dass die Verhaftung von Augstein nicht auf Strauß zurückging, sollten Vereinfachungen dieser durchaus komplexen Affäre den Boden entziehen. Zweifellos bedeutete die *Spiegel*-Affäre einen entscheidenden Wendepunkt in der politischen Laufbahn von Franz Josef Strauß. Zugleich handelte es sich um die einzige der hier erwähnten »Affären«, in der ihm politische Fehler unterliefen und das politische Krisenmanagement der Bundesregierung und sein eigenes mangelhaft waren. Diese Fehler waren vermutlich nicht allein auf die brisante Situation der Kuba-Krise und der durch sie heraufbeschworenen Weltkriegsgefahr zurückzuführen, sondern auf den publizistischen Dauerbeschuss, unter dem Strauß seit Jahren stand. Insofern hatte Rudolf Augstein – trotz der dann infolge der Verhaftung erlittenen eigenen Blessuren – sein politisches Ziel erreicht, den als Gegner, ja als Feind betrachteten Strauß zumindest in den Augen der veröffentlichten Meinung so mürbe zu machen, dass er strauchelte. In der Persönlichkeit von Strauß hinterließ die Affäre tiefe Spuren. Die ihm attestierte Aggressivität in der politischen Auseinandersetzung war tatsächlich bei Franz Josef Strauß vor 1962 viel weniger ausgeprägt, als allgemein angenommen wird. Davor dominierten selbst in heftigen politischen Kontroversen eindeutig Argumentation und Sachkompetenz, auch wenn sich immer wieder einzelne Zitate trefflich als Beispiele politischer Polemik ins Feld führen lassen.

Nicht selten aber wurden sie aus ihrem Zusammenhang gerissen oder ohne ihren Kontext zitiert.

Hinzu kommt seit 1962, dass sich Strauß in der Krise von politischen Freunden und Weggefährten, vor allem von Adenauer, im Stich gelassen fühlte. Der oft bei ihm anzutreffende Eindruck, er werde ungerecht behandelt, traf hier jedenfalls zu. Anzeichen zeigten sich schon in der Fibag-Debatte, in der CSU-Landesgruppe machte er seiner Verärgerung darüber Luft. Leider verhinderte sein Tod – wie übrigens derjenige Adenauers –, dass beide die *Spiegel*-Affäre aus ihrer Sicht in den jeweiligen *Erinnerungen* darstellten, da beide Werke fragmentarisch blieben. In Strauß' Werk finden sich immerhin einige Bemerkungen zu diesem Thema.

Für die Aufheizung der Atmosphäre bis zur *Spiegel*-Krise ist von Belang, dass neben der Fibag-Diskussion in dem Hamburger Magazin während des Jahres 1962 schon verschiedene verteidigungspolitische Artikel erschienen waren. Sie sorgten mehrfach für Zündstoff, obwohl Strauß selbst sich an der Debatte nicht beteiligte.[317] So reagierte der dezidiert konservative Würzburger Soziologieprofessor und Reserveoffizier Friedrich August Freiherr von der Heydte in der *Deutschen Tagespost* am 6. Juli 1962 auf einen *Spiegel*-Artikel vom 13. Juni, »Stärker als 1939?«, mit starkem Geschütz: Die Mischung von wahren, halb wahren und erlogenen Interna der Bundeswehr in einer Zeit, in der es um die Existenz des Staates gehe, grenze an bewussten Landesverrat. Dagegen setzte sich der *Spiegel* zur Wehr und erwirkte am 6. September 1962 eine einstweilige Verfügung. Schließlich erstattete von der Heydte am 1. Oktober 1962 gegen den *Spiegel* Anzeige wegen Landesverrats. Er begründete dies unter anderem damit, ausländische Agenten könnten in der Wochenzeitschrift wertvolle militärische Informationen gewinnen, die prinzipiell als Staatsgeheimnisse anzusehen seien.

Nachdem andere Medien über das NATO-Manöver »Fallex 62« berichtet hatten, nahm sich auch der *Spiegel* des Themas an und erregte ungleich größere Aufmerksamkeit. Im Mittelpunkt des von Conrad Ahlers und Hans Mette verfassten Artikels »Bedingt abwehrbereit« standen zentrale Fragen der Verteidigungspolitik der Bundesrepublik und der NATO. Außerdem vertraten die Autoren die Meinung, die Bundesrepublik habe für den Kriegsfall nur unzureichende Vorsorge für den Notstand getroffen, wofür tatsächlich einiges sprach. Der Artikel vom 8. Oktober wurde zur Initialzündung für ein politisches Erdbeben. Die Autoren griffen scharf die Verteidigungskonzeption von Franz Josef Strauß an. Wie Hans-Peter Schwarz zutreffend schreibt, hätte »für den Namen Strauß genausogut der Name Adenauer eingesetzt werden können«, weil er viele der Positionen seines Verteidigungsministers »in der allgemeinen Nuklearstrategie« und »zwar mit großem Nachdruck selbst vertreten« hat.[318] Konrad Adenauer selbst sah diesen Zusammenhang und wiederholte ihn mehrfach. So erklärte er am 3. Dezember 1962 in der Vorstandssitzung der CDU: »Die Angriffe gegen Strauß im ›Spiegel‹ haben mit dem Augenblick eingesetzt, als Herr Strauß die Frage einer nuklearen europäischen Macht energisch in die Hand nahm; übrigens in Übereinstimmung mit dem General Norstad, wenn ich Ihnen das auch sagen darf.«[319]

Die Bundesanwaltschaft, die aufgrund der erwähnten vorherigen Kontroversen und des Strafantrags bereits einschlägige Spiegel-Artikel überprüft hatte, dehnte ihre Ermittlungen sofort auf »Bedingt abwehrbereit« aus. Und tatsächlich beruhte dieser Beitrag ungleich stärker als alle anderen auf intensiven Recherchen sogar in geheimen NATO-Dokumenten. Er stellte unterschiedliche Strategien des deutschen Verteidigungsministers und des amerikanischen Verteidigungsministers McNamara heraus, der die Ansicht vertrete, »in bestimmten Lagen könnten allein konventionelle Divisionen den Krieg verhüten«, was Strauß für anfechtbar hielt, da dafür nicht 30, sondern 60 bis 100 Divisionen notwendig seien, die man sich nicht leisten könne. Die von Strauß bevorzugte atomare Abschreckungsstrategie wurde im Spiegel als »Demagogie« bezeichnet, die die Amerikaner empöre – nicht aber als die von Strauß tatsächlich gewollte optimale Strategie zur Kriegsverhütung mittels atomarer Drohung. Strauß wurde in diesem Artikel wieder einmal als atombesessener Machtpolitiker dargestellt.

Über unterschiedliche Strategien kann man streiten, doch liegt darin nicht der Knackpunkt des Spiegel-Artikels, sondern in detaillierten Informationen aus der Bundeswehr- bzw. NATO-Planung sowie der internen Beurteilung des NATO-Manövers »Fallex 62«: »Oberbefehlshaber Strauß und sein Generalinspekteur marschierten zufrieden ab. Das Ergebnis von ›Fallex 62‹ lag noch nicht vor. Es besagt: Mit Raketen an Stelle von Brigaden und mit Atom-Granatwerfern an Stelle von Soldaten ist eine Vorwärtsverteidigung der Bundeswehr nicht möglich, eine wirksame Abschreckung bleibt fraglich.«[320]

Einen Tag später, am 9. Oktober, forderte die Bundesanwaltschaft vom Amt für Sicherheit der Bundeswehr, das zum Geschäftsbereich des Bundesverteidigungsministeriums gehört, ein Gutachten über diesen Artikel an. Es wurde im Referat für Strafrechtsangelegenheiten des Ministeriums erstellt und am 10. Oktober unverzüglich vom Ersten Staatsanwalt in der Bundesanwaltschaft Siegfried Buback angefordert. Tags darauf erstattete Freiherr von der Heydte wiederum Strafanzeige gegen den Spiegel wegen des neuen Artikels: Er verrate Staatsgeheimnisse und gefährde die Sicherheit der Bundesrepublik. Bereits in dem noch vorläufigen Gutachten vermerkte der Verfasser, Oberregierungsrat Wunder, der Artikel »Bedingt abwehrbereit« enthalte zahlreiche militärische Informationen, die der Geheimhaltung unterlägen, worüber dann am 15. Oktober auch der Staatssekretär im Bundesverteidigungsministerium Volkmar Hopf unterrichtet wurde. Bis zu diesem Zeitpunkt weilte Franz Josef Strauß im Urlaub, und zwar bereits seit dem 18. September Er hatte mit keiner der bundesanwaltschaftlichen bzw. gutachterlichen Aktivitäten auch nur das Geringste zu tun. Die Chronologie zeigt also: Strauß hat die Ermittlungen gegen den *Spiegel* nicht in Gang gebracht, sondern wurde erst am 16. Oktober, als sie bereits nach längerer Vorgeschichte eine Woche liefen, informiert. Eine »Racheaktion« von Strauß gegen den *Spiegel* ist also definitiv ausgeschlossen – die ständige Wiederholung dieser Behauptung machte sie nicht richtiger, verfehlte aber ihre öffentliche Wirkung nicht.

Auf die politische Ebene gelangten die Vorgänge erst ab 16. Oktober, als der Verteidigungsminister anordnete, die einschlägigen Referate sollten den Gutachter unterstützen und Staatssekretär Hopf – der nicht der CDU/CSU nahestand – anstelle des Verteidigungsministers die Zuständigkeit übernehmen, um von vornherein den Verdacht auszuschließen, Strauß agiere gegen den *Spiegel*. Hopf informierte am 17. Oktober den Chef des Kanzleramts Hans Globke, bevor die Bundesanwaltschaft am 18. Oktober das Bundesverteidigungsministerium förmlich um Erstellung eines Gutachtens bat. Darüber und über den Verdacht des Landesverrats unterrichtete der Verteidigungsminister am gleichen Tag den Bundeskanzler, der eine laufende Information sowie die Verfolgung der Verdächtigen verlangte und Strauß versicherte, mit seiner Amtsautorität das Verfahren zu decken. Am 19. Oktober übergab Oberregierungsrat Heinrich Wunder sein am Vortag fertiggestelltes Gutachten der Bundesanwaltschaft, am 20. reiste Staatssekretär Hopf nach Karlsruhe und vereinbarte dort für den 22. Oktober eine Besprechung, bei der unter anderem er selbst, zwei Bundesanwälte, zwei Generäle, der Gutachter sowie Vertreter des Bundeskriminalamts teilnahmen, da die Bundesanwaltschaft um Unterstützung ersucht hatte. Am 22. Oktober ging beim Bundesjustizministerium die am 18. abgesandte Unterrichtung durch die Bundesanwaltschaft ein.

Ziel des Verteidigungsministeriums war es, etwaige Quellen des *Spiegel*-Artikels im eigenen Haus zu entdecken, sodass es der Bundesanwaltschaft die erbetene Unterstützung zusagte. Der Generalbundesanwalt verdächtigte vor allem den Oberst i. G. Alfred Martin. Nach der späteren Einschätzung des Verteidigungsministers fühlte sich dieser schwer gekränkt, weil er nicht zum Brigadegeneral befördert worden war, was aber nicht auf eine Entscheidung von Strauß zurückging.[321]

Beteiligt an den Untersuchungen wurden auch der Militärische Ab-

schirmdienst (MAD), das Bundeskriminalamt und die Sicherungsgruppe Bonn. Am 22. Oktober 1962, nachdem der zuständige Ermittlungsrichter beim Bundesgerichtshof hinzugezogen worden war, beantragte die Bundesanwaltschaft beim Bundesgerichtshof den Erlass von
Haftbefehlen gegen *Spiegel*-Redakteure und den Herausgeber Rudolf
Augstein bzw. die Durchsuchung der Redaktionsräume, worauf auch das
Bundesinnenministerium informiert wurde. Der Leiter der Sicherungsgruppe teilte den Beteiligten mit, dass das Verfahren mit der höchsten
Geheimhaltungsstufe laufe. Am gleichen Abend unterrichtete der Vertei-
digungsminister weisungsgemäß den Bundeskanzler über den aktuellen
Stand.

Am folgenden Tag, dem 23. Oktober 1962, erließ der Ermittlungsrichter beim Bundesgerichtshof Haftbefehle wegen des dringenden Verdachts
auf Landesverrat gegen den Herausgeber und Verleger des *Spiegel* Rudolf
Augstein und den stellvertretenden Chefredakteur Conrad Ahlers, den
Hauptverfasser des Artikels »Bedingt abwehrbereit«. Auf Antrag des Generalbundesanwalts wurden außerdem Durchsuchungsbefehle gegen die
Wohnungen beider bzw. die Redaktionsräume erlassen. Bundesinnenminister Hermann Höcherl ließ daraufhin die Landesregierungen von
Nordrhein-Westfalen und Hamburg unterrichten, der Ministerialdirigent im Bundesinnenministerium informierte am 26. Oktober auf Weisung Höcherls in Hamburg mündlich den dortigen Innensenator Helmut
Schmidt. Zwei Tage vorher, am 24. Oktober, fand im Bundesverteidigungsministerium auf der Bonner Hardthöhe eine Besprechung zwischen den Staatssekretären Volkmar Hopf und Walter Strauß, Bundesjustizministerium, statt, bei der Verteidigungsminister Strauß zeitweise
anwesend gewesen sein soll.

Bis zu diesem Zeitpunkt, an dem die Haftbefehle und die Durchsu-
chungsbeschlüsse vorbereitet wurden, hat Franz Josef Strauß zweifellos
pflichtgemäß gehandelt, auf die Bundesanwaltschaft bzw. den Ermittlungsrichter des Bundesgerichtshofs konnte er keinen Einfluss nehmen,
die Verhaftungsaktion war ohne sein Zutun und Wissen zustande gekommen. Es ist also absurd, ihn eines Angriffs gegen die Pressefreiheit zu
bezichtigen. Das bedeutet: Auch die Verhaftung von Conrad Ahlers war
bereits am 26. vom Bundesgerichtshof auf Antrag der Bundesanwaltschaft angeordnet worden, bevor der Verteidigungsminister in der Nacht
vom 26. zum 27. Oktober – wie fragwürdig dies auch gewesen sein
mochte – telefonisch spanische »Amtshilfe« initiierte. Aber selbst diese
Initiative stellte keinen Angriff von Strauß auf die Pressefreiheit dar.
Trotz des Geheimhaltungsgrads waren mehrere Institutionen und Personen an dem Verfahren beteiligt, bevor er selbst überhaupt aktiv werden
konnte. Die Bundesanwaltschaft veröffentlichte am 27. Oktober 1962 eine

Presseerklärung, in der es u. a. hieß: »Aufgrund von Veröffentlichungen, die sich mit wichtigen Fragen der Landesverteidigung in einer Art und Weise befassten, die den Bestand der Bundesrepublik sowie die Sicherheit und Freiheit des deutschen Volkes gefährdet, sind am Freitag, dem 26. Oktober 1962, auf Anordnung des Ermittlungsrichters des Bundesgerichtshofs die Geschäftsräume des Nachrichtenmagazins ›Der Spiegel‹ in Hamburg und Bonn durchsucht worden. Mehrere Mitarbeiter des ›Spiegel‹ sind wegen des Verdachts des Landesverrats, der landesverräterischen Fälschung und der aktiven Bestechung vorläufig festgenommen worden ...«

Die Ermittlungen erstreckten sich außerdem auf Offiziere, Beamte und Angestellte der Bundeswehr, die verdächtigt wurden, »dem ›Spiegel‹ gegen Entgelt Staatsgeheimnisse verraten zu haben«. Zum Verdacht des Landesverrats kam derjenige der aktiven bzw. passiven Bestechung. Mit der Durchführung der Ermittlungen wurde die Sicherungsgruppe des Bundeskriminalamts in Bad Godesberg beauftragt. Ahlers wurde nicht allein wegen der Autorschaft des Artikels verdächtigt. Vielmehr sah man in ihm die Schlüsselfigur zur Aufdeckung des Geheimnisverrats im Verteidigungsministerium, da er dort aus seiner früheren Dienstzeit viele Kontakte hatte, übrigens auch den Militärattaché an der Deutschen Botschaft in Madrid, Oberst Oster, persönlich gut kannte: Mit ihm stand Ahlers während seiner Spanien-Reise in Kontakt. Das Amtshilfeersuchen der Bundesanwaltschaft an das Bundesverteidigungsministerium bezog sich deshalb nicht allein auf die erwähnte gutachterliche Tätigkeit, sondern ebenfalls auf die Suche nach der Quelle des Geheimnisverrats.

Im Übrigen war der *Spiegel* schon am 18. Oktober durch einen Mitarbeiter des Bundesnachrichtendienstes (BND), Oberst Wicht, gewarnt worden, was später zu weiteren Verwicklungen führte. Es war unklar, wer Wicht die Information gegeben hatte. Allerdings hatte der Verteidigungsminister selbst am 17. Oktober unter vier Augen den Präsidenten des Bundesnachrichtendienstes, General Gehlen, verständigt, dass der Generalbundesanwalt ein Ermittlungsverfahren eingeleitet habe.[322]

Der erste Vorgang, bei dem Strauß ein Fehler anzulasten wäre, ist bis heute nicht geklärt: Bei dem Gespräch der beiden Staatssekretäre Hopf und Walter Strauß soll der möglicherweise zeitweilig anwesende Minister zu diesem gesagt haben: Aufgrund der vom Bundeskanzler angeordneten Geheimhaltung solle Staatssekretär Walter Strauß Bundesjustizminister Wolfgang Stammberger (FDP) nicht informieren. Dies ist möglich, aber nicht bewiesen, es gibt auch die Lesart, Hopf und Walter Strauß hätten Stillschweigen gegenüber Stammberger vereinbart. Auch ist nicht gesichert, dass Strauß bei diesem Gespräch überhaupt zugegen war. Und schließlich ist es auch möglich, dass Stammberger überhaupt nicht genannt wurde, sondern lediglich generell von höchster Geheimhaltungsstufe gesprochen wurde, wie es mehrfach bei diesen Vorgängen geschah. Fest steht nur, dass Justizminister Stammberger tatsächlich nicht informiert wurde, wie er später selbst erklärte. Und selbst wenn an seinen Staatssekretär das Ansinnen herangetragen worden wäre, ihn nicht zu informieren, hätte sich Walter Strauß nicht daran halten dürfen. Staatssekretär Hopf, der in dieser Hinsicht nach allen Ermittlungen als »Hauptverdächtiger« galt, war seinem Kollegen im Justizministerium gegenüber gleichgestellt und nicht weisungsbefugt.

Die mangelnde Information des Justizministers provozierte seinerzeit allerlei Vermutungen: Stammberger gehörte zu denen, die mit einem Teil der FDP-Fraktion gegen die Annahme des ersten Fibag-Untersuchungsberichts gestimmt hatten, sich also gegenüber seinem Kabinettskollegen Franz Josef Strauß persönlich, aber auch der eigenen Koalitionsregierung gegenüber illoyal verhalten hatten. Also eine Retourkutsche von Strauß? Der Verteidigungsminister und der Justizstaatssekretär waren zwar Namensvettern, aber nicht miteinander verwandt, allerdings kannten sich der CSU-Politiker und der gestandene CDU-Staatssekretär Walter Strauß schon aus der Zeit des Frankfurter Wirtschaftsrats 1948/49, als sie in der gemeinsamen Fraktion zusammentrafen – der eine als Verwaltungsbeamter, der andere als Abgeordneter, sie konnten also vermutlich recht offen miteinander reden. Trotzdem wäre es eigenartig, wenn ein Minister dem Staatssekretär eines anderen Ministers die Aufforderung zukommen ließe, er solle seinen Dienstvorgesetzten nicht informieren. Und vor allem: Auch der Verteidigungsminister war ihm gegenüber nicht weisungsbefugt. Einmal davon abgesehen: Der Bundesgerichtshof hätte das zuständige Ministerium ohnehin unterrichten müssen, und angesichts der Bedeutung des Vorgangs auch den Bundesminister der Justiz persönlich. Die strikte Geheimhaltung des ganzen Verfahrens wurde im Übrigen weder von Adenauer noch von Strauß angeordnet, sondern verfahrensüblich von der Sicherungsgruppe. Allerdings hielten beide strikte Geheimhaltung ebenfalls für notwendig, Adenauer behauptete sogar Strauß gegenüber, er habe nicht einmal »den Herrn Globke« eingeweiht, was wohl nicht zutraf.

Doch gab es in Bezug auf Stammberger ein ganz anderes Problem: Strauß war unterrichtet worden, dass dem *Spiegel* Informationen über eine mögliche Belastung Stammbergers im Zweiten Weltkrieg vorlägen. Er vermutete deshalb, der Justizminister sei gegenüber dem *Spiegel* in einer schwachen, wenn nicht abhängigen Position, ohne dies näher zu spezifizieren.[323] Obwohl klar ist, dass Kanzler und Verteidigungsminister eine Einweihung von Stammberger offenbar nicht für opportun hielten, jedenfalls ihn nicht selbst informierten, gibt es keinen belastbaren Beleg, dass sie eine solche – in keiner Weise verbindliche –Anweisung an Dritte tatsächlich gegeben haben.

Die beabsichtigte Verhaftung von Augstein selbst, der zunächst observiert werden sollte, entbehrt im Übrigen nicht der Komik, da Beamte der Sicherungsgruppe Augstein aus den Augen verloren. An seiner Stelle nahmen sie dann in Düsseldorf den *Spiegel*-Geschäftsstellenleiter Erich Fischer fest, der einen PKW mit Hamburger Autonummer fuhr und irrtümlich für Augstein gehalten wurde. Nun brach offensichtlich eine gewisse Hysterie aus, da die Bundesanwaltschaft »Gefahr im Verzug« sah und deshalb den sofortigen Vollzug des Haftbefehls gegen Augstein und Ahlers sowie die Durchsuchung der Redaktionsräume des *Spiegel* in Bonn und in Hamburg anordnete. Dort hatte Innensenator Helmut Schmidt dem Emissär des Bundesinnenministers Unterstützung bei der Aktion zugesagt – auch er hat also damals die Gefährdung der bundesrepublikanischen Sicherheit ähnlich gesehen wie Bundesanwaltschaft, Bundesgerichtshof und die anderen Beteiligten. Allerdings gab es später gegen Schmidt ebenfalls noch ein Ermittlungsverfahren, was ihn sehr kränkte: Doch dieser absurde Vorgang ist eine andere Geschichte. Anlass war die Tatsache, dass Schmidt die Absicht von Ahlers zu diesem Artikel kannte und mit ihm am 29. September 1962 über diese Thematik ein Gespräch geführt hatte.[324]

Am 26. Oktober fanden Durchsuchungen in den Privatwohnungen unter anderem von Rudolf Augstein statt. Sein Bruder, Rechtsanwalt Josef Augstein, teilte mit, sein Bruder Rudolf werde sich am folgenden Tag selbst stellen, was auch geschah. Bei der Durchsuchung der Wohnung von Conrad Ahlers erfuhren die Beamten, er sei mit seiner Frau im Urlaub in Spanien. Staatssekretär Hopf, der sich laufend informieren ließ, teilte der Sicherungsgruppe dann mit, man müsse die Verhaftung von Ahlers in Spanien veranlassen, was der Leiter der Sicherungsgruppe Brückner ausschloss, da im Fall eines politischen Delikts eine Auslieferung auf der Grundlage eines Interpol-Haftbefehls unmöglich sei. Hopf kündigte daraufhin an, das Bundesverteidigungsministerium werde deshalb im Rahmen der Amtshilfe mit seinen eigenen Mitteln versuchen, den Haftbefehl gegen Ahlers vollstrecken zu lassen. Außerdem schlug er dem zuständigen Ministerialrat Kleinknecht im Bundesjustizministerium vor, Augstein und Ahlers steckbrieflich suchen zu lassen, wovon jedoch abgesehen wurde.

Inzwischen erfuhr die Sicherungsgruppe von der Hamburger Kriminalpolizei, was der deutsche Militärattaché Oberst Oster in Madrid ohnehin wusste, da er das Ehepaar Ahlers unmittelbar vorher getroffen hatte: Conrad Ahlers und seine Frau hielten sich in Torremolinos bei Málaga auf und beabsichtigen, am nächsten Morgen nach Tanger weiterzureisen.

Diese Meldung ließ wiederum die Alarmglocken schrillen, wäre es doch vermutlich schwieriger gewesen, Ahlers in Marokko verhaften zu lassen als in Spanien, mit dem seit 1878 ein Auslieferungsabkommen bestand: Dieser Hinweis war auch die Quelle für Konrad Adenauers berühmt-berüchtigten Satz: »Holen Sie bitte mal einen aus Tanger raus! Ich wüßte nicht, wie wir das machen sollten.«[325]

Hier erst erfolgte die direkte Intervention von Strauß, der, von Adenauer mit allen Vollmachten versehen, in der Nacht vom 26. zum 27. Oktober den Militärattaché an der Deutschen Botschaft in Madrid, Oberst Achim Oster, aus dem Bett holen ließ. Um 1.25 Uhr gab Strauß Oster unter Hinweis auf ein vorheriges Gespräch mit dem Bundeskanzler den dienstlichen Befehl, die spanischen Behörden um die Festnahme von Ahlers zu ersuchen, damit der Generalbundesanwalt durch das Verhör von Ahlers feststellen könne, wo die Quelle für den Geheimnisverrat im Verteidigungsministerium liege. »Der Minister führte weiter aus, daß dies gerade in diesem Augenblick der angespannten internationalen Lage einen schweren Schlag für die Sicherheit der Bundesrepublik und die NATO bedeute.« Oster zufolge soll Strauß nach Rückfrage bei Hopf gesagt haben, der Haftbefehl gegen Ahlers sei durch Interpol bereits unterwegs, Augstein sei in Kuba.

Oberst Oster gelang es, gemeinsam mit einem deutschen Legationsrat, die spanische Kriminalpolizei unter Hinweis auf den auf dem Wege befindlichen Haftbefehl zu überzeugen. Ahlers wurde daraufhin um drei Uhr morgens in seinem Hotel in Torremolinos gemeinsam mit seiner Frau festgenommen. Letzteres war ein Versehen der spanischen Polizei. Der dann informierte deutsche Geschäftsträger in Madrid hielt allerdings den Eingang des Haftbefehls für erforderlich, was Oster dem Bundesverteidigungsministerium morgens um sieben Uhr mitteilte. Das Bundeskriminalamt gab schließlich um 11.25 Uhr am 27. Oktober mit dem Absender Interpol Wiesbaden den Haftbefehl an die Deutsche Botschaft Madrid, die ihn dann nach Anfertigung einer Übersetzung um 14.30 Uhr an die spanischen Behörden weitergab. Bereits um fünf Uhr morgens hatte Oster telefonisch Strauß im Bundesverteidigungsministerium über die Verhaftung von Ahlers informiert.

Da der Geschäftsträger Dr. Breuer außerdem mitteilte, die Botschaft benötige eine Weisung des Auswärtigen Amtes, telefonierte Hopf mit Staatssekretär Karl Carstens, der sie auch erteilen wollte, doch dann von der Botschaft erfuhr, Ahlers sei bereits verhaftet worden. Carstens geriet später mit dem in den USA weilenden Außenminister Gerhard Schröder aneinander, weil er Strauß intern verteidigte und diesem lediglich einen formalen Fehler attestierte. Carstens war der (irrigen) Meinung, zwar sei das Auswärtige Amt zuständig gewesen, doch hätte er selbst die gleiche

Weisung erteilt, wenn Strauß ihn darum ersucht hätte.[326] Das Bundeskriminalamt seinerseits fügte dem Haftbefehl folgenden Vorschlag an: Man möge Ahlers befragen, ob er in einer Maschine der Lufthansa freiwillig auf einem Direktflug von Madrid nach Frankfurt zurückkehren wolle, was er und seine Frau dann auch schriftlich erklärten.

Inzwischen wurde die *Spiegel*-Aktion zum Politikum, weil Justizminister Stammberger mitteilte, er sei über sie nicht informiert worden. Der stellvertretende SPD-Vorsitzende Herbert Wehner gab eine Presseerklärung ab, und die Bundespressekonferenz telegrafierte an Bundesinnenminister Höcherl und Bundesjustizminister Stammberger, um Auskunft über die Vorgänge zu erhalten.

Selbst wenn die ganze Aktion als Überreaktion der Behörden angesehen wird, kann sie angemessen nicht ohne den Kontext beurteilt werden, auf den Strauß auch im Gespräch mit Oberst Oster hingewiesen hat: So spielten die weiterhin schwelende Berlin-Krise sowie die Kuba-Krise für die analoge Lagebeurteilung von Adenauer und Strauß eine ausschlaggebende Rolle, hatte die Kennedy-Administration doch seit dem 22. Oktober begonnen, auf die Stationierung sowjetischer Raketen in Kuba zu reagieren, die das Territorium der USA bedrohten. Am 23. Oktober 1962 berichtete der Sonderberater des amerikanischen Präsidenten Dean Acheson in Bonn eingehend Bundeskanzler Adenauer über die Lage in der Schweinebucht und die amerikanischen Überlegungen. Der höchst beunruhigte Adenauer riet zur Härte gegenüber Kuba und der Sowjetunion: Er zeigte sich überzeugt, dass es nicht zu einem Krieg kommen werde, wenn die USA fest blieben.[327]

Als der amerikanische Botschafter Konrad Adenauer die Antwort Kennedys an Chruschtschow überbrachte, teilte er ihm am 28. Oktober 1962 mit, bisher hätten sich die USA bemüht, die Angelegenheit als rein amerikanische zu behandeln, nun aber sei es möglich, dass die NATO und damit die Bündnispartner hineingezogen würden. Da amerikanische Maschinen beschossen worden seien und eine vermisst werde, habe sich die Lage verschärft, mit einer militärischen Aktion sei innerhalb der nächsten 24 Stunden zu rechnen. Der Botschafter bedankte sich für die klare Haltung des Bundeskanzlers, der die USA eindeutiger unterstütze als viele andere Verbündete.[328]

Auf den Zusammenhang der Kuba-Krise und der Berlin-Krise, gegen den sich Außenminister Schröder verwahrt hatte, um beide Spannungsherde zu entkoppeln, wies jedoch auch der sowjetische Botschafter Smirnow im Gespräch mit Schröder am 26. Oktober 1962 ausdrücklich hin.[329] Und schließlich war das Auswärtige Amt höchst beunruhigt über den *Spiegel*-Artikel »Bedingt abwehrbereit«. So hieß es in einer Aufzeichnung des Ministerialdirektors Müller-Roschach am 23. Oktober 1962: »Der im

›Spiegel‹ vom 10. Oktober 1962 auf Seite 32–53 wiedergegebene Artikel über General Foertsch beruht zum Teil auf zutreffenden Informationen, die strenger Geheimhaltung unterliegen und vorher nicht an die Presse gelangt waren. Dies gilt vor allem für interne Überlegungen des Bundesministeriums der Verteidigung über strategische Fragen und über den Aufbau der Bundeswehr. Diese Überlegungen sind in einigen Fällen so präzise wiedergegeben, daß die Vermutung naheliegt, der Verfasser des Artikels habe Zugang zu internen streng geheimen Aufzeichnungen des Bundesverteidigungsministeriums gehabt… Die Gefährlichkeit der Indiskretionen im ›Spiegel‹ wird dadurch vermindert, daß der Artikel auch zahlreiche unzutreffende Informationen und Fehlinterpretationen enthält. Dennoch ist es sehr beunruhigend, daß der ›Spiegel‹ sich als ›streng geheim‹ klassifizierte Informationen beschaffen konnte, zu denen im Bundesverteidigungsministerium nur ein kleiner Kreis von Personen Zugang hat und die zum Teil selbst dem Auswärtigen Amt nicht im einzelnen bekannt waren. Außenpolitisch besonders heikel ist die Veröffentlichung von Überlegungen des Bundesverteidigungsministeriums über einen Nuklearschlag in feindliche Aufmarschstellungen vor Eröffnung der Feindseligkeiten.« Der Artikel gefährde die Vertrauenswürdigkeit der Bundesrepublik bei ihren Verbündeten und vermindere die Bereitschaft, ihr künftig militärische Geheimnisse mitzuteilen. In der Aufzeichnung des Auswärtigen Amtes werden allein sieben zentrale Punkte aufgeführt, die bis dahin streng geheime Informationen preisgeben, u. a. Einzelheiten über die Pläne zur Durchführung der Vorwärtsverteidigung und über die Dislozierung französischer Verbände innerhalb des Verteidigungsplans der NATO, die militärischen Anforderungen der NATO an die Bundeswehr für die Heeresverbände in allen Einzelheiten, streng geheime detaillierte Äußerungen von Verteidigungsminister Strauß im Bundesverteidigungsrat usw.[330]

Durfte ein Verteidigungsminister in dieser weltpolitisch und deutschlandpolitisch kritischen Situation des Herbstes 1962 angesichts der Veröffentlichung streng geheimer, für die Sicherheit der Bundesrepublik und die Kooperation mit den NATO-Verbündeten relevanter Informationen einfach zur Tagesordnung übergehen, oder musste er alles versuchen, die möglichen Landesverräter im eigenen Haus zu finden, um weiteren Schaden für die Sicherheit der Bundesrepublik zu verhindern? Konnte er gelassen bleiben angesichts der Tatsache, dass die Sowjetunion nicht allein Informationen über die Verteidigungsplanung, sondern auch ihre Schwachpunkte aus einer Zeitschrift erhielt – sicherheitsrelevante Details? Wären Adenauer und Strauß nicht aufs Höchste alarmiert gewesen, hätten sie in der Tat den Vorwurf verantwortungsloser Leichtfertigkeit verdient. Wieder einmal ist es für die heftige politische Debatte in den folgenden Wochen bezeichnend gewesen, in geradezu provinzieller deutscher Selbstbezogenheit den internationalen Kontext des Vorgangs und seine Folgen für die bundesdeutsche Außen- und Sicherheitspolitik zu ignorieren.

Doch blendet die ausschließliche öffentliche Wahrnehmung der »Spiegel-Affäre« als vermutete Bedrohung der Pressefreiheit einen weiteren Aspekt aus, nämlich die mögliche strafrechtliche Dimension, die erst einmal geklärt werden musste und die nicht Angelegenheit der politischen Instanzen, sondern der unabhängigen Justiz war. So erschien der Artikel »Bedingt abwehrbereit« der Bundesanwaltschaft und dem Bundesgerichtshof als weitere Eskalationsstufe für den Verdacht des Landesverrats, weswegen die Ermittlungen gegen das Magazin schon vor Beginn der eigentlichen *Spiegel*-Affäre durch die Bundesanwaltschaft begonnen hatten.

Da der Verdacht des Landesverrats bestand, ein Leck im Bundesverteidigungsministerium vorlag oder zumindest vermutet werden musste, schließlich die Weiterreise von Ahlers nach Tanger unmittelbar bevorstand, war es materiell begründbar, angesichts des in Deutschland vorliegenden Haftbefehls die spanischen Behörden einzuschalten. Doch wäre dies nicht Sache des Verteidigungsministers und nicht einmal die des Auswärtigen Amtes gewesen. Vielmehr hätte das Bundeskriminalamt durch Interpol die spanischen Behörden einschalten müssen oder aber unter Bezug auf das Auslieferungsabkommen direkt agieren können. Da Staatssekretär Hopf jedoch die Auskunft der Sicherungsgruppe bekam, Interpol-Haftbefehle seien bei politischen Delikten ausgeschlossen, kündigte er eigene Aktivitäten des Verteidigungsministeriums an, bevor sein Minister überhaupt beteiligt war: Hier also lag der Anlass für die nächtliche Telefonaktion von Franz Josef Strauß mit Oberst Oster in Madrid. Sie erfolgte zweifelsfrei nach vorherigen Initiativen des Staatssekretärs Hopf in grundsätzlichem Einverständnis mit Konrad Adenauer, der den viel zitierten Satz im Bundestag sagte, hier liege ein »Abgrund von Landesverrat« vor.

Die Strafverfolgungsbehörden sahen ebenfalls »Gefahr im Verzug«, hätten sie über Interpol den deutschen Haftbefehl an die spanische Justiz gegeben, hätte sich in der Sache so wenig geändert wie bei einer direkten Intervention des Bundeskriminalamts bei den zuständigen spanischen Behörden. Wenngleich Strauß' Reaktion nicht allein aufgrund seines Temperaments, sondern vor allem wegen der begründeten Besorgnisse eines Verteidigungsministers angesichts potenziellen Landesverrats in einer hochbrisanten Krise verständlich ist, handelte es sich doch um eine Kompetenzüberschreitung. Wie gravierend sie war, beschäftigte nicht allein den Bundestag, sondern auch die Gerichte, da gegen Strauß, Hopf und Oster eine Reihe von Strafanzeigen wegen Amtsmissbrauchs und

Freiheitsberaubung gestellt und daraufhin Ermittlungsverfahren eingeleitet worden sind.

Zunächst wurden diese nur gegen den Staatssekretär und den Militärattaché aufgenommen, da Strauß als Bundestagsabgeordneter parlamentarische Immunität genoss, die auf Antrag der Staatsanwaltschaft Bonn durch den Deutschen Bundestag am 11. Dezember 1963 einstimmig aufgehoben wurde. Eine Anklage erfolgte jedoch nicht, da der Leitende Oberstaatsanwalt beim Landgericht Bonn das Ermittlungsverfahren am 2. Juni 1965 einstellte, weil kein hinreichender Tatverdacht gegen die drei Beschuldigten erkennbar war. In dem Einstellungsbeschluss wurden jedoch der gesamte Sachverhalt und die Detailfragen gründlich geprüft.[331]

Strauß selbst hatte schon beim Verfahren zur Aufhebung der Immunität juristische Gutachten einholen lassen, die ihn entlasteten. Auch findet sich eine allerdings undatierte und ungezeichnete gutachtliche Stellungnahme, die vermutlich auf das Immunitätsverfahren 1963 bezogen ist.[332] Sie entlastete ihn strafrechtlich und politisch, attestierte ihm allerdings einen Verstoß gegen formales Recht. Im Einzelnen voneinander abweichend, werden den drei Beteiligten im Endergebnis zwar überwiegend formale Fehler, aber kein schuldhaftes Verhalten vorgeworfen. Insofern bestätigte sich die Einschätzung von Bundeskanzler Adenauer in der Bundestagsdebatte, man müsse selbstverständlich etwaige »Verfahrensmängel« bei der Verhaftung von Conrad Ahlers prüfen.[333]

Das offenbar von Strauß selbst eingeholte Gutachten geht von der materiellen Rechtsgrundlage für das Verhalten von Strauß, Hopf und Oster aus, nämlich dem vorliegenden Haftbefehl. Der Gutachter gelangt zu dem Schluss: Es sei das »selbstverständliche Ziel aller zuständigen Stellen ... diesem richterlichen Haftbefehl Wirksamkeit zu verschaffen, d. h. ihn zur Vollstreckung zu bringen, und zwar zur Gewährleistung einer ordnungsgemäßen Strafverfolgung gegen ›Ahlers und andere‹ wegen dringenden Verdachts des Landesverrats, also zur Gewährleistung der Sicherheit der Bundesrepublik«. Auf dieser Grundlage sei die Sicherungsgruppe des Bundeskriminalamts als »Hilfsorgan der Bundesanwaltschaft« zu betrachten. Zusammenfassend sei also festzuhalten, »daß unabhängig von den Auslieferungsverträgen die deutschen Behörden selbstverständlich berechtigt sind, ausländische Regierungen oder ausländische Behörden zu bitten, gegen einen deutschen Staatsbürger Maßnahmen zu ergreifen, um einem Haftbefehl Wirksamkeit zu verschaffen und die Strafverfolgung zu ermöglichen. Deutsche Behörden, die etwas Derartiges tun, können niemals deutsches Recht verletzen. Ihre Rechtsgrundlage ist der deutsche Haftbefehl und die Tatsache, daß der deutsche Staatsbürger der deutschen Strafgerichtsbarkeit unterliegt.«

Die Frage, wie weit der Verteidigungsminister gegenüber dem Militärattaché weisungsbefugt ist, beantwortete der Gutachter mit dem Hinweis auf die jeweilige Materie: In militärischen Angelegenheiten handele es sich um keine Kompetenzüberschreitung gegenüber dem Auswärtigen Amt. Im Hinblick auf die ungewöhnliche Zeit spät in der Nacht könne eine »stillschweigende Genehmigung des Außenministers« angenommen werden, zumal dieser bzw. sein Vertreter am anderen Morgen unterrichtet worden sei.[334] Dieses Gutachten leuchtet allerdings die Verfahrensproblematik weniger scharf aus als die materielle Rechtsgrundlage des Vorgehens, die für sich genommen nicht zweifelhaft ist. Interessant ist es vor allem deshalb, weil diese Beurteilung für Nichtjuristen, also für Strauß und Oster, plausibel erscheint, also juristisch gesprochen für sie zumindest ein »Verbotsirrtum« angenommen werden kann.

Wie wenig ein bewusster Verstoß gegen Rechtsnormen beabsichtigt war, zeigt auch ein späterer Brief des inzwischen in den einstweiligen Ruhestand versetzten ehemaligen Staatssekretärs Volkmar Hopf an seinen früheren Minister vom 16. September 1963. Hopf hatte ebenfalls Gutachten eingeholt und empörte sich über das gesamte Verfahren und die Pressekampagne: Er sei inzwischen zu der Ansicht gekommen, dass das ganze Verfahren gegen ihn selbst und Oster (gegen Strauß begann es erst später) »verfassungswidrig und rechtswidrig ist, weil unsere Handlungsweise unter keinerlei Gesichtspunkten gegen irgendeine Verbotsnorm verstösst«.[335]

Ein anderes, vermutlich 1963 erstelltes, nicht klar zuzuordnendes Gutachten beleuchtet eingehender die gesamten Rechtsgrundlagen und verwaltungsrechtlichen Prozeduren. In Hinblick auf das formale Verfahren fällt es kritischer aus: »Stellungnahme zu der Frage, ob Maßnahmen des Bundesministers Strauß, des Staatssekretärs Hopf und des Militärattachés Oster im Zusammenhang mit der Vollstreckung des Haftbefehls gegen den Redakteur Ahlers nach deutschem Recht objektiv rechtmäßig waren.« Das Gutachten analysiert die völkerrechtlichen Komponenten und sieht für diesen Sektor keine Verfehlungen. Es differenziert verschiedene Formen der Amtshilfe, zu der nach Artikel 35 Abs. 1 GG alle Behörden verpflichtet sind, und stellt fest:

»1. Gegen materielles deutsches Recht ist nicht verstoßen worden,

2. Gegen formelles deutsches Recht ist vorbehaltlich des Ergebnisses der strafrechtlichen Nachprüfung insoweit verstoßen worden, als der Bundesverteidigungsminister und der Militärattaché gegenüber spanischen Behörden tätig geworden sind, ohne daß ein entsprechendes Ersuchen der zuständigen Strafverfolgungsbehörden vorlag ...«[336] Allerdings fällt die Einschätzung dieses formalen Verstoßes differenziert aus. Der Gutachter weist nämlich darauf hin, der in der Öffentlichkeit erhobene Vorwurf einer Verletzung des Rechtsstaatsprinzips hänge möglicherweise

eher mit der »stark umkämpften Persönlichkeit des Bundesverteidigungs-ministers« und seinen Auseinandersetzungen mit dem *Spiegel* zusammen als mit seinem Handeln selbst.

Hier liegt tatsächlich ein Schlüssel für die Tatsache, dass im Fall von Franz Josef Strauß in einigen Medien ohne wirkliche Nachprüfung nahezu notorisch Verdacht auf – vorsichtig formuliert – unkorrektes Verhalten geäußert wurde: Diejenigen, die seine politischen Ziele ablehnten, bekämpften ihn keineswegs allein, was in einer Demokratie normal ist, argumentativ als politischen Gegner, sondern geradezu als persönlichen Feind.

Der umsichtig abwägende Gutachter gelangt zu dem Ergebnis: »Was das objektive, d. h. von ihrer Person losgelöste Verhalten der Beteiligten angeht, so muß jedenfalls festgestellt werden, daß die darin liegende Amtshilfeüberschreitung zu einem materiell gerechtfertigten Zweck – der Vollstreckung eines richterlichen Haftbefehls – zwar eine Verletzung formalen Rechts, aber kein Verstoß gegen das Rechtsstaatsprinzip, insbesondere den diesem immanenten Verfassungsgrundsatz der Gesetzmäßigkeit der Verwaltung darstellt. Es erscheint bereits zweifelhaft, ob die Verletzung formalen Rechts, die einem von der Rechtsordnung gebilligten materiellen Zweck dient, überhaupt als eine Verletzung dieses Verfassungsgrundsatzes angesehen werden könnte.«[337]

Ebenso differenziert fällt die Begründung für die Einstellung des Ermittlungsverfahrens vom 2. Juni 1965 – also zweieinhalb Jahre nach den Vorgängen – aus, in dem noch eingehender die konkreten Vorgänge am 26./27. Oktober 1962 untersucht werden. Der Einstellungsbeschluss rekapituliert chronologisch und inhaltlich die einzelnen Etappen des Vorgangs und zitiert wörtlich auch die schon erwähnte Aussage von Oberst Oster über das nächtliche Telefongespräch mit Strauß.[338] Zum ersten Tatvorwurf stellen die Ermittlungsbehörden fest: »Die Frage, ob sich der Beschuldigte Strauß schon dadurch, daß er Oberst Oster, der als Militärattaché der Deutschen Botschaft in Madrid dienstlich dem Botschafter und damit dem Auswärtigen Amt unterstand, unmittelbare Anweisungen erteilte, der Amtsanmaßung schuldig gemacht hat, muß verneint werden. Der Militärattaché untersteht zwar dienstlich dem Auswärtigen Amt, der Bundesminister der Verteidigung ist aber ihm gegenüber, soweit militärische Angelegenheiten in Frage stehen, weisungsberechtigt.« Damit erledigte sich der Straftatbestand nach § 132 StGB.

In Bezug auf den zweiten Straftatbestand der Freiheitsberaubung gemäß § 239 StGB, der Strauß vorgeworfen wurde, lautet zunächst die Schlussfolgerung: »Die durch das Handeln des Beschuldigten Strauß mittelbar verursachte Freiheitsentziehung war auch objektiv rechtswidrig. Gegen den Redakteur Ahlers lag zwar ein Haftbefehl des Ermittlungsrichters des Bundesgerichtshofs wegen dringenden Verdachts des Landesverrats vor«, doch sei der »Beschuldigte Strauß trotz seines amtlichen Interesses als damaliger Bundesminister der Verteidigung an der Ergreifung des Redakteurs Ahlers zur Aufdeckung der undichten Stellen im Verteidigungsbereich zur Vollziehung des gegen diesen ergangenen Haftbefehls nicht berufen«. Strauß hatte ausgesagt, Bedenken des Leiters der Sicherungsgruppe des Bundeskriminalamts Brückner, dass bei einem politischen Delikt wohl keine Auslieferung infrage komme, seien ihm nicht bekannt gewesen. Da Staatssekretär Hopf als Beschuldigter von seinem Zeugnisverweigerungsrecht Gebrauch machte, konnte der Inhalt des Telefongesprächs zwischen ihm und seinem Minister nicht definitiv geklärt werden. Die Ermittlungsbehörden beurteilten die Aussage von Strauß als zumindest nicht widerlegbar: Insofern liege bei Strauß ein »Tatbestandsirrtum«, aber kein Vorsatz des Verstoßes vor.

Weniger überzeugend waren die Einlassungen des Ermittlungsrichters in Bezug auf den materiellen Gehalt des Haftbefehls: Auch wenn militärischer Geheimnisverrat hier als politisches Delikt gewertet wird, ist es doch fraglich, ob das auch für den gegen den *Spiegel* erhobenen Vorwurf der aktiven Bestechung gelten kann, der allerdings nicht im Haftbefehl gegen Ahlers aufgeführt wurde. Schließlich wäre es Sache spanischer Ermittlungsbehörden gewesen, ob sie die Straftatbestände überhaupt oder überwiegend als politische bewerteten.

Die Festnahme erfolgte, wie das Ermittlungsgericht feststellte, nach spanischer Rechtsgrundlage aufgrund eines deutschen Ersuchens, das der Militärattaché übermittelte: Dies hätte auch abgelehnt werden können oder bis zum Vorliegen des Haftbefehls vertagt, der als »unterwegs« angekündigt, aber noch nicht eingetroffen war.[339] Auch auf der Rechtsgrundlage des am nächsten Tag eingehenden Haftbefehls hätte Ahlers also mit oder ohne Strauß verhaftet werden können – es sei denn, er wäre, wie beabsichtigt, bereits nach Marokko weitergereist.

Obwohl der Ermittlungsrichter alle Fakten aufführte, die Strauß belasten konnten, und dabei auch auf seine Einlassungen in den Bundestagsdebatten einging – was Strauß in einer Marginalie mit dem Wort »übel« kommentierte –, gelangte er dann schließlich doch zu einer Entlastung. Zuvor allerdings deklinierte der Ermittlungsrichter alle denkbaren Möglichkeiten durch. Darunter waren diejenigen einer bewussten oder unabsichtlichen Falschinformation von Strauß durch seinen Staatssekretär Hopf, den Strauß möglicherweise habe decken wollen: »Ebensowenig läßt sich nach der erörterten Beweislage mit hinreichender Sicherheit feststellen, daß die Beschuldigten Strauß und Hopf in bewußtem und gewolltem Zusammenwirken die Festnahme des Redakteurs Ahlers unter Täuschung des Militärattachés Oster und des Leiters der spanischen

Interpol veranlaßt haben … Aber auch wenn beide Beschuldigte – oder einer von ihnen – die Festnahme des Redakteurs Ahlers in bewußter Überschreitung ihrer Zuständigkeit und durch eine Irreführung der spanischen Behörden herbeigeführt hätten, müßte das Verfahren gegen sie eingestellt werden, weil nicht mit hinreichender Sicherheit ausgeschlossen werden könnte, daß sie in einem für sie vermeidbaren Verbotsirrtum gehandelt haben.«

Aber selbst ein »Verbotsirrtum« war nach Einschätzung des Ermittlungsrichters möglicherweise auszuschließen, weil die Beschuldigten unter ungewöhnlicher Belastung durch die internationale Krise sowie die von ihnen angenommene Gefährdung der Sicherheit der Bundesrepublik standen. Überdies hätten sie innerhalb eines extrem kurzen Zeitraums entscheiden müssen, wie sie auf die bevorstehende Ausreise von Ahlers nach Marokko reagieren sollten.[340]

Ein Vergleich der subtilen juristischen Prüfung der Vorgänge mit den Motiven von Strauß und Hopf ist aufschlussreich, weil es den Unterschied von juristischer und politischer Verantwortung zeigt: Für die Ermittlungsbehörden spielte die Differenzierung einzelner Verfahrensschritte bei der Realisierung des Haftbefehls eine ausschlaggebende Rolle, für den Verteidigungsminister und seinen Staatssekretär aber die materielle Rechtsgrundlage des Haftbefehls wegen des dringenden Verdachts des Landesverrats. Die Realisierung des Haftbefehls zur Erreichung des mit ihm beabsichtigten Ziels besaß für sie unter dem Gesichtspunkt ihrer politischen Verantwortung Priorität. Details der Verhaftung waren für sie hingegen zweitrangig. Für die Ermittlungsbehörden aber zählte das Verfahren: Würde trotz Vorliegens eines deutschen Haftbefehls ein Verdächtiger entwischen, war das juristisch gesehen weniger schwerwiegend als Verfahrensmängel. Jedenfalls zeigten der Einstellungsbeschluss sowie die zum Teil widersprüchlichen juristischen Gutachten, dass Strauß zwar gegen eine Verwaltungsregel verstoßen hatte, dies jedoch aus der juristischen und politischen Gesamtlage heraus erklärbar war. Das Ermittlungsverfahren gegen ihn, Hopf und Oster wurde folglich ohne Anklageerhebung eingestellt.

Zweieinhalb Jahre nach den Vorgängen zeigt dieser Vorgang: Strauß hätte im Bundestag ohne Umschweife sein Vorgehen begründen können. Zwar hätte ihn die Opposition bei jeder denkbaren Vorgehensweise heftig kritisiert, doch politisch hätte man ihm tatsächlich noch weniger vorwerfen können als juristisch, schon gar keinen Angriff auf die Rechtsstaatlichkeit.

Doch zog der situationsbedingte formale Fehler in der Nacht vom 26. zum 27. Oktober 1962 ein politisch ungleich gravierenderes Taktieren der Bundesregierung nach sich: Der zweite Akt des Dramas begann, die Peripetie folgte auf dem Fuße. Und hier liegt nach den Vorgängen selbst, der juristischen Dimension nun die dritte, die politische Ebene der *Spiegel*-Affäre – ihre Perzeption und Skandalisierung.

Nach heftigen Reaktionen und Protesten in der Öffentlichkeit, die unter Ausblendung aller anderen Dimensionen auf die vermutete Bedrohung der Pressefreiheit durch die Bundesregierung gerichtet waren, folgten weitere Verlautbarungen der Bundesanwaltschaft. Vom 7. bis zum 9. November 1962 kam es zur ersten großen Bundestagsdebatte über die Verhaftung der *Spiegel*-Redakteure und die Hausdurchsuchungen. Ein heftiger Schlagabtausch zwischen der Bundesregierung und der CDU/CSU-Fraktion auf der einen, der SPD-Opposition und Teilen der FDP auf der anderen Seite erstreckte sich über mehrere Tage. Die auf Unionsseite schon früher angenommenen Querverbindungen zwischen dem *Spiegel*-Herausgeber Augstein und der FDP bestätigten sich sofort. Der FDP-Abgeordnete Wolfgang Döring erwähnte ausdrücklich seine Freundschaft mit Rudolf Augstein[341], enge Kontakte anderer Abgeordneter, etwa Thomas Dehlers, zum *Spiegel* waren ebenfalls bekannt. Während Dehler für die *Spiegel*-Redakteure Partei nahm, bezeichnete er Strauß als »wirklich gefährlichen Mann«.[342] Schon das zweite Mal nach der Fibag-Debatte zeigten sich 1962 in der erst ein Jahr bestehenden Koalition von Union und Liberalen Risse. Allerdings war das Bundeskabinett insgesamt aufgrund von Rivalitäten und personellen Querelen ohnehin in keiner guten Verfassung[343], was sich schon im Fibag-Verfahren gezeigt hatte. Nun aber trugen diese Brüche erheblich zum schlechten Krisenmanagement nicht allein des Verteidigungsministers, sondern gleichermaßen des Bundeskanzlers bei.

Einmal falsch begonnen, verfing sich die Regierung in einer verfehlten Defensivtaktik. Zum einen beantwortete die Bundesregierung die 18 Fragen der Opposition nicht durch einen Sprecher, sondern durch den Bundeskanzler, den Innenminister und den Verteidigungsminister, zum anderen musste Hermann Höcherl Fragen an Justizminister Stammberger beantworten, der überraschend unter Hinweis auf gesundheitliche Probleme nicht zur Debatte erschienen war. Dadurch erschien das Verhalten der Regierung unkoordiniert, zum Teil ausweichend, zumal Höcherl tatsächlich nicht alle Fragen in der kurzen Zeit klären konnte. Schließlich ließ es die Regierung zu, dass die SPD und Teile des Koalitionspartners FDP die Fragestunde – trotz ständiger Mahnungen des jeweils geschäftsführenden Präsidenten – durch permanente Nachfragen und eigene politische Bewertungen zu einer Debatte umfunktionierten. So kam es zwischendurch zu Geschäftsordnungsdiskussionen und pausenlosen Wiederholungen schon beantworteter Fragen. Andere, wie etwa die SPD-Abgeordneten Adolf Arndt, Fritz Erler und Fritz Sänger, der

FDP-Abgeordnete Wolfgang Döring, schließlich aber auch Konrad Adenauer und der ehemalige Generalbundesanwalt und jetzige CDU-Abgeordnete Max Güde, hielten längere Grundsatzreden, was ebenfalls dem Charakter der Fragestunde widersprach. Offenbar waren die antwortenden Mitglieder der Bundesregierung – unter ihnen kein FDP-Minister – durch diese Entwicklung überrumpelt, was zu mancher schiefen oder missverständlichen Formulierung führte, die dann wieder richtiggestellt werden musste: Der Regierungsauftritt besaß insgesamt keine klare Kontur, war defensiver, als er sein musste, und erweckte durch den scharfen Oppositionskurs einiger FDP-Abgeordneter ohnehin den Eindruck der Uneinigkeit innerhalb der Koalition.

Am ersten Tag, dem 7. November 1962, stand noch Bundesinnenminister Hermann Höcherl im Mittelpunkt, zu dessen Geschäftsbereich das Bundeskriminalamt gehörte. Die Bundesanwaltschaft ressortierte beim nicht anwesenden Justizminister, den Höcherl mitvertreten musste. Danach stand der Bundeskanzler selbst im Visier der SPD, bevor am zweiten und dritten Tag immer stärker Strauß zur Zielscheibe wurde. Der SPD-Abgeordnete Ritzel erklärte, die SPD und jeder anständige Deutsche würden aufs Schärfste Landesverrat verurteilen, wo er wirklich vorliege. Doch müsse auch der Staatsbürger gegen Willkür im eigenen Lande geschützt werden, weshalb es der SPD um Aufklärung des Verhaltens von Ministern, Staatssekretären und dem Bundeskriminalamt gehe.[344] Dies war zweifellos ein berechtigtes Anliegen. Und ebenso unbestreitbar war die grundsätzliche Feststellung von Fritz Erler: »Wo es sich um Landesverrat handelt, muß zugepackt werden. Aber auch eine Untersuchung wegen Landesverrats setzt die rechtsstaatlichen Prinzipien unseres Grundgesetzes nicht außer Kraft.«[345] Für diese Bemerkung erhielt Erler sowohl die Zustimmung der SPD als auch der CDU/CSU, die Rainer Barzel für die Union und Erich Mende für die FDP später ausdrücklich bekräftigten.

Allerdings emotionalisierten die ständigen Zwischenrufe und Nachfragen die Debatte. Wie üblich, ließ sich Herbert Wehner dabei von niemandem übertreffen. Schon zu Beginn wurde Innenminister Höcherl so oft unterbrochen, dass er kaum eine Antwort zusammenhängend geben konnte, obwohl er sich in der Regel nicht aus der Ruhe bringen ließ, gelegentlich auch humorig antwortete: Eine Fragestunde sei keine Treibjagd, bei der die Minister die Hasen seien. Doch ließ er sich schließlich zu einer Bemerkung verleiten, die der Regierung noch schwer zu schaffen machen sollte und ihm später als Eingeständnis immer wieder vorgehalten wurde. Im Fall von Ahlers sei offenbar ähnlich verfahren worden wie in einem früheren Fall, nämlich, »ich möchte einmal sagen, etwas außerhalb der Legalität« – damals aber sei die SPD einverstanden gewesen.[346]

Während der Beiträge Adenauers setzten sich der Dauerbeschuss und die ständigen Unterbrechungen fort, sodass auch während der Antworten des Bundeskanzlers Bundestagspräsident Gerstenmaier immer wieder auf die Geschäftsordnung verweisen musste. Diese Atmosphäre war sachlicher Aufklärung der Vorgänge nicht förderlich, was sich stärker auf den temperamentvoll und spontan reagierenden Franz Josef Strauß auswirkte als auf die viel gelassener bleibenden Hermann Höcherl und Konrad Adenauer. Erich Mende wies ausdrücklich auf das Problem hin: »...ich halte es für ausgeschlossen, daß dieses Haus glaubt, in dieser Atmosphäre solche Fragen jetzt klären zu können.« Er schlug deshalb vor, für den Augenblick die Debatte zu beenden.[347]

Doch wurde Mendes Antrag abgelehnt. Immer wieder wurde in der Debatte der Gegensatz deutlich: Die Union pochte darauf, Landesverrat und Haftbefehle, an deren Ausstellung kein Regierungsmitglied oder Staatssekretär beteiligt gewesen waren, seien das Zentralproblem. Die SPD hingegen konzentrierte sich auf mögliche Verfahrensmängel, insbesondere natürlich die Verhaftung von Conrad Ahlers. Unsachlich wurde es regelmäßig durch absurde Diffamierungen, beispielsweise wenn SPD-Abgeordnete die Vorgänge als »Gestapo-Methoden« bezeichneten.

Als in dieser dreitägigen »Fragestunde« des Deutschen Bundestags am zweiten und dritten Tag der Verteidigungsminister im Mittelpunkt der Fragen stand, hatte sich die Stimmung weiter aufgeheizt. Sowohl Bundestagspräsident Eugen Gerstenmaier als auch der zeitweise präsidierende Vizepräsident Carlo Schmid forderten die Abgeordneten mehrfach auf, die Debatte in Ruhe zu führen. Wegen der ständigen Unruhe und lautstarken Unterbrechungen erklärte Carlo Schmid: »Meine Damen und Herren, es ist für den befragten Minister unmöglich, die Antwort zu erteilen, wenn er befürchten muß, nicht gehört zu werden.« Doch Schmids Mahnungen halfen so wenig wie diejenigen Gerstenmaiers. Kaum war Strauß aufgestanden, um zu antworten, verzeichnete das Protokoll »Fortgesetzte Zurufe von der SPD«.[348] Strauß verwahrte sich dagegen, dass der FDP-Abgeordnete Kohut ihm gegenüber den Vernehmungsrichter spiele. Als der SPD-Abgeordnete Schmitt-Vockenhausen ihn fragte, warum er nicht versucht habe, selbst herauszufinden, woher der *Spiegel* seine Informationen habe, konterte Strauß trocken: Ich wusste bisher nicht, dass es das Recht der Bundesregierung sei, »die Zeitungen daraufhin zu prüfen, woher sie ihre Informationen bekommen«.

Das Niveau der Fragen war denkbar unterschiedlich, während Fritz Erler scharf, aber präzise auf die zentralen Punkte kam, markierte der FDP-Abgeordnete Dr. Kohut den Tiefpunkt. Er diffamierte mehrfach die eigene Koalitionsregierung und fragte: Trifft es zu, dass der Gutachter des Verteidigungsministeriums »einen hohen SS-Rang bekleidet hat?«

Als Strauß um Verständnis bat, eine solche Frage nicht zu beantworten, setzte Kohut nach: »Herr Minister, darf ich Sie dahin verstehen, daß Fragen nach der früheren Tätigkeit in der SS in der Bundesrepublik unter der Regierung Adenauer nicht mehr gestellt werden dürfen?«, was die SPD mit »Beifall«, die CDU/CSU mit »Unverschämtheit« quittierte. Strauß erklärte dann die von ihm angeordneten besonderen Überprüfungsmaßnahmen bei der Einstellung ehemaliger Angehöriger der SS, damit niemand in der Bundeswehr Dienst tun könne, »der nicht den Erfordernissen dieses demokratischen Staates entspricht«. Worauf Kohut, der Strauß mehrfach unterbrochen hatte, in den Saal rief: »Ich darf feststellen, daß SS-Leute über Demokraten jetzt Gutachten abgeben.«[349]

Dies war nicht der einzige demagogische Beitrag zur Debatte, aber einer, der zeigt, wie unsachlich der Verteidigungsminister unter Druck gesetzt werden sollte. Diese Unterstellung war nicht allein unsinnig, weil der Gutachter des Verteidigungsministeriums eine Woche vor Rückkehr des Ministers aus dem Urlaub aufgrund seiner Zuständigkeit im Ministerium eingesetzt worden war, also nicht durch Strauß persönlich. Die Äußerung war unsachlich, weil diese Insinuation mit der gutachterlichen Beurteilung des *Spiegel*-Artikels nichts zu tun hatte, und sie war vor allem diffamierend, weil Kohuts Unterstellungen nicht zutrafen. Da aber die Sitzung geschlossen und Strauß eine spezifizierte Antwort verweigert wurde, holte er sie am nächsten Tag, dem 9. November, nach und stellte fest: Nachweislich hätten die am Gutachten Beteiligten weder der SS noch der SA oder NSDAP angehört.[350] Zumindest der Mehrheit der FDP-Fraktion waren die Einlassungen ihres Parteifreundes so peinlich, dass der Fraktionsvorsitzende Mende sich in einer Erklärung davon distanzierte und Kohuts Mitteilung verlas, er habe den Gutachter nicht beleidigen wollen. Für die Beleidigungen der Regierung Adenauer und des Verteidigungsministers entschuldigte er sich jedoch nicht.

Der ganze Vorgang hatte mit der *Spiegel*-Affäre nichts zu tun, doch veranschaulicht er, in welcher Form Adenauer, Höcherl und Strauß attackiert wurden. Auch Politprofis reagieren unter solchem Dauerbeschuss und in derart aufgeheizter Atmosphäre nicht wie emotionslose Maschinen: Angesichts dieser Lage antwortete Strauß in der gesamten mehrtägigen Fragestunde sogar überraschend sachlich und höflich, was für Dutzende andere Redner nicht galt. Es kann keine Rede davon sein, dass er sich in der Debatte »um Kopf und Kragen« geredet hat[351], wenngleich er im wesentlichen Punkt ungeschickt taktierte.

Strauß begründete das Vorgehen seines Ministeriums vor allem mit den Argumenten, die bereits in den verschiedenen, allerdings später verfassten Gutachten genannt worden sind, unter anderem mit der Amtshilfepflicht gemäß Artikel 35 GG. Er verwies wiederholt darauf, dass das Ermittlungsverfahren gegen den *Spiegel* durch die Bundesanwaltschaft und die Ausstellung der Haftbefehle durch den zuständigen Ermittlungsrichter des Bundesgerichtshofs erfolgt seien. Dies traf ebenso zu wie sein Hinweis, überhaupt erst nach einer Woche davon erfahren zu haben, da er im Ausland in Urlaub war. Auch seine Darstellung der Beteiligung des Verteidigungsministeriums, das schließlich unmittelbar nach Eröffnung des Ermittlungsverfahrens gegen den *Spiegel* durch die Bundesanwaltschaft um Unterstützung gebeten worden ist, entsprach den Tatsachen.

Der kritische Punkt seiner Aussage betraf das Telefongespräch mit dem Militärattaché Oberst Oster: Hier wird in nahezu allen Darstellungen der zeitgenössische Eindruck wiederholt, Strauß habe den Bundestag mit der Aussage belogen, er habe mit der ganzen Angelegenheit nichts zu tun. Hat Franz Josef Strauß sich wirklich so geäußert? Wann und wo tat er das?

Tatsächlich ist dieser gängige Bericht in beiden Punkten unzutreffend: Franz Josef Strauß bezog seine Äußerung, er habe mit der ganzen Aktion nichts zu tun, gar nicht auf die Verhaftung von Ahlers in Málaga, sondern auf die Einleitung des Ermittlungsverfahrens. Außerdem traf er diese Feststellung nicht im Bundestag, sondern in mehreren vorhergehenden Interviews, auf die er dann im Bundestag angesprochen wurde. Das viel berufene »Vetorecht« der Quellen gilt auch hier. Da diese Texte zugänglich sind, überrascht die vielfache kritiklose Wiederholung.

Wenige Tage vor der Bundestagsdebatte hatte Strauß am 3. November 1962 dem Nürnberger *8-Uhr-Blatt* ein Interview gegeben. Auf die Frage, ob er »dem Herrn Augstein eins verpassen« wollte, antwortete er: »Glauben Sie im Ernst, daß sich ein unabhängiger Bundesrichter, den ich nicht kenne, und zwei Bundesanwälte, die ich nicht kenne, dazu hergeben, dem Herrn Strauß zuliebe Haftbefehle auszustellen und gegen den ›Spiegel‹ zu ermitteln? Glauben Sie, daß diese Herren mir zuliebe beruflich ihren Kopf riskieren?« Auf die Nachfrage, ob die Aktion gegen den *Spiegel* ein Racheakt gewesen sei, antwortete Strauß: »Nein. Es ist kein Racheakt meinerseits. Ich habe mit der Sache nichts zu tun. Im wahrsten Sinne des Wortes nichts zu tun.« Da die Fragen sich ausdrücklich auf das Ermittlungsverfahren und die Haftbefehle bezogen und Strauß danach schilderte, dass er nach Rückkehr aus dem Urlaub die Anforderung eines Gutachtens durch die Bundesanwaltschaft erfahren habe, sind der Zeitpunkt und der Kontext eindeutig: Er antwortete auf Fragen nach der Einleitung des Verfahrens *vor* der Rückkehr aus seinem Urlaub am 16. Oktober. Er antwortete auf den Verdacht, das Verfahren gegen den *Spiegel* könnte ein Racheakt von ihm gewesen sein. Dieser Zusammenhang wird auch durch seine weitere Aussage in diesem Interview bestätigt, er habe nach der Rückkehr aus seinem Urlaub der Bundesanwaltschaft, die Staatssekretär Hopf um Unterstützung gebeten habe, »absolute Amtshilfe« zugesagt. Damit habe er seinen Staatssekretär Hopf beauftragt, der nicht einer der Unionsparteien angehöre bzw. ihr nahestehe. Dies sei geschehen, um von vornherein jeden Verdacht der Befangenheit auszuschließen.[352] Diesen Sinn hat der damalige Interviewer Michael Haas denn auch später bekräftigt, nachdem Strauß' Schlüsselsatz immer wieder zitiert und aus ihm fälschlich eine Lüge herausgelesen wurde.

Den zweifelsfreien Sinn bestätigt ein vorhergehendes Interview in der Frankfurter *Abendpost* am 30. Oktober 1962: Strauß wurde gefragt: »Stecken Sie dahinter oder stecken Sie nicht dahinter?« Strauß antwortete, die Ermittlung richte sich gegen zwei Ziele, den *Spiegel* und das Verteidigungsministerium. »Ich habe alles andere als Interesse daran, als – lassen Sie mich den vulgären Ausdruck gebrauchen – mein eigenes Nest zu beschmutzen, und ich darf sagen, daß ich persönlich oder die Leitung dieses Hauses mit der Ingangsetzung dieser Aktion gar nichts zu tun haben.«[353]

Eindeutiger als »Ingangsetzung dieser Aktion« kann weder der Zeitpunkt noch die Sache ausgedrückt werden. Am 9. November sprach der SPD-Abgeordnete Ritzel Strauß im Bundestag auf den vermeintlichen Widerspruch an und fragte: »Herr Bundesverteidigungsminister, in Erinnerung an Ihre gestrige oder vorgestrige Mitteilung, daß Sie mit der Angelegenheit nichts zu tun hätten, darf ich mir die Frage gestatten: Wie erklären Sie diesen Widerspruch gegenüber Ihrer heutigen Mitteilung, daß Sie mit dem Herrn Oster telephoniert haben und daß ihm vom Verteidigungsministerium aus entsprechende Weisungen – wohl durch Sie selbst – gegeben worden seien, auf die Verhaftung hinzuwirken?«

Tatsächlich hätte Ritzel diese Frage – wie übrigens zuvor schon der SPD-Abgeordnete Mommer – gar nicht stellen können, wenn Strauß sein Telefongespräch mit Oster im Bundestag nicht selbst erwähnt hätte. Allein dies zeigt: Strauß hat dem Bundestag dieses Faktum nicht verschwiegen, wie selbst in seriösen Darstellungen behauptet wird.

Die Antwort von Strauß auf Ritzels Frage lautete: »Ich habe die Frage eines Journalisten, ob ich mit der Ingangsetzung des Verfahrens und mit den weiteren Maßnahmen, insbesondere mit der Durchführung oder mit der Entscheidung über die Einleitung bundesanwaltschaftlicher Maßnahmen irgendetwas zu tun habe, verneint, weil ich vom 9. Oktober, wo das Ministerium zum erstenmal davon erfahren habe, bis zum 15. Oktober überhaupt nicht anwesend war … Am 16. Oktober bin ich von dem Gutachtenersuchen informiert worden. Weiter bin ich in dieser Angelegenheit nicht mehr befaßt worden, bis die Mitteilung kam, daß die Reise eines der Hauptschuldigen durch das Verteidigungsministerium organisiert worden sei. Damit ist die Auskunft, daß ich mit der Ingangsetzung des Verfahrens und mit den Maßnahmen, die der Generalbundesanwalt, seiner Amtspflicht folgend, für notwendig gehalten hat, persönlich nichts zu tun habe, zutreffend. Wenn es anders wäre, wäre es auch unvereinbar mit der Abgrenzung der Kompetenzen.«[354]

In der Debatte ging Strauß aufgrund zahlreicher Fragen auf seine Intervention beim deutschen Militärattaché in Madrid ein. Allerdings antwortete er nach und nach, zunächst nur allgemein: Er erwähnte zwar die Rolle des Verteidigungsministeriums zur Unterstützung der Verhaftung von Ahlers, doch erst auf Nachfragen sagte er, selbst mit Oster in der Nacht vom 26. zum 27. Oktober telefoniert zu haben. Oster habe gesagt, er kenne nur die Stimme des Ministers, deshalb »bin auch ich mit ihm verbunden worden und habe ihm wiederholt, was vorlag«. Diese Antwort hätte Strauß sofort geben sollen.

Strauß stellte fest, es gehe dem Verteidigungsministerium nicht in erster Linie um Redakteure, sondern um die durchlässigen Stellen im Verteidigungsministerium: Ahlers, von dem der Artikel stamme, kenne sie am besten. Strauß führte im Einzelnen aus: Die zuständigen Dienststellen des Verteidigungsministeriums hätten durch die Sicherungsgruppe erfahren, dass der Haftbefehl auf polizeilichem Wege nach Spanien übersandt werden solle. »Da allein Herr Oster den Aufenthaltsort wußte und im Übrigen auch wußte, daß unter Umständen schon in den nächsten Stunden eine Ausreise nach Marokko erfolge, hat Herr Oster das getan, wozu er als Bundesbediensteter verpflichtet war und was ihm ausdrücklich gesagt worden ist –, spanische Stellen zu verständigen, damit hier nicht unter Umständen durch eine Ausreise die Aufdeckung des Sachverhalts... der immerhin im Strafgesetzbuch unter dem Rubrum des Verbrechens steht, verhindert werden kann.«[355]

Wenngleich Details der Einlassungen von Strauß nicht mit dem Wortlaut übereinstimmten, den Oberst Oster später im Ermittlungsverfahren zum Gesprächsverlauf wiedergegeben hat, gab es doch im Kern keine entscheidenden Widersprüche. Die allzu offensichtliche Zähigkeit in den Antworten von Strauß in diesem Punkt rechtfertigt indes nicht die massiven Angriffe auf ihn, er habe das Parlament belogen oder habe gar vorsätzlich Rechtsstaatlichkeit und Pressefreiheit in der Bundesrepublik beschädigen wollen.

In der Distanz erscheint nicht allein die öffentliche Aufregung maßlos übertrieben. Vielmehr korrespondierte ihr eine ebenso drastische Unterschätzung der zugrunde liegenden Fakten, um die es ging: So bestätigte das Gutachten aus dem Verteidigungsministerium den Verdacht des Geheimnisverrats, so wurden im Panzerschrank des *Spiegel* streng geheime Unterlagen gefunden, die diese Einschätzung bestätigten, so wurden die *Spiegel*-Redakteure zwar freigesprochen, aber nicht wegen erwiesener Unschuld, sondern aus Mangel an Beweisen. Zwar ging auch der Bundesgerichtshof nach den Gutachten von Sachverständigen davon aus, dass »geheimhaltungsbedürftige Tatsachen« veröffentlicht sein könnten, doch sei den Angeschuldigten »nicht zu beweisen … daß sie vorsätzlich gehandelt« hätten.[356] Auch sahen die Gerichte später keinen hinreichenden Grund für eine Haftentschädigung, die Verfassungsbeschwerde des *Spiegel* wurde abgewiesen. Alles in allem stellte dies weder eine Entlastung der Informanten aus dem Verteidigungsministeriums bzw. des *Spiegel* dar noch eine Belastung von Strauß. »Im Zweifel für den Angeklagten« bleibt auch in diesen Fällen ein eherner rechtsstaatlicher Grundsatz.

Was juristisch bleibt, war ein Verfahrensfehler inklusive einer Kompetenzüberschreitung von Strauß, Hopf und anderen, der jedoch nicht ihnen allein anzulasten war. Bundeskanzler Adenauer war über alle Schritte von Strauß unterrichtet, dieser handelte in Übereinstimmung mit Adenauer, der seinem Verteidigungsminister volle Unterstützung zugesagt bzw. ihn geradezu angewiesen hat. Nachdem am 19. November die FDP-Bundesminister zurückgetreten waren und die FDP erklärt hatte, eine Zusammenarbeit mit Strauß komme für sie nicht mehr infrage, bat Franz Josef Strauß den Bundeskanzler am 28. November 1962 um seine Entlassung als Verteidigungsminister.[357] Daraufhin schrieb ihm Adenauer am 17. Dezember einen längeren Brief, in dem er den ungewöhnlichen Erfolg würdigte, mit dem Strauß die Bundeswehr gegen viele Widerstände aufgebaut habe. Er habe ihre Interessen im In- und Ausland mit großem Geschick und unter Einsatz all seiner Kraft vertreten: »Daß Sie im Zusammenhang mit Ihrer Amtstätigkeit Gegenstand von Angriffen geworden sind, die insbesondere von Gegnern unserer Verteidigungspolitik ausgehen, erfüllt mich mit tiefem Bedauern … ich bin überzeugt, daß Ihre Fähigkeiten Sie in absehbarer Zeit wieder in die vorderste Linie des politischen Lebens bringen werden.«[358]

Doch war Strauß mit einigen Lobesworten nicht zufriedenzustellen, zumal es zwischen beiden in Gegenwart des Landesgruppenchefs der CSU Werner Dollinger zu einer lautstarken Auseinandersetzung gekommen war: Adenauer hatte Strauß zunächst nicht mit der üblichen Weiterführung der Geschäfte bis zum Amtsantritt des vorgesehenen Nachfolgers Kai-Uwe von Hassel betrauen wollen, sondern interimistisch Hans-Joachim von Merkatz: Diese Ankündigung empfand Strauß zu Recht als erneuten Affront und als Distanzierung. Erst als Strauß den Kanzler unter Druck gesetzt hatte, betraute dieser ihn bis zur Berufung Kai-Uwe von Hassels, der als Ministerpräsident von Schleswig-Holstein noch nicht sofort abkömmlich war, bis zum 9. Januar 1963 mit der Weiterführung der Geschäfte.[359]

Nachdem sich auch dieser Rauch verzogen hatte, listete Franz Josef Strauß in einem achtseitigen Brief an Konrad Adenauer am 19. Dezember 1962 die Stationen der *Spiegel*-Affäre detailliert auf. Zunächst übte er Kritik am schlechten Krisenmanagement der Regierung, und das hieß auch am Bundeskanzler selbst: »Rückblickend kann man sagen, dass es gut gewesen wäre, wenn die Regierung wenige Tage nach Durchführung der bundesanwaltschaftlichen Maßnahmen in Rundfunk und Fernsehen der Öffentlichkeit einen klaren Bericht mit Darstellung des Sachverhalts und Betonung der wirklich hier vorliegenden Prioritäten gegeben hätte. Ebenso wäre es gut gewesen, wenn die Regierung die 18 Fragen einheitlich beantwortet und dabei die Beantwortung einiger Fragen wegen des bei der Bundesanwaltschaft schwebenden Verfahrens abgelehnt hätte.« Von Beginn an hätte man den Vorgang offen und mutig darstellen und das »pflichtgemäße Handeln« der Regierungsorgane verteidigen müssen.

An seiner eigenen Reaktion im Bundestag fand Strauß offenbar nichts zu bemängeln, obwohl sein dortiges Verhalten im Widerspruch zu der Adenauer gegenüber geäußerten generellen Einschätzung stand – in dieser Beziehung blieb er uneinsichtig: »Wenn man mir in diesem Zusammenhang vorwirft, dass ich selbst nicht sofort gewisse Einzelheiten der Öffentlichkeit mitgeteilt und im Parlament erst den Sachverhalt nach und nach und das noch unvollständig geschildert hätte, so darf ich dazu bemerken, dass es weder mein Recht noch meine Pflicht war, Einzelheiten aus einem streng geheimen Staatsvorgang, der im übrigen in der Hand des Generalbundesanwalts liegt, von mir aus der Öffentlichkeit mitzuteilen.«

Strauß war ganz offensichtlich überzeugt, sich in der ganzen Angelegenheit korrekt verhalten zu haben, und unterschätzte vermutlich deshalb die Wirkung der zu zögerlichen Mitteilung über sein Telefongespräch mit Oberst Oster: Dies war zumindest ein psychologischer Fehler. In jedem Fall wäre er besser beraten gewesen, bei der Darstellung der Verhaftungsaktion nicht allgemein von der Amtshilfe des Verteidigungsministeriums zu reden, sondern gleich zu sagen, er selbst habe telefoniert. Da ihn seine Kritiker ohnehin seit Jahren unter Generalverdacht stellten, vermuteten sie allein schon deshalb, dass er etwas zu verbergen habe. Da war es unerheblich, dass er tatsächlich dem Bundestag den wesentlichen Inhalt des Telefonats mitgeteilt hatte.

Strauß sah in dem *Spiegel*-Artikel »Bedingt abwehrbereit« und den fortgesetzten Attacken des Magazins zu Recht einen Angriff auf sich selbst und die gesamte Außen- und Sicherheitspolitik der Bundesregierung. Dass Adenauer Strauß nur so lange deckte, bis die eigene Kanzlerschaft gefährdet war, führte zu einem handfesten Krach zwischen diesen beiden stärksten Vorkämpfern und Garanten der Westintegration sowie der bundesdeutschen Verteidigungspolitik in den ersten eineinhalb Jahrzehnten. Umso mehr irritierte es Strauß, dass Adenauer ihn offenbar der FDP gegenüber nicht verteidigte. Er wiederholte nochmals, das Verfahren habe die Bundesanwaltschaft, jedoch nicht er selbst ausgelöst – allein darauf habe sich sein Satz bezogen, er habe mit der ganzen Angelegenheit nichts zu tun. Wahrheitsgemäß habe er im Übrigen festgestellt, dass das »Verteidigungsministerium Amtshilfe geleistet hatte, wozu es verpflichtet war und eigens ersucht wurde. Die Einzelheiten der Amtshilfe hat Staatssekretär Hopf geregelt.«

Wie sehr Adenauer mit Strauß sachlich in der *Spiegel*-Affäre übereinstimmte, zeigen seine Debattenbeiträge im Bundestag, wie weit er in das Verfahren involviert war, belegt die minutiöse Aufzeichnung von Strauß in seinem Brief an Adenauer. Der Bundeskanzler ließ den Brief seines zurückgetretenen Verteidigungsministers offenbar unbeantwortet und unwidersprochen, andernfalls hätte er schriftlich seine Beteiligung an dem ganzen Vorgang und seine Ermächtigung für Strauß eingestehen müssen.

Strauß zählte die Daten und die Reaktionen von Adenauer auf: Er habe diesen am 18. Oktober um 18 Uhr über die Einleitung eines Ermittlungsverfahrens informiert. »Sie haben meine Informationen entgegengenommen und erklärt, dass ich alles, was zur Aufklärung des Verrats militärischer Geheimnisse notwendig ist, veranlassen und dabei ohne Ansehen von Namen und Personen vorgehen solle. Außerdem haben Sie mich ersucht, Sie auf dem laufenden zu halten. Wir waren uns beide darüber einig, dass der Kreis der einzuweihenden Personen auf das dienstlich unumgänglich notwendige Maß beschränkt werden müsse.« In dieser Passage des Briefs ging Strauß auch auf kompromittierende Informationen ein, die der *Spiegel* über Justizminister Stammberger besäße, ohne dass sich hieraus ableiten lässt, ob Adenauer oder Strauß Anweisung gegeben hatten, dass Stammberger durch seinen Staatssekretär Walter Strauß nicht ins Bild gesetzt wurde.

Entscheidend ist der Absatz des Briefs, in dem Franz Josef Strauß den Bundeskanzler daran erinnerte, ihn am 22. Oktober über die Sonderleitung verständigt zu haben: Das Gutachten aus dem Verteidigungsministerium liege nun vor, Staatssekretär Hopf habe in Karlsruhe eine Besprechung über die Amtshilfe des Verteidigungsministeriums gehabt. Er, Strauß, halte die Angelegenheit für »schwerwiegend, weil sie an die Grundfesten des Staates rühre… Ich habe Sie weiter gefragt, ob Sie als Bundeskanzler und Regierungschef mit Ihrer vollen Autorität die Maßnahmen, die zur Strafverfolgung der Beschuldigten und zur Aufdeckung des Sachverhalts notwendig sind, decken und ob ich mich darauf verlassen und im gegebenen Falle berufen könne. Sie haben diese Frage mit ja beantwortet und hinzugefügt, dass ich jederzeit sogar eine schriftliche Bestätigung von Ihnen darüber haben könnte. Ich habe erwidert, dass mir das klare Wort des Regierungschefs genüge... Im Vertrauen hierauf habe ich in Ergänzung dessen, was Staatssekretär Hopf auf seiner Ebene tun konnte, gehandelt und das nach bestem Wissen und Gewissen im Bewusstsein der Verpflichtung, die wir für die Sicherheit unseres Staates haben.«

Strauß erwähnt in diesem Brief weitere Besprechungen mit dem Bundeskanzler, eine am 23. Oktober und schließlich seinen Anruf in Rhöndorf in der Nacht vom 26. zum 27. Oktober, in dem er Adenauer informiert habe und dieser seinen in den vorherigen Gesprächen geäußerten Standpunkt bekräftigt habe. Der Bundeskanzler war also über die Verhaftungsaktion in Spanien unterrichtet, er hat sie im Bundestag gebilligt, ohne natürlich zu erwähnen, was er im Einzelnen wusste. Strauß betonte in seinem Brief, es habe mindestens zwei Phasen gegeben, in denen »echte Gewissensnotstände« eingetreten seien.

Einige der folgenden Sätze könnten als Drohung verstanden werden, waren es aber keineswegs, wie das Verhalten von Strauß dann zeigte: »Ich überlasse es Ihnen zu entscheiden, ob diese Dinge nunmehr rückhaltlos der Öffentlichkeit mitgeteilt werden sollen... Ich stehe für das ein, was ich getan habe, einschließlich der möglichen Konsequenzen... muss aber auch Sie, Herr Bundeskanzler, bitten, in dieser schwerwiegenden Angelegenheit die Gesamtheit der Dinge in Ihr Urteil einzubeziehen und danach zu verfahren. Jetzt ist Ihre Stunde gekommen, weil die ganze Regierung und unsere ganze Politik angesprochen sind und auf dem Spiele steht.«[360]

Tatsächlich war Franz Josef Strauß schon zurückgetreten, sein Staatssekretär Hopf beurlaubt und der Justizstaatssekretär Walter Strauß in den einstweiligen Ruhestand versetzt worden. Strauß selbst ging nicht an die Öffentlichkeit, worüber Adenauer möglicher- oder gar wahrscheinlicherweise gestürzt wäre. Mochte sich Strauß auch maßlos über die mangelnde politische Unterstützung in den eigenen Reihen, vor allem natürlich der CDU und ihres Vorsitzenden, ärgern, gegenüber der bisher verfolgten Politik der Regierung Adenauer, die auch seine eigene war, blieb er dennoch loyal – und das bedeutete auch loyal gegenüber dem Bundeskanzler. Tatsächlich stellte der gewiefte Taktiker den CSU-Vorsitzenden mit den hinter seinem Rücken geführten Sondierungsgesprächen zur Regierungsbildung nochmals auf eine harte Probe. Sogar daraufhin blieb der wutentbrannte Strauß gegenüber Adenauer loyal. Irreparabel aber blieb für Strauß der Bruch mit der FDP, und das nicht ohne Grund: So nachsichtig er dann schließlich Adenauer gegenüber war, weil er dessen Zwangslage erkannte, so nachtragend blieb er gegenüber der FDP.

Die landläufige Inszenierung der *Spiegel*-Affäre als Schurkenstück mit Franz Josef Strauß als einzigem politisch Verantwortlichen geht an der Realität nicht allein wegen der Rolle Adenauers vorbei. Vielmehr spielte nicht nur die weltpolitische Krise eine Rolle, sondern auch die innenpolitische Koalitionskrise sowie das Agieren von FDP und SPD: Die FDP, deren linker Flügel um Wolfgang Döring die Koalition mit der Union torpedieren wollte und deren Heißsporn Thomas Dehler immer unberechenbarer wurde, erwies sich trotz etlicher berechenbarer Spitzenpolitiker erneut als unsicherer Koalitionspartner. Teilen der SPD-Führung ging es keineswegs nur um Aufklärung der Verfahrensmängel, was ein berechtigtes Anliegen der Opposition sein musste, sondern um eine Torpedierung der Koalition: Einige SPD-Spitzenpolitiker strebten danach, selbst mit der öffentlich lautstark befehdeten Union eine Regierung zu bilden. Ihr koalitionspolitischer Stratege Herbert Wehner war nicht nur der öffentlich agierende Zwischenrufer vom Dienst, sondern führte hinter den Kulissen oder in Berliner Hotels seit Monaten Geheimgespräche mit dem innerparteilichen Strauß-Gegner, dem CSU-Abgeordneten Karl Theodor Freiherr zu Guttenberg, bevor Konrad Adenauer auch noch seinen CDU-Vertrauten Paul Lücke damit beauftragte.

Herbert Wehner erwies sich beginnend mit der weiteren Unterstützung Adenauers als Kanzler bis zur Atombewaffnung als so entgegenkommend, dass Konrad Adenauer sich amüsiert fragte, wie denn der Heilige Geist so plötzlich in den kämpferischen Sozialdemokraten gefahren sei. Der Kanzler spielte, nachdem er sich wieder gefangen hatte, virtuos mit mehreren Bällen, nachdem die FDP-Minister zurückgetreten waren. Adenauer ließ den FDP-Vorsitzenden Mende freundlich-verschmitzt wissen, dass er auch andere Möglichkeiten habe: »Die SPD ist viel leichter zu bekommen als Sie und die FDP, Herr Mende!« Und innerhalb der CDU gab es die üblichen Diadochenkämpfe, bei denen unter anderem auch Außenminister Gerhard Schröder, inzwischen zum Strauß-Gegner mutiert, auf seine Chance als Adenauer-Nachfolger wartete.

Der Blick hinter die Kulissen offenbart also kaum ein Schurkenstück von Strauß, aber einen politischen Intrigantenstadel mit zahlreichen Dramatis personae und nur wenigen Unschuldslämmern. Im Ergebnis geriet Franz Josef Strauß mit vielen über Kreuz, weil er sich hintergangen bzw. illoyal im Stich gelassen fühlte: zu Recht mit der FDP, zu der er bis 1962, von Ausnahmen abgesehen, im allgemeinen pragmatische Arbeitsbeziehungen entwickelt hatte, mit Teilen der Union und vor allem mit Adenauer und Guttenberg: Dass beide den Parteivorsitzenden der CSU in ihr Liebäugeln mit einer Großen Koalition nicht eingeweiht hatten, empfand Strauß als skandalös. Und nicht zu vergessen: Diese Aktion war klug nur als Taktik gegen die FDP, nicht aber gegen den CSU-Vorsitzenden Strauß, denn ohne seine Zustimmung hätte die Union keine Koalition mit der SPD bilden können. Und selbst Konrad Adenauer wäre es wohl kaum gelungen, um den Preis einer Spaltung der Schwesterparteien die CDU für eine Koalition mit der SPD zu gewinnen, bei der die CSU in die Opposition gegangen wäre. Aber vermutlich wollte er dies auch gar nicht, sondern nur die FDP das Fürchten lehren – unter Inkaufnahme ihrer Grundforderung einer Kabinettsbildung ohne einen Minister Strauß. Strauß wurde also zum Bauern- oder besser Königsopfer, um alle Koalitionsoptionen zu ermöglichen.

Ein Exempel bildete die »Strauß muss weg«-Diskussion innerhalb der FDP-Führung, die am Anfang keineswegs so klar war, wie es am Ende erschien. In der Sitzung des FDP-Bundesvorstands am 2. November 1962[361], in der dieses Gremium nach vorherigen Beratungen am 29. und 30. Oktober erstmals ausführlicher über die Vorgänge in der *Spiegel*-Affäre diskutierte, wurde strengste Vertraulichkeit vereinbart, da es um Staatsgeheimnisse und solche der Verteidigung gehe. Justizminister Wolfgang Stammberger »verwahrte« sich »scharf dagegen, daß er nicht eingeschaltet wurde«. Er wurde erst am 27. Oktober informiert und hatte seinen Rücktritt angekündigt, jedoch am 5. November zurückgezogen, nachdem die Staatssekretäre Hopf und Walter Strauß beurlaubt bzw. in den einstweiligen Ruhestand versetzt worden waren. Adenauer hatte im Übrigen Stammbergers Rücktrittsgesuch nicht annehmen wollen, um die Koalition nicht zu gefährden. Von einem Verzicht des Verteidigungsministers auf sein Amt war zu diesem Zeitpunkt noch nicht die Rede.

In der Sitzung tauchten mehrere Widersprüche auf, da der Parteivorsitzende Mende erklärte, Stammberger sei in Süddeutschland und nicht erreichbar gewesen. Dieser selbst berichtete, er habe am 22. Oktober (!) einen Durchschlag des Schreibens erhalten, mit dem die Bundesanwaltschaft beim Verteidigungsministerium das erbetene Gutachten anmahnte. Er habe darauf die Wiedervorlage mit dem Gutachten angeordnet. Dieses Gutachten sei nicht nur gegen den *Spiegel*, sondern auch gegen die Informanten (also Beamte des Verteidigungsministeriums) gerichtet gewesen. Stammberger berichtete weiter, dass Staatssekretär Hopf seinen Kollegen, den Justizstaatssekretär Walter Strauß, informiert habe. Hopf habe diesen ersucht, keinen anderen von den geplanten Maßnahmen zu informieren. Obwohl er mit seinem Staatssekretär Strauß am 25. Oktober den ganzen Nachmittag zusammen gewesen sei, habe dieser ihn nicht informiert. Am 30. Oktober habe er sich von Bundesanwalt Kuhn berichten lassen, dann seien die Staatssekretäre Hopf und Walter Strauß bei ihm gewesen. Hopf habe ihm versichert, »daß er keine Weisung hatte, Dr. Stammberger nicht zu informieren«. Mende teilte mit,

Hopf sei im Übrigen bereit zu beeiden, dass Verteidigungsminister Strauß das Gutachten nicht gelesen habe[362] – was übrigens Strauß selbst auch im Brief an Adenauer erwähnte.

Interessant ist nicht allein der Widerspruch zwischen der Aussage, Stammberger sei erst am 27. Oktober, also unmittelbar nach der Verhaftung von Ahlers, informiert worden, und der Tatsache, dass er bereits seit dem 22. Oktober Bescheid wusste. Und da er Kenntnis des Gutachtenersuchens der Bundesanwaltschaft und dann des Gutachtens selbst hatte, ist es ebenso überraschend, dass der Justizminister gegenüber seinem eigenen Staatssekretär am 25. Oktober kein Wort verlor. Zwar wäre es die Pflicht von Staatssekretär Walter Strauß gewesen, seinen Minister zu informieren, aber ebenso selbstverständlich wäre es gewesen, dass der Justizminister selbst mit seinem Staatssekretär einen so gravierenden Vorgang bespricht. War er so desinteressiert oder wollte er nicht mehr wissen? Die Frage ist nicht zu beantworten.

Der FDP-Abgeordnete Ernst Achenbach argumentierte in ähnliche Richtung: Zwar sei es die Pflicht der Bundesanwaltschaft gewesen, den Justizminister direkt zu unterrichten, doch hätte dieser aufgrund des Briefs vom 22. Oktober, mit dem er über die Anforderung des Gutachtens unterrichtet wurde, selbst initiativ werden müssen.[363]

Nachdem Hopf ausgesagt hatte, er habe keine Anweisung gehabt, den Justizstaatssekretär zu bitten, seinen Minister nicht zu informieren, und seine Bitte um Geheimhaltung sei auch nicht so gemeint gewesen, blieb keinerlei Indiz dafür, dass Franz Josef Strauß irgendeinen Wunsch dieser Art geäußert hatte. Auch er musste im Übrigen damit rechnen, dass die Bundesanwaltschaft den Justizminister unterrichten würde. Überraschend ist auch, dass Stammberger selbst hatte zurücktreten wollen. Warum eigentlich? Wenn ein Staatssekretär, der politischer Beamter ist, das Vertrauen seines Ministers verliert, versetzt dieser ihn normalerweise – ohne Angabe von Gründen – in den einstweiligen Ruhestand.

In der Sitzung des FDP-Vorstands traf der Bundesjustizminister eine durchaus verständliche Feststellung: Er billige »das richterliche Verfahren, nicht aber die Methode der Durchführung«, um dann fortzufahren: »Im Panzerschrank von Augstein wurden geheime Unterlagen vorgefunden, die dieser aber nicht verwendet hat. Darüberhinaus wurden Ablichtungen von Protokollen des Verteidigungsausschusses vorgefunden, die nur in 7-facher Ausfertigung erstellt wurden. Die Nummer des abgelichteten Protokolls ist dabei überdeckt.«[364]

Folglich gab es nicht allein Informanten aus dem Verteidigungsministerium, sondern auch aus dem Bundestag. Der FDP-Abgeordnete Döring, der öffentlich verdächtigt wurde, dem *Spiegel* geheime Dokumente überlassen zu haben, dementierte dies und stellte daraufhin einen

Strafantrag. Jedenfalls rechtfertigte allein der Aktenfund beim *Spiegel* ein Ermittlungsverfahren und durch das Ergebnis eine Hausdurchsuchung. Die Alarmstimmung im Verteidigungsministerium war ebenfalls verständlich, wurde doch gegen sieben Personen ermittelt, wie Mende seinem Vorstand mitteilte.

Wie aber kam es zur Rücktrittsforderung der FDP an Franz Josef Strauß? Wie wurde sie sachlich begründet? Sie wurde überhaupt nicht sachlich begründet, sondern stimmungsmäßig: Die FDP wollte Genugtuung für die vermutete Umgehung von Stammberger, doch agierte der Parteivorsitzende Erich Mende zunächst gemäßigt. Völlig unvermittelt und ohne vorherige Diskussion erklärte der Ehrenvorsitzende der FDP, Reinhold Maier, plötzlich: »Wir haben im Augenblick in der Bevölkerung eine gute Position ... Die Bevölkerung sagt, daß der Verteidigungsminister Strauß schuld ist. Es ist die Frage, ob wir erreichen, daß dieser zurücktritt. Absolute Beschlüsse sollten wir aber nicht fassen.«[365] Gerade bei Reinhold Maier wird die Parallelität zur *Spiegel*-Kampagne deutlich: Er war von Beginn an ein entschiedener Gegner der von Adenauer und Strauß betriebenen Westintegration und Wiederaufrüstung und kämpfte noch dezidierter gegen die von Strauß gewünschte Ausrüstung der Bundeswehr mit »taktischen Atomwaffen«. So hatte er in einer Rede 1958 schweres Geschütz gegen die Bundesregierung aufgefahren, Franz Josef Strauß als »Reichskriegsminister« bezeichnet und hinzugefügt: »Wer so spricht ... der schießt auch.«[366] Maier kam offenbar die *Spiegel*-Affäre zupass, um den politischen Gegner Strauß abzuschießen, abgesehen davon, dass die Polemik gegen die »schwarze« Union zu seinen Markenzeichen gehörte, sodass auch Adenauer in Gesprächen mit Bundespräsident Heuss sich des Öfteren verstimmt über Reinhold Maier zeigte.

Dies war eine weitere Arabeske in der so phantasiereich ausgeschmückten *Spiegel*-Geschichte, der zufolge Strauß zurücktreten musste, weil er das Parlament angelogen habe. Auch in diesem Fall ist die Chronologie aussagekräftig, fand doch die fragliche Bundestagssitzung, in der der Verteidigungsminister angeblich gelogen hatte, erst sechs Tage nach dieser FDP-Vorstandssitzung statt. Und ebenso bezeichnend war, dass nach Reinhold Maier weitere Vorstandsmitglieder, ohne Argumente vorzubringen, den Rücktritt von Strauß forderten. Justizminister Stammberger schloss sich dieser Gruppe allerdings nicht an, er bestand lediglich auf der Entlassung der beiden Staatssekretäre. Nach Gesprächen zwischen führenden CDU- und FDP-Politikern forderte der Bundesvorstand der FDP dann am 19. November ultimativ die Ablösung von Franz Josef Strauß, nachdem Mende dies bereits am 16. November in einem dpa-Interview öffentlich erklärt hatte. Dadurch legte sich die FDP so fest, dass sie nicht mehr zurückkonnte. Adenauer stand plötzlich vor der Alternative: Koalition mit der FDP ohne Strauß oder Festhalten an Strauß und Ende der Koalition. Die FDP-Spitze rechnete zutreffend damit, dass die CDU-Führung sich gegen den Rückzug von Strauß nicht sträuben würde.[367]

Diese Haltung der CDU dokumentieren die Tagebucheintragungen Heinrich Krones, der Strauß als »Gefahr für den Staat« bezeichnete: »Unbeherrscht, unberechenbar… Was kann werden, wenn er einmal die letzte Macht hätte. Strauß muß gehen. Es ist nicht das erste Mal, daß ich das sage. Ich werde am Montag erneut mit dem Kanzler sprechen.« Während Krone sich weiter kritisch über Strauß äußerte und dabei auch erwähnte, dass der Verteidigungsminister in alkoholisiertem Zustand bei einem Empfang von Bundespräsident Heinrich Lübke im Schloß Brühl erschienen sei, zitierte er allerdings auch eine andere Stimme. So habe der Vorsitzende der CDU/CSU-Fraktion, Heinrich von Brentano, zur FDP-Forderung erklärt: »Wir lassen uns unseren Freund Strauß nicht abschießen. Das möge die FDP bedenken, wenn sie am Montag in Nürnberg zusammentritt… Brentano kündigte das Ende der Koalition an, wenn Strauß gehen solle.«[368] Kalt ließ Franz Josef Strauß auch in der eigenen Fraktion niemanden. Ganz offensichtlich missfiel der impulsive, aufbrausende Bayer dem eher schwerblütigen und zurückhaltenden Krone, der hinter Adenauer als die graue Eminenz im Bonner Politikbetrieb galt. Andererseits war auch Krone durchaus ein Machtpolitiker und sein Urteil über Strauß zwar insgesamt kritisch, doch von situationsbezogenen Wandlungen nicht frei.

Der FDP-Vorsitzende Erich Mende berichtete im Bundesvorstand seiner Partei am 19. November 1962 über sein Gespräch mit Konrad Adenauer: »Der Kanzler hat sehr kritische Worte über Strauß gebraucht, sah sich aber nicht in der Lage, Strauß abzulösen.« Die Berichte über weitere Gespräche zwischen CDU- und FDP-Politikern zeigten in Bezug auf Strauß eine gespaltene Unionsführung, deren Mehrheit indes keinen Kanzlersturz über die Affäre riskieren wollte. Charakteristisch war aber auch, dass die CSU-Führung nur begrenzt in die Beratungen einbezogen wurde. An den Koalitionsgesprächen nahmen für sie lediglich der Parlamentarische Geschäftsführer der CSU-Landesgruppe Gerhard Wacher und der Abgeordnete Hans Schütz teil, die mit Brentano heftig die FDP attackierten und Strauß verteidigten.[369]

In der Beratung des Bundesvorstands der CDU am 22. November stellte Adenauer die Verhaftungs- und Durchsuchungsaktion und die Rolle der Bundesanwaltschaft korrekt dar, bezeichnete Landesverrat als eines der »schimpflichsten Verbrechen« und ironisierte die Protestaktionen von 53 Tübinger und 63 Bonner Professoren, die den Tatbestand nicht kennen würden. Offensichtlich wollten sie wie die »Göttinger Sieben« in die Geschichte eingehen. Ein so dummes Zeug habe er, Adenauer, selten gelesen. Auf den Zwischenruf eines Vorstandsmitglieds, es seien auch CDU-Leute bei den Unterzeichnern, antwortete er trocken: »Ja meinen Sie denn, die wären vor Dummheit gesichert.«[370] Auf Franz Josef Strauß und seinen Rücktritt ging er nicht ein, bemerkte nur, der Verteidigungsminister habe ihm seinerzeit mitgeteilt, dass ein Verfahren eröffnet sei. Doch habe er davon nur Kenntnis genommen, ohne sich einzumischen: Dies entsprach sogar bei weiter Auslegung nicht den Tatsachen, war weder die reine noch die lautere, sondern bestenfalls die halbe Wahrheit. Doch konnte Adenauer trotzdem nicht verhindern, dass CDU-Vorstandsmitglieder wie Dufhues, Lemke und andere nach der spanischen Verhaftungsaktion fragten. Auch der schleswig-holsteinische Kultusminister Edo Osterloh behauptete (wie auch Erik Blumenfeld) über Strauß, »nachdem er in die Ecke gedrängt war, gestand er nach anfänglichem Leugnen«.[371]

Es ist ein interessantes Phänomen, wie selbst bei Angehörigen der führenden Regierungspartei Eindruck und Wortlaut der Strauß-Reden auseinanderklafften. Dafür war nicht allein die zögerliche Antwort von Strauß maßgebend, sondern ein »ungewöhnliches Maß von Anti-Stimmungen, von Stimmungen und Emotionen, die z. B. gegen unsere Sicherheits- und Verteidigungspolitik gerichtet sind«, wie Dufhues zutreffend konstatierte, ohne sich bewusst zu sein, wie sehr diese Emotionen auf jegliche Perzeption von Strauß abfärbten, selbst innerhalb der CDU.

Eine Reihe von Vorstandsmitgliedern von Brentano bis zu Dufhues übte Kritik an der Informationspolitik der Bundesregierung und am Unvermögen der Union, ihre Europa-, Sicherheits- und Verteidigungspolitik der Bevölkerung so überzeugend zu erklären, dass diese »Anti-Stimmung« die Basis verlöre. Aber nicht nur an Strauß wurde Kritik geübt, auch an Innenminister Höcherl. Immer heftigere Attacken ritt der Hamburger Abgeordnete Erik Blumenfeld gegen Adenauer und Strauß wegen der Form, in der die Verhaftung von Ahlers in Spanien erfolgt war – übrigens nicht das einzige Mal, dass Hamburger CDU-Politiker hanseatische Solidarität über Parteigrenzen hinweg übten. Doch nahm nicht allein der ebenfalls angegriffene Bundeskanzler, sondern auch Heinrich Krone Strauß in Schutz – Krone äußerte sich in dieser Sitzung also ganz anders über Strauß als in seinem Tagebuch: »Wir sollten die Konsequenzen des Verfahrens abwarten, und nicht mehr sagen, Herr Strauß hätte das und das tun sollen.«[372] Krone beklagte wie Adenauer die Verschiebung der Gewichte vom schwerwiegenden Verdacht des Landesverrats zur Frage, wie ein durch die Bundesanwaltschaft ausgestellter Haftbefehl umgesetzt worden sei. »Ein großer Teil der Presse sagt immer nur: Strauß, Strauß, Strauß … Gegen diese Verschiebung der Maße … müssen wir uns wehren ... Hinzu kommt, daß in diese Geschichte die ganze Animosität gegen Herrn Strauß vom Politischen her hineinspielt.«[373]

Doch redete nicht nur ein großer Teil der Presse so, auch Unionsabgeordnete beteiligten sich an der Vorverurteilung von Strauß, bevor die Ermittlungsverfahren gegen den *Spiegel* sowie gegen Strauß, Hopf und Oster abgeschlossen bzw. überhaupt erst eröffnet worden waren: Tatsächlich war Franz Josef Strauß inzwischen zum Feindbild in Teilen der Öffentlichkeit geworden: Es ging nun nur noch um eine psychologisch zu erklärende Kettenreaktion, nicht aber um rationale Klärung der Sachverhalte oder wenigstens die korrekte und sinngemäße Wiedergabe seiner Äußerungen. Das Bild eines unbeherrschten, machtbesessenen Atompolitikers setzte sich derart fest, dass es für die Perzeption seiner Persönlichkeit für weite Teile der veröffentlichten und öffentlichen Meinung gleich war, was er wirklich gesagt oder getan hatte.

In der Fraktionssitzung der CDU/CSU vertrat der Vorsitzende Heinrich von Brentano nachdrücklich die Meinung, die Bundesregierung hätte eine eindeutige Erklärung zum Landesverratsvorwurf und zu den notwendigen Maßnahmen zehn Tage früher abgeben sollen. Zur Verhaftungsaktion in Spanien erklärte Brentano, er hätte bei Vorliegen dieses wohlbegründeten Verdachts des Landesverrats und Vorliegen eines Haftbefehls sich wohl genauso verhalten wie der Verteidigungsminister.[374] So oder so herrschte in der Unionsfraktion die Meinung vor, die Bundesregierung habe unkoordiniert, uneinig und zu spät reagiert, dadurch hätte sie sich in der Fragestunde des Bundestags ohne Not auf die Anklagebank setzen lassen, wie der Abgeordnete Güde erklärte. In Bezug auf die Haltung der FDP sprach Brentano von einem Erpressungsversuch. Nach dem Rücktritt der FDP-Minister schlug Brentano in der Sitzung vom 27. November 1962 schließlich den Rücktritt aller Minister vor.

Franz Josef Strauß, durch den eben errungenen Sieg der CSU bei den bayerischen Landtagswahlen gestärkt, sah die CDU/CSU in einer echten Führungskrise und erklärte: »Ich bin bereit, alle Konsequenzen zu ziehen. Ich bin sogar bereit, einen besonderen persönlichen Beitrag zu leisten, daß eine stabile Regierung kommt. Ich habe aus Gewissen (ge)handelt.« Dies konnte nur als Rücktrittsankündigung sowie als Verzicht auf ein Ministeramt in der neuen Regierung verstanden werden. Adenauer dankte ihm und verwies auf »seine großen Verdienste für den Aufbau der Bundeswehr«.[375] Brentano und andere forderten, alles zu vermeiden, was aus der allgemeinen politischen Krise eine »Adenauer-Krise« mache. Brentano bat Adenauer, nicht allein mit der FDP, sondern auch mit der SPD zu verhandeln. Einen besonderen Dank richtete der Fraktionsvorsitzende an »Franz Josef Strauß, der gezeigt habe, was er zu leisten vermag.

Der Aufbau der Bundeswehr sei in erster Linie sein Werk. Das wisse man im Auslande offenbar besser als bei uns. Dazu komme, daß Strauß als Vorsitzender der CSU nach Bonn habe zurückkehren können mit einem eindrucksvollen Sieg in den bayerischen Wahlen in der Tasche. Nach diesem Kampfe sei dieser Sieg eine Vertrauenskundgebung für Franz Josef Strauß trotz aller Angriffe von links und rechts.«[376] Als andere Sitzungsteilnehmer bemerkten, Strauß sei in stärkerem Maße Stein des Anstoßes als Adenauer, forderte Brentano für die zu verabschiedende Erklärung der Fraktion möglichst sorgfältige Formulierungen: »Die CDU/CSU habe ihre Politik gestern mit Franz Josef Strauß gemacht, und er, Dr. von Brentano, wünsche, daß das auch morgen so sei.«

Strauß selbst hielt es für erforderlich, dass sich die Unionsparteien mehr und geschickter als bisher um die öffentliche Meinung kümmerten, »damit nicht die veröffentlichte Meinung zur öffentlichen Meinung umgefälscht werde«. Die Union hätte diesen Bereich und die Besetzung einschlägiger Schlüsselpositionen in sträflicher Weise vernachlässigt und bekomme nun die Quittung. Hingegen habe sich der in »Hamburg aufgebaute Apparat … zu einer Gefahr für den Staat und für sämtliche Wertordnungen entwickelt«.[377] Strauß sah vor allem kommunikative Fehler, jedoch keine sachlichen.

Strauß' Bericht über die *Spiegel*-Affäre wollte der nicht anwesende Bundeskanzler später modifiziert wissen. Doch stellte der Fraktionsvorstand dies zurück, nachdem der Rechtsexperte Max Güde die Sache auf den Punkt brachte. Er habe alles getan, »um die Ehre des Bundesverteidigungsministers zu verteidigen«. Er kenne den Sachverhalt ziemlich gut und könne die Fraktion beruhigen, dass nichts Ungesetzliches geschehen sei, allerdings Dummheiten und Widersprüche. Aber nun dürfe man nicht auch noch Widersprüche zwischen dem Bundeskanzler und dem Verteidigungsminister diskutieren, dann drohe die Fraktion auseinanderzufallen. Man werde aus der Situation nicht ohne Opfer herauskommen, doch gebe es eine »Rangordnung der Opfer«. Und wenn der Verteidigungsminister der Meinung sei, auch der Bundeskanzler müsse mit ihm fallen, dann falle die ganze Fraktion.[378] Strauß war dieser Meinung – wie gezeigt – nicht: Er hatte sich aus Parteiräson und wohl auch aus Staatsräson bereits mit der Aufgabe seines Ministeramtes abgefunden. Doch belegt diese Debatte: Strauß musste nicht zuletzt gehen, um Adenauer zu halten. In dieser Krise stand die Fraktion stärker hinter ihrem Bundeskanzler als in der Regierungsbildung ein Jahr zuvor.

Innerhalb der CSU-Landesgruppe wurde ebenfalls heftig diskutiert, zum einen über die Vorgänge selbst[379], zum anderen über die FDP-Forderung nach dem Rücktritt des Verteidigungsministers[380]. Bei den Koalitionsgesprächen solle klargestellt werden, »daß die CSU kurz vor der

Wahl einen solchen Beschluß nicht hinnehmen könne und welche Konsequenzen aus einer solchen Haltung der FDP sich ergäben. Die Vorstandssitzung habe gezeigt, daß die Solidarität der CDU/CSU nicht in Zweifel stehe.«

Nicht »kurz vor der Wahl«: Das klang eher taktisch und defensiv als nach uneingeschränkter Solidarität mit Franz Josef Strauß, über dessen Differenz mit Konrad Adenauer in der *Spiegel*-Affäre intensiv am 29. und 30. November diskutiert wurde.[381] Die CSU-Abgeordnete Maria Probst erinnerte daran, die Fraktion sehe es als größte Gefahr an, dass auch Adenauer mit in den Strudel gerissen werde. Althammer bemerkte, die große Mehrheit der Fraktion erwarte jetzt von Strauß einen Verzicht. Allerdings gab es auch Gegenstimmen, die betonten, die CSU und Strauß seien nicht zu trennen. Innenminister Höcherl verwies darauf: »Wenn die CSU Strauß opfere, seien damit noch nicht die echten Probleme dieser Koalition gelöst.« Er forderte, dass Adenauer sich »hinter die in der ›Spiegel‹-Affäre von Strauß ergriffenen Maßnahmen stelle«. Auch sei es »ganz unmöglich, der FDP in dieser ultimativen Form nachzugeben«.

Strauß seinerseits gab einen Bericht über die Affäre, der inhaltlich im Wesentlichen seinem späteren Brief an Adenauer vom 19. Dezember entsprach, und stellte fünf Bedingungen für eine künftige Koalition mit der FDP: die Regelung inhaltlicher Fragen, den Verzicht der FDP auf personelle Forderungen, die Ablehnung des von der SPD gegen ihn, Strauß, gestellten Misstrauensantrags durch die FDP-Fraktion, der im Bundestag am 6. oder 7. Dezember zur Abstimmung stand, und schließlich eine Verbesserung der Zusammenarbeit innerhalb der Regierung.

Er sprach sich weiterhin für eine Regierungsbeteiligung der CSU aus, lehnte allerdings für sich selbst ein Ministeramt in der bevorstehenden Übergangsregierung Adenauer ab. Damit war klar: Er wollte nicht zum Rücktritt gezwungen werden und faktisch einen Loyalitätsbeweis der FDP zu ihm und der Union, jedoch selbst auf ein Amt als Bundesminister verzichten. In einem Punkt aber hatte sich seine Wut zu diesem Zeitpunkt noch nicht gemildert: »Wenn es heute zu keiner vernünftigen Formel zwischen dem Bundeskanzler und ihm komme, so werde er morgen in einer Pressekonferenz die Wahrheit sagen.«[382] Die Wahrheit also über Adenauers Kenntnis aller Vorgänge und die ihm, Strauß, zugesagte volle Unterstützung. Auch die Landesgruppe wünschte die Einigung von Strauß mit dem Bundeskanzler. Der Vorsitzende Dollinger bat Strauß unter dem Beifall der Landesgruppe dringend, auf eine Pressekonferenz zu verzichten, »weil eine Auseinandersetzung in der Öffentlichkeit zu Lasten aller gehen würde«.

Zu dieser Einigung kam es dann in Form einer Erklärung des Bundeskanzlers. Er betonte erstens die Notwendigkeit der Ermittlungen beim

Verdacht des Landesverrats gemäß den Gesetzen, ohne Ansehen der Person und unter Geheimhaltung. Diese Auffassung habe er »dem Bundesverteidigungsminister als verbindlich mitgeteilt. 2. Der Bundeskanzler hat im Einzelfall keine Weisung erteilt. Das gilt auch für die Frage der Nichtunterrichtung des Justizministers.« Der dritte Punkt war der für Strauß wesentlichste: »Der Bundesminister für Verteidigung und seine Mitarbeiter haben nach pflichtgemäßem Ermessen alles unternommen, um das vom Generalbundesanwalt wegen des Verdachts eines landesverräterischen Verbrechens eingeleitete Verfahren zu unterstützen. Der Bundesminister für Verteidigung hat überzeugend dargelegt, daß die von ihm und seinen Mitarbeitern getroffenen Entscheidungen nach bestem Wissen und Gewissen erfolgt sind. Wenn dabei Fehler unterlaufen sind, so bedauert er sie.«[383] Den letzten Satz musste Strauß wohl oder übel akzeptieren, so schwer ihm das gefallen sein dürfte, aber in dieser Hinsicht war sich die große Mehrheit der CDU/CSU-Fraktion einig.

Der Landesvorstand der CSU veröffentlichte einen Tag später, am 30. November 1962, eine eigene Erklärung, die teilweise mit derjenigen Adenauers übereinstimmte, jedoch Franz Josef Strauß entschiedener verteidigte, seine Verdienste würdigte und die persönlichen Angriffe von SPD und FDP gegen ihn zurückwies. Außerdem enthielt der Text den Schlüsselsatz: Der Verteidigungsminister habe mit den anderen CDU/CSU-Bundesministern seinen Rücktritt erklärt und mitgeteilt, »daß er nach den Vorkommnissen der letzten Wochen, insbesondere angesichts der Haltung der FDP, die am vergangenen Sonntag durch die bayrische Bevölkerung eindeutig verurteilt worden ist, einem neuen Kabinett Adenauer nicht angehören kann«. Es spricht viel dafür, dass Strauß stärker daran gelegen war, sich gegen die in seinen Augen ungerechtfertigten Vorwürfe zur Wehr zu setzen, als weiterhin Bundesminister zu bleiben. Gemildert wurde der Amtsverzicht durch den großen, auch hier erwähnten bayerischen Wahlerfolg, der nicht allein in der CSU als Votum für Franz Josef Strauß beurteilt wurde.

Auch dieses Drama endete in einer Farce, lehnte es doch die FDP-Führung ab, eine Einladung des Bundeskanzlers zum Abendessen anzunehmen, weil sie sich nicht mit Strauß an einen Tisch setzen werde – Strauß, der Vorsitzender einer der drei bisherigen und künftigen Koalitionsparteien war und der auch der Verhandlungskommission zur Regierungsbildung angehörte, die Adenauer unterstützen sollte! Sind die künftig offen gezeigten Animositäten von Strauß gegenüber der FDP so unverständlich?

Jedenfalls endete die *Spiegel*-Affäre in einer heftigen Regierungskrise mit unübersichtlichen Lösungsversuchen. Wie stellte sich diese Entwicklung im Einzelnen dar, welche Folgen hatte dieser Wirrwarr für Strauß, der neben den Blessuren des Jahres 1962 zugleich 1961 und 1962 zwei große parteipolitische Erfolge errungen hatte, die in der Fibag-Debatte und der »Spiegelei« unterzugehen schienen: Am 18. März 1961 war er mit 94,8 Prozent der Delegiertenstimmen als Nachfolger des todkranken Hanns Seidel zum Parteivorsitzenden der CSU gewählt worden, und während der *Spiegel*-Krise hatte die Partei am 25. November 1962 unter seiner Führung einen grandiosen Wahlsieg bei den bayerischen Landtagswahlen errungen und 47,5 Prozent der Stimmen erreicht: Mit 108 von 204 Mandaten bedeutete dies erstmals seit 1946 die absolute Mehrheit der Mandate. Bald nach seinem Rücktritt wählte die CSU-Landesgruppe Franz Josef Strauß am 22. Januar 1963 mit 36 von 45 Stimmen erneut zu ihrem Vorsitzenden, womit er zugleich stellvertretender Vorsitzender der Gesamtfraktion wurde. Und tatsächlich zählte Franz Josef Strauß nach der *Spiegel*-Krise weiterhin zum kleinen Kreis der einflussreichsten bundesdeutschen Spitzenpolitiker. Mit erst 47 Jahren hatte er, anders als der inzwischen 86-jährige Adenauer, immer noch eine große politische Zukunft vor sich.

Über die *Spiegel*-Affäre ist viel geschrieben worden, bis heute gilt sie den einen als Angriff auf die Pressefreiheit, der erfolgreich zurückgeschlagen wurde, weil ein Sturm der Entrüstung im In- und Ausland losbrach.[384] Den anderen gilt sie als Angriff auf die Staatsräson, als Landesverrat, als diffamierende Attacke auf einen fähigen Verteidigungsminister und seinen Bundeskanzler, die eine dezidierte verteidigungspolitische Westintegration betrieben und die Bundeswehr aufbauten, um die Sicherheit der Bundesrepublik zu gewährleisten. Und ein grundsätzliches Problem des politischen Systems gilt es ebenfalls zu erwägen:

Natürlich muss die verfassungspolitisch unterschiedliche Legitimation einer Zeitschrift und der gewählten Repräsentanten der Bevölkerung beachtet werden: Die Bundesregierung und auch ihr Verteidigungsminister gehörten einer durch demokratische Wahlen legitimierten Mehrheit an. Der *Spiegel* hatte zweifellos, wie alle anderen Presseorgane, das Recht, die Bundesregierung und ihre Politik zu kritisieren, das Recht auch, Franz Josef Strauß zu attackieren. Aber was legitimierte den »Kreuzzug« des Magazins gegen den Verteidigungsminister, mit dem der Politiker Franz Josef Strauß vernichtet werden sollte? Um ein Ruhmesblatt verantwortlicher Wahrnehmung der Pressefreiheit handelte es sich so wenig wie um den Beleg für eine reife politische Kultur oder die oft berufene Streitkultur.[385] Viel eher steht diese diffamierende Kampagneform für das Freund-Feind-Denken von Carl Schmitt, das schon die Weimarer Republik vergiftet hat.

Wenn die *Spiegel*-Krise Franz Josef Strauß auch nicht nachhaltig geschwächt hat, so dürfte sie ihn doch verändert haben. Verletzende und polemische Passagen kommen in den Reden des späteren Strauß viel häufiger vor als beim früheren Strauß, denn auch er fühlte sich zutiefst verletzt. Die durchaus bei ihm anzutreffende kooperative Komponente wurde stärker durch eine konfrontative überlagert, und dies dürfte sogar für sein Verhältnis zur Schwesterpartei CDU gelten: Zwar hatte er sich schließlich der Einsicht nicht verschlossen, persönlich ein Opfer für die »Rettung« des Bundeskanzlers bringen zu müssen, doch das Gefühl, sich im Ernstfall auf die CDU nicht verlassen zu können, grub sich ihm wohl tief ein. Hatten er und seine Parteifreunde bereits in den 1950er-Jahren wiederholt die Erfahrung gemacht, dass Konrad Adenauer zur Sicherung der Koalition auf die anderen Partner, insbesondere die FDP, mehr Rücksicht nahm als auf die CSU, so bestätigte sich dies in der *Spiegel*-Krise 1962 und wiederholte sich in den 1980er-Jahren mit der erneuerten christlich-liberalen Bundesregierung.

Resümee

Der exzellente Kenner der damaligen Verteidigungspolitik und ihrer Personalien, Oberst Schmückle, würdigte nicht allein die Amtszeit von Franz Josef Strauß, sondern deutete dessen Rücktritt auf eigene Weise. In einem Gespräch mit ausländischen Journalisten äußerte er nach Informationen des BND: »Der Bundesverteidigungsminister ist das Opfer der Ex-Nazi-Generäle des BND und der Kommunisten im ›Spiegel‹ geworden. Seit Bestehen der Bundeswehr haben sich zwei Generalsgruppen entwickelt und zwar eine liberale Gruppe, die dem Bundesverteidigungsministerium angehört, und eine reaktionäre Gruppe, die sich im BND befindet.« Beide Gruppen hätten unterschiedliche Verteidigungskonzeptionen vertreten, die liberalen Generäle diejenige des Verteidigungsministers Strauß, der »eine sinnvolle Verbindung zwischen konventioneller Rüstung mit Atomrüstung unter der NATO« anstrebte. Die reaktionäre Gruppe habe eine »namhafte Verstärkung der konventionellen Rüstung« gewünscht und schließlich die NATO verlassen wollen, um sich in einem neutralisierten Deutschland mit den Sowjets einigen zu können. Die BND-Gruppe habe darüber hinaus den Einfluss der Generäle gegenüber den Zivilisten und Beamten vergrößern wollen.[386] Das klingt abenteuerlich, ist aber dennoch nicht völlig abwegig, da der Nationalismus und sogar die geheime Kooperation der Weimarer Reichswehr mit der Roten Armee in den 1920er-Jahren zu den Sozialisierungsmerkmalen dieser Gruppe gehörten, bevor sie in der Wehrmacht diente. Jedenfalls war die moderne demokratische Bundeswehr, wie sie Strauß aufbaute, nicht nach dem Geschmack »der Ex-Nazi-Generäle des BND«, die Nationalismus und deutsche Militärtradition hochhielten. Der ebenfalls zu diesen Traditionen zählende Neutralismus und die Ablehnung der atomaren Rüstung stimmten mit der »linken« Kritik an der Verteidigungspolitik von Franz Josef Strauß überein, was möglicherweise zu den mentalen Dispositionen des Oberst Wicht gehörte, der den *Spiegel* vor der Verhaftung und Durchsuchung der Redaktion warnte. Träfe diese Interpretation zu, böte sie zwar keine Begründung für den Rücktritt von Strauß. Doch könnte sie zur Erklärung überraschender Querverbindungen zwischen den so unterschiedlichen Kritikern der Verteidigungspolitik von Franz Josef Strauß beitragen.

1980, also viele Jahre nach dem Rücktritt von Franz Josef Strauß und mit hinreichendem Abstand, urteilte der nunmehr zum General beförderte Gerd Schmückle, der unter vielen Verteidigungsministern herausragende Positionen bekleidet hatte, über die Amtszeit von Franz Josef Strauß: Er habe »mit der Leidenschaft des Vollblutpolitikers gekämpft: mit seiner Beredsamkeit, seiner Überzeugungskunst, aber auch mit harten Bandagen. Bislang hat er recht behalten. Europa wurde eine 30jährige Friedenszeit beschert. Die Bundeswehr hat sich an die demokratischen Spielregeln gewöhnt und beherrscht ihre Rolle im Bündnis. Die Allianz wurde in zahlreichen Krisen gebeutelt, hat jedoch jedesmal ihre Kraft zurückgewonnen.«

Und Schmückle fragte schließlich, was Strauß in seiner Amtszeit erreicht habe, seine Antwort lautete: Strauß' Verteidigungskonzeption sei in erstaunlicher Kontinuität bis heute fortgeführt worden. »Jede Bundesregierung, bei allen zum Teil gravierenden Unterschieden in der Bewertung der politischen Großwetterlage und der daraus zu ziehenden Konsequenzen hat fortgesetzt, was er begann: Die Beibehaltung der Bundeswehr und der Wehrpflicht, die Strategie der Abschreckung, Kriegsverhinderung und Vorwärtsverteidigung, die Beibehaltung nuklearer Systeme, die Mitwirkung in der NATO, die Fortführung der militärischen Integration, das Bestehen auf westlichen Sicherheitsgarantien für die Bundesrepublik und Berlin, den Erhalt einer kleinen effektiven Rüstungsindustrie, die weitmöglichste Konzentration der Luftfahrtindustrie, die rüstungstechnische Zweibahnstraße mit Amerika und innerhalb des europäischen Verbundes, die Rüstungshilfe für Schwächere.«[387]

Dies ist das Urteil eines durchaus gegenüber Strauß objektiv urteilenden hochrangigen Experten, der aber schon wegen des Zeitpunkts nicht den Fehler machen konnte, vom Ende des Kalten Krieges her zu denken, das 1980 noch nicht in Sichtweite lag: Vielmehr war die Sowjetunion Ende 1979 gerade in Afghanistan einmarschiert, im Westen dachte man über einen Boykott der Olympiade in Moskau nach, die Debatte über den NATO-Doppelbeschluss war in vollem Gange. Zu Recht betonte

Schmückle in seiner Bilanz der Amtszeit von Franz Josef Strauß, dass der Verteidigungsminister nicht allein »unter widrigsten Umständen« den Aufbau der Bundeswehr betrieben hatte, die 1956 nur wenige Soldaten »mit wenigen Gewehrträgern« hatte und nach nur sechs Jahren eine »hochmoderne Streitmacht von über 400 000 Mann« war. Genauer gesagt, übernahm Strauß von Balke 1956 etwa 70 000 Mann, 1962 waren es 390 000 Soldaten und rund 110 000 zivile Bedienstete. Allein in einem solchen vergleichsweise kurzen Zeitraum einen Apparat von einer halben Million Menschen aufzubauen, die dazugehörigen Kasernen, Übungsplätze, Flugplätze, die gesamte Ausrüstung von den Uniformen bis zu den hochmodernen Waffensystemen zu beschaffen, bedeutete eine gewaltige Organisationsleistung des von Strauß mit großer Autorität und Energie geleiteten Ministeriums. Allein die riesige Zahl der Aufträge, deren Finanzierung sichergestellt, deren Ausschreibungsverfahren und Qualitätsprüfungen durchgeführt werden mussten, zeigt, wie inkommensurabel die Konzentration auf die letztlich wenigen skandalisierten Einzelfälle bei der Beschaffung oder Ausrüstung der Bundeswehr waren.

Doch bildeten diese Aufgaben nur einen Teilbereich: Hinzu trat die erwähnte Entwicklung von Struktur und Konzeption der Streitkräfte in einer parlamentarischen Demokratie und einer modernen Gesellschaft, die Schaffung der gesetzlichen Grundlagen, die internationale Integration der Bundeswehr in die NATO, die Entwicklung verteidigungspolitischer Strategien und Konzeptionen, die politische Durchsetzung in der Öffentlichkeit und im Bundestag.

Obgleich Strauß ein energiegeladener, fordernder, anstrengender und zuweilen cholerischer Vorgesetzter war, schätzte er doch offenbar die klare offene Aussprache in seinem Haus und ließ sich auch durch gegenteilige Argumente überzeugen. Ein Beispiel bildet die Entscheidung für den Starfighter. In seiner Abschiedsrede für das Verteidigungsministerium sagte Staatssekretär Volkmar Hopf unter anderem: »Wir, die 500 000 Menschen in der Bundeswehr, danken Ihnen heute nicht nur dafür, daß Sie uns ein vorsorglicher und fürsorglicher oberster Vorgesetzter waren. Wir danken Ihnen vielmehr dafür, daß Ihre Auffassung und Ihre Arbeit in der NATO darauf ausgerichtet waren, den Krieg von uns … fernzuhalten …« Es ist bemerkenswert, dass Hopf fast die Hälfte seiner Rede der fundamentalen Zielsetzung von Strauß widmete, einen Krieg zu verhindern. Von dieser Notwendigkeit habe er als »Gegner des Krieges« die Mitarbeiter überzeugt. Ein Krieg in Europa würde nicht Sieger und Besiegte zurücklassen, sondern nur Tote. Abschreckung zur Kriegsverhinderung stellte er als Grundmaxime von Strauß heraus: »Aus dieser Überzeugung heraus strebten Sie eine konventionelle und zugleich atomare Ausrüstung der Bundeswehr im Rahmen der NATO an.«[388]

Diese verteidigungspolitischen Maximen von Strauß, die er selbst immer wieder begründet hat und die offenbar in seinem Ministerium bekannt und akzeptiert waren, standen in deutlichem Widerspruch zu einer ihm gegenüber voreingenommenen Öffentlichkeit, die den instrumentellen Charakter seiner Atompolitik nicht sehen wollte und deshalb seine tatsächlichen Ziele in ihr Gegenteil verkehrte und ihm, wie die SPD, einen »Eilmarsch in die atomare Selbstvernichtung« attestierte.[389]

Alle Reden und Äußerungen zur Verabschiedung von Strauß trugen sehr persönlichen Charakter und zeigen einmal mehr, dass der Strauß, den die veröffentlichte Meinung als ausgesprochenen Polarisierer wahrnahm, zugleich die Fähigkeit besaß, so zu integrieren, dass eine große Zahl seiner Anhänger und Mitarbeiter bereit war, für ihn durch dick und dünn zu gehen. Und Hopf bekräftigte auch, was Strauß selbst des Öfteren an Adenauer schrieb, wie sehr ihn dieses Amt physisch und psychisch strapazierte.

Auch außerhalb Deutschlands erfuhr die Aufbauleistung von Franz Josef Strauß große Anerkennung, beispielsweise durch den NATO-Oberbefehlshaber in Europa, General Norstad, der nach dem Rücktritt telegrafierte: »…I want to assure you of my respect and my friendship. The progress made by the armed forces of your country under your supervision has been outstanding…[390]« Und auch der israelische Premierminister David Ben-Gurion bedauerte nachdrücklich das Ausscheiden von Strauß als Verteidigungsminister, wobei er wie viele andere sicher war, dass Strauß aufgrund seiner außergewöhnlichen Fähigkeiten bald wieder ein wichtiges Regierungsamt übernehmen würde.[391]

Zahlreiche weitere Persönlichkeiten würdigten die herausragende Leistung des Verteidigungsministers, darunter Bundeskanzler Adenauer in seiner Rede zur Verabschiedung von Franz Josef Strauß. Als er Adenauers Redetext vorab vom Kanzleramt zugeschickt bekam, schrieb er mit bitterer Ironie an den Rand: »Ich bin gerührt.«[392] Tatsächlich hielt Konrad Adenauer angesichts seines in der Regel eher administrativen Stils, in dem er mit seinen Ministern umging, eine sehr persönliche Rede. Das begann schon mit der bei ihm eher seltenen Anrede »Lieber Herr Strauß« und setzte sich fort, indem er auf die »bitteren Stunden« einging, die Strauß »in diesen letzten Wochen habe durchleben müssen«. Dann aber bescheinigte er Strauß, »ein großes Werk« vollbracht zu haben. »Ein Werk, das auch starken politischen Einfluß hat und das ein Segen für das deutsche Volk ist. Dieses Werk zu vollbringen, die Wehrmacht aufzubauen, ist eine schwere, eine verantwortungsvolle und eine ungeheure Leistung.« Das ganze deutsche Volk müsse Strauß dafür dankbar sein.[393]

Franz Josef Strauß, der nicht als Soldat, sondern als Politiker dachte und handelte, verlor beim Aufbau der Bundeswehr nicht das Gegenteil aus dem Blick, nämlich die Abrüstung. Dies mag paradox klingen, ist aber plausibel, wenn das Ziel der Verteidigungspolitik eben nicht offensiv, sondern defensiv ist. So legte Strauß bereits am 25. Februar 1958 einen zunächst handschriftlich formulierten »Fünf-Punkte-Plan über Entspannung und Wiedervereinigung« vor[394], lange bevor der SPD-Abgeordnete Helmut Schmidt, zum Teil unter Aufnahme von konzeptionellen Überlegungen des Verteidigungsministers, in einer Bundestagsdebatte vom 5. November 1959 ebenfalls Pläne entwickelte.[395] Strauß' Plan dokumentiert den Versuch, komplementär zur Stärkung der Verteidigungsfähigkeit die Kriegsgefahr durch beiderseitige, kontrollierte Abrüstung zu vermindern. Und zugleich bezeugt sein Konzept die Absicht, Wiedervereinigungspolitik auch unter dem Gesichtspunkt des Spannungsabbaus in Europa zu sehen. Strauß betrieb also nicht nur die Aufrüstung der Bundeswehr mit modernen Waffensystemen, sondern initiierte selbst eine deutsche Debatte über Abrüstungsmöglichkeiten. Seinen aktiven Part dokumentiert ungewollt die letztlich darauf reagierende »Große Anfrage der SPD-Fraktion betreffend die internationale Lage, die Sicherung Berlins und die Wiedervereinigung Deutschlands«.[396] Weder Helmut Schmidts ironischer Ton über den »militärischen Denker« Strauß noch ein weiterer Diskussionsbeitrag von Fritz Erler am 28. Dezember 1959 täuschten darüber hinweg, dass Strauß die Denkanstöße gegeben hatte, obwohl sich Erler im Unterschied zu Strauß dezidiert gegen Atomwaffen aussprach[397] und Schmidts Vorstellungen in der Regierung und in den Unionsparteien aufmerksam, wenn auch kontrovers registriert wurden.[398]

Strauß wusste nur zu gut, dass Militärpolitik in Deutschland nach 1945 vermintes Gelände war. Es war nötig, über den Tag hinaus zu denken, die Konsequenzen langfristiger Planungen waren in der Regel erst spät erkennbar, Entscheidungen gegen die öffentliche Meinungen oft unausweichlich. Wäre er dazu nicht bereit gewesen, hätte der Aufbau der Bundeswehr nicht gelingen können. Doch charakteristisch für den in weiten Kreisen populären, in noch weiteren unpopulären Politiker Strauß war, seine Politik nicht nach demoskopischen Befunden zu richten. Wenn das Wort zutrifft, der Politiker denkt bis zur nächsten Wahl, der Staatsmann aber an die Zukunft, dann ist das Prädikat Staatsmann zweifellos für Strauß angemessen. In einem Rundfunkvortrag über die von ihm konzipierte und realisierte Verteidigungspolitik der Bundesregierung bemerkte er 1960: »... Verantwortung und Popularität sind oft Gegensatzpaare. Die Frage, wer recht hat, wird nicht von der Polemik des Tages entschieden, sondern von der erst in weiter Zukunft zu treffenden Feststellung, ob es uns mit dieser Politik gelungen ist, unserem Volk die Leiden und Schrecken eines militärischen Konfliktes zu ersparen.«[399]

Wie immer man auch die Gründe des Rücktritts beurteilt, mit der

Spiegel-Affäre, tatsächlichen Fehlern oder vermeintlichen Skandalen, kein Zweifel besteht daran: Hätte Franz Josef Strauß in seiner politischen Laufbahn ausschließlich den grundlegenden, konzeptionell und strukturell Jahrzehnte fortwirkenden Aufbau der Bundeswehr inspiriert, organisiert, geleitet sowie national und international mit Verve und Geschick vertreten, wäre er schon deshalb einer der politischen Baumeister der frühen Bundesrepublik gewesen.

Teil III

Vor- und Zuname ....
(in latein. Druckschrift)

FRANZ JOSEF STRAUSS

geb. am 6. 9. 1915 in MÜNCHEN

Staatsangehörigkeit   deutsch

Wohnort der Eltern   ROTT / INN
(Heimatanschrift)

ist im W./S.-Semester 19 66 / ... ordent-

licher Hörer der STAATSWISS-Fakultät

der **Universität Innsbruck**

Innsbruck, am   25. 4. 1966

Unterschrift des Inhabers:

F. J. Strauß

TG K 609-65   116

11

Franz Josef und Marianne Strauß:
Familienleben im Dienst

Ein so turbulentes Politikerleben, wie es Franz Josef Strauß führte, erweckt leicht den Eindruck, ein Familienleben sei unmöglich, doch begann es gerade in den ersten Monaten als Verteidigungsminister. Allerdings demonstrierte bereits das erwähnte Bundeswehr-Unglück an der
Iller: Ein Spitzenpolitiker steht immer im Rampenlicht der Öffentlichkeit, zumal wenn er die Gemüter so erhitzt wie Franz Josef Strauß: Das
war seit Beginn seiner Bonner Karriere so, und das blieb so bis an sein
Ende. Schon damals wurde sein Privatleben beäugt, nicht allein interessierte Damen, auch Journalisten stellten sich in der Mitte der 1950er-
Jahre die Frage: Wie lange würde der in der bundesdeutschen Politik
Furore machende Franz Josef Strauß noch Junggeselle bleiben? Immerhin stand der Verteidigungsminister bereits im 42. Lebensjahr, abhold
schien er jedenfalls dem weiblichen Geschlecht nicht zu sein, an Kontakten fehlte es ihm ebenfalls nicht, wie viele Briefe zeigen. Zeitungen berichteten über Beziehungen, die er gehabt hatte oder haben sollte – es
ist auch in diesem Fall, wie so oft bei Artikeln über Franz Josef Strauß,
schwer zu entscheiden, was davon Klatsch, was Wahrheit war. Lange
hatte er gewartet, doch dann folgte die Entscheidung überraschend
schnell, sah man ihn doch beim Münchner Rosenmontagsball »Traum-
paradies« 1957[1] beschwingt und glücklich mit einer jungen hübschen
Frau tanzen, deren ausdrucksvolle braune Augen sofort auffielen. Die 15
Jahre jüngere Marianne Zwicknagl war Franz Josef Strauß zwar schon als
Kind begegnet, als er ihren Vater besuchte, doch näher lernten sie sich
erst 1957 kennen. Sie war die Tochter seines Parteifreundes Dr. Max
Zwicknagl, mit dem er 1948/1949 im Frankfurter Wirtschaftsrat gesessen
hatte.

Marianne war eine natürliche und intelligente junge Frau, Diplom-
Volkswirtin und zweifellos eine selbstständige Persönlichkeit, geprägt

durch ihre oberbayerische und katholische Herkunft. Sie stammte aus einer großbürgerlichen, sehr wohlhabenden Familie, die über Generationen wirtschaftliche Tätigkeit mit akademischer Ausbildung verband. Die Familie Zwicknagl besaß also einen anderen Rang in der damaligen sozialen Hierarchie als diejenige von Strauß, doch gab es auch Gemeinsamkeiten: die landsmannschaftliche und religiöse Prägung, aber auch das politische Engagement, das im Milieu der Bayerischen Volkspartei ebenso wurzelte wie in der klaren Ablehnung des Nationalsozialismus. Während der Weimarer Republik war Max Zwicknagl Mitglied der Bayerischen Volkspartei.[2] Wegen »staatsfeindlichen Verhaltens« wurde er während der NS-Diktatur mehrfach verhaftet, 1937 wegen »Sabotage des Vier-Jahres-Plans«.[3] Er war im Jahre 1900 geboren, hatte die Klosterschule Ettal besucht und in München studiert, wo er als Volkswirt promoviert worden war. Danach wurde er Geschäftsführer der Deutsch-Österreichischen Handelskammer in Wien, bevor er wohl eher widerwillig 1928 die Leitung der mütterlichen Unternehmungen in Rott übernahm und im Jahr darauf 1929 die Hamburgerin Ilse Klöckner heiratete. Nach 1945 zählte Zwicknagl zu den nicht wenigen aus der BVP kommenden Mitgliedern der Gründergeneration der CSU, die politisch resistent bzw. oppositionell gewesen waren. Nun gründete er in Wasserburg am Inn die CSU mit und wurde 1946 bis 1948 Mitglied des Bayerischen Landtags. Auch dies mochte in seinem Heimatort Rott am Inn das Ansehen der seit Generationen ansässigen Familie von Unternehmern und Ärzten gemehrt haben: Unübersehbar war das bereits am Wohnsitz, dem »Prälatenstock« des ehemaligen, 1806 säkularisierten Benediktinerklosters, einem dreistöckigen Barockbau mit der Adresse »Kaiserhof 1«.[4]

Der Ururgroßvater Marianne Zwicknagls, Georg Kaiser, hatte es bereits zu beträchtlichem Wohlstand gebracht, als er 1850 die Klosterbrauerei – fortan: »Kaiserbräu« – und etliche Klostergebäude kaufte. Doch blieb dies nicht die einzige beträchtliche Erwerbung, vielmehr gehörte ein großer Gutshof mit weiten Ländereien ebenso dazu sowie andere Immobilien in den umliegenden Ortschaften, darunter ein Schloss in Schechen und viele Gasthäuser, in denen natürlich »Kaiserbräu« getrunken wurde. Durch Heirat vermehrte sich in den folgenden Generationen das Vermögen, und 1899 gelangte durch Einheirat in die Familie Kaiser der erste Dr. Max Zwicknagl in die Familiengeschichte, ein ebenfalls aus einer Brauereifamilie stammender Bezirksarzt und Gerichtsmediziner.

Soziale Komplexe hatte der stets selbstbewusste Franz Josef Strauß nicht – ob er den sehr unterschiedlichen Vermögensstand als persönliche Herausforderung empfand, auch das eigene Einkommen zu mehren, mag dahingestellt bleiben. Auf der anderen Seite war er längst nicht mehr der arme Junge aus der Schwabinger Schellingstraße, sondern hatte als Landrat, als Bundestagsabgeordneter, seit vier Jahren als Bundesminister und schließlich auch durch Honorareinnahmen gut verdient. Künftig jedenfalls kümmerte sich vor allem seine Frau um die wirtschaftlichen Anliegen der jungen Familie, schließlich verstand sich das bei ihrer Profession von selbst.

Die Zwicknagls gehörten zwar in Rott am Inn zu den angesehensten Bürgern, doch blieben ihre Lebenswege nicht auf das idyllische oberbayerische Städtchen beschränkt, für sie galt wie für Franz Josef Strauß: Der bayerische Wurzelgrund stand keineswegs für bloße Sesshaftigkeit oder gar provinzielle Enge. Marianne Zwicknagl, die am 21. April 1930 in München geboren wurde, hatte nach Schulen in Wasserburg/Inn und Rosenheim wie ihr späterer Mann das Abitur am Münchner Max-Gymnasium bestanden (1948). Zwischen 1950 und 1952 besuchte sie in München, Grenoble, Paris und London Dolmetscherkurse und erwarb Diplome für Französisch bzw. Englisch. Ihr Volkswirtschaftsstudium an der Universität München beendete sie 1955 mit der Diplomprüfung. Auch ihre beiden jüngeren Schwestern blieben nicht in Rott, die eine heiratete später den Diplomaten Gottfried Albrecht, der dort Botschaftsrat war, als die Familie Strauß 1983 Warschau besuchte, die andere einen Weingutsbesitzer Wasum aus Bacharach am Rhein, von wo später so manches Weinpräsent im Auftrag von Franz Josef und Marianne Strauß als Weihnachtsgeschenk versandt wurde.

Als Franz Josef Strauß und Marianne Zwicknagl am 4. Juni 1957 heirateten, hätte das schon einer Fürstenhochzeit gleichen können, wäre nicht das tödliche Unglück von Bundeswehrsoldaten an der Iller hinzugekommen, das Strauß am Polterabend zwang, an den Unglücksort zu reisen. Am nächsten Tag erschien jedoch das halbe Bundeskabinett in Rott am Inn, geführt von Bundeskanzler Konrad Adenauer und mit dem neben Strauß damals stärksten Bonner CSU-Politiker, dem Bundesfinanzminister Fritz Schäffer. Unter den zahlreichen Ehrengästen befanden sich unter anderem Außenminister Heinrich von Brentano, der Vizepräsident des Bundestags und der Präsident des Bayerischen Landtags. Und selbstverständlich gehörten die 80-jährige Mutter Walburga Strauß und seine Schwester Maria zur Hochzeitsgesellschaft. Getraut wurden Franz Josef Strauß und Marianne Zwicknagl von Joseph Kardinal Wendel, dem Erzbischof von München und Freising, schon vorher war das Brautpaar in Privataudienz von Papst Pius XII. im Vatikan empfangen worden. Zunächst wohnte das Ehepaar in Rott am Inn, wo auch später der Wohnsitz erhalten blieb, nachdem die Familie Strauß seit März 1958 während seiner Zeit als Verteidigungsminister die nächsten Jahre überwiegend in einem kleinen Haus auf dem Bonner Venusberg wohnte, das dem Bund gehörte.

Bundespräsident Theodor Heuss schrieb wenige Monate nach der Hochzeit an seine Freundin Toni Stolper: »Ich habe an dem Abend, der bis ½ 3 Uhr währte, eine Unterhaltung mit dem Soldaten-Minister Strauß fortgesetzt (der im Sommer eine stattliche, gut aussehende u. gebildete Frau geheiratet hat, der ich ›den staatspolitischen Auftrag‹ gab, den Mann zu domestizieren, der blitzgescheit, aber sehr emotional ist).«[5] Gelang es Marianne Strauß, diesen »staatspolitischen Auftrag« zu erfüllen? Wohl kaum, domestizierbar war Strauß eben nicht. Doch wurde sie schnell zu einer Partnerin, die Strauß in vielen Bereichen unterstützte, die an seiner Seite einen eigenständigen Part übernahm, auf ihre Weise nicht weniger selbstbewusst als er.

Zunächst dominierte im Leben von Marianne Strauß die Familie, wurde doch knapp zwei Jahre nach der Eheschließung am 24. Mai 1959 der älteste Sohn Max geboren, wiederum zwei Jahre später am 5. Mai 1961 Franz Georg und schließlich am 2. Juli 1962 die Tochter Monika. Doch übernahm Marianne Strauß neben der Erziehung der Kinder zunehmend weitere Aufgaben, wozu auch Vermögensanlagen und Vermögensverwaltung gehörten[6], hatte doch die Volkswirtin schon in den ersten Jahren nach dem Studium im elterlichen Betrieb praktische wirtschaftliche Erfahrungen gesammelt. Während ihr Vater als deutscher Konsul in Innsbruck tätig war und keine Nebentätigkeit ausüben durfte, übernahm Marianne Strauß 1956 die Geschäftsführung der elterlichen Brauerei. Aber auch in der CSU arbeitete sie mit, zugleich für die parteinahe Staatsbürgerliche Gesellschaft, deren Geschäftsführer damals der Fachanwalt für Steuerrecht Dr. Reinhold Kreile war. Kreile, der spätere CSU-Bundestagsabgeordnete, war ein Schulfreund von Marianne Strauß. Über diese Staatsbürgerliche Gesellschaft wurden Parteispenden gesammelt, aber auch wirtschaftliche Kontakte abgewickelt, zum Teil auch Sonderkonten der Partei bzw. des späteren Parteivorsitzenden verwaltet. Das Ganze glich zeitweise einem Familienbetrieb, zumal auch die Schwester Maria Strauß für die CSU tätig war und viele Jahre mit akribischer Handschrift Buch führte, alle Einnahmen und Ausgaben bis auf den Pfennig genau eintrug[7] und die CSU bei einem Immobilienkauf durch genaues Nachrechnen sogar vor überhöhten Zahlungen bewahrte – dies alles ehrenamtlich.[8]

Friedrich Voss musste während seiner Zeit als Schatzmeister der Partei diese Abrechnungen prüfen, bevor sie ein unabhängiger Wirtschaftsprüfer erhielt: Nie hätte es Maria Strauß – zeitweise Oberbuchhalterin bzw. Prokuristin der Essener Wohnungsbaugesellschaft Gagfa – geduldet, etwas unkorrekt zu verbuchen: »Auch die geringste Schlamperei geht ihr wider die Ehre. Jede Zahl, auch die hinter dem Komma, muß stimmen.«[9] Ein solcher Familienbetrieb ist heute kaum mehr vorstellbar, erklärt sich aber bei den damaligen Parteien zunächst aus der Notwendigkeit zu improvisieren sowie aus ihren schwierigen finanziellen Anfängen, war doch die CSU – wie die SPD in Bayern – Anfang der 1950er-Jahre nahezu bankrott, musste Personal entlassen und sich mit ehrenamtlicher oder nebenamtlicher Hilfe organisieren.

Marianne Strauß begleitete ihren Mann des Öfteren auf seinen Reisen, später vor allem ins Ausland – unter anderem zu der legendären und Aufsehen erregenden Reise nach Peking zu Mao Tse-tung 1975, aber auch zu Wahlkampfauftritten, hatte sie doch selbst das politische Engagement gleichsam als Familienerbe mitbekommen. Während der Kanzlerkandidatur ihre Mannes 1980 trat Marianne Strauß sogar selbst mehr als 40 Mal als Wahlkämpferin auf und beteiligte sich auch sonst an politischen Diskussionen, wobei familienpolitische Themen – darunter die Unterstützung für alleinstehende berufstätige Frauen mit Kindern – zu ihren besonderen Anliegen gehörten, die Franz Josef Strauß oft aufnahm. Rief Helmut Kohl an, sprach er oft länger mit Marianne Strauß, bevor er sich zu ihrem Mann durchstellen ließ.[10] Unentwegt lebte die Familie Strauß mit der Politik, für Marianne Strauß wie für die halbwüchsigen und dann erwachsenen Kinder handelte es sich um ein zentrales Gesprächsthema. Franz Josef Strauß besprach viele politische Probleme eingehend mit seiner Frau, deren politischer Einfluss auf ihn zwar nicht messbar, aber doch merklich war.

Die Möglichkeit, dass ihre Kinder die Politik zum Beruf machten, lehnte sie nach ihren eigenen Erfahrungen ab, vor allem aufgrund der ständigen Angriffe auf ihren Mann. Auch Franz Josef Strauß schien von solchen Überlegungen kaum begeistert: Zwar führte er selbst seine Kinder durch viele familiäre Gespräche und Diskussionen in die Welt des Politischen ein und nahm sie zu zahlreichen offiziellen Anlässen mit, doch ermunterte er sie keineswegs zu eigener politischer Laufbahn. Das galt nicht nur für Monika Hohlmeier, die nach dem Tod der Mutter 1984 an der Seite des Ministerpräsidenten oft repräsentierte, sondern ebenfalls für die Söhne, die er nur in seinem unmittelbaren Umfeld in Berührung mit der Politik brachte, nicht aber zu parteipolitischen Ambitionen drängte, obwohl sich die Kinder in der Jungen Union und später in der CSU engagierten. So begleitete beispielsweise Franz Georg im Dezember 1987 seinen Vater nach Moskau, Max ihn im Januar 1988 nach Südafrika, wo dieser ihn nach Aussage des damaligen deutschen Botschafters sogar an Wirtschaftsverhandlungen für die Staatsregierung beteiligte, was nicht nur den Diplomaten befremdete. Andererseits berichtet Max, der später oft dabei war, wenn Strauß den DDR-Unterhändler Schalck-Golodkowski in seinem Privathaus empfing, dass er das Zimmer verlassen musste, wenn die eigentlichen politischen Gespräche begannen – was wiederum als selbstverständlicher Verhandlungsstil gelten muss.

In keinem Fall dürfte Strauß gewollt haben, dass seine Kinder ohne eine solide Ausbildung in die Politik gingen.[11] So berichtet Monika, als sie offenbar voller Stolz ihrem Vater den gerade erworbenen CSU-Mitgliedsausweis zeigte, er sei darauf nicht direkt eingegangen, sondern habe sie nacheinander nach ihrer Physiknote, dann der Lateinnote und schließlich der Zensur in Mathematik gefragt. Sein Kommentar war eindeutig: »Nicht dass du jetzt eine dieser Aktenköfferchen tragenden Jungfunktionärinnen wirst, die viel quatschen, aber nichts wissen. Lerne erst einmal etwas Gescheites, mach eine gute Ausbildung.« Und wenn die sich dem Erwachsenenalter nähernden Kinder irgendetwas nachplapperten, was sie gerade aufgeschnappt hatten, verwies er sie streng darauf, erst einmal die einschlägigen Studien zu lesen, bevor sie danach mit ihrem Vater über das jeweilige Thema diskutieren würden.[12] Und tatsächlich beendeten alle Kinder ihre Ausbildung: Max wurde nach einer Banklehre Jurist und Rechtsanwalt, Franz Georg absolvierte nach seinem Abitur den Wehrdienst und machte eine Ausbildung zum Werbekaufmann. Später studierte auch er Jura und wurde an der Universität Salzburg mit einer völkerrechtlichen Dissertation »Das europarechtliche Subsidiaritätsprinzip: Ideengeschichte, Umsetzung und Rückkoppelungseffekte in den föderalistischen Mitgliedsstaaten Deutschland, Österreich und Belgien« promoviert. Er arbeitet als Medienunternehmer. Nur Monika wurde tatsächlich Politikerin – allerdings erst nach Abitur und abgeschlossener Ausbildung als Hotelkauffrau mit Sprachdiplomen.

Marianne Strauß erledigte über viele Jahre hinweg Korrespondenzen und beantwortete auch Bittschriften an Franz Josef Strauß, private allemal, doch ebenfalls parteibezogene. Sie nahm also viele Aufgaben als »freie« Mitarbeiterin ihres Mannes wahr, nicht erst, als sie sich seit 1978 als Gattin des Ministerpräsidenten repräsentativen Pflichten widmete und sich dann vor allem karitativ stark engagierte: Auch ihr Alltag war oft anstrengend, zumal sie offenbar einen angeborenen Herzfehler hatte.[13] Diese starke Einbindung seiner Frau – die übrigens nicht CSU-Mitglied war[14] – und später der Kinder in die politischen Aktivitäten von Franz Josef Strauß erklären zum Teil die heute in mancher Hinsicht befremdlich wirkende Verwischung der Grenzen zwischen privatem und öffentlichem Leben bzw. Amtstätigkeit von Franz Josef Strauß. Allerdings trug dieses Verhalten dazu bei, bei Strauß das Familienleben in stärkerem Maße zu erhalten[15], als das bei den meisten Spitzenpolitikern mit mehr als 70-Stunden-Wochen als Regel und ständigen Reisen überhaupt möglich ist. Es gehörte zum Arbeitsstil von Strauß, dass er zwar arbeitswütig war, aber dennoch versuchte, nach Möglichkeit am Wochenende zu

Hause zu sein, und sich regelmäßig Urlaube gönnte: Zwar waren selbst dies keine »reinen« Ferien, doch ließen diese Wochen mehr Zeit für Familie und Lektüre.

So kaufte Marianne Strauß auf beider Namen, zum Teil von ihrem Erbe, zunächst ein kleineres, dann nach Vergrößerung der Familie geräumigeres Anwesen in Les Issambres an der Côte d'Azur, wo die Familie in der Regel im August einige Wochen verbrachte, der Vater mit seinen Kindern spielte, regelmäßig schwamm, seiner alten Lieblingsbeschäftigung des Radfahrens nachging und viel las. Doch so sehr er an seiner Familie hing, so wenig konnte er auch dort immer sein explosives Talent zügeln. »Explosionen« kamen vor, doch akzeptierte er offenbar den Widerspruch der Kinder, die von ihren Eltern zur freien Meinungsäußerung erzogen wurden, wie Monika Hohlmeier berichtet.[16] Soweit es von außen zu beurteilen ist, war trotz starker äußerer Inanspruchnahme von Franz Josef Strauß das Familienleben intensiv und glücklich, jedenfalls hielt die Familie stets eng zusammen, was durch die Angriffe auf den Familienvater vermutlich verstärkt wurde: Die »beispiellosen Kampagnen gegen meinen Mann ... gehen natürlich auch an der eigenen Familie nicht spurlos vorüber. So kommt der feste Zusammenhalt bei uns nicht von ungefähr; man braucht dazu vor allem ein gesundes Stehvermögen und ein gutes Stück Gottvertrauen. In stürmischen Zeiten hat mir mein Glaube stets Trost und Zuversicht gegeben.«[17]

Viele Zeugnisse belegen die enge Familienbindung, die Franz Josef Strauß bereits zu seinen Eltern, lebenslang zu seiner Schwester Maria und nun zur eigenen Familie besaß. Dafür bildete Marianne Strauß das beständige Zentrum. Nach ihrem Tod verminderte sich die Bindung des Vaters und der Kinder nicht, verstärkte sich vielleicht sogar. Hatten schon Schwester Maria und ihre Mutter sich ständig Sorgen um die Gesundheit von Franz Josef Strauß gemacht, so waren es seit Mitte der 1980er-Jahre seine Kinder, da er gelegentlich kränkelte und unter ständigen Rückenschmerzen litt. Aus diesem Grund schrieb der Schwiegervater von Monika, Toni Hohlmeier, 1985 an Strauß über dessen Kinder: »Du warst für sie immer der starke Mann, der Bär, der sprühende und von Deiner Arbeit, der Politik, wild besessene Vater. So kannten sie Dich und wollen Dich auch weiterhin so sehen. In den letzten Wochen hatten Sie jedoch um Dich Angst, echte wirkliche Angst ... Lieber Franz Josef, Du hast prima Kinder, sie lieben Dich und brauchen Dich. Keiner hat sich bislang freigeschwommen.«[18] Ein derart strapaziöses Politikerleben erschwert es ungemein, angesichts eines überbordendenden Terminkalenders und ständiger dienstlicher Abwesenheiten eine enge Familienbindung zu bewahren. In dieser Familie ist es offenbar gelungen. Naturgemäß erleichterte es der Wechsel nach München 1978, das Familienleben zu intensivieren.

Als Franz Josef Strauß Ministerpräsident wurde, verstärkte Marianne Strauß ihr offenbar auch religiös motiviertes soziales und humanitäres Engagement, unter anderem bei der »Landesstiftung Mutter und Kind« und der »Pfennigparade«, der Caritas. Gruppen, denen ihre besonderen Fürsorgebemühungen galten, waren Spastiker und an Multipler Sklerose Erkrankte[19], aber auch Senioren: Sie hielt für all diese Bereiche Grundsatzreden, um die Betroffenen zu stärken und die nicht persönlich Betroffenen sowohl zu einer moralischen als auch materiellen Unterstützung zu bewegen. Sie besuchte immer wieder Heime und Krankenhäuser. In ihrem »Ein-Frau-Betrieb« ohne Privatsekretärin war ihr Terminkalender, der naturgemäß viele repräsentative Pflichten aufwies, gut gefüllt.[20] Nach Mariannes Tod gründete die Familie die »Marianne Strauß Stiftung« für unverschuldet in Not Geratene, für die sich ihre drei Kinder mit Franz Georg Strauß als Geschäftsführer bis heute engagieren und so das karitative Werk der Mutter fortsetzen.

Urlaub hatte Strauß schon früh genommen, auf Entdeckungsreisen Neues zu erkunden zählte schon zu den Leidenschaften des jungen Politikers. Als Bundesminister verkündete er Bundeskanzler Adenauer regelmäßig seine Absicht, nun den unbedingt nötigen und verdienten Urlaub zu machen, er kleidete solche Mitteilungen geradezu in Form eines Urlaubsantrags. Das hing nicht zuletzt mit seinem Verfassungsverständnis zusammen: Der Bundeskanzler besaß grundsätzlich für ihn Amtsautorität, selbst wenn er immer wieder in einem Spannungsverhältnis zu ihm stand wie im Fall Konrad Adenauers, sich über ihn ärgerte wie bei Helmut Kohl oder ihn politisch bekämpfte wie Helmut Schmidt. Konrad Adenauer, der Jahr für Jahr nach Cadenabbia am Comer See reiste, brachte für Strauß' Urlaubswünsche durchaus Verständnis auf, wenngleich weder bei ihm selbst noch bei Strauß in den Ferien das politische Leben völlig zum Erliegen kam. Doch der wohltuende Abstand zum Bonner »Treibhaus« erwies sich in jedem Fall als Vorteil für politisches Denken, das über das jeweilige Handeln hinauswies. Und schließlich entspannte sich Franz Josef Strauß bei der Jagd, die nun freilich keine Versuchung für seine Frau Marianne darstellte, wenngleich solche Jagdausflüge bei Industriellen zum Teil mit Festen oder Diners verbunden waren, an denen sie dann normalerweise teilnahm. Viele dieser zahlreichen persönlichen Kontakte hielt Marianne Strauß aufrecht, private Einladungen an das Ehepaar wurden immer öfter an sie adressiert. Natürlich gab es auch unterschiedliche Interessen, so besaß Marianne Strauß starke musische Neigungen: Während sie gern und oft in die Oper und ins Theater ging, hätte dies ihren Mann eher gelangweilt, »ein Musensohn ist er halt nie gewesen«, wie sie in einem Interview sagte.[21]

Im Übrigen wird Marianne Strauß auch als intellektuell und historisch interessiert geschildert, als entschieden, entscheidungsfreudig und temperamentvoll, als Frau, die zwar schnell, doch klar und präzise sprach. Wie Strauß selbst, war auch sie durchaus für Fröhlichkeit zu haben. Anders als er verkörperte sie aber buchstäblich die Selbstdisziplin. Einen guten Eindruck vermitteln ihre verschiedenen Interviews, insbesondere mit dem zwar geschmeidig-eleganten, aber auch scharfzüngigen Friedrich Nowottny, dem sie meist knapp und schlagfertig antwortete. So fragte er sie: »Macht es Ihnen eigentlich Spaß, als Frau des Bayerischen Ministerpräsidenten nun eine ganz andere Rolle in der Öffentlichkeit zu spielen als früher?« »Wieso eine andere? Vorher war die Position meines Mannes auch nicht gering, oder?« »Was geben Sie jetzt als Berufsbezeichnung an?« »Ehefrau, weil ich das für einen Beruf halte.« Doch verstand sie es auch, klare Botschaften auszusenden, sei es zu politischen Grundfragen, zur Rolle der Frau in Politik und Gesellschaft, zur Familienförderung und der Situation von Familien überhaupt, oder auch solche, die ihr ungebrochenes bayerisches Selbstwertgefühl ausdrückten: »Bayern ist nicht nur das Herzstück Europas, sondern die einzige Ecke Deutschlands, die noch Traditionen bewahrt. Das heißt: Identität. Der Verlust dieser Identität ist heute überall in Deutschland so schrecklich. Man sagt heute ›Bavarian Look‹ und ›Folklore‹ und ›Hofbräuhaus‹. Und man meint damit: Sehnsucht nach Geschichte, nach Tradition, nach jenem Teil der Persönlichkeit, der sich nicht ausschließlich durch Geburt ausdrückt.«[22]

Nachdem Strauß nicht mehr Verteidigungsminister war, behielt er zwar in einem der CSU gehörenden Haus in Bonn, in dem mehrere CSU-Abgeordnete sowie Angestellte logierten, eine Wohnung, doch verlagerte sich der Familienwohnsitz nun wieder nach Bayern, vor allem nach Rott am Inn und in eine Münchner Wohnung. Während seiner drei Jahre als Bundesfinanzminister war er wieder stärker an Bonn gebunden, ohne dass seine Frau dort ständig mit ihm gewohnt hätte. In diese Zeit fiel im Jahr 1968 ein für einen Mann wie Strauß überraschendes Ereignis: Er scheint sich in die 17-jährige Kölner Gymnasiastin Ulrike Pesch verliebt zu haben, und zwar anscheinend so heftig, dass es Gerüchte gab, er wolle Familie und Politik aufgeben. Da es darauf nur einige indirekte Hinweise gibt, bleibt man auf Mutmaßungen angewiesen. Sie stützen sich auf ein unveröffentlichtes Tagebuch seines früheren Referenten in der CSU, des 1970 an Knochenkrebs 34-jährig verstorbenen Marcel Hepp. Er selbst allerdings gehörte in dieser Zeit nicht zu den Bonner Mitarbeitern von Strauß, war also in jedem Fall kein direkter Beobachter. Bei Friedrich Voss findet sich – allerdings für das Jahr 1970, als Strauß nicht mehr Finanzminister war – ein analoger Hinweis: »Aufgeregter Anruf von Marianne Strauß. Sie redet ja kaum jemals langsam, aber jetzt überschlägt sich ihre Stimme ständig. Sie macht mir Vorwürfe, daß ich nach der mißratenen Beueler Veranstaltung ihren Mann nicht vom Besuch eines Kölner Managers abgehalten habe. Ich wisse doch, daß es dort eine hübsche Abiturientin gebe, die ihrem Mann nachstelle. Wenn dies der Presse bekannt werde, wäre es bestimmt nicht imagefördernd. Sie habe meinen Vorgänger, Walter Rieger, bereits darauf hingewiesen.«[23] Die »mißratene Beueler Veranstaltung« war ein Wahlkampfauftritt, bei dem Strauß immer wieder gestört wurde. Überraschend ist es schon, dass die Presseleute, die Strauß ständig beobachteten, nichts mitbekommen hatten. Oder verhielten sie sich damals noch so diskret? Wohl kaum. Und die Angestellten und Mitarbeiter im gleichen Haus, die Bewacher? Und das alles unbemerkt in der sonst so üppigen Gerüchteküche des überschaubaren Bonn? Trotzdem spricht einiges für die Tatsache dieser Affäre. Sie wurde denn auch später schön ausgemalt: Der »verliebte Minister«, der so entspannt wie nie gewirkt habe und mit »seiner« Ulrike Schularbeiten für das bevorstehende Abitur gebüffelt habe[24]: Angesichts des lehrhaften Charakters, der Franz Josef Strauß ebenfalls eigen war, ist das gut vorstellbar: Lehrer und Schülerin, Vater-Tochter-Verhältnis des 53-jährigen Ministers zur 17-Jährigen, Sehnsucht nach der vergangenen eigenen Jugend – aber eben nicht nur. Sicher hätte diese Liebesgeschichte Stoff für einen veritablen Skandal geboten: Ehemann, Familienvater, Katholik zumal, Vorsitzender einer christlichen Partei, Bundesminister liebt eine (noch gerade) Minderjährige! Unvorstellbar! Damals! Oder doch? Und der leidenschaftliche Politiker, hätte er wirklich alles aufgegeben für diesen Liebesanfall? Jedenfalls hätte er alles verloren, wie Friedrich Zimmermann später in einem Interview meinte. Selbst einem Franz Josef Strauß hätte die CSU eine solche Entgleisung nicht verziehen.

Wie ist sie zu erklären, wenn man denn glaubt, (diese) Liebe erklären zu können? Immer wieder hatte es, wenn auch nur spontan und kurzfristig, bei Strauß Rückzugsgedanken gegeben, ausgeprägt zum Beispiel vor und nach der *Spiegel*-Affäre, aber auch später, wenn er sich kräftig ärgerte wie 1976. Doch meist verrauchte solche Zornesdrohung schnell. Und Rückzug aus Bonn hieß ja keineswegs Rückzug aus der Politik. Nun mochte es sich um eine »Midlife«-Krise eines seit Jahrzehnten überbeanspruchten Politikers handeln, der ständig in Amtszwänge eingebunden war, ständig gegen ein Heer von Kritikern und Gegnern kämpfte, stets unter dem Damoklesschwert öffentlicher Beobachtung stand, und dessen rebellische Natur sich nun gegen diese Zwangsjacke wehrte, allen Druck mit einem Befreiungsschlag sprengen wollte, dessen private Natur gegen die deformierende öffentliche ihr Recht forderte: Endlich frei und unabhängig sein! Marianne Strauß selbst sagte einmal in einem Interview über ihren Mann: »Für ihn ist Freiheit so wichtig wie die Luft zum Leben.«[25] Nun wusste ein lebenserfahrener Mann wie Strauß nur zu gut, dass es eine derartige Freiheit nicht gibt. Und dennoch: Hatte er sich nicht auch sonst oft genug geweigert, Zwänge und Realitäten anzuerkennen, wenn sie ihm nicht passten, und nach vulkanischen Ausbrüchen sich schließlich doch als Realist und Pragmatiker erwiesen, Kompromisse geschlossen, sich staatstragend verhalten – etwa nach der *Spiegel*-Krise und der Wut auf den greisen Kanzler, der ihn im Regen stehen ließ, ihn, der die Kastanien aus dem Feuer holen sollte?

Die resolute Marianne Strauß redete in dieser für sie delikaten und schwierigen Lage nicht nur aufgeregt und schnell, sondern handelte auch schnell und offenbar effizient: Sie fuhr nach Bonn, setzte dem auf Nebenwege geratenen Gatten den Kopf zurecht, verwandelte Gefühl in Verstand, suchte in Köln die Eltern der jungen Dame auf: Wie deren spätere Eheschließung mit einem zwar nicht 35, aber doch immerhin 23 Jahre Älteren zeigt, besaß sie offenbar ein Faible für – vergleichsweise – ältere Herren. Diese Neigung hinderte Marianne Strauß nicht, ihr den Irrweg dieser vielleicht schwärmerischen Verliebtheit klarzumachen. Jedenfalls klärte Marianne Strauß ein für alle Mal die Situation: Franz Josef Strauß kehrte in den Ehehafen zurück, er blieb trotz der Irrungen und Wirrungen ein Familienmensch und zugleich bei seinen politischen Leisten – ob reumütig, wissen wir nicht. Und ob es genau so war, ebenso wenig. Doch so könnte es gewesen sein.

12

Strauß im Streit

Auch nach der *Spiegel*-Affäre rissen die zahlreichen Prozesse, die Strauß gegen Verleumdungen führte, nicht ab. Obwohl er sie meist gewann oder mit für ihn akzeptablen Vergleichen zu Ende führte, hinterließen sie doch Spuren in seiner Persönlichkeit und in dem Bild, das sich große Teile der Öffentlichkeit von ihm machten. Oft genug erschien er als Streithammel, als Prozesshansel. Doch sollte er sich beliebig diffamieren lassen? Er selbst sah sich immer wieder als Opfer und tat sich in der Regel keinen Gefallen mit seinen vielen Klagen, nahm die Öffentlichkeit doch kaum vom Ergebnis der sich oft Jahre hinziehenden Prozesse Kenntnis. Aufsehen aber erregte die Tatsache, dass wieder einmal ein Streit mit Strauß »gerichtsmassig« wurde. Ohnehin wurde das öffentliche Bild stark durch die Einschätzung geprägt, einen wahren Kern müssten die Diffamierungen vermutlich haben. Doch auch die von Strauß nicht zu verantwortenden Untersuchungsausschüsse des Bundestags waren oft genug rein parteipolitisch motiviert, beispielsweise im Fall von Personalangelegenheiten des Verteidigungsministeriums, bei Versetzungen oder Beförderungen, bei denen es angesichts des Riesenapparats kaum zu verhindern war, dass sich jemand übergangen fühlte. In anderen Ministerien und bei anderen Ministern wäre niemand auf die Idee gekommen, daraus gleich eine Affäre zu konstruieren, bei Strauß aber schon. Allerdings wurde Strauß auch in diesen Fällen, beispielsweise dem des Oberstleutnant Barth, den die SPD-Fraktion zu Anfragen nutzte, entlastet. Gleichwohl musste er aus solchen Anlässen regelmäßig über Wochen und Monate hinweg mit negativen Schlagzeilen rechnen.

Oft ging es nur um Lappalien. 1960 wurde verbreitet, Strauß habe eine Affäre mit der amerikanischen Schauspielerin Jane Mansfield gehabt, die als »Sex-Bombe« galt. Zwar stellte sich schnell heraus, dass die damals schwangere Schauspielerin zum Zeitpunkt des angeblichen Schäferstündchens Tausende von Meilen entfernt war und auf die Frage eines Redakteurs der Illustrierten *Revue* erstaunt fragte: »Who is Mister Strauß?«, doch die Geschichte war erst einmal in der Welt. Und ganz ähnlich verhielt es sich mit dem Vorfall, als Strauß vor seinem Hotel am Central Park in New York durch zwei Prostituierte seiner Brieftasche beraubt wurde. Zwar hatte ein Taxifahrer, der zufällig Zeuge wurde, die gleiche Beschreibung wie Strauß gegeben, der sofort Anzeige bei der Polizei erstattete, doch auch hier wurde die blühende Phantasie der Klatschreporter außerordentlich angeregt. Und schließlich die sogenannte Ricci-Affäre.[26] Da berichtete eine Illustrierte, der Abgeordnete Strauß sei 1964 betrunken in dem Berliner Restaurant Ricci aufgetaucht und sei »enthemmt« gewesen. Zu dem Filmproduzenten Wenzel Lüdecke, der zur gleichen Zeit in diesem Restaurant war, kam daraufhin ein *Spiegel*-Redakteur, der sich den vermeintlichen Vorfall bestätigen lassen wollte. Er, Lüdecke, habe ihn »sanft hinauskomplimentiert… da in meiner Anwesenheit – soweit ich das beobachtet habe – nichts dergleichen vorgekommen ist«. In dem Brief Lüdeckes an einen anderen damaligen Gast des Lokals beklagte er sich darüber, dass er anschließend im *Spiegel* eine »ärgerliche Attacke« auf sich selbst lesen musste. Wenngleich mehrere Zeugen zum Teil eidesstattlich erklärten, Strauß habe sich an diesem Abend im Ricci völlig korrekt benommen, die anderslautende Darstellung träfe in keiner Weise zu, ging auch diese Story durch die Gazetten. Und da 1962 über den erwähnten Bundespräsidenten-Empfang berichtet worden war und später in der Fernsehsendung nach der Bundestagswahl 1980 jedermann sehen konnte, dass der vom Wahlergebnis frustrierte Kanzlerkandidat alkoholisiert war, wurden auch Ricci-Berichte sofort für bare Münze genommen: Es spielte keine Rolle, ob sie stimmten oder nicht. Abgesehen davon: Auch andere unterlegene Kanzlerkandidaten, beispielsweise Gerhard Schröder 2005, hatten in den anschließenden Fernsehrunden nicht ihre stärksten Stunden. Und der Alkoholkonsum war bei nicht wenigen Angehörigen dieser Kriegsgeneration enorm, Franz Josef Strauß und Willy Brandt standen da nicht allein. Solche Parallelen sind kein Grund für eine Bagatellisierung, auch müssen die jeweiligen Anlässe bei solchen Vorfällen berücksichtigt werden. Auffällig ist jedoch, wie oft mit zweierlei Maß gemessen wurde. Was Willy Brandt nach der veröffentlichten Meinung durfte oder bei ihm als Kavaliersdelikt(e) abgetan wurde, stand Franz Josef Strauß noch lange nicht zu. Andere Beispiele belegen dieses Schema ebenso und zeigen in einem Fall eine negative, im anderen eine positive Voreingenommenheit.

Strauß jedenfalls wurde zur Projektionsfläche ständiger Verunglimpfung, die zum Instrument politischen Kampfes gegen ihn wurde. Gerade bei Strauß aber wäre eine argumentative Auseinandersetzung mit seiner Politik schon deshalb naheliegend gewesen, weil er selbst alle politischen Sachentscheidungen reflektiert begründet hat. Strauß aber auf dieser

Ebene zu begegnen hätte allerdings intellektueller Anstrengungen bedurft, die offenbar gerade die »Intellektuellen« unter seinen Gegnern überforderten. Mehrere von ihnen, darunter, wie sich später herausstellen sollte, nicht nur von Strauß selbst als dubios angesehene Figuren wie Bernt Engelmann, Günter Wallraff und andere, sowie seriösere wie Ingeborg Drewitz, klagten gegen Strauß, als dieser selbst und der *Bayernkurier* zurückholzten. Auch hier gewann Strauß den Prozess vor dem Oberlandesgericht Stuttgart, wenngleich er eine einzige seiner Charakterisierungen Engelmanns laut Urteil nicht wiederholen durfte, Engelmann sei ein »Untergrundkommunist«. Damals wusste man noch nicht, wie dicht Strauß an der Realität lag, da Kontakte von Engelmann und Wallraff zum Staatssicherheitsdienst der DDR erst viele Jahre später öffentlichen Diskussionsstoff boten.

Und auch gegen die *Süddeutsche Zeitung* und ihren Redakteur Hartmut Palmer gewann Strauß. In diesem Fall war er wiederum der Beklagte. Palmer hatte am 16. Februar 1976 in der SZ einen Artikel mit der Überschrift »Wie kam der Starfighter zur Bundesluftwaffe – Erinnerungen an ein Milliardengeschäft« veröffentlicht, in dem er den ehemaligen Verteidigungsminister nicht allein mit falschen Behauptungen, die in etlichen Prozessen und selbst durch Untersuchungsausschüsse des Bundestags längst widerlegt waren, attackierte. Außerdem enthielt der Artikel ehrenrührige Passagen über Strauß. Dieser schickte der SZ nicht allein eine detaillierte Gegendarstellung zu den Fehlern, sondern sprach in einem Interview von »Gangsterjournalismus« und nannte als Beispiel den »Gangsterartikel« von Palmer. Die CSU rief – erfolglos – den Deutschen Presserat an, und Palmer sowie schließlich die Chefredaktion der SZ verklagten Strauß wegen Beleidigung. Zunächst lehnte die Staatsanwaltschaft Essen (Strauß' Interview war in der *Westdeutschen Allgemeinen* erschienen) die Eröffnung eines Ermittlungsverfahrens ab. Die Begründung des zuständigen Oberstaatsanwalts lautete: Strauß habe sich gegen ehrenrührige Verunglimpfungen zur Wehr gesetzt und in »Wahrnehmung berechtigter Interessen« gehandelt. Danach wies das Oberlandesgericht München am 14. Februar 1977 die Klage Palmers gegen Strauß ab. Palmer erhob daraufhin Verfassungsbeschwerde beim Bundesverfassungsgericht, das diese ebenfalls abwies.[27]

Strauß beschäftigte über die Jahre hinweg mehrere Rechtsanwaltskanzleien, meist solche persönlicher Freunde, um sich gegen Verleumdungen zur Wehr zu setzen. Das änderte sich auch in seinen späteren Lebensjahren nicht. So führte er allein im Jahr 1987 für sich bzw. in seiner Eigenschaft als CSU-Vorsitzender elf Beleidigungsprozesse. Die Rechtsanwaltskanzlei Dr. Günther Ossmann und Hans Rettinger erhielt ein monatliches Pauschalhonorar und berechnete für dieses Jahr circa

36 000 DM Honorare und Gebühren, allerdings stand hier noch ein Eingang von 29 000 DM für dieses Jahr aus einem gewonnenen Prozess aus.[28] So ging es Jahr für Jahr, es wäre leicht möglich, ein Buch »Strauß und seine Prozesse« zu schreiben, wie auch »Strauß und die Medien« in diesen Streitfällen eine aufschlussreiche Thematik ist.[29]

Allerdings stand Strauß mit dem Willen, durch Prozesse recht zu bekommen, keineswegs allein. Auch sein publizistischer Antipode Rudolf Augstein ließ nicht locker, wenn es um seinen Lieblingsfeind ging. Obwohl der *Spiegel*-Herausgeber schon seit 1961/62 stets Prozesse gegen den CSU-Politiker verloren hatte, focht er, wo immer es rechtlich zulässig war, die sogenannten Endurteile von 1965 so lange an, wie es irgend ging. Selbst als der Bundesgerichtshof in der Revision das ursprüngliche Urteil von 1965 zugunsten von Strauß erneut bestätigte, versuchte Augstein es mit einer Verfassungsklage gegen insgesamt drei Urteile und drei Revisionsprozesse, die Strauß allesamt gewonnen hatte. Rudolf Augstein begründete den Gang nach Karlsruhe mit der Berufung auf die Garantie der Pressefreiheit. Auch diese Klage verlor Augstein vor dem Bundesverfassungsgericht. Selbst die Zahlung der Entschädigung von 25 000 DM verzögerte Augstein, bis die Anwälte von Strauß Vollstreckungsklage einreichten. Augsteins Prozessierfreude stand derjenigen von Strauß keineswegs nach. Aber hatte der »Sieger« Franz Josef Strauß in diesen sich bis 1970 hinziehenden Prozessen letztlich etwas gewonnen, da die mediale Wirkung keineswegs der juristischen Würdigung der Vorgänge entsprach? Das Doppelbeispiel von Strauß und Augstein provoziert die Frage, ob nicht allein individuelle Dispositionen die Streitlust verursachten, sondern überdies zeittypische Verhaltensweisen. Jedenfalls ging es beiden Kontrahenten, die sich buchstäblich ineinander verbissen, wohl nicht allein um das Rechthaben, sondern kaum minder um das Rechtbekommen.

Strauß regte sich jedenfalls selbst in solchen Fällen auf und setzte sich zur Wehr, in denen es besser gewesen wäre, die Angelegenheit auf sich beruhen zu lassen, um sich nicht unnötig zu verschleißen, beispielsweise in der sogenannten Jagdscheinaffäre 1964/65.[30] Franz Josef Strauß und einige seiner Parteifreunde hatten im niedersächsischen Gifhorn eine Jagdscheinprüfung abgelegt, deren Zeitpunkt mit einem Besuch im benachbarten Volkswagenwerk verbunden war. Diese zeitliche Verbindung bildete auch den von Strauß angegebenen Grund für die Ortswahl der Prüfung. Voraussehbar war jedoch, dass in der Öffentlichkeit die Frage gestellt wurde, warum der CSU-Vorsitzende nicht in Bayern oder wegen seines Bonner Mandats im Rheinland die Prüfung ablegte. Sofort wurden Unregelmäßigkeiten vermutet, wogegen Strauß prompt anging. Nach ironischen bzw. kritischen Presseberichten unter anderem in der Zeitschrift *Der deutsche Jäger* bat Strauß den zuständigen Niedersächsischen Minister für Landwirtschaft und Forsten, Alfred Kubel, um Auskunft, ob die Jagdscheinprüfung korrekt durchgeführt worden sei. Der aber antwortete ihm, tatsächlich seien Formfehler unterlaufen. So waren statt vier vorgeschriebenen Beisitzern nur drei anwesend gewesen, bei der mündlichen Prüfung waren nicht alle in der Prüfungsordnung vorgeschriebenen Inhalte behandelt worden usw. Kubel folgerte daraus, die Prüfung könne nicht anerkannt werden, was er auch dem zuständigen Bayerischen Landwirtschaftsminister Alois Hundhammer mitteilte. Als Strauß sich an diesen wandte, teilte Hundhammer seinem »Parteifreund« Strauß ebenso formell wie sein sozialdemokratischer niedersächsischer Kollege Kubel mit, auch die bayerischen Prüfungsanforderungen seien in dieser Jagdscheinprüfung nicht erfüllt worden.

Der leidenschaftliche Jäger Strauß musste also erneut eine Prüfung ablegen, durch sein Insistieren aber folgte auch hier eine »Affäre«, wenn auch eine ziemlich alberne. Und so könnte man beliebig fortfahren. Verursachte der Fahrer von Strauß einen Unfall oder hielt sich nicht an Verkehrsregeln, war der Verteidigungsminister selbst sofort der Verkehrssünder, reagierte in solchen Fällen der gerade wieder unter zeitlichem Druck stehende Strauß cholerisch, was des Öfteren vorkam, war das Wort vom unbeherrschten und deshalb gefährlichen Minister in aller Munde. Natürlich trugen seine Ungeduld, sein cholerisches Temperament, auch eine unverkennbare Rechthaberei dazu bei. Doch solche Charakterzüge machten nicht den ganzen Strauß aus, aber lässt sich ein Individuum buchstäblich in Einzelteile zerlegen? Alles in allem bewirkte jedenfalls die Kumulation von Petitessen, von gravierenden Vorwürfen und Diffamierungen ein negatives Charakterbild, hinter dem andere Charakterzüge von Franz Josef Strauß verschwanden, obwohl sie nicht weniger aussagekräftig sind. Dazu zählen geradezu gegensätzliche Eigenschaften: Liebenswürdigkeit, Charme, die Fähigkeit zu jahrzehntelangen Freundschaften, Hilfsbereitschaft und bayerische Urwüchsigkeit.

Bei den persönlich gefärbten Kontroversen und Streitfällen ging es naturgemäß nicht allein um Bagatellen. Und so überrascht es wenig, dass der gebildete Historiker Strauß auf den von ihm verehrten sozialdemokratischen Reichspräsidenten Friedrich Ebert hinwies, der ähnlich verleumdet worden sei wie er selbst.[31] Immer wieder kritisierte Strauß den »Rufmord als Mittel der Politik« und erinnerte daran, welch schwere Schädigung für die politische Kultur der Weimarer Republik daraus entstanden ist. So berechtigt seine Warnungen waren, so verwunderlich ist doch: Strauß wusste nur zu gut, dass Ebert sich in den zahllosen Beleidigungsprozessen selbst verschlissen hatte. Sogar eine notwendige Operation hatte Ebert unterlassen, um seine Ehre vor Gericht zu verteidigen, schließlich war er daran zugrunde gegangen. Warum setzte Franz Josef Strauß sich einer ähnlichen Gefahr aus, hatte sein vulkanisches Temperament auch selbstzerstörerische Züge?

Strauß selbst sah die Gefahr durchaus, fühlte sich aber angesichts dauernder Verleumdungen in einer Zwickmühle. So bemerkte er am 7. Oktober 1965 in einem Dankbrief an Hjalmar Schacht, in dem es auch um einen Prozess gegen den *Spiegel* ging: »Ich stehe immer zwischen zwei extremen Lösungen. Entweder ich führe meine Prozesse durch und werde als Prozeßhansl bezeichnet oder ich verzichte auf Prozesse, bzw. schließe Vergleiche, dann wird mir vorgeworfen, daß ich eine gerichtliche Klärung vermeide. Es ist wohl richtig, hier einen selektiven Mittelweg zu gehen. Im allgemeinen bin ich trotz gewisser Erfolge der Auffassung, daß der Gang zum Gericht kein geeigneter Weg für die Klärung von Vorgängen oder für die Wiederherstellung einer angeblich verletzten Ehre ist.«[32]

Doch hätte schon ein praktischer Grund Strauß von der außergewöhnlich hohen Zahl der Prozesse gegen Diffamierungen und Beleidigungen abhalten müssen: Diese Prozesse begannen meist mit einer einstweiligen Verfügung gegen die Verursacher und setzten sich dann oft über Jahre fort. So kam es vor, dass endgültige Urteile nach Revisionsprozessen erst nach einem Jahrzehnt ergingen, während dieser Jahre jedoch mit schöner Regelmäßigkeit über den gleichen Streitfall bzw. Diffamierungen berichtet wurde, was einem Verstärkereffekt gleichkam. Beispielsweise erließ das Landgericht München I erst am 15. Juli 1965 das Endurteil in der Klage von Franz Josef Strauß gegen Rudolf Augstein. Sie forderte den Widerruf einer ganzen Reihe von Beleidigungen und Verleumdungen des *Spiegel*-Herausgebers über Strauß. Einige dieser Äußerungen lagen mehr als vier Jahre zurück, waren aber verschiedentlich wiederholt worden.

Der Rechtsvertreter von Augstein war der bekennende Strauß- und CSU-Feind Otto Gritschneder, ein Münchner Original, zu dessen persönlichem Ansehen seine Standhaftigkeit während der NS-Diktatur beigetragen hatte und der überdies wissenschaftliche Verdienste besaß, hatte er sich doch auch der Erforschung der juristischen Zeitgeschichte vor 1945 gewidmet. Doch ähnlich wie Gustav Heinemann im erwähnten Nürnberger Rechtsstreit agierte Gritschneder nicht allein als Anwalt[33], sondern focht zugleich einen politischen Kampf gegen Strauß aus. Gritschneders persönliche Animositäten trugen dazu bei, Rudolf Augstein in seiner eigenen Redaktion Probleme zu bereiten, weil der Anwalt unprofessionell vorgegangen war. Doch lässt sich der Vorgang nicht vollkommen klären. Interessant aber sind die *Spiegel*-internen Reaktionen in jedem Fall, weil sie einmal mehr die geradezu irrationale Abneigung gegen Strauß dokumentieren. So hatte Gritschneder im Sommer 1965 in diesem Prozess ein »Dossier« über eine vier Jahre zurückliegende Amerika-Reise von Strauß im Jahre 1961 vorgelegt – angeblich ohne Wissen von Augstein. Dieses Dossier hatte Augstein durch eine zwielichtige Figur zusammentragen lassen, die Strauß im Auftrag und mit Bezahlung des *Spiegel* bespitzeln sollte. Zwar wurde dieser »Privatdetektiv« nicht fündig, wollte aber natürlich seinen Auftraggeber zufriedenstellen und ließ seiner Phantasie freien Lauf.

So habe Strauß Bordellbesuche gemacht und diese vom deutschen Generalkonsulat bezahlen lassen. Kann man sich wirklich vorstellen, dass Strauß so blöd gewesen wäre? »Reisekostenabrechnungen« wären in einem solchen Fall ja nicht allein beim Generalkonsul gelandet, sondern beim zuständigen Sachbearbeiter, beim Bundesverwaltungsamt usw., sie wären aufgrund der Bearbeitung praktisch öffentlich gewesen. Der Vorgang dokumentiert einmal mehr, welch dubioser Methoden sich einige Strauß-Gegner bedienten und wie wenig sie offensichtlich in der Hand hatten – sonst hätte es solch aberwitziger Konstrukte nicht bedurft. Um jeden Preis wollten Gritschneder und/oder Augstein etwas Belastendes finden. Gritschneder hatte dabei offenbar noch andere Absichten: Er war sehr gut bekannt mit dem innerparteilichen Strauß-Gegner Alois Hundhammer und bemühte sich darum, mit ihm gemeinsam zwischen den bayerischen Klerus und Strauß einen Keil zu treiben – eine nicht nur reisekostenrechtlich, sondern auch moralisch anstößige Geschichte kam da gerade recht. Zwar wurden auch diese Verleumdungen anhand der Reiseunterlagen widerlegt, doch dieses Mal schadete die Aktion nicht Strauß, sondern ihrem Urheber.

Mehreren *Spiegel*-Redakteuren wurde offenbar eine solch schmutzige Kampagne zu viel, zumal der *Spiegel* noch einen anderen »Beschattungsauftrag« für circa 4000 Dollar vergeben hatte, um Strauß bei einer Formosa-Reise (das heutige Taiwan) zu bespitzeln. Allerdings handelte es sich wiederum um eine verlorene »Investition«: Strauß wurde von seinen chinesischen Gastgebern derart abgeschirmt, dass der beauftragte »Privatdetektiv« gar nicht in seine Nähe kam.

Bei einer Redaktionskonferenz des *Spiegel* muss es über diese Methoden zu heftigen Auseinandersetzungen mit Augstein gekommen sein, der auf seinen Amerika-Gewährsmann reingefallen war, auch die beiden Chefredakteure Claus Jacobi und Johannes Engel waren nach den internen Informationen aneinandergeraten. Die Kritik an Augstein ging offenbar so weit, dass er nicht nur zeitweise erwogen habe, die Herausgeberschaft niederzulegen, sondern schließlich zugesagt habe, »sich in Zukunft nicht mehr in redaktionelle Angelegenheiten einzumischen, falls Strauß obsiegen sollte«.[34]

Augstein hatte sich allerdings des Öfteren auch juristisch schwer angreifbarer Mittel bedient, indem er viele seiner Attacken in Form von Zitaten anderer kleidete, auch Selbstzitate als Fragen oder Andeutungen verwendete. Er zwang Strauß, sich auf einen Rechtsstreit einzulassen, als er unterstellte: Wenn Strauß sich gegen die und die Behauptung nicht zur Wehr setze oder gesetzt habe, sei das offenbar ein Eingeständnis. Ein Beispiel für diese Machart bildet der *Spiegel*-Artikel »Unheilbar gesund«, den Augstein 1964 unter dem Pseudonym Moritz Pfeil veröffentlichte.[35] In einigen der inkriminierten *Spiegel*-Artikel hieß es unter anderem: »Der Bundestagsabgeordnete Kalbitzer hat ihn (Strauß) in einem ›Offenen Brief‹ als ›korrupt‹ vermutet; die Illustrierte ›Revue‹ sah ihn in dem Verdacht ›korrupt zu sein oder in die eigene Tasche zu wirtschaften‹… das ›Hamburger Echo‹ rätselte über den Ursprung seines ›auf elf Millionen Mark geschätzten Vermögens‹; ›Die Welt‹ munkelte von ›einigen Grundstücksgeschäften‹; ›Der Spiegel‹ nannte ihn einen ›der Korruption schuldigen Minister‹…« Diese Reihe ließe sich beliebig verlängern, die Wortwahl allein zeigt, dass es für keine der Behauptungen irgendeinen Beweis gab: »als ›korrupt‹ vermutet«, »munkelte«, »rätselte« usw.

Auch Formulierungen wie, »Onkel Aloys« habe sich gerühmt, »dem Mariandl ein Grundstück an der Riviera zu besorgen«, wurden zwar im Prozess nach Jahren widerlegt, insinuierten aber erst einmal unredliche Geschäfte. Worum handelte es sich hier? »Onkel Aloys« meinte Dr. Aloys Brandenstein, den ehemaligen Angestellten einer Rüstungsfirma, der zeitweilig auch selbstständig als Rüstungslobbyist tätig gewesen war. Es handelte sich um einen guten Bekannten der Familie Zwicknagl, den das »Mariandl«, also Marianne Strauß, als »Onkel Aloys« angeredet haben soll. Nachdem er wegen mehrerer schwerer Erkrankungen zeitweise arbeitsunfähig gewesen war und infolgedessen verarmte, hatte er sich um Hilfe an den Schwiegervater von Strauß, Dr. Max Zwicknagl, gewandt. Danach unterhielt Brandenstein zeitweilig auch gute Kontakte zum Ehepaar Strauß und zu einigen Beamten im Verteidigungsministerium.

Brandenstein stellte sich schließlich als dubiose Figur heraus, neigte unter Alkoholeinfluss offenbar zu phantasiereicher Redseligkeit und rühmte sich unter anderem einer – nicht bestehenden – Verwandtschaft mit dem Verteidigungsminister, wodurch er offenbar seine Geschäftsabsichten befördern wollte. Von Strauß erhielt er schließlich Hausverbot im Ministerium. Brandensteins zeitweiliger Fahrer erzählte später, sein Chef sei einige Male bei der Familie Strauß in Bad Godesberg zu Besuch gewesen und mit einem schweren Koffer hineingegangen und einem leichten wieder herausgekommen. Ob darin Geld gewesen sei, wisse er nicht. Doch habe Brandenstein bei einer anderen Gelegenheit aus einem Geldkoffer mit Bündeln nagelneuer 50-Mark-Scheine Geld entnommen, um etwas zu bezahlen. Dieser Hinweis reichte für die Vermutung des *Spiegel*, Strauß habe Brandenstein Aufträge zugeschanzt und dafür Geld erhalten. Es handelte sich hierbei um einen der Klagepunkte von Strauß gegen Rudolf Augstein alias »Moritz Pfeil«.

Das Gericht hörte zu der Bekanntschaft mit Brandenstein und den Grundstückskäufen in Südfrankreich auch Marianne Strauß als Zeugin. Die Aufträge aus dem Verteidigungsministerium gingen nicht an Brandenstein, sondern an den damals wohl einzigen deutschen Panzerkettenhersteller, die Firma Backhaus, die später wegen Zahlungsunfähigkeit verkauft werden musste. Mehrere Beamte aus dem Bundesverteidigungsministerium wurden zu dem Vorgang als Zeugen gehört.

Mit den Grundstückskäufen in Frankreich, die seinerzeit nach Aussage von Marianne Strauß 20 000 bzw. 58 000 neue Francs gekostet hatten, war Brandenstein tatsächlich gar nicht befasst. Vielmehr hatte das Ehepaar Strauß an der Riviera Urlaub gemacht und dann dort bei einer Grundstücksgesellschaft zunächst das kleinere, dann 1964 das größere in Les Issambres gekauft, weil das erste Anwesen für die inzwischen fünfköpfige Familie zu klein geworden war. Die französischen Grundstücke wurden auf den Namen von Marianne Strauß eingetragen. Weitere Grundstückskäufe in Schwabing und am Ammersee erfolgten auf den Namen von Franz Josef Strauß.[36] Was an diesen Käufen allerdings ehrenrührig sein sollte, konnte auch das Gericht nicht erkennen, da es sich um nachvollziehbare Geschäfte handelte. Auch bemerkten die Urheber der Vorwürfe nicht den eigenen Widerspruch, warfen sie doch Strauß zugleich vor, für die Grundstückskäufe eine Hypothek von mehreren Hunderttausend DM erlangt zu haben, die unter dem damals üblichen Marktpreis lag: Hätte er einen Kredit nötig gehabt, wenn er für Waffengeschäfte Dritter die Summen eingenommen hätte, die man unterstellte? Schließlich gab es noch Spekulationen, Strauß habe sich durch einen Dritten für ein Grundstück am Monte Verità bei Ascona interessiert. Auch das ist weder einem Minister noch einem Abgeordneten verwehrt.

Über Brandenstein sowie die Firma Backhaus kamen die substanziellen Zeugenaussagen vor allem von dem seit 1957 für die Überprüfung eventueller Unregelmäßigkeiten bei Beschaffungsaufträgen zuständigen Ministerialrat Karl Helmut Schnell, dem das Verteidigungsministerium eine Aussagegenehmigung erteilt hatte: »Ich habe in dieser Eigenschaft alle damaligen Untersuchungen über Korruption durchgeführt. Es ist in keinem Falle festgestellt worden, daß der Minister einer Firma, einer Person oder einer Personengruppe Aufträge zugeschoben hat, d.h. also zu Unrecht vergeben hat.«[37] Die Anschaffung der Panzerketten sei nach Prüfung durch alle zuständigen Stellen im Ministerium sowie Tests erfolgt, sodass dem Verteidigungsminister nach dem Vorliegen von Vergleichsangeboten aus den USA der Kauf in Deutschland bei der Firma Backhaus vorgeschlagen worden sei.

Über die Firma Backhaus erhielt das Verteidigungsministerium etwa 1957/58 Hinweise des damaligen Hamburger Bundestagsabgeordneten Helmut Schmidt, der Bund solle betrogen worden sein oder Bestechungen seien erfolgt. Daraufhin informierte das Verteidigungsministerium die zuständige Staatsanwaltschaft Koblenz über diesen Verdacht, die auf Ersuchen des Ministeriums eine Durchsuchung vornahm. Allerdings stellte die Staatsanwaltschaft nach zwei Monaten das Verfahren gegen die Firma ergebnislos ein. Auf Vorschlag des zuständigen Referats, das den Verdacht überhöhter Preise hatte, habe der Verteidigungsminister aber angeordnet, die Firma weiter zu überprüfen, berichtete der als Zeuge vernommene Ministerialrat weiter. Daraufhin sei Material gesammelt worden, auch über Brandenstein. Aufgrund dieser Erkenntnisse seien auch Strafverfahren eröffnet worden, und zwar gegen einen Major der Bundeswehr und den Juniorchef der Firma Backhaus, nicht aber gegen Brandenstein. Allerdings sei das »Ergebnis der Untersuchung so gewesen, daß mit Dr. Brandenstein als Firmenvertreter in Zukunft nicht mehr verhandelt wird«.[38] Die Bewerbung Brandensteins im Ministerium habe Strauß an das BWB (Bundeswehrbeschaffungsamt) »weiterleiten lassen mit einer Verfügung, die kein besonderes Interesse an seiner Persönlichkeit erkennen ließ. Die genannte Stelle hat das Gesuch dann abgelehnt ... Es ist nicht ersichtlich gewesen, daß in der Folge weitere Maßnahmen des Ministers erfolgt sind, um diesen Bescheid aufzuheben.«[39]

Nach Aussage des Zeugen war es gerade Strauß, der dieses Anti-Korruptionsreferat begründet hatte, weil es bei der Beschaffung vor seiner Amtszeit zu Unregelmäßigkeiten gekommen war: »Ich weiß, daß der Minister bestrebt war, diese Dinge zu bereinigen.«

Als ebenso unbegründet wie die Anschuldigungen in Bezug auf »Onkel Aloys« erwiesen sich weitere Verleumdungen, etwa diejenige, Strauß habe ein für ihn eingerichtetes CSU-Sonderkonto, aus dem er monatlich 5000 DM erhielt, für persönliche Zwecke genutzt: Nach Aussage mehrerer Zeugen, darunter der Anwaltskanzlei, die eine Prüfung vorgenommen hatte, des Generalsekretärs Friedrich Zimmermann und der früheren Sekretärin, die das Konto führte, hat Strauß keine Ausgaben für seinen eigenen Bedarf davon beglichen, sondern solche für Parteizwecke. Im Übrigen verfügte nicht nur er über ein solches Konto, sondern auch der Parteivorsitzende Hanns Seidel. Vor Gericht wurde darauf hingewiesen, dass solche Konten bei anderen Parteien ebenfalls üblich seien. Im Übrigen führte Franz Josef Strauß diese Konten nicht allein, beteiligt waren Sekretärinnen, andere Mitarbeiter in der CSU-Zentrale, natürlich die Generalsekretäre, selbstverständlich auch die Parteivorsitzenden. So schrieb Strauß am 5. Januar 1954 an Ministerpräsident Hans Ehard: »Es ist Dir bekannt, daß ich seit langer Zeit ein Wirtschaftsbüro in Bonn unterhalte, aus dessen Erträgnissen der Partei bzw. den politischen Zwecken der CSU nicht unerhebliche Beträge zugeflossen sind. Ich fühle mich verpflichtet, Dir gegenüber eine Aufstellung zukommen zu lassen, damit Du als Landesvorsitzender Bescheid weißt. Die Aufstellung ist lückenlos.«[40] Solche Sonderkonten waren tatsächlich weniger geheimnisvoll, als in den Verdächtigungen unterstellt, doch regten sie immer wieder die Phantasie an und spielten in vielen Beleidigungsprozessen eine Rolle.

Es können hier nicht alle Einzelvorwürfe rekonstruiert werden, die in dem letztgenannten Verfahren erhoben wurden, doch standen sie allesamt auf tönernen Füßen. Belege lagen in keinem Fall vor, dafür aber umso mehr Spekulationen und willkürliche Behauptungen. Infolgedessen erwies sich der Prozess wiederum als Erfolg für Strauß und als Niederlage für Augstein. Der *Spiegel*-Herausgeber wurde im Endurteil vom 15. Juli 1965, welches etwa ein Jahr später nach Berufung nur geringfügig modifiziert wurde, verurteilt:

»I. ... durch eine eigenhändig unterzeichnete schriftliche Erklärung folgende Behauptungen zu widerrufen:
a) Der Kläger habe der Behauptung in der Öffentlichkeit nicht widersprochen, er habe ein Vermögen erworben, wie es ein Politiker seit 1945 nicht auf normalem Wege erlangen konnte;
b) Dr. Brandenstein habe zum Kläger einen Koffer oder eine grosse Aktentasche voll nagelneuer Fünfzigmarkscheine gebracht.

II. Der Beklagte wird verurteilt, die eigenhändig unterzeichnete schriftliche Erklärung abzugeben, dass er folgende Behauptungen nicht aufrechterhält:
a) Der Kläger habe Dr. Brandenstein ganz ausserordentlich hohe Rüstungsaufträge zugeschoben oder zuschieben lassen;
b) der Kläger sei ein der Korruption schuldiger Minister, der während seiner Ministerzeit Geld angenommen habe, das ihm nicht gehörte;
c) der Kläger habe mit Dr. Kapfinger in der Fibag-Affäre die Gewinne teilen müssen.

III. Der Beklagte wird verurteilt, an den Kläger DM 25 000,– nebst 4% Zinsen seit 2.7.1964 zu bezahlen.

IV. Im Übrigen wird die Klage abgewiesen.«[41]

Aus formalen Gründen der Artikelgestaltung im *Spiegel* bzw. der Definition von Begriffen und ihres landläufigen Verständnisses war Strauß nicht in allen, wenngleich in den meisten Klagepunkten sowie im Grundsatz erfolgreich, in keinem einzigen sah das Gericht Franz Josef Strauß als belastet an. Die Modifikationen aufgrund der Berufungen vom 28. Juli 1966 betrafen eine Umformulierung des Passus II c), wo es nun hieß, der Beklagte habe die Behauptung zu widerrufen, »der Kläger habe mit Dr. Kapfinger vereinbart, die Gewinne in der Fibag-Affäre zu teilen«. Auch fiel nun die Teilung der Prozesskosten günstiger für Strauß aus, der aus beiden Prozesszügen nur 1/10, Augstein aber 9/10 bezahlen musste.[42]

Nach dem Prozess fragte der Berliner Professor für Publizistik Emil Dovifat, einer der Pioniere seines Fachs, in einem privaten Brief am 20. August 1965 aus Anlass eines weiteren *Spiegel*-Artikels, wie man »nun wirklich zu Strauß stehen solle. Wo ich ihn erlebte, habe ich ihn immer großartig gefunden, ein Vollblutpolitiker, klug, schlagfertig, voller Aktivität u. doch wieder sehr gebildet. Ein solcher Mann – hätten wir ihn 1930/33 gehabt – hätte Hitler erledigen können. Seine Diffamierung durch den ›Spiegel‹ ist eine der infamsten Haßaktionen in der Geschichte der Publizistik.«[43]

Das Gefühl, geradezu umstellt zu sein, ständig persönlich attackiert zu werden, verstärkte also bei Strauß den Drang, regelmäßig juristisch gegen Verleumdungen vorzugehen. Tatsächlich gab es keinen zweiten Politiker dieser Jahrzehnte, der in derart übler Weise und so häufig verunglimpft worden ist. Da zählte es sogar zu den ausgesprochen fairen Äußerungen, wenn der SPD-Abgeordnete Karl Mommer im Juli 1959 den angeblichen Revanchismus in der Bundesrepublik als Erzeugnis der kommunistischen Propaganda bezeichnete, um dann hinzuzufügen: Adenauer und Strauß seien zwar »gefährliche Männer«, aber »keine Wahnsinnigen, die mit Waffengewalt bestehende Grenzen verändern oder ›gen Ostland reiten‹ wollten«.[44] Schon ehrenrührig war es hingegen, dass Helmut Schmidt im Jahr vor der *Spiegel*-Affäre Strauß als »Mann ohne Anstand«, als »Atomprotz« bezeichnete, dessen Reden an Wilhelm II. erinnerten, »die zum nicht gewollten Krieg geführt hätten«. Strauß sei schon jetzt als Chef der Bundeswehr ein Risiko. »Seine Chance, Bundeskanzler zu werden, sei aber ein Zeichen kommenden Unheils.«[45]

Wegen übler Nachrede gegen Strauß wurden auch drei Journalisten der SPD-Zeitung *Vorwärts* zu drei Monaten Gefängnis mit Bewährung verurteilt, die ihn der Ämterpatronage verdächtigt hatten.[46] Einen Tiefstand politischer Auseinandersetzung dokumentierte der *SPD-Pressedienst*: Er nannte Strauß am 10. November 1958 gar einen »potentiellen Kriegsverbrecher«. Der sonst eher gemäßigte bayerische SPD-Vorsitzende und stellvertretende Bundesvorsitzende Waldemar von Knoeringen bezeichnete Strauß am 7. Januar 1959 als »Feind Nr. 1« der Sozialdemokratie, er warf ihm »skrupellose Machtpolitik« vor, die eine »Gefährdung der demokratischen Entwicklung« darstelle.[47] In anderen Ausgaben des *SPD-Pressedienstes* wurde Strauß als »Rüstungsapostel« bezeichnet. Der vermeintlich so korrekte Gustav Heinemann erklärte, »Strauß erinnert an 1933«, und die SPD-Zeitung *Die Freiheit* nannte den Verteidigungsminister einen »braunen Teppichbeißer«. Wozu werde Strauß wohl fähig sein, »wenn er Atombomben in die Fäuste bekommt. Sind sie in den Händen eines derart exaltierten Ministers für die Menschheit weniger gefährlich als in der Befehlsgewalt eines Sowjet-Generals?«[48]

Diese Sätze stellen nur eine kleine Auswahl dar, mit Texten dieser Art könnte man Hunderte von Seiten füllen. Nahmen die zahlreichen subtilen Analytiker der politischen Kultur und der Meinungsfreiheit an solchen Diffamierungen Anstoß? Hatten sie irgendetwas aus der Geschichte der Weimarer Republik gelernt oder waren sie alle (Carl) Schmittianer?

Bei den Strauß-Gegnern war die Empfindlichkeit fast größer als bei ihm selbst, obwohl eine systematische Analyse der Polemik von Strauß und der seiner Gegner aufschlussreich wäre. Vielleicht würde eine solche Untersuchung so ausgehen wie ein Vergleich der Ordnungsrufe im Bundestag in seiner fast 30-jährigen Zugehörigkeit: Während die Bundestagspräsidenten Herbert Wehner weit über 100 Mal zur Ordnung rufen mussten, widerfuhr Franz Josef Strauß dies nur zweimal, in beiden Fällen hatte er Willy Brandt der Lüge bezichtigt, ohne Zweifel starker Tobak.

Die Bundestagsreden von Strauß belegen zwar seine Schlagfertigkeit, doch kommt scharfe Polemik seltener und Diffamierung kaum vor. Etwas anderes sind seine Bierzelt- und Aschermittwochsreden, die traditionell polemischer ausfielen und heute nach der über Jahre von der CSU geprägten Form zum Tummelfeld für alle Parteien geworden sind, die sich an polemischem Witz übertreffen wollen. Die Authentizität des bayerischen »Derbleckens« bei Strauß wird jedoch kaum je erreicht.

Doch auch hier gilt für Historiker nicht das Gerücht, sondern der Text selbst. Die Auswertung der meist nur in Tonbandmitschriften vorliegenden Strauß-Reden, die insgesamt in die Tausende gehen, wäre eine Herkules-Arbeit für sich. Es überrascht daher nicht, dass in der Regel nur einzelne, besonders schlagkräftige Sätze zitiert werden. Nicht selten aber erschließt sich der Gehalt nur aus dem Zusammenhang. Oft wird beim Zitieren weggelassen, ob Strauß agierte oder reagierte: Eines von vielen Beispielen ist Strauß' Aschermittwochsrede vom 13. Februar 1959, die als Angriff auf den Regierenden Bürgermeister von Berlin, Willy Brandt, ausgelegt worden ist, der kurz vor einer Amerikareise stand. Der SPD-Vorsitzende Erich Ollenhauer bezeichnete die Strauß-Rede als Skandal, weil der Verteidigungsminister Brandt und den stellvertretenden SPD-Vorsitzenden von Knoeringen als Handlanger Moskaus diffamiert habe. Es sei eine Gefahr für die junge Demokratie, wenn ein so unbeherrschter Mann Verteidigungsminister sei. Auch Parteifreunde aus der Union fanden daraufhin den vermeintlichen Angriff von Strauß auf Brandt unglücklich.[49] Da kein Redemanuskript vorlag, wurde eine Transkription vom Tonbandmitschnitt hergestellt. Was hatte der »unbeherrschte Mann« also Bösartiges gesagt?

»... So als Neujahrsgruß hat der Landesvorsitzende der SPD in Bayern, der stellvertretende Bundesvorsitzende der SPD, Waldemar von Knoeringen, eine seiner Erleuchtungen von sich gegeben. Nun, ich möchte niemanden persönlich angreifen, es ist auf der anderen Seite schwer, über manche Dinge einfach zu schweigen. Man muss den richtigen Mittelweg finden. Aber Herr von Knoeringen hat in Bayern eine Situation geschaffen, die eine gedeihliche Zusammenarbeit zwischen den demokratischen Sozialisten und der christlich-sozialen Union einfach unmöglich gemacht hat. Dieser Mann sagte, ich sei der ›Parteifeind Nr. 1‹. Nicht Herr Dr. Adenauer – ich weiß gar nicht, wie ich zu dieser Ehre komme – ich bin der Parteifeind Nr. 1. Das Wort vom ›Parteifeind Nr. 1‹ und ›Staatsfeind Nr. 1‹ stammt aus der ›braunen‹ oder ›Hammer und Sichel‹-Ära. Im normalen Leben gibt es keinen ›Feind Nr. 1‹. Es gibt politische Andersdenkende, mit denen man sich auseinandersetzen muss.«

Feinde Nr. 1 seien »in gewissen Kreisen der angeblich nationalen Front« nach dem Ersten Weltkrieg Erzberger und Rathenau gewesen. Damals »hat man die Stimmung und den Boden geschaffen, dass verantwortungslose Elemente zur Gewalt und Mordtat gegriffen haben und damit auch das ganze Leben der Weimarer Republik vergifteten. Ich wehre mich dagegen, dass Herr von Knoeringen an verantwortungslose Instinkte appelliert, wenn er den Verteidigungsminister der Bundesrepublik zum ›Feind Nr. 1‹ erklärt. Ich spreche aus Sorge um die Vergiftung des innenpolitischen Lebens bei uns.« Mikojan habe ihn, Strauß, zum »gefährlichsten Mann Deutschlands« gestempelt, weil er jeden für gefährlich halte, der gegen die Verbreitung des Weltkommunismus Stellung beziehe. »Sieht Herr von Knoeringen nicht, in welch gefährliche Nähe er sich da begibt?«

Und über Brandt heißt es: »Eine wie schwere Rolle muss ein Mann wie der Regierende Bürgermeister von Berlin spielen: Hart, hart, hart gegenüber dem Osten, im Westen sagen: Zähigkeit, Verteidigung, Ausdauer, Widerstand – und dann schickt er ein Telegramm an den Antiatomwaffenkongress in Frankfurt, wo schlechte Geschäfte besorgt werden, wo der Dritte im Bunde, Herr Kingsley Martin, mir eine weitere ›Beförderung‹ hat zukommen lassen, ich sei ›der gefährlichste Mann Europas‹. Man kann nichts tun gegen die eigene Börsenaufwertung vom ›Parteifeind

Nr. 1‹ über den ›Staatsfeind Nr. 1‹ zum ›Kontinentalfeind Nr. 1‹.«[50] Wenngleich nicht im elegantesten Deutsch, sondern im Redestil trifft Strauß hier durchaus einen wesentlichen Punkt der vergiftenden Freund-Feind-Ideologisierung des politischen Klimas in der Weimarer Republik: Zu Recht warnt er davor, diese Fehler in der Bundesrepublik zu wiederholen.

Ein gravierenderes Beispiel für eine vermeintliche Diffamierung Willy Brandts durch Strauß bildet seine Vilshofener Aschermittwochsrede vom 15. Februar 1961, gegen die sich Brandt in einer Pressekonferenz am 1. März 1961 zur Wehr setzte, indem er Strauß der Heuchelei auf dem »Viehmarkt von Vilshofen« bezichtigte und diesem vorwarf, eine neue Diffamierungskampagne gegen ihn, Brandt (und damit die politischen Emigranten aus NS-Deutschland), zu beginnen. Nahezu alle Biografien über Willy Brandt wiederholen die beiden Sätze, die dieser zitierte. Strauß habe in Anspielung auf Brandts Exil während der NS-Diktatur gesagt: »Man werde Brandt wohl noch fragen dürfen, was er in den zwölf Jahren draußen gemacht hat, wir wissen, was wir drinnen gemacht haben.« Hätte Strauß nur diese Sätze gesagt, dann wären sie tatsächlich Teil der damaligen Diffamierungskampagne gegen den SPD-Kanzlerkandidaten zu Anfang der 1960er-Jahre gewesen, die auch verleumderische Komponenten gegen die politische Emigration enthielt. Strauß hätte in diesem Fall selbst zur Vergiftung des politischen Klimas beigetragen, wogegen er sich sonst immer zur Wehr setzte.

Doch wieder muss der Kontext berücksichtigt werden, zu dem Aktion und Reaktion gehören: Die Frage nach der politischen Vergangenheit aller politischen Akteure spielte in der deutschen Öffentlichkeit und in den Parteien immer wieder eine Rolle, nicht allein die fatale Anklage gegen die politischen Emigranten als »unpatriotisch«, sondern ebenso Unterstellungen gegen diejenigen, die Deutschland nicht verlassen hatten, als NS-verdächtig. Quellenwert besitzt jedoch in erster Linie der Text selbst. Dem Mitschnitt zufolge sagte Franz Josef Strauß:

»Ich werde Herrn Brandt nicht persönlich angreifen. Ich halte nichts davon, dass man mit persönlichen Angriffen sich in der Politik gegenseitig herabsetzt und damit nur zur Zerstörung der demokratischen Parteien einen Beitrag leistet. Aber die Herren sollen nicht so empfindlich sein. Sie können nicht mit dem Bierschlegel dreinschlagen und dann empfindlich reagieren, wenn wir uns einmal zur Wehr setzen. Auch wir haben die zwölf Jahre der Hitler-Zeit zu verantworten. Bei uns hat man Jahr für Jahr jedes Papierchen geprüft, das vorhanden war, jede Äußerung nachgelesen, welchen politischen Hintergrund wir haben. Ich meine, dann fällt Herrn Brandt keine Perle aus der Krone, wenn man von ihm dasselbe verlangt, was bei uns als selbstverständlich vorausgesetzt wird. Ich weiß gar nicht, ob Herr Brandt persönliche Schwächen hat. Ich halte nichts von diesem Schmutzkampf in der Politik, von diesem gegenseitigen Bewerfen. Das führt zum Untergang des Staates, und dann siegen die falschen Kräfte. Aber eines wird man doch noch fragen dürfen: Was haben Sie in den zwölf Jahren draußen gemacht, wie man uns gefragt hat, was habt ihr in den zwölf Jahren drinnen gemacht. Ich bin nicht der Meinung, dass Emigration eine verdammenswerte Angelegenheit ist… Im freien Staat muss jedermann das Recht haben, wenn Gefahr für Leib und Leben, Familie und Freiheit besteht, dieses Land verlassen zu dürfen. Das ist auch beste deutsche Tradition. Das Recht hat selbstverständlich jedermann. Herr Hoegner hatte doch das Recht, ins Ausland zu gehen. Herr Brüning ist auch nach Amerika gegangen. Er hat sich untadelig drüben verhalten. Wenn einer Emigrant war, ist er deshalb genauso wenig negativ zu beurteilen wie nicht jeder, der hier geblieben ist, als ein potenzieller Nazi oder Militarist zu gelten hat.«[51]

Die gesamten Textpassagen zeigen also nicht allein, wie abwegig der Vorwurf einer Diffamierung Brandts im Besonderen bzw. der Emigration im Allgemeinen ist. Ganz im Gegenteil verteidigt sie Franz Josef Strauß sogar prinzipiell zu einer Zeit, als die politische Emigration vor 1945 von Teilen der bundesdeutschen Gesellschaft noch abgelehnt wurde. Tatsächlich wendet sich Strauß gegen jegliches Kollektivurteil über beide nach 1933 ergriffenen alternativen Entscheidungen und fordert eine Prüfung des Einzelfalls. Indem er als Beispiele den Sozialdemokraten Hoegner und den Zentrumspolitiker Brüning wählt, verweist er auf die demokratische Breite der politischen Emigration und würdigt sie positiv. Und nicht zu vergessen: Strauß äußerte sich differenzierend in einer Aschermittwochsrede!

Willy Brandt hat den tatsächlichen Charakter der Strauß-Rede anerkannt, als ihm der Text schließlich vorlag. Er schrieb am 7. März 1961 an Franz Josef Strauß: »Dieser Wortlaut ist mir bei meinen Ausführungen vor dem Presseclub in Bonn am 1. März (1961) nicht bekannt gewesen.« Er habe sich auf verschiedene Pressezitate, u. a. in der *Frankfurter Allgemeinen Zeitung*, gestützt, die nur die zwei Sätze wiedergegeben hätten: »Diese Wiedergabe unterscheidet sich, wie Sie mir zugeben werden, sowohl im Wortlaut als auch im Sinn von der nunmehr veröffentlichten Äußerung. Ich darf Ihnen versichern, daß ich bei Kenntnis dieses Wortlautes davon abgesehen hätte, auf Ihre Ausführungen in Vilshofen in kritischem Sinne Bezug zu nehmen. Im Gegenteil begrüße ich es sehr, daß Sie sich entschieden gegen eine Schmutzkampagne in der Politik und gegen persönliche Herabsetzungen ausgesprochen haben.«[52]

Obwohl Brandt dem Vorsitzenden des Presseclubs in Bonn eine Kopie übersandte, fand seine Strauß gegenüber faire, entschuldigende Selbstkorrektur nicht den Weg in die Öffentlichkeit: Es blieb bei dem unzutreffenden Bild, Strauß diffamiere Brandt, weil er 1933 emigriert war. Für diese Verzerrung lieferte Brandt selbst jedoch nach den heftigen Auseinandersetzungen über die Ostpolitik und seinem Rücktritt 1974 später eine Rechtfertigung: In seinem Buch *Begegnungen und Einsichten* fehlte die frühere Einsicht, indem er erneut auf seine ursprüngliche Falschdarstellung rekurrierte statt auf den Wortlaut von Strauß – den hier zitierten eigenen Brief an Strauß verdrängte Brandt offenbar.[53] Doch findet dieser Widerspruch in den einschlägigen Berichten über die Beziehungen von Brandt und Strauß keinen Widerhall.

Wer nun allerdings glaubte, nach dem Rückzug von Strauß aus dem Bundeskabinett hätten die Verleumdungen nachgelassen, irrt: Sie gingen weiter und verschärften sich immer wieder, insbesondere während der zweiten Hälfte der 1970er-Jahre vor seiner Kanzlerkandidatur: »Stoppt Strauß«-Initiativen schossen aus dem Boden, ihnen war jeder üble Vergleich recht. So verteilte eine gemeinsame Initiative von KPD, Marxisten-Leninisten und Roter Garde Plakate mit der Aufschrift »Wer Strauß wählt, wählt Reaktion, Faschismus, Krieg!« und »Stoppt Strauß! Verhindert ein neues 33!«. Strauß wurden Sprechblasen in den Mund gelegt wie: »Wer mich daran hindern würde, an die Macht zu kommen, den würde ich umbringen.« Dieses vermeintliche Zitat soll Strauß in einem Lokal in New York geäußert haben, man gab Ort und Uhrzeit an, um so zu suggerieren, es handele sich um ein authentisches Strauß-Zitat. Die Schlussfolgerung schien überzeugend: »Wer so spricht, schießt auch!« Dass die Urheber solcher verlogenen Demagogie sich genauso verhielten wie früher die von ihnen immer wieder apostrophierten Faschisten, störte sie nicht: Auch in diesem Fall gewann Strauß die Prozesse, obwohl die Beklagten als »Gutachter« den (marxistischen) Marburger Professor Reinhard Kühnl aufboten.

Hätten sich lediglich kommunistische Verfassungsfeinde so verhalten, wäre das für die politische Kultur in der Bundesrepublik kaum gravierend gewesen. Doch beteiligten sich an solchen Kampagnen nicht allein Engelmänner und Wallraffs, sondern sogar SPD-Abgeordnete wie Rudolf Schöfberger, der auf dem Parteitag des SPD-Unterbezirks München im April 1975 Strauß mit Hitler verglich.[54] Und nicht nur absurd, sondern infam waren die Reden und Broschüren des SPD-Bundestagsabgeordneten Klaus Thüsing und des SPD-Landtagsabgeordneten und Rechtsanwalts Klaus Warnecke 1979. So erklärte Thüsing am 14. September 1979 in Essen: »Die wichtigste Feststellung heißt: Strauß bleibt Strauß! Jener Strauß, der die Affären – man könnte über jede der Affären nahezu tagelang sprechen – jener Strauß, der Affären wie HS 30, Onkel Aloys, FIBAG, Starfighter-Lockheed und nicht zuletzt Spiegel, um nur die wichtigsten seiner Affären und Korruptionsfälle zu nennen, zu verantworten hat. Es ist und bleibt dieser Franz Josef Strauß ein innen- und außenpolitisches Sicherheitsrisiko …«[55] Thüsing wusste nur zu gut, dass die von ihm aufgeführten Beispiele nicht zutrafen: Strauß hatte nicht allein alle einschlägigen Prozesse gewonnen. Vielmehr hatten Thüsings eigene Fraktion, das von seinem Parteifreund Hans-Jochen Vogel geführte Justizministerium und die sozialliberale Mehrheit des Bundestags gerade Untersuchungen über Starfighter und Lockheed durchgeführt, die Strauß – soweit sie sich überhaupt auf ihn erstrecken konnten – völlig entlastet hatten. Diese Wahlkampflügen von Schöfberger, Thüsing, Warnecke waren eben deshalb so dreist – doch wer kennt heute noch ihre Namen?

Der gleichen Machart folgte eine neue Attacke des *Spiegel* auf Strauß. Der Artikel »›Ein schöner Tod‹ – fürs Vaterland? SPIEGEL-Report zum 250. Starfighter-Absturz« vom 30. August 1982 wärmte unter bewusster Weglassung aller Erkenntnisse der Gerichtsverfahren und Untersuchungen des Bundestags, der Untersuchungsausschüsse, der Verteidigungsausschüsse verschiedener Wahlperioden und unterschiedlicher parteipolitischer Mehrheiten die längst widerlegten Vorwürfe wieder auf. In diesem Artikel wurden mehr oder weniger direkt zahlreiche der Verleumdungen wiederholt, für die Rudolf Augstein über Jahre hinweg in Beleidigungsprozessen verurteilt worden war. Aber wer kannte schon die vielen Hundert Seiten Prozessakten und die nicht minder umfangreichen Protokolle und Untersuchungsberichte des Bundestags und seiner Ausschüsse? Strauß blieb am Pranger, immer wieder klagte er, aber was halfen ihm solche Prozesserfolge, was halfen solche juristischen »Siege«, wenn die Einhaltung von Gerichtsurteilen nicht erzwungen wurde? Zwar konnte Strauß persönlich nicht auf diese Weise mundtot gemacht werden, doch das Wahlresultat von 1980 wurde durch sein Negativimage beeinflusst.

13

Große Koalition schon 1962? –
Streit über Guttenbergs Illoyalität

Ein Streitfall ganz anderer Art war ebenfalls Folge der *Spiegel*-Affäre, genauer gesagt der anschließenden Regierungskrise. Zeitpunkt und Umstände dieser Auseinandersetzung bilden zugleich Komponenten der neuen politischen Rolle, in der sich Strauß nach seinem Rücktritt als Verteidigungsminister wiederfand: Dadurch geschwächt, zugleich aber als Parteivorsitzender gestärkt, der ein Jahr nach seiner Wahl bereits einen großen Erfolg bei den Landtagswahlen errungen hatte, ließ eine weitere bittere Erfahrung nicht auf sich warten, stand er doch für einen kurzen Zeitraum plötzlich nicht mehr im Zentrum Bonner Koalitionspolitik. Hinter seinem Rücken fanden geheime Sondierungen über eine Große Koalition statt, die der Bundeskanzler vornehmen ließ, der schließlich eine neue Regierung zustande bringen musste. Zwar lag es durchaus im Sinne des CSU-Vorsitzenden, der sperrigen und sowohl in der Fibag- als auch der *Spiegel*-Affäre unkalkulierbar agierenden und gespaltenen FDP ihre Grenzen aufzuzeigen. Doch verletzte es ihn tief, dass Konrad Adenauer nicht ihn, sondern Strauß' »Parteifreund« Karl Theodor Freiherr zu Guttenberg ins Vertrauen zog und diesen sogar beauftragte, mit Herbert Wehner Geheimgespräche zu führen. Außerdem setzte der Kanzler auf einen Schelm anderthalbe und verpflichtete Guttenberg zu absoluter Verschwiegenheit. Der hielt sich an diese Weisung des CDU-Vorsitzenden und ließ seinen eigenen Parteivorsitzenden Strauß im Unklaren.

Darüber war nicht allein Strauß empört, sondern fast die gesamte CSU-Spitze. Sie beurteilte Guttenbergs Verhalten als illoyal gegenüber dem Parteivorsitzenden Strauß, seinem Stellvertreter Rudolf Eberhard und dem Vorsitzenden der CSU-Landesgruppe im Bundestag, Werner Dollinger. Dem handfesten innerparteilichen Krach folgte ein Parteiausschlussverfahren gegen Guttenberg, der sich zu allem Überfluss auch noch uneinsichtig zeigte und auf seine Verpflichtung gegenüber dem Bundeskanzler berief. Dass Guttenberg ein innerparteilicher Strauß-Gegner war, machte die Sache in den Augen der Parteispitze nicht besser, sondern verschlimmerte sie. Und dies umso mehr, als man in der schweren Regierungskrise und nach dem Rücktritt von Strauß als Verteidigungsminister innerhalb der CSU zweifelsfreie Solidarität mit ihrem jetzt nicht mehr nur Bonner, sondern auch Münchner Zugpferd forderte.

Die Landesvorstandschaft der CSU diskutierte am 8. Dezember 1962 in München über die Konsequenzen.[56] Strauß berichtete zunächst über Treffen Guttenbergs noch während des bayerischen Landtagswahlkampfes mit Bundesminister Paul Lücke (CDU) und über das positive Wehner-Bild von Guttenberg. Beide hätten mit Herbert Wehner über die Einführung des Mehrheitswahlrechts gesprochen. Obwohl diese Sondierungen schon im November durchgeführt worden waren und der SPD-Bundesvorstand am 30. November 1962 abends darüber beriet, erfuhren Strauß und Dollinger erst am 1. Dezember von diesen Verhandlungen: »Dollinger und er, Strauß, seien sehr bestürzt gewesen, daß ein Mitglied der CSU-Landesvorstandschaft und der Landesgruppe mit Lücke und Wehner verhandle, ohne den Landesvorsitzenden oder den Vorsitzenden der Landesgruppe zu unterrichten.«

Strauß berichtete weiter, dass die Frage einer Großen Koalition in der CDU unterschiedlich beurteilt würde und auch die SPD-Fraktion in dieser Hinsicht nicht so einheitlich sei, wie Wehner es gegenüber Guttenberg dargestellt habe. Auch würde die SPD vermutlich das Mehrheitswahlrecht erst 1969 »aufs Tapet« bringen. Jedenfalls habe die SPD einen Rückzieher gemacht, als Informationen über diese Verhandlungen durchgesickert seien. Die FDP, die zunächst verunsichert gewesen sei, sei nun wieder stärker geworden. Sie habe eingesehen, »daß sie nicht ewig Krisen auslösen könne«.

Zwar ließ Strauß zunächst noch Nachsicht erkennen: Lücke und Guttenberg hätten die Lage stabilisieren wollen, »aber das Verfahren halte er für fragwürdig«. Dann aber analysierte er nicht allein die parteipolitische Konstellation und ihre Auswirkung auf die Wahlen von 1965, sondern polterte los: Er halte es für eine »Infamie sondergleichen«, dass Wehner als »Held der Demokratie« gefeiert werde, er, Strauß, aber nach den Worten Wehners als »Belastung der Demokratie« gelte. Es war offensichtlich, dass Strauß sich persönlich gekränkt fühlte, dass Guttenberg ausgerechnet mit einem der schärfsten Strauß-Gegner vertraulich-trauliche Gespräche führte. »Wehner könne nicht in der Öffentlichkeit weiterhetzen gegen Strauß und andererseits mit CSU-Leuten verhandeln.« Das Ganze sei ein Zeichen, wie wenig Vertrauen noch untereinander herrsche, bei ihm sei jetzt die Grenze erreicht, die Sache müsse bereinigt werden.[57] Aber wie?

Nachdem Friedrich Zimmermann das Protokoll der CDU/CSU-Fraktionssitzung verlesen und Rudolf Eberhard Guttenberg gefragt hatte, warum die Vorsitzenden von Partei und Landesgruppe nicht unterrichtet worden seien, antwortete Guttenberg: Zwar sei die Darstellung von Strauß weitgehend richtig gewesen, doch wolle er selbst keine »so demagogische Erklärung abgeben« wie dieser, die Sache habe »einen staatspolitischen Hintergrund«. Strauß als Demagogen und sich selbst als Staatsmann darzustellen bedeutete Gegenangriff und goss Öl ins Feuer, Strauß ließ es nicht auf sich sitzen, »daß er eine persönliche, Guttenberg aber eine staatsmännische Rede gehalten habe«.[58] Guttenberg bezeichnete Wehner als »menschlich anständigen und zuverlässigen Mann«, mit dem er seit Monaten – also offenbar lange vor der Beauftragung durch Adenauer – im Gespräch über das Mehrheitswahlrecht sei: »Er könne nicht zulassen, daß gegen Wehner, so wie es Strauß getan hätte, solche Äußerungen gebracht würden.« Indem er den eigenen Parteivorsitzenden angriff und ausgerechnet Wehner verteidigte, bewies Guttenberg, wie wenig er in Sack und Asche gehen wollte. Die CSU blieb eine auch im Innern diskussionsfreudige und streitbare Partei.

In der Sache begründete Guttenberg sein Vorgehen vor allem mit dem Wunsch nach dem Mehrheitswahlrecht. Beim damaligen Wahlverhalten hätte die FDP mit einem Mehrheitswahlrecht keine Chance besessen, in den Bundestag einzuziehen. Dort wären nur Parteien übrig geblieben, die Direktmandate erzielten, das waren nur die Unionsparteien und die SPD. Die FDP bezeichnete Guttenberg »als unmöglichen Haufen«. Die fehlende Information seiner Vorsitzenden begründete Guttenberg mit dem Wunsch des Bundeskanzlers nach völliger Geheimhaltung. Außerdem habe Adenauer als Verhandlungsführer der CDU und CSU den Auftrag beider Parteien, mit FDP und SPD Koalitionsmöglichkeiten zu sondieren. Als Guttenberg schließlich erklärte, er fühle sich aus diesen Gründen weder rechtlich noch aufgrund der »Parteimoral« zur Information der Vorsitzenden Strauß und Dollinger verpflichtet, provozierte er eine Grundsatzdebatte.[59]

Friedrich Zimmermann erklärte, Lücke habe zunächst den Bundeskanzler, dann aber auch Krone und den Fraktionsvorsitzenden von Brentano unterrichtet, Wehner habe Ollenhauer und Erler informiert, nur in der CSU-Landesleitung habe niemand Bescheid gewusst. Unter solchen Voraussetzungen habe man die Sitzung am 30. November 1962 abgehalten, die als »schwerwiegendste seit Bestehen der Partei« angesprochen worden sei: »Wir aber waren abseits jeder Realität und haben in völliger Unkenntnis gehandelt.« Guttenberg habe von Loyalität gegenüber seinen Gesprächspartnern geredet, aber sie gegenüber Strauß vermissen lassen. Darum gehe es, nicht aber um die Zweckmäßigkeit solcher Gespräche.

Alle Vorstandsmitglieder stimmten darin überein, dass Guttenberg die Pflicht gehabt hätte, den Parteivorsitzenden Strauß zu informieren. Dieser sah im Übrigen klarer als Guttenberg, dass Wehner vor allem das Ziel verfolgte, die SPD in die Regierung zu bringen. Wie Strauß forderten auch andere Vorstandsmitglieder eine Bereinigung der Angelegenheit, zumal Guttenberg auf Nachfrage erklärte: »Ich würde in ähnlicher Situation wieder so handeln.« Der Vorschlag von Dr. Hans Weiß, das Schiedsgericht einzuschalten, wurde dann jedoch kontrovers diskutiert, weil man in der Öffentlichkeit eine schädliche Wirkung befürchtete.

Strauß betonte, es habe bisher zwischen ihm und Guttenberg in der Sache gar keinen Dissens gegeben, es gehe für ihn weniger um persönliche Genugtuung als um eine Klärung für die Zukunft. Nicht allein der jetzt entstandene »Vertrauensriß« sei das Problem. Wenn jedoch künftig jedes Vorstandsmitglied so handele wie Guttenberg, »wäre das der Zerfall der Union«. Im Übrigen bezweifelte Strauß, dass Adenauer wirklich an ernsthafte Verhandlungen mit der SPD geglaubt habe, andererseits hielt er es für ausgeschlossen, dass Lücke nicht auch personelle Überlegungen im Auge gehabt habe.

Schließlich wurde der Antrag von Weiß, das Schiedsgericht der CSU mit der Klärung zu beauftragen, bei 3 Gegenstimmen und 2 Enthaltungen von 53 Abstimmungsberechtigten mit großer Mehrheit angenommen.[60] Am gleichen Abend folgte eine Sitzung in kleinerer Vorstandsrunde, bei der Guttenberg die einzelnen Stationen und Überlegungen der Sondierungsgespräche sowie seine eigenen Ziele und die von Lücke schilderte. Eine Regierung mit der FDP hielt er offenbar für ausgeschlossen, weshalb die Einführung des Mehrheitswahlrechts für ihn die Conditio sine qua non einer Großen Koalition war. Diese zweite Debatte endete geradezu mit einem »Verhör« Guttenbergs, in das Strauß aber erst gegen Ende eingriff: Im Hinblick auf die vorausgegangene Vorstandssitzung der CSU am 30. November warf er Guttenberg vor: »Sie haben uns bewußt in einer falschen Vorstellung nach München fahren lassen, mit falscher Voraussetzung. Ihnen mußte als intelligentem Mann klar sein, daß wir zu falschen Schlußfolgerungen kommen würden. Ihre persönliche Loyalitätsverpflichtung mir und der Partei gegenüber haben Sie nicht erfüllt.«

Tatsächlich war die noch uneingeweihte CSU-Spitze bei ihrer Sitzung am Vortag davon ausgegangen, dass es zur Koalition mit der FDP keine Alternative gäbe und deswegen die CSU »jede Last« auf sich nehmen müsse.[61] In dieser Sitzung hatte Strauß am 30. November erklärt, dem neuen Kabinett nicht mehr angehören zu wollen, und es für verheerend gehalten, wenn die Union aus einer Position der Schwäche mit der SPD verhandeln würde: Deswegen komme Adenauer der FDP »relativ weit und milde« entgegen. Diejenigen Vorstandsmitglieder, die sich zu Wort meldeten, hoben nicht allein die Verdienste von Strauß hervor, sondern sprachen sich vereinzelt gegen seinen Verzicht auf ein Ministerium aus. Dollinger, der nochmals den Erfolg bei den Landtagswahlen hervorhob und ihn mit Strauß verband, brachte erneut eine Kandidatur von Strauß für das Amt des Bayerischen Ministerpräsidenten ins Spiel, was den anwesenden Goppel wenig erfreut haben dürfte.[62] Strauß selbst ging darauf aber nicht ein, sondern erteilte Goppel das Wort zum Bericht über die Regierungsbildung in Bayern.

Guttenberg selbst verdächtigte in einem Interview mit dem *Münchner Merkur* nicht Franz Josef Strauß, ihn aus der Partei drängen zu wollen. Vielmehr gebe es bei einigen Leuten in der CSU Ressentiments gegen ihn. Auf Meinungsverschiedenheiten zu Strauß angesprochen, betonte Guttenberg: Ich sehe »keinerlei Unterschied etwa zwischen der verteidigungspolitischen Konzeption des Bundesverteidigungsministers Strauß und der meinen… im Gegenteil, ich glaube, daß ich einer der Mitstreiter war und bin gegen die Illusion, daß man die Sicherheit Europas vorwiegend auf konventionellen Truppen aufbauen könnte.« Was Strauß veranlassen könne, ein besonderes Interesse an einem Parteiausschlussverfahren gegen ihn zu haben, »vermag ich mir nicht vorzustellen«. Guttenberg war sicher, dass es nicht zu einem Parteiausschluss kommen werde. Schließlich habe er »völlig korrekt« im Auftrag des Bundeskanzlers gehandelt, der der gemeinsame Verhandlungsführer von CDU und CSU sei, Franz Josef Strauß sitze in der Adenauer beratenden und unterstützenden Kommission.[63] In der Presse erregte jedenfalls die Diskussion über Guttenberg großes Aufsehen, fast alle Zeitungen berichteten darüber und sahen Strauß als treibende Kraft. Tatsächlich bestanden auch in anderen Politikfeldern, die der fränkische Baron nicht nannte, keine gravierenden sachlichen Differenzen mit dem CSU-Vorsitzenden – weder in der Koalitionsfrage selbst noch in der Wahlrechtsfrage. Gleichwohl folgte der Paukenschlag auf dem Fuße.

Am 15. Dezember 1962 veröffentlichte die CSU eine Presseerklärung der Landesvorstandschaft über die Einleitung eines Schiedsgerichtsverfahrens gegen Karl Theodor Freiherr zu Guttenberg, in der präzise der Ablauf der Sondierungsgespräche mit der SPD öffentlich gemacht wurde. Ausdrücklich wurde betont, dass nicht die Zweckmäßigkeit einer Großen Koalition infrage stehe, sondern das Verfahren, insbesondere die Nichtbeteiligung des CSU-Vorstands und die Verletzung der Informationspflicht durch Guttenberg. In der Presseerklärung hieß es ausdrücklich, nicht der Parteivorsitzende Strauß habe den Antrag auf ein Schiedsgerichtsverfahren gestellt. Strauß hätte es offenbar vorgezogen, die Sache durch Einsicht Guttenbergs und eine Erklärung des Bedauerns aus der

Welt zu schaffen. Doch habe Guttenberg auf seinem Standpunkt beharrt und erklärt, er würde wieder so handeln.[64]

Diese Offenlegung des innerparteilichen Zwists, mit der die zentralen Argumente und sogar das Abstimmungsergebnis bekannt wurden, ist bemerkenswert – normalerweise werden Interna dieser Art durch Indiskretionen zugänglich, nicht aber als offizielle Erklärung eines Parteivorstands. Allerdings steckte dahinter nicht nur der Wunsch nach Transparenz, sondern ein doppelter Zweck: Zum einen hatte Guttenberg selbst Interviews gegeben, auf die in der Presseerklärung ausdrücklich Bezug genommen wurde, weil der Parteivorstand auch die Mitgliedschaft auf seine Linie einschwören wollte, zum anderen wurde damit etwaigen weiteren Geheimverhandlungen ohne CSU-Beteiligung ein Riegel vorgeschoben: So wurde auch die Unruhe in der Mitgliedschaft der SPD geschürt, die ihrerseits nach den scharfen Dauerattacken auf Bundeskanzler Adenauer und Strauß durch die Geheimgespräche irritiert war. Denn Strauß wäre in einer gemeinsamen Regierung auch ohne Ministeramt als Parteivorsitzender Koalitionspartner der SPD gewesen. Nach den vorherigen Angriffen auf Strauß wäre folglich die Glaubwürdigkeit der SPD-Führung auf eine harte Probe gestellt worden.

14

Strauß und der »Friedensschluss«

Das Schiedsverfahren des Parteigerichts gegen Karl Theodor Freiherr zu Guttenberg im Februar 1963 endete ohne eine Strafe gegen ihn, allerdings blieben Spannungen zwischen ihm und der Parteiführung. So sprach er sich 1963, wenngleich ohne Erfolg, gegen die Wiederwahl von Strauß als Parteivorsitzenden aus. Neben Franz Josef Strauß blieb der brillante und eloquente, finanziell unabhängige Guttenberg während der 1960er-Jahre jedoch der außenpolitische Experte der CSU, was als Konkurrenz gedeutet wurde.[65] Angesichts der Dominanz von Franz Josef Strauß auch in der CSU-Landesgruppe und der Tatsache, dass er dort stets die stärkeren Bataillone aufbieten konnte als der eher einzelgängerische und nicht sehr beliebte Guttenberg, erscheint das übertrieben. Zwar waren Strauß und Guttenberg in einigen deutschlandpolitischen Positionen uneins, stimmten jedoch in den Grundzügen der Außenpolitik überein, so in der Westintegration und der Befürwortung einer vertieften deutsch-französischen Kooperation. Beide befürworteten das Mehrheitswahlrecht, beide waren Gegner des Außenministers Schröder und hielten die FDP nicht mehr für einen zuverlässigen Koalitionspartner.

Krone vermerkte am 7. Oktober 1965 während der Regierungsbildung in seinem Tagebuch, Strauß »stützt und hegt besonders Guttenberg«.[66] An anderen Stellen verwies er auf die Einigkeit zwischen Strauß und Guttenberg. Ganz offensichtlich handelte Strauß im Verhältnis zu Guttenberg nicht aus gekränkter Eitelkeit, sondern professionell. Sicher waren sie nicht plötzlich Freunde geworden, doch war der Fall von 1962/63 abgeschlossen, in Bezug auf mehrere politische Grundfragen blieben sie Verbündete – sogar in der Frage, die sie im November 1962 entzweit hatte, dem Ziel einer Großen Koalition. In den Jahren 1964/1965 gab es verschiedentlich auch vertrauliche Abstimmungen zwischen Guttenberg und Strauß.[67] Es gibt keine Berichte, dass Strauß ihm gegenüber nachtragend gewesen wäre. Der frühe Tod Guttenbergs erschütterte Franz Josef Strauß, bei dessen Beerdigung soll er geweint haben.

Mit dem langjährigen Fraktionsvorsitzenden der CDU/CSU und Außenminister Heinrich von Brentano arbeitete Strauß bis zu dessen frühem Tod Ende 1964 eineinhalb Jahrzehnte lang eng und vertrauensvoll zusammen. Das schloss gelegentliche Irritationen, sachliche Differenzen oder den einen oder anderen förmlich-kritischen Brief nicht aus.[68] Brentano war nicht allein ein kluger Politiker, unbeirrbar in seinen Überzeugungen, sondern überdies ein vornehmer, aber auch distanzierter Charakter, der sich nicht leicht anfreundete. In allen kritischen Situationen stand er loyal zu Strauß, beide schrieben sich neben kühler Amtspost immer wieder freundschaftlich-persönlich. Einen geradezu rührenden, sehr herzlichen Brief schrieb der schwer kranke Brentano noch zwei Monate vor seinem Tod an Strauß aus einer Münchner Klinik und unterschrieb ihn mit den Worten »in alter Freundschaft Dein Heinrich«.[69]

Franz Josef Strauß im Streit bedeutete somit nur eine, wenngleich wesentliche Facette in seinem komplizierten Charakter: Er war ungemein streitbar, ging keiner Kontroverse aus dem Weg, wenn er sie für sachlich geboten hielt, er war impulsiv, cholerisch manchmal, konnte einschüchternd und verletzend sein. Doch schloss er immer wieder mit Kontrahenten Frieden, vertrug sich wieder mit ihnen. Guttenberg ist ein Beispiel, doch bei Weitem nicht das einzige: Auch mit dem Vorgänger als Verteidigungsminister, Theodor Blank, kam es aufgrund des Amtswechsels zu einer zeitweiligen Verstimmung, doch bemühte sich Strauß mit Erfolg darum, wieder zu einem persönlich guten Verhältnis zu gelangen. In der Partei geriet er 1976 heftig mit Franz Heubl aneinander, nachdem ein Interview von ihm so kommentiert wurde, als ob Heubl in der Partei auf-, Strauß aber absteige. Viele Parteifreunde, darunter unbekanntere Mitglieder, äußerten sich bestürzt über das Erscheinungsbild der CSU und gaben Strauß die Schuld. Heubl bemühte sogar einen Anwalt wegen ehrenrühriger Äußerungen von Strauß, das Ganze erinnerte an die Flegeljahre der CSU, als sich beispielsweise der »Ochsensepp«, Fritz Schäffer und Alois Hundhammer öffentlich bekriegten – nicht allein vor dem Schiedsgericht der CSU, sondern auch mit Unterstützung von Anwälten und sogar vor Gericht. Strauß hatte seinerzeit immer wieder Mäßigung von den Kontrahenten eingefordert. Am 28. Januar 1972 aber schrieb er Heubl einen inhaltlich scharfen Brief, dessen ironische Form allerdings die Attacke abmilderte. Schon vorher hatte es zwischen beiden einen Dissens über die Realisierung der Finanzpolitik der Großen Koalition gegeben, nun ärgerte sich Strauß offensichtlich darüber, dass ihm vorgeworfen wurde, er habe Heubls »Blitzkarriere« unterbrechen wollen und ihn deshalb nach Bonn abgeschoben (als Bevollmächtigter Bayerns beim Bund im Rang eines Staatsministers). Der Brief zeigt Strauß, wenn man von einigen beleidigten Sätzen absieht, als Satiriker, der selbstironisch auf neun Seiten das Wesen der »Altbayern« karikierte – einem Milieu, dem Heubl nun glücklicherweise entrückt sei, um die einmalige Chance zu erhalten, die Gabe der Weltoffenheit und des diplomatischen Benimms zu erwerben.

Wäre nur dieser Brief gewesen, hätten man ihn als literarisches Dokument der politischen Kultur in der CSU veröffentlichen können, leider aber ironisierte Strauß Heubl in einer Präsidiumssitzung der CSU am 6. Mai 1976 nicht mehr, sondern griff ihn persönlich und beleidigend vor so vielen Zeugen an, dass die Rechtsanwälte Heubls Strauß mit Nachdruck zur Bereinigung der Angelegenheit auffordern konnten: Auch wenn sie ihm sein bekanntes Temperament und seine Neigung zu kräftigen Formulierungen zugutehielten, habe er hier eindeutig die Grenze überschritten.[70] Der Streit mit Heubl zog sich über Jahre hin, aber schließlich versandete auch er, zumindest kehrten beide zu einem normalen Arbeitsverhältnis zurück – behoben wurde dieses Zerwürfnis aber wohl nicht.

Wirklich überraschend ist es nicht, dass sich Franz Josef Strauß sogar mit demjenigen aussöhnte, über den er selbst 1962 gestolpert war und der seinerseits Strauß nichts nachtrug: mit Conrad Ahlers, dem mit Zutun von Strauß in Spanien verhafteten stellvertretenden Chefredakteur des *Spiegel*. Strauß lud ihn 1965 in seine Godesberger Wohnung ein[71] und später auch ins Restaurant. Als er in einem Interview mit der *Zeit* im Frühjahr 1966 – also ebenfalls lange vor Bildung der Großen Koalition – auf die Aussöhnung mit Conrad Ahlers und Erich Mende angesprochen wurde, antwortete er durchaus differenziert: »Ich habe mich eigentlich nie als Feind von Herrn Ahlers betrachtet. Im Gegenteil, ich hatte immer persönliche Sympathien für ihn. Man hat aus meinem Verhalten damals eine Feindschaft gegen Ahlers geschlossen. Das wäre ein grotesker Irrtum. Mit hat es sehr leid getan, daß es ausgerechnet Herr Ahlers war, der in diesem Zusammenhang betroffen war. Und Herrn Mende habe ich so gut kennengelernt, daß ich mich hier über Freundschaft und Feindschaft nicht näher äußern möchte.«[72] Gerade die Doppeldeutigkeit dieser Bemerkung über den FDP-Vorsitzenden lässt die Aussage über Ahlers durchaus glaubwürdig erscheinen, zumal der damalige Verteidigungsminister ihn bei seinem Amtsantritt ursprünglich als Pressereferenten holen wollte. Strauß hielt Ahlers offenbar als Journalisten und als Verteidigungsexperten für kompetent. Offensichtlich sah er seine Aktion vom Oktober 1962, die Vollstreckung des Haftbefehls der Bundesanwaltschaft gegen Ahlers zu ermöglichen, auch im Rückblick als professionelle Notwendigkeit an.

Mag Franz Josef Strauß tatsächlich Sympathien für den *Spiegel*-Redakteur gehabt haben, so galt dies kaum für den BND-Chef Gehlen, dem

Strauß nicht nur aus politischen Gründen skeptisch gegenüberstand, sondern über den er in der Regel schimpfte. Trotzdem söhnte er sich, wie Heinrich Krone berichtet, nach einem klärenden Gespräch sogar mit Gehlen aus.[73] Sollte dies der Fall gewesen sein, hätte Strauß wohl über seinen Schatten springen müssen. Er hatte Gehlen, der auch über Strauß Notizen anlegte, nicht allein im Verdacht, Oberst Wicht über die Aktion gegen den *Spiegel* informiert zu haben. Wie Gehlen wusste, soll Strauß ihn im Dezember 1962 gegenüber Globke als seinen »Hauptfeind« bezeichnet haben.

Bekanntlich war Strauß' Verhältnis zu linken und linksliberalen Intellektuellen und Schriftstellern schlecht. Sein persönlicher Freund, Anwalt, Steuerexperte und zeitweiliger CSU-Bundestagsabgeordneter Dr. Reinhold Kreile war offenbar der Meinung, ein Gespräch würde die Vorurteile über Strauß abbauen. Er traf sich mit der Gruppe 47 in Stockholm und berichtete darüber positiv. Auch habe man einen sehr positiven Eindruck über ein Rundfunkgespräch zwischen Franz Josef Strauß und Hans Werner Richter, dem Spiritus Rector der Gruppe 47, gehabt und »gewissermaßen einen neuen Strauß kennengelernt«. Auch in diesem Fall konnte sich niemand vorstellen, dass Strauß überhaupt dazu bereit sein und eine sachliche Diskussion mit dem Repräsentanten eines Schriftstellerzirkels führen würde, die ihm allesamt kritisch bis hyperkritisch gegenüberstanden – lag doch der Termin zwei Jahre nach der *Spiegel*-Krise. Aber nicht nur das: Der Schriftsteller Ernst Schnabel, Leiter dieser Gesprächsreihe im Rundfunk, berichtete Strauß, laut Hörerpost habe er, Strauß, argumentativ den Sieg davongetragen. Leider sei es schwer klarzumachen: »Daß nämlich gerade Sie der typische Parlamentarier sind, d. h. der Mann, der zunächst innerparteilich und dann parlamentarisch im Gespräch seine Gedanken durchsetzt, und der gerade wie kein anderer erkannt hat, daß es der parlamentarische Raum ist, in welchem die politischen Entscheidungen vorbereitet und diskutiert werden müssen.«[74]

Ohne Zweifel handelte es sich hier um eine wichtige Beobachtung. Natürlich war Strauß ein Machtpolitiker, der seine Macht ohne Zögern einsetzte, um politische Ziele zu erreichen, zugleich aber war er ein Mann des Arguments, der sachlich überzeugen wollte, der die Sachkontroverse liebte, wenn sie der Klärung der Positionen diente, und der vorzugsweise auch mit seinen politischen oder intellektuellen Gegnern diskutierte, der nach dem Streit auch den Frieden wollte. Dies zeigte sich übrigens nicht zuletzt in Strauß' Verhältnis zu den beiden bedeutendsten deutschen Staatsmännern in seiner langen Laufbahn. Sowohl mit Konrad Adenauer als auch mit Helmut Kohl arbeitete er eng zusammen, geriet aber doch immer wieder mit ihnen aneinander. Am Ende aber stand stets

der »Friedensschluss« – die Sachkontroverse gehörte für ihn als leidenschaftlicher Parlamentarier so selbstverständlich zum politischen Geschäft, dass sie das persönliche Verhältnis nicht zwangsläufig trüben
musste, spontane bayerische Derbheiten sah er nicht als Ursache dauerhafter Verstimmung, liebte er doch das Kampfgetümmel, in dem er es
dann oft nicht sehr genau nahm, wenn er rhetorisch zuschlug, zugleich
aber maßlos einstecken musste.

Was innerparteilich möglich war, galt auch über die Grenzen der Partei
hinaus, beispielsweise für das Verhältnis zu Helmut Schmidt oder dem
ehemaligen Chefredakteur des *Spiegel*, Erich Böhme. Mit Rudolf Augstein
dürfte es allerdings nicht zu einer Aussöhnung gekommen sein, obwohl
immer wieder berichtet wurde, dass sich beide getroffen hätten. Franz
Josef Strauß verneinte in seinen *Erinnerungen* jedoch jegliches private
Treffen mit dem *Spiegel*-Herausgeber nach der Affäre. Dies schloss aber
rein professionelle Begegnungen nicht aus. So suchten ihn Augstein,
Böhme und ein weiterer *Spiegel*-Redakteur beispielsweise zu einem Interview auf, das im Januar 1978 veröffentlicht wurde.[75] Franz Josef Strauß
blieb, wie die vielen Titelgeschichten über ihn im *Spiegel* dokumentieren,
»Lieblingsfeind« des Magazins. Trotzdem lehnte er Interviewanfragen
mit ihm nicht ab, wie das Helmut Kohl tat. Und es wird sogar berichtet,
dass nach solchen Interviews in der Staatskanzlei oder der CSU-Zentrale
Strauß und Augstein unter vier Augen weiterdiskutierten und dabei manche Flasche Whisky geleert hätten. Wie ist das zu erklären, nachdem sie
so oft vor Gericht die Klingen gekreuzt hatten und der *Spiegel* wie kein
zweites Blatt zum negativen Image des CSU-Vorsitzenden beigetragen
hat? Wie Edmund Stoiber vermutet, wollte Strauß seinen Kontrahenten
Augstein überzeugen. Diese Deutung klingt plausibel, setzte Strauß – der
Intellektuelle – doch stets auf die Kraft des Arguments, wenngleich er so
oft in seinem Leben die Erfahrung machen musste, dass die stärksten
Argumente vergeblich waren, wenn sie auf emotional bedingte Ablehnung trafen. Oder verhielt es sich mit Rudolf Augstein, seinem zweifellos
stärksten und wirksamsten publizistischen Gegner, so wie mit der Elite
seiner sozialdemokratischen Antipoden, mit denen Strauß ebenfalls den
argumentativen Kampf suchte? Mochten die Interviews dem professionellen Geschäft entsprechen, die »Nachsitzungen« jedenfalls nicht.

Mit souveräner Ironie reagierte Franz Josef Strauß sogar auf die in
gleichem Stil verfassten Briefe von Rudolf Augstein. Als ihn der *Spiegel*-
Herausgeber »als alten Mitarbeiter« 1969 zur offiziellen Einweihung des
neuen *Spiegel*-Gebäudes in Bonn einlud, zog Strauß die Zusage zwar aufgrund anderer Termine wieder zurück, bat dafür aber als »alter Mitarbeiter« um Verständnis, auch habe er dort schon ein mehrstündiges Sach-
gespräch geführt. Als Franz Josef Strauß im Juni 1969 in der Badewanne

ausrutschte und sich einen komplizierten Splitterbruch im linken Unterarm zuzog, schickte ihm Augstein zur »Ermunterung« ein kleines Buch, da er aus der »Fürsorgeabteilung« seines Hauses gehört habe, dass »ein alter Mitarbeiter« krank darniederliege und am Arm verletzt sei: »Wie Sie ahnen, wünsche ich Ihnen nichts weniger als eine Minderung Ihrer brachialen und auch sonstigen physischen Kräfte.« Er unterzeichnete den Brief mit »Ihr anhänglicher Widersacher Rudolf Augstein«. Franz Josef Strauß bedankte sich herzlich für die freundlichen Genesungswünsche: »Es wird hoffentlich auch nur noch kurze Zeit dauern, bis ich mich dem politischen Geschehen wieder mit voller Aktivität widmen kann. Deshalb bin ich zuversichtlich, daß ich bald wieder Stoff für Ihr Nachrichtenmagazin liefern und mich damit Ihrer Bezeichnung ›alter Mitarbeiter‹ würdig erweisen werde. Die literarische Ermunterung, die Sie Ihrem Brief freundlicherweise beifügten, kann ich zwar mit der Hand noch nicht halten, mit dem Geist aber hoffentlich begreifen.«[76]

15

Nach der Krise: Franz Josef Strauß als Abgeordneter, Landesgruppenchef und Parteivorsitzender, 1963 – 1966

In Bayern war es zwischenzeitlich seit dem 11. Dezember 1962 zum ersten Kabinett Alfons Goppel gekommen, dem außer einem BP-Politiker als Staatssekretär erstmals ausschließlich CSU-Minister angehörten. Bis 1978 bildete Goppel[77] dann drei weitere CSU-Alleinregierungen in Bayern und erwies sich als Glücksfall, doch in seiner ausgleichenden landesväterlich-milden Art auch als Gegenpol zum ständig auf Hochtouren laufenden Kraftwerk Strauß. Bundespolitischen Ehrgeiz entfaltete Goppel ebenso wenig wie seine Vorgänger, trug aber durch die wachsenden landespolitischen Erfolge und CSU-Mehrheiten zum sicheren Fundament der Politik seiner Partei im Bund bei. Franz Josef Strauß blieb als Parteivorsitzender, bayerischer Bundestagsabgeordneter und Vorsitzender der CSU-Landesgruppe die unverzichtbare Klammer zwischen beiden Bereichen, die bundes- und landespolitische Arbeitsteilung der CSU erwies sich weiterhin als funktionstüchtig.

In der folgenden Bonner Regierungsbildung gelang es Konrad Adenauer noch einmal, seine Kanzlerschaft durchzusetzen, doch war er noch eindeutiger als vorher Bundeskanzler auf Abruf. Noch größer als im vorhergehenden Kabinett war das Misstrauen der Koalitionspartner untereinander. Und dies lag keineswegs allein an Franz Josef Strauß. Adenauer selbst wusste nur zu gut, dass er mit Mühe und Not davongekommen war, es war ihm klar, in welchem Maße Strauß als Rammbock für die gemeinsame Außen- und Sicherheitspolitik hatte herhalten müssen. Die schon lange uneinige FDP war naturgemäß durch das Liebäugeln von CDU und SPD mit der Großen Koalition und dem Mehrheitswahlrecht noch verunsicherter als während ihrer personellen und programmatischen Kontroversen der Vorjahre. Große Teile von CDU und CSU trauten der FDP nach dem Druck auf Adenauer bei der Regierungsbildung 1961, ihrer Unzuverlässigkeit während der Krisen 1962 sowie der Erpressung des Strauß-Rücktritts durch die Aufkündigung der Koalition im November 1962 nicht mehr über den Weg. In der CSU war man über die Erklärung der FDP empört, sich mit Strauß nicht einmal mehr zum gemeinsamen Abendessen an einen Tisch setzen zu wollen. Ein solches Verhalten bedeutete während der erneuten Koalitionsverhandlungen einen mehrfachen Affront, hatte doch der Bundeskanzler persönlich dazu eingeladen.

Die erneuerte Koalition der Unionsparteien mit der FDP blieb von Beginn an fragil, obwohl es Adenauer noch auf einzelnen Feldern gelang, der Politik seinen Stempel aufzudrücken. Sein ureigenstes Anliegen blieb die deutsch-französische Verständigung im engen Zusammenwirken mit dem französischen Staatspräsidenten Charles de Gaulle. In den Auseinandersetzungen um den Élysée-Vertrag vom Januar 1963 blieb Strauß seiner politisch-strategischen Überzeugung gemäß an der Seite Adenauers. Wenngleich der nachhaltige Erfolg dieses Vertrags erst lange nach seinem Abschluss, seit der zweiten Hälfte der 1970er-Jahre und insbesondere seit den 1980er-Jahren, offenkundig wurde, gewann die strukturelle Kontroverse zwischen den »Gaullisten«, zu denen u. a. Adenauer, Strauß und Guttenberg zählten, sowie den »Atlantikern«, zu denen unter anderem Ludwig Erhard und Außenminister Gerhard Schröder gehörten, doch schon in den 1960er-Jahren Bedeutung.

Ausgerechnet Adenauer und Strauß Unterschätzung der transatlantischen Komponente der bundesdeutschen Außen- und Sicherheitspolitik vorzuwerfen war abwegig, hatten doch gerade sie vehement für den Schulterschluss mit den USA gekämpft. Allerdings waren diese beiden bedeutendsten Protagonisten der Westintegration schon in der zweiten Hälfte der 1950er-Jahre Verfechter einer besonderen deutsch-französischen Sicherheitspartnerschaft und gemeinsamen Atompolitik gewesen. Nach dem Mauerbau am 13. August 1961 fühlten sie sich darin bestärkt, innerhalb der NATO neben der transatlantischen auch die europäische Perspektive zu verfolgen. Sie gehörte über die Jahre hinweg zu den außenpolitischen Konstanten von Franz Josef Strauß. Er bekräftigte diese Konzeption, als er am 19. Mai 1965 auf Einladung der Verlagsgruppe Hachette in Paris einen Vortrag hielt, dessen Schlüsselwort »Interdependenz« lautete: Darunter verstand er ein politisch und militärisch eigenständiges Europa als gleichberechtigten Partner der USA.[78]

Innenpolitisch aber setzte sich in der Auseinandersetzung über den Élysée-Vertrag vom 22. Januar 1963[79] zunächst der atlantische Flügel durch. Dies war zwar nicht der Grund für die Wahl Ludwig Erhards zum Bundeskanzler im Herbst 1963, doch war die Kontroverse nicht allein Katalysator für die außenpolitischen Mehrheitsverhältnisse in der Unionsfraktion.

Mit der vom Bundestag beschlossenen Präambel zum Élysée-Vertrag, die Adenauer und Strauß nicht wollten und die ihn in den Augen General de Gaulles entwertete, verstärkte sich der Gegensatz zwischen Gerhard Schröder und Franz Josef Strauß. Nach anfänglich durchaus gutem Verhältnis hatten die beiden Spitzenpolitiker sich schon seit der Kuba-Krise und der *Spiegel*-Affäre 1962 entfremdet, Strauß verdächtigte Schröder sogar, damals seinen Sturz betrieben zu haben.

Allerdings hatte es schon zuvor sachliche Differenzen zwischen dem bis 1961 von Schröder geführten Innen- und dem Verteidigungsministerium über die notwendigen zivilen Maßnahmen im Fall militärischer Mobilmachung gegeben.[80] Hinzu kam eine wachsende persönliche Rivalität, die auch nicht endete, als Strauß nach seinem Rücktritt 1962 erst einmal aus dem Rennen für die nach dem Wechsel zu Erhard anstehende erneute Kanzlernachfolge ausschied. Nicht allein Strauß hielt sich in längerer Perspektive für einen geeigneten Kanzlerkandidaten, Schröder nicht minder.[81] Doch verhinderte nicht nur der Dissens mit Strauß 1966 eine Entscheidung zugunsten von Schröder, sondern auch dessen innerhalb der Unionsparteien umstrittene Außenpolitik. Innen- und außenpolitische Konfliktlinien, innerparteiliche Diskussionen sowie persönliche Ambitionen verschränkten sich also ineinander.

Strauß seinerseits hatte Adenauer zur Ablösung Schröders als Außenminister geraten, da dieser ein »unüberwindliches Hindernis« für die deutsch-französische Verständigung sei. Es kam bei Strauß, der ein überzeugter Verfechter des überkonfessionellen christlichen Charakters der Unionsparteien war, selten vor, einen außenpolitischen Gegensatz auch konfessionell und regional zu erklären. Im Fall Schröders tat er es dennoch: Als Exponent des protestantischen Flügels, der norddeutsch geprägt sei, habe das durch die beiden großen katholischen alten Männer Adenauer und de Gaulle nachhaltig vertiefte deutsch-französische Zusammengehen bei Schröder keine Begeisterung wecken können.[82] Tatsächlich dürfte darin kaum das entscheidende Motiv für den dezidiert atlantischen Kurs Schröders gelegen haben, doch spielte der konfessionelle Gegensatz in der CDU tatsächlich noch eine starke Rolle, jedenfalls wurde Schröder dadurch gestärkt, dass nicht allein der Evangelische Arbeitskreis der Partei hinter ihm stand, sondern auch die norddeutschen Landesverbände.[83] Diese Dichotomie sollte auch für Strauß immer wieder eine Rolle spielen und hatte sich im Übrigen innerparteilich schon während der *Spiegel*-Krise gezeigt.

Der Streit zwischen »Gaullisten« und »Atlantikern«[84] hörte nach der Auseinandersetzung um die Präambel keineswegs auf, sondern prägte außenpolitisch neben dem Dissens über das Moskauer Abkommen zum Stopp der Atomtests auch noch die folgenden Jahre der Kanzlerschaft Erhards. Die Kontroverse beschränkte sich jedoch außenpolitisch nicht auf die Sicherheitspolitik und die Privilegierung der Beziehungen zu Frankreich. Strittig war zwischen General de Gaulle und führenden Politikern der Bundesrepublik überdies der Beitritt Großbritanniens zur EWG, hier handelte es sich um eine europapolitische Fundamentalentscheidung. Selbst Befürworter einer vertieften deutsch-französischen Zusammenarbeit innerhalb der Union, beispielsweise der Fraktionsvorsitzende Heinrich von Brentano, wünschten diese Erweiterung der EWG durch die Briten[85], auch innerhalb der CSU war die Haltung zu de Gaulle und zum Atomteststopp umstritten.[86]

Franz Josef Strauß attestierte de Gaulle, den er bereits in Paris besucht hatte, zwar »eine Schwäche für manche Vision, die über die Realität hinausging«, doch bewunderte er nicht allein das konzeptionelle Denken des Generals, sondern ebenso seinen historischen Zugang zu Gegenwartsproblemen: »Konrad Adenauer und Charles de Gaulle waren trotz aller Unterschiede in Wesen und Prägung zwei Staatsmänner, die in geschichtlichen Bahnen dachten, die sich gegenseitig verstanden und respektierten.«[87] Strauß verstand beide nicht zuletzt deshalb so gut, weil er selbst ein Staatsmann dieses Zuschnitts war, der sowohl historisch als auch konzeptionell dachte und mit diesen beiden Großen der europäischen Politik ebenfalls die Durchsetzungsfähigkeit teilte.

Strauß sah das deutsch-französische Verhältnis durchaus in einer transatlantischen Dreieckskonstellation und beurteilte die Zielsetzung de Gaulles als »europäische Zukunftskonzeption«. Dabei war ihm klar, dass der französische Staatspräsident in der Zweierunion dem eigenen Land die Rolle des Seniorpartners zudachte. An de Gaulles Konzeption überzeugten Strauß zugleich die engere Bindung beider Nachbarländer und die damit verbundene Stärkung Europas sowie die tiefere Verankerung der Bundesrepublik im Westen. Nach dem Schock des Mauerbaus in Berlin am 13. August 1961 sah Strauß zumindest psychologisch, aber auch innenpolitisch die unverbrüchliche Westbindung als gefährdet an.

Bei einem damals geheim gehaltenen Besuch von Willy Brandt im Haus von Franz Josef Strauß an der Zeppelinstraße auf dem Bonner Venusberg hatte der Regierende Bürgermeister von Berlin im September 1961 dem Verteidigungsminister seine Erschütterung über die Berliner Erfahrungen seit dem 13. August mitgeteilt und schlug ihm zur Bewältigung der neuen Herausforderungen eine Allparteienregierung vor.[88] Dazu kam es bekanntlich nicht, es zeigt aber, dass auch ein Politiker wie Brandt, der in seiner Partei schon zu den Verfechtern der Westintegration gehörte, als ihre große Mehrheit sie noch bekämpfte, verunsichert war. Vertraulich bleibende Sondierungen zwischen Brandt und Strauß waren zu Beginn der 1960er-Jahre noch möglich.

Die spätere »neue« Ostpolitik besaß tatsächlich im Mauerbau eine ihrer Wurzeln. Dieser Gewaltakt der von der Sowjetunion gestützten SED-Diktatur sowie die als enttäuschend empfundene Reaktion der Westmächte bildeten den Auslöser. Anders als es ihre Vier-Mächte-Verantwortung für ganz Berlin geboten hätte, beschränkten sich die West-alliierten auf die Sicherung Westberlins, um einen möglichen militärischen Konflikt zu vermeiden. Doch stärkte dieses Verhalten die Kritiker der Westintegration: Sie verstanden diesen Kurs mehr denn je als Sackgasse auf dem Weg zur Wiedervereinigung. Die scharfen Reden Gustav Heinemanns und Thomas Dehlers 1958 gegen Adenauers Außenpolitik lagen noch nicht lange zurück, der Neutralitätsdiskurs innerhalb der FDP war aktuell, und die Reden von Egon Bahr über »Wandel durch Annäherung«, die mit der außenpolitischen Neuorientierung Willy Brandts korrespondierten, fielen ebenfalls ins Jahr 1963.[89]

Diesen Weg hielten Adenauer und Strauß schon Jahre vor dem Streit um die Ostverträge der sozialliberalen Bundesregierung nach 1970 für gefährlich, weswegen die Vertiefung der deutsch-französischen Kooperation für sie zu den Gegenmitteln zählte: »Hier deckte sich der europäisch-deutsche Zukunftsentwurf de Gaulles nahtlos mit den Überlegungen Adenauers. Wie der Alte immer wieder betonte, mußten die Deutschen vor sich selbst und der Versuchung ihrer Lage bewahrt werden, durften nie wieder zwischen den Blöcken herumtanzen. Andererseits wollte Adenauer auch Frankreich festbinden, damit es nie wieder sein altes Spiel mit Rußland neu eröffnen konnte.«[90]

Strauß empfand es als Zeichen »deutscher Dekadenz«, sich immer hinter dem militärischen Schutzmantel der Amerikaner zu verstecken: »Eine solche Haltung stand und steht für mich in eklatantem Widerspruch zur geschichtlichen Verantwortung Europas, zu der Zahl seiner Menschen und seiner wirtschaftlichen Leistungskraft. Verstärkte europäische Anstrengungen zur Aufrechterhaltung der eigenen Sicherheit schienen mir Anfang der sechziger Jahre, über die grundsätzliche Einstellung hinaus, von besonderer Notwendigkeit, da seit der Amtsübernahme durch Kennedy und seit dem Erstarken der Sowjetunion als Atommacht Washington in offenkundige Versuchung gekommen war, seine europäische Sicherheitsverpflichtung zu relativieren.«[91] Strauß machte sich allerdings keine Illusionen darüber, dass die Sicherheit Europas ohne die Amerikaner nicht gewährleistet werden konnte, doch wollte er die Abhängigkeit verringern und trat prinzipiell immer wieder für die Stärkung Europas ein. Hierbei argumentierte er allerdings keineswegs nur sicherheitspolitisch, sondern vor allem historisch und kulturell. Eine Sammlung von Essays und Vorträgen, die Strauß 1968 mit einem Vorwort von Jean-Jacques Servan-Schreiber 1968 veröffentlichte, trug den Untertitel: »Ein Programm für Europa«. Strauß entfaltete dort thematisch und zeitlich ein weites historisch-politisches Panorama, unter den Schlusspassagen finden sich Zukunftspostulate: »Es gilt, eine neue Dimension zu erobern, die den wirklichen Lebensraum aller europäischen Nationen darstellt. Es gilt, ein Denken und eine Bewußtseinshaltung zu schaffen, aus denen heraus man begreift, daß wir nur dann Franzosen, Deutsche, Italiener, Engländer und was auch immer bleiben können, wenn wir wirklich und rechtzeitig Europäer werden ...«[92]

In diesen außen- und sicherheitspolitischen Diskursen blieb Strauß in seinem Element. Nicht selten wurde er von seinen früheren Gesprächspartnern oder Mitarbeitern als Verteidigungsminister zu solchen Grundsatzfragen kontaktiert, äußerte sich aber in Fraktionssitzungen oder im Bundestag in den Jahren nach seinem Rücktritt nur vereinzelt zu Fragen der Verteidigungspolitik und nur, wenn es um eigene frühere Entscheidungen als Verteidigungsminister ging. Seinem Nachfolger Kai-Uwe von Hassel pfuschte er nicht ins Handwerk.

Eine Initiative ergriff Franz Josef Strauß jedoch in einem Bereich, in dem er bisher eher im Stillen durch militärische Hilfe, Diplomatie und persönliche Gespräche gewirkt hatte, den deutsch-israelischen Beziehungen. Nach einer Israel-Reise 1963 schlug er die Aufnahme diplomatischer Beziehungen vor: »Ich meine, daß Konrad Adenauer, dessen Regierungszeit im Herbst zu Ende geht, sein großes Werk der Aussöhnung des deutschen Volkes mit einer Welt von Feinden durch die auch formelle Aussöhnung mit dem jüdischen Volk krönen sollte. Die deutsch-französische Aussöhnung, der Vertrag zwischen beiden Völkern, die totale Beseitigung all der Probleme, die noch vor wenigen Jahren zwischen unseren Völkern lagen, ist die eine Säule, auf der das neue Deutschland aufbauen kann. Die deutsch-israelische Aussöhnung muß die zweite Säule werden.«[93] Franz Josef Strauß hatte seit Längerem zu israelischen Politikern wie Ministerpräsidenten David Ben-Gurion, Verteidigungsminister Mosche Dajan sowie dem damaligen stellvertretenden Verteidigungsminister Shimon Peres enge Kontakte. Er trat entschieden für die Unterstützung Israels ein, unter anderem mit Waffenlieferungen, und befürwortete Adenauers »Wiedergutmachungspolitik«. So antwortete Strauß schon 1953 einem Kritiker dieser Politik, der die Verstimmung arabischer Staaten beklagte, er sei »ein voll überzeugter Anhänger einer restlosen individuellen Wiedergutmachung«[94], was er zehn Jahre später in seinem Artikel bekräftigte. Strauß befürwortete durchaus gute Beziehungen zu arabischen Staaten und pflegte sie intensiv, unter vielen anderen zum ägyptischen Präsidenten Sadat, zum syrischen Präsidenten Assad, zu König Hussein von Jordanien, der ihn in Amman empfing und ihn in München mit Königin Nur besuchte und Strauß in Briefen mit »My dear friend« titulierte. Diese Kontakte führten unter anderem 1977 zu einer ebenfalls mit seiner Frau Marianne unternommenen Nahostreise, auf der ihn alle Regenten und Staatschefs der besuchten Länder empfingen und er unter anderem ein in der Nähe Ammans gelegenes Palästinenserlager besuchte. Trotz dieser Bemühungen um gute Beziehungen zu den arabischen Staaten und ihren Regenten sah Franz Josef Strauß keinen Grund, die deutsche Israel-Politik an arabischen Befindlichkeiten auszurichten. Die Bundesrepublik dürfe sich von keinem Staat der Welt vorschreiben lassen, mit wem sie diplomatische Beziehungen aufnehme. Doch sollte es nach dem Appell von Strauß noch weitere drei Jahre dauern, bis es dazu kam. Nicht Konrad Adenauer, sondern Ludwig Erhard vollzog 1965 diesen Schritt, allerdings auf dem von seinem Vorgänger bereiteten Grund. So erinnerte Strauß daran, dass der Weg zur Aussöhnung von zwei großen alten Männern, von David Ben-Gurion und Konrad Adenauer, eingeschlagen worden sei. Die »weitsichtige und menschlich fundierte Politik« des ersten Bundeskanzlers habe dafür die wesentliche Voraussetzung geschaffen, beginnend mit einer seiner ersten Erklärungen, »daß das deutsche Volk bereit ist, wiedergutzumachen, wo das nach menschlichem Ermessen überhaupt geschehen kann«. Israel habe daraufhin den Deutschen die Hand ausgestreckt, es habe erkannt, dass das heutige Deutschland nicht mit dem Deutschland der Hitlerzeit verglichen werden könne. Entscheidend war für Strauß die historische und humanitäre Begründung: »Wenn sich jemand in der Welt mit dem jüdischen Volk, mit Israel befassen muß, so sind es wir Deutschen. Das, was sich in dieser Hinsicht mit dem deutschen Namen verbindet, wird nicht in einer Generation im Geschichtsbuch der Menschheit gemildert werden können.«

Zur historischen Dimension, zur Einsicht in die problematische Sicherheitslage Israels kam bei Strauß echte Bewunderung: Anschaulich, zuweilen geradezu literarisch, beschreibt er die ungeheuren Leistungen Israels auf agrarischem, wissenschaftlichem und technologischem Gebiet, schildert die gesellschaftliche Integration von Israelis aus 70 Nationen, die Sozialform des Kibbuz und andere Charakteristika unter ständigem Rekurs auf die geologischen und geografischen Gegebenheiten der Region, aber auch ihrer Jahrtausende zurückreichenden Religionsgeschichte – alles in allem ein Kabinettstück in der Darstellung seiner vielfältigen Begegnungen mit Land und Leuten. Angesichts der schwierigen Energiegewinnung in Israel dürfte ihm die Bemerkung eines aus Deutschland emigrierten israelischen Physikers besonders eingeleuchtet haben: »Die Atomkraft ist unsere Antwort auf die Wüste.« Franz Josef Strauß kehrte von dieser Reise zurück, auf der er die Aufbauleistung dieses »hart arbeitenden Volkes« rühmte: »Respekt vor dieser Leistung.« Die Israelis sahen in Franz Josef Strauß einen ihrer Freunde, wie viele Briefe bezeugen.[95] Shimon Peres, später nacheinander in allen Spitzenämtern des Staates Israel, urteilte im Rückblick auf die Freundschaft, die zwischen ihnen 1957 begann: »Strauß' Bereitschaft, Israel beizustehen und uns entschlossen seine Unterstützung zu gewähren, war in dieser Zeit außergewöhnlich und hat sich für Jahre danach fest in unser Gedächtnis eingeprägt.«[96]

Die erwähnten Reisen, auf denen Strauß jeweils auch historische Stätten und Kulturdenkmäler besuchte, konnte er nun als »einfacher« Abgeordneter nebenher auch touristischer gestalten, als ihm das in Ministerämtern möglich gewesen wäre. Auch dies sind Beispiele dafür, wie schnell sich Franz Josef Strauß in seine neue Rolle fand, wie er überhaupt die Fähigkeit besaß, sich nach schweren Rückschlägen sofort wieder zu fangen. Aufgrund seiner herausragenden Kompetenzen, seiner zehnjährigen Erfahrungen als Bundesminister in verschiedenen Ressorts, aber auch institutionell als Parteivorsitzender einer Koalitionspartei und Vorsitzender der CSU-Landesgruppe blieb er weiterhin eine zentrale Persönlichkeit in der Bundes- und Landespolitik. Unverkennbar war allerdings, dass er sich in den ersten zehn Monaten nach seinem Rücktritt in der Gesamtfraktion sichtbar zurückhielt. Nur selten nahm er an ihren Sitzungen teil, während er die CSU-Landesgruppe regelmäßig leitete und dort wiederholt über außenpolitische Fragen berichtete. In der Gesamtfraktion wurde er am 21. Januar 1963 mit 154 von 194 abgegebenen Stimmen zu einem der Stellvertreter Heinrich von Brentanos gewählt, kein berauschendes, aber auch kein schlechtes Ergebnis für einen so prononcierten, Kontroversen nicht ausweichenden Politiker. Seine Abwesenheit in den Sitzungen änderte aber nichts daran, dass er in wesentlichen Fragen mitentschied. So verwies der Fraktionsvorsitzende von Brentano bei der Debatte über die Nachfolge Konrad Adenauers am 23. April 1963 auf vorherige Gespräche mit Strauß und seinen eigenen Wunsch, in allen wichtigen Entscheidungen eine Harmonie zwischen den beiden Unionsparteien zu erreichen.[97] Auch an dieser Sitzung nahm Strauß nicht teil, während Konrad Adenauer ohne Umschweife erklärte: Zwar sei Ludwig Erhard ein hervorragender Wirtschaftsminister, mit dem er 14 Jahre zusammengearbeitet habe, doch als Bundeskanzler sei Erhard trotzdem nicht geeignet: »Der Bundeskanzler muß Politiker (Heiterkeit), er muß Politiker sein!«[98]

Strauß gehörte auch der Verhandlungskommission der Union zur Regierungsbildung nach dem Rücktritt Konrad Adenauers an. In der Fraktionssitzung vom 14. Oktober 1963 ergriff er zum ersten Mal seit Monaten wieder das Wort und bemerkte zum Verhältnis von Union und FDP: »Wir haben die Wahl zwischen Start mit Verstimmung oder Klärung der

Streitfragen.«[99] Es ist nicht schwer zu erraten, für welchen Weg Strauß war. Seit Mitte Oktober nahm Strauß meist wieder an den Fraktionssitzungen teil, die er aufgrund der häufiger werdenden Erkrankungen Heinrich von Brentanos immer öfter leitete, dann spielte er nicht selten eine dominierende Rolle, äußerte sich aber weiterhin nicht zu den längeren Berichten seines Nachfolgers über die Bundeswehr. Umso mehr engagierte er sich in finanzpolitischen Fragen: Dabei forderte er wiederholt, ausgabenwirksame Anträge müssten grundsätzlich mit Deckungsvorlagen verbunden werden, Verschuldungspolitik lehnte er also ab.

In der Sitzung am 15. Oktober führte Strauß aufgrund der Erkrankung Heinrich von Brentanos den Vorsitz und würdigte eingehend Konrad Adenauer, worauf dieser »unserem Freund Strauß« »tief bewegt« dankte.[100] Tatsächlich charakterisierte Strauß warmherzig mit wenigen Strichen die Persönlichkeit Konrad Adenauers, arbeitete seine singuläre Leistung als Bundeskanzler und Parteivorsitzender heraus, wies aber zugleich auf Strukturfragen hin. So hielt er eine gewisse Antinomie zwischen Regierung und Fraktion für natürlich, betonte die Notwendigkeit von Führung und Integration in der parlamentarischen Demokratie. In diesem Kontext behandelte der CSU-Vorsitzende die verfassungsrechtlichen und parteipolitischen Unterschiede zur Weimarer Republik, die er gekonnt mit Adenauers Regierungsstil verknüpfte: Der Bundeskanzler müsse die Richtlinien der Politik bestimmen. Adenauers Entscheidungen, die er mit Überzeugungsgabe, Zähigkeit, Autorität, Stetigkeit aufgrund langer Lebens- und Amtserfahrung durchgesetzt habe, seien der Ausgangspunkt für die erfolgreiche Politik der letzten 14 Jahre gewesen, die fortgesetzt werden müsse. Dafür bedürfe die Fraktion weiterhin des Rates von Konrad Adenauer.[101] Bei diesen Worten handelte es sich keineswegs nur um Abschiedsfreundlichkeiten gegenüber Adenauer – weder neigte Strauß zur Schmeichelei noch zur Sentimentalität. Vielmehr hatte Strauß schon Monate vorher in der Sitzung der CSU-Landesgruppe am 22. April 1963 betont, es gehe der CSU nicht darum, »ob Adenauer etwas früher oder später abgelöst werde, sondern darum, daß die Politik der CDU/CSU und das Werk des Bundeskanzlers auch in Zukunft weitergeführt werden kann«.[102]

Strauß leitete auch mehrere der folgenden Sitzungen der Unionsfraktion souverän und gelegentlich ironisch. So berichtete er, man sei ja in die »Geheimnisse der Kabinettsbildung … durch die Presse des heutigen Morgens eingeweiht worden. Da Erhard sicher nichts gesagt habe, die FDP für die Diskretion gelobt worden sei und die CDU/CSU-Abgeordneten Stillschweigen gewahrt haben, müssen ja wohl überirdische Kräfte zu diesen Kombinationen geführt haben.«[103]

Allerdings bildeten die Bonner Turbulenzen nach dem Rücktritt Adenauers für die nächsten drei Jahre auch einen deutlichen Kontrast zur wachsenden politischen Stabilität in Bayern. Die Warnungen Konrad Adenauers, Ludwig Erhard sei zu wenig Politiker und zu unerfahren in der Außenpolitik, um ein erfolgreicher Bundeskanzler zu werden, resultierten nicht nur aus persönlicher Animosität gegenüber seinem Nachfolger.[104] Obwohl auch Strauß zwischen Erhards Rang als Wirtschaftsminister und seinen allgemeinen politischen Qualitäten unterschied, hatte er anfangs wohl keine so negative Prognose, jedenfalls unterstützte er Adenauers Kampf gegen Erhard nicht: Hatte er taktische Motive, sah er für keinen anderen Unionskandidaten eine vergleichbare Mehrheit, oder hielt er Erhards politisches Potenzial für entwicklungsfähig? Wir wissen es nicht. Viel spricht dafür, dass auch er Erhard für eine gewisse Zeit, wie der größte Teil der Union, als geradezu natürlichen Nachfolger Adenauers ansah. Und nicht zu vergessen: Erhard galt als Wahlkampflokomotive, bis zur nächsten Bundestagswahl waren es kaum zwei Jahre. Nach den Problemen, in denen die Koalition seit 1961 steckte, keine sehr lange Zeit. Jedenfalls setzten sich auch Strauß und die CSU 1963 immer stärker für Erhard ein.[105]

Als in der Sitzung der Landesgruppe am 22. April über die Kanzlernachfolge diskutiert wurde, bezog Strauß selbst zunächst keine Stellung. Innenminister Hermann Höcherl berichtete, Brentano und Krone stünden nicht zur Verfügung, Schröder sei nicht bereit, »eine Designation auf Zeit auf sich zu nehmen«. Andere Namen wurden in diesem Zusammenhang nicht genannt. Klar war: Schröder hätte wohl auch gegen Erhard kandidiert, wenn man ihm ein unbefristetes Angebot gemacht hätte. Franz Josef Strauß äußerte sich erst, als er direkt nach Kontakten mit Erhard gefragt wurde. Er berichtete, in einem Gespräch mit diesem habe er lediglich die Gelegenheit wahrgenommen, »Erhard einige allgemeine Empfehlungen für später zu geben, darunter die Empfehlung, nach Möglichkeit das Kabinett zu straffen«. Aus dieser Bemerkung ergibt sich, dass Strauß von einer Nominierung Erhards ausging und dagegen auch nicht opponierte. Diejenigen CSU-Abgeordneten, die sich anschließend äußerten, plädierten für eine schnelle Nominierung Erhards, um Abnutzungserscheinungen zu vermeiden.[106] Zum Kritiker des neuen Kanzlers wurde Strauß erst später, als er zu dem Schluss gelangte: »Alle Bedenken, die Konrad Adenauer hinsichtlich der außen- und sicherheitspolitischen Qualitäten Ludwig Erhards hatte, wurden während dessen Amtszeit als Bundeskanzler nachdrücklich bestätigt. Adenauer stand damit nicht allein.«[107] Im Rückblick aber bleibt unerfindlich, warum außer Adenauer 1963 nur so wenige eine realistische Einschätzung der politischen Qualitäten von Erhard hatten und sich auch Strauß in den entscheidenden Monaten zurückhielt. Alle Führungspersönlichkeiten der Union hatten mit Erhard mindestens 14 Jahre zusammengearbeitet, sie mussten ihn also kennen. Sicher spielte es eine Rolle, dass kein allgemein überzeugender Gegenkandidat zur Verfügung stand und Erhard über die weitaus größte Popularität aller denkbaren Unionskandidaten verfügte.

Als Strauß mit Erhard in dessen Bonner Wohnung zusammensaß und er diesem offenbar Ratschläge gab, erwärmte der gute Cognac die Gemüter nicht. Vielmehr erinnerte Erhard den CSU-Vorsitzenden daran, dass er nicht mehr Mitglied der Bundesregierung sei und jetzt »eine Zeitlang Ruhe geben müsse«. Schon diese Bemerkung Erhards belegt seinen unpolitischen Zugang. Der Vorsitzende einer der Koalitionsparteien sowie der CSU-Landesgruppe im Bundestag muss nicht Kabinettsmitglied sein, um gehört zu werden: »Ruhe geben« würde eine starke Persönlichkeit wie Strauß ohnehin nicht, erwuchs seine Autorität doch nicht bloß aus seinen Funktionen, sondern umgekehrt diese aus seiner persönlichen Energie und Kompetenz. Im Übrigen ist ein Fraktionsvorsitzender, wenn er will und persönlich stark ist, einflussreicher als die meisten Minister. Und auch eine weitere Zurechtweisung von Erhard war damals gängig, jedoch der politischen Konstellation nicht angemessen: »Sie müssen Ihren unstillbaren und unbezähmbaren Ehrgeiz jetzt endlich einmal unter Kontrolle bringen.«[108] Der Satz muss Strauß getroffen haben, sonst hätte er ihn nicht Jahrzehnte später zitiert.

Tatsächlich hatte Strauß, anders als oft dargestellt, im Herbst 1963 keine Ambitionen auf ein Ministeramt in der Regierung Erhard, er war also auch nicht »frustriert«, der neuen Regierung nicht anzugehören. So erklärte Strauß im Vorstand der CSU-Landesgruppe am 27. September 1963, die CSU werde keine personellen Forderungen für die nächsten zwei Jahre stellen. »Sie erwarte aber, daß die personellen Positionen der CSU unverändert erhalten bleiben.«[109] Da er schon der letzten Regierung Adenauer nicht mehr angehört hatte, bedeutete die von Strauß geforderte Erhaltung des Status quo für die CSU im Bundeskabinett also kein Ministeramt für ihn selbst.

Nach der Bundestagswahl von 1965 veränderte sich jedoch die Situation. Der Bundeskanzler und CDU-Vorsitzende Erhard war seinem Ruf als Wahlkampflokomotive vollauf gerecht geworden, erzielten die Unionsparteien doch zusammen 47,6 Prozent der Stimmen. Die SPD, die das zweite Mal mit dem Berliner Regierenden Bürgermeister Willy Brandt als Spitzenkandidat antrat, gewann zwar drei Prozent hinzu, brachte es aber mit 39,3 Prozent nur auf den zweiten Platz. Verlierer der Wahl war eindeutig die FDP, die etwa ein Viertel ihrer Stimmen einbüßte und von 12,8 auf 9,5 Prozent absackte. Die fortgesetzte Anti-Strauß-Kampagne hatte der FDP offensichtlich nichts genützt, trieb aber absurde Blüten: Das bayerische FDP-Vorstandsmitglied Klaus Dehler nannte Strauß im

Frühjahr 1965 »eine tödliche Gefahr für die Demokratie«, Willi Weyer forderte, »den Kampf gegen Strauß durchzustehen mit einem klaren Nein, auch mit der Konsequenz der Oppositionsrolle«, und sogar Mende urteilte, eine »Zustimmung zu Strauß wäre tödlich für die Partei«. Mende wiederholte damit intern das definitive Votum gegen Strauß als Bundesminister auf dem Bundesparteitag der FDP, der vom 21. bis 23. März 1965 in Frankfurt/Main stattgefunden hatte. Noch 1963 war Mende von solch dauerhaftem Boykott abgerückt, berief sich nun aber auf den 95-Prozent-Beschluss der FDP-Delegierten gegen ein Ministeramt für Strauß. Nur wenige Stimmen im FDP-Vorstand warnten davor, Strauß dauerhaft zum Buhmann zu machen.[110] Auch Spekulationen innerhalb der FDP-Führung erwiesen sich als Wunschdenken, Strauß stünde kurz vor seiner Ablösung als Parteivorsitzender der CSU. Realistischer war da schon die Einschätzung, die ständigen Angriffe würden zu größerer Geschlossenheit der CSU hinter ihrem Vorsitzenden führen. Schon 1963 hatte Strauß bei seiner Wiederwahl als Parteivorsitzender trotz der *Spiegel*-Krise und massiver Agitation gegen ihn 86,8 Prozent der Delegiertenstimmen erhalten. Und auch 1965 wurde er mit großer Mehrheit wiedergewählt, seine eigene Erfahrung in den Lehrjahren bei Adenauer bestätigten sich: Scharfe Abgrenzung befördert die Integration in den eigenen Reihen. Und auch ihr wiederholtes Insistieren auf der Ablösung Adenauers in den Jahren von 1961 bis 1963 half der FDP nicht, sondern war vielleicht sogar ein Eigentor, galt doch Ludwig Erhard großen Teilen der Öffentlichkeit nicht nur ökonomisch als Repräsentant des Liberalismus, wodurch er auch mögliche FDP-Wähler ansprach.

Aber nicht nur Erhard war ein erfolgreicher Wahlkämpfer, schließlich erreichte die CSU in Bayern unter Führung von Franz Josef Strauß sogar 55,6 Prozent: Ohne die bayerische Schwester, die überproportionalen Anteil am Wahlsieg der Union hatte, hätte auch Erhard nicht mehr Kanzler bleiben können. Umso mehr ärgerte Strauß, der Erhard 1963 unterstützt hatte und drei Jahre nach seinem Rücktritt die amtslose Zeit für eine ausreichende Karenzzeit hielt, die erneute Forderung der FDP, ein Kabinett ohne Strauß zu bilden. Die Unterstützung von Erhard hatte er erwartet, doch blieb sie nach seiner Einschätzung aus, Strauß gewann sogar den Eindruck, dass dieser die FDP in ihrer Position bestärkt hatte. Allerdings war Erhard offenbar bereit, der CSU fünf Bundesministerien zuzugestehen, darunter ein klassisches wie Innen- oder Justizministerium. Im Gespräch für das Innenministerium war Franz Josef Strauß. Doch war dies nur ein Versuchsballon?

Die Regierungsbildung erwies sich aber nicht allein deshalb als ausgesprochen schwierig und ließ für das künftige Schicksal dieser Regierung nur düstere Prognosen zu, was Strauß selbst ausgesprochen realistisch einschätzte: Schon deshalb ging es ihm bei den Verhandlungen mehr um das Prinzip, ohne personelle Vorbedingungen zu verhandeln, als um ein Ministeramt in einer als fragil eingeschätzten Regierung. Heftig gestritten wurde unter anderem über die Wiederberufung des Außenministers Gerhard Schröder, gegen den außer Bundespräsident Heinrich Lübke die beiden Vorsitzenden der Unionsparteien, Konrad Adenauer und Franz Josef Strauß, heftig opponierten. Erhard konnte Schröder zwar halten, doch handelte es sich um einen Pyrrhussieg, schon während der Regierungsbildung wurde gespottet, Erhard habe die Wahl gewonnen und den Sieg verspielt. Strauß hatte in einem persönlichen Gespräch in Gegenwart Krones den Bundeskanzler schon Monate vor der Bundestagswahl heftig attackiert und ihn wegen der außenpolitischen Alleingänge Schröders gefragt, ob Erhard oder Schröder die Außenpolitik führe.[111] Diese und andere Unzufriedenheiten mit Erhards Regierungsstil[112] trugen selbst bei seinen ursprünglichen Anhängern dazu bei, auch innerhalb der Union im Sommer und Herbst 1965 über eine Große Koalition unter einem Kanzler Eugen Gerstenmaier zu spekulieren.[113]

Wie der Fraktionsvorsitzende Rainer Barzel in der Sitzung der CDU/CSU-Fraktion vom 19. Oktober 1965 mitteilte, hatte Bundeskanzler Erhard von der FDP »die endgültige Bereinigung des Verdikts gegen Strauß verlangt«.[114] Hier handelte es sich offenbar um einen Deal zur Gesichtswahrung beider Seiten und zur mittelfristigen Aufhebung des Strauß-Boykotts, wie die einschlägige Fraktionssitzung dokumentiert. Nachdem eine Einigung erzielt worden sei, habe Erhard »unter einem gewissen Vorbehalt… das gesamtdeutsche Ministerium der FDP angeboten«, wogegen die CSU opponiert hatte. Nach der Erklärung von CDU/CSU und FDP, die Koalition fortsetzen zu wollen, lautete die nach längerem Ringen gefundene Formel: Die Partner hätten »ferner beschlossen, alle bisherigen Vorbehalte einschließlich der Kabinettsfähigkeit führender Mitglieder ihrer Parteien als beendet zu erklären und alle zwischen den Koalitionspartnern schwebenden Streitfragen unverzüglich zur gegenseitigen Zufriedenheit zu bereinigen. Beide Partner werden alles unterlassen, was das Ansehen von Angehörigen der an der Koalition beteiligten Parteien und ihren Fraktionen herabzusetzen geeignet ist.«

Nun hätte es sich bei dieser Verlautbarung um eine Selbstverständlichkeit gehandelt, wäre nicht die Vorgeschichte mit jahrelangen Querelen zwischen den Koalitionspartnern gewesen. Franz Josef Strauß wurde nicht namentlich genannt, doch war eindeutig er gemeint. Die Frage lautet jedoch: Hat Strauß selbst für diese Erklärung auf einen Kabinettsposten verzichtet oder hat Erhard der FDP einen solchen Verzicht von Strauß angeboten, um die prinzipielle Erklärung seiner »Kabinettsfähigkeit« durch die FDP zu erhalten? Dafür spricht die Erklärung von Franz

Josef Strauß in der Sitzung der CSU-Landesgruppe einen Tag später, an der Erhard als Gast teilnahm: »Falls ihm, Strauß, das Innenministerium angeboten würde, würde er in höflicher und würdiger Form nein sagen.«[115] Von all dem steht in seinen *Erinnerungen* nichts, auch die Protokolle des Bundesvorstands der FDP enthalten zu dieser Frage keinen Hinweis, sondern nur zur ultimativen Forderung der FDP, ihr für den Parteivorsitzenden Mende weiterhin das Gesamtdeutsche Ministerium zu überlassen.[116]

Allerdings gab es eine Vorgeschichte zur zitierten Erklärung der beiden präsumtiven Koalitionspartner, da sich die FDP gemäß ihrer Wahlkampfaussage noch unmittelbar nach der Bundestagswahl am 22. September 1965 erneut gegen Strauß festgelegt hatte: »Der Bundesvorstand betont, daß er nicht bereit ist, eine Koalition um jeden Preis fortzusetzen... Der Bundesvorstand hält es getreu den Wahlkampfaussagen für indiskutabel, daß von der Gegenseite überhaupt Strauß als Kandidat für ein Ministeramt angeboten wird.«[117] Dies war für damalige Verhältnisse schon deshalb eine sehr weitgehende Äußerung, weil zu dieser Zeit der Bundeskanzler sein grundgesetzlich verbrieftes Vorschlagsrecht für Bundesminister noch in stärkerem Maße in Anspruch nehmen konnte[118], als das bei späteren Regierungsbildungen üblich wurde, bei denen die Koalitionsparteien faktisch allein darüber entschieden, wen sie aus ihren Reihen nominierten. Aber auch unter diesen Voraussetzungen war die Erklärung starker Tobak, weil die FDP für sich das Recht der Ministernominierung in Anspruch nahm, es aber der CSU bestritt.

Strauß selbst hatte offensichtlich zur Entschärfung der Situation, aber auch zur Beendigung der ihm gegenüber praktizierten Diskriminierung vorgeschlagen, die Parteivorsitzenden sollten nicht dem Kabinett angehören. Dagegen hatte sich Mende im Gespräch mit Bundespräsident Lübke gewandt, hätte eine solche Lösung ihn doch sein Ministeramt gekostet. Zugleich aber verwies er auf die Festlegung der FDP gegen ein Ministeramt für Strauß, zumal der Bundesvorstand am 23. September nochmals einstimmig bekräftigt hatte, sich »im Falle Strauß kompromißlos« zu verhalten und an seiner Person gegebenenfalls die Koalitionsbildung scheitern zu lassen. Einzig Josef Ertl regte an, man »sollte [...] das Thema Strauß beenden«, wenn die Entscheidung (für die Koalition) gefallen sei.[119] Aus all dem lässt sich schließen: Die von Erhard und Mende ausgehandelte Erklärung erfolgte unter der Voraussetzung, dass Strauß 1965 eine Berufung zum Bundesinnenminister »höflich und würdig« ablehnen würde. Es spricht tatsächlich nichts dafür, dass Strauß 1965 Minister in der Regierung Erhard werden wollte. Krone notierte am 1. Oktober 1965 kurz und knapp in sein Tagebuch: »Strauß wird dieses Mal nicht Minister; er will es auch nicht.«[120]

Es gibt viele Beispiele dafür, dass Franz Josef Strauß nach heftigen Auseinandersetzungen mit seinen Widersachern Frieden schloss, ohne nachtragend zu sein. Für die FDP galt das jedoch nicht: Zeit seines Lebens vergaß er der Partei nicht, wie sehr sie sich in ihn über viele Jahre geradezu irrational verbissen hatte, obwohl es mit Teilen der Partei sachliche Übereinstimmungen gab. Menschlich verständlich war sein tief sitzender, dauerhafter Groll gegen die FDP durchaus, politisch zielführend aber nicht immer. Die SPD-Führung jedenfalls pflegte solche Berührungsängste nicht. Wenn es machtpolitisch opportun war, sah sie kein Problem darin, mit dem CSU-Vorsitzenden als Bundesminister eine Koalition zu bilden, während die FDP munter auf den Abgrund zuschritt, bedeutete doch die bloße Animosität gegenüber einer Person noch kein zugkräftiges Wahlprogramm.

So wurde auch die neue Koalition aus Unionsparteien und FDP eine Koalition der Krisen, weder steuerte sie aufgrund der unterschiedlichen, ja gegensätzlichen Konzeptionen in den Parteien in eine Richtung, noch gewann sie haushaltspolitisch Kontur. Der als lax empfundene Führungsstil Erhards geriet in seiner eigenen Fraktion immer stärker unter Beschuss. Franz Josef Strauß war nicht der einzige Unionspolitiker, der den Bundeskanzler immer deutlicher kritisierte, vielmehr war er sich mit Konrad Adenauer, Eugen Gerstenmaier, Heinrich Krone und anderen einig. Als 1966 sowohl die Landtagswahl in Nordrhein-Westfalen als auch die in Hessen verloren ging und sich überdies wirtschaftliche Krisensymptome zeigten, war Erhard in seiner ureigensten Domäne geschwächt und büßte offenbar sogar seinen Nimbus als Wahlkämpfer ein. Zwar sind Landtagswahlen nicht zwangsläufig ein Barometer für die Bundespolitik, doch werden sie dafür instrumentalisiert. Und auch die damaligen Haushaltslücken, Wachstumsprobleme und Arbeitslosenzahlen nehmen sich, verglichen mit späteren Krisen, harmlos aus. Doch entscheidend war die vorherige Gewöhnung an den Erfolg ebenso wie die seit Jahren schwelende Kritik am »unpolitischen«, führungsschwachen Kanzler. Die spöttische Frage kursierte: »Haben Sie etwas Wichtiges oder wollen Sie zum Kanzler?«

Manche Kritik an Erhard war ungerecht, doch darum ging es nicht: Vielmehr grassierte die Furcht, Erhards außenpolitische Defizite und sein innenpolitischer Ansehensverlust würden schwere Probleme heraufbeschwören und zu künftigen Wahlniederlagen der Union führen. Diese Erwartung bildete das Kontrastbild zum Wahlkämpfer Strauß, der immer stärker als Garant für die Siege der CSU galt: Als alle Welt und wohl auch er selbst angesichts der Wahlniederlagen des Jahres 1966 und des Bonner Stimmungstiefs der Union annahmen, nun würde es unweigerlich selbst die CSU treffen, erzielte die Partei bei den bayerischen

Landtagswahlen im Herbst 1966 einen leichten Zugewinn und mit 48,1 Prozent der Stimmen wiederum die absolute Mehrheit der Mandate. Die FDP erreichte 5,1 Prozent. Die Bayernpartei scheiterte an der Fünf-Prozent-Hürde. Die leicht gestärkte SPD kam auf 35,8 Prozent, die NPD gelangte mit 7,4 Prozent nun erstmals (und das einzige Mal) in den Landtag. Alfons Goppel konnte nun sein zweites Kabinett bilden, dessen Mitglieder einschließlich der Staatssekretäre nun erstmals alle der CSU angehörten. Der Wahlerfolg der NPD, der die demokratischen Parteien aufschreckte, war es auch, der Strauß zu der Schlussfolgerung brachte, es dürfe rechts von der CSU keine demokratisch (also durch Wahlen) legitimierte Partei im Parlament geben. Auf Bundesebene wurde dieses Ziel ebenso erreicht wie dann seit der folgenden Landtagswahl in Bayern. Diese Befürchtung eines Zugewinns der Rechtsextremen hatte Strauß übrigens schon Wochen vor der Wahl, als er in der Fraktionssitzung am 4. Oktober 1966 erklärte: »Es geht nicht nur darum heute, einen Wahlsieg der SPD abzuwenden, es geht, ich sage es ganz offen, auch darum, neue politische Gebilde, die rechts von uns mit falscher Zielrichtung entstehen könnten, zu verhindern …«[121] Mancher bewusste Ausfall von Strauß, manche Rechtskehre – die seiner prinzipiellen politischen Zielsetzung nicht entsprach – war taktischer Natur, um gerade einer »aufkeimenden Rechten« den Wind aus den Segeln zu nehmen. Dies erwies sich in der zweiten Hälfte der 1960er- und zu Beginn der 1970er-Jahre als durchaus notwendig.

Auf der anderen Seite vertrat Strauß die Meinung, die Bundesrepublik sei für den in einer funktionstüchtigen Demokratie normalen Wechsel der Opposition in die Regierung noch nicht reif, was diese naturgemäß umgekehrt sah. Unabhängig von seiner aktuellen Einschätzung bewies er aber für dieses Wechselspiel Verständnis, wenn er feststellte: »Denn bei allem, was man über große Koalition negativ sagen mag, von einem bin ich zutiefst überzeugt, daß wir in Deutschland noch nicht so weit sind wie in anderen Ländern, daß auch eine andere Kombination einmal, eine andere Führungsschicht, eine andere politische Mehrheit, die Substanz einer guten deutschen Politik nach dem Gesetz der Demokratie – einmal regieren und auch einmal die bisherige Opposition an der Regierung – in die Zukunft hineintragen könnte.«[122] Das war nun, zumal für einen Redner wie Strauß, sehr umwegig formuliert. Im Klartext wollte er wohl sagen: Der Wechsel ist in einer reifen Demokratie normal, jetzt aber kommt einstweilen nur die Verbindung der bisherigen führenden Regierungspartei und der stärksten Oppositionspartei infrage, also eine Große Koalition. Tatsächlich bedeutete diese Diskussion die Götterdämmerung der christlich-liberalen Regierung und bezeichnete die Richtung von Strauß' Überlegungen.

Seine Bonner Position verstärkte sich nach den drei Landtagswahlen, stand Franz Josef Strauß doch als einziger Sieger der Unionsparteien da, was überdies seiner innerparteilichen Stellung zugute kam, sah sich doch nicht nur Strauß selbst als entscheidenden Verursacher des bayerischen Wahlsiegs. Tatsächlich hatte er gegen den Bundestrend und die in der eigenen Partei grassierende Angst vor einer Wahlschlappe angekämpft, dabei drastischer als früher formuliert. Bei einer Wahlveranstaltung in Planegg bei Münchens soll er unter stürmischem Beifall erklärt haben: »Mit dem Saustall in Bonn müsse Schluß sein, und mit einer starken CSU würde die Wende am Rhein herbeigeführt werden.« Sollte er das tatsächlich gesagt haben, dann wären das nicht nur beleidigend starke Worte gewesen, sondern eigentlich ein Eigentor, stellte die CSU doch in der Regierung Erhard 1965/1966 fünf Bundesminister. Aber im Wahlkampf galten nicht unbedingt die Regeln der Rationalität, vielmehr seine sozialpsychologische Rezeptur: Strauß verfuhr nach dem sich seither über Jahrzehnte hinweg bewährenden Erfolgsrezept und riss nach eigener Einschätzung die CSU aus ihrer Depression, indem er »Bayern von Bonn« abgrenzte. »Wenn ein Redner Hoffnungslosigkeit spürt, muß er Hoffnung machen, wenn er Mutlosigkeit spürt, Mut, wenn er eine Stimmung der Ausweglosigkeit registriert, muß er Wege zeigen. Nur dann ist es möglich, eine wankende Truppe noch einmal umzudrehen. Gibt man in so einem Fall der vorgefundenen Stimmung nach, ist das Scheitern des Unternehmens vorgezeichnet.«[123] Der Erfolg gab ihm recht, und stolz verwies der CSU-Vorsitzende auf den Kontrast zu den »kläglichen« Wahlergebnissen der Schwesterpartei in Hessen und Nordrhein-Westfalen, dem bei weitem bevölkerungsreichsten Bundesland, dem stets seismografische Bedeutung für den Bundestrend zugemessen wurde.

Franz Josef Strauß beschrieb hier jedoch nicht nur eine Wahlkampfregel, sondern vermittelte die Autosuggestion, mit der er sich in heftigen Auseinandersetzungen oder Niederlagen selbst in Rage versetzte, über schmerzliche Erfahrungen hinwegkam, um bald darauf wie Phönix aus der Asche wieder in die politische Arena zu steigen. Immer wieder erwies er sich als Marathonläufer, der sich durch Rückschläge nicht entmutigen ließ. Im Herbst 1966 jedenfalls zählte er wieder zu den dominierenden Spielführern, nachdem er über einen längeren Zeitraum hinweg aus seiner Unzufriedenheit mit der Regierungsführung durch Ludwig Erhard keinen Hehl gemacht hatte. Das betraf nicht allein die Außenpolitik, deren Fehlerhaftigkeit er im Oktober 1966 in einer Sitzung der Unionsfraktion an der USA-Reise des Bundeskanzlers exemplifizierte: Sie beurteilte er als unglücklich terminiert, weil Präsident Johnson im Wahlkampf und unter psychologischem Druck wegen des Vietnamkrieges stehe und schon deshalb keine Konzessionen machen könne. Strauß zählte die Probleme auf, bei denen Erhard hätte erfolgreich verhandeln müssen, u. a. die Devisenzahlungen für die Truppenstationierung in Deutschland, die Nuklearfrage, die NATO, die Stellung Frankreichs u. a. m. Mit anderen Worten: Indem er fragte, wer Erhard zu einer so wichtigen Reise zu einem so ungünstigen Zeitpunkt geraten habe, warf er ihm bzw. seinen Beratern politischen Dilettantismus vor.

Der CSU-Vorsitzende kritisierte außerdem, dass Teile des Élysée-Vertrags noch nie ausgeschöpft worden seien, bei der Stationierung französischer Truppen in der Bundesrepublik bestünden überdies Unklarheiten. Er befürchtete deutsch-französische Spannungen, die sich auf die interne Situation der CDU/CSU übertragen würden. In diesem Zusammenhang wies er die dogmatische Unterscheidung von »Karolingern« und »Atlantikern« zurück, weil doch alle beides seien, auch wenn es unterschiedliche Nuancen gebe.

Doch beschränkte sich Strauß nicht auf die Außen- und Sicherheitspolitik, sondern bemängelte die Haushaltspolitik der Regierung, die auf unsicheren Grundlagen beruhe und mittelfristige Planung vermissen lasse. Er führte einzelne Probleme auf und beklagte eine schiefe Optik, die »durch eine unklare Politik in der Sache herbeigeführt worden ist«.[124]

Schon Monate vorher hatte Franz Josef Strauß dem Bundeskanzler seine Sorgen über die wirtschaftliche Entwicklung mitgeteilt und insbesondere auf die Zahlungsbilanz, die Lage auf dem Kapitalmarkt und die Preissteigerungen hingewiesen. So schrieb Strauß in seiner Eigenschaft als CSU-Vorsitzender am 5. Juli 1966 an Ludwig Erhard, das »zwangsläufig abgeschwächte Wachstumstempo der Wirtschaft erfordert ein Zurückschrauben der Erwartungen und Ansprüche sowohl des Staates als auch des einzelnen. Wir müssen uns darauf einstellen, daß das Volkseinkommen künftig jährlich nicht wesentlich stärker als um 3 – 4 % steigen wird … Es geht einfach darum, den Zuwachs an Kaufkraft und den Zuwachs an Produktion in das Gleichgewicht zu bringen. In den letzten Jahren ist dieses Gleichgewicht verlassen worden.« Strauß verwies darauf, dass die gegen die Preissteigerungen schon seit zwei Jahren eingesetzte Kreditverknappung mit steigenden Zinsen inzwischen mehr negative als positive Folgen habe. Diese Kreditpolitik hätte längst wieder gelockert werden können und wäre wirksamer gewesen, »wenn sie von vornherein durch eine zurückhaltende Ausgaben- und Verschuldungspolitik der öffentlichen Hand unterstützt worden wäre, und wenn man außerdem die störenden Geldzuflüsse durch Aufnahme von Krediten der Unternehmen im Ausland unterbunden hätte«. Strauß erwähnte, dass das gegen seinen ausdrücklichen Rat verabschiedete Kuponsteuergesetz einen unerwünschten Zufluss von kurzfristigem Geld provoziert habe. »Die nach Dauer und Härte überzogene Restriktionspolitik hat den deutschen Kapitalmarkt weitgehend funktionsunfähig gemacht. Selbst zu hohen Zinssätzen können heute keine Anleihen mehr aufgelegt werden …« Strauß fand die Belastungen der deutschen Wirtschaft angesichts des Diskontsatzes von 5 Prozent besorgniserregend, weil sie die internationale Konkurrenzfähigkeit der deutschen Unternehmen mehr und mehr beeinträchtigten.

In seinem fast neunseitigen Brief lehnte Strauß am 5. Juli 1966 mit detaillierter Begründung die geplante »Schaffung einer gesetzlichen Grundlage für die Einführung absoluter Begrenzungen der inländischen Bankkredite (Kreditplafondierung)« ab. Er verwies darauf, dass er nicht allein eigene Überlegungen wiedergebe, sondern der ständige Gedankenaustausch der CSU mit Vertretern der Wirtschaft in seine Argumente eingegangen sei.[125]

Der zweite, achtseitige Brief des CSU-Vorsitzenden an den Bundeskanzler datierte vom gleichen Tag und betraf die amerikanischen Investitionen in Deutschland. Unter Berufung auf den früheren amerikanischen Finanzminister C. Douglas Dillon ging Strauß davon aus, dass die amerikanischen Investitionen verglichen mit den europäischen relativ klein seien und sich auf wenige Industrien beschränkten. Strauß verglich eingehend die französische und britische Investitionspolitik in Hochleistungstechnologien, darunter der Raumfahrt, für militärische und zivile Zwecke mit der bundesdeutschen und stellte die Forschungspolitik dieser drei Staaten der amerikanischen gegenüber. Seine Schlussfolgerung lautete: »Wir müßten verhindern, daß die europäischen Länder in ein intellektuelles und wissenschaftliches Vakuum verwandelt werden. Da nützt uns auch unsere gesamte ›Bildungsoffensive‹ gar nichts. Denn die mit dem Geld der deutschen Steuerzahler ausgebildeten Studenten und Wissenschaftler werden dann dorthin gehen, wo sie ihre erlernten Kenntnisse und Fähigkeiten anwenden können. So ist es zum Teil bereits heute. Ich brauche nur an das große Gebiet der Flug- und Raumfahrttechnik zu denken, wo wir nach gewissen Ansätzen wieder weitgehend stagnieren.«

Strauß behandelte eingehend die Forschungspolitik amerikanischer Unternehmen in Europa, die dazu führe, dass Konzerne wie General Motors und Ford ihre technischen Entwicklungen in den USA durchführten und in Europa lediglich implementierten. An Beispielen demonstrierte Strauß, wie die europäischen Industrien in manchen Sektoren zum »Satelliten« der Amerikaner würden, und zeigte sich beunruhigt über die politischen und militärischen Konsequenzen. Am Beispiel Frankreichs wies er darauf hin, dass dort zwar eine gegenteilige konstruktive Forschungs- und Entwicklungspolitik betrieben werde, doch der Erfolg wegen der extremen Kosten trotzdem fraglich sei. Hier lag der Ansatz für gemeinsame europäische Anstrengungen: »Ich bin ein überzeugter Anhänger einer Politik der europäischen Einigung wie auch einer Politik der Atlantischen Gemeinschaft. Aber eine Gemeinschaft kann nur dann wirklich aufgebaut werden und sich behaupten, wenn sie auf zwei starken Pfeilern beruht, wenn ihre europäische Perspektive genauso beachtet wird wie ihre amerikanische Komponente.« Erforderlich sei »eine stärkere europäische Selbständigkeit«.

Es wäre untypisch für Strauß, wenn er nicht die weltpolitische Konstellation in seine Analyse einbezogen hätte. Für die Europäer sei der potenzielle Hauptgegner die Sowjetunion, für die USA gebe es aber eine Prioritätenverschiebung, da die wachsende Konkurrenz Rotchina zum Hauptgegner der USA mache – die Auseinandersetzung um Vietnam beurteilte er als Stellvertreterkrieg. In den globalen Rahmen stellte Strauß auch die wirtschaftliche Abhängigkeit europäischer Staaten von den USA. Für die Bundesrepublik nannte er das »amerikanisch-englische Ölmonopol«, das aufgrund politischen Drucks keinen Spielraum lasse »für die Verstärkung unseres Ölhandels mit der Sowjetunion«.

Hätte die Öffentlichkeit Strauß damals eine solche Flexibilität im Ost-West-Verhältnis zugetraut? Und ebenso differenziert fielen seine Analysen der transatlantischen Beziehungen und der Europapolitik aus. Der überzeugte Europäer war so wenig ein Antiamerikaner, wie der Antikommunist die wirtschaftliche Koexistenz mit der Sowjetunion ausschloss. Doch besonders aussagekräftig ist die Schlusspassage dieses zweiten ausführlichen Briefes an den Bundeskanzler: »Wir haben viele Gegenwartssorgen und führen viele Verhandlungen über Probleme, für die heute noch nicht die Ansätze einer Lösung sich zeigen, so z. B. in der Deutschlandfrage. Wir müssen aber, gerade damit die Deutschlandfrage eines Tages überhaupt lösbar wird, uns mit den langfristigen Problemen beschäftigen, die unsere nationale und kontinentale Existenz ausmachen. Es geht nicht nur um die Sicherung einer angeblich heute nicht mehr bedrohten Gegenwart, sondern es geht vor allem um die Sicherstellung der Grundlagen für eine langfristige politische Zukunft.«

Erhard antwortete ihm fünf Wochen später am 15. August 1966 aus seinem Urlaubsdomizil in Gmund am Tegernsee ebenso eingehend auf den ersten Brief, den zuletzt zitierten wollte er später beantworten, was aber wohl mündlich erfolgte. Der Bundeskanzler stimmte einem Teil der Überlegungen von Strauß zu, doch anders als dieser meine, hätten die Kreditverknappungen mit steigenden Zinsen mehr positive als negative Folgen gehabt. Eine Aufgabe der Restriktionspolitik habe möglicherweise höhere Investitionen, mit Sicherheit aber weitere Preissteigerungen zur Folge. Er wies die Kritik von Strauß an einer überzogenen Restriktionspolitik zurück, vielmehr sei es die öffentliche Hand gewesen, die ohne Rücksicht auf das Kapitalangebot zu fast jeder Bedingung bereit gewesen sei, Kapital aufzunehmen, darunter besonders die »sozialistisch« regierten Großstädte. Im Übrigen verteidigte Erhard das von der Bundesbank gewünschte Gesetz zur Kreditplafondierung.

Auf elf Seiten setzte sich Erhard am 15. August eingehend mit den Argumenten von Strauß auseinander, bevor sie sich in seinem Haus in Gmund wenige Tage später am 19. August 1966 trafen, um weiter über die finanz- und wirtschaftlichen Probleme zu diskutieren:[126] Seine Frau freue sich, dort auch Marianne Strauß ebenso herzlich begrüßen zu können. Erhard argumentierte in seiner Antwort im Großen und Ganzen in Übereinstimmung mit dem damaligen Bundesbankpräsidenten Karl Blessing: Deshalb waren seine Begründungen auch deutlicher fiskalpolitisch akzentuiert als bei Strauß, der stärker die Konsequenzen der damaligen Politik für die mittelständische Wirtschaft, aber auch die Exportpolitik großer Unternehmen reflektierte.

Franz Josef Strauß hatte sich in den Jahren nach dem Rücktritt als Verteidigungsminister immer stärker in wirtschafts- und finanzpolitische Probleme eingearbeitet und in ihnen eine beträchtliche Kompetenz erworben. Zwar hatte er schon während seines Studiums auch Nationalökonomie belegt, doch war dies für ihn während der 1930er-Jahre eher ein Nebenschauplatz gewesen. Jetzt wollte er es genau wissen und immatrikulierte sich 1962 an der Universität Innsbruck bei Professor Clemens-August Andreae für das Fach Finanzwissenschaft, ursprünglich wohl mit dem Ziel, darin zu promovieren. Doch dazu kam es dann doch nicht. Mit seiner fortbestehenden Mehrfachbelastung als Parteivorsitzender und CSU-Landesgruppenvorsitzender in Bonn und in München war dies nicht zu vereinbaren, hatte Strauß doch eine Fülle weiterer Tätigkeiten in Bundestagsausschüssen, als Wahlkämpfer, als weltweit gefragter außen- und sicherheitspolitischer Experte. Und schließlich war er auch noch Privatmann. Doch besteht kein Anlass, wie es in der Öffentlichkeit gelegentlich geschah, dieses Fernstudium zu belächeln. Vielmehr handelte es sich wiederum um ein Beispiel für den ungeheuren Wissensdurst von Franz Josef Strauß, der den Dingen auf den Grund gehen wollte und sich mit unglaublicher Energie in immer neue Gebiete einarbeitete. In diesem Fall hatte er in seiner Frau Marianne eine besonders kundige Gesprächspartnerin, war sie doch selbst Diplom-Volkswirtin, und dies nicht nur mit theoretisch-wissenschaftlichem Interesse. Ein gewisser Ansporn mag für den stets ehrgeizigen Strauß durchaus gewesen sein, es seiner Frau gleichzutun. Doch insgesamt zielte sein wirtschafts- und finanzpolitisches Engagement als drittes Standbein nach der Verteidigungs- und Außenpolitik auf seine zukünftige Rolle in der Bundespolitik – darin übrigens seinem Lieblingsgegner von der SPD, Helmut Schmidt, ähnlich, dessen politische Schwerpunkte genauso verteilt waren und der – viele

Franz Josef Strauß während
der ersten Legislaturperiode,
1949–1953.

Die Minister des zweiten Kabinetts Adenauer nach ihrer Ernennung durch Bundespräsident Heuss (1. Reihe, vierter von rechts). Der Bundesminister für besondere Aufgaben Franz Josef Strauß steht ganz oben rechts.

Privataudienz beim Papst: Pius XII. empfängt Franz Josef
Strauß und seine Braut Marianne Zwicknagl am Vorabend
ihrer Verlobung, 20. April 1957.

Hochzeit mit Bundeskanzler: Das Brautpaar am 4. Juni 1957 in Rott am Inn.
Marianne Strauß am Arm von Konrad Adenauer, rechts der Bräutigam.

Der Bundesverteidigungsminister verabschiedet die ersten Reservisten der Bundeswehr, 1957.

Am 14. November 1961 wird Franz Josef Strauß erneut als Bundesverteidigungsminister von Bundestagspräsident Eugen Gerstenmaier vereidigt.

Der Bundeskanzler besucht die Truppe: Konrad Adenauer (2.v.l.) und Verteidigungsminister Franz Josef Strauß (Mitte, mit schwarzem Hut und Fernglas)
begutachten das Modell eines Hispano-Panzers, 1958.

Herbstmanöver der Bundeswehr: Franz Josef Strauß im Gespräch mit dem
Inspekteur des Heeres, Generalleutnant Hans Röttiger, 1958.

Mit den Kanzlern Konrad Adenauer (l. Wirtschaftsminister Ludwig Erhard), 1962.

Willy Brandt, 1973.

Helmut Schmidt, 1978.

Helmut Kohl, undatiert.

Ein besonderes Verhältnis zum ersten Kanzler: Konrad Adenauer und Franz Josef Strauß auf dem CSU-Parteitag in München, 9. Juli 1961.

Franz Josef Strauß steigt aus einem Starfighter F104-G, einem der ersten in Lizenz gebauten Kampfflugzeuge, 16. Januar 1961.

Jahre nach Strauß – auch dessen Ämter als Bundesminister übernahm, als Verteidigungs- und später als Finanzminister. Strauß allerdings blieb schon seit seiner Zeit als Atomminister außerdem leidenschaftlicher Forschungs- und Technologiepolitiker.

Strauß' interne Kritik an der Regierungspolitik erstreckte sich 1966 über viele Monate und begann keineswegs erst in den Wochen vor den bayerischen Wahlen, seine Attacken resultierten also keineswegs nur aus seiner Wahlkampftaktik. Auch wuchs die Schar der Kritiker des Bundeskanzlers in den eigenen Reihen, es ging nicht um den Ehrgeiz von Strauß. Die dramatische Zuspitzung, die im November schließlich zum Rücktritt Erhards führte, brachte das abrupte Ende einer seit Monaten in der Unionsfraktion schwelenden Unzufriedenheit, die nur so lange äußerlich überdeckt wurde, wie Wahlerfolge zu verzeichnen waren. Hierbei handelte es sich um ein generelles Phänomen aller politischen Parteien. Das gegenteilige Beispiel bildet Franz Josef Strauß, der in Bayern zeitlebens unangefochten blieb: Unzufriedenheit, Verärgerungen, Konkurrenz gab es auch hier, die CSU war von Beginn an eine aufmüpfige, Kontroversen nicht scheuende Partei, alle Parteivorsitzenden hatten starke innerparteiliche Gegner, mit Strauß an der Spitze gewann sie jedoch alle bayerischen Wahlen. Mochte er vielen, keineswegs allen norddeutschen Unionswählern fremd bleiben, ja als bayerisches »Urviech« erscheinen, seine Hausmacht blieb trotz dauernder Anfeindungen unerschütterlich, weswegen die CDU-Spitze, ob sie wollte oder nicht, mit ihm rechnen musste, gleich in welchem Amt er war, gleich, ob er »nur« Abgeordneter ohne Staatsamt war. In allen zentralen politischen Diskussionen war er stets gegenwärtig.

Als Ludwig Erhard sein Amt als Bundeskanzler antrat, war er schon ein Mythos, der »Vater des Wirtschaftswunders«, sein durchaus begründetes enormes Ansehen lebte stärker aus der Vergangenheit als aus der Gegenwart. Es resultierte in erster Linie aus seiner in den Aufbaujahren der Bundesrepublik erworbenen Popularität, die sich in vielen Wahlerfolgen niederschlug. Im öffentlichen Erscheinungsbild prägte das Duo Adenauer-Erhard die Erfolgsgeschichte der Bundesrepublik, obwohl diese Sicht stark vereinfacht war und die Realität nur partiell wiedergab. Was lag also näher, als Erhard, den bleibenden Jüngeren, zum Nachfolger des ausscheidenden Alten zu küren?

Doch ging es 1966 um einen Wechsel des Typus, was sich an den Briefen von Strauß an Erhard zeigt: Sie dokumentieren ein grundsätzliches Verständnis von Politik. Als Erhard Strauß' Bemerkung zurückwies, die Abschwächung des Wachstums sei »zwangsläufig«, ging er auf dessen Begründung nicht ein, die aber basierte auf einer Analyse strukturellen Wandels, während Erhard voluntaristisch dachte. Doch nicht nur dies:

Strauß reflektierte zwar über Kontinuitäten, betonte immer wieder die Notwendigkeit, Adenauers erfolgreiche Politik fortzusetzen, doch verband er dieses historische Bewusstsein mit einer emphatischen Zukunftsorientierung. Anfangs hoffte er offenbar, den Bundeskanzler für eine so konzipierte Politik gewinnen zu können, wie seine Briefe vom Juli zeigen. Nachdem er die »Sicherstellung der Grundlagen für eine langfristige politische Zukunft« gefordert hatte, beendete Strauß seinen zweiten Brief an den Bundeskanzler vom 5. Juli 1966 mit dem Satz: »In diesem Sinne bitte ich Sie, dieses Schreiben aufzufassen und als Diskussionsbeitrag für die Aufstellung von Richtlinien der deutschen Politik zu verwerten.« Es handelte sich um einen völlig sachlich-argumentativen Brief, der persönlich an den Bundeskanzler gerichtet war und indirekt an dessen Richtlinienkompetenz appellierte, eine zukunftsorientierte Konzeption zu verfolgen. Doch dies misslang, weder diese noch andere konstruktive Vorschläge von Strauß oder anderen Unionspolitikern nahm Erhard auf.

Hier lag nun allerdings ein Strukturproblem, das über die Kontroversen zwischen Personen hinausging. Aus einer Reihe von Gründen bedeuteten die Jahre um 1960 eine Zeitenwende, die die politische, ökonomische und gesellschaftliche Konsolidierung die Bundesrepublik markiert. Die Anstrengungen der Aufbaujahre hatten Früchte getragen. Die große Oppositionspartei SPD hatte inzwischen alle entscheidenden Weichenstellungen – die politische und militärische Westintegration mit dem Aufbau der Bundeswehr sowie die soziale Marktwirtschaft – akzeptiert, sie erschien insofern als eine systemkonforme Alternative. Die CDU hingegen hatte in den Augen eines wachsenden Bevölkerungsanteils ihre Schuldigkeit getan, sie erschien mit ihrem alten Bundeskanzler als überlebt, und auch der neue war schließlich seit 1949 als Wirtschaftsminister eine tragende Säule in den ersten eineinhalb Jahrzehnten gewesen, für Veränderungsdynamik und Zukunft stand er nicht. Wenn auch noch keine radikale Wechselstimmung herrschte, so doch Veränderungswille.[127] Die Selbstverständlichkeit, mit der sich die Erfolge der CDU/CSU-geführten Regierung in Wahlsiege ummünzen ließen, war geschwunden. Die ständigen Kontroversen zwischen den Koalitionspartnern Union und FDP, die innerhalb von drei Jahren zweimal die Koalition verließ und deren außenpolitischer Selbstfindungsprozess[128] die Partei auseinandertrieb, dazu ihre Dauerfehde mit Franz Josef Strauß und der CSU, die zeitweise an alte Kulturkampfszenarien erinnerte, nicht zuletzt der 1959 beginnende und Jahre während Dauerzwist in der Union um die Adenauer-Nachfolge bestärkten viele Wähler in dem Gefühl, die Zeit für einen Wechsel sei reif. Erhard trug für diese Konstellation zwar kaum oder gar keine Verantwortung, doch war er der richtige Mann, um nun Lösungen für die Zukunft zu finden?

Ganz offenbar war ein halbes Jahr vor seinem Sturz das Verhältnis von Strauß zu Erhard noch konstruktiv-hoffnungsvoll, im Herbst 1966 wurde es dann resignativ, was die Rolle des CSU-Vorsitzenden bei der Ablösung Erhards erklärt, die von einigen Interpreten mit eigenen Ambitionen auf die Kanzlerschaft begründet wird.[129] Doch spricht nichts dafür, dass Strauß sich bereits jetzt Chancen dafür ausrechnete, zumal seine Kalkulation eher auf eine Koalition mit der SPD zielte, die ihn ohnehin nicht als Regierungschef akzeptiert hätte. Hinzu kam, dass es innerhalb der Unionsfraktion eine ganze Reihe scharfer Erhard-Kritiker gab, die wie der Fraktionsvorsitzende Rainer Barzel selbst Ambitionen auf das Kanzleramt verfolgten. Realistisch betrachtet besaß Strauß 1966 große Möglichkeiten, zu den Kanzlermachern zu gehören, nicht aber selbst Regierungschef zu werden. Dabei ging es für ihn auch um die taktische Frage, ob ein Älterer, ein Gleichaltriger oder ein Jüngerer Kanzler würde, da die letzte Variante langfristig die Chancen von Strauß vermindern würde. Insofern war der Zeitpunkt von Erhards Rückzug für Strauß gar nicht günstig, was er erkannt haben dürfte. Auch aus diesem Grund müssen die politischen Sachgründe, die Strauß zu seiner wachsenden Kritik am Bundeskanzler bewogen, berücksichtigt werden. Um ein kurzfristiges – und deshalb kurzschlüssiges – Machtinteresse konnte es in dieser Konstellation nicht gehen. Hinzu kam die Befürchtung von Strauß, die CSU könnte in den Strudel der sinkenden Zustimmung zu Erhard und der Union gezogen werden und die im November anstehende Landtagswahl in Bayern verlieren. Es ging Strauß also bei seiner Einschätzung, es sei allerhöchste Zeit für eine Ablösung Erhards, nicht um eigene Ambition auf das Kanzleramt. Tatsächlich hat sich Strauß im Herbst 1966 zu keinem Zeitpunkt als Kanzlerkandidat betrachtet.

Seit September 1966 spitzte sich die Lage zu. Heinrich Krone notierte nach den Parlamentsferien: »Die Abgeordneten kommen wieder. Kaum einer, der an Erhard festhält … Strauß geht nach vorn … In der Fraktion hält er eine Rede, die ihm stürmischen Beifall einbringt … Strauß will ins Kabinett. Wüßte man, wer Kanzler werden solle, wäre Erhards Sturz sicher.«[130] Tatsächlich wurde die Rede, die Franz Josef Strauß am 12. September 1966 in der CDU/CSU-Fraktion[131] hielt, als »Brillantfeuerwerk« bezeichnet, als »hervorragende Analyse für die Entstehung der Malaise, in der wir uns befinden«, eine Analyse, in der alle Sachprobleme auf den Tisch gelegt worden seien, die einer Lösung harrten.

Strauß analysierte in seiner Rede die Ursachen für das Wahldesaster der CDU in Nordrhein-Westfalen, wobei er den Akzent auf sozialpsychologische Ursachen und die »Lawineneffekte« legte: Bei einer Kumulierung von Ungewissheit, Unsicherheit, Unbehagen, Unruhe und potenzierter Unzufriedenheit komme es nicht mehr darauf an, ob es wirklich objektive Gründe und rationale Erklärungen für sie gebe. Jedenfalls sei eine politische Vertrauenskrise entstanden, die sich auf die Wirtschaft auswirke, wofür an der Ruhr allerdings in Bezug auf Kohle- und Stahlindustrie reale Probleme bestünden, die in der Bevölkerung zu Ängsten vor einem möglichen Verlust von Arbeitsplätzen führten. Der CSU-Vorsitzende wies auf Widrigkeiten für die Union hin, die sowohl bei Teilen der Presse als auch der Gewerkschaften einer massiven Gegenpropaganda ausgesetzt sei. Doch müsse sich die Union stärker der Konfrontation mit der SPD stellen, statt aufgrund von – tatsächlich bloß terminologischen – Gemeinsamkeiten die Auseinandersetzung zu scheuen: »Wir sollten nicht den Streit suchen, wo in der Sache kein Ansatz zum Streit ist, wir sollten ihn aber selbstverständlich in noblen Formen austragen und ihm dort nicht aus dem Wege gehen, wo die Grundlagen nur fiktiv gemeinsam sind.«[132] Strauß wies erneut auf die veränderte Wahrnehmung der SPD hin, die den »Charakter eines marxistischen Bürgerschrecks und einer marxistischen Klassenkampfpartei mit unmittelbarer Bedrohung der individuellen und kollektiven Sicherheit verloren hat«.

Strauß behandelte nacheinander sämtliche zentralen Politikfelder: die NATO-Politik, die Innen- und Außenpolitik, darunter das deutsch-französische Verhältnis, die Haushaltspolitik, die Führungsmethoden und das Regierungsprogramm. Er dominierte die Debatte, die meisten Redner nach ihm nahmen mehr oder weniger explizit Bezug auf ihn, nicht aber der Bundeskanzler selbst. Er beantwortete beispielsweise Strauß' Analyse des nordrhein-westfälischen Wahldebakels mit einem allgemeinen Kommentar, darunter dem Hinweis, er selbst habe seit 1948 an jeder Wahl teilgenommen, man müsse das Vertrauen der Bevölkerung gewinnen. Der Kontrast zum Redner Strauß hätte deutlicher nicht ausfallen können. Strauß imponierte mit scharfsinnigen Argumenten, mit dichter Faktenkenntnis und Analysen, zugleich aber temperamentvoll, unterhaltsam, bildkräftig und witzig. In diesem Rahmen zeigte sich: Seine rhetorische Wirksamkeit entfaltete sich nicht bloß in Massenveranstaltungen. Er strahlte eine unbändige Kraft aus, die die einen magnetisch anzog, die anderen einschüchterte, die starken Naturen witterten stets die Konkurrenz. Wie viele seiner Reden dokumentiert auch die Schlüsselrede vom 12. September in der Unionsfraktion den für Strauß charakteristischen Problemzugang: Er analysierte nicht nur vergangene Entwicklungen, sondern zeigte und begründete überzeugungsstark seine inhaltlichen Zielsetzungen für die Zukunft. Seine argumentative Stärke lag gerade in dieser Verbindung, die ihm langfristiges Denken ermöglichte.

In seinen Ausführungen zur NATO-Politik machte er in Form und Wortwahl seinem Ärger Luft, im Inhalt handelte es sich um einen Aufruf zu selbstbewusster Partnerschaft: »Wir müssen mit dem Zustand Schluß machen, daß wir das Fürsorgeerziehungssubjekt, Belehrungsobjekt und Objekt geradezu der Erpressung für alle werden, die irgend etwas von uns wünschen. Und wenn gar nichts anderes nützt, dann wird an unsere fluchbeladene Vergangenheit erinnert, damit wir ja schnell genug zur Kasse treten. Auch wir haben trotz dieser traurigen und zum Teil schrecklichen Vergangenheit einen Anspruch darauf, angesichts unserer wirtschaftlichen, auch angesichts unserer militärischen Leistung als ein mindestens genauso respektabler Bundesgenosse behandelt zu werden, wie das Großbritannien und Frankreich für sich in Anspruch nehmen. Es geht nicht, daß man mit uns auf nuklearem Gebiet sozusagen macht, was man will…«[133] Er verwies darauf, dass die Atomwaffen, so schrecklich sie seien, schon manchen Krieg verhindert hätten. Solange man sie nicht eliminieren könne, müssten Atomwaffen auch in Zukunft diesen heilsamen Effekt haben.

Diese Schlussfolgerungen knüpften nahtlos an Strauß' frühere Maximen als Verteidigungsminister an, doch sein zentrales Anliegen bildete die Haushaltspolitik, wobei er an die zwangsläufigen Grenzen parlamentarischer und gouvernementaler Einwirkung in einem liberalen Wirtschaftssystem erinnerte, beispielsweise durch die Tarifautonomie. In den Händen von Parlamenten und Regierungen liege jedoch die Ausgabenpolitik der öffentlichen Hand vom Bund bis zu den Gemeinden. Und deshalb müsse man hier »zusammenstehen wie ein Block«, um das geplante Stabilitätsgesetz durchzubringen. Andererseits genüge es nicht mehr, einen bloß dem Buchstaben nach ausgeglichenen Haushalt vorzulegen, der durch Nachtragshaushalte und andere Mittel manipuliert werden könne. So würden bei Gesetzen mit langfristig wirksamen Ausgaben immer wieder falsche, d. h. zu niedrige Zahlen eingesetzt. Dadurch seien Besitzstände geschaffen worden, die aufzulösen »zwingendes Gebot« sei. Und Strauß ließ keinen Zweifel daran, dass die Union an dieser Ausgabenpolitik nicht unschuldig sei, waren doch viele dieser Gesetze schon vor Jahren verabschiedet worden, auch in der Zeit vor 1963.

Viele Urteile von Strauß lesen sich wie ein kritischer Kommentar zu einer sozialpolitisch motivierten, finanziell nicht abgedeckten Ausgabenpolitik der meisten europäischen Regierungen. Sein ständiger Aufruf zu einer realistischen und verantwortungsvollen Stabilitätspolitik mutet ebenfalls ausgesprochen aktuell an. Doch Strauß beschränkte sich nicht auf diese Seite der Wirtschafts- und Finanzpolitik, sondern begründete zugleich, warum und wann eine gezielte Konjunkturpolitik erforderlich sei. So sollten nach seiner Einschätzung im privaten Sektor die Bremsen wieder gelockert werden, um ökonomische Krisenherde auszuräumen und den Export zu steigern. »Und hier sollten wir auch einsehen, daß diese patriarchalische Denkweise, in der die Verfassungen nach dem Krieg gemacht worden sind, den modernen wirtschaftlichen Problemen der heutigen Massengesellschaften und ihrer Riesenproduktionskraft nicht mehr gerecht werden.« Die Ausgaben für Wissenschaft und Technik fand er offenbar lächerlich gering und verwies auf ihre Bedeutung für künftiges Wirtschaftswachstum: »Wir können nicht mehr im Stil von Fahrradreparaturwerkstätten an die Probleme der modernen Großtechnik herangehen.«

Strauß' Ausblicke auf künftige Notwendigkeit basierten einmal mehr auf der Diagnose historischer Voraussetzungen. In Übereinstimmung mit Erhard und gar nicht so weit entfernt von dessen »Maßhalte-Appellen« konstatierte er: »Wir haben uns tatsächlich übernommen, wir haben vom Jahre 1949 an, von der Stunde Null an, wo wir alle sehr begnügsam (!) und zufrieden waren, durch den raschen wirtschaftlichen Aufbau, der ohne Zweifel mit der Formel Marktwirtschaft zusammenhängt, die moderne Wirtschaft für unbegrenzt leistungsfähig und ihre Erträgnisse für (den) Staat als unerschöpfliche Quelle für die Bewältigung aller kollektiven und individuellen Bedürfnisse betrachtet. Wir haben den Staat allmählich für eine Kollektivprothese aller individuellen und sozialen Leidensbeschwerden und Wünsche anzusehen begonnen. Jetzt muß von uns… mit mehr Deutlichkeit gesagt, mit mehr Mut vertreten werden: Wir haben den größten Krieg aller Zeiten verloren, wir haben in der Zeit von 1948 bis heute, das sind 18 Jahre von der Währungsreform bis jetzt, insgesamt 370 Milliarden für Kriegsfolgelasten ausgegeben, aus einer Wirtschaft herausgeholt, die ja damals erst in den kümmerlichsten Anfängen war, heute leistungsfähig ist, wir haben die kürzeste Arbeitszeit, die höchsten Löhne, die meisten Feiertage und die höchsten sozialen Leistungen je Kopf, und im übrigen auch den höchsten Lebensstandard in der EWG. Ja, kann man den größten Krieg überwinden und dazu noch die sozialen Folgen, die bis über das Jahr 2000 hineindauern, dazu noch zusätzliche Wünsche, und das alles zur gleichen Zeit, in größtmöglichem Umfange und in idealer Perfektion?« Seine Forderung lautete: Wir müssen uns nun durch politische Entscheidungen freischwimmen.

Damit ging er über zu Plänen, die wenige Wochen später zum wirtschafts- und finanzpolitischen Markenzeichen der Großen Koalition wurden, nämlich außer dem Stabilitätsgesetz eine »mittelfristige Finanzplanung, langfristige Finanzprognose auf der Grundlage mittelfristiger Wirtschaftsprogrammlinien und langfristiger Wirtschaftsprognosen«. Und das hieß für Strauß nicht zuletzt, sie mit einer realistischen Planung und Kalkulation der Sozialfinanzierung in Einklang zu bringen. Es komme darauf an, ein »Gesamtwirtschafts- und Finanzprogramm einschließlich der Haushaltsgestaltung« zu entwickeln, »in dem Erhaltung,

Stärkung und Ausbau der nationalen Produktivkräfte von heute und die Vorsorge für ihre Konkurrenzfähigkeit von morgen in den Vordergrund aller Überlegungen gestellt werden müssen«.[134]

Wenngleich Franz Josef Strauß hier nicht von der damals einsetzenden Planungseuphorie frei blieb und der Überzeugung der rationalen Planbarkeit auf der Basis exakter Prognostik ökonomischer und finanzieller Entwicklungen huldigte, eröffnete er doch grundlegende Perspektiven für die künftige Regierungsarbeit. Er verband Erfahrungswerte und Zukunftsorientierung, reflektierte den strukturellen Wandel und analysierte die Sackgasse des sich herausbildenden Staatsverständnisses: In ihm wurde der Staat zum omnipräsenten Fürsorgestaat, von dem Abhilfe für alles Leid der Welt erwartet wurde und der letztlich zur Selbstentmündigung des einzelnen Bürgers führte.

Schließlich öffnete er den Blick auf die Grenzen des nationalstaatlich Erreichbaren, indem er wie im Fall der Verteidigungspolitik auch in der Ökonomie eine Europäisierung anstrebte:

»...was wir in Deutschland nicht können, könnten wir in Europa bei besserer Koordinierung, und wenn wir es in Europa nicht von uns aus schaffen, werden wir nie von den Amerikanern als voller Partner gewürdigt...« Wiederum wünschte sich Strauß ein selbstbewusstes Europa in einer gleichberechtigten transatlantischen Partnerschaft. Europa aber stehe und falle mit der deutsch-französischen Verständigung, »...ohne diesen Raum, der geographisch, geschichtlich und politisch-konstellationsmäßig eine geschichtliche und schicksalsmäßige Einheit darstellt, ist keine Frage der deutschen Außenpolitik mehr anzupacken...«

Abschließend bekräftigte Strauß die Prärogative des Bundeskanzlers im Sachlichen und Personellen, verwies aber zugleich auf die Pflichten der Fraktion, deren Arbeit durch das Urteil des Bundesverfassungsgericht zur – ohnehin kümmerlichen – Parteienfinanzierung erschwert worden sei. Im Übrigen bedürfe es einer Reform der Organisation und Methodik des Regierungsapparats, der zwar zu Adenauers Zeiten ganz gut funktioniert habe, doch heute im bisherigen Zustand seine Aufgaben nicht mehr erfüllen könne. Beispielsweise hätte der Entwurf des Stabilitätsgesetzes ein halbes Jahr früher vorgelegt werden können und müssen. Erforderlich sei ein »kompaktes, konstantes, konsequentes Regierungsprogramm, das mit anderen Führungsmethoden in wesentlich strafferer Übersicht verfolgt und in der Ausführung überwacht werden muß als bisher«.[135]

Obgleich die letzten Passagen eine Kritik an Ludwig Erhards Regierungsstil implizierten, griff er den Bundeskanzler doch an keiner Stelle direkt an, sondern beschrieb die von ihm erkannten Gebote der Stunde. Sie standen freilich im Kontrast zum aktuellen Zustand der politischen

Entscheidungsbildung und enthielten eine veritable Regierungserklärung, die jedoch trotz mancher Erhard zustimmender Passagen offenkundig als Alternative konzipiert war. Wie schon in seinen Briefen an Erhard vom Juli, die er ausdrücklich erwähnte, verzichtete er auf Polemik und sagte nichts, was als Aufforderung zum Kanzlerwechsel hätte verstanden werden können. Vergleicht man seine Rede mit vielen anderen, vor allem auch mit der Dauerdiskussion zum Thema Strauß in der SPD-Fraktion, dann fällt ins Auge, wie sachbezogen Strauß argumentierte – darin trennte ihn gewiss ein Graben von seinen Gegnern, deren Strauß-Fixierung zuweilen jedes Eingehen auf Sachprobleme blockierte. Selbst Größen wie Wehner wirken neben Strauß oftmals als bloße Taktiker.

In den nächsten Wochen änderte sich Strauß' Vorgehen insofern, als er die von ihm erst dezent, dann deutlicher gerügten Mängel von Erhards Regierungsstil für nicht mehr heilbar hielt. Allerdings schätzte er die Lage in seiner eigenen Partei falsch ein, als er am 7. Oktober 1966 versuchte, den gordischen Knoten des quälenden Rückzugs von Erhard, der die Gründe keineswegs einsah, zu durchschlagen. Strauß scheiterte im CSU-Landesvorstand mit dem Versuch, durch den Abzug der CSU-Minister aus dem Kabinett die Regierung Erhard und damit dessen Kanzlerschaft zu beenden. Weder der Landesvorstand noch der Landesausschuss zogen mit, weil ihnen das Risiko für die Unionsparteien unkalkulierbar erschien – ein weiteres Beispiel dafür, dass selbst Strauß die CSU nicht autoritär führen konnte. Auch zeigte sich hier wie an anderen Exempeln: Strauß, dem später des Öfteren attestiert wurde, ein Zauderer zu sein, wies beide Charakterzüge auf. Die schnelle Entscheidung und das harte spontane Zupacken gehörten ebenso dazu wie das sich in späteren Jahren verstärkende Zögern, das sich bei der Kanzlerkandidatur 1980 zeigte.

Strauß sprach am 7. Oktober 1966 im Landesvorstand vom »Sog der allgemeinen Malaise«. Nach seiner Einschätzung besaß die SPD in Bayern die Chance, in das Wählerreservoir der CSU einzubrechen, wenn sie sich »als letzter Rettungsanker vor einem Zerfall der Staatsautorität und der Regierungsautorität« ausgeben konnte. Erneut begründete Strauß sein aktuelles Anliegen mit einer grundsätzlichen Analyse sowohl der Wirtschaftspolitik und der Außenpolitik als auch den Konsequenzen des parteipolitischen Wandels in der Bundespolitik. Wiederum lautet die Diagnose: Die Politik Erhards war eher bewahrend-rückwärtsgewandt, die von Strauß aber konzeptionell-modernisierend zukunftsorientiert.

Strauß knüpfte an Überlegungen an, die er bereits 1962 geäußert hatte, er wandte sich gegen eine »Supraliberalisierung unserer Wirtschaft« und die Laisser-faire-Politik: »Dieses System war richtig, um aus den Trümmern der Jahre 1948/49 nach oben zu kommen. Heute müssen die Dinge gezielter und geplanter sein. Die Automatik, auf die sich Erhard immer verlassen hat, stimmt heute nicht mehr und wird auch nicht mehr stimmen. Das wird von selbst nicht mehr in Ordnung kommen.«[136] Strauß kritisierte die Zusagen Erhards zu den Devisenausgleichszahlungen an die USA, die aufgrund des nicht ausgeglichenen Bundeshaushalts für 1967 zwangsläufig reduziert werden müssten. In diesem Fall befürchtete Strauß eine drastische Reduzierung der amerikanischen Truppen in der Bundesrepublik, worin er eine vollkommene Veränderung der Sicherheitslage sah.

Früher als andere Unionspolitiker sah Strauß den Wandel der parteipolitischen Konstellation, weswegen es ihm nicht allein um die Erhard auch von den meisten anderen Spitzenpolitikern attestierte Führungsschwäche ging, sondern die konzeptionellen Defizite der Schwesterpartei CDU. Nach seiner Analyse stand sie in ziemlich amorphem Zustand einer SPD gegenüber, die sich modernisiert hatte und der die Anpassung an die politischen Realitäten gelungen war. Dadurch war die SPD nicht allein regierungsfähig geworden, sondern viel gefährlicher als je zuvor für die zumindest ideologisch vom Zerfall bedrohte Union. Und schon früher hatte Strauß die »Feldherren« in der Union kritisiert, »die den Kampf gegen die anderen Parteien eingestellt haben«. Mit bloßer Routine sei das Blatt nicht mehr zu wenden, auch sei es nicht mit dem Austausch einiger Minister getan, er selbst würde es ohnehin ablehnen, in ein solches Kabinett zu gehen.[137]

Dazu wurde er allerdings gedrängt, als es für seinen Plan zur Ablösung Erhards keine Mehrheit gab. Strauß selbst hatte die Analyse der kritischen Situation der CSU vor den Landtagswahlen mit einem Alternativvorschlag beendet. Wenn man nicht entschieden handele, könne man nur darauf hoffen, durch eine positive Würdigung der Arbeit der Staatsregierung und der bayerischen Erfolge den Akzent ganz auf Bayern zu legen und die Parole auszugeben: Macht die CSU und Bayern so stark, dass wir in Bonn etwas ändern können. Diese Linie war für ihn indes nur zweite Wahl, weil er selbst nicht annahm, dadurch in der Bundespolitik den Bundeskanzler und die CDU zum notwendigen Kurswechsel bewegen zu können. Deshalb plädierte er indirekt, aber durchaus mit Vehemenz für die zweite Alternative: »Den anderen Kurs drücke ich sehr vorsichtig aus – ich bitte um allerstrengste Diskretion…: eine Änderung der derzeitigen Verhältnisse in capite et membris und der Methode sowie in der Programmgestaltung… zu erzwingen, das ist der zweite Weg, um in der Landtagswahl vor der bayerischen Öffentlichkeit auftreten zu können und zu sagen: Als es innerhalb der CDU, innerhalb der Koalition nicht mehr möglich war, haben wir von der CSU aus die entscheidende Wende herbeigeführt. Das erfordert ganz harte Beschlüsse, bei denen alle mitziehen müssen und die bis zur letzten Konsequenz durchgehalten werden müssen! Ich will mich auf diese Andeutungen beschränken ...«[138]

Für diese harten Beschlüssen war die Mehrheit nicht zu gewinnen. Wie schon bei früheren Diskussionen über die Politik Erhards widersprach ihm die Bundestagsabgeordnete Maria Probst, im damaligen Parteijargon »Maria hilf«, deutlich. Sie schloss definitiv aus, dass die CSU sich an einem Kanzlersturz beteiligen oder ihn gar auslösen könne. Aber auch so wichtige Mitglieder der CSU-Landesgruppe bzw. des Bundeskabinetts wie Werner Dollinger, Hermann Höcherl oder Richard Stücklen waren dagegen, schließlich argumentierten mehrere Landespolitiker ähnlich, unter ihnen Alois Hundhammer. Die entschiedenste Unterstützung erhielt Strauß durch Karl Theodor zu Guttenberg, der ohne Umschweife erklärte, das Problem heiße nicht Regierungsumbildung, sondern Erhard, die letzte Abstimmung zu Erhards Gunsten in der Unionsfraktion sei »verlogen« gewesen: »Die Leute wissen, daß er nicht Kanzler bleiben darf.« Weitere Anhänger der harten Lösung waren unter anderem Franz Heubl, Fritz Pirkl und Max Streibl.

Strauß erklärte am Ende der Debatte, er selbst sei für den härteren Weg, doch könne er nur »so weit gehen, als ich Rückendeckung habe«. Der Landesvorstand gab Strauß eine ziemlich vage Ermächtigung, gegenüber dem Fraktionsvorsitzenden Barzel und dem Bundeskanzler zu erklären, »daß man in einer weiteren Entwicklung oder künftig mit sehr einschneidenden Verhaltensweisen und Reaktionen der CSU rechnen muß ...«

Kaum drei Wochen später befreite die FDP – sicher unbeabsichtigt – die CSU aus ihrem Dilemma, indem sie wieder einmal die Koalition aufkündigte und damit faktisch den Sturz des Bundeskanzlers Ludwig Erhard einleitete. Aufgrund des sich bei den Haushaltsberatungen für das Jahr 1967 abzeichnenden Defizits beschloss die FDP-Fraktion am 27. Oktober 1966, ihre Bundesminister aus der Regierung zurückzuziehen, Entwicklungshilfeminister Walter Scheel machte den Anfang und versetzte dadurch die anderen FDP-Minister in Zugzwang.[139] Er hatte wegen der Reise zu einer UNESCO-Tagung in Paris an der letzten Sitzung des Bundeskabinetts nicht teilgenommen, in der die Koalitionspartner noch am Vortag, dem 26. Oktober, einen Kompromiss zum Haushaltsausgleich erzielt hatten.[140] Die FDP-Entscheidung wirkte deshalb widersprüchlich.

»Im ›Wendejahr‹ 1966 verlor die Union auf außen-, insbesondere auf deutschlandpolitischem Feld die Initiative an die SPD. Dieser Eindruck beherrschte jedenfalls Empfinden und Meinung der Bundesbürger, wenn man die davon abweichenden Verhältnisse in Bayern einmal außer acht läßt. Insgesamt wuchs das Vertrauen der Bevölkerung zur Opposition.

Sie erschien beileibe nicht mehr als die Katastrophe schlechthin, sondern als Alternative zur Regierung…«[141] In der CDU schrillten die Alarmglocken, sahen ihre führenden Politiker die Ursache für diese bedrohliche Veränderung doch nicht allein in der Entwicklung der SPD zu einer modernen Volkspartei seit dem Godesberger Programm von 1959 und der Anerkennung der Westintegration seit 1960, sondern in ihrer eigenen Regierung, vor allem beim Bundeskanzler selbst. Heinrich Krone notierte am 3. September 1966 kurz und knapp: »Heck war bei mir. Erhard muß gehen. Er wird nichts mehr schaffen… Der arme Erhard… Er sieht nicht, daß es bei ihm liegt. Das Unwetter zieht sich zusammen.«[142]

Den endgültigen Ausschlag für den Rücktritt Erhards gaben vor dem Hintergrund der strukturellen Veränderungen schließlich die Erosion seiner politischen Basis und die wachsende inhaltliche sowie formale Kritik an seinem Regierungsstil in den eigenen Reihen, nicht aber die Attacken Einzelner oder die unverkennbaren Diadochenkämpfe um seine Nachfolge. Schließlich hatte drei Jahre vorher Konrad Adenauers Kritik an seinem präsumtiven Nachfolger so wenig Wirkung gezeitigt wie die Abneigung Lübkes gegen Erhard. Nach der Bundestagswahl vom September 1965 hatten die beiden Parteivorsitzenden der Unionsparteien, Adenauer und Strauß, dem Bundespräsidenten Erhard noch als Bundeskanzler vorschlagen müssen, alle drei konnten nicht verhindern, dass Erhard an Gerhard Schröder als Außenminister festhielt.[143] Schließlich war Ludwig Erhard noch im März 1966 als Nachfolger von Konrad Adenauer mit 413 von 548 gültigen Stimmen zum Parteivorsitzenden der CDU gewählt worden. Doch schon damals war die Zahl der 80 Gegenstimmen und 50 Enthaltungen vergleichsweise hoch. Jetzt aber schien das Maß voll, der Autoritätsverfall des Bundeskanzlers bei seiner eigenen Partei beschleunigte sich rapide. Der Rücktritt des Erhard-Vertrauten und Kanzleramtsministers Ludger Westrick am 15. September 1966 und Irritationen über die Bundeswehr, schließlich die schon erwähnte große Debatte über die Starfighter-Abstürze im Deutschen Bundestag 1966 lösten in der Öffentlichkeit weitere Diskussionen aus, waren aber für die Schwierigkeiten Erhards nur symptomatisch, nicht jedoch ursächlich – bei einem angeschlagenen Regierungschef erscheinen selbst Marginalien als gravierend. In diesem Fall kamen nun mit den Haushaltsproblemen und der kritischen Diskussion über die Außenpolitik der Regierung zentrale Anlässe hinzu: Beides traf Erhard besonders, weil seine Maßhalteappelle, so berechtigt sie waren, in der Öffentlichkeit eher belächelt wurden und für einen Wirtschaftsminister seines überragenden Formats hilflos anmuteten.

Zwar war für die Außenpolitik naturgemäß der Außenminister verantwortlich, doch konnte man Erhard mit guten Gründen nicht allein Versagen im Bereich der deutsch-französischen Verständigung vorwerfen, was man ihm angesichts des eigenwillig-schwierigen Partners Charles de Gaulle möglicherweise in einem Teil der Fraktion noch nachgesehen hätte. Doch auch gegenüber seinem Lieblingspartner, den USA, erwies sich Erhard als ungeschickt – tatsächlich war er kein Außenpolitiker. Insofern war die schärfer und schärfer werdende Kritik an ihm von Adenauer, Lübke, Strauß, Guttenberg und vielen anderen, die bis in die Reihen seiner Anhänger ging, sachlich berechtigt. Es ist deshalb auch ein normaler politischer Vorgang, dass individuelle Machtambitionen wie diejenigen von Barzel und Schröder sich mit der Frage verbanden: Wer kommt nach Erhard? Damit verknüpft war schließlich das Problem der Koalitionsbildung. Und auch hier spielte Kurzfristiges und Langfristiges ineinander: Wie würde sich die FDP in der Haushaltspolitik verhalten, kam Erhard gegebenenfalls als Kanzler einer Großen Koalition infrage? Da Erhard sich selbst aber keine Option offen gehalten hatte, was ebenfalls ein eher unpolitisches Verhalten bezeugt, steckte er beim eventuellen Ausscheiden der FDP in einer Sackgasse. Die meisten Erhard-Skeptiker aber waren in dieser Situation Anhänger einer Großen Koalition, der Gesprächsfaden von Guttenberg, Lücke und selbst einem Erhard wohlgesinnten einflussreichen Bundesminister wie Heinrich Krone zu Herbert Wehner war seit 1962 nicht abgerissen, sodass die Koalition mit der SPD, ohne konkret zu werden, doch vier Jahre lang in allen politischen Kalkulationen eine Alternative bildete.[144]

Ludwig Erhard erläuterte in einer Sitzung des Bundesvorstands der CDU, an der Strauß teilnahm, am 8. November 1966 seine Sicht der Dinge: Die krisenhafte Entwicklung habe nach der Landtagswahl in Nordrhein-Westfalen am 10. Juli begonnen, der Rückzug der FDP aus der Bundesregierung am 27. Oktober sei nur der Schlusspunkt gewesen. Doch gingen die Probleme noch weiter zurück bis zur Regierungsbildung 1961, ja bis zu den Umständen der Präsidentenwahl 1959: »Seit dieser Zeit ist im Grunde unsere Partei nicht mehr zur rechten inneren Ruhe und vor allen Dingen zu einer festen Geschlossenheit gelangt.« »Es ist keine Staatskrise, sondern eine innere Führungskrise unserer eigenen Partei.« Erhard verwies dann darauf, dass er selbst niemanden angegriffen und keine störenden Interviews gegeben habe. »Ich habe mich an all diesen Machenschaften der verschiedensten Art nicht beteiligt.«[145] Tatsächlich waren Intrigen seine Sache nicht, die menschliche Enttäuschung Erhards war nachvollziehbar, zumal er sich schon früher über die kritische Interviewserie einiger Unionspolitiker beklagt hatte, die Strauß nicht als Ursache, sondern als Symptom ansah. Doch schon die Lethargie, mit der Erhard auf die Wahlniederlage der CDU am 10. Juli in Nordrhein-Westfalen reagiert hatte, irritierte die Union. Die SPD hatte nur um ein Haar die absolute Mehrheit verfehlt, doch ließ sich Erhard nicht aus der Ruhe bringen. Am nächsten Tag notierte Heinrich Krone in sein Tagebuch: »Mit Barzel und Strauß bei Erhard zum Montagsgespräch. Kein tieferes Wort über die Düsseldorfer Niederlage. Davon versteht Erhard nichts. Kein Wort, daß er und sein Versagen vor allem die Schuld tragen.«[146] Und nicht nur diese Einsicht fehlte, Erhard begriff ebenso wenig die Notwendigkeit, die politischen Kontroversen in der Sache mit klaren Konzeptionen und der nötigen Härte zu führen.

Erhards Verbitterung über die eigene Partei, aber auch über den bisherigen Koalitionspartner resultierte aus seinem eigenen apolitischen Politikverständnis, insofern war sie nachvollziehbar: »Ich nehme die FDP ganz bestimmt nicht in Schutz. Was sie sich geleistet hat, widerspricht nicht nur jeder menschlichen Logik, sondern eigentlich den demokratischen Spielregeln. Die Minister, die an einem Haushalt mitgearbeitet haben – der Finanzminister wurde sogar von der FDP gestellt –, wechseln sozusagen über Nacht ihre Position.« Erhard stand bis dahin schon aufgrund seiner liberalen Wirtschaftspolitik der FDP am nächsten, längst waren nicht mehr nur Strauß und seine CSU über die Liberalen verärgert, die sich selbst ein Bein stellten. Nach Erhards Einschätzung waren die FDP-Minister von ihrer Partei zum Rückzug gezwungen worden, nachdem sie noch kurz vorher einem Kommuniqué zugestimmt hatten, das einen Stufenplan zur Lösung der Haushaltsprobleme vorsah, zu dem als Ultima Ratio auch Steuererhöhungen gehört hätten. Nach Krone hätten die FDP-Minister die Notwendigkeit von Steuererhöhungen durchaus eingesehen, doch nach einem Artikel in der *Bild*-Zeitung mit dem Titel »Sie fallen schon wieder um« vor den Wahlen in Hessen und Bayern »war es geschehen«. Der stets kritische Krone nahm kein Blatt vor den Mund: »Es ist zum Weinen mit diesem müden, schwer hörenden, nichts aufgreifenden, alles laufen lassenden, aber guten Ludwig Erhard.« Schröder und Barzel wollten Kanzler werden, auch Lücke zeige sich interessiert. »Am meisten Aussicht hat zur Zeit Schröder, wenn Strauß zu ihm übergeht. Die beiden trafen sich in diesen Tagen in Schröders Wohnung. Ginge Strauß zu Schröder über, so wäre das Verrat an sich selber, oder ist er zu allem fähig? Barzel ist zu eitel, um klug zu sein. Er kann die Zeit nicht abwarten ...«[147] Franz Josef Strauß ging nicht zu Schröder über, die Befürchtungen von Heinrich Krone entbehrten jeder Grundlage, da vom Persönlichen abgesehen der außenpolitische Dissens zwischen beiden unüberbrückbar war, ging es doch auch in diesen Tagen um Probleme im deutsch-französischen Verhältnis.

In der Diskussion des Parteivorstands bekräftigte der Fraktionsvorsitzende Rainer Barzel, es habe in den vergangenen Tagen eine enge Abstimmung und Einigkeit zwischen dem Bundeskanzler und der Fraktionsführung gegeben. Erhard wurde gefragt, ob er selbst eine Chance sehe, eine Mehrheit zur Regierungsbildung unter seiner Führung zu erreichen. Darauf antwortete er in drei Punkten: Erstens wolle er sich keiner anderen Lösung gegenüber querlegen, je eher ein Nachfolger gewählt werde, desto besser. Für eine erneute Regierungsbildung mit der FDP habe er zweitens die gleichen Chancen wie jeder andere auch, für eine Große Koalition mit der SPD sei er hingegen der ungeeignetste Partner, zwischen ihm und Wehner sei das Tischtuch zerschnitten. Auch diese Äußerung war typisch für Erhard, nahm er die scharfe Attacke, die der SPD-Fraktionsvorsitzende gerade gegen ihn im Bundestag geritten hatte, doch persönlich und nicht als zweckgerichteten Angriff des Oppositionsführers, der die Ausgangsbasis seiner Partei für künftige Verhandlungen verbessern wollte. Die Politprofis im eigenen Lager reagierten auf solche Empfindlichkeiten Erhards mit Kopfschütteln.

Die Frage lautete nun: Auf welchen Kandidaten für das Kanzleramt würden sich die Spitzenpolitiker der Union einigen? Auf den immer mehr an Einfluss gewinnenden Fraktionsvorsitzenden Rainer Barzel, den Bundestagspräsidenten Eugen Gerstenmaier, den Außenminister Gerhard Schröder, den baden-württembergischen Ministerpräsidenten Kurt Georg Kiesinger, der eine lange Karriere als glänzender Redner und außenpolitischer Sprecher der CDU-Fraktion hinter sich hatte, nun aber in Stuttgart eine gewisse Distanz zum Bonner »Treibhaus« gewonnen hatte – oder Franz Josef Strauß, der von den Genannten definitiv die geringsten Chancen gehabt hätte, schon weil er zur kleineren der beiden Schwesterparteien gehörte? Doch Strauß stand gar nicht zur Wahl, warum wird dies in vielen Darstellungen suggeriert? Um die eigene Deutung seines unstillbaren Ehrgeizes zu belegen, um den es in dieser Situation aber gar nicht ging?

Es war Helmut Kohl, der in der Sitzung des Parteivorstands am 8. November 1966, als die meisten um den heißen Brei herumgeredet hatten, feststellte: Es würden im Wesentlichen vier Freunde genannt, die alle anwesend seien: Barzel, Gerstenmaier, Kiesinger und Schröder. Außerdem seien noch Dufhues im Gespräch (der sich jedoch schon ablehnend geäußert hatte) und vielleicht noch Hallstein.[148] Im Übrigen forderte Kohl, der jetzt zu kürende Kanzlerkandidat der Union dürfe kein Kanzler auf Abruf sein, sondern solle die Union in den nächsten Wahlkampf führen. Und dann fügte Kohl eine Bemerkung an, die so deutlich ebenfalls kein anderes Vorstandsmitglied machte: Auch die CSU, deren Landesvorstand morgen zusammentrete, solle ein Bild aus erster Hand bekommen. Die CSU sei »eine mächtige und wichtige Schwesterpartei; aber in (!) Konzert der CDU und CSU, Herr Kollege Strauß, ist es die kleinere Schwesterpartei. Deswegen ist es ganz richtig, daß wir heute das erste Wort haben.«

Franz Josef Strauß ergriff in dieser Debatte relativ spät das Wort, ohne auf diesen Satz von Kohl einzugehen. Doch stimmte er mit ihm in der Verfahrensfrage überein und forderte, dass nach der Diskussion in diesem Kreis – also dem CDU-Bundesvorstand mit CSU-Gästen – in der Fraktion aufgrund von zwei, oder wenn notwendig drei, Abstimmungen die Union sich auf einen Kandidaten einige und ihn mit der Führung der Sachverhandlungen nach zwei Seiten – also SPD und FDP – hin beauftrage. Er hielt wie unter anderem Gerhard Stoltenberg eine eingehende Personaldebatte für schädlich und ließ keine Priorität für einen der vier Genannten erkennen, erwähnte sie bewusst in alphabetischer Reihenfolge und wünschte von ihnen lediglich, dass sie vor der Abstimmung ihr Einverständnis mit der Kandidatur erklärten. Strauß hielt es für wünschenswert, dass die Union vor der bayerischen Landtagswahl am 20. November ihren Kanzlerkandidaten präsentiere. Ludwig Erhard hielt sich nach seinen einleitenden Ausführungen nobel zurück, formulierte aber abschließend den einhelligen Beschluss: Die Fraktion erfährt die Meinung des Parteivorstands, ist aber in ihrer Wahl frei und kann ihrerseits weitere Namen nennen.[149]

In jedem Fall hing diese Entscheidung in stärkerem Maße von der CDU/CSU-Fraktion als den Parteigremien ab. Tatsächlich war der Einfluss der Fraktion bereits in den letzten Adenauer-Jahren gewachsen, ihr Rumoren hatte Erhard zu lange unterschätzt. Und nicht zuletzt stellte sich die Frage: Mit welchem Koalitionspartner wollte die Union die neue Regierung bilden, welche Rücksichten musste sie bei der Kandidatenkür nehmen? Auch in dieser Hinsicht war offensichtlich: Für SPD und FDP hätte eine Regierungsbeteiligung unter einem Kanzler Strauß eine Zerreißprobe bedeutet, die weder die eine noch die andere Partei riskiert hätte – sollte gerade Strauß sich darüber Illusionen gemacht haben?

Am 10. November 1966 stimmte die Unionsfraktion unter dem Vorsitz von Franz Josef Strauß über vier Kandidaten ab, keiner erhielt im ersten und zweiten Wahlgang die absolute Mehrheit, sodass ein dritter Wahlgang nötig wurde. Im ersten Wahlgang erhielt Kurt Georg Kiesinger 97 Stimmen, Gerhard Schröder 76, Rainer Barzel 56 und der erst in dieser Sitzung vorgeschlagene Präsident der EWG-Kommission Walter Hallstein 14 Stimmen. Der dritte Wahlgang brachte dann das Ergebnis: Von 244 Stimmberechtigten stimmten 137 für Kiesinger, 81 für Schröder, 26 für Barzel als Bundeskanzlerkandidat der CDU/CSU.[150] Bei den Wahlgängen hatte sich jeweils das Ergebnis für Schröder nur geringfügig verändert, während die ursprünglichen Barzel-Anhänger zu Kiesinger wanderten.

Einer fehlte unter den immer wieder genannten Kandidaten: Eugen Gerstenmaier. Er hatte kurz vorher seine Kandidatur zurückgezogen und begründete den Rückzug mit der Bemerkung, die Entscheidung über den Kanzlerkandidaten der Unionsparteien sei nicht in der CDU/CSU-Bundestagsfraktion gefallen, sondern in München. Den Ausschlag für den Rückzug Gerstenmaiers gab eine Rundfunkmeldung, derzufolge der bayerische Finanzminister Ludwig Huber erklärt hatte, die CSU werde die Wahl Kiesingers unterstützen. Damit waren tatsächlich die Mehrheitsverhältnisse geklärt. Franz Josef Strauß war nach dieser Version also der »Kanzlermacher«, obwohl er »angeblich« erst verspätet zur Landesvorstandssitzung gekommen sei und sich auch sonst nicht erklärt habe.[151] Heinrich Krone teilte diese Einschätzung Gerstenmaiers: Die »Bayern in München haben sich für ihn (Kiesinger) entschieden. Das Spiel von Strauß, und dabei glaubte der Kreis um Barzel, Strauß habe sich für diesen schon festgelegt.«[152] Nach der Abstimmung war Barzel enttäuscht und verbittert, er schimpfte auf Strauß und besonders auf Bruno Heck, den CDU-Bundesgeschäftsführer.[153]

Nun wurden die schon 1962 ventilierten Pläne zur Großen Koalition wiederbelebt, Pläne für einen begrenzten Wechsel also. Sie waren während der vergangenen Jahre nicht verstummt, im Gegenteil, Guttenberg hatte seine Kontakte mit Wehner in dieser Hinsicht weitergesponnen. Neben Bundespräsident Lübke waren u. a. Adenauer, Lücke, Gerstenmaier, Krone und, wie es sich schon angedeutet hatte, Franz Josef Strauß Verfechter einer Koalition mit der SPD. Im Hintergrund spielte Johannes Schauff eine wesentliche Rolle. Der ehemalige Zentrumspolitiker aus der Weimarer Republik, der aus politischen und humanitären Gründen in die Emigration gegangen war, hatte in großem Maßstab Flucht aus dem nationalsozialistischen Deutschland organisiert und genoss überparteiliches Ansehen. Der praktizierende Katholik war nicht nur mit Krone und Lübke befreundet, sondern unterhielt, was viele überraschte, enge Kontakte zu Herbert Wehner, den er bereits seit den 1920er-Jahren kannte. Johannes Schauff[154] bildete menschlich die Brücke zu Wehner, aber auch sachlich, weil er zu den entschiedensten Verfechtern des Mehrheitswahlrechts gehörte. Er hatte eine vergleichbare Wahlrechtsänderung bereits seit den 1920er-Jahren nicht allein wissenschaftlich untersucht, sondern auch damals mit einem sozialdemokratischen Partner, Carlo Mierendorff, propagiert. Franz Josef Strauß war ebenfalls Anhänger des Mehrheitswahlrechts und nicht zuletzt deshalb für die Große Koalition, weil man mit ihr eine Reihe weiterer wichtiger Gesetzesvorhaben in Angriff nehmen konnte, darunter zur Finanzverfassung, zur Haushaltssicherung, zur Notstandsregelung.

Die Frage stellte sich, ob der Kanzlermacher Strauß in der Großen Koalition wieder ein Ministeramt übernehmen würde, was ebenfalls in einer solchen Konstellation eher möglich erschien, weil die SPD sich nicht so festgelegt hatte wie die FDP, obwohl sie in den Anti-Strauß-Kampagnen deutlich schärfer war. Über einen Kabinettseintritt von Strauß war schon seit Längerem spekuliert worden. Bereits im Frühjahr war er in einem Interview mit der *Zeit* danach gefragt worden, worauf er in der Sache zutreffend, aber etwas kokettierend antwortete: Es möge hochmütig klingen, aber aus der Formulierung dieser Frage scheine »eine Überbewertung des Ministerpostens zu sprechen … Bei uns sollte man eigentlich von diesen Resten obrigkeitsstaatlichen Denkens freikommen. Als ob das Glück, Minister zu sein, einen in die höheren Sphären der Menschheit und der politischen Macht entrückt.« Aus solcher Einschätzung folge im Übrigen die Unterbewertung parlamentarischer Funktion und parteipolitischer Tätigkeit. Tatsächlich haben »Herr Barzel und ich heute mehr politischen Einfluß … als wenn wir irgendein Ressort hätten«.[155]

In seiner Wohnung traf sich Heinrich Krone am 17. November 1966 mit Bruno Heck, Johannes Schauff und dem SPD-Fraktionsvorsitzenden Herbert Wehner, sie berieten über eine Kabinettsbildung. Man sah keine großen Probleme, Wehner bestand, vermutlich mit situativer Taktik, nicht einmal auf dem Außenministerium für Willy Brandt, der könne ja Forschungsminister werden. Wehner wünschte für sich selbst das Gesamtdeutsche Ministerium, Helmut Schmidt das Verteidigungsministerium. Dann aber kamen die noch unverbindlich sprechenden Unterhändler auf das eigentliche Problem: »Und Strauß? Der politisch-vitale Wehner mußte sich erst einmal seine Wut über Strauß von der Leber reden; dann kam die Zustimmung; doch vorher sollte Strauß öffentlich sagen, daß er in der ›Spiegel‹-Affäre den Bundestag ›angelogen‹ habe. Da gibt es noch Schwierigkeiten.«[156]

Die Strauß-Tirade mochte ein von Wehner immer wieder gern inszenierter Theaterdonner gewesen sein, dessen taktischer Zweck war, der eigenen Partei das Manöver plausibel zu machen. Wehner selbst war im Übrigen nicht gerade pingelig, weder in der Wahl der Mittel noch in Bezug auf die Wahrheit, bei der er vermutlich wie Adenauer unterschiedliche Grade, die reine, die lautere und die halbe Wahrheit unterschied. Insofern dürfte seine öffentliche Empörung über die *Spiegel*-Affäre nicht sehr tief gegangen sein. Jedenfalls wusste Wehner als Machtpolitiker nur zu gut, dass gegen den Willen von Strauß diese Koalition nicht zu schmieden war, und insofern dürfte er sich längst damit abgefunden haben, dass nicht die SPD über ein Ministeramt für Strauß entschied.

Querelen bei der Kabinettsbildung ergaben sich zunächst eher in der CDU, bei der der konfessionelle Proporz einmal mehr aktualisiert wurde. Strittig war vor allem der Kabinettsposten des innerparteilich unterlegenen Kanzlerkandidaten Schröder. Auf das Außenministerium musste er verzichten, weil die Widerstände gegen ihn in der eigenen Partei groß waren und der kleinere Koalitionspartner nach dem Kanzleramt das zweite Zugriffsrecht besaß. Da aber schon wegen der innerparteilichen norddeutsch-protestantischen Hausmacht von Schröder für einen führenden CDU-Politiker wie ihn ein klassisches Ministerium gefunden werden musste, das auf seinen Wunsch hin außenpolitische Kompetenzen besaß, wurde Schröder Verteidigungsminister. Also war Helmut Schmidt aus dem Spiel. Auch schied nicht zuletzt aufgrund Schröders Insistieren Heinrich Krone aus dem Kabinett aus: Der Katholik leitete ein Sonderministerium, in dem der Bundesverteidigungsrat ressortierte, dessen Eigenständigkeit Schröder als Verteidigungsminister nicht akzeptierte.

Franz Josef Strauß konnte das Kapitel über die Große Koalition in seinen *Erinnerungen* nicht mehr schreiben, deswegen findet sich dort auch nichts über die Regierungsbildung. Er war Mitglied der vom Kanzlerkandidaten Kiesinger geleiteten, am gleichen 10. November gewählten Verhandlungskommission der CDU/CSU, die ihre Gespräche in sehr kurzer Zeit zum Erfolg führte, wurden die Kabinettsmitglieder doch schon nach drei Wochen vereidigt. Strauß selbst plädierte nachdrücklich dafür, erst über Sachfragen zu verhandeln, bevor über die Personen geredet würde, im gleichen Sinne äußerte sich Willy Brandt in der SPD-Fraktion.[157]

Kurt Georg Kiesinger und die Unionsdelegation sollten und wollten Verhandlungen nach beiden Seiten führen, doch endeten die Gespräche mit der FDP in einer Sackgasse. Ein letzter Versuch scheiterte, als Hans-Dietrich Genscher zu einer von ihm selbst vorgeschlagenen Verabredung unter vier Augen nicht erschien und den Kanzlerkandidaten der Union eine Dreiviertelstunde warten ließ, bevor Kiesinger die Mitteilung erhielt, Genscher könne nicht kommen. Kiesinger berichtete über die Gespräche mit anderen FDP-Politikern sowie der SPD-Führung am 29. November 1966 im Bundesvorstand der CDU, Strauß war bei dieser Sitzung nicht anwesend. Kiesinger konstatierte nach einer vergleichenden Tour d'Horizon über die beiden möglichen Koalitionspartner »weitgehende Übereinstimmung« mit der SPD. In den Verhandlungen war er von einem Haushaltsdefizit für 1967 von 1,8 Milliarden DM ausgegangen, eine der Hauptaufgaben der künftigen Regierung lag also in der Haushaltskonsolidierung, an der die Koalition mit der FDP offiziell gescheitert war. Der Parteirat der SPD hatte sich in der vorhergehenden Nacht mit 73 gegen 19 Stimmen für die Große Koalition mit der CDU/CSU ausgesprochen. Die Unionsfraktion entschied sich am 28. November 1966 ebenfalls für abschließende Verhandlungen mit der SPD. Im Vorstand wurde nach Kiesingers Bericht vor allem über die Frage der Wahlrechtsänderungen diskutiert, nicht aber über die Kabinettsposten, auch nicht über Strauß.[158] Hatten sich die Partner zwei Tage vor der Kanzlerwahl und der Vereidigung des Kabinetts wirklich noch nicht über die Personalien geeinigt? Kaum vorstellbar.

In der Unionsfraktion kam es am 30. November zu einer heftigen Debatte, als Kurt Georg Kiesinger den erfolgreichen Abschluss der Koalitionsverhandlungen ankündigte. Auch auf Nachfragen weigerte er sich unter Verweis auf das Vorschlagsrecht des Bundeskanzlers, die Namen der künftigen Bundesminister zu nennen, auf die sich die Spitzen von Union und SPD in langwieriger nächtlicher Verhandlungsrunde wenige Stunden vorher verständigt hatten. Er erläuterte zwar das unter großen Schwierigkeiten erreichte Ergebnis von zehn Unionsministern außer dem Bundeskanzler und neun Sozialdemokraten und ging dabei auf einige konfessionelle und regionale Proporzüberlegungen ein. Immerhin sickerte durch, dass sowohl das Außen- und als auch das Gesamtdeutsche Ministerium mit Sozialdemokraten besetzt würden, was die Union schwer verkraftete, weil damit beide für die Deutschlandpolitik zuständigen Ämter der CDU/ CSU verloren gingen. Schließlich verriet der Fraktionsvorsitzende Rainer Barzel, der die Sitzung souverän und gegenüber Kiesinger loyal leitete, doch zwei Namen – offensichtlich um deren jeweilige Anhänger und damit große Teile der Fraktion zu befrieden: »Er glaube, daß er keinem zu nahe trete, wenn er jetzt ein ohnehin öffentliches Geheimnis hier sage. Er habe den Eindruck, daß sein Nachbar zur Rechten ein Kabinett bilden werde, dem sowohl Schröder wie Strauß angehören werden. Dies sei ein Wunsch, der hier oft geäußert worden sei.«[159] In der Sitzung traten die Kontroversen offen zutage, auch die Frage wurde wieder aufgeworfen, ob nicht doch eine Koalition mit der FDP möglich gewesen wäre.

Franz Josef Strauß verteidigte Kiesinger ebenso eingehend wie vehement, der Kanzlerkandidat der Union habe der FDP bis zur Selbstverleugnung goldene Brücken gebaut. Er selbst habe die Verhandlungen für die CSU von einem Anhänger der Kleinen Koalition führen lassen, seinem Stellvertreter Dollinger, da er, Strauß, nicht als großer Freund der FDP bekannt sei. Doch sei es nicht gelungen, eine gemeinsame Basis zu finden. Dann erläuterte Strauß nicht nur die Ziele des »großen Strategen Wehner«, sondern einfühlsam, welche Hürden die SPD überspringen müsse, um eine Große Koalition zu bilden. Strauß analysierte klar sowohl die parteipolitischen Konstellationen als auch die Sachprobleme in zentralen Politikfeldern von der Außen- bis zur Finanzpolitik und ging wie Kiesinger illusionslos auf die künftigen Perspektiven ein: Natürlich wollten beide Partner im Wahljahr 1969 als Sieger aus diesem Bündnis hervorgehen, es käme also darauf an, was die Unionsparteien aus dieser Regierung an Erfolgen herausholten und der Öffentlichkeit überzeugend als Leistung der Union darstellten.[160] Nach kontroverser Debatte stimmte die Fraktion dem Bericht und den Empfehlungen Kiesingers mit großer Mehrheit zu, 27 Abgeordnete votierten dagegen, 15 enthielten sich.

Wurde also in der Unionsfraktion Strauß' Nominierung nur beiläufig erwähnt, so bildete sie in der SPD-Fraktion, in deren Sitzungen Strauß immer wieder erwähnt wurde, ein wichtiges Thema. Allerdings war die SPD allein schon deswegen in einer schwierigen Lage, weil der frisch gekürte Kanzlerkandidat der Union, Kurt Georg Kiesinger, bereits am 13. November öffentlich erklärt hatte, Franz Josef Strauß werde einer von ihm geführten Bundesregierung angehören. Kiesinger schlug damit einen Pflock ein, an dem für beide möglichen Koalitionspartner nicht zu rütteln war, alles andere hätte eine Brüskierung des gerade wieder einmal bei der bayerischen Landtagswahl siegreichen CSU-Vorsitzenden bedeutet und damit die Unionsfraktion gespalten.

In der SPD-Fraktion warnte ausgerechnet Günther Müller – der 1972 im Streit über die Ostpolitik der sozialliberalen Koalition aus der SPD aus- und in die CSU eintrat – vor einer Koalition mit Strauß, weil dieser bei der Bayernwahl gegen Willy Brandt persönlich polemisiert habe. Der Fraktionsvorsitzende Wehner erklärte sich mit den Schlussfolgerungen von Günther Müller nicht einverstanden.[161] Jedoch taktierte die SPD-Führung in dieser Frage. Um nicht von vornherein in ihrer Partei eine Blockadehaltung zu erzeugen, wollte sie die Frage nach einem Ministeramt für Strauß möglichst lange offenlassen und räsonierte darüber, dass die jeweiligen Koalitionspartner in der Regel selbst ihre Nominierungen vornehmen würden. Noch wenige Tage vor der definitiven Entscheidung erklärte der Parteivorsitzende Brandt in der Fraktionssitzung vom 26./27. November: »Es gäbe auch die Frage, ob denn Strauß unbedingt mit in der Regierung sein müsse. Hierzu könne gesagt werden, daß dies durchaus noch nicht ausgemacht sei. Aber selbst wenn Strauß ein Ministeramt übernähme, so wäre dies vielleicht besser, als ihn ohne diese Bindung und Kontrolle gewissermaßen ›freischwebend‹ im politischen Raum zu wissen. Die Tatsache seines starken politischen Einflusses jedenfalls könnten wir ohnehin nicht aus der Welt schaffen. Nach seiner (Brandts) Ansicht wäre es das Beste, wenn Strauß sich entschuldigen würde. Es sei schließlich nicht ausgeschlossen, daß auch Strauß zur Einsicht seiner Schuld fähig wäre.«[162]

Im ersten Teil seiner Ausführungen über Strauß versuchte Brandt, die Fraktion zu beruhigen und pragmatisch zu überzeugen. Der angesichts der tatsächlichen Vorgänge in der *Spiegel*-Affäre ziemlich arrogante Schluss verwies auf den Versuch der SPD-Delegation, in den Verhandlungen am 26. November Strauß zu einer öffentlichen Erklärung über sein Verhalten in der nun vier Jahre zurückliegenden *Spiegel*-Angelegenheit zu verpflichten. Wehner beurteilte die Strauß-Frage offensichtlich ähnlich pragmatisch wie Brandt. Er habe ihn gefragt, ob er nicht eine Erklärung abgeben wolle, worauf Strauß erwidert habe, in Karlsruhe sei geklärt worden, dass er sich weder »willkürlich« noch »sachfremd« verhalten habe. Er, Wehner, sei immer der Meinung gewesen, dass man Strauß nur politisch bekämpfen könne, immerhin habe Strauß »im Gespräch zugegeben, dass er in der ›Spiegel‹-Affäre keine glückliche Figur gemacht habe«.[163] Auch solche Entschuldigungswünsche dürften nicht sehr ernst gemeint gewesen sein, haben doch diese beiden SPD-Politiker selbst nie die Gelegenheit zur Entschuldigung ergriffen, als dafür Anlass bestanden hätte.

Helmut Schmidt erklärte denn auch in der folgenden, abschließenden Sitzung nüchtern, eine Selbstbeschuldigung sei von Strauß nicht zu erwarten, und überdies werde er Heinemann und Ahlers als Kontrahenten haben.[164] Das war tatsächlich die Konstruktion, die sich die SPD-Führung ausgedacht hatte, um die eigene Basis zu besänftigen. Von der zwischenzeitlichen Verständigung zwischen Strauß und Ahlers, die allerdings Rudolf Augstein in Zweifel zog[165], war in der Öffentlichkeit wenig zu hören, und Heinemanns starke Abneigung gegen Strauß war allgemein bekannt. Überdies hatte er den *Spiegel*-Herausgeber im Nürnberger Fibag-Prozess gegen den Verteidigungsminister vertreten.

Brandt selbst bestätigte später öffentlich die Animositäten gegen den CSU-Vorsitzenden: »Strauß wurde nur widerwillig akzeptiert. Ich nahm die Bedenken gegen ihn ernst. Freilich kann bei der Bildung einer Koalition die eine Partei in der Regel die Personalvorschläge der anderen nicht blockieren.« Strauß' Ernennung sei nicht ohne Ironie durch die Ernennung von Ahlers zum Regierungssprecher »kompensiert« worden, und Horst Ehmke, Verteidiger in der *Spiegel*-Affäre, wurde Staatssekretär.[166] Tatsächlich wurde Ahlers damals nur Stellvertretender Regierungssprecher, und beide waren natürlich keine wirklichen Gegengewichte, das galt für den von Brandt hier nicht erwähnten Heinemann schon eher. Diesen nannte dann auch Helmut Schmidt als »Kontrahenten« von Strauß.[167]

In den beiden entscheidenden Sitzungen der SPD-Fraktion wurden immer wieder Bedenken gegen ein Ministeramt für Strauß geltend gemacht, allerdings verteidigten die Spitzenleute Brandt, Wehner, Helmut Schmidt, Alex Möller, Georg Leber und andere die Pläne für eine Große Koalition, in der Strauß akzeptiert werden müsse. Daran änderte auch der vehemente Angriff des »SPD-Kronjuristen« Adolf Arndt nichts: Strauß in der Regierung zu akzeptieren bringe ihn in einen »Gewissenskonflikt«. Seine Begründung richtete sich jedoch weniger auf das Gewissen, erklärte Arndt doch: »Daß Strauß das Parlament beschwindelt hat, nehme ich gar nicht so tragisch. Das haben schon viele getan. Aber dieser

Mann ist ein Unsicherheitsfaktor, er ist hemmungslos; hier stellt sich die Frage der politischen Gesittung.« Den Unsicherheitsfaktor erklärte Arndt aber ganz anders, Strauß sei ein »unkalkulierbares Wählerrisiko«.[168] In einer Reihe von Strauß-kritischen Beiträgen ging es weniger um diesen selbst als um die Frage, wie die SPD-Wähler darauf reagieren würden, wenn die Partei mit ihm in einer gemeinsamen Regierung säße. Da die SPD gegen niemanden schärfer polemisiert hatte als gegen den »Parteifeind Nr. 1« und es die Parteiführung zugelassen hatte, dass Strauß vor allem durch die zweite Garnitur der Partei geradezu hemmungslos diffamiert wurde, fühlte man sich jetzt in Erklärungszwang. Deutlich kam das in einem weiteren Debattenbeitrag von Günther Müller zum Ausdruck: Der Parteivorstand habe im bayerischen Landtagswahlkampf in einer Auflage von 300 000 Stück eine Broschüre gegen Strauß verteilen lassen, die SPD verliere ihr Gesicht, wenn sie jetzt Strauß akzeptiere.[169]

Trotz aller Einwände bewerteten die politischen Profis an der Spitze der SPD die Frage, ob Strauß Minister würde, als zweitrangig gegenüber den Chancen, nach 17 Jahren Opposition endlich in die Regierung zu kommen. Und wie die CDU/CSU-Führung erkannte auch die der SPD für die Lösung zahlreicher zentraler Sachprobleme eine breite gemeinsame Basis, die sie bei der einzigen Alternative, einer Koalition mit der FDP, nicht sah. Die Gespräche der SPD mit der FDP waren ergebnislos verlaufen, was angesichts der äußerst knappen Mehrheit von nur zwei Mandaten, auf die eine SPD/FDP-Koalition gekommen wäre, eine schwierige Ausgangslage bedeutete. In der SPD wurde der FDP außerdem »Unzuverlässigkeit« und mangelnde Reformbereitschaft vorgeworfen. Schließlich setzte sich die SPD-Führung in beiden Fragen, Große Koalition und Ministeramt für Strauß, in der Fraktion durch, weil sie diese davon überzeugen konnte, dass die SPD nur auf diese Weise eine Regierungsbeteiligung erreichen würde.[170] Wehner brachte es drastisch auf den Punkt, Strauß sei die Kröte, die die SPD schlucken müsse.

Anders als Kiesinger in der Unionsfraktion erläuterte Brandt der SPD-Fraktion am 30. November die Kabinettsliste und nannte dabei Strauß als künftigen Finanzminister. Doch sei es noch nicht sicher, ob er dieses Amt akzeptieren werde. Tatsächlich hatte Strauß den Eintritt in die Bundesregierung von Bedingungen abhängig gemacht, da er eine rigorose Haushaltspolitik forderte. Strauß hatte es also geschafft, selbst zu entscheiden und zugleich finanzpolitische Prinzipien der neuen Bundesregierung zu fixieren. Obwohl die Würfel gefallen waren, ließen seine Gegner nicht locker, selbst in dieser letzten Sitzung der SPD-Fraktion blieb Strauß eines der kontroversen Themen, obwohl Willy Brandt schon die sachlichen Vereinbarungen präsentiert und die Namen der anderen Ministerkandidaten genannt hatte.

Gustav Heinemann nahm ebenfalls zu der Frage Stellung, da er als »Gegengewicht« vorgesehen sei. Er habe Strauß »mit allen Mitteln« bekämpft, aber es gehe nicht nur um Strauß, das Problem sei nicht nur die Person, sondern seine Partei, seine Wähler. Und gerade deswegen wolle er sich der Verantwortung nicht entziehen. Vergleichsweise sachlich äußerten sich nicht nur Brandt und Wehner, sondern vor allem Schmidt, der von einem eineinhalbstündigen Gespräch mit Strauß berichtete. Strauß sehe die *Spiegel*-Affäre subjektiv anders, »als sie sich dem Beobachter darstelle«, er meine selbst, nicht gegen das Gesetz verstoßen zu haben, beurteile die Dinge heute aber anders und würde eine Gelegenheit suchen, dies klarzustellen. Jedenfalls dürfe die Große Koalition nicht an der Person von Franz Josef Strauß scheitern.[171] Und so geschah es: Die SPD-Fraktion stimmte mit 126 gegen 53 bei 8 Stimmenthaltungen der Entschließung des Parteivorstands für die Koalition mit der CDU/CSU zu.[172]

Am 1. Dezember 1966 wählte der Deutsche Bundestag Kurt Georg Kiesinger mit 340 von 473 Stimmen, bei 109 Neinstimmen, 23 Enthaltungen und einer ungültigen Stimme, zum Bundeskanzler. Nicht ohne Grund galt dieses Kabinett der Großen Koalition als Symbol einer geradezu historischen Versöhnung, waren doch alle politischen Lebenswege der deutschen Geschichte des 20. Jahrhunderts vertreten. Neben den ehemaligen NSDAP-Mitgliedern Kiesinger (CDU) und Karl Schiller (SPD), denen aber ansonsten weder NS-Aktivitäten noch juristisch zu ahndende Vergehen angelastet werden konnten, saß der ehemalige aktive Kommunist Herbert Wehner mit einer im Moskauer Exil nicht nur politisch undurchsichtigen, sondern sogar moralisch und rechtlich verdächtigen Funktionärsvergangenheit.[173] Seine Wendung zum Sozialdemokraten erschien nach 1945 nicht einmal allen SPD-Genossen glaubwürdig. Auch die politische Vergangenheit Kiesingers wurde zwar in der SPD-Fraktion diskutiert. Doch nahm Willy Brandt ihn in Schutz und sah keinen Anlass, dessen von ihm als bloß formal angesehene NSDAP-Mitgliedschaft zu diskutieren. Adolf Arndt bemerkte, diese sei nun wirklich »verjährt«. Auch später hat Brandt, obwohl sein Verhältnis zu Kiesinger nie sehr eng war, ihn stets fair verteidigt: »Kiesinger war zu gescheit und wohlerzogen, als daß er Nazi mehr denn übers Mitgliedsbuch hätte werden können. Daß er, vielen anderen gleich, zunächst Wahnvorstellungen erlegen war, hat er nicht in Abrede gestellt und auch nicht behauptet, Widerstand geleistet zu haben … doch gab es keinen Grund, an der geistigen Fundierung seines politischen Engagements zu zweifeln.« Er sei ein »europäisch engagierter Reichsschwabe« gewesen.[174]

Neben Kiesinger und Wehner amtierte nun der in seiner Jugend ursprünglich linkssozialistische Emigrant Willy Brandt, der sich aber schon im Krieg zum pragmatischen, europäisch orientierten Sozialdemokraten entwickelt und als Regierender Bürgermeister von Berlin über die Parteigrenzen hinweg Ansehen gewonnen hatte. Man konnte »in Kiesinger, dem einstigen ›Mitläufer‹, und Brandt, dem antinazistischen Emigranten, eine durchaus wahrhaftige personelle Repräsentation der deutschen Wirklichkeit erkennen«, bemerkte Brandt treffend.[175]

Gustav Heinemann wurde Justizminister. Er war der erste Innenminister der Regierung Adenauer, hatte die Bundesregierung aber schon 1950 wegen der Pläne zur Wiederbewaffnung und 1952 die CDU verlassen. Seine 1953 mit Gesinnungsgenossen gegründete pazifistische und neutralistische Partei GVP erwies sich als Fehlschlag, weswegen er 1957 zur SPD wechselte, in der er einer der schärfsten Adenauer- und Strauß-Kritiker blieb, als diese längst den außen- und sicherheitspolitischen Kurs der Union akzeptiert hatte. Nun saß er mit Ministern in einem Kabinett, deren Politik – und in Einzelfällen auch die Person – er scharf bekämpft hatte. Ins Bundeskabinett kehrte der von Heinrich Krone als »deutschnational« eingestufte ehemalige Verteidigungsminister Kai-Uwe von Hassel zurück, wenngleich als Vertriebenenminister. Neu hinzu kam der erfolgreiche Vorsitzende der Baugewerkschaft, Georg Leber, der wie einer der Gründungsväter des Bonner Parlamentarismus im Kabinett, Carlo Schmid, überparteilich Ansehen genoss. Der 70-jährige Völkerrechtler Carlo Schmid hatte schon im Parlamentarischen Rat als Vorsitzender des Hauptausschusses eine große Rolle gespielt, war Ordinarius für Politische Wissenschaft in Frankfurt/Main und einer der wenigen und eindrucksvollsten Homme de Lettres in der deutschen Politik, eine wahrhaft europäische Existenz. Ein Repräsentant der jüngsten Politikergeneration, der erst 38-jährige habilitierte Kieler Historiker Gerhard Stoltenberg, erhielt erneut das Forschungsministerium; er konnte außerdem sechs Jahre Erfahrung als Direktor für Wirtschaftspolitik im Krupp-Konzern aufweisen. Und schließlich eben Franz Josef Strauß. Fraglos wies diese Bundesregierung die größte Zahl eindrucksvoller Persönlichkeiten in den verschiedenen Bundeskabinetten auf, aber auch die denkbar größte persönliche und politische Bandbreite.

Die CSU erhielt drei Ministerien. Die Verminderung ergab sich zwangsläufig aus der Größe des Koalitionspartners SPD, der 202 Mandate gegenüber 245 der Union hatte. Doch war darunter nicht allein ein klassisches, sondern auch ein zentrales Ministerium: Franz Josef Strauß besetzte als Finanzminister wegen des Vetorechts in finanziellen Fragen faktisch das wichtigste Ministeramt, wenngleich es nie das beliebteste war. Da die Haushaltszuständigkeit sich auf alle Sektoren der Regierungsarbeit auswirkt, besitzt das Finanzministerium nach dem Kanzleramt inhaltlich die umfassendste Aufgabenstellung. Hermann Höcherl wurde Minister für Landwirtschaft, Forsten und Ernährung, Werner Dollinger Postminister.

Konnte die Bedeutung eines Politikers stärker hervorgehoben werden als durch die permanente Diskussion über ihn in einer Opposition, die gern Regierung werden wollte? Nach vier Jahren als Abgeordneter wurde Franz Josef Strauß also wieder Bundesminister, und zur Überraschung vieler Beobachter arbeiteten Union und SPD höchst konstruktiv zusammen, der neue Bundesfinanzminister wurde eines der erfolgreichsten Kabinettsmitglieder. Der Grandseigneur Carlo Schmid, der als Mitglied des Finanz- sowie des Wirtschaftsausschusses des Bundeskabinetts oft mit Franz Josef Strauß zu tun hatte, gelangte zu dem Urteil: »Er erwies sich dabei als sehr kooperativer Kollege. Es traten bei diesen Zusammenkünften gewisse Eigenschaften nicht in Erscheinung, die Franz Josef Strauß in der öffentlichen Meinung so oft als eine Art Berserker der deutschen Politik erscheinen lassen.«[176]

Teil IV

Der Gang nach Karlsruhe

I. Vom Verstoß wider den Zeitgeist u. seinen Mythos [FGS

Was nicht sein konnte, weil es nicht sein durfte –
– jedenfalls nach Meinung der B.Regg und ihrer politischen
und publizistischen Gönner, ist nun doch eingetreten –
im Zusammenhang mit dem GV ist eine Klage beim
Bundesverfassungsgericht erhoben worden. Die
Landesrg. Die Bayersche Staatsregierung hat es sich
nicht leicht gemacht. Es war kein jäher Entschluß. (gegenstück
deren Ratlosigkeit)
Ihm gingen Monate der Prüfung voraus, die bis
in die Zeit des Moskauer Vertrages zurückreichen.
Es ist keine "populäre" Klage, "oder gleiche" – auch i. d. eigenen Reihen
wie sie manche in völliger
Verkennung der Aufgaben der Verfassungsgerichtbarkeit
ausschließlich erhoben wissen wollen.

16

Franz Josef Strauß als Finanzminister in der Großen Koalition, 1966 – 1969: Von der Ostpolitik bis zur Finanzreform

Nun saßen sie also an einem Kabinettstisch, die bedeutenden Politiker und Antipoden. Sie vereinbarten ein großes gemeinsames Arbeitsprogramm und waren doch von Beginn an Partner und Konkurrenten zugleich, Willy Brandt sprach von »unvermeidlicher Rivalität«, aber auch von einverständigen kulturkritischen »Seelsorgestunden« von Bundeskanzler Kiesinger und Wehner. Brandt mokierte sich im Rückblick über die »Doppelstrategie« von Strauß, »dabei zu sein und dagegen zu sein«. So habe der *Bayernkurier* nicht wie das Blatt einer Regierungspartei, sondern einer Oppositionspartei geschrieben.[1] Die Doppelstrategie von Strauß durchschaute Brandt schon deshalb so gut, weil er selbst und die SPD sie ebenfalls betrieben. So lancierte Brandts Vertrauter Egon Bahr, den er zum Ministerialdirektor im Auswärtigen Amt gemacht hatte, immer wieder andere ostpolitische Positionen, als sie die Regierung beschlossen hatte und die auf die Zeit nach 1969 vorauswiesen. Außerdem gab es Sachgebiete, beispielsweise in Bezug auf die Gemeinschaftsaufgaben von Bund und Ländern, bei denen trotz gleicher Parteizugehörigkeit Länderregierungen eine andere Position einnahmen, als sie von der Bundesregierung oder Parteigremien auf Bundesebene beschlossen worden war, was ebenfalls zu Dissonanzen führte: Dies musste keine bewusste Doppelstrategie sein, konnte aber durchaus so wirken.[2]

Franz Josef Strauß hatte mit seiner Option für die Große Koalition die Chance gesehen und ergriffen, Reformen planen und durchsetzen zu können, zugleich nutzte diese Weichenstellung auch der eigenen politischen Karriere. In dieser Koalition bekam er die Möglichkeit, sich vom Image des bloßen Verteidigungspolitikers zu befreien und das Odium der *Spiegel*-Affäre verblassen zu lassen. Insgesamt waren diese Jahre die angenehmsten seiner 30-jährigen Laufbahn als Bundespolitiker, die auch eine spätere Kanzlerschaft wieder greifbarer erscheinen ließen. Strauß wurde nicht allein einer der erfolgreichsten Finanzminister in der Geschichte der Bundesrepublik, sondern eine Säule der neuen Regierung. Wenngleich Finanzminister normalerweise nicht besonders beliebt sind, beliebter als Verteidigungsminister sind sie allemal, zumal in Zeiten des Kalten Krieges. Das Amt erlaubte es einem tatkräftigen, konzeptionsstarken Politiker, wie er es war, Ansehen zu erwerben sowie Allround-Qualitäten unter Beweis zu stellen. Anders als in der Verteidigungspolitik, in der Strauß unter Dauerbeschuss stand, gelang es ihm als Finanzminister, eine gewisse Leichtigkeit zu entwickeln und auch die einschüchternde Schärfe des Verteidigungspolitikers abzulegen.

Schon in den ersten Sitzungen des Bundeskabinetts, die durch sachlich-argumentative Beratungen über die Parteigrenzen hinweg auffallen, nahm Strauß nicht allein zu den großen, Raum einnehmenden Finanz- und Haushaltsfragen Stellung, sondern auch zu anderen politischen Fragen, darunter außenpolitischen. Dem von Willy Brandt formulierten außenpolitischen Teil der Regierungserklärung widersprach er nicht, während Kiesinger sich eingehender mit der Systematik dieses Teils befasste und eigene Akzente setzte.[3] Im Übrigen schlug Brandt vor, statt von SBZ besser vom »anderen Teil Deutschlands« zu sprechen, Verteidigungsminister Schröder pflichtete ihm bei. Strauß kommentierte diesen Vorschlag nicht, warnte aber im Übrigen davor, von den USA zu großes Engagement für deutsche Ziele zu erwarten.[4]

Der neue Bundeskanzler Kiesinger sah sich nach den Worten des stellvertretenden Regierungssprechers Conrad Ahlers als »wandelnden Vermittlungsausschuß«. Ein Koalitionsausschuss sollte zunächst nicht gebildet werden, um den Eindruck der Kungelei zu vermeiden. Nachdem der Bundeskanzler mehrere Minister vor öffentlichen Extratouren gewarnt hatte und der Eindruck entstanden war, das Auswärtige Amt verfolge deutschlandpolitisch andere Ziele als der Regierungschef und die CDU, lud der Bundeskanzler zunächst Brandt, Wehner sowie den Bundesfamilienminister und CDU-Generalsekretär Bruno Heck zu einem ersten Treffen am 29. August 1967 in sein Urlaubsdomizil Kreßbronn am Bodensee ein, einen Tag später traten andere führende Unionspolitiker hinzu, darunter Strauß, Barzel, Stücklen, Guttenberg[5], woraus sich dann ein mehr oder weniger formelles Gremium entwickelte, das sich regelmäßig traf, um die Zusammenarbeit innerhalb der Regierung funktionstüchtig zu halten bzw. zu verbessern. Vom 11. Januar 1968 an wurden die Besprechungen dann durch Protokollführung gewissermaßen formalisiert.[6] Allerdings gab es später Zweifel an der Effizienz des Kreßbronner Kreises. So kritisierte der SPD-Fraktionsvorsitzende Helmut Schmidt in der Sitzung vom 26. November 1968, der Kreis lasse es »oft an der Verbindlichkeit seiner Entscheidungen fehlen... Zudem würden oft wichtige Tagesordnungspunkte immer wieder vertagt.«[7] Schmidt beklagte in einem Schreiben an Kiesinger am 20. Dezember 1968 auch die zunehmende Größe des Kreises, die eine vertrauliche und freimütige Aussprache erschwere und ihn zu einem »unverbindlichen Kabinett-Ausschuß« mache. Er solle auf diejenigen reduziert werden, »die nun einmal nach innen und außen die Hauptverantwortung tragen«. Deswegen wurde dann auch die Vertretungsmöglichkeit ausgeschlossen, die besonders Willy Brandt für seinen Parlamentarischen Staatssekretär Gerhard Jahn wünschte. Am 11. Februar 1969 wurde für das nächste Koalitionsgespräch der Kreis radikal auf je vier Vertreter der Koalitionsparteien verkleinert: den Bundeskanzler, Finanzminister Strauß, die Fraktionsvorsitzenden Barzel und Stücklen für die Union sowie Außenminister Brandt, den Gesamtdeutschen Minister Wehner, die Fraktionsvorsitzenden Helmut Schmidt und Alex Möller für die SPD.[8] Sicher steigerte eine solche Maßnahme die Offenheit der Aussprache und die Entscheidungsstärke, allerdings hielt man sich künftig nicht an diese Verkleinerung.

Auch beeinträchtigte der beginnende Wahlkampf die Arbeit des Koalitionsausschusses auf andere Weise, dies verband sich mit der Auseinandersetzung über die Aufwertungsfrage. So kritisierte Helmut Schmidt in einer Sitzung des Kreßbronner Kreises Strauß in dessen Abwesenheit vergleichsweise heftig, Wehner unterstützte ihn. Da jedoch auch Schiller kritisiert wurde, erklärte Wehner, dieser habe »sich von dem listigeren Herrn Strauß provozieren lassen«. Jedenfalls sah sich die Koalitionsrunde genötigt, einen eigenen Tagesordnungspunkt aufzunehmen, der »Angriffe der Koalitionspartner gegeneinander« betraf.[9] Auch in der folgenden Sitzung herrschte eher Wahlkampfstimmung, griff Schmidt doch gleich mehrere Reden von Strauß an, der dieses Mal anwesend war und auf den aggressiven Ton des SPD-Fraktionsvorsitzenden betont sachlich reagierte. Das galt auch für den üblen Ausfall, den sich Brandt gegen Strauß und die CSU auf dem SPD-Parteitag in Bad Godesberg 1969 geleistet hatte, als er nicht allein den *Bayernkurier* mit der *National-Zeitung* (»NS-Zeitung«) auf eine Stufe stellte, sondern die CSU und ihren Vorsitzenden in diesem Zusammenhang als »Mini-Ausgabe der Harzburger Front« bezeichnete[10] – der »Harzburger Front«, in der sich Deutschnationale und Stahlhelm 1931 mit Hitler und der NSDAP verbunden hatten. Dabei bezog sich Brandt, der selbst stets auf Polemik sensibel reagierte, auf vermeintliche Angriffe von Strauß auf die »gegenwärtige Politik – nicht nur die Außenpolitik«. In den letzten Sitzungen des Kreßbronner Kreises, vor allem aber bei Reden außerhalb dieses Gremiums, waren es vor allem Brandt und Schmidt, die immer wieder polemisierten, während sich Kiesinger um Ausgleich bemühte, Wehner blieb ebenfalls eher sachlich, Strauß verzichtete auf Polemik, selbst wenn er angegriffen wurde. Dies zeigt erneut die Doppelnatur von Strauß, der in internen Beratungen normalerweise zu sachbezogener Argumentation neigte, bei Parteitagsauftritten und manch anderer Gelegenheit aber die verbale Attacke liebte – diese Seite prägte das Strauß-Bild in der Öffentlichkeit allein schon deshalb, weil sie die sichtbare Seite bildete. Schmidt ging es stärker als den anderen Mitgliedern des Kreßbronner Kreises offenbar auch um persönliche Profilierung sowie immer stärker darum, die Mitbestimmung der von ihm repräsentierten Fraktion gegen die Regierungsmitglieder deutlich zu machen. Sieht man von den Wahlkampfmonaten 1969 und häufigeren Beschwerden von Willy Brandt über den *Bayernkurier* ab, ist jedoch im Ganzen die positive informatorische und atmosphärische Bedeutung der regelmäßigen Besprechungen des Kreßbronner Kreises in den ersten zweieinhalb Jahren offenkundig.

Insgesamt war die Atmosphäre innerhalb der Regierung anfangs überraschend gut. Kurt Georg Kiesinger und Carlo Schmid diskutierten über Alexis de Tocqueville und tauschten bei Tagesordnungspunkten, die sie nicht übermäßig spannend fanden, selbst verfasste Sonette aus – so jedenfalls wurde die Atmosphäre etwas stilisierend dargestellt[11], in den Kabinettsprotokollen findet sich dazu natürlich nichts. Willy Brandt beklagte, wie zeitraubend die staatsphilosophischen platonischen Dialoge zwischen Kiesinger und Schmid gewesen seien, jedoch auch geistig anspruchsvoll und interessant.[12] Franz Josef Strauß, der durchaus vergleichbare Neigungen hatte, konzentrierte sich indes auf nationalökonomische Dialoge mit Karl Schiller. Zweifellos saßen mit Kiesinger, Schmid, Strauß, Stoltenberg, Heinemann und anderen viele Bildungsbürger am Kabinettstisch. Entscheidend jedoch waren die gemeinsamen politischen Vorhaben, die insbesondere die beiden ersten Jahre der Regierung fruchtbar machten, bevor sich der Wahlkampf näherte. Die politische Leistung dieser Bundesregierung konnte sich sehen lassen und war in einigen Feldern sogar herausragend.

Der Beitrag zur politischen Kultur der Bundesrepublik war nicht allein wegen der erwähnten personellen Zusammensetzung des Kabinetts beträchtlich, sondern zugleich, weil die bisherige Daueroppositionspartei SPD nun regierungsfähig wurde. Diese Entwicklung hatte sich lange durch die allmähliche Annäherung an Positionen der Union vorbereitet: Das galt programmatisch für das Godesberger Programm von 1959, mit dem die SPD marxistische Maximen über Bord warf und die soziale Marktwirtschaft akzeptierte, sowie pragmatisch für Wehners Einschwenken auf Konrad Adenauers und Franz Josef Strauß' außen- und sicherheitspolitischen Kurs der Westintegration 1960.[13] Die erwähnten Kontakte zwischen Union und SPD seit 1962 und die eindrucksvolle Gruppe führender SPD-Politiker, die sich seit der zweiten Hälfte der 1950er-Jahre herausgebildet hatte, standen personell für die Erneuerung der SPD. Die Bildung der Großen Koalition 1966 bedeutete den ersten Schritt zur Koalitionsfähigkeit aller demokratischen Parteien des Bundestags untereinander. Bei der Debatte über die erste Regierungserklärung waren sich alle Redner vom Bundeskanzler bis zu den Fraktionsvorsitzenden Rainer Barzel und Helmut Schmidt, die seitdem zum Funktionieren der Großen Koalition wesentlich beitrugen, einig: Die Große Koalition brachte eine Zäsur in der Geschichte der Bundesrepublik.[14] Bundeskanzler Kiesinger sprach in seiner Regierungserklärung vom 13. Dezember 1966 von einem »Markstein«.

Die besonders in den beiden ersten Jahren gute Zusammenarbeit trug im Übrigen zur Versachlichung der Atmosphäre bei, was zeitweilig auch für die öffentliche Einschätzung von Franz Josef Strauß, aber auch politische Remigranten wie Willy Brandt und Herbert Wehner galt. Doch blieben diese gemeinsame Leistung in den Regierungsjahren und die Verständigung untereinander insofern Intermezzo, als nach 1969 und insbesondere während der 1970er-Jahre alte Gegensätze wieder aufbrachen und die Heftigkeit der Auseinandersetzungen in beiderseitigen persönlichen Verunglimpfungen endete: Der Regierungsverlust der CDU, die Ostpolitik der sozialliberalen Koalition, das misslungene Misstrauensvotum gegen Bundeskanzler Brandt und andere Probleme bildeten den Anlass.

Scheitern der Wahlrechtsreform

Eines ihrer Hauptziele erreichte die Große Koalition nicht: die Wahlrechtsreform.[15] Dafür gab es unterschiedliche Gründe. Die Partner erzielten keine Einigkeit über Verfahrensfragen und Wahlkreiseinteilung, da beide naturgemäß die für sie optimale Lösung bzw. den jeweils optimalen Zuschnitt der Wahlkreise anstrebten. Außerdem war die SPD in dieser Frage heterogener als die Union, da Teile der SPD die Tür zur FDP nicht zuschlagen wollten. Dafür spielte naturgemäß eine Rolle, dass Willy Brandt nur sehr zögerlich für die Große Koalition zu gewinnen war und bis wenige Tage vor der endgültigen Entscheidung innerhalb der SPD-Gremien noch eine Mehrheit für die Koalition mit der FDP votiert hatte.

Die Einführung des Mehrheitswahlrechts hätte die FDP aus dem Bundestag katapultiert. Wäre es guter Stil gewesen, wenn die Zweidrittelmehrheit der Regierung der kleinen und einzigen Oppositionspartei dadurch die Basis entzogen hätte? Darüber lässt sich streiten, doch besaß für die Verfechter des Mehrheitswahlrechts die Bildung stabiler Regierungen nach dem britischen Vorbild Priorität. Außerdem wollte insbesondere Strauß der Gefahr vorbeugen, dass nach den Wahlerfolgen der NPD auf Landesebene im Bundestag eine Situation entstehen könnte, in der diese rechtsextreme Partei auch nur indirekten Einfluss auf die Regierungsbildung haben würde. Um den Stil zu wahren und rechtliche Probleme zu vermeiden, visierten die Koalitionspartner für 1969 zunächst ein Übergangswahlrecht an. Dass es dann doch nicht zum Mehrheitswahlrecht kam, bedeutete politisch: Dieses Thema war für lange Zeit, wenn nicht grundsätzlich, vom Tisch; die FDP konnte überleben. Die überwältigende Mehrheit der neuen Regierung im Bundestag besaß den Nachteil, dass die mit 49 gegenüber 447 Abgeordneten (ohne die nicht in allen Fragen stimmberechtigten Berliner) vergleichsweise kleine FDP als einzige Opposition übrig blieb. Allerdings waren die Koalitionsparteien so fair, ihr gleich in der ersten Kabinettssitzung zuzugestehen, als erste auf die Regierungserklärung des Bundeskanzlers zu antworten, und nicht die Rednerfolge wie üblich am Stärkeverhältnis auszurichten.

Zwischenlösungen in der Debatte über die Verjährung von NS-Verbrechen: Ambivalenzen und Perspektiven

Zu einer anderen mehrdimensionalen rechtspolitischen Frage, der Verjährung für Mord, äußerte sich Franz Josef Strauß sowohl in der Unionsfraktion als auch im Kreßbronner Kreis, ging es hier doch zugleich um eine ethische Grundsatzfrage als auch eine geschichtspolitisch wesentliche Entscheidung, die der Bundestag 1965 nach außerordentlich beeindruckenden großen Reden der Abgeordneten aller drei Fraktionen – Adolf Arndt, Ernst Benda und Thomas Dehler – dann doch eher aufgeschoben als entschieden hatte.[16] Nach dem damals gültigen Strafrecht endete die Verfolgung von Mordtaten, auch Völkermord, nach 20 Jahren. Da aber noch zahlreiche Ermittlungsverfahren gegen nationalsozialistische Gewalttäter anhängig bzw. noch gar nicht eröffnet waren, entschied sich der Bundestag dafür, den Beginn der Verjährungsfrist auf den 1. Januar 1950 festzusetzen: Diese Regelung ermöglichte eine Strafverfolgung bis zum 31. Dezember 1969. Da auch nach diesem Zeitpunkt weitere Strafverfolgungen möglich sein sollten und die Vereinten Nationen eine Konvention über die Unverjährbarkeit von Kriegsverbrechen und Verbrechen gegen die Menschlichkeit diskutierten, die allerdings durch die Frage der Rückwirkung verzögert wurde, bestand gerade für die Bundesrepublik die Notwendigkeit einer prinzipiellen Entscheidung, zumal in der DDR bereits 1964 beschlossen worden war, dass Kriegsverbrechen nicht verjähren.

Nach Lage der Dinge kam nur die grundsätzliche Aufhebung der Verjährung für Völkermord und Verbrechen gegen die Menschlichkeit infrage, wollte man nicht zahlreiche NS-Täter davonkommen lassen, derer man bis dahin noch nicht habhaft geworden war oder bei denen die bis dahin vorliegenden Ermittlungsergebnisse noch keine Eröffnung eines Strafverfahrens rechtfertigten. Rechtssystematisch stellte sich jedoch ein doppeltes Problem, einmal das Verbot der Rückwirkung von Gesetzen, zum anderen die Frage, wie es mit dem sehr häufigen Tatbestand der Beihilfe zum Mord zu halten war. »Beihilfe zum Mord« war in vielen Fällen deshalb von Bedeutung, weil Mord nicht nachweisbar war, sich zahlreiche Angeklagte auf »Befehlsnotstand« beriefen und sich in der einschlägigen Rechtsprechung seit den 1950er-Jahren zunehmend das sogenannte Gehilfenstrafrecht durchgesetzt hatte.

Sollte also die Verjährung grundsätzlich auch für Beihilfe zum Mord aufgehoben werden? Darüber diskutierte eingehender auch die Unionsfraktion erneut am 6. Mai 1969 auf der Grundlage eines Berichts, den der CDU-Abgeordnete Kurt Birrenbach über die geplante UN-Konvention abgegeben hatte. Auch Franz Josef Strauß beteiligte sich intensiv an dieser Debatte.[17] Die große Mehrheit der Unionsfraktion, auch Strauß, stimmte dafür, Völkermord als nicht verjährbaren Tatbestand einzuführen. Doch sahen er und andere Fraktionsmitglieder Klärungsbedarf in Bezug auf diejenigen, die der Beihilfe verdächtig waren. Strauß plädierte entschieden für eine differenzierte Lösung, aber eine eindeutige Formulierung. Auch unter den Koalitionspartnern war – wie schon 1965 bei der ersten großen Debatte im Bundestag in der christlich-liberalen Koalition – die Lösung strittig. 1965 hatten Justizminister Ewald Bucher und die FDP-Fraktion gegen eine Verlängerung der Verjährungsfrist gestimmt, die Union war dafür. Nun stellte sich die Frage der erneuten Verlängerung mit der sogenannten kleinen Rückwirkung (nur für die Fälle, in denen die Verjährung noch nicht abgelaufen war): Für diese Form der Verlängerung der Verjährungsfrist plädierte Justizminister Heinemann am 4. April 1968 im Kreßbronner Kreis. Strauß jedoch »äußerte große Bedenken gegen den Verlängerungsgedanken«.[18] Dahinter stand nicht zuletzt die Absicht, zu einer definitiven und eindeutigen Lösung zu kommen: So erklärten Franz Josef Strauß und Richard Stücklen im Kreßbronner Kreis am 12. November 1968 für die CSU, »mit der Aufhebung der Verjährungsfrist ex nunc seien sie jetzt einverstanden«. Demgegenüber berichtete Helmut Schmidt, seine Fraktion habe sich im Januar dieses Jahres »mit Mehrheit für eine Verlängerung der Verjährung ausgesprochen«.[19] Bundesjustizminister Heinemann indes hatte im Bulletin der Bundesregierung schon einige Monate vorher, am 10. August 1968, für eine Aufhebung der Verjährung plädiert[20]; es gab also auch in der

SPD einen Diskussionsprozess. Beide Lösungen waren allerdings in der Bevölkerung nicht populär. Die Alternativen lauteten daher: Beibehaltung der Verjährungsfrist gemäß der Verlängerung von 1965 bis Ende des Jahres 1969, Verlängerung oder Abschaffung der Verjährung.

Doch war die Haltung der CSU und die ihres Vorsitzenden Strauß widersprüchlich, wobei er möglicherweise auf Widerstände in seiner Partei bzw. der CSU-Bundestagsabgeordneten reagierte, zugleich aber das Rückwirkungsverbot, das zweifellos ein hohes rechtsstaatliches Gut ist, ernst nahm. So hatte die CSU-Landesgruppe am 22. April 1969 eine Probeabstimmung über die modifizierte Lösung durchgeführt, bei der sieben Abgeordnete für eine modifizierte Lösung stimmten, alle anderen aber bei der 1965 vom Bundestag beschlossenen Regelung bleiben wollten. Der Landesgruppenchef Stücklen empfahl daraufhin, erst einmal konkrete Vorschläge abzuwarten, bevor sich die Landesgruppe entscheide.[21] Der CSU-Rechtsexperte Richard Jaeger hatte kurz vorher im Februar 1969 eine weitere Variante ins Spiel gebracht: Er schlug die generelle Aufhebung der Verjährung vor, zugleich aber eine Teilamnestie.[22]

Im Gegensatz zur Erklärung, die Strauß und Stücklen am 12. November 1968 im Kreßbronner Kreis abgegeben hatten und die Strauß am 6. Mai 1969 in der Bundestagsfraktion mit Differenzierungen bekräftigte, schickte der CSU-Vorsitzende Anfang Mai 1969 vor der Abstimmung an Bundeskanzler Kiesinger ein Telegramm, in dem er die Haltung der Landesgruppe mitteilte: »a) grundsätzlich gegen Verlängerung und Aufhebung der Verjährungsfristen, b) das Problem liegt in der beabsichtigten Rückwirkung, c) Regelverjährung nach bisherigem Recht mit einer Reihe von Ausnahmen.«[23] Diese Ausnahmen bezogen sich offensichtlich auf Völkermord. Doch lag die CSU in den beiden ersten Punkten nun auf der Linie der FDP von 1965, die innerhalb der damaligen Koalition zu Kontroversen und zum Rücktritt des Bundesjustizministers Ewald Bucher geführt hatte. Aufgrund der innerparteilich unübersichtlichen Situation gab die CSU schließlich für ihre Abgeordneten die Abstimmung frei, sie sollten nur ihrem Gewissen folgen.[24]

Schon vorher beschloss das Bundeskabinett in Abwesenheit von Strauß und gegen die Stimme von Werner Dollinger, aber mit der Stimme von Hermann Höcherl, am 24. April 1969 den vom Bundesjustizminister vorgelegten Entwurf eines »Strafrechtsänderungsgesetzes über die Beseitigung der Verjährung bei Mord und Völkermord« unter »Berücksichtigung der bestehenden differenzierenden Praxis der Strafverfolgungsorgane«. Da eine solche differenzierende Normierung schwierige Rechtsfragen aufwerfe, sollte in Zusammenarbeit mit den gesetzgebenden Körperschaften nach Lösungen gesucht werden.[25] Die dann vom Bundestag am 26. Juni beschlossene Fassung hob die Verjährung für Völkermord prinzipiell auf und verlängerte die für Mord von 20 auf 30 Jahre. Auch sonstige NS-Verbrecher, für die eine lebenslange Freiheitsstrafe möglich war, konnten nun bis zum 31. Dezember 1979 strafrechtlich verfolgt werden.

Erst der dritte Anlauf führte dann endlich zu einer definitiven Regelung, seit einer erneuten Strafrechtsänderung 1979 verjährten Mord und Völkermord nicht mehr. Schon 1952 und nochmals 1969 hatte sich das Bundesverfassungsgericht mit der Frage der Rückwirkung im Fall der Aufhebung der Verlängerung bzw. Aufhebung der Verjährung befasst und sie für rechtlich zulässig erklärt.

Ganz offenbar bestand in der CSU-Fraktion keine Einigkeit, und Strauß gab seinerseits keine klare Linie vor, sondern blieb untypisch ambivalent. In der Bundestagsdebatte vom 11. Juni ergriffen dann der neue Justizminister Horst Ehmke, der Gustav Heinemann nach dessen Wahl zum Bundespräsidenten gefolgt war, sowie Richard Jaeger für die CDU/CSU und Martin Hirsch für die SPD als Erste das Wort. Später beteiligten sich weitere Abgeordnete an der Diskussion, darunter für die CSU Friedrich Zimmermann, dessen kritischer, eher rechtspragmatischer Beitrag erheblich von der sehr differenzierten Stellungnahme seines Parteifreundes Richard Jaeger abwich. An der namentlichen Abstimmung über den Gesetzentwurf der Bundesregierung nahmen 411 voll stimmberechtigte und 21 Berliner Abgeordnete teil. 279 und 18 Berliner Abgeordnete votierten mit Ja, 126 und 2 Berliner mit Nein, 4 Abgeordnete und 1 Berliner enthielten sich. Franz Josef Strauß war nicht anwesend, von der CSU-Spitze stimmten Richard Jaeger und Richard Stücklen zu, Zimmermann dagegen. Die große Mehrheit der CDU entschied sich für den Gesetzentwurf, der größere Teil der CSU dagegen, die FDP stimmte geschlossen dagegen, auch in der SPD gab es zwei Nein-Stimmen, darunter die des bekannten Hamburger Abgeordneten Claus Arndt.[26]

Anfänge einer neuen Ost- und Deutschlandpolitik: Franz Josef Strauß auf der Suche

Eine der dringenden außenpolitischen Aufgaben der Großen Koalition bestand in der Revitalisierung der deutsch-französischen Beziehungen, die stets ein besonderes Anliegen von Franz Josef Strauß gewesen sind. Das galt auch für Bundeskanzler Kiesinger. In der CDU/CSU-Fraktionssitzung vom 17. Januar 1967 berichtete er eingehend über die deutsch-französischen Konsultationen in Paris, wohin er mit Außenminister Brandt wenige Tage vorher gereist war. Kiesinger verwies auf seine Regierungserklärung vom 13. Dezember 1966, in der er »das deutsch-französische Verhältnis als Schlüsselproblem für die Zukunft Europas« bezeichnet hatte. In seinen drei Vier-Augen-Gesprächen mit General de Gaulle seien ohne höfliche Umschweife die zentralen Fragen behandelt worden. Einen Streitpunkt bildete die Aufnahme Großbritanniens in die EWG. Intensiv diskutiert wurden die Standpunkte zur Europapolitik insgesamt, zur Wiedervereinigung, die de Gaulle im Prinzip unterstütze, sowie zu den transatlantischen Beziehungen, einschließlich der unterschiedlichen Stellung beider Länder zur NATO. De Gaulle und er, Kiesinger, hätten beschlossen, konkrete Maßnahmen zur Wiederbelebung des Élysée-Vertrags von 1963 zu ergreifen.

Insgesamt handelte es sich um eine nüchterne Analyse Kiesingers, deren Ergebnisse er auch im Bundeskabinett vortrug.[27] Der Bundeskanzler war unter Wahrung der unterschiedlichen deutschen Interessen entschlossen, einen neuen Anlauf zur Verbesserung der deutsch-französischen Beziehungen zu nehmen und im Übrigen selbst außenpolitisch zu agieren, ohne sich vom Außenminister diesen Sektor völlig aus der Hand nehmen zu lassen.[28] Strauß nahm an dieser Sitzung offensichtlich nicht teil, doch entsprach Kiesingers Politik eines Neuanfangs in diesem Sektor seinen eigenen Zielen. Insgesamt verlagerte sich der Schwerpunkt von Strauß naturgemäß stärker in die Kabinettssitzungen, doch blieb er auch in der Unionsfraktion präsent. Weniger in den Kabinettssitzungen, doch in der Öffentlichkeit hielt Strauß zahlreiche Reden zur Deutschland-, Europa- und Außenpolitik und pflegte weiterhin seine immer mehr zunehmenden internationalen Kontakte.

Zur Funktionstüchtigkeit der neuen Regierung trug die Verständigung auf eine behutsame Neuorientierung in der Außenpolitik bei, die auf eine aktivere Ostpolitik und letztlich die Aufgabe der Hallstein-Doktrin hinauslief. Allerdings gab es durchaus Vorläufer, schließlich war schon Konrad Adenauer 1955 nach Moskau gefahren und hatte diplomatische Beziehungen mit der Sowjetunion aufgenommen. Bereits im März 1958 hatte der Bundeskanzler in vertraulichen Gesprächen mit dem sowjetischen Botschafter Smirnow bzw. dem Ersten Stellvertretenden Ministerpräsidenten Anastas I. Mikojan Flexibilität erkennen lassen.[29] In seiner Aufsehen erregenden Abschiedsrede als Parteivorsitzender vor dem Bundesparteitag der CDU am 14. März 1966 bezeichnete Konrad Adenauer schließlich die Sowjetunion als Macht, die in den Kreis der Völker eingetreten sei, die den Frieden wollen[30] – weil auch sie, wie er später erläuterte, den Frieden brauche.

Auch Gerhard Schröder als Außenminister hatte durch die Errichtung von Handelsmissionen in Mitgliedstaaten des Warschauer Pakts die bisherige Politik gegenüber Staaten, die mit der DDR diplomatische Beziehungen unterhielten, konstruktiver angelegt. Franz Josef Strauß beurteilte diesen Teil der Schröder'schen Außenpolitik positiv, vielleicht sogar als zu zaghaft. Strauß war während dieser Jahre durchaus bereit, weiter zu gehen, sprach er doch schon 1964 in einer Bundestagsrede von der »Europäisierung der deutschen Frage«[31] und analysierte diesen Vorschlag in einem zuerst 1966, 1968 in 3. Auflage erschienenen Buch eingehender.[32] In der zweiten Hälfte der 1960er-Jahre konnte man ihn zu den Protagonisten dieser außenpolitischen Öffnung zählen, jedenfalls nicht zu ihren dezidierten Gegnern, wie das im Rückblick aus den 1970er-Jahren erscheinen mochte.

Natürlich wollten der neue Außenminister Willy Brandt und sein Berater Egon Bahr, wie schon bemerkt, deutlich über eine schrittweise Flexibilisierung gegenüber den Staaten des Warschauer Pakts hinausgehen. Doch schon Kurt Georg Kiesinger wünschte in seiner Regierungserklärung die Verbesserung der wirtschaftlichen, politischen und kulturellen Beziehungen zu den osteuropäischen Staaten und bezeichnete es als Ziel, »wo immer dies möglich ist, auch diplomatische Beziehungen aufzunehmen«, auf Polen ging der Bundeskanzler dabei besonders ein.[33] Einen ersten Schritt in diese Richtung bedeutete die Aufnahme diplomatischer Beziehungen der Bundesrepublik zum kommunistischen Jugoslawien, die 1957 abgebrochen worden waren, als dieser Staat die DDR völkerrechtlich anerkannt hatte. Schon die Regierung Kiesinger gab damit die sogenannte Hallstein-Doktrin auf, der zufolge die Bundesrepublik mit keinem Staat diplomatische Beziehungen aufnahm, der solche mit der DDR unterhielt.

Wie Brandt in seinen *Erinnerungen* berichtete, hatte er sich mit Kurt Georg Kiesinger, der ja selbst ein passionierter Außenpolitiker war, darüber verständigt, »daß die bundesdeutsche Außenpolitik modifiziert, korrigiert und weiterentwickelt werden müsse«.[34] Das galt freilich nicht allein für die Ostpolitik, sondern ebenfalls für die deutsch-französischen und transatlantischen Beziehungen, bei denen Franz Josef Strauß seit Jahren Handlungsbedarf gesehen und Neuorientierung für nötig gehalten hatte. Kein Zweifel also, dass insgesamt viele außenpolitische Ziele übereinstimmten. Ein grundlegender Dissens zwischen Kurt Georg Kiesinger und Franz Josef Strauß auf der einen sowie Willy Brandt auf der anderen Seite war (noch) nicht erkennbar. Und nicht zu vergessen, Bundeskanzler Kiesinger erklärte sich sogar bereit, ohne völkerrechtliche Anerkennung der DDR Verhandlungen mit Behörden im anderen Teil Deutschlands zu führen, um »menschliche Erleichterungen« und andere Ziele zur Entkrampfung der innerdeutschen Situation zu erreichen. Schon Kiesinger, nicht erst Brandt, beantwortete als erster Bundeskanzler den Brief eines DDR-Ministerpräsidenten, nachdem Ministerpräsident Willi Stoph ihm am 10. Mai 1967 geschrieben hatte. Einstweilen blieb es jedoch bei einem mühsamen Gedankenaustausch, da die DDR auf einer förmlichen völkerrechtlichen Anerkennung durch die Bundesrepublik bestand. Trotzdem liberalisierte die neue Bundesregierung den innerdeutschen Handel, ohne dafür von der DDR Gegenleistungen zu verlangen.

Die Große Koalition brachte also Bewegung sowohl in die Beziehungen zu den ostmitteleuropäischen Staaten als auch die innerdeutschen Kontakte. Ohne Zweifel unternahm sie die grundlegenden Schritte, eine Kontinuität zur späteren Ostpolitik der Regierung Brandt/Scheel ist offensichtlich, die »neue« Ostpolitik begann nicht erst 1969. Allerdings wurden nach den ersten Gemeinsamkeiten schon nach einem Jahr die Differenzen und Brüche erkennbar, die sich vor allem auf die Deutschlandpolitik bezogen. Zwar wollte auch die SPD die DDR nicht völkerrechtlich als zweiten deutschen Staat und damit als Ausland akzeptieren, sie wollte zu diesem Zeitpunkt ebenfalls die völkerrechtliche Anerkennung der Oder-Neiße-Linie als definitive deutsch-polnische Grenze vermeiden, die die DDR im Görlitzer Vertrag mit Polen bereits 1950 vorgenommen hatte. Doch mittelfristig war die SPD bereit, sehr viel mehr Positionen aufzugeben, über die bisher Einigkeit zwischen den Parteien bestanden hatte. In wesentlichen Punkten ging sie über das hinaus, was die CDU/CSU konzedieren wollte. Schon während der Großen Koalition wollte die SPD den Status quo ohne jede Vorleistung akzeptieren, die grundlegenden Streitfragen mit den angrenzenden Staaten ausklammern und zu einem »geregelten Nebeneinander« zweier Staaten auf deutschem Boden kommen – zweier Staaten, die dennoch füreinander nicht Ausland seien, wie es Willy Brandt in seiner Regierungserklärung 1969 ausdrücken sollte. Doch eine solche verbale Akrobatik lief Gefahr, die klar definierten Rechtspositionen aufzugeben. Die Union hielt dies für gefährlich und sah darin zumindest eine faktische Aufgabe des Wiedervereinigungspostulats des Grundgesetzes. Doch trotz weitgehender paralleler Initiativen Brandts und seines Beraters Bahr ließen sich solche Dissonanzen noch einige Zeit in der Koalition einhegen, zumal bei der angestrebten Neuorientierung der Außenpolitik manche Unklarheiten über Vorgehensweise, Konzessionsbereitschaft, definitive Regelungen und mögliche Varianten bestanden.

Auch die Position von Franz Josef Strauß war in Bezug auf die Methoden der Wiedervereinigungspolitik sowie die Etappen nicht klar festgelegt und nicht widerspruchsfrei. Sie konnte es angesichts der partiellen Stagnation, aber auch unübersichtlicher Entwicklungen nach seiner Auffassung kaum sein: Einerseits hielt er unbeirrt am Ziel der Wiedervereinigung fest, andererseits sah auch er in dieser fundamentalen Frage der deutschen Politik bisher keinerlei Fortschritte, deshalb dachte auch

Strauß in langen Zeiträumen. Wie alle bundesdeutschen Spitzenpolitiker musste er beim Mauerbau in Berlin am 13. August 1961 erkennen, dass die Sowjetunion jederzeit ein Fait accompli zur Zementierung der realen Situation schaffen konnte, womit die zahlreichen sowjetischen Verletzungen des Vier-Mächte-Status – darunter schon früh die Installierung der DDR-Regierung sowie der Volksarmee im Ostteil Berlins – verfestigt wurden. Die Westmächte waren lediglich bereit, den Status quo zu halten, nicht aber ihn zugunsten der Bundesrepublik oder Westberlins zu verändern.

Charakteristisch für den historisch denkenden Politiker Strauß, für das Verhältnis zwischen Ziel und Methode seiner Politik, ist ein Bismarck-Zitat, das er 1965 einem Vortrag über »Grundfragen deutscher Politik« zugrunde legte, in dem er unter anderen zentralen Themen erneut die »Europäisierung der deutschen Frage« behandelte: »Eine blinde Festlegung auf lange Zeit lehne ich ab … Man kann sich nur im Großen die zu verfolgende Richtung vorzeichnen; diese freilich muß man unverrückt im Auge halten … Der Staatsmann gleicht einem Wanderer im Walde, der die Richtung seines Marsches kennt, aber nicht den Punkt, aus dem er aus dem Forste heraustreten wird … «[35]

Auf dieser Basis analysierte Franz Josef Strauß Veränderungen der Weltpolitik, diagnostizierte eine Differenzierung des »Blöcke-Dualismus« zu einem »Pluralismus verschieden großer Mächte mit verschieden großem Potential, aber gleichem Selbständigkeitswillen«. In einem großen historischen Überblick vom Wiener Kongress bis zur Gegenwart zeigte er, in welchem Maße die »Kunst, Frieden zu schließen«, bis 1945 abgenommen hatte und wie wenig die Teilung Deutschlands nur aus deutscher Perspektive zu sehen sei: Sie müsse im Kontext der Teilung Europas begriffen werden, und die Deutschen dürften nicht nur an ihr eigenes Selbstbestimmungsrecht denken, sondern auch an dasjenige der Staaten unter kommunistischer Herrschaft, die ebenfalls Teil Europas seien.

Schon Bismarck habe erkannt, es sei »Aufgabe der deutschen Staatsführung … die Nachbarn Deutschlands mit der Existenz Deutschlands zu versöhnen«. Dazu seien Deutschland- und Friedensinitiativen nützlich, auch wenn man keine unmittelbare Wirkung erhoffen dürfe. Die Auseinandersetzungen, ja Entscheidungen zwischen der freien Welt und dem Kommunismus würden nicht mit Atomwaffen ausgetragen, sondern mit wirtschaftlichen und geistigen Mitteln. »Die Atomwaffen haben nur den Zweck, sich gegenseitig in Schach zu halten, ihre Nichtanwendung auf beiden Seiten zu erzwingen.«[36] Die Frage laute, »in welche europäische Friedensordnung ein wiedervereinigtes Deutschland hineingestellt werden« könne.

Und drei Jahre später, in seinem »Plädoyer für Europa«, gelangte Strauß ohne Umschweife zu dem Schluss: »... wir ... müssen das Problem der Wiedervereinigung anders anpacken als bisher.« »Wenn wir ... so weitermachen wie bisher, mit schönklingenden Deutschland-Erklärungen und Wiedervereinigungsmodellen – gegebenenfalls auch alle paar Jahre eine Konferenz über die deutsche Frage –, dann ist jede Mühe umsonst. Wir müssen die zu unser aller Schaden noch immer herumgeisternden falschverstandenen deutschnationalen Leitbilder von vorgestern zum alten Eisen werfen. Wir müssen die politischen Tatsachen von morgen schaffen: ein neues politisch geeintes Europa ...«[37] Wenngleich diese Passage noch relativ allgemein formuliert war, ging sie doch sehr weit: Der Nationalstaat, wie er sich seit dem 19. Jahrhundert herausgebildet hatte, stellte für Franz Josef Strauß keine Lösung mehr dar, vielmehr sprach er an anderer Stelle von der »Verschmelzung« eines wiedervereinigten Deutschlands mit Westeuropa, das mit Amerika eng verbunden, aber doch nicht abhängig von diesem sei. Auf diese Weise könne dem auch historisch verständlichen Sicherheitsbedürfnis der Nachbarn Deutschlands und der Sowjetunion Rechnung getragen werden.

Da er auf dem Wege der Integration Europa zugleich militärisch stärken wollte, schien Strauß nicht einmal die NATO-Mitgliedschaft eines vereinten Deutschlands zwingend, doch blieb er bei vagen Andeutungen. Aus ihnen kann man schließen: Strauß hielt zur Lösung des Wiedervereinigungsproblems ein europäisch-amerikanisches Bündnis für eine Alternative, die für die Sowjetunion eher akzeptabel gewesen wäre als die bestehende integrierte NATO-Verteidigung. Wie dem auch sei, die dialektische Verknüpfung von europäischer Integration und Wiedervereinigung wies auf die Prozesse von 1989/90, auf die Wiedervereinigungspolitik Helmut Kohls voraus. Die deutsche Frage bildete für Strauß ein Problem der internationalen Politik, das nicht in innerdeutschen Verhandlungen gelöst werden konnte. Trotzdem bleibt offen, ob es in der zweiten Hälfte der 1960er-Jahre wirklich eine grundlegende Differenz zwischen der Deutschland- und Ostpolitik von Strauß und Brandt gegeben hat, jedenfalls handelte es sich nicht um solche gravierenden Unterschiede, wie es der folgende Streit um die Ostpolitik der sozialliberalen Koalition suggeriert.

Die CSU-Landesgruppe im Deutschen Bundestag beschloss am 30. September 1967 eine Resolution zur Außenpolitik der Bundesrepublik, in der es u. a. hieß: »Die Landesgruppe der CSU stimmt der Außen- und Deutschlandpolitik des Bundeskanzlers zu ... Sie unterstützt die Bemühungen, innerdeutsche Regelungen zu erreichen, um das Los der Menschen im geteilten Deutschland zu erleichtern ... Es gilt, den Antagonismus in Europa Schritt für Schritt zu überwinden. Die CSU hat immer daran festgehalten, daß das deutsche Problem nur im europäischen Rahmen gelöst werden kann... Die Landesgruppe der CSU begrüßt die in der Großen Koalition gegebene Möglichkeit, in schwieriger Zeit eine von einer breiten parlamentarischen Mehrheit getragene Außenpolitik zu führen. Sie weist allerdings darauf hin, daß eine gemeinsame Politik auch eine gemeinsame Sprache erfordert, die Außenpolitik darf nicht zum Werkzeug der Innenpolitik werden; dies gilt vor allem für die Partner der Großen Koalition.«[38]

Franz Josef Strauß äußerte sich am 1. April 1968 in dem katholischen Magazin *Mann in der Zeit* zur Ostpolitik im Allgemeinen und derjenigen der Großen Koalition im Speziellen. Er hielt »spektakuläre Erfolge« in der Ostpolitik aufgrund der realen Gegebenheiten für ausgeschlossen und fügte hinzu: »Was heißt überhaupt Erfolge? Ein Erfolg wäre es, wenn die Sowjets ihre Haltung zur Wiedervereinigung ändern würden. Wir können natürlich unser Verhältnis mit unseren östlichen Nachbarn schlagartig verbessern, wenn wir alles akzeptieren, was sie von uns fordern. Aber das hat dann nichts mehr mit Politik zu tun... das ist dann Kapitulation. Ich möchte aber ausdrücklich sagen, daß ich die Maßnahmen der Bundesregierung, des Kanzlers und des Außenministers auf außenpolitischem Gebiet begrüßt und auch im Kabinett mit meiner Stimme gebilligt habe...«[39]

Wo die Grenzen für Strauß lagen, zeigt die Auseinandersetzung um den langjährigen außenpolitischen Berater von Strauß und der CSU, Dr. Klaus Bloemer. Er war von Haus aus Journalist, hatte für verschiedene Zeitungen unter anderem als Chefredakteur gearbeitet und zeitweilig auch im diplomatischen Dienst im Nahen Osten, in den USA, in der Schweiz und Skandinavien gestanden, bevor ihn Strauß 1964 als »Außenpolitischen Beauftragten« der CSU in der Unionsfraktion anstellte. Bloemer arbeitete vier Jahre lang eng mit Strauß zusammen, verhielt sich allerdings nach seiner Entlassung nicht mehr loyal, sondern polemisierte gegen Strauß und trat kurz vor dem Ende der Großen Koalition der SPD bei. In der *Frankfurter Rundschau* veröffentlichte er dann einen Artikel über »Das wechselnde Deutschlandbild des CSU-Vorsitzenden Franz Josef Strauß« – eingeführt wurde der Artikel mit der Bemerkung, er – Bloemer – habe sich von der CSU getrennt[40], was den Tatbestand umkehrt. Es ist nachvollziehbar, dass Bloemer seine eigenen außenpolitischen Positionen in der Regierung Brandt/Scheel wiederfand, doch hätte er dies durchaus sachlich begründen können. Hatte er seinem langjährigen Chef zuvor bewundernde Briefe geschrieben, so warf er Strauß nun nach der Trennung 1970 in Renegatenmanier vor, er habe sich »zum Ultra einer Rechtsposition zurückentwickelt, die sich im Europa der Gegenwart geradezu wie ein Symptom von frühzeitigem Altersstarrsinn ausmacht. Er möchte sich und seine Partei nur ja nicht rechts überholen lassen.«

Zum Eklat war es gekommen, als Bloemer in einem Artikel der *Zeit*, vor Mitgliedern der CSU-Landesgruppe, aber auch in kleiner Runde in alkoholisiertem Zustand, 1968 mehrfach erklärte, die europäische Einigung könne nur vorankommen, wenn »Bonn den staatlichen Wiedervereinigungsanspruch öffentlich abzuschreiben bereit sei«. Ein solcher Vorschlag stand nun allerdings in grundlegendem Widerspruch nicht allein zu den Unionsparteien, sondern auch zu den Zielen von SPD und FDP. Umso überraschender war es, dass Bloemer sich in einem Brief in Übereinstimmung mit Strauß wähnte, was dieser sogleich zurückwies. Jedenfalls forderte Richard Jaeger im CSU-Landesvorstand am 26. September 1968 die fristlose Entlassung von Bloemer.[41] Die Geschäftsführung der CDU/CSU-Bundestagsfraktion kündigte Bloemer daraufhin am 15. Oktober 1968.

Auf Briefe von Bloemer antwortete Franz Josef Strauß am 7. November 1968 eingehend, höflich und bedauernd, aber hart in der Sache. Offensichtlich gab es sowohl einen inhaltlichen Dissens als auch eine unterschiedliche Auffassung über die Rolle eines Fraktionsberaters: Strauß kritisierte, Bloemer habe durch sein Verhalten in jüngster Zeit selbst maßgeblich zur Verärgerung der Fraktion beigetragen: »Daß Sie in der Vergangenheit wiederholt in offensichtlicher Verkennung Ihrer Funktion als Berater und unter der Firmierung als Außenpolitischer Berater der CSU-Landesgruppe und des CSU-Landesvorsitzenden mit Eigenproduktionen an die Öffentlichkeit getreten sind, die nicht mit der außenpolitischen Linie der Partei in Einklang standen, mußte bei allem Wohlwollen für Ihre Person und bei aller Meinungsfreiheit und Selbständigkeit, die man Ihnen für Ihre Arbeit zubilligte, zwangsläufig zu mehr oder weniger heftigen Protestreaktionen und Verärgerungen in den Reihen der CSU führen ... Sie konnten schlechterdings ja auch nicht erwarten, daß sich die CSU in grundlegenden außenpolitischen Fragen blindlings dem Rat ihres außenpolitischen Beraters beugt.« Durch sein Verhalten habe er nicht allein die CSU, sondern auch ihn persönlich in eine schwierige Lage gebracht. Die Andeutung in der Fernsehsendung *Monitor*, »daß Sie sagen würden, was ich denke, und daß ich sagen würde, was Sie mir in Denkanalysen liefern, entspricht – wie Sie selbst wissen – nicht der Wirklichkeit«.

Als Berater in der Öffentlichkeit eine solche Aussage über einen Bundesminister und Parteivorsitzenden zu machen war zweifellos ein starkes Stück, der Duktus des Strauß-Briefs war angesichts der öffentlichen Wirkung von Bloemers Selbstüberschätzung und Selbstinszenierung eher zurückhaltend. Da Bloemer mehrfach in den Briefen auf einer Übereinstimmung mit Strauß insistierte, ging dieser in seiner Antwort darauf ein. Strauß ließ in diesen Passagen zwar seine deutschlandpolitische Illusionslosigkeit erkennen, zugleich aber auch die Grenzen, über die er in der deutschen Frage nicht hinausgehen wollte: »Wir haben uns vor einigen Jahren auf eine gemeinsame politische Linie festgelegt, die auf der Überzeugung beruhte, daß die Wiederherstellung eines national-staatlichen Deutschen Reiches sehr wahrscheinlich in einer menschlich überschaubaren Zeit bei den historischen Gegebenheiten in Europa nicht erhofft werden kann und daß es deshalb für die deutsche Frage nur die europäische Lösung gibt, in der Schaffung eines europäischen Großraumes, unabhängig und in der Distanzierung von den Großmächten. Wir haben uns indessen niemals darauf geeinigt, daß dieses politische Ziel nur durch die Anerkennung der Zone als zweiten deutschen Staat erreicht werden kann.«[42]

Die Abgrenzung von Bloemers Vorstellungen war klar, doch konkret wurde Strauß' Konzept für die Lösung der deutschen Frage deshalb noch nicht. Die Einbettung in den europäischen Kontext formulierte einen Bedingungszusammenhang, aber keine präzise Konzeption – doch damit stand Strauß damals nicht allein. Kein Politiker, kein Wissenschaftler, kein Journalist wusste damals, wie die Wiedervereinigung erreicht werden könnte. Die Abkoppelung einer europäischen Lösung von den Großmächten ging allerdings sehr weit, viel weiter, als dies 1989/90 auf westlicher Seite konzediert worden wäre. Alle außen- und deutschlandpolitischen Optionen, einschließlich der Frage, ob eine Anerkennung der DDR sowie der Oder-Neiße-Grenze Lösungen eröffne, wurden auf dem außenpolitischen Kolloquium der Bundesregierung am 2./3. Mai 1968 in Heimerzheim diskutiert, an dem außer dem Bundeskanzler und dem Außenminister zahlreiche weitere Bundesminister, die Fraktionsvorsitzenden und die meisten wichtigen Botschafter teilnahmen.

Die Oder-Neiße-Frage hatte bereits vorher für Irritationen in der Koalition gesorgt, nachdem Willy Brandt auf dem Nürnberger Parteitag der SPD am 18. März 1968 das Wort »Anerkennung« gebraucht hatte. Bundeskanzler Kiesinger erklärte sich im Kreßbronner Kreis am 26. März 1968 zwar mit Brandts Formulierung einverstanden, »daß man diese Grenze bis zu einem Friedensvertrag respektieren wolle«, äußerte aber seine Besorgnis über das Wort »Anerkennung«, das Brandt nicht als »rechtliche« Anerkennung, sondern nur als Anerkennung einer Tatsache verstanden wissen wollte. Strauß äußerte sich zurückhaltend und empfahl lediglich, man solle bald »Vorstellungen darüber ... erarbeiten, welche Haltung man bei Friedensverhandlungen einnehmen wolle«.[43] Diese Diskussion zeigt einmal mehr, in welcher Weise Willy Brandt mithilfe ambivalenter bzw. uneindeutiger Formulierungen das politische Koordinatensystem veränderte, zugleich aber die moderat-reflektierte Haltung von Franz Josef Strauß in diesen Fragen. In den 1960er-Jahren war er alles andere als ein deutschlandpolitischer Hardliner. Wie bemerkte doch der Chef der »Hauptverwaltung Aufklärung« (HVA), der West-Spionage, Markus Wolf in seinen ansonsten von Phantasien blühenden Erinnerungen: Durch Susanne Sievers habe man schon in den 1950er-Jahren erfahren, »daß Strauß nicht zu jeder Stunde der fanatische Sozialistenfresser war, den er vor der Öffentlichkeit abgab, sondern ein nüchtern denkender Pragmatiker«.[44] Auch ein Wolf findet manchmal einen wahren Kern.

Tatsächlich wurde Franz Josef Strauß nach dem Mauerbau 1961 immer stärker zu einem Suchenden, der über Alternativen aus der nunmehr offensichtlichen deutschlandpolitischen Sackgasse nachdachte. Da er aber die ideologische Aggressivität ebenso wie die militärische Überlegenheit der Sowjetunion in Europa kannte, wollte er alles vermeiden, was die Bundesrepublik und den Westen schwächte, und alles befördern, was Europa politisch, wirtschaftlich, technologisch und militärisch stärkte. So war es nur konsequent, aber im Hinblick auf Frankreich und Großbritannien eine illusionäre Hoffnung oder ein Versuchsballon, wenn Strauß am 19. Mai 1969 vor der »Europäischen Atlantischen Gesellschaft« in London erneut eine seiner Lieblingsideen vortrug: Westeuropa könne nur dann zu einem gleichwertigen und militärisch autonomen Partner der USA werden, wenn es sich schrittweise zu einer europäischen Verteidigungsorganisation mit eigenen Nuklearwaffen zusammenschlösse. Als Kern schlug er eine Zusammenlegung der britischen und französischen Atomwaffen vor. Zur künftigen europäischen Atomstreitmacht müssten alle europäischen Partner einen Beitrag leisten. Erneut betonte Strauß, die Bundesrepublik strebe keine eigene nationale Kontrolle über Atomwaffen an.[45]

Strauß verband hier verschiedene Stränge seiner langjährigen Politik. Die Komponenten waren eine Neukonzipierung der an der Französischen Nationalversammlung 1954 gescheiterten Europäischen Verteidigungsgemeinschaft, die 1957/58 eingeleitete und dann durch General de Gaulle 1959 abgebrochene deutsch-französisch-italienische nukleare Forschungskooperation, schließlich eine integrative Europakonzeption, die den Westteil des alten Kontinents zum gleichgewichtigen Partner für die USA machen sollte. Franz Josef Strauß kannte trotz Gemeinsamkeiten mit der Konzeption Charles de Gaulles dessen nationalen Anspruch auf eine europäische Führungsrolle Frankreichs nur zu gut, um sich wirklich Illusionen zu machen. Schließlich hatte er als Verteidigungsminister erlebt, wie dezidiert der General jegliche Beteiligung der Bundesrepublik an einer militärischen Atomforschung ablehnte und überdies den EU-Beitritt Großbritanniens blockierte. Aus diesen Gründen verwundert die Hartnäckigkeit, mit der Strauß seine Ideen verfolgte. Und schließlich ging es nicht nur um französische Alleingänge: Als langjähriger Verteidigungsminister hatte er mehr als einmal erfahren, in welchem Maße sich sowohl Frankreich als auch Großbritannien nicht zuletzt durch ihre nationale Verfügungsgewalt über Atomwaffen als Großmächte definierten. Gerade in dieser Hinsicht wiesen beide Staaten jegliche Beteiligung Dritter an ihrem Atompotenzial zurück.[46] Strauß dachte also in der Europapolitik offensichtlich in langfristigen, über aktuelle Situationen und Personen hinausweisenden Perspektiven.

Wenngleich Franz Josef Strauß sich mit Wortmeldungen auf dem außenpolitischen Kolloquium der Bundesregierung in Heimerzheim zurückhielt, stellte er dort doch das Deutschlandproblem in den globalen Kontext. Nachdem er die Herstellung der deutschen Einheit durch Bismarck gewürdigt hatte, die der Reichskanzler »durch Bescheidung« habe erhalten können, analysierte er die Interessen u. a. der Sowjetunion, der USA und Frankreichs. Erneut forderte er eine Stärkung Europas in Partnerschaft mit den USA. »Wir haben keine Chance mehr als Nationalstaat. Keiner will ihn. Unsere Chance liegt nur in Europa. Und nur eine Änderung der Gewichte in der Welt kann eine Änderung unserer Lage bringen. Die deutsche Spaltung kann nur in der Heilung der europäischen Teilung überwunden werden. Nur die Mobilisierung der ungenutzten Reserven Europas durch Integration kann eine positive Entwicklung für Europa und uns bringen.«[47]

Trotz scharfsinniger Analysen der weltpolitischen Lage und des europäischen Bedingungszusammenhangs der spezifischen innerdeutschen Konstellation bot Strauß auch in Heimerzheim kein Patentrezept. So klar die Diagnostik war, so appellativ blieb die Prognostik. Konkrete Schritte, wie weit man gegenüber den osteuropäischen Ländern gehen sollte bzw. wie intensiv innerdeutsche Verhandlungen geführt werden könnten, nannte er nicht. Eindeutig war allerdings wiederum, dass Strauß die Lösung der deutschen Frage nur in einem Prozess der Entspannung zwischen Ost und West sowie im Rahmen einer europäischen Integration für möglich hielt. Deshalb behielten für Strauß zwei miteinander verbundene Sektoren der Außenpolitik Priorität, die deutsch-französische Kooperation auf allen Gebieten und die Stärkung (West)Europas im transatlantischen Bündnis. Auch die wachsenden Probleme im deutsch-amerikanischen Verhältnis glaubte er nur auf diese Weise vermindern zu können. Dies erscheint logisch, wollte er doch der immer wieder diagnostizierten Orientierung der amerikanischen Außenpolitik an ihren eigenen Interessen eine europäische Außen- und Sicherheitspolitik gegenüberstellen, die ebenfalls den essenziellen Eigeninteressen folgte und selbstbewusst auftreten konnte.

Aus diesem Grund widmete Strauß viele Erörterungen der Politik des französischen Staatspräsidenten Charles de Gaulle und warb um Verständnis für dessen Position. Insofern trug Strauß in diesen Jahren dazu bei, das deutsch-französische Verhältnis zu verbessern, wenngleich es nicht gelang, den General vom Beitritt Großbritanniens zur Europäischen Gemeinschaft (EG) zu überzeugen, die am 1. Juli 1967 durch Zusammenschluss der drei schon bestehenden europäischen Gemeinschaften (EGKS, EWG, EURATOM) gebildet worden war. Franz Josef Strauß gehörte zu den Befürwortern des britischen Beitritts und ließ daran auch keinen Zweifel aufkommen. So schrieb ihm der deutsche Botschafter in Großbritannien, Herbert Blankenhorn, am 2. Juni 1969: »Dein Besuch hier in London hat in allen Kreisen, mit denen ich in den letzten Tagen in Fühlung war, einen starken Widerhall gefunden. Dein so dezidiertes Auftreten für die Aufnahme Großbritanniens in den Gemeinsamen Markt hat vielen Mut gemacht. Im übrigen ist es Dir auch gelungen, innerhalb der britischen Öffentlichkeit die Überzeugung zu stärken, daß es Dir sehr an der Vertiefung und Festigung der bilateralen deutsch-britischen Beziehungen gelegen ist. Ich kann nicht anders sagen, als daß der Besuch als ein ganz besonderer Erfolg zu werten ist.«[48] Diese Haltung belegt, dass Strauß bei allem Engagement für die Intensivierung der deutsch-französischen Kooperation kein enger »Karolinger« war, sondern europäisch dachte. Tatsächlich ließ sich die Kontroverse über den Beitritt Großbritanniens, die so lange die europäische Integration belastete, nicht mehr während der Präsidentschaft Charles de Gaulles lösen. Erst am 22. Januar 1972 wurde ein Beitrittsabkommen u. a. mit Großbritannien geschlossen.

Zu den damaligen außenpolitischen Irritationen über die amerikanische Regierung gehörten nicht allein die ständigen Querelen über die Höhe der Devisenausgleichszahlungen für die Truppenstationierungen, die die Bundesrepublik an die USA (und Großbritannien) leisten musste[49], sondern auch der Druck, den sie auf die Bundesrepublik ausübte, um den Atomwaffensperrvertrag zu unterschreiben. Darin sah Strauß erneut eine Entmündigung Europas durch die USA, die sich mit der Sowjetunion über die Köpfe der nichtatomaren europäischen Staaten hinweg verständigt hatten. Strauß kritisierte den Vertrag als »ein Versailles kosmischen Ausmaßes«, mit seiner Kritik stand er keineswegs allein. Ein großer Teil der führenden Unionspolitiker hielt den Vertrag für unannehmbar, zumal sie durch ihn eine Abkoppelung der Bundesrepublik von der friedlichen Nutzung der Kernenergie befürchteten. Konrad Adenauer bezeichnete den Vertrag als »Morgenthau-Plan im Quadrat«, und Bundeskanzler Kiesinger bezichtigte die Supermächte einer »atomaren Komplizenschaft«. Hinzu kam ein weiteres Problem: Da auch die DDR den Vertrag unterzeichnen würde, befürchtete man in der Union nicht nur deren internationale Aufwertung, sondern gar ihre völkerrechtliche Anerkennung.

Dieses Hindernis räumten die Westmächte beiseite, indem sie erklärten, die Unterschrift der DDR bedeute nicht deren völkerrechtliche Anerkennung.

Da die SPD den Atomwaffensperrvertrag befürwortete, lag hier weiterer Zündstoff in der Koalition. Nach deren Ende unterschrieb dann schließlich die neue Bundesregierung Brandt/Scheel am 28. November 1969 diesen Vertrag. Die kontroverse Beurteilung des Atomwaffensperrvertrags trübte verschiedentlich das Klima in der Großen Koalition. So beschwerte sich Außenminister Brandt im Kreßbronner Kreis am 5. März 1968 über Artikel des *Bayernkurier*, dessen Herausgeber Franz Josef Strauß war. Strauß erklärte sich zu einem Gespräch mit Brandt darüber bereit, betonte aber, »dass er entgegen einer weitverbreiteten Meinung nicht den Inhalt der vom ›Bayern-Kurier‹ veröffentlichten Artikel bestimme«. Der CSU-Landesgruppenvorsitzende Richard Stücklen verwies darauf, dass die CSU trotz schwerer Bedenken gegen den Sperrvertrag sich offiziell zurückhalte. Strauß selbst hatte schon zu Beginn der Regierung Kiesinger mitgeteilt, dass er zwar zunächst in den zuständigen Gremien opponieren, »dann aber auch in der Öffentlichkeit mit letztem Nachdruck kämpfen« werde.[50] Ganz offensichtlich spielten Strauß und die CSU-Führung mit verteilten Rollen: Der *Bayernkurier* als Schwert, der in dieser Frage mit Sicherheit nichts schrieb, was der Herausgeber und Parteivorsitzende nicht vertrat, die Landesgruppe, die sich um den Koalitionsfrieden bemühte, intern aber ihre Bedenken klarmachte, und Franz Josef Strauß selbst, der persönlich eindeutig Position gegen den Vertrag bezog. Strauß' Ablehnung des Atomsperrvertrags resultierte konsequent aus seiner gesamten Politik seit mehr als eineinhalb Jahrzehnten, auch derjenigen als Atomminister, sie kann schon deswegen nicht mit Aspirationen auf das Kanzleramt erklärt werden.[51] Hätte solcher Ehrgeiz dann nicht auch Adenauers Ablehnung beflügeln müssen oder diejenige Kiesingers, der ja bereits Bundeskanzler war?!

Tatsächlich lehnten nicht allein eine ganze Reihe weiterer führender Unionspolitiker, darunter Rainer Barzel, Gerhard Stoltenberg, Hermann Höcherl, Friedrich Zimmermann, aber auch Hans-Dietrich Genscher oder Wilhelm Grewe, der deutsche Botschafter bei der NATO und renommierte Völkerrechtler, das Abkommen ab. In der CDU/CSU-Bundestagsfraktion bildete der Atomwaffensperrvertrag in diesen Jahren ein Dauerthema, sie lud sogar Außenminister Willy Brandt ein, der am 23. Januar 1968 in der Unionsfraktion u. a. zu diesem Problem berichtete und den geänderten amerikanisch-russischen Vertragsentwurf als verbesserte »Diskussionsgrundlage«, nicht aber als »Entscheidungsgrundlage« bezeichnete.[52] Auch der interministerielle Arbeitsstab, den die Bundesregierung auf Vorschlag des Bundesverteidigungsrats einsetzte, hielt Änderungen im Vertragstext für erforderlich. Strauß fand sich also sachlich in bester Gesellschaft. Schon ein Dreivierteljahr vor der Regierungsbildung hatte sich Franz Josef Strauß auf mehrfaches Nachfragen in einem Interview mit der *Zeit* zu seinen atompolitischen Vorstellungen geäußert. Am 6. April betonte er, er habe nie Atomsprengköpfe unter deutscher Verantwortung gefordert, sondern nur Trägerwaffen unter deutscher Verfügungsgewalt. Es gebe keine einzige Äußerung von ihm, die eine solche Unterstellung rechtfertige. Atomsprengköpfe wolle er nur für eine europäische Streitkraft innerhalb der NATO als Partner der USA. »Mein ganzes Denken geht nicht in die Richtung nationaler Kernwaffen. Ich halte es für falsch, wenn die NATO nur ein einziges nukleares Zentrum hat. Ich halte es genauso für falsch, wenn alle einzelnen NATO-Mächte – wie die Briten und dann die Franzosen – sich nach dem Muster ›Klein, aber mein‹ Baby-Atomausrüstungen zulegen.«[53] Er denke nicht an ein Europa, das nicht mehr im Bündnis mit Amerika stehe, und halte auch die Schutzfunktion der USA nach wie vor für intakt, wünsche aber eine Sicherheitsarchitektur, die auf zwei Pfeilern, einem europäischen und einem amerikanischen, ruhe.

Auch die Position von Willy Brandt war von Taktik keineswegs frei. Beim außenpolitischen Kolloquium der Bundesregierung am 2./3. Mai 1968 empfahl er, sich nach dem Verhalten des größten Teils der zivilen Atommächte zu richten: »Sollte der größere Teil unterschreiben, so könnten wir uns nicht fernhalten. Wir könnten und müßten sehr klar unterscheiden zwischen Unterschrift und Ratifizierung. Dazu sei zu bemerken, daß die Ratifizierung kein Vorgang mehr für den derzeitigen Bundestag sei.« Auch Brandt hielt einige Fragen noch für klärungsbedürftig, z. B. die Lieferung spaltbaren Materials. In der Frage der Ratifizierung unterstützte ihn Egon Bahr, der offensichtlich nichts dagegen hatte, im Fall einer Unterschrift die Ratifizierung hinauszuzögern, um danach noch Verhandlungen zwischen EURATOM und der Internationalen Atomenergieorganisation (IAEO) in Wien führen zu können.[54] Es gab also durchaus gemeinsame Schnittmengen. Doch sah Brandt den Verhandlungsspielraum als erschöpft an. Er führte im Bundeskabinett am 23. April 1969 zwar selbst diejenigen Punkte auf, bei denen die Bundesrepublik erfolglos verhandelt hatte, plädierte aber schließlich für die Unterzeichnung, wobei ihm u. a. Forschungsminister Gerhard Stoltenberg widersprach, Strauß aber offenbar die Sitzung vor der Diskussion verlassen hatte.[55]

Franz Josef Strauß als Haushaltssanierer und Finanzreformer: »Plisch und Plum«

Den zweiten Kernbereich neben der Außenpolitik bildete die Wirtschafts- und Finanzpolitik, auf diesem Gebiet lag die grundlegende Leistung der Großen Koalition, sie nahm in der Regierungserklärung den breitesten Raum ein und besaß eindeutig Priorität. Der entscheidende Motor wurde Franz Josef Strauß als neuer Finanzminister gemeinsam mit dem sozialdemokratischen Hamburger Wirtschaftsprofessor Karl Schiller, der politische Erfahrungen zwar noch nicht auf Bundesebene, doch als Berliner Wirtschaftssenator gesammelt hatte: »Plisch und Plum«, wie die Karikaturisten sie aufgrund ihrer gemeinsamen Politik, aber kaum minder wegen ihres so unterschiedlichen Körperbaus frei nach Wilhelm Busch bald nannten, waren in aller Munde. Jedenfalls harmonierten der elegante und wortgewandte hanseatische Neuling in der Bonner Politik Schiller und das erfahrene bayerische Schlachtross Strauß miteinander. Und die Rollenverteilung ergab sich schon daraus, dass das Finanzministerium das entscheidendere, aber unbeliebtere war. Der Wirtschaftsminister konnte jedenfalls im Erfolgsfall leichter allgemeine Popularität erreichen, zumal wenn er sich wie Ludwig Erhard und Karl Schiller gleichsam als individuelle Verkörperung der Wirtschaftsordnung präsentierte: Und darauf verstand sich Schiller als Liebhaber süffiger Formulierungen und Wortprägungen vorzüglich.

Beide, Strauß und Schiller, besaßen eine Neigung zu längerfristigem konzeptionellem Denken, sodass sie bei allem Bekenntnis zu liberalen volkswirtschaftlichen Grundsätzen doch staatlichen Eingriffen nicht abhold waren. Manche staatlichen Steuerungsmechanismen, die diese beiden Neo-Keynesianer einführen wollten, widersprachen zweifelsfrei dem liberalen marktwirtschaftlichen Konzept Ludwig Erhards, wie auch die eine oder andere Konzentrierung von Maßnahmen beim Bund im Hinblick auf den bundesdeutschen Föderalismus problematisch war. Von prinzipiellen Widersprüchlichkeiten war diese Politik also nicht frei. Anders gewendet: Kam die Programmatik der Pragmatik ins Gehege, entschied sich Strauß in der Regel für die pragmatische Lösung. Zu Spannungen zwischen dem Finanzminister und dem Wirtschaftsminister kam es erst im dritten Regierungsjahr, insbesondere in den Monaten vor der Wahl, als Strauß und Schiller gegensätzliche Haltungen gegenüber der Frage einnahmen, ob die DM aufgewertet werden solle oder nicht.

Bei den Kabinettssitzungen nahmen Franz Josef Strauß und Karl Schiller nach der Erinnerung von Carlo Schmid »für ihre Darlegungen den größten Teil der Zeit in Anspruch. Beide galten als ideales Gespann ... Bei der Umgestaltung des Haushaltsrechts, bei der Einführung der mittelfristigen Haushalts- und Finanzplanung, bei den Gesetzen, die das Instrumentarium für die Steuerung der Konjunktur und der Währungspolitik abgeben sollten, wirkten sie einträchtig zusammen. Man konnte den Eindruck gewinnen, daß sie nur von der Sache her für die Sache dachten und nur wenig von parteipolitischen Denkansätzen ausgingen. Beide hatten bei der Verhandlungsführung ihre besonderen Meriten ...«[56]

In diesem Zusammenhang verdient noch ein anderer »überparteilicher« Zug Erwähnung, der den Klischees zufolge gerade zu Strauß nicht passen dürfte. Hatte schon der Verteidigungsminister Strauß mit einem Staatssekretär, Volkmar Hopf, zusammengearbeitet, der nicht zu den Unionsparteien zählte, so beließ er nun sämtliche Abteilungsleiter, den persönlichen Referenten und den Pressereferenten auf ihren Posten. Sie alle gehörten überwiegend der FDP an und waren von seinem Vorgänger Rolf Dahlgrün eingestellt worden. Der neue Finanzminister Strauß hätte ohne Angabe von Gründen die Ministerialdirektoren als politische Beamte in den einstweiligen Ruhestand versetzen und die beiden anderen Referenten sofort in anderen Referaten unterbringen können. Drei Jahre später fragte der Oppositionspolitiker Strauß in seiner Antwort auf die Regierungserklärung von Bundeskanzler Willy Brandt: »Warum müssen denn unbedingt Köpfe rollen, wenn ein neuer Minister kommt?«[57] Als Strauß den damaligen Richter am zweiten Senat des Finanzgerichts Düsseldorf, Dr. Friedrich Voss, als Hilfsreferenten in der Pressestelle des Bundesfinanzministeriums einstellte, wunderte auch der sich zunächst darüber, dass Strauß fast alle Mitarbeiter seines Vorgängers übernahm, hatte doch nach eigenem Bekunden das durch *Spiegel* und *Stern* geprägte »Negativimage« des CSU-Vorsitzenden sogar ihn nicht unbeeindruckt gelassen – eines Mannes, »der eher zum Fürchten, ein veritabler Berserker« war. Doch schnell lernte er eine andere Seite kennen und gewann den »Eindruck, es fällt FJS schwer, jemandem, mit dem er – einige Zeit – in persönlichem Kontakt gearbeitet hat, das Ende zu verkünden«.[58]

Mit Strauß' – und Schillers – Namen verbinden sich nicht allein fundamentale strukturbildende Gesetzesvorhaben, sondern auch ein ausgeglichener Bundeshaushalt – für viele Jahrzehnte der letzte, wird dieser Stand doch erst für das Haushaltsjahr 2015 wieder erreicht. Getreu seinen seit Jahren verfochtenen finanzpolitischen Maximen verlor er zwar die strenge hausväterliche Sparsamkeit seines CSU-Vorgängers und ersten Bundesfinanzministers Fritz Schäffer nicht aus den Augen, war aber politisch viel flexibler und reagierte auf den strukturellen Wandel von Wirtschaft und Gesellschaft finanzpolitisch nicht konservierend, sondern konzeptionell zukunftsorientiert. Insofern knüpfte Strauß nahtlos an seine große Rede in der CDU/CSU-Fraktionssitzung vom 12. September 1966 an. Strauß hielt seitdem zahllose Grundsatzreden zur Finanz-politik, behandelte jedoch außerdem immer wieder Spezialfragen, zu-mal bei der Vorbereitung von Gesetzen. 1968 veröffentlichte er eine knappe Studie *Mittelfristige Finanzplanung in Bund, Ländern und Ge-meinden*.[59] Gegen Ende seiner Amtszeit 1969 folgte ein Buch über *Die Finanzverfassung*, das mit einem historischen Abriss vom Kaiserreich bis zur Bundesrepublik eingeleitet wurde und einen vergleichenden Blick auf die Finanzverfassung anderer Staaten warf – auf die kleineren Nachbarn Österreich und die Schweiz sowie die beiden großen nordamerikani-schen Staaten USA und Kanada.

Eingehend stellte er in diesem Buch, in dem er sich ausdrücklich für die Unterstützung des für die Finanzreform zuständigen Ministerialrats bedankte, die Reformen und Gesetzesänderungen der Großen Koalition dar. Charakteristisch für Strauß war auch auf diesem Feld die gründliche historische und systematische Reflexion, die sein politisches Handeln be-gründete. Wollte der junge Atomminister einst den großen Forschern nicht ohne gründliche Vorbereitung entgegentreten, so kamen ihm nun seine jüngsten volkswirtschaftlichen Studien zu Hilfe, aber sicher sta-chelte ihn auch der Ehrgeiz an, neben einem ausgewiesenen National-ökonomen wie Schiller nicht zu verblassen.

In den ersten Sitzungen der CDU/CSU-Fraktion nach der Regierungs-bildung konnten sich die Abgeordneten mit allgemeinen Fragen oder einer politischen Strategiedebatte nicht aufhalten, sondern mussten so-fort mit der Diskussion über Sachfragen beginnen. So analysierte Franz Josef Strauß am 6. Dezember 1966 die Haushaltsprobleme. Er ironisierte andere Debattenbeiträge als zu detailbezogen und wünschte eine Kon-zentration auf die wesentlichen Fragen. In seiner überschlägigen Berech-nung der verschiedenen Negativposten gelangte er zu einem weitaus höheren Defizit, als bis dahin angenommen wurde, nämlich auf 3,4 Milli-arden DM.[60]

Die vordringlichste Aufgabe des neuen Finanzministers bestand also in der Sanierung des Haushalts. So begannen mit den Beratungen des Bun-deshaushalts 1967 im Bundeskabinett seit dem 19. Januar 1967 die finanz-politischen Anstrengungen von Strauß zum Haushaltsausgleich, zumal die Gefahr bestand, dass durch die Forderungen der finanzschwachen Länder an den Bund dessen Defizit von 3,4 auf 3,8 Milliarden DM steigen könnte.[61] Wichtig war das in dieser Sitzung erreichte Einvernehmen der Bundesminister, die Sparbeschlüsse auch gegenüber ihren Fraktionen zu vertreten.

Auf den ersten Blick mag es überraschen, dass Franz Josef Strauß als Finanzminister offenbar keine längere Einarbeitung benötigte, tatsächlich aber hatte er sich in den letzten Jahren zunehmend mit der Materie vertraut gemacht. Die Modifikation Erhard'scher Politik durch die flexible Einsetzung wirtschafts- und finanzpolitischer Steuerungsmechanismen (»Globalsteuerung«) entsprach seinen auch dem bisherigen Bundeskanzler Erhard gegenüber gemachten Vorschlägen, als Bundesfinanzminister setzte er die schon in den vorhergehenden Jahren als Abgeordneter geforderte Politik um. Schon deshalb ist es irreführend, wie dies in vielen Darstellungen geschieht, die Wirtschafts- und Finanzpolitik der Großen Koalition vor allem auf Karl Schiller zurückzuführen. Zwar war Schiller der Professor, doch Strauß in diesen Sektoren längst nicht mehr der Student. Es handelte sich um ihre gemeinsame Politik, bei der schließlich die ungleich größeren Kompetenzen eines Finanzministers berücksichtigt werden müssen, auch wenn die (Selbst-)Darstellungskunst von Schiller in der Öffentlichkeit immer wieder das gegenteilige Bild vermittelte. Natürlich wollte auch Franz Josef Strauß im Wettstreit mit dem professionellen Nationalökonomen Karl Schiller mit finanzwissenschaftlichen und volkswirtschaftlichen Kenntnissen brillieren und dozieren – das entsprach schon seiner Neigung zum Lehren und Belehren. Doch politisch entscheidender war Strauß' langjährige Erfahrung und Durchsetzungsfähigkeit, schließlich die Tatsache seines politischen Gewichts als Parteivorsitzender einer der drei Koalitionsparteien – in all dem war er Schiller voraus, in der Kompetenz stand er ihm nicht nach, in den wirtschafts- und finanzpolitischen Zielen stimmten sie überein. Diese personelle Konstellation bot die besten Voraussetzungen, in der neuen Regierung erfolgreich zu kooperieren.

Zwar war die wirtschafts- und haushaltspolitische Situation objektiv betrachtet bei Weitem nicht so desaströs, wie es den Zeitgenossen erschien – spätere Regierungen hätten von einem solchen Haushaltsdefizit, von einer eher stagnierenden als rezessiven Konjunktur und einer Arbeitslosigkeit von 675 000 Menschen nur träumen können. Die Arbeitslosenquote stieg 1967 auf 2,1 Prozent, nachdem sie 1966 noch 0,7 Prozent betragen hatte. Doch wirkungsvoller als die Zahlen war die öffentliche Wahrnehmung: Die Gesellschaft der Bundesrepublik, einschließlich der Politiker, war seit 1949 an den stetigen Aufschwung gewöhnt, eine Wirtschaftskrise erinnerte unweigerlich an die frühen 1930er-Jahre, die eine der ausschlaggebenden Ursachen für die Zerstörung der Weimarer Demokratie und den Aufstieg des Nationalsozialismus gewesen war. Diese Erinnerung löste Alarmstimmung aus, zumal die Demokratie in der Bundesrepublik von Pessimisten als noch ungefestigt angesehen wurde, als »Schönwetterdemokratie«, die ihre Bewährungsprobe in kritischen Situationen bzw. in einer Wirtschaftskrise noch nicht bestanden hatte. Hier nun spielte der neue Wirtschaftsminister Karl Schiller eine wichtige Rolle, verstand er es doch wie weiland Ludwig Erhard, Optimismus zu vermitteln. Die wirtschaftspolitische Zuversicht, die er ausstrahlte, die selbstbewusste Gewissheit, mit seiner überlegenen Kompetenz genau zu wissen, wie man die Wirtschaft wieder ankurbelt, seine wirkungsvollen Wortprägungen trugen dazu bei, schnell das Vertrauen wiederherzustellen. Die von einem Gutteil der Wähler gewünschte Harmonie zwischen den beiden großen Parteien schien sich in »Plisch und Plum« zu personifizieren. Die Welt schien bald wieder in Ordnung, und auf dem Gebiet der Wirtschafts- und Finanzpolitik wurde sie es tatsächlich überraschend schnell.

In der Sitzung der CDU/CSU-Fraktion erläuterte Franz Josef Strauß am 24. Januar 1967 die haushaltspolitischen Ziele. Dabei informierte er sehr detailliert über den Rückgang der Steuereinnahmen, die Einzelhaushalte der Ressorts und die unausweichlichen Sparmaßnahmen, die Forderungen der Bundesbank und der Länder sowie andere einschlägige Themen. Eingehend behandelte der Bundesfinanzminister die Schwierigkeiten des Haushaltsausgleichs und die Notwendigkeit, selbst bei Sozialausgaben zu kürzen. Strauß machte plastisch klar, dass ein Weg zwischen Skylla und Charybdis bevorstehe: »Wir müssen jetzt noch den Ritt über den Bodensee weiterführen, bis wir wieder festen Boden unter unseren Füßen haben, und wir kommen jetzt um Geldmarkt- und Kreditmarktmaßnahmen einfach nicht herum, weil die klassische Deckung uns in eine Politik führen würde, wie man sie mit einer Deflationspolitik Brünings, mit den verhängnisvollen politischen Auswirkungen jener Zeit, bezeichnet hat. Und wir sehen ja jetzt auch, daß da und dort gewisse Protestflammen hochschlagen«, wofür Strauß Verständnis äußerte. Er bat die Unionsfraktion trotz der mit seinem Kurs verbundenen Risiken um Unterstützung. »Es geht auch hier nicht darum, daß ich etwa meinen Kopf durchsetzen will oder daß das ›doppelte Lottchen‹, wie es angeblich schon heißt, Strauß und Schiller, ihr Programm durchbringen, sondern es geht darum, wenn wir mit den Problemen nicht fertig werden, dann kann Kiesinger wieder aufhören …« Die Alternativen seien dann nur die Wiederherstellung der alten Koalition, eine SPD-FDP-Regierung oder Neuwahlen. Bundestagswahlen »ohne einen erfolgreichen Hintergrund« würden jedoch der jetzigen Regierung Verluste bescheren, die FDP erhalten sowie den Einzug der NPD in den Bundestag bedeuten. Nach Einschätzung von Strauß besaß die Große Koalition also keine andere Wahl, als haushaltspolitisch selbst »Ordnung zu schaffen«.[62]

In der Diskussion der Fraktion fand Strauß im Allgemeinen Unterstützung, auch warnte die Abgeordnete Margot Kalinke vor dem übertriebenen Eindruck, den Karl Schillers »optimistische Malereien« sowie seine »zauberhaften« Wortprägungen in der Öffentlichkeit und sogar bei Unionspolitikern hervorriefen. Aber selbst diese kritische Abgeordnete nahm an, einer der besonders wirksamen Begriffe wie »Konzertierte Aktion« stamme von Schiller. Tatsächlich hatte der neue Wirtschaftsminister ihn aus dem Jahresgutachten des Sachverständigenrats von 1965 übernommen. In diesen regelmäßigen Gesprächen sollten die Interessen der Tarifpartner austariert werden. Die am Wirtschaftsleben Beteiligten wie Arbeitgeber und Gewerkschaften, aber auch Wissenschaftler und Politiker kamen auf Einladung des Wirtschaftsministers zuerst am 14. Februar 1967 zusammen, um wirtschaftspolitische Erfordernisse und Interessen aufeinander abzustimmen, damit am Ende das Gemeininteresse Priorität vor den Partikularinteressen haben würde. Obwohl es sich bei der Konzertierten Aktion nicht um ein Beschlussorgan, sondern lediglich ein Beratungsgremium handelte, gewann sie psychologisch gesehen positive Wirkung und überzeugte die Öffentlichkeit. Dies war Ludwig Erhards Begriff der »Formierten Gesellschaft« und seinen Appellen zum Maßhalten und zur Vernunft nicht vergönnt.

Kritischer fielen die Fragen des ehemaligen Familienministers Franz-Josef Wuermeling nach den Kürzungen im Sozialbereich aus, auf die Strauß detailliert antwortete, unter anderem unter Hinweis auf die Kürzungen im Agrarbereich, im Verteidigungshaushalt, bei der Subventionierung des Wohnungsbaus usw.[63] So wurden die Bundeszuschüsse an die Rentenversicherung gekürzt, die Rentner an der Krankenversicherung beteiligt, das Kindergeld sowie schließlich die Entschädigungen für ehemalige Kriegsgefangene, Opfer der NS-Diktatur sowie Flüchtlinge aus der DDR vermindert. Auf der anderen Seite wurde eine Einnahmeerhöhung durchgesetzt, die aus einer steuerlichen Ergänzungsabgabe von 3 Prozent zur Einkommen- und Körperschaftsteuer resultierte. Dieser Großen Koalition gelangen zumindest zeitweilig Eingriffe in den sozialen Verteilerstaat, der in der Regel das strukturelle Problem der Haushaltspolitik verursachte. Der Bundeshaushalt für das Jahr 1967 wurde schließlich am 14. Juni 1967 mit einem Volumen von 77 Milliarden DM verabschiedet. Bis dahin war die Haushaltslücke auf 4,6 Milliarden DM gewachsen, sodass die Schließung für sich genommen eine Leistung darstellte. Auf der anderen Seite ergriff die Bundesregierung im gleichen Jahr Maßnahmen zur Ankurbelung der Konjunktur auf Kreditbasis, wozu am 23. Februar 1967 ein Kreditfinanzierungsgesetz beschlossen wurde. Auf dieser legislativen Grundlage folgten 1967 zwei Investitionsprogramme, im Februar 1967 in Höhe von 2,5 Milliarden DM, im September 1967 von 5,3 Milliarden DM, mit denen neben Maßnahmen zur Arbeitsbeschaffung Zukunftsinvestitionen in verschiedenen Sektoren wie Straßenverkehr, Bahn, Post sowie Forschung und Bildung finanziert wurden.

Als Finanzminister der Regierung Kiesinger erläuterte Strauß bei der Einbringung der jährlichen Haushaltsentwürfe die Sparziele, die beim letzten von ihm zu verantwortenden Haushalt tatsächlich erreicht wurden. Dieser Haushalt blieb für ungefähr 45 Jahre der letzte, der ohne Neuverschuldung auskam. Das zeigt, dass Strauß trotz keynesianischer Elemente der von ihm und Schiller betriebenen Politik und ihren konjunkturbelebenden Maßnahmen die Haushaltskonsolidierung nicht aus den Augen verlor, was sich später allerdings zum Zielkonflikt innerhalb der Koalition entwickeln sollte. Haushaltspolitik verstand Strauß konsequent zugleich als Komponente der Wirtschaftspolitik. Damit aber fiel ein entscheidender Teil der auf Wachstum zielenden Konjunkturpolitik in die Verantwortung des Finanzministers. »Die seit Ende 1966 betriebene Konjunkturpolitik des kombinierten Einsatzes fiskalischer und monetärer Mittel stellt den ersten Fall ihrer umfassenden Anwendung in der Bundesrepublik dar.«[64] Doch so wegweisend dieser Teil seiner Politik als Finanzminister auch war, blieb Strauß doch da nicht stehen. Entscheidendes Charakteristikum wurden vielmehr die verschiedenen Reformen der Finanzverfassung insgesamt bzw. des Steuersystems.

In Strauß' Verantwortungsbereich fiel zunächst die gemeinsam mit den anderen Finanzministern der EG-Mitgliedstaaten im Frühjahr 1967 geplante Reform der Umsatzsteuer gemäß dem Prinzip einer verbrauchsneutralen Mehrwertsteuer. Lange vor dem ins Auge gefassten Realisierungstermin am 1. Januar 1970 brachte Strauß den Gesetzentwurf im Bundestag ein, sodass in der Bundesrepublik die Mehrwertsteuer bereits zum 1. Juli 1968 mit einem Regelsteuersatz von 11 Prozent und einem ermäßigten Satz von 5,5 Prozent (beispielsweise für Grundnahrungsmittel) eingeführt wurde. Dies bedeutete bezogen auf die bisher geltende Umsatzsteuer eine Erhöhung von 1 bzw. 0,5 Prozent. Die große Bedeutung dieser Reform begründete Strauß bei der zweiten Lesung des Gesetzentwurfs am 12. April 1967 im Bundestag und erinnerte die Kritiker, die das Gesetz für überstürzt hielten, an die bereits länger zurückreichende Diskussion über dieses Vorhaben während der vorhergehenden Legislaturperiode. Die prinzipielle Notwendigkeit der Reform sei gar nicht strittig.

Die wesentlichen Vorteile der Mehrwertsteuer sah Strauß in der »Neutralität im wirtschaftlichen Wettbewerb«, in der Binnenwirtschaft sowie bei Einfuhren und Ausfuhren und schließlich im Beitrag zur »Harmonisierung des Steuerrechts innerhalb des Gemeinsamen Marktes«. Im Übrigen sollte mit der Einführung der Mehrwertsteuer das Vorbild für eine »klare, einfache und nicht von vielen Sondervorschriften durchlöcherte Form« geschaffen werden. Natürlich war es unmöglich, zugleich alle Vorteile des alten mit denen des neuen Systems zu verbinden, sodass Steuererhöhungen mit der Reform verbunden waren. Doch betonte Strauß: »Dieses Gesetz ist kein Gesetz zur Schließung von Deckungslücken unter dem Vorwand einer steuerlichen Reform.«[65]

Der nächste große Brocken war die »Mittelfristige Finanzplanung« (MifriFi), die bereits auf die Planbarkeitseuphorie der frühen 1970er-Jahre vorauswies und den Haushalt von augenblicklichen Konjunkturschwankungen unabhängiger machen sollte. Auch im Fall der Mittelfristigen Finanzplanung gab es einen Vorlauf, war doch bereits in der Ära Erhard ein allerdings erst am 8. Juni 1967 verabschiedetes Gesetz zur Förderung der Stabilität und des Wachstums der Wirtschaft (Stabilitätsgesetz) geplant worden, in dem eine mittelfristige Finanzplanung vorgesehen war. Hierfür hatte sich schon der Abgeordnete Franz Josef Strauß engagiert. Allerdings hatte der damalige Bundeskanzler Erhard der Vorbereitung des Stabilitätsgesetzes erst im Juni 1966 und nur widerwillig zugestimmt. Die damalige Planung besaß deshalb keinen wirklichen Biss, weil sich der Gesetzentwurf weitgehend auf einen appellativen Charakter mit Soll- bzw. Kann-Bestimmungen beschränkte.

Nun aber konnte Strauß Nägel mit Köpfen machen und erläuterte seine Zielsetzung bereits im ersten Regierungsjahr am 6. September 1967 im Bundestag. Er betonte den epochalen Charakter der jetzt vierjährigen Finanzplanung des Bundes und bezeichnete sie »als echten Einschnitt in der nunmehr achtzehnjährigen Finanzgeschichte der Bundesrepublik Deutschland«, weil sie »zu einer grundsätzlichen Abkehr von dem überkommenen Jährlichkeitsdenken in der Haushaltspolitik« führe. Realistisch genug warnte er jedoch auch vor übertriebenen Hoffnungen.[66]

In seinem Rückblick führte Strauß die Mängel der lediglich Fortschreibungen darstellenden jährlichen Haushaltsvorschauen sowie der nur kurzfristigen Lösungen jährlicher Haushaltssicherungsgesetze auf. Sie hätten unter anderem durch »periodisch wiederkehrende Steigerungs- und Dynamisierungseffekte« bei den Daueraufgaben des Bundes zu Fehlentwicklungen geführt. Dadurch sei es zu ständigen unbeabsichtigten Verschiebungen innerhalb des Bundeshaushalts gekommen. Zu den Vorteilen der Mittelfristigen Finanzplanung zählte der Bundesfinanzminister die Verminderung der Kluft zwischen dem finanziell Machbaren und dem wirtschaftspolitisch Notwendigen bei der Planung und vor allem die bessere Koordinierung von finanzpolitischen Einzelentscheidungen. Seine haushaltspolitische Vorlage für die Jahre 1967 bis 1971 sei ein »in Zahlen gekleidetes politisches Gesamtprogramm«, das politische Schwerpunkte bezeichne, nicht aber ein »Vierjahresplan nach dem Muster totalitärer Systeme sein kann«.

Vorrangiges Ziel von Strauß war zunächst die »Wiederherstellung der dauerhaften Ordnung der Bundesfinanzen«, wobei er jedoch diese Absicht wie die Mittelfristige Finanzplanung insgesamt in einen größeren wirtschaftspolitischen Rahmen stellte. Hierin korrespondierten seine Vorstellungen mit denen Karl Schillers. Es müsse eine Abstimmung zwischen »den finanzpolitischen Entscheidungen und den volkswirtschaftlichen Gegebenheiten« erfolgen: »Deshalb wurde dieser Finanzplanung eine mehrjährige gesamtwirtschaftliche Projektion zugrunde gelegt ... wie sie aus heutiger Sicht erstrebenswert und realisierbar erscheint. Damit die wirtschaftspolitischen Hauptziele – Vollbeschäftigung, angemessenes Wachstum, Preisstabilität, außenwirtschaftliches Gleichgewicht – erreicht werden, geht die Wirtschaftsprojektion von einer Steigerung des Bruttosozialprodukts um 5 bis 5½ % im Durchschnitt der Jahre 1968 bis 1971 aus.«[67]

Im Rückblick erscheint es zwar unglaublich optimistisch, das sogenannte magische Viereck dieser Ziele zu erreichen und auf der Grundlage derartiger Wachstumsprognosen zu planen, doch übertraf die wirtschaftliche Entwicklung in den Jahren 1968 und 1969 sogar diese Prognosen. War das Bruttosozialprodukt im Jahr 1967 um 0,1 Prozent geschrumpft, stieg es schon im Folgejahr 1968 um 6,1 und 1969 sogar um 7,5 Prozent. Allerdings verminderten sich die Wachstumsraten im Jahr 1970 auf 5 und 1971 auf 3,2 Prozent.[68] Und auch die Arbeitslosigkeit konnte planmäßig gesenkt werden, 1968 betrug die Quote 1,5, 1969 0,8 und 1970 nur noch 0,7 Prozent. Es herrschte also trotz einer schließlich auf 1,5 Millionen steigenden Zahl von Gastarbeitern (mit Familienzuzug) Vollbeschäftigung. Das Jahr 1969 wurde wirtschaftlich geradezu zum Boom-Jahr.[69]

Die starken Wachstumsraten und die Vollbeschäftigung in den ersten Jahren der Großen Koalition erklären nicht allein den wirtschaftlichen Optimismus von Schiller und Strauß, sondern kaum minder die weiterhin gültige Wachstumsorientierung der Bundesregierungen. Der wirtschaftspolitische Schock am Ende der Regierung Erhard erklärt sich nicht zuletzt aus der Tatsache, dass die sich für 1966/67 ankündigende Rezession – die angemessener als Stagnation zu bezeichnen ist – die bis dahin einzige in der Bundesrepublik war. Zwischen 1949 und 1975 wies nur das Jahr 1967 ein sogenanntes Negativwachstum auf – schon die Wortwahl enthüllt die Perspektive, die ohne Wachstum überhaupt nicht vorstellbar erschien. Der Weg aus der »Talsohle« gelang nun mit ebenso überraschender wie rasanter Geschwindigkeit, sodass die Popularität von »Plisch und Plum« schnell wuchs, stärker noch bei dem stets in der Öffentlichkeit präsenten Wirtschaftsminister. Mit dem Erfolg wuchsen der Optimismus und die schließlich doch überzogene Einschätzung, mithilfe einer solchen Wirtschafts- und Finanzpolitik könne jede Krise gemeistert werden. Die unkalkulierbaren Risiken ergaben sich allein schon aus der europäischen und weltwirtschaftlichen Verflechtung der nationalen Volkswirtschaften. Strauß wäre nicht der in internationalen Kategorien denkende Staatsmann gewesen, wenn er nicht selbst darauf hingewiesen, den globalen wirtschaftlichen Konkurrenzkampf beschworen und zugleich die »nationalstaatliche Zersplitterung« in Europa beklagt hätte.

Franz Josef Strauß wusste natürlich nur zu gut, dass die Drosselung der Staatsausgaben, die zur Haushaltssanierung notwendig war, im Widerspruch stand zu der von ihm und Schiller betriebenen Ankurbelung der Wirtschaft und den erforderlichen Infrastrukturmaßnahmen als Zukunftsinvestition, die Strauß schon von Erhard gefordert hatte. Deswegen begründete Strauß eingehend die Konjunkturprogramme und das *deficit spending* der von den beiden zuständigen Bundesministern betriebenen Politik. Vorausschauend mahnte der Finanzminister, in der kommenden Periode steigender Staatseinnahmen müssen Nüchternheit und Disziplin bewahrt werden, um den Tilgungsplan einzuhalten. Keinesfalls dürften mehr kreditfinanzierte Ausgaben vorgenommen werden, als in der mittelfristigen Finanzplanung vorgesehen sei.

Wenngleich das Vorgehen von Strauß und Schiller keine »kopernikanische Wende« der Wirtschaftspolitik bedeutete, um eine Wende gegenüber der Politik Ludwig Erhards handelte es sich allemal. Doch hierbei blieb Strauß durchaus eigenen Prinzipien treu. Schon in den beiden ersten Jahren der Kanzlerschaft Erhards hatte er verschiedentlich betont: Was für die ökonomischen Aufbaujahre notwendig und das große Verdienst Erhards gewesen sei (und im Übrigen auch für die rigide Haushaltspolitik seines Parteifreundes Fritz Schäffer gegolten hatte), gelte nun nicht mehr uneingeschränkt: Die alte Regel, der kleinste Haushalt sei der beste, aus »der Zeit des klassischen wirtschaftlichen Liberalismus gilt für die Bewältigung der Vergangenheit nicht, sie gilt nicht für die Meisterung der Aufgaben von morgen. Dem Staat sind sowohl in der Bewältigung der Vergangenheit wie in der Schaffung der allgemeinen materiellen und geistigen Infrastruktur für morgen Aufgaben gestellt, die sich nicht mit den Lehren von gestern einfach abtun lassen... Die Bundesregierung kann und will nicht eine Politik führen, deren Blickrichtung die Vergangenheit ist. Wir können es uns vor allen Dingen nicht leisten, weiterhin durch ständig neue Leistungsverbesserungen aufgrund von vergangenheitsbezogenen Tatbeständen oder durch Ausweitung alter bzw. Schaffung neuer entschädigungspflichtiger Sachverhalte wieder die Ausgabenmöglichkeiten des Bundes zu erschöpfen... der Blick auf die Zukunft (muß) mehr als bisher die Leitlinie des politischen Handelns sein.«[70]

Auch die Finanzpolitik von Franz Josef Strauß demonstriert seinen Reformwillen, wiederum fällt seine in historischer Perspektive entwickelte unbedingte Zukunftsorientierung auf. Und wie in seinen früheren Ämtern als Bundesminister sowie in seinen parteipolitischen Funktionen belegt sie erneut: Franz Josef Strauß war nie ein Mann von Gestern. Tatsächlich erwies sich Strauß auch finanzpolitisch als entschiedener Modernisierer. Längst bevor das Wort »Reform« eines der Zauberwörter der 1970er-Jahre wurde, entwickelte Strauß Konzeptionen für Reformen und setzte sie durch – so er Regierungsämter innehatte. Sein tatsächlich weitgehender, möglicherweise zu weitgehender Glaube an die Planbarkeit der Politik und die strikte Wachstumsorientierung demonstriert aber zugleich, dass er von diesen Zeitgeistern nicht frei war – vermutlich wegen des dezidiert konzeptionellen Charakters seiner Politik. Er bestimmte die Reihenfolge: Konzeption, Planung, Realisierung.

In der Rede von Strauß zur Mittelfristigen Finanzplanung findet sich als weiteres Charakteristikum sein diskursiver Stil. So nimmt er sich nacheinander die wichtigsten Gegenargumente vor und versucht, sie entweder zu relativieren oder zu entkräften. Dabei brachte er für etliche Gegenargumente durchaus Verständnis auf, nur sei eben nicht alles gleichzeitig zu realisieren, und die an jeweilige Interessen gebundenen Standpunkte träfen regelmäßig auf gegenteilige Interessenvertretung. Er sprach von drei Paaren »konfrontativer Argumente«, beispielsweise das Postulat »Keine Steuererhöhungen«, dem dann die gegenteilige Forderung gegenübergestellt werde: »Soziale Gerechtigkeit und soziale Symmetrie erfordern eine stärkere Besteuerung der höheren Einkommen und Vermögen. Beide Standpunkte lassen sich mit jeweils punktuell überzeugenden Argumenten begründen, nur lassen sich beide Standpunkte nicht gleichzeitig verwirklichen.«[71] Und es sollte sich nach einigen Jahren zeigen, dass auch die vier während der Großen Koalition erreichten, jedoch teils gegenläufigen Hauptziele nicht dauerhaft gesichert werden konnten. Mit anderen Worten: Die in der spezifischen wirtschafts- und haushaltspolitischen Konstellation der Jahre 1967 bis 1970 wirksamen Rezepte konnten nicht einfach formal auf andere Situationen übertragen werden, so erfolgreich sie in den Jahren nach Erhard waren.

In seiner Regierungserklärung im Deutschen Bundestag hatte Bundeskanzler Kiesinger aufgrund der Vorlage des neuen Finanzministers am 13. Dezember 1966 die Reform der Finanzverfassung zu den zentralen Reformvorhaben der Großen Koalition gezählt. Nachdem die aktuellen Haushaltsprobleme gelöst sowie die erwähnten finanz- und wirtschaftspolitischen Gesetze auf den Weg gebracht waren, ging der Finanzminister nun dieses große legislative Werk an. Schon in der Sitzung des Kreßbronner Kreises am 11. Januar 1968 legte er einen Terminplan vor: Das Bundeskabinett müsse den Gesetzentwurf so rechtzeitig beraten, dass der Bundesrat ihn auf seiner Sitzung am 4. April und der Bundestag ihn in erster Lesung in der ersten Mai-Woche behandeln könne.[72]

Charakteristisch für Franz Josef Strauß war wieder einmal, dass er eine gründliche wissenschaftliche Begutachtung für unentbehrlich hielt und deshalb die Gutachten des Wissenschaftlichen Beirats des Bundesfinanzministeriums den Beratungen für die Reform der Finanzverfassung zugrunde legte. Außerdem setzte er eine Kommission zur Vorbereitung dieser grundlegenden Finanzreform ein. Nicht ohne Ironie verwies Strauß darauf, dass Äußerungen von Professoren normalerweise in der öffentlichen Meinung die »Vermutung der Richtigkeit für sich« hätten. Die öffentliche Meinung jedoch sei »für Politiker ein sehr wesentlicher Bestimmungsgrad allen politischen Handelns«. Allerdings sah er Finanzwissenschaft und Finanzpolitik, Theorie und Praxis in einer Wechselwirkung, wie er in einem Vortrag an der Universität Innsbruck über »Theorie und Praxis der Finanzpolitik« am 11. Februar 1967 ausführte: Die Zusammenarbeit sei kein einseitiger Vorgang, vielmehr würde auch die finanzpolitische Praxis der Wissenschaft Erkenntnisse vermitteln und ihr Themen setzen: »Wenn die Theorie nicht grau bleiben soll, dann muß sie sich immer wieder mit dem befassen, was der Dichter als den ›grünen Baum des Lebens‹ bezeichnet hat.« Strauß ging zugleich von einer weiteren Dialektik aus: Tatsächlich gebe es keine »wirtschaftsneutrale Finanzpolitik«.[73]

Zu den großen Herausforderungen der Reform der Finanzverfassung zählten nicht nur zahlreiche Einzelregelungen sowie juristische und verfassungsrechtliche Probleme der Neuordnung, sondern vor allem die Haushaltsreform, das Gemeindeverfassungsrecht sowie die Neuordnung des bundesstaatlichen Finanzausgleichs. Sollte die Reform der Finanzverfassung erfolgreich sein, bedurfte es also einer ebenso gründlichen wie ständigen Abstimmung mit den Ländern bzw. dem Bundesrat. So bemerkte Strauß: »Die Finanzreform ist von mir nie als bloße Regelung finanzpolitischer oder verfahrensmäßiger Fragen verstanden worden. Vielmehr habe ich in der Finanzreform die Neugestaltung einer der tragenden Säulen des bundesstaatlichen Aufbaues gesehen.«[74] Dies ist tatsächlich die Messlatte, an der die Politik des Finanzministers Strauß gemessen werden muss und gemessen werden kann. Wieder einmal – und das dritte Mal als Bundesminister in einem neuen Ressort – begnügte er sich nicht mit der Verwaltung des Tagesgeschäfts, sondern ging seine neue Aufgabe fundamental und konzeptionell an. Von aktuellen Problemen wie dem Haushaltsdefizit und Konjunkturschwankungen ausgehend, stieß er zu den Grundlagen vor. Zutreffend konstatierte Hans Vogel, Finanzwissenschaftler, Steuerberater und zeitweilig Ministerialdirektor im Bundesfinanzministerium: »In dem Zeitraum von 1966 bis 1969 sind an die Finanzpolitik höhere Ansprüche gestellt worden als je zuvor in dem Zeitraum seit dem Bestehen der Bundesrepublik.«[75]

Eine Reform der Finanzverfassung war seit Längerem notwendig. Nachdem sich zunächst aufgrund besatzungsrechtlicher Vorgaben der Londoner Protokolle von 1948, die die Verfassungsberatungen für die Westzonen einleiteten, sowie späterer partieller Änderungen nur bruchstückhafte Lösungen ergeben hatten, brachte erst das Finanzverfassungsgesetz vom 23. Dezember 1955 eine einstweilige Gesamtregelung, die jedoch den horizontalen Finanzausgleich zwischen armen und reichen Bundesländern beibehielt und die jeweiligen Anteile an Einkommen-, Körperschaft- und Umsatzsteuer regelte. Doch entwickelte sich im Verlauf des folgenden Jahrzehnts die Zuordnung von Aufgaben im Zuge politischer Veränderungen zum Teil anders als erwartet, sodass unter anderem Gemeinschaftsaufgaben von Bund und Ländern neu definiert werden mussten. Auf die Reform richteten sich nicht allein unterschiedliche Erwartungen, vielmehr mussten für manche Regelungen zum Teil harte Widerstände aus den Ländern überwunden werden. Ohne die Anrufung des Vermittlungsausschusses von Bundestag und Bundesrat ging es auch hier nicht, was mehrere Artikel des Grundgesetzes betraf, nachdem der Bundesfinanzminister immer wieder dem Bundeskabinett über einzelne Regelungen und das Gesamtpaket berichtet hatte.[76] Ein grundlegendes Problem bestand freilich auch nach der Reform der Finanzverfassung fort – und zwar bis heute: der horizontale Finanzausgleich zwischen den Ländern, der die »reichen« Länder belastet und die »armen« bevorzugt.

Die Überprüfung führte dann zu einer umfassenden Neuregelung des Abschnitts X des Grundgesetzes durch drei am 12. Mai 1969 erlassene Gesetze, was nur auf der Basis der breiten parlamentarischen Mehrheit der Großen Koalition möglich war: Sie erleichterte überdies die Kooperation mit allen Bundesländern, da sie entweder Unions- oder SPD-geführt wurden. Die Finanzverfassungsreform ordnete also die Finanzbeziehungen zwischen Bund, Ländern und Gemeinden neu und sicherte sie verfassungsrechtlich ab, dadurch wurde eine angemessenere Aufteilung des Steueraufkommens erreicht, ohne neue Steuern zu erheben. Zu den wichtigsten Gemeinschaftsaufgaben nach Artikel 91 b Grundgesetz gehörten die wissenschaftliche Forschung von überregionaler Bedeutung, der Auf- bzw. Neubau von Universitäten und Universitätskliniken, Bildungsplanung, die Verbesserung der Agrarstruktur, Küstenschutz, Wohnungsbauförderung, Städtebauförderung u. a. m. Für all diese Sektoren gab es Mischfinanzierungen bzw. gezielte Bundeshilfen. Andere Regelungen betrafen die Gemeindefinanzreform und die Steuerverwaltung. Franz Josef Strauß selbst hat das vielgliedrige und umfassende Gesetzgebungswerk im Detail präsentiert und erläutert.[77]

Die Modernisierung des Haushaltsrechts mit einer Reihe von Steuergesetzen ergänzte diese legislative Grundlagenarbeit. Die weiter reichende Absicht von Strauß, eine grundlegende Steuerreform zu realisieren, blieb aber auf die Körperschaftsteuer beschränkt. Die von ihm eingesetzte Steuerreformkommission überdauerte seine Zeit als Finanzminister, ohne danach das von ihm gesetzte Ziel zu erreichen. Auch die notwendigen Durchführungsgesetze konnten nicht mehr alle in der laufenden Legislaturperiode beschlossen werden, sodass Strauß mahnte: Erst zusammen mit den (fünf) Durchführungsgesetzen werde »die Kraft und Anpassungsfähigkeit des föderalen Systems an die Finanzverfassung« bewiesen. »Alle, die für eine fristgerechte Verabschiedung der Durchführungsgesetze verantwortlich sind, müssen sich davor hüten, durch kleinliche Rechnerei und ängstliches Zuständigkeitsdenken die Herausforderung der Stunde zu versäumen und in dieser Bewährungsprobe zu versagen. Bundestag, Bundesrat und Bundesregierung müssen auch bei den Folgegesetzen vermeiden, durch Zaudern und Zögern, durch Bedenken, die nicht aus der Sache heraus geboten sind, die Reform zu zerstückeln und damit letztlich in Immobilität zu verharren.«

Die Finanzverfassungsreform war zweifellos ein großer Wurf, aber naturgemäß auch ein Kompromiss, Strauß selbst wusste dies nur zu gut, kannte er doch die zum Teil widersprüchliche Kritik an diesem Gesetzgebungswerk, das er als »Ausgleich zwischen widerstreitenden Meinungen« bezeichnete. Politik, zumal Politik in der föderalen parlamentarischen Demokratie, war trotz seiner weitreichenden, in die Zukunft weisenden Konzeptionen auch für Strauß die Kunst des Möglichen: »… hier gilt das Wort von Napoleon ›Wer verhandelt, gibt einen Teil seines Standpunktes auf‹. In einem Bundesstaat muß aber bei derartigen Reformen zwischen Bund und Ländern verhandelt werden. Wer das nicht sehen will, versteht nicht die politischen Realitäten.«[78] Alex Möller, als Nachfolger von Strauß sozialdemokratischer Finanzminister in der Regierung Brandt/Scheel, beurteilte als »das bedeutsamste Werk der Großen Koalition die von Bundesfinanzminister Strauß vorgelegte Finanzreform«. Möller fand es »eigenartig, daß dieser wichtige Abschnitt aus dem politisch-parlamentarischen Leben einer Persönlichkeit, über die man so vieles und so unterschiedliches schreibt, nicht als Quelle interessanter Studien benutzt wird«.[79]

Der stets nüchtern-unpathetisch urteilende Gerhard Stoltenberg, von Haus aus wie Strauß Historiker, wie dieser auch Wirtschafts- und Finanzexperte, später selbst Bundesfinanzminister und damals Forschungsminister in der Großen Koalition, würdigte drei Jahrzehnte später die Amtszeit von Franz Josef Strauß: »In knapp drei Jahren hatte Strauß eine beachtliche Bilanz aufzuweisen. Der Bundeshaushalt war im Wahljahr 1969 ausgeglichen, auch wenn erhebliche Steuererhöhungen dazu beigetragen hatten. Die Einführung der Mehrwertsteuer wurde als beachtlicher Erfolg anerkannt. Die Finanzverfassungs- und Haushaltsreform legten Fundamente für die kommenden Jahrzehnte. Strauß' intellektuelle Brillanz und Durchsetzungskraft fand insbesondere im Kreis seiner engeren Mitarbeiter Anerkennung. Staatssekretär Grund schrieb in seinen persönlichen Aufzeichnungen über den Minister: ›Er war seit Schäffer, dem ersten Bundesfinanzminister, mit Abstand der beste von allen (einschließlich Schäffer). In meiner fast 40jährigen Tätigkeit in der Finanzverwaltung... bin ich nie einem Mann mit einer so extrem hohen Intelligenz, mit einer so schnellen Auffassungsgabe... sowie einer so sicheren Entschluß- und Entscheidungsfreudigkeit begegnet.‹«[80] Dieses Urteil besitzt umso mehr Gewicht, als der Staatssekretär diese bis heute im Archiv liegenden Aufzeichnungen nicht für die Öffentlichkeit niederschrieb, auch war er nicht mit jeder Entscheidung seines Ministers einverstanden, beispielsweise vertrat er offenbar in der Aufwertungsfrage der D-Mark eine andere Position als Strauß.[81]

Trotz ihrer großen Leistungen wurden vor allem die letzten Monate der Regierung Kiesinger nicht allein durch den Wahlkampf, sondern durch dieses finanz- und wirtschaftspolitische Zentralthema immer kontroverser. Zunächst lehnten Strauß und Schiller im November 1968 gemeinsam eine Aufwertung der D-Mark ab, seit dem Frühjahr 1969 jedoch vertraten »Plisch und Plum« gegensätzliche Auffassungen: Strauß blieb dagegen, Schiller votierte nun dafür. Schon seit dem an Fahrt gewinnenden Wirtschaftsaufschwung entwickelten sich um die Jahreswende 1967/1968 zwischen den beiden zuständigen Ministern unterschiedliche Auffassungen darüber, ob nun weitere Konjunkturspritzen verabreicht werden sollten, wofür sich Schiller aussprach, oder nun der Haushaltssanierung Priorität zukomme, wozu Strauß riet – fast handelte es sich um ein klassisches Muster gegensätzlicher sozialdemokratischer und unionsorientierter Wirtschaftspolitik während einer ökonomischen Hausse.

Dahinter stand aber zugleich die prinzipielle Frage der Konjunktursteuerung. So hatte das Bundeskabinett auf Vorschlag des Bundesfinanzministers bereits im Frühjahr und Frühsommer 1969 einige Maßnahmen gegen die heiß laufende Konjunktur beschlossen. Schiller gelangte jetzt anders als Strauß zu der Einschätzung, durch eine Änderung der Währungsparität könne die Konjunktur gesteuert werden – eine Maßnahme, die nach Auffassung des Finanzministers ein ständiges Wechselbad zur Folge haben würde.[82] Doch ging es hierbei nicht allein um deutsche Interessen. Vielmehr nahmen die Devisenspekulationen stark zu, die Bundesrepublik erwirtschaftete hohe Exportüberschüsse, die bundesdeutsche Zahlungsbilanz wies nun ein starkes Ungleichgewicht auf, die Gold- und Devisenüberschüsse vergrößerten sich ständig, die Bundesrepublik geriet unter den Einfluss einer aus den westlichen Industriestaaten »importierten Inflation«. Hierdurch wurde die deutsche Urangst der Geldentwertung wiederbelebt. Eine wesentliche Ursache der Spekulationen lag in den hohen Zahlungsbilanzdefiziten der USA und Großbritanniens, die im Herbst 1967 zu einem beträchtlichen Zinsanstieg führten, sodass die Emissionen vor allem in Währungen erfolgten, die nicht durch Abwertung verloren, darunter die DM.[83] Andererseits verlor beispielsweise der Franc ständig an Wert, wodurch die französische Wirtschaft belastet wurde. Frankreich und weitere Partnerländer forderten von der Bundesrepublik eine einseitige Aufwertung, wofür auch die Bundesbank plädierte. Andere Experten sowie die deutsche Exportwirtschaft, die Landwirtschaft, aber auch die Gewerkschaften äußerten sich im Herbst 1968 aufgrund der eigenen Interessenlage gegen eine Aufwertung, hätte sie doch die Ausfuhr verteuert und damit erschwert.

Die Diskussion zog sich hin, im November 1968 wandten sich Strauß und Schiller noch gemeinsam in Gesprächen mit anderen Experten bei Bundeskanzler Kiesinger gegen eine Aufwertung der DM, weil sie den konjunkturellen Aufschwung noch für fragil hielten. Allerdings beteiligte sich die Bundesrepublik an einer internationalen Stützungsaktion für den französischen Franc. Ihr blieb indes der Erfolg versagt, vielmehr wirkte sie negativ, sodass die Bundesrepublik mehrere Ersatzmaßnahmen beschloss, darunter am 27. November 1968 die Verminderung der Importsteuer um 4 Prozent und die Belastung des Exports jeweils um 4 Prozent, um das außenwirtschaftliche Gleichgewicht wiederherzustellen – Ersatzlösungen, die der Staatssekretär im Finanzministerium, Grund, insgesamt als belastender für die deutsche Exportwirtschaft ansah als eine klare Aufwertung der DM. Doch reichten auch diese Maßnahmen nicht, um die Devisenspekulationen zugunsten der DM einzudämmen, der Devisenzufluss erreichte im Mai 1969 18 Milliarden DM, auch die Inflationsrate stieg bis zu diesem Zeitpunkt auf 2,9 Prozent[84], wenngleich sie aus späterer Sicht eher moderat blieb.

So verschleppte sich die Diskussion über die Aufwertung ins Wahljahr 1969 und führte dann zu einem Streit innerhalb der Koalition, der einem Entscheidungspatt gleichkam, da die Unionsminister dem Votum von Strauß folgten, die Sozialdemokraten im Kabinett aber Schiller, der nun eine Aufwertung um 6,25 Prozent empfahl, womit der US-Dollar auf 3,75 DM festgesetzt worden wäre. In der entscheidenden Kabinettssitzung am 9. Mai 1969 diskutierten die beiden in erster Linie zuständigen Minister, unter anderen aber auch Bundeskanzler Kiesinger, Vizekanzler Brandt sowie Gerhard Stoltenberg und Kurt Schmücker sachlich und auf hohem Niveau das Für und Wider der Aufwertung, wobei Schiller einen deutlichen Unterschied zur Ausgangslage 1968 sah und die nunmehrige Situation als nicht vorhersehbar bewertete. Dies bestritt Strauß unter Hinweis auf seine eigene, damals im Jahreswirtschaftsbericht 1968 gegebene Einschätzung.

Während Schiller keine Alternative zur Aufwertung sah, argumentierte Strauß abwägender: Keine der beiden möglichen Entscheidungen könne als nur richtig oder nur falsch bezeichnet werden. Strauß unterschied drei Probleme, erstens die »binnenwirtschaftliche Situation, für deren Beherrschung es ein breites Instrumentarium gebe«. Jetzt existierten zwar Außenhandelsüberschüsse, doch sei die Zahlungsbilanz bis zum Beginn der Devisenspekulation ausgeglichen gewesen, deshalb würden sie kein rasches Handeln erzwingen. Zweitens spiele die aktuelle Spekulation eine Rolle, »die durch eine jetzt getroffene Aufwertungsentscheidung mit einem arbeitslosen und steuerfreien Einkommen in der Größenordnung von ³/₄ Mrd. DM belohnt würde«. Ein Mitglied des Zentralbankrats habe betont, man könne wahrscheinlich nicht umhin, »alle 2 bis 3 Jahre erneut aufzuwerten«, deswegen sei er gegen eine Aufwertung und auch »eine multilaterale Anpassung«, weil keine der Regierungen, deren Währungen überbewertet seien, sich bisher dazu bereit erklärt habe. Allerdings relativierte Strauß seine Ablehnung durch die Aussage, fiskalische Bedenken habe er gegen eine Aufwertung nicht. Doch hielt er es drittens für ausgeschlossen, einen auch nur einigermaßen als gerecht empfundenen Einkommensausgleich für die Landwirtschaft zu finden.

Der in dieser Sitzung hinzugezogene Bundesbankpräsident Karl Blessing sprach sich unter Verweis auf ein einstimmiges Votum des Zentralbankrats für eine Aufwertung aus. Schließlich stimmte das Bundeskabinett über den Antrag von Wirtschaftsminister Schiller ab, nachdem sich auch der Bundeskanzler gegen die Aufwertung ausgesprochen und vor apodiktischer Verhärtung der Positionen gewarnt hatte. Das Kabinett sprach sich mit Mehrheit gegen eine Aufwertung aus und folgte dem Vorschlag von Strauß, über notwendige Ersatzmaßnahmen zu beraten.[85]

Ob diese Entscheidung tatsächlich ein »Pyrrhussieg der CDU/CSU« war, wie die *Neue Zürcher Zeitung* am 12. Mai 1969 kommentierte, mag dahingestellt bleiben. Jedenfalls bekam Karl Schiller nun im Wahlkampf die Gelegenheit, sich von der Union und Strauß deutlich abzugrenzen und als Sozialdemokrat zu profilieren, was ihm bisher nicht so recht gelungen war – brillanter Redner und Selbstdarsteller, der er war, nutzte er die Chance effizient und attackierte seinen Koalitionspartner unter anderem mit dem Argument, die Nichtaufwertung treibe die Preise in die Höhe. Diese Erfahrung konnte jeder Konsument nachvollziehen, ohne allerdings die Ursache zu reflektieren. Die Aufwertungsfrage wurde das scheinbar einzig strittige Wahlkampfthema der beiden bisherigen Koalitionspartner. Ob hier wirklich eine »für die Wahlkampfführung fatale Fehlentscheidung« von Strauß und der Union lag, die entscheidend wurde, erscheint dennoch zweifelhaft, blieb doch die Union trotz ihrer geringen Verluste und dem Zugewinn der SPD, die erstmals über 40 Prozent der Wählerstimmen erhielt, die stärkste Fraktion.[86] Und auch schon vorher galt in großen Teilen der Öffentlichkeit Karl Schiller eher als der Motor des Aufschwungs als Franz Josef Strauß, der weiterhin lange gepflegte Ressentiments auf sich zog. Hätte die Zustimmung zur Aufwertung daran etwas geändert?

Gerhard Stoltenberg bewertete die Ablehnung der Aufwertung als »den schwersten politischen Fehler, den Strauß in jener Zeit beging«.[87] In der Sitzung selbst hatte allerdings auch Stoltenberg am 9. Mai 1969 gegen die Aufwertung plädiert, weil es keine genügende Klarheit über die Konsequenzen für den Bundeshaushalt gebe.[88] Weder war also die Entscheidungslage so eindeutig, noch war Strauß ein apodiktischer Gegner der Aufwertung, sondern ließ vielmehr Ambivalenzen durchblicken. In der Folge zeigte sich jedoch, dass die Ersatzmaßnahmen nicht wirkten, sodass zwei Tage nach der Wahl schließlich die Bundesbank auf Bitten der noch amtierenden Bundesregierung Kiesinger den Wechselkurs der DM freigab, bis die folgende Regierung Brandt die Parität zum US-Dollar dann auf 3,66 DM festsetzte.[89] Insofern folgte die neue sozialliberale Bundesregierung nach der Wahl vom 28. September 1969 schließlich doch Schillers Kurs.

Gesellschaftlicher Wandel in der Bundesrepublik: »Außerparlamentarische Opposition« – Strauß und die Linksintellektuellen

Ein politisches Thema, das Franz Josef Strauß nicht als Ressortminister, aber als Allroundpolitiker und Parteivorsitzender betraf, waren die gesellschaftlichen und atmosphärischen Veränderungen der Bundesrepublik in der zweiten Hälfte der 1960er-Jahre. Sie entwickelten sich im Gefolge der um 1965 beginnenden studentischen Protestbewegung, die internationale Dimensionen, aber auch westdeutsche bzw. Berliner Spezifika besaß. Darauf ist hier im Einzelnen nicht einzugehen. Doch erneuerten diese Proteste die persönlichen Aversionen gegen Franz Josef Strauß, ohne je seine Leistungen als Bundesfinanzminister oder auch seine Abgrenzungsstrategie gegen die NPD als Parteivorsitzender zu berücksichtigen.

Da Strauß als Wahlredner nun ständig mit nicht nur protestierenden, sondern gegen ihn angrölenden, ihn niederschreienden Störergruppen zu tun hatte, hielt er sein leicht reizbares Temperament nicht im Zaum und ließ sich selbst wiederholt zu kräftigen verbalen Gegenhieben, ja Beleidigungen hinreißen, setzte mehrfach auf einen groben Klotz einen weiteren. Solche als unbeherrscht wahrgenommenen Auftritte standen in seltsamem Kontrast zu dem differenziert argumentierenden Finanzminister und Außenpolitiker, der die reflektierte Grundsatzdiskussion über Politik und Geschichte liebte. Doch nicht dieser Strauß prägte das öffentliche Bild, sondern der hemdsärmelig zurückholende Wahlkämpfer. Nicht allein die Freude am kräftigen Austeilen, die bei vielen professionellen Wahlkämpfern der beiden großen Parteien beliebte Methode, durch Polarisierung Mobilisierung der eigenen Anhänger zu erzeugen, bildete eine entscheidende Triebkraft, sondern Art und spezifischer Inhalt der Attacken. Zwar war Strauß es gewohnt, in die »rechte« Ecke gestellt zu werden, doch auf eine Diffamierung reagierte er empfindlich: Wenn er – der erwiesene Feind der nationalsozialistischen Ideologie und Diktatur – brauner Anwandlungen bezichtigt, sein Konterfei auf Wahlplakaten mit Hitler-Bart und Hitler-Frisur beschmiert und er als Nazi beschimpft, zugleich aber in SA-Manier niedergeschrien wurde. In dieser Hinsicht war er nicht weniger sensibel als Willy Brandt, wenn man dessen Emigration als Vorwand für Diffamierungen benutzte.

Auch bei durchaus unerfreulichen Reaktionen von Politikern muss in Rechnung gestellt werden, was Aktion, was Reaktion, was Überreaktion ist. Aber nicht nur das: In den Jahren seit 1967/68 haben selbst Opfer der NS-Diktatur wie die renommierten Berliner Politikwissenschaftler Ernst Fraenkel und der Sozialdemokrat und Brandt-Freund Richard Löwenthal, die seit 1933 als Juden und Sozialisten verfolgt worden waren und schließlich emigrieren mussten, den zunehmend gewalttätigen Protest mit dem SA-Terror zu Beginn der 1930er-Jahre verglichen, als sie in ihren Vorlesungen massiv gestört wurden. Und auch Helmut Schmidt schrieb am 27. Januar 1969, das Demolieren von Rektoratszimmern, Kaufhäusern, Gewerkschaftshäusern und Parteibüros unterscheide sich, »wie das auch immer ideologisch legitimiert werden mag – in keiner Weise … von dem Verhalten von SA-Trupps heute vor 30 oder 35 Jahren«.[90] Zwar sind solche Parallelen politisch nicht korrekt, doch tragen sie dazu bei, die vergiftete Atmosphäre am Ende der 1960er- und während der 1970er-Jahre zu verstehen.

Ein Beispiel für eine verbale Entgleisung von Strauß vor solchem Hintergrund bildet sein Wahlkampfauftritt im Frühherbst 1969 in Bamberg, als er niedergeschrien wurde und sich üble Verhaltensweisen von Randalierern selbst auf Polizeiwachen mehrten, wo sie u. a. urinierten. Strauß hatte sich daraufhin lautstark empört, was in der rechtsstaatlich inakzeptablen Schlussfolgerung gipfelte, »daß für die APO die Anwendung der für Menschen gemachten Gesetze nicht möglich« sei. Es hagelte Proteste bis in die eigenen Reihen, weil der Minister Menschen mit Tieren verglichen habe. Dies erinnerte an andere Ausbrüche, beispielsweise als ein gereizter Ludwig Erhard Schriftsteller und Intellektuelle als »Pinscher« bezeichnet und auch damit in das »Wörterbuch eines Unmenschen« gegriffen hatte. Der Persönliche Referent von Franz Josef Strauß hatte alle Hände voll zu tun, um mit Erläuterungen die »verzerrte Wiedergabe« der Rede in der Presse zu entschärfen. Strauß habe hinzugefügt: »… weil diese Gesetze auch bei Rechtsbrechern noch mit Reaktionen rechnen, die der menschlichen Kreatur eigen sind«. Der Minister sei durch eine Reihe von Klagen von Gerichts- und Polizeibeamten »über das widerwärtige Verhalten dieser Gruppe (wie z. B. Exkrementieren und Urinieren in öffentlichen Diensträumen, Vollzug des Geschlechtsverkehrs in der Öffentlichkeit und im Beisein von Kindern« zu dieser Äußerung veranlasst worden. Er habe deshalb dem Bayerischen Ministerpräsidenten Goppel geschrieben: »Ich bitte Sie, Ihre Aufmerksamkeit diesen Vorgängen zu widmen, mit allen Mitteln der staatlichen Exekutive die verbürgte Ordnung des Staates zu garantieren und die Strafverfolgungsbehörden zum raschen Einschreiten zu veranlassen. Dieser Terror muß endlich gebrochen werden, damit der Bürger nicht das Vertrauen zum demokratischen Staat und zur Handlungsfähigkeit seiner Organe verliert.«[91] Gegen Strauß wurde ein Verfahren wegen Volksverhetzung eingeleitet, doch von der Münchner Staatsanwaltschaft wieder eingestellt: Zwar sei der »Vergleich mit Tieren … eine harte Kritik, die nach der Sachlage das strafrechtlich zulässige Maß jedoch nicht überschritten habe«.[92]

Bei weiteren Wahlveranstaltungen wie etwa in Aachen kam Strauß nicht mehr zu Wort, er wurde durch APO-Krawalle übertönt, »Bamberg« galt als Fanal. Auch etliche Intellektuelle griffen den Auftritt von Strauß in Bamberg heftig an. Sie meinten, nun habe der vermeintlich gereifte Bundesfinanzmister seine wahre Natur gezeigt und erneut mangelndes Rechtsstaatsbewusstsein demonstriert. Auch die 1966 nur mühsam gebändigten Widerstände innerhalb der SPD gegen den Eintritt von Strauß in die Bundesregierung wurden revitalisiert. Im Wahlkampf tauchten frühere Ressentiments immer wieder auf: Die wiederholten Mahnungen von Bundeskanzler Kiesinger im Kreßbronner Kreis, die Koalitionspartner sollten einen fairen Wahlkampf führen, zeigten in beiden Lagern nur begrenzte Wirkung.

Das Ungleichgewicht einer etwa 90-Prozent-Mehrheit der Regierungskoalition gegenüber einer so kleinen Opposition bildete die Pseudolegitimierung für eine systemwidrige »außerparlamentarische Opposition« (APO). Doch war die Große Koalition keineswegs die wirkliche Ursache für die Entstehung der APO, blieb der Parlamentarismus doch weiterhin funktionstüchtig: Tatsächlich wurden, wie die beiden Fraktionsvorsitzenden der Koalition im Bundestag betonten, die Fraktionen sogar gestärkt. Tendenzen zu einer außerparlamentarischen Opposition, darunter die Radikalisierung von Teilen der studentischen Protestbewegung bis hin zum Terrorismus, besaßen internationales Ausmaß, entzündeten sich zum Teil am Vietnamkrieg, an der Bildungspolitik, an neomarxistischer Gesellschaftskritik, in Deutschland auch an der Diskussion über den Umgang mit der nationalsozialistischen Vergangenheit und anderen Themen. Die Protestbewegung, aus der sich später die APO speiste, begann schon vor der 1966 erfolgten Bildung der Großen Koalition. Allerdings gab es ein Vorhaben der Großen Koalition, auf das sich die Proteste besonders richteten: die schon seit 1958 diskutierte und dann durch die Regierung Kiesinger/Brandt energisch vorangebrachte Notstandsgesetzgebung.[93] Sie fiel aber in die Zuständigkeit der Bundesinnenminister Paul Lücke (CDU, bis 1968) bzw. seines Nachfolgers Ernst Benda (CDU) und des Justizministers Heinemann (SPD), sodass Franz Josef Strauß davon direkt nicht betroffen war, wenngleich er natürlich als Parteivorsitzender sich jederzeit hätte zu Wort melden können. Doch war das Vorhaben wohl in seinen Augen politisch innerhalb der Koalition weniger strittig als in der Öffentlichkeit, auch mochte er es eher als eine gesetzestechnische Prozedur zur Regelung einer seit Jahren offenen Frage angesehen haben. Juristisch kompetent innerhalb der CSU-Führung war für diese Fragen ohnehin eher Richard Jaeger.

Vor allem kam es, wie schon verschiedentlich deutlich geworden ist, zu Querverbindungen, die über den Kreis der engeren parteipolitischen Auseinandersetzungen hinausgriffen. Tatsächlich richteten sich die Ausfälle der linken Protestbewegung auch gegen die großkoalitionäre SPD, die ebenfalls entschieden für die Notstandsgesetze eingetreten war, die Reaktionen von Herbert Wehner fielen kaum weniger drastisch aus als die von Franz Josef Strauß. Und doch gab es einen wesentlichen Unterschied: Blieb Willy Brandt der Liebling der gemäßigten Linksintellektuellen, für den Günter Grass und andere eine »Wählerinitiative« gründeten, für die der Schriftsteller »Willy«-Lieder dichtete, wurde Franz Josef Strauß erneut zum Feindbild nicht allein der APO, sondern auch der weniger radikalen Linksintellektuellen, die zugleich den Eindruck erweckten, nur sie allein repräsentierten die westdeutschen Intellektuellen.

Jürgen Habermas veröffentlichte Ende November 1966 eine Polemik gegen die Große Koalition. Hierin äußerte er Bedauern für den im Vergleich zu Wehner »empfindlicheren Willy Brandt« und zog zugleich kräftig gegen Strauß zu Felde: »Strauß, der als Mitglied der Bundesregierung gezeigt hat, daß er im Ernstfall die Normen des Grundgesetzes nicht kleinlich handhabt; Strauß, der das Parlament mit Vorsatz getäuscht hat und von Skandalen nicht überzeugend sich reinigen konnte; Strauß, der nach alledem kaum noch die Qualifikation zum Führer einer demokratischen Partei hat und gewiß nicht mehr zu einem demokratischen Minister taugt – diesen Strauß haben die Sozialdemokraten für ein Regierungsamt rehabilitiert.«[94] Theodor W. Adorno bezichtigte Strauß eines

»rechtskonservativen Kurses«[95], Rudi Dutschke bezeichnete in einem *Spiegel*-Interview vom 10. Juli 1967 Kiesinger und Strauß als »bürokratische Charaktermasken«[96], Alexander Kluge, der sonst durchaus nicht unkritisch gegenüber manchen Demonstrationen war, bezichtigte Strauß im Mai 1968, er würde ja auch ohne Notstandsgesetze den »Notstandsstaat errichten«[97]. Habermas behauptete noch 1977 in einem *Spiegel*-Essay, Strauß wolle eine »Volksjustiz« einführen und die Bundesrepublik »franconisieren«, nachdem »Spanien endlich eines Franco ledig ist«.[98] Die andauernde Anti-Strauß-Kampagne nahm später in einem APO-Ableger »zwanghafte Züge« an und erreichte 1980 »schließlich frenetische Höhepunkte«.[99]

Diese Kampagnen zeigen, in welchem Maße sich nicht wenige Linksintellektuelle ganz un-intellektuell mit den protestierenden Schreihälsen solidarisierten: Der Eindruck verfestigte sich, Intellektuelle seien normalerweise Linksintellektuelle und Strauß der leibhaftige Antiintellektuelle. Beispiele finden sich zuhauf, und wieder einmal erschien Strauß als Streitender, wieder einmal als vermeintlich konservativer, ja reaktionärer Gegenpol zum intellektuellen Fortschritt. Das war zwar abwegig, doch bestätigte sich erneut, dass in Teilen der Öffentlichkeit die Perzeption wirkungsmächtiger als die Realität war: Die beteiligten Intellektuellen stellten die Welt auf den Kopf, von wo schon Karl Marx sie hatte herunterholen wollen.

Franz Josef Strauß erhielt Schützenhilfe von dem in Locarno lebenden Schriftsteller und Journalisten Hans Habe, einem kämpferischen »Antifaschisten«, der 1937 den Emigrationsroman *Drei über die Grenze* veröffentlicht hatte. Habe hatte einen politisch »unverdächtigen«, geradezu romanhaften Lebenslauf: Als ungarisch-deutsch-österreichischer Emigrant verließ er nach dem Anschluss Österreichs 1938 Wien, trat 1939 freiwillig in die französische Armee ein, geriet 1940 in deutsche Gefangenschaft, konnte fliehen und schließlich in die USA emigrieren. Als amerikanischer Major beteiligte er sich nach 1945 am Wiederaufbau des deutschen Pressewesens, er wurde Gründer und Chefredakteur mehrerer Zeitungen, unter anderem der *Neuen Zeitung* in München. Er arbeitete als Drehbuchautor in Hollywood, war Verfasser des damaligen Bestsellerromans *Off limits* (1954) und verwickelte sich schließlich in literarisch-politische Fehden mit eher linksliberalen Autoren wie Max Frisch und Friedrich Dürrenmatt. Habe zählte zu den Intellektuellen, die sich vehement gegen die Gleichsetzung von »intellektuell« und »linksintellektuell« wandten und darüber mit Franz Josef Strauß korrespondierten.

In einem Brief an Strauß stimmte Habe am 8. September 1969 den Attacken des CSU-Vorsitzenden auf die APO zu, die er mit der SA verglich, wenngleich sie intelligenter sei als diese. Doch betonte Habe, nicht jeder Intellektuelle unterstütze die APO. Strauß bedankte sich für die Unterstützung von Habe und schrieb: »Bedauerlicherweise gehen politischer Verstand und hohe geistige Gaben häufig nicht zwangsläufig Hand in Hand ... Offenbar sind ... politische Einsichtsfähigkeit und geistige Bildung und Ausbildung Eigenschaften, die ebensowenig mit einander in Verbindung stehen wie z. B. Körpergröße und Heuschnupfen.« Und einige Wochen später schrieb Strauß am 9. Oktober 1969 an Hans Habe: »Ich bin durchaus Ihrer Auffassung, daß Intellektualität und Linksradikalismus nicht identisch sind, auch wenn man manchmal diesen Eindruck gewinnen könnte. Ich habe auch nichts gegen eine stürmische und radikale Jugend einzuwenden, wenn sich die Radikalität der Gedanken in angemessenen demokratischen Formen äußert.« Empörend sei für ihn aber der reine Meinungsterror.[100] Einen solchen Meinungsterror erlebte Strauß, den die APO als ihren schärfsten Gegner betrachtete, seit 1968 mit wachsender Intensität immer wieder. So wurde er bei der Frankfurter Buchmesse anlässlich der Vorstellung seines Buches *Herausforderung und Antwort. Ein Programm für Europa* am 20. September 1968 von mehreren Hundert Demonstranten – unter ihnen Daniel Cohn-Bendit – angepöbelt und mit Sprechchören begrüßt, »Strauß ist ein Faschist«.[101]

Es gehört zu den gängigen Interpretationsmustern, Überreaktionen von Strauß breit auszumalen, sie gar als Bedrohung für die bundesdeutsche Rechtsordnung zu deuten, aber die alltägliche Bedrohung der Meinungsfreiheit, die sich in diesen Jahren vor allem an den Universitäten abspielte, zu ignorieren, herunterzuspielen oder freundlich als jugendlich-intellektuelle Folklore zu bagatellisieren. Jenseits solcher Fehlperzeptionen ging es aber um mehr. In einer repräsentativen parlamentarischen Demokratie ist eine sich nur durch ihr Selbstverständnis legitimierende außerparlamentarische Opposition, die sich als »Gegengewalt« definiert, systemwidrig. Wer wie Strauß ohne Wenn und Aber dagegen kämpft, verteidigt tatsächlich die grundgesetzlich geregelte Verfassungsordnung. Schließlich gab ihm auch die spätere Entwicklung recht, da Teile der APO in den kriminellen Untergrund absanken bzw. nicht wenige Linksintellektuelle mit der RAF sympathisierten oder gar gesuchte Straftäter versteckten.

Kaum zufällig steuerte der damalige CDU-Vorsitzende Helmut Kohl 1980 zu einer Festschrift seines CSU-Kollegen Franz Josef Strauß einen Aufsatz bei, der den Titel trug »Die Union und die Intellektuellen – Eine Zwischenbilanz«. Er leitete ihn mit den Sätzen ein, es gebe zwei von manchen Medien geradezu liebevoll gepflegte Vorurteile: »Der Geist steht links. Und das andere suggeriert eine sich daraus anscheinend zwingend ergebende Schlußfolgerung: Es sei der CDU nicht möglich, ein sinnvolles Verhältnis zu den Intellektuellen zu entwickeln.« Kohls Überlegungen wiesen über die persönlichen Ressentiments hinaus, die gegenüber einem Politiker wie Strauß herrschten, nahm der CDU-Vorsitzende doch die Aufbruchstimmung seit 1969 und den damit korrespondierenden Zeitgeist der 1970er-Jahre in den Blick: »… es war in erster Linie jenes in der Ära Brandt in der SPD herrschende Klima gesellschaftlicher Rigorosität und radikaler Reformbereitschaft, das sie veranlaßt hatte, ihre auch für linke Intellektuelle ganz natürliche kritische Distanz zur Politik und ihre Unabhängigkeit gegenüber parteipolitischer Bindung preiszugeben.«[102]

Strauß wiederum, den nicht allein der *Spiegel* seit den 1950er- und insbesondere seit den frühen 1960er-Jahren zur Bedrohung der bundesdeutschen Demokratie hochstilisierte, instrumentalisierten viele Intellektuelle geradezu als parteipolitisch definiertes Feindbild. Auf diese Weise glaubten sie, die eigene distanzlose Parteinahme zu legitimieren. Strauß »war und blieb der bundesrepublikanischen Intelligenz liebster gehaßtester Politiker, da er stets, und zwar mit Geist, keine Provokation scheuend, dafür sorgte, daß der Geist auf seiner Seite nicht stand, was diesem die Befriedigung verschaffte, auf der ›ganz anderen Seite‹ (derjenigen der politischen Ohnmacht, aber politischer Moral) stehen zu können. In der Auseinandersetzung mit Franz Josef Strauß, dem Provinzler, konnte man sich des republikanischen Glücksgefühls vergewissern, daß man selbst jenseits des Provinzialismus stand.« So lautete das sozialpsychologisch aussagekräftige Urteil von Hermann Glaser, dem Nürnberger SPD-Kulturpolitiker und vielseitigen Autor.[103] Ein Beispiel, wie man mit vermeintlicher Text- und Wortanalyse die politischen Ziele von Strauß in ihr Gegenteil verkehrte, lieferte Karlheinz Deschner 1967: Selbst die dezidiert antinationale Europa-Konzeption von Strauß verbog Deschner zu einem »Supra-Nationalismus«, er zählte die Wörter und fand heraus, Strauß, »der Oberleutnant in Hitlers Wehrmacht«, habe 121 Mal das Wort »nuklear«, aber nur zwei Mal das Wort »human« benutzt – was Wunder, wenn das zentrale Anliegen eines Autors die Sicherheitsstrategie ist. Aber schon das Wort »Anliegen« beurteilte Deschner als nahezu faschistoid. Wenn Deschner im Hinblick auf Strauß dann Novalis zitierte: »Mensch werden ist eine Kunst…« und dann das Zitat fortsetzte: »Man kann nur werden, insofern man schon ist« – dann belegt das, wie heuchlerisch die Empörung über Strauß' Wort vom tierischen Verhalten einiger APO-Mitglieder war.[104]

Bei jeder Bundestagswahl und mit eindeutiger politischer Parteinahme erneuerten sich die diffamierenden Attacken auf Strauß, insbesondere als er selbst 1980 Kanzlerkandidat der Union wurde. Doch lange vorher finden sich vergleichbare Pamphlete, 1972 beispielsweise in dem erwähnten, von den Jungsozialisten, den Jungdemokraten und den sozialistischen »Falken« unter Mitarbeit des Autors Bernt Engelmann herausgegebenen *Schwarzbuch Franz Josef Strauß*: Für dieses peinliche Bändchen waren unter anderem zwei spätere SPD-Bundestagsabgeordnete – Wolfgang Roth und Ingrid Matthäus (anfangs FDP) – sowie ein DGB-Funktionär federführend: Strauß wurde als »Schreibtischtäter« bezeichnet, der gegen »unsere freiheitlich-demokratische Grundordnung, gegen unseren Staat« ist. »Er hat fortgesetzt gegen Verfassung und Gesetz sowie gegen Normen von Sitte und Anstand, die auch und gerade in der Politik gelten müssen, vorsätzlich verstoßen.«[105]

Das Strauß-Bild der Linksintellektuellen war insofern paradox, als gerade er von intellektueller Neugier und Unruhe getrieben, ein permanenter Neuerer war: All seine Amtszeiten als Bundesminister in sehr unterschiedlichen Ressorts bewiesen seinen innovativen Charakter. Aber auch in einem anderen wesentlichen Aspekt verfehlte diese gängige Einschätzung des CSU-Politikers die Realität. Der Vorwurf der »1968er«, aber auch in dem erwähnten Text von Deschner, die vorausgehende Generation und die führenden westdeutschen Politiker hätten sich nicht mit der NS-Diktatur auseinandergesetzt[106], ging gerade bei Franz Josef Strauß ins Leere, wurzelte doch sein politisches Engagement in der intensiven historischen Reflexion und der ständigen Abgrenzung gegen den Nationalsozialismus und seine Verbrechen. Und ebenso absurd war die Einschätzung, Strauß sei ein bloßer Machtmensch, war er doch in Wirklichkeit einer der intellektuellsten Politiker der deutschen Nachkriegsgeschichte. Vielleicht empfanden Linksintellektuelle ihn auch deshalb als ständige Provokation, weil er für sie eben nicht bloß eine politische, sondern eine geistige Herausforderung bedeutete. Und schließlich: Wie kann man einen Politiker ständig als Bedrohung einer Demokratie hinstellen, die er selbst an führender Stelle mit aufgebaut und nachhaltig geprägt hatte? Aber gerade das für solche Aufbauleistung unentbehrliche »Bohren dicker Bretter« und die zugrunde liegende »Verantwortungsethik«, die Strauß unter Hinweis auf Max Weber immer wieder betonte, widersprachen einer bloß intellektuellen Vision des Politischen: Sie räsonierte zwar über »Theorie und Praxis«, blieb aber auch da theoretisch und scherte sich um die Realisierung nicht: So proklamierte der marxistische Philosoph Jean-Paul Sartre in einem Interview mit Daniel Cohn-Bendit in der *Zeit* vom 31. Mai 1968: »Die Phantasie an die Macht.« Diese von den »1968ern« begierig aufgegriffene Parole emanzipierte sich selbst von der lästigen Wirklichkeit der Politik. Insofern lag hier denn doch eine strukturelle Widersprüchlichkeit, die ebenfalls über Persönliches hinauswies.[107]

Nimmt man alles in allem, zählen zwar die Jahre als Finanzminister in der Großen Koalition zu den erfolgreichsten in der politischen Laufbahn von Franz Josef Strauß, doch waren sie seit 1967/68 zunehmend überschattet durch diesen gesellschaftlichen Generationenkonflikt. Ihm lag das Missverständnis zugrunde, dass auch die unmittelbare Nachkriegszeit und die beiden ersten Jahrzehnte der Bundesrepublik nicht allein ein rasanter ökonomischer Aufstieg waren. Es wurde damals selbst von vielen Historikern, Soziologen und Politikwissenschaftlern verkannt, dass die Bundesrepublik kein Staat der Restauration war und sein konnte, deren vermeintliches kulturelles Defizit nun endlich behoben werden müsse. Wenngleich es selbstverständlich in der Geschichte keine »Stunde Null« gibt, sondern immer zugleich Kontinuitäten, Traditionen, eine *longue durée*, dominieren doch in der Entstehung und Entwicklung der Bundesrepublik die Brüche gegenüber den vorherigen Epochen, insbesondere gegenüber den Jahren vor 1945.

In nahezu allen zentralen Sektoren musste neu begonnen werden: Das galt für die Gesellschaft, die allein schon durch die Integration von zwölf Millionen Flüchtlingen und Vertriebenen fundamental verändert wurde, aber auch durch den Wegfall ehemals einflussreicher sozialer Schichten wie den »ostelbischen Junkern« oder den mit diesem eng verbundenen Typus des preußischen Offiziers. Von der im 18. Jahrhundert wurzelnden, spätere Epochen nachhaltig prägenden »Sozialdisziplinierung« und einer zeitweiligen sozialen Militarisierung der deutschen Gesellschaft blieb nichts übrig. Die verschiedenen Schübe in der Einebnung sozialer Unterschiede, die insbesondere die nationalsozialistische Diktatur betrieben hatte, verstärkten sich durch die gesellschaftlichen und ökonomischen Konsequenzen des Zweiten Weltkriegs gewaltig. Die soziale Marktwirtschaft war kein dezidiert liberal-kapitalistisches Wirtschaftssystem mehr. Die außenpolitische und internationale Orientierung der Bundesrepublik war angesichts langfristiger deutscher Traditionen geradezu revolutionär: Die entschiedene wertorientierte kulturelle, politische, wirtschaftliche und militärische Westintegration stand im Gegensatz zu früheren hegemonialen Tendenzen des späten Kaiserreichs, des neutralen Schwebens zwischen Ost und West aufgrund der deutschen Mittellage oder des großdeutsch-rassistischen Imperialismus der nationalsozialistischen Diktatur Hitlers.

Die insbesondere von Konrad Adenauer und Franz Josef Strauß betriebene Westintegration und Europäisierung – mit partiellem Souveränitätsverzicht – reagierte nicht allein auf die internationale Szenerie der Ost-West-Konfrontation, sondern entsprang einer klaren Wertorientierung. Und so geriet auch die Verfassungsordnung des Grundgesetzes zu einem ethisch fundierten Lernprozess aus der deutschen Geschichte: Sie trug den Mängeln der Weimarer Verfassung Rechnung und stand in Gegnerschaft zu jeder Form totalitärer Ideologie oder Diktatur.

Schließlich dürfen auch nicht die Reflexionen über die »Deutsche Katastrophe«, die »Deutsche Daseinsverfehlung«, die »Irrwege der deutschen

Nation« in West und Ost in den vielen kulturpolitischen Zeitschriften und Traktaten der 1940er- und 1950er-Jahre vergessen werden. Und repräsentierten die Gruppe 47, Heinrich Böll, Günter Grass, Siegfried Lenz, Wolfgang Koeppen, Martin Walser, Hermann Lenz und viele andere eine Kultur und Literatur der »Restauration«? In einer pluralistischen Demokratie gehört selbstverständlich auch die Opposition zur pluralistischen Gesellschaft und politischen Kultur eines Landes.[108] Und im Rückblick wird – nicht zuletzt im Vergleich zu späteren Phasen – deutlich, welchen Reichtum an bedeutenden, ganz unterschiedlichen politischen Persönlichkeiten die ins Kreuzfeuer linksradikaler und gemäßigt linksliberaler Kritik geratene Bundesrepublik in den 1950er- und 1960er-Jahren besaß. Heute werden die großen Debatten des Bundestags, sei es über außenpolitische und innenpolitische Weichenstellungen, sei es über ethische und rechtspolitische Fragen, wie die Verjährung von NS-Verbrechen, mit Recht zu den Sternstunden des deutschen Parlamentarismus und der politischen Kultur gezählt. Was also wurde in den essenziellen Strukturen restauriert, was konnte überhaupt restauriert werden?[109] Beispielsweise Teile des Parteiensystems. Doch liest man die Äußerungen von Franz Josef Strauß aus der Frühphase der CSU, dann findet man dort einen der schärfsten Kritiker überholter Traditionen des Kaiserreichs und der Weimarer Republik sowie gegenüber den »Vorbelastungen des deutschen Parlamentarismus« (Ernst Fraenkel), die Strauß mitverantwortlich für das Scheitern der Demokratie und den Aufstieg des Nationalsozialismus machte.

Nicht allein einer der großen Redner, sondern ein führender Repräsentant der Aufbaujahre der alten Bundesrepublik ist Strauß gewesen, gerade deshalb musste er zu einer bevorzugten Zielscheibe der Protestbewegung seit 1967/68 werden, obwohl seine eigenen Sturm-und-Drang-Jahre längst nicht vorbei waren und er mit Mitte 50 zu den immer noch jüngeren Spitzenpolitikern gehörte. Strauß zählte jedenfalls zu denen, die politisch diese Innovationen ins Werk setzten, die in allen zentralen Sektoren die Bundesrepublik zu einem singulären Exempel einer in kurzer Zeit erreichten, nachhaltigen gesellschaftlichen und staatlichen Modernisierung machten.[110] Die damalige globale »Restaurations-These« vertritt zwar heute kein ernst zu nehmender Historiker mehr, vielmehr wird die Geschichte der Bundesrepublik heute im Allgemeinen als »Erfolgsgeschichte«[111] angesehen, was noch in den 1980er-Jahren als verpönt galt. Nahezu 20 Jahre dominierte mehr oder weniger ausgeprägt das »Restaurations-Modell«, vor allem aber wurde behauptet, Franz Josef Strauß sei einer der wichtigsten Repräsentanten der vermeintlich verhinderten Neuordnung.

17

Franz Josef Strauß als Oppositions-
politiker im Bundestag 1969 bis 1978

Der Machtwechsel

Die folgenden 13 Jahre nach Bildung der sozialliberalen Koalition 1969
verbrachten die Unionsparteien erstmals nach 20 Jahren Regierungsführung im Bund auf der Oppositionsbank. Zuvor hatten CDU und CSU der
FDP ein weitreichendes Koalitionsangebot gemacht, zu dem der Verzicht
auf Wahlrechtsänderung, ein »politisches Bündnis der 70er-Jahre auf
allen Ebenen«, schließlich die Überlassung der Ämter des Außenministers und des Vizekanzlers gehörten. Strauß erklärte in der Sitzung der
CSU-Landesgruppe am 1. Oktober 1969, »es sei unerträglich, daß die Verlierer der Wahl die entscheidenden Figuren bei der Regierungsbildung
seien«.[112] Tatsächlich hatte die CDU/CSU mit 46,1 Prozent die Wahl klar
vor der SPD mit 42,7 Prozent gewonnen, die FDP war auf 5,8 Prozent (von
9,5 Prozent) abgesackt, ihr seit 1962 prononcierter Anti-Strauß-Kurs, die
linksliberale Akzentuierung und die Unterstützung des SPD-Kandidaten
Gustav Heinemann bei der Bundespräsidentenwahl brachten sie an den
Rand der Fünf-Prozent-Klausel. Die Unionsparteien erlitten leichte Stim-
menverluste (1,5 Prozent), die aber stärker auf das Konto der CDU als der
CSU gingen, deren Bundesanteil sich nur von 9,6 auf 9,5 Prozent verringerte. Zwar bestätigten sich Befürchtungen nicht, dass die rechtsradikale
NPD in den Bundestag einziehen würde, doch immerhin erreichte sie mit
4,3 Prozent das beste Wahlergebnis bei einer Bundestagswahl und rückte
bedenklich nahe an die Fünf-Prozent-Hürde heran. Dies bestärkte Strauß
in seinem Abgrenzungskurs gegen die linke Mitte, die SPD, um auf dem
rechten Flügel keine Stimmen einzubüßen. Die SPD erzielte deutliche
Stimmengewinne (3,4 Prozent). Damit war zunächst die Rechnung des
»großen SPD-Strategen« Herbert Wehner aufgegangen: Die Regierungsbeteiligung zahlte sich für die Sozialdemokraten anders als in der Weima-

rer Republik aus, je mehr sie sich reformierte: Je vorbehaltloser die SPD die von Adenauer, Strauß, den Unionsparteien und der FDP gelegten Grundlagen der Innen-, Außen- und Wirtschaftspolitik akzeptierte, desto stärker wurde sie.

Andererseits blieben die Unionsparteien die mit Abstand größte politische Kraft, woraus sie gemäß der allgemeinen politischen Regel folgerten, ihnen stehe die Initiative für die Regierungsbildung und das Amt des Bundeskanzlers zu. Doch erfüllte sich diese Erwartung nicht, da sich die beiden Parteivorsitzenden der SPD und der FDP, Willy Brandt und Walter Scheel, trotz der denkbar knappen Mehrheit von fünf Mandaten noch in der Wahlnacht am 28. September 1969 auf eine gemeinsame Koalition einigten und dies bereits am 3. Oktober formell dem Bundespräsidenten mitteilten. Im Falle Brandts schien das ein überraschend klarer Entschluss, für Scheel aber lag er in der Konsequenz seines bisherigen Weges als Parteivorsitzender, so groß das Risiko für ihn selbst und die FDP war. Eine Kehrtwende hätte den Liberalen den Vorwurf eingetragen, um jeden Preis in die Regierung zu wollen.

Die sozialliberale Regierungsbildung stellte die FDP nicht besser, als sie sich bei einer Koalition mit den Unionsparteien gestanden hätte, deren Angebot an die Liberalen nicht schlechter war als das der SPD. Keineswegs alle führenden Sozialdemokraten konnten sich angesichts der knappen Mehrheit für den Koalitionswechsel erwärmen. Herbert Wehner, eigentlich der »starke Mann« der SPD, höhnte noch am Wahlabend über die »alte Umfallerpartei«, die FDP, und Helmut Schmidt charakterisierte die Liberalen als »unsichere Kantonisten«: Beide hätten lieber die Koalition mit der Union fortgesetzt.

Tatsächlich trafen weder Willy Brandt noch Walter Scheel in der Wahlnacht einen spontanen Entschluss, hatten sie sich doch bereits bei einem gemeinsamen Mittagessen im Düsseldorfer Industrieklub im Mai 1969 darauf verständigt, wenn das Wahlergebnis es erlaube, eine Koalition nicht auszuschließen, bzw. in typisch Brandt'scher Diktion, »nicht von anderen abschließen zu lassen«.[113] Vor der Wahl hatten alle Parteien auf eine Koalitionsaussage verzichtet[114], da das Wahlergebnis unkalkulierbar schien und Politiker sowohl der Union als auch der SPD eine Große Koalition gegenüber einer sehr kleinen Oppositionsfraktion wiederholt als Ausnahme und nicht als Regel bezeichneten. Strauß gab kurz vor der Wahl am 19. September allerdings in der *Bild*-Zeitung der Fortführung der Großen Koalition den Vorzug vor einer Regierung von Union und FDP, weil sich die anstehenden Probleme nach seiner Einschätzung besser mit der SPD als der FDP lösen ließen.[115] Brandt hingegen hoffte offenbar auf die Möglichkeit einer sozialliberalen Koalition, auch wenn er sich öffentlich kurz vor seiner prinzipiellen Verständigung mit dem FDP-Vorsitzenden im April heftig dagegen wandte, vor der Wahl über Koalitionen zu »palavern«. In einem *Spiegel*-Interview ging Brandt knapp zwei Wochen vor dem Wahltermin schließlich selbst aus der Reserve und deutete an, dass er sich eine Koalition mit der FDP und Scheel als Außenminister vorstellen könne, während mehrere FDP-Politiker, darunter Hans-Dietrich Genscher und Willi Weyer, sich ebenfalls für eine sozialliberale Koalition offen zeigten. Walter Scheel äußerte sich schließlich am 23. September unmissverständlich: Wenn das Wahlergebnis dies gestatte, werde er mit der SPD in Bonn »den fälligen Machtwechsel vollziehen«. Wenige Tage vor der Wahl argumentierten in der Fernsehrunde der Parteivorsitzenden sowohl Brandt als auch Scheel im gleichen Sinne.[116] Eine Überraschung war also die Bildung einer SPD/FDP-Koalition nicht. Tatsächlich gehörten Gedankenspiele über mögliche Regierungsbildungen im Jahr vor der Bundestagswahl zum politischen Geschäft, auch wenn sich die meisten Politiker offiziell lange alle Optionen offenhalten wollten. Brandt machte so wenig eine Ausnahme wie seine Mit- und Gegenspieler, wie diese war auch er Parteipolitiker und im September/Oktober 1969 taktierender Machtpolitiker: Damals gelang es ihm sogar, Wehner zu überrumpeln. Andeutungen über mögliche Alternativen, bewusste Unklarheiten ließen nicht nur Spielräume für alle Eventualfälle, sondern suggerierten auch den jeweiligen Wählergruppen, deren eigene Präferenz zu teilen.

Bundeskanzler Kurt Georg Kiesinger beurteilte vermutlich die sich verstärkenden Hinweise auf die mögliche Regierungsbildung von Sozialdemokraten und Liberalen als den üblichen Versuch von Parteien, sich für künftige Verhandlungen in Stellung zu bringen und zu diesem Zweck mit Alternativen zu drohen. Den Ernst der Lage für die Union erkannte er erst ziemlich spät und sah offensichtlich die Signale von Brandt und Scheel als nicht wirklich bedrohlich an. Der amtierende Bundeskanzler ging mit zu großer Selbstverständlichkeit davon aus, dass die stärkste Fraktion weiterhin den Regierungchef stellen würde, vorzugsweise in einer Großen Koalition.[117] Noch in der Wahlnacht sah sich Kiesinger als Sieger, bis schließlich Helmut Kohl dem schockierten Bundeskanzler im Auto das Ergebnis der Hochrechnung zeigen konnte.[118]

Walter Scheel war Vorsitzender einer Partei, die sich seit 1967/68 im Umbruch befand und während der drei Oppositionsjahre um eine Neuorientierung gerungen hatte. Für ihn war die Zielrichtung eindeutiger als für die Führungen von Union und SPD, wenngleich er ebenso wenig sicher sein konnte, ob sein Ziel erreichbar sein würde. Scheel arbeitete jedenfalls seit Längerem zielstrebig und überlegt auf eine sozialliberale Koalition hin. Die Union, insbesondere Franz Josef Strauß und die CSU, vergaßen ihm diese Entscheidung nie, obwohl sie selbst bei der Bildung der Großen Koalition 1966 und der Absicht, das Mehrheitswahlrecht einzuführen, auf die Existenzängste und die empfindliche Seele der Liberalen keine Rücksicht genommen hatten.

Auch verkannten führende Unionspolitiker, dass Scheel alles andere als ein linksliberaler Ideologe war, sondern diesen Weg der FDP aus parteipolitischen, aber auch aus Sachgründen für notwendig hielt. Seine Analyse der Konstellation und der künftigen Politik war ausgesprochen nüchtern-pragmatisch, wenngleich die innerparteiliche Wirkung dieses Kurses einen von ihm wohl kaum langfristig gewollten linksliberalen Ruck in seiner verkleinerten Partei bedeutete. Er selbst jedenfalls sah – anders als der nun erstarkende linksliberale Flügel der FDP – auch die Koalition mit der SPD als »Ehe auf Zeit«, so gut sein persönliches Verhältnis zu Willy Brandt auch war.[119] Immerhin ließ Walter Scheel wenige Jahre danach als Bundespräsident verschiedentlich durchblicken, dass funktionierende Koalitionsregierungen ihre gemeinsame Zielsetzung nach einiger Zeit abgearbeitet hätten und dann wieder neue Konstellationen denkbar seien. Auch im Jahrzehnt nach 1969 hat er verschiedentlich die grundlegenden Leistungen der Regierungen Konrad Adenauers für die Bundesrepublik gewürdigt und sowohl die Westintegration als auch die soziale Marktwirtschaft als unverzichtbar angesehen, schließlich am Ziel der Wiedervereinigung festgehalten.

Viele Jahre nach der sozialliberalen Wende steuerte Scheel sogar eine Würdigung zur Festschrift für Franz Josef Strauß aus Anlass seines 70. Geburtstags bei, was man als formelle Höflichkeit abtun kann, doch nicht muss. 1985 war Scheel seit sechs Jahren nicht mehr Bundespräsident: Hätte er Strauß nicht auf diese Weise ehren wollen, hätte er es auch nicht getan. Er stellte »Gemeinsamkeiten und Gegensätze« heraus, charakterisierte Strauß als »Politiker aus Leidenschaft, einen streitbaren Demokraten«, dem gegenüber »indifferent zu bleiben« unmöglich erscheine. Scheel, der vier Jahre jüngere Generationsgenosse, war wie Strauß als Oberleutnant aus dem Krieg zurückgekehrt und erinnerte an die gemeinsame historische Erfahrung und die Konsequenz, die beide aus der Katastrophe gezogen hatten, aber auch an analoge Ziele. Der »Aufbau der Bundesrepublik ist ohne ihn schwer vorstellbar«. »Bewunderern und Gegnern von Franz Josef Strauß ist der Respekt vor seiner Intelligenz und Sachkunde gemeinsam, seiner politischen Vitalität und seinem rhetorischen Talent. Und sie dürften auch darin übereinstimmen, daß er einer der markantesten Unionspolitiker der Nachkriegszeit ist. Ob in der Regierungsverantwortung oder in der Opposition, ob in Bonn oder von München aus, für Überraschungen ist er immer gut – seine Freunde in der Union wissen davon genauso ein Lied zu singen wie seine Widersacher.«[120]

Scheel begründete aus seiner Perspektive durchaus überzeugend die Sachgründe, die für eine Koalition mit der SPD sprachen. Und schließlich hatten beide, Union und FDP, ihre frühere Zusammenarbeit seit 1961/62 als unbefriedigend empfunden, wofür allerdings die FDP selbst eine erhebliche Verantwortung trug. Nicht aus der jeweiligen parteipolitischen Perspektive, aber aus Gründen der Funktionstüchtigkeit der demokratischen Verfassungsordnung bewies die sozialliberale Regierungsbildung, dass nun alle im Bundestag vertretenen Parteien miteinander koalitionsfähig waren. Darüber hatte der damalige SPD-Fraktionsvorsitzende Helmut Schmidt bereits auf dem Außerordentlichen Parteitag der SPD sinniert, der vom 16. bis 18. April 1969 in Bad Godesberg stattfand: Jede Fraktion sei »gegenüber jeder anderen Fraktion koalitionswillig und koalitionsfähig«. Auch Schmidt machte selbstverständlich die definitive Entscheidung vom Wahlergebnis, einer ausreichenden Mehrheit und dem »Maximum sachlicher politischer Einigung« abhängig.[121] Auf allen Seiten wurde schon seit dem Frühjahr 1969 über künftige Konstellationen orakelt, und tatsächlich markierte die Regierungsbildung vom Oktober 1969 den zweiten und für Jahrzehnte letzten Schritt des 1966 mit der Großen Koalition begonnenen Weges zur parteiübergreifenden koalitionsfähigen Zusammenarbeit der demokratischen Parteien – ein wichtiger Schritt zwar, doch keine »zweite Gründung der Bundesrepublik«, wie eine übertreibende Deutung glauben machen will.

Allerdings stellte dieser Kurs die FDP auf eine harte Bewährungsprobe, die schließlich zum Austritt sogar des früheren FDP-Vorsitzenden Erich Mende und weiterer Liberaler führte. Die innerparteilichen Kontroversen begannen bereits, als der 1968 als Nachfolger gewählte neue Parteivorsitzende Walter Scheel, ursprünglich der jüngste Bundesminister im letzten Kabinett Adenauer, im Frühjahr 1969 die Weichen für die Wahl des sozialdemokratischen Justizministers Heinemann zum Bundespräsidenten stellte. Diese Entscheidung blieb auch in der FDP bis zum letzten Moment umstritten, doch setzte sich Scheel schließlich innerparteilich durch. Für die Union bedeutete die Wahl Heinemanns eine denkbar scharfe Provokation, die zur weiteren Entfremdung der früheren Koalitionspartner beitrug. Heinemann war einer der schärfsten politischen Gegner des Westkurses von Konrad Adenauer und Franz Josef Strauß, gegen beide kultivierte der SPD-Politiker scharfe, persönlich geprägte Animositäten. Überdies bezeichnete der neue Bundespräsident seine Wahl – verfassungspolitisch bedenklich – als »ein Stück Machtwechsel«, was eine dezidierte Parteinahme ankündigte und die vom obersten Verfassungsorgan zu erwartende Überparteilichkeit missachtete. Da Scheel aber in Bezug auf die politischen Weichenstellungen der 1950er-Jahre an der Seite von Adenauer und Strauß gestanden hatte, ihm Gustav Heinemann auch vom persönlichen Typus her kaum lag, bildete die Bundespräsidentenwahl 1969 für den FDP-Vorsitzenden kein inhaltliches politisches Credo gegen die Union, wohl aber war sie Teil seiner Strategie für die künftige Koalitionsbildung.

Zwar ging die erneute Verstimmung über die FDP bei Franz Josef Strauß tief, doch nun richtete er zunächst heftige Angriffe vor allem gegen Willy Brandt, wieder einmal diskutierte die CSU über die ihr gegenüber ungünstige »politische Einstellung der Massenmedien in der Zeit vor und nach der Bundestagswahl«. Allerdings begnügte sich Strauß nicht mit seiner nachvollziehbaren Medienschelte und der Polemik gegen den SPD-Vorsitzenden, sondern skizzierte schon in der Sitzung der Landesgruppe am 15. Oktober 1969 die künftige Oppositionsarbeit. Strauß verlangte eine klare Zielsetzung, die in offener und ausgiebiger Diskussion innerhalb der Landesgruppe erarbeitet, danach aber geschlossen vertreten werden müsse. In der Landesgruppe solle es keine Ämterkumulation geben. Er kandidierte deshalb nicht selbst, sondern schlug vor, den bisherigen Bundesminister Richard Stücklen zum Vorsitzenden zu wählen. Im Übrigen vertrat er die Meinung, die Mehrheit der Deutschen wolle Brandt nicht als Bundeskanzler, das müsse die Union ausnutzen.[122] Zwar war dies vermutlich ein Irrtum, doch war damit Brandt als Zielscheibe künftiger CSU-Opposition identifiziert.

Nach wenigen Tagen der Resignation stellte sich Strauß[123] ohne zu zögern auf die neue Situation ein und bewies wieder einmal, wie wenig ihn politische Rückschläge aus der Bahn warfen. Strauß begriff Politik als Kampf, als Kampf nicht nur der Personen, sondern der Argumente. Franz Josef Strauß stürzte sich wie andere Unionspolitiker ins politische Getümmel, doch erweckte er den Eindruck, die parlamentarische, die parteipolitische Auseinandersetzung, die scharfe Debatte belebe ihn geradezu, jedenfalls reagierte er weniger resigniert oder gar persönlich gekränkt auf die neue Regierungsbildung als andere Unionspolitiker. Sieht man von den erwähnten Wahlkampfauftritten bzw. der Konfrontation mit APO-Störtrupps ab, so war er in den Jahren als Finanzminister eher staatsmännisch-gemäßigt aufgetreten.

Doch ging es nach 1969 politisch nicht mehr allein um eine Konfrontation von Opposition und Regierung. In der Bevölkerung hatte, zumal in der jungen Generation, die Protestbewegung der zweiten Hälfte der 1960er-Jahre tiefe Spuren hinterlassen, die mit der von der Regierung Brandt/Scheel geweckten Reformeuphorie während der 1970er-Jahre eine fundamentale sozialpsychologisch zu erfassende gesellschaftliche Klimaveränderung in der Bundesrepublik bewirkten. Außerdem erzeugte das Absinken eines kleineren Teils der APO in den terroristisch-kriminellen Untergrund eine wachsende Herausforderung für Rechtsstaat und Demokratie nicht allein in der Bundesrepublik, sondern auch in anderen europäischen Ländern. Diese Entwicklung und das in ihr enthaltene Bedrohungsszenario veränderten auch das Leben der führenden Politiker und Wirtschaftsführer, weil sie die bundesdeutsche Gesellschaft und sich persönlich mit zunehmender Gewalt konfrontiert sahen.

Für die Union brachte die Oppositionsrolle naturgemäß einige, doch kaum grundsätzliche personelle Veränderungen: Rainer Barzel blieb Fraktionsvorsitzender und wurde nach dem Rücktritt Kiesingers 1971 auch Parteivorsitzender. Aufgrund der organisatorischen Schwäche der CDU baute er seit 1969 die Fraktion zum Machtzentrum aus.[124] Franz Josef Strauß, dessen persönliche Stellung nicht allein durch das Wahlergebnis, sondern auch durch seine 1968 mit 95,2 Prozent erfolgte Wiederwahl als CSU-Vorsitzender bestätigt worden war, wurde finanz- und wirtschaftspolitischer Sprecher der Unionsfraktion.

Einen nachhaltigen personellen Umbruch erlebte die CDU erst 1973, er betraf indirekt auch die Rolle von Strauß. In der Spitzengruppe war durch die sozialliberale Regierungsbildung zunächst nur Kurt Georg Kiesinger geschwächt, Rainer Barzel aber erst einmal gestärkt. Da er neun Jahre jünger als Strauß war, ab 1971 aber Partei- und Fraktionsvorsitz vereinte, war er im Fall eines Rückzugs von Kiesinger der geborene Kanzlerkandidat der Union, was natürlich auch der CSU-Vorsitzende wusste: Deshalb ist es verfehlt, die Strauß'sche Politik dieser Jahre primär unter dem Aspekt eigener Kanzlerambitionen zu sehen. Gerhard Schröder blieb zwar weiterhin eine einflussreiche CDU-Größe, konnte aber gegen den Willen von Strauß nicht Kanzlerkandidat der Unionsparteien werden, zumal er auch die eigene Partei nur teilweise hinter sich hatte; daran hatte sich seit 1966 nichts geändert. Die Frage für die Unionspolitik lautete also sowohl in sachlicher wie in personeller Hinsicht: Wie würden sich Barzel und Strauß verständigen? Fanden sie zu prinzipieller politischer Gemeinsamkeit, so stiegen die Chancen von Barzel – in jedem Fall aber würde Strauß ein, wenn nicht der entscheidende Königsmacher bleiben.

Strauß als oppositioneller Finanzpolitiker

Nach seiner außerordentlich erfolgreichen Amtszeit als Bundesfinanzminister sowie der Sprecherrolle in der Fraktion hätte es nahegelegen, dass Franz Josef Strauß sich auf die Wirtschafts- und Finanzpolitik der neuen Regierung konzentrierte. Allein schon wegen ihrer Ausgabenpolitik, der Währungsprobleme und der steigenden Inflation, aber auch wegen der Folgen des Ölschocks von 1973 entwickelte sich dieser Sektor überraschend schnell zur Achillesferse der Regierung Brandt. Doch lag hier trotz einiger Attacken künftig keineswegs das zentrale Betätigungsfeld des Oppositionspolitikers Strauß. Das überrascht aus weiteren Gründen: Nachdem die seit dem Godesberger Parteitag 1959 reformierte SPD durch den Tod von Heinrich Deist schon 1964 ihren seinerzeit führenden Wirtschaftspolitiker verloren hatte, was sie seit 1966 durch den stets brillierenden Karl Schiller kompensieren konnte, verlor sie durch den Rücktritt des Finanzministers Alex Möller 1971 ihren einzigen herausragenden Experten in diesem Schlüsselsektor der Politik.

Möller wollte die Haushaltspolitik der Regierung Brandt, die eine Fülle ausgabenintensiver Reformen ohne Rücksicht auf die Einnahmen im Eiltempo durchpaukte, nicht mitverantworten. Nachdem es Franz Josef Strauß 1969 gelungen war, erstmals wieder einen ausgeglichenen Haushaltsentwurf vorzulegen, begann nun der für vier Jahrzehnte nicht mehr aufzuhaltenden Marsch in den Schuldenstaat. Alex Möller hielt »zwingend und baldmöglichst stabilisierende binnenwirtschaftliche Haushaltsmaßnahmen« für notwendig. »Es durfte keine Ausgabeninflation der öffentlichen Hand erkennbar werden.« Da er mit dieser Forderung für den Haushalt 1972 in der sozialliberalen Regierung nicht durchdrang, hielt er seinen Rücktritt, der ein Warnschuss sein sollte, für die einzige Möglichkeit. Er fühlte sich durch ein Memorandum der EG-Kommission vom 2. Juni 1971 bestätigt. Dort hieß es: »Die Haushaltsentwürfe der Bundesrepublik sollten 1972 keinesfalls eine Ausgabensteigerung vorsehen, die über das nominale Wachstum des Bruttosozialprodukts hinausgeht, es sei denn, der zusätzliche Ausgabenanstieg wird durch neue Einnahmen gedeckt.«[125] Hier lag der erste entscheidende Bruch mit der Haushaltspolitik von Franz Josef Strauß, ein Bruch, den Alex Möller nicht verantworten wollte. Dies wog umso schwerer, als Möller ein überzeugter Sozialdemokrat und treues Parteimitglied blieb.

Doch beendete der Rücktritt Alex Möllers weder das Desaster der Finanzpolitik der neuen Regierung noch eröffnete er einen Neuanfang, kapitulierte doch der nun zum »Superminister« für Wirtschaft und Finanzen ernannte Karl Schiller noch schneller. Zwar war er haushaltspolitisch weniger rigoros als seine Vorgänger Strauß und Möller, doch klarsichtig und verantwortungsvoll genug, den haushaltspolitischen Irrweg nicht fortzusetzen. Er hatte nach Freigabe der Wechselkurse im Mai 1971 eine Inflationsspirale in Gang gesetzt, sodass auch Schiller in Konflikt mit der Ausgabenpolitik der SPD-Minister geriet. Im Mai 1972 schlug er Ausgabeneinsparungen von 2,5 Milliarden DM vor und wurde insbesondere durch Verteidigungsminister Helmut Schmidt attackiert. Da sich Karl Schiller so wenig wie Alex Möller gegen die Ausgabenpolitik durchsetzen konnte und keine Rückendeckung durch Bundeskanzler Brandt erhielt, trat auch er am 7. Juli 1972 von seinen Ministerämtern zurück und schließlich im September aus der SPD aus. Innerhalb von gut einem Jahr hatte die SPD ihre beiden führenden Wirtschafts- und Finanzpolitiker verloren, es blieb Helmut Schmidt, der dann für zwei Jahre das »Superministerium« von Schiller übernahm. Er bekam ebenfalls Probleme, hatte aber zuvor weder den haushaltspolitischen Kurs von Alex Möller noch den von Karl Schiller gestützt, zum Rücktritt wie diese konnte er sich ebenfalls nicht durchringen, sodass er als Ressortminister die kreditfinanzierte Ausgabenschwemme der Regierung Brandt mitverantwortete. Insofern war es Schmidt, der als Finanzminister den Kontinuitätsbruch zu einer stabilitätsorientierten Haushaltspolitik – für die Fritz Schäffer, Franz Josef Strauß, Alex Möller und auch noch Karl Schiller standen – zu verantworten hatte. Dies war paradox, hatte doch Schmidt selbst nach Amtsantritt seinen Vorgänger sehr gelobt und angekündigt, dessen Wirtschafts- und Finanzpolitik unverändert fortzusetzen. Hintergrund waren nicht allein weltwirtschaftliche Entwicklungen, sondern ebenso innerparteiliche Spannungen in der SPD, zu denen unter anderem der Streit zwischen ihren Flügeln über eine Steuererhöhung für höhere Einkommen gehörte.[126]

Schmidts Politik war in diesen Fragen nicht ohne Widersprüche: Einerseits sah er durchaus die Problematik kreditfinanzierter Ausgaben und wollte insofern bremsen. Hierfür war Schmidt in einer besseren Lage als seine beiden Vorgänger, hatte doch die SPD zu ihm keine weitere Alternative in der Wirtschafts- und Finanzpolitik mehr – den dritten Rücktritt eines Finanzministers innerhalb von zweieinhalb Jahren hätte die Regierung kaum verkraftet. Schmidt stimmte sogar in manchen prinzipiellen Positionen mit Strauß überein. Andererseits antwortete er in einem Interview am 27. Juni 1972 mit der alles andere als logischen Alternative: »Mir scheint, dass das deutsche Volk – zugespitzt – fünf Prozent Preisanstieg eher vertragen kann als fünf Prozent Arbeitslosigkeit. Schon drei Prozent Arbeitslosigkeit würden in der Bundesrepublik unerträglich sein.«[127]

Jedenfalls überrascht es, dass Strauß seine Attacken zwar auch, aber nicht permanent auf die Finanzpolitik der Regierung Brandt richtete – einen Sektor der Politik, in dem er ein herausragender Experte war und das Erbe einer seiner größten Leistungen verspielt wurde; diese stabilitätspolitische Ära begann Ende 1966 und endete mit dem Rücktritt Möllers bzw. Schillers 1971/72.

Zwar bescheinigte Strauß der Bundesregierung schon wenige Monate nach ihrem Beginn »Versagen … in der Wirtschaftspolitik«, aber auch seine *Erinnerungen* zeigen, dass er diesen Sektor nicht zum Hauptschauplatz seiner Auseinandersetzungen mit der Regierung machen wollte. Immerhin warf er im Juni 1970 der Bundesregierung »Förderung inflationärer Mentalität« vor und beschuldigte sie, vorsätzlich durch hohe

Preissteigerungen »Zwangsenteignungen« vorzunehmen, die die Bezieher kleiner Einkommen am härtesten träfen. Er war in seinem Element, wenn er die »falsche Alternative« geißelte, »Wirtschaftspolitik könne nur entweder Wachstumspolitik oder Stabilitätspolitik sein ... Die Behauptung, eine Politik der Stabilität gefährde die Vollbeschäftigung, ist angesichts von 2 Millionen ausländischen Gastarbeitern in der Bundesrepublik und 1 Million offener Stellen so haltlos, daß man sich fragen muß, ob diese Regierung zur Durchführung ihrer ehrgeizigen Reformprogramme nicht bewußt eine Politik zum Schaden des kleinen Mannes betreibt.« Diese Regierung lasse aus wahltaktischen Gründen die Zügel schleifen, überlasse allein der Bundesbank »die Last der konjunkturpolitischen Steuerung« und nutze die Möglichkeiten des Stabilitätsgesetzes nicht. Sie verfehle schon dadurch ihren Anspruch, soziale Gerechtigkeit zu fördern: Dieses Ziel verlange »zuallererst eine solide Wirtschaftspolitik, die den Geldwert stabil hält«. Nur so könnten die »Voraussetzungen für stetiges Wirtschaftswachstum und steigenden Wohlstand« geschaffen werden.[128] Im Übrigen verwies Strauß mit spitzem Finger auf Tendenzen innerhalb des linken Flügels der SPD zur »Umgestaltung unserer Gesellschaftsordnung«. Sein späterer Wahlslogan »Freiheit statt Sozialismus« hatte neben der von ihm gesehenen Gefährdung durch »ostpolitisches Abenteurertum« hier ihren Kern.

Im Oktober 1970 hielt Franz Josef Strauß eine große haushalts- und wirtschaftspolitische Rede, die das erste Jahr der neuen Regierung und seinen Nachfolger scharf angriff. Zu diesem Zeitpunkt befand sich Möller jedenfalls in der öffentlichen Wahrnehmung noch im Einklang mit dem Regierungskurs – zumindest kaschierte er abweichende Ziele durch Angriffe auf seinen Vorgänger Strauß, der sofort die Vorlage nutzte: »Ich verstehe, daß der Bundesfinanzminister mit einem immer schlechteren Gewissen auch offensichtlich immer schlechtere Nerven bekommt.« Mit überzeugenden Argumenten und präzisen Haushaltsberechnungen begründete Strauß, warum er den Haushaltsplan für 1971 für »eine Inflationsquelle erster Ordnung« hielt. Die Beispiele, die er aus Reden von Brandt und Alex Möller über die Kritiker ihrer Finanzpolitik anführte, waren insbesondere bei Brandt ausgesprochen demagogisch. Brandt hatte die Warnung vor der Inflation als Volksverhetzung und Verbrechen bezeichnet, die Kritiker der Ostpolitik obendrein als »Demagogen, Abenteurer, Nationalisten und wild gewordene Spießer«. Der Ton zwischen einem Teil der Regierung und der Opposition war rau geworden, keineswegs in erster Linie aufseiten von Strauß – wobei generell von einem bestimmten Punkt an Aktion und Reaktion fast reflexartig aufeinanderfolgten.

Der Gewinn für die politische Kultur, der von der Koalition zwischen

Union und SPD ausgegangen war, wurde bald verspielt. Und wie faden-
scheinig musste es sein, dass ein Finanzminister wie Alex Möller, der
es besser wusste und dies kaum ein Jahr später durch seinen Rücktritt
bewies, die Finanzpolitik seines Vorgängers attackierte, die auch von den
Sozialdemokraten mitgetragen worden war? Strauß jedenfalls begründete seine Kritik eingehend, analysierte die Fehlentwicklungen und prognostizierte die Folgen. Die Bundesregierung habe durch ihre »Politik
der Versprechungen« für Steuerermäßigungen, zugleich aber großer
Reformen »einen neuen Stil in der Finanzgeschichte der Bundesrepublik
Deutschland eingeleitet, der das immer gegebene Problem der Preisstei-
gerung und Geldentwertung unnötig verschärft und vertieft hat. Der
Bundesfinanzminister hat eine Finanzpolitik der Solidität versprochen
und der Unsolidität eingeleitet.«[129] Doch wie sich nur zu bald zeigen
sollte, war auch Alex Möller, der höchst erfolgreiche Wirtschaftsmanager,
ein Getriebener seiner eigenen Parteifreunde. Weder in der zeitgenössischen öffentlichen Wahrnehmung noch in der historischen Erinnerung
bildete die Finanzpolitik der Regierung Brandt, so folgenreich sie war,
das zentrale Politikfeld in der Kontroverse von Regierung und Opposition.

Nicht Strauß, aber Teile der oppositionellen Union übten im haus-
haltsrelevanten Teil der Sozialpolitik Zurückhaltung oder gingen sogar
über Absichten der SPD hinaus. Tatsächlich standen die Sozialausschüsse
der CDU um Hans Katzer in sozialpolitischen Fragen der SPD oftmals
näher als dem CSU-Vorsitzenden. Diese Übereinstimmung zwischen
den Sozialpolitikern der beiden großen Lager führte beispielsweise dazu,
dass die Union die SPD beim Renteneinstiegsalter, das auf 63 Jahre festgesetzt wurde, »links« überholte. Außerdem wurde die Rentenanpassung
jeweils um ein halbes Jahr vorverlegt, und die Renten wurden rückwirkend zum 1. Juli 1972 zusätzlich um 9,5 Prozent erhöht, auch hier war die
Union initiativ.

Strauß' Stabilitätspolitik stieß also keineswegs in allen Teilen der Union
auf Gegenliebe, für die langfristigen haushaltspolitischen Belastungen
durch sozialpolitische Weichenstellungen trugen beide große Parteien die
Verantwortung. Umso verständlicher erscheint es, dass sich Strauß als
Oppositionspolitiker besonders auf dem Feld engagierte, dem ohnehin
seine größte politische Leidenschaft galt – der Außenpolitik. Da Strauß es
liebte, die aktuelle Politik mit weiter Perspektive in die großen historischen Linien zu stellen, boten sich die Außenpolitik im Allgemeinen und
die deutsche Frage im Besonderen an. Diese Priorität erklärt sich allerdings auch aus der Chronologie: Die Gefährdung der von ihm selbst
betriebenen Stabilitätspolitik beschwor Strauß zwar schon früh in der erwähnten Rede im Sommer 1970, doch wurde das Ende dieser Haushalts-

politik erst mit den Ministerrücktritten von 1971/72 definitiv. Demgegenüber forcierte die neue Regierung die Ostpolitik von Beginn an.

»Mehr Demokratie wagen«!?

Die Schärfe der 1969/70 beginnenden außenpolitischen Auseinandersetzung ließ fast vergessen, dass Union und SPD bis dahin drei Jahre alles in allem erfolgreich gemeinsam regiert und schon die Große Koalition mit Zustimmung von Strauß eine neue Ostpolitik eingeleitet hatte. Neben der Ostpolitik provozierte bereits die Regierungserklärung von Willy Brandt eine tatsächlich fundamentalere Kontroverse, da der neue Bundeskanzler sie mit den berühmt gewordenen Sätzen würzte, »Wir wollen mehr Demokratie wagen ... wir stehen nicht am Ende unserer Demokratie, wir fangen erst richtig an.«[130] Diese Absichtserklärungen waren nicht allein auf die Zukunft gerichtet, sondern enthielten den Vorwurf an alle vorhergehenden unionsgeführten Regierungen, sie hätten ein Demokratiedefizit hinterlassen.

Solche »sphinxhaften Formulierungen« bewegten Franz Josef Strauß in seiner Antwort im Bundestag zu der Bemerkung, eine Stilanalyse der Brandt-Rede zeige außer der durchaus üblichen Beteiligung der Ressorts an der Vorbereitung viele weitere Hände am Werk, »offensichtlich von Ahlers bis Grass«. Strauß wies unter mehrfachem Beifall der CDU/CSU-Fraktion sachlich die hochgemute Ankündigung Brandts zurück: »Wir sind jetzt auch nicht im Monat 1 des Jahres 1 der deutschen Demokratie nach dem Weltkrieg 2. Wir haben mit der deutschen Demokratie sofort nach dem Kriege begonnen, als wir in einer Zeit, wo andere dem deutschen Volke keine Zukunftschance mehr gaben, an die Arbeit gingen ... Wir haben in den letzten 20 Jahren in diesem Hause und draußen im Lande mit Hilfe der ganzen Bevölkerung das moderne Deutschland geschaffen, vor dessen weiterem Ausbau wir jetzt stehen – nicht mehr und nicht weniger ... Es gibt auch nie ein Ende, solange es eine menschliche Geschichte gibt. Darum sollte man etwas bescheidener sprechen und nicht so tun, als ob die Zeit der großen Reformen nun und ab jetzt und ab hier beginne – ›und wir haben das Glück zu hören, Ihr dürft dabeisein‹.« Nach dieser Anspielung auf Goethes *Campagne in Frankreich* betonte Strauß: Es sei nicht die Frage, ob der Amtsantritt der neuen Regierung eine Zäsur bedeute, sondern »ob nach 20 Jahren glücklicher deutscher Geschichte die neue Regierung ein ebenso glückliches drittes Jahrzehnt einleitet ... Deshalb hat auch die deutsche Demokratie nicht mit der Wahl des neuen Bundeskanzlers begonnen.«[131]

Strauß' Kampf gegen die Ost- und Deutschlandpolitik der sozialliberalen Koalition – ein schwieriger Spagat

Die Union geriet zunächst aus dem Tritt, die Oppositionsrolle war für sie ungewohnt, zumal die neue Regierung schnell den Takt und die Themen vorgab. In der Außenpolitik musste nicht unbedingt ein Bruch erfolgen, war der jetzige Bundeskanzler doch als Außenminister noch in relativ weitgehender Übereinstimmung mit dem Bundeskanzler und dem CSU-Vorsitzenden für eine Neuorientierung in der Ost- und Deutschlandpolitik eingetreten. Zwar unterzeichnete die neue Regierung den Atomwaffensperrvertrag, den Strauß und die meisten führenden Unionspolitiker erbittert bekämpft hatten, doch hätte möglicherweise auch die vorherige Regierung irgendwann dem internationalen Druck, insbesondere der USA, aus pragmatischen Gründen nachgegeben. Die »neue Ostpolitik« jedenfalls hätte auch die Große Koalition fortgeführt – wie weit sie dabei gegangen wäre, muss offen bleiben. Franz Josef Strauß gehörte aber zu denen, die sich einer flexiblen Politik gegenüber den osteuropäischen Staaten nicht verschlossen und wie Kurt Georg Kiesinger für Verhandlungen offen waren, die zu innerdeutschen »menschlichen Erleichterungen« führen konnten.

Überraschend war nicht die Unionskritik an der neuen Regierung Brandt/Scheel, jedoch die zunächst kompromisslose Härte, mit der Strauß die Ostpolitik bekämpfte. Sie ging zwar deutlich größere Risiken ein als die der Großen Koalition, doch bildete sie im prinzipiellen Ansatz nicht einen Gegensatz, sondern führte die eingeschlagene Linie beschleunigt und kompromissbereiter fort. Der Graben war tatsächlich nicht vergleichbar mit der Ablehnung der Westintegration durch die SPD oder gar die GVP Gustav Heinemanns in den 1950er-Jahren. War Strauß' Opposition also nur parteipolitisch, persönlich oder taktisch motiviert? Wo lagen die Gegensätze wirklich?

Strauß geht in seinen *Erinnerungen* zwar auf Willy Brandt und Egon Bahr, nicht aber auf Walter Scheel als Architekten der »neuen« Ostpolitik ein. Auch in seiner Grundsatzrede zur Ostpolitik 1972 oder anderen Texten aus den Jahren 1970 bis 1972 spielt der damalige Außenminister höchstens eine marginale Rolle, ganz offensichtlich unterschätzte er dessen Bedeutung für die sozialliberale Ostpolitik. Aber auch die Differenzen zwischen Scheel und Bahr, die Korrekturen, die der FDP-Vorsitzende und Vizekanzler vornahm, schätzte er gering bzw. ging auf sie nicht ein. Beispielhaft ist die von Scheel durchgesetzte Einbeziehung der Berlin-Frage, die Bahr aus Rücksicht auf Moskauer Widerstände von den Verhandlungen fernhalten wollte.[132]

Ganz anders fielen die Bemerkungen über den SPD-Vorsitzenden und Bundeskanzler aus, den er nun als Hauptgegner ansah und deswegen auch nach den Gründen für seine öffentliche Wirkung fragte. Franz Josef Strauß attestierte Willy Brandt nicht allein bemerkenswerte Wandlungen, sondern auch »eine bestimmte Ausstrahlung«. Er »übte auf viele Menschen große Faszination aus. Er war der Mann der Visionen und Utopien, der Prophet, der Seher, der den Eindruck zu erwecken wußte, daß er die Ufer der Zukunft erblickte.« Nach seiner linkssozialistischen Jugend während der 1930er-Jahre sei er »als der junge Mann Ernst Reuters« ein rechter Sozialdemokrat gewesen, der für die Aufrüstung eintrat und »der, abgesehen von seiner persönlichen Lebensführung, genausogut hätte bei der CDU sein können. Noch lange Zeit, auch als Regierender Bürgermeister von Berlin, war er ein ›kalter Krieger‹. Seine Wandlung erfolgte nach dem Bau der Mauer, in den Jahren 1961/62.«[133]

Auch wenn Brandt selbst seine »neue« Ostpolitik in den *Erinnerungen* weiter zurückverlegt und in der heutigen Forschung diese Meinung unter Hinweis auf einige seiner Äußerungen von 1958 geteilt wird[134], bleibt doch der Mauerbau ein zentraler Schlüssel seiner außenpolitischen Wandlung: Zum einen gibt es durchaus Brandt-Reden bis 1961, die unverändert am bisherigen Kurs festhalten, zum anderen mag im Rückblick die Absicht eine Rolle gespielt haben, die eigene Politik in logischer, bruchloser Folge zu präsentieren. So betonte Brandt nach dem Berlin-Ultimatum des sowjetischen Parteichefs Chruschtschow in seiner Rede auf dem Berliner Parteitag der SPD am 28. Dezember 1958 ausdrücklich, es gehe hier nicht um ein Adenauer-, sondern ein Chruschtschow-Ultimatum, und fügte hinzu: »Ich bin nicht erschreckt, wenn auch mal irgendwo ein Punkt der Einigkeit zwischen den beiden Hauptlagern der deutschen Politik festgestellt wird.«[135] Strauß lag also im Prinzip nicht falsch mit seiner Einschätzung. In Bahr aber sah Strauß eine treibende Kraft hinter den Ostverträgen, insbesondere dem Moskauer Vertrag von 1970 – den er »Bahr-Vertrag« nannte – und dem Grundlagenvertrag mit der DDR 1972, der ihn dann aufs Höchste alarmierte. Seine Gegnerschaft gegen diesen Vertrag war deutlich schärfer als gegen die bilateralen Verträge mit den osteuropäischen Staaten, weil er die Grundfrage der Teilung Deutschlands betraf. Aus diesem Grund ergriff Strauß die Initiative für eine Klage beim Bundesverfassungsgericht, die sowohl innerparteilich als auch in der deutschen Politik insgesamt Furore machte: Für Strauß bedeutete dieser Schritt, dass er wieder ins Kreuzfeuer nicht allein der Kritik, sondern scharfer Polemik geriet, der er sich auch seinerseits bediente. Es handelte sich für Strauß um den wichtigsten politischen Schlagabtausch während der ersten Hälfte der 1970er-Jahre, der Ära Brandt. Und manche politischen Beobachter sehen in der Anrufung des Bundesverfassungsgerichts

1973, mit der er fast im Alleingang die Karlsruher Rechtsprechung, die Bundespolitik, aber auch die bayerische Regierung zur klaren und wegweisenden Stellungnahme zwang, eine seiner bedeutendsten politischen Leistungen.

Wo also lagen die zentralen Kritikpunkte von Strauß an den bilateralen Verträgen, für die insbesondere der Moskauer Vertrag von 1970 stand? Schon vorher war das sogenannte Bahr-Gromyko-Papier bekannt geworden, das die Opposition aufs Höchste beunruhigt hatte. Als der Vertrag dann vorlag, setzte sich Strauß am 15. August 1970 im *Bayernkurier* mit dem Text auseinander und bestritt die Behauptung, dass Außenminister Scheel bei seinen Moskauer Verhandlungen mit seinem sowjetischen Kollegen Gromyko irgendeine relevante Verbesserung erzielt habe. Strauß karikierte die Absichtserklärungen in der Präambel, die nicht schadeten, aber auch nicht nützten. Er befürchtete, dass beide Regierungen die Verträge unterschiedlich auslegen würden, und bemängelte die vorgesehene Aufnahme der DDR in die UN. Er konzedierte der Bundesregierung zwar, sie gehe von der Tatsache aus, dass sie auf keine Position verzichte, die nicht seit mehr als 20 Jahren ohnehin verloren sei. Dadurch sei der Entspannungsprozess zu befördern und die Teilung Deutschlands und die Spaltung Europas leichter zu überwinden. »Ich wünschte, die Bundesregierung hätte damit recht. Aber wir in der CDU/CSU sind leider vom Gegenteil überzeugt und stellen deshalb die Frage, ob die Sowjets diesem Vertrag den gleichen Sinn geben und mit denselben Erwartungen verbinden.«

Wenn zwei Vertragspartner den beschlossenen Text unterschiedlich auslegen, dann setze »der Vertragspartner seinen Sinn durch, der am längeren Hebel sitzt, und das ist leider die Sowjetunion«. Die Bundesregierung habe als »Büchsenöffner« für die Sowjets fungiert, die nun erreicht habe, dass die Länder östlich der Demarkationslinie als »russisches Imperium anerkannt und nur der Bereich westlich der Demarkationslinie für eventuelle Veränderungen zugunsten der Sowjetunion zur Diskussion« stehe.[136]

Wenngleich Strauß mit der Befürchtung unterschiedlicher Auslegung durchaus recht bekam, so ging letztere Vermutung doch zu weit – der Vertrag öffnete nicht westliche Territorien für sowjetische Aktivitäten, tatsächlich bildeten der im Vertrag enthaltene Gewaltverzicht und das Prinzip der Unverletzlichkeit bestehender Grenzen keine Legitimation für sowjetisches Eingreifen jenseits der Elbe. Strauß' Einschätzung, die Sowjetunion halte an der sogenannten Breschnew-Doktrin fest, die keinen nationalen Eigenweg zum Sozialismus akzeptiere, traf zu: Mit dieser Selbstlegitimation waren sowjetische und andere Truppen des Warschauer Pakts 1968 in die Tschechoslowakei einmarschiert, daran hatte sich nichts geändert. Zutreffend verwies Strauß auch auf die Doppeldeutigkeit der Formulierungen, denen beide Seiten eine andere, zum Teil gegensätzliche Bedeutung gaben.

Kern seiner Einwände war zum einen die in seinen Augen offensichtliche Aufgabe deutscher Rechtspositionen, zum anderen die Stärkung der Sowjetunion, die der Vertrag politisch, strategisch und wirtschaftlich bringen würde. Die »Erfolgseuphorie« und der Zeitdruck, unter den sich die Bundesregierung habe setzen lassen, hätten zu einer Unterschätzung der Gefahren, ja zu einer geradezu naiven Verkennung sowjetischer Absichten und ihrer Realisierungsmöglichkeiten geführt.

Strauß schloss insofern an die ostpolitische Orientierung der Großen Koalition an, als er klarstellte: »Es ging nie um die Frage, mit Moskau zu verhandeln oder nicht. Es ging aber darum, nicht über Probleme zu verhandeln, bei denen unüberbrückbare Meinungsverschiedenheiten lediglich einen Vertrag erlauben, wo entweder die Moskauer Zielsetzung und Sinngebung vom demokratischen Vertragspartner anerkannt oder bewußt Formulierungen gegensätzlicher Interpretierbarkeit verwendet werden. Ich unterstelle der Bundesregierung nicht, daß sie diesem Vertrag den gleichen Sinn gibt wie Moskau, aber was hat sie sich eigentlich dabei gedacht?« Brandt und sein Außenminister hätten nicht begriffen, »daß leider nicht das Zeitalter des Guten und Schönen angebrochen ist, sondern daß auch im Atomzeitalter das Ringen um Machtsicherung und Machterweiterung das vorrangige Ziel der Sowjets bei Verhandlungen und Abschluß von Verträgen politischer Art darstellt«.[137] Auch später betonte Strauß verschiedentlich, seine Kritik an den Verträgen sei nicht gleichbedeutend mit einem Nein zu Verhandlungen: Es sei »törichtes Gerede«, die Frage zu stellen, ob die Union gar nicht verhandeln wolle: »Selbstverständlich haben CDU/CSU-Regierungen Verträge mit kommunistischen Regierungen geschlossen und werden es auch in Zukunft tun, und zwar Verträge, die der Regelung konkret umschriebener Fragen dienen, Verträge, die selbstverständlich dem Verzicht auf Androhung und Anwendung von Gewalt auf der Basis der Gegenseitigkeit dienen.«[138]

Abgesehen von einigen kräftigeren Formulierungen handelte es sich um eine nüchterne außenpolitische Analyse des Moskauer Vertrags durch Strauß, die den Text in den größeren Zusammenhang allgemeiner Vertragsdiplomatie sowie der sowjetischen Außenpolitik nach 1945 stellte, der er zutreffend eine imperiale Zielsetzung bescheinigte. Die Kritik von Strauß bewegte sich zweifellos im Bereich der zwischen Regierung und Opposition üblichen Kontroversen, auch wenn die jeweilige Position unterschiedlich bewertet werden kann und durchaus eine dritte Interpretation möglich ist. Danach wären weniger die positiv oder negativ bewerteten Ergebnisse entscheidend gewesen als vielmehr die atmosphärische Verbesserung durch einen Vertragsabschluss. Allerdings hätte Strauß einer solchen Interpretation wohl kaum zugestimmt, sah er doch aufgrund der von ihm angenommenen unterschiedlichen Auslegung der Verträge eher neue Kontroversen voraus. Tatsächlich bewies der Brief von Außenminister Scheel zur deutschen Einheit, der dem sowjetischen Außenministerium am 12. August 1970[139], dem Tag der Vertragsunterzeichnung, zugestellt wurde, wie treffend Strauß die zwischen Bonn und Moskau fortbestehenden Gegensätze beschrieben hatte, blieb der Brief doch eine Hilfskonstruktion, weil sich beide Seiten nicht darauf verständigen konnten, analoge Formulierungen in den Vertrag aufzunehmen. Tatsächlich wurden nicht allein in diesem Fall strittige Fundamentalprobleme in der modernen Vertragsdiplomatie immer öfter ausgeklammert und dafür einseitige Absichtserklärungen außerhalb der Verträge gewählt, deren völkerrechtlicher Wert zumindest fraglich ist. Andererseits konnte sich Strauß kaum überwinden, die in diesem Brief zum Ausdruck gebrachte Rechtswahrung der Bundesregierung wenigstens als deutsche Zielsetzung zu würdigen. Begründbar war es natürlich, den Wert eines Vertrags infrage zu stellen, der in Bezug auf das fundamentale Problem der deutschen Außenpolitik, die Wiedervereinigung, nicht einmal eine Andeutung enthielt.

Schon im Januar 1972 hatte der Vorsitzende der CSU-Landesgruppe Richard Stücklen für eine einheitliche Haltung der Union in der Ratifizierungsdebatte plädiert, in der Landesgruppe war indes beklagt worden, dass die Union anders als die SPD es bisher nicht vermocht habe, ihren Standpunkt klar herauszuarbeiten und der Öffentlichkeit zu vermitteln.[140] Noch im Januar 1972 erarbeitete die CSU schließlich – nicht zur Freude der CDU – einen alternativen Entwurf für ein Gewaltverzichtsabkommen der Bundesrepublik mit der Sowjetunion.[141]

Die deutsche Frage bildete den Dreh- und Angelpunkt der Einwände von Strauß gegen die gesamte Ostpolitik der Regierung Brandt/Scheel, den er am 24. Februar 1972 im Bundestag formulierte: »Warum ist das Bekenntnis zum Selbstbestimmungsrecht, das wir auch für unsere Nation – ich sage ausdrücklich: auch für unsere Nation – wie für alle Nationen fordern und vertreten, nicht in den Vertragstext, wenigstens als einseitige deutsche Erklärung, aufgenommen worden?«[142] Strauß hatte tatsächlich den Finger auf den Schwachpunkt gelegt: Die sowjetische Regierung war nicht bereit, im Vertragstext eine solche Formulierung zu akzeptieren. Die Frage also stellte sich: War unter diesen Umständen ein so umfassend angelegter Vertrag überhaupt sinnvoll? Lag es in solcher Situation nicht näher, sich – wie Strauß forderte – auf Verhandlungsgegenstände zu beschränken, bei denen Einvernehmen erreichbar war und aufgrund der Begrenzung der Thematik vom Vertragspartner kein prinzipieller Verzicht auf die eigene grundlegende völkerrechtliche Rechtsposition herauszulesen war? Durfte der Anspruch auf die Selbstbestimmung des deutschen Volkes aus einem solchen Vertrag herausgelassen werden, wenn man nicht selbst zu seiner Delegitimierung beitragen wollte?

In keinem Fall entsprach dieses Vorgehen der Einschätzung von Strauß, die deutsche Frage sei nur als europäische Lösung möglich, da in seinen Überlegungen stets der Anspruch auf Selbstbestimmung aufrechterhalten wurde. Dabei ließ Strauß beiläufig durchblicken, dass auch er nicht an die Wiederherstellung Deutschlands in den Grenzen von 1937 glaubte. Er gehöre nicht zu den Utopisten und nehme deshalb nicht an, dass auf einer Friedenskonferenz »die anderen uns fragen werden, wo wir die deutsche Ostgrenze haben wollen, um dann gefälligst unsere Wünsche in Erfüllung gehen zu lassen«.[143]

Nicht nur Bundeskanzler Brandt und Außenminister Scheel argumentierten unter anderem historisch, indem sie aus der deutschen Besatzungsherrschaft und ihren Verbrechen eine Verpflichtung der Bundesrepublik zur Verständigung ableiteten, auch Franz Josef Strauß begründete gerade mit dieser Vorgeschichte die Verpflichtung der Deutschen. Doch war die Pointe gegensätzlich. Wegen der Missachtung des Selbstbestimmungsrechts anderer Völker durch das nationalsozialistische Deutschland müsse die Bundesrepublik auch für das Selbstbestimmungsrecht dieser heute von der Sowjetunion beherrschten Völker eintreten, forderte Strauß: »Gerade angesichts dieser Vorgeschichte muß jede deutsche Ostpolitik daraufhin geprüft werden, ob sie geeignet ist, das Unrecht wiedergutzumachen, das deutsche Politik am Selbstbestimmungsrecht der Völker und an der Freiheit der Menschen begangen hat.«[144] Immer wieder trat Strauß für dieses Prinzip ein und fragte nicht zuletzt deshalb: Nützt die Ostpolitik den ostmitteleuropäischen Völkern oder nur deren kommunistischen Diktatoren? Bezeichnend für Strauß' Sicht historischer Verantwortung waren seine Formulierungen: Er benutzte nicht die damals gängigen einschränkenden Worte wie z. B. »in deutschem Namen«, »von den Nazis« oder »von Hitler« begangenen Verbrechen, sondern sprach von »deutscher Politik«, die dafür die Verantwortung trage, oder von der »Vernichtung des Selbstbestimmungsrechts« durch die »deutsche Seite« im Raum zwischen der Sowjetunion und dem damaligen Deutschen Reich. Deshalb müsse sich jede deutsche Politik dadurch legitimieren, dass sie zur Wiederherstellung des Selbstbestimmungsrechts und der Freiheit in diesem Bereich beitrage.[145] »Aber wo bleiben die Menschen bei Verträgen, wenn der größere und stärkere Vertragspartner als Geschäftsgrundlage die Anerkennung der Breschnew-Doktrin durch den Kleineren und Schwächeren zur Voraussetzung macht?«[146]

So dezidiert die Meinungen aufeinanderprallten, stellte der Moskauer

Vertrag doch erst den Beginn der Kontroverse dar, es folgten vor allem der Warschauer Vertrag und der Prager Vertrag, die die Ostpolitik fortführten, in keinem Fall aber den Bedenken der Opposition Rechnung trugen. So kam es am 24. Februar 1972 im Deutschen Bundestag bei der zweiten Lesung der Verträge zur Generalabrechnung von Franz Josef Strauß mit der Ostpolitik der Regierung Brandt/Scheel. Doch handelte es sich auch bei dieser Grundsatzrede trotz einiger ironischer und polemischer Einsprengsel insgesamt um eine Auseinandersetzung, die sich dadurch auszeichnete, dass Strauß auf die politischen, moralischen, humanitären und auf die »Friedenssicherung« gerichteten Motive der Regierung einging. Vor allem aber verband er diese eingehende Diskussion mit seinem »Markenzeichen«, der historisch und geopolitisch weit ausgreifenden strategischen Einordnung der zu lösenden und nach seiner Einschätzung in dem gesamten ostpolitischen Vertragswerk nicht gelösten Probleme. Wie fast alle Grundsatzreden von Strauß war sie sehr lang, mit vielen historischen Reminiszenzen gespickt, auf globale strategische Überlegungen ausgerichtet. Zu seinen schärfsten Vorwürfen gehörte eine ausführliche Betrachtung der verhängnisvollen Appeasementpolitik Großbritanniens und Frankreichs in der zweiten Hälfte der 1930er-Jahre, die zum Münchner Abkommen von 1938 geführt habe: Dieses sei tatsächlich keine Friedenspolitik gewesen, sondern eine Etappe auf dem Weg zum Krieg. Strauß betonte mehrfach, dass er die Absichten, die der Ostpolitik zugrunde lägen, respektiere, allerdings hielt er sie für unrealistisch.

Strauß beklagte auch, dass die Bundesregierung – ohne es zu wollen – der sowjetischen Propaganda die Möglichkeit gegeben habe, die deutschen politischen Kräfte in gute und schlechte einzuteilen. »Ich behaupte nicht, daß die Bundesregierung das gewollt hat, wie ich ausdrücklich sage. Dafür halte ich sie für zu klug. Aber falsche Lagebeurteilung, Ungeduld, selbstgesetzter Erfolgszwang, euphorische Chancenbeurteilung haben sie zu einem Gehilfen dieser Spaltungspolitik werden lassen.«[147] Damit beklagte Strauß die innenpolitischen Auswirkungen: Wir werden hier vor eine Alternative gestellt, »daß Anhänger der Verträge als Freunde der Friedenspolitik und Gegner der Verträge als Gegner der Friedenspolitik diffamiert werden«.[148]

Abschließend skizzierte Strauß sowohl die Kriterien einer von ihm ebenfalls für notwendig gehaltenen Friedenspolitik und summierte in neun Punkten seine Einwände gegen die Verträge, die er als »Bausteine einer sowjetischen Weststrategie« charakterisierte, die nicht der »Entspannung« diene, wenn man darunter »die Beseitigung der Spannungsursachen« verstehe. An einzelnen Beispielen führte er auf, wie nach Vertragsabschluss die Repression in der Sowjetunion verschärft worden sei und welche Befürchtungen in Ländern wie Polen und der Tschechoslowakei herrschten. Er gelangte deshalb zu dem Schluss, die Verträge dienten keineswegs wie beabsichtigt »humanitären Erleichterungen«, »sondern bringen zunächst eine Verschärfung der Unterdrückung«.

Was also tun? Diese Frage beantwortete Franz Josef Strauß zögerlich-abwägend, was auf die künftige Stimmenthaltung der Unionsparteien vorausdeutete, die jedoch zwischen CDU- und CSU-Führung höchst umstritten war. Obwohl er den Verträgen nicht zustimmen wollte, erkannte Strauß die nachteilige Wirkung einer Ablehnung von Verträgen durch den Bundestag, die zuvor durch die Bundesregierung geschlossen worden waren: »Ich komme zu folgender Schlußfolgerung: Das Ja ist ein Übel, und das Nein bringt neue schwere Belastungen und Aufgaben mit sich. Wenn ich aber zwischen dem Ja und dem Nein zu wählen habe, entscheide ich mich für das Nein als das kleinere Übel. Die Bundesregierung hat uns und die deutsche Politik in diese Lage manövriert … Meine politischen Freunde und ich sind der Überzeugung, daß diese Verträge in der vorliegenden Fassung, die über den militärischen Gewaltverzicht und die Bereitschaft zur Zusammenarbeit hinausgeht, einen Bruchpunkt in der deutschen Nachkriegsgeschichte bedeuten auf einer Straße, an deren Ende nur Unheil stehen kann.«[149]

Strauß' unheilschwangere Prophezeiung erwies sich tatsächlich als unzutreffend, einen Bruch mit der bis dahin betriebenen Ostpolitik bedeutete tatsächlich nicht der ganze Vertrag, sondern der Verzicht der Bundesregierung, den völkerrechtlichen Anspruch auf Selbstbestimmung in den Vertragstext aufzunehmen. Insofern blieb auch die Kontinuität zur ostpolitischen Öffnung der Großen Koalition in dieser zentralen Frage löchrig. Noch im Rückblick nach eineinhalb Jahrzehnten, nachdem auch die Union sich längst mit der Ostpolitik der sozialliberalen Koalition abgefunden hatte, ärgerte sich Franz Josef Strauß über Rainer Barzel: Er habe ihm und dem Landesgruppenvorsitzenden Richard Stücklen sein Ehrenwort gegeben, dass die Unionsfraktion mit Nein stimmen werde. Dieses »Drama der Unglaubwürdigkeit« habe sich fortgesetzt, als mehrere der entscheidenden Persönlichkeiten schon im Osterurlaub gewesen seien und er von seinem Persönlichen Referenten Friedrich Voss telefonisch informiert wurde, die CDU falle um, sie wolle trotz aller gegenteiligen Beteuerungen tatsächlich den Ostverträgen im Bundestag zustimmen.

Allerdings berücksichtigt Strauß' Darstellung in den Memoiren nicht den Zeitablauf der zwischenzeitlichen Beratungen, datiert er doch Barzels Votum für ein Nein auf die Rückkehr von dessen Moskau-Besuch nach dem 16. Dezember 1971. So überrumpelt, wie er es in seinen *Erinnerungen* darstellt, kann Strauß allein deshalb nicht gewesen sein, weil Barzel schon bei der ersten Lesung, einige Wochen vor Ostern, am 23. Februar 1972, im Bundestag eine Zustimmung der Unionsfraktion zu den Verträgen für den Fall in Aussicht gestellt hatte, dass einige Bedingungen erfüllt würden. Maßgeblich war der Vorbehalt, die Verträge stellten keine endgültigen, sondern vorläufige Regelungen dar (Modus Vivendi). Hinzu kamen weitere Forderungen, darunter vor allem solche, die in die spätere Gemeinsame Entschließung der Fraktionen des Bundestags am 17. Mai 1972 eingingen und die bei ihrer Vorbereitung auch Strauß vertrat. Schließlich war es der Union gelungen, gegenüber dem ursprünglichen Entwurf des Moskauer Vertrags, der dem sogenannten Bahr-Papier folgte, erhebliche Verbesserungen durchzusetzen. Die Union hatte sich also im Frühjahr noch nicht auf ein Nein festgelegt, sondern verfolgte unter Barzels Regie eine »Vorbehaltstrategie«.[150]

In der CSU-Landesgruppe informierte Strauß am 21. Februar 1972 über die Haltung der Westmächte zu den Ostverträgen. Sie würden der Bundesregierung nicht in den Arm fallen, weil die Verträge sie von früher eingegangenen Verpflichtungen entbinden würden. Strauß' bemerkenswerte Schlussfolgerung lautete: »Diese Verträge wären gar nicht so gefährlich, wenn sie nicht ein erstes Element eines größeren Bauwerkes der russischen Westpolitik wären. Der zweite Baustein wird die europäische Sicherheitskonferenz sein. Obwohl die Amerikaner die europäische Sicherheitskonferenz nicht wollen, werden sie sie aber nicht verhindern. Durch die Politik der Bundesregierung besteht die Gefahr, daß wir in eine kleineuropäische Lösung zurückfallen.«[151] Diese Einschätzung zeigt, in welchem Maße sein globales strategisches Denken den Widerstand gegen die Ostverträge beeinflusste, zugleich aber wird einmal mehr deutlich, dass auch in der Konzeption des dezidiert europäischen Sicherheitspolitikers Strauß die USA zum unverzichtbaren Kern gehörten. Auch schätzte er die Intentionen richtig ein, die die Sowjetunion verfolgte und mit der Sicherheitskonferenz – der späteren KSZE – krönen wollte. Allerdings erreichte die sowjetische Regierung ihr Ziel dann doch nicht, da sich die KSZE-Beschlüsse schließlich trotz der weitgehenden Anerkennung des Status quo in Europa partiell als Risiko für die eigenen Zielsetzungen entpuppten.[152]

In den Wochen bis zur dritten Lesung der Ostverträge wurde in der Union weiterhin das Für und Wider einer Ablehnung kontrovers diskutiert. Das zweite zentrale politische Ereignis dieser Legislaturperiode, das Scheitern des konstruktiven Misstrauensvotums gegen Bundeskanzler Willy Brandt, korrespondierte direkt mit dieser innerparteilichen Debatte der beiden Schwesterparteien. Strauß bemängelte, »die Haltung der CDU habe von Anfang an den Verdacht aufkommen lassen, daß sie die Ostverträge nicht ernsthaft ablehnen wolle«. Doch war auch Strauß' eigene Haltung widersprüchlich, erklärte er doch in der Fraktionssitzung vom 2. Mai 1972, die »Grenzziehung zur DDR oder zu Polen sei ihm… gleichgültig. Der Westen habe an einer deutschen Wiedervereinigung kein Interesse.« Als die CSU-Landesgruppe zwei Tage später über die geplante Gemeinsame Entschließung aller Bundestagsfraktionen debattierte, erklärte Strauß, »die objektive und subjektive Interessenlage der Opposition verlange, soviel wie möglich in die Verträge hineinzuinterpretieren. Durch die Resolution müßten die Verträge so gestaltet werden, daß ein späterer Friedensvertrag und Verhandlungen über Erleichterungen im innerdeutschen Verkehr offengehalten werden.« Richard Stücklen erklärte in der gleichen Sitzung, die CSU sei »hinsichtlich der Verträge zu einer Gemeinsamkeit bereit«. Er warnte lediglich vor einer Zustimmung, die die Gründung einer neuen Rechtspartei zur Folge habe – eine Möglichkeit, die auch Strauß befürchtete, wenn er vor einer neuen Radikalisierung in Deutschland warnte. Werner Dollinger hingegen lehnte Teilzugeständnisse ab. Mehrere Redner, darunter Stücklen und Höcherl[153], plädierten wie wiederholt auch Strauß für eine geschlossene Stimmabgabe der Fraktion. Angesichts der Mehrheitsverhältnisse war danach nur eine Stimmenthaltung der meisten CSU-Abgeordneten wahrscheinlich. Der CSU-Landesvorstand jedoch tendierte mehrheitlich zur Ablehnung der Ostverträge. Der zur CSU übergetretene ehemalige FDP-Politiker Heinz Starke brachte die Situation auf den Punkt: »Das ständige Taktieren der Fraktion der CDU/CSU« hat »uns wahrscheinlich in die Lage gebracht, daß wir jetzt keine Mehrheit für eine Ablehnung der Verträge« besitzen. Trotzdem wurde Strauß vom Landesgruppenvorsitzenden gebeten, sich auf keine Kompromisse einzulassen.[154]

Nach den Verhandlungen über die gemeinsame Resolution des Bundestags verlangte Dollinger »ein hartes Nein gegenüber der Fraktion«, während Richard Jaeger betonte, Strauß habe in den Verhandlungen »das Höchstmaß des Erreichbaren« erzielt, man solle jetzt »nach draußen nicht jubilieren, sondern staatsmännisches Verhalten an den Tag legen«. Strauß selbst betonte, nachdem die Sowjets nicht bereit seien, die gemeinsame Erklärung der Fraktionen anzunehmen, »könne an ein Ja nicht mehr gedacht werden« – das aber schloss eine Stimmenthaltung nicht aus. Er warnte davor, »daß ein allzu hartes Votum unsererseits die schwankenden Abgeordneten der CDU vor den Kopf stoßen könnte«. Aus diesen internen Äußerungen von Strauß ergibt sich, dass er im Fall einer offiziellen Akzeptanz der Bundestagsresolution durch die Sowjetunion die Zustimmung der Ostverträge durch die Union für möglich gehalten hätte, nach dem Vorliegen der Resolution befürwortete er aber in keiner Landesgruppensitzung die Ablehnung.

Strauß taktierte, war aber in seiner Partei nicht der schärfste Kritiker und definitiv kein Entspannungsgegner, wie dies generell dargestellt wird. Zwei Tage vor der Abstimmung jedoch machte er in der Landesgruppe einen Rückzieher. Er erklärte, die CSU habe die Ostpolitik der Bundesregierung von Anfang an für falsch gehalten, weil die CSU sie von Beginn an »mit den Forderungen nach Selbstbestimmung, Freizügigkeit und Anerkennung der europäischen Realität« (womit er offenbar die (west-) europäische Integration meinte) verbinden wollte. Da diese »elementaren Voraussetzungen nicht Vertragsinhalt sind, müßten die Verträge abgelehnt werden«. Auch nach der gemeinsamen Erklärung sei der Moskauer Vertrag unklar und lasse gegensätzliche Deutungen zu, wie die jüngste Gromyko-Rede gezeigt habe. »Die Entschließung könne als eine Brücke für eine gemeinsame Außenpolitik angesehen werden, habe jedoch keinerlei völkerrechtliche Relevanz.« Im Unterschied zu den meisten CSU-Abgeordneten, die den Fraktionsvorsitzenden Barzel heftig kritisierten, hielt sich Strauß in dieser Hinsicht zurück. Von wenigen Ausnahmen abgesehen, sprachen sich die Mitglieder der Landesgruppe gegen die Verträge aus, der Vorsitzende Stücklen empfahl »als vorläufige Haltung der CSU-Landesgruppe eine Ablehnung der Verträge und eine Zustimmung zur Resolution«.[155] Wie vorläufig dieses Haltung war, zeigte sich schon am 16. sowie 17. Mai, als die Landesgruppe unmittelbar vor der Bundestagssitzung nochmals zu einer 15-minütigen Sitzung zusammentrat.

Die beiden Unionsparteien einigten sich schließlich nach stark emotionalisierten »erbitterten Debatten«[156] in der Fraktionssitzung am 16. Mai, bei der Strauß sogar die gemeinsame Kanzlerwahl von Barzel infrage stellte, auf einen Kompromiss und enthielten sich bei der Abstimmung am 17. Mai 1972 der Stimme, wobei einzelne Abgeordnete, wie vorher besprochen, mit Nein votierten.[157] Dieser Kompromiss war indes noch nach der Fraktionssitzung in der CSU-Landesgruppe und kurz vor der Entscheidung heftig umstritten. Zwar setzte sich nun nach dem für ihn »verheerenden, demoralisierenden« Eindruck der Fraktionssitzung sogar Franz Josef Strauß für Stimmenthaltung ein, weil allein durch sie noch eine geschlossene Stimmabgabe der CDU/CSU-Fraktion möglich war, doch traf er auf heftigen Widerspruch anderer Mitglieder der Landesgruppe, beispielsweise Richard Jaegers, der die Ostverträge für verfassungswidrig hielt. Mehrere Redner schlossen sich ihm an, darunter auch neue Mitglieder wie Starke.

Schließlich fasste der CSU-Landesgruppenvorsitzende die Meinung zusammen: »Die CSU-Landesgruppe steht beim Nein zu den Verträgen. 2. Dr. Strauß und Stücklen werden beauftragt, beim Fraktionsvorsitzenden darauf hinzuwirken, daß die Fraktion geschlossen für ein Nein stimmt. 3. Dr. Strauß und Stücklen werden ermächtigt, beim Fraktionsvorsitzenden zu erkunden, ob er bereit ist, von sich aus eine Stimmenthaltung der Fraktion zu empfehlen. Diese drei Punkte wurden bei 5 Gegenstimmen von der CSU-Landesgruppe angenommen.«[158] Die Landesgruppe hielt durch diesen unklaren Beschluss den Weg für einen Kompromiss offen, wollte aber auf keinen Fall von sich aus den Vorschlag zur Stimmenthaltung machen oder mittragen, da keine Einigkeit darüber bestand und diese Notlösung nach außen keinesfalls auf die CSU zurückgeführt werden sollte.

Wie die Diskussion jedoch zeigte, erwies sich Strauß wiederum nicht als entschiedenster Gegner einer Stimmenthaltung, zumal er die Meinung zurückwies, die Verträge könnten noch verhindert werden. Obwohl er die Ostverträge ablehnte, argumentierte er pragmatisch und realpolitisch – wieder einmal stimmte das öffentliche Erscheinungsbild aufgrund einiger scharfer öffentlicher Auftritte gegen die Regierung, aber auch der Perpetuierung des polemischen Strauß-Bildes in vielen Medien mit seiner durchaus differenzierten Argumentation und seinem politischen Pragmatismus nicht überein. Allerdings taktierte er verschiedentlich so stark, dass nicht immer klar war, wie er am Ende tatsächlich stimmen würde.

Ein Indiz für seine tatsächliche Option lag in seiner konstruktiven Mitarbeit an der erwähnten Gemeinsamen Entschließung aller Fraktionen des Deutschen Bundestags zum Moskauer Vertrag (12. August 1970) und zum Warschauer Vertrag (7. Dezember 1970). Diese Resolution machte aber nur Sinn, wenn die Unionsfraktion nicht gegen den Vertrag stimmte. Strauß beeinflusste diese Entschließung des Bundestags vom 17. Mai 1972 stark, er sah sie als »optimal« an und empfahl der CSU-Landesgruppe die Zustimmung. Mit der Gemeinsamen Entschließung gab die Bundesrepublik ihre Interpretation der Verträge im Ratifikationsverfahren zu Protokoll und band ihre eigene Politik an die beschlossenen Kriterien. Die Entschließung war es auch, die mit einigen durch die Opposition im Vertrag erreichten Verbesserungen der Union politisch die Stimmenthaltung ermöglichte. Auch wenn man die völkerrechtliche Verbindlichkeit derartiger Entschließungen für die Vertragspartner, die Sowjetunion und Polen, mit Recht in Zweifel ziehen konnte, handelte sich doch um eine Bedingung für die Ratifizierung durch den Deutschen Bundestag. Da die Regierungsparteien keine parlamentarische Mehrheit mehr hatten, also zumindest auf die Tolerierung durch die Opposition angewiesen waren, mussten sie sich also auf diese Lösung einlassen. Gemeinsame Entschließung und Stimmenthaltung, für die der Fraktionsvorsitzende Barzel eine Schlüsselrolle spielte, zeigen: Selbst während der Turbulenzen, die durch den Mehrheitsverlust der Koalition und das wenige Wochen vorher gescheiterte Misstrauensvotum gegen Bundeskanzler Brandt eintraten, arbeiteten Regierung und Opposition in zentralen Fragen im Gegeneinander noch konstruktiv miteinander. Daran hatte Strauß erheblichen Anteil, er war keineswegs der destruktive Oppositionsberserker, als der er angesehen wurde.

Der am 10. Mai 1972 eingebrachte und mit der Ratifizierung der Ostverträge am 17. Mai beschlossene Antrag aller drei Bundestagsfraktionen enthielt zehn Punkte, die in der Quintessenz große Übereinstimmung mit Forderungen aufwiesen, die Strauß wenige Tage vorher, am 7. Mai in einem Interview mit *Bild am Sonntag*, erhoben hatte. Dabei war nur ein Punkt, an dem die Zustimmung zu den Verträgen scheitern konnte, nannte Strauß doch die schon erwähnte Forderung, die die sowjetische Regierung kaum erfüllen würde, jedenfalls nicht im Wortsinn. Auf die Frage, ob die Verträge mit einer solchen gemeinsamen Entschließung für CDU/CSU annehmbar seien, antwortete der CSU-Vorsitzende: »Die UdSSR müßte die Entschließung in verbindlicher Form zur Kenntnis nehmen. Sie müßte klarstellen, daß diese Erklärung nicht im Widerspruch zu Geist und Text des Vertrages steht.«[159] In der gemeinsamen Entschließung mussten nach Strauß' Auffassung unter anderem folgende Punkte genannt werden: Die Europapolitik der Bundesrepublik dürfe nicht durch ein sowjetisches Veto gebremst werden, die Verträge bedeuteten weder einen Vorvertrag noch einen Ersatzfrieden, das Recht der Deutschen auf Selbstbestimmung bleibe unangetastet. Der Vertrag schaffe keine Rechtsgrundlagen für künftige Grenzziehungen, sondern beschreibe nur die durch Machtpolitik gezogenen Grenzen. Schließlich solle bekräftigt werden, dass der Vertrag Vereinbarungen über innerdeutsche Freizügigkeit und Aufhebung von Gewaltmaßnahmen herbeiführe.

Strauß ging es nicht um die Ablehnung, sondern »um eine sichtbare und spürbare Verbesserung des Vertragswerkes«, das ja nicht nur im reinen Vertragstext bestehe. In der Gemeinsamen Entschließung sah er eine große Chance für die Bundesregierung, »gemeinsam mit der Opposition die Glaubwürdigkeit ihrer Friedenspolitik nachzuweisen«. Da dieser Weg sich als erfolgreich erwies, hatte sich Strauß eigentlich für den Fall bereits festgelegt, dass die Gemeinsame Entschließung des Bundestags zustande kam – wobei als Einziges offen blieb, ob die sowjetische Reaktion darauf noch als akzeptabel betrachtet werden könne oder nicht. Jedenfalls machte der Bundestagsbeschluss keinen Sinn, wenn man die Verträge ohnehin ablehnen wollte. Strauß bestätigte das nochmals indirekt, als er auf Nachfrage der Interviewer erklärte: »Die Fraktion wird mit einer Stimme sprechen. Die Fraktion steht geschlossen hinter Rainer Barzel – vom ersten bis zum letzten Mann. Barzel hat gerade in den letzten Wochen beachtliches, unumstrittenes Format entwickelt. Er hat sich als ein perfekter Fraktionsvorsitzender erwiesen. Ihm ist wachsende Anerkennung zugefallen.«[160]

Größer konnte aus dem Mund von Strauß das Lob für Barzel nicht ausfallen, und so überrascht dessen Enttäuschung nach dem Beschluss der CSU-Landesgruppe am 15. und 16. Mai 1972 nicht. Der halbe Rückzieher von Strauß ist wohl nur durch Widerstand des größeren Teils der CSU-Abgeordneten zu erklären, die selbst eine Stimmenthaltung nicht akzeptieren wollten. Deswegen sah er in ihr die einzige Möglichkeit, wenigstens eine einheitliche Stimmabgabe der Unionsfraktion zu erreichen. Strauß' eigenes Lavieren zeigt nicht allein eine gewisse Unentschlossenheit[161], sondern vor allem: In der CSU gab es bei aller schwergewichtigen Durchsetzungsfähigkeit ihres Vorsitzenden selbst in seiner ureigenen Domäne, der Außenpolitik, keinen Alleinherrscher. Auch die eigenen Fraktionskollegen mussten mühsam überzeugt werden, selbst in der scheinbar so geschlossenen CSU gab es während der fast zweijährigen Debatte Wandlungen und unterschiedliche Positionen zu den Ostverträgen.

So heftig die schwesterparteilichen Auseinandersetzungen über die Fraktionsentscheidung auch waren, der aus der Ablehnung der Ostverträge innerhalb der Regierungsfraktionen resultierende Mehrheitsverlust wurde politisch folgenreicher. So waren während dieser Wahlperiode bis zum Zeitpunkt der Ratifikation des Moskauer und des Warschauer Vertrags im Deutschen Bundestag am 17. Mai 1972 vier FDP-Abgeordnete und drei SPD-Abgeordnete zur CDU/CSU übergetreten, darunter von den Liberalen mit Erich Mende und Heinz Starke immerhin zwei ehemalige Bundesminister und der einflussreiche Abgeordnete Siegfried Zoglmann, hinzu kam der SPD-Abgeordnete Günther Müller, der am Tag der Abstimmung über die Ostverträge seine Partei verließ und am 19. September 1972 in die CSU eintrat. Interessant ist, dass sich unter diesen Parteiwechslern mehrere Abgeordnete befanden, die bei früheren Gelegenheiten zu den heftigen Strauß-Gegnern gehört hatten. Aus der Union gab es Versuche, Abgeordnete der Koalitionsfraktion abzuwerben, indem man ihnen sichere Listenplätze für eine Neuwahl in Aussicht stellte. Obwohl die fraglichen Abgeordneten aufgrund der Ablehnung der Ostverträge bzw. anderer von ihnen missbilligten politischen Weichenstellungen der Regierung Brandt/Scheel ihre Fraktionen verlassen wollten, war dies zweifellos schlechter Stil, wenngleich rechtlich nicht anfechtbar. Auch gab es Abgeordnete, die nach dem Verlassen ihrer Fraktion ihre Mandate zur Verfügung stellten, was nicht nur in der Koalition als korrektes Verhalten bewertet wurde. Abwerbeversuche konnten außerordentlich peinlich enden, beispielsweise im November 1970 im Fall des dubiosen FDP-Abgeordneten Karl Geldner, der später vorgab, nur zum Schein verhandelt zu haben, um Machenschaften der Union aufzudecken. Zwar hatte nicht Strauß, der Geldner bis dahin persönlich nicht kannte, sondern Stücklen den vermeintlichen Deal eingefädelt, auch hatte nicht die CSU, sondern die »National-Liberale Aktion« abtrünniger FDP-Politiker vom rechten Parteiflügel Geldner hohe »Beraterverträge« angeboten. Davon wusste die CSU nach Aussage der Tagebucheintragung von Strauß' Persönlichem Referenten Voss nichts. Allerdings informierte er Strauß über die Kontaktaufnahme von Geldner und Stücklen. Daraufhin nahm der CSU-Vorsitzende an dem »abschließenden« Gespräch mit Geldner teil und zählte so zu den Blamierten.[162] In aller Regel aber handelten die Fraktionswechsler aus politischen Gründen, sodass Strauß auf dem Parteitag der CSU am 17. Oktober 1970 darauf öffentlich einging und bei dieser Gelegenheit die Motive des früheren FDP-Bundesministers Heinz Starke ausdrücklich würdigte.

Das konstruktive Misstrauensvotum scheitert, der Kampf um die Ostpolitik geht weiter

Da die Union im Frühjahr 1972 durch die Fraktionswechsler Aussicht auf eine Mehrheit hatte, entschloss sie sich mit dem Gegenkandidaten Rainer Barzel am 27. April 1972 zu einem konstruktiven Misstrauensvotum gegen Bundeskanzler Willy Brandt – eine Aktion, die unmittelbar mit der bevorstehenden Ratifizierung der Ostverträge korrespondierte. Strauß unterstützte die Kanzlerkandidatur Rainer Barzels und beabsichtigte, nach dem erfolgreichen Misstrauensvotum erneut Finanzminister (und Vizekanzler) zu werden, um die Finanzen wieder in Ordnung zu bringen. Einzelne Abgeordnete wie Hermann Höcherl, dem ein »Faible für Brandt« attestiert wurde, standen Barzel allerdings skeptisch gegenüber. Deshalb bemühte sich Strauß, sie für den Oppositionsführer zu gewinnen[163], und war überzeugt, dass der CDU-Fraktionsvorsitzende zum Kanzler gewählt werden würde. Für Gerüchte, er habe einen Fehlschlag bewusst in Kauf genommen, gibt es keinerlei konkrete Hinweise; sie sind schon deshalb unglaubwürdig, weil Strauß in einem Kabinett Barzel erneut Finanzminister und Vizekanzler werden sollte. Doch verfehlte Barzel zur Überraschung und zum Entsetzen seiner Fraktion die absolute Mehrheit, ihm fehlten zwei Stimmen, da Barzel nur 247 statt der notwendigen 249 erhielt, gerechnet hatte die Union mit 250 Stimmen.

Zunächst war unklar, wie die Abstimmung hatte misslingen können, auch in den Reihen der Union säte der Vorgang wechselseitiges Misstrauen. Als 1978 Rainer Barzel in seinem Buch *Auf dem Drahtseil* die Bemerkung machte, neben drei Männern habe eine Frau bei dem Misserfolg des konstruktiven Misstrauensvotums 1972 »Geschichte gemacht«, wurden Gerüchte laut, es habe sich um die CSU-Abgeordnete Ingeborg Geisendörfer gehandelt. Sie selbst wies daraufhin in einem Brief an

Strauß diese Vermutung zurück, vielmehr habe sie »selbstverständlich für den Kandidaten unserer Fraktion votiert«. Franz Josef Strauß verband seinen Dank an Rainer Barzel für die Übersendung dieses Buches am 1. Juni 1978 mit dem Hinweis, er traue Frau Geisendörfer eine Stimmabgabe gegen den gemeinsamen Unionskandidaten nicht zu. Er bat Barzel aber, ihm sämtliche Verdachtsmomente mitzuteilen: »Denn diese Frage muß restlos geklärt werden.« Strauß betonte im Übrigen: »Wie Du weißt, hattest Du bei der Abstimmung über das konstruktive Mißtrauensvotum die volle Zustimmung der CSU-Landesgruppe – ich war im Gegensatz zu einigen vorsichtigeren CDU-Politikern dafür – und es bestand bei uns die einhellige Erwartung, daß diesem parlamentarischen Schritt der Erfolg nicht versagt sein werde.«[164]

Erst lange nach der Abstimmung vom April 1972 wurde bekannt, dass zwei Abgeordnete der Union bestochen worden waren – wenn man je von einer »gekauften Republik« sprechen konnte, dann in diesem Fall. Insofern hatte Strauß durchaus recht, wenn er diesen Vorgang als »vielleicht einen der größten Skandale in der Geschichte der Bundesrepublik Deutschland« bezeichnete. Es sei »nicht tief genug zu beklagen, wie sehr die Union der linken Seite unterlegen ist, wenn es darum geht, einen Skandal als solchen zu behandeln, der Öffentlichkeit sichtbar zu machen und die politischen Konsequenzen daraus zu ziehen«.[165] Im Siegestaumel der Brandt-Anhänger ging dies zunächst unter, viel spricht dafür, dass Brandt selbst nichts von der Bestechung zu seinen Gunsten wusste und vom Ergebnis der Abstimmung überrascht war. Allerdings versuchte er in seinen *Erinnerungen*, den Vorgang eher herunterzuspielen und den Blick auf die »Abwerbung« von Koalitionsabgeordneten zu lenken. Selbst die ein Jahr später zutage tretende Bestechung mindestens eines Abgeordneten zog Brandt in Zweifel.[166] Nach dem späteren Kenntnisstand hatten sowohl der SPD-Fraktionsvorsitzende Herbert Wehner als auch sein Fraktionsgeschäftsführer Karl Wienand die Hand im Spiel, der möglicherweise schon damals mit dem Staatssicherheitsdienst der DDR zusammengearbeitet hat. Jedenfalls wurde bald klar, dass einer der gekauften CDU-Abgeordneten Julius Steiner war, den vermutlich Wienand im Auftrag von Wehner für seine Stimme zugunsten von Brandt mit 50 000 DM bestochen hatte. Möglicherweise kassierte Steiner sogar doppelt, wie Markus Wolf später meinte, da er ihm zufolge auch vom DDR-Staatssicherheitsdienst Geld erhalten hatte. Während der Fall Steiner schon ein Jahr später bekannt war, ließ sich der zweite bestochene Überläufer erst sehr viel später durch die sogenannte Rosenholzkartei des Staatssicherheitsdienstes identifizieren: Es handelte sich mit höchster Wahrscheinlichkeit um den bis 1975 amtierenden parlamentarischen Geschäftsführer der CSU, Leo Wagner, der hoch verschuldet war, 1980 wegen Kreditbetrugs verurteilt und von Medizinern als »partiell geistesgestört« bezeichnet worden war. Der DDR-Staatssicherheitsdienst kannte seine Geldprobleme und bot auch ihm 50 000 DM dafür, nicht für Barzel zu stimmen.[167] »So kann heute als gesichert gelten, daß Willy Brandt sein Überleben als Regierungschef im Frühjahr 1972 dem DDR-Staatssicherheitsdienst verdankt – eben jenem Markus Wolf, der für den Spion im Kanzleramt verantwortlich ist, über den Brandt zwei Jahre später stürzen wird.«[168]

Strauß' Ärger über die mediengesteuerte politische Kultur ist verständlich, wenn man seine eigenen Erfahrungen in der *Spiegel*-Affäre mit diesem Bestechungsskandal vergleicht, da sein Verhalten 1962 als großer oder größter Skandal in der Geschichte der Bundesrepublik angesehen wurde und zum Teil noch wird, nicht aber dieser Stimmenkauf: Tatsächlich kann es für ein repräsentatives parlamentarisches Regierungssystem keinen größeren Skandal geben, als wenn der Wählerwille durch Stimmenkauf manipuliert wird und ein solch krimineller Akt die Frage entscheidet, wer Bundeskanzler wird oder bleibt. Dabei ist völlig unerheblich, ob die Anhänger oder die Gegner der Ostverträge im Recht waren, handelt es sich doch bei diesem Vorgang um eine fundamentale Delegitimierung der bundesrepublikanischen Verfassungsordnung. Der Vorgang ist auch nicht gleichwertig mit dem Fraktionswechsel von Abgeordneten, die aufgrund unüberbrückbarer Meinungsverschiedenheiten ihre bisherige Partei verlassen, sind sie doch nur ihrem Gewissen verantwortlich. Auch der für die CSU zweifellos peinliche Fall Geldner war mit dem Fall Steiner nicht vergleichbar, weil erstens Geldner schließlich nicht die Seiten wechselte und zweitens die CSU ihm kein Geld angeboten hatte. Eine andere Frage ist es, ob Abgeordnete, die über eine Liste gewählt sind, bei einem Parteiwechsel ihr Mandat niederlegen sollten. Verfassungsrechtlich zwingend ist dies nicht, guter politischer Stil wäre es schon: So verhielt sich damals beispielsweise der FDP-Abgeordnete Gerhard Kienbaum.

Der Misserfolg Barzels bedeutete indes noch keine parlamentarische Mehrheit für die Koalitionsparteien, die deshalb die Abstimmung über den Haushaltsentwurf 1972 verhindern und ihn an den Ausschuss zurückverweisen wollten. Dies lehnte die Unionsfraktion jedoch ab, zumal schon die symbolisch wichtige Abstimmung über den Kanzlerhaushalt am 28. April 1972 mit 247 zu 247 Stimmen das parlamentarische Patt demonstriert hatte.[169] In der CSU-Landesgruppe stellte der Vorsitzende Stücklen klar, dass die Bundesregierung zum »finanzpolitischen Offenbarungseid gezwungen werde« und im Haushaltsausschuss die mittelfristige Finanzplanung offenlegen müsse.[170] Da die Mehrheit für die sozialliberale Koalition verloren war, stellte Bundeskanzler Brandt die

Vertrauensfrage, die durch Nichtteilnahme der Regierungsparteien an der Abstimmung wie beabsichtigt negativ beantwortet wurde, worauf er den Bundespräsidenten um Auflösung des Bundestags ersuchte – das erste Mal in der Geschichte der Bundesrepublik, dass dieses Verfahren angewandt wurde, um zu Neuwahlen zu kommen. Sie fanden am 19. November statt und brachten eine unerhörte Mobilisierung, die in der bis dahin höchsten Wahlbeteiligung von 91,1 Prozent zum Ausdruck kam, doch nicht nur das.

Willy Brandt auf dem Höhepunkt: Willy-Wahlen 1972

Die vorgezogene Wahl dokumentierte eine gewaltige Sympathiewelle für den amtierenden Bundeskanzler: Unter Brandts Führung überflügelte die SPD mit 45,8 Prozent erstmals die Unionsparteien, die mit 44,9 Prozent knapp geschlagen wurden, wobei die CDU 1,4 Prozent verlor, während sich die CSU um 0,7 Prozent leicht verbesserte. Der Wahlkämpfer Strauß und seine Partei legten also erneut zu. Aber auch für den Außenminister und FDP-Vorsitzenden Walter Scheel zahlte sich der neue Kurs aus, die Liberalen steigerten sich von 5,8 auf 8,4 Prozent und lagen damit weit über der Fünf-Prozent-Klausel. Der Spuk mit der rechtsextremen NDP war ebenfalls vorbei, blieb sie doch eine Splittergruppe. Die Befürchtung von Strauß, rechts neben der Union könne sich eine durch Wahlen demokratisch legitimierte, wenngleich antidemokratische Partei etablieren, erwies sich nun als unbegründet.

Die Koalition besaß mit 54,2 Prozent eine kaum erwartete stabile Mehrheit, ihre Ostpolitik wurde legitimiert, das konstruktive Misstrauensvotum gegen Willy Brandt war also von der Mehrheit der Wähler als politisch unkorrekt angesehen worden – die Bestechung zweier Abgeordneter war damals noch nicht bekannt. Die Regierung Brandt/Scheel konnte nicht allein ihre Ostpolitik, sondern ihre gesamte Reformpolitik bestätigt fühlen, die sich auf alle zentralen Sektoren von der Rechtspolitik bis zur Bildungspolitik erstreckte. Willy Brandt war es gelungen, in der Bundesrepublik gesellschaftliche Aufbruchstimmung zu erzeugen. Die Verleihung des Friedensnobelpreises Ende 1971 stärkte das Ansehen des Bundeskanzlers zusätzlich, obwohl diese Ehrung für einen aktiven, im politischen Streit stehenden Parteipolitiker auch als parteinehmende Einmischung von außen betrachtet werden konnte. So sahen es auch der größte Teil der Union, Strauß und Stücklen, die deshalb dem CSU-Abgeordneten und ehemaligen Bundesinnenminister Hermann Höcherl seinen demonstrativen Glückwunsch für Willy Brandt verübelten[171] – was kleinlich wirkte. Souveräner wäre es gewesen, den Friedensnobelpreis als

Auszeichnung für die gesamte bundesrepublikanische Friedenspolitik von Konrad Adenauer bis zu Willy Brandt zu deuten.

Der Streit um die Deutschlandpolitik eskaliert: Der Grundlagenvertrag als Schicksalsfrage

In dieser wenig komfortablen Lage beharrte die Opposition, insbesondere Franz Josef Strauß auf unpopulären, jedenfalls nicht mehrheitsfähigen Positionen: Diese Ablehnung hielt ihn nicht davon ab, gegen den eindeutigen Meinungstrend anzukämpfen. Nachdem die Ostverträge unter Dach und Fach waren, die Wahl gewonnen war, wollte die Bundesregierung möglichst schnell ihr zentrales deutschlandpolitisches Projekt, den Grundlagenvertrag mit der DDR[172], unterschriftsreif machen. Würde sich die parteipolitische Konstellation während der Ratifizierungsdebatte über die Ostverträge vom Frühjahr nun wiederholen?

Hatte Rainer Barzel wenige Monate zuvor noch versucht, durch kritische Kooperation auf die Ostverträge Einfluss zu nehmen, hatte Strauß klar gegen sie opponiert, widersprüchlich agiert und immer wieder laviert, so lief er nun gegen den Grundlagenvertrag ohne Wenn und Aber Sturm. Der Zwist innerhalb der Union, der durch die mehrheitliche Stimmenthaltung am 17. Mai 1972 noch halbwegs gekittet werden konnte, verschärfte sich, jedoch folgte auch die CSU ihrem großen Vorsitzenden nicht uneingeschränkt. Wenngleich bei den Ostverträgen die grundlegende Bruchlinie zwischen CDU und CSU verlaufen war, waren doch beide Parteien in sich schon damals alles andere als homogen. Strauß geriet zeitweilig in eine doppelte Oppositionsrolle – zur sozialliberalen Koalition und zur CDU. Der Streit über den Grundlagenvertrag aber brachte ihn schließlich in Widerspruch zu einem erheblichen Teil der eigenen Partei, weniger der CSU-Landesgruppe, in der seine Position mehrheitsfähig war, als zur bayerischen Staatsregierung. Obwohl er die meisten der CSU-Bundestagsabgeordneten hinter sich hatte, erschien Strauß in der Öffentlichkeit zeitweilig als Einzelkämpfer – die Bereitschaft dazu machte zweifellos seine charakterliche Stärke aus, blieb er doch der rebellische Unangepasste der deutschen Politik. Gleichwohl war Strauß kein Außenseiter, gelang es ihm doch immer wieder, entscheidenden Einfluss zu nehmen, so auch in diesem Fall: Zwar konnte er den Text des Vertrags nicht verändern, wohl aber seine künftige verfassungsrechtliche Auslegung im Rahmen jeglicher Deutschlandpolitik bis zur Wiedervereinigung 1989/90 prägen.

Für die Haltung der CSU-Landesgruppe zum Grundlagenvertrag spielten außer sachlichen Einwänden auch taktische Motive eine Rolle, vor allem die Schlussfolgerungen, die sie aus der Haltung der Union zu den Ostverträgen sowie aus ihrer Wahlniederlage zog. Als die CSU-Landesgruppe nach der Neuwahl des Bundestags am 13. Januar 1973 die Ursachen analysierte, verwies der stellvertretende Vorsitzende der Landesgruppe, Friedrich Zimmermann, auf mehrere im Wahlkampf falsch gewählte Themen. So sei es eine Fehlkalkulation gewesen, die Wirtschafts- und Finanzpolitik in den Mittelpunkt zu rücken, es sei nicht gelungen, den Kanzler mit der Inflation zu identifizieren. Als eigentliche Ursache der Wahlschlappe machten Zimmermann und andere Redner jedoch die Taktik der Union bei den Ostverträgen aus: »Gerade das zaudernde Verhalten in der Ost- und Deutschlandpolitik habe uns die Wahlniederlage eingetragen. Dabei hätten wir der Regierung ein Gebiet voll und ganz überlassen, das 20 Jahre unsere Domäne gewesen sei. Das Bild der Unzuverlässigkeit, Unglaubwürdigkeit und Wankelmütigkeit, das wir bei der Abstimmung über die Ostverträge abgaben, habe uns letztlich am meisten geschadet. Folgenschwer sei vor allem die Haltung Barzels zum Grundlagenvertrag, ›er wolle erst einmal prüfen‹, gewesen.«[173]

Uneinig war man sich darüber, ob es sich um eine Kanzlerwahl gehandelt habe, was Elisabeth Noelle-Neumann, die Chefin des Instituts für Demoskopie in Allensbach, bestritten hatte. Jedenfalls äußerten viele Abgeordnete Kritik am Fraktionsvorsitzenden Rainer Barzel. Insgesamt überwogen indes der selbstkritische Ton und die Einsicht, dass die Unionsparteien die Wahl gemeinsam verloren hatten. Entschieden forderten mehrere Redner, die CSU müsse wieder klare Positionen beziehen. So wünschte der Nürnberger Abgeordnete Dr. Oscar Schneider, die Politik der CSU müsse »grundsätzlicher und ideologischer werden«. Er bedauerte das »mangelnde Verhältnis zur geistigen Elite«. Hermann Höcherl beklagte, die Union habe den geistigen Anschluss verloren.

Wie auch andere Beiträge späterer Sitzungen zeigten, herrschte erhebliche Beunruhigung darüber, dass die Union offensichtlich keine Visionen und Zukunftsperspektiven geistiger Art mehr biete: Manche CSU-Abgeordnete konstatierten sogar, Willy Brandt sei sehr geschickt in dieses Vakuum gestoßen. Man war sich also klar darüber, dass nicht nur die Reaktion der Union auf die Ostpolitik zu den Ursachen der Wahlniederlage zählte, sondern das mangelnde intellektuelle Angebot in Zeiten einer Aufbruchstimmung, die Willy Brandt sichtbar verkörperte. So stellte beispielsweise Zimmermann klipp und klar fest, der Pragmatismus der Aufbaujahre reiche nun nicht mehr aus, man müsse Vorstellungen entwickeln, wohin man wolle.

Überlegungen dieser Art hatte Franz Josef Strauß schon zu Zeiten Ludwig Erhards Mitte der 1960er-Jahre angestellt. Die bisherige Deutschland-, Außen- und Sicherheitspolitik hatte er immer wieder durchdacht und Vorschläge zur Neuorientierung gemacht, in seinem Ressort als Finanzminister der Großen Koalition hatte er selbst nachhaltige Reformen realisiert. Gerade ihm war kaum vorzuwerfen, der Bundesregierung nach 1969 die »ureigenste Domäne« der Union, die Deutschland- und Außenpolitik, allein überlassen zu haben. Tatsächlich hatte er immer wieder argumentationsstark auf zahlreiche Schwachpunkte der Ostpolitik hingewiesen. Insgesamt aber riss sein eigener bundespolitischer Schwung die Union seit 1969 nicht mit – eine Union, die ihre neue Rolle als Oppositionspartei noch nicht wirklich gefunden hatte. Das Charisma von Strauß war anderer, ja gegensätzlicher Art als das von Brandt. Reagierte dieser seismografisch auf Zeitströmungen und gesellschaftliche Veränderungen, war er stärker ein Mann visionärer Beschwörungen, so war Strauß der konzeptionelle Analytiker. Zukunftsgerichtet waren sie beide, doch wirkte Strauß' Realismus eher konservativ. Das Klischee des Konservativen hing in der öffentlichen Wahrnehmung wie ein Bleigewicht an ihm. In einer Atmosphäre des Aufbruchs zu neuen Ufern wirkte die CSU wie aus der Zeit gefallen, und Franz Josef Strauß galt schließlich seit mehr als 20 Jahren als einer der ganz großen Charakterköpfe der Aufbaujahre der Ära Adenauer, also eher als Mann der Vergangenheit als der Zukunft, so wenig diese Sicht ihm wirklich gerecht wurde.

Diese psychologische Ausgangsbasis erklärt in gewissem Maße sein Taktieren bei den Ostverträgen – bezeichnend ist, dass er sich in der CSU-Landesgruppe dazu nicht äußerte, als sie die Wahlniederlage diskutierte. Hinzu kam, dass Strauß selbst seit Mitte der 1960er-Jahre darüber nachdachte, welche Konsequenzen aus den bisherigen Erfahrungen der Deutschlandpolitik zu ziehen seien, und er eine Lösung nur in der »Europäisierung der deutschen Frage« sah: Diese Zielrichtung war zwar nicht identisch mit der sozialliberalen Ostpolitik, doch entsprang auch sie einer nüchternen Einschätzung der internationalen Realitäten. Und nicht gering zu schätzen ist schließlich Strauß' Motiv, die Einheit der Unionsfraktion zu erhalten.

Ohne auf diese Hintergründe einzugehen, bedauerte Strauß in der Grundsatzdebatte über die Wahlniederlage, »daß in unserem Lager die politische Leidenschaft fehle. Insbesondere bei der CDU sei ein Mangel an Machtinstinkt festzustellen.« Dass dieser Mangel nach dem Wechsel des CDU-Vorsitzes von Rainer Barzel zu Helmut Kohl noch im gleichen Jahr 1973 beseitigt werden würde, was dann ebenso wenig in seinem Sinne war, konnte der CSU-Vorsitzende noch nicht ahnen. Überraschend erscheint nicht allein die Zurückhaltung von Strauß in der Grundsatzdebatte, die er sonst so vehement suchte, sondern eine andere in dieser Sitzung wie ein Fremdkörper wirkende Bemerkung: Sie war zwar machtinstinktiv, besaß aber für einen so leidenschaftlichen Bundespolitiker wie Franz Josef

Strauß indirekt einen resignativen Hauch: Er beklagte sich am 18. Januar 1973, dass der Bayerische Ministerpräsident Alfons Goppel in einem Interview einen erneuten Anspruch auf sein Amt nach der Landtagswahl 1974 hatte erkennen lassen: »Dr. Strauß brachte zum Ausdruck, daß heute noch nicht entschieden werden könne, wer 1974 für dieses Amt kandidiere. Niemand habe das Recht, einen Anspruch auf dieses Amt zu erheben.«[174] Niemand?

Konkreter als die Grundsatzdebatte war die Schlussfolgerung, die die Landesgruppe für die in den folgenden Monate anstehende Ratifizierung des Grundlagenvertrags zog: Anders als bei den Ostverträgen müsse man zu einer eindeutigen und überzeugenden Linie kommen. In dieser Hinsicht konnte Strauß nahtlos an seine frühere Kritik am Vertragsentwurf anknüpfen, hatte er doch schon im Wahlkampf eine seiner Hauptsorgen formuliert. Er fürchtete die Anerkennung der DDR, deren parallelen Beitritt zur UNO die Bundesregierung akzeptierte. Das bedeutete zunächst die völkerrechtliche Anerkennung durch die anderen Staaten. Diese Einschätzung von Strauß erwies sich als realistisch, seine Befürchtung, in der Konsequenz werde dann schließlich auch die Bundesrepublik die DDR formell anerkennen, allerdings nicht, wenngleich das Spiel zwischen Anerkennung und Nichtanerkennung immer wieder in einen verbalen Eiertanz mündete.

Acht Tage vor der Wahl fasste Strauß am 11. November 1972 seine Bedenken zusammen: »Wir werden ihn daran messen, wie es in diesem Grundvertrag mit der Anerkennung der Einheit der Nation bestellt ist. Denn auf der anderen Seite gibt es keine Einheit der Nation, sondern eine Einheit des Klassenkampfes; gleichgültig, welcher Nation man angehört. Wir werden prüfen, wie es in diesem Grundvertrag mit dem Selbstbestimmungsrecht des ganzen deutschen Volkes gehalten wird. Wir werden ihn daraufhin prüfen, daß nicht der Staatsangehörigkeitsbegriff des Grundgesetzes, der für alle Deutschen gilt, durch den faulen Zauber einer irreführenden Interpretation zum Schein beibehalten, in Wirklichkeit aber aufgehoben wird. Wir werden ihn daran prüfen, wie dieser Vertrag sich für einen Zusammenhang zwischen Bundesrepublik und West-Berlin auswirkt. Die Verhandlungen, die zum Viermächtevertrag über Berlin führten, sind unter der Regierung Kiesinger eingeleitet worden. Dieser Viermächtevertrag ist Ausdruck einer gewandelten weltpolitischen Lage und auch Ausdruck einer Änderung der sowjetischen Interessenlage wegen Aufkommens neuer und schwieriger Probleme für Moskau – nicht etwa eine Frucht der Ostpolitik Brandts. ... Für uns gehört Berlin zu Deutschland und für uns ist West-Berlin nach unserem Grundgesetz, das in freier Abstimmung entschieden worden ist, ein Land, das zu unserem Bund gehört, auch wenn die aktive Ausübung dieses Rechtes durch Vorbehalte der Alliierten vorläufig außer Kraft gesetzt ist. Wir werden diesen Vertrag auch daraufhin prüfen, ob nicht, sozusagen auf dem Schleichwege solcher Verträge, Teil- oder Ersatz-Friedensverträge mit der juristischen Verbriefung der Spaltung Deutschlands abgeschlossen werden.«[175]

Anders als im Fall der Ostpolitik der Regierung Brandt/Scheel, die in Teilen diejenige der Großen Koalition weiterführte und deshalb von Strauß auch nur schwer im Ganzen abgelehnt werden konnte, lag die Kritik an zentralen Passagen des Grundlagenvertrags in der Konsequenz seiner langjährigen politischen Forderungen, zu denen das Selbstbestimmungsrecht der Deutschen (und aller anderen Völker) ebenso gehörte wie die eindeutige Ablehnung jeglicher Anerkennung der deutschen Teilung, der DDR oder der bestehenden Grenzziehungen vor einem Friedensvertrag. Insofern konnte für ihn auch kein Zweifel über die Ablehnung des schon bald nach den vorgezogenen Bundestagswahlen am 21. Dezember 1972 unterzeichneten Vertrags bestehen. Am 9. Mai 1973 begründete Franz Josef Strauß im Bundestag eingehend seine Kritik, indem er den Grundlagenvertrag in den Kontext der Deutschlandpolitik, der Ostverträge, der europäischen und der transatlantischen Politik stellte: Die großen politischen Dimensionen sah er als entscheidend an, nicht die auf Widerruf gestatteten »humanitären Erleichterungen«.

Strauß, der in dieser Rede nicht mehr von der »Zone«, sondern grundsätzlich von der DDR sprach, kam noch einmal ausführlich auf die Mängel zurück, die er bei den Ostverträgen sah, betonte aber zugleich: »Trotzdem ist es für uns eine Selbstverständlichkeit zu sagen, diese Verträge sind völkerrechtlich gültig, wir denken und handeln … in den Maßstäben: Pacta sunt servanda.«[176] Diese frühe Aussage besagte, dass auch eine künftige CDU-Regierung sich an die Vereinbarungen halten, sie allerdings im Sinne der einstimmigen Gemeinsamen Entschließung des Deutschen Bundestags vom 17. Mai 1972 interpretieren würde. Die Grundlage für die Deutschlandpolitik auch künftiger Bundesregierungen akzeptierte Strauß also ausdrücklich, auch wenn er ihre Entstehung und Formulierung missglückt fand.

Strauß ging im Übrigen auf die atmosphärischen Störungen ein, die er durch Willy Brandt verursacht sah. Brandt hatte gesagt, auch unter den Wählern der CDU/CSU gebe es solche, die den Frieden wollten, womit er unterstellte, dass die anderen den Frieden nicht wollten, was Strauß zu Recht empörte – hier zeigte sich einmal mehr, dass Brandt in den damaligen Auseinandersetzungen nicht selten polemischer war als Strauß, selbst aber auf Kritik empfindlich reagierte, »in seiner gewohnten Rolle beleidigter Majestät«[177], wie Strauß süffisant bemerkte.

Schon seit Monaten schwelte in der Unionsfraktion eine weitere Kontroverse über ihre Haltung gegenüber dieser fundamentalen deutschlandpolitischen Weichenstellung. Franz Josef Strauß hatte im Landesvorstand der CSU vorgeschlagen, eine Normenkontrollklage gegen den Grundlagenvertrag vor dem Bundesverfassungsgericht anzustrengen, weil er den in seinen Augen bedrohlichen deutschlandpolitischen Auslegungsspielraum begrenzen wollte. Erste Andeutungen dazu machte Strauß schon in der Sitzung des CSU-Landesvorstands am 20. November 1972, als er auf die Ursachen für die Wahlniederlage zu sprechen kam. Grund sei »in erster Linie die Wankel-Motor-Haltung der CDU in der Deutschlandfrage. Wir haben verloren in gewissen Bereichen, weil sie (die Wähler) sagen: Diese CDU mit ihrem Nein, Ja, Nein zur Ostpolitik – das hat 2½ % gekostet ... Die CDU hat ihre Heldenzeit leider hinter sich.« Explizit wurde im Landesvorstand der CSU am 12. März 1973 die Klage besprochen. Am 19. März 1973 stellte Franz Josef Strauß im Landesvorstand eingehend seine Gründe dar: Mit einem Urteil des Bundesverfassungsgerichts solle die Bundesregierung gezwungen werden, die Ostverträge insgesamt, insbesondere aber den Grundlagenvertrag, im Sinne der Gemeinsamen Entschließung des Bundestags vom 17. Mai 1972 zu interpretieren und weiterzuentwickeln, doch fand Strauß nur bei einem der anwesenden Staatsminister Unterstützung, bei Fritz Pirkl. Andere, darunter der Ministerpräsident, nahmen an der Sitzung nicht teil.[178] Verfassungsrechtler beurteilten die Aussichten einer Klage zwar eher skeptisch, hielten jedoch eine einschränkende Auslegung des Vertrags durch das Bundesverfassungsgericht für möglich.[179] Wie alle Beratungen innerhalb der CSU zeigen, machte man sich keine Illusionen über die Gewinnchance in Karlsruhe.

Franz Josef Strauß und Richard Jaeger befürworteten die Klage gegen den Grundlagenvertrag in der CSU-Landesgruppe seit Januar 1973, doch entstand darüber ein Dissens mit dem größeren Teil der CDU-Fraktion. Es blieb also offen, ob es zu einer Klage der CDU/CSU-Fraktion vor dem Bundesverfassungsgericht kommen würde. Aus diesem Grund wünschte Strauß schließlich, dass die Bayerische Staatsregierung diesen Part übernähme, doch widerstrebte diese ebenfalls. Schließlich zwang ihr Strauß seinen Willen auf. Das Bundesverfassungsgericht sollte klären, ob der Grundlagenvertrag verfassungskonform sei, d. h. nicht der Präambel des Grundgesetzes widersprach.

Am 30. Januar teilte der CSU-Landesgruppenvorsitzende Stücklen den Abgeordneten mit, der Fraktionsvorstand der CDU/CSU habe sich mit 21:13:2 Stimmen gegen die Anrufung des Bundesverfassungsgerichts entschieden[180], worauf die CSU-Abgeordneten am 13. Februar eine eingehende Aussprache über den Grundlagenvertrag führten. Einleitend berichtete Richard Jaeger über die Beratungen der Unterkommission »Rechtsfragen« der Grundvertragskommission der CDU/CSU-Fraktion, deren Votum im Gegensatz zu dem des Fraktionsvorstands stand: »Die große Mehrheit der Unterkommission habe sich für eine Normenkontrollklage ausgesprochen, und zwar ausdrücklich auch unter Berücksichtigung eines möglichen Unterliegens vor dem Bundesverfassungsgericht. In diesem Falle würden die Vorteile der Klage die Nachteile eines abweisenden Urteils überwiegen.«[181]

Jaeger, der sich ebenfalls für den Gang der Unionsfraktion nach Karlsruhe aussprach, führte sämtliche Gründe auf, bevor Franz Josef Strauß die Meinung vertrat, »daß politische Fragen grundsätzlich politisch ausgetragen werden müßten. Trotzdem sei er in diesem Falle für eine Anrufung des Bundesverfassungsgerichts. Unsere Begründung hierfür müßte aber politischer und nicht juristischer Art sein.« Strauß teilte die Auffassung von Jaeger, dass ein »Urteil des Bundesverfassungsgerichts in jedem Falle einen innerpolitischen Befriedungseffekt herbeiführe. Wollten wir auf die Anrufung von Karlsruhe nunmehr verzichten, würden wir unsere Glaubwürdigkeit noch mehr einbüßen. Gerade der Wähler, der aus nationalen Überlegungen bei uns stand, fühlte sich durch unsere Haltung zu den Ostverträgen verprellt.«

Nach längerer Diskussion beantragten Strauß und Jaeger eine Abstimmung, in der die Mitglieder der CSU-Landesgruppe bei drei Gegenstimmen (Höcherl, Schmidhuber, Dr. Schulze-Vorberg) und einer Enthaltung (Biehle) für die Einreichung einer Normenkontrollklage votierten. Diese vier Abgeordneten erklärten allerdings, dass sie sich gegebenenfalls einer geschlossenen Haltung der Landesgruppe nicht verschließen würden.[182] Damit bezogen die meisten CSU-Abgeordneten Stellung gegen die Mehrheit im gemeinsamen Fraktionsvorstand der Union, stimmten jedoch andererseits mit der überwiegenden Zahl der Mitglieder in der Unterkommission der Fraktion überein. Es drohte sich das Hin und Her bei den Ostverträgen zu wiederholen, zumal es noch eine weitere strittige Frage gab: Wie sollte sich die Fraktion in Bezug auf den in der Konsequenz des Grundlagenvertrags geplanten UNO-Beitritt der Bundesrepublik verhalten?

Richard Jaeger hielt den Nutzen für gering, den Schaden aber für groß, weil der Beitritt der Bundesrepublik nur zugleich mit der DDR infrage komme: Dadurch würde »die höchste Stufe der deutschen Teilung« erreicht, dieser Akt bedeute »die endgültige Aufwertung der DDR«. Er plädierte dafür, gegen den Beitritt zu stimmen. Franz Josef Strauß setzte jedoch eine flexiblere Haltung durch, er »machte deutlich, daß wir ein Nein zum UN-Beitritt draußen nicht verständlich machen könnten. Wir sollten daher zunächst einen Entschließungsantrag im Bundestag einbringen, in dem wir unsere Forderungen ... klarstellen, die für einen Beitritt maßgebend seien. Erst danach könnte abgelehnt werden.« Dies erscheint zunächst als taktisches Manöver, zumal Strauß drei Bedingungen nannte, die so kaum akzeptiert werden würden, nämlich die Anerkennung des Selbstbestimmungsrechts der Völker, die »menschliche Freiheit« und als Wichtigstes die Außerkraftsetzung der Feindstaatenklausel der UN-Charta. Schließlich formulierte er den Antrag, der die beiden ersten Punkte nicht mehr enthielt und den die Landesgruppe dann einstimmig annahm: »Wenn die Art. 53 und 107 der UN-Charta beseitigt sind, stimmt die Landesgruppe dem Beitritt zu.«[183]

Artikel 107 der UN-Charta lautet: »Maßnahmen, welche die hierfür verantwortlichen Regierungen als Folge des Zweiten Weltkriegs in bezug auf einen Staat ergreifen oder genehmigen, der während dieses Krieges Feind eines Unterzeichnerstaats dieser Charta war, werden durch diese Charta weder außer Kraft gesetzt noch untersagt.« Artikel 53 der UN-Charta, der Zwangsmaßnahmen ohne Zustimmung des Sicherheitsrats grundsätzlich verbietet, nimmt von diesem Verbot Zwangsmaßnahmen gegen einen Feindstaat nach Art. 107 aus. Aus dieser Feindstaatenklausel konnte also ein Interventionsrecht abgeleitet werden, da die Bundesrepublik weder zu den Unterzeichnerstaaten der UN-Charta gehörte noch der Zweite Weltkrieg formell mit einem Friedensvertrag abgeschlossen worden war. Diese Bedingung war völkerrechtlich im Konfliktfall gewichtiger, als sie erscheinen mochte. Die Aufgabe der Feindstaatenklausel lag auch in der Konsequenz des Atomwaffensperrvertrags, nach dessen Unterzeichnung die USA, Großbritannien und Frankreich formell erklärt hatten, die Artikel 107 und 53 der UN-Charta gewährten kein Recht, einseitig in der Bundesrepublik mit Gewalt zu intervenieren. Dem Grunde nach entzogen die Ostverträge von 1970 ebenfalls einer solchen Inanspruchnahme des Interventionsrechts, etwa durch die Sowjetunion, die Legitimation.

Wegen der Widerstände gegen die Klage vor dem Bundesverfassungsgericht, die nicht allein aus der CDU und dem Fraktionsvorstand, sondern auch aus der bayerischen Staatsregierung kamen, befasste sich die CSU-Landesgruppe am 21. März erneut mit dieser Frage, wobei die meisten Abgeordneten gegenüber dem Beschluss vom 13. Februar keinen veränderten Diskussionsstand sahen. Doch konnte sich die CSU-Landesgruppe nicht durchsetzen, die Unionsfraktion sprach sich mit knapper Mehrheit gegen eine Klage beim Bundesverfassungsgericht aus. Da auch die CDU-geführten Länderregierungen nicht zum Gang nach Karlsruhe bereit waren, lag die Entscheidung schließlich allein in Bayern, weshalb Franz Josef Strauß wieder die bayerische Staatsregierung mobilisieren wollte, die sich vom November 1972 bis zum Juni 1973 in insgesamt zwölf Kabinettssitzungen mit dem Grundlagenvertrag befasste.[184] Strauß berichtete in der CSU-Landesgruppe über die Landesvorstandssitzung seiner Partei am 2. April 1973, auf der sich ebenfalls eine »beträchtliche Mehrheit für die Anrufung« des Bundesverfassungsgerichts ausgesprochen habe. In Abwesenheit von Ministerpräsident Goppel wollte der Landesvorstand jedoch aus Stilgründen keinen formellen Beschluss fassen.

Einige Staatsminister, darunter Innenminister Bruno Merk, hätten sich vor allem wegen mangelnder Erfolgsaussichten gegen eine Klage ausgesprochen. Tatsächlich war die Situation im CSU-Vorstand nicht so eindeutig, wie die folgende Sitzung am 21. Mai 1973 zeigte. Franz Josef Strauß gestand zwar ein, dass der Prozess formell nicht zu gewinnen sei, doch dürfe »der Eindruck nicht verstärkt werden, die CSU sei ein zahnloser Hund, zum Bellen reicht es, zum Beißen nicht mehr«. Daraufhin sprach sich Ministerpräsident Goppel engagiert gegen eine Klage aus: Man solle den Anschein vermeiden, »die Staatsregierung unterliege einem imperativen Mandat der Partei«. Goppel warf der CSU-Landesgruppe im Bundestag sogar Wankelmütigkeit in Bezug auf die Ostverträge vor, durch die die Staatsregierung allein gelassen worden sei. Nicht nur in der Unionsfraktion des Bundestags drohte eine Spaltung, auch im Landesvorstand der CSU, doch schließlich setzte sich der Vorsitzende, der heftig gegen den Zeitgeist, den »Mob der Linkspresse« und den »Mob der öffentlichen Meinung« gewettert hatte, durch. Strauß gelangte zu dem Schluss: »Es ist unsere sittliche Verpflichtung, den Kampf gegen eine Politik zu führen, die zum Abgrund führt!« 21 Vorstandsmitglieder stimmten für die Klage, 4 dagegen, 4 enthielten sich.[185]

Wie aber würde die bayerische Staatsregierung entscheiden? Auch sie hatte während der letzten Monate keine eindeutige Haltung eingenommen, sondern am 19. Dezember 1972 einmütig den Grundlagenvertrag abgelehnt und am 9. Januar 1973 beschlossen, mit den CDU-regierten Ländern eine einheitliche Haltung zu erreichen. Wenn sich Bayern im Bundesrat nicht durchsetzen könne, solle eine Klage beim Bundesverfassungsgericht erwogen werde, woran das Kabinett noch am 23. Januar 1973 festhielt, als die angestrebte Einigung mit den CDU-Länderregierungen zweifelhaft wurde. Seit dem 23. Februar 1973 war aber nicht mehr so klar, wohin der Weg führen würde.[186] Die bayerische Politik war nur einer, doch der schwierigste der Schauplätze, auf denen Strauß zum Teil zeitgleich für den Gang nach Karlsruhe kämpfte, die anderen waren der Bundestag, die Unionsfraktion und, nachdem deren negative Entscheidung gefallen war, die CSU-Landesgruppe – nur ihre Haltung blieb von der ersten bis zur letzten Diskussion dieses Themas konsequent.

Strauß plädierte dort weiterhin entschieden für die Klage. Die Landesgruppe war seine stärkste Bastion, zumal dort so einflussreiche Mitglieder wie deren Vorsitzender Richard Stücklen und Richard Jaeger auf seiner

Seite standen. Nachdem die Haltung der Staatsregierung sichtbar unsicherer wurde, erläuterte Franz Josef Strauß in der Landesgruppe den Unterschied zu den Ostverträgen: Die Enthaltung der Union sei möglich gewesen, weil es durch die Gemeinsame Entschließung des Bundestags über die Auslegung der Ostverträge noch einen gemeinsamen Standpunkt gegeben habe, dies könne jedoch hinsichtlich des Grundvertrags nicht behauptet werden. Jetzt müssten strategische Überlegungen den Vorrang vor taktischen haben. Die CSU-Landesgruppe blieb also bei ihrer Entscheidung für eine Klage in Karlsruhe.[187] Auch das Votum gegen die UN-Aufnahme blieb erhalten, da die Bedingungen nicht erfüllt wurden, allerdings stimmten am 8. Mai 1973 vier CSU-Abgeordnete in der Landesgruppe dafür, einer enthielt sich. Franz Josef Strauß gelangte zu dem Schluss, »daß die ganze Welt die Ostverträge und den Grundlagenvertrag als endgültige Teilung Deutschlands auslegten. Nach den Enttäuschungen vom Mai 1972 sei für ihn die Einheit der Fraktion nicht mehr das höchste Gut. Er plädiere aus grundsätzlichen und taktischen Erwägungen zum UN-Beitritt nein zu sagen.«

Strauß sah klar, in welchem Maße die Ostverträge, das Berlin-Abkommen der vier Mächte vom 3. September 1971, der Grundlagenvertrag der Bundesrepublik mit der DDR und schließlich die geplante Sicherheitskonferenz – die 1973 in Helsinki beginnende Konferenz für Sicherheit und Zusammenarbeit in Europa (KSZE) – sowohl außen- als auch deutschlandpolitisch eine Einheit bildeten, weshalb er nun gegen den problematischsten Baustein dieses Gebäudes – den Grundlagenvertrag – mit allen Mitteln focht. Doch nicht allein die Ostverträge, auch das Viermächteabkommen über Berlin hatte Strauß kritisiert, »weil die Leistungen der sowjetischen Seite ihrer Natur nach *widerruflich*, die Leistungen des Westens hingegen, nämlich die Statusverschlechterung, mehr oder weniger *unwiderruflich* sind«.[188] Hinzu kam, dass die Durchführungsvereinbarungen für das Viermächteabkommen zum Teil von den Regierungen der Bundesrepublik und der DDR getroffen werden sollten, wofür der erste Schritt mit dem Transitabkommen zwischen der Bundesrepublik und der DDR vom 17. Dezember 1971 getan wurde und weitere Regelungen für den Grundlagenvertrag vorgesehen waren. Die DDR mutierte so Schritt für Schritt zum gleichberechtigten Vertragspartner. Das Viermächteabkommen verlagerte Fragen, über die keine Einigkeit erzielt worden war, in mehrere Anlagen bzw. einseitige Erklärungen der vier beteiligten Regierungen.[189] Damit wurde in gewisser Weise das Verfahren wiederholt, das mit dem ›Brief zur deutschen Einheit‹ beim Moskauer Vertrag von 1970 durch Bundesaußenminister Scheel praktiziert worden war. Die Gemeinsame Entschließung des Deutschen Bundestags vom 17. Mai 1972 folgte diesem Modell. Franz Josef Strauß, der eindeutige Vereinbarungen für notwendig hielt, misstraute solchen Hilfskonstruktionen, wenn nicht beide vertragsschließenden Parteien sie als völkerrechtlich verbindlich anerkannten.

Jenseits der Frage der politischen Zielsetzung unterlag der Effekt der Verträge insgesamt keinem Zweifel: Die DDR wurde international erheblich aufgewertet, ob man von »Ständiger Vertretung« beider Staaten oder von Botschaften sprach, galt international nicht als gravierende Differenzierung: Wenn nur noch die Bundesrepublik der DDR die – formelle – völkerrechtliche Anerkennung versagte, zugleich aber deren Beitritt zur UNO nicht nur zustimmte, sondern sogar als paralleles Verfahren zum Beitritt der Bundesrepublik bewertete, kam das ebenfalls einer faktischen Anerkennung der DDR gleich.

Anders als die CSU-Landesgruppe wollte der Fraktionsvorsitzende Rainer Barzel der Aufnahme beider deutscher Staaten in die UN zustimmen. Hierbei stützte er sich auf einen Beschluss des Präsidiums der CDU, einer von ihm eingesetzten Kommission unter Vorsitz von Karl Carstens sowie die CDU-Ministerpräsidenten. In einer dramatischen Sitzung der Unionsfraktion des Bundestags kam es am 8. Mai 1973 faktisch zu einer Zweiteilung, da 97 Abgeordnete für einen Beitritt, 96 dagegen stimmten. Daraufhin wurde eine geheime Abstimmung beantragt, bei der 101 Abgeordnete dagegen und nur noch 93 dafür votierten. Dies war bereits die zweite Abstimmungsniederlage für Barzel, der auch im Fall der Ostverträge für eine Zustimmung plädiert hatte, sich damals aber mit einer Enthaltung begnügen musste. Nun folgte der Paukenschlag: Der Fraktionsvorsitzende Rainer Barzel trat zurück! In seiner Erklärung vom 9. Mai in der Fraktion hieß es: »Die Fraktion hat gestern in einer wichtigen und grundsätzlichen Frage, die ich als fundamental für die Richtung unserer künftigen Politik bezeichnet habe, mit knapper Mehrheit gegen meinen Rat entschieden.« Er könne in einer solch wichtigen Sache eine Entscheidung nicht vertreten, die gegen seine Überzeugung erfolge: »Hiermit trete ich vom Amt des Fraktionsvorsitzenden der CDU/CSU-Bundestagsfraktion zurück ... «[190] Diese Entscheidung Rainer Barzels, der seit zehn Jahren diese Funktion ausübte, war verständlich. Franz Josef Strauß empfand sie allerdings als unverhältnismäßig. Die CSU-Landesgruppe schien jedenfalls ebenso wie ihr Vorsitzender Stücklen und Strauß überrascht. Der CSU-Vorsitzende beurteilte die Frage des UN-Beitritts als Sachentscheidung, den Rücktritt aber als persönliche Angelegenheit, deren Motive noch im Dunkeln lägen.[191]

Auch die CSU sah sich nun vor die Frage gestellt, wer Vorsitzender der Unionsfraktion werden würde. Keinen Einfluss besaß sie auf den künftigen CDU-Vorsitz, wenn Barzel nicht für eine Wiederwahl kandidieren würde, wie er bereits durchblicken ließ. Nachdem sich zwei Kandidaten herauskristallisiert hatten, Gerhard Schröder und Karl Carstens, sah Strauß keine CSU-spezifischen Interessen berührt.[192] Unmittelbar vor der Wahl, nachdem noch Richard von Weizsäcker als dritter Kandidat hinzugekommen war, riet der Landesgruppenvorsitzende Stücklen dazu, keine Empfehlung auszusprechen, während Franz Josef Strauß etwas deutlicher wurde. Die CSU-Landesgruppe müsse »mit jedem künftigen Vorsitzenden ein gutes Verhältnis pflegen, um die Union wieder zu einer Kampfgemeinschaft zu machen. Die jetzige Entscheidung könne aber nur vorläufigen Charakter zum Zwecke der Konsolidierung haben.« Die endgültige Marschroute ergebe sich erst nach der bayerischen Landtagswahl, also 1975/76. Strauß hielt es für falsch, wenn sich die Stimmen der CSU-Landesgruppe verteilen sollten, in seinen Augen habe Carstens ein leichtes Prä vor Schröder, doch warnte er davor, Schröder »zu stark abfallen zu lassen«. Weizsäcker »hielt er nicht für opportun«.[193]

Schließlich wurde der frühere Staatssekretär im Auswärtigen Amt, im Verteidigungsministerium, Chef des Kanzleramts und jetzige Bundestagsabgeordnete Karl Carstens am 17. Mai 1973 mit 131 von 219 abgegebenen Stimmen bei drei Enthaltungen und einer ungültigen Stimme zum Vorsitzenden der Unionsfraktion gewählt, Weizsäcker erhielt 58 Stimmen, Schröder nur 26 – was für den ehemaligen Vorgesetzten von Carstens und langjährigen Innen- bzw. Außenminister, zweifellos einen Spitzenvertreter der CDU, eine herbe Enttäuschung war. Carstens profitierte davon, dass er bisher in die Flügelkämpfe und personellen Auseinandersetzungen der Union nicht involviert war, dass er als langjähriger Spitzenbeamter und Professor des Völkerrechts, zeitweiliger Direktor des Forschungsinstituts der Deutschen Gesellschaft für Auswärtige Politik (1970–1972) eine Aura der Sachlichkeit ausstrahlte. Franz Josef Strauß und Richard Stücklen hatten ihm die Unterstützung der CSU-Landesgruppe in Aussicht gestellt, dafür allerdings einige Bedingungen für die Zusammenarbeit genannt.[194]

Rainer Barzel verzichtete wenige Tage später auch noch auf den Parteivorsitz, obwohl ihm Strauß geraten hatte, nicht gleich beide Ämter aufzugeben. Nun wählte der Parteitag der CDU am 11./12. Juni 1973 den damaligen Ministerpräsidenten von Rheinland-Pfalz, Dr. Helmut Kohl, der 1971 noch Barzel unterlegen war, mit 520 von 600 Stimmen, gegen 51 Neinstimmen bei 29 Enthaltungen zum Parteivorsitzenden.[195] Dies bedeutete nun den endgültigen Generationswechsel und einen klaren programmatischen und organisatorischen Neuanfang in der CDU. Da Kohl nicht dem Bundestag angehörte, verlagerte sich mit seiner Wahl das politische Machtzentrum der CDU von der Fraktion zur Partei – ein Vorgang, der das Verhältnis zu Franz Josef Strauß direkt berührte, besaß er zwar als CSU-Vorsitzender seine Machtbasis auch in der Partei, doch lag der Schwerpunkt seiner politischen Tätigkeit in der Landesgruppe, der Fraktion und im Bundestag, obwohl er sich nur für zwei Ausschüsse nominieren ließ (Gemeinsamer Ausschuss nach Art. 53 a GG sowie Ständiger Ausschuss nach Art. 45 GG).[196] Bei diesen beiden handelte es sich jedoch insofern um zentrale Ausschüsse, als im Gemeinsamen Ausschuss Bundestag und Bundesrat Konflikte lösen mussten, der Ständige Ausschuss aber für die Wahrung der Rechte der Volksvertretung zuständig war. Beide Neuwahlen beendeten die personellen Querelen innerhalb der Union und schlossen in gewisser Weise die schwierige Phase der Neuorientierung als Oppositionspartei ab.

Die Kontroverse über den Grundlagenvertrag ging dennoch nach dem doppelten Führungswechsel in der CDU weiter, verlagerte sich aber nach der erwähnten Sitzung des CSU-Landesvorstands nun endgültig ins bayerische Kabinett. Am Tag nach dessen positivem Votum teilte der einer Klage ablehnend gegenüberstehende Ministerpräsident Goppel am 22. Mai 1973 dem CSU-Vorsitzenden plötzlich mit, er brauche bei der bevorstehenden Sitzung der bayerischen Staatsregierung, auf der über den Gang nach Karlsruhe entschieden werden sollte, nicht mehr als Gast teilzunehmen, die Entscheidung sei bereits gefallen: Das gesamte bayerische Kabinett mit Ausnahme von zwei Staatsministern – Max Streibl und Fritz Pirkl – sei gegen die Klage. Das hieß nun allerdings die Rechnung ohne den Wirt zu machen, Franz Josef Strauß war wutentbrannt. Der CSU-Vorsitzende verlangte eine sofortige Kabinettssitzung, bei der er beanspruchte, die Gründe für eine Klage zu erläutern. Zwar gab es dafür keine Rechtsgrundlage, war Strauß doch nicht Mitglied der bayerischen Regierung. Doch »Strauß, der Mächtige« setzte sich gegen »Goppel, den Bedächtigen«, wie Kultusminister Hans Maier beide charakterisiert hat, durch. In einer »erbitterten dreistündigen Redeschlacht« wurden noch einmal alle Argumente gegen Strauß' Klagewunsch vorgetragen: »Ich mußte voll und ganz mein Gewicht als Parteivorsitzender zur Geltung bringen; man müsse sich davor hüten, aus Angst vor einem Risiko die Glaubwürdigkeit des CSU-Vorsitzenden in gefährlicher Weise zu beschädigen.« Noch am gleichen Tage, dem 22. Mai, hatte Franz Josef Strauß die Mehrheit des Kabinetts gewonnen[197] – ob er die Minister überzeugt oder buchstäblich unter Druck gesetzt hatte, sei dahingestellt. Jedenfalls billigten anschließend sowohl die CSU-Landtagsfraktion als auch der Parteiausschuss »mit überwältigender Mehrheit den Beschluß der Staatsregierung«. Allerdings trifft Strauß' Darstellung wohl nicht zu, dass er eine »große und klare Mehrheit« in der Staatsregierung erreicht hatte. Laut Protokoll der Kabinettssitzung hatte die Staatsregierung lediglich mit acht zu sechs Stimmen die Klage gegen den Grundlagenvertrag in Karlsruhe beschlossen.[198] Niemals zuvor hatte ein Bundesland beim Bundesverfas-

sungsgericht eine Normenkontrollklage gegen einen von der Bundesregierung geschlossenen völkerrechtlichen Vertrag erhoben. Wenngleich
die Staatsregierung keine einstweilige Verfügung gegen den Vertrag erreichen konnte, erging doch das Urteil des Bundesverfassungsgerichts zum
Grundlagenvertrag der Bundesrepublik Deutschland mit der DDR vergleichsweise schnell, am 31. Juli 1973.

Nicht allein viele Beobachter, auch Franz Josef Strauß selbst zählte
diese Klage zu seinen großen Verdiensten: »Ein Politiker soll sich nicht
überschätzen – dennoch halte ich diesen von mir durchgesetzten Gang
nach Karlsruhe für einen Markstein der Deutschlandpolitik. Bayern und
die CSU sind damit ihrem geschichtlichen Auftrag für Deutschland gerecht geworden, was um so schwerer wiegt, als beide dabei allein geblieben waren. Damit war einem weiteren Mißbrauch und einer fortgesetzten Fehlentwicklung der ›Neuen Ostpolitik‹ im Sinne sowjetischer
Westpolitik ein Ende gesetzt worden.«[199]

Was hat das Urteil gebracht? Unabhängig davon, dass das Urteil des
Bundesverfassungsgerichts von Staatsrechtslehrern zum Teil heftig kritisiert und von Politikern im Ganzen unterschiedlich beurteilt worden
ist[200], bleibt das von Strauß konstatierte Ergebnis: Man habe ein Urteil
erstritten, »das die Grenzen einer mit dem Grundgesetz zu vereinbaren-
den Auslegung des Grundlagenvertrages eindeutig markiert und damit
die Grenzen der künftigen Deutschlandpolitik absteckt«.[201] Insofern
erreichte die Klage genau das von Strauß anvisierte Ziel. Die Zurückwei-
sung der Klage durch das Bundesverfassungsgericht bedeutete deswegen
keine Niederlage der Klägerin, weil bestimmte unverrückbare grundge-
setzliche Eckpunkte zweifelsfrei bekräftigt worden sind. Diese neun Leit-
sätze, die die Verfassungsrichter ihrem Urteil voranstellten, nennt Strauß
mit berechtigtem Stolz in seinen *Erinnerungen*[202]. Entscheidend war vor
allem Punkt 4, der unter Rückgriff auf die Präambel des Grundgesetzes
bekräftigte: »Aus dem Wiedervereinigungsgebot folgt: Kein Verfassungsorgan der Bundesrepublik Deutschland darf die Wiederherstellung der
staatlichen Einheit als politisches Ziel aufgeben, alle Verfassungsorgane
sind verpflichtet, in ihrer Politik auf die Erreichung dieses Zieles hinzuwirken – das schließt die Forderung ein, den Wiedervereinigungsanspruch im Inneren wachzuhalten und nach außen beharrlich zu vertreten – und alles zu unterlassen, was die Wiedervereinigung vereiteln
würde.« In Punkt 5 hieß es, die Verfassung verbiete, auf Rechtstitel zu verzichten, »mittels dessen sie (die Bundesrepublik) in Richtung auf Verwirklichung der Wiedervereinigung und der Selbstbestimmung wirken
kann«. Artikel 23 des Grundgesetzes verbiete, dass sich die Bundesregierung in eine Abhängigkeit begibt, in der sie nicht mehr allein über die
Aufnahme anderer Teile Deutschlands entscheiden könne (Punkt 7).

Schließlich gelten zwei Punkte dem Staatsangehörigkeitsrecht, bei dem nach Artikel 16 des Grundgesetzes mit Bezug auf Artikel 116 Abs. 1 davon ausgegangen wird, dass die deutsche Staatsangehörigkeit zugleich die der Bundesrepublik Deutschland ist. Zwei deutsche Staatsangehörigkeiten, wie sie die DDR mit einer eigenen Staatsangehörigkeit einführen wollte, durften also durch keine Bundesregierung anerkannt werden.

Diese Feststellungen schufen keine neue Rechtslage. Doch stellte das Bundesverfassungsgericht expressis verbis seinem Urteil die einschlägigen Pflichten aller Verfassungsorgane voran. Das Wiedervereinigungsgebot durfte ebenso wenig ausgehöhlt werden wie der Anspruch auf nationale Selbstbestimmung und einheitliche deutsche Staatsangehörigkeit. In dieser Auslegung beurteilten die Verfassungsrichter zwar den Grundlagenvertrag als verfassungskonform, interpretierten ihn jedoch eindeutig gemäß der Präambel des Grundgesetzes und in dem von Franz Josef Strauß gewünschten Sinn. Der von ihm immer wieder gerügten changierenden Verwendung von Begriffen durch Willy Brandt war damit zweifelsfrei ein Riegel vorgeschoben. Diese Feststellungen standen zugleich in der Tradition der Gemeinsamen Entschließung des Bundestags zu den Ostverträgen vom 17. Mai 1972, die Brandt und Bahr zum Ärger von Strauß viel vager gedeutet hatten, als sie von der Mehrheit des Bundestags formuliert worden war. Bundeskanzler Brandt und Egon Bahr wollten sich weitere ost- und deutschlandpolitische Spielräume erhalten, Strauß sie eindeutig begrenzen. Das nach Ansicht von Strauß bewusste Doppelspiel war damit konterkariert: »Das Ziel Bayerns, das Ziel der CSU, mein Ziel war erreicht. Es galt durch Auslegung und Klarstellung den Vorrang des Grundgesetzes vor dem Grundlagenvertrag zu bestätigen. Nicht der Buchstabe war zu Fall gebracht, sondern der Geist, in dem und mit dem er niedergeschrieben war. Nicht darum ging es, das Objekt als solches auszulöschen, sondern darum, seine verhängnisvolle Vieldeutigkeit einzugrenzen. Der Grundlagenvertrag war nun an die Leine eines Interpretationszwanges gelegt worden, der die deutsche Verfassungswirklichkeit berücksichtigte, den Begriff Deutschland am Leben erhielt und künftige Regierungen verpflichtete, die Verfassung nicht nach jeweils opportunistischem Gutdünken zu unterlaufen.«[203]

Nicht allein die präzisierende und bekräftigende Verpflichtung aller Verfassungsorgane auf das Grundgesetz machte den großen Sieg von Franz Josef Strauß aus, sondern die zukünftige, bis zur Wiedervereinigung fortbestehende Bindewirkung des Urteils. Dafür hatte er auf allen Ebenen, in allen Gremien, nicht nur gegen einen breiten Strom der öffentlichen Meinung sowie gegen das Bundestagswahlergebnis vom 19. November 1972, sondern auch gegen zahlreiche Parteifreunde gekämpft und sich durchgesetzt. Strauß' Gegner sahen dadurch seinen Ruf als unverbesserlicher Hardliner bestätigt, das kränkte ihn durchaus. Seine Anhänger fühlten sich ebenfalls im Recht und sahen ihn als einen der wenigen, ja den einzigen Spitzenpolitiker, der es wagte, einem gewaltigen Gegenwind zu trotzen, wenn es ihm sachlich notwendig schien. Doch wichtiger wäre ihm, dem in geschichtlichen Perspektiven Denkenden, die spätere historische Bestätigung gewesen. Der Anspruch auf Selbstbestimmung und die deutsche Frage mussten ohne Wenn und Aber offen gehalten werden, um künftig jede sich bietende Chance auf Wiedervereinigung wahrnehmen zu können. Mehr war aus der doppelten oppositionellen Minderheitsposition heraus, in der sich Franz Josef Strauß gegenüber einer großen Mehrheit des Bundestags – der Koalition, der eigenen Unionsfraktion, der bayerischen Staatsregierung – befand, nicht zu erreichen. Und so konnte Franz Josef Strauß schließlich in seinen *Erinnerungen* mit ironischer Genugtuung die so positive Würdigung der Klage und des Urteils durch seinen ursprünglich der Klage widerstrebenden Parteifreund Alfons Goppel zitieren.[204]

Die Ost- und Deutschlandpolitik der sozialliberalen Koalition hat die bereits in der Großen Koalition begonnene Flexibilisierung radikalisiert, dynamisiert und damit neue Möglichkeiten erschlossen. Sie hat versucht, eine vergleichsweise autonome deutsche Außenpolitik im Rahmen der fortbestehenden westlichen Bündnisse zu machen und damit ein Stück »Normalisierung« deutscher Außenpolitik zu erreichen, dazu zählte auch die Vollmitgliedschaft in den Vereinten Nationen – allerdings um den Preis der gleichzeitigen Aufnahme der DDR. Die Regierung Brandt/Scheel richtete ihre Deutschlandpolitik nicht mehr auf die Vorläufigkeit des Potsdamer Abkommens von 1945 und den Fixpunkt eines Friedensvertrags aus, mit dem das Deutsche Reich wiederhergestellt werden könnte. Die Regierung versuchte, selbstständig auf globale Entspannungsbemühungen zu reagieren und einen doppelten Beitrag zu leisten durch die Verbesserung der bilateralen Beziehungen zu den osteuropäischen Staaten und ein geregeltes innerdeutsches Miteinander.

Franz Josef Strauß kritisierte keineswegs alle Einzelvereinbarungen der Verträge, den im Moskauer Vertrag von 1970 vereinbarten Gewaltverzicht beispielsweise begrüßte er ausdrücklich. Doch in der damaligen, oft polemisch geführten politischen Auseinandersetzung ging unter, dass jenseits der Kontroversen durchaus Übereinstimmungen zwischen Koalition und Opposition bestanden. Auf beiden Seiten trugen die Exponenten dazu bei, diese Gemeinsamkeiten zu verwischen, auch Strauß. Neben seinen differenzierenden, argumentationsstarken, analytischen Debattenbeiträgen finden sich wiederholt Totalverrisse, die der Regierungspolitik nicht gerecht wurden. Andererseits wehrte sich Strauß zu Recht gegen den Vorwurf, Gegner der Entspannungspolitik zu sein, ja geradezu verteufelt zu werden. Tatsächlich ging es um unterschiedliche Methoden der Entspannungspolitik, im Wesentlichen indes um die Frage, wie weit die Anerkennung des Status quo in Deutschland gehen durfte.

Diese Kernfrage beantworteten Regierung und Opposition unterschiedlich, ebenso beurteilten sie die Konsequenzen für Wiedervereinigung und Selbstbestimmung gegensätzlich: Bedeutete die Anerkennung der Realitäten, ohne sie als endgültig zu betrachten, das Ende des Rechtsanspruchs auf Wiedervereinigung? Norm und Praxis des Grundlagenvertrags bildeten eine »komplizierte Konstruktion: Die volle völkerrechtliche Anerkennung wird nicht ausgesprochen, aber die Beziehungen werden auf der Basis und nach den Grundsätzen des Völkerrechts geregelt«.[205] War das eine endgültige Akzeptanz der deutschen Teilung oder nur das Eingeständnis, dass zwei Staaten auf deutschem Boden existierten, die dennoch füreinander nicht Ausland waren? Setzte man mit dieser Konstruktion nicht eine Dynamik in Gang, die man nicht mehr stoppen konnte? Bis zum Ende der 1980er-Jahre bildete das durch die sozialliberale Bundesregierung 1970 bis 1972 verhandelte Vertragswerk die Grundlage der innerdeutschen Beziehungen und erschloss durchaus neue Formen der Kooperation und nicht wenige begrenzte partielle Lösungen. Darunter befanden sich die viel zitierten »humanitären Erleichterungen«, Besuchsregelungen, Transitvereinbarungen für den Verkehr von und nach Berlin. Doch blieben die SED-Diktatur und ihr Repressions- und Bespitzelungsapparat ebenso erhalten wie Mauer, Stacheldraht, Selbstschussanlagen, Tote an der innerdeutschen Grenze. Insofern kritisierte Franz Josef Strauß die 1963 in Tutzing von Egon Bahr formulierte Zielsetzung des »Wandels durch Annäherung« als illusionäre Ideologie.[206]

Pacta sunt servanda galt für alle Regierungen bis zur Regierung Kohl – doch innerhalb des Interpretationsrahmens, in dem das Bundesverfassungsgericht die Verfassungskonformität des Grundlagenvertrags anerkannt hatte. Auf diese Weise entwickelte sich aus dem Streit um die Ost- und Deutschlandpolitik ein Stück Gemeinsamkeit, die durch die Regierung Brandt/Scheel und Franz Josef Strauß geprägt wurde. Und alle Regierungen nach dem Rücktritt Brandts 1974 nahmen mehr oder weniger von der Entspannungseuphorie der frühen 1970er-Jahre Abschied, weil Phasen der Entspannung immer wieder Phasen erhöhter Spannung folgten. KSZE und permanente Abrüstungsgespräche änderten daran nichts. Das fortbestehende Bedrohungspotenzial des Kalten Krieges dokumentieren nicht allein die sowjetische Raketenrüstung (SS 20) und der auf sie antwortende NATO-Doppelbeschluss vom Dezember 1979, sondern ebenso der Einmarsch der Sowjetunion in Afghanistan um die Jahreswende 1979/80. Die von Strauß für nötig gehaltene Ernüchterung ließ nicht lange auf sich warten.

1973 – ein Krisenjahr, nicht allein für die CDU

Die Jahre 1972/1973 brachten manche Zerreißprobe für die Unions-parteien, wobei sie weitgehend in die Rolle der Reagierenden gedrängt wurden. Der Regierungswechsel 1969 erforderte die Suche nach einer eigenen Außen- und Deutschlandpolitik nach den Jahren der Großen Koalition. Doch gingen die Unionsparteien bei Weitem nicht so zielstre-big zu Werke wie SPD und FDP. Zu einer vergleichbar geschlossenen Konzeption, die in der CDU und der CSU mehrheitsfähig gewesen wäre, brachten es beide Parteien nicht. Als die innerparteilichen Kontroversen über Ost- und Deutschlandpolitik schließlich 1973 den doppelten Füh-rungswechsel in der CDU bewirkten, war der Zug bereits abgefahren, in den entscheidenden Tagen des Mai 1973 agierte in der Union nur noch Strauß konstruktiv und hatte es dabei schwer genug.

Doch geriet 1972/1973 nicht allein die Opposition in Turbulenzen, der größten Regierungspartei SPD blieben sie ebenfalls nicht erspart. Der Ölschock von 1973 und wirtschaftliche Krisensymptome in der westlichen Welt verstärkten die hausgemachten ökonomischen Probleme der sozial-liberalen Ausgabenpolitik: Im Ergebnis verursachten diese Entwicklun-gen schließlich eine Inflationsrate von 6,5 Prozent. Das Jahr 1973 wurde zum Wendejahr für die Regierung Brandt, deren Reformeuphorie an fak-tische Grenzen stieß und die Verschuldung verstärkte. Hinzu kam die Erpressung Brandts durch seinen Parteigenossen Heinz Kluncker, den Vorsitzenden der ÖTV, der die Regierung zu Lohnerhöhungen zwang, die durch kein Wachstum gerechtfertigt waren. Eineinhalb Jahre vor dem Rücktritt Brandts häuften sich die Krisen sowie innerparteiliche Querelen der größten Regierungspartei, deren Führungstroika Brandt, Schmidt, Wehner nur noch kurze Zeit nach außen Eintracht zeigte, bevor der Frak-tionsvorsitzende Wehner offen seinen eigenen Bundeskanzler demon-tierte, indem er ihm ausgerechnet von Moskau aus bescheinigte: »Der Herr badet gern lau.« Wenn der Fraktionsvorsitzende der führenden Koa-litionspartei dem eigenen Regierungschef Führungsschwäche attestierte, während der Superminister Helmut Schmidt immer stärker einsehen musste, wie begründet der Rücktritt seiner beiden Vorgänger als Finanz-minister Alex Möller und Karl Schiller gewesen war, war die Krise nicht mehr zu übersehen. Schmidts geflügeltes Wort, wer Visionen habe, solle zum Arzt gehen, traf das Charisma von Willy Brandt im Kern, Schmidts eigene Politik als Bundeskanzler seit 1974 kennzeichnete somit eine deut-liche Ernüchterung.[207]
Strauß' vehementer Kampf gegen die Deutschlandpolitik bewirkte nur kurzfristig 1972/73, dass sich die Reihen der SPD gegen den politischen

Gegner schlossen, langfristig aber erreichte er mit der Klage gegen den Grundvertrag eine fundamentale deutschlandpolitische Weichenstellung. Allerdings beunruhigten die Unionsparteien nach den Erfahrungen von 1969 und 1972, insbesondere die Wahlniederlage vom November 1972, die zunehmende Stärke der SPD und die Dominanz des linksliberalen Flügels in der FDP. Die parteipolitische Kernfrage innerhalb der Union lautete also, auf welche Weise sie wieder mehrheitsfähig werden könne. Dieses Problem trieb insbesondere Franz Josef Strauß und die CSU um, da die vorgezogenen Neuwahlen zu »Willy-Wahlen« wurden. Dieses Thema provozierte seit 1973 immer wieder Kontroversen zwischen den Vorsitzenden der beiden Unionsparteien, wenngleich Franz Josef Strauß noch im Mai 1973 überraschenderweise zu der gleichen Einsicht gekommen war wie Helmut Kohl. So zeigte sich Strauß in der CSU-Landesgruppe am 17. Mai 1973 überzeugt, »daß wir alleine die Wahlen nicht mehr gewinnen können. Da dies nur noch zusammen mit dem kleineren Koalitionspartner FDP der Fall sein könne, würden darin auch personelle Konsequenzen liegen.«[208] Zwar war diese Bemerkung zunächst auf die künftige Fraktionsführung gemünzt, Strauß war jedoch klar, dass die FDP sich im letzten Jahrzehnt, ja sogar seit 1961 immer wieder mit ihm angelegt hatte, also er kaum ein geeigneter Kanzlerkandidat für eine Neuauflage der christlich-liberalen Regierungskoalition sein würde.

Franz Josef Strauß und Helmut Kohl

Als der erst 43-jährige Helmut Kohl im Juni 1973 zum Vorsitzenden der CDU gewählt wurde, fand sich Franz Josef Strauß, der 15 Jahre Ältere, in einer neuen Konstellation wieder, auf die er keinen Einfluss gehabt hatte. Vorsitzender der Unionsfraktion oder Kanzlerkandidat konnte ohne Strauß' Unterstützung kaum ein Unionspolitiker werden, CDU-Vorsitzender schon. Zu diesem Zeitpunkt war Strauß bereits seit einem Vierteljahrhundert eine feste Größe der Bundespolitik und seit zwölf Jahren Vorsitzender einer der beiden Unionsparteien, wenn auch der kleineren, wie Kohl schon 1966 betont hatte: Seit diesem Zeitpunkt sind sich Franz Josef Strauß und Helmut Kohl immer wieder begegnet; sie waren – ob sie wollten oder nicht – politisch aneinandergekettet. Obwohl Kohl schon Ministerpräsident in Rheinland-Pfalz, Landesvorsitzender und Mitglied des Bundesvorstands der CDU gewesen war, sah Strauß den jungen Pfälzer nicht auf Augenhöhe mit sich selbst. Und sogar als Kohl 1976 mit einem fulminanten Wahlergebnis als Kanzlerkandidat der Union in den Bundestag gewählt wurde, sein Amt als Ministerpräsident niederlegte und sein Mandat in Bonn annahm, wollte Strauß den natürlichen Führungsanspruch des neuen CDU-Partei- und Fraktionsvorsitzenden nicht akzeptieren – schließlich saß er selbst schon seit 27 Jahren im Bundestag, als der Bonner Parlamentsneuling Helmut Kohl dort auftauchte. Doch erreichte Kohl 1976 mit 46 Jahren das zweitbeste Wahlergebnis der Union nach der Adenauer-Wahl von 1957, mit 48,6 Prozent der Stimmen verfehlten die Unionsparteien nur knapp die absolute Mehrheit der Sitze und lagen glatte 6 Prozent vor der von Helmut Schmidt geführten SPD, die zudem vom »Kanzlerbonus« profitiert hatte. Doch blieb die FDP einstweilen bei der sozialliberalen Stange, und der Wahlsieger Helmut Kohl wurde Oppositionsführer.

Der Groll von Strauß richtete sich erneut gegen denjenigen, der in seinen Augen den ihm – Strauß – seit einigen Jahren zustehenden Platz einnahm, den des Spitzenmannes der Union. Schließlich war er der einzige führende Unionspolitiker, der schon vor und in der Gründungsphase der Bundesrepublik an verantwortlicher Stelle energiegeladen und konzeptionsstark diesen Staat, diese Demokratie mit aufgebaut hatte. Nun waren sie alle mehr oder weniger von der Bildfläche verschwunden, die Großen der ersten und der zweiten Stunde. Außer dem ersten Bundespräsidenten Theodor Heuss galt dies für die Unionspolitiker Konrad Adenauer, Ludwig Erhard, Fritz Schäffer, Kurt Georg Kiesinger, Heinrich von Brentano, Gerhard Schröder, Heinrich Krone, Eugen Gerstenmaier und viele andere. Was also lag näher, als den zwar unendlich erfahrenen, aber noch immer nicht alten Franz Josef Strauß nun endlich zumindest in der Union unangefochten an die Spitze rücken zu lassen? Zwar gehörte er zur Alterskohorte Brandt, Schmidt, Scheel, Mende, doch hatte Strauß schon 15 bundespolitische Jahre in einflussreichen oder gar dominierenden Ämtern hinter sich, als seine Altersgenossen in die Führung ihrer Parteien vorstießen – verglichen mit ihm waren sie alle auf der Bundesebene vergleichsweise unerfahren.

Zwar konnte auch die SPD einige lang gediente eindrucksvolle Parlamentarier wie Carlo Schmid und Herbert Wehner aufweisen, doch außer ihnen gab es niemanden, der in der nun dominierenden SPD-Führung seit 1949 in der Bundespolitik mehr als zwei Jahrzehnte eine Spitzenposition eingenommen hatte. Willy Brandt war immerhin kurzzeitig in den frühen 1950er-Jahren Berliner Bundestagsabgeordneter gewesen, wenngleich ohne großen Einfluss, danach aber wirkte er bis zu den Spitzenkandidaturen in den Bundestagswahlen 1966 und 1969 stärker auf der Berliner Bühne, »von außen« auf die Bundespolitik im engeren Sinne. Und auch die FDP hatte unter heftigen Wehen einen Generationswechsel erlebt. Er drängte sowohl ihre liberale Mitte als auch den nationalliberalen Flügel an den Rand. Von Theodor Heuss, Thomas Dehler und Reinhold Maier führte der Weg über den fast mit Strauß gleichaltrigen Erich

Mende zu Walter Scheel, Hans-Dietrich Genscher, Otto Graf Lambsdorff und Wolfgang Mischnick. Allerdings zählte dieses Führungsquartett keineswegs zur »FDP-Linken« und zu den Düsseldorfer »Jungtürken« Wolfgang Döring und Willi Weyer, wie das die CSU sah.

Nun aber verband sich der Groll von Franz Josef Strauß gegen die von ihm als Zurücksetzung empfundene neue Machtverteilung in der Union mit der Animosität gegenüber der FDP, die er seit der *Spiegel*-Krise als Hort der Illoyalität ansah. Und diese doppelseitige persönliche und parteipolitische Grundkonstellation, die 1969 zunächst nur in Bezug auf die Liberalen erkennbar war, belastete seit 1973 zunehmend das Verhältnis zu Helmut Kohl: Er wurde nach den kurzen Lehrjahren von Franz Josef Strauß bei Josef Müller, den langen Meisterjahren bei Konrad Adenauer und seinen Nachfolgern, nun der dritte für den Bayern entscheidende deutsche Spitzenpolitiker. Der in der 1950er- und 1960er-Jahren noch junge Strauß konnte die großen Alten akzeptieren, trotz Kritik auch bewundern, nicht aber den 15 Jahre jüngeren Helmut Kohl, der nahezu unspektakulär an ihm vorbeigezogen war – zunächst gar nicht als Rivale, aber eben als Vorsitzender der ungleich größeren, weil außerbayerisch bundesweiten Schwesterpartei. Sie war protestantischer, norddeutscher, aufgrund ihrer Größe und Ausdehnung heterogener und auch deshalb liberaler und konturloser. Sie war schon aufgrund ihrer gesellschaftlich und landsmännisch pluralistischeren Struktur zu Kompromissen genötigt, die Strauß und seine Partei für zu weitgehend hielten.

Hier lag also ein Problem für den CSU-Vorsitzenden, indem sich Persönliches, Koalitionspolitisches und Innerfraktionelles verbanden. Hatte er sich früher zwar auch an Konrad Adenauer gerieben, bewunderte er doch den alten Kanzler zutiefst und akzeptierte, wenn auch zunehmend zähneknirschend, seine Führungsrolle. Auch den älteren Kiesinger respektierte er, der so lange wie er selbst im politischen Geschäft war, mit Barzel arbeitete Strauß überwiegend sachlich und professionell zusammen, obwohl er 1966 entscheidend dazu beigetragen hatte, dass Kiesinger und nicht Barzel Bundeskanzler wurde. Helmut Kohl aber sah Franz Josef Strauß als unangemessene Konkurrenz, er war der Jüngere, hatte bis dahin kaum bundespolitische Erfahrung und erlaubte sich nun, dem vergleichsweise alten Schlachtross Strauß die Rolle des ersten Oppositionsführers streitig zu machen, gar zielstrebig auf die Kanzlerschaft zuzusteuern. Franz Josef Strauß hat dies nie wirklich verwunden, es prägte die politische Tragik seiner späteren Jahre stärker als die Attacken seiner zahlreichen Gegner.

Strauß' Kanzlerkandidatur von 1980 hätte ein Wendepunkt werden können, weil sie einen Klärungsprozess bewirkte, doch fraß sich der Misserfolg in Strauß ein, obwohl auch er mit 44,5 Prozent immer noch

Eisiger Abschied: Großer Zapfenstreich für Franz Josef Strauß mit
Konrad Adenauer, 19. Dezember 1962.

Staatspräsident Charles de Gaulle (Mitte) mit Bundesverteidigungsminister
Franz Josef Strauß während seines Staatsbesuchs in Hamburg, 7. September 1962.

Franz Josef Strauß und Bundeskanzler Kurt Georg Kiesinger während der ersten Großen Koalition auf Bundesebene, 1966–1969.

Wegen ihrer guten Zusammenarbeit nannte man Bundesfinanzminister Franz Josef Strauß und Bundeswirtschaftsminister Karl Schiller (r.) »Plisch und Plum«.

Empfang für den Gründervater der CSU: »Ochsensepp« Josef Müller (l.) wird während eines Empfangs zu seinen Ehren vom CSU-Vorsitzenden Franz Josef Strauß begrüßt, 2. April 1973.

Mao Tse-tung (r.) begrüßt Franz Josef Strauß in Peking, 16. Januar 1975. Der CSU-Vorsitzende war der erste deutsche Staatsmann, den der Parteichef empfing.

»Der Herr Brandt hat die neue Mitte entdeckt (…) Aber wenn das noch Mitte ist, was Herr Brandt unter Informationskontakten mit den Kommunisten versteht, dann muss ich sagen, dass Wir diese Mitte nicht als Mitte anerkennen, weil sie Etikettenschwindel ist.«

Karikatur von Dieter Hanitzsch zur Ostpolitik Willy Brandts.

Der CSU-Vorsitzende Franz Josef Strauß (l.) und der CDU-Vorsitzende
Helmut Kohl besiegeln am 12. Dezember 1976 die Fortsetzung ihrer Fraktion.

Treffen mit dem »Lieblingsfeind«: Franz Josef Strauß und Rudolf Augstein
anlässlich eines *Spiegel*-Gesprächs, 1977.

Vereidigung zum bayerischen Ministerpräsidenten durch Landtagspräsident Franz Heubl, 6. November 1978.

Abschiedsbesuch beim Bundeskanzler: Franz Josef Strauß (l.) hat sein Mandat im Bundestag für sein Amt als Ministerpräsident niedergelegt, 28. November 1978.

Der Kanzlerkandidat: mit Friedrich Zimmermann, Kurt Biedenkopf, Flaminio Piccoli, Helmut Kohl, Edmund Stoiber (v.l.) auf dem Wahlparteitag der CSU, 1980.

Franz Josef Strauß mit seiner Familie (v.l.: Marianne, Franz Georg, Max Josef und Monika Strauß) kurz nachdem er zum Kanzlerkandidaten aufgestellt worden war.

Im Wahlkampf: Kaum ein Plakat von Franz Josef Strauß blieb
unbeschmiert, 1980.

Partner, Kontrahenten, »Männerfreunde«: Helmut Kohl und Franz Josef Strauß auf
dem 28. Bundesparteitag der CDU in Berlin, 20. Mai 1980.

klar vor Helmut Schmidt lag, der sich mit der SPD nur unwesentlich um 0,3 Prozent auf 42,9 Prozent verbessert hatte. Aber wieder lag die Crux in der FDP, die die Koalition weiterführen wollte – eine Bestätigung für Strauß, dass mit dieser Partei nichts zu machen sei, eine scheinbare Bestätigung auch seines Argwohns gegen Helmut Kohl, der mittelfristig auf eine Koalition mit der FDP setzte, seine Kontakte insbesondere zu Hans-Dietrich Genscher pflegte und schließlich recht behielt, was die Sache in den Augen von Strauß nur schlimmer machte. In dieser Konstellation lag allerdings eine strategische Differenz von Kohl und Strauß, der schließlich ein Anhänger des Mehrheitswahlrechts gewesen war und die FDP langfristig ausmanövrieren wollte: Strauß war überzeugt, dass die Unionsparteien mit einer anderen Taktik mehrheitsfähig sein könnten, Kohl hielt das schon aufgrund seiner eigenen Erfahrung 1976 für unwahrscheinlich, wenn nicht für ausgeschlossen. Und tatsächlich gibt es trotz sich wandelnder Parteienkonstellation eine Konstante in der 65-jährigen Geschichte der Bundesrepublik: Nur ein einziges Mal, als sich die Zahl der Fraktionen im Bundestag verminderte, gewann eine Partei 1957 die absolute Mehrheit. Doch kehrte sich dieser Weg seit 1983 bzw. nach 1990 wieder um. Die Zahl der Parteien, die die Chance haben, die Fünf-Prozent-Hürde zu überspringen, nahm wieder zu und damit die Wahrscheinlichkeit der absoluten Mehrheit für eine Partei ab.

Langfristig also irrte der große Stratege Strauß gewiss. Jedenfalls verband sich im Verhältnis von Kohl und Strauß nach 1976 bzw. 1982 ganz konkret das persönliche mit dem koalitionspolitischen Problem. Und das lähmte Strauß und bewirkte, befeuert durch sein Temperament und seine Impulsivität, seine Freude an der klärenden Kontroverse, aber auch dem kräftigen Austeilen, immer wieder ein unprofessionelles, unkollegiales und parteiunfreundliches Verhalten gegenüber dem »Parteifreund« Kohl. Ja, er leistete sich sogar einige üble Ausfälle gegen ihn. Hier lag mit Sicherheit der größte politische Fehler seiner späten Jahre, zumal er sein Verhalten auch nach 1982/83 nur begrenzt mäßigte. Allerdings hatte die regelmäßig auftauchende Verärgerung von Strauß durchaus Gründe, lag der Anlass doch meist darin, dass der zwischen CSU und FDP taktierende Bundeskanzler ihn nicht in dem notwendigen Maß einbezog oder wie weiland Konrad Adenauer auf den Koalitionspartner FDP größere Rücksicht nahm als auf die CSU.

Hasste Franz Josef Strauß Helmut Kohl, wie Peter Boenisch[209] unter Berufung auf allerdings ungenannte Strauß-Vertraute meinte? Boenisch, zeitweiliger Chefredakteur der *Bild*-Zeitung sowie kurzzeitig auch Regierungssprecher Kohls, kannte die beiden Vorsitzenden der Unionsparteien näher und hatte persönlich ein gutes Verhältnis zu ihnen. Er fand gar, es sei schlimmer gewesen als Hass: Der wäre in den Augen von

Strauß schon zu viel der Ehre gegenüber Kohl gewesen. Zwar besitzt Boenischs Deutung psychologische Plausibilität, doch spricht einiges gegen sie, vermutlich richtete sich der Unmut von Strauß weniger gegen Kohl als Person als gegen die Konstellation, als deren Repräsentant er den neuen CDU-Vorsitzenden und späteren Bundeskanzler ansah. Das ist ein Unterschied, zumal es durchaus viel Verbindendes zwischen beiden gab. Gewiss hatte Franz Josef Strauß viele politische Gegner und auch in den eigenen Reihen nicht nur Freunde, doch gehasst hat er sie wohl nicht. Politischer Kampf in einer Demokratie hatte für ihn mit Hass nichts zu tun. Die Einschätzung des damaligen Chefredakteurs des *Münchner Merkurs*, Paul Pucher, trifft die Situation deshalb wohl besser: »Die ungebetenen guten Ratschläge, die Strauß dem Rivalen öffentlich erteilt, sind als Ohrfeigen gedacht und werden auch so verstanden. Dem Ober-Bayern geht es am Rande nur um eine andere Politik. In erster Linie will er einen anderen Kanzler. Er wird immer einen anderen wollen als den, der gerade ist. Er kann nicht anders.«[210] War Strauß also am Ende gegenüber der eigenen Bundesregierung und dem eigenen Kanzler nur destruktiv? Würde dies seiner Persönlichkeit, seiner Politik wirklich gerecht? Aber noch dauerte es neun Jahre, bis Helmut Kohl Kanzler wurde, warten wir also ab. Und wenn die Gegensätze zwischen den beiden führenden Unionspolitikern hervorgehoben werden, dürfen die Gemeinsamkeiten nicht fehlen. Wo lagen sie?

Beide, Kohl und Strauß, waren wertorientiert-überzeugungsstarke Politiker, beide waren Historiker von Beruf und gingen früh und mit großem Erfolg in die Politik, beide dachten in längerfristigen Perspektiven und wurden dadurch Staatsmänner, die über den Wahltag hinausdachten. Beide waren unbedingte Anhänger der vielschichtigen Westintegration der Bundesrepublik Deutschland, einer aktiven Europapolitik und der sehr engen deutsch-französischen Kooperation. Die deutsche Sicherheits- und Verteidigungspolitik sah Kohl kaum anders als Strauß, der große Experte. Sie stimmten in zahlreichen Politikfeldern, darunter der Deutschlandpolitik und dem Ziel überein, langfristig und im europäischen Rahmen die deutsche Frage zu lösen. Beide waren gebildete Leute, die intern sehr viel differenzierter argumentierten, als es ihre Gegner wahrhaben wollten. Beide waren trink- und essfreudige Genussmenschen, jedoch gleichwohl leistungsstarke Arbeitstiere. Beide waren höchst erfolgreiche, Jahrzehnte amtierende Parteiführer der Schwesterparteien, die folglich nicht nur polarisieren, sondern zugleich integrieren konnten. Wenn sie ohne Bewacher und Chauffeur zu gemeinsamen Alpenwanderungen in Wildbad Kreuth oder von Strauß' Ferienhaus in Rottach-Egern aufbrachen und nicht allein über Politik, sondern auch über Geschichte diskutierten, verstanden sie sich offenbar gut.

Helmut Kohl hebt im Rückblick hervor, dass Strauß aus der Geschichte lebte und wusste, »dass die Welt von morgen nur gestaltet werden konnte, wenn man die Welt von gestern und heute begreift«. Diese Überzeugung habe beide verbunden, und aufgrund dieser Gemeinsamkeit habe er viele Anregungen von Strauß erhalten und dann doch einen gemeinsamen Weg mit ihm zurückgelegt. »Dies verband uns mehr, als manche Diskussion im politischen Alltag uns zu trennen vermochte.«[211] Doch wie lange hielt die grundlegende Übereinstimmung in der jeweiligen politischen Aktualität? Über die gemeinsamen Wanderungen berichtete Strauß: »Notizen konnten bei diesen Gelegenheiten nicht gemacht werden, was den Absichten von Helmut Kohl vielleicht sogar entgegenkam. Es ist eines seiner Charakteristika, konkreten Ergebnissen – mit ganz seltenen Ausnahmen, bei einer Personalfrage beispielsweise – aus dem Wege zu gehen.«[212] Das war nicht falsch beobachtet, vermied es Kohl doch oft ganz bewusst, sich Strauß gegenüber festzulegen. Strauß hingegen versuchte gegenzusteuern, indem er Ergebnisvermerke anlegte bzw. anlegen ließ, mit denen er bei nächster Gelegenheit Kohl konfrontierte, wenn nach seiner Meinung eine Vereinbarung nicht eingehalten wurde – beide aber sahen diese Gespräche unterschiedlich: der eine als Meinungsaustausch, der andere als Abmachung.

Kohl selbst bestätigte einige Jahre später diese Sicht: Strauß habe sich immer mit »enormem Aufwand« auf ihre Treffen vorbereitet und ihm nach ihren Begegnungen Memoranden zukommen lassen, »um zu verhindern, dass ich, wie er oft beklagte, hinterher wieder alles vergessen würde. Dabei vergaß ich ebensowenig wie er; doch gab ich oft aus taktischen Überlegungen vor, mich nicht mehr so recht erinnern zu können, während ich in Wirklichkeit die Umsetzung seiner Wünsche in Bonn bewusst verhindern wollte.«[213] Und obwohl Strauß in weit geringerem Maße Taktiker war als Kohl, beschlich ihn bald der zutreffende Verdacht, dass Kohl ihn in manchen politischen Kontroversen einfach ins Leere laufen ließ. Dies steigerte zuweilen die Wut des bayerischen Kraftwerks: Für einen, wie Kohl bemerkt, Machtmenschen mit zuweilen »brutalen Zügen« musste dieses Gefühl der Ohnmacht gelegentlich demütigende Züge annehmen. Und dann spürte Strauß, dass sein Partner ebenfalls ein Machtmensch war, von anderer Art, aber nachhaltig – und am längeren Hebel saß. Kohls Meisterschaft aber bestand darin, ihn das nicht zu deutlich spüren zu lassen und, wo möglich und notwendig, auch einzubinden – oder doch den Eindruck zu vermitteln.[214]

Strauß scheint sich Kohl gegenüber in einem Wechselbad von Abstoßung und Anziehung befunden zu haben. Jedenfalls, und so sieht es Helmut Kohl bis heute, handelte es sich um ein schwieriges Verhältnis, ein kompliziertes Verhältnis voller Spannungen. Und wiederum zeigte sich: Von Beginn seiner Laufbahn an reizte Strauß der Kampf mit den

Starken, das galt nicht nur für parteipolitische Antipoden wie Willy Brandt, Helmut Schmidt und Herbert Wehner, das galt auch innerparteilich. Sein sozialdemokratischer Lieblingsgegner war zweifellos Helmut Schmidt, nicht allein weil er Bundeskanzler war, sondern wegen spezifischer analoger politischer Schwerpunkte und Kompetenzen als Verteidigungs-, Außen-, Wirtschafts- und Finanzpolitiker, natürlich auch wegen seiner oft demonstrativ zur Schau getragenen Arroganz. Trotzdem schätzte Strauß Helmut Schmidt und hatte mit ihm viel größere politische Gemeinsamkeiten als mit Willy Brandt. Hatte sich Franz Josef Strauß einst an Konrad Adenauer gerieben, so jetzt an Helmut Kohl – allerdings hatte er dem Alten gegenüber doch die Contenance gewahrt.

Doch handelte es sich insofern um keine von beiden Seiten gleichartige Beziehung, als Kohl – zumindest nach außen – sehr viel gelassener auf Strauß reagierte als umgekehrt. Ein später Reflex findet sich noch in beider *Erinnerungen*, wobei in Rechnung gestellt werden muss, dass die von Strauß unvollendet blieben. Er erlebte die welthistorische Leistung der Wiedervereinigung selbst nicht mehr und konnte deshalb die gesamte 16-jährige Kanzlerschaft Kohls nicht beurteilen. Auch findet sich bei Strauß keine Gesamtwürdigung der Persönlichkeit Kohls, sondern lediglich thematisch eingegrenzte Abschnitte und darunter manch kritische Bemerkung über einzelne politische Entscheidungen des Bundeskanzlers. Auch Kohl geht auf zahlreiche politische Einzelfragen ein, bietet aber zusätzlich ein souveränes Porträt von Franz Josef Strauß, in dem er Anerkennung, Bewunderung und Kritik abgewogen darstellt. So beginnt Helmut Kohl seine Darstellung der Persönlichkeit von Strauß kritisch: »Wie oft hatte ich mich über ihn ärgern müssen! Wie verletzend er sein konnte … Was hatte ich alles hingenommen und um des Unionsfriedens willen heruntergeschluckt, wo ich lieber massiv Kontra gegeben hätte! Wie sehr konnte er die Schwesterpartei nerven, wenn es aus seiner Sicht um die falsche Richtung, um die falsche Politik ging: Franz Josef Strauß. Der ambitionierte Außenpolitiker konnte es nie verwinden, nicht wenigstens einmal die Fäden der deutschen Außenpolitik in den Händen gehalten zu haben. Ständig lag er im Streit mit der FDP, vor allem mit ihrem Vorsitzenden Hans-Dietrich Genscher, der ihm den Zugang zum Außenamt verbaut hatte.«[215]

Tatsächlich kam zu diesen persönlich und parteipolitisch geprägten Animositäten die außenpolitische Leidenschaft von Strauß hinzu. Nicht zu Unrecht vermuteten seine Parteifreunde und Gegner, neben dem Kanzleramt sei das Auswärtige Amt das einzige Bundesministerium gewesen, das Strauß in den 1980er-Jahren wirklich interessiert habe. Seine außenpolitischen Initiativen und Aktivitäten sind Legion, seine zahlreichen weltweiten Kontakte eindrucksvoll, wie schon seine über 600 Reisen in 63 Staaten (R. Meier-Walser) zeigen. Anders als bekannt, unterhielt Strauß zu vielen deutschen Diplomaten enge, zum Teil freundschaftliche Kontakte, nicht mit wenigen duzte er sich. Allerdings greift es zu kurz, seine Kontroversen mit Genscher nur mit Persönlichem, nur mit Rivalität, nur durch die Dauerfehde mit der FDP seit 1962 zu begründen. Vielmehr lag ihm, dem Strategen und Konzeptionisten, der außenpolitische Stil Genschers nicht, und in Sachfragen bestanden oft erhebliche Differenzen. Vor allem aber kannte Strauß Genschers diplomatischen Verhandlungsstil und seine intensive Aktivität auf der außenpolitischen Bühne nicht wirklich, spielte sie sich doch weitgehend hinter den Kulissen ab. Vermutlich unterschätzte Strauß deshalb Genschers große Qualitäten als Außenpolitiker, die sich in den Akten des Auswärtigen Amtes spiegeln. Der sich bei öffentlichen Statements in Leerformeln ergehende, Festlegungen meidende, schwer zu fassende FDP-Politiker zeigte mit diesem Verhalten tatsächlich nur die eine Seite seiner Persönlichkeit – diejenige, die Strauß und ein erheblicher Teil der Öffentlichkeit sahen. Die andere Seite konnte Strauß kaum erkennen, weil Genscher sich nicht in die Karten schauen ließ. Er wollte Strauß demonstrativ von der Außenpolitik fernhalten und pochte auf seine Ressortzuständigkeit. Das war durchaus verständlich, andererseits aber rein administrativ gedacht und einer Koalitionsregierung nicht ganz angemessen, weil sich die Partner natürlich nie daran hindern ließen, auch außerhalb ihrer eigenen ministeriellen Zuständigkeiten zu agieren. Möglicherweise war auch aufseiten des FDP-Politikers Rivalität im Spiel, wusste der Außenminister doch um die außenpolitische Kompetenz und die internationale Erfahrung des CSU-Vorsitzenden und Ministerpräsidenten, die Jahrzehnte vor Genschers eigener begannen. Jedenfalls lag die Ursache der Reibereien keineswegs allein bei Franz Josef Strauß. Kaum eine der persönlichen Beziehungen von Spitzenpolitikern war von diesem Hund-und-Katze-Spiel frei.

Helmut Kohls einfühlsames Strauß-Porträt beschränkt sich nicht auf eine kritische Bewertung, obwohl eine fortdauernde Verärgerung nach 1976 nur zu verständlich gewesen wäre. Vielmehr erinnert Kohl an die Größe und historische Bedeutung von Franz Josef Strauß, die – paradox genug – zu der erwähnten psychologisch zu erklärenden Frustration des CSU-Vorsitzenden seit den 1970er-Jahren beitrug. »Über vierzig Jahre lang gestaltete Franz Josef Strauß die Geschichte des neuen, freiheitlichen Deutschland maßgeblich mit. Er sicherte die Kontinuität des Aufbruchs und Neuanfangs über die Generationen hinweg. Strauß war der letzte große Repräsentant der Gründergeneration, die die Bundesrepublik Deutschland prägte. Zugleich war er der einzige aus diesem Kreis, der bis Ende der achtziger Jahre als politisch Handelnder die Geschichte unseres Landes mitbestimmte. Franz Josef Strauß kam aus der Kriegsgeneration. Sein leidenschaftliches Engagement gründete in den bitteren Erfahrungen mit Krieg und Gewaltherrschaft und deren schlimmen Folgen. Er kam zurück und hatte sich geschworen: nie wieder Krieg – alles für die Freiheit. Aus dieser Überzeugung diente er unserem Land, geformt von seinem christlichen Elternhaus, von seiner humanistischen Bildung und von der christlich-sozialen Idee, die ihn zeit seines politischen Lebens leitete.«[216]

Kohl würdigt die Leistung von Strauß auf zahlreichen politischen Gebieten, unter anderem für die europäische Integration und die deutsch-französische Aussöhnung, und betont zu Recht, dass sich diese für Strauß nie gegen Amerika richtete. Kohl fährt fort: »In meinem Leben habe ich eine Menge intelligenter und gebildeter Menschen kennengelernt. Aber einen Menschen mit einer ähnlich raschen Auffassungsgabe habe ich nie mehr erlebt. Strauß war ein politischer Stratege, ein Militärexperte, ein Finanz- und Wirtschaftsexperte von hohen Graden. Sein ungeheurer Sachverstand auf allen Gebieten, seine Belesenheit, seine wissenschaftlichen Kenntnisse waren für mich immer wieder faszinierend. Sein fotografisches Gedächtnis war unübertroffen. Gerne ließ ich mich von ihm belehren, wenngleich ich ihm längst nicht immer folgte. Seine seziermesserscharfen Analysen teilte ich in den meisten Fällen. Nur zog ich daraus oft andere Konsequenzen als er.«[217]

Wie spiegelte sich das Verhältnis zwischen den beiden Spitzenpolitikern der Union in ihrer Korrespondenz? Sie schrieben sich, Helmut Kohl öfter als Franz Josef Strauß, immer wieder persönliche Glückwünsche, vor allem natürlich zu Geburtstagen. Anteilnahme an familiären Ereignissen ist vielfach belegt, daneben aber finden sich immer wieder Reflexe der erwähnten Gespräche, Dissonanzen in Einzelfragen. Strauß war allerdings nicht der einzige Ansprechpartner von Helmut Kohl in der CSU, da er während der Ära Kohl nie Landesgruppenvorsitzender war. Diese Aufgabe übernahm Richard Stücklen 1966 von Franz Josef Strauß und behielt sie bis 1976 bei. Als Helmut Kohl 1976 Fraktionsvorsitzender im Bundestag wurde, wählten die Abgeordneten Friedrich Zimmermann zum CSU-Landesgruppenvorsitzenden und ersten Stellvertreter Kohls. Während der ersten sieben Jahre der Regierung Kohl wirkte dann Theo Waigel von 1982 bis 1989 als Landesgruppenvorsitzender und erster stellvertretender Fraktionsvorsitzender der Gesamtfraktion. Sowohl mit Friedrich Zimmermann, der mit Kohl und Strauß enge Beziehungen unterhielt, als auch besonders mit Theo Waigel, dessen persönliche Bindung an Kohl enger war als an Franz Josef Strauß, pflegte der CDU-Vorsitzende bzw. Bundeskanzler gute und nicht problembelastete Kontakte. Dies erleichterte die Zusammenarbeit der beiden Unionsparteien und führte dazu, dass Kohl sich in Fragen der gemeinsamen Fraktion bzw. der Koalitionspolitik nicht immer direkt an Strauß wandte. Nachdem dieser 1978 Bayerischer Ministerpräsident wurde, veränderte sich die Konstellation in Bonn ohnehin, da beide nicht mehr in einer Fraktion zusammensaßen, dort aber die täglichen Geschäfte erledigt wurden.

Andererseits wiederholte sich nicht die Situation von vor 1961. Zwar amtierte Hanns Seidel wie Strauß nach 1978 zugleich als Bayerischer Ministerpräsident und CSU-Vorsitzender, doch war er anders als Franz Josef Strauß nie Bundespolitiker und Außenpolitiker. So bestanden nach 1978 nicht wie zuvor zwei Machtzentren nebeneinander, die Strauß während seiner fast drei Jahrzehnte währenden Arbeit in Bonn fest verklammert hatte. Dies galt schon, bevor er 1961 selbst den Parteivorsitz übernahm, da er bis dahin bereits unter anderem langjähriger stellvertretender CSU-Vorsitzender, zeitweiliger Generalsekretär, CSU-Landesgruppenchef bzw. zehn Jahre Bundesminister gewesen war. Nach 1978 versuchte er dann die Bundespolitik von München aus zu beeinflussen, was erheblich schwieriger war, als umgekehrt von Bonn aus in wesentlichen übergreifenden Fragen in Bayern zu dominieren.

Der Eindruck wäre jedoch falsch, Unterschiedlichkeiten und Kontroversen zwischen den beiden Unionsfraktionen wären lediglich auf Franz Josef Strauß zurückzuführen. So freundlich der Ton zwischen dem Fraktionsvorsitzenden Kohl und dem Landesgruppenvorsitzenden Zimmermann in der zweiten Hälfte der 1970er-Jahre auch war, kam es doch wiederholt zu einem Dissens in der Sache oder in Bezug auf die Taktik. So beklagte sich Friedrich Zimmermann bei Helmut Kohl am 8. Februar 1979 über die Behauptung, die Straffung der Fraktionsspitze sei vor allem an der CSU gescheitert. Dieser Eindruck sei insbesondere auf öffentliche Äußerungen des CDU-Vorsitzenden zurückzuführen. Er wolle es Kohl aber »nicht antun«, durch eine eigene öffentliche Korrektur den Eindruck zu erwecken, die Auseinandersetzungen der beiden Schwesterparteien setzten sich fort: »Du mußt aber – und das muß ich verlangen – nach Deinen Möglichkeiten die von mir oben aufgezeigte Tendenz korrigieren.«

Helmut Kohl antwortete postwendend am gleichen Tag. Den Vorschlag von Alfred Dregger zur Neuwahl der Fraktionsspitze habe er als unrealistisch abgelehnt und in einem Pressegespräch auf eine entsprechende Frage erklärt, eine Veränderung in der Fraktionsspitze mache neue Verhandlungen mit der CSU erforderlich. Es könne also keine Rede davon sein, »daß hier jemand versucht, der CSU die Verantwortung zuzuschieben«.[218] Belege über solche kleineren Unstimmigkeiten finden sich häufiger, da sie insgesamt marginal waren, zeigen diese Vorfälle eher den Willen der CSU, immer wieder Eigenständigkeit zu beweisen, als wirkliche Zerwürfnisse. Sie dokumentieren aber die fortdauernden strukturellen Schwierigkeiten, die sich aus der zugleich gemeinsamen und getrennten Arbeit zweier Parteien in einer Fraktion ergaben. Hinzu kam, dass die CSU von jeher die Taktik verfolgte, eigene Positionen dezidiert vorzutragen und den bayerischen Wählern die Differenzen zur Schwesterpartei vorzuführen. Das galt nicht nur für die gemeinsame Fraktion in der Opposition, sondern auch in der Koalition, der erwähnte Wahlkampf im Herbst 1966 bildete dabei nur eines unter zahlreichen Exempeln. Die Absicht, bei aller Gemeinsamkeit immer wieder die Unterschiede beider Unionsparteien zu akzentuieren, bestand bereits seit 1949. Damals hatte sie Franz Josef Strauß begründet, als er in der ersten Zusammenkunft der gerade gewählten CSU-Bundestagsabgeordneten die Bildung einer gemeinsamen Fraktion der Unionsparteien im Bundestag vorschlug. Dissens im Konsens prägte also von Beginn an die Unionsfraktion und bildete folglich ein strukturelles und nicht allein personelles Problem. Die beteiligten Persönlichkeiten aber gaben ihm jeweils ein Gesicht.

Der Unterschied in der von Strauß und Zimmermann bevorzugten Artikulation oftmals marginaler Reibereien lag eher im Tonfall als in der Sache. Strauß liebte es eben deftiger, was sein Partner Kohl durchaus einzuordnen wusste. Gravierender waren die Differenzen, die sich später in der Wahlkampfführung für die beiden unterschiedlichen Kanzlerkandidaturen Kohl 1976 und Strauß 1980 ergaben. Zu den ständigen Klagen gehörte es schon in der zweiten Hälfte der 1970er-Jahre, dass Strauß bei Kohl Indiskretionen monierte, die sich indes nicht auf Gespräche oder Korrespondenzen zwischen beiden beschränkten. So beschwerte sich Strauß am 23. Dezember 1976 beim »lieben Helmut« über bestimmte Journalistenkontakte in der CDU: Dadurch sei ein vertrauliches Fernschreiben an den niedersächsischen CDU-Politiker Wilfried Hasselmann in den *Nürnberger Nachrichten* wörtlich wiedergegeben worden: »Wir können uns in Zukunft nurmehr durch offene Briefe unterhalten.«[219]

Auf der anderen Seite äußerte Boenisch den Verdacht, Strauß selbst habe verschiedentlich bewusst Indiskretionen begangen.[220] Doch beschwerte sich nicht nur Strauß, vielmehr beklagte sich der in der Form konziliantere Zimmermann am 31. Januar 1979 ebenfalls bei Kohl: »Ich war erstaunt, in der Ausgabe der WELT vom 29.1.1979 die wesentlichen Inhalte Deiner personellen Vorschläge lesen zu müssen. Ich habe die mir übergebenen Papiere weder selbst herausgegeben noch herausgeben lassen. Es ist leider nicht das erste Mal, daß derartige Indiskretionen in diesem Zusammenhang vorkommen. Während die gesamte CSU-Landesgruppe und deren Mitarbeiter in Kreuth waren, lasen wir beispielsweise in der Presse von angeblichen Plänen Deinerseits, was die Aufgaben der Kollegen Dregger und Barzel angeht.« Zimmermann zeigte sich auch verärgert über eine viel zu kurzfristige Einladung zur Besprechung einer geplanten Reorganisation der Fraktionsarbeit, die er schon aus terminlichen Gründen gar nicht wahrnehmen könne: »Ich hätte ihr aber auch nicht Folge geleistet, weil die Art und Weise, wie diese Einladung erfolgte, nicht partnerschaftlichen Regeln, wie sie zwischen CDU und CSU innerhalb der gemeinsamen Fraktion üblich sein sollten, entspricht.« Die personellen und strukturellen Vorschläge Kohls für die Fraktionsarbeit lehnte Zimmermann dann rundweg ab, weil sie seiner Ansicht nach »nur zu einer Aufsplitterung der verschiedenen, in der Fraktion schon verteilten Aufgaben, zu neuen Rivalitäten und persönlichem Zwist führen«.[221]

Wenngleich es Personen waren, die jeweils die Atmosphäre zwischen den beiden Schwesterparteien prägten, lagen die Ursachen für unterschiedliche Auffassungen doch nicht allein in personellen und strukturellen Voraussetzungen, sondern oft zugleich in der Sache, in der Taktik oder auch in Organisationsproblemen. Waren schon die Parteien selbst keine homogenen, konfliktfreien Zonen, so galt das noch weniger für parteiübergreifende Zusammenarbeit – selbst unter »Schwestern«. Franz Josef Strauß war also nicht der Erfinder solcher Probleme, sondern Exponent eines spezifischen Umgangs mit ihnen. Aber auch Indiskretionen dienten nicht immer der Irritation der Schwesterpartei, sondern besaßen ihrerseits oft innerparteiliche Gründe und Absichten. Sie konnten auch von denen stammen, die (gemeinsame) Beschlüsse in kontroversen Fragen verzögern oder verhindern wollten. Wer immer über die Bande spielte, provozierte naturgemäß wechselseitiges Misstrauen. Empfindlichkeiten waren jedoch keineswegs immer gerechtfertigt, weil es oft zum politischen Geschäft gehört, bestimmte Informationen über die Medien zu lancieren und die Reaktion zu testen. In solchen Fällen war kaum feststellbar oder gar nachweisbar, wer tatsächlich die Quelle der Indiskretion war.

Was nun? Von Brandt zu Schmidt, von Sonthofen nach Kreuth, 1974 – 1976

Langweilte die Oppositionsrolle Franz Josef Strauß nach dem großen Kampf um die Ost- und Deutschlandpolitik, in dem er einen wichtigen Erfolg erzielen konnte, nun aber keine grundlegende Neuorientierung mehr anstand? Resignierte er in Bezug auf die Finanzpolitik, bei der er den Marsch in den Schuldenstaat nicht stoppen konnte? Hielt er nach dem Rücktritt Bundeskanzler Willy Brandts infolge der Guillaume-Affäre und der Wahl Helmut Schmidts zum Bundeskanzler im Mai 1974 die politische Lage der Union für so festgefahren, dass ein Wechsel in den nächsten Jahren nicht zu erwarten war? Die Opposition gegen Helmut

Schmidt, der mehr und mehr zum Lieblingsgegner wurde, gerade weil beide durchaus Respekt voreinander hatten, war in der Sache schwieriger als gegen Willy Brandt, auch wenn dieser der Charismatischere war. Hielt Strauß deshalb Ausschau nach einer neuen Konstellation der Parteien, die der Union und ihm, dem ebenso entschiedenen Gouvernementalen wie Oppositionellen, neue Aussichten für einen Regierungswechsel eröffnete? Die Wiederwahl als Parteivorsitzender der CSU mit 95,2 Prozent am 17. Juli 1974, die Beruhigung, die deutschlandpolitisch, aber auch innerhalb des Regierungslagers eintrat, bewirkte bei Strauß keineswegs Gelassenheit. Ganz im Gegenteil wuchs seine Unzufriedenheit Tag für Tag.

18./19. November 1974 in Sonthofen, Integration durch Konfrontation

Es begann mit einem Strauß-typischen Eklat und einer ebenso üblichen Indiskretion: In Sonthofen hielt er bei einer Klausur der CSU-Landesgruppe am 19. November 1974 eine einenviertelstündige ebenso emotionale wie im Stil hemdsärmelige Rede darüber, wie die künftige Oppositionspolitik auszusehen habe. Einen ausformulierten Text hatte Strauß nicht, nicht einmal Stichworte, aber viel Material, wie er seinem Persönlichen Referenten Friedrich Voss vorher sagte. Wie ihm ein Mitarbeiter berichtete, habe Strauß eine »rhetorisch brillante Analyse der politischen Situation geliefert«, seine »kämpferische Rede habe die Mitglieder der Landesgruppe neu motiviert und als Gemeinschaft noch stärker zusammengeführt«. Strauß selbst war mit »der Resonanz auf seine Rede recht zufrieden«[222]: Integration durch Konfrontation bildete stets eines seiner parteipolitischen Erfolgsrezepte. Es folgte, anders als in historischen Darstellungen zu lesen ist, eine intensive Diskussion. Doch führte das Protokoll nur die Wortmeldungen auf, nicht den Inhalt der Beiträge.

Wie so oft klafften die interne und die externe Beurteilung auseinander. Zwar war die Rede nicht für die Öffentlichkeit bestimmt, doch der auf Tonband aufgenommene Text wurde wie andere Reden der Tagung auch als Anlage dem Protokoll beigefügt und allen Mitgliedern der CSU-Landesgruppe ins Postfach gelegt, ohne dass man an besondere Vorkehrungen für die Geheimhaltung dachte.[223] So ist es leicht erklärlich, dass der völlig unredigierte Text prompt beim *Spiegel* landete, der ihn dann allerdings relativ spät, am 10. März und am 24. März 1975, für zwei Anti-Strauß-Artikel nutzte. Und schließlich gelangte er vermutlich von dort auf den Schreibtisch von Bernt Engelmann, der die Rede 1980 in der fünften Auflage von *Das neue Schwarzbuch Franz Josef Strauß* veröffentlichte. Für den bekennenden kommunistischen Strauß-Hasser bildete dieser Text eine Fundgrube für polemische, ja diffamierende Strauß-Zitate und wurde zum öffentlichen Skandal hochstilisiert. Material dafür bot die Rede durchaus, das lag allein schon an ihrem Aufbau. Strauß hatte die Rede frei gehalten und offensichtlich improvisiert, er wechselte häufig die Themen, bescheinigte dem CDU-»Parteifreund« Walther Leisler Kiep »dämliches Geschwätz«, mehreren CDU-Spitzenpolitikern wie Rainer Barzel »Gardinendiplomatie«, der CDU insgesamt eine Krankheit, die er schon seit acht Jahren kenne und die sich kundtue in »selbstmörderischen Äußerungen nur aus Gründen interner Feindseligkeit und interner Rivalität oder neidhammelhafter Haltung«. Die Unionsparteien insgesamt kritisierte er wegen ihrer »miserablen inneren Struktur« und machte im Übrigen organisatorische Vorschläge, wie künftige dissonante Äußerungen ihrer Spitzenpolitiker vermieden werden könnten.

Gegen die FDP fuhr er doppelt schweres Geschütz auf: »Die Charakterlosigkeit der FDP verbunden mit ihrem Selbsterhaltungstrieb ist eine der zuverlässig berechenbaren Komponenten.« Doch ging er noch weiter und überschritt nun eindeutig die Grenze von der Polemik zur Diffamierung, wenn er die rhetorische Frage stellte, »wie viele Sympathisanten der Baader-Meinhof-Verbrecher in der SPD- und FDP-Fraktion in Bonn drinsitzen. Es ist ein ganzer Haufen … Wer also in Zukunft sagt, diese SPD und FDP sind nicht mehr fähig, unseren Staat und unsere Gesellschaft vor Verbrechern zu schützen, trifft den Kern.« Über diese Vorwürfe kam es zu einem Briefwechsel mit der Präsidentin des Deutschen Bundestags Annemarie Renger, einer zweifellos »rechten« Sozialdemokratin.

Die Anwälte der RAF bezeichnete Strauß kurz und knapp als »Verbrecheranwälte« und meinte dies durchaus doppeldeutig, wobei er sich allerdings auf einige Verteidiger beziehen konnte, die ihren Zugang zu den Inhaftierten zum Schmuggeln von Kassibern missbraucht hatten und dafür wie Hans-Christian Ströbele und Klaus Croissant auch verurteilt wurden. Horst Mahler wurde selbst zum Verbrecher, ging in den Untergrund und wandelte sich später vom Links- zum Rechtsextremisten und Neonazi, der immer wieder zu Gefängnisstrafen verurteilt wurde. Strauß nannte etliche Beispiele, die einen tatsächlich rechtsstaatlich unvertretbar laxen Umgang mit dem Linksterrorismus verdeutlichten. Sein Zorn war in dieser Hinsicht also begründet.

Diese Passage der Sonthofener Rede stand im Kontext der gewachsenen Bedrohung der bundesrepublikanischen Verfassungs- und Rechtsordnung durch die sogenannte Rote Armee Fraktion (RAF), die nicht allein zahlreiche Morde, Entführungen und Banküberfälle begangen hatte, sondern selbst nach Inhaftierung von Angehörigen der Baader-Meinhof-Bande weiterhin virulent blieb und in der zweiten Hälfte der 1970er-Jahre durch die Morde an Arbeitgeberpräsident Hanns Martin Schleyer und seinen Begleitpersonen sowie durch die Entführung einer Lufthansa-Maschine 1977 eine weitere Eskalationsstufe erreichte. Die Warnungen von Strauß erwiesen sich also als nur zu berechtigt, blieben Verbrechen der Linksterroristen doch bis zu Beginn der 1990er-Jahre an der Tagesordnung. Strauß empörte nicht nur die Verharmlosung. Sie sah er zutreffend schon darin, dass mit dem Hinweis auf politische Motive oder scheinbare Demokratiedefizite der Bundesrepublik der kriminelle Charakter der RAF verharmlost wurde. Tatsächlich sympathisierten nicht wenige Linksintellektuelle mit den politischen Zielen der Terroristen, auch wenn sie deren Methoden ablehnten. Doch gab es Sympathisanten, die sich wie der Hannoveraner Psychologieprofessor Peter Brückner sogar dazu verstiegen, gesuchte Mörder zu verstecken.

Die Reaktionen von Strauß hatten auch einen persönlichen Hintergrund. Der Terrorismus stellte eine unmittelbare Bedrohung an Leib und Leben für Spitzenpolitiker dar. Das galt in besonderem Maße für Franz Josef Strauß, der seit Langem eine bevorzugte Zielscheibe des linksintellektuellen Umfelds der Terroristen war. Diese Gefahr beschränkte sich jedoch nicht auf die Politiker oder andere Prominente aus Justiz oder Wirtschaft, sondern erstreckte sich zugleich auf deren Familien.

In München hatte das Attentat auf die israelische Olympia-Mannschaft 1972, für das palästinensische Terrorgruppen verantwortlich waren, die prekäre Sicherheitslage offenbart. Auch kooperierten deutsche Linksterroristen mit terroristischen antiisraelischen Palästinensergruppen und hielten sich zeitweilig in deren nahöstlichen Schulungslagern auf. Die Familie Strauß lebte mit dieser ständigen Unsicherheit, die drei Kinder mussten nicht nur mit Polizeibewachung zur Schule, sondern wurden zeitweilig regelrecht aus der Strauß-Wohnung »ausgelagert« und bei Freunden untergebracht. Nach 1972 blieb die Wohnung unterhalb der im 14. Stock gelegenen Hochhauswohnung der Familie Strauß am Sendlinger Listseeweg aus Sicherheitsgründen frei, die Aufgänge im Treppenhaus wurden vergittert. Der Lift wurde zusätzlich gesichert, und auf dem Flur hielten Polizisten Wache. 1977 wurde festgestellt, dass die Terroristin Verena Becker – deren Beteiligung am Mord an Generalbundesanwalt Siegfried Buback am 7. April 1977 bis heute nicht wirklich geklärt ist – im gegenüberliegenden Hochhaus auf der gleichen Höhe eine konspirative Wohnung gemietet hatte. Die Familie Strauß musste daraufhin geradezu fluchtartig in das noch nicht ganz fertige Haus in der Hirsch-Gereuth-Straße umziehen, da ihre Hochhauswohnung kein Panzerglas hatte. Man hatte Aufzeichnungen von Becker über die Gewohnheiten von Strauß gefunden, der regelmäßig noch zum Kühlschrank ging, wenn er spät nach Haus kam. Offenbar planten die Terroristen, den CSU-Vorsitzenden von der gegenüberliegenden Wohnung aus zu erschießen. Jedenfalls waren im Höchstfall 16 Sicherheitskräfte pro Schicht rund um die Uhr im Einsatz, um die Familie Strauß zu schützen.[224] Strauß selbst trug immer eine Pistole bei sich, seit dem Krieg wusste er, was Lebensgefahr hieß.[225]

Es muss eine schwere Belastung gewesen sein, seit Ende der 1960er-Jahre alltäglich unter einem solchen Bedrohungsszenarium zu leben, das überdies die ganze Familie betraf. Umso empörender erschien jede Verharmlosung oder gar die über rechtlich einwandfreie Verteidigung hinausgehende Unterstützung durch Rechtsanwälte. Und als Strauß seine Sonthofener Rede hielt, war eine Woche vorher, am 10. November 1974, gerade der höchste Richter Westberlins, der Kammergerichtspräsident Günter von Drenkmann, von Linksterroristen ermordet worden – nicht allein innerhalb der CSU-Landesgruppe wurde deshalb über die gefährliche Bedrohung der Bundesrepublik sowie die notwendigen Maßnahmen zur Bekämpfung debattiert.

Obwohl also die in diesem Zusammenhang gefallenen scharfen Äußerungen Reaktionen auf reale Probleme waren, handelte es sich doch insgesamt bei der Sonthofener Rede um eine der tatsächlich eher seltenen Strauß-Reden, in denen er in einzelnen Passagen wild um sich schlug und jedes Maß vermissen ließ.[226] Diese Form der weit über das Ziel hinausschießenden Bierzeltrhetorik überdeckte den großen Redner Strauß und seine ganz außerordentlichen Kapazitäten als überzeugungsstarker Argumentierer mit weitem Blick und enormer Faktenkenntnis. Diese Strauß'sche Doppelnatur machte es seinen Gegnern leicht, nur die eine, die kritikwürdige Seite hervorzukehren und sie für demagogische Zwecke zu instrumentalisieren: So waren sie schon verfahren, als sie seinen durchaus sachlichen Kampf gegen die Ost- und Deutschlandpolitik seit 1969 diffamiert hatten – ohne dies mit vergleichbaren Zitaten garnieren zu können. Und danach gingen auch einige Koalitionspolitiker mit der Opposition ebenso wenig zimperlich um wie Strauß mit ihnen, allen voran wie üblich der Fraktionsvorsitzende Herbert Wehner. Monate vor der Sonthofener Rede bezichtigte er im Frühsommer 1974 die Union kurzerhand »des heimtückischen Versuchs eines kalten Staatsstreichs«. Aufgrund dieser üblen Diffamierung lehnten es die CSU-Abgeordneten ab, am Vertrauensmännergremium des Bundestags, dessen Vorsitz Wehner innehatte, weiter teilzunehmen, wenn Wehner diesen Vorwurf nicht zurücknähme.[227]

Am 11. Juni 1974 berichtete Strauß in der Landesgruppe über Versuche des *Spiegel*, den CDU/CSU-Fraktionsvorsitzenden Karl Carstens zu verleumden, und rief alle Abgeordneten auf, Carstens wo immer möglich zu unterstützen. Dieser Aufruf belegt einmal mehr, dass Strauß sich auch für den unionsinternen Frieden einsetzte und nicht zwangsläufig im Gegensatz zum Fraktionsvorsitzenden aus der CDU stand. Obwohl er keineswegs immer mit Carstens einig war, verstand er sich, wie auch andere Äußerungen zeigen, gut mit ihm. Insgesamt aber ist auch diesem Vorgang zu entnehmen, wie aufgeheizt die öffentliche Debatte auch noch nach dem Rücktritt von Willy Brandt war. Dazu trugen nicht allein die innerparteilichen Kontroversen und Personalquerelen der SPD bei, weil sie als Ablenkungsmanöver immer wieder scharfe Attacken auf die Union, insbesondere Strauß und nun auch den erst seit einem Jahr als Fraktionsführer wirkenden Carstens, provozierten. Da auch die Union ihre neue Linie erst finden musste und es bereits unterschwellig Rivalitäten über die künftige Kanzlerkandidatur sowie den politischen Kurs gab, wurden die Spannungen innerhalb des Unionslagers ebenfalls des Öfteren nach außen abgeleitet. Wegen des Kanzlerwechsels sowie einiger im Frühjahr 1975 bevorstehender Landtagswahlen, denen in den Parteien seismografische Bedeutung zugemessen wurde, verstärkte sich die Nervosität und damit die Aggressivität.

Strauß begann seine Rede auf der CSU-Klausurtagung am 19. November 1974 in Sonthofen mit einer Diagnose: Der Patient, die Bundesrepublik, sei »in einem Zustand, wo er unter zwei großen Beschwerden leidet, nämlich Zerrüttung der Staatsfinanzen und Inflation mit steigender Arbeitslosigkeit, d.h. es gibt kein Rezept, das der Bekämpfung beider Krankheiten dient«. Nach Strauß' Einschätzung handelte es sich aber erst um den Anfang der großen Krise, bei der Helmut Schmidt die notwendigen Maßnahmen vor sich herschiebe. Doch hielt Strauß die Zeit noch nicht für gekommen, eigene Rezepte vorzuschlagen, zumal man die Warnungen und Vorschläge über fünf Jahre hinweg in den Wind geschlagen habe. Die Öffentlichkeit sei noch nicht so weit, noch nicht genug schockiert von der Politik der Bundesregierung, um die harten Maßnahmen zu akzeptieren, die notwendig seien. Man würde dann der anderen Seite die Möglichkeit geben, die Vorschläge für die erforderliche Rosskur der Opposition anzulasten. Die Probleme müssten wesentlich tiefer ins öffentliche Bewusstsein eindringen, bevor die Opposition konkrete Vorschläge machen könne, die Aussicht auf Erfolg hätten. Im Übrigen enthält auch diese Rede viele Passagen, die Strauß' große Kompetenz in der Wirtschafts- und Finanzpolitik belegen.

Gegen diese durchaus realistische Einschätzung von Strauß war politisch kaum etwas einzuwenden, doch nun kam der Hammer, der ihn als Demagogen erscheinen ließ: »Es muß also ein Offenbarungseid und ein Schock im öffentlichen Bewußtsein erfolgen. Wir können uns gar nicht wünschen, daß dies jetzt aufgefangen wird, sonst ist es ja nur eine Pause, und nach der Pause geht es ja doch in der falschen Richtung dann wieder weiter. Die Auflösung der Bundesregierung ist das vorrangige Ziel, und hier besteht durchaus die Möglichkeit, daß noch vor dem Jahr 1976 es zu einer Änderung kommt.«²²⁸ Strauß bezog sich dabei auf die bevorstehenden Landtagswahlen und warnte davor, sich – wie das einige CDU-Politiker getan hätten – auf konstruktive Gespräche mit der Regierung einzulassen. Er lehnte es ab, sich in eine gemeinsame Verantwortung ziehen zu lassen und beispielsweise gemeinsam Steuererhöhungen zur Haushaltssanierung zu beschließen: »Also keine Steuererhöhung. Wir dürfen uns auf keinen Fall aus falschem sachpolitischen Verantwortungsbewußtsein als die ewige Ersatzregierung… einspannen lassen.«²²⁹ »Wir müssen schlechthin von dem Axiom ausgehen, die können Wirtschaft, Gesellschaft und Staat nicht mehr in Ordnung bringen. Sie haben fünf Jahre alles getan, um eine im Kern gesunde Wirtschaft systematisch, aber absolut sicher zu ruinieren, und damit den Boden für eine moderne Zukunftsgesellschaft verdorben.«²³⁰

Franz Josef Strauß setzte klar auf Konfrontation in der Finanz- und Wirtschaftspolitik und führte dafür Gründe ins Feld, die für Oppositionspolitiker die Regel sind. Trotzdem zeigte sich in solchen Situationen oft Zwiespältigkeit, hatte er sich doch eineinhalb Jahre vorher um konstruktive Oppositionspolitik bemüht, was ihm kein Geringerer als Helmut Schmidt in einem Telegramm vom 8. Februar 1973 bestätigte: »Sehr geehrter Herr Kollege Strauss Für die eindrucksvolle Hilfe die Sie der Bundesregierung in der aktuellen schwierigen Währungssituation gegeben haben sage ich Ihnen meinen herzlichen Dank stets Ihr Helmut Schmidt Bundesminister der Finanzen.«²³¹

Auf die Außenpolitik ging Strauß in der Sonthofener Rede nur am Rande ein, wenngleich mit deftigen Worten: Ihn beunruhige besonders der »moralische Zustand Europas«, der schlimmer sei »als der materielle oder der politische oder der militärische. Die Europäer sind total degeneriert.« Sie verließen sich darauf, dass die USA für sie Wache hielten, und unterschätzten, dass »ein Kooperationsangebot der Sowjetunion einen Hegemonieanspruch bedeutet«. Eine gesundende Bundesrepublik müsse wieder »wirtschaftlich, gesellschaftlich, politisch, militärisch ein Stabilitätsfaktor erster Ordnung« für Europa werden.²³²

Die Sonthofener Rede provozierte, nachdem sie der *Spiegel* etwa vier Monate später auszugsweise veröffentlichte, allgemeinen Protest und wirkte noch Jahre nach. So bemerkte Richard Stücklen in einer Sitzung der Landesgruppe: »Trotz aller von uns getätigten Abwehrreaktionen habe die Rede in der Bevölkerung eine Tiefenwirkung hinterlassen. Auch sei die Landesgruppe dadurch in ein schiefes Licht geraten.«²³³ Die Strauß vom *Spiegel* attestierte sogenannte Sonthofen-Strategie schadete ihm nachhaltig. Nach dem Urteil von Friedrich Zimmermann schadete sie auch der Union insgesamt und dem Land. Ende 1976 wirkte Sonthofen »immer noch lähmend auf unsere Arbeit ein. Fragen Sie mal tausend Leute auf der Straße, was ihnen ›Sonthofen‹ sagt ... wer sich heute noch an einen politischen Zusammenhang erinnert, wird sagen: Sonthofen? Das war doch, wo der Strauß gesagt hat, die Union müsse das Land kaputt machen, um wieder an die Macht zu kommen. In Wahrheit hatte er nichts dergleichen gesagt, sondern das genaue Gegenteil. Natürlich wussten das diejenigen, die die Kampagne inszenierten, von Anfang an.« Aber Zeitschriften wie *Spiegel* und *Stern* wüssten, wie man Skandale nicht nur mache, sondern ihre Akzeptanz erreiche.[234]

Friedrich Voss mokierte sich ebenfalls über den *Spiegel*: Das Magazin habe zwar den Text nicht gefälscht, ihn aber erheblich gekürzt und genau die Passagen weggelassen, »in denen FJS konkrete Vorschläge macht, wie z. B. von § 26 a Stabilitäts- und Wachstumsgesetz Gebrauch zu machen«. Diese und andere Passagen hätten »das, was der Spiegel als ›Sonthofener Strategie‹ hintergründig und unterschwellig produzieren und propagieren will, gefährdet. Daher ist das Weglassen eine sinnentstellende Fälschung. Diesen Blättern gelingt es, FJS als denjenigen darzustellen, der unser Land kaputtmachen will, um CDU/CSU wieder an die Macht zu bringen. Dies ist ein Skandal.«[235] Friedrich Zimmermann sah dies nüchterner, der *Spiegel* habe den im Übrigen holprigen, weil unredigierten Text nicht verfälscht, der Dreh des Magazins habe in seiner »Verpackung«, in der Behauptung einer vermeintlichen »Geheimrede« und in einer bewusst verfälschenden Interpretation gelegen. Im Übrigen hätte eine unredigierte Tonbandmitschrift nie herausgegeben werden dürfen.[236] Da hatte Zimmermann zweifellos recht, doch ein solches Argument konnte in der Öffentlichkeit kaum überzeugen, weil die Reaktion lautete: Strauß wollte zwar diesen Text nicht veröffentlichen, doch gibt er seine wahre Meinung wieder.

Und Strauß selbst? Als er gefragt wurde, ob er das so gesagt habe, reagierte er unwirsch: »Was weiß denn ich, glauben Sie, ich hab alle meine Reden im Kopf.« Spontaneität und Impulsivität werden auch durch solche Bemerkungen bestätigt. Die Reaktion belegte einmal mehr, wie unterschiedlich die Wirkung von mündlich gehaltenen Reden und ihrer unredigierten Schriftfassung sein kann. Tatsächlich hatte Strauß nicht gesagt, was in manchen Medien daraus gemacht wurde, doch enthielt die Rede neben wirtschaftlichen und politischen Analysen, neben rationalen taktischen Erwägungen, wie die Opposition auf die Politik der Koalition reagieren solle, eben auch Diffamierungen. Strauß war also kein Unschuldslamm, sondern bot selbst Gründe für die negative Wirkung der Rede.

Allerdings setzte sich Strauß mit Sachgründen zur Wehr, zum einen in der Bundestagsdebatte über »Innere Sicherheit« im März 1975, bei der seine Sonthofener Rede zur Sprache kam, zum anderen in seinem Antwortbrief an die Bundestagspräsidentin Annemarie Renger vom 12. März 1975, in dem er konkrete Beispiele für die erwähnten Sympathisanten mit der RAF nannte.[237] Er bemängelte zunächst, dass die Auslassungen im *Spiegel* nicht gekennzeichnet seien und deshalb der Zusammenhang verfälscht werde, verwies des Weiteren auf den Klausurcharakter der Sonthofener Tagung und nannte den sozialdemokratischen Bundestagsabgeordneten Norbert Gansel, der im Januar bei einem Kongress der Jungsozialisten eine Entschließung gebilligt habe, in der Dregger, Carstens und Strauß als »für die Demokratie weitaus gefährlicher eingestuft werden als anarchistische Gewalttäter«. Gansel habe durch einen Zusatzantrag noch dafür gesorgt, dass diese »Liste« um Gerhard Stoltenberg ergänzt wurde. Schließlich hätten die Jungsozialisten, also die Jugendorganisation der SPD, im Januar auf einem Kongress in München die »Aufhebung der sogenannten Isolationsfolter in den Haftanstalten der Bundesrepublik« gefordert und sich damit den Sprachgebrauch der RAF zu eigen gemacht – an dem Kongress hätten außer Gansel auch die SPD-Abgeordneten Hansen und Wichert teilgenommen. Im Übrigen habe der ehemalige FDP-Abgeordnete Rudolf Augstein durch circa 20 Interviews von Terroristen im *Spiegel* die »Verbreitung der Terrorphilosophie der Baader-Meinhof-Bande« unterstützt, wofür er in einem Fall gar ein Honorar von 15 000 DM gezahlt habe. Selbst die Sonthofener Rede war also nicht nur Aktion, sondern auch Reaktion.

Wenige Jahre später fühlte Strauß sich bestätigt, als ihm im Oktober 1977 der *Spiegel*-Artikel »Weltbürgerkrieg à la Bonn« zugesandt wurde, in dem Rudolf Augstein den Versuch machte, die Vorstellungswelt RAF nachzuvollziehen, indem er anstelle des kriminellen Charakters ein humanitäres Ziel betonte »Dies sind keine gemeinen Verbrecher. Hier handelt es sich um Leute, die sich einer großen gemeinsamen Menschheitssache verpflichtet fühlen, der Menschheitssache schlechthin. Wie sonst setzen sie ihr Leben aufs Spiel, wie sonst käme ein Japaner dazu, in Israel für die Palästinenser zu bomben? In den Gehirnen dieser Leute existiert offenbar eine Vorstellung von universaler Freiheit, die nur als Gegenstück zu einer weltweit angenommenen Unterdrückung Sinn macht… Darum fehlt es den Revolutionären nicht an Gewissen, sie selbst sind das Gewissen.«[238] Solches Selbstverständnis eignet allen totalitären Ideologien, die damit ihre Verbrechen legitimieren.

Doch änderten die in der zweiten Hälfte der 1970er-Jahre und danach fortdauernde Aktualität terroristischer Bedrohung und die daraus folgenden Befürchtungen von Strauß, die er in der Sonthofener Rede im

November 1974 begründet hatte, nichts an dem Imageschaden, den sie anrichtete. Eine weitere politisch gravierende Wirkung der Sonthofener Rede gesellte sich hinzu: Sie verhalf der zum Teil auseinanderstrebenden SPD, aber auch dem Koalitionspartner FDP zu neuer Geschlossenheit. Die Konfrontation führte also zur Integration – aber weil Strauß übertrieben hatte, auch beim politischen Gegner, insofern wirkte die Sonthofener Rede, von Stilfragen abgesehen, wie ein Eigentor. Und schließlich trug die skandalisierende Inszenierung dazu bei, Strauß als Feindbild aufzufrischen, insofern schadete diese unvorhergesehene Resonanz der Rede ihm selbst am meisten – zumindest außerhalb Bayerns. Deswegen schrieb Helmut Kohl: »Für die Wahlkämpfer von SPD und FDP war das Bekanntwerden der Klausurrede ein Geschenk des Himmels.«[239] Er sagte aber keineswegs, für ihn sei dies ein Geschenk des Himmels[240] – der gegenteilige Sinn war gemeint. Kohl erwähnte, in welchem Maße die Strauß-Rede in den Landtagswahlkämpfen von Nordrhein-Westfalen, Schleswig-Holstein und im Saarland ausgeschlachtet wurde. Trotzdem seien die Wahlen noch glimpflich für die CDU ausgegangen, da Gerhard Stoltenberg als Spitzenkandidat in Schleswig-Holstein die absolute Mehrheit mit leichtem Verlust behaupten konnte und die CDU in den beiden anderen Ländern leichte Stimmengewinne erzielte – so nachteilig können die Sonthofener Rede und die *Spiegel*-Artikel darüber also dann doch nicht gewirkt haben.

Es ist unklar, ob der *Spiegel* den Text erst drei Monate später erhalten hatte oder ihn zeitlich gezielt aus dem Archiv hervorzog, als die Popularitätswerte von Strauß aufgrund einer China-Reise stiegen. 1975 war Franz Josef Strauß vom chinesischen Parteichef Mao Tse-tung empfangen worden, der bis dahin überhaupt erst mit vier europäischen Staatsmännern in Peking gesprochen hatte. Strauß' Reise erregte sofort erhebliche öffentliche Aufmerksamkeit.[241] Als er am 11. Januar 1975 in München-Riem gemeinsam mit seiner Frau Marianne, seinem Persönlichen Referenten in Bonn, Friedrich Voss, dem Chefredakteur des *Bayernkurier* Wolfgang Horlacher sowie drei Journalisten und einem Fotoreporter das Flugzeug nach Peking bestieg, war nicht klar, welche Gesprächspartner er dort antreffen würde. Sicher konnte er mit wichtigen Politikern rechnen, vermutlich dem Vizepremier und dem Außenminister, aber ansonsten machten die Chinesen ein großes Geheimnis daraus. Strauß, der sich normalerweise vorher zusichern ließ, von den jeweiligen politischen Spitzenleuten empfangen zu werden, ging dieses Mal das Risiko ein, bestenfalls den drittwichtigsten chinesischen Politiker zu treffen, zumal er in Bonn kein politisches Amt mehr innehatte, sondern lediglich das Mandat eines Bundestagsabgeordneten. Bisher war kein deutscher Politiker vom Parteichef Mao Tse-tung empfangen worden, weder Helmut Schmidt noch der

CDU-Vorsitzende und Ministerpräsident Helmut Kohl, der einige Monate zuvor Peking besuchte hatte.

Nun aber war die Sensation perfekt: Der »Große Vorsitzende« der größten Kommunistischen Partei der Welt – in Zeiten der kleinen roten »Mao-Bibel« bei großen Teilen der Linken geradezu als Halbgott verehrt – empfing am 16. Januar den Vorsitzenden der CSU, einen dezidierten Antikommunisten! Und nicht nur das: Alle politischen Spitzen wollten mit Strauß sprechen, neben Mao Ministerpräsident Tschou En-lai, sein damaliger Stellvertreter und künftiger großer Reformer Deng Hsiao-ping, mit dem Strauß dann bei seinen späteren Chinareisen bis 1987 regelmäßig zusammentraf. Weitere Gesprächspartner waren der stellvertretende Generalstabschef, mit dem Strauß zwar über militärische und sicherheitsrelevante Fragen sprach, die Unterhaltung aber wegen dessen Fixierung auf den »Volkskrieg« unergiebig fand, schließlich der stellvertretende Handelsminister u. a. m. Der chinesische Außenminister traf sich gleich zweimal mit Strauß.

Das Besuchsprogramm barg also mehrere Überraschungen: Zum geheim gehaltenen Aufenthaltsort Maos, vermutlich seiner Winterresidenz, bedurfte es eines für die deutsche Delegation plötzlich angesetzten 90-minütigen Fluges und einer zusätzlichen Autofahrt. Ministerpräsident Tschou En-lai, von dem berichtet wurde, er sei im Krankenhaus, begrüßte Strauß in deutscher Sprache und empfing ihn ebenso überraschend kurz nach Mitternacht zu einem eingehenderen Gespräch mit weltpolitischen Analysen und persönlichen Reminiszenzen Tschous an seine Aufenthalte in Paris und Berlin. Ganz offenbar hatten die sehr protokollbewussten Chinesen sich gut über ihren Gast und seine politische Bedeutung informiert und die ersten Gesprächserfahrungen untereinander ausgetauscht, um danach immer eine weitere Stufe in der Hierarchie der Ansprechpartner hochzusteigen. Mao, der bereits krank und hinfällig war, zitierte sogar ein Wort von Strauß aus einer Bundestagsrede: »Finnlandisierung«. Strauß, der Englisch redete, bestritt den größten Teil des Gesprächs mit Mao, der nur kurze Bemerkungen einwarf, sich jedoch als geistig präsent erwies, wenngleich er selbst erwähnte, er sei krank, das Sprechen falle ihm schwer.[242]

Eingehender und ergiebiger waren die Gespräche mit Tschou En-Lai und besonders mit Außenminister Qiao Guan-hua, der 1936 in Tübingen über Immanuel Kant zum Dr. phil. promoviert worden war. Die auf hohem Niveau geführten Diskussionen erstreckten sich in erster Linie auf die Weltlage, das sowjetisch-chinesische, das deutsch-sowjetische Verhältnis, die Rolle der USA und die deutsche Wiedervereinigung. Strauß verwies auf gemeinsame Interessen der Bundesrepublik und Chinas und schlug unter anderem vor, die Handelsbeziehungen beider Staaten zu intensivieren. Strauß stellte auf Nachfragen die westeuropäische Entwicklung, aber auch die Veränderung der deutschen Ostpolitik seit 1969 dar, wobei er sachlich die unterschiedlichen Motive und Bewertungen von Regierung und Opposition im Kontext der sowjetischen Politik erläuterte. Dabei ging er auf die Breschnew-Doktrin ein, die in Europa eine Doppelstrategie verfolge: Innerhalb des Warschauer Paktes beschränke sie die Souveränität der Staaten, in Westeuropa wolle sie sie stärken, damit sie von den USA unabhängig würden.[243] Als sein chinesischer Gesprächspartner die beiden Supermächte als imperialistische Mächte gleichsetzte, verwies Strauß ironisch auf den »kleinen Unterschied«: Hätte die DDR die Absicht, aus dem Warschauer Pakt auszutreten, würde die Sowjetunion einmarschieren, würde die Bundesrepublik aus der NATO austreten, würde das zwar Unverständnis auslösen, doch die USA würden nicht einmarschieren.

Wiederholt beschwor Strauß eine Analogie, die er darin sah, dass die Sowjetunion nicht allein Europa zu dominieren versuche, sondern auch China – eine Analyse, der die chinesischen Gesprächspartner vorbehaltlos zustimmten. Sie bezichtigten die Sowjetunion nicht allein, Deutschland geteilt zu haben, sondern unter anderem auch der Verantwortung für die Teilung Koreas und selbst der Absicht, eine Teilung Chinas zu unterstützen. Deng empfand ebenfalls die sowjetische Bedrohung und plädierte für eine europäische Einigung, sah ein starkes China als Sicherheitsgarantie für Europa an und warnte vor Illusionen der Entspannungspolitik, wie der Botschafter der Bundesrepublik in Peking, Rolf Pauls, in seinem Fernschreiben nach Bonn berichtete. Der Diplomat vermerkte ausdrücklich, das Protokoll für Strauß sei »das für einen amtierenden Regierungschef gewesen«. Daraus folgerte das Auswärtige Amt, der für März/April 1975 vorgesehene Besuch des Bundeskanzlers in Peking dürfe protokollarisch nicht darunter angesiedelt werden. Den Bericht von Pauls ließ sich Außenminister Genscher vorlegen.[244] Nicht nur die Journalisten, auch er wollte wissen, was Strauß in China besprach. Allerdings hatte Strauß bereits öffentlich erklärt, er werde nach seiner Rückkehr Bundeskanzler Schmidt informieren, Gerüchte über eine vermeintliche »Geheimdiplomatie« entbehrten jeder Grundlage.

Natürlich fehlten im dicht gedrängten Programm der Reise, die bis zum 24. Januar dauerte und neben anderen Städten auch nach Shanghai führte, nicht die touristischen Höhepunkte: Die deutschen Besucher sahen unter anderem die »Verbotene Stadt« in Peking, die Gräber der Ming-Dynastie und die Chinesische Mauer, auch erhielt Franz Josef Strauß vielfach Gelegenheit, seiner Vorliebe für die chinesische Kochkunst zu frönen. Der Rückflug erfolgte über Hongkong, wo sich die Gruppe vom 24. bis zum 26. Januar aufhielt, bevor das Ehepaar Strauß die Reisegefährten verließ und mit Zwischenstopp in Kanada nach München zurückflog.

So aufschlussreich die Gespräche über die internationale Szenerie in China waren, so wichtig wurde der Besuch für das Image von Franz Josef Strauß in Deutschland. Für seine Anhänger stellte die Reise eine beeindruckende Demonstration seines weltpolitischen Ranges dar – nicht wenige sollen leuchtende Augen bekommen haben, als sie die Fotos sahen. Ihr Landsmann und Vorsitzender wurde als erster Deutscher von einer welthistorischen Größe wie Mao im fernen China an einem geheim gehaltenen Ort empfangen! Das glich fast einem Mysterium – mochte es auch etwas paradox erscheinen, dass der Gastgeber ausgerechnet ein Kommunistenführer war. Für die eingefleischten Strauß-Gegner handelte es sich wieder einmal um einen Überraschungscoup – mehr noch, um ein Ärgernis. Schon die Exklusivität der anderen chinesischen Gesprächspartner störte sie, und nun sogar Mao! Und erneut hatte Strauß, der Antikommunist, bewiesen, dass er keinerlei Berührungsängste gegenüber kommunistischen Staatslenkern besaß, so wenig wie diese ihm gegenüber, was Tschou En-lai ausdrücklich bemerkte.[245] Strauß ein Entspannungsfeind, wo er ihnen doch weltpolitisch so voraus war?

Die Presseresonanz im In- und Ausland war beträchtlich. Wuchsen aufgrund seines wieder einmal bestätigten internationalen Ansehens etwa gar die Chancen von Franz Josef Strauß auf die Kanzlerschaft nach einem immerhin möglichen Wahlsieg der Union 1976? Die Chinesen spekulierten darüber, und ihr Ministerpräsident fragte den bayerischen Gast ohne Umschweife. Strauß antwortete: »Woher wissen Sie denn das, hat Botschafter Wang berichtet?« Strauß fuhr fort, im Falle eines Siegs stünde er vor der Wahl, Außen- oder Finanzminister zu werden, wenn er nicht Kanzler würde.[246] So kam es nicht, obwohl die demoskopischen Umfragen einen deutlichen Anstieg seiner Popularitätswerte außerhalb und innerhalb der Unionsparteien meldeten. Seine Gegner waren alarmiert und wollten ihn nun auf dem innenpolitischen Feld mithilfe der bewährten Strauß-Klischees schlagen. Da kam die Sonthofener Rede gerade recht. Zwar lag sie schon Monate zurück, doch veröffentlichte sie der *Spiegel* – wie gesagt – erst im Frühjahr 1975. Zufall? Möglich, aber so wenig beweisbar wie Absicht.

Und ebenso wenig klar ist, dass Strauß 1976 ohne die Sonthofener Rede in der Union größere Chancen auf die Kanzlerkandidatur gehabt hätte als Helmut Kohl. Jedenfalls haben die negative Wirkung und die Furcht, das Feindbild Strauß könne nördlich der Mainlinie Wähler verschrecken, seine Chancen nicht befördert.

Wer wird Kanzlerkandidat der Union?

Die Frage der Kanzlerkandidatur, die Strauß am Ende seiner Sonthofener Rede als nicht aktuell bezeichnet hatte, obwohl er selbst dort Helmut Kohl und Gerhard Stoltenberg als mögliche Kandidaten erwähnte, wurde nur wenige Wochen später entschieden. Beide Unionsparteien agierten wieder einmal getrennt. In der Landesgruppe der CSU wurde verschiedentlich Strauß als Kanzlerkandidat ins Spiel gebracht, doch ernst wurde diese Diskussion erst im Frühjahr 1975; bis dahin hatte der Vorsitzende Richard Stücklen regelmäßig abgewiegelt, wenn dieses Thema aufkam. Als der CSU-Abgeordnete Hösl schon am 8. Oktober 1974 die Frage der Kanzlerkandidatur auf einem gemeinsamen Parteitag der CDU und CSU geklärt wissen wollte, erklärte Stücklen: Die Entscheidung darüber würden die Präsidien beider Parteien im Juni 1975 treffen.[247] Im Übrigen empfahl er nach einem Strauß-Interview in *Spiegel* und *Stern* zu dieser Frage, das Thema in der Öffentlichkeit bis dahin nicht zu diskutieren.[248] Im Frühjahr 1975 wurde in der Öffentlichkeit bekannt, dass ein Mitglied im Landesvorstand der CSU, Tolksdorf, dort den Antrag gestellt hatte, Franz Josef Strauß als Kanzlerkandidaten der Union zu nominieren. Doch hatte Strauß sich selbst gegen diesen Antrag ausgesprochen. Landesgruppenvorsitzender Stücklen nannte es in der Sitzung vom 22. April 1975 »unglücklich«, dass aus dem CSU-Präsidium nach außen gedrungen sei, dass Strauß als Kanzlerkandidat vorgeschlagen werden solle. Stücklen sprach sich dafür aus, das vereinbarte Stillhalteabkommen mit der Schwesterpartei bis zum 4. Mai 1975 einzuhalten.[249]

Doch ruhte auch die CDU nicht. Vermutlich um zu verhindern, dass die Kandidatur von Strauß in der CSU festgezurrt wurde, bat der CDU-Generalsekretär Kurt Biedenkopf nach Absprache mit Kohl am 25. April 1975 Franz Josef Strauß um die Zustimmung zur Kanzlerkandidatur des CDU-Vorsitzenden. Strauß und die CSU kritisierten diesen Vorschlag nun ihrerseits als Affront, weil sie sich bei dem Verfahren übergangen fühlten und die Entscheidung durch die Präsidien beider Parteien gemeinsam erst im Mai fallen sollte. Nicht wenige Anhänger von Strauß verdächtigten die CDU-Spitze, sie habe die Gelegenheit beim Schopf ergriffen und die heftige öffentliche Debatte über Strauß nach Bekanntwerden seiner Sonthofener Rede im März 1975 ausgenutzt. Tatsächlich überlagerte inzwischen deren negative Wirkung die positiven Berichte über Strauß' China-Reise. Laut Umfragen, die der *Spiegel* seinerzeit veröffentlichte, sprachen sich 72 Prozent der Bevölkerung gegen die sogenannte Sonthofen-Strategie aus. Strauß, der im Dezember 1974 nach dem grandiosen Erfolg in der bayerischen Landtagswahl noch ähnliche Popularitätswerte genossen hatte wie Kohl und Stoltenberg – sie alle lagen demzufolge bei 20 bis 22 Prozent –, fiel nach der *Spiegel*-Veröffentlichung über die Sonthofener Rede im Frühjahr 1975 auf 11 Prozent Zustimmung zurück – zu genau dem Zeitpunkt, als über die Kandidatenfrage der Union entschieden werden sollte. Und da spielte es natürlich eine Rolle, dass sich die Anhänger der Unionsparteien zu 46 Prozent für Helmut Kohl und nur zu 20 Prozent für Franz Josef Strauß als Kanzlerkandidaten ausgesprochen haben sollen.[250] Keine Frage, dass Franz Josef Strauß hier eine große Verschwörung am Werke sah, bei der wieder einmal seine Intimfeinde des Hamburger Magazins eine Schlüsselrolle spielten. Zwar waren sie genauso wenig als Kohl-Freunde bekannt, aber schließlich zählte es seit mehr als eineinhalb Jahrzehnten zu den Hauptzielen des *Spiegel*-Herausgebers, schon die Möglichkeit einer Kanzlerschaft von Strauß im Keim zu ersticken. Vielleicht aber ärgerte sich Strauß am meisten darüber, dass er selbst seinen Hamburger »Freunden« unfreiwillig Munition geliefert hatte.

Am 12. Mai 1975 erörterte der CDU-Bundesvorstand die Kandidatenfrage, nachdem Gerhard Stoltenberg seine Kandidatur zurückgezogen hatte, und beauftragte das Präsidium der CDU, in der folgenden gemeinsamen Sitzung der Präsidien beider Unionsparteien Helmut Kohl als Kanzlerkandidat vorzuschlagen.[251] Damit waren die Weichen für die Bundestagswahl von 1976 gestellt, nicht aber unbedingt Einigkeit unter den politischen Schwestern entstanden. Sie war nur mühsam für den Wahlkampf zu erzielen.

In ihrer Sitzung am 13. Mai 1975 debattierte die CSU-Landesgruppe lebhaft und ohne große Umschweife über ihre Taktik, nachdem Verhandlungen beider Parteien nicht nur über die Kardinalfrage der Kanzlerkandidatur, sondern ebenso über Sachfragen begonnen hatten. Die CSU führte sie auf der Basis ihres Positionspapiers und diskutierte dabei auch über die Möglichkeit einer »vierten Partei« – ein Thema, das schon vorher verschiedentlich angeklungen war und die Ausdehnung der CSU auf das gesamte Bundesgebiet meinte. Franz Josef Strauß erklärte: »Wenn wir jetzt auf Kohl einschwenken, haben wir keinen Einfluß mehr auf das Sachprogramm. Was die CDU jetzt braucht, ist die ernste Entschlossenheit, in den Kampf mit dem politischen Gegner hineinzugehen. Diese Partei ist innerlich krank – ich bezweifle auch, ob sie in eineinhalb Jahren gesunden kann.« Friedrich Zimmermann gelangte zu dem Ergebnis: »1. Gibt es eine Einigung über unser Positionspapier, müßten wir 1976 mit einem Kanzlerkandidaten antreten, gleich wie er heißt. 2. Wenn es keine Einigung über unser Positionspapier gibt, dann muß man sich – angefangen von der CSU-Landesgruppe über die Landtagsabgeordneten bis hinunter zu den Ortsverbänden – durchringen, die CSU bis zur Bundestagswahl 1976 als 4. Partei im Bundesgebiet aufzubauen.« Ein »Jein« dürfe es nicht geben.[252]

Das Positionspapier war von einer Arbeitsgruppe vorbereitet worden, die Strauß eingesetzt hatte und der vor allem Professoren angehörten. In Bezug auf den Vorschlag einer vierten Partei hatte Strauß bei früherer Gelegenheit neutral reagiert und lediglich bemerkt, man würde darüber Stellungnahmen von Meinungsforschern einholen.[253] In dieser Sitzung ging er auf das Thema einer bundesweiten Ausdehnung der CSU nicht ein, doch ist nicht auszuschließen, dass er sich mit Zimmermann vor der Sitzung verständigt hatte. Strauß fasste das Ergebnis der Lageanalyse nach Zimmermanns Ausführungen zusammen: Eine Einigung mit der CDU über das Positionspapier der CSU müsse in wesentlichen Punkten Klarheit schaffen, sowohl im Grundsätzlichen wie in der Außenpolitik. Es reiche im Übrigen nicht aus, ein Negativbild der aktuellen Lage zu zeichnen, vielmehr müsse ihr ein Positivbild der eigenen Ziele gegenübergestellt werden. Dann aber endete Strauß mit einem orakelnden Paukenschlag, den die CSU-Abgeordneten indes unkommentiert ließen: »Abschließend betont der Landesvorsitzende, daß man ohne eine sachliche und personelle Konstellation, die den Sieg 1976 möglich mache, mit ihm im nächsten Jahr auf der bundespolitischen Ebene nicht mehr rechnen können wird.«[254]

Insgesamt wurde in den vorangehenden Beratungen deutlich, dass Richard Stücklen sich in Bezug auf die Zusammenarbeit mit der CDU deutlich abwägender äußerte als Friedrich Zimmermann. In der Kanzlerfrage legten sich beide so wenig fest wie Strauß selbst, bei dem man zuweilen den Eindruck hatte, er wolle und er wolle auch wieder nicht – in jedem Fall aber wollte er gefragt werden, und zwar als Erster. Dass er selbst so entschieden nicht war, ergibt sich auch daraus, dass Strauß gemeinsam mit seinem damaligen Generalsekretär Gerold Tandler wohl schon bald nach der Wahl Kohls zum CDU-Vorsitzenden Karl Carstens die Kanzlerkandidatur vorgeschlagen und dabei indirekt auch die Priorität der größeren Schwesterpartei akzeptiert hatte. Allerdings lehnte Carstens ab, weil er sich keine Chancen ausrechnete, gegen Kohl eine Mehrheit zu erreichen.[255] Nahm Strauß zur Kandidatenfrage Stellung, verband er diese zentrale Personalie stets mit Sachproblemen. Ob Franz Josef Strauß es 1975 in der Union auf eine Kampfkandidatur gegen Helmut Kohl hätte ankommen lassen, ist zweifelhaft, die Wahlaussichten gegen Bundeskanzler Helmut Schmidt waren jedenfalls 1976 für beide möglichen Unionskandidaten ungewiss. So hatte beispielsweise der Abgeordnete Fuchs schon Monate vorher in einer Sitzung der CSU-Landesgruppe am 23. September 1974 erklärt: Die Union tue sich momentan schwer, mit der Politik Schmidts fertigzuwerden, »weil er nämlich CDU/ CSU-Politik betreibe«.[256] Das mochte stark übertrieben sein, deutlich zeigte sich jedoch: Es würde für die Union schwerer, gegen Schmidt zu argumentieren als gegen Brandt. Das Risiko war unverkennbar. Insofern ging es bei der Kandidatenfrage tatsächlich nicht nur um die Personalie, sondern zugleich darum, wie der künftige Kurs gegenüber der sozialliberalen Regierung inhaltlich und taktisch aussehen sollte – die Taktik der beiden Parteivorsitzenden der Union war unterschiedlich, in zahlreichen Sachfragen und in der Strategie stimmten Helmut Kohl und Franz Josef Strauß überein[257], was aufgrund der öffentlich zelebrierten schwesterlichen Rivalität beider Parteien oft unterschätzt wurde.

Beide Parteien agierten in der Kandidatenfrage über Monate hinweg parallel, einmal hatte die CDU einen Schritt nach vorn gemacht, ein anderes Mal die CSU – in Wahrheit konnte keine der anderen vorwerfen, übergangen worden zu sein, weil beide immer wieder versuchten, die andere vor vollendete Tatsachen zu stellen. Dabei handelte es sich durchaus um normale politische Machtspiele aller Parteien sowie innerhalb der Parteien, wobei gezielte Informationen der Öffentlichkeit den Partner in Zugzwang bringen sollten. Am 7. Juni 1975 warf der Parteiausschuss der CSU der Schwesterpartei den Fehdehandschuh hin und nominierte Franz Josef Strauß als Kanzlerkandidaten. Dies konnte kaum ohne Einwilligung des CSU-Vorsitzenden selbst geschehen. Daraufhin begannen am 10. Juni 1975 die vorgesehenen Verhandlungen der beiden Präsidien von CDU und CSU. Am 11. Juni veröffentlichte die CSU eine Pressemitteilung, die wiederum Druck auf die CDU ausüben sollte: »Der Parteiausschuß hat heute wesentliche Punkte für die deutsche Politik nach innen und außen im Rahmen des Sachprogramms zur Verhandlung mit der CDU festgelegt. Der Parteiausschuß stellt fest, daß der Parteivorsitzende Strauß die am besten geeignete Persönlichkeit zur Durchsetzung dieser Grundsätze und zur Bestimmung und Gestaltung der Bundespolitik ist.«[258] Diese Erklärung erschwerte zwar die Verhandlungen, doch wurden sie dennoch am 19. Juni 1975 abgeschlossen. Altkanzler Kurt Georg Kiesinger trat mit einem etwas ambivalent wirkenden Kommuniqué von CDU und CSU vor die Presse. Darin hieß es, die CDU habe Helmut Kohl als Kanzlerkandidaten vorgeschlagen; die CSU habe zur Kenntnis genommen, dass die CDU als die größere Unionspartei den Anspruch auf Nominierung des gemeinsamen Kanzlerkandidaten erhebe. Die CSU bleibe jedoch dabei, dass ihr Vorsitzender Franz Josef Strauß der geeignete Kandidat sei, werde aber im gemeinsamen Interesse Helmut Kohl unterstützen.

Dies war immerhin für beide Parteivorsitzende eine plausible Gesichtswahrung, allerdings eine mühsame, die deswegen sogleich in der Presse aufgespießt wurde. Doch auch innerhalb der CSU wurde Kritik laut, was Franz Josef Strauß lakonisch kommentierte: Manche CSU-Kreisverbände hätten offenbar die Zielsetzung des Kommuniqués nicht verstanden. In der CSU-Landesgruppe bemängelte der Abgeordnete Biehle, dass Ministerpräsident Dr. Kohl »wiederum nur als zweitbester Mann hingestellt worden sei«. Auch wenn er persönlich Franz Josef Strauß für den besten Kanzlerkandidaten halte, sei das Kommuniqué nicht glaubwürdig.[259] Bei der Feier zum 60. Geburtstag von Franz Josef Strauß in der Münchner Residenz trat im September 1975 auch der CDU-Vorsitzende auf. Richard Stücklen berichtete der CSU-Landesgruppe, »Kohl habe sich in hervorragender Weise als gemeinsamer Kanzlerkandidat von CDU und CSU dargestellt«. Er bat alle Mitglieder der Landesgruppe und die Mitarbeiter, »von negativen Äußerungen über Kohl Abstand zu nehmen«.[260] Wenn Stücklen eine solche Bemerkung notwendig schien, waren die Wunden über die Niederlage in der Kandidatenfrage unter den CSU-Abgeordneten offenbar noch nach Monaten nicht vernarbt. [261]

So oder so, die Würfel waren gefallen, trotz aller Reibungen war die Frage der Kanzlerkandidatur schließlich mit geringeren Schwierigkeiten beantwortet worden, als es vier Jahre später geschehen sollte. 1976 kämpften beide Unionsparteien also gemeinsam. Und hatte die CSU schon bei den Landtagswahlen in Bayern am 27. Oktober 1974 mit 62,1 Prozent der Stimmen einen grandiosen Wahlerfolg errungen, während die SPD mit weniger als halb so viel Stimmen auf 30,2 Prozent kam und der Wahlabend für die FDP eine Zitterpartie wurde, da sie mit 5,2 Prozent gerade noch in den Landtag einziehen konnte, so wiederholte sich bei der Wahl zum 8. Bundestag mit 60,0 Prozent für die CSU das hervorragende Ergebnis; ihr bundesweiter Anteil lag mit 10,6 Prozent deutlich über dem der FDP, die bei der Bundestagswahl auf 6,2 Prozent kam. Die SPD steigerte sich im Vergleich zur Landtagswahl auf 32,8 Prozent. Obwohl dieses bayerische Wahlergebnis auch 1976 vom Ansehen des Ministerpräsidenten Alfons Goppel und seiner Regierung profitierte, war es doch wesentlich durch den überragenden Wahlkämpfer Franz Josef Strauß bedingt. Er hatte bundesweit in über 130 Wahlkampfveranstaltungen mehrere Millionen Menschen fasziniert.

Die Bundestagswahl 1976, der Trennungsbeschluss
von Kreuth und die »Wienerwald-Rede«

Ohne Zweifel handelte es sich zugleich um einen außergewöhnlichen Wahlerfolg für Helmut Kohl und die CDU, die ihr Ergebnis von 44,9 Prozent 1972 auf 48,6 Prozent steigern konnte. Insofern konnten beide Unionsparteien und ihre Vorsitzenden hochzufrieden sein. Trotzdem war schon am Wahlabend die Frustration groß, mehr noch bei Franz Josef Strauß als beim Kanzlerkandidaten Kohl selbst, musste doch die Union als eindeutiger, weit vor der SPD liegender Wahlsieger erneut in die Opposition. Während Kohl sich aber schnell mit der Situation abfand, langfristig dachte, sein Amt als Ministerpräsident aufgab und als Oppositionsführer in den Bundestag ging, akzeptierte Strauß zunehmend unwilliger, dass die geschwächte SPD mit der gestärkten FDP weiterhin einen Koalitionspartner hatte, die Union aber nicht. Seine Wut richtete sich jedoch nicht allein gegen die FDP, sondern stärker noch gegen Helmut Kohl, die CDU und seine eigene CSU. Einer der Gründe lag in Kohls mittelfristiger Perspektive, die FDP wieder an die Seite der Union zu ziehen, die Strauß seinerseits immer vehementer als illusorisch attackierte.

Dabei hatte er selbst trotz aller Angriffe auf die Liberalen verschiedentlich betont, dass nur die FDP als Koalitionspartner infrage komme. Und noch 1974 hatte Strauß – überraschenderweise – nicht ausgeschlossen, dass die CSU sich an der Wahl Walter Scheels zum Bundespräsidenten beteiligen könnte. In der Sitzung der CSU-Landesgruppe am 14. Januar 1974 äußerte er sich nämlich zu dieser Frage zurückhaltend und indirekt. Strauß wollte für die Unionsparteien hinsichtlich der Bundespräsidentenwahl die Manövrierfähigkeit erhalten: »Bei allem Vorbehalt gegen die FDP, müsse alles vermieden werden, um diese Partei zu vergrämen. Es sei ungünstig, sich zum jetzigen Zeitpunkt festzulegen … Auch wenn die CDU/CSU den FDP-Vorsitzenden unterstützen sollte, könnte dies nicht bedeuten, daß wir auf diesem Umweg die Politik des Außenministers billigten.« Während Strauß in dieser Frage offensichtlich flexibel war und vermutlich an das umgekehrte Signal der Wahl Gustav Heinemanns für die Koalitionsbildung 1969 dachte, widersprachen ihm die Abgeordneten Becher und Spranger: Wegen der Ostpolitik sei für sie Scheel nicht wählbar.[262] Noch ein halbes Jahr vor der Bundestagswahl 1976 wandte sich Strauß gegen eine »Aufwertung« des FDP-Vorsitzenden und Bundesaußenministers Hans-Dietrich Genscher. Strauß war – anders als Kohl – überzeugt, Genscher wolle die Union »ausschmieren«. »Unsere Parole dürfe daher nicht lauten: ›Die Liberalen sind unsere Gegner‹, sondern ›Wir sind die Heimat der Liberalen‹.«[263]

Es war die CDU, die den stellvertretenden Vorsitzenden der Unions-fraktion im Bundestag, Richard Freiherr von Weizsäcker, als Gegenkan-didaten zu Walter Scheel vorschlug. Die CSU war erneut verärgert, weil das CDU-Präsidium diese Entscheidung »im Alleingang, also ohne Ab-sprache mit der CSU, getroffen habe«.[264] Selbst im Verhältnis zur FDP war Strauß trotz allen Ärgers und Misstrauens gegenüber Genscher noch keineswegs auf einem kompromisslosen Kurs. Umso überraschender ist in dieser Hinsicht der Dauerkonflikt über die Kohl'sche Koalitionsper-spektive.

Ärger hatte es jedoch wieder einmal unionsintern gegeben, der Zwist brach über die Ratifizierung der Polen-Verträge vom Oktober 1975 vor der Schlussabstimmung im Bundesrat aus. Die Führungsriege der CDU/CSU und die Ministerpräsidenten der unionsregierten Länder lehnten zwar eine Zustimmung nicht ab, verlangten aber die völkerrechtlich wirksame Sicherstellung, dass alle Deutschen in Polen in einem Zeitraum von vier bis sechs Jahren in die Bundesrepublik ausreisen könnten, wenn sie das wünschten. Zu diesem Zweck sollte ein objektives deutsch-polni-sches Verfahren vereinbart werden. Außerdem forderte die Union die verbindliche Festlegung, dass die finanziellen Vereinbarungen zuguns-ten Polens keinen Präzedenzfall für andere Staaten darstellen würden und das Londoner Schuldenabkommen von 1952 davon nicht tangiert werde.[265] Helmut Kohl und Franz Josef Strauß waren sich über diese For-derungen einig. Doch in einem gemeinsamen Gespräch mit den beiden Unionsvorsitzenden und dem Außenminister lehnte Bundeskanzler Schmidt jedes Nachverhandeln unwirsch ab. Er hatte nach einer Ein-schätzung von Strauß »eine merkwürdige Verehrung für Edward Gie-rek«, den Generalsekretär der polnischen Kommunisten. Außenminister Genscher schien Strauß zufolge nicht abgeneigt, mit der polnischen Regierung nochmals zu verhandeln. Strauß hielt die Wünsche der Union deshalb für durchsetzbar, weil Polen die Vereinbarungen mit der Bundes-republik wegen aktueller Probleme mit der Sowjetunion, vor allem aber seiner finanziellen Klemme, benötigte.

Das deutsch-polnische Abkommen[266] regelte unterschiedliche Berei-che: Neben einem Protokoll über Ausreisemöglichkeiten von 120 000 bis 125 000 Deutschen aus Polen enthielt es Bestimmungen zu Unfall- und Rentenversicherungen bzw. Globalentschädigungen für etwa 200 000 ehemalige polnische KZ-Häftlinge in Höhe von 1,3 Milliarden DM und gewährte Polen einen Milliardenkredit mit einer Laufzeit von 20 Jahren zu extrem günstigen Bedingungen. Am 19. Februar 1976 ratifizierte der Bundestag das Abkommen mit den Stimmen der Koalitionsparteien sowie 15 Abgeordneten aus der Union. Nun hätte das Abkommen nur noch mithilfe der Bundesratsmehrheit der unionsregierten Länder im

Bundesrat am 12. März gestoppt bzw. seine Modifikation erzwungen werden können. Zu den völkerrechtlich relevanten Forderungen der Union kamen weitere Kritikpunkte: Strauß befürchtete, dass die vereinbarten Rentenzahlungen nicht den vor 1945 durch die NS-Herrschaft geschädigten Polen zugute kämen, sondern dem polnischen Regime – eine Befürchtung, die sich als zutreffend herausstellen sollte. Da der Kredit zu einem Zinssatz von 2,5 Prozent gewährt wurde, der erheblich unter dem damals Üblichen lag, musste die Bundesrepublik die Differenz zusätzlich aufbringen: Der Kreditgeber finanzierte also zum Teil die Zinsen selbst! Strauß schätzte den Betrag angesichts der langen Laufzeit auf eine Zinssubvention, die sich auf bis zu 1 Milliarde Mark summieren konnte. Zusammen mit der befürchteten Nebenwirkung, der Aushebelung des Londoner Schuldenabkommens, konnte dieser Vertrag die Bundesrepublik also teuer zu stehen kommen.[267]

Es gab zweifellos gute Gründe, das Abkommen in der vorgelegten Form abzulehnen. Dies war ursprünglich auch die Meinung des niedersächsischen Ministerpräsidenten Ernst Albrecht. Doch als mitgeteilt wurde, dass der polnische Außenminister in einem Begleitbrief einige Zusagen machen würde, informierte Albrecht Strauß, der Vertrag sei geändert, man könne ihn akzeptieren. Schließlich stimmten im Bundesrat alle unionsregierten Länder, darunter sogar Bayern, zu. Tatsächlich hatte es aber keine wesentlichen Verbesserungen gegeben. Strauß fühlte sich an der Nase herumgeführt und beschuldigte den CDU-Vorsitzenden und Ministerpräsidenten von Rheinland-Pfalz, Helmut Kohl, der im Bundesrat nun ebenfalls zugestimmt hatte, des bewussten Doppelspiels. Selbst nach Jahren kam Strauß bei seinen Auseinandersetzungen mit der CDU im Allgemeinen, mit Kohl und Albrecht im Besonderen, immer wieder zornentbrannt auf das Polen-Abkommen von 1975 zurück. Für ihn symbolisierte das Verhalten der Union in dieser Frage den letzten Akt ihrer Handlungsunfähigkeit in der Ostpolitik seit 1970. Kohl verdächtigte er, dieser habe Genscher zuliebe nachgegeben, weil Kohl mit ihm später eine Koalition bilden wolle. Die beiden treibenden Kräfte für die Zustimmung unter den Ministerpräsidenten, Ernst Albrecht und der Saarländer Franz-Josef Röder, brauchten in ihren Ländern die FDP zur Koalitionsbildung, hatten also ebenfalls taktische Motive. Strauß' Gegensatz zu Albrecht brach 1980 bei der Diskussion über die Kanzlerkandidatur wieder auf. Helmut Kohl beurteilte naturgemäß die Unionspolitik beim Polen-Abkommen im Gegensatz zum CSU-Vorsitzenden als Sieg der politischen Vernunft, der den Streit mit Franz Josef Strauß aufgewogen habe.[268] Ob mit Recht oder mit Unrecht: Strauß fühlte sich gelinkt und blieb dauerhaft verletzt, selbst seinen mehr als zehn Jahre später verfassten *Erinnerungen* ist das noch anzumerken.

Wenngleich persönliche Rivalitäten hineinspielten, resultierten die Auseinandersetzungen doch stets zugleich aus inhaltlichen und strategischen politischen Differenzen der Akteure. Sie erstreckten sich allerdings nicht allein auf die Außenpolitik. Strauß verdächtigte die beiden aufeinanderfolgenden CDU-Vorsitzenden Rainer Barzel und nun auch Helmut Kohl, sich der sozialliberalen Koalition anzunähern, er warf ihnen »Leisetreterei« und »Linkstendenzen« vor. In zunehmendem Maße ärgerte sich Strauß auch über den sozialpolitischen Kurs der CDU. Hatte sich Strauß in den letzten Jahren wiederholt über die CDU-Sozialausschüsse und ihren Vorsitzenden Hans Katzer aufgeregt, so sah er jetzt auch Kohl, seinen Generalsekretär Biedenkopf und vor allem dessen Nachfolger (seit 1977) Heiner Geißler auf sozialpolitischem Kuschelkurs mit den Sozialdemokraten. Insbesondere Geißlers Forderung zu mehr sozialstaatlichem Engagement der CDU aufgrund seiner Diagnose, es gebe eine »neue soziale Frage«, irritierte Strauß nicht zuletzt aus wirtschaftspolitischen Gründen. Außerdem witterte Strauß die Gefahr, mittelständische Anhänger der Unionsparteien zu vergraulen und weitere konservative Wähler zu verlieren, wenn sie zu sehr an die SPD heranrückten. Diese Entwicklung hatte Strauß schon 1972 und 1974 auf die inkonsequente Ostpolitik der Union zurückgeführt. Strauß setzte vielmehr bei der Bundestagswahl 1976 auf den Slogan »Freiheit statt Sozialismus«, nachdem er sich durch den Wahlerfolg Filbingers in Baden-Württemberg im April 1976 bestätigt fühlte: Der hatte nämlich das Strauß-Rezept übernommen und sich nach dem Erfolg bei ihm überschwänglich für die Unterstützung bedankt. Der CSU-Vorsitzende führte diesen Wahlerfolg nicht zuletzt darauf zurück, dass Filbinger den Wahlkampf so ähnlich wie in Bayern (im Herbst 1974) betrieben habe, statt sich der »lauen Haltung des Adenauer-Hauses« anzuschließen: Wiederum habe sich gezeigt, »daß der Bürger eine klare Argumentation verlange«.[269]

Strauß ging allerdings nun – anders als in den 1960er-Jahren – nicht auf den gesellschaftlich-politischen Hintergrund der Differenzen ein, auch nicht auf eigene grundlegende Reflexionen, die er in einer Rede über »Gesellschaft im Wandel« am 12. Oktober 1974 vorgetragen hatte. Hier hatte er unter anderem dargestellt, warum in seinen Augen Liberalismus, Konservativismus und Sozialismus Ideologien des 19. Jahrhunderts waren, mit denen Gegenwartsprobleme nicht gelöst werden könnten. Er selbst bekannte sich demgegenüber zu den Prinzipien einer pluralistischen Gesellschaft, in der es normal sei, »Interessen- und Meinungsgegensätze auch in aller Konsequenz« auszutragen: »Der in vernünftige Bahnen gelenkte Konflikt ist durchaus ein Motor unseres sozialen Lebens.«[270] Von dieser Basis aus beurteilte Strauß den Kampf der

Parteien untereinander als Lebenselixier der Demokratie, während er die Verwischung der Unterschiede für lähmend hielt. Eine solche Tendenz sah er jedoch in der CDU zunehmen, wobei er, wie viele Briefe zeigen, zu Helmut Kohl weniger einen inhaltlichen als einen strategischen Gegensatz sah. Strauß' führte die als falsch angesehenen Kompromisse des CDU-Vorsitzenden auf dessen taktische Motive zurück.

Die neue inhaltliche Ausrichtung der CDU basierte auf einer die Union insgesamt beunruhigenden ganz spezifischen Diagnose: Die seit den 1960er-Jahren außen- und wirtschaftspolitisch entideologisierte SPD war inzwischen sichtlich in die Mitte gerückt und stellte zumal nach der Großen Koalition auch für traditionell bürgerliche Wähler eine Alternative dar. Steigender Wohlstand und gesellschaftliche Egalisierungstendenzen hatten den ursprünglichen »Klassencharakter« der Parteien schon seit den 1950er-Jahren abgeschliffen, es stellten sich Grundsatzfragen: »Was ist bürgerlich?« »Kann man überhaupt noch im strengen Sinn von ›bürgerlichen‹ Parteien sprechen?« Hinzu kam, dass die Aufbruchstimmung nach 1969 und Willy Brandt der SPD neue, reformorientierte Wählergruppen erschlossen hatte, die man nicht als »proletarisch«, sondern eher als »linksbürgerlich« einordnen konnte.

Seit Helmut Kohl zum Parteivorsitzenden gewählt worden war und Kurt Biedenkopf zum Generalsekretär berufen hatte, wurde Kohl zunächst zum Parteireformer und ließ durch Biedenkopf die nicht vorhandene oder brachliegende Organisation der CDU systematisch ausbauen. Kohls Ziel war es, den traditionellen, seit Adenauers Zeiten nicht entscheidend reorganisierten »Wahlverein« CDU zu einer effizient organisierten Mitgliederpartei zu machen. Seine Ziele ähnelten denen, die Strauß selbst als Generalsekretär, Vizeparteichef und Parteivorsitzender in der CSU vertreten hatte: Die von Strauß 1956 durchgesetzte Berufung Zimmermanns zum Generalsekretär der CSU diente dem gleichen organisatorischen Ziel wie diejenige von Biedenkopf in der CDU 1973. Und in beiden Fällen gab der Erfolg den jeweiligen Vorsitzenden – Strauß und Kohl – recht. Die Ausweitung der CDU zur großen Mitgliederpartei war jedoch nur, wie Kohl es formulierte, in Form einer großen »Volkspartei der Mitte«[271] möglich – wodurch sich die Heterogenität und der innerparteiliche Kompromisszwang verstärkten, die inhaltliche und soziale Kohärenz aber verminderten.

Ausdruck dieser intensivierten Tendenz zu Volksparteien der Mitte war die Steigerung der Mitgliederzahl beider Parteien unter dem Vorsitz von Kohl bzw. Strauß: Bevor Strauß 1961 Vorsitzender der CSU wurde, hatte die Partei im Jahr 1960 52 277 Mitglieder, im Jahr des großen Streits 1976 waren es schon 144 433 und bei seinem Tod 1988 sogar 182 738. Bevor Helmut Kohl Vorsitzender wurde, gehörten im Jahr 1972 422 968 Personen der CDU an, 1976 waren es schon 652 010, und bis 1983 stieg die Zahl auf 734 555, bevor sie dann – mit Ausnahme in der Wiedervereinigungsphase 1991/92 – kontinuierlich wieder sank, allerdings bis zum Ende der Ära Kohl immer deutlich über 600 000 lag.[272]

In der CSU blieb trotz aller die Partei seit ihrer Gründung kennzeichnenden lebendigen Kontroversen insgesamt der Zusammenhalt größer, nicht zuletzt als spezifisch bayerischer Partei mit einem hohen Grad föderativ, regional, zum Teil auch konfessionell geprägter Identifikation. Hinzu kam die länger andauernde und größere Verbindlichkeit eines traditionellen Wertekanons.[273] Insofern konnte Strauß oftmals mit einer größeren Geschlossenheit seiner Partei im Rücken agieren, als das den CDU-Vorsitzenden möglich war. Allerdings existierte in Bayern ein spezifisches Spannungsverhältnis, insofern der Modernisierer Strauß immer vorausweisende Reformen mit dem Schwergewicht der Tradition austarieren musste.

Der Streit zwischen CSU und CDU brach voll aus, nachdem der Wahlerfolg von 1976 als Niederlage erschien und die Union von einer langen Dauer ihrer Oppositionsrolle ausgehen musste. Hier lag der rationale Beweggrund für die nun wenige Wochen nach der Wahl schlagartig revitalisierten Überlegungen zur bundesweiten Ausdehnung der CSU. Damit stellte sich zunächst die Frage: Sollte die CSU angesichts einer solchen Perspektive im neu gewählten Bundestag die seit 1949 bestehende, durch Franz Josef Strauß und Fritz Schäffer herbeigeführte Fraktionsgemeinschaft beider Parteien erneuern? Für die Mehrheit beider Unionsparteien galt das als Selbstverständlichkeit, nicht aber für die CSU-Politiker Franz Josef Strauß und Friedrich Zimmermann, die eine neue parteipolitische Strategie suchten, um aus der Rolle der Daueropposition herauszukommen. Während Strauß bis dahin solche Vorstellungen zwar nicht ausgeschlossen, aber auch nicht forciert hatte, packte ihn in der tiefen Frustration die Ungeduld, die sich schon in Sonthofen eruptiv Luft gemacht hatte – eine Ungeduld, in der er sich mehr als einmal verfing.

Wenige Tage nach der Bundestagswahl vom 3. Oktober 1976 trat die Landesgruppe zusammen. Strauß stellte fest, es müssten für die Beratung in einer gemeinsamen Unionskommission zunächst Bedingungen für die Fortsetzung der Fraktionsgemeinschaft ausgehandelt werden, die »vierte Partei« sei aber für diese Kommission kein Beratungsgegenstand.[274] In der Sitzung vom 15. November übernahm er dann selbst den Vorsitz, Richard Stücklen schlug – offenbar nach Absprache mit Strauß – Friedrich Zimmermann für die Nachfolge im Vorsitz der CSU-Landesgruppe vor. Strauß hatte Stücklen in der Vergangenheit wohl für zu moderat gehalten und ihn auch in der Kanzlerkandidatendebatte nicht eindeutig auf der eigenen Linie gesehen. Zimmermann wurde mit 43 von 49 Stimmen gewählt.[275]

Die Bombe wurde dann auf einer Klausurtagung der CSU-Landesgruppe in Wildbad Kreuth gezündet: Am 19. November 1976 entschied sie mit 30 gegen 18 Stimmen bei einer Enthaltung und einer ungültigen Stimme, die Fraktionsgemeinschaft der CSU mit der CDU im Bundestag nicht fortzusetzen. Allein das Stimmergebnis demonstriert, wie hitzig es beim »Kreuther Trennungsbeschluss« zugegangen ist. Wenngleich einige CSU-Spitzenpolitiker noch nach Jahren die am 19. November 1976 getroffene Entscheidung für richtig hielten, handelte es sich schon deshalb nicht um eine sine ira et studio wohlüberlegte Entschließung, weil sie schon wenige Wochen später im Dezember faktisch wieder zurückgenommen werden musste. Dafür waren sowohl starke Widerstände in der CSU selbst ursächlich als auch die Drohung von Helmut Kohl, im Fall der Ausdehnung der CSU über Bayern hinaus würde die CDU in Bayern antreten. In diesem Fall wären höchstwahrscheinlich nennenswerte Teile von CSU-Kreis- und Bezirksverbänden, insbesondere in Schwaben und Franken, zur CDU gegangen, in dieser Konstellation hätte die CSU zweifellos in Bayern die absolute Mehrheit – und damit den Kern auch ihrer bundespolitischen Machtbasis – verloren. In welchem Ausmaß es ihr auf der anderen Seite gelungen wäre, in Nord- und Westdeutschland Wähler zu gewinnen, die die CDU nicht mobilisieren konnte, muss offen bleiben. Ebenso fraglich ist, ob dies nur einen Wähleraustausch zwischen beiden Unionsparteien bewirkt hätte, der sie insgesamt auf Bundesebene nicht gestärkt hätte. In jedem Fall aber wäre die CSU auch bei bundesweiter Präsenz die kleinere Schwester geblieben. Die Union hätte nicht mehr die stärkste Fraktion gestellt, wenn beide Parteien im Bundestag als getrennte Fraktionen aufgetreten wären: 1976 erreichte die CDU allein 38 Prozent, die SPD aber 42,6 Prozent und hätte so Anspruch auf das Amt des Bundestagspräsidenten stellen können.

All diese rationalen Überlegungen waren 27 Jahre lang auch diejenigen von Franz Josef Strauß. Es bleibt ein Rest Unerklärbarkeit, warum sie für den in der Regel so starken rationalen Analytiker nicht mehr galten – aber selbst Strauß war eben nicht immer rational. Und das galt in Wildbad Kreuth nicht minder für den ansonsten kühlen Rechner Friedrich Zimmermann. Er blieb noch später überzeugt, dass sich mit der Maxime »Getrennt marschieren, vereint schlagen« das Wählerreservoir der Unionsparteien besser hätte ausschöpfen lassen. Auf den ersten Blick hatte diese strategische Überlegung etwas für sich, weil Strauß und Zimmermann davon ausgingen, dass zwar die CSU ihr Wählerpotenzial voll ausschöpfe, nicht aber die CDU im konservativen Milieu der norddeutschen Bundesländer: Dort rechneten sie für die CSU größere Chancen bei diesen Wählern aus.[276] Insoweit handelte es sich um ein rationales Kalkül, wenngleich mit einer hypothetischen Pointe. Aber natürlich müssen in eine solche Entscheidung nicht allein strategische Überlegungen einfließen, sondern auch taktische. Die Frage stellte sich: Welche negativen Konsequenzen für die CSU oder beide Unionsparteien waren denkbar? Wie verhalten sich die Mitspieler in einem solchen Fall? Würde die CDU eine Ausdehnung der CSU als Bedrohung der eigenen Position in allen anderen Bundesländern ansehen, in denen sie bisher keine Konkurrenz aus dem eigenen Lager hatte?

Diese nüchterne Abwägung des Für und Wider dominierte offenbar eher bei den Gegnern des Kreuther Beschlusses als bei ihren Befürwortern, aber nicht nur das: In der CSU erhob sich ein Proteststurm gegen die Trennung, der sich persönlich gegen ihren Vorsitzenden Strauß und zugleich gegen die CSU-Landesgruppe richtete. »Die Aufregung ist grenzenlos ... bei der Schwesterpartei CDU wie in Straußens eigener Partei gehen die Wogen hoch wie kaum je zuvor.«[277]

Wurde der Trennungsbeschluss von Franz Josef Strauß selbst inszeniert? Bisher bevorzugte er gegenüber der Schwesterpartei eher die Strategie des kalkulierten Konflikts innerhalb des gemeinsamen Lagers, sein Donnergrollen verzog sich nach dem Gewitter normalerweise ziemlich schnell. Wollte er nun mit der zusätzlichen Speerspitze Zimmermann die Stellung der CSU innerhalb der Union oder gegen die CDU stärken? Am ersten Tag der Klausurtagung der CSU-Landesgruppe in Wildbad Kreuth am 18. November 1976 fragte der Abgeordnete Franz Handlos (der später aus der CSU austrat und zu den Begründern der Republikaner gehörte) wie schon bei mehreren früheren Sitzungen vor der Bundestagswahl erneut nach der Gründung einer »vierten Partei«. Franz Josef Strauß habe sich, wie Richard Stücklen berichtet, zunächst in dieser Frage nicht weiter engagiert. Bei der Fortsetzung der Sitzung am nächsten Tag stellte Richard Stücklen, der sich bis dahin weder dafür noch dagegen ausgesprochen hatte, die Frage: Würde die Partei einen solchen Trennungsbeschluss verkraften? Strauß gab sie – offenbar nach vorheriger Absprache – an den als Gast anwesenden und vorher eingeweihten Generalsekretär Gerold Tandler weiter. Er kannte die CSU wie seine Westentasche und genoss insbesondere nach der Organisation des erfolgreichen Landtagswahlkampfs von 1974 erhebliches Ansehen in seiner Partei. Nach übereinstimmender Schilderung Zimmermanns, Stücklens und Althammers antwortete Tandler: »Gar kein Problem.« Gerold Tandler selbst betont jedoch, er habe hinzugefügt, »wenn eine solche Entscheidung in der Partei richtig vermittelt wird«. Jedenfalls erfolgte daraufhin – so Stücklen – der Beschluss.[278]

Demgegenüber berichtet Wilfried Scharnagl von einer zehnstündigen

Diskussion, in der zwar sowohl Franz Josef Strauß selbst als auch Friedrich Zimmermann die Wortführer waren, sich aber auch 47 CSU-Abgeordnete an der Debatte beteiligten.[279] Die Landesgruppe, die nun insgesamt 53 Abgeordnete umfasste, war sich also sehr wohl über die Tragweite der zu treffenden Entscheidung im Klaren. Zimmermann berichtet, alle am 19. November anwesenden Abgeordneten hätten sich zu Wort gemeldet, an der Abstimmung nahmen 50 teil.

Die Schilderung von Friedrich Zimmermann, der den »Kreuther Beschluß großartig« fand[280], fällt weniger irenisch aus als die von Richard Stücklen. Nach Zimmermanns Aussage ist das Thema einer Ausweitung der CSU als vierter bundesweiter Partei gar nicht bei ihr selbst erfunden worden, vielmehr seien er und andere CSU-Politiker in Norddeutschland immer wieder auf eine solche Möglichkeit angesprochen worden. »Nach den Wahlen 1969, 1972 und dann 1976, als Helmut Kohl mit 48,4 % nicht Bundeskanzler werden konnte, da war die Frustration der Unionsparteien enorm groß. Wir waren die stärkste politische Kraft der Republik und konnten wieder nicht regieren. Vielen war die Artikulationskraft der CDU nicht groß genug, nicht entschieden genug… Franz Josef Strauß hat diesen Beschluß provoziert. Es ist damals abgestimmt worden, die Auszählung war unglaublich dramatisch…«[281] Diese Interpretation hat mehr für sich als diejenige Stücklens, denn es ist wenig wahrscheinlich, dass Strauß in einer so grundsätzlichen Frage nur einer momentanen, von anderen verbalisierten Stimmung gefolgt wäre, jedenfalls konnte ein so schwerwiegender Beschluss kaum gegen seinen Willen gefasst werden. In seinen *Erinnerungen* fehlen Informationen über diese Klausurtagung von Wildbad Kreuth.

Ein Protokoll der Sitzung liegt nicht vor, am präzisesten ist die Aufzeichnung von Richard Jaeger[282]. Alle Berichte stimmen darin überein: Am ersten Tag war nicht klar, was der Parteivorsitzende wirklich wollte. Laut Zimmermann bezog er »wieder einmal, wie so oft in solchen Situationen, eine abwartende stimmungstestende Haltung«. Strauß redete über alle möglichen Themen, schob aber nur vereinzelt einen völlig unbestimmten Satz ein: Man müsse sehen, wie es mit der Bundespolitik weitergehen werde. Auf die Frage von Handlos reagierte er offenbar zunächst nicht, doch war das Thema auf dem Tisch, und mehr und mehr kristallisierte sich Strauß' Meinung heraus. Walter Althammer, ein dezidierter Befürworter des Kreuther Trennungsbeschlusses, bestätigte diese bezeichnende Taktik von Strauß, der in seinem Einleitungsreferat die Trennung mit keinem Wort erwähnte.[283] Erst als bei der späteren Diskussion mehrere Diskussionsteilnehmer, darunter Richard Jaeger[284], Werner Dollinger[285], Peter Schmidhuber, Theo Waigel und Stefan Höpfinger, – zum Teil verklausuliert – abrieten, soll Strauß gegrantelt haben: »So? Moanens?

Dann gehns doch hi zu dene!« Die Abstimmung erfolgte schließlich geheim.[286] Die Entscheidung fiel in einem »gruppendynamischen Prozess« (Theo Waigel).

Dem politischen Bruch folgte ein doppelter Stilbruch, da der CDU-Vorsitzende Helmut Kohl weder sofort noch vom CSU-Vorsitzenden Strauß selbst informiert wurde. Nach der allerdings literarisch ausgeschmückten Darstellung Zimmermanns wollte Strauß Kohl nicht selbst informieren und beauftragte ihn als neuen Landesgruppenvorsitzenden, der Kohl aber nicht sofort erreichte. Die anschließende Pressekonferenz dauerte ziemlich lange, und als Zimmermann Kohl dann schließlich anrief, war dieser schon streng vertraulich, vermutlich von Max Streibl, der allerdings nicht dabei war, informiert worden, schlimmer noch: Der CDU-Vorsitzende hatte den Trennungsbeschluss von Wildbad Kreuth offiziell bereits im Rundfunk gehört. Helmut Kohl reagierte entsprechend frostig.[287] Er hielt den Trennungsbeschluss nicht allein für einen schweren politischen Fehler, sondern fühlte sich auch persönlich sehr verletzt. Kohls Ankündigung, sein Amt als Ministerpräsident von Rheinland-Pfalz aufzugeben, war unter der Voraussetzung erfolgt, Vorsitzender der gesamten Unionsfraktion im Bundestag zu werden und nicht nur einer CDU-Fraktion. Nun aber würde er den Weg nach Bonn unter falschen Voraussetzungen gehen müssen, da ein Rückzug nicht mehr möglich war.[288] Also nahm Kohl den Kampf auf, und wie sich schnell zeigen sollte, mobilisierte er die stärkeren Bataillone.[289]

Strauß wehte nun nicht allein der Bonner Wind kräftig ins Gesicht, sondern auch der innerparteilich-bayerische. Insbesondere die CSU-Mandatsträger in Gemeinden, Landkreisen, Bezirken und im Landtag gingen öffentlich gegen den Trennungsbeschluss von Kreuth in die Offensive.[290] Vor allem in Schwaben und Mittelfranken war die Gefahr für die CSU groß, dass sich nennenswerte Teile im Fall einer Etablierung der CDU in Bayern von der CSU trennen würden. Lang gediente und verdienstvolle CSU-Funktionsträger ließen den Parteivorsitzenden wissen, sie seien wie vom Blitz getroffen. Es wurde der Ruf laut, eine solche Entscheidung könnten nicht bloß die CSU-Bundestagsabgeordneten allein treffen, vielmehr bedürfe es dafür eines außerordentlichen Parteitags. Der Vorsitzende des Bezirks Mittelfranken der CSU, Staatsminister Dr. Karl Hillermeier, informierte Franz Josef Strauß förmlich über den Beschluss des Bezirksparteitags vom 29. November 1976. Die gleichzeitige Veröffentlichung übte nicht nur zusätzlichen Druck aus, sondern zielte auf eine Kettenreaktion in der CSU. Die Pressemitteilung lautete: »Die CSU Mittelfranken ist über die Entscheidung der CSU-Landesgruppe, im Deutschen Bundestag eine eigene Fraktion zu bilden, zutiefst bestürzt. Sie bekennt sich zur Einheit der Union und wendet sich entschieden gegen Schritte, die dazu führen, dass CDU und CSU in Zukunft getrennte Wege gehen. Der mittelfränkische Bezirksvorsitzende wird aufgefordert, für die baldmögliche Einberufung eines außerordentlichen Landesparteitages der CSU zu sorgen.« Diese Resolution war auf Antrag der Jungen Union Mittelfranken mit 48 gegen 26 Stimmen zustande gekommen.[291]

Weitere Proteste folgten oder kamen sogar noch einige Tage früher. Der Bezirksverband Schwaben monierte schon am 22. November, eine so weitreichende Entscheidung könne »nicht an der Partei vorbei getroffen werden«. Es wurde die Erwartung geäußert, dass die Trennung nochmals überdacht werde und ein außerordentlicher Parteitag zu dieser Frage einberufen würde. Ähnlich argumentierten die Oberfranken sowie eine Reihe einzelner Kreisverbände der CSU. Der Landtagsabgeordnete Georg Fendt aus Friedberg schrieb am 22. November 1976 an Franz Josef Strauß: »Was auf mich, als Mandatsträger und ›kleinem‹ Abgeordneten, in den letzten 72 Stunden an ›Schimpf und Schande‹ zugekommen ist, kann ich nicht beschreiben. Unsere treuesten Parteifreunde und viele unserer Wähler, die der CSU in unserem Stimmkreis mit über 70 % einen überwältigenden Vertrauensbeweis gaben, sind bitter enttäuscht, wie Sie und Ihre 29 Freunde diesen, am 3. Oktober gegebenen Auftrag mißbrauchen wollen.« Die Sympathien, die Strauß in der Bevölkerung gehabt habe, seien »total zunichte«. Er habe den Auftrag, Strauß mitzuteilen, »daß nicht Sie und Ihre 29 Freunde, sondern die Mitglieder, vertreten durch die Delegierten, bestimmen, welchen politischen Weg die CSU gehen soll und muß«.[292]

Nicht nur Strauß selbst, auch Generalsekretär Tandler hatte die Stimmung in der CSU falsch eingeschätzt. Und einmal mehr zeigte sich: Die CSU war alles andere als eine Gefolgschaftspartei, die ihrem Vorsitzenden, so sehr er sonst auch bewundert wurde, blindlings folgte. Dieser selbstbewusste Charakter der CSU manifestierte sich vehement auf der in München stattfindenden Konferenz aller CSU-Kreisvorsitzenden, bei denen es sich überwiegend um Landtagsabgeordnete handelte: Der Trennungsbeschluss von Wildbad Kreuth überlebte diese Konferenz nicht.[293] Nach dem Urteil von Althammer gab schließlich die Auseinandersetzung von Strauß mit der CSU-Landtagsfraktion den Ausschlag, vermutlich hätte eine CSU-Landesversammlung gegen Kreuth votiert, was er dann als CSU-Vorsitzender kaum überstanden hätte. Deshalb habe Strauß nachgegeben, nicht aufgrund des Widerstands der CDU.[294]

Doch gerade die scharfe Gegenaktion der Schwesterpartei befeuerte die spontan innerhalb der CSU aufflammenden Proteste, organisierte Helmut Kohl doch vom 20. November an den geschlossenen Widerstand der empörten CDU-Spitze, des Präsidiums, der Ministerpräsidenten und der CDU-Bundestagsabgeordneten. Die Ankündigung, die CDU würde eine Parteiorganisation in Bayern aufbauen, und das Gerücht, ein CDU-Bezirksverband in Unterfranken werde bereits vorbereitet, verunsicherte weitere CSU-Politiker – keineswegs nur, wie Strauß und Zimmermann argwöhnten, weil sie künftig angesichts der CDU-Konkurrenz um ihre eigenen Mandate bangten. Das war nur die halbe Wahrheit, gab es doch außer politischen Überzeugungen noch die sich abzeichnende Möglichkeit, dass CSU-Kreisverbände mehr oder weniger geschlossen zur Schwesterpartei übergingen.

Demoskopische Daten belegen die Sackgasse, in die die CSU zu geraten drohte: Zum einen sprach sich selbst in Bayern eine Mehrheit gegen die Trennung beider Parteien aus, zum anderen hatte Elisabeth Noelle-Neumann errechnet, das im Fall der Wählbarkeit beider Parteien in Bayern sich das Wählerpotenzial ungefähr je zur Hälfte auf CDU und CSU verteilt hätte. Ihrem demoskopischen Befund zufolge war Helmut Kohl sowohl bei den bayerischen Wählern insgesamt als auch speziell bei den CSU-Wählern beliebter als Franz Josef Strauß.[295] Die CDU-Gremien entschieden bereits am 22. November 1976, die Einheit der Union erhalten zu wollen, stellten der CSU aber zugleich ein Ultimatum.

In diesen die CSU aufwühlenden Tagen geriet der CSU-Vorsitzende Strauß also gleich von mehreren Seiten unter starken Druck – nicht wie gewohnt durch *Spiegel* und *Stern*, sondern aus der eigenen und der Schwesterpartei. Die Frustration, die gewonnene Wahl nicht in die Regierungsführung ummünzen zu können, längerfristige Querelen über den angemessenen Stil und Inhalt der Opposition, Dissens mit dem CDU-Vorsitzenden über die richtige Strategie, vor allem gegenüber der FDP, sicher auch die Rivalität gegenüber diesem aus der rheinland-pfälzischen Landespolitik schnell aufgestiegenen viel jüngeren Vorsitzendenkollegen – all dies provozierte Franz Josef Strauß zu einer seiner ausfallendsten Reden, buchstäblich eine Hinterzimmerrede, der berüchtigten Rede im Lokal »Wienerwald« seines Freundes Friedrich Jahn, dem »Hendl-König«. Der von seinem Sohn Franz Georg begleitete Strauß sprach vor einigen Dutzend Angehörigen der Jungen Union, die in mehreren Bezirken den Proteststurm initiiert hatten, wieder einmal frei und redete sich den gesammelten Frust von der Seele. Doch traf sein verbaler Rundumschlag dieses Mal kaum den politischen Gegner, sondern die »Parteifreunde« von CDU und CSU, natürlich vor allem die Gegner des Trennungsbeschlusses in der CSU-Landesgruppe wie Richard Jaeger, allen voran jedoch Helmut Kohl.

Da wollten CSU-Kreisvorsitzende ihn, Strauß, darüber belehren, dass man einen Parteitag benötige, um über die Fraktionsgemeinschaft zu entscheiden! Lächerlich, hatte er doch selbst die Fraktionsgemeinschaft vor

27 Jahren mit Fritz Schäffer vorgeschlagen und durchgesetzt – und zwar ohne Parteitagsbeschluss! Da wollten ihn Parteifreunde belehren, wie man Wähler mobilisiert – Parteifreunde, die in ihrem Ortsverband bestenfalls ein paar Dutzend Leute zusammenbringen –, den großen Wahlkämpfer Strauß belehren, in dessen Wahlveranstaltungen oft mehrere Tausend Leute strömten und der 1976 auf 130 Wahlkampfveranstaltungen zweieinhalb Millionen Wähler angesprochen hatte. Der sozialpolitische Arbeitskreis von »Tipfelhuberhausen« wolle beurteilen, ob es richtig sei, was die Landesgruppe entscheide: »Lernen'S doch endlich mal wieder die Kleiderordnung zu erkennen, Größenordnungen zu unterscheiden.«[296] Und die anwesenden Mitglieder der Jungen Union, die wohl zur innerparteilichen Opposition gehörten!? Die lagen schließlich noch in den Windeln, als er, Strauß, schon große Politik machte. Strauß, der im Vorjahr als erster deutscher Politiker überhaupt, einer von drei Europäern, in Peking vom »Großen Vorsitzenden« Mao Tse-tung empfangen worden war – vor jedem deutschen Bundeskanzler, vor Helmut Schmidt! Strauß, der auch als »einfacher« Abgeordneter weltweit von jedem Staatsmann der Welt empfangen wurde, beginnend mit dem jeweiligen amerikanischen Präsidenten – der sollte sich jetzt rechtfertigen vor den Hinterzimmer-Politikern, vor diesen »politischen Pygmäen« in der CDU, diesen »Reclamausgaben von Politikern«, zu denen er der Klarheit halber auch gleich etliche CSU-Parteifreunde zählte. Auf die Kritik an seiner Aktion in Wildbad Kreuth reagierte Franz Josef Strauß ganz so, wie er es Willy Brandt attestierte, als »beleidigte Majestät«.

Und was glaubt denn der Kohl? Dass er sich mit Genscher einigen könne? Da würde er, Strauß, sich schneller mit Helmut Schmidt verständigen – mit dem würde er überhaupt ganz schnell einig! Dieser politische Weg, auf ein Einlenken der FDP zu hoffen, überhaupt auf Verständigung mit der Regierung zu setzen, nicht aber auf Kampf, sei ein Irrweg: Der Kohl würde nie Kanzler, der könnte mit 90 seine Memoiren schreiben: Ich war 40 Jahre Kanzlerkandidat. Dem fehlten doch alle Voraussetzungen! Wo war denn die Empörung der jungen Leute der CSU, als Biedenkopf im Alleingang Kohl als Kanzlerkandidat der Union ausgerufen habe: »Hat denn die CSU und haben denn ihre jungen Leute jeden Mumm verloren? Kriechen sie denn nur noch hinter der CDU drein?«[297] In diesem Stil ging die Schimpfkanonade weiter, die alles andere als eine Rede war. Überhaupt war in diesem kleinen Kreis ursprünglich eher eine Diskussion vorgesehen, bevor Strauß so in Rage geriet – übrigens vergaß er nicht zu erwähnen, dass es ihm 1975 nicht um seine eigene Kandidatur gegangen sei, er habe ursprünglich eher an Carstens gedacht.

Es gehört zu den schwer lösbaren Rätseln, warum der überragend gebildete Strauß, der weitblickende rationale Stratege und scharfsinnige

Analytiker so aus der Rolle fiel. So viele Gründe man auch für seine Frustration anführen kann, so überstrapaziert er nach einem Jahr zermürbenden Wahlkampfs auch war, so recht überzeugen sie alle nicht: Die Lust an der Provokation allein kann es nicht gewesen sein, die bayerische Neigung zur derben Unterhaltsamkeit, zum »Derblecken«, reicht kaum als Erklärung. Die den Bayern zugeschriebene, zuweilen anarchische Neigung vielleicht, oder etwa der Alkohol? Unter den weit über Tausend Reden von Franz Josef Strauß ist jedenfalls kaum eine dieser Art, selbst die Sonthofener Rede ist nur begrenzt vergleichbar, enthält sie doch längere sachbezogene bzw. argumentative Abschnitte. Unleugbar also: Auch diese irrationale Facette gehörte zur Persönlichkeit von Franz Josef Strauß – »ein Mensch mit seinem Widerspruch«.

Kaum überraschend, landete auch diese Rede bei der Redaktion des *Spiegel*. Strauß hatte im »Wienerwald« bereits eine richtige Ahnung: »Bei uns (ist) die Diskretion identisch mit der Schweigsamkeit eines Waschweibs, das am Viktualienmarkt Radi verkauft. Es gibt überhaupt kein Gremium mehr, zu dem nicht das Fernsehen eingeladen wird.«[298] Nun war Strauß aber doch empört und stellte beim Landgericht München I Strafanzeige, da der Mitschnitt und die Weitergabe ohne sein Wissen erfolgt waren und im *Spiegel* im Übrigen nur ein Ausschnitt aus der Rede stehe.[299]

Wie ging es weiter? Zunächst diskutierte die Landesgruppe selbst, teils mit, teils ohne Strauß in mehreren Sitzungen über die neue Situation. Die CSU-Abgeordneten berichteten über die Reaktionen in ihren Wahlkreisen, in der Regel stand einer höheren Zahl von Parteiaustritten eine geringe Zahl von Eintritten gegenüber. Die meisten Abgeordneten stellten klar, es würde weniger gegen den Inhalt des Kreuther Beschlusses protestiert als gegen die Methode und das Verhalten gegenüber der CDU. Uneinig waren die Abgeordneten, ob man die Entscheidung wieder zurücknehmen könne, was insbesondere Richard Jaeger gegebenenfalls für sinnvoll hielt, die Mehrheit aber ablehnte.

In dieser ersten Sitzung nach Kreuth am 30. November 1976 meldete Strauß sich zweimal ausführlich zu Wort und verwies eingangs darauf, dass man nicht mehr vor Weihnachten über die Regierungserklärung von Bundeskanzler Schmidt nach dessen Wiederwahl am 15. Dezember debattieren solle. Im Januar würde man dann nach seiner Antwort im Bundestag »von einem ganz neuen Strauß sprechen«. Strauß sprach wie so oft über das Verhältnis zur CDU und erwähnte zwar die Stilfragen, ging dann aber wieder in die Offensive. Er habe die Nominierung Kohls aus der Zeitung erfahren, was zumindest in dieser Form unzutreffend war. Allerdings war es aus seiner Perspektive nicht ganz unberechtigt, die Kritik am Umgangsstil umzudrehen. So wenig er Kohl in der Trennungsfrage angerufen hatte, so wenig hatte Kohl ihn in der Kandidatenfrage direkt angesprochen. Der eine beauftragte Zimmermann, der andere Biedenkopf als Überbringer der schwarzen Nachricht. Jedenfalls, so Strauß, habe er bei der Wahl für Kohl gekämpft, obwohl sein Kandidat Carstens gewesen sei – das wiederum traf zu, war aber wohl doch selbstverständlich, wenn man einen gemeinsamen Kanzlerkandidaten gekürt hatte, auch wenn das widerwillig geschehen war.

Bedeutsamer aber war, was Strauß über die Perspektiven sagte: Die jetzigen Fragen seien »zweitklassig«: »Langfristig wäre nur wichtig, wie die Union wieder die Politik beeinflussen kann. Dazu dürfte sie auf keinen Fall sich einen gegenseitigen Kampf liefern... Man müsse immer Ansätze suchen, wie man die Dinge in Bewegung bringen kann.« Dieser Satz enthielt letztlich Strauß' eigene Begründung für Kreuth und wies zugleich in die Zukunft, obwohl er die Möglichkeit einer Zurücknahme des Trennungsbeschlusses weit von sich wies: »... dann würde kein alter Hund mehr einen Knochen von der CSU annehmen«. Das klang nicht gerade offensiv, zumal Strauß erstaunlicherweise »nochmals betonte, daß er nichts von einem Nebeneinander zweier C-Parteien hält. Auch eine Unterstützung anderer politischer Gruppen außerhalb Bayerns könne nur in gegenseitiger Abstimmung mit der CDU stattfinden.«[300] Dies war ebenfalls ein versöhnlicher Satz und lief auf konstruktive Gespräche hinaus. Die CDU-Abgeordneten machten ihrerseits klar, dass sie sich nicht ins Bockshorn jagen ließen, und wählten Helmut Kohl am 1. Dezember 1976 mit 184 von 189 Stimmen bei zwei Enthaltungen und drei Neinstimmen zum Fraktionsvorsitzenden. Dieser eindrucksvolle Rückhalt stärkte Kohl bei den Verhandlungen mit der CSU.

Der gemeinsamen Verhandlungskommission gehörten für die CDU Helmut Kohl, Hans Filbinger, Kurt Biedenkopf, Karl Carstens und Hans Katzer an, für die CSU Franz Josef Strauß, Friedrich Zimmermann, Richard Stücklen, Werner Dollinger und Gerold Tandler. Die Atmosphäre dürfte eisig gewesen sein, als sich Strauß und Kohl gegenübersaßen, hatte der CDU-Vorsitzende doch ganz gegen seine Gewohnheit den *Spiegel* mitgebracht – die Ausgabe, in der Strauß' Beleidigungen aus dem »Wienerwald« abgedruckt waren. Als die CSU-Abgeordneten etwas über diesen Sprengstoff wissen wollten, antwortete Friedrich Zimmermann lakonisch, »zu einer Behandlung der Äußerung im ›Spiegel‹« sei es nicht gekommen, weil man sich sehr schnell mit Sachfragen befasst habe. Ist das glaubhaft? Jedenfalls hatte Helmut Kohl den *Spiegel* vor sich auf den Tisch gelegt, Strauß direkt gegenüber – ein stets präsentes mahnendes, vielleicht drohendes Damoklesschwert! Die Ausfälle vom »Wienerwald« dürften die Verhandlungsposition von Strauß kaum gestärkt haben. Wie Zimmermann weiter berichtete, sei zunächst »Vergangenheitsbewältigung« betrieben worden – unter anderem in Bezug auf die Polen-Verträge, in Rede und Gegenrede sei außerdem die Zusammenarbeit der beiden Unions-parteien während der letzten zehn Jahre diskutiert und über Stilfragen gesprochen worden. Danach habe sich die Verhandlungskommission Sachthemen zugewandt. Die Kernfrage lautete: Wie kann die Union es erreichen, wieder den Kanzler zu stellen? Ein Kanzler, der nicht Strauß sein solle.[301] So oft eine Kanzlerkandidatur von Strauß erwogen wurde, so oft wurde sie ausgeschlossen, wirklich entschieden wurde sie aber erst 1980, nachdem seit 20 Jahren von ihr immer mal wieder die Rede war. Abschließend hob Zimmermann hervor, dass nach dieser Gesprächs-runde Kohl und Strauß gemeinsam vor die Kameras getreten seien.

Es folgten harte Verhandlungen mit der CDU-Führung, an deren Ende der Trennungsbeschluss von Kreuth zwar nicht formell zurück-genommen, aber »überlagert« wurde, wie es Friedrich Zimmermann verschleiernd ausdrückte.[302] Bevor es zum Ergebnis kam, mussten Strauß und Zimmermann nochmals einen Rücknahmebeschluss der CSU-Ab-geordneten verhindern. Sie setzten in einer Abstimmung gegen die Stimmen von Jaeger und Biehle durch, dass die Landesgruppe – von der allerdings nur die gute Hälfte der Mitglieder anwesend war – »keine Ver-anlassung sehe, neue Beschlüsse zu fassen«. Zu diesem Zeitpunkt beur-teilte Strauß selbst aber die Verhandlungen inhaltlich als erfolgreich be-endet, doch ging es vor der endgültigen Zustimmung der CDU auch noch um Gesichtswahrung. Die Erklärung der Landesgruppe vom 7. De-zember zeugt davon: Die CSU-Abgeordneten baten den CDU-Vorsitzen-den Kohl, die weitreichenden Vorschläge der CSU »zu überdenken und von seiner Seite alles zu tun, um ein bundesweites Gegeneinander von CDU und CSU, das Franz Josef Strauß immer als falsch bezeichnet hat, zu vermeiden«.[303]

Ging das kurze Drama von Wildbad Kreuth also aus wie das Hornber-ger Schießen? Nein, Franz Josef Strauß kehrte nach einigen eruptiven Attacken schnell zur gewohnten Professionalität zurück, die CSU konnte der CDU für die Fortsetzung der Fraktionsgemeinschaft einige Zuge-ständnisse abtrotzen, die sie innerhalb der gemeinsamen Fraktion stärk-ten und im Übrigen auch die Hanns-Seidel-Stiftung besserstellten. Die CDU erkannte die Eigenständigkeit der CSU innerhalb der gemeinsa-men Fraktion an und akzeptierte wichtige Sonderrechte der CSU-Lan-desgruppe. Strauß gelang es, die sich abzeichnende Niederlage eines for-mellen Rückzugs von der Kreuther Entscheidung in einen partiellen Erfolg umzumünzen. So berichtete er in der Sitzung der CSU-Landes-gruppe am 13. Dezember 1976 nüchtern über das Ergebnis, ohne dabei den Triumphator zu geben: »Durch die Verhandlungen habe man er-reicht, daß die CSU-Landesgruppe ihre eigenen Initiativen besser entfalten kann und ihre eigenen Anträge einbringen, selbst vertreten und auch selbst darüber abstimmen kann. Sie wird dadurch in der Fraktion eine stärkere Stellung erhalten.« Insgesamt sei das letzte der CDU vorgeschlagene CSU-Papier »in der Substanz angenommen worden, man habe es nur teilweise anders formuliert«: Die CSU stelle nun einen echten, den ersten stellvertretenden Fraktionsvorsitzenden der CDU/CSU.[304]

Gemäß diesen Vereinbarungen wählten alle Abgeordneten der CDU/CSU wie bisher den Vorsitzenden der gesamten Fraktion, doch der erste stellvertretende Vorsitzende wurde ausschließlich von den CSU-Abgeordneten gewählt (Art. 3 der vertraglichen Vereinbarung über die Fraktionsbildung). Der parlamentarische Geschäftsführer der CSU-Landesgruppe fungierte kraft seiner Funktion als Stellvertreter des ersten parlamentarischen Geschäftsführers der Fraktion (Art. 5). Für das Präsidium des Bundestags schlug die CDU den Präsidenten und die CSU einen Vizepräsidenten vor. Außerdem regelte die Vereinbarung Ausschussvertretungen und andere Nominierungsfragen. Es gab keinen Fraktionszwang, die CSU-Landesgruppe konnte eine von der Mehrheit der Fraktion abweichende Meinung in einer Frage von grundsätzlicher Bedeutung im Bundestag selbstständig vertreten (Art. 10). Weiterhin wurde der CDU/CSU-Fraktion untersagt, eine Grundgesetzänderung zu ermöglichen, der die CSU-Gruppe »aus Gründen der Wahrung der Grundlagen des föderativen Staatsaufbaus widerspricht« (Art. 9).

Außer diesen Bestimmungen wurde eine weitere vertragliche Vereinbarung über die Grundlage der politischen Zusammenarbeit von CDU und CSU während der 8. Legislaturperiode getroffen: Die Selbstständigkeit beider Parteien und ihr jeweiliger bundesweiter politischer Anspruch wurden festgeschrieben, die Erarbeitung einer gemeinsamen Strategie für die Wahlen ebenso vorgesehen wie die Sicherung der Unionspolitik auf Landesebene, über deren mangelnde Unionskonformität, beispielsweise im Falle der Polen-Verträge von 1975, sich Strauß immer wieder beklagt hatte. Neben weiteren Absichtserklärungen enthielt das zweite Abkommen die Verpflichtung beider Parteien, »eine eigenständige In- und Auslandsarbeit der Hanns-Seidel-Stiftung zu gewährleisten« (Art. 5).

Am 12./13. Dezember 1976 wurden diese Regelungen[305] definitiv beschlossen; sie schrieben die Gleichberechtigung fest und normierten einige Verfahren, beseitigten aber nicht den Dissens in Grundfragen von Strategie und Taktik. Die CDU sah nach wie vor die Einheit der Union als Erfolgsrezept zur Gewinnung der politischen Macht, »Strauß und seine Anhänger offenbar in einer kalkulierten kooperativen Konkurrenz beider Parteien einen Weg zur Neuformierung eines antisozialistischen Bürgerblocks«.[306]

Helmut Kohl wurde nun zum CDU/CSU-Fraktionsvorsitzenden gewählt und erhielt in geheimer Wahl von 243 abgegebenen Stimmen 230, bei acht Neinstimmen, drei Enthaltungen und zwei ungültigen Stimmen. Zumindest die große Mehrheit der CSU-Abgeordneten, wenn nicht alle, stimmten also für ihn. Die CSU-Abgeordneten wählten Friedrich Zimmermann zum ersten stellvertretenden Fraktionsvorsitzenden. Karl Carstens wurde Bundestagspräsident, Richard Stücklen einer der Vizepräsidenten. Die neue personelle und sachliche Aufstellung der Union im Bundestag war damit erreicht, nicht aber die individuellen und politischen Differenzen aufgehoben. Immerhin mündete der Streit von Wildbad Kreuth in einen Modus Vivendi, mit dem beide Unionsparteien leben konnten. Allerdings blieben die Beziehungen gespannt. So beklagte sich Strauß bei Kohl noch einige Monate später darüber, »daß die gezielte Benachteiligung der CSU bis jetzt eher noch verstärkt, aber nicht abgebaut worden ist«. So sei Friedrich Zimmermann nicht zu Gesprächen eingeladen worden, »für die seine Teilnahme gemäß bisheriger Übung und nach dem Sinn unserer Vereinbarung selbstverständlich wäre«. Offenbar handelte es sich um Gespräche des Fraktionsvorsitzenden Kohl mit dem Bundeskanzler bzw. anderen Regierungsmitgliedern. Strauß monierte weiter, »daß sich in finanzieller Hinsicht bisher weder für die Landesgruppe noch für die Hanns-Seidel-Stiftung eine Änderung der untragbaren Lage abzeichnet«.[307]

Franz Josef Strauß wurde am 2. September 1977 als Vorsitzender der CSU mit einem noch besseren Ergebnis als am 25. Juni 1976 (92,3 Prozent) wiedergewählt und erhielt 96,8 Prozent der Stimmen – der faktisch aufgehobene Trennungsbeschluss schadete ihm trotz des noch kein Jahr zurückliegenden Proteststurms nicht längerfristig.

So notwendig diese Vereinbarungen und Einigungen der beiden Unionsparteien waren, so wenig beantworteten sie inhaltlich die Frage, wie die CDU/CSU künftig auf die Regierungspolitik reagieren sollte, weswegen Strauß am 21. März 1977 vorschlug, die beschlossene gemeinsame Strategiekommission alsbald zusammentreten zu lassen.[308] Dieser Strategiekommission gehörten die beiden Parteivorsitzenden an, die dann ihrerseits für die CDU Carstens, Dregger, Filbinger, Katzer und Stoltenberg sowie für die CSU Dollinger, Röhner, Tandler, Stücklen, Streibl und Zimmermann benannten.[309] Mit diesen Nominierungen Kohls für die CDU konnte Strauß durchaus zufrieden sein, zählte doch zu diesem Zeitpunkt nur Katzer, später auch Geißler zu denen, deren sozialpolitische Ausrichtung er nicht schätzte.

Unabhängig von den Grundsatzberatungen der Strategiekommission, die mittel- und langfristig orientiert waren, blieben naturgemäß tagespolitische Entscheidungen die Regel, die zum Teil durch Regierungsvorlagen oder die Beschlüsse der Parlamentsmehrheit vorgegeben waren. Sie wurden zwischen den Fraktionsvorsitzenden bzw. den Parteivorsitzenden behandelt, die dabei eine unterschiedliche Methode des Umgangs bevorzugten. Franz Josef Strauß listete oft mit buchhalterischer Akribie die zwischen beiden erzielten Gesprächsergebnisse in Briefen auf, um Helmut Kohl darauf festzulegen, während Kohl dazu neigte, darüber hinwegzugehen, wenn er es für richtig hielt. Verstimmungen waren also unausweichlich. Ein Beispiel bildet ein Brief vom 27. Mai 1977. Strauß resümierte die übereinstimmende – mit den Ministerpräsidenten der Union abgesprochene – Befürwortung der Vermögensteuersenkung. Um sie zu erreichen, verständigte man sich auch auf das prozedurale Vorgehen im Bundesrat und im Bundestag. Nach der von der Union gewünschten Entscheidung des Bundesrats für die Steuersenkung sollte der Vermittlungsausschuss angerufen werden. Strauß bemängelte die davon abweichenden Beschlüsse im Unionsarbeitskreis, in dem sich die CDU-Mitglieder nicht an die Abmachungen gehalten hätten, die CSU dagegen war verunsichert, zwei Abgeordnete stimmten vereinbarungsgemäß, zwei enthielten sich. »Ich muß darauf hinweisen, daß dieses Verfahren unserer Absprache widerspricht und außerdem zu einem gefährlichen politischen Fehler führt.«[310]

Auf der anderen Seite finden sich immer wieder Übereinstimmungen und Unterstützung für den Fraktionsvorsitzenden Kohl, als etwa 1977 die Mehrzahl der Länderfinanzminister der CDU »in einer Frage, in der unmittelbare Länderinteressen nicht berührt sind, der Fraktion in den Rücken fallen«. In diesem Fall ging es darum, der Bundesregierung die Entlastung für das Haushaltsjahr 1973 zu verweigern, da noch ein Verfahren beim Bundesverfassungsgericht anhängig war.[311] Auch unterrichtete Kohl den CSU-Vorsitzenden über bestimmte Vorhaben oder Entscheidungen sowie Gespräche mit Bundeskanzler Schmidt.[312] Der Briefwechsel zwischen den beiden Parteivorsitzenden der Union zeigt bei einzelnen Sachfragen insgesamt ebenso Übereinstimmungen wie Unterschiede und ist von Polemik frei. Entscheidend aber wurde schließlich die Frage, wie die Oppositionspolitik nach 1976 generell ausgerichtet werden sollte. Dabei ging es in der Regel nicht mehr um große Reformprojekte der Regierung wie in der ersten Hälfte der 1970er-Jahre oder grundsätzliche außen- oder deutschlandpolitische Weichenstellungen wie bei den Ostverträgen oder dem Grundlagenvertrag, sondern insgesamt eher um die Folgen der Regierungspolitik früherer Jahre. Das Gewicht von Strauß beruhte in solchen Fragen auf seiner persönlichen Autorität. Anders als Kohl hatte er aber nicht die Führung der CDU/CSU-Fraktion inne, auch hatte er keine anderen Funktionen, wie beispielsweise die Mitgliedschaft in wichtigen Ausschüssen, angestrebt.

Doch als Parteivorsitzender besaß er wie Kohl jeweils eine Schlüsselstellung.

Abgesehen von deutsch-französischen und europäischen Initiativen von Bundeskanzler Schmidt und Staatspräsident Valéry Giscard d'Estaing sowie deren Versuchen, die ständigen Wechselkursprobleme mit der »Europäischen Währungsschlange« (EWS) zu lösen, waren die Jahre größerer Aktionen der sozialliberalen Bundesregierungen vorbei. In der Deutschlandpolitik steckte man in den »Mühen der Ebenen«, die KSZE-Folgekonferenzen nach der Schlusserklärung von Helsinki am 1. August 1975 erwiesen sich als schwerfällig, ebenso zahlreiche Abrüstungsinitiativen wie SALT II, bei denen es sich aber ohnehin nicht um spezifisch deutsche, sondern internationale Kooperationsfragen handelte. In sie war die Bundesrepublik durch die NATO eingebunden, eine spezifische Oppositionsaufgabe bestand hier zu dieser Zeit nicht. In anderen zentralen Bereichen waren die Entscheidungen zum größeren Teil gegen die Opposition gefallen, so 1975/76 in der Reform des Ehe- und Familienrechts, des Hochschulrahmengesetzes, des Mitbestimmungsgesetzes u. a. m.

Doch lagen vielfältige Ansatzpunkte für die oppositionelle Kritik in der wachsenden Problemlast, die sich in der Bundespolitik insgesamt sowie zusätzlich koalitionsintern angehäuft hatten. Darauf musste die Union – nicht zuletzt mit Blick auf die kommenden Wahlen – reagieren und sich als potenzielle Regierungspartei profilieren. Die Folgen einer verfehlten Haushalts-, Wirtschafts- und Sozialpolitik seit Beginn der 1970er-Jahre bestätigten die frühere Kritik von Franz Josef Strauß. Sie lieferten eine nachträgliche Legitimation der von ihm bevorzugten klaren sachlichen Konfrontation. Für Strauß war es ein Leichtes, auf seine einschlägigen Reden und Veröffentlichungen seit 1970 zu verweisen, zum Beispiel auf seine Rede zum Bundeshaushalt 1975[313], in der er die Schuldenpolitik, den Mangel an Investitionen, die Haushaltsrisiken und die Arbeitslosigkeit kritisiert hatte. Allerdings konnte die Regierung Schmidt/Genscher in diesem Sektor einige Erfolge aufweisen, seit der Ölschock von 1973 im Gefolge des Nahostkriegs den europäischen Volkswirtschaften, insbesondere den Industrieländern, Probleme beschert hatte. Am Ende der 1970er-Jahre zeichnete sich infolge von Konjunkturprogrammen auf der Basis einer erhöhten Staatsverschuldung ein Aufschwung ab, der sogar auf Wachstumsraten von 3 bis 4 Prozent basierte und erstmals wieder eine Reduzierung der Arbeitslosigkeit brachte: War sie von 1970 bis 1974/1975 stark auf über eine Million angestiegen, so sank sie konjunkturell bedingt bis 1979/80 kurzzeitig wieder ab, bevor sie dann bis in die Mitte der 1980er-Jahre steil in die Höhe schnellte und ihr struktureller Charakter nicht mehr zu leugnen war.

Die immer massivere Bedrohung durch den Terrorismus hatte zwar nicht die Bundesregierung zu verantworten, verunsicherte die bundesdeutsche Gesellschaft jedoch immer nachhaltiger. In der Bundeshauptstadt Bonn bestimmten gepanzerte Fahrzeuge, große Polizeiaufgebote und Absperrungen das Bild. Die Frage war nicht mehr von der Hand zu weisen: Hatten alle politischen Parteien, Verfassungsorgane, Behörden mit der notwendigen Eindeutigkeit und Härte die Terroristen als Kriminelle gebrandmarkt und bekämpft, hatten sie Sympathisanten mit hinreichender Klarheit gesellschaftlich und politisch isoliert? War man nicht allzu oft auf den demagogischen Vorwurf hereingefallen, die Bundesrepublik sei ein »repressiver« Staat, die Polizei und andere Behörden seien Repressionsinstrumente, »Gegengewalt« sei deshalb verständlich, wenn nicht gar legitim? Hatte man es intellektuell zugelassen, terroristische Kriminalität mit »Widerstand« zu verwechseln? Franz Josef Strauß gehörte ohne Zweifel zu denen, die diese gravierenden Fragen immer wieder mit großer Schärfe aufgriffen, zuletzt in seiner Sonthofener Rede. Mochte seine Wortwahl auch des Öfteren zu weit gehen, waren seine Diagnosen und seine Kritik keineswegs schon deshalb verfehlt.

Und schließlich zeigte sich gegen Ende der 1970er-Jahre, wie ernst zu nehmen auch seine jahrelange Kritik an einer Unterschätzung der hegemonialen Absichten der Sowjetunion sowie den tatsächlichen Zielen der kommunistischen Diktaturen war. Es lag jedenfalls nicht an Strauß, dass sich das Ost-West-Verhältnis in der zweiten Hälfte der 1970er-Jahre immer mehr verschlechterte. Er war lediglich derjenige, der seit Jahrzehnten stets unbeirrt Realismus predigte. Am Ende war es der sozialdemokratische Kanzler Helmut Schmidt, der mit der großen Mehrheit seiner eigenen Partei in einer Reihe von Fragen, von der Wirtschafts- und Sozialpolitik bis zur Sicherheitspolitik, über Kreuz geriet, der gegen seinen Vorgänger und Parteivorsitzenden Willy Brandt für den NATO-Doppelbeschluss kämpfte, dessen Keimzelle bereits Schmidts Rede vom Juni 1977 bei einer NATO-Konferenz war – Helmut Schmidt, der kämpfte und verlor. Die Warnungen von Strauß trafen ins Schwarze, Schmidt kaschiere eher den Linkskurs in Teilen seiner Partei, als ihn bekämpfen zu können, weil ihm dort der notwendige Rückhalt fehle. Die sozialdemokratische Doppelspitze Brandt/Schmidt erwies sich als problematisch, und der Bundeskanzler war außerhalb seiner Partei populärer als in der SPD, galt er doch als Staatsmann und kaum als Parteimann.

Mit anderen Worten: Die Regierung Schmidt/Genscher hatte es nach dem knappen Wahlsieg vom Oktober 1976 mit einer Reihe von Problemen zu tun, vor denen Strauß früh gewarnt hatte. Wenn die Regierung Lösungen hatte, konnte sie diese kaum durchsetzen, weil ein Teil der SPD immer schwerer auf dem Kurs ihres eigenen Kanzlers zu halten war. War

es also vielleicht doch richtig, die Koalition eher konfrontativ anzuge-
hen? Oder musste die Opposition nicht auch Erfolge Schmidts in Rechnung stellen, wollte sie nicht als bloß destruktiv dastehen? Hatten nicht
Regierung und Opposition angesichts der Flugzeugentführung zusam-
mengewirkt, war der Erfolg der Befreiung der Geiseln in der Lufthansa-
Maschine »Landshut« in Mogadischu durch die Anti-Terror-Einheit
GSG-9 am 18./19. Oktober 1977 trotz der besonderen Rolle des Bundeskanzlers und des Staatsministers Hans-Jürgen Wischnewski nicht auch
ein gemeinsamer Erfolg der Bundesregierung und aller demokratischen
Parteiführungen in der Bundesrepublik, die gemeinsam beraten und entschieden hatten? Allerdings um den hohen Preis der Ermordung des
Flugkapitäns und des Arbeitgeberpräsidenten Schleyer nach wochenlan-
ger Entführung im deutschen Herbst 1977.

Heute wissen wir, in welchem Maße die Linksterroristen durch die
DDR unterstützt wurden und Strauß' ständige Warnungen vor einer
Überschätzung deutsch-deutscher Kooperation diese Kehrseite hatte –
ihn als »geistigen Terroristen« zu beschimpfen, wie das Herbert Wehner
getan hat, ignorierte nicht nur demagogisch die begründeten Sorgen von
Strauß über die realen Bedrohungen, sondern war keineswegs harmloser
als die Wortwahl von Sonthofen: Wehner stellte Strauß damit – fast – in
eine Reihe mit den tatsächlichen Terroristen.

Nach diesem Vorgang äußerte sich Strauß am 29. Oktober 1977 im
Bayernkurier erneut und grundsätzlich zum Terrorismus und fragte nicht
allein nach seinen geistigen Wurzeln, sondern nach seiner Wirkung auf
Staat und Gesellschaft: »Der Maßstab, an dem der Bürger die Handlungsfreiheit seines Staates mißt und an dem er seine Einstellung zu diesem Staat ausrichtet, ist die Antwort auf die Frage, inwieweit und wie
schnell es diesem Staat gelingt, der politisch verbrämten Kriminalität des
Terrors ein Ende zu setzen.« Er war überzeugt, dass es nicht zu »einer
terroristischen Gefahr des jetzt gegebenen Ausmaßes« gekommen wäre,
hätte die Bundestagsmehrheit die Warnungen der Opposition ernst
genommen. »Eine falsch verstandene Liberalisierung ließ den Staat
immer schwächer, seine Gegner immer frecher und stärker werden.
Rechtschaffene Bürger wurden immer unsicherer, linke Systemverände-
rer immer dreister.« Strauß betonte, die CSU habe ihre »Politik immer
als einen Auftrag verstanden, … aus den schmerzlichen und bitteren
Erfahrungen der deutschen Geschichte seine Schlußfolgerungen zu ziehen … Da wir wußten und wissen, daß erst die Schwäche der Weimarer
Demokratie dem dann kommenden Unheil den Weg bahnte, vertraten
wir immer und vertreten wir heute eine Politik der wehrhaften Demokratie und des in jeder Situation … handlungsfähigen Staates … Wir wollen ein rechtlich geordnetes Leben, wir wollen ein freies Leben, wir wol-

len ein Leben als Kulturvolk und zivilisierte Nation; was wir nicht wollen, sind Abenteuer, Irrlehre, Verblendung, gleichgültig, ob sie als nationalistische Übertreibung von rechts oder als marxistische Entartung von links kommen.« Strauß wandte sich scharf gegen alle »eifernden Ideologien, die den Weg zur Hölle pflastern«, ob es sich um Faschismus, Nationalsozialismus, Kommunismus oder Marxismus handele. Als geradezu grotesk bezeichnete er den Willy Brandt attestierten Versuch, »Herkunft und Hintergrund des Terrorismus nach rechts abzuschieben«. Strauß analysierte dann seinerseits Ursprünge und Folgen des Terrorismus, bekannte sich in diesem Fall zur Verantwortung der Opposition, der Regierung Schmidt für notwendige gesetzgeberische Maßnahmen zur parlamentarischen Mehrheit zu verhelfen. Schließlich verwahrte er sich dagegen, eine vorbehaltlose Analyse der geistig-ideologischen Ursachen des Terrorismus zu denunzieren[314], wie das Wehner getan hatte.

Im Übrigen verkannte Wehner, der so lange selbst ein scharfer Opponent christlich-liberaler Regierungen gewesen war, die Aufgabe der Opposition: Sie war nicht dazu da, bei der Lösung grundlegender Probleme die Regierung zu schonen. Wie immer man die einzelnen Politikfelder beurteilen mochte, Strauß war und blieb der Ansicht, »daß Opposition mehr sein müsse und sein muß als lediglich eine Variante zur Regierungspolitik: Mutige und kraftvolle Alternative. Nicht besorgtes Schielen auf demoskopische Verlautbarungen und ängstliches Fragen danach, was beim Bürger ankommt, sondern das entschlossene Sagen dessen, worauf es ankommt – dies wurde zur Leitlinie unseres oppositionellen Verhaltens.«[315] So beschrieb Franz Josef Strauß im Sommer 1978 vor der Landtagswahl in Bayern aus seiner Sicht die Opposition der CSU.

In einem Sektor der Politik zeichnete sich ein Wandel ab, der den Intentionen von Strauß diametral zuwiderlief und in dem er erneut zur Hauptzielscheibe wurde. Seit Mitte der 1970er-Jahre hatte sich eine ständig wachsende Umweltbewegung gebildet, zu deren Protestthemen immer öfter auch die Kernkraft gehörte. Franz Josef Strauß hatte nicht nur als Atomminister für die friedliche Nutzung der Kernkraft gefochten, sondern die militärische Nutzung durch die NATO als Verteidigungsminister zur Abschreckung – und damit zur Kriegsverhinderung – für unentbehrlich gehalten. Seine dezidierte Ablehnung des Atomwaffensperrvertrags, der in seinen Augen selbst die friedliche Nutzung der Kernenergie in der Bundesrepublik behinderte, war noch gut im Gedächtnis: Strauß stand für die friedliche Nutzung der Atomkraft – bei Weitem damals nicht der Einzige. Die führenden SPD-Politiker sahen das nicht anders, doch Strauß galt als Exponent. Die neue Protestbewegung ergriff nicht nur Linksintellektuelle, sondern auch andere Gruppen, in manchen Regionen die bodenständige Landbevölkerung, die zu seiner

Klientel gehörte. Im Oktober 1976 kam es zu den ersten gewaltsamen Auseinandersetzungen um den Bau eines Kernkraftwerks, die im November in einer regelrechten »Schlacht um Brokdorf« endeten. Im oberpfälzischen Wackersdorf sollte er es später damit noch hautnah zu tun bekommen. Neben den alten entwickelten sich also seit 1976 zahlreiche neue politische Probleme, und wer hätte bei der Diskussion über die »Vierte Partei« in Wildbad Kreuth an die Grünen gedacht? Die Strategiefrage blieb folglich in der Union auch weiterhin aktuell, sie blieb es auch, als Franz Josef Strauß 1978 von der Bundespolitik in die bayerische Landespolitik wechselte – aber wechselte er wirklich, blieben nicht stets mehrere Türen in und nach Bonn offen, nur die eine aber verschlossen?

Dem Bundestag gehörte der CSU-Vorsitzende nach der Regierungsneubildung nur noch knapp zwei Jahre an: Am 29. November 1978 legte er nach 29-jähriger Zugehörigkeit sein Mandat nieder, als er Bayerischer Ministerpräsident geworden war. Zur Landtagswahl in Bayern trat er am 15. Oktober als Spitzenkandidat der CSU an. Sie gewann mit 59,1 Prozent wiederum die absolute Mehrheit, verlor aber gegenüber 1974 mit der »Doppelspitze« des Ministerpräsidenten Goppel und des Parteivorsitzenden Strauß 3 Prozent, die Oppositionsparteien gewannen 1978 bei 31,4 Prozent für die SPD und 6,2 Prozent für die FDP geringfügig hinzu, blieben aber vergleichsweise schwach. Die leichten Verluste der CSU mochten auf deren lange Regierungszeit oder auch auf die Ablösung des beliebten und milden Landesvaters Goppel zurückzuführen sein. Andere Beobachter sahen das Wahlergebnis eher als Resultat einer vergleichsweise stärkeren politischen Polarisierung durch Strauß. Wie dem auch sei, das Resultat änderte an der parteipolitischen Konstellation in Bayern nichts, die Größenordnung blieb gleich.

Teil V

18

Bayerischer Ministerpräsident, Deutschlandpolitiker, Weltpolitiker, 1978 – 1983

Franz Josef Strauß und seine Anfänge als Ministerpräsident

Schon seit Beginn der 1960er-Jahre erwog Franz Josef Strauß gelegentlich, zu seinen bayerischen Ursprüngen zurückzukehren und dort das »schönste Amt der Welt« zu übernehmen – das Amt des Bayerischen Ministerpräsidenten. Doch schließlich war er im Bundestag bzw. der Bundesregierung geblieben: Hier konnte er stärker die ihn faszinierende große Politik beeinflussen. Andererseits war Strauß stets eine gouvernementale Natur, fürwahr eine Herrschernatur. So klar der politische Denker die Unentbehrlichkeit der Opposition in der parlamentarischen Demokratie reflektierte, so leidenschaftlich er sich als Oppositionspolitiker engagierte, so sehr frustrierten ihn deren begrenzte exekutive Möglichkeiten.[1] Innerhalb der CDU/CSU-Fraktion hatte er nach 1976 nur die Wahl, als Stellvertreter Helmut Kohls – also als zweiter Mann – zu agieren oder diese Rolle seinem Intimus Friedrich Zimmermann zu überlassen. Diese Alternative zog er vor, gehörte doch Zimmermann zu den starken CSU-Politikern, die trotz eigener Statur Strauß die Führungsrolle weder streitig machen wollten noch konnten. Strauß nahm an den Sitzungen der CSU-Landesgruppe 1976/1977 immer seltener teil, zwar fehlte er auch schon früher wegen anderer Verpflichtungen, doch nun häuften sich diese Abwesenheiten. Ein weiterer Grund für seine Entscheidung lautete: Ein Bayerischer Ministerpräsident, der zugleich Vorsitzender einer im Bundestag vertretenen Partei ist, besitzt großes bundespolitisches Gewicht, zumal wenn es sich um einen Politiker vom Format und den Interessen eines Franz Josef Strauß handelt.

Schließlich blieb der Griff zur Kanzlerkandidatur für einen Ministerpräsidenten ebenso gut möglich wie für einen Bundestagsabgeordneten. Kurt Georg Kiesinger wurde 1966 als Ministerpräsident Bundeskanzler, Willy Brandt wechselte zunächst 1966 vom Amt des Regierenden Bürgermeisters von Berlin in das Auswärtige Amt, bevor er nur drei Jahre später Bundeskanzler wurde. Helmut Kohl wurde 1976 als Ministerpräsident Kanzlerkandidat der Union. Gleich, in welchem Amt Strauß 1980 sein würde, CSU-Vorsitzender blieb er ohnehin. Obwohl alle Strauß-Deuter die Meinung vertreten, er habe auch nach der Bundestagswahl von 1976 nichts anderes im Sinn gehabt, als Bundeskanzler zu werden, blieb sein Anspruch ambivalent. In diesen Jahren ging es nicht in erster Linie um die Frage, wie ausgeprägt seine Ambitionen auf das Kanzleramt waren. Vielmehr war es völlig ungewiss, wer 1980 Kanzlerkandidat sein würde und wann die Union überhaupt wieder die Regierungsführung in Bonn übernehmen könnte. Schließlich konnte Strauß als Bayerischer Ministerpräsident seine weltpolitischen Ambitionen leichter realisieren. Zwar hatte er aufgrund seines politischen Ranges, seines globalen Bekanntheitsgrades und seiner internationalen Anerkennung schon als Bundestagsabgeordneter weltweit agiert – doch mit einem hohen Staatsamt und dem bayerischen Regierungsapparat ließ sich diese Aktivität zweifellos steigern.

In einem Interview mit dem *Spiegel* fragte ihn Rudolf Augstein Anfang 1978, ob der bevorstehende Weg nach München »Alters-Resignation« sei, worauf Strauß antwortete: »Es gibt Leute, die hören aus Richard-Wagner-Musik Schlager heraus. Wenn Sie's unbedingt hören wollen, kann ich Sie nicht hindern.« Auf die unvermeidliche Nachfrage des *Spiegel*-Herausgebers nach seinen Ambitionen auf die Kanzlerkandidatur antwortete Strauß, wenn er gewollt hätte, wäre das 1966 möglich gewesen. Der berechtigte Einwand von Augstein lautete: Wäre die SPD unter einem Kanzler Strauß in eine Große Koalition gegangen? Strauß sagte zwar, das wisse er nicht, doch meinte er auch: »Die Sozialdemokraten hätten, um ihre Regierungsfähigkeit beweisen zu können und um den Bann der 17 Jahre Opposition zu durchbrechen, vieles gemacht, was manche nicht für möglich gehalten hätten. Wehner kennt hier, wenn es um das Ziel geht, kaum Skrupel dieser Art.« Damit dürfte Strauß zwar Wehner richtig eingeschätzt, aber dessen Möglichkeit, in der SPD für eine solche Lösung eine Mehrheit zu finden, überschätzt haben. Allein schon die heftige Kontroverse in der SPD über den Eintritt von Strauß in die Bundesregierung 1966 zeigt dies. Seine Interviewer vom *Spiegel* fragten direkt, warum Strauß ein Mann sei, der immer nur in der Krise gerufen werde: »Lag es daran, daß Sie der Chef des kleineren Partners waren? Oder lag es in Ihrer Person?« Strauß antwortete darauf: »Da kommt immer eins zum anderen … Außerdem habe ich mich nie mit großem

Nachdruck danach gedrängt. Es tut mir immer leid, wenn ich so liebgewordene Vorurteile unter Feuer nehme, ich sei vom Ehrgeiz zerfressen und säße nachts aufrecht im Bett, um den Ruf der deutschen Nation nicht zu überhören.«

Der substanzielle Teil dieses Interviews galt wieder einmal der Frage des Verhältnisses von CDU und CSU, einer »vierten Partei«, aber auch den Wandlungen des Parteiensystems. Strauß wies hellsichtig auf die Grünen hin und prognostizierte ziemlich realistisch, zu einer Koalition von Union und FDP werde es wohl erst 1984 kommen, wenn nicht vorher besondere Umstände einträten.[2] Schon aus Gründen der Existenzsicherung stand nach Einschätzung von Strauß die FDP 1980 noch nicht als Koalitionspartner zur Verfügung. Wiederum erschien ihm also eine Koalition der Union mit den Liberalen als realistische Perspektive. Ganz offensichtlich war er hin- und hergerissen zwischen der Einsicht, dass es wieder auf diese Regierungsbildung zulaufen würde, und dem Wunsch, es ohne die FDP zu schaffen.

So plausibel also Strauß' Weg von Bonn nach München erscheinen mochte, unumstritten war er dennoch nicht. So hatte der verdienstvolle und allgemein hoch geachtete Ministerpräsident Goppel keineswegs die Absicht, auf eine erneute Kandidatur zu verzichten. Die Selbstverständlichkeit, mit der Alfons Goppel noch 1974 seinen Anspruch erklärt hatte, veranlasste Strauß bereits damals zu einer unwirschen Reaktion. Dieses Mal aber war Strauß nicht bereit, nach 16-jähriger Amtszeit des inzwischen 73-jährigen Goppel eigene Ambitionen hintanzustellen. Schließlich blieben manche wichtige Vorhaben wie das Landesentwicklungsprogramm, die Novellierung des Hochschulgesetzes oder des Denkmalschutzgesetzes 1977 liegen, sodass dem Regierungschef von seinen Kritikern nachlassende Energie attestiert wurde. Doch war dies nur die halbe Wahrheit, die aufgrund des Hochschulrahmengesetzes notwendige Novellierung des bayerischen Hochschulgesetzes von 1973 wurde noch in der Amtszeit von Alfons Goppel vorgenommen: Der Landtag beschloss den von Kultusminister Hans Maier vorgelegten Gesetzentwurf noch vor den Parlamentsferien am 28. Juni 1978.

Wie immer man die beiden letzten Jahre des Ministerpräsidenten Goppel beurteilen mochte, nicht einmal Strauß konnte ihn zwingen, vor Ablauf seiner Amtszeit 1978 zurückzutreten, selbst wenn der CSU-Vorsitzende dies wirklich gewollt hätte. Gerüchte, Strauß wolle schon nach der Bundestagswahl 1976, also zwei Jahre vor der Landtagswahl, nach München gehen, wurden nicht allein in der Presse kolportiert. Auch die Oppositionsparteien im Bayerischen Landtag, SPD und FDP, ließen sich diese Gerüchte nicht entgehen, um Ministerpräsident Goppel als Regierungschef auf Abruf hinzustellen. Er ging daraufhin in die Offensive und erklärte am 26. Januar 1977 im Landtag, er sei nach Artikel 44 der Bayerischen Verfassung für vier Jahre gewählt und »gedenke, diese Zeit einzuhalten«. Und im September 1977 schlug Goppel auf dem Parteitag der CSU selbst vor, Franz Josef Strauß zum Spitzenkandidaten seiner Partei für die Landtagswahl im Oktober 1978 zu küren[3], nachdem der Wunsch des CSU-Vorsitzenden bereits seit dem Sommer 1977 öffentlich bekannt war. Durch seinen geschickten Schachzug kam der Ministerpräsident Entscheidungen zuvor, die er nicht hätte verhindern können. Zumindest nach außen blieb Goppel so Herr des Verfahrens.

Strauß war 63 Jahre alt, als er Bayerischer Ministerpräsident wurde. Der von ihm gewählte Zeitpunkt war verständlich, vier Jahre später hätte eine solche Entscheidung wie der Rückzug auf ein Austragshäusel gewirkt – das aber wäre weder Strauß noch dem Amt angemessen gewesen. Jetzt oder nie, mag der CSU-Vorsitzende gedacht haben. Nicht allein der amtierende Ministerpräsident Goppel, auch andere führende CSU-Politiker sahen Strauß' Entscheidung mit gemischten Gefühlen: So sehr er faszinierte, so gefürchtet war seine Kraftnatur bei vielen »Parteifreunden«. Ihn aus der bayerischen Distanz zu bewundern war in jedem Fall leichter, als seiner dominierenden und nachhaltigen Präsenz ausgesetzt zu sein. Andere wiederum hielten ihn in Bonn für unentbehrlich oder beurteilten eine künftige Kanzlerkandidatur aus den Bonner Startlöchern als aussichtsreicher. Aus verständlichen Gründen sah man ihn als einen der großen Repräsentanten der Bundespolitik – in der Landespolitik galt er vor allem als Parteipolitiker, seit seiner kurzen Tätigkeit als Landrat bzw. Oberregierungsrat in den Nachkriegsjahren hatte er keine Amtsfunktionen in Bayern innegehabt –, er war für Jahrzehnte *der* Bayer in der Bundespolitik. In Bonn hatte er sich als bayerischer Mandatsträger[4] immer wieder erfolgreich für bayerische Belange eingesetzt, sei es für das Garchinger »Atomei«, für Infrastrukturprojekte der Bundeswehr oder die Luftfahrtindustrie.

Auch im Hinblick auf seine akademische Vorbildung war Franz Josef Strauß als Ministerpräsident in Bayern untypisch. All seine Vorgänger und die ersten drei Nachfolger waren Juristen, meist Verwaltungsjuristen mit längerer Tätigkeit in der bayerischen Verwaltung, bevor sie in der Politik Karriere machten. Das galt für Fritz Schäffer, Wilhelm Hoegner, Hans Ehard, Hanns Seidel, Alfons Goppel und nach ihm Max Streibl, Edmund Stoiber und Günther Beckstein. Der für Jahrzehnte stark etatistisch geprägte Charakter der bayerischen Politik, das Selbstverständnis von Politik und staatlicher Verwaltung, war seit Montgelas, dem Schöpfer des modernen Bayern, durch diese singuläre Verbindung geprägt. Und nun Franz Josef Strauß, der erste und einzige Historiker und Altphilologe unter den bayerischen Regierungschefs, dessen kurze Verwaltungslaufbahn nicht dem normalen Berufsweg, sondern den spezifischen Umständen der Nachkriegsjahre geschuldet war. Trotz der zweifelsfreien Bedeutung seiner Vorgänger im Amt des Ministerpräsidenten war doch keiner von ihnen ein Vollblutpolitiker wie Franz Josef Strauß, keiner außer Fritz Schäffer hatte zentrale bundespolitische Funktionen und keiner vor Strauß international eine Rolle gespielt.

Von der ersten Stunde an wirkte er nach dem Krieg 1945 in Bayern tatkräftig am Neuaufbau der Demokratie mit, in kürzester Zeit gewann er Einfluss, die Entwicklung der CSU – und damit Bayerns – wäre ohne ihn vermutlich völlig anders verlaufen. Und doch: Der Ur- und Oberbayer Strauß war als Ministerpräsident angesichts der bayerischen Regierungstradition alles andere als eine selbstverständliche Lösung, so eindeutig sie machtpolitisch war. Auch sein Verhältnis zu der in Oberbayern dominierenden katholischen Kirche war keineswegs reibungslos: Mit der Katholischen Aktion Bayern, die ungefähr 1,5 Millionen Mitglieder zählte, geriet er schon in den 1960er-Jahren über Kreuz, wie andere einflussreiche katholische Kreise wollte sie 1963 sogar seine Wiederwahl zum CSU-Vorsitzenden verhindern und bekämpfte Strauß mit der Parole, er beschwöre die »Gefahr einer Entfremdung zwischen katholischen Wählern und der CSU« herauf.[5] Der 1957 gegründete sogenannte Petra-Kreis[6] konservativer katholischer Föderalisten im Bayerischen Landtag um Alois Hundhammer zählte von Beginn an zu den bekennenden Strauß-Gegnern und bekämpfte scharf seine Modernisierungspolitik. Das Verhältnis zu Julius Kardinal Döpfner war ebenso wenig spannungsfrei wie zu Karl Forster, dem einflussreichen ersten Direktor der Katholischen Akademie in Bayern, aus der es mehrfach Angriffe auf den CSU-Vorsitzenden gab.

Franz Josef Strauß, der dezidiert überkonfessionell orientierte katholische Christ, war vielen seiner katholischen Widersacher zu liberal, zu modern – paradox genug, wenn man an die vielen Strauß-Feinde denkt, die ihn als konservativ, gar als reaktionär einstuften. Selbst für sein Verhältnis zum Heimatland gilt: Franz Josef Strauß' mächtige Persönlichkeit, seine Individualität war zu ausgeprägt, in jeder Hinsicht zu eigenständig, als dass sie nahtlos in einem Kollektiv hätte aufgehen können, instinktiv rebellierte er gegen solche »Zumutungen«. Selbst dort, wo er zu Hause war, blieb er immer zugleich Gast, stets unterwegs, immer auf der Suche. Zu viel hatte Strauß gesehen und erfahren, als Soldat, als Reisender in politicis, auf zahllosen privaten Reisen, in zahlreichen unterschiedlichen Ämtern und Funktionen, um sich spannungslos identifizieren zu können, um sich mit dem zu begnügen, was ist. Mehr als einmal verwahrte er sich gegen »provinzielle Selbstgenügsamkeit«. Und so kam er auch als Ministerpräsident nicht zur Ruhe, er blieb ein Flieger und ein Überflieger.

Da Strauß alle Befindlichkeiten in der bayerischen Politik wohl einschätzen konnte, setzte er auf eine zeitige Entscheidung für die Nachfolge von Alfons Goppel, die kurzfristige Turbulenzen ausschloss. So wurde er wunschgemäß ungewöhnlich früh als Spitzenkandidat nominiert. Im Januar 1977 kam es zu einer Umbildung der Bayerischen Staatsregierung. Das Ausscheiden zweier Säulen des Kabinetts, des Finanzministers Ludwig Huber und des Innenministers Bruno Merk, wurde allgemein darauf zurückgeführt, dass beide einem wahrscheinlich bevorstehenden Kabinett Strauß nicht angehören wollten. Huber hatte eine Reihe von Partei-, aber auch Ministerämtern inne, war 1963 bis 1970 einer der stellvertretenden CSU-Vorsitzenden, 1962 bis 1970 Vorsitzender der Landtagsfraktion und – ein echtes Unikat – zeitweilig zugleich bis 1970 Bayerischer Kultusminister –, verband also legislative und exekutive Funktionen über sein Abgeordnetenmandat hinaus. Er gehörte zu den Schwergewichten, weswegen sein Rückzug aus der aktiven bayerischen Politik Aufsehen erregte. Da Ludwig Huber nach ständigen Angriffen während der Studentenrevolte als Kultusminister glücklos blieb, hatte er dieses Amt auf Druck von Strauß 1970 aufgegeben – auch Huber hatte also Erfahrungen mit Eingriffen des Parteivorsitzenden in die bayerische Regierungspolitik. Andererseits handelte es sich bei der Präsidentschaft der Bayerischen Landesbank, die Huber von 1977 bis 1988 übernahm, auch für einen Finanzpolitiker seines Kalibers um eine äußerst attraktive Alternative. Da Huber und Merk unter den Kabinettsmitgliedern den stärksten politischen Rückhalt besaßen, wurden auch ihnen ursprünglich Ambitionen auf die Nachfolge Goppels nachgesagt, die aber gegen Franz Josef Strauß chancenlos waren; ihr politischer Rückzug bedeutete möglicherweise auch Resignation.

Zu Auseinandersetzungen kam es zwischen Franz Josef Strauß und dem ausscheidenden Bayerischen Innenminister Bruno Merk. Das Verhältnis zwischen beiden war seit Längerem gespannt, worüber selbst in der CSU-Landesgruppe des Bundestags debattiert worden war. Auch hatte Merk die Klage des Freistaats Bayern gegen den Grundlagenvertrag abgelehnt, worüber Strauß die CSU-Bundestagsabgeordneten bei der Diskussion über die Klage jedoch sachlich und ohne pejorativen Unterton informiert hatte. Merk teilte dem »sehr geehrten Herrn Landesvorsitzenden« am 14. Januar 1977 in einem förmlichen Brief mit, er erwäge das Angebot anzunehmen, Präsident des Bayerischen Sparkassen- und Giroverbands zu werden. Er nannte die üblichen persönlichen Gründe: gesundheitliche Probleme, Arbeitsüberlastung, aber auch politische. So erklärte Merk, die von ihm in Angriff genommenen Aufgaben seien zu einem gewissen Abschluss gelangt. Doch fügte er hinzu: Die ohnehin anstehende Kabinettsumbildung sei ein geeigneter Zeitpunkt. Das klang sibyllinisch, konnte aber auch direkt auf die vermutete Rückkehr von Strauß nach München gemünzt sein. Ob sich dieser darüber geärgert hat oder wieder einmal Gerüchte verbreitet wurden, sei dahingestellt. Doch kamen Merk tatsächliche oder vermeintliche despektierliche Äußerungen zu Ohren, denen zufolge es ihm bei der Übernahme der Präsidentschaft um finanzielle Absicherung gegangen sei. Der knorrige Schwabe Bruno Merk reagierte, anders als viele innerparteiliche Strauß-Gegner, ohne Umschweife. So schrieb er an Franz Josef Strauß am 26. Juni 1977: »Zu Deiner Information darf ich meine Äußerungen zu diesem Punkt im Wortlaut wiederholen: ›Wenn Strauß nach einem Bericht der AZ von vorgestern meint, ich hätte nur meine finanzielle Absicherung gesucht, dann irrt er. Eine finanzielle Absicherung habe ich nicht mehr nötig, richtig ist aber, daß ich mich den Belastungen eines Ministeramtes unter einem evtl. Ministerpräsidenten Strauß nicht mehr gewachsen fühle. Wenn ich im Hinblick auf die von ihm öffentlich angemeldete Kandidatur für dieses Amt meinerseits die Konsequenzen gezogen habe, so kann das nicht so weit gehen, daß ich mich auch noch verächtlich machen lasse.‹« Er halte eine auf Dauer erfolgreiche Arbeit »in einer politischen Gemeinschaft nicht ohne ein Mindestmaß an wechselseitigem persönlichen Respekt und menschlicher Achtung« für möglich.[7]

Nicht allein mit vorher ausscheidenden, auch mit den verbleibenden Kabinettsmitgliedern lief nicht alles reibungslos. Vermutlich hatte sich bei dem Bonner Franz Josef Strauß Misstrauen gegen manche seiner Münchner Parteifreunde aufgestaut: Er spürte wohl, dort nicht allen willkommen zu sein. Hinzu kamen natürlich einschlägige Presseberichte, wie im Fall des vorzeitigen Ausscheidens von Ludwig Huber und Bruno Merk. Letzterer hatte schließlich öffentlich gemacht, dass er nicht unter dem CSU-Vorsitzenden Minister sein wollte. Nach den Bonner Querelen erhöhte dies die Reizbarkeit von Strauß.

So berichtete Hans Maier, seit 1970 als Nachfolger von Huber Kultusminister in den beiden letzten Kabinetten von Alfons Goppel, beim Übergang sollte die Kontinuität betont und ein Teil der Kabinettsmitglieder übernommen werden. »Aber Strauß wollte sichergehen. Bei einem Fraktionstreffen auf der Seiser Alm in Südtirol nahm er sich am 8. Oktober 1976 die potentiellen künftigen Kollegen und Mitarbeiter einzeln vor. Die Sache zog sich hin, bis in den Abend, in die Nacht hinein. Endlich, es war schon 2 Uhr nachts, war ich an der Reihe. Leider war Strauß zu dieser Zeit seiner Sinne nicht mehr mächtig. Er tobte und schrie. Abwechselnd attackierte er mich als ›arroganten Professor‹ – und Marianne, seine Frau, attackierte meine Frau, die sich tapfer wehrte. Ich war schockiert.«[8]

Das explosive Gemisch von ständiger Anspannung, Überreiztheit,

Frustration, Misstrauen und Alkohol mit einem eruptiven Temperament mochte auch diese gespenstische Szenerie erklären, zeigt aber wieder einmal, wie wenig der Charakter von Strauß auf einen Nenner zu bringen ist. Denn schließlich hatte er selbst 1970 die Berufung des damals erst 40-jährigen, in der praktischen Politik noch ganz unerfahrenen, hochrangigen Politikwissenschaftlers Hans Maier gewollt. Die von Maier geschilderten Meinungsunterschiede in politischen Sachfragen hatten nichts daran geändert, dass Strauß auch in seinem Kabinett den Kultusminister Maier behalten wollte, hatte dieser doch während jener besonders für die Universitäts- und Schulpolitik herausfordernden Jahre eine unverwechselbare und herausragende Statur gewonnen. Und Strauß erkannte durchaus, wie wichtig für die CSU Persönlichkeiten wie Hans Maier waren, die Kultur und Politik, Gelehrsamkeit, hohe Intelligenz und praktische politische Vernunft in seltener Weise verbanden. So soll Strauß einmal in seiner bildhaften Sprache zu Karl Böck, dem langjährigen legendären Amtschef des Bayerischen Kultusministeriums, gesagt haben: »Wenn Leute wie Maier weg sind, ist die CSU wieder eine Bierdimpfel-Partei.«[9] Und nun auf der Seiser Alm dröhnte er nachts um zwei Uhr eben diesem Maier die »Bierdimpfelei« ins Gesicht! Rätselhaft.

Aber auch diese Nacht ging vorüber und Franz Josef Strauß anderntags nüchtern zur Tagesordnung über. Er bildete sein erstes Kabinett als Bayerischer Ministerpräsident. So heftig die Gespräche auf der Seiser Alm auch verlaufen sein mochten, übernahm Franz Josef Strauß doch insgesamt 13 Minister und Staatssekretäre aus dem letzten Kabinett Goppel.[10] Lediglich zwei Staatsminister wurden neu berufen, was in beiden Fällen nicht erwartet worden war und in einem Portefeuille Aufsehen erregte: Anstelle des erst seit 1977 amtierenden Alfred Seidl berief Strauß einen seiner Vertrauten, den CSU-Generalsekretär Gerold Tandler, zum Innenminister. Diese Entscheidung erregte insofern Aufsehen, als Tandler der erste Nichtjurist in diesem Amt war und viel stärker als Traditionsbruch empfunden wurde als die Analogie beim Wechsel des Regierungschefs. Die zweite Neuberufung war ebenfalls ungewöhnlich, da es sich nicht um einen Landespolitiker handelte: Der Bundestagsabgeordnete Peter Schmidhuber wurde Staatsminister für Bundesangelegenheiten, brachte also für seine neue Aufgabe einschlägige Bonner Erfahrungen mit. Sein Vorgänger Franz Heubl wurde Landtagspräsident. Die Kontinuität überwog eindeutig, blieben doch neben Kultusminister Hans Maier auch Finanzminister Max Streibl, Justizminister Karl Hillermeier, Wirtschaftsminister Anton Jaumann, Landwirtschaftsminister Hans Eisenmann, Arbeitsminister Fritz Pirkl sowie der Minister für Landesentwicklung und Umwelt Alfred Dick im Amt. Der CSU-Fraktionsvorsitzende August Lang behielt ebenfalls sein Mandat und der von Goppel 1967 zum Leiter der Staatskanzlei ernannte Rainer Keßler blieb auch unter dem neuen Ministerpräsidenten in seiner Funktion. In der Regierung Strauß waren also mehrere Politiker, die dem Trennungsbeschluss von Wildbad Kreuth ablehnend gegenüberstanden, was die Entscheidung von Strauß nicht beeinflusst hatte. Es bestätigten sich also frühere Erfahrungen mit Strauß: Er neigte nicht dazu, Minister bzw. Mitarbeiter schlagartig auszuwechseln, und wer mit ihm vorher aneinandergeraten war, wurde nicht deshalb schon entlassen oder versetzt.

Der Bayerische Landtag wählte ihn am 6. November 1978 mit 125 von 200 Stimmen zum Ministerpräsidenten, 71 Abgeordnete stimmten gegen ihn, vier Stimmzettel wurden leer abgegeben. Sie stammten vermutlich von CSU-Abgeordneten, da zur Fraktion 129 Mitglieder gehörten; allerdings stimmte auch die Opposition nicht völlig geschlossen bzw. war nicht vollzählig, da die SPD 65, die FDP 10 Mandate hatte. Am 14. November 1978 gab Franz Josef Strauß seine erste Regierungserklärung im Bayerischen Landtag ab. Am Beginn seiner sehr langen, auf alle zentralen Politikfelder Bayerns eingehenden Rede stellte Franz Josef Strauß die von ihm verfolgten Ziele in die Tradition seines Vorgängers Alfons Goppel. Er beabsichtige, »die erfolgreiche Politik der Staatsregierung fortzusetzen und weiterzuentwickeln – so wie ich sie von Alfons Goppel übernommen habe. 16 Jahre, so lange wie kein anderer Bayerischer Ministerpräsident, stand er an der Spitze der Staatsregierung. In vier Legislaturperioden hat er mit seiner Persönlichkeit die bayerische Politik wesentlich geprägt: Maßvoll und menschlich, verbindlich und vernünftig, weltoffen und dabei in Geschichte und Brauch dieses Landes verwurzelt – so verkörperte Alfons Goppel in seiner Persönlichkeit und seiner Leistung beste bayerische Tradition.«[11] Diese Worte hatten Stil und waren nobel.

Allerdings verstand es sich von selbst, dass Strauß sein neues Amt ungleich politischer anging als seine Vorgänger, Hanns Seidel vielleicht ausgenommen.[12] Der Unterschied bezog sich zunächst auf das Verhältnis von Landes- und Bundespolitik, aber auch auf die internationale Vertretung Bayerns. Aus diesem Grund richtete Strauß eine zusätzliche Grundsatzabteilung (Grundsatzfragen und grenzüberschreitende Zusammenarbeit) ein, die den Kompetenzen des Ministerpräsidenten zur Außenvertretung Bayerns korrespondierte. Gemäß dem Lindauer Abkommen vom 14. November 1957 zwischen Bund und Ländern[13] besaßen diese ein Mitspracherecht bei Abkommen der Bundesrepublik mit anderen Staaten. Im Zuge der Intensivierung und sachlichen Ausweitung der europäischen Kooperation erlangte die Außenvertretung der Länder gegenüber dem Bund und Drittstaaten zunehmende Bedeutung. Diese politische Aufgabe von Ministerpräsidenten entsprach also keineswegs nur den spezifischen Interessen von Strauß, wenngleich sie ihm angesichts seines bisherigen politischen Wegs besonders lag. Jedoch folgte daraus keineswegs Desinteresse an der Landespolitik, wie ihm der SPD-Fraktionsvorsitzende Helmut Rothemund mehr als einmal vorwarf. Tatsächlich konnten bayerische Interessen nicht bloß im Land selbst vertreten werden. Strauß hatte das schließlich schon vor 1978 vielfach bewiesen – als Bayer in Bonn, als Bayer in Europa und in der Welt. Insofern war es nicht bloß Überheblichkeit, wenn sich der neue Ministerpräsident durch den Oppositionsführer genervt fühlte und ihn einmal als »tönendes Nichts« titulierte. Das war grob und ließ zugleich erkennen, dass Franz Josef Strauß im Landtag noch fremdelte und ihm alles etwas klein vorkam, als er die große politische Bühne des Bundestags mit dem Maximilianeum vertauschte, wo er einst als Student eines der elitären und begehrten Stipendien für Hochbegabte erhalten hatte. Da Strauß die große politische, ja weltpolitische Debatte liebte und den Schlagabtausch mit konkurrierenden bzw. gegnerischen Spitzenpolitikern geradezu suchte, dürfte er in München selbst Willy Brandt, Helmut Schmidt oder Herbert Wehner vermisst haben – und mit denen war ein noch so ehrenwerter Helmut Rothemund als Kombattant wirklich nicht zu vergleichen.

Jedenfalls war es wohlüberlegt, wenn Strauß in seiner Regierungserklärung über die Bedeutung des Föderalismus nachdachte und dann am Ende den Themen »Der Freistaat Bayern und der Bund« sowie »Bayern in Deutschland und Europa« eigene Abschnitte widmete – wohlgemerkt am Ende der Rede, während er in den ausführlichen Passagen eingehend die landespolitischen Aufgaben besprach, darunter die Finanz- und Wirtschaftspolitik, die Kulturpolitik, die Energie- und Umweltpolitik, die innere Sicherheit, die Familienpolitik. Er wäre nicht Strauß gewesen, wenn er nicht aus aktuellem Anlass, doch mit grundsätzlichen Reflexionen zwei Themen behandelt hätte, die ihn bewegten, nämlich das »Verhältnis von Bürger und Staat« und »Bürgernahe Selbstverwaltung«. Seine damaligen Überlegungen sind bis heute gültig, ja aktueller denn je, geißelte der praktisch denkende Politiker doch die bürokratische Regelungswut. So ging Strauß auf die zuweilen evozierte »Staatsverdrossenheit« ein und auf Entwicklungen »die das Verhältnis des Bürgers zum Staat belasten. Vor allem die ständig wachsende Flut von Gesetzen, Verordnungen und Verwaltungsvorschriften, die von immer mehr Behörden vollzogen werden müssen, überschwemmt den Bürger, macht ihn ratlos, gibt ihm das Gefühl, hilflos in einem Labyrinth unverständlicher staatlicher Reglementierung zu stehen.« Dabei nahm er die Beamten jedoch gegen eine pauschale Kritik in Schutz und verwies selbstkritisch darauf, dass die Parlamente die Gesetze beschlössen: »Wir Politiker in Ämtern und Parlamenten sind es, die wir uns in Gesetz- und Verordnungsgebung größte Zurückhaltung aufzuerlegen und der Einfachheit zu befleißigen, das heißt ein gutes Beispiel zu geben haben.« Sodann machte Strauß Vorschläge, was zu tun sei. Er betonte, die »Forderung nach ›weniger Staat‹ ist nicht der Ruf nach einem schwachen, handlungsunfähigen Staat. Als Wahrer des Rechts, der Freiheit und der Sicherheit der Bürger muß der Staat stark und handlungsfähig sein. Gerade ein liberaler Staat muß ein starker Staat sein. Denn er ist die letzte Garantie für die Freiheit des Bürgers.« Und Strauß beendete diese Thematik mit einem Bekenntnis zu klassischen liberalen Prinzipien: »Wir reden dem Bürger nicht nach dem Mund, aber ›wir schauen ihm aufs Maul‹. Demokratische Ordnung und bürgernahe Politik erlauben nicht, daß die Obrigkeit dem für unmündig gehaltenen Bürger vorschreibt, was für ihn gut sei. Sie erfordert, dem Bürger glaubwürdig das Gefühl zu geben, daß die erlassenen Vorschriften wirklich zu seinem Besten sind.«[14]

Komplementär zu diesen Prinzipien war Strauß' stete Befürchtung, in der Verwaltung könnten berechtigte Sorgen oder Ansprüche der Bürger nicht ernst genommen und angemessen beantwortet werden. Hier spielte neben dem rechtsstaatlichen Grundprinzip, das dem Staatsbürger ein verwaltungsgerichtlich nachprüfbares Einspruchsrecht gegen staatliche Instanzen garantiert, Strauß' politische Erfahrung eine Rolle. So war ihm als Parlamentarier nicht allein das Petitionsrecht gegenüber dem Parlament vertraut, sondern auch die zahlreichen Petenten, die sich an ihn als Verteidigungsminister gewandt hatten, manchmal über 5000 im Jahr.[15] Nun gründete er in der Staatskanzlei eine Stelle für Bürgereingaben, deren Zahl schnell auf über 16 000 jährlich anstieg. »Damit setzte Strauß ein Zeichen, quasi als oberster Ombudsmann des Landes gegen bürokratischen Wildwuchs vorzugehen.«[16] Strauß beließ es nicht bei der Eingabestelle, sondern kümmerte sich immer wieder um Einzelfälle, wobei er oft nicht nur die eigene Ministerialbürokratie kontrollierte und kritisierte, sondern ihr gegenüber Misstrauen erkennen ließ. So beobachtete Hans Maier: »Der Ministerpräsident trat bei Konflikten kaum je als Haupt der Verwaltung auf. Fast immer gab er sich als Ombudsmann der Bürger. Manchmal führte er sogar höchstpersönlich die Opposition gegen die eigene Regierung und Verwaltung an.«[17] Das führte wiederholt zu sogenannten Einzelfallentscheidungen, die juristisch bedenklich ausfallen konnten.[18] Wieder tritt hier ein charakteristischer Charakterzug von Strauß hervor, auch als Regierender fiel er zuweilen in die Rolle des Opponenten und kümmerte sich um Aufgaben, die ihm wichtig schienen, selbst dann, wenn sie politisch zweitrangig waren.

Was aber trieb ihn? Jenseits juristischer oder verwaltungstechnischer Problematik findet sich bei Franz Josef Strauß schon seit seinen jungen Jahren das durchgängige Motiv, helfen zu wollen, wenn jemand in Not geriet. Insofern erwies er sich – und das längst vor seiner Zeit als Ministerpräsident – als ein echter Christsozialer, aber eben nicht als der in der Verwaltung groß gewordene, in die Politik gewechselte Jurist, der selbstverständlich die generelle Wirkung solcher Einzelfallentscheidungen und mögliche Berufungsgründe Dritter berücksichtigen musste. Für die persönliche Hilfsbereitschaft und seine Mitmenschlichkeit finden sich in zahlreichen Dankbriefen Belege genug, für seine »Amtshilfe« als Ministerpräsident erwähnt Edmund Stoiber aussagekräftige Beispiele: Als einer alten Dame eine für sie unbezahlbare Rückforderung zugestellt wurde, die sich auf eine 25 Jahre zurückliegende zu hohe Rentenberechnung bezog, schrieb Strauß an den Rand des Zeitungsartikels, der darüber berichtete: »Ein Rechenfehler vor fünfundzwanzig Jahren mag verzeihlich sein, diese Herzlosigkeit eines Bürokratenhirns nicht! Bitte für Abhilfe sorgen!« Der alten Dame wurde geholfen, ließ sich der Ministerpräsident doch solche Vorgänge wieder vorlegen. Und dauerten ihm die monierten Verwaltungsverfahren zu lange, malte er eine Schnecke auf den Briefkopf – sicherheitshalber lieferte er die Interpretation gleich mit: »In das Wappen dieser Behörde gehört eindeutig eine Schnecke.«[19] Solche Reaktionen von Strauß erinnern ein wenig an die »Machtsprüche« Friedrichs des Großen im 18. Jahrhundert, die dessen Juristen ebenfalls missfielen. Die patriarchalische Tradition, gepaart mit einem ausgeprägten Gerechtigkeitssinn und einem sozialen Empfinden, ist unverkennbar.

Strauß baute die Staatskanzlei nicht allein durch die »Eingabestelle« und die Abteilung »Grundsatzfragen und grenzüberschreitende Zusammenarbeit« aus, sondern ergänzte die Presseabteilung um die Referate Medienpolitik und Medienrecht. Entsprachen die ersten Erweiterungen seinen politischen und konzeptionellen Ansprüchen, so die zweite seinen leidvollen persönlichen Erfahrungen mit den Medien. Allerdings hatte Strauß schon als junger CSU-Generalsekretär Ende der 1940er-Jahre seiner Partei die Einsicht vermittelt, ohne eine gezielte Medienpolitik sei in einer Demokratie parteipolitische Arbeit unmöglich. Damals konnte er gegen den etatistischen Parteivorsitzenden Hans Ehard mit solchen modernen Handlungsweisen kaum durchdringen, nun holte er es in der Staatskanzlei nach.

In seiner Regierungserklärung widmete sich Strauß nicht allein grundsätzlich dem Thema »Bayern als Kulturstaat«, sondern spezifischer der Einsicht »Geschichte heißt auch Heimat«: Historische Bildung war dem durch die Zeitläufte verhinderten Geschichtsprofessor ein persönliches Anliegen, aber in seinen Augen zugleich die unentbehrliche Voraussetzung konzeptionellen und strategischen politischen Denkens. Der Kulturstaatlichkeit Bayerns diente eine weitere thematische Erweiterung, siedelte Strauß doch in der Staatskanzlei 1985 die Arbeitsgruppe für das »Haus der Bayerischen Geschichte« an. War es ein Zufall, dass Bundeskanzler Helmut Kohl seit 1983 durch eine Expertengruppe ein »Haus der Geschichte der Bundesrepublik Deutschland« vorbereiten ließ? Das Bonner Projekt ressortierte übrigens bei zwei CSU-Parteifreunden von Franz Josef Strauß, zunächst bei Friedrich Zimmermann als Bundesminister des Innern, dann bei Bundesbauminister Oscar Schneider. Der modernisierende Industrie- und Technologiepolitiker Strauß vernachlässigte also keineswegs Kultur, Geschichte und Bildung, vielmehr gehörte die Verbindung der Kulturstaatlichkeit mit forcierter Industrialisierung zu den nicht allein, dezidiert aber auch von Strauß befürworteten Markenzeichen bayerischer Politik. Und natürlich galt deshalb der Landesentwicklung und Energiesicherheit ein weiterer Schwerpunkt seiner Regierungserklärung.

Angesichts dieser breiten, in der Regierungserklärung entfalteten landespolitischen Palette, deren zentrale Punkte zielstrebig realisiert wurden, ist es verfehlt, Strauß von Beginn seiner Ministerpräsidentschaft an bereits wieder auf dem Rückweg nach Bonn zu wähnen. Da aber Freund und Feind, Medien und politische Kommentatoren von der Idee einer Kanzlerkandidatur vielleicht stärker behext waren als er selbst, blieb das Thema aktuell. Doch nach der Entscheidung für München wurde es 1979 virulent, weil die Union für die Bundestagswahl von 1980 erneut einen Kanzlerkandidaten nominieren musste. Franz Josef Strauß geriet nun in eine fast tragisch zu nennende Zwickmühle zwischen politischem Wollen, realistischer Prognose über die Wahlchancen und schließlich taktischem Zwang. Eine ganz freie Entscheidung war der Kampf um die Kanzlerkandidatur kaum, handelte es sich aber möglicherweise um eine unabwendbare Entscheidung? Vom Augenblick der Nominierung an war seine bayerische Herrschaft nicht mehr ungetrübt, sie wurde es erst wieder nach der Bundestagswahl von 1980.

Auf dem Weg zur Kanzlerkandidatur

Schon bald nach dem Wechsel des CSU-Vorsitzenden nach Bayern stellte sich die Frage, wer nächster Bundespräsident werden würde, da Walter Scheels Amtszeit im Sommer 1979 endete. Er war sehr populär, 71 Prozent der Bundesbürger wünschten eine weitere Amtsperiode, bei einer direkten Wahl hätten ihn dieser Umfrage zufolge 62 Prozent gewählt. Bundespräsident Scheel wäre wahrscheinlich zur erneuten Kandidatur bereit gewesen, hätte er auf eine Mehrheit rechnen können. Doch auf ein Vabanquespiel wollte er sich nicht einlassen. In der Union gab es zwar Befürworter seiner erneuten Kandidatur, doch existierten gegen ihn nach wie vor Widerstände wegen des Votums der FDP für Gustav Heinemann bei der Bundespräsidentenwahl, der Bildung der sozialliberalen Regierung 1969 und schließlich der von ihm als Außenminister seit 1969/70 mitbetriebenen Ostpolitik.[20] Das galt stärker für die CSU und Franz Josef Strauß als für die CDU. Diese Reaktion in der Union war politisch nicht unbedingt weitsichtig, hätte sie doch – wie die FDP bei der vorhergehenden Bundespräsidentenwahl – nun ihrerseits ein Signal für die Koalitionsbildung mit der FDP aussenden können, wenn auch mit umgekehrtem Vorzeichen. Wäre dies gelungen? Vielleicht.

Auf der anderen Seite empfanden es viele Unionspolitiker als widersinnig, angesichts einer eigenen Mehrheit in der Bundesversammlung auf das höchste Amt des Staates zu verzichten, zumal CDU/CSU seit zehn Jahren keines der beiden Spitzenämter mehr besetzt hatten. Insofern dürfte es einer Mehrheit der CDU/CSU weniger um die Person Walter Scheels und seine frühere Politik gegangen sein als um die eigenen parteipolitischen Prioritäten. Diese Haltung war stets in der Geschichte der Bundesrepublik für alle Parteien selbstverständlich, ist doch auch das Amt des Staatsoberhaupts ein politisches Amt.[21] Da bis dahin die CSU als einzige der im Bundestag vertretenen Parteien noch keinen Bundespräsidenten gestellt hatte, wäre ein Kandidat aus ihren Reihen gerechtfertigt gewesen. Doch bedurfte eine solche Nominierung der Einwilligung von Strauß, der selbst keine persönlichen Ambitionen hatte, weil ihm dieses Amt nur geringe politische Möglichkeiten gelassen hätte und es zu seinem gesamten Politikstil nicht passte. So blieb ein anderer CSU-Kandidat, der bayerische Kultusminister Hans Maier, den Helmut Kohl ins Spiel brachte. Strauß' Haltung dazu sei ambivalent gewesen, bei der nächsten Gelegenheit 1984 war er vermutlich ablehnend, berichtet Hans Maier. In seinem am 2. Januar 1979 veröffentlichten Interview mit dem *Spiegel* hielt Strauß zwar den Anspruch der CSU aufrecht, bei den bundespolitischen Spitzenämtern berücksichtigt zu werden, erklärte aber zugleich, derzeit habe die CSU keinen geeigneten Kandidaten – eine Persönlichkeit wie Alfons Goppel sei dafür angemessen, wäre er zehn Jahre jünger gewesen. Zur Haltung von Strauß gibt es verschiedene Deutungen, darunter diejenige von Johannes Gross, Strauß habe protokollarisch keinen anderen CSU-Politiker über sich dulden wollen.[22] Ein solches Motiv ist nicht auszuschließen, doch zumindest für 1979 ist eine andere Begründung überzeugender: Wäre ein CSU-Politiker in das protokollarisch höchste Amt der Bundesrepublik gewählt worden, hätte dies zweifellos den Anspruch der Partei und ihres Vorsitzenden Strauß geschwächt oder es sogar ausgeschlossen, den Kanzlerkandidaten der Union zu stellen. Nicht zuletzt aufgrund dieses Bedingungszusammenhangs blieb die CSU diejenige Partei, die noch keinen Bundespräsidenten stellte.

Der erste Akt der Entscheidungsbildung verlief relativ problemlos, die beiden Unionsparteien einigten sich seit Beratungen im Herbst 1978 auf den Präsidenten des Bundestags Karl Carstens, den Helmut Kohl im Einvernehmen mit Franz Josef Strauß vorschlug.[23] Zuvor hatte sich Franz Josef Strauß in einer Sitzung des Landesvorstands der CSU dezidiert für die Wahl von Karl Carstens zum Bundespräsidenten ausgesprochen. In der Konsequenz erreichte mit Richard Stücklen dann doch ein CSU-Politiker eines der drei protokollarisch höchsten Ämter der Bundesrepublik, das des Bundestagspräsidenten. Franz Josef Strauß erklärte in der Sitzung des Landesvorstands der CSU am 29. Januar 1979, Stücklen sei der Einzige, der dafür infrage komme.[24] Trotz mancher Meinungsverschiedenheiten vorher lobte der CSU-Vorsitzende ihn ausdrücklich. Friedrich Zimmermann erklärte gegenüber Karl Carstens, die CSU-Landesgruppe werde einstimmig für ihn als Bundespräsidenten votieren.[25] Franz Josef Strauß sprach sich ebenfalls öffentlich für Carstens aus, den er bereits 1976 als Kanzlerkandidaten der Union bevorzugt hatte.

Nun aber kam der dramatische zweite Akt, die Kanzlerkandidatur, über die die Unionsparteien früher entscheiden mussten, als ihnen lieb war, und in dem alle Hauptakteure, vor allem Helmut Kohl und Franz Josef Strauß, immer stärker zu Reagierenden als Agierenden wurden. Würden CDU und CSU ihren Fraktionsvorsitzenden und CDU-Vorsitzenden Helmut Kohl erneut für die Kanzlerkandidatur nominieren? Zwar hatte er 1976 ein hervorragendes Ergebnis erzielt, doch war offen, ob er sich überhaupt bereit erklären würde oder eher abwarten wollte, hatte sich doch die parteipolitische Konstellation seitdem nicht verändert. Der SPD-Kanzlerkandidat würde trotz vieler innerparteilicher Probleme wieder Helmut Schmidt heißen, und trotz aller guten Kontakte von Helmut Kohl zu Hans-Dietrich Genscher gab es angesichts der nun deutlich linksliberal geprägten FDP noch keine Anzeichen für einen Koalitionswechsel. Wie gut konnten die Aussichten also sein, die sozialliberale Regierung abzulösen? Hinzu kam die Schwierigkeit für den neuen CDU/CSU-Fraktionsvorsitzenden Kohl, die Unionsabgeordneten geschlossen hinter sich zu bringen, die ihn nur zu gern spüren ließen, dass er ein Bundestagsneuling war, dem der erfahrene Profi Schmidt mit gewohnter Arroganz gegenübertrat. Strauß bescheinigte dem Bundeskanzler bei solcher Gelegenheit, den Namen »Schmidt-Schnauze« verdient zu haben.

Zu den Kritikern des Oppositionsführers zählten damals nicht allein Strauß, sondern eine Reihe weiterer CSU- und CDU-Abgeordneter, die Kohls Führungsqualitäten bezweifelten.[26] Um die Jahreswende 1978/79 stand Helmut Kohl innerparteilich unter starkem Druck, sein früherer Generalsekretär Kurt Biedenkopf, den Kohl selbst 1973 in die Führungsriege seiner Partei geholt hatte, führte mit einem Memorandum Ende

Dezember 1978 die Fronde gegen seinen ehemaligen Chef an. Der Text wurde in der *Welt* am 16. Januar 1979 veröffentlicht.[27] Biedenkopf legte darin Kohl nahe, auf das Amt des Fraktionsvorsitzenden zu verzichten, auf das er offenbar selbst Ambitionen hegte.

Aufgrund eines tatsächlich einseitig ausgelegten Interviews von Strauß in der *Rheinischen Post*[28] wurde sogleich behauptet, dahinter stecke Strauß, der Biedenkopf als Kanzlerkandidaten ins Gespräch gebracht habe. Tatsächlich jedoch hatte Strauß während des nordrhein-westfälischen Wahlkampfs, in dem Biedenkopf Spitzenkandidat der CDU war, auf die Frage, ob dieser das Zeug zum Kanzlerkandidaten habe, lediglich geantwortet: Die Union habe mehrere geeignete Persönlichkeiten, zu denen auch Biedenkopf zähle. Nach Strauß' Angaben wollte er nicht durch eine negative Antwort den Kandidaten der Union desavouieren, was durchaus plausibel ist. Im Übrigen war das Verhältnis von Strauß zu Biedenkopf ambivalent, wenngleich Biedenkopf in den folgenden Monaten verschiedentlich, wenn auch nicht immer konsequent, Strauß unterstützte, um Kohl auszuschalten. Friedrich Zimmermann schwor die CSU-Landesgruppe aber darauf ein, sich zurückzuhalten: Aufgrund einer Rücksprache mit Franz Josef Strauß teilte er mit, die CSU werde sich in innerparteiliche Angelegenheiten der CDU nicht einmischen.[29] Im Übrigen werde Kohl sowohl Partei- als auch Fraktionsvorsitzender bleiben, er habe gegenüber Biedenkopf im Präsidium der CDU ein einstimmiges Votum erhalten.

Schon dieser erste innerparteiliche Versuch, Kohl kaltzustellen, war von vornherein zum Scheitern verurteilt. Biedenkopf überschätzte Ende 1977/Anfang 1978 das eigene politische Gewicht und unterschätzte die Stärke Kohls, der bei Verhandlungen mit der CSU über den Trennungsbeschluss von Wildbad Kreuth seine Wahl als Fraktionsvorsitzender für die gesamte Legislaturperiode bis 1980 durchgesetzt hatte. Und schließlich war Helmut Kohl erst im März 1977 auf dem Düsseldorfer Parteitag mit 767 von 810 Delegiertenstimmen als CDU-Vorsitzender wiedergewählt worden. Auch waren Kohls Erfolge nicht so gering zu schätzen, wie das seine Kritiker taten: Er hatte nach dem fulminanten Wahlergebnis 1976 und nach Wildbad Kreuth die Einheit der Union gerettet, einvernehmlich die Wahl von Carstens zum Bundespräsidenten erreicht, 1977/1978 eine funktionierende Zusammenarbeit zwischen Bundestagsfraktion und Bundespartei herbeigeführt, schließlich die Reorganisation der CDU eingeleitet und sie zu einer großen Mitgliederpartei gemacht.

Seit Sommer 1978 mehrten sich jedoch die Konfliktfelder, die aber nicht allein die Bundespolitik betrafen, sondern beispielsweise auch Baden-Württemberg, wo Ministerpräsident Hans Filbinger wegen seiner Vergangenheit als Wehrmachtsrichter und seiner verunglückten Reaktion auf die Kritik schließlich zurücktreten musste.[30] Zudem vermissten viele Unionspolitiker eine klare und konzise Oppositionsstrategie gegen den durch innerparteiliche Konflikte mit dem Parteivorsitzenden Willy Brandt und mit der Parteilinken um Erhard Eppler geschwächten Bundeskanzler Schmidt. Da ihm zudem weitere wirtschaftspolitische und andere innenpolitische Probleme zu schaffen machten, war die Erfolgsbilanz der Regierung mäßig, sodass normalerweise die Stunde der Opposition schlagen musste.[31] Beim Bundesparteitag der CDU, der vom 25. bis 27. März 1979 in Kiel stattfand, erlitt Helmut Kohl zwar bei der Wiederwahl zum Parteivorsitzenden einen Rückschlag, doch wurde er mit 617 gegen 82 Stimmen bei 41 Enthaltungen dennoch mit großer Mehrheit wiedergewählt.

Konnte, sollte Helmut Kohl in dieser Situation nach Lösung der Kandidatenfrage für die Bundespräsidentenwahl erneut die Kanzlerkandidatur anstreben? Die Dissonanzen innerhalb der CDU waren zu diesem Zeitpunkt enorm[32], die Medien kommentierten sie regelmäßig und verstärkten dadurch ihre Wirkung. Eine – gezielte? – Indiskretion am 23. Mai 1979, dem Tag der Wahl von Karl Carstens zum Bundespräsidenten, verhinderte deren positiven Effekt für die Unionsparteien. So konnte die Union es auch nicht ausschlachten, dass nicht alle Koalitionsabgeordneten für die eigene Kandidatin, die SPD-Bundestagsabgeordnete und Vorgängerin von Carstens als Bundestagspräsidentin, Annemarie Renger, gestimmt hatten: Karl Carstens erhielt 528 Stimmen, nur zwei Unionsvertreter enthielten sich, für Annemarie Renger sprachen sich 431 Mitglieder der Bundesversammlung aus. Insgesamt gab es 72 Enthaltungen, sie dürften zum größten Teil aus den Reihen der FDP, zum kleineren der SPD gekommen sein. Die Spannungen zwischen den Koalitionspartnern SPD und FDP waren also unübersehbar.[33]

Ursprünglich hatten die Unionsparteien sich darauf verständigt, die Frage der Kanzlerkandidatur erst nach der ersten Direktwahl für das Europäische Parlament am 10. Juni 1979 zu behandeln. Diese Vereinbarung wurde nun gegenstandslos, weil Kohls Kandidatenvorschlag beim Empfang nach der Wahl des Bundespräsidenten durchsickerte. Die Kanzlerkandidatur drohte erneut die Union zu spalten, zumal sich zu allem Überfluss die beiden mitgliederstärksten Landesverbände der CDU, Rheinland und Westfalen, angesichts der bevorstehenden Landtagswahl einen eigenen Weg vorbehielten, wenn sich CDU und CSU nicht einigen würden[34] – was immer das konkret heißen mochte. Das Thema »vierte Partei« war wieder auf dem Tisch, zumal in der CSU die Anhänger des Kreuther Trennungsbeschlusses keineswegs verstummt waren.[35] Selbst bei der Vorbereitung der Wahl zum Europa-Parlament dachten einige CSU-Vorstandsmitglieder über eine CSU-Bundesliste nach, was aber vom Parteivorsitzenden Strauß und Generalsekretär Stoiber als nicht machbar bezeichnet wurde.

Angesichts seiner eigenen schwierigen Lage in der Union verzichtete Kohl selbst auf eine erneute Kanzlerkandidatur und wollte den niedersächsischen Ministerpräsidenten Ernst Albrecht als Kanzlerkandidaten der Union durchsetzen. Sein Vorschlag basierte auf der Einschätzung, dass Strauß der FDP als Bundeskanzler nicht zu vermitteln und eine Unionsmehrheit nicht erreichbar sei. Albrecht regierte in Niedersachsen mit einer CDU/FDP-Regierung, galt als Kandidat der »Mitte« und kam bei jungen und bei weiblichen Wählern gut an, Ecken und Kanten wie bei Strauß waren nicht erkennbar, klare bundespolitische Konturen auch nicht, Ressentiments hatte er bisher nicht auf sich gezogen. Seine Chancen, norddeutsche Wähler, zumal Wechselwähler, zu gewinnen, wurden hoch eingeschätzt.

Der Verzicht Kohls auf die Kanzlerkandidatur für 1980 war realistisch und weitblickend, er konnte warten, Strauß konnte es nicht. Kohl war 15 Jahre jünger und besaß die Geduld, die Strauß fehlte. Doch gilt jenseits individueller Verhaltensweisen: Strauß war in einer Zwickmühle. Zwar hätte er nötigenfalls, wie schon 1976, Helmut Kohl als den Vorsitzenden der deutlich größeren der beiden Unionsparteien auch 1980 akzeptieren können. In dem erwähnten *Spiegel*-Interview vom 2. Januar 1978 – und am 29. Januar 1979 intern in der Sitzung des CSU-Landesvorstands – lobte Strauß Kohl als guten Parteivorsitzenden der CDU, der unter allen bisherigen Vorsitzenden »am meisten für die Organisation, den Aufbau und Ausbau dieser Partei getan hat«, und deutete sogar eine erneute Akzeptanz für die Kanzlerkandidatur an: »Wenn die CDU sich für Kohl entscheidet, gut, dann wird die CSU nicht mit dem Dolch im Gewande herumlaufen. Was wir wollen, ist diese Frage ohne Voreingenommenheit und in voller christlicher Nächstenliebe, leidenschaftslos nach objektiven Kriterien zu diskutieren. Es ist ja nicht so, daß Kohl etwa von Seiten der CSU demontiert wird.«[36] Bei einer solchen Lösung hätte Strauß sein Gesicht und den Anspruch der CSU wenigstens formell gewahrt. Doch für einen alten Fahrensmann wie ihn war es ausgeschlossen, einen Neuling wie Ernst Albrecht als Kanzlerkandidaten vor die Nase gesetzt zu bekommen.

Konnte Ernst Albrecht in den Augen von Franz Josef Strauß überhaupt eine Alternative zu Kohl oder ihm selbst sein, spielte Albrecht in der gleichen politischen Liga wie die Parteivorsitzenden? Am 6. Februar 1976 hatten in Niedersachsen abtrünnige Abgeordnete der vorherigen Koalition dazu beigetragen, Albrecht zum Ministerpräsidenten zu wählen, und schließlich war es ihm 1977 gelungen, durch eine Koalition mit der FDP seiner Minderheitsregierung eine parlamentarische Mehrheit zu verschaffen. Bei der Landtagswahl vom 4. Juni 1978 erreichte die CDU mit Ernst Albrecht als Spitzenkandidat im jahrzehntelang sozialdemokratisch dominierten Niedersachsen sogar die absolute Mehrheit. Doch war Albrecht selbst erst seit drei Jahren in einem Spitzenamt und besaß keinerlei bundespolitische Erfahrung. Schließlich hatte sich Strauß über Albrecht wegen der bedingungslosen Zustimmung zu den Polen-Verträgen maßlos geärgert, weil er von Strauß' Linie der Vernunft abgerückt war. Am 28. Mai 1979 führte er im Präsidium der CSU das politische Sündenregister von Albrecht auf. So sehr er sich darüber ärgerte, dass die CDU den von ihm und Kohl vereinbarten Zeitplan nicht eingehalten hatte, so war es doch diese Personalie, die seinen besonderen Zorn erregte: Hätte die CDU doch wenigstens Stoltenberg vorgeschlagen! Oder einen Dreiervorschlag mit Stoltenberg, Dregger, Albrecht! Stoltenberg, daran ließ Strauß auch bei anderer Gelegenheit keinen Zweifel, hielt er für eine bedeutende Persönlichkeit.

Hatte Strauß 1976 den CDU-Vorsitzenden Kohl als Kanzlerkandidaten – wenngleich zähneknirschend – akzeptieren können und sich nach dem Kreuther Trennungsbeschluss letztlich mit Kohl arrangieren müssen, so wäre eine Zustimmung zu Albrecht also gemäß dem Selbstverständnis nicht allein von Strauß, sondern der gesamten CSU unmöglich gewesen.[37] Die CSU konnte kaum anders, als die Kanzlerkandidatur zu beanspruchen, wenn Kohl selbst nicht antrat, andernfalls hätte sie auf ihren politischen Gestaltungsanspruch und ihre Forderung nach selbstständiger und gleichberechtigter Mitwirkung in der Union verzichtet. Und da die CSU 1975/1976 zweimal hatte zurückstecken müssen, war sie ihrer Einschätzung nach nun am Zuge. Als Helmut Kohls Kandidatenvorschlag vorzeitig bekannt wurde, reagierte die CSU prompt: Landesgruppenchef Friedrich Zimmermann und Generalsekretär Edmund Stoiber gaben am 24. Mai 1979 bekannt, Franz Josef Strauß stehe für eine Kanzlerkandidatur zur Verfügung. Dadurch geriet wiederum Helmut Kohl in Zugzwang. Auf seinen Wunsch begrüßte der CDU-Bundesvorstand am 28. Mai 1979 den Vorschlag Kohls, Ministerpräsident Ernst Albrecht zu nominieren, während das Präsidium der CSU am gleichen Tag den Vorschlag Strauß bekräftigte.

Franz Josef Strauß und seine Partei steckten also in einem Dilemma: Sie mussten zugreifen, mussten der CDU ihren Willen aufzwingen, wohl wissend, wie gering die Chancen waren, die Wahl zu gewinnen. Dies dürfte der ausschlaggebende Grund für das zögerliche Verhalten von Franz Josef Strauß in dieser Situation gewesen sein und weniger die Einschätzung von Friedrich Zimmermann, sein Parteivorsitzender sei ein Zauderer gewesen – eine Darstellung, die nicht zuletzt die eigene Entschlusskraft herausstellen sollte. Andere frühere Strauß-Mitarbeiter wie der ehemalige General Gerd Schmückle, der zeitweilige Persönliche Referent, Bundestagsabgeordnete und Staatssekretär Dr. Friedrich Voss sowie sein Pressereferent in der Staatskanzlei Dr. Friedrich Wilhelm Rothenpieler bestritten die Einschätzung Zimmermanns, Strauß sei ein Cunctator gewesen. Vielmehr habe Strauß, so Rothenpieler, alle Varianten und ihre möglichen Konsequenzen wie ein Schachspieler durchdacht, eine »bemerkenswerte Fähigkeit, die von Beobachtern jedoch mitunter als Zögerlichkeit fehlinterpretiert wurde«. Schmückle urteilte ganz ähnlich und fügte hinzu: »Wenn er ein Zauderer gewesen wäre, hätte er wohl kaum gegen den geballten Widerstand jener Tage eine Armee von 475 000 Mann aufstellen können. Wenn Zimmermann von Zögerlichkeit spricht, dann nur, weil Strauß die Kandidatur eigentlich nicht wollte. Strauß wußte, daß er die Wahl nicht gewinnen konnte.« Alle drei Zeitzeugen betonen, Strauß sei nicht zögerlich, sondern vorsichtig gewesen. Doch dürfte Zimmermann gegen die Einschätzung von Gerd Schmückle und Gerold Tandler zuzustimmen sein, dass Franz Josef Strauß sich letztlich nicht gegen seinen Willen zur Kanzlerkandidatur hätte drängen lassen.[38] Vielmehr sah er die Zwangslage, in der er selbst und die CSU waren. Gerade für einen Politiker wie ihn, der Handlungsoptionen und Alternativen rational analysierte, musste es höchst unerfreulich sein, tatsächlich keine Wahl mehr zu haben.

Es kommt hinzu, dass Strauß in den ersten Monaten 1979 immer wieder, besonders im Landesvorstand, eine äußerst pessimistische bundespolitische Lagebeurteilung für die Union abgegeben hatte, ja geradezu resignativ wirkte. Er verwies dabei ausdrücklich auf das Ansehen von Helmut Schmidt, der in Norddeutschland Zustimmungswerte von 60 Prozent erreiche und auch in Süddeutschland wachsenden Respekt genieße. Dagegen habe es jeder Herausforderer schwer, zumal dem Bundeskanzler auch noch der Amtsbonus zugute komme. Aufgrund dieser Lage sei auch Kohl der Meinung, 1980 könne kein Unionskandidat gewinnen, Albrecht sei dann verbraucht. Nach Einschätzung von Strauß hatte Geißler die Albrecht-Kandidatur seit Monaten ausgeheckt und dachte noch über Kohl hinaus, von dem er annahm, dass er 1984 wieder kandidieren und verlieren würde. Dann würde die CDU eine Geißler-Partei.

Edmund Stoiber schilderte, welche Gründe ihn und Zimmermann bewogen hatten, Strauß zur Kanzlerkandidatur zu drängen: Hätte man Albrecht nach dieser Überrumpelung akzeptiert, wäre die CSU blamiert gewesen, hätte sie ihn abgelehnt, wäre sie als Neinsager-Partei erschienen, die alle Vorschläge zurückwies. Strauß selbst habe jedoch »realistische Gründe« vorgebracht, »die gegen eine Kandidatur sprachen«. Und in der Präsidiumssitzung der CSU vom 28. Mai betonte Stoiber, wie schwer es sich Strauß mit der Entscheidung gemacht habe. Er sei unter anderem besorgt gewesen, welche Folgen eine Niederlage für die CSU haben würde. Zimmermann und er, Stoiber, seien sich nach der abendlichen und nächtlichen Diskussion mit Strauß nicht klar darüber gewesen, ob er wirklich zur Kanzlerkandidatur bereit war. Auf Drängen Stoibers gab Zimmermann, der am anderen Morgen ziemlich verkatert seinerseits wieder zögerte, schließlich in beider Namen die Kandidatur bekannt, ohne dass sie sich des Einverständnisses von Strauß hatten versichern können, da er nicht erreichbar war. Am Nachmittag hielt Strauß in Nürnberg bei einer Kundgebung zur Europawahl eine Rede, in der er mit keinem Wort auf die Kanzlerkandidatur einging. Später von Presseleuten bedrängt, antwortete er auf die Frage des Fernsehjournalisten Ernst Dieter Lueg, warum er Kanzlerkandidat werden wolle, mürrisch: »Was fragen Sie das mich? Fragen Sie doch den da!«, und zeigte auf seinen Generalsekretär Stoiber.[39] Die Schilderung von Friedrich Zimmermann stimmt im Kern trotz kleinerer Abweichungen mit der Stoibers überein, allerdings mit einem wesentlichen Unterschied: Nachdem sich Strauß an dem weinseligen Vorabend in Bonn zunächst lange der Zusage verweigert habe, sei die Stimmung gestiegen, alle hätten auf Strauß eingeredet, bis er sich schließlich zur Kandidatur bereit erklärt habe. Im Präsidium der CSU erklärte Strauß am 28. Mai 1979, er habe schließlich Zimmermann und Stoiber ermächtigt, in seinem Namen zu erklären, dass er für eine Kandidatur zur Verfügung stehe. Zimmermann betonte, da Strauß nie einen Zweifel daran gelassen habe, dass er alle anderen Politiker für »höchst unzulänglich … im Vergleich mit sich selber« gehalten habe, sei er schließlich sich selbst und der CSU die Kandidatur schuldig gewesen.[40]

Tatsächlich hatte Strauß schon früher betont, es sei ein Unterschied, eine Kandidatur anzumelden oder seine Bereitschaft zu erklären, gegebenenfalls zur Verfügung zu stehen. Und so sah die am 28. Mai 1979 folgende Erklärung des Präsidiums dann auch aus: Die CSU nahm keine Nominierung vor, sondern erklärte, das Präsidium begrüße einstimmig, dass sich Strauß als Kanzlerkandidat zur Verfügung stelle, wiederum wurde auf den zeitlichen und sachlichen Vorrang der Strategie- vor der Personaldebatte verwiesen. Erst nach der Einigung in Sachfragen solle über die daraus zu ziehenden personellen Konsequenzen zwischen CDU und CSU beraten werden. Und schon in der Zimmermann/Stoiber-Erklärung war ein Satz an die Adresse der CDU enthalten, der aus taktischen Gründen am 24. Mai jedoch nicht veröffentlicht wurde: Die Vorbedingungen müssten in Gesprächen zwischen beiden Parteien geregelt werden. Als im CSU-Präsidium der Vorschlag gemacht wurde, eine Kommission zu bilden, in der möglicherweise beide Kandidaten sich präsentieren könnten, lehnte Strauß schroff ab: Er werde nicht wie bei einer Miss-Wahl auf dem Laufsteg paradieren. Und unter Hinweis auf die Unionsdebatte über die Beliebtheit Albrechts bei den Wählerinnen, den Spötter wegen seines Lächelns auch die »Mona Lisa von der Leine« nannten, wurde Strauß noch deutlicher: Es gehe doch nicht um die Schönheit, wir sind doch keine »Body-Building-Typen«, bei dem der eine sage, ich habe das Hirn, und der andere sagt, ich habe den Hintern: Das alles habe mit Politik nichts zu tun.

Dieses Mal hatte die CSU die besseren Karten. Nach einem erneuten Scharmützel, bei dem der Streit über die Kanzlerkandidatur mehrfach eskalierte und die Union fast gesprengt hätte, zog die CDU/CSU-Fraktion mit Zustimmung der beiden Parteivorstände die Entscheidung an sich und stimmte am 2. Juli 1979 über beide Vorschläge ab. Die gemeinsame Strategiekommission einigte sich über nahezu alle Sachfragen. Schon in der erwähnten Präsidiumssitzung hatte Richard Stücklen die Unionsfraktion als das für die CSU günstigste Entscheidungsgremium bezeichnet, Theo Waigel beurteilte die Unionsfraktion des Bundestags noch unmittelbar vor der Debatte in der Landesvorstandssitzung vom 2. Juli als das einzige bestehende Gremium, in dem die CSU reelle Chancen habe, obwohl sie numerisch in der Minderheit sei.

Allerdings wollte der CSU-Vorstand die Entscheidung nicht um jeden Preis als verbindlich ansehen. Strauß selbst verwies auf die besonderen Umstände, unter denen die Fraktion bei der Wahl von Kanzlerkandidaten entschieden hätte – jeweils bei einem Wechsel innerhalb der Legislaturperiode: 1963 für Erhard, 1966 für Kiesinger. Doch könne die jetzige Fraktion, die nach 1980 nur noch zu etwa zwei Dritteln identisch sei, keine Entscheidung für die nachfolgenden Unionsabgeordneten fällen. Und überhaupt missfiel Strauß der Begriff »Kanzlerkandidat«, er hätte »Spitzenkandidat« vorgezogen. Er fand es Unfug, von der Kandidatenlösung eine Sicherheit für den Wahlsieg abzuleiten, das könne anders sein bei Kandidaten von der »monumentalen Größe« eines Konrad Adenauer oder Charles de Gaulle.[41]

Die Frage lautete also, wie konnten die CSU-Abgeordneten ihre CDU-Kollegen von Strauß überzeugen? Sie gingen zu Recht davon aus, dass Strauß, der fast 30 Jahre der Fraktion angehört hatte, dort eine herausragende Rolle gespielt und im Bundestag 153 Reden gehalten hatte, bei den Abgeordneten bessere Karten besitzen müsste als Albrecht. Schließlich hatte der vorherige höhere Beamte bei der EU-Kommission und jetzige Landespolitiker nie dem Bundestag angehört. Aus dem gleichen Grund sahen Helmut Kohl und Heiner Geißler wohl die Fraktion nicht als das optimale Entscheidungsgremium an, um Albrecht durchzubringen. Oscar Schneider plädierte dafür, den CDU-Mitgliedern klarzumachen, dass eine Kanzlerkandidatur von Strauß die bundesweite Ausdehnung der CSU aus- und die Erneuerung der Fraktionsgemeinschaft 1980 einschließe. Allerdings war auch er der Meinung, dass die Partei keine formellen Bedingungen akzeptieren dürfe.

Der CSU-Vorstand beschloss das von Zimmermann vorgelegte Papier für die entscheidende Sitzung, das allerdings erst danach an die dpa gegeben wurde. Der Vorstand betonte, die CDU/CSU-Fraktion, als einzige seit über 30 Jahren bestehende ständige Institution beider Unionsparteien, solle beteiligt werden, doch könnten verbindliche Entscheidungen nur die satzungsmäßigen Gremien der Unionsparteien treffen. Schon der erste Punkt des Zimmermann-Textes beunruhigte die CDU, wurde doch nicht allein eine überzeugende gemeinsame Sachaussage gefordert, sondern auch »eine für den Wahlsieg geeignete Formation und ein profiliertes personelles Angebot«. Zwar war dies sehr allgemein formuliert, konnte aber von der Unionsführung und den auf ihre Wiederwahl bedachten Abgeordneten als Drohung verstanden werden, weil damit erneut das Gespenst zweier miteinander konkurrierender bundesweiter Unionslisten an die Wand gemalt wurde. Es wurde Zimmermanns Aufgabe, die CDU-Kollegen davon zu überzeugen, dass diese Passage keine Drohung darstellte, aber doch ernst gemeint war – er löste dieses Problem offenbar bravourös, wie seine Selbstdarstellung, vor allem aber das Ergebnis zeigt.[42] Erleichtert wurde der Machtpoker der CSU, weil zwar die CSU geschlossen hinter Strauß stand, die Nominierung Albrechts aber in der CDU umstritten blieb.

Fünf, sechs Stunden dauerte der mit harten Bandagen geführte Schlagabtausch über die Personalfrage, bei dem 68 Abgeordnete das Wort ergriffen und der Fraktionsvorsitzende Kohl immer wieder vergeblich versuchte, dem CSU-Landesgruppenchef Zimmermann die eindeutige Aussage abzuringen, dass nicht allein Albrecht, sondern auch Strauß das Ergebnis akzeptieren würde und in jedem Fall das Thema »Vierte Partei« erledigt sei.[43] Schließlich votierten von den 237 anwesenden 135 Abgeordnete für Franz Josef Strauß, für Ernst Albrecht 102, 15 Fraktionsmitglieder waren entschuldigt. Damit hatte sich ein beträchtlicher Teil der CDU-Fraktionsmitglieder – mehr als 80 Abgeordnete, also etwa 40 Prozent – für den CSU-Vorsitzenden entschieden. Dieses Ergebnis werteten viele Beobachter als Anerkennung der außergewöhnlichen politischen Leistung von Strauß, der 30 Jahre lang die Geschichte der Bundesrepublik entscheidend mitgeprägt hatte. Strauß' Sieg war umso strahlender, als der CDU die Widerstände gegen ihren neuen Kanzlerkandidaten in Norddeutschland durchaus bewusst waren, also auch das Risiko eines erneuten Scheiterns bei der Bundestagswahl. Helmut Kohl reagierte auf seine herbe Niederlage gegen Strauß mit überlegener Souveränität, weder zog er sich wie einst Rainer Barzel 1973 gekränkt zurück noch ließ er sich nachhaltig schwächen: Er erklärte sachlich zutreffend und taktisch geschickt derartige Kontroversen und Kampfabstimmungen zum Charakteristikum der Demokratie, isolierte künftig seinen gegnerischen Parteifreund Biedenkopf und arrangierte sich mit Franz Josef Strauß und Friedrich Zimmermann. Er dankte Albrecht, gratulierte Strauß und erklärte, dass er sich »nachdrücklich dafür einsetzen werde, daß die CDU diese Entscheidung voll mitträgt und gestaltet«.[44] Das war auch insofern konsequent, als Helmut Kohl sich stets mit großer Verve für die Einheit der Union einsetzte.

Kanzlerkandidatur und Wahlkampf 1979/80

Tatsächlich war es an der Zeit, über die bundespolitischen Führungsambitionen des CSU-Vorsitzenden zu entscheiden. Für Strauß bedeutete das Votum der Fraktion die lange ausbleibende Genugtuung, auch offiziell als einer der beiden Spitzenmänner der Union angesehen zu werden: Die CDU/CSU-Fraktion gab damit zu erkennen, dass sie ihm einen Wahlsieg und die Kanzlerschaft zutraute. Zugleich spricht manches dafür, dass sich Franz Josef Strauß weniger Illusionen über den Wahlausgang machte als viele seiner Parteifreunde, er wusste nur zu gut, wie viele Pfeile er auf sich zog. Ein bequemer Kandidat mit abgeschliffenen Ecken und Kanten, dessen politische Prinzipien und Ziele bis zur Unverbindlichkeit changierten, wollte er selbst nicht sein, konnte er seiner Natur nach nicht sein. Sprach dies wirklich gegen ihn?

Trotz der Ablehnung in Teilen der CDU wusste deren Mehrheit, dass die Union nun geschlossen hinter ihrem Kandidaten stehen musste. Wieder war es Helmut Kohl, der diese Notwendigkeit klar zum Ausdruck brachte und nüchtern zur Tagesordnung überging, die ab jetzt Wahlkampf für die Union und Franz Josef Strauß als Kanzlerkandidaten bedeutete. Kohl kämpfte nun entschieden für Strauß, der Wahlkampf musste von den beiden Generalsekretären der Unionsparteien, Heiner Geißler und Edmund Stoiber, organisiert werden. Der eingefleischte Strauß-Gegner Geißler, nach dem Urteil von Strauß ein »Herz-Jesu-Sozialist«[45] mit einem »Gesicht wie ein ungemachtes Bett«[46], musste über seinen Schatten springen. Nach verschiedentlicher Ermahnung von Kohl und anfänglichem Zögern tat er das dann auch. Stoiber attestierte ihm, dass Geißler trotz einzelner Meinungsverschiedenheiten die Bundesgeschäftsstelle der CDU »mit vollem Einsatz für den Erfolg« arbeiten ließ.[47] Allerdings war das nicht von Beginn an der Fall, da Geißler sich erst nach einer gewissen »Gewöhnungsphase« auf den Kanzlerkandidaten Strauß einstellte. So hatte Generalsekretär Stoiber seinen Kollegen Geißler nach einer »unglückseligen Rede« in Reutlingen, die wegen kritischer Untertöne gegenüber der CSU in der Partei Empörung auslöste, am 13. Juli 1979 in einem Brief noch heftig attackiert und ihn aufgefordert: »Ich ersuche Sie nachdrücklichst, endlich den gemeinsamen Spitzenkandidaten zu unterstützen, anstelle ihn dauernd zwischen den Zeilen in Ihren Interviews zu kritisieren oder aber die Mitverantwortung für den gemeinsamen Wahlkampf aus den Händen zu geben.«[48]

Später betonte Strauß im Landesvorstand der CSU wiederholt, dass Kohl sich sehr darum bemühe, ein gutes Verhältnis herzustellen, und sich im Wahlkampf voll einsetze, selbst Geißler tue das nun. Auch die Sachgespräche in der jetzt auf einen kleineren Kreis von sechs Personen (Kohl, Geißler, Stoltenberg sowie Strauß, Stoiber und Zimmermann) reduzierten Strategiekommission verliefen nach Strauß' und Stoibers Einschätzung sehr angenehm und konstruktiv.[49] Auch Helmut Kohl bemerkte, der Wahlkampf habe das persönliche Verhältnis zwischen den beiden Parteivorsitzenden verbessert.[50] Das hielt auch danach noch einige Zeit an. So schrieb Helmut Kohl an Strauß im Dezember 1980 einen zweiseitigen handgeschriebenen herzlichen Weihnachtsgruß, in dem es unter anderem hieß: »Das abgelaufene Jahr brachte uns manche Mühsal und Kämpfe, aber auch gute Erfahrungen. Für mich gehört dazu die Vertiefung unserer Freundschaft. Gerade in diesen oft so unmenschlichen Zeitläuften empfinde ich dies als eine glückliche Erfahrung.«[51]

Als der Wahlkampf, das »Duell der Giganten« (Wolfgang Jäger)[52], immer wieder in Hasstiraden gegen Strauß ausartete und die *Frankfurter Allgemeine Zeitung* einen Leitartikel mit dem Titel überschrieb »Hetze statt Wahlkampf«[53], wurde klar, dass hier ein Goliath gegen Windmühlen kämpfte und es nur begrenzt um die besseren Argumente ging. Die in sich uneinige Koalition und die zerstrittene SPD profitierten von der Nominierung des CSU-Vorsitzenden. Die Regierung wurde unter anderem durch den wesentlich von Schmidt auf der Londoner Konferenz vom Dezember 1979 initiierten NATO-Doppelbeschluss gegen die sowjetische Hochrüstung mit SS-20-Raketen auseinandergetrieben, aber auch von wachsenden Divergenzen in der Wirtschafts- und Sozialpolitik. Nun aber ließ die erneute Revitalisierung des Feindbilds Strauß die Kontroversen zurücktreten, wie sich allerdings bald nach 1980 zeigte, keineswegs verschwinden. Bundeskanzler Helmut Schmidt nutzte geschickt die Reizfigur des Unionskandidaten, um von den eigenen parteiinternen Querelen sowie der verbreiteten Unzufriedenheit mit seiner Regierung abzulenken, und suchte zunehmend das internationale Parkett, das ihn hausinternen Niederungen entrückte. Geriet Schmidt trotzdem einmal in Bedrängnis, begann Wehner zu poltern und zog so die Prügel auf sich: So beschrieb

Franz Josef Strauß plastisch die immer wieder praktizierte Methode Wehners, mit der er Schmidt weitgehend aus der Schusslinie nahm.

Obwohl sich Schmidt und Strauß – trotz gelegentlicher wechselseitiger Ausfälle – persönlich durchaus schätzten und in mehreren wichtigen Sachfragen Übereinstimmungen bestanden, stellte der Bundeskanzler seinen Gegenkandidaten Strauß als unberechenbar hin. Strauß seinerseits hatte insofern ein Problem, als seine Attacken mehr der SPD als der Person ihres Bundeskanzlers galten, über den er schon im vorhergehenden Wahlkampf im Mai 1976 gesagt hatte: »Die Aufgabe von Helmut Schmidt ist es, eine politische Mitte der SPD vorzutäuschen, die es in der Parteihierarchie in dieser Weise gar nicht mehr gibt.« Und über Graf Lambsdorff, den FDP-Wirtschaftsminister, hat er sich in seinem *Spiegel*-Interview Anfang Januar 1978 in ähnlicher Weise geäußert: Mit beiden hätte Strauß ohne Weiteres eine Koalition bilden können, insofern enthielt sein Wahlkampf auch in Bezug auf die politischen Gegenspieler Ambivalenzen.

Doch solche Differenzierungen bestimmten das öffentliche Bild nicht, vielmehr polarisierte Franz Josef Strauß schon durch sein kämpferisches Auftreten politisch und gesellschaftlich, wie Schmidt genüsslich vor Augen führte: Strauß schüre geradezu Konflikte. Da Schmidt selbst außerhalb der SPD großes Ansehen genoss, sich als disziplinierten, in sich ruhenden, hanseatisch-kühlen Staatsmann inszenierte, Kompetenz personifizierte, Stabilität und Ausgleich versprach, wirkte das in der auf ruhige Kontinuität bedachten bundesdeutschen Gesellschaft vorteilhaft. Willy Brandt stellte Strauß als denjenigen hin, der »mit geifernder Wut… unsere Politik des Ausgleichs bekämpft hat«. Wäre es nach Strauß gegangen, hätte die »Aussöhnung mit unseren östlichen Nachbarn… noch immer auf sich warten lassen«.[54]

Das alles war die übliche Wahlkampfpolemik, wirkte jedoch vor dem Kontext bundesweiter »Stoppt Strauß«-Kampagnen für ihn bei den unentschiedenen Wählern äußerst nachteilig. Mochten viele die Diffamierung von Strauß als kriegslüsternen Faschisten, der angeblich jede Entspannungspolitik bekämpfte, unkontrolliert machtgierig und ein antidemokratischer Rechtsbrecher sei, auch für übertrieben halten, so erschütterte diese seit Jahren betriebene, nun erneut verschärfte Anti-Strauß-Propaganda doch das für einen Wahlerfolg notwendige Vertrauen. Da fast jede seiner Wahlkampfveranstaltungen mit ungehemmter Demagogie massiv gestört wurde, assoziierten viele Wähler den in solchen Fällen verständlicherweise reizbaren Wahlkämpfer Strauß mit dieser Unruhe oder machten ihn gar für Krawalle mitverantwortlich, deren Opfer er war.

Überschattet wurde der Wahlkampf durch ein rechtsextremistisches

Attentat am 28. September 1980 auf dem Münchner Oktoberfest, dem 13 Tote und mehr als 200 zum Teil lebensgefährlich Verletzte zum Opfer fielen. Der vermutliche Bombenleger, der zur neonazistischen »Wehrsportgruppe Hoffmann« gehörte, wurde dabei getötet.[55] Diese Morde zeigten, dass die Gefahr nicht nur von Linksextremisten ausging, und spielte insofern auch eine Rolle im Wahlkampf, ohne doch das Ergebnis zu beeinflussen. Strauß hatte Bundesinnenminister Baum vorgeworfen, er habe die Sicherheitsorgane permanent verunsichert. Darauf setzte, so die FAZ, Regierungssprecher Klaus Bölling auf einen Schelmen anderthalbe und warf Strauß vor, er verleumde um seiner Propaganda willen Staatspersonen. Tatsächlich hatte Baum am 30. Januar 1980 die etwa 400 Personen umfassende »Wehrsportgruppe« verboten.

Strauß wurde vorgeworfen, er ziele unter die Gürtellinie, worauf er trocken konterte, dann müsse die SPD ihr Hirn wohl direkt unter dem Gürtel tragen. Doch wie oft seine politischen Gegner unter die Gürtellinie schlugen, blieb in der Regel unerwähnt. Dabei handelte es sich keineswegs nur um Krakeeler, die keine politischen Positionen innehatten. Vielmehr beteiligten sich, wie zahlreiche Beispiele belegen, selbst SPD-Bundestagsabgeordnete wie Norbert Gansel, Wolfgang Roth, Rudolf Schöfberger oder Klaus Thüsing an solchen Kampagnen. Deren Diffamierung von Strauß als »innen- und außenpolitisches Sicherheitsrisiko, der außenpolitisch der Politik der aktiven Friedenssicherung einen undifferenzierten Antikommunismus« entgegensetze, schürte mit Panikmache die Angst vor einem möglichen Wahlsieg des Unionskandidaten.[56]

»Sicherheitsrisiko« wurde schnell ein gängiges Schlagwort gegen Strauß, wobei natürlich auch eine Titelgeschichte im *Spiegel* mit dieser Stoßrichtung vom 26. Februar 1980 nicht fehlen durfte. Im Hamburger Magazin wurde bald darauf, am 14. April, also dreieinhalb Jahre später, noch einmal die berüchtigte Rede vom »Wienerwald« 1976 abgedruckt – hatte man im Norden nichts Neues? Oder doch, denn bei einem geplanten Wahlkampfauftritt in Hamburg konnte Strauß die Halle nicht mit dem Auto erreichen, weil davor Straßenschlachten fanatischer Strauß-Hasser gegen die Polizei tobten, er musste mit einem Hubschrauber eingeflogen werden[57] – kein Sicherheitsrisiko für Rechtsstaat und Meinungsfreiheit in der Bundesrepublik? Der inszenierte Hass auf Strauß hatte mit demokratischen Spielregeln, sachlicher Kontroverse, ja selbst mit heftiger politischer Polemik nichts mehr zu tun, sondern überschritt selbst die in Wahlkampfzeiten sehr weit gezogenen Grenzen. Nicht allein in Hamburg, auch andernorts kam es bei Auftritten von Strauß zu regelrechten Krawallen wie in Essen, als gegen den Kanzlerkandidaten der Union nach Einschätzung von Edmund Stoiber ein gut organisierter und fanatisierter linksradikaler Störtrupp von etwa 2000 Mann eingesetzt wurde.[58]

Weniger lautstark, aber in linksliberalen Kreisen durchaus wirkungs-
voll wurde im April 1980 der Film von Volker Schlöndorff, Alexander
Kluge, Stefan Aust und Alexander von Eschwege herausgebracht, betitelt
Der Kandidat. Er beanspruchte, nicht allein die politische Laufbahn als
Lehrstück über die Geschichte der Bundesrepublik in ausgewählten Bil-
dern, Szenen, Interviews zu illustrieren, sondern auch die vermeintlichen
Skandale in Strauß' politischer Laufbahn seit 1945 zu dokumentieren.
Spiegel, *Stern*, FAZ und andere Blätter besprachen oder bewarben den
Film intensiv.[59] Es handelte sich um einen in Montagetechnik erstellten
Film, dessen Absicht es war, über Strauß hinausweisend die politische
Kultur der Bundesrepublik an ihm zu exemplifizieren. Die physiognomi-
schen Veränderungen bei Strauß während der vergangenen 35 Jahre werden im Wechsel mit beweglichen und statischen, ja starren Bildern ge-
zeigt und sollen dadurch schließlich Stillstand symbolisieren. Strauß'
Reden werden immer stärker als Botschaften der Verängstigung der
deutschen Bevölkerung inszeniert. Gegen Ende des Films werden Ton-
bandmitschnitte der »Wienerwald«-Rede reproduziert.

Man macht es sich wohl zu einfach, den Film schlicht als Anti-Strauß-
Film zu bewerten, trotz vieler Strauß-kritischer und provozierender Passagen. Der *Spiegel* machte nicht, wie Friedrich Voss suggeriert, für den
Film Reklame. Vielmehr fiel die Besprechung des Regisseurs und Film-
kritikers Ivan Nagel insgesamt differenziert aus, richtete sich aber weniger gegen das Strauß-Porträt des Films als gegen das vielschichtige filmi-
sche Konzept und seine Realisierung. Die Wirkung des Films dürfte
jedoch von anderer Art gewesen sein und wird in einer Bemerkung von
Nagel deutlich: Strauß werde »zum Schauspieler eines Kraftmenschen
im aussichtslosen Versuch, den Stillstand zu dramatisieren. Seine faden-
scheinige, unglaubhafte Chance ist die Leere, die er uns und sich nicht
gewünscht hat.« Es umgebe, »den Kandidaten, dem dieser Film beharrlich und nicht boshaft zusieht, eine ganz und gar unmystische, etwas
ärmliche Trauer. Es ist, als sei er mittlerweile eher Opfer als Täter der
größeren, verschwiegenen Rat- und Entscheidungslosigkeit, welche die
Scheinentscheidungen Tag für Tag umhüllt, entwertet.«[60] Die FAZ urteilte im Rückblick, es falle schwer, »diesen Kandidaten und seinen Ges-
tus im Rückblick ganz ernst zu nehmen, noch schwerer, manche damaligen Bedrohungsszenarien nachzuvollziehen«.[61]

Im Kern stellt der Film eine Kritik an der parlamentarischen Demokratie der Bundesrepublik dar, Strauß erscheint nicht als politische Alternative, sondern inzwischen als Symbol einer statischen, sich im Betrieb
erschöpfenden Politik. Die Aufbruchsstimmung von 1969 war verflogen, doch wurde dies nicht – wie es konsequent gewesen wäre – an Willy
Brandt vorexerziert, sondern eben an Franz Josef Strauß – ausgerechnet

er wurde auf den durchschnittlichen Politikbetrieb reduziert. Ausgerechnet Strauß, dem konzeptionell denkenden und argumentierenden dynamischen Politiker, wurde die von den Filmemachern unterstellte deprimierende banale Statik der bundesrepublikanischen Politikszenerie attestiert – dies stellte die Realitäten auf den Kopf, obgleich der Film einen interessanten Blickwinkel besaß und auch gelungene Passagen enthält. Gleichwohl ließe sich die Tendenz des Films an vielen Details und am Gesamtzuschnitt demonstrieren. Anders als sie vorgaben, versuchten sich die Filmemacher also doch als Wahlkämpfer.

Und gab es nicht zwei Kandidaten? Warum also wollten die Filmemacher den von ihnen als trostlos dargestellten Politikbetrieb in der Bundesrepublik nur an einem verdeutlichen? Das Charisma von Strauß sollte entzaubert werden, das von Schmidt wurde nicht tangiert. Insofern hatte der Film, wenngleich er viel subtiler war als die meisten anderen Strauß-Aktionen seiner Gegner, eine eindeutige politische Schlagseite. Die CSU antwortete mit *Der Gegenkandidat* – doch dabei handelte es sich naturgemäß um den Wahlkampffilm einer Partei, er wurde auch so gesehen, der Film von Schlöndorff, Kluge, Aust und Eschwege aber kam als Dokumentation daher, zeigte zwei Stunden lang authentisches Bildmaterial und beanspruchte Objektivität, die er dennoch nicht besaß – auch Bilder können lügen.

Die Union war besonders empört, weil der Film durch die Filmbewertungsstelle in Wiesbaden mit dem Prädikat »Besonders wertvoll« ausgezeichnet wurde. In dem Gutachten des Bewertungsausschusses hieß es unter anderem: »Der Film warnt vor einer Spielart deutschen Denkens, die der Kandidat durch die Konsequenz seines Lebens für die Politik verkörpert. Mit dieser Warnung nimmt das Autorenkollektiv eindeutig und einseitig Partei. Es bedient sich dabei – und das mit außerordentlicher Konsequenz – pamphletistischer Stilmittel.«[62] Trotzdem kam die Bewertungsstelle zu dem Ergebnis, dass der Film ein vielschichtiges Porträt liefere, bei dem sich die Polemik aus den Wahlreden des Kandidaten selbst ergebe und im Übrigen darüber hinaus politisch und gesellschaftskritisch den Blick für Zusammenhänge, Karrierewege, Argumentationsmuster in der Bundesrepublik schärfen wolle – aber eben nur am Beispiel von Strauß, der als Personifizierung der von diesem Teil der politischen Linken äußerst kritisch beäugten Bundesrepublik erschien. Dieser Film drückte wieder einmal linksintellektuelles Politikverständnis aus – in einer charakteristischen Variante, die Oscar Schneider treffend »ideologische Denunzierung der Wirklichkeit« nannte.[63]

Wie reagierte Strauß selbst auf den politischen, publizistischen und linksintellektuellen Dauerbeschuss, die Störtrupps und die Krawalle? Er engagierte sich wie üblich mit vollem Einsatz, oft war er ganze Tage im

Wahlkampf und hielt an unterschiedlichen Orten mehr als ein halbes Dutzend Reden. Seit seiner Nominierung am 2. Juli 1979 hatte er eineinhalb Jahre lang außer Weihnachten und Ostern kein freies Wochenende mehr und musste bundesweit präsent sein.[64] Seine Auftritte bildeten eine Attraktion, die jeweils von Tausenden besucht wurde, einmal sollen es gar 15 000 Zuhörer gewesen sein. Kein Zweifel, seine Gegner waren von Strauß fasziniert, selbst wenn sie es nicht zugaben, daran änderte auch der Film *Der Kandidat* nichts. Solcher Zuspruch auf Wahlveranstaltungen konnte für Politiker ein Jungbrunnen sein, wie man es schon für den alten Konrad Adenauer bemerkt hatte. Auch er hatte sich – wie auf der anderen Seite Willy Brandt – vieler Gegner zu erwehren, doch vergleichbar waren die Attacken auf Strauß damit nicht, gingen sie doch immer wieder ins persönlich Beleidigende und übel Diffamierende – »Brandt alias Frahm«, so geschmacklos es war, ist damit nicht zu vergleichen. Und selbst an einer Kraftnatur wie Strauß, der nicht gewohnt war, sich zu schonen oder seinen Lebensstil in einem 14-monatigen Wahlkampf unter Dauerbeschuss zu disziplinieren, gingen die Strapazen nicht mehr spurlos vorüber, zumal sie von Resignation begleitet waren[65]: Gleich, wie er auftrat, ob argumentationsstark und kompetent, ob er witzig-polemisch die SPD als »rote Wanderdüne« karikierte, die Regierung hart attackierte oder explosiv auf lautstarke Störungen reagierte, die Umfragewerte verbesserten sich nicht. »Zwar hatte er unmittelbar nach der Kandidatenkür vor der Bundestagsfraktion erklärt, auf einen harten Konfrontationskurs verzichten zu wollen; doch glauben mochten ihm das die wenigsten Parlamentarier. Mehr und mehr ließ sich der sonst so weitsichtige Mann vom politischen Gegner provozieren.«[66] Naturgemäß musste Strauß als Herausforderer schärfer angreifen, Schmidt jedoch konnte als Verteidiger mehr ruhige Gelassenheit ausstrahlen. In dieser Konstellation verstärkte sich die negative Perzeption sogar, wenn Strauß' Argumente überzeugend waren.

Nicht zu unterschätzen ist die Spannung, die zwischen dem Politikverständnis von Franz Josef Strauß und den Erwartungen einer breiten Öffentlichkeit lag: Setzte er auf klare, offensiv formulierte Alternativen als Lebenselixier der parlamentarischen Demokratie, so verabscheute ein erheblicher Teil der Gesellschaft die Kontroverse, die offene Auseinandersetzung. Strauß selbst sah das Problem durchaus. Die Konfrontation gehörte seines Erachtens zum Wahlkampf wie das Salz in die Suppe: Wolle man wegen des Glücksgefühls der Deutschen, immer harmonisch zusammen sein zu wollen, die Konfrontation vermeiden, dann müsse sich die CSU auflösen und einen Harmonieverein bilden. Man dürfe nicht zulassen, dass die Politiker in Konfrontationspolitiker auf der einen und Harmoniepolitiker auf der anderen Seite aufgeteilt würden, lautete das Credo von Strauß.[67] Doch betonte Strauß genauso dezidiert, er verstehe Opposition nicht als Obstruktion. Wo die Regierung nach Meinung der CSU auf dem richtigen Weg sei, müsse man sie unterstützen, er werde, wenn Schmidt etwas tue, was er als richtig ansehe, nicht Opposition um der Opposition willen machen. Andernfalls aber gelte es, die Regierung mit allen legalen Mitteln zu bekämpfen.[68]

Die Frage, wäre ein Politiker wie Strauß heute möglich, wirft auch einen Blick auf die damalige Konstellation – wenn Harmoniestreben die Grundmaxime einer Gesellschaft ist, wird die klare Alternative und notwendige Kontroverse zwischen Regierung und Opposition verwischt –, frei nach Brecht müsste sich die Regierung ihre Opposition aussuchen. War Strauß schon damals ein Unzeitgemäßer, nicht etwa weil er konservativ war, sondern als entschiedener Verfechter politischer Alternativen? Natürlich wusste ein so erfahrener Politiker wie Strauß nur zu gut, dass neben der Konfrontation in einer Demokratie auch der Kompromiss, die Integration unterschiedlicher Standpunkte unentbehrlich sind – doch eben erst am Ende der Debatte. Strauß wäre nicht mehrere Jahrzehnte Parteivorsitzender einer in sich differenzierten und munter diskussionsfreudigen Partei gewesen, hätte er nur auf Konfrontation gesetzt, vielmehr bewies er immer wieder zugleich außerordentliche integrative Fähigkeiten.

Gerade in diesen Jahren brach eine andere Diskussion los, und der Kontext ist einigermaßen verblüffend: In der Debatte über Bildung und Erziehung reduzierte die »Neue Linke« in der Bildungspolitik, beispielsweise der sozialdemokratische hessische Kultusminister Ludwig von Friedeburg in den Hessischen Rahmenrichtlinien zur Gesellschaftslehre, nicht allein den Geschichtsunterricht auf »gesellschaftsrelevante«, also rein gegenwartsbezogene Themen, sondern predigte den Konflikt als zentrales Thema dieses Curriculums. Dagegen richteten sich neben anderen Historiker wie Thomas Nipperdey, der unter dem Titel »Konflikt – einzige Wahrheit der Gesellschaft« diese Zielsetzung infrage stellte und – obwohl selbst damals Sozialdemokrat – als konservativ eingestuft wurde, galt doch seit den 1960er-Jahren der Konflikt als Fortschritt erzeugender Motor der Gesellschaft. Doch paradox genug, galten bei der sozialdemokratischen Linken für Strauß nicht die gleichen Regeln, die sie sonst forderte. Vielmehr denunzierte sie Strauß' Ablehnung einer falschen und voreiligen Harmonisierung, seine Bereitschaft zur politischen Konfrontation, die tatsächlich einer pluralistischen Gesellschaftsordnung mit natürlichen Antagonismen sowie einer demokratischen Verfassungsordnung entsprach, als Sicherheitsrisiko. Die Konfrontation *mit* Strauß galt als selbstverständlich, dessen Konfrontation mit seinen Widersachern jedoch als »Spaltung der Gesellschaft«.

Tatsächlich führte Strauß seinen Wahlkampf nicht durchgängig mit einer einheitlichen Konzeption. Das lag nicht nur an den Angriffen auf ihn, sondern resultierte aus der eigenen Diagnose der Wahlaussichten. Er kannte nicht allein alle Meinungsumfragen, sondern ließ sich regelmäßig Situationsanalysen, Berichte über die politische Lage, über das Innenleben der Parteien, über Personen zusammenstellen und erhielt Hunderte briefliche Informationen. Wie seine Marginalien zeigen, nahm er wichtige Berichte genau zur Kenntnis, war also bestens informiert. Und das führte nicht allein zu einer differenzierten Sicht auf die politischen Entwicklungen, sondern auch zur Reflexion über alternative Handlungsmöglichkeiten. Strauß befasste sich wiederholt mit der Koalitionsfrage nach den Wahlen und zeigte sich dabei wieder einmal flexibler, als es nach außen drang. So erklärte er in der CSU-Landesgruppe schon bevor er Kanzlerkandidat wurde: Die gemeinsame Strategiekommission der Unionsparteien müsse sich mit der Frage befassen, ob man auf eine absolute Mehrheit setzen oder spätestens 1980 eine Koalition mit der FDP anstreben wolle. Die Union müsse sich folglich entscheiden, ob sie die FDP schonen oder ständig unter Druck setzen solle. Er persönlich sei nicht gegen eine Koalition mit der FDP.[69]

Während des Wahlkampfs beriet und beschloss die Strategiekommission der Union 1979/80 unter tätiger Mitwirkung von Strauß und Kohl für alle zentralen Politikfelder alternative Sachprogramme zur Politik der Regierung Schmidt/Genscher.[70] Dies entsprach nicht allein dem Wunsch von Strauß nach klarer inhaltlicher Positionierung, sondern bezweckte auch, den Wahlkampf aus der reinen Personalisierung auf Schmidt und Strauß herauszuholen. Auch besuchte Strauß Ministerpräsident Gerhard Stoltenberg in Kiel und bot ihm an, im Fall eines Wahlsiegs Finanzminister und Vizekanzler zu werden.[71] Dies wäre nicht nur in sachlicher Hinsicht eine kompetente Lösung gewesen, sondern zielte zugleich auf die norddeutschen, protestantischen Wähler der CDU, von denen Strauß wusste, dass sie für ihn schwer zu gewinnen waren. Einen neuen Akzent erhielt die Wahlkampfführung durch die Beteiligung von Marianne Strauß, die in zehn Veranstaltungen in Nord- und Westdeutschland auftrat und erheblichen Zulauf hatte, zeitweilig nahm Strauß auch seine Söhne mit zu Wahlkampfveranstaltungen. Helmut Kohl, der Marianne Strauß in den höchsten Tönen lobt, attestiert ihr einen »Überblick«, wie ihn »kaum ein CSU-Spitzenmann« besessen habe. »Ihr politisches Engagement wirkte geradezu ansteckend und färbte auch auf Strauß ab. Sie war eine kämpferische Politikerin, die ihrem Mann in nichts nachstand, ihm treu ergeben war und gleichzeitig ihren Kopf durchsetzte.« Marianne Strauß beteiligte sich an der Organisation der Wahlkampfauftritte ihres Mannes und an der Koordination der beiden Unionsparteien.[72]

Der Wahltag brachte dann die Enttäuschung, mit der nicht nur die Pessimisten, sondern auch die Realisten in der Union gerechnet hatten. Helmut Kohl kam – wohl nicht nur im Rückblick – zu der Einschätzung, dass auch ein anderer Unionskandidat die Bundestagswahl 1980 nicht hätte gewinnen können. Strauß habe dieses Risiko gekannt.[73] Und selbstverständlich kannte er die Umfragen, die ihn zwar in der politischen Leistungsbewertung mit 8 von 11 Punkten nur knapp hinter Helmut Schmidt mit 8,7 Punkten sahen, doch in deutlichem Rückstand in den Sympathiewerten (5,4 zu 8,3 Punkten für Schmidt).[74] Genau in dieser Beziehung konnte Strauß gegen den publizistischen Dauerbeschuss nicht ankommen. Bei der Wahl am 5. Oktober 1980 erzielten die von Franz Josef Strauß geführten Unionsparteien 44,5 Prozent, die von Helmut Schmidt angeführten Sozialdemokraten 42,9 und die FDP 10,6 Prozent. Für die Liberalen bedeutete dieses Ergebnis einen großen Erfolg, die SPD blieb mit 0,3 Prozent Zuwachs stabil, während die Union gegenüber der Bundestagswahl von 1976 mit Helmut Kohl als Spitzenkandidat 4,1 Prozent verlor. Hierin lag für Strauß die eigentliche Enttäuschung, denn das Abschneiden der vom Kanzlerbonus Schmidts profitierenden SPD war alles andere als glänzend, die Union blieb die stärkste Fraktion vor den Sozialdemokraten. Doch wie Strauß selbst vorhergesehen hatte: Die FDP konnte den Koalitionswechsel zu diesem Zeitpunkt noch nicht wagen, insofern brachte der Vorsprung der CDU/CSU vor der SPD wiederum nichts. In Bayern selbst verlor die CSU 2,4 Prozent, auf den Bundesanteil übertragen ging sie aber nur von 10,6 auf 10,3 Prozent zurück. Als über Albrechts Kandidatur diskutiert wurde, gab Strauß eine Prognose ab, sie lag ziemlich genau bei dem schließlich von ihm erzielten Prozentsatz: Würde Albrecht 44 Prozent bekommen, wäre dies schon ein großartiges Ergebnis, da die Zustimmung zur CDU schon viel tiefer gesunken sei. Alles in allem spricht viel dafür, dass der nüchterne Analytiker Strauß diese Kanzlerkandidatur nicht aus Ehrgeiz übernommen hatte, sondern weil für die CSU keine plausible politische Alternative bestand. Und wer rennt schon sehenden Auges ohne zu zögern in einen höchst wahrscheinlichen Misserfolg?

Bei Frauen und Jungwählern machte sich der Rückgang der Wählerstimmen für die Union – mit Ausnahme Bayerns – am stärksten bemerkbar. Das war vermutlich auch eine Folge der studentischen Protestbewegung sowie der Herabsetzung des Wahlalters durch die sozialliberale Koalition auf 18 Jahre. Trotz dieser Enttäuschung für die Union ist zu fragen, ob es sich im strengen Sinne um eine Wahlniederlage handelte und welche Folgen das Resultat für Strauß selbst hatte.

Nach der Wahl ist vor der Wahl: Reorganisation
statt Resignation

In der *Welt* urteilte Eugen Rhode am 6. Oktober 1980, die Gegner von
Strauß könnten nicht triumphieren, mehr Bürger hätten Strauß ihre
Stimme gegeben als Helmut Schmidt. Einem Mann, für den fast die
Hälfte der Wähler votiert hätten, würden Vertrauenswürdigkeit und
Fähigkeit zuerkannt, er könne nicht länger verteufelt werden. Bezieht
man das Ergebnis auf die Spitzenkandidaten, was bei einer derart perso-
nalisierten Wahl naheliegt, entschieden sich tatsächlich 600 000 Wähler
mehr für den Unionskandidaten Strauß als für den amtierenden Bundeskanzler Schmidt. Trotzdem dominierte die Einschätzung, Letzterer habe
die Wahl gewonnen, weil es eben nicht zu einem Regierungswechsel
kam.

Die *Frankfurter Allgemeine* kommentierte am 6. Oktober das Wahlergebnis unter den Überschriften »Die Sieger«, »Die Verlierer«. Friedrich Karl Fromme schrieb über den Unionskandidaten: »Wird jetzt der
Spruch vernehmbar werden, nun sei ›das Problem Strauß gelöst‹? Es
wäre ein Zeichen für Schäbigkeit in der CDU – denn daß Strauß ein
bedeutender Politiker ist, räumen auch Sozialdemokraten ein (nicht in
öffentlichen Wahlkampffreden) … Strauß hat sich in diesem Wahlkampf
bis aufs Äußerste eingesetzt, während ihm die Demoskopen ins Ohr flüs-
terten: vergeblich. Da brauchte es einige Anstrengung, mit sich im Reinen zu bleiben. Strauß hat diese Form gefunden: es sei ein letzter Versuch, das wichtigste Amt im Staat zu erlangen. Auf den Fehlschlag hat er
sich innerlich eingestellt und er hat dabei dazu gefunden, seine 65 Jahre
innerlich anzuerkennen.«[75]

Wie schwer hat Strauß das Ergebnis der Bundestagswahl getroffen?
Ein eindeutiges Urteil ist darüber kaum abzugeben. In der Sitzung des
CSU-Landesvorstands am folgenden Tag, dem 6. Oktober 1980, wirkte er
vollkommen gelassen, lobte die CDU für ihren Einsatz, die fast über-
menschliche Leistung von Generalsekretär Stoiber bei der Organisation
des Wahlkampfs, analysierte nüchtern das Ergebnis und betonte: Die
Vereinbarung mit der CDU über die Fortsetzung der Fraktionsgemeinschaft werde morgen unterschrieben, das habe er bereits am Vorabend
in einer gemeinsamen Pressekonferenz mit Helmut Kohl erklärt. Dadurch solle deutlich gemacht werden, dass die Unionsparteien nicht aus-
einanderfallen. Zwar erwähnte er auch, dass es in Schleswig-Holstein mit
Ausnahme von Kiel organisatorische Defizite gegeben habe und die strategische Frage aktuell bleibe, mit welcher »Formation« man dem sozialliberalen Lager gegenübertreten könne.[76] Doch Frustration ließ er nicht

erkennen, sondern verhielt sich professionell wie ein seit Jahrzehnten erprobter Wahlkämpfer, der schon alle Höhen und Tiefen, Freude und Enttäuschung erlebt hatte. Andererseits bemerkten Weggefährten wie Friedrich Voss: »Das Scheitern als Kanzlerkandidat setzt FJS innerlich sehr viel stärker zu, als er sich anmerken läßt … Das Scheitern ist unwiderruflich. Einen weiteren Versuch gibt es nicht und damit auch keine Gelegenheit, die Scharte auszuwetzen. Diese Endgültigkeit droht ihn niederzudrücken.«[77] Vermutlich lag hierin ein größeres Problem für Franz Josef Strauß als im Wahlergebnis selbst, mit dem er nach allen eigenen Aussagen seit dem Frühsommer 1979 mehr oder weniger gerechnet hatte, auch wenn er ein Quäntchen Hoffnung behalten haben dürfte. Allerdings hatte er die Grundentscheidung für das Amt des Bayerischen Ministerpräsidenten schon Jahre vorher gefällt – ein Indiz dafür, dass er keineswegs monomanisch auf die Kanzlerschaft zusteuerte.

Ist es überhaupt gerechtfertigt, vom »Scheitern« eines Politikers zu sprechen, weil er nicht Bundeskanzler geworden ist? Wohl kaum, es sei denn, diese Kandidatur ist der einzige bemerkenswerte Punkt seines Politikerlebens, es sei denn, er hatte nur dieses eine Ziel. Und in dieser Beziehung bot der zweifellos vorhandene politische Ehrgeiz von Strauß eine Projektionsfläche für zahllose Klischees. Doch zu wissen, dass der künftige Weg aller Wahrscheinlichkeit nach keine Alternativen mehr bieten würde, dürfte für eine stets nach Neuem strebende Natur wie Franz Josef Strauß zumindest Augenblicke der Resignation erzeugt haben. Nicht zufällig erwähnte er immer wieder sein Alter – die Zeit, in der ein Politiker wie Konrad Adenauer mit 73 Jahren Bundeskanzler werden konnte, war vorbei. Und selbst Strauß' jahrzehntelange große Karriere erwies sich nun eher als Hindernis, irgendwann ist der Zeitpunkt überschritten, in dem selbst ein Politiker von solchem Format gleichsam als natürliche Lösung angesehen wird. Da alle Welt von Strauß' letzter Chance gesprochen hatte, Bundeskanzler zu werden, schien diese Einschätzung selbstverständlich – bei der nächsten Gelegenheit 1984, darauf verwies er selbst gelegentlich, würde er aus Altersgründen, aber auch weil sein Wahlergebnis unter dem Helmut Kohls gelegen hatte und die CDU wieder »dran« war, nicht mehr der Unionskandidat sein. Die Ereignisse von 1982 waren – trotz des kritischen inneren Zustands der Koalition und der SPD – 1980 noch nicht vorhersehbar, wenngleich es nach dem Auseinanderbrechen der Regierung viele nachträgliche Propheten gab.

Strauß selbst räumte ein, dass die Union ihr Ziel nicht erreicht habe, bemerkte aber zutreffend, für Schmidt breche jetzt »die schwerste Zeit seiner Regierungstätigkeit an«.[78] Denn tatsächlich ging der Bundeskanzler geschwächt aus der Wahl hervor. Nicht einmal gegen den verteufelten Strauß hatte er das Ergebnis der SPD verbessern können, Wahlsieger in der Koalition war eher die deutlich gestärkte FDP. Die SPD-Linke war für Schmidt ohne Strauß als Gegner, ohne bevorstehende Wahlen viel schwerer zu disziplinieren. Die sicherheitspolitische Debatte, in der sich Schmidt eindeutig und realitätsorientiert positioniert hatte, brach in der Nachrüstungsfrage mit voller Wucht auf, schon zweieinhalb Jahre später zeigte sich, dass nur ein sehr kleiner Teil ihrem ehemaligen Kanzler folgen wollte. Ähnliches galt für die Wirtschafts- und Sozialpolitik. Und nicht zuletzt verstärkte sich der Dualismus zwischen dem Bundeskanzler und seinem Parteivorsitzenden Willy Brandt. Keine zwei Jahre hielt die Koalition nach diesem Wahlsieg durch. Bedeutete für Franz Josef Strauß die Kanzlerkandidatur einen Pyrrhussieg, so die Bundestagswahl von 1980 für Helmut Schmidt. Der Kanzler kämpfe an verschiedenen Fronten – wie Friedrich Zimmermann anerkennend meinte, nicht zuletzt aus einem unglaublichen Pflichtgefühl, der Mann arbeite weiterhin 15 bis 18 Stunden am Tag.[79]

Und wie entwickelte sich das persönliche Verhältnis der beiden gegnerischen Spitzenkandidaten? Es litt unter dem scharfen Wahlkampf nicht – dies war ein Zeichen politischer Kultur. Deshalb verdient ein Geburtstagsglückwunsch von Strauß an Schmidt erwähnt zu werden, den dieser später selbst veröffentlicht hat und der vermutlich aus dem Jahr 1980 oder 1981 stammt: »Sie werden mir nachsehen, wenn ich auch auf die Eigennützigkeit dieses Wunsches offen hinweise: Je gesünder und kräftiger Sie sind und bleiben, um so leichter wird es Ihnen möglich sein, sich vielleicht noch gegen Strömungen in Ihrer Partei, der SPD, durchzusetzen, die Ihnen, wie ich weiß, zutiefst zuwider sind … Wenn ich unser Miteinander, Nebeneinander und auch Gegeneinander in vielen gemeinsamen politischen Jahren bewerten sollte, so könnte ich mich wohl, was meine Fähigkeit zur Kritik an Ihnen angeht, zu Ihrem Mitschüler ehrenhalber ernennen. Daß es bei aller Kritik und bei aller politischen Gegensätzlichkeit zumeist um die Sache, seltener um die Person ging – obwohl solches, wie wir wissen, nur schwer voneinander zu trennen ist –, hat dazu geführt, daß die Möglichkeit des Gespräches zwischen uns immer erhalten geblieben ist. Ich hoffe und wünsche, daß dies auch in Zukunft so bleiben wird. Sie werden mir freilich nachsehen, daß ich mich mit einem Helmut Schmidt, der Bundeskanzler a. D. ist, nicht minder gerne unterhalten werde als mit einem amtierenden Regierungchef Schmidt.«[80] Tatsächlich haben sich Schmidt und Strauß des Öfteren unbemerkt von der Öffentlichkeit sowohl im Kanzleramt als auch in der Staatskanzlei zum Meinungsaustausch getroffen und, wie Schmidt berichtet, viel voneinander gelernt, vor allem in außenpolitisch-strategischen und sicherheitspolitischen Fragen.

Nach einer Wahlniederlage suchen Parteien naturgemäß Schuldige, viele Beobachter erwarteten nun eine heftige Auseinandersetzung zwischen den Unionsparteien, zwischen Kohl und Strauß, und waren enttäuscht, als diese ausblieb. Vielmehr unternahmen die beiden Parteivorsitzenden am 29. Oktober 1980 eine gemeinsame neunstündige Bergwanderung, bei der sie nach Einschätzung von Strauß große Übereinstimmung in sachlichen und personellen Fragen erzielten. In den Augen von Strauß besaß die Abstimmung zwischen ihm und Kohl größte Bedeutung. Und Strauß charakterisierte sein Verhältnis zu Kohl sachlich, wie es die Medien nicht sahen und sehen wollten, wie es aber offenbar auch vielen seiner Parteifreunde nicht geläufig war: Wenn er mit Kohl streite, dann nicht, weil er ihn nicht möge, Kohl sei ihm vielmehr sympathisch. Sie hätten eine gemeinsame Wertordnung und passten durchaus zusammen. Sie hätten lediglich gestritten, weil jeder eine andere Strategie versucht habe. Nun, nach der Wahl, benötige man eine neue Strategie, und die könne nur darin bestehen, mit der CDU gemeinsam bei der FDP den Hebel an der richtigen Stelle anzusetzen.[81] Angesichts der innerparteilichen Zwistigkeiten der SPD, der wachsenden politischen Spannungen zwischen dem Bundeskanzler und seiner Partei bzw. den beiden Koalitionsparteien untereinander laute die Strategie nicht mehr »Kreuth«: Das sei vorbei, er habe im Übrigen nie die Absicht gehabt, die Union zu zerschlagen, sondern sie durch eine »flexiblere Wählbarkeit wieder an die Regierung zu bringen«. Jetzt kam nach Meinung von Strauß (und Kohl) alles darauf an, die FDP in einen permanenten Konflikt mit der SPD zu treiben, wofür vor allem die Wirtschaftspolitik von Graf Lambsdorff Stoff bot, da sie mit der Union (und Schmidt), nicht aber der SPD insgesamt übereinstimmte. Und da er, Strauß, ja immer betont habe, »pacta sunt servanda«, gebe es auch außen- und deutschlandpolitisch keinen wirklichen Zündstoff zwischen Union und FDP. Kritik an Entstehung, Formulierung und Verhandlungsführung bei den Ostverträgen beziehe sich auf die Vergangenheit, auch sei Genscher inzwischen ziemlich nahe an den Positionen der Union.

Wie die Analyse von Strauß zeigt, sah er keine andere Alternative für die Union als eine Koalition mit der FDP. Bisher hatte die Unionsmehrheit im Bundesrat die FDP bei vernünftigen Korrekturen an der durch SPD-Initiativen im Bundestag ausgelösten Ausgabenflut mehrfach unterstützt. Das bezeichnete Strauß als notwendig, weil dadurch sechs bis sieben Milliarden DM an Ausgaben gespart worden seien. Die Union habe sich verantwortungsbewusst verhalten müssen. Allerdings sei die Frage zu stellen, ob die unionsregierten Länder im Bundesrat generell ihre Mehrheit zur Unterstützung der FDP einsetzen sollten. Das müsse geprüft werden. Konkreter wurde Strauß in Bezug auf die Organisation der Unionspolitik: Künftig sei eine enge Koordination der unionsgeführten

Länder im Bundesrat sowie ihre Abstimmung mit der Bundestagsfraktion nötig. Strauß schlug faktisch ein Ressortprinzip der Ministerpräsidenten vor, er sah eine Führungsrolle bei sich selbst und Gerhard Stoltenberg, der außerdem für Wirtschaft und Finanzen zuständig sein sollte, Ernst Albrecht für Medien, Bernhard Vogel für Bildungspolitik usw.

Kritisierte Strauß die Ausgabenpolitik der Bundesregierung, insbesondere der SPD, so sparte er doch nicht mit Selbstkritik: Auch in Bayern dürfe es so nicht weitergehen, das Land komme durch die Staatsausgaben in eine problematische Lage: »Das geht nicht mehr. Der Verfall der marktwirtschaftlichen Gesinnung durch zunehmende staatliche Fördertätigkeit kann jetzt aus Mangel an Masse nicht fortgesetzt werden.«[82] Er bemängelte generell die gesellschaftliche Situation, in der manche für die Verringerung der Arbeitszeit um eine Viertelstunde mit einem Eifer kämpften, mit dem früher Glaubenskriege ausgetragen worden seien. Aber Strauß beschränkte sich nicht auf die Gewerkschaften, sondern ging in einem Atemzug auf die generelle Abschaffung der Sonntagsarbeit ein, an mehreren bayerischen Wirtschaftsstandorten und Firmen demonstrierte er die möglichen ökonomischen Folgen, unter anderen den Verlust von Arbeitsplätzen, wenn die Unternehmen im Export nicht mehr konkurrenzfähig seien. In solchen Fällen zeigte sich, wie genau Strauß sich in Fragen der bayerischen Landespolitik eingearbeitet hatte.

Trotzdem kam immer mal wieder Geraune auf, als ob er landespolitisches Engagement vermissen lasse. Dieses Mal fehlten Kontroversen zwischen den Unionsführungen, dafür suchten sich einzelne CSU-Landtagsabgeordnete einen banalen Anlass und ließen gegenüber der Presse durchsickern, Strauß tauche zu selten im Bayerischen Landtag auf: Tatsächlich wäre seine Präsenz in der heißen Wahlkampfphase kaum in größerem Umfang möglich gewesen. Konkret wurde die Grantelei, als er sich auf das Treffen mit Kohl vorbereitete bzw. mit ihm wanderte: Statt an einer Sitzung der Landtagsfraktion teilzunehmen, gehe er einfach in die Berge, nicht einmal die Staatskanzlei wisse Bescheid. Solche Behauptungen empfand Strauß nicht nur als Majestätsbeleidigung, sondern als zutiefst ungerecht, zumal er einen mörderischen Wahlkampf geführt habe und zu einem moralischen, physischen und psychischen Einsatz gezwungen gewesen sei wie nie zuvor in 30 Jahren. In den letzten eineinhalb Jahren habe er keinen Tag Urlaub nehmen können: Und jetzt ein so dämliches Geschwätz, als ob ausgerechnet er sich seinen Pflichten entziehe und sich Bergfreuden hingebe! Schließlich habe er von vier Fraktionssitzungen nur bei einer nach vorheriger Absprache gefehlt, und zwar bei der kürzesten von 20 Minuten – jederzeit sei er erreichbar gewesen. Wieder einmal zeigte sich: Selbst der mächtige, der übermächtige Herrscher in Bayern war bei seinen Parteifreunden nicht sakrosankt.

Aber auch ihnen gegenüber nahm er kein Blatt vor den Mund, er war und blieb auch nach dem Wahlkampf von 1980 ein Mann von berechenbarer und verlässlicher Streitbarkeit.

Und gab es überhaupt Anlass, sich jetzt kleinkariert zu streiten? »Haben wir nach diesem großartigen Wahlkampfeinsatz, wie wir ihn bei der CDU/CSU in den letzten Monaten … gehabt haben, bei völliger persönlicher Harmonie zwischen Kohl, der vieles dazugelernt hat, und mir, der ich auch noch lernfähig bin, einen Grund, bei uns Miesmacherei zu machen«[83] und die Presse über Interna zu informieren? Wichtiger war tatsächlich, dass das Einvernehmen zwischen Kohl und Strauß fortbestand, sodass Strauß und Zimmermann der Meinung waren, Kohl müsse auch die Chance bekommen, die von ihm gewünschte Reorganisation der Unionsfraktion im Bundestag durchzuführen, nachdem er mit großer Mehrheit erneut zum Vorsitzenden gewählt worden war.

Im CSU-Vorstand bestand Einigkeit, dass die Partei nicht allein eine genauere Analyse des Wahlergebnisses benötige und sie offen diskutieren müsse, sondern zugleich ihre Grundsatzdebatte wieder aufnehmen solle. Das hieß nicht allein, die meist ein- bis zweistündigen politischen Lageberichte des Landesvorsitzenden entgegenzunehmen, in denen Strauß mit gewohnter anschaulicher Sprachkraft, großen Linien und enormem Detailwissen sowohl die weltpolitische Lage als auch bundes- und landespolitische Themen abhandelte: All diese Themen sprudelten, manchmal assoziativ, manchmal mit deftigen Charakterbildern geradezu aus ihm heraus. Offenbar war er nach diesem Wahlkampf noch immer nicht so erschöpft, dass sich sein Stil geändert und sein vehementes Engagement vermindert hätten. Vielmehr nahm er den Kampf wieder auf, erschien weniger resignativ als in den Jahren seit 1976. Sollte er wirklich die Niederlage so schwer verkraftet haben, ließ er es sich jedenfalls nicht anmerken. Das wäre ein Zeugnis von außergewöhnlicher Selbstdisziplin, zu der er ebenso fähig war wie zu gelegentlichen unkontrollierten Ausfällen.

Bei der Klausurtagung vom 14./15. Dezember 1980 in Wildbad Kreuth diskutierte der Landesvorstand eingehend »Wertebewußtsein und Wertevermittlung«, worüber Hans Maier bei der vorhergehenden Sitzung einen Vortrag gehalten hatte. Franz Josef Strauß war bei seinem Bericht zur Lage in Stil, Inhalt, Analyseform und Zukunftsperspektive ganz der Alte. An der Debatte über die von Generalsekretär Edmund Stoiber vorgelegte Analyse der Bundestagswahl beteiligte er sich pointiert, aber sachlich, ohne dass irgendeine Enttäuschung erkennbar wurde.

Stoiber bündelte seine Analyse in mehrere Thesen.[84] Er warnte vor der Unterschätzung der Grünen, die 1980 noch nicht in den Bundestag gelangt waren. Seine Schlussfolgerungen betrafen nicht allein die Wählersoziologie, sondern überdies die generelle Wahlkampfproblematik der Union, die sich direkt auf den Kanzlerkandidaten bezog. Stoiber stützte sich auf verschiedene demoskopische Wahlanalysen: Demzufolge hatten politische Sachthemen keine ausschlaggebende Rolle gespielt, nur 40 Prozent der Wähler gaben an, sie seien für sie wahlentscheidend gewesen. Aufgrund dieser Ausgangsposition spielte das Erscheinungsbild der Union eine wichtige Rolle. Seit 1976/77 sei es zunächst durch Streit und Auseinandersetzung über den Kanzlerkandidaten und zu später Solidarisierung mit ihm geprägt worden. Die Berichterstattung in den Medien hätte diese »Depression« in der Union verstärkt. Beide Aspekte – geringe Bedeutung sachlicher Konfrontation und Streit in der Union – seien in der auf Harmonie bedachten deutschen Bevölkerung auf Widerwillen gestoßen: Sie hätte gegenwärtig Angst vor jeder Veränderung, weil sie als Risiko empfunden werde, der Regierung werde als ordnender Macht unkritisch Vertrauen entgegengebracht. Die Strategie der SPD, Strauß als Sicherheitsrisiko zu diffamieren, sei deshalb für die Regierungspartei optimal gewesen. Wenn Strauß Probleme dargestellt und Schmidt dies als »Problemchen« bagatellisiert habe, sei eine instinktive Furcht die Folge gewesen, Strauß' Argumente könnten richtig sein, doch wünschte ein Großteil der Bevölkerung, er möge irren. In diesem psychologischen Problem lag einer der wirkungsvollen Ansatzpunkte von Schlöndorffs Film »Der Kandidat«, der Strauß als Kassandra vom Dienst, als großen Angstmacher präsentierte. Stoiber gelangte zu dem Schluss, Strauß' unbestrittenes intellektuelles Vermögen, seine Kompetenz, seine sprachliche Ausdruckskraft gäben seinen Aussagen eine Direktheit, die die Wähler nicht schätzten, sondern eher fürchteten. Strauß sei im Norden Deutschlands auf emotionale Widerstände gestoßen und sei überdies stärker mit einer Region, mit Bayern, identifiziert worden.

Angesichts der tatsächlich extremen Personalisierung[85] des Wahlkampfs spielte es nach Edmund Stoibers Analyse eine Rolle, dass Helmut Schmidt in dieser Zeit auf dem Gipfel seines Ansehens gestanden habe und es jeder Herausforderer gegen den Amtsbonus schwer habe. So hätten im Sommer 1980 nach Umfragen 60 bis 65 Prozent der Wähler Helmut Schmidt als Bundeskanzler bevorzugt und nur 30 bis 35 Prozent Franz Josef Strauß. Mit einer einzigen Ausnahme seien schon immer alle oppositionellen Kanzlerkandidaten in einer vergleichbaren Lage gewesen. Beim früheren Kanzlerherausforderer Willy Brandt gab Stoiber folgende Werte an: Für den SPD-Spitzenkandidaten waren 1961 34 Prozent, 1965 33 Prozent, 1969 nur 22 Prozent der Wähler, für Rainer Barzel als Brandt-Herausforderer 1972 nur 28 Prozent. Die Ausnahme von dieser Regel war 1976 Helmut Kohl, für den sich 40 Prozent der Befragten ausgesprochen hätten, allerdings in einer besonderen Situation: Schmidt war nicht durch eine Wahl, sondern den negativ wirkenden Rücktritt Brandts ins Amt gekommen und habe es erst gut ein Jahr innegehabt, als die Umfrage durchgeführt worden sei. Dem Bedürfnis nach Harmonie sei das Image von Helmut Kohl 1976 eher entgegengekommen als das in 30 Jahren von den Medien geprägte und nicht zu verändernde Strauß-Bild.

Von nun an blieben das bundespolitische und das landespolitische Wirken von Strauß in einem Wechselspiel. Die nächsten Wahlen standen in Bayern 1982 an, und es würden die ersten Wahlen sein, die Franz Josef Strauß als Ministerpräsident zu bestehen hatte. Doch in Bayern gingen die Uhren anders: Sie gehen dort zwar anders, aber in Bayern gehen sie richtig, wie Strauß einmal bemerkte. Das bundespolitische Imageproblem störte hier seine Kreise nicht.

Von der Landtagswahl 1982 zur bundespolitischen Wende 1982/83

Die Wahl zum Bundestag lag kaum zwei Jahre zurück, da musste sich Franz Josef Strauß nach vierjähriger Amtszeit als Bayerischer Minister-präsident am 10. Oktober 1982 der Landtagswahl stellen. Da sich die bundespolitische Szenerie der Unionsparteien beruhigt hatte und Strauß nach seiner Kanzlerkandidatur inzwischen auch landespolitisch präsenter war, standen die Zeichen günstig, wenngleich es von einem so hohen Stimmenanteil aus schwierig ist, sich zu steigern oder auch nur das Ergebnis zu halten. Trotz leichter Verluste erwies sich Strauß in Bayern erneut als Wahllokomotive: Die CSU erreichte 58,3 Prozent (gegenüber 59,1 Prozent im Jahr 1978) und wurde mit 133 Sitzen mit weitem Abstand vor der SPD (31,9 gegenüber 31,4 Prozent 1978) stärkste Partei. Die leicht verbesserte SPD kam auf 71 Sitze in dem nur noch zwei Fraktionen aufweisenden Landtag, da die FDP mit 3,5 Prozent an der Fünf-Prozent-Hürde scheiterte.

Die Landtagswahl stand allerdings auch im Zeichen der bundespolitischen Umwälzung, die das Wahlergebnis der CSU etwas negativ beeinflusste, hatten die Umfragen doch 61 bis 63 Prozent prophezeit. Strauß selbst hatte im Landesvorstand der CSU zwei Wochen vor der Wahl dieses Absinken befürchtet. Wie die Unionsstrategen schon nach der Bundestagswahl 1980 vorausgesagt hatten, vertiefte sich der Graben zwischen den beiden Koalitionsparteien SPD und FDP weiter, und zwar offensichtlicher in der Wirtschafts- und Sozialpolitik als in den anderen Politikfeldern. Genauer gesagt, handelte es sich um den wachsenden Dissens zwischen dem die Mehrheit bildenden linken SPD-Flügel auf der einen sowie dem sozialdemokratischen Minderheitsflügel um Helmut Schmidt und der FDP auf der anderen Seite. Insofern ist die seit September 1982 von Helmut Schmidt und vor allem seinem Regierungssprecher Klaus Bölling aufgestellte Behauptung irreführend, Hans-Dietrich Genscher und der »rechte« FDP-Flügel hätten den Bundeskanzler verraten. Tatsächlich resultierten die Probleme innerhalb der SPD aus dem unausgetragenen Konflikt an der Parteispitze mit dem Vorsitzenden Brandt, der unverändert die Mehrheit repräsentierte, und dem Bundeskanzler, dessen Popularität bei der Bevölkerung bis in die Reihen der CDU/CSU hinein ungleich größer war als in der eigenen Partei. Außen-, deutschland- und sicherheitspolitisch stand Schmidt für Nüchternheit und nicht für »Visionen«, die er als realitätsfremd oder gar als pathologisch beurteilte. Wirtschaftspolitisch stand er der Diagnose und Prognose des sogenannten Lambsdorff-Papiers, das man als »Scheidungsbrief« der Koalitionsparteien bezeichnet hat, näher als seiner Partei und dem in dieser Hinsicht schon als Bundeskanzler nicht besonders interessierten und kompetenten Willy Brandt: Nicht zufällig waren dessen Kabinettskrisen Anfang der 1970er-Jahre durch seine ausgabenfreudige Reformpolitik ausgelöst worden, die schon seine damaligen, ebenfalls sozialdemokratischen Finanz- und Wirtschaftsminister nicht verantworten wollten.

Bundeswirtschaftsminister Otto Graf Lambsdorff (FDP) legte nach längeren Kontroversen zwischen den Koalitionären am 9. September 1982 auf Wunsch von Bundeskanzler Schmidt ein Strategiepapier vor, in dem er zusammenstellte, was die Bundesregierung tun und lassen müsse, um ihre Arbeit fortsetzen zu können. Strauß bezeichnete die »Lambsdorff-Abrechnung« als »Selbstläufer mit Sprengwirkung«,[86] bewertete jedoch das taktische Motiv der FDP als dominant. Die beiden Unionsvorsitzenden beurteilten das Lambsdorff-Papier skeptisch, weil sie es als »sozial unausgewogen« ansahen. Strauß hielt Lambsdorff vor, 13 Jahre lang die nun von ihm selbst kritisierte Politik mitvertreten zu haben: Der Wirtschaftsminister gleiche »einem Arzt, der seinen Patienten erst infiziert und ins Siechbett bringt, um ihn dann mit umso brutalerer Medizin heilen zu wollen«.[87] Allerdings war auch die Kritik von Unionsseite nicht frei von taktischen Überlegungen, die sich auf die Ausgangsbedingungen der künftigen Koalition bezogen, die um harte sozialpolitische Einschnitte nicht herumkommen würde, wenn sie die Haushaltssanierung in Angriff nahm. Gerade angesichts der vermutlichen Beteiligung der FDP an der Regierung wollte vor allem Strauß die Mitverantwortlichkeit der FDP klarstellen und deshalb die von ihm intern konstatierten Übereinstimmungen nicht zu deutlich werden lassen. Graf Lambsdorff reagierte zwar pikiert, bestritt aber in einem *Spiegel*-Interview Strauß' Urteil nicht: »Es besteht auch eine Mitverantwortung für den derzeitigen Zustand der Wirtschafts-, Finanz- und Haushaltspolitik. Das braucht mir

Strauß nicht dauernd zu erzählen, das weiß ich auch so... Herr Strauß soll mal seine Rechthaberei und seine Ichbezogenheit bleiben lassen und lieber nach vorne gucken und sehen, daß wir aus dieser Regierung jetzt etwas Vernünftiges machen.«[88]

Die wechselseitige Polemik täuscht darüber hinweg, dass der marktliberale FDP-Flügel nicht nur durch taktische Motive geleitet war. Zwar suchten die klassischen Liberalen der FDP tatsächlich einen optimalen Ausweg aus der Koalition, doch ist der sachliche Dissens in der Wirtschaftspolitik nicht zu unterschätzen. Haushalts- und Sozialpolitik der SPD-Mehrheit waren Graf Lambsdorff, Hans Friderichs und anderen FDP-Wirtschaftsexperten seit Langem ein Dorn im Auge. Die von den Linksliberalen wie Gerhart Baum, Burkhard Hirsch, Hildegard Hamm-Brücher, Helga Schuchardt, Ingrid Matthäus-Maier und Günter Verheugen befürwortete enge, ja bedingungslose Bindung an die SPD lehnte die liberale Mitte der Partei ebenfalls ab, und es war kein Zufall, dass die letztgenannten FDP-Politiker zur SPD wechselten. Vielmehr sahen Lambsdorff, Genscher und Wolfgang Mischnick Koalitionen als eine Vereinbarung auf Zeit an, bei der sich der Vorrat gemeinsamer Vorhaben auch dann erschöpfe, wenn sie erfolgreich arbeiteten. So hatte es Walter Scheel schon 1972 formuliert.

Die Vorgeschichte des Scheiterns der Regierung Schmidt/Genscher 1982 ist eindeutig: Wie Strauß richtig diagnostizierte, spielte für die FDP-Spitze weniger die Einsicht als die Not eine wesentliche Rolle. Aus Existenzangst peilte sie seit Frühjahr 1982 nach mehreren Misserfolgen von SPD und FDP bei Landtagswahlen einen Koalitionswechsel an, um nicht in den Sog des Niedergangs der SPD gezogen zu werden. Dabei erwies sich nicht allein die Wahl in Niedersachsen, bei der die CDU unter Führung Ernst Albrechts am 21. März 1982 erneut die absolute Mehrheit gewann, sondern vor allem die Wahl zur Hamburger Bürgerschaft am 6. Juni als Menetekel für die beiden Bonner Koalitionsparteien. In Hamburg überflügelte die CDU mit 43,2 Prozent erstmals die SPD (42,7 Prozent), die in ihrer bisherigen Hochburg, der Heimatstadt des Bundeskanzlers, 8,8 Prozent verlor und das schlechteste Ergebnis seit 1945 erzielte. Die Grün-Alternative Liste (GAL) erreichte 7,7 Prozent, die FDP scheiterte knapp an der Fünf-Prozent-Hürde. Wie im Herbst in Hessen zeichnete sich ab, dass für künftige Mehrheitsbildungen mit den Grünen gerechnet werden musste und die Liberalen keine Rolle mehr spielen könnten. Da die Grünen jedoch damals noch nicht als koalitionsfähig galten, führte das Wahlergebnis zuerst in Hamburg und später in Hessen zu geschäftsführenden Minderheitsregierungen.

Diese Wählerbewegungen stärkten in der FDP diejenigen, die im Bund nicht um jeden Preis auf ein sozialliberales Bündnis setzten, und beschleunigten Absetzbewegungen von der SPD, deren Mehrheit ihrerseits ständig die gemeinsame Basis mit der FDP unterminierte. So hatte sich die SPD auf ihrem Parteitag in München vom 19. bis 23. April 1982 sowohl über den künftigen wirtschafts- und sozialpolitischen als auch den sicherheitspolitischen Kurs der Regierung heftig zerstritten. Die Parteimehrheit um den Vorsitzenden Willy Brandt stand in Bezug auf den von Schmidt, der CDU/CSU und der FDP-Mehrheit befürworteten NATO-Doppelbeschluss ebenfalls gegen ihren Kanzler und aufseiten der sogenannten Friedensbewegung. Bereits am 10. Oktober 1981 nahmen führende SPD-Politiker wie Erhard Eppler und Oskar Lafontaine gegen den Willen Helmut Schmidts an der Großdemonstration gegen die Nachrüstung teil. Während des in Bonn stattfindenden NATO-Gipfels am 10. Juni 1982 organisierte die »Friedensbewegung« wiederum unter Beteiligung zahlreicher Sozialdemokraten eine weitere unter mehreren Großdemonstrationen mit 300 000 bis 400 000 Menschen. Offensichtlich trug die Mehrheit der Partei den Kurs ihres eigenen Regierungschefs in zentralen Politikfeldern nicht mehr mit. Schmidt selbst lehnte zwei Monate später, am 22. Juni, vor der SPD-Fraktion – also Monate vor Veröffentlichung des Lambsdorff-Papiers – eine weitere Kreditaufnahme kategorisch ab: Er könne sie weder vor seinem Gewissen noch seinem Sachverstand verantworten. Die Etatberatungen für 1983 zeigten im Frühsommer trotz der hohen Kreditaufnahme ein weiteres Haushaltsloch, das auf über elf Milliarden DM geschätzt wurde. Wachsender inhaltlicher Dissens zwischen den Koalitionspartnern in zentralen Politikfeldern, starke Verluste in mehreren Landtagswahlen seit 1981, und nun auch noch dieses enorme Finanzierungsproblem! Schließlich erreichte die Regierung nach heftigen Kontroversen am 30. Juni 1982 für das Jahr 1983 einen Haushaltskompromiss. Doch führten die Vereinbarungen Helmut Schmidt in einen Konflikt mit den Gewerkschaften, da weitere Beschäftigungsprogramme wegen der sonst erneut steigenden Verschuldung nicht mehr finanziert werden sollten. Dagegen kämpfte die SPD-Linke allein schon aufgrund der hohen, auf über 2,2 Millionen Erwerbslose angestiegenen Arbeitslosigkeit.

Nach Veröffentlichung des Lambsdorff-Papiers verlangte der Bundeskanzler im Deutschen Bundestag am 9. September von der FDP, sich eindeutig auf die Fortsetzung der Koalition mit der SPD festzulegen, was die FDP wegen der anhaltenden sachlichen Auseinandersetzungen in eine schwierige Lage brachte. Der Dissens mit dem Koalitionspartner wurde unüberbrückbar, die vier FDP-Bundesminister traten am 17. September 1982 zurück und kamen damit der angedrohten Entlassung durch den Bundeskanzler zuvor, was Schmidt und die SPD dann öffentlich als »Fahnenflucht« der FDP ausgaben, um ihr den Schwarzen Peter zuzuschieben. Die »Meisterstrategie des Kanzlers« (Wolfgang Jäger) begann schon im Sommer 1982, als er über das Ende der Koalition reflektierte, seit August betrieb Helmut Schmidt zielstrebig eine Konfliktstrategie gegenüber der FDP, deren Vorsitzender und Vizekanzler Hans-Dietrich Genscher ebenfalls seit Monaten bewusst mit Unklarheiten und möglichen Alternativen operierte. Helmut Schmidt stand am Ende »makellos« da[89], das Amt verlor er, die öffentliche Meinung gewann er. Schmidt, der im Wesentlichen mit den Positionen der FDP-Führung um Genscher, Lambsdorff, Mischnick übereinstimmte, musste sich schließlich »zwischen Koalition und Partei entscheiden. Der Sozialdemokrat wählte die Partei.«[90] Nach 13 Jahren endete so die sozialliberale Koalition. Schmidt regierte zunächst mit einem Minderheitskabinett weiter. Dies kaschierte sein Scheitern in der eigenen Partei, doch ohne parlamentarische Mehrheit war sein Rücktritt bzw. seine Abwahl nur eine Frage von Tagen, höchstens einigen Wochen. Er selbst fiel seit Längerem immer wieder auch aus Gesundheitsgründen in resignative Phasen mit Rücktrittsneigungen.

Strauß und Zimmermann konstatierten in den CSU-Gremien wiederholt und zutreffend, dass diese Regierung am Ende sei. Franz Josef Strauß hatte bereits ein halbes Jahr vorher in seinem Kommentar zum Münchner Parteitag der SPD im *Bayernkurier* am 24. April 1982 mit scharfen Worten das Ende der Regierung Schmidt beschworen: »Als zweifache Überlebensübung findet in dieser Woche in München der SPD-Parteitag statt, da in der SPD/FDP-Koalition, im Bundeskabinett und vor allem in der SPD längst der nackte Notstand ausgebrochen ist. Die SPD will trotz ihrer tiefen Spaltung und Krise um jeden Preis als Regierungspartei, Helmut Schmidt will trotz offenkundiger und inzwischen weithin bekannter Schwäche und zunehmender Handlungsunfähigkeit ohne Rücksicht auf die Folgen für Deutschland ebenfalls nochmals als Kanzlertitelträger überleben, zumindest das unvermeidbare Ende seiner Kanzlerschaft hinausschieben – für beide Katastrophenfälle sollen auf dem SPD-Parteitag propagandistische Rettungsringe gebastelt und neue Täuschungsformeln gefunden werden.«[91] Und eine Woche später legte Strauß unter dem Titel »Die rote Götterdämmerung« nach: »Weiterhin, und nach München mehr denn je, besteht die SPD aus zwei Parteien – aus einer, die den Kurs der SPD-geführten Bundesregierung unterstützt, und aus einer, die diese Regierung bis aufs Messer bekämpft … Schmidt hat es in München tatenlos zugelassen, daß der SPD-Parteitag auf weite Strecken … zu einer Veranstaltung schärfster Opposition gegen die Politik der Bundesregierung, an deren Spitze er immerhin noch steht, ausufern konnte. In richtiger Einschätzung der tatsächlichen Machtverhältnisse in der SPD und damit in angemessener Erkenntnis der eigenen Ohnmacht, nahm der Genosse

Bundeskanzler die ihm von den Delegierten seiner Partei fünf Tage lang verpaßten Prügel willig hin. Darüber hinaus übte sich der sonst so arrogante Schmidt in einer Weise, wie man sie gemeinhin nur von sozialistischen Parteien aus dem Bereich einer ganz anderen politischen Wertordnung kennt, in peinlicher Selbstkritik.«[92] Das war hart und polemisch, traf aber gleichwohl den Kern. Wie sah es in einer Partei aus, in der einer der damals sogenannten Brandt-Enkel, Oskar Lafontaine, die Werteskala seines stellvertretenden Parteivorsitzenden und Bundeskanzlers Helmut Schmidt, darunter Pflichtgefühl und Berechenbarkeit, wie folgt kommentierte: »Das sind Sekundärtugenden. Ganz präzis gesagt: Damit kann man auch ein KZ betreiben.«[93]

CDU/CSU kannten also die Agonie der sozialliberalen Koalition und den Anteil der SPD daran, sie schienen vorbereitet, als die Regierung schließlich scheiterte. Aber waren sie es wirklich? Hatten sich die Unionsspitzen auf einen Plan verständigt, sich wechselseitig über ihre Vorstellungen informiert? Wie sollte die Opposition nun reagieren, nachdem der Bruch der Koalition vollzogen war? Welcher Weg führte aus der Sackgasse? Die Antworten der beiden Parteivorsitzenden der Union lauteten unterschiedlich. Helmut Kohl setzte auf den direktesten und sichersten Weg, nämlich ein konstruktives Misstrauensvotum. Franz Josef Strauß strebte nach heftiger Diskussion im Landesvorstand und der CSU-Landesgruppe Neuwahlen an. Wäre Bundeskanzler Schmidt nach wiederholten Versuchen, bei Vertrauensabstimmungen eine parlamentarische Mehrheit zu erreichen, erfolglos geblieben, hätte Bundespräsident Carstens auf Bitte des Bundeskanzlers den Bundestag auflösen und Neuwahlen veranlassen können. Nach Strauß' Aussage hatte er das Einverständnis von Schmidt zu diesem Weg einschließlich der geforderten Zusage, die Regierungsmitglieder würden auf die Nutzung des Bundespresseamts und der Flugbereitschaft für den Wahlkampf verzichten.

Strauß' Überlegungen waren mehrfacher Art: Zum einen ging er von der Unpopularität eines Kanzlersturzes aus und verwies auf das gescheiterte Misstrauensvotum gegen Willy Brandt 1972 und dessen anschließenden Wahlerfolg, zum anderen vermutete er massive Verluste der bisherigen Koalitionsparteien. Diese Einschätzung war plausibel, weil der Bruch der Koalition nicht allein die FDP in eine Zerreißprobe führte, sondern auch die SPD. Außerdem bezweifelte nicht nur die Unionsführung, dass Helmut Schmidt unter diesen Umständen als Kanzlerkandidat einer zerrissenen Partei zur Verfügung stehen würde. Strauß argumentierte schließlich mit der politischen Hygiene: Es sei nicht glaubwürdig, wenn nun anstelle der SPD-Minister Unionsminister neben den gleichen FDP-Ministern säßen. Vielmehr sei eine programmatisch-inhaltliche Erneuerung notwendig, die als Alternative in einem Wahlkampf erkennbar werden müsse. Danach seien alle Parteien freier als mitten in der Legislaturperiode; bei diesem Zeitpunkt erscheine der Regierungswechsel dem Wähler als bloßes Postengeschacher.

Schließlich wusste der erfahrene Wahlkämpfer Strauß nur zu gut, wie trefflich sich gegen gescheiterte ehemalige Regierungsparteien ein Wahlkampf führen ließ. Strauß' Traumziel einer absoluten Mehrheit für die Union schien mit den Händen zu greifen. Doch war dieses Wahlergebnis wirklich kalkulierbar? Allein der bereits wenige Monate später bei der Wahl erfolgende erstmalige Einzug der Grünen in den Bundestag lässt ein Fragezeichen zu. Unter diesen Umständen wäre vielleicht gar keine Mehrheitsbildung außer einer Großen Koalition möglich gewesen. Im Übrigen hatten sich Helmut Kohl und Hans-Dietrich Genscher vor dem Auseinanderbrechen der Koalition über den Fahrplan geeinigt: erst konstruktives Misstrauensvotum, nach einigen Monaten Neuwahl, um diesen Akt nachträglich zu legitimieren, aber auch Zeit für einen Neuanfang zu gewinnen. Schließlich benötigte die FDP dringend diese Schonfrist, um sich von den Turbulenzen zu erholen und ihren Wählerkern wieder zu sammeln.

Einen Wortbruch von Helmut Kohl gegenüber Genscher konnte Strauß kaum erwarten, doch ärgerte er sich allein schon deshalb, weil der CDU-Vorsitzende trotz des guten Einvernehmens in den letzten Jahren mit ihm als Vorsitzenden der Schwesterpartei nicht über die möglichen Alternativen gesprochen und ihn auch nicht über die als sicher angenommene Absprache mit dem FDP-Vorsitzenden informiert hatte. Wieder einmal fühlte sich Franz Josef Strauß überfahren und die CSU-Landesgruppe im Bundestag zu bloßen Hilfsdiensten für ein CDU/FDP-Gespann degradiert.[94] Es ging also nicht nur um die unterschiedliche Einschätzung. Strauß sah die absolute Mehrheit der Unionsparteien nun als wahrscheinlich an, Kohl aber ging davon aus, die Union brauche jetzt und künftig einen Koalitionspartner, und das könne nur die FDP sein.[95] Unabhängig davon hätte es ein Risiko bedeutet, die FDP zu düpieren. Nach einem keineswegs auszuschließenden Einzug in den neu zu wählenden Bundestag wäre sie als Koalitionspartner möglicherweise unentbehrlich gewesen. Überraschenderweise schloss Strauß nicht aus, sogar im Fall einer absoluten Mehrheit der Union der FDP ein Koalitionsangebot zu machen: Er wolle die FDP nicht strangulieren, doch solle Genscher wissen, dass er nun keine Alternative mehr habe. Auch rekapitulierte Strauß eine Reihe von Gemeinsamkeiten der Union mit der FDP, die erheblich größer seien als die von SPD und FDP. Zu den grundlegenden Unterschieden zählte er im CSU-Landesvorstand vor allem die Rechtspolitik und andere Aktivitäten des zum linken Flügel gehörenden bisherigen FDP-Innenministers Gerhart Baum.[96] Erneut wird die Ambivalenz von Strauß gegenüber der FDP offenkundig: So heftige Ausfälle er sich ihr gegenüber jahrzehntelang leistete, immer wieder dominierte schließlich der Realpolitiker Strauß, der zwischen einer emotional aufgeladenen, auf negativen persönlichen Erfahrungen beruhenden Ablehnung und der Einsicht oszillierte, letztlich nur auf die FDP als Koalitionspartner zählen zu können. Und wer wusste besser als er, dass die politische Welt nicht allein aus Wille und Vorstellung lebt?

Nach Strauß' Meinung wäre der von ihm vorgeschlagene Weg zwar mit erheblichen Risiken für die FDP verbunden, doch nicht aussichtslos für die Partei gewesen. In der von den beiden Parteivorsitzenden beabsichtigten Form des Regierungswechsels sah der CSU-Vorsitzende ein ungutes Zeichen, weil Hans-Dietrich Genscher gerade noch als Vizekanzler und Außenminister Genscher neben Helmut Schmidt gesessen habe und nun, als wenn nichts geschehen wäre, in gleicher Funktion neben Helmut Kohl. Als Strauß dem CDU-Vorsitzenden seine eigenen Vorstellungen über das einzuschlagende Verfahren und das Einverständnis von Helmut Schmidt mitteilte, ging Kohl darauf nicht ein. Entscheidend für die Kritik von Strauß war seine langfristig orientierte politische Einschätzung: »Kohls sicherer Weg bedeutete den endgültigen Abschied von der absoluten Mehrheit der Union ... Ich sage nicht, daß die Art des Wechsels von vornherein falsch war, denn eine knappe absolute Mehrheit bringt Splittergruppen in der eigenen Fraktion in die Lage einer aktiven Erpressungsfähigkeit. Dennoch hätte es nach dem Ende der Regierung Schmidt/Genscher und vor einem Neuanfang weit gründlicherer Überlegungen und Abstimmungen bedurft.«[97] Strauß kritisierte das Genscher gegebene Wort von Helmut Kohl auch deshalb, weil es seiner Meinung nach der SPD die »Verrats- und Dolchstoßlegende« erlaubte, bei der keine Rede mehr davon war, »daß die Sozialdemokraten selbst es waren, die Helmut Schmidt allein gelassen hatten«. Mit dieser Zweckpropaganda konnte sie nach Einschätzung von Strauß die unmittelbar bevorstehenden Wahlkämpfe bei den hessischen und den bayerischen Landtagswahlen bestreiten, die für die CDU eine herbe Niederlage und für die CSU in Bayern gegenüber den Meinungsumfragen eine Verminderung gebracht hätten. »Es war eine ›Wende‹, die die CSU teuer bezahlt hat und noch teurer bezahlen wird.« So erzürnte sich Strauß noch im Rückblick. Einer rationalen Analyse hält diese Wertung indes kaum stand: Tatsächlich fielen die Verluste der Unionsparteien bei den fraglichen Landtagswahlen 1982 gering aus, in Niedersachsen legte die CDU sogar erheblich zu. Vielmehr sprachen aus Strauß' Attacke wieder einmal die Wut über die FDP sowie der Ärger über die mangelnde Bereitschaft Kohls, seinem Rat zu folgen. Der geschickte Taktiker Genscher verstand es, von den eigenen Schwierigkeiten abzulenken, indem er sogleich am 21. September

1982 öffentlich durchblicken ließ, er habe sich mit Kohl auf den späteren Wahltermin geeinigt und Strauß habe nachgeben müssen.[98] Das war nun freilich die Konstellation, die Franz Josef Strauß nicht ausstehen konnte: CDU und FDP bestimmten das Spiel, und die CSU war nicht der lachende Dritte, sondern nur noch Stimmvieh! Und eine solche Unverschämtheit erlaubte sich eine Partei, die fast am Ende schien, den ganzen Schlamassel mit angerichtet hatte und nun nicht aus Einsicht, sondern aus Not in letzter Minute das sinkende Schiff verlassen hatte! Die taktischen Sticheleien kamen nicht nur von einer Seite, doch gehörte Strauß eben zu denen, die ihren Ärger nicht versteckten und aus ihrem Herzen keine Mördergrube machten.

Welchen Weg wollte Strauß also gehen? Welcher Weg wurde schließlich beschritten?[99] Wiederum öffnete sich ein Konfliktfeld, bei dem er selbst und der CSU-Landesvorstand sich nicht durchsetzen konnten, zumal keine nahtlose Übereinstimmung mit der CSU-Landesgruppe bestand. So ungehalten Strauß über die unabgesprochene Vorfestlegung der CDU-Führung auf ein konstruktives Misstrauensvotum auch war, verhielt er sich doch kooperativ. Wie üblich machte er seinem Ärger Luft und schlug dann dem CSU-Landesvorstand drei Tage nach dem Auseinanderbrechen der Regierungskoalition am 20. September 1982 vor, den Weg des konstruktiven Misstrauensvotums unter drei Bedingungen zu akzeptieren: 1. baldigst Neuwahlen abzuhalten – so wie Brandt es 1972 gemacht hatte; 2. den Nachtragshaushalt 1982, den Haushaltsentwurf 1983 sowie die Finanzplanung für 1984 bis 1986 neu zu verhandeln; 3. den Anspruch der CSU auf vier Ministerien, darunter zwei klassische, zu realisieren.[100] Strauß wollte offenbar das Bundesinnenministerium für Friedrich Zimmermann, der jedoch selbst, wie Helmut Kohl es ihm angetragen hatte, eher zum Verteidigungsministerium tendierte.

Strauß begründete die ersten beiden Punkte sowohl sachlich als auch taktisch: Die neue Regierung bedürfe einer Legitimation durch Wahlen, auch Helmut Kohl habe einmal gesagt, er wolle das Kanzleramt nicht durch die Hintertür betreten. Die Debatte über das vermeintliche Legitimitätsdefizit eines durch ein konstruktives Misstrauensvotum gewählten Bundeskanzlers belegt, wie ernst Franz Josef Strauß Wahlen als Quelle politischer Macht nahm, er stimmte mit einem Teil der politischen Kommentatoren überein. Doch anders als die öffentliche Perzeption zuweilen suggeriert, bedeutet in einer parlamentarischen Konstellation, wie sie im Frühjahr 1972 oder im Herbst 1982 bestand, das konstruktive Misstrauensvotum ein verfassungsrechtlich einwandfreies Verfahren aus der Sackgasse. Der zweite Grund, den Strauß für unverzüglich herbeizuführende Neuwahlen anführte, war taktischer Natur: Jetzt seien es die Arbeitslosen von Helmut Schmidt, die die Wahlchancen beeinflussen würden, im Frühjahr würden es die Arbeitslosen von Helmut Kohl sein, da so schnell keine Besserung am Arbeitsmarkt eintreten könne. In Bezug auf den Bundeshaushalt sah Strauß zwar voraus, dass sich Genscher gegen eine Neuverhandlung sträuben würde, weil die FDP ihn schließlich selbst mit beschlossen habe, doch könne man darauf keine Rücksicht nehmen. Zum einen hielt Strauß die Haushaltsplanung für verfehlt, insbesondere weil die Netto-Neuverschuldung 38 Milliarden DM betragen sollte, zum anderen mache sich die CDU/CSU unglaubwürdig, wenn sie Haushalte und Haushaltsplanung jetzt akzeptieren würde, da die Bundestagsfraktion dagegen Verfassungsklage eingereicht habe.

Über diese durch ihren Vorsitzenden formulierten Bedingungen diskutierte der CSU-Landesvorstand ausgiebig, bevor er sich einstimmig auf einen entsprechenden Beschluss verständigte. Wollte Strauß selbst in das neue Bundeskabinett? Diese Frage ist nicht eindeutig zu beantworten. Nach der Sitzung vom 20. September muss man davon ausgehen, doch eine Woche später erwähnte er diese Absicht nicht mehr. Es ist nicht ausgeschlossen, dass sein Anspruch einer spontanen Aufwallung entsprach, die sich erneut dagegen richtete, dass Helmut Kohl ihn nicht ausreichend einbezogen hatte: Er wolle nicht in der Sonntagszeitung lesen, nach Kohls Plänen werde Stoltenberg neuer Finanzminister. Schließlich habe er 1969 bei der Aufstellung des Haushalts keinen Pfennig neuer Schulden vorgesehen, eine Reserve hinterlassen, und jetzt würde ständig ein neues Loch aufgerissen, um ein altes zu stopfen. Er denke nicht daran, seinen Bonner Anspruch aufzugeben, er werde bei der nach den Neuwahlen erfolgenden Regierungsbildung den Anspruch erheben, Vizekanzler und Außenminister zu werden.[101]

Insgesamt warnte Strauß davor, wegen der klaren Ziele der CSU »vorübergehende Scharmützel« mit der CDU zu scheuen, die CSU müsse als »heilende Truppe« und nicht als »kompromißlerisch-quallige Hilfsapparatur« der CDU auftreten. Und an anderer Stelle betonte er: Wir sind Partner der CDU, nicht aber deren Ministranten. Doch bei aller Schärfe wäre Strauß nicht der erfahrene politische Praktiker gewesen, wenn er überall Maximalpositionen bezogen hätte, von denen ohne Gesichtsverlust schwer wieder herunterzukommen war. So verfuhr er auch dieses Mal nach einem bewährten Rezept: Erst polterte er los, stimmte seine Truppe auf Konflikt ein und resümierte nach eingehender Diskussion einen Beschlussvorschlag, der in einzelnen Passagen flexibler formuliert war, als es den Wortmeldungen entsprach. So ließ er die Forderung nach zwei klassischen Ministerien ebenso fallen wie die Namensnennung von Strauß, Maier, Zimmermann (über die in der Öffentlichkeit als mögliche künftige CSU-Bundesminister spekuliert worden war). Der Beschluss lautete nun: Der CSU-Landesvorstand gehe davon aus, dass die CSU bei

der Bildung einer Übergangsregierung wie bei der Bildung einer endgültigen Regierung nach Neuwahlen entsprechend ihrem politischen
Gewicht vertreten sein werde. Präziser wurde Strauß allerdings in dem
nach seiner Einschätzung essenziellen Punkt, dem Zeitpunkt für Neuwahlen: Das Wort »baldmöglichst« sei eine Kohl'sche Gummiformulie-
rung (hatte er sich nicht gerade selbst noch dieser Sprachform bedient?),
der Landesvorstand müsse beschließen: Neuwahlen noch in diesem Jahr.
Über diese einstimmig getroffene Entscheidung kam es dann mit der
CDU-Spitze, der Unionsfraktion und Teilen der CSU-Landesgruppe zum
Zwist.

Als der CSU-Landesvorstand am 27. September über das weitere Vorgehen beriet, hatte das Ergebnis der hessischen Landtagswahlen vom
Vortag einige Koordinaten verschoben. Überdies war die CSU-Spitze
wegen vorheriger Festlegungen der Schwesterpartei und der Fraktion in
Bonn nicht mehr Herr ihrer Entscheidungen. Beides aktivierte die Kampfesfreude von Franz Josef Strauß. Mit der Frage »Was ist die FDP jetzt
noch wert?« ging er in die Offensive, hatte doch die FDP ein Wahldesaster erlebt: Ihr Stimmenanteil hatte sich von 6,6 Prozent im Jahr 1978 nach
dem Bonner Koalitionsbruch nun auf 3,1 Prozent mehr als halbiert. Sie
hatte damit den Einzug in den Hessischen Landtag verpasst und schlimmer noch: Die Grünen zogen in das Wiesbadener Parlament mit 8 Prozent ein – eine neue »dritte« Kraft, die nun schon das vierte Mal in einer
Landtagswahl die Liberalen überflügelte. Die Grünen waren die großen
Gewinner der Hessenwahl, die CDU blieb mit 45,6 Prozent stärkste Partei und verlor geringfügig (0,4 Prozent), die SPD erreichte 42,8 Prozent
und verlor etwas mehr (1,5 Prozent). Ministerpräsident Holger Börner
(SPD) blieb zunächst Chef einer Minderheitsregierung. Wieder musste
Strauß erleben, dass die stärkste Partei nicht an die Regierung kam, wü-
tend lobte er trotzdem die hessischen Wähler: Abgestoßen von der ab-
sehbaren Herausschiebung des Wahltermins für die Bundestagswahl und
des sich in Bonn abzeichnenden Gerangels um Macht und Posten anstelle einer ordentlichen Sachalternative mit schnellstmöglicher Neuwahl, habe der Wähler der politischen Hygiene den Vorrang vor der
»politischen Unzucht« gegeben. Wut oder Genugtuung angesichts des
nun ziemlich chaotischen Wahlausgangs in Hessen? Zwar gehörte das
etwas anarchische »Geschieht euch recht, wenn ihr nicht auf mich hört!«
zum Charakter von Franz Josef Strauß, doch spielte wohl auch Resignation mit. Den CDU-Spitzenkandidaten Alfred Dregger, der zum konservativen Flügel seiner Partei gehörte, betrachtete Strauß als Freund, er
hatte ihm das Amt des Ministerpräsidenten gewünscht.

Wenn der erste Zorn verraucht war, machte sich Strauß normalerweise an die rationale Analyse. Das bedeutete in diesem Fall die Frage

nach der künftigen Entwicklung der Grünen, für die er durchaus Wachstumspotenzial sah. Deshalb wollte er den Kampf gegen sie viel offensiver führen und herausstellen, in welchem Maße sich die CSU für den Umweltschutz engagierte: So hatte der Freistaat Bayern bereits 1970, also lange vor Gründung der Grünen, als erste Regierung in Europa einen Umweltminister installiert, bereits Mitte der 1970er-Jahre gründete die CSU-Landtagsfraktion einen Arbeitskreis für Landesentwicklung und Umweltfragen, der Landtag setzte einen eigenen Ausschuss für diesen Sektor ein, und unter der Ägide von Strauß wurde schließlich 1984 dem Umweltschutz als Staatsziel Verfassungsrang eingeräumt. Im September 1982 sah Strauß aber auch, dass nicht nur die Grünen das bisherige Parteienspektrum und damit die bisherigen Muster für die Mehrheitsbildung durcheinanderwirbeln konnten. Vielmehr beobachtete er, wie Willy Brandt, dem er eine »gute Nase« attestierte, neue Mehrheiten für die SPD suchte: mit den Grünen, der »Friedensbewegung« und der Frauenbewegung.[102]

Nun aber zur Bonner Rolle der CSU – eine unerträgliche Zumutung durch die große Schwester! Und nicht nur das: Was hat eigentlich die CSU-Landesgruppe nach dem einstimmigen Beschluss des CSU-Landesvorstands gemacht? Schließlich könne er nicht immer in Bonn präsent sein, die Landesgruppe müsse selbst dafür sorgen, ubiquitär zu sein und an allen Gesprächen teilzunehmen. Die Landesgruppe sei zum Teil nicht informiert gewesen, die Gesichter in der Unionsfraktion seien nicht freundlich gewesen, als er den einstimmigen Beschluss des CSU-Landesvorstands vom 20. September einen Tag später in Bonn vorgetragen habe. Aus allen Wolken sei er gefallen, als er bemerkt habe, dass die Szenerie im CSU-Landesvorstand auf der einen und der CDU/CSU-Fraktion auf der anderen nichts miteinander zu tun hatten. So etwas dürfe man ihm nicht noch einmal zumuten! Genüsslich bohrte Graf Lambsdorff zwei Wochen später in der gleichen Wunde. In dem erwähnten *Spiegel*-Interview vom 11. Oktober 1982 lobte er Helmut Kohl: »Das Ausmanövrieren des Herrn Strauß und das Sichern der Stimmen der CSU-Landesgruppe war schon eine ganz gekonnte Leistung.« Über diese Landesvorstandssitzung, in der sich Zimmermann gekränkt zeigte und seine Loyalität beteuerte, Strauß ihn aber wieder beruhigte, berichtete auch die *Süddeutsche Zeitung*[103], allerdings mit dem Tenor, Strauß habe von Beginn an einen friedlichen Ton angeschlagen. Tatsächlich hatte er wie stets die verschiedenen Alternativen erwogen, und dies mit dem üblichen Temperament. Die internen Entscheidungsvorgänge der CSU über den Wahltermin sind einigermaßen verwirrend, doch trifft die Darstellung von Friedrich Zimmermann in Einzelheiten nicht zu[104], da der Landesvorstand am 20. September in Gegenwart von Zimmermann und anderen Mitgliedern der

CSU-Landesgruppe im Bundestag auf Vorschlag von Strauß einstimmig Wahlen noch in diesem Jahr als Bedingung der CSU beschlossen hatte. Friedrich Zimmermann teilte offenbar die strategische Einschätzung von Helmut Kohl über den Wahltermin und nicht die Meinung seines Partei-vorsitzenden Strauß.[105]

Schließlich erregte sich Strauß auch über den neuen, eine Woche vor-gezogenen Wahltermin, den Kohl jetzt im Einverständnis mit dem CDU-Präsidium und der Fraktion auf den 6. März 1983 festgelegt hatte: Man habe die erreichbare absolute Mehrheit der gesamten Union für das Bündnis der CDU mit der FDP aufgegeben – wohlgemerkt nicht ein Bündnis der CDU/CSU, sondern nur der CDU. Im Gespräch mit dem *Münchner Merkur* betonte Franz Josef Strauß, der CSU-Vorstand habe sich bei seinem Vorschlag für einen Wahltermin noch in diesem Jahr da-von leiten lassen, dass es »um die Zukunft der Bundesrepublik Deutsch-land« gehe und »nicht um die wechselhaften Schicksale und Slalomläufe einer politischen Partei… Wir hätten erwartet, daß Staatspolitik über Parteipolitik obsiegt.«[106]

Und doch: Franz Josef Strauß begann – verständlicherweise und mit ernst zu nehmenden Argumenten – in diesem Konflikt mit der CDU aggressiv und endete kooperativ. Zum einen wischte er eine mögliche Spekulation über die Kanzlerkandidatur mit einer Bemerkung vom Tisch: Helmut Kohl ist und bleibt unser Kanzlerkandidat, zum anderen beendete Strauß seinen Auftritt in der Unionsfraktion mit der Erklärung: Wir übernehmen für den Wahltermin, 6. März 1983, und seine politi-schen Konsequenzen nicht die Verantwortung, werden aber loyal diesen Termin mittragen, ohne ihn für richtig zu halten.[107] Gerhard Stoltenberg berichtete, Strauß habe sich schließlich einverstanden erklärt, nachdem er selbst und Kohl ihn in einem Gespräch, an dem auch Zimmermann teilnahm, davon überzeugt hätten, dass Genscher einen schnellen Wahl-termin weder akzeptieren könne noch werde, weil er sonst die ohnehin labile Mehrheit in der FDP-Fraktion verlieren würde. Auch müssten die notwendigen wirtschafts- und finanzpolitischen Beschlüsse so schnell wie möglich fallen.[108] In einem ausführlichen Interview mit dem *Spiegel* erläuterte Franz Josef Strauß noch einmal seine Überlegungen zum Wahltermin. Er sei zustande gekommen, weil die FDP Helmut Kohl mit der Ankündigung unter Druck gesetzt habe, ihn beim konstruktiven Misstrauensvotum nicht zu wählen, wenn die Bundestagswahl noch in diesem Jahr – 1982 – durchgeführt würde. Kohls Absicht, »alsbald« Wah-len abzuhalten, habe er dann selbst definiert, indem er den 6. März 1983 vorsah. Jedenfalls ließ Strauß erneut durchblicken, dass er bei schnellst-möglicher Neuwahl ein Parlament mit nur zwei Fraktionen für wahr-scheinlich gehalten hat. Hätte aber wider Erwarten die Union keine absolute Mehrheit erhalten und wäre die FDP in den Bundestag gekommen, hätte die CDU/CSU auch in diesem Fall mit der FDP eine Koalition bilden können. Der Fehler der FDP und ihr jetziges Desaster bei den Landtagswahlen seien unter anderem darauf zurückzuführen, dass sie die Koalition mit der SPD zu spät und mitten in der Wahlperiode verlassen habe. Der geeignete Zeitpunkt sei die Bundestagswahl 1976 gewesen, als »Kohl ein sehr gutes Wahlergebnis« hatte, auch 1980 wäre es noch möglich gewesen, mit ihm, Strauß, zu gehen. Die jetzige Situation sei jedenfalls »kein Anlaß für Jubelgesänge«.[109]

In seinem öffentlichen Kommentar zu den politischen Entwicklungen der letzten zwei Wochen stand Strauß, so schwer es ihm gefallen sein mag, loyal zu den schließlich getroffenen Entscheidungen. Hans-Dietrich Genscher habe aus den Reihen der FDP eine klare und eindeutige Stimmenmehrheit zugesagt, »um ein konstruktives Mißtrauensvotum erfolgreich durchzuführen. Helmut Kohl wird zum Bundeskanzler der Bundesrepublik Deutschland gewählt. Um eine Selbstverständlichkeit dennoch zu erwähnen: Der CDU-Vorsitzende konnte und kann sich bei dieser Entscheidung voll und ganz auf die CSU verlassen. Für uns stand in den letzten Jahren die Loyalität zu Helmut Kohl gemäß getroffenen Vereinbarungen nie in Frage …«[110] Strauß ging dann auf die Verratslegende ein und stellte klipp und klar fest: Auch wenn sich die SPD heute in »scheinheiliger Geschlossenheit« hinter Helmut Schmidt schare, sei seine Partei selbst es gewesen, die ihn in den letzten Jahren im Stich gelassen und die von ihm geführte Bundesregierung zum Abschuss freigegeben habe. Nochmals nannte Strauß die politische und wirtschaftliche Hinterlassenschaft der sozialliberalen Koalition und ließ keinen Zweifel, dass die FDP Mitverantwortung trage, auch wenn sie den Zustand der bisherigen Regierung jetzt richtig analysiere. Und es fehlte auch nicht der Hinweis auf neue Mehrheiten, die Willy Brandt ganz unverhohlen suche: »Hier zeichnet Brandt, durchaus in Übereinstimmung mit dem radikalrevolutionären Schwung seiner politischen Jugend, eine Zukunftsvision, deren Verwirklichung eine andere Republik und eine grundlegende Veränderung unserer freiheitlich-demokratischen Ordnung bedeuten müßte.«[111]

Erwähnte Franz Josef Strauß öffentlich oder intern neben den politischen Perspektiven der neuen, von Willy Brandt geführten Opposition und denen der nun zu bildenden christlich-liberalen Koalition auch persönliche Ziele? Was hatte er vor? Von eigenen Bonner Ministerambitionen war nicht mehr die Rede, und in der Vorstandssitzung vom 11. Oktober, die am Tag nach der bayerischen Landtagswahl stattfand, erklärte Strauß: Es sei richtig gewesen, sich eindeutig für die Fortsetzung seiner Tätigkeit als Ministerpräsident zu entscheiden. Doch heiße das nicht, dass er sich »für alle Zukunft so oder so binde«, das hänge von den politischen Entwicklungen ab.[112]

Am 28. September 1982 schlossen CDU/CSU und FDP eine Koalitionsvereinbarung, als deren vorrangiges Zeil die Haushaltssanierung erschien. So wurden unter anderem Einsparungen im Sozialhaushalt, eine Erhöhung der Mehrwertsteuer um 1 auf 14 Prozent und eine rückzahlbare sogenannte Zwangsanleihe für Besserverdienende vereinbart. Insofern hatte Strauß jenseits der von ihm für richtig gehaltenen Alternative – Neuwahlen ohne Misstrauensvotum – zwei seiner drei Bedingungen dann doch durchgesetzt. Die Neuwahl des Bundestags hielten alle Parteivorsitzenden – Kohl, Genscher und Strauß – für nötig, also musste Strauß nur in Bezug auf den Termin nachgeben, der nun etwa drei Monate später lag, als er es für optimal hielt. Wie riskant der Weg der FDP-Spitze und ihres Vorsitzenden Genscher war, zeigte sich allein schon im Abstimmungsverhalten über diese Ziele. Während die Unionsfraktion die Vereinbarung der drei künftigen Partner einstimmig annahm, war die FDP-Fraktion gespalten: 32 Abgeordnete stimmten mit Ja, 20 mit Nein. Schon wenige Tage vorher, am 25. September, hatten etwa 700 Linksliberale Hans-Dietrich Genscher wegen des Auseinanderbrechens der Koalition zum Rücktritt vom Parteivorsitz aufgefordert.

Trotzdem setzten die Spitzen von Union und FDP ihren Kurs fort und brachten am 1. Oktober 1982 einen konstruktiven Misstrauensantrag im Bundestag ein, bei dem der CDU-Vorsitzende und Vorsitzende der Unionsfraktion Helmut Kohl als Bundeskanzler vorgeschlagen wurde. Von 495 Abgeordneten stimmten 256 für Kohl, 235 dagegen, 4 enthielten sich. Von den gesondert zu zählenden Berliner Abgeordneten erhielt Kohl 11 Ja- bei 10 Neinstimmen. Bei der Kabinettsbildung erhielt die CSU vier Ministerien: Friedrich Zimmermann (Inneres), Werner Dollinger (Verkehr), Oscar Schneider (Raumordnung, Bauwesen und Städtebau) und Jürgen Warnke (Wirtschaftliche Zusammenarbeit). Franz Josef Strauß lehnte einen Eintritt ins Kabinett ab, da er vermutlich nur für das Außenministerium sein Amt als Ministerpräsident aufgegeben hätte, dies aber nach üblicher Koalitionsarithmetik der FDP vorbehalten war. Franz Josef Strauß bemerkte jedoch, Helmut Kohl habe die CSU bei der Regierungsbildung nicht schlecht berücksichtigt. Da er Gleichberechtigung von CSU und FDP zugesagt und dieser vier Ministerien habe geben müssen, sei er auch für die CSU von zwei auf vier gegangen.[113]

In Abwägung beider Verfahrensvorschläge erscheint der von Strauß vorgeschlagene Weg als der eindeutig riskantere, seine Einschätzung der Wahlchancen enthielt mehrere Unsicherheitsfaktoren: Es hätte so kommen können, wie er meinte, es musste aber nicht so kommen. So oft Franz Josef Strauß auch realistische Optionsmöglichkeiten mit der FDP erwog, so verständlich auch seine in den frühen 1960er-Jahren wurzelnde persönliche Entfremdung von der FDP war, in der er sich durch deren Koalitionspolitik 1969 und die folgende Ostpolitik bestätigt sah, so wenig konnte er noch in den 1980er-Jahren ein unverkrampftes Verhältnis zur FDP gewinnen. Es blieb emotional gefärbt, auch als CSU und FDP wieder Koalitionspartner wurden. Ein Gutteil der seit 1982/83 immer wieder auftretenden Dissonanzen mit Helmut Kohl rührte daher. Rücksichtnahme auf die FDP erschien Strauß verdächtig, während Kohl diese Frage sowohl taktisch als auch perspektivisch sah. Welche Alternativen bestanden denn für die Union sonst noch? Dabei spielte eine wesentliche Rolle, dass Helmut Kohl Vorsitzender einer viel heterogeneren Partei war, als dies für die CSU galt, sein Austarieren von Gegensätzen, die Suche nach Kompromissen führten im Urteil von Strauß zu einen Verlust an Eindeutigkeit, der ihn irritierte. Er selbst konnte trotz aller Widerspenstigkeit und Streitlust der CSU doch, wenn es darauf ankam, auf eine vergleichsweise geschlossene kampfesfreudige Truppe zählen – eine Truppe, die sich selbst nach Kreuth 1976 wieder zusammengerauft hatte.

Natürlich sah Strauß diese parteiinternen Probleme der CDU, natürlich auch Genschers Schwierigkeiten mit seinen beiden Parteiflügeln, die in der Geschichte des Liberalismus, insbesondere der FDP, mehrfach zu Abspaltungen geführt hatten. Doch lösten sachliche Analysen und emotionale Ausbrüche auch in diesem Fall einander ab, sodass Strauß' Aussagen sowohl über Helmut Kohl als auch über mögliche Koalitionsbildungen mit der FDP widersprüchlich sind. Aber während er mit dem CDU-Vorsitzenden in allen entscheidenden Grundüberzeugungen übereinstimmte, galt das nicht für Genscher, dem er letztendlich nicht über den Weg traute. Mehr als Genschers Taktik ärgerte ihn dessen Unverbindlichkeit: »Ich habe mich mit Genscher mehrmals auch unter vier Augen über konkrete politische Probleme unterhalten. Selbst wenn es dabei zu gelegentlicher Übereinstimmung kam, hielt diese kaum länger, als das Gespräch dauerte, weil aufgrund von Genschers bewußter Unverbindlichkeit verläßliche Auskünfte kaum zu bekommen waren. Hinzu kommt die Fähigkeit zu doppeltem Spiel.«[114] Der ständige Schrecken der FDP vor der Fünf-Prozent-Hürde und ihre Dauersorge um das parlamentarische Überleben führten bei ihr zu einem »breiten geistigen Manövrierfeld«: »Hans-Dietrich Genscher ist seit vielen Jahren die Verkörperung der daraus erwachsenden Wendigkeit, mit einem ausgeprägten Gespür für Chancen und Risiken.«[115]

Die inhaltliche Kritik von Strauß konzentrierte sich auf Genschers Außenpolitik, an ihr hatte Strauß viel auszusetzen. Ohnehin fand er, die bundesdeutsche Außenpolitik sei »seit 1969 systematisch ihrer Konturen beraubt« worden, was so nicht zutraf – es waren nur andere Konturen gewesen, für die Strauß gute Gründe der Ablehnung ins Feld führte. Nach Strauß' Einschätzung fehlte es an einer deutschen Außenpolitik für den pazifischen Raum, für den Nahen Osten, für Afrika und so weiter: »Es gibt seit Genscher nur noch eine multilaterale deutsche Kongreßpolitik: Europäische Gemeinschaft, Europäisches Parlament, Vereinte Nationen, OECD, KSZE sind die institutionellen Stichworte, an denen eine angebliche deutsche Außenpolitik festgemacht wird.«[116] Das war treffend beobachtet und gleichwohl als kritische Bewertung nicht gerecht, hatten sich doch die Strukturbedingungen der Außenpolitik geändert, nicht nur für die Bundesrepublik. Im Übrigen hielt Genscher durchaus an Grundpositionen fest, die auch Strauß als unverzichtbar bewertete. Der Außenminister war, so taktisch er agierte, so uneindeutig er meist in der Öffentlichkeit redete, keineswegs ein Leichtgewicht, unbefangen trat Strauß auch ihm nicht gegenüber.

Und doch ging es nicht allein darum, dass Strauß sich selbst als den durch Genscher verhinderten Außenminister, den besseren Außenminister betrachtete. Strauß' konzeptionelles, an langen historischen Bezügen und globalen Perspektiven orientiertes strategisches außenpolitisches Denken unterschied sich prinzipiell von der »multilateralen Kongreßpolitik« Genschers und dessen taktischen Finessen. Und Strauß konnte während der Jahre 1982 bis zu seinem Lebensende auch nicht erkennen, in welchem Maße Helmut Kohl die außenpolitischen Entscheidungen an sich zog, wenn es – wie in der Wiedervereinigungsphase 1989/90 – darauf ankam. Allerdings hätte Strauß ein Exempel für die ausschlaggebende außenpolitische Rolle des Bundeskanzlers schon in der von ihm als »große Leistung« der »Koalition aus CDU, CSU und FDP« bewerteten Realisierung des NATO-Doppelbeschlusses sehen können, die eben auch Genscher mittrug. Und bei allen konstruktiven Kontakten zwischen Genscher und seinem französischen Kollegen Roland Dumas galt für die Intensivierung der deutsch-französischen Beziehungen, dass Helmut Kohl und François Mitterrand die ausschlaggebenden Akteure wurden und nicht Genscher.

Wie Franz Josef Strauß strebte also auch der neue Bundeskanzler Helmut Kohl nach dem Ende der Regierung Schmidt am 1. Oktober 1982 Neuwahlen an – nur nicht sofort. Beide Unionsvorsitzenden stimmten in der Motivlage überein. Die Neuwahlen dienten keineswegs nur einer zusätzlichen Legitimierung, um den Kanzlersturz nicht als parteipolitisches Manöver erscheinen zu lassen. Vielmehr reichten die restlichen zwei Jahre der laufenden Legislaturperiode nach Einschätzung beider Unionsvorsitzenden nicht aus, um die notwendige Haushaltssanierung und Wirtschaftsreformen ins Werk zu setzen, die naturgemäß bei denjenigen unpopulär sind, die von Kürzungen betroffen werden. Aus diesen

Gründen war nach dem gewonnenen konstruktiven Misstrauensvotum auch der nächste Schritt klar: Bundeskanzler Kohl stellte im Bundestag die Vertrauensfrage, um zu einer Bundestagsauflösung zu kommen. Am 17. Dezember 1982 enthielten sich 248 Abgeordnete der Koalitionsparteien der Stimme, weshalb keine Mehrheit zustande kam. Unter dieser Voraussetzung konnte der Bundeskanzler dem Bundespräsidenten die Auflösung des Bundestags vorschlagen, um danach Neuwahlen abzuhalten.

Innerhalb der Koalition blieb dieses Verfahren aus verfassungsrechtlichen Gründen umstritten. Bundespräsident Carstens zögerte, da die Stimmenthaltung der Regierungsfraktionen natürlich nicht deren tatsächlicher Meinung entsprach, sondern lediglich dem Zweck diente, den Weg für Neuwahlen frei zu machen. Die SPD-Opposition konnte allerdings kaum etwas gegen dieses Verfahren vorbringen, hatte doch Bundeskanzler Willy Brandt 1972 nach dem gescheiterten Misstrauensvotum genau den gleichen Weg beschritten, wenngleich in einer parlamentarischen Pattsituation. Schließlich stimmte Bundespräsident Carstens zu und löste am 6. Januar 1983 den Bundestag auf – »die schwerste Entscheidung während meiner Amtszeit«.[117] Dagegen strengten mehrere Abgeordnete der CDU und FDP sowie ein fraktionsloser früherer SPD-Abgeordneter einen Organstreit gegen den Bundespräsidenten vor dem Bundesverfassungsgericht an, weil es sich bei der Abstimmung im Bundestag um eine »unechte Vertrauensfrage« gehandelt habe. Der Zweite Senat des Bundesverfassungsgerichts lehnte die Klage mit sechs zu zwei Stimmen ab. Bei einer gegenteiligen Entscheidung, die durchaus nicht auszuschließen war, hätte Franz Josef Strauß mit seinem ursprünglichen Alternativvorschlag sofortiger Neuwahlen nachträglich recht bekommen, wäre doch eine im September 1982 von Bundeskanzler Schmidt gestellte und negativ beschiedene Vertrauensfrage »echt« gewesen.

Schon vor der Entscheidung des Bundespräsidenten hatte Helmut Schmidt auf eine erneute Kanzlerkandidatur verzichtet, worauf zunächst die SPD-Fraktion und dann am 21. Januar 1983 der SPD-Wahlparteitag Hans-Jochen Vogel nominierte. Die Wahl zum Deutschen Bundestag am 6. März 1983 brachte bei einer hohen Wahlbeteiligung von 89,1 Prozent der Union einen großen Erfolg, den sowohl Helmut Kohl als auch Franz Josef Strauß als Bestätigung ansehen konnten, steigerten sich doch CDU und CSU mit einem Zuwachs von 4,3 Prozent auf 48,8 Prozent und rückten damit wieder ganz dicht an die absolute Mehrheit heran. Hätte die Union, wie Strauß vermutete, bei sofortigen Neuwahlen nach dem Sturz der Regierung Schmidt, die dann wohl noch im November 1982 stattgefunden hätten, noch mehr erreicht? Das ist möglich, aber nicht zwingend. Jedenfalls traf Strauß' Prognose zu, dass die SPD schwere Verluste erleiden würde: Sie verlor 4,7 Prozent und fiel auf 38,2 Prozent, lag also mehr als 10 Prozent hinter der Union, die FDP verlor zwar 3,6 Prozent, blieb aber trotz der fortdauernden innerparteilichen Auseinandersetzungen mit 7 Prozent deutlich über der Gefahrenzone. Wäre dies drei Monate zuvor auch so gewesen, wäre die Rechnung des CSU-Vorsitzenden nicht aufgegangen, zumal nun mit den erheblich hinzugewinnenden Grünen mit 5,6 Prozent eine vierte Partei in den Bundestag einzog. Vielleicht hatte Strauß noch größere Verluste der FDP vermutet, doch hatte er die Grünen wirklich auf der Rechnung? Waren die Warnung seines Generalsekretärs Stoiber vom Dezember 1980, sie nicht zu unterschätzen, und die eigene Hellsicht von Strauß nach der Hessenwahl wirklich in seine Prognose für einen früheren Wahltermin eingegangen?

Nach dem großen Wahlerfolg der Union wählte der Deutsche Bundestag am 29. März 1983 Rainer Barzel zum Präsidenten, damit verloren Richard Stücklen – der wieder Vizepräsident wurde – und die CSU dieses Amt. Helmut Kohl wurde mit 271 von 486 gültigen Stimmen erneut und mit einem deutlich besseren Ergebnis als am 1. Oktober zum Bundeskanzler gewählt, die Zahl der Neinstimmen betrug 214, nur ein Abgeordneter enthielt sich. Bei der folgenden Kabinettsbildung wurde die CSU noch erfolgreicher als im Oktober 1982, erhielt sie doch fünf Ministerien, darunter weiterhin ein klassisches: Friedrich Zimmermann blieb Bundesinnenminister, Oscar Schneider Bauminister, Werner Dollinger Verkehrsminister, Jürgen Warnke Minister für wirtschaftliche Zusammenarbeit, Ignaz Kiechle wurde Landwirtschaftsminister. Theo Waigel war schon im Oktober 1982 als Nachfolger Zimmermanns Vorsitzender der CSU-Landesgruppe und damit erster Stellvertreter des Fraktionsvorsitzenden Alfred Dregger geworden und blieb dies bis zu seiner Berufung als Bundesfinanzminister. Franz Josef Strauß lehnte eine erneute Anfrage von Helmut Kohl ab, ob er in die Bundesregierung eintreten wolle. Die trickreiche Alternative lautete: vier CSU-Minister mit Franz Josef Strauß oder fünf ohne ihn. Da die FDP den ersten Zugriff hatte, entschied sich Hans-Dietrich Genscher wieder für das Außenministerium. Die einzige gewichtige Alternative wäre für den CSU-Vorsitzenden das Finanzministerium gewesen, doch dies besetzte aus innerparteilichen Gründen sowie wegen seiner unbestrittenen Kompetenz, wie schon im Oktober 1982, weiterhin Gerhard Stoltenberg, der damals neben Kohl bedeutendste CDU-Politiker.

Als Parteivorsitzender einer der Koalitionspartner und über den Bundesrat als Ministerpräsident war Franz Josef Strauß auch künftig im bundespolitischen Spielfeld, allerdings im Tagesgeschäft weniger einflussreich, dafür freier und nicht in die Kabinettsdisziplin eingebunden. Außenpolitische Aktivitäten konnte er also ohne solche Rücksichten und ohne Kompetenzgerangel mit dem Außenminister entfalten, andere politische Initiativen konnte er aus eigener Machtvollkommenheit starten und gegebenenfalls mit seinem Apparat in der Bayerischen Staatskanzlei vorbereiten.

Franz Josef Strauß und der Milliardenkredit für die DDR

Die wohl spektakulärste bundespolitische Aktion dieser Jahre war zweifellos der von Franz Josef Strauß in Absprache mit Helmut Kohl eingefädelte Milliardenkredit, den die DDR am 29. Juni 1983 von einem westdeutschen Bankenkonsortium unter Führung der Bayerischen Landesbank erhielt. Eine Bundesbürgschaft sah Strauß dafür nicht vor, vielmehr sollte die Absicherung über die Transitpauschale erfolgen, die die Bundesrepublik im Fälligkeitsfall einbehalten konnte. Die DDR war nicht nur im Westen hoch verschuldet, sondern konnte die Tilgungsraten für die Altkredite ohne Aufnahme neuer Kredite nicht mehr aufbringen. Nahezu alle Beobachter stellten die Frage: Warum hilft ausgerechnet Franz Josef Strauß der maroden DDR-Wirtschaft aus der Klemme – Strauß, der die Zugeständnisse der sozialliberalen Koalition gegenüber der DDR als viel zu weitgehend, politisch naiv oder gefährlich beurteilt hatte? Die Sensation bestand nicht allein in ihrer deutschlandpolitischen Pointe direkter Verhandlungen des Bayerischen Ministerpräsidenten mit der DDR-Führung bzw. ihrem von Erich Honecker beauftragten Staatssekretär Alexander Schalck-Golodkowski, sondern in der Vermittlung dieses Geschäfts durch den notorischen Antikommunisten Franz Josef Strauß.

Strauß' Vorgehen überraschte auch innerhalb der Unionsparteien, hatte er sich doch noch am 27. April 1983, zum Zeitpunkt der Aufnahme direkter Gespräche mit dem DDR-Bevollmächtigten über Heinrich Windelen, den Bundesminister für Innerdeutsche Beziehungen, aufgeregt, der die CSU in einem Interview aufgefordert hatte, »ihre Forderung nach einer ›Wende‹ in der Deutschlandpolitik zu präzisieren«. Strauß schrieb an Windelen: »Nach 13 Jahren des Kampfes aus der Opposition heraus gegen die auf Nachgiebigkeit, Illusionen und Vorleistungen aufgebaute liberal-sozialistische Deutschlandpolitik sollte jeder mit der Vorgeschichte vertraute Politiker der Union wissen, was unsere Standpunkte und Forderungen in dieser Frage sein müssen ... Die CSU ist stets für eine berechenbare und verlässliche Deutschlandpolitik eingetreten, wie sie in den großen Nachkriegsjahrzehnten unter Konrad Adenauer begründet und konsequent durchgeführt worden ist. Die CSU braucht dabei keine Belehrungen, daß ›Wende‹ nicht heißen könne, sich von geschlossenen

Verträgen zu entfernen. Ich selbst habe im Januar 1973 als Sprecher der CDU/CSU-Fraktion in der Aussprache über die Regierungserklärung Willy Brandts das Wort ›pacta sunt servanda‹ formuliert. Seitdem habe ich ständig darauf hingewiesen, daß wir rechtsgültig geschlossene Verträge nicht außer Kraft setzen können, weil wir sie für falsch und in der langfristigen Auswirkung für verhängnisvoll halten. Unsere Aufgabe heute ist es aber, das Beste aus diesen Verträgen zu machen.«[118] Er erinnerte Windelen an die gemeinsamen Leitlinien von CDU und CSU in der Deutschlandpolitik vom 16. März 1983 und fügte einen Auszug bei. Darin hieß es unter Berufung auf die Gemeinsame Entschließung des Bundestags vom 17. Mai 1972 und die einschlägigen Entscheidungen des Bundesverfassungsgerichts von 1973 und 1975 zum Grundlagenvertrag unter Punkt 19: »Das heißt für uns, die deutsche Frage nicht nur theoretisch offen zu halten, sondern für das deutsche Recht auf Einheit in Freiheit aktiv einzutreten. Alle Verfassungsorgane müssen beharrlich auf die Wiedervereinigung Deutschlands hinwirken.«

Außer dieser Grundsatzerklärung enthielten diese Leitlinien der Unionsparteien aber mehrere konkrete Forderungen, um die Folgen der Teilung zu mildern. Darunter war die aktive Förderung von Kontakten der Deutschen aus der Bundesrepublik und der DDR, die Rücknahme des überhöhten Zwangsumtausches, die Forderung nach Abbau der Selbstschussanlagen an der innerdeutschen Grenze, die Sicherung der Lebensfähigkeit Berlins. Neben der Erklärung, die Union werde sich mit der Unterdrückung der Freizügigkeit und der Meinungsfreiheit niemals abfinden, stand ein Verhandlungsangebot: »Wir sind bereit, die vertraglichen Beziehungen zur DDR auf der Basis von ausgewogener Leistung und Gegenleistung, z. B. beim Swing, bei den innerdeutschen Handelsvorteilen mit dem Ziel praktischer Ergebnisse zu vertiefen und weiter zu entwickeln.«[119] Hat Franz Josef Strauß selbst eine »Wende« in der Deutschlandpolitik vollzogen, wie ihm seine Kritiker innerhalb und außerhalb der eigenen Partei vorwarfen, oder hat er diese Leitlinien im möglichen Maße umzusetzen versucht? Und wenn ja, war er erfolgreich?

Eine Initialzündung für die Aufnahme direkter Gespräche bildete offenbar der Tod des bundesdeutschen Transitreisenden Rudolf Burkert am 10. April 1983 während eines Verhörs am Kontrollpunkt Drewitz, den Strauß in einer öffentlichen Stellungnahme als Mord bezeichnete.[120] Diese Schärfe hatte Strauß bewusst an den Tag gelegt, um die DDR herauszufordern, tatsächlich schätzte er selbst den Fall strafrechtlich als fahrlässige Körperverletzung mit Todesfolge ein, die spätere Untersuchung ergab Herzversagen, dessen Ursache nicht zweifelsfrei geklärt wurde. Aus diesem Grund rief Bundeskanzler Kohl am 18. April 1983 den SED-Generalsekretär Honecker an und teilte ihm mit, die Obduktion

Burkerts am Gerichtsmedizinischen Institut in Hamburg habe eindeutig Gewaltanwendung diagnostiziert, die bundesdeutsche Öffentlichkeit sehe darin eine schwere Belastung des Verhältnisses zur DDR.[121] Der Vorgang sei gravierend, doch wolle er, Kohl, keine Beeinträchtigung der innerdeutschen Beziehungen. Er habe nach wie vor Interesse am Besuch Honeckers in der Bundesrepublik, dessen Einladung schon Bundeskanzler Schmidt ausgesprochen hatte. Honecker antwortete, nach der ihm vorliegenden Auskunft sei Burkert aufgrund eines Herzinfarkts gegen die Heizung gefallen. Unter Verweis auf den Obduktionsbericht widersprach Kohl dieser Darstellung.[122]

Franz Josef Strauß' deutschlandpolitische Aktivitäten wurden durch diesen traurigen Vorfall bestärkt, jedoch nicht verursacht. Vielmehr standen sie im weiteren Kontext der Kontinuität der Deutschlandpolitik.[123] Hierzu zählte die Stagnation in den Ost-West-Beziehungen im Zuge der Nachrüstungsdebatte, die auch darin zum Ausdruck kam, dass Honecker aufgrund Moskauer Einspruchs am 28. April 1983 seinen für dieses Jahr vorgesehenen Besuch in der Bundesrepublik absagen musste. Helmut Kohl schließlich wollte Franz Josef Strauß in seine Deutschlandpolitik einbinden, um etwaige öffentliche Kritik aus München von vornherein auszuschließen. Und nicht zuletzt hielt die ständige publizistische Isolierung von Strauß als vermeintlicher Störenfried deutschlandpolitischer Fortschritte in der Opposition und den ihr nahestehenden Medien an. Dazu trug Strauß selbst bei, hatte er doch nicht allein den Tod Burkerts als Mord bezeichnet, sondern die aktuelle Lage mit den Worten kommentiert: »Die ängstliche Leisetreterei der Regierung Schmidt/Genscher darf nicht von der Regierung Kohl/Genscher fortgesetzt werden.« Edmund Stoiber, nun Leiter der Staatskanzlei, wandte sich gegen eine »automatische Aufrechterhaltung« der Einladung Honeckers in die Bundesrepublik, der bayerische Finanzminister Max Streibl forderte eine andere Deutschland- und Ostpolitik. Daraufhin kam es wieder einmal zum Scharmützel mit der FDP, die verständlicherweise auf deutschlandpolitische Kontinuität setzte, hätte sie doch sonst auch diesen Teil ihrer vorherigen Politik desavouieren müssen. Graf Lambsdorff fragte, ob die CSU in der Koalition Arbeitspartner sein wolle oder »Belästigungspotential«, und beschimpfte Stoiber und seinen Nachfolger als CSU-Generalsekretär, Otto Wiesheu, als »Wadenbeißer« und »Terrier«: Auch Lambsdorff scheute deftige Polemik nicht – immerhin waren Terrier kräftigere Hunde als Erhards »Pinscher«! Außenminister Genscher blieb sachlich und ungewohnt eindeutig, er bekräftigte die »kontinuierliche und konsequente« Fortführung der bisherigen Außen-, Sicherheits- und Deutschlandpolitik und schloss kurz und bündig: »Die Außenpolitik wird in der Bundesregierung gemacht – so, wie die Verfassung es vorschreibt.«[124]

Verständlich war die Überraschung über Strauß' vermeintliche deutschlandpolitische Kehre also allemal. Der *Spiegel* entdeckte plötzlich Verständnis für die »Rechtsabweichler« der CSU, Handlos und Voigt, und bescheinigte Strauß, »Deutschlandpolitik aus sozialliberaler Zeit« zu machen und in den Spuren Egon Bahrs »Wandel durch Annäherung« zu betreiben.[125] Erich Böhme zitierte das deutschlandpolitische Grundsatzpapier der CSU-Landesgruppe im Deutschen Bundestag vom Februar 1978, in dem gefordert wurde, in den Verhandlungen mit der DDR nur auf solche Abmachungen abzuzielen, »die dem Prinzip der Ausgewogenheit von Leistung und Gegenleistung entsprechen«. Wirtschaftliche Vorteile dürften der DDR nur noch unter der Bedingung zugesichert werden, »daß die andere Seite politische Zugeständnisse macht«.[126] Und die von Strauß nach Meinung Böhmes vollzogene »Doppelwende in der Deutschlandpolitik« belegte der Chefredakteur des *Spiegel* mit den früheren CSU-Forderungen: Beseitigung des Schießbefehls, Senkung des Alters für Reiseerlaubnisse und des Zwangsumtauschs – auf all diese Gegenleistungen hatte Strauß nach Einschätzung Böhmes verzichtet. Hatte er das wirklich?

Die *Süddeutsche Zeitung* kommentierte den Coup von Strauß unter der Überschrift »Strauß stört das Freund- und Feindbild«: »Franz Josef Strauß hatte schon immer beträchtlichen Spaß daran, seinen Gegnern ein Schnippchen zu schlagen. Mit seinen jüngsten deutschlandpolitischen Avancen hat er den beiden so gegensätzlichen Gruppen Überraschungen zugemutet, die noch lange nachwirken werden.«[127] Die Frage aber, die dieser Artikel wie die meisten anderen negativ beantwortete, lautete: Wo sind die Gegenleistungen der DDR? Paul Pucher kommentierte im *Münchner Merkur*: »Wer wie Strauß die Politik der Vorleistungen so ausdauernd und so leidenschaftlich bekämpft hat und hat bekämpfen lassen, muß in ein schiefes Licht geraten, wenn er plötzlich maßgeblich beteiligt ist an einer so stattlichen Vorleistung, bei der niemand garantieren kann, wie und ob sie honoriert wird.«[128] Aber so wenig die Kommentatoren die Regierung Brandt/Scheel nach den Gegenleistungen für ihre Ostpolitik gefragt hatten, so sehr bezweifelten sie jetzt, dass Strauß Gegenleistungen für den Milliardenkredit erzielen würde, ja überhaupt darüber gesprochen hatte. Woher wussten seine Kritiker das so genau?

Die ersten Gespräche vermittelte der mit Strauß schon seit seiner Jugend eng befreundete Rosenheimer Fleischgroßhändler und ehemalige Schatzmeister der CSU, Josef März, der einen regen Handel mit der DDR unterhielt und daher mit dem Leiter des Bereichs für Kommerzielle Koordination (KoKo) im Ministerium für Außenhandel der DDR, Dr. Alexander Schalck-Golodkowski, in Geschäftsbeziehungen stand. Schalck-Golodkowski hatte den Rang eines Staatssekretärs und war zeitweise Oberst mit besonderem Auftrag im Ministerium für Staatssicherheit. Der Aufsehen erregende Fall Burkert, weitere 23 ungeklärte Todesfälle bei Transitreisenden sowie die innerdeutschen Beziehungen gehörten zu den Themen des ersten Gesprächs von Franz Josef Strauß mit dem DDR-Emissär. Strauß beschwerte sich über die generell unwürdige Behandlung westdeutscher Reisender durch die DDR-Grenzer sowie die erwähnten Todesfälle und forderte Abhilfe, die Zug um Zug beginnen müsste. Dieses erste Treffen fand – wie mehrere weitere – am 5. Mai 1983 auf Gut Spöck, dem Gästehaus von Josef März bei Rosenheim, statt: Strauß sprach »sehr ruhig, fast leise, ohne jeden rhetorischen Nachdruck. Keine Spur von dem polternden Bierzeltredner ... Strauß wirkte gelöst, gleichzeitig konzentriert, ohne Arroganz oder sonstiges Gehabe.« So erlebte ihn sein DDR-Gesprächspartner.[129] Strauß wollte nach Einschätzung Schalck-Golodkowskis über ihn einen direkten Draht zu Honecker aufbauen. In einer gewaltigen Tour d'Horizon habe der Ministerpräsident die strategische Gesamtsituation sowie die spezifische Lage beider deutschen Staaten dargestellt, sich über die Fehler der sowjetischen Politik, die Intentionen der Amerikaner und die Interessen der Deutschen geäußert. »Alles, was er sagte, lief darauf hinaus, dass von deutschem Boden nie wieder ein Krieg ausgehen dürfe.« Krieg in Europa würde die totale Vernichtung in Ost und West bedeuten. Der Stil der Verhandlungen mit Schalck-Golodkowski und später mit Honecker unterschied sich kaum von der Art, die Strauß gegenüber Gesprächspartnern aus anderen Staaten praktizierte, was übrigens auch für sonst durchaus unterschiedliche Staatsmänner galt: Ob Franz Josef Strauß, Helmut Kohl oder Helmut Schmidt, sie alle bemühten sich jeweils mit persönlich akzentuierter Gesprächsführung, ein aufgeschlossenes Klima zu schaffen und Vertrauen aufzubauen. Je nach Charakter dienten dazu persönliche Lebenserfahrungen, die eigene Familiengeschichte oder beiläufige Bemerkungen über andere Politiker.

Über dieses Gespräch fertigte Schalck-Golodkowski einen Vermerk an, der mit der Darstellung in seinen *Erinnerungen* übereinstimmt, allerdings erheblich ausführlicher ist. Er habe Strauß um strenge Vertraulichkeit gebeten, die dieser auch zugesichert habe. Es gehe um die Gewährung eines Kredits von einer Milliarde DM ohne Junktim mit anderen Fragen, worüber bereits vor den Bundestagswahlen mit der Regierung Schmidt gesprochen worden sei. Doch sei man an Strauß' Einschätzung interessiert, »wie die Beziehungen zwischen beiden deutschen Staaten und die damit in Zusammenhang stehenden aktuellen Fragen gelöst werden könnten«.[130] Beim nächsten Treffen am 26. Mai 1983 habe ihm der DDR-Staatssekretär einen zehnseitigen persönlichen Brief von Honecker vorgelesen, aber nicht ausgehändigt. So steht es in Strauß' *Erinnerungen*. Alexander Schalck-Golodkowski berichtet demgegenüber, es sei zwar die Anweisung von Honecker gewesen, den Brief nicht aus der Hand zu geben, doch habe er dies albern gefunden und Strauß den Brief über den Tisch zugeschoben, der aufmerksam gelesen und einige Passagen mitstenografiert habe. Nach einigen Tagen habe er ihm dann eine Kopie zukommen lassen – »ein geradezu konspirativer Vorgang zwischen uns«[131]. Strauß habe sich an die vereinbarte Vertraulichkeit sogar noch in seinen *Erinnerungen* gehalten, wie dieses Beispiel belege.

Doch bildete der Milliardenkredit nur den Anfang, blieb Strauß doch mit Schalck-Golodkowski in längerem, geradezu konspirativ abgewickeltem Kontakt, wie dessen Berichte an den SED-Generalsekretär und Staatsratsvorsitzenden Honecker zeigen, mit dem sich Franz Josef Strauß ebenfalls häufiger traf. Zumindest zu Schalck-Golodkowski entwickelte sich dabei ein persönliches Vertrauensverhältnis, was zu vergleichsweise offenen Bemerkungen über die politische Szenerie und ihre Akteure in der Bundesrepublik führte. Sie überraschen und passen nicht so recht zur Solidarität der Demokraten gegenüber dem »Klassenfeind« – nicht überall war die offene Aussprache angemessen. In Notizen von Schalck-Golodkowski wird Strauß als der »Bekannte« verschlüsselt, Mitteilungen für ihn sind an den »Gesprächspartner« gerichtet, und so nannte Strauß Schalck-Golodkowski auch in seinem Terminkalender.[132] Personennamen wurden in der Regel abgekürzt, Jenninger beispielsweise mit »J«, also nicht besonders einfallsreich. In Schalck-Golodkowskis Gesprächsvermerken für Honecker oder den für Wirtschaft zuständigen Sekretär des Politbüros Günter Mittag werden indes die »Klarnamen« genannt – insgesamt also Stoff für einen veritablen Polit-Krimi.

In undatierten anonymisierten Mitteilungen bat Schalck-Golodkowski mehrfach um absolute Geheimhaltung, der »gemeinsame Freund« – vermutlich Honecker – müsse vollkommen gedeckt werden, niemand dürfe erfahren, »daß er damit etwas zu tun hat«. Außerdem bat er um »Gewährleistung«, dass die telefonische und persönliche Verbindung unbedingt sicher sei, was »von uns aus gewährleistet« wird.[133] Auch nachdem der Milliardendeal abgewickelt war und es um andere Gesprächsthemen ging, wurde immer wieder vor Indiskretionen gewarnt.[134] Die ausführlichen Gesprächsvermerke Schalck-Golodkowskis legen die Vermutung nahe, dass er entweder mitstenografiert oder ein Tonband hat mitlaufen lassen, da ganze Passagen der längeren Ausführungen von Strauß offenbar wörtlich wiedergegeben sind. Allerdings wird auch berichtet, Schalck-Golodkowski habe ein geradezu »fotografisches Gedächtnis« gehabt.[135] Schon beim ersten Gespräch am 6. Mai 1983 fällt auf, dass Strauß nur relativ kurz auf den Kreditwunsch der DDR einging, aber sehr eingehend auf die internationale Lage, die Nachrüstung, die Deutschlandpolitik insgesamt, die sowjetische Politik und die anderer Staaten des Warschauer Pakts. Strauß erklärte, die Sowjetunion habe in den letzten zwei Jahren zwei grundsätzliche Fehler begangen, den Einmarsch in Afghanistan und die Stationierung von SS-20-Raketen in Mitteleuropa.[136] Nach Strauß' Einschätzung konnten weder die Bundesrepublik noch die DDR die Rüstungs- bzw. Nachrüstungsentscheidungen der beiden Großmächte entscheidend beeinflussen. Strauß ging relativ offen auf die Zahl der Raketen und Bomber ein, um seinem Gesprächspartner klarzumachen, dass es sich um keine Bedrohung der UdSSR handele. »Ich bin ein persönlicher prinzipieller Gegner jeder Lösung von Problemen mit Gewalt und Einsatz aller militärischen Kräfte. Und das bitte ich Sie, dem Staatsratsvorsitzenden Erich Honecker mitzuteilen.«[137] Er, Strauß, sei keineswegs der »emotionelle Buhmann«, als der er oft dargestellt werde, »sondern ein nüchterner Intellektueller, der die Gesamtlage in der Welt einschätzt und daraus auch das Verhältnis zwischen den beiden deutschen Staaten – das politisch Machbare und das Nichtmachbare«.[138]

Ganz offensichtlich wollte Strauß das Vertrauen von Schalck-Golodkowski gewinnen, zum einen durch die mehrfache Beteuerung, dass er für pragmatische Lösungen offen und am Machbaren orientiert sei, zum anderen durch Andeutungen, er sei deutschlandpolitisch in mancher Beziehung flexibler als Bundeskanzler Kohl, der anfangs wie Helmut Schmidt auf direkt erkennbaren Gegenleistungen bestehen wollte. Andererseits stellte Strauß in einem weiteren Gespräch am 5. Juni 1983 gegenüber Schalck-Golodkowski »nachdrücklich fest, daß er mit dem Bundeskanzler und dem Staatsminister Jenninger volle Übereinstimmung hat«.[139] Offensichtlich führte Strauß die Gespräche mit einer gelegentlich changierenden Taktik, um Spielräume offen zu halten oder aber deutlich zu machen, inwiefern man auf ihn setzen, zugleich jedoch Entgegenkommen zeigen müsse. Schon bei seinem ersten Treffen mit Schalck-Golodkowski ging Strauß näher auf die innerdeutschen Beziehungen ein und betonte die Notwendigkeit, die Situation an der Grenze zu entspannen. Bereits eine atmosphärische Verbesserung durch ein angemessenes Verhalten der Grenzorgane der DDR würde nicht zuletzt ihr selbst dienen. »Was den Schießbefehl angeht, bin ich realistisch genug, daß Sie ihn heute nicht aufheben können. Aber diese Frage darf damit nicht vom Tisch sein, weil sie mit gutnachbarlichen Beziehungen sicher nichts zu tun hat.« Im Verlauf des Gesprächs erwähnte Strauß mehrfach ein Junktim zwischen westdeutschen Wünschen und Kreditgewährung. Er verstehe, dass Honecker ein Junktim nicht akzeptieren könne. Doch nahm Strauß an, dass die DDR auch ohne irgendwelche schriftlichen Vereinbarungen auf Wünsche der Bundesrepublik eingehen könne. Unter anderem nannte er die Verminderung des Mindestumtauschs für Jugendliche und Rentner sowie überhaupt die Möglichkeit, in der von ihm dargelegten Richtung »die Kuh vom Eis« zu bringen.[140]

Strauß wollte die DDR-Führung durch das Gesprächsangebot und das Kreditangebot mittelfristig zu Entgegenkommen in humanitären Fragen bringen und war sich offenbar sicher, dass Honecker aus Eigeninteresse und Realismus schrittweise Wünsche der Bundesrepublik erfüllen würde, wenn man ihn nicht durch ein öffentlich erklärtes Junktim politisch in die Enge treibe, wo er nur abwehrend reagieren würde. Strauß sicherte im Gespräch mit Schalck-Golodkowski lediglich zu, sich bei Bundeskanzler Kohl für den Kredit einzusetzen. Strauß betonte jedoch am 5. Juni, für den Bundeskanzler und ihn selbst werde es in der Öffentlichkeit ein Problem geben, weil sie sich ohne sichtbare Gegenleistungen für einen so hohen Kredit einsetzten. Anders als in der Presse vermutet, verlor Strauß tatsächlich die Frage von Gegenleistungen der DDR bei seinen Gesprächen nie aus den Augen. Er entschied sich für diesen Weg, weil er ihm erfolgversprechender erschien. Die DDR-Führung hatte gegenüber der Vorgängerregierung ein Junktim stets brüsk zurückgewiesen. Da Strauß aber die finanzielle Zwangslage der DDR sah, gab es für ihn nur die Alternative, dass sie entweder noch stärker von der Sowjetunion abhängig würde oder aber von der Bundesrepublik, um ihr dadurch Zugeständnisse abzuringen. Dabei war ihm klar, dass die DDR-Führung sie erst in einem gewissen Abstand realisieren würde, um sie als völlig autonome Entscheidungen auszugeben. Auf der anderen Seite konnte ein erprobter »Hardliner« wie er diesen Weg in der Bundesrepublik eher riskieren als »Entspannungspolitiker«, die immer wieder Vorleistungen erbracht hatten, ohne schließlich angemessene Gegenleistungen zu erhalten. Zwar kannten Helmut Kohl und Franz Josef Strauß die finanzielle Zwangslage der DDR, doch wie dramatisch sie tatsächlich war, wussten sie offenbar nicht. »Heute wissen wir, dass es damals noch viel schlimmer war, dass es um Sein oder Nichtsein der DDR ging.«[141] Zwar hing die DDR »schon in den siebziger Jahren am westlichen Tropf und fand keinen Ausweg aus der Schuldenfalle«[142], doch drohte in den frühen 1980er-Jahren die Zahlungsunfähigkeit.[143] Angesichts dieser später bekannt gewordenen Tatsache überrascht das selbstbewusste Auftreten sowohl von Honecker als auch Schalck-Golodkowski, das alle westdeutschen Politiker in Gesprächen unkommentiert ließen, obwohl schon der damalige Leiter der Ständigen Vertretung der Bundesrepublik in Ostberlin, Staatssekretär Hans-Otto Bräutigam, am 6. Oktober 1982 nach Bonn über ein Gespräch mit Alexander Schalck-Golodkowski berichtete, in dem dieser offen eingestanden hatte, auf dem Finanzmarkt keine Kredite mehr zu bekommen.[144]

Die DDR-Führung ihrerseits wusste, dass sie ohne Helmut Kohl und Franz Josef Strauß weder den Milliardenkredit noch Handelserleichterungen erhalten würde, beispielsweise beim »Swing«, dem zinslosen Überziehungskredit. Schalck resümierte die Gespräche vom 5. Juni denn

auch ohne Umschweife: Vor allem im Bundeskanzleramt und im Außenministerium gab es nach Einschätzung Schalck-Golodkowskis starke
Widerstände, »ohne ausdrückliche Weisung von Kohl, die ausschließlich
in den jetzt verhandelten Fragen durch das persönliche Engagement von
Strauß getragen wird, (wäre) der positive Abschluß dieses Komplexes
nicht denkbar...«[145] Andererseits war der DDR-Führung klar, dass sowohl Kohl als auch Strauß ihr Entgegenkommen gegenüber der DDR
weder aufrechterhalten konnten noch wollten, wenn sie nicht in absehbarer Zeit Erfolge vorweisen konnten. Beide verzichteten lediglich darauf,
ein formelles Junktim herzustellen und Gegenleistungen öffentlich zu
erwähnen oder auch nur so zu nennen, weil sie den Spielraum der DDR-
Führung erhöhen wollten. Im abschließenden Gespräch über den Milliardenkredit stellte Strauß laut Niederschrift von Schalck-Golodkowski
fest, dass der Kredit »ohne jegliche schriftliche Vereinbarung über die
Durchführung von Gegenleistungen der DDR erfolgen wird. Er steht zu
seinem Wort und ist fest davon überzeugt, daß der Generalsekretär des
ZK der SED auch zu seinem Wort stehen wird und daß niemand, und
da wandte er sich an mich persönlich, in eine unangenehme Lage gebracht wird.«[146] Deutlicher konnte der Bedingungszusammenhang kaum
ausgesprochen werden, wenn man ihn gegebenenfalls öffentlich leugnen
musste.

Als sich Strauß mit Schalck-Golodkowski am 25. Mai 1983 wiederum
auf Gut Spöck traf, schlug er für den dritten anvisierten Termin am 5. Juni
die Anwesenheit von Staatsminister Philipp Jenninger vor, um die Frage
des Kredits definitiv zu klären.[147] Den erwähnten Brief Honeckers an
Strauß kommentierte Schalck-Golodkowski in seinem Vermerk wie folgt:
»Wenn die Bundesregierung den ersten Schritt geht, und damit rechnet
Strauß nach den bisher stattgefundenen Kontakten und der übermittelten
Botschaft sehr fest, wird der Generalsekretär des ZK der SED und Vorsit-
zende des Staatsrates, Genosse Erich Honecker, seine geäußerten Überle-
gungen in bezug auf das Grenzsicherungssystem und auf die Befreiung
Jugendlicher bis zur Vollendung des 14. Lebensjahres vom Mindestum-
tausch in Kraft setzen.«[148] Und tatsächlich stellte Honecker in der durch
Schalck-Golodkowski übermittelten Botschaft in Aussicht, auf die von
Strauß geäußerten Wünsche einzugehen. Zwar behauptete Honecker, die
Grenzkontrollen an den Transitwegen würden korrekt abgewickelt, alles
andere sei Propaganda. Doch nach dem pflichtschuldigen Dementi gab
er Strauß indirekt recht: Dieser »könne jedoch davon ausgehen, daß
inzwischen Weisungen ergangen seien, eine freundlichere und den Umständen entsprechendere Verhältnismäßigkeit bei den Grenzkontrollen
zu gewährleisten. Der Generalsekretär hofft, daß damit Beschwerdebrie-
fen von Bürgern der Bundesrepublik Deutschland die Grundlage voll und

ganz entzogen wird.« Auch bot Honecker als »politische Geste« an, noch vor Jahresende Kinder bis zum 14. Lebensjahr vom Mindestumtausch zu befreien. Ungleich gravierender aber war Honeckers Mitteilung über die Selbstschussanlagen: »Der Generalsekretär und Vorsitzende des Staatsrates teilt Strauß streng vertraulich und persönlich mit, daß er sich ernsthafte Gedanken macht, die ›Selbstschußautomaten‹ abbauen zu lassen und zu einer international üblichen Grenzsicherung überzugehen. Wenn das in der Presse erscheint, kann über dieses Thema nicht weiter nachgedacht werden. Was die in Erwägung gezogenen Veränderungen des Grenzsicherungsregimes betrifft, so weiß er, wenn darüber einmal gesprochen werden sollte, daß er als einziger und erster vorher darüber informiert war.«[149]

Beim folgenden Treffen von Strauß, Jenninger und Schalck-Golodkowski am 5. Juni 1983 bestätigten sowohl der Ministerpräsident als auch der Chef des Bundeskanzleramts die schnell eingetretene »Verbesserung der Atmosphäre im grenzüberschreitenden Verkehr zwischen der DDR und der BRD, die vom Generalsekretär und Vorsitzenden des Staatsrates veranlaßt wurde«, wie es in Schalck-Golodkowskis Niederschrift hieß.[150] Strauß konnte dies als ersten Erfolg seiner Gespräche ansehen und zugleich als ein Zeichen, dass Honecker weitere Wünsche erfüllen würde. Zu den Themen dieses ausführlichen Meinungsaustauschs zählten die strittigen Kosten für den Paketverkehr von der Bundesrepublik in die DDR, wobei Strauß das Wort aber meist Jenninger überließ. Ob Strauß wusste, dass die DDR eine weit überhöhte Postpauschale forderte, ist aus den Diskussionen nicht zu entnehmen, bis dahin war er über die Postverhandlungen der Bundesregierung und der DDR-Führung nicht informiert. Jedenfalls stellte er fest, dass die Bundesrepublik vergleichbare Summen an Österreich und die Schweiz zahlte.[151] Bei den Sondierungen zwischen Schalck-Golodkowski und Strauß über einen zweiten Milliardenkredit am 26. September 1983 teilte Strauß seinem Gesprächspartner mit, dass er sich bei Bundeskanzler Kohl sowie den zuständigen Bundesministern Gerhard Stoltenberg, Christian Schwarz-Schilling sowie Staatsminister Jenninger für eine Postpauschale nach den Regelungen des Weltpostvereins in Höhe von 250 bis 300 Millionen DM eingesetzt habe[152], was immerhin weit unter den zunächst von der DDR geforderten 400 Millionen lag. Kohl gestand dann schließlich im November 200 Millionen bei einer jährlichen Vorauszahlung von 100 Millionen DM zu.[153] Franz Josef Strauß hatte Kohl handschriftlich am 29. Oktober 1983 zu einer Grundsatzentscheidung gedrängt und ihm mitgeteilt: »Von brisanter Wichtigkeit ist das Angebot der ersatzlosen Beseitigung der Selbstschußanlagen. Daß die DDR ihre Grenze damit nicht öffnet, ist leider systemimmanent.« Strauß, der auf die Abhängigkeit der DDR vom »Großen Bruder« und auf ihren geringen Spielraum verwies, bat Kohl um Mitteilung, wann er ihn am 30. Oktober vor dem Gespräch mit Schalck-Golodkowski am 2. November anrufen könne, um seinen Verhandlungsspielraum abzugrenzen.[154] Das Telefongespräch fand noch am gleichen Tag statt, Strauß informierte Kohl über die wichtigsten Punkte und Ziele, auch über die Absprache, im Jahr 1984 die Selbstschussanlagen vollständig abzubauen.[155] Am 5. November 1983 informierte Strauß Schalck-Golodkowski über die wichtigsten Eckpunkte seines Gesprächs mit Jenninger, damit nach deren Klärung über banktechnische Einzelheiten verhandelt werden könne, Strauß nannte unter anderem wiederum die Notwendigkeit, die Selbstschussanlagen zu beseitigen, Reisemöglichkeiten u. a. m.[156] Die dort ebenfalls erwähnte Postpauschale dürfte insgesamt für Strauß zweitrangig, gewesen sein, er fühlte sich dafür nicht zuständig und wollte lediglich vermeiden, dass sich die Auseinandersetzung über dieses Thema als Hindernis für Verhandlungsfortschritte erwies. Wichtiger für ihn war der Handel zwischen der Bundesrepublik und der DDR. Hier wurde eines der Motive von Strauß deutlich. Auf die vermutlich ziemlich leere Drohung von Schalck-Golodkowski, wenn die Bundesrepublik den Handel einschränken oder nicht durchführen wolle, würde die DDR die Aufgaben im Rahmen der Wirtschaftsgemeinschaft der Warschauer-Pakt-Staaten (RGW) lösen. Dann »werden die Schotten dichtgemacht«. Strauß antwortete laut Schalck-Golodkowski, »daß er in Übereinstimmung mit dem Bundeskanzler und in Abstimmung mit Stoltenberg ins Wort geht, weil er glaubt, daß die Abkapselung der DDR im RGW der Entwicklung des Friedens in Europa, besonders der allseitigen Entwicklung der Beziehungen zwischen den beiden deutschen Staaten, nicht dienlich sein wird«.[157] Strauß äußerte in diesem Zusammenhang, er habe der Botschaft des Generalsekretärs und Staatsratsvorsitzenden entnommen, »daß er sich ernsthaft Gedanken macht, vertrauensbildende Maßnahmen durchzuführen und zu einer international üblichen Grenzsicherung überzugehen«. Schließlich äußerte Strauß die Erwartung, dass die Befreiung von Kindern unter 14 Jahren vom Mindestumtausch noch vor Weihnachten erfolgen werde.[158]

Strauß, der von Anfang an mit Bundeskanzler Kohl über die Kreditgewährung Kontakt hielt, weihte nicht einmal seine engsten Vertrauten ein. Zwar schrieb er in seinen *Erinnerungen*, er habe unter den CSU-Politikern Edmund Stoiber, Gerold Tandler und Theo Waigel informiert. Wie Edmund Stoiber berichtet, erfuhr er jedoch die Nachricht über den Milliardenkredit erst aus dem FAZ-Artikel vom 29. Juni 1983.[159] Daraufhin sei er ins Büro von Strauß geeilt und habe ihm – vermutlich mit Nachdruck – die Zeitung auf den Schreibtisch gelegt. Strauß reagierte erst einmal verärgert auf die Indiskretion und schimpfte auf die FAZ.[160] Erst nachdem die FAZ die Bombe explodieren ließ, informierte der CSU-Vorsitzende also weitere enge Parteifreunde. Auch Helmut Kohl stellte fest: »Zu dem geheimen Prozedere hatte es keine Alternative gegeben.«[161] Auch in seinen Lageberichten im CDU-Bundesvorstand hatte Kohl nichts verlauten lassen.[162]

Aus diesem Grund war in der CSU die Überraschung groß, als ihre Mitglieder, Mandats- und Funktionsträger von dem inzwischen perfekten Vorhaben erfuhren – eine Irritation, die in Empörung über ihren großen Vorsitzenden umschlug, da diese Kreditgewährung als Bruch mit der bisherigen DDR-Politik der CSU angesehen wurde. Und hatte sich nicht Franz Josef Strauß immer wieder über den Zwei-Milliarden-Kredit an Polen aufgeregt? Als beim CSU-Parteitag am 17. Juli 1983 Strauß' Wiederwahl als Parteivorsitzender anstand, erhielt er die niedrigste Stimmenzahl in seiner 27-jährigen Zeit als Vorsitzender, »nur« 77 Prozent der Delegierten stimmten für ihn. Er war darüber so erbost, dass er sich in ein Nebenzimmer zurückzog und dann abreiste, ohne den Parteitag formell zu schließen. Der in der CSU auch wegen seiner ständigen Alleingänge als »kopflos« oder »hirnlos« bezeichnete Bundestagsabgeordnete Franz Handlos trat aus der CSU aus und gründete aus Protest gegen den Milliardenkredit mit einem weiteren bisherigen CSU-Abgeordneten, Ekkehard Voigt, und dem Journalisten Franz Schönhuber im November 1983 die Partei Die Republikaner.

Später bekannte Strauß, das Ausmaß von Unverständnis und Widerstand habe ihn überrascht. Er habe »manche Schwerfälligkeit in der CSU … nicht richtig eingeschätzt. Ich hatte wohl nicht genügend bedacht, daß das an sich gutwillige, politisch disziplinierte Gros unserer Mitglieder und Abgeordneten in festen Vorstellungen lebt und eine ungewöhnliche Handlungsweise, die man öffentlich nicht erläutern … kann, nicht immer gleich versteht.«[163] Der Historiker Strauß verwies auf Geheimdiplomatie und Kabinettspolitik im 19. Jahrhundert und begründete, warum nach seiner Erfahrung bestimmte politische Entscheidungen nur erfolgreich realisiert werden könnten, wenn sie ohne öffentliche Diskussion ins Werk gesetzt würden: »Ein Politiker wird in seinem Handlungsspielraum, in seiner Führungsfähigkeit erheblich begrenzt, wenn er vor einer wichtigen Entscheidung diese auf breiter Ebene diskutieren und möglichst noch durch eine Meinungsumfrage in der Öffentlichkeit absegnen lassen soll.« Dieser Einschätzung war kaum zu widersprechen, doch ließ sie sich mit der ständigen Forderung nach Transparenz und öffentlicher Diskussion in der parlamentarischen Demokratie schwer vereinbaren. Der mediale Wandel war unverkennbar und bezog die eigenen Parteifreunde ein, jede auf Vertraulichkeit angewiesene Aktion erwies sich als Balanceakt, und selbst wenn sie – überraschend genug – diskret blieb, kam sie spätestens dann an die Öffentlichkeit, wenn sie abgeschlossen war. Solche Vereinbarungen bedurften also begleitender und nicht nur nachholender Pressearbeit. Darüber konnte sich gerade Strauß kaum Illusionen manchen.

Und der andere Aspekt ist ebenso offensichtlich. Es war nicht das erste und blieb nicht das letzte Mal, dass die Neigung von Franz Josef Strauß zu überraschenden Neuerungen auf das Unverständnis eines Teils der eigenen Partei stieß, die dann in großen Teilen entsprechend trotzig reagierte. Wie sollte sie auch seine Motive kennen, wenn sie nicht oder erst nach vollzogener Tat beim Namen genannt werden konnten? Hätte er sie aber öffentlich gemacht, wären Gegenleistungen von der DDR-Führung nicht erbracht worden, konnte sie doch selbst kaum zugeben, mithilfe eines Kredits aus der Bundesrepublik zu humanitären Zugeständnissen und zum Abbau von Selbstschussanlagen an der innerdeutschen Grenze gezwungen worden, also von der Bundesrepublik abhängig, zu sein. Auch in diesem Fall wollte Strauß den Weg gehen, den er für richtig hielt. Immer wieder rebellierte er gegen Realitätszwänge, die er zwar kannte, aber dennoch nicht akzeptierte. Und nicht zuletzt: Strauß scheute Risiken nicht, zumal wenn er sie als kalkulierbar ansah und der Schaden im Fall des Misserfolgs doch begrenzt geblieben wäre – denn wer hätte schließlich den Schaden gehabt? Er selbst!

Erst nach Abschluss der Verhandlungen und dem FAZ-Artikel informierte Franz Josef Strauß am 11. Juli 1983 den CSU-Landesvorstand[164], nachdem er kurz zuvor die Mitglieder seiner Regierung und die Landtagsfraktion in dem von ihm für möglich gehaltenen Maße unterrichtet hatte.[165] Im Landesvorstand sprach er vergleichsweise detailliert über die Entstehungsgeschichte und die Eckpunkte, ohne jedoch den Namen Schalck-Golodkowski zu erwähnen. Er sagte lediglich, als Kontaktmann habe ein von SED-Chef Honecker beauftragter Staatssekretär fungiert. Den ersten Hinweis auf die Kreditwünsche der DDR, um Schwierigkeiten bei der Bezahlung der außerordentlich hohen Auslandsschulden im Westen zu überbrücken, habe er im Herbst 1982 erhalten, unmittelbar darauf habe er Bundeskanzler Kohl unterrichtet, weil er selbst gar nicht zuständig gewesen sei. Dieser habe auf die Frage, ob er das Projekt weiterverfolgen solle, geantwortet: »Bleib am Ball!«, und habe als seinen persönlichen Beauftragten zur Unterstützung von Strauß Kanzleramtsminister Philipp Jenninger benannt. Helmut Kohl stellt in seinen *Erinnerungen* die Geschichte des Milliardenkredits in analoger Weise dar, betont aber sowohl die zuvor erfolgten ergebnislosen Verhandlungen der Regierung Schmidt mit der DDR sowie eigene anfängliche Bedenken, gegen die Strauß Überzeugungsarbeit habe leisten müssen. Auch erwähnt er Gegenleistungen, die er im Telefongespräch mit Honecker verlangt habe, was aber weder er selbst noch Strauß je öffentlich gesagt hätten.[166] Nach Strauß' Darstellung sprach er im Januar 1983 auf dem Flug nach Paris zu den Feiern aus Anlass des 20-jährigen Jubiläums des Élysée-Vertrags mit Helmut Kohl ausführlich über den Milliardenkredit, ließ dann aber die Dinge erst einmal laufen. Kohl berichtete, er habe bereits seit Ende 1982 Gespräche mit Strauß über die Kreditwünsche der DDR geführt und die Vorgeschichte der Verhandlungen gekannt. Sie hatten schon 1980 begonnen, waren jedoch gescheitert, weil die DDR jedes Junktim von Kreditgewährung und Gegenleistung ablehnte. Der damalige Kanzleramtsminister Hans-Jürgen Wischnewski hatte nach dem Regierungswechsel im Oktober 1982 seinen Nachfolger Philipp Jenninger unterrichtet.

Strauß betonte zutreffend, er habe über jeden weiteren Schritt Helmut Kohl verständigt und sei mit ihm übereingekommen, dass schließlich nur die Fraktionsvorsitzenden informiert würden, nicht aber die Bundesminister, selbst Friedrich Zimmermann war nicht eingeweiht. Schließlich erfuhr sogar das Bundeskabinett erst aus dem erwähnten Artikel in der *Frankfurter Allgemeinen Zeitung* von dem Vorhaben, bevor es dann geschlossen zustimmte. Strauß erläuterte seinem Landesvorstand die Absicht: Sinn sei es gewesen, eine Reihe von innerdeutschen Problemen zu lösen, über die die DDR bisher nicht verhandlungsbereit gewesen sei, von der Behandlung der Bundesbürger bei Transitreisen über Luftverschmutzung bis zu den Selbstschussanlagen und dem Schießbefehl an der Grenze. Die DDR werde aber sofort die Verhandlungen abbrechen, wenn man öffentlich ein Junktim zwischen dem Kredit und diesen Forderungen herstelle. Man solle ein paar Monate Ruhe geben, statt das Ganze zu zerreden. Strauß war überzeugt, der innerdeutschen Politik »einen wertvollen Impuls« gegeben zu haben. Von einer Kehrtwendung könne keine Rede sein: In der Zielrichtung müsse man unverrückbar sein, und ansonsten werde er so hart oder weich sein, wie er immer gewesen sei. Tatsächlich verlief jegliche Deutschlandpolitik der beiden letzten Jahrzehnte der deutschen Teilung in den zwischen 1969 bis 1973 eingeschlagenen Bahnen, in dieser Konstellation blieb auch Franz Josef Strauß gefangen, wollte er konstruktive Schritte unternehmen. Nicht zufällig verwies er immer wieder darauf, auch die Union werde die geschlossenen Verträge einhalten, dies kann man durchaus als »Pfadabhängigkeit« bezeichnen. In einem vermutlich von Strauß stammenden undatierten Manuskript, in dem der Verhandlungsprozess dargestellt wird, hieß es: Der Vorsitzende der CSU habe bei den Koalitionsverhandlungen im März 1983 als Einziger die Frage gestellt »Kontinuität oder Wende in der Deutschlandpolitik«.[167] Da eine modifizierte Kontinuität die deutschlandpolitische Devise wurde, eröffneten sich innerhalb dieses Rahmens Verhandlungsmöglichkeiten.

Im CSU-Landesvorstand erhielt Strauß überwiegend Zustimmung, allerdings warnten kritische Stimmen vor dem politischen Risiko und forderten Aufklärung der Öffentlichkeit, nachdem der nicht eingeweihte CSU-Bundestagsabgeordnete und deutschlandpolitische Sprecher Eduard Lintner von einer »Bundesbürgschaft« für diesen Kredit gesprochen habe. Um den Unmut abzufangen, schlug der CSU-Landesgruppenvorsitzende Theo Waigel vor, von »begründeten Erwartungen« zu sprechen, die mit diesem Kredit verbunden seien. Ein derartiger Hinweis hätte indes sofort ein Dementi der DDR-Führung provoziert, die dann vermutlich zu keinem Entgegenkommen mehr bereit gewesen wäre. Den CSU-Landesvorstand beschäftigte folglich die Frage, wie der Vorgang den eigenen Parteifreunden und der Öffentlichkeit am besten klargemacht werden könnte. Franz Josef Strauß ging am 16. Juli 1983 im *Bayernkurier* unter dem Titel »Tatsachen über einen Kredit« schließlich selbst in die publizistische Offensive und gab Hinweise auf die Vorgeschichte und die Zusammenhänge des Milliardenkredits, doch ließ er die Katze nur aus dem Sack gucken, ohne sie herauszulassen. Im Wesentlichen basierte der Artikel auf seinen Ausführungen im CSU-Landesvorstand. Während er aber dort Gegenleistungen der DDR nicht ausgeschlossen hatte, betonte er in seinem Artikel: »Ich möchte ganz klar trennen zwischen dem Kredit zu banktechnischen Bedingungen, auf die von keiner politischen Seite irgendwelcher Einfluß genommen wurde, und den politischen Beziehungen bzw. dem Verhältnis zwischen Bundesrepublik Deutschland und DDR.«[168]

Immerhin erwähnte er die Besserung des Verhaltens der Grenzer gegenüber Transitreisenden. Schließlich habe er bei seinen Gesprächen mit Nachdruck auf die zu lösenden Probleme hingewiesen: Die »Situation von Angst und Spannung« müsse beseitigt, über Luftverschmutzung, Post- und Fernsprechverkehr sowie weitere offene Fragen verhandelt werden. Dann aber kam der Hinweis: »Es hat keinen Sinn, weitere Angaben zu machen, Hoffnungen zu erwähnen oder Forderungen darzustellen. Man kann damit die Lösungsmöglichkeiten der gegebenen Probleme nur zerreden oder zerschreiben.« Wie aufmerksam seine DDR-Gesprächspartner Strauß' Verlautbarungen beobachteten, zeigte sich, als Erich Honecker eine Woche später in seinem ersten Gespräch mit Franz Josef Strauß am Werbellinsee genau diese Formulierung wieder aufnahm. Strauß schloss seinen Artikel, indem er Bundeskanzler Kohl für seine Moskauer Verhandlungsführung Dank und Anerkennung aussprach, was er auch in einem Telegramm tat.[169] Weitere Informationen zu seinen Verhandlungen mit Schalck-Golodkowski konnte Strauß in der Öffentlichkeit kaum geben, wenn er den Gesprächsfaden weiterspinnen wollte.

In Hinblick auf die öffentliche Kritik führte Strauß sowohl im CSU-Landesvorstand als auch im *Bayernkurier* ins Feld, anders als beim Polen-Kredit der sozialliberalen Regierung seien aus dem DDR-Kredit für den Bundeshaushalt keine Kosten und kein Risiko erwachsen, was in der Tat einen wesentlichen Unterschied ausmachte, auch wenn es formal und haushaltsrechtlich dann doch auf eine Ausfallbürgschaft durch den Bund hinauslief: Abtretungen gehörten nicht zu den »Bürgschaften, Garantien oder sonstigen Gewährleistungen«, die der Bund »im Falle eines unvorhergesehenen, unabweisbaren Bedürfnisses« übernehmen durfte. Trotzdem stellte, worauf Strauß zutreffend insistierte, der Milliardenkredit kein Risiko für die Bundesrepublik dar, konnte sie doch etwaige durch die Bürgschaft eintretende Verluste wie vorgesehen durch Einbehalt der Transitpauschale wettmachen.

Als ursprüngliches Motiv seiner Verhandlungen nannte Strauß humanitäre Gründe – warum wurden ihm diese in der Öffentlichkeit nicht genauso abgenommen wie zu Beginn der 1970er-Jahre den sozialdemokratischen Deutschlandpolitikern? Später nannte Strauß ein weiteres Motiv: Es habe keinen Sinn, Notlagen in Staaten des Warschauer Pakts so zu verschärfen, dass es zu Aufständen komme, habe doch der Westen niemals in solchen Situationen seit 1953 eingegriffen.[170] Und schließlich verfolgte Strauß politische Absichten. Unter diesen dürfte ein Ziel zentral gewesen sein: »Die DDR muß von der DM so abhängig werden wie ein Rauschgiftsüchtiger vom Heroin«, soll er gesagt haben.[171] Kein Zweifel, hier liegt ein Schlüssel für die Deutschlandpolitik von Franz Josef Strauß, verbesserte doch eine finanzielle Abhängigkeit schon kurzfristig die Wahrscheinlichkeit für Zugeständnisse der DDR-Führung erheblich, langfristig konnten sich dadurch neue deutschlandpolitische Perspektiven eröffnen. Alles in allem Grund genug, die Aktion von Strauß objektiv zu würdigen und nicht, wie das immer wieder geschieht, vorschnell als geltungssüchtige Neben-Deutschlandpolitik abzuqualifizieren. Diese Behauptung traf allein schon deshalb nicht zu, weil außer dem Bundeskanzler selbst auch Kanzleramtsminister Philipp Jenninger eingebunden war. Die Interpretation, Strauß habe als spät nachholender Ostpolitiker Bundeskanzler Kohl ostpolitisch an die Wand spielen wollen[172], entbehrt der sachlichen Grundlage. Natürlich ist unverkennbar, dass Strauß all denjenigen einen Streich spielte, die ihn als stur und unflexibel gegenüber der DDR und den kommunistischen Regimes ansahen. Und er genoss es sichtlich, dass diese Strauß-Kritiker nun als die Düpierten dastanden und ab jetzt ein vielfach gegen ihn verwendetes Klischee nicht mehr wirkte, weil »das Strauß-Bild nicht mehr in die linke Schublade paßte«. »Wer mit Honecker umzugehen versteht, den kann man mit Diffamierungen nicht so leicht in die rechtsradikale Ecke drängen.«[173] Die Genugtuung war Strauß anzumerken, und dies zeugt davon, wie sehr er tatsächlich unter Diffamierungen litt.

Honeckers Angebot, die DDR zu besuchen, nahm Strauß umgehend in Kombination mit einer beabsichtigten Tschechoslowakei- und Polen-Reise[174] an, er wünschte, unter anderem Dresden, insbesondere den Dresdner Zwinger, und Erfurt besuchen zu können. Die Reise, bei der ihn seine Frau Marianne und sein Sohn Max Josef begleiteten, fand im Juli 1983 statt. Während des touristischen Teils der Reise umringten zahlreiche Dresdner Strauß, wo immer er und seine Familie auftauchten, sie überreichten ihm Briefe mit der Bitte, ihre Ausreiseanträge zu unterstützen, und setzten ganz offensichtlich große Hoffnungen in ihn – soweit es überhaupt möglich war, setzte er sich für die Antragsteller ein. »Die Haßtiraden Ostberlins haben aus Franz Josef einen Heros der Freiheit gemacht«, schrieb Marianne Strauß ihrem Schwager. Am 24. Juli 1983 empfing Honecker Franz Josef Strauß im Schloss Hubertusstock bei Berlin. Das Gespräch wurde in der Öffentlichkeit mit großer Aufmerksamkeit und besonderem Argwohn beäugt, obwohl seit dem Treffen von Bundeskanzler Willy Brandt und DDR-Ministerpräsident Willi Stoph in Erfurt 1970 zahllose Begegnungen von Spitzenpolitikern beider Seiten stattgefunden hatten, darunter Helmut Schmidt und Erich Honecker. Auch nach Bildung der Regierung Kohl im Oktober 1982 fanden im Herbst 1982 sowie 1983 unter anderem persönliche Gespräche bzw. Telefonate Honeckers mit Bundespräsident Carstens und Außenminister Genscher, Bundeskanzler Kohl, dem SPD-Fraktionsvorsitzenden Hans-Jochen Vogel, Helmut Schmidt, Egon Bahr, dem Regierenden Bürgermeister von Berlin, Richard von Weizsäcker, sowie den Grünen statt. Dabei war Weizsäckers Besuch bei Honecker am 15. September 1983 insofern problematischer, als sich hier erstmals ein Regierender Bürgermeister von Berlin im Ostteil der Stadt mit dem führenden Repräsentanten der DDR traf, die Westberlin völkerrechtlich als »besondere politische Einheit« betrachtete. Dies konnte als Anerkennung eines dritten deutschen Staates gewertet werden, weswegen insbesondere Außenminister Genscher Bedenken hatte und erfolglos verlangte, Weizsäcker möge sich vom Ständigen Vertreter der Bundesrepublik in Ostberlin, Bräutigam, begleiten lassen. Weizsäcker hingegen erklärte, der Besuch sei mit Bundeskanzler Kohl persönlich abgesprochen, und lehnte dies ab.[175] In den nächsten Jahren häuften sich Besprechungen bis zum Sommer 1989 noch, darunter waren auch zahlreiche Treffen Honeckers mit Ministerpräsidenten aus der Bundesrepublik, unter ihnen Bernhard Vogel, Gerhard Schröder, Eberhard Diepgen, Björn Engholm, Johannes Rau, Oskar Lafontaine sowie mehrfach Franz Josef Strauß.

Alles in allem bestand also kein Grund zur Skandalisierung des Besuchs von Strauß bei Honecker, zumal der Milliardenkredit nun bekannt war. In dem von beiden Seiten höflich geführten Gespräch betonte Strauß, es gehe ihm um die Lösung praktischer Fragen in einer Welt, die sich im Umbruch befinde. Strauß betonte die Übereinstimmung mit Bundeskanzler Kohl, bekannte sich zur Nachrüstung, hielt das sozialistische Wirtschaftssystem auf Dauer nicht für funktionsfähig und erinnerte daran, dass er ein Gegner des Grundlagenvertrags und der Ostverträge gewesen sei, weil sie schlampig verhandelt worden seien. Doch habe er schon damals gesagt: Pacta sunt servanda! Deshalb strebe er nun auf dieser Basis eine Verbesserung der innerdeutschen Beziehungen an. Dann sprach er eine Reihe offener Probleme an und ging besonders intensiv auf die Umweltverschmutzung und die Reaktorsicherheit ein. Weiterhin sprach er die Grenzproblematik an, darunter den Schießbefehl, Familienzusammenführung, Verkehrsprobleme, Mindestumtausch u. a. m. – kurz, die ganze Skala innerdeutscher Probleme, wie sie die Bundesrepublik sah.[176] Bei Strauß und der anschließenden Tour d'Horizon mit Honecker spielte die Friedenswahrung eine wesentliche Rolle, was sich zwar aus der aktuellen Nachrüstungsdebatte ergab, jedoch auch immer wieder prinzipielle historische und bündnispolitische Fragen betraf.

Ein zentrales Thema bildete in diesem Zusammenhang die spezifische Situation der Bundesrepublik und der DDR im Ost-West-Kontext. Strauß stellte fest: »Wir leben in zwei Gesellschaftssystemen und zwei Machtkonstellationen … Unser gemeinsames Interesse ist es, nicht Opfer eines Krieges zu werden, der alle weiteren Überlegungen überflüssig machen würde.« Ein Atomkrieg würde nicht nur Europa, sondern die Welt verwüsten und von beiden deutschen Staaten nichts übrig lassen. Er versicherte Honecker, die Bundesrepublik wolle die DDR weder »integrieren noch bekriegen noch aus der Welt schaffen … Alles andere werde in einem evolutionären Prozeß entschieden, in dem sich die Welt befinde.«[177] Das entsprach sinngemäß den Aussagen Helmut Kohls im Telefongespräch mit Erich Honecker am 19. Dezember 1983.[178] Von wenigen derartigen »vertrauensbildenden« Aussagen abgesehen, die aber eine evolutionäre Veränderung der deutschen Frage offenhielten, sprach Strauß in der Regel ohne Umschweife, zuweilen mit der Bemerkung, seine ablehnende Haltung zu dieser oder jeder Position sei ja bekannt. Insgesamt trat er nicht fordernd, sondern argumentativ werbend auf. So sprach er die Reisemöglichkeiten und die Todesfälle an der innerdeutschen Grenze an. Laut DDR-Protokoll erklärte Strauß: »Einen ›Stimmungswandel in der Bundesrepublik von gewaltigem Ausmaß‹ sagte er für den Fall voraus, daß die DDR den ›Schießbefehl‹ und die automatischen Grenzsicherungsanlagen abschaffe.«[179] Über Helmut Kohl sagte Strauß: »Er sei ein Kanzler der guten Nachbarschaft, kein Kanzler der Konfrontation.«[180]

Strauß betonte später die gute Atmosphäre der Gespräche mit Honecker, sie trafen sich zwischen 1983 und 1987 insgesamt fünf Mal. Dabei ist das Verhältnis zwar offenbar distanzierter geblieben als zwischen Schalck-Golodkowski und Strauß, doch betonte Strauß, Honecker sei keineswegs der so starre formelle Funktionärstyp gewesen, als den man ihn aus dem Fernsehen kenne, auch hätte er sich in den Gesprächen keineswegs darauf beschränkt, die üblichen kommunistischen Klischees über die westlichen Demokratien herunterzubeten. Offensichtlich beeindruckt war Strauß vom Lebenslauf Honeckers, der als kommunistischer Widerstandskämpfer gegen die NS-Diktatur Ende 1935 durch die Gestapo verhaftet wurde und zwei Monate vor Kriegsende nach fast zehnjähriger Haft aus dem Zuchthaus Brandenburg flüchtete. In diesem wie in anderen Fällen erleichterten (oder erschwerten) individuelle Lebenserfahrungen die Gespräche zwischen Politikern. Es war deshalb kein Zufall, dass in die Darlegungen der Altersgenossen Strauß und Honecker, der nur drei Jahre älter war, immer wieder historische Reminiszenzen einflossen. Dabei spielte der jeweilige Lebensweg eine Rolle. Er war zwar unterschiedlich, doch bildete die dezidierte Feindschaft gegenüber dem NS-Regime und die Ablehnung jeglicher Kriegspolitik eine Gemeinsamkeit. Und so war es kein Zufall, wenn Strauß unter Zustimmung Honeckers feststellte, »nachdem Deutsche den Ersten Weltkrieg mitverschuldet und den Zweiten verschuldet hätten, werde klar, daß auch nur der Gedanke an einen neuen Krieg ins Verderben führen müsse«[181]. Am Ende des Gesprächs beantwortete Honecker mehrere Vorschläge von Strauß zu Verhandlungsthemen und möglichen Vereinbarungen insgesamt zustimmend. Zu Johannes Rau bemerkte Honecker später, »MP Strauß sei für ihn eine große Überraschung gewesen. Er habe ihm gegenüber eine ›realistische Position‹ vertreten. Strauß stehe zu seinem Wort; er sei ein ›Realpolitiker‹.«[182]

Ein wesentlicher Erfolg der ebenso geschickten wie diskreten und im Ton zurückhaltenden Verhandlungsführung von Strauß sowie des Milliardenkredits zeigte sich im folgenden Gespräch mit Schalck-Golodkowski am 26. September: In seiner »Botschaft« an Strauß, die Schalck-Golodkowski am 25. Mai übermittelt hatte, fand sich die Andeutung Honeckers, das Grenzregime der DDR könne eventuell in der von Strauß gewünschten Richtung abgemildert werden. Nun bemerkte Schalck-Golodkowski in seinem Protokoll über das Gespräch mit dem Bayerischen Ministerpräsidenten: »Ich stellte zu diesen einleitenden Bemerkungen von Strauß fest, daß seine Haltung, vor allen Dingen die streng vertrauliche Behandlung anstehender Fragen, aufmerksam zur Kenntnis genommen wurde, und daß damit die Voraussetzungen gegeben wurden, heute eine weitergehende, für ihn sicherlich bedeutungsvolle Information zu übermitteln.«

Worum handelte es sich? Um nichts weniger als um den Abbau der Selbstschussanlagen, mit dem an präzise genannten Grenzabschnitten der innerdeutschen Grenze zu Bayern, Hessen und Niedersachsen bereits begonnen wurde. Auf Nachfrage von Strauß gestand die DDR-Führung die öffentliche Bekanntmachung dieser Entscheidung zu und übergab ihm den Text für eine Pressemitteilung mit detaillierten Informationen, die Strauß dann verwenden könne. Dieses »Ghostwriting« war so ungewöhnlich wie die Sache selbst. Strauß veranlasste sofort eine fernschriftliche Mitteilung an Bundeskanzler Kohl sowie eine Veröffentlichung des Textes unter seinem Namen durch dpa und den Bayerischen Rundfunk. Schalck-Golodkowski »nutzte« das »starke Interesse von Strauß« an dieser Information, »um ihn wissen zu lassen, daß diese Entscheidung als ein Entgegenkommen für seine bisherige Haltung zu Wünschen der DDR zu bewerten ist« und um zu erkennen zu geben, »daß bei einem weiteren Entgegenkommen der BRD diese Arbeiten, die, wie er sich denken kann, viel Geld und Arbeitskräfte kosten, auf anderen Gebieten der DDR honoriert werden können«. Anschließend kündigte Schalck-Golodkowski einige Schritte der DDR-Führung zur Familienzusammenführung und der Erleichterung der Eheschließung von Deutschen beider Staaten an, bestand aber gegenüber weiteren Wünschen von Strauß (und Kohl) auf der Anerkennung der DDR-Staatsangehörigkeit, worauf Strauß erwiderte: Dann müsse man diese Probleme wohl oder übel ausklammern.[183] Und in einem Gesprächsvermerk für eine bevorstehende Besprechung mit Franz Josef Strauß hieß es u. a.: »Nachdem die getroffenen Absprachen zum ›1. Komplex‹ abgewickelt sind (die Arbeiten zum vollständigen Abbau der Selbstschußanlagen werden wie zugesagt planmäßig fortgeführt und 1984 abgeschlossen), sollte die kurzfristige Inangriffnahme und Lösung weiterer, für die gegenwärtige und zukünftige Gestaltung der Beziehungen bedeutsamer Fragen angepackt werden.«[184]

Ohne Junktim und ohne die öffentlichkeitswirksame, aber ohne Erfolg bleibende Forderung nach »Gegenleistungen« erreichte Franz Josef Strauß also genau diese Gegenleistungen durch seine »Geheimdiplomatie«, auch wenn Schalck-Golodkowski von »Entgegenkommen« der DDR sprach. Später beklagte sich Strauß darüber, dass das Kanzleramt diesen zweifellos großen Erfolg nicht an den deutschen Botschaften im Ausland und der deutschen Presse publizistisch angemessen verdeutlicht habe. Seine Informationen an Helmut Kohl über diesen Erfolg seien im »Bermuda-Dreieck« des Kanzleramtschefs Waldemar Schreckenberger liegen geblieben.[185] Das sei umso bedauerlicher, als die »linke Presse, die diese Politik an sich mit lautem Jubel hätte begrüßen müssen«, sich nach dem Milliardenkritik in freilich grundloser Kritik überschlagen habe und im Ausland zum Teil Unverständnis geherrscht habe. Tatsächlich war die

Reaktion selbst innerhalb der amerikanischen Regierung unterschiedlich. Während beispielsweise das Weiße Haus in Washington zurückhaltend reagierte, weil dort einige Präsidentenberater die wirtschaftlichen Beziehungen zum Ostblock entweder einfrieren oder unterbinden wollten, beurteilte das amerikanische Außenministerium den Kredit als »brillanten taktischen Schachzug« der Regierung Kohl.[186] Franz Josef Strauß aber traf bei einem Besuch in Washington 1984 sowohl in der Deutschen Botschaft als auch bei Vizepräsident George H. W. Bush auf Fehlinformationen, die er dann aufklärte.[187]

In jedem Fall brachte der später – ohne großes publizistisches Echo – noch aufgestockte Milliardenkredit, von dem die DDR aber im Sommer 1984 nur die erste Rate von 950 Millionen DM abrief, in die Deutschlandpolitik neuen Schwung und eine Vielzahl von Gesprächen und Verhandlungen. Strauß traf am 11. März 1984 bei der Leipziger Messe zu einem 70-minütigen Gespräch mit Honecker zusammen, bei dem sich beide einig darüber waren, durch weitere Verhandlungsfortschritte negative Auswirkungen der sowjetischen Aufrüstung mit SS-20-Raketen und des darauf antwortenden NATO-Doppelbeschlusses auf die innerdeutschen Beziehungen zu begrenzen. In diesem Kontext lag von Beginn an eines der Motive von Strauß für seine Verhandlungen mit der DDR. Entscheidend für Strauß war jedoch die Zusicherung Honeckers, der Abbau der Selbstschussanlagen an der innerdeutschen Grenze werde fortgesetzt, sie würden ersatzlos abgebaut und auch nicht durch andere, vergleichbare Anlagen ersetzt. »Er sagte dann noch, allerdings in sehr verhaltenem Tone und mit der Bitte um strengste Diskretion, er habe sogar Anweisung gegeben, die Minenfelder, deren Entfernung ja nicht zugesagt worden war, ›anzuknabbern‹ und Minen zu entfernen.« Natürlich war sich Strauß darüber im Klaren, dass Honeckers Zusicherungen unter der »unausgesprochenen, auch nicht einmal angeschnittenen Erwartung« standen, einen weiteren Kredit für die DDR zu erhalten.[188] Hierzu gab Bundeskanzler Kohl schließlich nach den vorhergehenden Verhandlungen von Franz Josef Strauß seine Zustimmung. Die Deutsche Bank Luxemburg und die Außenhandelsbank der DDR unterzeichneten den zweiten Kreditvertrag am 16. Juli 1984[189], was die Unzufriedenheit der sowjetischen Führung mit der DDR verstärkte, auf Druck Moskaus sagte Honecker schließlich seinen Besuch in der Bundesrepublik ab.[190]

Strauß' bevorzugter Gesprächspartner war Schalck-Golodkowski, insgesamt traf er sich mit ihm zwischen 1983 und 1988 ungefähr 60 Mal, dabei standen dann andere Fragen im Vordergrund.[191] Vor allem setzte er sich für Inhaftierte in der DDR ein, ungefähr 12 650 Briefe[192] erhielt er mit Hilfsersuchen, hauptsächlich von Ausreisewilligen. Schalck-Golodkowski bemerkte dazu: »Strauß agierte der DDR gegenüber nicht mehr bundespolitisch, brachte aber in vielen Situationen auf meine Bitten hin oder aus eigener Initiative sein politisches Gewicht immer wieder ein, etwa bei Familienzusammenführungen und bei Freilassung von Häftlingen. Er überreichte mir über Josef März Listen mit den Namen und Anschriften von Personen. Den Inhalt gab ich weiter an Mielke, der für die praktische Umsetzung zuständig war. Die Entscheidungen traf Honecker.«[193]

Den späteren Schalck-Untersuchungsausschuss des Deutschen Bundestags 1991 bis 1994[194] erlebte Franz Josef Strauß nicht mehr, er betraf im Wesentlichen die Devisen- und sonstigen Geschäfte der KoKo, ihretwegen wurde der im Dezember 1989 in die Bundesrepublik geflüchtete Schalck-Golodkowski angeklagt. Eingehender beschäftigte sich 1994 ein Untersuchungsausschuss des Bayerischen Landtags mit der Rolle von Franz Josef Strauß bei der Vermittlung des Milliardenkredits sowie seinen Kontakten zu Schalck-Golodkowski. Der Untersuchungsausschuss, dem nicht allein die Vermerke Schalck-Golodkowskis, sondern auch solche von Strauß vorlagen und der eine Reihe von Zeugen anhörte, erbrachte indes keine neuen Erkenntnisse und bestätigte im Wesentlichen die früheren Darstellungen von Strauß selbst. Wichtig war die Frage, ob »Provisionen« geflossen seien, worüber in der Öffentlichkeit spekuliert wurde, zumal das Wort im Vertrag des Bankenkonsortiums vorkam. Doch handelte es sich nicht um Provisionen an einzelne Personen, sondern um Bankspesen für die Geschäftsabwicklung, also die üblichen Gebühren.[195] Der Landtag bekräftigte die frühere Darstellung von Strauß, dass für die Bundesrepublik keinerlei Risiko bestand, da sie vereinbarungsgemäß eventuelle Bürgschaftsleistungen an das Bankenkonsortium durch Refinanzierung aus der Transitpauschale hätte decken können. Tatsächlich aber hat die DDR den Kredit korrekt bedient, sodass dieser Fall nicht eintrat.

Nicht allein Schalck-Golodkowski als Zeuge, sondern auch der Beauftragte der Bundesregierung für den Häftlingsfreikauf, Staatssekretär Rehlinger, bestätigte das starke Engagement von Strauß in humanitären Angelegenheiten. Strauß' diesbezügliche Wünsche hätten bei der DDR-Führung Priorität besessen. Philipp Jenninger verlas in der Anhörung durch den Untersuchungsausschuss eine Liste mit tatsächlichen Gegenleistungen der DDR, sie umfasste sechs Seiten. Darunter befanden sich die Genehmigungen zur »legalen Übersiedlung in den Westen«: Beliefen sie sich im Jahr 1982 auf lediglich 35 Fälle, erlaubte die DDR 1984 insgesamt 41 000 legale Übersiedlungen[196], viele davon nach Intervention von Strauß, der aber keine Alleingänge unternahm. Vielmehr setzte er in der Staatskanzlei eine kleine Arbeitsgruppe ein und ließ im Innerdeutschen Ministerium, über das die Fälle zum größten Teil abgewickelt wurden, Erkundigungen über diejenigen einholen, die ihn um Hilfe gebeten hatten. Erst dann setzte er die Namen auf seine »Wunschliste« für Schalck-Golodkowski bzw. Honecker. Auch spätere Kontakte nach dem Milliardenkredit zeigen, wie sehr sich Strauß für Hilfesuchende einsetzte und welche Erfolge er dabei erzielte. So beklagte sich der eine »Gesprächspartner« (Schalck-Golodkowski) am 9. Januar 1984 bei dem anderen »Gesprächspartner« (Strauß) über falsche Presseveröffentlichungen und Interviews von Regierungsmitgliedern, die »die mit Ihrer Hilfe geschaffene Atmosphäre sehr negativ« beeinflussen: »Über hunderttausend Reisen in dringenden Familienangelegenheiten 1983 sind ein eindrucksvoller Beweis dafür, daß seitens der DDR das Mögliche in der von Ihnen angesprochenen Frage getan wird.«[197]

Schließlich belegte der Untersuchungsausschuss des Bayerischen Landtags noch einmal zweifelsfrei, dass Strauß zwar nicht von »Gegenleistungen« gesprochen habe, doch seine Erwartungen an die DDR-Führung deutlich formuliert hatte, wie Schalck-Golodkowski aussagte. Auch die Vermutung, er könne durch zu vertraulichen Umgang mit dem DDR-Emissär irgendwelche Interna oder geheim zu haltenden Informationen aus der Bundesrepublik weitergegeben haben, wies der Ausschuss zurück: Wie Wolfgang Schäuble dort aussagte, habe sowohl Strauß als auch später er selbst als Chef des Kanzleramts ausschließlich gezielte Informationen verwendet, von denen die Bundesregierung wollte, dass die DDR-Führung sie erführe bzw. den Eindruck erhielt, ins Vertrauen gezogen zu werden. Schließlich gelangte der Ausschuss gemäß der Einlassung von Schalck-Golodkowski zu dem Ergebnis, Franz Josef Strauß habe »die Aufrechterhaltung des Lebenshaltungsstandards in der DDR-Bevölkerung als Voraussetzung für jede politische Entspannung in Europa angesehen und beim Ausbruch von Unruhen in der DDR unkontrollierbare Folgen befürchtet«.[198]

Zweifellos ist es irreführend, aus dem Ende der SED-Diktatur 1989 auf die Situation im Jahr 1983 zu schließen. Wenngleich die DDR 1983 am Rande des Bankrotts stand, war er doch noch nicht eingetreten. Auch hätte ihre Zahlungsunfähigkeit die Sowjetunion keineswegs motiviert, die DDR aus dem Ostblock zu entlassen. Noch hatte der Reformprozess Gorbatschows nicht begonnen, der erst 1985 Generalsekretär der KPdSU wurde. 1983 herrschte noch Andropow, der keineswegs die Absicht hatte, die DDR oder andere Ostblockländer einen autonomen Weg des Kommunismus gehen zu lassen. Allein die Tatsache, dass Honecker damals seinen Gegenbesuch in der Bundesrepublik absagen musste, belegt die Unvergleichbarkeit der deutschlandpolitischen Lage während der Verhandlungen über den Milliardenkredit und der Situation 1989. Und selbst 1987 herrschte in Moskau noch Irritation über manche deutschlandpolitischen Aussagen Honeckers.

Die im Einklang mit Bundeskanzler Helmut Kohl von Franz Josef Strauß 1983/1984 eingeleiteten deutschlandpolitischen Initiativen, in deren Mittelpunkt die Einfädelung der Milliardenkredite für die DDR steht, zählten zweifellos zu den erfolgreichsten und nachhaltigsten der letzten eineinhalb Jahrzehnte im geteilten Deutschland: Die damalige Aufregung ist nachvollziehbar, war doch die Bereitschaft zum Abbau der Selbstschussanlagen noch nicht sofort sichtbar. Und ebenso wenig war schon im Sommer 1983 erkennbar, in welchem Maße die Grenze durchlässiger wurde und die Zahl innerdeutscher Kontakte geradezu explodierte. Die von der DDR-Führung gewollte Abschottung ließ sich nicht mehr aufrechterhalten, und damit belebte sich das Bewusstsein, einer Nation anzugehören. Seit dem Herbst 1989 zeigte sich, welche Bedeutung dies besaß. Die wachsende finanzielle Abhängigkeit der DDR von der Bundesrepublik machte die Grenze durchlässiger und weniger gefährlich, zahlreiche Zugeständnisse wurden ohne ein offizielles Junktim erreicht. Franz Josef Strauß war die treibende Kraft dieser Entwicklung, seine geschickte Verhandlungstaktik, indem er Vertrauen herstellte und auf mündliche Zusicherungen setzte, sowie die zwar gelegentlich selektive, doch prinzipielle Absprache mit Helmut Kohl, der letztlich über die getroffenen Vereinbarungen entscheiden musste, erwiesen sich als optimal.[199]

19

Franz Josef Strauß und das Geld – Falsche und echte Freunde

Franz Josef Strauß, der schon in den 1950er-Jahren auch in finanzkräftigen Kreisen verkehrte, dürfte zwar aufgrund seines ausgeprägten Selbstbewusstseins und seiner Volksverbundenheit auch in dieser Hinsicht keine Komplexe gehabt haben, doch durchaus den Ehrgeiz, in finanzieller Hinsicht ein unabhängiger und freier Mann zu sein. Aufgrund des Vermögensunterschieds zu seiner Frau Marianne konnte er jedoch zumindest anfangs kaum mit einer Parität rechnen. Ob ihn das irritierte?

Zur Währungsreform meldete er am 26. Juni 1948 Reichsmarkkonten mit Bargeld von insgesamt 8319,27 RM an. Zweifellos hat Franz Josef Strauß seit der unmittelbaren Nachkriegszeit, als er zunächst Stellvertretender Landrat und dann Landrat wurde, zunehmend überdurchschnittlich verdient. Er ging durchaus geschickt mit Geld um, für den Kauf eines gebrauchten Opel (Baujahr 1939) aus Wehrmachtsbeständen, für den er als Abgeordneter im Frankfurter Wirtschaftsrat einen Bezugsschein besaß, musste er nur 860 RM zuzüglich Verwaltungskosten aufbringen (insgesamt 1019 RM). Schon 1948 schloss er bei der Bayerischen Bausparkasse einen Bausparvertrag ab und erzielte neben seinen Abgeordnetendiäten nach 1949 wie viele andere Abgeordnete Honorareinnahmen. Einige Beispiele zeigen dies: Als Philologe schloss er mit dem Edeka Verlag am 1. August 1953 einen Beratervertrag für das Schreiben von Artikeln und Erstellung von Materialsammlungen für monatlich 600 DM ab – damals für einen Nebenjob keine geringe Summe.[200] 1964 und 1965 schrieb er für die Illustrierte *Stern* regelmäßig eine honorierte Kolumne, die Henri Nannen mit einem Vorspann versah, »Soll man Strauß totschweigen?«[201]. Als Bundesminister bezog er 1954 ein Jahresgehalt von 53 066,76 DM zuzüglich einer nicht lohnsteuerpflichtigen Aufwandsentschädigung von 7200 DM. Damit gehörte er eindeutig zu den »Besserverdienenden«, handelte es sich doch für die damalige Kaufkraft um ein hohes Gehalt, auch wenn Lohnsteuer, Kirchensteuer und Notopfer Berlin in Höhe von fast 25 000 DM abgezogen wurden.[202]

Da er schon früh einen Teil seines Gehalts anlegte, während seiner Abgeordnetenzeit auch in Form von Firmenbeteiligungen – zum größeren Teil wohl gemeinsam mit seiner Frau und in der Regel von ihr organisiert –, wurde Franz Josef Strauß mit den Jahren selbst wohlhabend. Die nach der Initialzündung durch Rudolf Augstein wiederholt gestellte Frage lautete: Konnte Strauß sein Vermögen in der vergleichsweise kurzen Zeit von eineinhalb bis zwei Jahrzehnten auf legale Weise erwerben? Da aber niemand den Umfang des Vermögens wirklich kannte, im Übrigen keineswegs publik war, wie viel seine Frau mit in die Ehe gebracht hatte, schossen ohne belastbare Informationen Gerüchte ins Kraut und wurden gezielt zur Diffamierung und als Wahlkampfmunition eingesetzt.

Ob Franz Josef Strauß ein »erotisches« Verhältnis zum Geld hatte, ist schwer zu sagen, sicher aber ist: Er wollte durchaus Geld verdienen und hat es verdient. Tatsächlich konnten die gemeinsamen Einnahmen der Eheleute auf legale Weise zu einem beträchtlichen Vermögen führen bzw. im Falle von Marianne Strauß es erhalten. Welche Möglichkeiten Franz Josef Strauß für legale Honorareinnahmen besaß, zeigt eine Mitteilung von Reinhold Kreile an ihn aus dem Jahr 1977: Nachdem der Hoffmann und Campe Verlag für Memoiren von Franz Josef Strauß ein Garantiehonorar von 500 000 DM geboten hatte, ließ der Bertelsmann Verlag in Gesprächen mit Kreile erkennen, »daß diese Honorarsumme sogar wohl noch um 100 – 200 000 DM erhöht werden kann. Wir sollten also das Gespräch darüber, ob Sie Ihre Memoiren schreiben, welchem Verlag Sie ihre Memoiren geben wollen, wieder aufnehmen.«[203] Aber entweder hielt Franz Josef Strauß diesen Zeitpunkt für verfrüht oder hatte noch keine Zeit für »Erinnerungen«. Es dauerte noch zehn Jahre, bis er mit diesem Vorhaben begann.

Im Falle der Geldgeschäfte von Politikern, zum Teil Beamten, sind unterschiedliche Sektoren (Korruption, Parteispenden, Privatgeschäfte, Honorareinnahmen während der Amtstätigkeit) sachlich, juristisch und in Hinblick auf politische Stilfragen zu unterscheiden. Trotzdem werden sie in vielen einschlägigen Publikationen keineswegs säuberlich getrennt. Korruption ist zweifelsfrei ein gravierender Straftatbestand mit persönlicher Bereicherung, Parteispenden betreffen normalerweise nicht persönliche Vorteile, sondern Verstöße gegen das Parteiengesetz, vor allem gegen die Publizitätspflicht, und gelten als Beihilfe zur Steuerhinterziehung von Spendern. Reelle Privatgeschäfte oder Geldanlagen sind kein Gesetzesverstoß, Honorareinnahmen erzielen zahlreiche Politiker und andere Amtsträger. Heute müssen die Bundestagsabgeordneten ihre Einnahmen der Parlamentsverwaltung anzeigen. Amtsträger unterliegen indes mit guten Gründen strengeren Vorschriften als Mandatsträger, sodass eine rechtliche Prüfung unumgänglich ist. Aber nicht alles, was rechtlich erlaubt ist, ist zwangsläufig guter politischer Stil.

Grundsätzlich muss für Franz Josef Strauß wie für alle Staatsbürger in einem Rechtsstaat die Unschuldsvermutung gelten. Existiert ein hinreichender Verdacht, müssen in Ermittlungs- und Strafverfahren Staatsanwaltschaften bzw. Gerichte einen Straftatbestand beweisen, nicht aber der Beklagte seine Unschuld. Zwar handelt es sich um eine rechtsstaatliche Selbstverständlichkeit, oder sollte es sein, doch wird sie in zahlreichen Veröffentlichungen ignoriert. Tatsächlich existieren keinerlei einschlägige Anklagen gegen Franz Josef Strauß. Die Herrschaft des Verdachts ersetzt Beweise. Die ständig wiederholten Behauptungen über »Schmiergeld«-Zahlungen in den oben erwähnten »Affären« – Fibag, Starfighter u. a. – wurden in zahlreichen Gerichtsverfahren, die Strauß wegen Diffamierung anstrengte, oder durch parlamentarische Untersuchungsausschüsse widerlegt, für Korruption gibt es also keine rechtsrelevanten Belege.[204]

Bei Parteispenden muss berücksichtigt werden: Aufgrund von Novellierungen des Parteiengesetzes oder höchstrichterlicher Urteile wandelte sich die Rechtslage mehrfach, die einschlägigen Bestimmungen wurden im Laufe der Jahrzehnte in der Regel verschärft, vor allem seit dem Flick-Parteispenden-Skandal 1983/84[205]. Zwar hatte auch der CSU-Vorsitzende Strauß für seine Partei Großspenden vom Flick-Konzern erhalten, doch gab es keinen Anlass für eine Anklage, da sie nach damaliger Rechtslage korrekt verbucht worden waren. Allerdings setzte sich der CSU-Vorsitzende politisch mit den Folgen auseinander, weil die Parteienfinanzierung grundsätzlich betroffen war und die Bonner Koalition darauf reagieren musste. Hinzu kamen die große öffentliche Resonanz, die Gerichtsverfahren, der Untersuchungsausschuss des Deutschen Bundestages sowie der Rücktritt der Bundesminister (und früheren FDP-Schatzmeister) Otto Graf Lambsdorff 1984 und Hans Friderichs. Auch der ehemalige CDU-Vorsitzende Rainer Barzel, der als Mitglied einer Frankfurter Rechtsanwaltskanzlei 1973 bis 1982 ebenfalls Geld vom Flick-Konzern erhalten hatte, musste sein Amt als Bundestagspräsident abgeben. Graf Lambsdorff hatte sich nicht persönlich bereichert, wurde aber später wegen Steuerhinterziehung bzw. Beihilfe zu ihr verurteilt.

Allerdings brachte die fragliche Steuerbefreiung des Flick-Konzerns beim Verkauf seiner Daimler- bzw. Deutsche-Bank-Anteile und der Zusammenhang mit Parteispenden für die FDP einen Stein ins Rollen. Damit konnte Strauß schon deshalb nichts zu tun haben, weil die Union

1975 in der Opposition war. Gleichwohl wurde er im November 1984 als Zeuge in den Flick-Untersuchungsausschuss des Deutschen Bundestages geladen. Ständige Nachfragen durch den SPD-Abgeordneten Wilfried Penner und den damaligen Grünen-Abgeordneten Otto Schily suggerierten indirekt einen tatsächlich nicht bestehenden Zusammenhang, nachdem Strauß ohne Umschweife bestätigt hatte, dass auch die CSU Parteispenden von Flick erhalten habe. Obwohl Strauß die Fragen nach der Verwendung der Spenden beantwortete, hakte Schily immer wieder nach, bis Strauß schließlich konterte: »Das ist genauso interessant (wie) zu wissen, ob ein Teil Ihrer Honorare von den Terroristenprozessen von einem Bankraub stammt.«[206]

Unabhängig von solchen Versuchen, Strauß in den Vorgang hineinzuziehen, stand die oft dubiose Parteienfinanzierung durch Spenden nun grundsätzlich am Pranger, nutzten doch Parteien und Spender, die ihre Spenden steuerlich absetzten, Unklarheiten, Spielräume und Grauzonen. Der Bundestag setzte 1983 auf Antrag der Oppositionsparteien einen parlamentarischen Untersuchungsausschuss ein, der zusammen mit staatsanwaltschaftlichen Ermittlungen die Bundesregierung in Bedrängnis brachte. Allerdings zeigte sich schnell, dass der Flick-Generalbevollmächtigte Eberhard von Brauchitsch seine »politische Landschaftspflege« bei allen bis dahin im Bundestag sitzenden Parteien, einschließlich der jetzigen Oppositionspartei SPD, praktiziert hatte. Nur die Grünen, deren Abgeordneter Otto Schily sich als oppositionelle Speerspitze erwies, hatten davon nicht profitiert – sie waren erstmals 1983 in den Bundestag eingezogen. Faktisch hatten die betroffenen Parteien die geltenden Gesetze weit ausgelegt, sie umgangen oder gegen sie verstoßen – Gesetze, die sie selbst beschlossen hatten. Nicht zufällig spielten dafür die »Staatsbürgerlichen Vereinigungen« eine Rolle, weil man die Aufgaben der Parteien, die grundgesetzlich garantiert an der »politischen Willensbildung mitwirken«, eben als staatsbürgerliche Aufgabe ansah, wie ja auch ihre staatliche Grundfinanzierung dokumentierte. Sie sollte durch die im Prinzip erlaubten Spenden aufgebessert werden.

Das juristische Kernproblem resultierte allein schon daraus, dass der Bundestag als Gesetzgeber in eigener Sache agierte, da von den einschlägigen Regelungen alle dort vertretenen Parteien betroffen waren. Das Bundesverfassungsgericht wollte deswegen mit seinen wiederholten Anläufen zur Rechtsprechung über die Parteienfinanzierung dem Gesetzgeber Grenzen setzen. Doch unterlagen die einschlägigen Urteile ihrerseits Wandlungen, seit das Bundesverfassungsgericht erstmals 1957 zu dem Schluss gelangt war, es sei mit dem Gleichheitsgrundsatz unvereinbar, dass nur Parteien abzugsfähige Parteispenden erhalten können, die in den Bundestag gelangt seien. Dadurch werde der politische Wettbewerb verzerrt. 1959 beurteilte das Gericht die Regelung als verfassungswidrig, derzufolge Spenden bis zu einer Höhe von 10 Prozent des Einkommens der Spender steuerlich absetzbar seien. Die Begründung lautete, auf diese Weise würden sowohl die Spender mit hohen Einkommen begünstigt als auch diejenigen Parteien, die Aussicht auf Großspenden besaßen – also wiederum solche, die in den Bundestag gewählt worden waren. 1983 kehrte das Bundesverfassungsgericht schließlich wieder zur einkommensabhängigen Regelung zurück, wenngleich mit einem auf 5 Prozent abgesenkten Höchstsatz sowie zusätzlichen Bestimmungen, die sich auf den Umsatz von Unternehmen bezogen. Um den verfassungsrechtlich gebotenen Gleichheitsgrundsatz zu berücksichtigen, führte das Bundesverfassungsgericht Zusatzregelungen ein, die die Prozedur komplizierten. Die bekannteste Modifikation bildete die Einführung einer Publizitätspflicht bei Spenden über 20 000 DM – eine Bestimmung, gegen die dann in Zukunft am häufigsten verstoßen wurde. Außerdem schloss die 1983 eingeführte Publizitätspflicht nicht nur die Nennung des Spenders, sondern auch den Verwendungszweck und das Parteivermögen ein.

In seiner nächsten einschlägigen Entscheidung vom 14. Juli 1986 änderte das Gericht erneut die Rechtslage. Zwar akzeptierte es die zur Erreichung der Chancengleichheit eingeführten Modifikationen, erklärte jedoch die einkommensabhängige prozentuale Regelung für verfassungswidrig. Stattdessen wurde ein einheitlicher Betrag bis zur Höchstgrenze von 100 000 DM als steuerlich absetzbar anerkannt. Doch blieb auch diese Neufassung umstritten, zumal sie in einzelnen Punkten die bisherige Rechtsprechung wieder lockerte. Angesichts dieser und weiterer Veränderungen müssen Parteispenden unter der jeweils geltenden Rechtslage, aber auch unter dem Gesichtspunkt der parteiübergreifenden Praxis beurteilt werden – nicht alles, was heute verboten ist, war damals rechtswidrig, nicht alles, was man im jeweils aktuellen Fall einer Partei oder ihren Schatzmeistern oder Vorsitzenden vorwarf, war auf sie beschränkt.

Doch betraf das Donnerwetter, das Strauß während der Debatte über eine nun von den Koalitionsfraktionen geplante Amnestie unter den CDU/CSU-Abgeordneten auslöste, nicht allein die Gesetzes-, sondern vor allem die Realitätskonformität. Er wetterte gegen die »Ultra-Moralisten und Supra-Puritaner«, die »für wirklichkeitsnahe Maßstäbe eine echte, nicht zu unterschätzende Gefahr« seien. Strauß kritisierte, dass den Parteien im Unterschied zu anderen Organisationen die steuerabzugsfähige Gemeinnützigkeit aberkannt werde, und betonte, es habe sich eine ›Grauzone‹ entwickelt, von der alle Beteiligten im Bund, Ländern und in den Staatsanwaltschaften sowie die Parteien einschließlich der SPD Kenntnis hätten: »Die wußten doch alle, daß es bei dieser oder jener Oberfinanzdirektion diese oder jene Vereinigung gab, Staatsbürgerliche

Gesellschaft oder wie man sie nannte, und daß bei Durchschleusung durch diese Organisationen dann steuerlich abzugsfähige Spenden gewährt wurden. Das ist praktiziert worden seit dem zweiten Urteil des Bundesverfassungsgerichtes, in dem auch die Staatsfinanzierung dann für verfassungswidrig erklärt worden war. Nur ist weder eine Staatsanwaltschaft noch eine Finanzverwaltung jemals an diesen Komplex herangegangen.«[207]

Wohl wahr, doch diese Offenheit, die sich von anderen Beiträgen in der Fraktionssitzung und in der Öffentlichkeit unterschied, verstärkte den Eindruck, gerade Strauß gehe mit Parteispenden und überhaupt Finanzgeschäften besonders lax um. Allerdings lief diese Einschätzung ins Leere, wollten doch alle drei Parteivorsitzenden, Helmut Kohl, Franz Josef Strauß und Hans-Dietrich Genscher, mit der Mehrheit der Koalition im Bundestag ein Amnestiegesetz beschließen lassen. Diese Absicht löste schon innerhalb der eigenen Parteien, aber mehr noch in der Öffentlichkeit erhebliche Unruhe aus: Viele Abgeordnete sahen darin nicht allein einen Verstoß gegen rechtsstaatliche Grundsätze, sondern beurteilten diesen Plan als politisch nicht vermittelbar. Das geplante Amnestiegesetz scheiterte schließlich am Parteivorstand der FDP, deren Mehrheit den Fraktionsbeschluss ablehnte, weshalb der Parteivorsitzende Hans-Dietrich Genscher und der Fraktionsvorsitzende Wolfgang Mischnick davon abrückten.

Dieser Kurswechsel der FDP provozierte wieder einmal die schon klassische Konstellation, in der sich Franz Josef Strauß über die Unzuverlässigkeit des Koalitionspartners ärgerte und dem CDU-Vorsitzenden und Bundeskanzler Nachgiebigkeit verübelte. Strauß schrieb einen ausgesprochen beleidigten Brief an Kohl, wobei er auf das zwischen ihnen übliche Du verzichtete: »Es ist mir eine betrübliche Pflicht, aufgrund einstimmiger Kabinettsmeinung Ihnen mitteilen zu müssen, daß die gesamte Bayerische Staatsregierung über die Behandlung der in Ihrem Auftrag mit Zustimmung Genschers ausgearbeiteten Vorlage zur Klärung und Erledigung der leidigen Parteispenden und ihrer steuerlichen Behandlung empört ist. Ich habe mich auf Ihre Bitte hin in der Fraktion der CDU/CSU dafür eingesetzt und ebenso auf dem Parteitag der CDU wieder auf Ihre besondere Aufforderung hin volle Solidarität und Loyalität erklärt. Was sich hier abspielt, ist ein Bruch von Treu und Glauben. Damit wird jeder vertrauensvollen Zusammenarbeit der Boden entzogen. Ich habe mich auf Ihr und Genschers Wort verlassen, daß die CDU wie die FDP diesen Entwurf tragen werden.… Ich bitte Sie deshalb, mit all Ihrer Autorität auf Genscher und die FDP einzuwirken, daß der Dreierbeschluß auch eingehalten wird.«[208] Strauß' Unmut erhielt zusätzliche Nahrung, weil die CSU-Fraktion im Bayerischen Landtag in Übereinstimmung mit den vorherigen Beschlüssen der Unionsfraktion und der FDP-Fraktion des Bundestags einen SPD-Antrag gegen diese Amnestie abgelehnt hatte. Nun stand die CSU, die vom strafrechtlich relevanten Aspekt der Flick-Spendenaffäre nicht betroffen war, als die einzige Partei da, die die Amnestievorlage für »Spendensünder« der Parteien verteidigte.

Generell bemühte sich die CSU ebenso wie die anderen Parteien ständig um Spenden, und die Bewunderung zahlreicher Anhänger des Landesvorsitzenden trug erheblich dazu bei, das Spendenaufkommen durch zahlreiche kleinere Einzelspenden zu vergrößern, Spenden bis zu 75 000 DM blieben jedoch die Ausnahme. In der Mehrzahl handelte es sich um geringe Beträge, die schon bei 50 DM begannen, also weit unter der seit 1983 mit Spendernamen zu deklarierenden Grenze von 20 000 DM lagen. Aufschlussreich für die Beurteilung von Spenden ist ein Brief von Franz Josef Strauß an den damaligen Generalsekretär der CSU, Friedrich Zimmermann. Er erhalte zum siebenten Mal von einem Herrn Steinrücke Parteispenden in Höhe von 3000 DM für die CSU auf sein Verfügungskonto als Parteivorsitzender. Er habe sie an die CSU weiter überwiesen, weil er prinzipiell keine Parteispenden auf seinem Verfügungskonto haben wolle. Auch wisse er nicht, wie der Spender an diese Kontonummer gelangt sei. Dann wurde Strauß grundsätzlich: »Ich muss selbstverständlich darauf sehen, dass auch die Christlich-Soziale Union Spenden bekommt. Diese Spenden dürfen aber weder mit einer politischen Auflage noch mit einem Zweck, politische Hilfe für eine bestimmte wirtschaftliche Angelegenheit zu bekommen, gegeben bzw. entgegengenommen werden. Das ist der Grundsatz, den ich sowohl als Stellvertretender Landesvorsitzender wie als Landesvorsitzender immer gegenüber allen Beteiligten vertreten habe.«[209] Strauß verfügte als Stellvertretender Parteivorsitzender, später Vorsitzender der CSU bzw. ihrer Bonner Landesgruppe über Sonderkonten der Partei, von denen er regelmäßig auf Anfrage von Parteigremien, Parteifunktionären bzw. anderen Organisationen Spenden tätigte sowie Parteiaktivitäten, aber auch die Weihnachtsfeste der CSU-Angestellten in der Zentrale unterstützte. Verschiedentlich vergab Strauß auch an Mitarbeiter der Partei oder andere Personen Privatdarlehen mit Verzinsungen. Gab es Probleme, teilte er mit, er dürfe zwar aus dem ihm von der Partei gegebenen Verfügungsfonds auch Darlehen vergeben, müsse aber auf ihrer Rückzahlung bestehen.[210] Im Übrigen hat Strauß auch aus seinen privaten Mitteln zinslose Kredite zur Überbrückung aktueller Zahlungsnöte gegeben. Für Spesen, die Übernahme eines PKW von der Partei oder andere einschlägige Transaktionen finden sich regelmäßig Belege, auch über die von Strauß offenbar privat bezahlten zahlreichen Weihnachtsgeschenke, unter anderem an Mitarbeiter der CSU oder auch Bedienstete des Bundestags.

Strauß' Mitteilung an Zimmermann traf den entscheidenden Punkt: Nicht in der Parteispende selbst lag die mögliche Korruption, sondern in einer ggf. vom Spender erwarteten und vom Empfänger erbrachten »Gegenleistung«. In den vorliegenden Quellen ergeben sich auf eine derartige Beeinflussung politischer Entscheidungen von Strauß oder der CSU-Führung keine Hinweise. Angesichts seiner starken politischen Überzeugungen wäre das eher überraschend. Jedenfalls kann in dieser Hinsicht kein Vorwurf erhoben werden. Eine andere Frage ist es allerdings, ob bei Auftragsvergaben, die Strauß selbst oder die CSU-Führung bzw. ihre Mandatsträger beeinflussen konnten, Parteispenden eine Rolle spielten. Gemäß der von Strauß hier definierten Grundposition musste auch dies ausgeschlossen sein. Jedoch traten immer wieder Unternehmen oder Unternehmer an Franz Josef Strauß heran, die während seiner Jahre als Verteidigungsminister oder auch danach mit Aufträgen berücksichtigt werden wollten, darunter auch solche, mit denen er gut bekannt oder befreundet war.

Einer von ihnen war der Inhaber des pfälzischen Pegulan-Unternehmens Dr. Fritz Ries, der regelmäßig Spitzenpolitiker einlud, sei es zu seinem Wohnsitz nach Frankenthal, sei es auf sein Schloss Pichlarn in Tirol, wo er eine Jagd besaß und Strauß seiner Leidenschaft nachgehen konnte. Allerdings hatte er so viele Jagdmöglichkeiten und Freunde, die Jagden gepachtet hatten, dass Ries alles andere als konkurrenzlos war. Die Einladungslisten nach Frankenthal lasen sich meist wie ein »Who 's Who?« bundesdeutscher Politik und Wirtschaft. Seine zum Teil in einem anbiedernden Ton gehaltenen Briefe gingen zunächst an Reinhold Kreile, dem er gelegentlich auch Spenden, wenngleich keine sehr großen, überwies. Später schrieb Ries oft an Marianne, seltener an Franz Josef Strauß. 1964 schloss das Pegulan-Werk einen Beratervertrag, von dem nicht völlig klar ist, mit wem er geschlossen wurde, ob mit Strauß selbst oder mit »EURECO. Büro für Wirtschaftsfragen«, dessen Geschäftsführer Kreile war. An EURECO, die ein Kapitalvermögen von 25 000 DM hatte, waren die Firma Eureco mit 28 Prozent, Franz Josef Strauß mit 48,6 Prozent, Marianne Strauß mit 16,2 Prozent und Reinhold Kreile mit 7,2 Prozent beteiligt. Gemäß der von der Deutschen Warentreuhand und Treuhand AG München geprüften Bilanz betrug der Gewinn 1964 45 739,82 DM, wovon auf Franz Josef Strauß 22 229,55 DM entfielen. Darauf findet sich ein handschriftlicher Vermerk, »Bitte den Gewinn bei den Steuererklärungen unter ›Einkünfte aus Gewerbebetrieb‹ aufzunehmen«.[211] Den Beratervertrag honorierte das Pegulan-Werk in zwei Jahren 1964/1965 mit 10 Schecks à 6000 DM an Strauß, die Marianne Strauß dann regelmäßig an EURECO weiterleitete.[212] Da Ries die Verrechnungsschecks nicht selbst übersandte, sondern verschiedene Mitarbeiter, darunter eine Sekretärin, galt offenbar der Vorgang nicht als besonders geheimhaltungsbedürftig. Auch wenn Strauß selbst den Beratervertrag für sich abgeschlossen haben sollte, wäre daran nichts auszusetzen gewesen, weil er zu diesem Zeitpunkt kein Amt innehatte und nur sein Bundestagsmandat ausübte. Da Ries in einem Brief am 13. Oktober 1965 Kreile darum bat, ihm einen Termin für eine Abendeinladung an das Ehepaar Strauß zu vermitteln, liefen die Kontakte offenbar über Kreile und begannen nach der Zeit von Strauß als Verteidigungsminister. Erst später wurden sie intensiver und nahmen privaten Charakter an, wobei auch Geschenke ausgetauscht wurden.

Die Korrespondenz von Ries und Kreile konzentrierte sich auf die Jahre 1964 bis 1966, sie enthielt verschiedene Wünsche zur Auftrags-, aber auch zur Kontaktvermittlung, unter anderem zum VW-Werk oder zum Axel-Springer-Verlag. Kreile sandte den Brief an Marianne Strauß mit der Bemerkung: »Liebe Marianne, da müßten wir doch Ries helfen können. Herzlichst Dein Reinhold«. Später erbat Ries von Strauß die Vermittlung der Bekanntschaft zum zeitweiligen »Kaufhaus-König« Helmut Horten, von dem er hoffte, dass er Pegulan-Aktien in beträchtlichem Umfang erwerben würde. Bei Wünschen zur Vermittlung von Aufträgen reagierte Kreile öfters zurückhaltend bis ablehnend. Dies galt auch für Marianne Strauß, als Ries ziemlich dreist anregte, für eine Auftragsvergabe auf Landräte Einfluss zu nehmen. Kreile schrieb an Marianne Strauß, er sei »gegen Einschaltung politischer Beziehungen in solchen Fragen« und Marianne Strauß antworte ihm, sie sei entsetzt über die Bitte von Ries.[213] Andererseits wollte Ries Werbeaufträge an die der Partei nahestehende »Union-Werbung« vergeben, was ebenfalls über Kreile lief. Dieser schrieb allerdings an Franz Josef Strauß, es müsse noch einmal überlegt werden, ob die »Union-Werbung« als parteipolitische Werbeagentur überhaupt Aufträge für Wirtschaftsunternehmen durchführen solle.

Fritz Ries beging vermutlich wegen des Bankrotts seines Unternehmens später Selbstmord und wurde in einem *Spiegel*-Artikel bezichtigt, sich vor 1945 dem NS-Regime angedient zu haben, um Geschäfte zu machen. Doch sind diese Vorwürfe nicht völlig geklärt, allerdings gehörte er möglicherweise zu den näheren Bekannten, bei denen Franz Josef Strauß keine gute Menschenkenntnis bewies.[214]

In der eigentlichen Frage, ob es Begünstigungen gegeben hat, lassen die vorliegenden Unterlagen kein Fehlverhalten erkennen. Sofern Strauß überhaupt Empfehlungen gab, blieben sie neutral. Während seiner Ministerzeit teilte er in solchen Fällen den zuständigen Beamten lediglich mit, die Firma XY habe Interesse an Aufträgen bei der Ausstattung von Kasernen, man möge sie nach Prüfung gegebenenfalls bei Ausschreibungen berücksichtigen. Das gilt unter anderem für den mit Franz Josef Strauß jahrzehntelang befreundeten Nürnberger Unternehmer Karl Diehl. Strauß kam es generell auch darauf an, dass bayerische Fimen berücksichtigt wurden.[215] Viele derartige an Strauß auch während seiner Abgeordnetenzeit herangetragenen Wünsche beruhten nicht auf persönlicher Bekanntschaft, sondern wurden an ihn generell als Vertreter bayerischer Wirtschaftsinteressen bzw. als bayerischen Abgeordneten gerichtet.

Das Ehepaar Strauß beteiligte sich während dieser Jahre sowohl an Wirtschaftsaktivitäten als auch an Immobiliengeschäften – nicht in allen Fällen erfolgreich. Als beispielsweise Marianne und Franz Josef Strauß ein Mietshaus in Schwabing verkauften und den Erlös später im kanadischen Alberta in Grundstücken anlegten, erwies sich dies am Ende als großes Verlustgeschäft. Es handelte sich um eine gemeinschaftliche Kaufabsicht verschiedener deutscher Anleger, das in Kanada von der Ewo-Treuhand-Gesellschaft, an der der damals noch unbescholtene Karl Heinz Schreiber offenbar 48 Prozent hielt, vermittelt worden war.[216] Eine Beteiligte an dem Käuferkonsortium, Barbara Flick, verlor schließlich das Kaufinteresse und zahlte ihre Anteile nicht ein, weshalb bis zu dem vertraglich vereinbarten Termin nur ein Teil der Kaufsumme erbracht wurde. Nach kanadischem Recht, über das sich die Kaufinteressenten nicht hinreichend informiert hatten, verfielen daraufhin entschädigungslos alle bis dahin erfolgten Einzahlungen. Die Klagen auf Rückerstattung blieben erfolglos. Jedenfalls erlitt das Ehepaar Strauß durch diese beabsichtigte Investition einen herben finanziellen Verlust.

Andere Immobilienkäufe oder Geldanlagen in Wirtschaftsunternehmen waren jedenfalls erfolgreicher. Eine solche wirtschaftliche Tätigkeit ist weder rechtswidrig noch zu beanstanden, für eine Volkswirtin wie Marianne Strauß, die von Haus aus Unternehmerin war, stellte sie die Normalität dar, wozu auch gemeinsame Anlagen der Eheleute Strauß zählen. Im Falle der Übernahme eines Ministeramtes bzw. das des Ministerpräsidenten ist eine aktive Wirtschaftstätigkeit bei einem Privatunternehmen allerdings rechtswidrig. Die Frage, ob Franz Josef Strauß eine solche aktive Unternehmenstätigkeit nach Übernahme seines Amtes als bayerischer Regierungschef seit Ende 1978 ausgeübt hat, bedarf der Prüfung, weil dies immer wieder behauptet wurde. An zwei Beispielen wird die Problematik der Beurteilung deutlich, wobei im ersten Fall zusätzlich zum juristischen Aspekt das Quellenproblem mehrere Fragezeichen provoziert, im zweiten Fall steht vor allem die verfassungsrechtliche Interpretation im Zentrum. Um sie hat sich ein Untersuchungsausschuss des Bayerischen Landtags 1993/1994 bemüht.

Nach im Einzelnen schwer nachprüfbaren Berichten war Franz Josef Strauß seit 1978 an der Contas-Werbegesellschaft seines Freundes Dr. Walter Schöll mit 15 Prozent als stiller Teilhaber beteiligt. Dieser Anteil wurde durch eine Berliner Treuhandgesellschaft verwaltet. Die Contas soll zwischen 1983 und 1987 einen Reingewinn von 2,55 Millionen DM abgeworfen haben[217], was sich für Strauß auf eine zu versteuernde Einnahme von jährlich ca. 70 000 DM belaufen würde.

Die Frage, ob diese Form der Beteiligung einen Verstoß gegen Artikel 57 der Bayerischen Verfassung bedeutet, und Aufträge öffentlicher bzw. halböffentlicher Stellen als (Selbst-)Begünstigung gelten müssen, ist nicht einfach zu beantworten. Zumindest kann eine stille finanzielle Beteiligung dieser Art, die keinerlei operative Befugnis, Leitungsaufgabe oder Mitgliedschaft in einem Gremium des Unternehmens beinhaltet, weder als Berufsausübung noch als Rechtsverstoß bewertet werden. Im Übrigen wurde sie vor Amtsantritt eingegangen. Die Beeinflussung öffentlicher Auftraggeber müsste im Einzelfall nachgewiesen und nicht bloß ohne Beleg angenommen werden, zumal in kaum einem der genannten Beispiele eine direkte oder auch nur indirekte Zuständigkeit des Ministerpräsidenten vorlag, was natürlich andere Wege der Beeinflussung nicht grundsätzlich ausschloss, jedoch normalerweise über viele Mitwisser geführt hätte.

Die vorliegenden Briefe, in denen Firmenchef Schöll seinen Freund Strauß um Unterstützung zur Auftragseinholung bat, betreffen jedoch private Unternehmen, mit deren Inhabern Strauß gut bekannt oder befreundet war, zum Beispiel den Nürnberger Unternehmer Karl Diehl, Friedrich Karl Flick sowie den Schweizer Nestlé-Konzern. Schließlich gibt es auch Beschwerden von Schöll, Contas würde bei Aufträgen nicht korrekt und angemessen berücksichtigt.[218] Da Strauß wie viele Spitzenpolitiker zu führenden Unternehmern und Wirtschaftsmanagern intensive Beziehungen pflegte, konnte er hier tatsächlich Kontakte vermitteln, ohne gegen seine Amtspflichten zu verstoßen, wenngleich sich auch in diesem Sektor bei ihm Privates, Öffentliches und Dienstliches mischte.

Artikel 57 der Verfassung des Freistaates Bayern lautet: »Der Ministerpräsident, die Staatsminister und die Staatssekretäre dürfen ein anderes besoldetes Amt, einen Beruf oder ein Gewerbe nicht ausüben; sie dürfen nicht Mitglieder des Aufsichtsrats oder Vorstands einer privaten Erwerbsgesellschaft sein. Eine Ausnahme besteht für Gesellschaften, bei denen der überwiegende Einfluss des Staates sichergestellt ist.« Ist dieser Verfassungsartikel auch auf Contas nicht anwendbar, so bedarf er gleichwohl für andere Fälle der Prüfung, von denen zwei eindeutig sind: Als Aufsichtsratsmitglied der Lufthansa sowie als Vorsitzender des Aufsichtsrats von Airbus handelte Strauß in Unternehmen, »bei denen der überwiegende Einfluß des Staates sichergestellt ist«. Schwieriger zu beurteilen ist der später Aufsehen erregende Fall[219] der Testamentsvollstreckung für die Friedrich-Baur-Stiftung aus Burgkunststadt. Er beschäftigte fünf bis sechs Jahre nach dem Tod von Strauß den sogenannten »Amigo«-Ausschuss des Bayerischen Landtags, der nach dem Rücktritt von Ministerpräsident Max Streibl vor allem seinetwegen eingesetzt wurde, doch auch generelle Bedeutung gewann. Worum ging es, soweit Franz Josef Strauß betroffen war?

Die kinderlosen Eheleute Dr. Friedrich und Katharina Baur waren gemeinsam mit deren unverheirateter Schwester Kunigunda Schuh (10 Prozent) Inhaber des viertgrößten deutschen Versandhandels in einem strukturschwachen oberfränkischen Gebiet. Sie verfügten testamentarisch, dass das Unternehmen in eine gemeinnützige Stiftung mit einem Kuratorium umzuwandeln sei, zu dessen Aufgaben nicht zuletzt der Erhalt des Unternehmens gehörte. Die Testamentsvollstreckung sollte nach dem Tod des letzten der Inhaber einsetzen und durch vier Testamentsvollstrecker, unter ihnen der Bayerische Ministerpräsident, realisiert werden. Das Testament wurde bereits 1957 aufgesetzt, als niemand ahnen konnte, dass Franz Josef Strauß eines Tages Ministerpräsident sein würde. Nachdem als Erster 1965 Friedrich Baur starb, änderte viele Jahre später die Witwe die testamentarisch vorgesehene Honorierung für die vier Testamentsvollstrecker: Statt der ursprünglich vorgesehenen umsatzbezogenen Vergütung beschränkte sie sie am 21. Dezember 1977 auf eine Fixsumme von jährlich 60 000 DM für jeden. Diese Änderung sahen die Juristen später nicht als rechtsgültig an, sie gingen zwar von zwei eigenständigen Verfügungen der Eheleute im Testament aus, konstatierten zugleich aber ihre »Wechselbezüglichkeit«, die von einer der drei Beteiligten nach dem Tode der beiden anderen nicht mehr geändert werden könne. Diese Rechtsfrage spielte im Untersuchungsausschuss vor allem deshalb eine Rolle, weil die ursprünglich von den drei Inhabern festgesetzten ¼ Promille vom jährlichen Umsatz für jeden der vier Testamentsvollstrecker erheblich höher ausfielen und sich auf ca. 250 000 bis 300 000 DM jährlich beliefen, womit möglicherweise zum Zeitpunkt des Testaments nicht gerechnet worden war. Die Franz Josef Strauß betreffende Kernfrage des Untersuchungsausschusses, der am 4. Mai 1994 auf Antrag der SPD-Fraktion nach einigen Querelen eingesetzt wurde, lautete: »Durften die Ministerpräsidenten Dr. h.c. Strauß und Dr. h.c. Streibl die testamentarisch verfügte vergütete oder eine ehrenamtliche Testamentvollstreckung für das Vermögen der Eheleute Baur, Burgkunststadt, ausüben?«

Nach dem Tod der Katharina Baur am 4. Januar 1984 wandte sich das Amtsgericht (Nachlassgericht) Lichtenfels in Oberfranken an Ministerpräsident Franz Josef Strauß mit der Frage, ob er die Aufgabe eines Testamentsvollstreckers der drei Erblasser annehme. Strauß beauftragte daraufhin die Rechtsabteilung der Staatskanzlei mit einer rechtlichen Prüfung der Angelegenheit. Der dort zuständige Ministerialrat Dr. Mittendorfer, der 1994 vor dem Untersuchungsausschuss auf Nachfragen von Abgeordneten bestätigte, in der Sache keinerlei inhaltliche Weisung hinsichtlich des Ergebnisses erhalten zu haben, legte am 3. März 1984 einen fünfseitigen Vermerk vor. »Dr. Mittendorfer kam in diesem Vermerk zunächst zu dem Ergebnis, daß die Ausübung eines Testamentsvollstreckeramtes auch bei Gewährung einer Vergütung nicht gegen das Verbot in Art. 57 BV verstoße, weil es sich dabei nicht um die Ausübung eines besoldeten Amtes handele, das die Arbeitszeit regelmäßig und in weitgehendem Umfang in Anspruch nehme... Größere Probleme sah der Zeuge Dr. Mittendorfer hingegen im Hinblick auf Art. 3a des Gesetzes über die Rechtsverhältnisse der Mitglieder der Bayerischen Staatsregierung. Dort ist in Abs. 1 Satz 1 geregelt: »Mitglieder der Staatsregierung dürfen während der Amtsdauer nicht dem Aufsichtsrat, dem Vorstand oder einem ähnlichen Organ einer privaten Erwerbsgesellschaft angehören.«[220] Doch auch in Bezug auf das Ministergesetz sah er schließlich kein Hindernis, worauf Strauß dem Amtsgericht Lichtenfels zunächst formlos die Bereitschaft zur Übernahme der Testamentsvollstreckung ankündigte, jedoch nach Rücksprache mit dem zweiten Testamentsvollstrecker Joachim Zahn am 15. Mai 1984 eine weitere Prüfung der Rechtslage anordnete. Nachdem Mittendorfer nach eingehender Prüfung erneut zu dem Ergebnis gelangt war, die Übernahme einer vergüteten Testamentsvollstreckung durch den Ministerpräsidenten sei rechtlich zulässig, beantragte Strauß dann am 29. Mai 1984 die Ausstellung der Testamentsvollstreckerzeugnisse für die drei Erbteile. Dem Untersuchungsausschuss lagen die Rechtsgutachten von Mittendorfer ebenso vor wie der einschlägige Briefwechsel. Die Fristen zeigen, dass weder besondere Eile an den Tag gelegt noch zeitlicher Druck auf die Rechtsabteilung ausgeübt wurde, da fast vier Monate zwischen der Benachrichtigung von Strauß und seiner endgültigen Zusage lagen. Der Untersuchungsausschuss hielt die rechtliche Bewertung von Mittendorfer »für grundsätzlich richtig« und machte »sie sich zu eigen«. Die zweite Frage lautete, ob die zum Zweck der Testamentsvollstreckung gegründete »Kontor Beratungs- und Verwaltungs GmbH« (KBV) die Rechtslage geändert hat und ob dies ein Gremium war, in dem der Ministerpräsident nach Artikel 57 nicht hätte Mitglied sein dürfen. Auch diese Frage wurde verneint, zumal Strauß als einziger der vier Testamentvollstrecker der KBV gar nicht angehörte.[221]

Schließlich wurde im Ausschuss die Frage erörtert, ob Strauß (und Streibl) Beamte der Staatskanzlei zur Unterstützung eingesetzt hätten, ob sie ggf. eine Nebentätigkeitsgenehmigung sowie ihrerseits eine Honorierung erhalten hätten. Alle drei Fragen wurden bejaht: Franz Josef Strauß hat den beiden Beamten privat etwa 25 000 DM im Jahr bezahlt, Streibl hat es ähnlich gehalten.[222] Ministerpräsident Stoiber, der auf die Testamentsvollstreckung der Friedrich-Baur-Stiftung verzichtet hatte, erklärte vor dem Ausschuss ausdrücklich, zwar keine rechtlichen Bedenken dagegen zu haben, doch sich aus politischen Gründen der beabsichtigten Privatisierung bestimmter Sektoren gegen die Übernahme einiger Aufsichtsratsmandate entschieden zu haben, die seine Amtsvorgänger wahrgenommen hätten, als Beispiel nannte er die Lufthansa. Auch sprach sich Stoiber bei Amtsantritt als Ministerpräsident gegen Nebentätigkeiten von Mitgliedern der Staatsregierung und Beamten aus. »Ein zweiter, wichtiger Gesichtspunkt für seine Entscheidung sei gewesen, daß er in der Übernahme eines derartigen Amtes ein großes Verleumdungs- und Verdächtigungspotential gesehen habe, und zwar auch dann, wenn er die Aufgabe rein ehrenamtlich, also ohne Beanspruchung einer Vergütung, wahrgenommen hätte.«[223]

Gegen diesen Ausschussbericht erstellten die Oppositionsabgeordneten der SPD, der Grünen und der FDP ein Minderheitsvotum,[224] in dem sie feststellten, nach ihrer Ansicht habe die Tätigkeit der beiden Ministerpräsidenten Strauß und Streibl gegen Artikel 57 der Bayerischen Verfassung und Artikel 3a des Ministergesetzes verstoßen. Sie sahen darin eine wirtschaftliche Tätigkeit, die eine Interessenkollision verursacht habe, weil sich Ministerpräsidenten zum Wohl der gesamten Wirtschaft und nicht allein einer einzigen Firma einsetzen müssten. Wirkte dieses Argument etwas künstlich, so waren die Bedenken der Opposition gegen die Höhe der Vergütung nachvollziehbar. Nach Auffassung der Opposition hätten Strauß bzw. Streibl die Testamentsvollstreckung auch ehrenamtlich ausüben können. Dies ist richtig, doch entwertet es den ersten Einwand der Rechtswidrigkeit: Träfe dieser zu, dann hätten sie die Testamentsvollstreckung auch nicht ehrenamtlich wahrnehmen dürfen, außerdem wurde mit dieser Begründung die Annahme einer Interessenkollision brüchig.

Die Abwägung aller Argumente legt den Schluss nahe: Die vergütete Wahrnehmung der Testamentsvollstreckung entsprach der Stiftungssatzung und war weder verfassungswidrig noch ein Verstoß gegen das Ministergesetz. Franz Josef Strauß hat diese Frage zweimal rechtlich prüfen lassen und nicht übereilt entschieden, er hat die beiden Beamten, die ihn in dieser Funktion unterstützt haben, privat mit durchschnittlich etwa 10 Prozent seiner eigenen Vergütung honoriert. Ähnliches gilt auch für seinen Nachfolger Max Streibl. Das Minderheitenvotum überzeugt juristisch nicht, ist jedoch in Hinblick auf die Stilfrage begründet, weil die Höhe der Vergütung in keinem Verhältnis zum Aufwand stand und auch im Vergleich zum Amtsgehalt des Ministerpräsidenten inkommensurabel war. Entscheidend für die Frage, ob den beiden Ministerpräsidenten ein Vorwurf gemacht werden kann, ist indes die juristische Beurteilung, aus der dies nicht abzuleiten ist. Auch die drei weiteren Testamentsvollstrecker sahen in der Höhe der Vergütung kein Problem. Sie alle profitierten zwar von der Regelung der Erblasser, hatten sie jedoch selbst nicht beeinflusst. Allerdings bleibt ein wichtiger Unterschied: Die drei anderen waren nicht Ministerpräsidenten.

Trotzdem weist die Kontroverse über den Vorgang selbst hinaus: Der Verzicht des neuen Ministerpräsidenten Edmund Stoiber auf die mit einer beträchtlichen Vergütung verbundene Testamentsvollstreckung dokumentiert den Wandel zu einem stärker amtsbezogenen Selbstverständnis, das nicht mehr das eines persönlichen Herrschers, sondern eines Mandatars war. Und nicht zuletzt zeigte sich in dem gesamten Vorgang eine gewandelte öffentliche Bewertung. Zwar konzentrierte sich die Ausschussmehrheit auf die juristischen Fragen und überließ die Stilfrage der Opposition, was für parlamentarische Untersuchungsausschüsse, die stets die Mehrheitsverhältnisse spiegeln, eher die Regel als die Ausnahme ist. Doch wurde mit dieser Debatte das Thema einmal mehr auf die politische Tagesordnung gesetzt. Seitdem wird mit strengeren Maßstäben darauf geachtet, wie angemessen sich Amtsträger verhalten und welche Grenzen sich aus ihrem Amt für wirtschaftliches Agieren ergeben. Das geziemt der politischen Kultur, doch gelten solche Regeln nicht rückwirkend.

Betrachtet man das Dienst- bzw- Mandatseinkommen von Franz Josef Strauß, die finanziellen Beteiligungen, Immobilienanlagen, Honorareinnahmen sowie solche aus Aufsichtsratsmandaten bzw. diejenige aus der Friedrich-Baur-Stiftung nach 1984, ergibt sich eine gewisse Unübersichtlichkeit. Zweifellos wollte auch der leidenschaftliche Politiker Strauß Geld verdienen, doch ist dies für sich genommen nicht illegal und gehört insgesamt eher zu den bis heute in und außerhalb der Politik »durchschnittlichen« Verhaltensweisen, von denen selbst Strauß einige aufzuweisen hat. Auch in dieser Hinsicht muss man an ihn diejenigen Maßstäbe anlegen, die auch an andere anzulegen sind. Ist der Erwerbstrieb nicht eher eine anthropologische Konstante als eine zeitgebundene? Doch zeigt das gesamte politische Wirken von Franz Josef Strauß zweifelsfrei: Die Politik war sein Leben, seine Leidenschaft. Den Gerüchten zum Trotz war die Politik ihm stets wichtiger als das Geld. Das zeigte sich auch darin, dass er als Abgeordneter in den 1970er-Jahren Angebote aus der Wirtschaft ausschlug, die wesentlich lukrativer waren als alle politische Ämter.

Die Behauptung von Rudolf Augstein, Franz Josef Strauß habe sein Vermögen gar nicht rechtmäßig erwerben können, ist nicht belegbar, im Gegenteil war die Wahrscheinlichkeit groß, in vier Jahrzehnten aufgrund legaler Einkünfte gemeinsam mit Marianne Strauß zu einem erheblichen Vermögen zu gelangen. Dies dokumentiert nicht zuletzt das tatsächlich seinen Kindern hinterlassene Erbe, dessen Größenordnung extrem weit unter den in Medien zuweilen behaupteten Summen liegt. Der Erbschein und die Betriebsprüfung zeigen zweifelsfrei, dass es sich um ein Vermögen handelt, das den regulären Haupt- und Nebeneinkünften von Franz Josef Strauß entspricht. Dabei ist der Wertzuwachs von Immobilien seit den 1950er-Jahren ebenso zu berücksichtigen wie die nach dem Tod von Franz Josef Strauß entstandenen Erträge, beispielsweise aus seinen postum veröffentlichten *Erinnerungen*, die mit über 400 000 verkauften Exemplaren ein Bestseller waren und entsprechend honoriert wurden. Diese amtlichen Dokumente berücksichtigen im Ausland befindliche Vermögenswerte und enthalten den Hinweis, dass die Sonderkonten des Parteivorsitzenden in den Rechenschaftsberichten als Parteivermögen der CSU ausgewiesen, also kein Privatvermögen seien.[225]

Gleichwohl treiben die Spekulationen über das Vermögen, das Franz Josef Strauß hinterlassen hat, weiterhin groteske Blüten. Die Machart ist immer die gleiche: Man habe gehört, der oder jener habe gesagt, Artikel in Zeitschriften beziehen sich ohne Belege aufeinander, aus der Luft gegriffene Behauptungen verselbstständigen sich zu vermeintlichen Tatsachen. Presserechtlich ist jedoch zwischen »zulässiger« und »unzulässiger Verdachtsberichterstattung« zu unterscheiden. In zwei jüngeren Gerichtsverfahren gegen den *Stern* sowie Buchveröffentlichungen des ehemaligen Finanzbeamten Wilhelm Schlötterer, der seit Jahren unbewiesene Diffamierungen wiederholt, wurde beiden untersagt, weiterhin diese Behauptungen aufzustellen. So verurteilte die 28. Zivilkammer des Landgerichts Köln am 13. Februar 2013 Dr. Wilhelm Schlötterer zur Unterlassung mehrerer falscher Anschuldigungen gegen Max Josef Strauß sowie Behauptungen über ein angebliches Vermögen von Strauß in dreistelliger Millionenhöhe unter Androhung eines Ordnungsgeldes in Höhe von 250 000 Euro oder einer Haftstrafe. In dem 48 Seiten umfassenden Urteil setzte sich das Gericht mit einer ganzen Reihe einzelner Behauptungen auseinander und hörte einschlägige Zeugen, die Schlötterer als Gewährsmänner angeführt hatte. Zum Teil hatten sie die Aussagen gar nicht gemacht, zum Teil verwickelten sie sich in Widersprüche oder konnten sich nicht mehr genau erinnern, was sie eigentlich gesagt hatten.

Ähnlich fiel ein noch detaillierter begründetes, inzwischen rechtskräftiges Urteil des Landgerichts Köln vom 25. Juni 2014 gegen den Verlag G. + J. Gruner + Jahr in Hamburg aus, der die Illustrierte *Stern* herausgibt, die ohne Prüfung Schlötterers Behauptungen wiederholt und als zutreffend unterstellt hatte. Auch der *Stern* wurde zur Unterlassung sowie zum Widerruf verurteilt.[226] In der Richtigstellung des *Stern* zu seinem Artikel »Das Millionenrätsel« (28. Juni 2012) hieß es im August 2014 u. a. über die dort aufgestellte Behauptung eines angeblich von Franz Josef Strauß hinterlassenen Erbes von 300 Millionen Mark: »Diese Behauptung trifft, was wir hiermit richtigstellen, nicht zu. Das Erbe von Franz Josef Strauß machte nur einen kleinen Bruchteil der von uns genannten Summe aus.« Desgleichen musste die Illustrierte die Behauptung über Max Josef Strauß richtigstellen, der seinerseits nach zwölfjähriger Verhandlungsdauer vom Landgericht Augsburg von Vorwürfen der Steuerhinterziehung freigesprochen wurde. Seit mehr als einem Vierteljahrhundert ist Franz Josef Strauß tot, das hindert offenbar seine Gegner nicht, vermeintliche Skandale zu inszenieren, statt sich politisch mit ihm auseinanderzusetzen. Oder ist es bloß der Wille, mit Sensationen den Absatz zu steigern und damit Geld zu verdienen – auch wenn es ihn persönlich nicht mehr treffen kann, sondern seine Kinder? Im zweiten erwähnten Urteil unterschied das Gericht zwischen dem Persönlichkeitsschutz Lebender und Toter: »Gegen rechtsverletzende Eingriffe in das Persönlichkeitsrecht kann nur der unmittelbar Verletzte, nicht auch derjenige vorgehen, der von den Fernwirkungen eines Eingriffs in das Persönlichkeitsrecht eines anderen nur mittelbar belastet wird.« Eine »Aktivlegitimation« zur Verteidigung »des postmortalen Persönlichkeitsrechts« scheide aus. Eine geschichtswissenschaftliche Darstellung folgt anderen Zielen. Sie muss sich dem »regulativen Postulat der Objektivität« (Max Weber) verpflichtet fühlen. Dazu gehört es, aufgrund der verfügbaren Quellen die Vorgänge zu rekonstruieren, zu erklären und zu interpretieren, mit bloßen Meinungen und Behauptungen darf sich die Historiografie nicht begnügen.

20

Franz Josef Strauß ein Konservativer?
Politischer Denker, Redner
und Volkstribun

Auf ihrem Parteitag diskutierte die CSU im Dezember 1968 ihr neues Programm.[227] Als der Abschnitt »Grundsätze der Politik für morgen« anstand, berichtete der Vorsitzende der Programmkommission, Gerhard Wacher, im Arbeitskreis sei »über die Hereinnahme des Wortes ›konservativ‹« erneut sehr ausführlich diskutiert und »mit einer, wenn auch ganz geringen Mehrheit« beschlossen worden, das Wort zu streichen. Doch hätten die Programmkommission und das Redaktionskomitee sich entschieden, es wieder aufzunehmen. Während es für viele politische Gegner völlig selbstverständlich war, die CSU als konservative Partei zu definieren, tat sie sich selbst damit offenbar viel schwerer, wie nicht nur diese Szene zeigt. Wacher betonte, die Kommission kenne die Bedenken der Delegierten, weil der Begriff »konservativ« mit »rückschrittlich, restaurativ, überaltert, überholt« assoziiert werde, und gelangte zu dem Urteil: »... daß dieses Programm im ganzen gesehen sehr fortschrittlich und zukunftsweisend ist« und fast auf jeder Seite deutlich werde, »daß es sich dem Neuen nicht nur nicht verschließt, sondern daß es dieses Neue geradezu herausfordert. Aber Neues ist für die CSU nicht schon eine Offenbarung, weil es neu ist.«[228]

Die Antwort auf die Frage »Was ist konservativ?« resultiert meist aus dem Standpunkt des Urteilenden und bereitet überdies definitorische Probleme.[229] Offensichtlich besteht hier ein Perzeptionsproblem: Selbstwahrnehmung der CSU und Fremdwahrnehmung unterscheiden sich auch in diesem Fall erheblich. Hinzu kommt die Heterogenität der Partei – aller Volksparteien! –, die schon die Gründungsphase der CSU charakterisiert. Wird der Begriff lediglich formal verstanden oder inhaltlich definiert? Nach bloß formalen Kriterien wäre jede Partei bzw. jeder Parteiflügel konservativ, der seine Programmatik bewahren will, auch wenn die Partei unter dem Signum des Fortschritts antritt. In diesem Sinne können neben den Konservativen selbst unterschiedslos Liberale, Sozialdemokraten oder Kommunisten als konservativ bezeichnet werden – was aber inhaltsleer wäre. Im Übrigen sind traditions- bzw. herkunftsgeleitete Menschen nicht zwangsläufig im politischen Sinne konservativ.[230]

Die Bezeichnung konservativ trifft sicher auf jene zu, die auf Neues generell abwehrend reagieren oder neue Herausforderungen mit den alten Rezepten bewältigen wollen. Schwieriger wird eine differenzierte Sicht, wenn die Maxime gilt, an Bewährtem festzuhalten und Überholtes fallen zu lassen.

Damit ist das Feld der politischen Bewertungen eröffnet. Es ist kein Zufall, dass Franz Josef Strauß in der Debatte erklärte: »Wir behandeln diese Frage doch nicht als Philologen!« Eine Volkspartei ist definitorisch kaum auf einen einzigen Nenner zu bringen, bemüht sie sich doch, unterschiedliche soziale Schichten, ökonomische Interessen und Ziele sowie Konfessionen zu integrieren, was eine dogmatische Programmatik aus- und die Tendenz zum relativierenden Pluralismus einschließt. Will sie ein Abgleiten in die Unverbindlichkeit vermeiden, wird sie indes versuchen, die Vielfalt in einer konzisen Wertorientierung zu verankern. Die CSU tat dies in der überkonfessionellen christlichen Wertorientierung, »der christlichen Sittenlehre im weitesten Sinne«, wie Franz Josef Strauß sagte. Hinzu traten das Bekenntnis zur föderativen Eigenstaatlichkeit Bayerns im Bund und das bayerische Geschichts- und Traditionsbewusstsein.

Im Übrigen verband die Partei ihr schichtenübergreifendes Bekenntnis zur Sozialstaatlichkeit mit demjenigen zur (sozialen) Marktwirtschaft. Diese Kombination setzte, beginnend mit der christlichen Überkonfessionalität, grundsätzlich ein Stück Liberalität voraus, was sich trefflich mit der viel beschworenen Liberalitas Bavariae, aber auch der zivil- und verfassungsrechtlichen liberalen Rechtsstaatlichkeit verbinden ließ. Damit war ein so weites Spektrum abgedeckt, dass zeitweilig konfliktträchtige Flügelbildungen zwangsläufig waren, von individuellen Machtkämpfen ganz abgesehen. Innerparteiliche Dynamik ergab sich allein schon aus diesen strukturellen Voraussetzungen und der inhaltlichen Pluralität.

Und schließlich ist politische Programmatik das eine, politische Pragmatik und Praxis das andere. Zu ihr gehörte auch die Frage, wie wirkt der Begriff »konservativ« in der Öffentlichkeit? Bietet er Diffamierungspotenzial für die politische Linke oder eher Rekrutierungspotenzial in der politischen Rechten? Oder ist es völlig gleich, was in einem Parteiprogramm steht? Keine dieser Alternativen galt absolut, von alldem schwang etwas in den Debatten des CSU-Parteitags mit. Wo stand Franz Josef Strauß in diesem Prozess? Welche Wortwahl setzte sich schließlich durch,

nachdem das Wort »konservativ« in den vorherigen Entwürfen mehrfach enthalten war und ebenso oft wieder herausgeworfen wurde?

In allen Phasen seines politischen Denkens und Handelns ist deutlich
geworden: Franz Josef Strauß ist mit dem Wort »konservativ« im Allgemeinen nur partiell, in zahlreichen Politikfeldern aber gar nicht zu erfassen, bereits wenige immer wieder hervortretende Ziele belegen dies.
Schon in den innerparteilichen Auseinandersetzungen der Gründungsphase kämpfte Franz Josef Strauß mit dem Parteigründer und Vorsitzenden Josef Müller vehement auf dem liberalen Flügel der Partei gegen die
aus der BVP kommende alte Riege um Alois Hundhammer und Fritz
Schäffer. Müller, Stegerwald und Strauß konzipierten – wie dargestellt –
eine moderne, überkonfessionelle christliche Volkspartei, Strauß stand
gegen die Klerikalen in den eigenen Reihen, er trat mit Ludwig Erhard
im Wirtschaftsrat für eine liberale, aber soziale Marktwirtschaft ein und
erwies sich im Bundestag als eine prägende Gestalt des modernen partei-
enstaatlichen Parlamentarismus.

Strauß betrieb an der Seite Adenauers ausgesprochen kämpferisch die
Westintegration der Bundesrepublik und damit eine Abkehr von den
außenpolitischen Traditionen Deutschlands, die nicht zuletzt aus der
europäischen Mittellage resultierten. Entschiedener Bundes- und Euro-
papolitiker, kämpfte er gegen partikularistische Tendenzen vor allem der
Bayernpartei, aber auch in den eigenen Reihen. Als Verteidigungspolitiker baute er unter dem Primat des Politischen die Bundeswehr im Gegensatz zu deutschen Militärtraditionen auf. Statt nationaler Verteidigungsstrategie setzte auch er auf die integrierte Führungsstruktur der NATO.
Als Finanzpolitiker betrieb er tief greifende Reformen der Finanzverfassung, als Forschungspolitiker setzte er dezidiert auf moderne Technologien, als Landespolitiker gehörte er zu den entschiedenen und wegweisenden Modernisierern Bayerns, die das Land seit den 1950er-Jahren aus
der agrarischen Herkunft in eine industrialisierte Zukunft führten, zugleich aber Landschaft und Landwirtschaft schützen wollten.

Diese wenigen Stichworte zeigen erneut: Konservativ kann Strauß nur
im Sinne seiner grundlegenden politischen Wertorientierung genannt
werden, vielleicht noch im prinzipiell historischen Ansatz seines politischen Denkens. In allen praktischen Feldern der Politik war er liberal
oder fortschrittlich. Nicht zufällig betonte Strauß immer wieder: Wir
müssen klarmachen, dass wir die eigentlichen Liberalen sind. Das war
zwar auch als Spitze gegen die FDP gemeint, im Kern jedoch Teil der
eigenen Positionsbestimmung. Aber liegen in der Kombination solcher
Komponenten nicht unaufhebbare Widersprüche?

Franz Josef Strauß wäre nicht der politische Denker gewesen, der er
war, hätte er sich nicht immer wieder bemüht, solche Probleme an der

Wurzel bloßzulegen und zu reflektieren. Die große Zahl seiner einschlägigen Aufsätze, Reden und einzelnen Abhandlungen verdeutlicht das ebenso wie zahlreiche Debattenbeiträge zu Grundfragen von Politik, Geschichte und Gesellschaft. Beim CSU-Parteitag von 1968 operierte er indes eher pragmatisch, den präziseren Beitrag zur konservativen Dimension der CSU lieferte Richard Jaeger,[231] der für die Beibehaltung des Begriffs »konservativ« im Parteiprogramm eintrat. Die weiteren Perspektiven eröffnete hingegen Walter Althammer,[232] der sich unter anderem wegen der historischen Konnotationen gegen die Aufnahme des Begriffs »konservativ« in das Programm aussprach.

Und Strauß? Er hielt sich insgesamt in der Programmdiskussion zurück, setzte sich jedoch mit seinen Änderungsanträgen durch. Er wunderte sich über die »Angst vor der magischen Weiterwirkung von Begriffen der Vergangenheit … denen wir glauben keine moderne Sinnkraft geben zu können«. Strauß warnte davor, »den Aberglauben zu kultivieren, daß eine Partei wegen einer Formulierung in der Satzung auch nur einen einzigen Wähler gewinnen oder abstoßen könnte«. Nach solchen praktischen Erwägungen kam der CSU-Vorsitzende zum sachlichen Kern und plädierte für die Aufnahme des Begriffs »konservativ«. »Wenn wir, die Christlich-Soziale Union, als eine politische Partei uns expressis verbis dazu bekennen, wissenschaftliche Erkenntnisse in pragmatisches Handeln umzusetzen, dann haben wir auch die Kraft, dem Begriff ›konservativ‹ eine neue Deutung zu geben … Ich möchte von mir persönlich behaupten, daß ich konservativ und liberal bin. Wir sollen aber in Zukunft den Begriff ›konservativ‹ so denken, formulieren und anwenden, daß konservativ heißt, an der Spitze des Fortschritts zu marschieren, daß konservativ heißt, das, was am überkommenen Erbe erhaltenswert und gut ist, zu erhalten, (Beifall) daß konservativ aber auch heißt, ständig neue Werte zu schaffen, die der Konservierung wert sind, und damit die Kontinuität zwischen Vergangenheit, Gegenwart und Zukunft zu schaffen.«

Deshalb schlug Strauß eine Formulierung vor, die der »Mißdeutung« keinen Raum gebe, »daß wir nach rückwärts gerichtete, borniert, mit verschlossenen Augen stur durch die Landschaft der Gegenwart in die Zukunft wandelnde Gestalten sind …« Er modifizierte unter Aufnahme des Wortes »konservativ« den vorliegenden Text in: »Die CSU ist auch eine konservative Kraft und gerade deshalb entschlossen, die Lebendigkeit der europäischen Tradition voll zu entfalten und die Reserven des europäischen Geistes für die Zukunft zu erschließen.« Diesem Änderungsantrag ihres Vorsitzenden stimmte die große Mehrheit der Delegierten zu.[233]

War Strauß also in einem vordergründigen Sinn konservativ, weil er diesen Antrag durchsetzte? Sicher nicht, sind doch seine politischen Grundüberzeugungen mit einzelnen Schlagworten und Etikettierungen nicht zu treffen. Und überdies musste der Parteivorsitzende unterschiedliche Tendenzen in der CSU zusammenbinden, musste integrieren. Entscheidend für Strauß war und blieb die geschichtliche Erfahrung, die von der Ausgangslage 1945 bestimmt war. So erklärte er beim CSU-Parteitag am 4. November 1972: »Denn bei uns ging es nicht nur darum, etwas Bestehendes zu erhalten und zu polieren, bei uns ging es darum, aus dem größten Trümmerhaufen aller Zeiten, in dem Millionen Menschen und die nachwachsende Jugend keine Hoffnung für ihr Leben vor sich hatten, eine neue Ordnung in Freiheit, Recht und menschlicher Würde und in materiellem Wohlstand zu schaffen.«[234]

Die tatsächlich Konservativen haben bald erkannt, wie wenig Strauß ihren eigenen Vorstellungen eines Konservativen entsprach. Sie waren von Strauß enttäuscht, weil sie ihn als Bannerträger des Konservativismus betrachteten, der er weder war noch sein wollte. Sie hatten von Strauß ein ebenso falsches Bild wie seine liberalen und sozialdemokratischen Gegner, von seinen Feinden im linksradikalen Lager und unter den Linksintellektuellen ganz zu schweigen. Die Rechtsintellektuellen hatten spiegelbildlich dem gleichen verfehlten Stereotyp gehuldigt. Das lag vermutlich unter anderem daran, dass Strauß eine Zeit lang Kontakte zu diesen Kreisen hatte, beispielsweise zu Giselher Wirsing,[235] Armin Mohler, Günter Rohrmoser, Lothar Bossle, insbesondere natürlich seinem zeitweiligen Persönlichen Referenten in der Parteizentrale und späteren Chefredakteur des *Bayernkurier*, Marcel Hepp, der stark von Carl Schmitt beeinflusst war.

Doch wurde im Laufe der Jahre der Kontakt des CSU-Vorsitzenden zu Konservativen dieser Art lockerer und brach schließlich ab. So schrieb Strauß an Mohler immer förmlicher, bis dieser ihm schließlich einen bösen Brief schickte, den Strauß kommentierte, aber wohl nicht beantwortete.[236] Ausgesprochen beleidigend schrieb Marcel Hepp wenige Monate vor seinem Tod im August 1970 von seinem Krankenbett in einer Heidelberger Klinik an Franz Josef Strauß: Aus Hepps Brief[237] spricht die unverhohlene Frustration eines Rechtskonservativen, der erkannte, dass Strauß für diese intellektuelle Randgruppe tatsächlich keine Hoffnung sein konnte. Sie spürten klarer als die Linksintellektuellen, dass sie sich in der Annahme getäuscht hatten, Strauß passe in ihr durch die ›Konservative Revolution‹ der 1920er-Jahre geprägtes Weltbild. Und in kaum geringerem Maße hatte sich Franz Josef Strauß in diesem Personenkreis und ihren politischen Zielen geirrt – vermutlich deshalb, weil er gehofft hatte, nichtlinke Intellektuelle zu gewinnen.

In einem anderen Kontext stehen internationale Kontakte bzw. Gruppierungen konservativer oder christlich-demokratischer Politiker, die sich später in der Europäischen Volkspartei zusammenfanden. Franz Josef Strauß besaß schon aufgrund seiner zahllosen in- und ausländischen Gesprächspartner Kontakte dieser Art, beispielsweise in »abendländischen Bewegungen« wie der 1952 in Spanien gegründeten lockeren Assoziation europäischer Konservativer des »Centre Européen de Documentation et d'Information« (CEDI). An Treffen dieses Kreises beteiligten sich Franz Josef Strauß, aber auch Richard Jaeger, Paul Lücke und andere Unionspolitiker. Präsident des CEDI war zeitweise Hans-Joachim von Merkatz, in den 1950er-Jahren Vorsitzender der Bundestagsfraktion der Deutschen Partei, später CDU-Politiker und Bundesminister sowie seit 1967 auch Präsident der Paneuropa-Union.[238] Einer der engen Ansprechpartner von Franz Josef Strauß aus diesem Gesprächskreis, mit dem ihn »eine Art väterlicher Freundschaft« verband, war der französische Spitzenpolitiker Antoine Pinay, vielfacher Minister und Premierminister der IV. Republik, seit 1955 ihr Außenminister. Mit ihm traf sich Strauß seit 1953, verschiedentlich auch im Auftrag von Konrad Adenauer 1955.[239]

Darüber hinaus gehörte Strauß zu einem illustren Ableger des CEDI, dem später entstandenen »Cercle Pinay«, oft auch abgekürzt nur »Cercle« genannt, in dem strikte Vertraulichkeit galt. Strauß redete das erste Mal 1963 auf der mit einem europapolitischen Schwerpunkt abgehaltenen Jahrestagung des CEDI in Spanien gegen den ausdrücklichen Rat des dortigen deutschen Botschafters von Welck.[240] Sein Vortrag behandelte sicherheitspolitische Fragen des transatlantischen Verhältnisses. Die Vorträge wurden meist veröffentlicht, auch der von Strauß, waren also alles andere als geheim. Im Februar 1969 trafen sich die Mitglieder bei Franz Josef Strauß in Rott am Inn.[241] Doch ging es Strauß kaum um eine im ideologischen Sinne »Konservative Internationale« im Gegensatz zur »Sozialistischen Internationale«, sondern um die Pflege seiner internationalen Kontakte, vor allem aber um außen- und sicherheitspolitische Fragen, darunter die deutsch-französischen Beziehungen. Und auch seine Befürwortung des NATO-Beitritts Spaniens schon während der 1950er-Jahre war nicht durch ideologische Nähe, sondern durch verteidigungspolitische Überlegungen begründet. Einen Schwerpunkt dieser Verbindungen bildeten im Übrigen europapolitische Initiativen, die zu den besonderen Anliegen von Strauß gehörten. Auch wenn zu den aktiven Mitgliedern dieser Diskussionszirkel zahlreiche Konservative zählten, ist für Strauß selbst daraus kein spezifischer Konservativismus abzuleiten.

Ungleich angemessener für Strauß als die erwähnten Berührungspunkte zu deutschen Neokonservativen erwies sich der Kontakt zu Golo Mann, dem großen Erzähler unter den Historikern, der nun freilich ein anderes Kaliber war als jene. Er steuerte zu einer Redenauswahl von Franz Josef Strauß 1979 ein Vorwort, zu einer anderen ein Nachwort bei. Letzteres war eine eigene Rede unter dem Titel »Das geistige Ringen um den Kontinent« (1979). Der Text bezog sich zwar nicht direkt auf Strauß, doch rechnete Golo Mann scharf mit dem ›linken Zeitgeist‹ ab, was durchaus im Sinne des CSU-Vorsitzenden und Bayerischen Ministerpräsidenten war und an Deutlichkeit nichts zu wünschen übrig ließ.[242] Auch später blieb er mit Golo Mann im Gespräch, gab dieser doch gemeinsam mit Karl Carstens, Alfons Goppel und Henry Kissinger zum 70. Geburtstag von Franz Josef Strauß eine Festschrift heraus, zu der Mann selbst einen Beitrag beisteuerte: »›Liberal‹ und ›konservativ‹ in der modernen deutschen Geschichte«. Golo Mann beendete seinen Essay mit treffenden Seiten über Franz Josef Strauß und behandelte eine seiner großen Reden, »Die geistesgeschichtliche Herausforderung Europas« (1977): In diesem »kleinen Meisterwerk« habe Strauß sich auch selbst charakterisiert, ohne es zu wollen: »… einer der erfahrensten Politiker, die es heute im Okzident überhaupt gibt, der Praktiker, der reich gebildete und unabhängige Denker, der gute Europäer. Konservativ? Liberal? Ja doch, beides. Aber es kommt nicht viel darauf an.«[243]

Und Golo Mann lieferte selbst einen Schlüssel, warum es nicht auf die festlegenden Begriffe zur Charakterisierung von Franz Josef Strauß ankomme. Mann beschrieb den in der Regel frei sprechenden Redner Strauß, der keinen Ghostwriter brauche und sich für eine Rede meist mit wenigen Stichworten begnüge. Das Denken des Redners Strauß sei immer in Bewegung, er übe in einer Rede zuweilen an den eigenen Thesen Kritik, sei voller Nuancierungen, eröffne Ausblicke, von denen er selbst erläutere, warum man das Ende nicht kenne. Und tatsächlich sind zahlreiche Grundsatzreden von Strauß weniger systematisch angelegte, in eherne Form gegossene Analysen als vielmehr Denkbewegungen, dialektische Denkprozesse, die den Zuhörer, wenn er sich denn auf die Anstrengung des Denkens einließ, dialogisch einbezogen. Nicht zuletzt hierin lag neben Sprachmächtigkeit, Bildkraft, Witz und spontaner Schlagfertigkeit die Wirkung des Redners Strauß – und die Unzulänglichkeit des Begriffs »konservativ«, wenn er mit dem Wort »erstarrt« assoziiert wird. Der politische Denker Strauß war der Redner, seine Themen ergaben sich aus der Politik, seine Reflexionen aus der Geschichte. Indem er beide verband, faszinierte er nicht allein den Historiker Golo Mann.

Franz Josef Strauß, der als Altphilologe die Regeln der antiken Rhetorik beherrschte, bemerkte in seinen *Erinnerungen* selbstironisch: »Ich bin der geborene Anti-Rhetor. Erstens rede ich nie kurz, zweitens bilde ich lange Sätze, drittens verwende ich viele Fremdwörter und fremdsprachige Zitate. Aber alle drei Dinge zusammengenommen führen offensichtlich zu einer rhetorischen Wirkung, über die ich mich, was Größe und Ausdauer meines Publikums angeht, nie zu beklagen habe. Nach Meinung meiner Kritiker rede ich deutsch, als ob ich versuchte, das Latein Ciceros auf deutsch zu bieten, nämlich lange, verschlungene Satzkonstruktionen, die am Schluß dann doch wider alle Erwartungen aufgehen. Aufmerksamen Zuhörern stellt sich die Frage, ob ich das Satzende erreichen werde oder nicht – was für zusätzliche Spannung sorgt.«[244] Diese Selbsteinschätzung der paradoxen Wirkung seiner vermeintlichen rhetorischen Schwächen und seiner phänomenalen Wirkung als Redner bildet den Schlüssel zu einigen ebenso eindrucksvollen wie erhellenden Seiten zur »Kunst der politischen Rede«, die zu den entscheidenden Gründen für die große Popularität von Franz Josef Strauß gehört. Selbst politische Gegner besuchten seine Wahlveranstaltungen, um dieses rhetorische Naturereignis zu erleben, seine Anhänger erwarteten den Redner, ihren Redner, mit dem sie sich identifizierten, mit wachsender Ungeduld – wozu selbst Verspätungen spannungssteigernd beitrugen.

Aber nicht allein die langen Bögen seines Satzbaus, auch verzögernde Einschübe steigerten die Spannung. Die stete Erwartung, in jeder Minute könne eine unerwartete Attacke, eine blendende Formulierung, ein überraschender Witz, ein Bonmot folgen, trug kaum minder zu dieser Wirkung bei. Die Spontaneität des Redners Strauß erzeugte Glaubwürdigkeit. Auch wenn er seine Lieblingsthemen und Lieblingsgegner ›pflegte‹, nie bot er nur das bekannte Arsenal von Aussagen, was man aus zahllosen politischen Reden kannte, welche die Zuhörer langweilten. Immer stand Strauß für Neues, für Überraschungseffekte, für treffende Polemik, für sich gelegentlich zum Sarkasmus steigernde Ironie, aber auch versöhnlichen Humor. Wechsel des Tempos und der Tonlage, das Stakkato gehörten ebenso zu den Stilmitteln wie das Repertoire der klassischen Rhetorik. Der Redner Strauß war nie völlig vorhersehbar, also wuchs mit seiner Rede die Spannung. Um wirken zu können, stellte sich Strauß auf den Ort der Rede, die besonderen zeitspezifischen Rahmenbedingungen und sein jeweiliges Publikum ein. Man dürfe nie den Kontakt zu seinem Publikum verlieren, war eine seiner Maximen. Es gibt Berichte, wie stolz seine Zuhörer waren, wenn er sie während seiner Rede direkt ansah und ihnen damit das Gefühl vermittelte, unmittelbar zu ihnen zu sprechen.

Die immer wieder nötige sensible Suche nach seinem Publikum erklärt auch den zuweilen tastenden Beginn einer Rede, die sich sogleich beschleunigte, wenn er durch die Aufmerksamkeit oder Reaktionen mit dem Publikum vertraut wurde. Die Fähigkeit, komplizierte Problemanalysen, die er seinen Zuhörern durchaus zumutete, am Ende mit einem Bild, einer Metapher oder einem Exempel zu veranschaulichen, womit er

Während seiner DDR-Reise im Juli 1983 besuchte Franz Josef Strauß auch Dresden, hier in Begleitung seiner Ehefrau Marianne und seines Sohnes Max Josef.

Franz Josef Strauß gibt Autogramme auf DDR-Markscheine.

Der begeisterte Pilot auf dem Weg nach England, 1980.

Am 28. Juni 1984 wird die sechs Tage zuvor bei einem Autounfall ums Leben gekommene Marianne Strauß in Rott am Inn beigesetzt.

Franz Josef Strauß, gestützt von seinen Kindern (v.l. Max Josef, Franz Georg, Monika Hohlmeier-Strauß und Schwiegersohn Michael Hohlmeier), 28. Juni 1984.

Die größte Geburtstagsparty: Franz Josef Strauß wird siebzig und feiert am Odeonsplatz, 7. September 1985.

Auf der Ehrentribüne mit den Kindern Franz Georg, Monika und Max Josef (v. l.).

Spektakulärer Flug nach Moskau: Theo Waigel, Franz Josef Strauß, dahinter ein Dolmetscher, Michail Gorbatschow und Gerold Tandler im Kreml (v.l.), 1987.

Empfang mit allen Ehren: Der Ministerpräsident Franz Josef Strauß (Mitte) und der SED- und Staatsratsvorsitzende Erich Honecker in München, 11. September 1987.

Papst Johannes Paul II. wird auf dem Münchner Flughafen von Ministerpräsident
Franz Josef Strauß begrüßt, 3. Mai 1987.

Gespräch im Weißen Haus – Gespräch unter Freunden: US-Präsident Ronald
Reagan mit Franz Josef Strauß, Juli 1988.

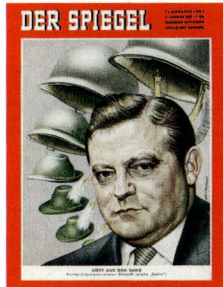

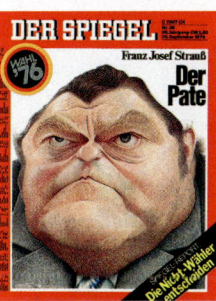

Der Titelheld: Immer wieder wurde Franz Josef Strauß zur Coverfigur. Das Hamburger Magazin *Der Spiegel* entwickelte eine einzigartige Hassliebe für den Bayern.

Kurienkardinal Joseph Ratzinger zelebriert in Rott am Inn das Pontifikalrequiem für den am 3. Oktober 1988 verstorbenen bayerischen Ministerpräsidenten.

Eine Beerdigung wie für einen König: Sechs Pferde ziehen den Sarg von Franz Josef Strauß. Der Trauerzug vor Feldherrnhalle und Odeonsplatz, 7. Oktober 1988.

oft den Lachnerv traf, trug ebenfalls zu seiner großen Wirkung bei. So setzte er sich in einer Debatte über den Bundeshaushalt nachdrücklich mit Bundeskanzler Helmut Schmidts Aussage auseinander, 5 Prozent Inflation seien besser als 5 Prozent Arbeitslosigkeit. Nachdem er diese Behauptung nach Art eines volkswirtschaftlichen Kollegs argumentativ widerlegt und dann politisch entkräftet hatte, brachte er die Sache zur Erholung der Zuhörer auf den Punkt und machte Schmidts Alternative lächerlich: Sie laufe auf folgendes Argumentationsmuster hinaus: »Meine Behandlung hat dir zwar die Tuberkulose eingebracht, dafür bist du aber vom Keuchhusten verschont geblieben.«[245]

Der bayerische Duktus wirkte in Bayern vertraut, außerhalb zwar fremd, aber doch durch die individuelle Färbung unverwechselbar. Die erkennbare Emotionalität des Redners riss seine Zuhörer mit, die zahlreichen Zwischenrufe, die Strauß provozieren sollten, verwandelte er durch seine Schlagfertigkeit in Pluspunkte, wie er überhaupt der Meinung war, dass die Erheiterung des Publikums die Zuhörer schon auf die Seite des Redners bringe. Schon deshalb setzte er nicht selten sein satirisches Talent ein, um den politischen Gegner dem Spott preiszugeben, zugleich aber durch direkte oder indirekte positive Formulierungen über das eigene Lager als Kontrastmittel Identifikation zu erzeugen. Solche Reden machten Strauß selbst Spaß, was sich auf sein Publikum übertrug. Stets besaß eine Strauß-Rede nicht bloß argumentative Überzeugungskraft und Informationsdichte, sondern zugleich Unterhaltungswert.

Wenngleich Strauß die Kunst der Rede als »zeitlose Kunst« ansah, verwies er doch auf zeittypische Unterschiede und schilderte die Veränderungen im Redestil der unterschiedlichen Generationen seit Gründung der Bundesrepublik. Sorge machte ihm die Wirkung des Fernsehens auf die politischen Diskussionen, wobei er zustimmend auf das britische Unterhaus verwies, das damals keine Fernsehübertragung zugelassen hatte. Das Fernsehen war nicht sein bevorzugtes Genre, es veränderte den Debattenstil der Plenarsitzungen des Bundestags und damit den Parlamentarismus auf nachteilige Weise. Das 90-Sekunden-Interview, der Verzicht auf den begründenden Schlagabtausch, auf Rede und Gegenrede, hinderte den argumentativen Austrag von Kontroversen. Zusammen mit der dichten Kameraführung bewirkte es die Reduktion der Politik auf mediengerechte Präsentation, die Franz Josef Strauß ein Gräuel war. Seine Frau Marianne war für seine Auftritte in diesem Medium, wie er selbst fand, seine beste Kritikerin und Ratgeberin, ihr war dieses Genre nicht so wesensfremd wie ihm selbst.

Franz Josef Strauß lieferte in seinen *Erinnerungen* ein Kabinettstück über die politische Rede und gab geradezu Handlungsanweisungen eines Praktikers. Und doch blieb sogar für ihn, der in seiner 43-jährigen politischen Karriere Hunderte von Bundestagsreden und Tausende anderer Vorträge, Festansprachen, Wahlkampfreden[246] gehalten hatte, die Wirkung einer Rede »etwas Mystisches und Geheimnisvolles«. Dies ergab sich seiner Ansicht nach allein schon daraus, dass ein guter Redner immer einiges sage, »was die Leute nicht verstehen«,[247] und seine Hörer ihm trotzdem zujubeln. Allerdings zeigt sich bei genauer Betrachtung auch die Differenz des Genres: Ein gedruckter und ein gesprochener Text wirken am besten in der Form, für die sie vorgesehen sind, deshalb strahlen nicht alle Strauß-Reden in ihrer zum erheblichen Teil auf Mitschriften basierenden gedruckten Fassung die gleiche Lebendigkeit und Kraft aus wie ihr mündlicher Vortrag. Franz Josef Strauß war selbst ein einfühlsamer Analytiker seiner Redekunst, er ging also bewusst mit diesem Instrument der Politik um, was indes seiner Spontaneität keinen Abbruch tat. Als kongenialer Interpret der rhetorischen Kunst von Franz Josef Strauß erweist sich Hans Maier in der Festschrift zum 65. Geburtstag, in der er Strauß-Reden nach den Regeln klassischer Rhetorik analysiert und eine Fülle von Exempeln bietet, die die enorme Wirksamkeit des Redners Strauß veranschaulichen, gleich ob er mit 50 Zuhörern diskutierte oder vor 5000 sprach.[248]

Und selbstverständlich beherrschte Franz Josef Strauß auch die Kunst der improvisierten launigen Ansprache bei privaten Anlässen. So hielt er beim Geburtstag von Ursula Flick 1974 in Seeshaupt am Starnberger See eine humorvolle Rede vor »Hoheiten, Durchlauchten, Ehrwürden, Gnaden, Präsidenten, Abgeordneten, Direktoren, Generaldirektoren« und bedankte sich beim »lieben Friedrich Karl«, dass er ihm in Würdigung seines Rufes ein Zelt aufgebaut habe, damit er sich »sozusagen in einem Münchnerischen Milieu fühle«, in dem er sich frei entfalten könne. Kein Bierzelt zwar, aber immerhin ein »echtes Zelt und das natürlich erweckt die in mir schlummernden Fähigkeiten, die sonst nur in Bierzelten zu erwachen pflegen. Dort wenn die bayrische Seele sich regt, wenn die bayrischen Instinkte zu kochen pflegen, wenn allmählich die Urtiefen der bayrischen Leidenschaften erwachen, hier ist es alles gedämpfter… Moderat, dezent, vernünftig, gepflegt, feierlich, vornehm.« Deshalb habe er sich bemüht, sich angemessen auszudrücken – »wie immer aber ist das Bemühen das eine und das Erreichen das andere«.[249] Wenn Strauß auch einmal beklagte, dass Ironie nicht immer verstanden würde und deshalb mit Bedacht eingesetzt werden müsse, wusste er doch um die Wirkung der Selbstironie.

Strauß hat zahllose seiner Reden selbst sehr intensiv vorbereitet, auch wenn er nur Stichworte verwendete. Vor allem als Ministerpräsident erhielt er nach seinen Vorgaben jedoch auch Materialsammlungen oder

Vorlagen, manche übernahm er, andere verwarf er,[250] in vielen Fällen modifizierte er, fügte hinzu, strich weg. Jedenfalls las er kein Manuskript nur ab, was er als Garantie für Langeweile ansah. Nicht selten ließ er ein zuvor gelesenes, vorgefertigtes Redemanuskript in seinem Dienstwagen liegen und sprach aufgrund seiner Erinnerung frei. Stets war er sehr sprachbewusst. So geißelte Strauß in einer Bundestagsdebatte über die Regierungserklärung von Helmut Schmidt 1976 die Bürokratisierung der Sprache und riet dem Bundeskanzler, einmal die »Produktion« aus seiner Amtszeit daraufhin anzusehen: »Wir müssen auch dafür sorgen, daß die Sprache des Gesetzgebers für den Bürger wieder verständlicher wird … Die schöne Zeit, wo die Sprache des Rechts die Sprache der Poesie und des Humors war, ist vorbei. Ich habe z. B. nachgelesen: ›Augen auf, Kauf ist Kauf‹. So heißt es im altdeutschen Recht: ›Wer närrisch kauft, muß weislich zahlen.‹ Jetzt heißt es: ›Keine Sachmängelhaftung‹. ›Einem geschenkten Gaul schaut man nicht ins Maul‹ heißt heute: ›Keine Mängelhaftung des Schenkers‹.« Danach zitierte er längere Beispiele des bürokratischen Verordnungskauderwelschs, die allgemeine Heiterkeit im Bundestag erregten.[251]

Für Entwürfe von Reden und Briefen in der Staatskanzlei gab der Ministerpräsident unter anderem folgende Richtlinien: Allgemeine Hinweise: »Klare und verständliche Formulierungen, keine schwammigen Aussagen, Fremdwörter und Abkürzungen bitte vermeiden bzw. Abkürzungen mit Klammerzusatz einfügen, nicht allgemein verständliche Fachausdrücke bitte erläutern.« Zu einzelnen Worten gab er unter anderem folgende Handreichung: Nicht verwendet werden sollten »beziehungsweise«, stattdessen »und/oder«, statt »intensiv« »eingehend/nachhaltig«, statt »im Hinblick auf« »angesichts«, statt »ich möchte, ich darf Ihnen mitteilen« »ich teile Ihnen mit«, statt »unverzichtbar« »unentbehrlich«. Substantivierte Adjektive sollten grundsätzlich vermieden, allgemeine Aussagen wie »insoweit« müssten konkretisiert, passivische Konstruktionen und eine Folge mehrerer Genitive hintereinander sollten unterlassen werden.[252]

Verfehlt wäre jedoch die Annahme, Strauß hätte allein durch seine Sprachgewalt und rhetorische Kunst Einfluss gewonnen. Stets ging es ihm um Substanz und Argumente, die Gestalt der Rede war vom Gehalt nicht zu trennen. Strauß wollte nicht sagen, was ankommt, sondern worauf es ankommt, damit nahm er die Zuhörer ernst und beeindruckte sie regelmäßig durch seine ungewöhnliche, ins Detail gehende und zugleich einordnende Sachkenntnis sowie sein unglaubliches Gedächtnis. Auch diese Fähigkeiten setzte er bewusst ein, die Zuhörer merkten: Strauß ging leidenschaftlich den Problemen auf den Grund.

Wie sehr, zeigen allein schon seine Vortragsthemen: So sprach er in der Politischen Akademie Tutzing am 28. Mai 1976 über »Das Verhältnis von Programm und Pragmatismus in der politischen Praxis«; am 9. Dezember 1973 in der Katholischen Akademie München behandelte er das Thema »Der Mensch als Maß und Mitte der Politik«, in Innsbruck reflektierte er über »Das Verhältnis von Politik und Macht«. Immer wieder sprach er über Freiheit, grundlegend etwa in seinem Beitrag »Zuerst die Freiheit«. Er interpretierte den »Fortschritt als Zukunftschance«, er redete über Staat und Recht, gab eine »Analyse der weltpolitischen Situation«,[253] diskutierte »Grundfragen deutscher Politik«[254] und stellte »Ordnungsvorstellungen der Christlichen Demokraten«[255] dar. Mit Heinrich Pleticha gab er einen Band *Politik aus erster Hand* heraus, der Schlüsseltexte von der Antike bis zur Gegenwart enthielt, darunter auch solche, deren Autoren er ablehnte, beispielsweise Karl Marx, Lenin, Molotow und Hitler. Sein eigener Beitrag neben der Einführung trug den Titel »Hoffnung auf Europa«.[256]

Wenngleich die deutsche Geschichte und Gegenwart einen zentralen Platz einnahmen, dachte Franz Josef Strauß doch immer wieder über Herkunft und Zukunft Europas nach. Neben dem von Golo Mann erwähnten Vortrag gilt das vor allem für sein Buch *Herausforderung und Antwort. Ein Programm für Europa*, das in 3. Auflage 1968 mit einem Vorwort von Jean-Jacques Servan-Schreiber publiziert wurde. Die in englischer Sprache 1965 bei Weidenfeld and Nicolson in London veröffentlichten zusammengehörigen Reden »The Grand Design. A European Solution to German Reunification«, die auf Grundlage von Tonbandmitschriften entstanden, sowie eine größere Zahl weiterer Vorträge, darunter »Mut zur Freiheit – Chance für Europa«[257] sowie »Europa als Kontinent der Freiheit«[258], »Europa – Ende aller Träume«[259] zählen dazu.

Außerdem nahm Strauß seit den 1950er-Jahren im Bundestag regelmäßig zu Problemen der Europapolitik Stellung. Kein Zweifel also: Der von Franz Josef Strauß oft beschworene geografisch-politisch-kulturelle Dreiklang Bayern-Deutschland-Europa besaß in seinem politischen Denken essenziellen Rang.[260] Zu seinen gehaltvollsten einschlägigen Beiträgen gehört zweifellos der erwähnte Vortrag auf der Europakundgebung der Diözese Augsburg in Ottobeuren am 17. September 1977.[261] Strauß analysierte mit weiten Perspektiven und historischem Tiefgang Gegenwart und zukünftige Entwicklungsmöglichkeiten Europas, oszillierte zwischen einer illusionslosen Zustandsbeschreibung, die in vielen Diagnosen noch heute von ungebrochener Aktualität ist, und einer Darstellung der geistesgeschichtlich interpretierten »Vielfalt Europas in der Einheit«, die er in globalgeschichtliche und transeuropäische Bezüge stellte. Europäisch war seine Rede nicht allein in der meisterhaften Beherrschung der gemeinsamen historischen Entwicklungen, sondern zugleich durch die gekonnte

Akzentuierung der nationalen Charakteristika ausgewählter europäischer Staaten. Es dürfte kaum ein einschlägiger Text eines damals verantwortlichen Spitzenpolitikers existieren, der diese Dichte, ein vergleichbares intellektuellen Niveau und originalen Zugriff erreichte. Den Vortrag wiederzugeben hieße, seitenweise zu zitieren – die hohe Anerkennung von Golo Mann ist verständlich.

Als Franz Josef Strauß in Tutzing 1976 bei einer Tagung über »Parteipolitik zwischen Machtpolitik und Gemeinwohl« sprach, bekannte er sich dazu, ein »pragmatischer Politiker« zu sein. Auf das Rahmenthema ging Strauß unter anderem mit dem Satz ein, das Machtstreben von Personen, Parteien, Verbänden dürfe nicht Selbstzweck werden. Und tatsächlich hielt der machtbewusste Strauß zutreffend Machtstreben in der Politik für unentbehrlich, doch nicht dies war entscheidend, sondern die Frage, welchen Zielen und Zwecken der Machtwille diene. Helmut Schmidt, sein Antipode und deswegen unverdächtiger Zeuge, brachte es auf den Punkt: »Wer aber, wie ich selbst, zu seinen politischen Gegnern gehört, der darf über den Fehlern und Schwächen, die er bei Strauß diagnostiziert, gleichwohl eines nicht verkennen: Hier handelt einer, der ganz und gar von der Leidenschaft erfasst ist, der res publica zu dienen.«[262]

Strauß beschränkte sich nicht auf sein persönliches Selbstverständnis als Pragmatiker: Abgesehen von der »inzwischen etwas verblassenden und hoffentlich nicht wiederkehrenden Periode des Messianismus und der ideologischen Überschwemmungen« sei die Bundesrepublik immer von Pragmatikern regiert worden, man könne von einer »Pragmatischen Allianz quer durch die Parteien hindurch« sprechen. Damit traf er einen Wesenskern der gegenüber den vorhergehenden Perioden der deutschen Geschichte dominierenden Programmorientierung und Ideologisierung, wobei er den Beginn im »Realitätssinn und der Illusionslosigkeit eines alten Mannes« – Konrad Adenauers – sah und ganz offensichtlich den 1974 amtierenden Bundeskanzler Helmut Schmidt in diese Allianz einbezog. Wenngleich auch nach 1945 die Parteien auf programmatische Orientierung nicht verzichteten, wurde sie doch immer weniger dogmatisiert, und damit wurden Grundkonsens und Kompromiss die Regel. Das bedeutete auch: Die Sozialdemokraten waren so wenig klassische Sozialisten wie Franz Josef Strauß und die von ihm repräsentierte Mehrheit der CSU klassische Konservative waren. In den konkreten Entscheidungssituationen traten die »Darstellungsprobleme« zurück, auch wenn die Parteien anschließend der Öffentlichkeit ihre Entscheidungen verkaufen mussten.

Doch die internen Entscheidungsbildungen kristallisieren sich oft erst im historischen Rückblick klar heraus, weswegen Strauß konstatierte: »Diese Pragmatische Allianz mag nur wenig sichtbar sein. Denn was uns ständig vor Augen geführt wird und was in einer primitiven Dramaturgie leicht dargestellt werden kann, das ist das Gegeneinander von Koalition und Opposition, das ist die Konfrontation von Personen und Programmen, das ist das politische Theater, und das ist nicht die politische Arbeit in den Vorständen und Ausschüssen, in den Behörden und Redaktionen.«[263] Andererseits gehörte Franz Josef Strauß selbst zu denen, die mit Verve und nicht selten als Volkstribun wie seine Mit- und Gegenspieler dieses »politische Theater« gestalteten. Auf Dramatisierung verstand er sich ausgezeichnet, wusste er doch, in welchem Maße die Öffentlichkeit – und damit die Präsentation der Politik – für eine parlamentarische Demokratie unentbehrlich ist, auch wenn Entscheidungen in den Parteivorständen, in den Fraktionssälen, in den Ministerien, im Kabinett und auch in Hinterzimmern vorbereitet werden.

Strauß sah das Problem darin, dass der Unterschied zwischen vorrangiger Entscheidungsbildung und Darstellungsproblemen den politisch Handelnden selbst nicht immer bewusst ist: »Eine völlige Perversion wäre es, wenn Entscheidungen nur noch im Hinblick auf Darstellungsprobleme getroffen würden. Das ist aber weithin der Fall.« Doch sind beide Dimensionen der Politik wirklich so klar voneinander zu trennen? Strauß' Ausführungen zu dieser Frage stellen wiederum Denkbewegungen dar, mit denen er zum Teil Widersprüche in dieser postulierten Dualität von Entscheidung und Darstellung umkreist. Doch beharrte er darauf, dass die pragmatische Politik nur ein einziges Defizit habe – »ihre mangelnde Darstellbarkeit als eines Heilsdramas, das ist die mangelnde Programmatik des Nicht-Programmierbaren«.

Strauß' dezidiertes Bekenntnis zum Pragmatismus wurzelte vor allem in der durch das NS-Regime beförderten, also historisch begründeten Abneigung gegen Ideologien, gegen jeglichen totalitären Erziehungsanspruch eines Systems oder von Kollektiven gegenüber dem Einzelnen. Das gleiche Motiv leitete ihn auch in seinem Widerstand gegen die seit 1968 drohende Re-Ideologisierung der Politik sowie den von ihm mit der Kanzlerschaft Willy Brandts assoziierten »Messianismus« – insofern teilte er Helmut Schmidts harsche Kritik an politischen »Visionen«. Sie erschwerten in beider Augen politische Entscheidungen, weil sie von einem (utopischen) Ziel und nicht von der Realität ausgingen und somit die Entscheidungsbildung einengten.

Dennoch beurteilte Strauß den Pragmatismus in der Politik keineswegs als »theorielos«, sondern in dieser Hinsicht lediglich als Verzicht auf ein »geschlossenes Lehrgebäude«, das einen generellen Gestaltungsanspruch erhob. Ausgehend von Theoretikern des Pragmatismus wie Charles S. Peirce, William James und John Dewey betonte Strauß als ersten zentralen Punkt die Untrennbarkeit von Gedanke und Handlung:

»… die Bedeutung eines Gedankens ergibt sich tatsächlich erst aus seinen praktischen Konsequenzen.« So definierte Franz Josef Strauß Politik als »Kunst des Realisierbaren, die Kunst des in einer gegebenen Situation mit bestimmten Mitteln mit hinreichender Wahrscheinlichkeit Realisierbaren. Diese Kunst besteht u. a. darin, das berechtigte langfristige Interesse des Gegners nicht zu verletzen und das eigene Interesse zu fördern. Das ist eine ziemlich asketische Kunst, eher auf das kleinere Übel ausgerichtet als auf die schöne Utopie.«

Das zweite Charakteristikum pragmatischer Politik sah Strauß darin, dass sich die Wirklichkeit, gerade die politische Wirklichkeit, »dauernd im Fluß befindet«: »Politik ist ein offener Prozeß. Mit jedem Akt verschieben sich die Wahrscheinlichkeitswerte der politischen Alternativen. Das wichtigste Gebot ist, den politischen Prozeß offenzuhalten, keine Endlösung anzustreben; nichts zu tun, was Handlungsalternativen ausschließt, ohne neue zu eröffnen, alles zu tun, das ›Spiel‹ aufrechtzuerhalten. Die Zukunft hat immer schon begonnen…«[264] Diese geradezu spieltheoretische Definition der Politik schließt einen konsequenten Konservativismus aus, weil sie die realitätsangemessene Reaktion auf Veränderung zum Programm erhebt. Anders gesagt: Die konservativen Elemente der politischen Wertorientierung bleiben Beurteilungsmaximen der Veränderungen, nicht aber konkretisierte Handlungsanweisungen des Umgangs mit ihnen.

Zahlreiche politische Entscheidungen von Franz Josef Strauß, die als Wende seiner eigenen Politik betrachtet wurden, bilden konkrete politische Konsequenzen dieser prinzipiellen Reflexionen, beispielsweise die Modifikationen der Wirtschaftspolitik Erhards aufgrund der Diagnose, dass sich 1965/66 gegenüber 1948/49 die ökonomischen Rahmenbedingungen geändert haben, seine daraufhin mit Karl Schiller verfochtenen Konzepte zur Mittelfristigen Finanzplanung und Globalsteuerung, seine Befürwortung der Großen Koalition 1966, die Verhandlungen mit der DDR über den Milliardenkredit 1983 u. a. m.

Dieser Ansatz beruhte auf der realistischen Einschätzung, dass es keiner Gruppe in einer pluralistischen Gesellschaft möglich ist, einer nahezu gleich starken anderen ihren Willen aufzuzwingen, sowenig im internationalen Staatensystem eine Regierung ohne ständigen Bezug auf die Interessen und Reaktionen der anderen handeln kann. Der für die Machtverteilung in pluralistischen Gesellschaften in der amerikanischen Soziologie entwickelte Begriff »Vetogruppe« galt also auch hier.[265] Strauß hatte dieses zunächst innenpolitische, jedoch ebenso seine außenpolitischen Leitlinien angesichts des Ost-West-Konflikts prägende Prinzip verinnerlicht, wie auch der dritte zentrale Punkt seiner pragmatischen Argumentation belegt: »Politik wird im Handeln und nicht durch Reden erzeugt. Handeln ist nur im Verbund mit anderen möglich, während man beim Reden auch monologisieren kann – und nur im Monologisieren kann man sich im Besitz der Wahrheit dünken. Der Pragmatismus geht von der Fehlbarkeit der menschlichen Vernunft aus; und denen, die regieren, ist im Prinzip nicht mehr Vernunft zuzuschreiben als denen, die wählen.« Die beste Ordnung bildete für Strauß »immer noch eine pluralistische Ordnung, in der die unvermeidlicherweise verschiedenen Interessen – möglichst in einem rationalen und gewaltlosen Interessenvergleich – ausgetragen und gegeneinander ausgewogen werden können. Das Ziel einer pragmatischen Politik ist die Handlungsfähigkeit und nicht das Rechthaben ... «[266]

Sind diese Maximen zweifellos als liberale politische Verfahrensweisen in einer demokratisch verfassten pluralistischen und deshalb von gesellschaftlichen Antagonismen nicht freien Gesellschaft anzusehen, so gilt das zugrunde liegende Menschenbild als konservativ: Die Fehlbarkeit des Menschen wird als anthropologische Konstante angenommen, nicht aber als gesellschaftlich und epochenbedingter Tatbestand, der durch Erziehung zu einem »Neuen Menschen« oder gar durch »Utopien der Menschenzüchtung«[267] beseitigt werden könnte. Insofern gehört die Anerkennung der Fehlbarkeit des Menschen zum konservativen Freiheitsideal, der Freiheit der Person, dem Postulat des freien Willens. Franz Josef Strauß' zuweilen ungebärdiger Freiheitsdrang, nicht zuletzt bedingt durch die prägende Erfahrung der Unfreiheit unter der nationalsozialistischen Diktatur, aber auch seine Selbsteinschätzung »Ich bin weder Heiliger noch Dämon ... « passen hierzu.

Die Fehlbarkeit des Menschen zu akzeptieren entsprach zugleich dem christlichen Menschenbild, wie Strauß in seinem Vortrag vor der Katholischen Akademie einige Jahre zuvor hervorgehoben hatte. Doch griff er noch weiter zurück: »Aber als Besonderheit besitzt der Mensch nicht nur seine Unvollkommenheit, sondern gerade wegen seiner Unvollkommenheit das Streben nach dem, was die Griechen ›eudaimonia‹ nannten, das Streben nach Vollkommenheit. Und damit ist die ›Dichotomie‹, der Anspruch auf Vollkommenheit, verbunden mit seiner Unzulänglichkeit. Daraus sind viele Heilslehren erwachsen.«[268] Mit solchen Überlegungen näherte sich Franz Josef Strauß der Philosophischen Anthropologie, die den Menschen als – jedoch zunächst biologisch definiertes – »Mängelwesen«[269] beschrieb und gerade daraus sein Entwicklungspotenzial ableitete. Doch stand bei der Katholischen Akademie nicht nur das christliche, griechische oder sein darauf beruhendes Menschenbild im Mittelpunkt, sondern die politischen Konsequenzen, die Strauß wiederum mit den Begriffspaar »liberal-konservativ« umschrieb. Seine Definition des Konservativismus lautete hier: »Konservativismus ist ein Prinzip, das Dinge und Mittel so lange erhält, bis etwas erwiesen Besseres an diese Stelle gesetzt werden kann. Und deshalb kann auch Konservativismus und vor allen Dingen liberal-konservative Politik keinen totalen Anspruch erheben, entspricht der Suche nach dem minus malum, ist eklektisch, daher tatsächlich fortschrittlich.« Strauß fügte hinzu, dass christlich-liberal-konservative Politik ein Ausfluss des Menschenbildes sei, in dem der Mensch mit »unabdingbaren und unveräußerlichen Rechten ausgestattet« sei, »die nicht der Rechtssatzung bedürfen... Das Individuum ist in unseren Augen nach oben gebunden und zugleich der Gemeinschaft verpflichtet.«

Strauß grenzte den Begriff »konservativ« von »reaktionär«, zugleich den Terminus »liberal« gegen »laissez faire« ab, wobei er sich ausdrücklich von einem sozial ungebundenen Kapitalismus distanzierte. Und ebenso dezidiert, wie er einen schrankenlosen Individualismus ablehnte, verwarf er Kollektivismus und Marxismus. Er akzeptierte mit Arnold Gehlen ein »eigenes Ethos des Staates«, wollte aber zugleich die »Grenzen der Wirksamkeit des Staates« bestimmen, wie es schon der frühliberale Wilhelm von Humboldt getan hatte. In seinem Vortrag äußerte er sich, nach einer Kehrtwende gegen den Klerikalismus, zur Nachkriegsentwicklung der bayerischen Schulpolitik, insbesondere der von ihm gemeinsam mit SPD und FDP durchgesetzten Abschaffung der Konfessionsschule in Bayern, um beispielhaft vorzuführen, wie liberal-konservative Politik praktiziert wurde. Auch dieser Beitrag von Franz Josef Strauß zeichnete sich durch eine Doppelperspektive grundsätzlicher Betrachtung und politischer Applikation aus, die stets pragmatischen Handelns bedurfte, wobei er erstaunlich offen über innerparteiliche Kontroversen berichtete, übrigens auch über den Parteitag 1968 und die Debatte über den Begriff »konservativ«.

Franz Josef Strauß exemplifizierte in seinem Vortrag über Pragmatismus die prinzipiellen Überlegungen an damals aktuellen Politikfeldern, bevor er auf die Programmatik politischer Parteien einging. Er fand es an der Zeit, die politische Kultur in Deutschland zu verändern: Man solle keine endgültigen Wahrheiten verkünden, wie es dem »deutschen Wesen« entspreche, »an dem die Welt doch nicht genesen wird«. Er bevorzugte im Sinne Max Webers die Verantwortungsethik gegenüber der Gesinnungsethik, die sich auf die Motive statt auf die Wirkungen beschränke: »Der Verantwortungsethiker beurteilt den Erfolg einer Politik aus ihren Folgen.«

Strauß sah für die Planbarkeit der Politik enge Grenzen. Ein Parteiprogramm dürfe den Menschen die Wertordnung nicht vorschreiben, auch könne man nicht wissen, was der Mensch »morgen wollen soll«, weshalb es vor allem um die Rahmenbedingungen gehen müsse, mit denen ein Programm Freiheit und Handlungsfähigkeit garantiere. Man müsse in einer Demokratie den mündigen Bürger akzeptieren, der in seinen jeweiligen Lebensbereichen selbstverantwortlich handele. Logischerweise könne ein solches Parteiprogramm nur ein »offenes Programm« sein, das die Erhaltung möglichst vieler Handlungsalternativen sichere, was Strauß an politischen, gesellschaftlichen und technologischen Entwicklungen erläuterte.[270]

Gerade bei einem Politiker, der feste Positionen bezog und sie nachdrücklich vertrat, wirkt die dezidiert geforderte Offenheit politischer Programme überraschend, auch sind seine Überlegungen zur Pragmatik ungleich intensiver als zur Programmatik. Dies war nicht allein auf die eigene politische Erfahrung zurückzuführen, sondern ebenso auf den aktuellen Bezug zum kritisierten Planbarkeitsoptimismus der 1970er-Jahre. Nicht idealisierte Zielsetzungen bestimmten die jeweiligen politischen Festlegungen, sondern realitätsnahe Diagnosen, aus denen er dann jeweils spezifische Schlussfolgerungen zog. Franz Josef Strauß' politisches Credo »liberal-konservativ« zu sein, korrespondierte mit einer weiteren Doppelung. Nicht zuletzt sein historisches und politisches Plädoyer für Europa aus dem Jahre 1977 dokumentiert dies.

Franz Josef Strauß legte die geistigen Wurzeln Europas und seine Entwicklung bis ins 20. Jahrhundert bloß, Prinzipien, aus denen es entstanden ist und nach denen die Europäer auch in Zukunft leben wollten. Nachdem das Zeitalter klassischer Nationalstaaten vorbei und die Souveränität der Staaten aufgrund ihrer wechselseitigen und globalen Abhängigkeiten nur noch eine Scheinsouveränität sei, könne die weltpolitische Aufgabe Europas nur noch gemeinsam wahrgenommen werden. Europa müsse als »Personale Gesellschaft« organisiert werden: Sie werde getragen von den Prinzipien der Pluralität, der Komplexität und der Subsidiarität. Dabei müsse das Prinzip gelten: So viel Staat wie nötig, so viel Gesellschaft wie möglich. Dieses Europa konnte in den Augen von Franz Josef Strauß nur als »offenes« und »dezentralisiertes« Europa weiterentwickelt werden. Aber wozu wolle »Europa eine Integration, wenn Europa zu nichts nütze ist, als sich nur selbst zu erhalten? Integration heißt nicht Abschließung, und es heißt nicht Vereinheitlichung und Gleichschaltung. Die Wandlungsfähigkeit Europas hängt von der Vielfalt seiner Entwicklungskerne ab. Und diese Wandlungsfähigkeit ist wichtig geworden; denn die Zahl und die Handlungsmacht der weltpolitischen Mächte hat zugenommen, die Koalitionsmöglichkeiten sind schwankend geworden, die funktionale Interdependenz ist fast weltweit geworden, der wissenschaftlich-technische Wandel beschleunigt sich.«[271] Konservativ? Nein, herkunftsbewusst und zukunftsorientiert.

21

Landes- und Bundespolitik
1982/83 bis 1988

Franz Josef Strauß' Arbeitsstil

Nach der Sensation des Milliardenkredits stand für Franz Josef Strauß wieder die Landespolitik im Vordergrund, wenngleich sie weniger Aufmerksamkeit provozierte. Anders als viele politische Kommentatoren argwöhnten, vernachlässigte Strauß die bayerischen Belange keineswegs, sondern vertiefte sich nach der aufreibenden Anfangsphase mit der gleichzeitigen Kanzlerkandidatur 1979/80 immer intensiver in seine Aufgaben als Ministerpräsident. Gewann der »Landesvater« und »Herrscher Bayerns« an manchen repräsentativen Pflichten des Amtes, bei denen ihn seine Frau Marianne gern unterstützte, auch zunehmend Gefallen, so ließ ihn doch der politische Gestaltungswille weder auf Bundes- noch auf Landesebene los. Naturgemäß aber musste er seinen bundespolitischen Einfluss eher indirekt als Landesvorsitzender einer der Bonner Koalitionsparteien über seine ständigen Kontakte zu Bundeskanzler Kohl sowie das föderale System ausüben, während in der Landespolitik eine direkte Entscheidungsbildung möglich und erforderlich war. Stand seine Politik hier auch in einer längeren Tradition der Industrialisierung und Modernisierung Bayerns, auf die er allerdings schon vor 1978 eingewirkt hatte, so trieb er doch zahlreiche Projekte, die stagnierten, energisch voran. Überdies fielen in jede Legislaturperiode neue Initiativen. Dazu zählten auch symbolische Akte, mit denen er an ältere Traditionen anknüpfte, zum Beispiel durch die Wiederbegründung des Maximiliansordens für Wissenschaft und Kunst im Jahr 1980, dem 100 herausragende Persönlichkeiten angehören sollten. Damit stellte Strauß das moderne Bayern in die Erbfolge der kulturellen Leistungen der Wittelsbacher, in diesem Fall König Maximilians II., der den Orden 1853 begründet hatte.

Weitreichende organisatorische Konsequenzen zog sein Eingriff in die

Struktur der Staatskanzlei nach sich. Nachdem CSU-Generalsekretär Stoiber die Koordinierungsprobleme und Informationsdefizite durch Strauß' Mehrfachbelastungen innerhalb und außerhalb Münchens angesprochen und Peter Schmidhuber als künftigen »politischen Kopf« der Staatskanzlei vorgeschlagen hatte, entschied sich Franz Josef Strauß bei der Regierungsbildung im November 1982 erstmals seit 1962 für diese Lösung. Doch übertrug er die Aufgabe Edmund Stoiber, der jedoch zunächst zögerte. Angesichts der bevorstehenden Bundestagswahl im März 1983 konnte er seinen Posten als Generalsekretär nicht aufgeben, da ihm die Organisation der Wahlkämpfe oblag. Strauß blieb trotzdem bei seiner Entscheidung. Die Staatskanzlei erhielt nun über dem Amtschef einen politischen Leiter im Rang eines Staatssekretärs. Edmund Stoiber blieb bis zur Wahl zugleich Generalsekretär der CSU – einen »Generalstaatssekretär« hatte es bis dahin und danach nicht mehr gegeben, war doch diese spezielle Verbindung eines staatlichen Amtes mit einem Parteiamt äußerst ungewöhnlich, obwohl sie sonst für Minister die Regel war. Diese Kombination bestand jedoch wie geplant nur wenige Monate, da Strauß schon drei Wochen nach der Bundestagswahl beide Funktionen wieder trennte und die Aufgabe als Generalsekretär seiner Partei ab 1. April 1983 Otto Wiesheu übertrug.

Der »politische Kopf« an der Spitze der Regierungszentrale machte seitdem auch in anderen Ländern Schule, vor allem aber im Bund, wo Helmut Kohl 1984 Wolfgang Schäuble als Chef des Kanzleramts im Rang eines Bundesministers berief. In Bayern erfolgte nach vier Jahren eine Aufwertung, da Edmund Stoiber nach der Landtagswahl 1986 als Leiter der Staatskanzlei zum Staatsminister berufen wurde.[272] Dieser Schritt war insofern konsequent, als Franz Josef Strauß sein Amt politischer führte als seine Vorgänger und die Staatskanzlei ihm auch stärker in bundespolitischen und europäischen Fragen zuarbeitete, sie unterstützte ihn überdies in der Organisation seiner weltpolitischen Kontakte. Unter der Leitung Stoibers, der von Haus aus Verwaltungsjurist und in der bayerischen Ministerialverwaltung groß geworden war, danach als Landtagsabgeordneter und vor allem als CSU-Generalsekretär im politischen Kerngeschäft jahrelang Erfahrung gesammelt hatte, erwuchs Franz Josef Strauß in der so modifizierten Staatskanzlei ein effizientes, sowohl administrativ als politisch kompetentes Instrument, das er virtuos nutzte.

In den Jahrzehnten vorher gab es offenbar nach dem Bericht seines späteren Büroleiters, des späteren Staatssekretärs im Bundesverkehrsministerium Dr. Wilhelm Knittel, eine insgesamt mangelhafte Büroorganisation, die sich allein schon aus Strauß' Münchner und Bonner Mehrfachfunktion ergab. Sein früherer Referent Marcel Hepp urteilte, »von einer typischen Arbeitsweise bei Strauß« könne man nicht reden. »Alles geht unorthodox... Wir haben das denkbar einfachste System, das es gibt. Wir registrieren die Eingänge, beantworten sie, sobald wir dazu kommen, und versenken sie wieder alphabetisch in den Briefakten. Das ist alles. Also auch die persönlichen Referenten sind doch sehr bewegungsfähig bei ihm. Man kann also wirklich einmal sagen, ich kann Sie jetzt 2, 3 Tage nicht begleiten... ich muß jetzt einmal wieder Urlaub machen...« Das Vertrauen von Strauß in seine Mitarbeiter gehe sehr weit, auch wenn Fehler vorgekommen seien, durch die er selbst »diverse Male hereingefallen« sei, gehe er dann »der Geschichte nicht nach«. Das sei »auf der anderen Seite auch eine gewisse Schwäche von ihm«.[273] Strauß' Büro als Parteivorsitzender in der Münchner Landesleitung war angesichts des extremen Postanfalls und seiner zahlreichen Redeverpflichtungen schon in Hinblick auf die Kapazität unzulänglich, außerdem mit seinem Bonner Büro nicht hinreichend koordiniert. Nach Einschätzung Knittels besaß Strauß' Büro in München bis in die Mitte der 1970er-Jahre keine Übersicht über die Gesamtbereiche Strauß'scher Aktivitäten. Angesichts ihrer Vielfalt und ihres Umfangs habe der Büroleiter von Strauß mehr als eine »Vollzeit-Aufgabe« wahrnehmen müssen. Hinzu kamen nach Knittels Erfahrung die eingeschränkte Erreichbarkeit von Strauß während der Tagungswochen des Bundestags sowie sein eigenwilliger Arbeitsstil. Strauß transportierte oft Berge von Post zwischen Bonn und München hin und her und erledigte in den sitzungsfreien Wochen des Bundestags bzw. den Parlamentsferien manchmal ganze Konvolute durch Diktat auf Band, andererseits blieben viele Briefe liegen. Knittel nennt ein Beispiel: Strauß habe einen Brief einmal nach vier Jahren beantwortet – mit der Begründung, er habe erst die zwischenzeitliche Entwicklung abwarten wollen.[274] Für einen Politiker fürwahr eine ungewöhnliche Verhaltensweise, für einen Historiker durchaus eine erwägenswerte. Und schließlich war Franz Josef Strauß ja beides!

Doch war Strauß nach Einschätzung seines damaligen Leiters der Staatskanzlei trotz seiner vielen zusätzlichen Verpflichtungen durchaus ein professionell handelnder Regierungschef, der nicht bloß fremde Kompetenz nutzte, sondern sich durch gründliches Aktenstudium in wichtigen Fragen eigene sowohl umfassende als auch spezifische Sachkenntnis in den zentralen Sektoren der Landespolitik erwarb.[275] Tatsächlich war Strauß als Regierender kein Neuling. Als Landrat, als CSU-Generalsekretär und vor allem in mehr als zwölf Jahren als Bundesminister in verschiedenen Ressorts hatte er die gouvernementale Praxis erlernt, obgleich sein individueller Stil jeweils das Amt prägte, die Person nie hinter der Institution verschwand und die Spontaneität die Systematik überwog. Wie Edmund Stoiber berichtet, stellte der Ministerpräsident hohe Leistungs- und Qualitätsansprüche an seine Mitarbeiter, bohrte nach, las selbst unendlich viel, bereitete sich gründlich vor, auch wenn er »manche Nächte gerne seinen Freunden opferte«. Auch hier wieder zeigte sich seine Doppelnatur: Er konnte disziplinlos sein oder aber mit höchster Disziplin nachts stundenlang Akten durcharbeiten. Ein »leichter« Chef war er nicht, es kam durchaus vor, dass er seine Mitarbeiter anherrschte: »Man sollte sich nur mit solchen Themen beschäftigen, von denen man etwas versteht.« Sogar seine Minister waren vor solchem kritischen Insistieren oder gar verbalen Attacken des Regierungschefs nicht sicher, das Kabinett führte er straff.[276] Nach Knittels Erinnerung war »Strauß ein Chef mit einem gespaltenen Verhältnis zu bürokratischen Abläufen«, er hätte »am liebsten jede Antwort selbst geprüft und unterschrieben«. Gerade die Eingaben von Bürgern wollte er möglichst selbst sehen, was allein schon wegen der Masse ausgeschlossen war.[277] Strauß wünschte offenbar präzise Vorlagen, keine »Bedenken«-Vorlagen. Der Regierungschef wollte nicht wissen, was nicht geht, sondern wie etwas geht. Er schätzte offenbar klare Positionen. Friedrich Wilhelm Rothenpieler erinnert sich, dass der Ministerpräsident Vorlagen nicht mochte, in denen ein Semikolon vorkam: Dieses Satzzeichen sei ein Ausdruck von Undeziertheit!

Unbedenklich war Strauß oft im Umgang mit völlig Fremden: So sah der Jurist Wilhelm Knittel »mit Grausen«, wie Strauß bei einer »seiner Lieblingsbeschäftigungen«, dem großzügigen Verteilen von Autogrammen nach seinen zahlreichen Auftritten, ohne zu zögern seine Unterschrift auf leere weiße Blätter setzte[278]: Was hätte man alles mit einer Blankounterschrift des Ministerpräsidenten anstellen können! Doch kümmerten ihn die Besorgnisse seines Büroleiters kaum. »Strauß war einerseits gutmütig, andererseits auch ein misstrauischer Mensch. War aber der Beweis erbracht, dass man sich zu hundert Prozent für ihn einsetzte, dass man absolut verlässlich war, stellte er auch mal Blankoschecks aus. Das war manchmal schon eine Herausforderung. Hin und wieder wäre es mir lieber gewesen, er wäre erreichbar geblieben, schließlich gab es Dinge, über die man mit ihm vor einer Entscheidung reden musste. Strauß konnte sich besser, als mir das gelang, oft völlig zurückziehen, besonders bei der Jagd, er war dann nicht immer sofort greifbar.«[279] Der Jagdleidenschaft gab er sich mit zahlreichen Bekannten und Freunden hin, oft mit ausländischen Staats- oder Regierungschefs wie dem Rumänen Nicolae Ceaușescu oder dem von ihm geschätzten bulgarischen Parteichef Todor Schiwkoff[280] – sehr wählerisch war er in der Wahl seiner Jagdgenossen nicht. Normalerweise waren solche Jagdaufenthalte mit politischen Gesprächen in gelockerter Atmosphäre verbunden, bei denen Strauß wichtige Einblicke in die Mentalität der dortigen politischen Führungen und Entwicklungen in den Warschauer-Pakt-Staaten gewann. Im Übrigen trafen auch andere westdeutsche Spitzenpolitiker immer wieder mit den kommunistischen Parteiführern Osteuropas zusammen, von Willy Brandt bis zu Helmut Schmidt – auch ohne zu jagen. Nicht zu unterschätzen aber ist, in welchem Maße gemeinsame Hobbys informelle und zwanglose Gespräche erleichterten. Unabhängig von solchen »Eskapaden« des passionierten Jägers machte Strauß schon seit seiner Bonner Ministerzeit, wie es in dieser Politikergeneration noch üblich war, regelmäßig größere Urlaube, seit den 1960er-Jahren nahezu jeden Sommer gemeinsam mit der Familie im Ferienhaus in Les Issambres an der Côte d'Azur, das Marianne Strauß gekauft und später durch ein größeres Anwesen am gleichen Ort ersetzt hatte. Doch hatte der dort urlaubende Ministerpräsident nicht »politikfrei«. Zwar gab es anfangs noch kein Telefon, später aber war er telefonisch und durch Fernschreiben erreichbar. Enge Mitarbeiter wie Edmund Stoiber mussten manchmal in der Nähe Urlaub machen, um für politische Aktivitäten zur Verfügung zu stehen. Aber mehr Zeit für die Familie und Muße zur Lektüre blieb in Les Issambres allemal. Anders hätte Franz Josef Strauß sein enormes Lesepensum so wenig bewältigen können wie seine unglaublich zahlreichen Begegnungen mit Freunden und Bekannten in aller Welt. Im Übrigen nutzte er auch Sitzungen, bei denen Themen behandelt wurden, die ihn nicht interessierten, zu Aktenstudium oder Lektüre. Wie Bernhard Vogel und Edmund Stoiber berichten, konnte Franz Josef Strauß bei solchen Anlässen oft viele Stunden schweigen, so dominant und eingehend er andererseits redete, wenn er zentrale politische Themen erörterte und geradezu faszinierende »weltpolitische Kollegs« (Hans Maier) im CSU-Landesvorstand oder im Kabinett hielt.

Bayern ist unsere Heimat, Deutschland unser Vaterland, Europa unsere Zukunft: Franz Josef Strauß und die politischen Herausforderungen der 1980er-Jahre

Strauß' landespolitische Aktivitäten standen in ständigem Wechselverhältnis mit seinem fortdauernden bundespolitischen Engagement. Und nicht weniger intensiv pflegte er weiterhin in aller Welt seine persönlichen Kontakte. Doch bestellte er durch diese Aktivitäten nicht allein ein Feld leidenschaftlichen persönlichen Interesses, sondern nutzte sie nachhaltig zur Förderung bayerischer Wirtschaftsinteressen. Das galt ebenso für den Handelsaustausch bzw. die Exportförderung wie für die Ansiedlung oder den weiteren Ausbau moderner Industrien und Technologien in Bayern. Auch nach 1975 reiste Franz Josef Strauß mehrfach nach China, wo er vielfach mit der chinesischen Führung verhandelte. Er gehörte zu denen, die schon früh die künftige weltökonomische Bedeutung des riesigen asiatischen Landes erkannten. Diese langfristig zutreffende Einschätzung nutzte Strauß ebenso wie seine persönlichen Kontakte zur Erschließung von Märkten für bayerische Unternehmen. Nachdem sich bayerische Firmen bereits 1981 in Peking mit ihrem Industriedesign präsentiert hatten, beschloss das Bayerische Staatsministerium am 11. Dezember 1984 die Verstärkung der wirtschaftlichen und technischen Zusammenarbeit zwischen Bayern und der chinesischen Provinz Shandong, am 12. Februar 1985 paraphierten beide Seiten den Vertrag. Im Oktober 1985 wurde im chinesischen Qingdao in Anwesenheit des Bayerischen Ministerpräsidenten die Ausstellung »Wirtschaftspartner Bayern« eröffnet. Es war Strauß' vierte China-Reise. Im Rahmen von Bund-Länder-Programmen beteiligte sich Bayern an Fortbildungsmaßnahmen für chinesische Fachkräfte und Führungspersonal[281], er betrachtete also die Beziehungen zu China keineswegs als Einbahnstraße. Franz Josef Strauß erwies sich als weitsichtiger Protagonist der bayerisch-chinesischen Wirtschaftsbeziehungen, auf denen seine Nachfolger mit weiteren Erfolgen aufbauen konnten.

Für Infrastrukturmaßnahmen forderte er bei Bundeskanzler Helmut Kohl immer wieder bundespolitische Unterstützung ein. Die Interdependenz von Landes-, Bundes- und Weltpolitik diente sowohl der Stärkung Bayerns im Bund wie der des politischen Gewichts der CSU außerhalb des Freistaats.[282] Franz Josef Strauß wusste nur zu gut, wie wenig ein selbstgenügsamer Föderalismus den Länderinteressen dient und wie sehr deren kraftvolle Vertretung auf den bundesstaatlichen Kontext bezogen bleiben muss. Die Hilfe für den industrieschwachen Regierungsbezirk Oberpfalz sah Strauß im Rahmen eines Gesamtkonzepts für die deutsche Stahlindustrie. An den Bundeskanzler schrieb er: »In der Koalitionsvereinbarung ist festgehalten, daß die Bundesregierung im Rahmen der Neuordnung der deutschen Stahlindustrie im Rahmen ihrer Möglichkeiten alles tun wird, um die Maxhütte ... in ein umfassendes Stahlkonzept einzubeziehen. Darüber hinaus hast Du mir persönlich entsprechende Zusicherungen gegeben.«[283]

Die zahllosen Interventionen von Franz Josef Strauß bei Helmut Kohl beschränkten sich nicht auf genuin bayerische Themen, sondern erstreckten sich ebenso auf bundespolitische Anliegen der CSU oder auch allgemeinpolitische Probleme. Zu den spezifisch christlich-sozialen Politikfeldern gehörte von jeher die Familienpolitik, die verschiedentlich zu Differenzen mit dem liberalen Wirtschaftsminister Graf Lambsdorff führte, der sich seinerseits gut auf Polemik verstand und manche Vorstellungen der Union als »abwegige Ideen« bezeichnete. Strauß insistierte in solchen Fällen bei Kohl auf den gemeinsamen familienpolitischen Zielen der Unionsparteien und bemerkte: »Graf Lambsdorff scheint blind dafür zu sein, daß sich in Arbeiterfamilien das Einkommensniveau mit zunehmender Kinderzahl dem Existenzminimum annähert. Die von Graf Lambsdorff mitzuverantwortende jahrelange Vernachlässigung des Familienlastenausgleichs durch die frühere Bundesregierung hat dazu geführt, daß Kinderreichtum zu einem Kennzeichen neuer Armut geworden ist.« Lambsdorff störe den Koalitionsfrieden. Kohl antwortete trocken, er habe mit Graf Lambsdorff bereits geredet und ihn an seine Regierungserklärung erinnert. Was die Störung des Koalitionsfriedens angehe, hätten im Übrigen auch andere Mitglieder der Koalitionsparteien Grund zum Nachdenken.[284] Diesen auf ihn selbst bezogenen Wink des Bundeskanzlers fand Strauß kaum berechtigt, mahnte er doch in einem erheblichen Teil seiner oft ausführlichen Briefe die Einhaltung von Vereinbarungen an, gleich, ob sie sich auf Kohl und ihn selbst, auf die Unionsparteien untereinander oder solche mit der FDP bezogen.

Im Übrigen sind die Temperaturschwankungen schon an den Anreden und dem Stil ablesbar, bei dem zwischen »Lieber Helmut« bzw. »Lieber Franz Josef« und »Sehr geehrter Herr Bundeskanzler« oder »Sehr geehrter Herr Ministerpräsident« alle denkbaren Varianten vorkommen. In seinen familienpolitischen Anliegen ließ Strauß so oder so nicht locker. Schon fünf Wochen später wandte er sich erneut an Kohl und argumentierte gegen eine Kürzung des Mutterschaftsgeldes, die den sozialen Abstieg der Familien mit Kindern beschleunigen und die Geburtenrate weiter senken würde. Dabei rechnete er genau vor, wie eine Finanzierung seiner Ansicht nach möglich würde.[285] Dafür sah Kohl, der auf der Grundlage eines Entwurfs von Familienminister Heiner Geißler antwortete, jedoch keine Möglichkeit. Dies hinderte Strauß nicht, einige Monate später wieder steuerpolitische Erleichterungen für Familien zu fordern. Er machte wiederum detaillierte Vorschläge, deren Realisierung dringlich sei, da »die Situation der Familie in meinen Augen die soziale Frage der Gegenwart ist«.[286] Mehr und mehr verstand er sich 1983/84 als familienpolitisches soziales Gewissen der Union. Doch auch anderer sozialer Gruppen oder Schichten nahm er sich an, beispielsweise der Rentner[287] oder der Landwirte, für die die EG-Agrarmarktbeschlüsse 1984 besonders belastend wirken würden. Deshalb sprach er sich gegen eine verspätete Anhebung der Vorsteuerpauschale aus: »Jedes unnötige Hinausschieben der Ausgleichsmaßnahmen muß die Landwirte noch mehr verbittern und läßt den politischen Schaden nur noch größer werden.«[288] Die nächsten Wahlen sollten zeigen, wie berechtigt die Sorgen von Strauß waren.

Doch äußerte sich Strauß keineswegs in erster Linie wählerorientiert, vielmehr sprach er fast immer Strukturfragen an, darunter sozialpolitische, aber auch eine Fülle anderer Themen, beispielsweise den von ihm abgelehnten Verkauf von Bundeswohnungen in Bayern, die Krankenhausfinanzierung, bei der Strauß die Rechte der Länder wahren wollte, oder auch die Bahnpolitik der Bundesregierung, die nicht zuletzt die verkehrsmäßige Erschließung Bayerns in abgelegeneren Gebieten betraf. Auf der Basis einer weitgehenden Kritik des Bundesrechnungshofs hielt er die Sanierungsbemühungen für unzureichend und vermisste Klarheit darüber, »mit welchem konkreten Grundleistungsangebot die Bevölkerung und die Wirtschaft bei der Deutschen Bundesbahn auf Dauer rechnen kann.«[289] Entsprechende Briefe richtete er nicht allein an den Bundeskanzler, sondern unter Beifügung von Memoranden auch an die Bundesminister für Finanzen sowie Verkehr. Sie alle antworteten Strauß eingehend, zum Teil zustimmend. Die Übereinstimmung bezog sich unter anderem auf die Umschuldung bei der Bundesbahn. In Bezug auf die von Strauß formulierten Befürchtungen, die Verkehrserschließung des Landes könne sich verschlechtern, reagierte Bundeskanzler Kohl mit der Bemerkung: »Ich bitte Dich deshalb nachdrücklich um Einsicht in das Machbare. Auf schmerzliche, aber örtlich und regional begrenzte Eingriffe in überflüssig gewordene Kapazitäten der Deutschen Bundesbahn sollte nicht mit grundsätzlichen Forderungen zur Bundesbahnpolitik reagiert werden. Wir werden sonst unser gemeinsames Ziel, die Konsolidierung der Deutschen Bundesbahn, mit Sicherheit verfehlen.«[290] Über den speziellen Anlass hinaus dokumentiert dieser Vorgang einen unterschiedlichen Ansatz, bei dem die gegensätzlichen Argumente jeweils ihre Berechtigung besaßen. Kohls Antwort macht dies deutlich: Strauß hatte zwar die konkreten Konsequenzen vor Augen, da in Bayern manche Landstriche buchstäblich von der Erreichbarkeit mit der Bundesbahn abhängen würden, ging aber regelmäßig sofort vom Besonderen aufs Allgemeine über. Aus diesem induktiven Verfahren leitete er prinzipielle Forderungen ab, auf die Kohl mit nüchterner Pragmatik reagierte.

So wenig Franz Josef Strauß selbst in seinen verschiedenen Funktionen eine systematische, parteiorientierte Personalpolitik betrieb[291], so sehr erregte ihn die gezielte Benachteiligung von Mitgliedern der Unionsparteien bzw. die Bevorzugung von Angehörigen anderer Parteien. Hatte er deshalb schon früher Personalempfehlungen an Ministerkollegen ausgesprochen bzw. Bitten um Unterstützung – ziemlich oft ungeprüft, doch mit positivem Votum – gutgläubig weitergeleitet, so reagierte er nun gegenüber Bundeskanzler Kohl auf ihm persönlich zu Ohren gekommene Klagen aus dem Auswärtigen Amt. Dabei zitierte er zwei Seiten lang die Beschwerde, in der die Besetzung von Botschafterposten mit Parteifunktionären der SPD aufgeführt wurde, und verwies am Ende auf die engen Beziehungen Bayerns mit den südosteuropäischen Ländern, die im Einvernehmen mit der Bundesregierung seit Jahren gepflegt würden und wo nun Botschafterposten zur Besetzung anstanden: »Ich bitte Dich daher darauf hinzuwirken, daß die Botschafterposten in diesen Staaten mit Beamten besetzt werden, die mit Bayern verbunden sind und von denen ein größeres Verständnis für die besonderen Interessen des Freistaates Bayern im südosteuropäischen Raum erwartet werden kann.«[292] Für die Neubesetzung der Stelle des Präsidenten des Bundesrechnungshofs schlug Strauß am 2. April 1985 den damaligen Vizepräsidenten Dr. Heinz Günter Zavelberg vor[293], der es dann auch wurde. Auch andere Personalvorschläge teilte Franz Josef Strauß dem Bundeskanzler gelegentlich mit, doch blieb dies eher die Ausnahme. Stets aber begründete er ausführlich die sachliche Qualifikation der Betreffenden, die jeweils die entsprechenden Studiengänge und Prüfungen sowie einschlägige Berufserfahrungen vorweisen konnten, verschiedentlich nannte Strauß auch mehrere geeignete Kandidaten.[294]

Als in der EG-Kommission die Nachfolge des CDU-Politikers Karl-Heinz Narjes anstand, schlug Franz Josef Strauß am 1. Juni 1984 Staatsminister Peter Schmidhuber für die Kommission vor, womit er sich schließlich durchsetzte. In seinem Brief an Kohl erinnerte er daran, dass bis dahin noch nie ein CSU-Politiker in die EG-Kommission entsandt worden sei. Doch zunächst bestand das Problem darin, dass Helmut Kohl den offenen Kommissionssitz Kurt Biedenkopf angeboten hatte, und zwar mit der Aussicht auf die Präsidentschaft. Strauß kommentierte dies: »Sicher ist er ein hochqualifizierter Politiker, der vielfach verwendbar ist, in den Reihen der Abgeordneten der CSU im Europäischen Parlament dürfte es aber nach meinen Informationen gewisse Widerstände geben. Deshalb sollte diese Kandidatur mit den Mitgliedern der CDU/CSU und zwar des neuen Parlaments besprochen werden. Für den Fall, daß Biedenkopf dieses Amt antritt, ist der Anspruch der CSU nicht erfüllbar. Ich will keine unlösbaren Schwierigkeiten machen, der Anspruch der CSU gilt dann aber für die Zeit nach Biedenkopf oder statt Biedenkopf, wenn er selbst nicht bereit ist, dieses Amt zu übernehmen.«[295]

Doch damit war die Angelegenheit nicht erledigt, weil es auch bei den europäischen Partnern Widerstände gegen Biedenkopf gab und Kohl sich schließlich mit dem Vorschlag des französischen Staatspräsidenten Mitterrand einverstanden erklärte, Finanzminister Jacques Delors zum Kommissionspräsidenten zu machen. Strauß beharrte nun für das zweite Kommissionsmandat, das kein Erbhof des DGB sein könne, auf einem CSU-Kandidaten. Er resümierte nochmals die hohe Qualifikation Schmidhubers und die Notwendigkeit für die Bundesrepublik, angesichts der wachsenden Bedeutung der Europapolitik in der EG-Kommission personell hervorragend vertreten zu werden – besser, als das mit Narjes der Fall gewesen sei. Für den Fall, dass es – ihm unverständliche – Widerstände gegen Schmidhuber geben sollte, nominierte er gleich noch zwei Ersatzkandidaten der CSU, Dr. Walter Althammer sowie Dr. Heinrich Aigner. Besonders ärgerte Strauß jedoch, dass Kohl bei ihrem ersten Gespräch über diese Personalie selbst gar keinen Kandidaten genannt, danach aber mit Biedenkopf gesprochen hatte, der seinerseits dann Strauß nach seiner Einschätzung der Kandidatur fragte. Er selbst habe Biedenkopf zugeraten, allerdings solle er sie an die Bedingung einer politischen Aufwertung der EG-Kommission knüpfen. Den CSU-Anspruch würde er für den Fall, dass Biedenkopf nominiert würde, zurückstellen. »Die Vorgeschichte war nicht erfreulich.« Strauß schloss seine eingehende Rekapitulation des Vorgangs mit der Bemerkung: »Diese Klarstellung ist notwendig, damit nicht wieder alte Mißverständnisse und neue Unzulänglichkeit entstehen. Nach Ende der Ferien sollte über diese Themen ernsthaft gesprochen werden.«[296]

Aus diesem Vorgang ergibt sich, dass Strauß bereit war, eigene Personalvorstellungen im Interesse der Sache zu vertagen und er in jedem Fall einer qualitativ hochwertigen deutschen Vertretung in der EG-Kommission den Vorrang gab. Obwohl sein Verhältnis zu Biedenkopf eher ambivalent war, schätzte er doch dessen hohe Qualifikation. Ebenso zweifelsfrei wird wieder einmal erkennbar, dass Franz Josef Strauß sensibel reagierte, wenn er sich als CSU-Vorsitzender und Koalitionspartner bei der Vorbereitung von Sach- oder Personalentscheidungen übergangen fühlte, auch dachte Kohl oft taktisch, Strauß meist strategisch. Solche Vorgänge erklären zu einem Gutteil die regelmäßig auftauchenden und dennoch immer wieder beigelegten Verstimmungen zwischen Franz Josef Strauß und Helmut Kohl.

Jedoch wäre es einseitig, den Akzent ausschließlich auf solche Scharmützel zu legen. Zum einen war Strauß' Wille zur Klärung der Standpunkte durch Kontroversen so ausgeprägt, dass er nicht allein auf Helmut Kohl bezogen werden darf, zum anderen zogen sie in vielen grundsätzlichen Fragen, aber auch speziellen wie der Deutschlandpolitik, der Intensivierung deutsch-französischer Kooperation, der transatlantischen Beziehungen, an einem Strang. Im Briefwechsel zwischen Helmut Kohl und Franz Josef Strauß dominiert insgesamt die Diskussion über Sachprobleme, darunter viele Detailfragen. Die Briefe der 1980er-Jahre veranschaulichen zwar Kontroversen und Verärgerungen, doch nicht das von den Zuschauern so beliebte und viel zitierte Haifischbecken der Politik, sondern ein vielfältiges Mosaik praktischer Politik. Versuche, einen Keil zwischen Kohl und Strauß zu treiben, gab es zuhauf. Insbesondere regte sich Strauß mehrfach über die *Bild*-Zeitung auf, die genüsslich aus immer wieder auftretenden Meinungsunterschieden ein schweres Zerwürfnis zwischen ihm und Kohl, einen Koalitionsaustritt der CSU, eine

Attacke auf Kohl konstruierte: »Warum will die ›Bild‹-Zeitung um jeden Preis Feindschaft zwischen Kohl und mir stiften?« Warum erfinde sie Äußerungen, die er, Strauß, gar nicht gemacht habe? Strauß kritisierte »unverantwortlich hetzerische Überschriften und einen falschen Text«.[297] Aus dem »Wienerwald«-Debakel hatte Strauß offensichtlich gelernt; oft wies er Behauptungen zurück, er habe Helmut Kohl angegriffen.

Und schließlich tauschten die beiden dominierenden Persönlichkeiten der Unionsparteien neben den kritischen Briefen auch freundschaftliche, ja manchmal herzliche aus, beispielsweise wenn Franz Josef Strauß sich für köstlichen Wein von Helmut Kohl bedankte und dann am Ende des Jahres 1984 eine überraschend milde und positive Bilanz über das von der Bundesregierung im Jahr 1984 Erreichte zog. Freundlich ging es natürlich bei Geburtstagsanlässen zu. Als Helmut Kohl einen Festschriftbeitrag zum 70. Geburtstag über »Chancen und Perspektiven der Bundesrepublik Deutschland Mitte der 80er Jahre«[298] beisteuerte, würdigte ihn Strauß als eine »Art Regierungsprogramm … Umfassend und mit klarer Wertorientierung«: »Diese Wegweisung stellt jedem Leser die Gemeinsamkeit von CDU und CSU vor Augen, vor allem in den Kernfragen deutscher Politik: Vorrang der Freiheit, die Notwendigkeit, daß das freie Europa enger zusammenwächst, die Durchsetzung der Grundsätze unserer Sozialen Marktwirtschaft, die Unauflöslichkeit der europäisch-atlantischen Wertegemeinschaft, ohne die der sowjetischen Bedrohung nicht entschieden begegnet werden kann.« Und gerührt reagierte der Historiker Strauß auf die »bibliophile Kostbarkeit«, die der Bundeskanzler ihm im Namen der Bundesregierung schenkte, »ein besonders schönes und wertvolles Exemplar der ›Historia graeca‹ von Xenophon aus dem Jahre 1503«.[299]

Franz Josef Strauß als Präsident des Bundesrats und als Ministerpräsident

Als Ministerpräsident setzte sich Franz Josef Strauß regelmäßig dafür ein, die Rechte des Bundesrats zu respektieren. Nun saß er auf der anderen Seite der obersten Verfassungsorgane, auch wenn ein Länderregierungschef jederzeit Rederecht im Bundestag besitzt, was Strauß oft wahrnahm. Als im Herbst 1983 der Bundestag den Bundeshaushalt 1984, das Haushaltsbegleitgesetz und das Steuerentlastungsgesetz erst am 9. Dezember verabschieden wollte, was die Beratungszeit des Bundesrats für diese zentralen Gesetze auf eine Woche verkürzt hätte, protestierte er bei Bundeskanzler Kohl: »Du wirst verstehen, daß die Terminplanung des Bundestages, die auf das Beratungsbedürfnis des Bundesrates keine Rücksicht nimmt, die Glaubwürdigkeit und das Selbstverständnis des Bundesrates berühren muß.« Strauß befürchtete darüber hinaus, dass ein solches Vorgehen die Unionsparteien »bei den Themen Föderalismus und Bund-Länder-Verhältnis auf Jahre in die Defensive brächte«.[300]

In seiner Antrittsrede als Präsident des Bundesrats betonte Franz Josef Strauß am 28. Oktober 1983 denn auch nachdrücklich, der Bundesrat sei nicht bloß eine Länderkammer, sondern ein Verfassungsorgan des Bundes, »das sich nicht auf die Vertretung von Länderinteressen beschränken kann und darf, sondern … verantwortlich an der ganzen Politik des Bundes mitwirken« müsse. Die parteipolitische Zusammensetzung der jeweiligen Bundesregierung sah er dabei nicht als ausschlaggebend an, der Bundesrat werde unter seiner Präsidentschaft weder eine »Jasagemaschine« noch ein »Obstruktionsorgan« sein, vielmehr strebe er einen kooperativen Föderalismus an, wie er seit den 1960er-Jahren diskutiert wurde. Es sei erforderlich, die zugunsten des Bundes verschobenen Gewichte wieder auszugleichen und die Gesetzgebungszuständigkeiten von Bund und Ländern in Einklang zu bringen.

Strauß beklagte die hohen Kosten, die die Finanzpolitik der sozialliberalen Bundesregierungen der letzten 13 Jahre Bund, Ländern und Gemeinden aufgebürdet hatte. Dabei wandte sich der Bayerische Ministerpräsident gegen die »Hydra Bürokratismus und Perfektionismus« und kritisierte keineswegs nur die europäische Vorschriftenflut: »Ich bin der Auffassung: Wenn es nicht notwendig ist, ein Gesetz zu machen, ist es notwendig, kein Gesetz zu machen. Zudem gibt es bereits überflüssige Bundesvorschriften und Statistiken in solcher Zahl, daß es vordringliche Aufgabe der Bundesregierung sein muß, mit dem Buschmesser in den üppig wuchernden Paragraphendschungel zu schlagen. Nur dann geben die Bemühungen der Länder um Verwaltungsvereinfachung einen Sinn.« Im Übrigen bestehe stets ein Spannungsverhältnis zwischen Bund und Ländern, nur müsse dies eine partnerschaftliche und fruchtbare Spannung sein.[301]

Auch am Ende seiner Amtszeit als Präsident des Bundesrats wurde Strauß zwischen vielen humorigen, das »Zeremoniell« dieser Sitzung ironisierenden Bemerkungen und einem Rechenschaftsbericht immer wieder grundsätzlich: »Föderalismus vermehrt die demokratischen Kontrollen und beugt damit dem Machtmißbrauch vor. Er fördert den politischen Wettbewerb und setzt dadurch mehr politische Phantasie frei. In einer Zeit, da wir bedeutende politische Weichenstellungen für die Zukunft zu treffen haben, benötigen wir mehr denn je die aus dem Föderalismus erwachsende Kraft der Vielfalt, die helfen kann, schwierige Zukunftsaufgaben bürgernah zu lösen.«[302] Auf Bayern angewandt bedeutete dies: Franz Josef Strauß wollte das bürokratische Gestrüpp nicht nur im Bund

und in Europa mit dem »Buschmesser« auslichten, sondern ebenso im eigenen Land. Deshalb unterstützte er die von seinem Vorgänger Alfons Goppel unter dem Vorsitz des Staatssekretärs im Innenministerium Franz Neubauer am 30. Mai 1978 eingesetzte Kommission für den Abbau von Staatsaufgaben und für Verwaltungsvereinfachung (KAV). Bis zum 13. September 1983 erarbeitete sie 3444 Einzelempfehlungen, die sie seit 1980 in drei Berichten bis 1984 vorlegte: Bis 1984 wurden 86,3 Prozent dieser Empfehlungen umgesetzt, 3,2 Prozent abgelehnt, 10,5 Prozent wurden noch geprüft.[303] Diese Effizienz des Ministerpräsidenten und seines Staatskanzlei-Chefs demonstriert, wie ernst das Problem genommen wurde, man beließ es nicht bei einer Schauveranstaltung.

Ein Programm für die Landespolitik – Infrastrukturprojekte: Rhein-Main-Donau-Kanal und Flughafen München II

Auch in der Regierungserklärung im Bayerischen Landtag nach seiner Wiederwahl als Ministerpräsident lieferte Franz Josef Strauß am 18. November 1982 keineswegs nur einen Rechenschaftsbericht über seine ersten vier Jahre als Regierungschef, sondern stellte seine Perspektiven für die kommende Legislaturperiode in größere Zusammenhänge. Seine zweieinhalb Stunden dauernde Rede[304] begann mit einer Abrechnung. Doch beschrieb er das »Scheitern der liberal-sozialistischen Koalition in Bonn« nicht nur plakativ, sondern unterfütterte seine kritische wirtschafts- und finanzpolitische Bilanz mit 23 Einzelpunkten anhand einer überbordenden Fülle von Fakten und Vergleichszahlen, bevor er die »Überforderung des Sozialprodukts« diagnostizierte. Seine Ausführungen zehrten noch von der Bonner Erfahrung, in der er nicht nur selbst Finanzminister, sondern während der Oppositionsjahre zwei Legislaturperioden lang wirtschafts- und finanzpolitischer Sprecher der CDU/CSU-Fraktion gewesen war. Strauß begründete diese ausführliche Einleitung: Als Bayerischer Ministerpräsident müsse er seine Regierungserklärung in diesen bundespolitischen Rahmen einpassen. »Über das Wohl und Wehe unseres Landes wird nicht allein in Bayern entschieden, sondern maßgebend auch in Bonn und Brüssel.«[305] Aus solchen Gründen verweigerte Strauß 1986 auch ein gemeinsames Wahlprogramm mit der CDU, weil er die Länderrechte auch gegenüber der EG stärken wollte, da die Länder »keine EG-Oberprovinzen‹« seien. Am 7. April 1986 erklärte Franz Josef Strauß: »Wir verteidigen die bayerische Eigenstaatlichkeit und Eigenständigkeit wachsam gegenüber bundesstaatlichen Machtansprüchen und zentralistischen Bestrebungen der Europäischen Gemeinschaft. Der Föderalismus ist das unverwechselbare Bauprinzip eines freiheitlichen Deutschland und muß auch das Bauprinzip einer in Freiheit sich einigenden europäischen Gemeinschaft werden.«[306]

Einmal mehr bekannte sich Strauß zur Notwendigkeit, politisches Handeln auf eine Wertorientierung zu gründen: »Politik muß von Wertvorstellungen getragen sein, denn unser freiheitlicher Rechtsstaat ist zwar ein weltanschauungsneutraler, aber keinesfalls ein wertneutraler oder gar wertfreier Staat. Seine Ordnung ist eingebunden in ein Wertesystem, das auf unserem Bild vom Menschen und seiner Freiheit ruht, das in unserer Tradition und in unserer Geschichte wurzelt auf der Grundlage des christlichen Menschenbildes und des christlichen Sittengesetzes. Von sich aus hat der Staat keine Wertordnung zu schaffen … Der freiheitliche Rechtsstaat hat aber die Pflicht zum Schutz und zur Verwirklichung der seine Ordnung tragenden Werte.«[307] Strauß lehnte utopische Ideologien ebenso ab wie kulturrevolutionäre Aktionen, er beharrte auf dem Gewaltmonopol des Staates, auf handlungsfähigen demokratischen Institutionen und unterschied legales Widerstandsrecht von verfassungswidrigem. Der politische Hintergrund lag seit den 1970er-Jahren in der Anmaßung radikalisierter APO-Kreise bzw. der RAF und der ihr nachfolgenden Terrorgruppen, ein Widerstandsrecht auszuüben. Obwohl die Mehrzahl der linksterroristisch motivierten Morde in die 1970er-Jahre fiel, bestand diese Bedrohung noch in den 1980er-Jahren fort. So wurde am 1. Februar 1985 in Gauting der MTU-Vorstandsvorsitzende Ernst Zimmermann von RAF-Angehörigen ermordet, am 9. Juli 1986 fiel ihnen in Straßlach bei München das Vorstandsmitglied des Siemens-Konzerns Karl Heinz Beckurts zum Opfer, 1989 wurde der Vorstandssprecher der Deutschen Bank Alfred Herrhausen ermordet. Und schließlich ereigneten sich Mitte der 1980er-Jahre bei Großdemonstrationen zuweilen Gewalttaten – Grund genug also, um illegaler Gewaltausübung den Kampf anzusagen und auf das rechtsstaatlich zwingende Gewaltmonopol des Staates zu pochen.

Wie nur wenige Politiker verband Franz Josef Strauß prinzipielle Reflexionen über Staat, Gesellschaft und Recht mit detaillierten, auf Faktenkenntnis und Urteilskompetenz aufgebauten Darlegungen zu den Möglichkeiten und Grenzen, aber auch den sachlichen Notwendigkeiten der bayerischen Landesentwicklung in allen wichtigen Sektoren. Ein zentrales Anliegen bildete die Verbesserung der Verkehrswege[308]: Dabei stellte er die Ziele seiner eigenen Regierung in die Kontinuität der Modernisierungs- und Infrastrukturpolitik seiner Vorgänger[309] und ging auf notwendige Fernstraßen, darunter den Autobahnbau, ebenso ein wie auf die Schienenwege und den U-Bahn-Bau in der Landeshauptstadt München. Eingehend begründete er die seit 1979 begonnenen Planungen und bereits in Angriff genommenen Arbeiten am Rhein-Main-Donau-Kanal, dessen europapolitische Bedeutung für ihn außer Frage stand. Jedoch handelte es sich keineswegs um ein Projekt, das erst von der Regierung Strauß angegangen worden wäre, wurden einschlägige Ideen doch schon seit Jahrhunderten verfolgt. Den ersten großen Schritt zur Konkretisierung erreichte König Ludwig I. zwischen 1836 und 1846: Der »Ludwig-Kanal« reichte von Kelheim an der Donau bis nach Bamberg. Da diese 173 Kilometer lange Verbindung schon wegen der 100 notwendigen Schleusen jedoch nicht leistungsfähig genug und der zunehmenden Eisenbahnkonkurrenz nicht gewachsen war, wurden immer wieder weitere Teilausbauten vorgenommen.

Nach dem Zweiten Weltkrieg und den Erfahrungen einer die Energieversorgung gefährdenden Transportkrise im Winter 1946/47 nahmen die Pläne zu einem vollständigen, auf große Kapazitäten ausgelegten Kanal erneut Gestalt an. Dabei spielte die Randlage Bayerns im geteilten Europa ebenso eine Rolle wie die Absicht, wirtschaftlich unterentwickelte bayerische Regierungsbezirke kostengünstig an Transportwege für Massengüter anzuschließen. Anders als später in den Medien oft dargestellt, war der Rhein-Main-Donau-Kanal also kein von Franz Josef Strauß erfundenes Prestigeobjekt. Vielmehr hatte das Ifo-Institut für Wirtschaftsforschung in München in einem positiven Gutachten schon 1951 die wirtschaftlichen Vorteile beschworen und »Standortverbesserungen« für die bayerische Wirtschaft prognostiziert. Auch Strauß' Vorgänger Hanns Seidel und Alfons Goppel setzten sich wie Wirtschaftsminister Anton Jaumann und die CSU-Landesgruppe im Bundestag für den Bau und die notwendige Bundesunterstützung ein. Die von Volkmar Gabert geführte SPD-Opposition im Bayerischen Landtag unterstützte den Bau des Rhein-Main-Donau-Kanals nachdrücklich und warf der Staatsregierung sogar mangelnde Energie bei der Verfolgung der bayerischen Interessen im Bund vor.[310] »Die heftigen Proteste, die der Rhein-Main-Donau-Kanal im Verlauf der siebziger Jahre auslöste, stehen in auffallendem Kontrast zum verkehrspolitischen Konsens, der zwischen den im Bayerischen Landtag vertretenen Parteien lange Zeit vorherrschte und auch die umstrittene Großwasserstraße einschloss.«[311]

Tatsächlich war es aber die sozialliberale Bundesregierung, insbesondere der seit 1980 amtierende Bundesverkehrsminister Volker Hauff, der als Gegner des Projekts die Bundesmittel streichen wollte. Sein Nachfolger Werner Dollinger setzte sich seit 1982 dann entschieden für den – bis auf ein fortbestehendes Nadelöhr zwischen Vilshofen und Straubing – 1992 beendeten Weiterbau ein, immer wieder von Franz Josef Strauß durch Briefe an Helmut Kohl unterstützt. So schrieb der Bayerische Ministerpräsident am 12. Mai 1983 an den Bundeskanzler: »In den Koalitionsverhandlungen ist in unzweideutiger Weise der Beschluß der Bundesregierung vom 2. Februar 1983 bestätigt worden, wonach der zügige

Weiterbau der Main-Donau-Wasserstraße sicherzustellen ist. Mit großer Sorge verfolge ich deshalb die Versuche der Kanalgegner in der F.D.P., diese Vereinbarung wieder in Frage zu stellen.« Im Folgenden erläuterte Strauß dann detailliert auf vier Seiten technische Probleme bei einzelnen Abschnitten, Kostensteigerungen, die sich aus Verzögerungen ergaben, und Zwänge, die aus spezifischen Navigationsproblemen in der Binnenschifffahrt für den Ausbau folgen würden, sowie Umweltprobleme.[312] Obwohl die Kapazitätsauslastung des Main-Donau-Kanals nicht die von Optimisten prognostizierte Höhe erreichte, liegt sie doch weit über den Annahmen der damaligen Kritiker, außerdem gewann der Kanal für einige Regionen erhebliche wirtschaftliche Bedeutung.

Erfüllte bisher der Rhein-Main-Donau-Kanal auch nicht alle Erwartungen, so wurden sie mit dem Bau des neuen Münchner Flughafens im Erdinger Moos weit übertroffen.[313] Die Notwendigkeit eines neuen Flughafens München II aus Gründen der Sicherheit, des Umweltschutzes und der Kapazität unterlag für Franz Josef Strauß keinem Zweifel. Welchen zukunftsweisenden Rang allein dieses Großprojekt seiner Regierungszeit besaß, zeigte sich schon bald nach seiner Fertigstellung 1992, die er nicht mehr erlebt hat: Der nach Frankfurt am Main zweitgrößte, ständig expandierende deutsche Großflughafen wurde schnell zu einer internationalen Drehscheibe, verband München mit allen Zentren der Welt und wurde ein erstrangiger Wirtschaftsstandort und Großarbeitgeber. 2013 wurden hier 38,7 Millionen Passagiere abgefertigt, etwa 100 Fluglinien flogen 230 Ziele in 70 Staaten der Welt an. Der nach Franz Josef Strauß benannte Flughafen ist inzwischen der siebtgrößte in Europa und nimmt weltweit den 30. Platz ein. Am 31. Dezember 2013 waren bei den am Flughafen tätigen Behörden und 552 Unternehmen bei ständig steigender Tendenz insgesamt 32 250 Mitarbeiter beschäftigt – die Arbeitslosenquote im Bezirk der Arbeitsagentur Freising gehört zu den niedrigsten der Bundesrepublik, was faktisch Vollbeschäftigung bedeutet. Sämtliche Prognosen der Planungsphase haben sich als viel zu niedrig erwiesen.

Franz Josef Strauß hat den neuen Flughafen nicht erfunden. Auch in diesem Fall begannen die Planungen viele Jahre vor seiner Amtszeit als Ministerpräsident, als seit den 1950er-Jahren die begrenzten Kapazitäten des Flughafens München-Riem immer offensichtlicher wurden und ein Ausbau wegen seiner nahezu innerstädtischen Lage nicht möglich war. Doch hatte Strauß sich schon seit den 1950er-Jahren für den Ausbau des Flugverkehrs und der Flugzeugindustrie sowie die bayerischen Belange dabei engagiert. Insofern standen die Münchner Flughafenpläne in der doppelten Kontinuität der eigenen Ziele sowie derjenigen der vorangegangenen Staatsregierungen. Seit den 1960er-Jahren wurde die Standortsuche konkret, das Planfeststellungsverfahren erfolgte zur Amtszeit von Ministerpräsident Goppel 1974 und wurde 1979 abgeschlossen, als Strauß die Nachfolge übernommen hatte. Vorgesehen war damals ein Flughafen mit drei Startbahnen: Diese dritte Startbahn, die heute von der Flughafengesellschaft wegen der enorm gestiegenen Zahl der Starts und Landungen für notwendig gehalten wird, konnte damals nicht gebaut werden, erhoben sich doch gegen den Planfeststellungsbeschluss nicht allein zahlreiche Proteste, sondern insgesamt 5724 Klagen. Nach langen juristischen und öffentlichen Auseinandersetzungen sowie nach neuen, niedriger angesetzten Prognosen verzichtete die vom Freistaat Bayern (51 Prozent), der Bundesrepublik Deutschland (26 Prozent) und der Stadt München (23 Prozent) getragene Flughafengesellschaft auf die dritte Startbahn und modifizierte die Planung, sodass es 1984 zu einem erneuten Planfeststellungsbeschluss kam. Erst 1985 hob der Bayerische Verwaltungsgerichtshof den Baustopp auf, weitere Klagen gegen den Bau wurden 1986 definitiv abgewiesen.

Die entscheidende Phase der Durchsetzung und die ersten Jahre des Baus fielen also in die zehnjährige Amtszeit von Franz Josef Strauß, der mit der ihm eigenen Vehemenz für dieses wirtschaftlich und verkehrsmäßig größte Infrastrukturprojekt von ständig wachsender langfristiger Bedeutung kämpfte. Wie alle vergleichbaren Infrastrukturprojekte in der Bundesrepublik provozierte auch der Flughafen München II enorme Widerstände. Notwendigkeit oder Überflüssigkeit derartiger Großvorhaben lassen sich oft erst später beweisen, ohne Risiko sind solche Entscheidungen nicht. Entscheidend bleibt aber neben der vom Tagesgeschäft nicht geblendeten Weitsicht die Kraft zur Realisierung. Das Szenario ist leicht auszumalen: Welche Folgen wären für München, für Bayern, für den gesamten süddeutschen Raum und die angrenzenden österreichischen Bundesländer wirtschaftlich und verkehrsmäßig entstanden, hätte man den Flughafen Franz Josef Strauß nicht gebaut? Wer war eigentlich konservativer – Franz Josef Strauß oder seine Gegner?

Im Fall des neuen Münchner Flughafens exerzierte Strauß in der Landespolitik vor, was er jahrzehntelang in der Bundespolitik betrieben hatte. In einer repräsentativen parlamentarischen Demokratie haben die Politiker nicht nur das Recht, sondern ebenso die Pflicht zu selbstverantwortlichem Handeln. Sie sind nicht bloß Reflexe demoskopischer Befunde. Entscheidungen bergen das Risiko, Gegner auf den Plan zu rufen, zu irren, nicht wiedergewählt zu werden, zugleich aber die Chance zur zukunftsweisenden, über den nächsten Wahltag hinausweisenden Gestaltung. Sie bestimmt am Ende das Bild in der Geschichte, nicht wie lange jemand durch opportune Anpassung an den Zeitgeist politisch überlebt hat. Doch schließen sich der Mut zu unpopulären oder umstrittenen Entscheidungen in zentralen Politikfeldern und jahrzehntelanges Wirken nicht aus, Franz Josef Strauß ist dafür beispielgebend. Mag Strauß in persönlichen Entscheidungen auch manchmal zögerlich gewesen sein, in Sachentscheidungen über infrastrukturelle Modernisierung war er es nie, Risiken scheute er nicht: Meinungsumfragen nahm er wie alle Politiker wohl zur Kenntnis, ausschlaggebend für Grundsatzentscheidungen von Franz Josef Strauß waren sie nicht. Wieder stellt sich die Frage: Könnte ein Politiker heute noch so agieren? Wenngleich die Antwort hypothetisch bleibt, drängt sich eine Schlussfolgerung dennoch auf: Strauß würde auch unter veränderten politischen Bedingungen Grundsatzentscheidungen nicht nach demoskopischen Befunden richten. Andererseits versuchte Strauß keineswegs, sachliche Bedenken gegen solche Projekte bloß durch Macht niederzuwalzen: Dies ist in einem demokratischen Rechtsstaat ohnehin unmöglich, ein solches Vorgehen hätte indes auch seinem Politikstil widersprochen. Vielmehr wollte Strauß in derartigen Streitfragen die Gegner eines Projekts mit Argumenten und Fakten überzeugen. Dieser argumentative Stil zeigte sich erneut bei einem anderen Zankapfel seiner bayerischen Regierungszeit, den er gleichsam aus seinen Jahren als Atom- bzw. Verteidigungsminister mitbrachte: der friedlichen Nutzung der Kernenergie. Hierbei ging es um zwei für ihn komplementäre Komponenten.

Umweltschutz

Schon bei früheren Gelegenheiten war Strauß wiederholt auf den »Schutz für Natur und Umwelt« eingegangen. In seiner Regierungserklärung vom 18. November 1982 bildete diese Thematik ein zentrales Kapitel – ein halbes Jahr, bevor die Grünen in den Bundestag, und vier Jahre, bevor sie in den Bayerischen Landtag einzogen. Strauß erläuterte, warum die Umweltschutzpolitik weiterhin einen Schwerpunkt der bayerischen Regierungspolitik bilden müsse. Die großen Wohlstand schaffende Entwicklung Bayerns in den letzten Jahrzehnten zu einem modernen Industriestaat und Wachstumsmotor sei mit erheblichen Eingriffen in die natürliche Umwelt des Menschen, mit wachsenden Schadstoffemissionen und Lärmbelästigung verbunden. Diese Probleme müssten mithilfe der Naturwissenschaften und Technik, aber auch Vernunft und geistiger Anstrengung gelöst werden: »Der Ausweg in ein vortechnisches ›einfaches Leben‹, in eine präindustrielle Phase – die grüne Idylle – ist dagegen Flucht, nicht Rettung. Auch das Ringen um den richtigen Ausgleich zwischen den Notwendigkeiten der Ökonomie und den Erfordernissen der Ökologie gehört zur geistigen Führung in der Politik.«[314] Stärker als alle früheren Regierungsmitglieder und jetzigen Oppositionsführer im Bundestag erwies sich Strauß als Pionier der Umweltschutzpolitik und führte damit dezidiert den spezifischen bayerischen Weg weiter, der unter seinem Vorgänger eingeleitet worden ist. Und diese Aktivitäten begannen viele Jahre, bevor in der Bundesrepublik der Umweltschutz eine politische Bewegung inspirierte.

Der auf moderne Technologien und technisch-industrielle Kraftentfaltung als Motor ökonomischen und damit auch gesellschaftlichen Fortschritts setzende Franz Josef Strauß erkannte früh die Kehrseite dieser Modernisierung und die Notwendigkeit, ihren negativen Begleiterscheinungen entgegenzusteuern. Die Staatsregierung sowie der Bayerische Landtag mit CSU und SPD stimmten – nach vorherigen Differenzen über Verfahren und Ausgestaltung – schließlich überein, als der Umweltschutz in Bayern im April 1984 Verfassungsrang erhielt. So wenig wie in anderen Sektoren beschränkte sich Strauß auf Bayern. Wenige Monate nach dieser Entscheidung fragte er den Bundeskanzler nach dem Gesamtkonzept der Bundesregierung für die Reduzierung von Schadstoffen im Straßenverkehr: »Die Bundesregierung hat vor einem Jahr die Einführung bleifreien Benzins und des abgasarmen Autos zum 1. Januar 1986 beschlossen. Sie steht damit gegenüber der gesamten deutschen Öffentlichkeit im Wort. Autofahrer und Automobilindustrie warten ungeduldig auf Entscheidungen. Sie wollen wissen, wie es mit dem umweltfreundlichen Auto weitergehen soll.«[315]

Strauß' vehementes Eintreten für die friedliche Nutzung der Atomkraft speiste sich nun, anders als noch in den 1950er-Jahren, zusätzlich aus der Erkenntnis, dass die Kernenergie die »sauberste« und beliebig reproduzierbare Energiequelle ist – vorausgesetzt, Reaktordefekte können eingehegt und Reaktorunfälle vermieden werden: »Einen wesentlichen Beitrag zur Verminderung der Schadstoff-Emissionen in Bayern leistet der konsequente Ausbau der Kernenergie… Die Kernenergie ist und bleibt die umweltfreundlichste Energiequelle. Die Staatsregierung hat stets betont, daß die friedliche Nutzung der Kernenergie nur vertretbar ist, wenn rechtzeitig die notwendigen Maßnahmen zur Entsorgung der Kernkraftwerke eingeleitet und verwirklicht werden.«[316] Er äußerte zwar Verständnis für die Sorgen der Bevölkerung im Landkreis Schwandorf/Oberpfalz, die sich gegen die in Wackersdorf geplante Wiederaufarbeitungsanlage für Kernbrennstäbe richteten, doch warnte er vor verantwortungsloser Demagogie, die irrationale Ängste schüre. Die Sicherheit der Anlage werde absoluten Vorrang haben.

Kernenergie, Umweltschutz, Wackersdorf und
die Wirkungen von Tschernobyl

Wie die beiden Jahrhundertprojekte Rhein-Main-Donau-Kanal und Flughafen München II provozierte auch dieses Vorhaben anhaltende Proteste, nicht erst heute begegnen große Infrastrukturprojekte permanenter Ablehnung. Der heftige, oft mit harten Bandagen ausgefochtene politische Kampf blieb Strauß als Bayerischem Ministerpräsidenten nicht erspart, doch verließ ihn auch in diesem Amt die Kampfesfreude nicht. Wie einst als Verteidigungsminister stürzte er sich nun als Ministerpräsident ins politische Getümmel. Ursprünglich sollte eine Wiederaufarbeitungsanlage im niedersächsischen Dragahn innerhalb eines größeren Gesamtkomplexes entstehen, doch hatte der niedersächsische Ministerpräsident Ernst Albrecht schon 1979 erklärt, das Vorhaben sei »politisch nicht durchsetzbar«. Danach begann die Standortsuche erneut. Die Deutsche Gesellschaft für Wiederaufarbeitung von Kernbrennstoffen beschloss am 4. Februar 1985 nach Zustimmung der Bayerischen Staatsregierung den Bau der Wiederaufarbeitungsanlage (WAA) in Wackersdorf – »politisch nicht durchsetzbar« war keine Handlungsmaxime, die Franz Josef Strauß ohne Weiteres akzeptierte. Zwischen Albrecht und Strauß kam es in der Folge zu einem Scharmützel, weil Albrecht seinem bayerischen Kollegen vorwarf, er habe Niedersachsen das Projekt abgejagt und der Deutschen Gesellschaft ein »Lockvogelangebot« in Form einer Landesbürgschaft gemacht.[317] Tatsächlich wollte Albrecht die Anlage aus wirtschaftlichen Gründen durchaus nach Niedersachsen holen, dort aber einen anderen Standort suchen. Strauß wies den Vorwurf zurück, er habe überhaupt erst einen Alternativstandort in Bayern angeboten, als Ministerpräsident Albrecht Dragahn ausgeschlossen habe. Und tatsächlich lagen fünf Jahre zwischen beiden Entscheidungen, ohne dass Niedersachsen eine verbindliche Alternative angeboten hatte. Proteste folgten auf dem Fuße[318], schon Ostern 1985 kam es zu einer ersten Großdemonstration mit gewaltsamen Auseinandersetzungen zwischen Demonstranten und Polizei. Die Debatte über die Angemessenheit des polizeilichen Vorgehens erreichte den Landtag.

Sachverständigenanhörungen im Umweltausschuss des Landtags ergaben hinsichtlich der geologischen sowie meteorologischen Konsequenzen am 22. und 23. April 1985 widersprüchliche Voten, die SPD-Fraktion lehnte die Wiederaufarbeitungsanlage als »ökonomisch unsinnig und ökologisch gefährlich« ab. Sie forderte die Einsetzung eines Untersuchungsausschusses, den die CSU-Mehrheit verweigerte, wogegen die SPD-Fraktion klagte. Der Bayerische Verfassungsgerichtshof wies die

Klage am 27. November mit knapper Mehrheit zurück, die Begründung war verfassungsrechtlicher Natur. Parlamentarische Untersuchungsausschüsse dienten der nachträglichen und keineswegs der begleitenden oder vorbeugenden Kontrolle des Regierungshandelns. Daraufhin formulierte die SPD-Fraktion nur die Fragen zur Begründung, die das Gericht als zulässig angesehen hatte, sodass es schließlich am 11. Dezember 1985 zur Einsetzung eines Untersuchungsausschusses kam, der die wirtschaftlichen Auswirkungen auf die Region thematisierte.[319] Am gleichen Tag begann in Wackersdorf der Bau der Wiederaufarbeitungsanlage. Im Untersuchungsbericht, der dem Plenum des Landtags am 24. Juli 1986 vorgelegt wurde, stellte die CSU-Mehrheit kein Fehlverhalten der Staatsregierung fest. Dagegen formulierten die SPD-Mitglieder des Ausschusses ihre Minderheitseinschätzung, die der Staatsregierung eine zu große Nähe zum Betreiber des Projekts, der Deutschen Gesellschaft für Wiederaufarbeitung von Kernbrennstäben, sowie einen Subventionswettlauf mit Niedersachsen attestierte.

Die Auseinandersetzung im Landtag verschärfte sich, nachdem Justizminister August Lang am 26. Februar der SPD-Fraktion vorwarf, bei ihren Protesten gegen die WAA in Wackersdorf gemeinsame Sache mit Staatsfeinden zu machen. Er zitierte eine Untergrundzeitung, in der es hieß: »Die Notwendigkeit, daß dieser Staat zerschlagen werden muß, wird immer offensichtlicher, nicht nur wegen des Wahnsinnsprojektes WAA, sondern wegen des ganzen Schweinesystems, das zugegebenermaßen ziemlich reibungslos funktioniert.« Als Lang hinzufügte, mit solchen Leuten verbinde sich der Kollege Hiersemann[320], der stellvertretende bayerische SPD-Fraktionsvorsitzende und Spitzenkandidat für die bevorstehende Landtagswahl, kam es zu Tumulten und der Forderung an Ministerpräsident Strauß, den Justizminister zu entlassen, was Strauß ablehnte. Stattdessen drehte er den Spieß um: Einige SPD-Politiker hätten mit Falschinformationen und Verleumdungen die parlamentarische Zusammenarbeit in dieser Frage verhindert, der Schwandorfer Landrat Schuierer habe die Proteste gegen die WAA sogar mit dem Widerstand im Dritten Reich verglichen. Doch war damit der Kampf um Wackersdorf noch lange nicht beendet, vielmehr ging er im Lauf des Jahres 1986 weiteren Höhepunkten entgegen.

Als am 31. März 1986, einem Ostermontag, eine von der SPD befürwortete Großdemonstration stattfand, zu der nach Polizeiangaben 30 000, nach Schätzung der Organisatoren 80 000 Teilnehmer kamen, setzte die Polizei bei Gewalttätigkeiten Wasserwerfer ein, denen Reizgas beigemischt wurde. Innenminister Karl Hillermeier bezeichnete das Reizgas, das nur gegen »Chaoten« eingesetzt worden sei, als harmlos, was Karl-Heinz Hiersemann vehement bestritt. Die letzten Monate der Legislaturperiode fielen in den Wahlkampf, der die Debatte anheizte. Doch nicht allein die bayerische Kernkraftpolitik stand auf dem Prüfstand. Vielmehr löste die Reaktorkatastrophe im nördlich von Kiew gelegenen ukrainischen Tschernobyl am 26. April 1986, deren radioaktive Auswirkungen bis nach Westeuropa reichten, eine weltweite Debatte, teilweise sogar Panikstimmung aus. Franz Josef Strauß einigte sich daraufhin mit Bundeskanzler Kohl, ein Bundesumweltministerium einzurichten, dem einige Referate des Innenministeriums zugeschlagen wurden, Walter Wallmann wurde zum ersten Chef des neuen Ressorts zu berufen.[321] Doch seine grundsätzliche Befürwortung der Kernenergie änderte Strauß nicht, sondern ging im Bayerischen Landtag am 14. Mai 1986 in die Offensive. Während Hiersemann Strauß aufrief: »Kehren Sie mit uns zusammen um!« und einen Atomausstieg innerhalb der nächsten zehn Jahre für möglich hielt, bestand Strauß darauf, dass weder auf die Kernenergie noch die Wiederaufarbeitungsanlage in Wackersdorf verzichtet werden könne. Während Hiersemanns Forderungen auch unter Hinweis auf kleinere international auftretende Störfälle sehr weit gingen und er den Abbruch laufender Arbeiten an Kernkraftwerken und deren Abschaltung verlangte, befürwortete der CSU-Abgeordnete und Vorsitzende des Umweltausschusses Alois Glück eine zweigleisige Strategie. Vorerst gebe es zwar keinen gleichwertigen Ersatz für die Kernenergie, doch müsse angesichts des »Restrisikos« mit allen Kräften nach Alternativen gesucht werden. Franz Josef Strauß lobte Glücks Rede ausdrücklich als »Musterbeispiel« einer sachlichen, informativen und unpolemischen Behandlung dieses alle bewegenden Themas. Strauß selbst versicherte sein Verständnis für die Sorgen der Bevölkerung, warnte jedoch vor einem »Hexenprozeß« gegen die Kernenergie. Zwar seien Risiken nicht auszuschließen, doch malte er die Folgen eines Verzichts auf Kernenergie in düsteren Farben an die Wand. Die Industriegesellschaft würde destabilisiert, Verteilungskämpfe wären die Folge, die Bundesrepublik würde auf »ein primitives Niveau« zurückgeworfen. Doch erklärte Strauß auch: Ließen sich die sowjetischen Reaktoren nicht sicherheitstechnisch nachrüsten, müssten sie stillgelegt werden. In einem solchen Fall sei er für den Ausstieg.[322]

Am 17. Juli 1986, wenige Tage vor dem faktischen, wenn auch nicht formellen Ende der Legislaturperiode, debattierte der Bayerische Landtag erneut die Energiepolitik: Ministerpräsident Strauß hielt eine Grundsatzrede[323], in der er von der Mitteleuropa erreichenden radioaktiven Verstrahlung ausgehend alle wesentlichen Probleme der Kernenergiepolitik diskutierte und die möglichen Handlungsalternativen abwog. Es handelte sich um eine der großen Strauß-Reden, die einen weiten Bogen von der Energiegewinnung seit der Antike bis in die aktuelle Situation schlug, die die prinzipiellen und ethischen Dimensionen ebenso reflektierte wie die wissenschaftlichen Fragen unterschiedlicher Disziplinen. Strauß nahm die Ängste der Menschen ernst, warnte aber vor Panik und appellierte an Vernunft und Maß in der Diskussion. Er schlüsselte den steigenden Energiebedarf nach wirtschaftlichen und gesellschaftlichen Sektoren auf und quantifizierte den jeweiligen Anteil unterschiedlicher Energiequellen.

Die mit Fakten gespickte Rede orientierte sich an der Frage: Welche Rolle spielt der Energieverbrauch für eine zugleich humane und leistungsfähige Gesellschaft? Die Unentbehrlichkeit der Energie für den alltäglichen Bedarf, aber auch die Industrie, die Medizin u. a. m. konfrontierte er mit den Kosten des technischen Fortschritts, vor allem für die Umwelt. Er verglich die Energiepolitik der europäischen Staaten, aber auch die der USA und Japans. Strauß hielt trotz klarer Urteile und Pointierungen insgesamt keine Wahlkampfrede, nur im letzten Teil setzte er sich mit den unterschiedlichen und im Lauf der Jahrzehnte wechselnden Positionen der SPD auseinander. Wieder einmal wollte er durch Kompetenz und Argumente überzeugen. Welcher deutsche Politiker hat damals eine so umfassende und keineswegs nur auf Kernkraft fixierte, Vorzüge, Risiken und Alternativen abwägende substanzielle Rede zu dieser Thematik gehalten? Ein Vergleich seiner Ausführungen mit denen, die fast 30 Jahre später in einer analogen Situation angesichts der Katastrophe von Fukushima gehalten wurden, wäre aufschlussreich. Welche späteren Redner haben das Niveau von Strauß erreicht?

Strauß' Schlussfolgerung war klar: Bis auf absehbare Zeit könne sich Deutschland einen Ausstieg aus der Kernenergie aus finanziellen und außenhandelspolitischen Gründen sowie aus Gründen des Umweltschutzes nicht leisten: Die erneuerbaren Energien würden den Energiebedarf so schnell nicht decken können, die deutsche Industrie wäre nicht mehr leistungs- und international konkurrenzfähig, Arbeitsplätze würden gefährdet. Man müsse in diesem Fall auf die extrem umweltbelastenden fossilen Energien wie Braunkohle zurückgreifen, auf die man in Bayern gerade wegen ihrer Schädlichkeit verzichte: »Nicht der einseitige Ausstieg aus der Kernenergie, bei dem uns niemand folgen würde, sondern die Durchsetzung höchster internationaler Sicherheitsstandards ist zu fordern. Wenn uns Wissenschaft und Technik neue Energiequellen anbieten, die mit weniger Risiko behaftet sind als die Kernenergie, so werden wir, wie in der Vergangenheit, auch künftig an der Spitze des umwelt- und energiepolitischen Fortschritts marschieren. Bis dahin müssen wir allerdings mit der Kernenergie leben oder bereit sein, die Bundesrepublik Deutschland in ein postindustrielles Armenhaus umzuwandeln.«[324] Schließlich wandte sich Strauß gegen die »dämonische Verteufelung von Wackersdorf« und erläuterte den »integrierten Versorgungs- und Entsorgungskreislauf« von abgebrannten Brennstäben mit Wiederaufarbeitung sowie Zwischen- bzw. Endlagerung, wobei er sich dagegen wandte, sie ins Ausland abzuschieben: »Grundsätzlich nationale Probleme müssen wir selber lösen ... «[325] Strauß behandelte außerdem die mögliche Einsparung von Energie ebenso wie die Suche nach alternativen Energiequellen, darunter Sonnenenergie, Wind- und Wasserkraft. Auch einige technische Anwendungen wie beispielsweise Fotovoltaik fehlten nicht. Hier sprach einer, der es selbst genau wissen wollte, der sich Sachkunde erworben hatte und seine Kenntnis über ein zentrales Zukunftsproblem moderner Industriegesellschaften weitergab. Natürlich griff Strauß auf vorbereitende Unterlagen der Staatskanzlei zurück, doch unabhängig von seinem seit den 1950er-Jahre entwickelten intensiven Interesse an diesen energiepolitischen Fragen im Allgemeinen, der Kernenergie im Besonderen, bereitete er sich selbst auf solche Reden akribisch vor, durchdachte gründlich die Probleme und stellte sie in die weiteren Zusammenhänge.

Erst ganz am Ende seiner ungefähr zweistündigen Rede bettete er die öffentliche Debatte und Demonstrationen in grundsätzliche Überlegungen zur demokratischen Entscheidungsbildung im parlamentarischen Rechtsstaat ein und geißelte scharf rechtswidrige Aktionen, Terroristen und »Berufsdemonstranten«: »Gegen diese Feinde der Freiheit müssen wir die Handlungsfähigkeit des Rechtsstaates und die Funktionsfähigkeit der parlamentarischen Demokratie verteidigen. Das Grundgesetz der Bundesrepublik Deutschland hat als Lehre aus den bitteren Erfahrungen mit dem Untergang der Weimarer Republik und mit der nationalsozialistischen Gewaltherrschaft das Recht auf Widerstand ausdrücklich in der Verfassung verankert. Aber dieses Recht ist nur gegeben, wenn unsere freiheitliche demokratische Ordnung in Gefahr gerät, und es ist nicht gegeben, wenn man diese Ordnung zerstören will.«[326] Strauß wandte sich gegen den Missbrauch des Begriffs »Widerstand«, der all diejenigen verhöhne, die unter Einsatz ihres Lebens Widerstand gegen die Gewaltherrschaft des Nationalsozialismus und dessen Unrecht geleistet hätten oder dies heute in totalitären Staaten täten. Wer gegen die Nutzung der Kernenergie sei, habe in einem Rechtsstaat vielfältige Möglichkeiten, seine Ablehnung geltend zu machen: »Der Rechtsstaat garantiert die Überprüfung der staatlichen Entscheidungen durch die Gerichte.« Und dieser präzisen Charakterisierung folgte eine bis heute und auch künftig aktuelle Problembeschreibung: »Die Weiterentwicklung unserer Industriegesellschaft, ihr Ausbau und ihre Verbesserung, ihre humane Ausgestaltung, wird letztlich davon abhängen, ob es in unserer demokratischen Ordnung möglich ist, die tatsächlichen Sachverhalte den Bürgern wahrheitsgemäß und verständlich zu vermitteln.«[327] Diese verantwortungsvolle Aufgabe sah Strauß beim Landtag, aber auch bei den Medien, die ihr bisher nur zum Teil nachgekommen seien.

Hier traf Strauß einen Nerv der modernen Demokratien, der nicht nur bei der Kernenergie empfindlich reagiert, sondern die Frage provoziert: Ist es möglich, sachgerechte Entscheidungen durchzusetzen, wenn sie einen Teil, vielleicht sogar den größeren Teil, der Gesellschaft nicht überzeugen oder kurzfristig orientierter Interessenpolitik von Organisationen, Gruppen oder ganzer sozialer Schichten entgegenstehen? Die Vermittlung von sachlich Notwendigem wird so zu einer Kernaufgabe nicht allein der politischen Bildung, sondern der Politik selbst. Nicht allein in diese Rede, selbst in Wahlkampf- und Aschermittwochsreden packte Strauß so viel Stoff, so viele Argumente, dass es verwunderlich bleibt, in welchem Maße er über zwei Stunden lang Zuhörer zu faszinieren vermochte, schonte er doch sein Publikum so wenig wie sich selbst. Er vertiefte sich so in die Probleme, redete so leidenschaftlich und ausführlich, geriet in Rage: Solche Reden strapazierten den so unverwüstlich-bullig erscheinenden Mann, regelmäßig reagierte sein Kreislauf. So klatschnass wurde er, dass er das Hemd wechseln musste. Hielt er mehrere längere Reden am Tag, zu denen er des Öfteren noch dazu als sein eigener Pilot flog, soll er schon mal fünf frische Hemden nacheinander verbraucht haben, wie Friedrich Voss berichtet. Die von ihm erkannte unverzichtbare politische Aufgabe, durch Aufklärung zu überzeugen, übernahm Strauß mit Leidenschaft – ob es nun um die Verteidigungspolitik, die Atompolitik, die Verkehrspolitik oder die Außen- und Deutschlandpolitik ging. Für alle Vorhaben, die er als zentral ansah, setzte er sich mit voller Kraft ein, je stärker die Gegner waren, desto mehr reizte es ihn, deren Argumente zu entkräften.

Aller Einsatz von Strauß für das Projekt Wackersdorf blieb vergeblich. Klagen, Demonstrationen, gewalttätige Projekte setzten sich fort, die Bauarbeiter mussten mit Polizeiaufgeboten geschützt werden, Klagen gegen das Projekt erbrachten Teilerfolge. Am Ende warf die Deutsche Gesellschaft für Wiederaufarbeitung von Kernbrennstäben das Handtuch. Im Jahr nach dem Tod von Strauß ließ sein Nachfolger Max Streibl 1989 daraufhin die Bauarbeiten in Wackersdorf einstellen, womit auch eine wirtschaftliche Chance für die industriell schwache oberpfälzische Region endete. Hätte die Wiederaufarbeitungsanlage in Wackersdorf technologisch die Erwartungen von Franz Josef Strauß erfüllt und damit einen wesentlichen Beitrag zum Entsorgungsproblem geleistet? Jede Antwort bleibt hypothetisch, da weder der Beweis noch der Gegenbeweis erbracht werden konnte.

Natürlich beschränkte sich die zweite Staatsregierung Strauß während der laufenden Legislaturperiode nicht auf solche Großprojekte wie den

Donau-Main-Kanal, den Flughafen, die Wiederaufarbeitungsanlage in Wackersdorf, die allesamt die Öffentlichkeit erregten. Und auch die damals in Angriff genommene Planung für den zwischen dem Land und der Stadt München umstrittenen Umbau des ehemaligen Armeemuseums am Hofgarten zur neuen Staatskanzlei zählte trotz der Öffentlichkeitswirksamkeit dieses schon in den 1960er-Jahren diskutierten Vorhabens nicht zu den zentralen Aktivitäten, auch wenn damit 1986 begonnen werden sollte, worüber der Landtag am 20. März 1986 debattierte. Doch für die Medien wurde »Bayerns Kreml« zum Schlager, erst nach dem Tod von Strauß fanden sein Nachfolger Max Streibl und die Stadt 1990 einen Kompromiss.[328] Aber nicht allein in Bayern sollte die reorganisierte, bisher in der ehemaligen Preußischen Gesandtschaft an der Prinzregentenstraße residierende Staatskanzlei sichtbarer werden, auch für Brüssel wünschte Ministerpräsident Strauß eine Vertretung Bayerns bei der EU. Sie wurde zunächst 1987 als Informationsbüro errichtet und später – seit 1995 – die offizielle »Vertretung des Freistaats Bayern bei der Europäischen Union«. Damit setzte die Staatsregierung selbstbewusst ein Zeichen, bayerische Interessen auf europäischer Ebene nicht allein über den Bund vertreten zu lassen, sofern sie nicht von den bayerischen Europaabgeordneten wahrgenommen wurden.

Die CSU schnitt bei der zweiten Direktwahl zum Europaparlament am 17. Juni 1984 mit dem Spitzenkandidaten Fritz Pirkl anstelle von Alfons Goppel wiederum besser ab als alle anderen Parteien, und doch erlebte Strauß' Partei eine Enttäuschung. Wenngleich die CSU dieses Mal deutlich verlor und statt der vorhergehenden 62,5 »nur« 57,2 Prozent erzielte, was bundesweit 8,5 Prozent (statt vorher 10,1 Prozent) hieß, so lag sie doch wiederum weit über der Grenze der absoluten Mehrheit. Auch die SPD ging von 29,2 auf 27,6 Prozent zurück, die FDP blieb mit 4,0 Prozent unter ihrem vorherigen Ergebnis von 4,7 Prozent. Vermutlich gingen die Verluste von CSU und SPD auf das Konto der Grünen, die von 1979 bis 1984 von 2,9 auf 6,8 Prozent hochschnellten. Die heftigen Debatten über Kernenergie und die Wiederaufarbeitungsanlage in Wackersdorf kamen der Umweltpartei zugute. Trotzdem blieben die beiden Europawahlergebnisse der Strauß-Jahre 1979 und 1984 die besten der CSU. 1989, als der Kampf um Wackersdorf in seine Endphase trat, erreichte die CSU nur noch 45,4 Prozent, sie sackte also erheblich ab, die Grünen wurden nochmals stärker.

Über das Europawahlergebnis der CSU kam es zu einem bitteren Brief von Strauß an Kohl, weil dieser laut Presseinformationen gesagt haben sollte, die CSU habe mehr verloren als die CDU, er habe bis zur Wahl geschwiegen, nun aber sei er nicht mehr bereit, zur Kritik aus Bayern zu schweigen. Kohl bestritt Strauß gegenüber, derartige Äußerungen gemacht zu haben, worauf ihm Strauß in einem insgesamt elfseitigen Brief nicht allein die Pressezitate vorlegte, sondern sie ungehalten kommentierte und seinem Ärger über andere Vorgänge gleich anschließend Luft machte. Natürlich betrübte auch Strauß der leichte Verlust der CSU, doch führte er ihn auf die Politik der Bundesregierung, insbesondere die Agrarpolitik zurück, auch die des der CSU angehörenden Landwirtschaftsministers Ignaz Kiechle. Er erinnerte daran, dass er in Briefen an Kohl mehrfach auf die schwierige Lage der Landwirtschaft verwiesen und notwendige Unterstützungsmaßnahmen gefordert hatte. Die Wahlbeteiligung sei bedenklich niedrig gewesen, spürbar schon vorher aber »die wachsende Enttäuschung über die nicht erfolgte Wende, also den Unterschied zwischen Erwartungen und Wirklichkeit«. Zwar seien die Erwartungen an die neue Bundesregierung objektiv zu hoch gewesen, doch der konjunkturelle Stillstand, die Stagnation am Arbeitsmarkt und andere Belastungen hätten sich zu Ungunsten der Union ausgewirkt. »Das entscheidende Problem liegt darin, daß wir in typisch ländlichen Bezirken und Gemeinden einen außerordentlichen Rückgang der Wahlbeteiligung haben.« Die ländliche Bevölkerung sei durch ihre Empörung über die Landwirtschaftspolitik der CSU entfremdet worden. »Wir müssen in Bayern mit der Vernichtung von landwirtschaftlichen Existenzen in einer Größenordnung bis zu 30 000 rechnen, ohne daß die dadurch freiwerdenden Arbeitskräfte, so wie es früher möglich war, von der Industrie aufgefangen werden könnten ... Damit ergibt sich auch eine soziologische Strukturänderung, die weitreichende Folgen zu unseren Ungunsten haben wird.«[329]

Erst nach dem Tod von Strauß erlebte die CSU das von ihm beschworene Horrorszenario – eine durch Wahlen demokratisch legitimierte Partei rechts von der CSU, die Republikaner –, alles andere als eine demokratische Partei zwar, aber eben gewählt: Im Jahr 1989 gelangten die Republikaner sogar mit 14,6 Prozent in das Europaparlament. 1994 allerdings sank diese rechtsradikale Partei mit 6,6 Prozent wieder auf weniger als die Hälfte ab, ohne dass die sich immerhin um 3,5 Prozent verbessernde CSU zu alter Stärke zurückfand. Jedenfalls bestätigten sich die Befürchtungen von Franz Josef Strauß, die sich ja schon aus den Anfängen der CSU mit der Konkurrenz der Bayernpartei speisten.

Waren die zahlreichen anderen Felder bayerischer Politik bereits in Franz Josef Strauß' Regierungserklärung vom 18. November 1982 behandelt worden, wobei er kein wesentliches Thema der Landespolitik ausgelassen hatte, so zog er bei seiner die Legislaturperiode abschließenden Regierungserklärung am 23. Juli 1986 im Landtag eine stolze Leistungsbilanz. Aus verschiedenen Anlässen, naturgemäß auch zur Neuwahl des Landtags im Oktober, variierte er sie verschiedentlich.[330] Dabei behandelte der Regierungschef neben den zentralen Fragen der Haushalts-, Wirtschafts- und Arbeitsmarktpolitik unter anderem die Agrarpolitik, die Bildungs-, Wissenschafts- und Kulturpolitik, die Medienpolitik, den Krankenhausbau, die Sozialpolitik, die Familienpolitik, die Ausländerpolitik, die Verwaltungsvereinfachung als Daueraufgabe und anderes mehr. 1984 setzte die Staatsregierung mit der CSU-Mehrheit im Landtag ein Medienerprobungs- und -entwicklungsgesetz (MEG) durch, mit dem eine gesetzliche Grundlage für privaten Hörfunk und das Privatfernsehen begründet werden sollte[331] und das nach achtjähriger Probephase, nach dem Tod von Strauß 1992, definitive Gesetzeskraft erlangte.[332] 1985 beschloss die Bayerische Staatsregierung verschiedene Investitions- und Hilfsprogramme, da die Arbeitslosigkeit hoch blieb, die besonders empfindliche, überwiegend mittelständisch orientierte Bauwirtschaft in einer besorgniserregenden desolaten Lage und ein wirtschafts- und finanzpolitisches Umdenken nötig sei: Am 21. Mai 1985 teilte Strauß dem Bundeskanzler mit, welche Maßnahmen Bayern ergriffen habe und welche er auf Bundesebene ebenfalls für erforderlich hielt, darunter eine Steuertarifreform. Man könne nicht an Koalitionsvereinbarungen festhalten, wenn sie sich als unwirksam erwiesen hätten.[333]

Doch trotz dieser vielfältigen Projekte vergaß Strauß nie die Fundamente der Verfassungsordnung, sie bildeten den roten Faden seiner politischen Grundorientierung und kamen deshalb in zahlreichen Reden vor, wobei er sich oft auf konkrete Anlässe bezog, die die 1960er-, aber stärker noch die 1970er- und 1980er-Jahre in Hülle und Fülle boten. Ohne diesen Hintergrund ist der historisch denkende Politiker Strauß nicht zu verstehen. Immer wieder sorgte er sich um die Sicherung des Rechtsstaats, die bundesstaatliche Ordnung und vor allem die parlamentarische Demokratie. Er beschwor deren Aushöhlung durch systemwidrige Strukturelemente und verteidigte die repräsentative Demokratie entschieden gegen »basisdemokratische« Forderungen. Hier sprach nicht nur ein in Jahrzehnten gehärteter leidenschaftlicher Parlamentarier, sondern zugleich der politische Denker, der ein feines Gespür für problematische Verschiebungen innerhalb der bundesrepublikanischen Verfassungsordnung besaß.

Bayern marschiert an der Spitze des technischen Fortschritts

Ein wesentliches Ziel der längerfristigen Entwicklung Bayerns verstärkte sich in der Ära Strauß. Hatte er sich schon seit den 1950er-Jahren für die Förderung von Forschung, Hochtechnologie und Luftfahrtindustrie eingesetzt und dabei stets auch ihre Ansiedlung in Bayern unterstützt, so intensivierte Strauß sein Engagement als Ministerpräsident. Bayern sollte an der Spitze des technisch-industrialisierten Fortschritts marschieren und dafür Investitionen nicht allein aus Deutschland, sondern auch aus dem Ausland gewinnen. Für die »Fortschrittsmarke Bayern« wurde geradezu Werbung betrieben. Deshalb mussten die einschlägigen Industrien gezielt gefördert, die Forschungsfreundlichkeit Bayerns nicht allein intensiviert, sondern auch öffentlich vermarktet werden: Ausländische Interessenten sollten überzeugt werden, dass sich Investitionen in Bayern lohnen, nicht allein die Attraktivität Bayerns für Spitzenkräfte vergrößert, sondern überdies der Bevölkerung dieses Ziel als bayerisches Selbstverständnis vermittelt werden. Deshalb hämmerte Franz Josef Strauß seinen Zuhörern sogar in seiner Aschermittwochsrede in Passau am 12. Februar 1986 diese Maximen ein und stellte sie unter das Motto »Wir sind in Bayern vorne«: »Das 21. Jahrhundert, das wird das Jahrhundert der Naturwissenschaft und der Technik werden. Und nur ein Land, das an der Spitze der Technik sich behauptet oder wieder in die Spitze der Technik eindringt, wird sich behaupten.«[334] »Wir sind in Bayern vorne. Wir wollen diesen Platz behalten, wir wollen unseren Weg in die Zukunft sichern, wir wissen, was wir bisher erreicht haben, wir wissen, was wir noch nicht erreicht haben…«[335]

Und im Zusammenhang mit den SDI-Projekten der USA forderte Strauß technische Errungenschaften nicht allein für die militärische Sicherheit, sondern mehr noch für die zivilen Konsequenzen: »Wir müssen am allgemeinen wissenschaftlich-technischen Fortschritt, der mit Sicherheit herauskommen wird, teilhaben – die moderne Lasertechnik, auch als neues Antriebsaggregat, die Radartechnik, die Computertechnik. Ich bin nicht besessen oder berauscht von diesen Dingen, aber ich bemühe mich als Politiker, mit der Zeit Schritt zu halten und nicht nach hinten zu blicken, sondern zu wissen, was auf uns zukommt.«[336] Franz Josef Strauß mochte nicht von den neuen technologischen Möglichkeiten berauscht sein, doch faszinierten sie ihn allemal. Das begann auf niedrigerem Niveau schon, als er sein erstes Motorrad fuhr, das setzte sich fort mit seiner Leidenschaft für Autos, insbesondere schnelle BMW-Fahrzeuge, deren technische Details er kannte, wobei er privat zunächst die damalige Mittelklasse, den 2er, fuhr – vom Mercedes, der ihn ebenfalls sehr interessierte, ließ er sich vermutlich aus bayerischem BMW-Patriotismus nicht verführen. Aber nicht nur das: Wer ihn beispielsweise auf Jagdwaffen ansprach, fand einen ebenso sachkundigen Gesprächspartner vor, der sogar die Details der Munitionslehre kannte, von vielen weiteren technischen Themen ganz zu schweigen: Das war für einen Politiker, aber auch einen Historiker ein eher ungewöhnliches Wissen.

Einer seiner früheren persönlichen Referenten, der spätere Chefredakteur des *Bayernkurier*, Marcel Hepp, schilderte Strauß als »fundamental neugierig«. Er interessiere sich einfach für alles.[337] So distanziert Strauß in der Regel dem Zeitgeist gegenüber blieb, durch Moden nicht beeinflussbar war, so überzeugt war er davon, dass der technische und naturwissenschaftliche Fortschritt unaufhaltsam sein und die Voraussetzung für ein menschenwürdiges Dasein im modernen Massenzeitalter bieten würde. Seine Technologiepolitik ging von dieser persönlichen wissenschaftlichen und technischen Neugier aus. Aufschlussreich ist wiederum, in welcher Weise Strauß die unterschiedlichen Dimensionen seiner Politik verband. So verwies er immer wieder auf die wirtschaftliche und technologische Überlegenheit des Westens gegenüber der Sowjetunion und betonte nachdrücklich, die Entscheidung im Kalten Krieg werde nicht auf militärischem Gebiet fallen, sondern durch eine dritte industrielle Revolution, die der Westen herbeiführen und gewinnen würde.

Flugleidenschaft und Flugzeugindustrie

Wenn es ein Gebiet gab, auf dem seine profunde technisch-wissenschaftliche Neugier ganz praktische Konsequenzen sowohl für die Politik als auch für ihn persönlich gewann, dann war es die nicht nachlassende Faszination für die Luftfahrt: Schon seit den 1950er-Jahren setzte sich Franz Josef Strauß weitsichtig für den Aufbau der zivilen Luftfahrtindustrie in Deutschland ein und bemühte sich als Verteidigungsminister darum, sie vom Aufbau der Luftwaffe profitieren zu lassen. Bayern nahm dabei für ihn immer einen zentralen Platz ein. Insofern konnte er an seinen früheren Einsatz für bayerische Interessen als Ministerpräsident nahtlos anknüpfen. Und schließlich entwickelte sich Strauß selbst zum leidenschaftlichen Flieger, der noch als 70-Jähriger die Flugerlaubnis für Düsenjets erwarb und sie zu dienstlichen Verpflichtungen selbst flog. Insofern griffen hier seine verschiedenen Aktivitäten ineinander, wobei der beschriebene Einsatz für den neuen Münchner Flughafen das Bild komplettierte. Ludwig Bölkow hat 1980 die logische Konsequenz von Strauß' Engagement seit den 1950er-Jahren hervorgehoben, mit der er programmatisch und praktisch zum politischen Pionier dieser Entwicklung wurde. Bereits am 11. Dezember 1957 hatte Strauß die Firmen Messerschmitt, Heinkel und Bölkow nach Bonn eingeladen und gemeinsam mit dem Generalinspekteur der Luftwaffe, General Kammhuber, die doppelte Perspektive ziviler und militärischer Flugzeugindustrie diskutiert, wobei schnell klar wurde, dass die Kapazität einer dieser Firmen allein viel zu gering war. Aus diesem Gespräch ging der »Entwicklungsring Süd« (EWR) hervor, der am Beginn aller einschlägigen Zusammenschlüsse stand. Die

Leitlinie entsprach seiner seit 30 Jahren unveränderten Grundüberzeugung, dass ein »Industrieland ohne Luft- und Raumfahrtindustrie ... auf einen großen Teil des technischen Fortschritts« verzichte, was er übrigens auch auf die elektronische Datenverarbeitung bezog.[338]

Am 4. Juni 1958 hielt Strauß beim Bundesverband der Deutschen Luftfahrtindustrie eine programmatische Rede. Hier schlug er einen weiten historischen Bogen von der im frühen 20. Jahrhundert führenden Rolle der deutschen Luftfahrtindustrie bis zur Situation des Jahres 1955, als die Bundesrepublik Deutschland Souveränität erlangte. Dann ging er mit bewährter Detailkenntnis auf alle entscheidenden Fragen des Wiederaufbaus einer deutschen Luftfahrtindustrie ein, die jahrelang brachgelegen hatte.[339] Die Ansiedlung der Luftfahrtindustrie in Bayern zeigt die »Genialität« von Franz Josef Strauß, »außenpolitische Interessen, Verteidigungsinteressen, politische Interessengruppen, Industrielobbys, Ideen, Menschen, Leidenschaften, mit seinen eigenen Neigungen und Talenten zu verquicken, um daraus Synergien und Vorteile zu schaffen, von denen Bayern profitierte«.[340]

Einen wesentlichen Schritt nach vorn, der sowohl für die europäische Luftfahrtindustrie als auch für den Freistaat Bayern entscheidend wurde, bildeten die 1965 begonnenen Verhandlungen über ein europäisches Luftfahrtprojekt, dem 1967 die Große Koalition zustimmte.[341] Am 29. Mai 1969 wurde ein deutsch-französischer Kooperationsvertrag geschlossen, dem zwar nicht wie ursprünglich vorgesehen Großbritannien, jedoch Spanien und die Niederlande beitraten. Bei diesem europäischen Großprojekt, das die europäische Airbus-Industrie begründete, war die Bundesrepublik Deutschland mit 45 Prozent beteiligt. 1970 wurde Franz Josef Strauß, einer der Protagonisten, zum Vorsitzenden des Aufsichtsrats der Deutschen Airbus GmbH in München und kurz darauf auch zum Aufsichtsrat-Vorsitzenden der europäischen Airbus-Industrie gewählt. »Innerhalb kürzester Zeit stellte Strauß neu die Weichen für eine effiziente Programm-Abwicklung und schuf mit seiner Erfahrung und Routine ein Klima des Vertrauens für eine integrierte Zusammenarbeit von Industrie und Verwaltung.« Dies erreichte er trotz vieler Turbulenzen später ebenfalls für die nationale und internationale Zusammenarbeit. So gelang es schließlich, ab 1979 die von Strauß schon anfangs gewünschte Vollmitgliedschaft der staatlichen British Aerospace im Airbus-Verbund zu realisieren.[342]

Vorübergehende Rückschläge, wie während der zweiten Ölkrise 1976, als nur ein Flugzeug verkauft wurde, brachten ihn nicht von der Richtigkeit des europäischen Airbus-Projekts ab. Der spätere Erfolg bestätigte Strauß' Beharrlichkeit – eine Leistung, die durch Ansiedlung von Airbus-Unternehmen bzw. Zulieferern in Bayern zugleich ein landespolitischer

Erfolg wurde, der sich bereits während seiner Amtszeit als Ministerpräsident für den Industrie- und Hochtechnologie-Standort Bayern bzw. München auszuzahlen begann. Schon 1983 befand sich die Hälfte der deutschen Luft- und Raumfahrtindustrie in Bayern.[343] Getreu seiner marktwirtschaftlichen Grundprinzipien setzte Strauß beim Airbus langfristig keineswegs auf Subventionen, sondern auf Konkurrenzfähigkeit der Flugzeuge auf dem Weltmarkt – und auch dies war die richtige Strategie. Das Urteil von Bölkow lautete: »Die deutsche Luftfahrtindustrie verdankt dem Eintreten von FJS im Bereich der Rüstungspolitik ihren wirtschaftlichen und vor allem technologischen Wiederaufbau, und auch ihren Eintritt in die europäische und teilweise atlantische Kooperation.« Dabei hob er die internationale Erfahrung von Strauß ebenso hervor wie seine große Fachkenntnis.[344] Im Übrigen war Strauß auch Mitglied im Aufsichtsrat der Lufthansa, weswegen Wirtschaftsminister Graf Lambsdorff die Frage aufwarf, ob diese Mitgliedschaften sich nicht ausschlössen. Strauß teilte daraufhin Bundeskanzler Kohl unter Beifügung einer juristischen Stellungnahme die Vereinbarkeit beider Mandate mit.[345]

Strauß engagierte sich auch gegenüber der Bundesregierung Kohl stark für den Airbus, wie er es schon gegenüber Bundeskanzler Schmidt getan hatte. Nach den deutsch-französischen Konsultationen, an denen er in Paris aus Anlass der Feierlichkeiten zum 20-jährigen Jubiläum des Élysée-Vertrags im Januar 1983 teilnahm, legte er Bundeskanzler Kohl nochmals schriftlich seine Überlegungen zu den Airbus-Projekten dar.[346] Er unterstrich das große Interesse der französischen Regierung, von Air France und der Luftfahrtindustrie an diesem Projekt, ging auf die Stagnation am Flugzeugmarkt aufgrund der schlechten finanziellen Lage der meisten Luftfahrtgesellschaften sowie den heftigen und manchmal rücksichtslosen Wettbewerb amerikanischer Produzenten wie Boeing und McDonnell ein. Wesentlich für den Erfolg von Airbus sei einerseits die Gewissheit, dass das Projekt durch die beteiligten Staaten dauerhaft fortgesetzt würde, andererseits eine marktorientierte Angebotspalette von Airbus für alle potenziellen Käufer: Dafür müssten neue Flugzeuge entwickelt werden. »Anstelle des Airbus gibt es in Europa kein äquivalentes Produkt auf dem zivilen Flugzeugsektor, welches von einem einzelnen Land entwickelt und gefertigt werden könnte. Die europäische Luftfahrtindustrie muß daher, wenn sie weiterhin im zivilen Flugzeugmarkt bleiben will, auch künftig eng zusammenarbeiten.«[347] Wegen der anstehenden Fragen schlug Strauß ein persönliches Gespräch mit dem Bundeskanzler unter Hinzuziehung von Finanzminister Stoltenberg und Wirtschaftsminister Graf Lambsdorff vor. Der Bundeskanzler stimmte diesem Vorschlag in seiner Antwort vom 18. Mai 1983 zu. Während dieser Jahre stimmte sich Bundeskanzler Kohl mit Franz Josef Strauß in seiner Eigenschaft als Airbus-Aufsichtsratsvorsitzender wiederholt ab, sei es bei Beteiligungsabsichten Dritter, wie der Regierung der Türkei (5 Prozent)[348], oder aber in Bezug auf die Neuordnung der Führung der Airbus Industrie und die Besetzung des Top-Managements.[349]

Strauß hatte sich die Sachkompetenz in Jahrzehnten erworben, doch verstärkte seine persönliche Flugleidenschaft, nicht zuletzt seine Pilotenlehre, das weitere Eindringen in diese Materie. 1965 begann Franz Josef Strauß mit der Sportfliegerei, im September 1967 durfte er den ersten Alleinflug durchführen, 1968 folgte der Luftfahrtschein für Privatflugzeugführer, 1971 für zweimotorige Maschinen, Mitte der 1970er-Jahre, also im Alter von ungefähr 60 Jahren, nahm er dann zusätzlich Blindflugunterricht, 250 Stunden absolvierte der viel beschäftigte Politiker. Und aufschlussreich ist sein Empfinden, nachdem er sich 1968 nach 160 Starts freigeflogen hatte: »Das war vielleicht ein Gefühl! Wenn man so eingeengt ist wie ich, empfindet man diese fliegerische Freiheit viel intensiver als ein Normalbürger. Ich wollte gar nicht wieder herunter, so fasziniert war ich damals.«[350]

Der Tod von Marianne Strauß

Obwohl also Franz Josef Strauß' zweite Amtsperiode ebenfalls politisch umkämpft war, verlief sie doch landes- und bundespolitisch erfolgreich. Am 22. Juni 1984 jedoch traf ihn der persönlich schwerste Schicksalsschlag, von dem er sich kaum wieder erholte: Strauß selbst war zu einem Besuch in Jugoslawien, wo er mit der kommunistischen Führung unter anderem über wirtschaftliche Fragen verhandelte, zugleich reiste er in seiner Eigenschaft als Präsident des Bundesrats. Begleitet wurde er unter anderen von Wilfried Scharnagl, dem Persönlichen Referenten Wolfgang Piller sowie seinem jüngeren Sohn Franz Georg: Oft ließ er sich in den Jahren als Ministerpräsident von Familienmitgliedern begleiten, regelmäßiger von seiner Frau, häufiger auch einem seiner Söhne. Bei der Rückfahrt aus Zagreb wurde Franz Georg an einer Raststätte ans Telefon gerufen, er solle sofort in München anrufen. Er erfuhr plötzlich die schreckliche Nachricht, dass seine Mutter in der Nacht bei der zwischen Wildbad Kreuth und Rottach-Egern gelegenen Ortschaft Scharling mit ihrem Auto tödlich verunglückt und erst am nächsten Tag gefunden worden sei. Der Jugoslawien-Besuch wurde unverzüglich abgebrochen. Franz Josef Strauß kehrte sofort nach München zurück. Der schreckliche und plötzliche Tod der »Landesmutter« löste nicht nur bei ihm und den Kindern, sondern in weiten Kreisen der Öffentlichkeit Schockstarre aus.

Ein vorüberfahrender Bauer hatte von seinem Trecker aus den stark beschädigten Mercedes von Marianne Strauß an einer abschüssigen Stelle entdeckt, wo er gegen einen Erdwall geprallt und ein starker Ast durch die Scheibe gedrungen war. Marianne Strauß kam von ihrer besten Freundin in Rottach-Egern und fuhr um 23 Uhr 30 in das nur wenige Kilometer entfernte Wildbad Kreuth, wo sie übernachten wollte. Da die Bundesstraße gut ausgebaut ist, war sie vermutlich relativ schnell unterwegs. Nach etwa zehn Minuten kam sie von der Fahrbahn ab. Die genaue Ursache ihres tödlichen Unfalls konnte nicht geklärt werden, Bremsspuren gab es nicht, kein weiteres Fahrzeug war an dem Unfall beteiligt. Als eine wahrscheinliche Ursache vermutete man Herzprobleme, für die es einige Indizien gab. Möglicherweise war sie ohnmächtig geworden.[351] Franz Josef Strauß verlor nicht nur den Menschen, der ihm neben seinen Kindern und seiner Schwester Maria am nächsten stand, sondern eine wirkliche Partnerin in allen persönlichen und familiären, aber auch politischen und finanziellen Angelegenheiten. In seinem turbulenten öffentlichen Leben war sie der Anker gewesen, der ihm Halt gab, zu Marianne kehrte der ebenso umtriebige Politiker wie ruhelose Geist stets zurück. Auf den Fotos, die ihn auf dem Weg zur Beerdigung sowie zum Requiem zeigen, ist der gebeugte, erschütterte 68-jährige Franz Josef Strauß zu sehen. Seine trauernden Kinder geben ihm Halt und werden ihn fortan noch öfter stützen als bisher schon. Die Szene nach der Beerdigung von Marianne Strauß in der Gruft der Familie Zwicknagl in Rott am Inn am 28. Juni 1984 verrät vielleicht noch mehr als die Fotos. Als Strauß beim anschließenden Mittagessen für seinen engsten Familien- und Freundeskreis einige Worte über seine verstorbene Frau sagen will, versagt ihm die Stimme. Es ist wohl das einzige Mal in seinem Leben, dass der gewöhnlich gewaltige Redner nicht sprechen kann.[352]

Der Tod von Marianne Strauß löste ein überwältigendes Echo aus. Kaum einer der politischen Weggefährten oder der politischen Gegner, der ihm nicht seine Anteilnahme bezeugt und die natürliche Offenheit und Herzlichkeit, die sozialen und karitativen Verdienste seiner Frau für die Multiple Sklerose Stiftung, die Pfennigparade, die Stiftung Mutter und Kind gewürdigt hätte. In zahlreichen Beileidsbriefen wurden die vielfältige Unterstützung und gleichberechtigte Partnerschaft mit ihrem Mann, die Repräsentantin bayerischer Lebensart und des Freistaats Bayern und praktizierende Christin an der Seite des Ministerpräsidenten gerühmt. Die Reihe reichte von dem amtierenden und den ehemaligen Bundespräsidenten Richard von Weizsäcker, Karl Carstens und Walter Scheel über Willy Brandt und Helmut Schmidt bis zu vielen Dutzend ausländischer Staatsoberhäupter und Regierungschefs, vom amerikanischen Präsidenten Ronald Reagan, dem französischen Präsidenten François Mitterrand, osteuropäischen, arabischen, afrikanischen Staatschefs bis zu zahlreichen Freunden. Am Requiem im Münchner Dom nahmen außer der Familie und vielen Freunden die höchsten Repräsentanten der Bundesrepublik Deutschland teil, an ihrer Spitze Bundespräsident Richard von Weizsäcker und Bundeskanzler Helmut Kohl, und selbstverständlich auch der Erzbischof von München und Freising, Friedrich Wetter. Man hatte den Eindruck, mit Marianne Strauß sei eine Regentin verstorben.[353]

Aber nicht einmal in dieser Trauer verschonte die Politik Franz Josef Strauß. Am späten Vorabend der Beerdigung, als die Familie in der Friedhofskapelle beim Rosenkranzgebet war, rief der Bundeskanzler an, um ihn darüber zu informieren, dass für den aufgrund der Flick-Parteispenden-Affäre am 26. Juni zurückgetretenen Bundeswirtschaftsminister Otto Graf Lambsdorff[354] schon am 28. Juni Martin Bangemann (FDP) das Ressort übernehmen sollte. Die FDP hatte Bangemann bereits als Nachfolger Genschers für den FDP-Vorsitz vorgesehen, insofern blieb die Kabinettssymmetrie erhalten. Die seit damals übliche Nominierung der Minister durch den jeweiligen Koalitionspartner für das vereinbarte Ressort wurde also automatisch realisiert. Andererseits wäre auch eine Kabinettsumbildung möglich gewesen, bei der Strauß noch einmal in die Bundesregierung hätte wechseln können, wofür das Bundeswirtschaftsministerium immerhin geeignet gewesen wäre. Es ist kaum zu sagen, ob Strauß überhaupt eine solche Möglichkeit erwogen hat, in dieser trauernd-resignativen Gemütsverfassung wäre er kaum entscheidungsfähig gewesen. Ob das so gedacht war oder nicht, Strauß ließ jedenfalls später gegenüber Vertrauten durchblicken, dass er die postwendende Berufung von Bangemann – auch angesichts seines Trauerfalls – überhastet fand. Helmut Kohl hat offensichtlich nicht an eine Regierungsumbildung gedacht und berichtet in seinen Memoiren, die FDP-Fraktion habe Bangemann noch am Tag des Rücktritts von Lambsdorff als Nachfolger nominiert.[355]

40 Jahre CSU: Franz Josef Strauß' enzyklopädische Bilanz des Programms und der Leistungen

In diese Legislaturperiode fiel das 40-jährige Jubiläum der CSU. Was zeichnete die Partei aus, in deren Führung Franz Josef Strauß fast von Beginn an in unterschiedlichen Funktionen tätig war – seit 1948 als Generalsekretär, seit 1952 als stellvertretender und seit 1961, also seit 24 Jahren, als Landesvorsitzender? In Bayern wurde sie zur erfolgreichsten Partei und im Bund gemeinsam mit der CDU zur insgesamt einflussreichsten.

Vorangegangen waren allerdings – auch finanziell – schwierige Anfänge sowie eine starke innerbayerische Konkurrenz, in erster Linie, aber nicht nur, durch die Bayernpartei. Vor allem war die Frühgeschichte der CSU geprägt durch scharfe, oft persönlich rücksichtslose innerparteiliche Auseinandersetzungen über die künftige programmatische Positionierung. Dabei ging es unter anderem um die Bikonfessionalität, das Föderalismusverständnis und die damit verquickten persönlichen Querelen starker Führungsfiguren der älteren Gründergeneration, die schon in der Weimarer Republik aktiv waren und nach 1933 zum Teil im Widerstand bzw. Opposition zum NS-Regime gestanden hatten. Unklarheit, aber auch Uneinigkeit bestand ebenfalls über die organisatorische Struktur und die Öffentlichkeitsarbeit. Probleme bereiteten gelegentliche Dissonanzen der Münchner und der Bonner Repräsentanz, d. h. die Doppelstruktur einer Landespartei mit bundespolitischer Präsenz und Anspruch. Später kam, wenngleich nicht von vergleichbarer Wirkung, als dritter Aktionsraum die europäische Politik bei der Brüsseler Kommission bzw. in dem seit 1979 direkt gewählten Europaparlament hinzu.

Mitgliederstärke oder absolute Mehrheiten waren der CSU keineswegs in die Wiege gelegt, also auch keine Alleinregierungen. Die CSU begann zwar trotz ihrer ständigen Streitereien als Erfolgspartei und erzielte bei der ersten Landtagswahl 1946 52,3 Prozent. Damit lag sie weit vor der SPD, die 28,6 Prozent erreichte, und der KPD mit 6,0 Prozent. Doch ein derartiger Sieg blieb für lange Zeit die Ausnahme: Nachdem bei der Landtagswahl 1950 außerdem BP, FDP, BHE und WAV antraten, zersplitterte sich das anfängliche Wählerpotenzial auf diese Parteien. Erst- und einmalig überholte die SPD mit 28,0 Prozent die CSU, die nahezu ein Drittel ihrer Wähler verlor und auf 27,4 Prozent absackte, die BP erreichte 17,9 Prozent, der BHE 12,3 Prozent, die FDP 7,1 Prozent, WAV 2,8 und KPD 1,9 Prozent. Diese Wahl, nicht die von 1946, bildete die tatsächliche Ausgangsbasis der CSU: Wenngleich sie 1954 mit 38,4 Prozent wieder die weitaus stärkste Partei wurde, blieb die absolute Mehrheit doch noch lange ein unrealisierbarer Traum, der erst nach 24 Jahren 1970 mit 56,4 Prozent erreicht wurde; die absolute Mehrheit der Mandate gelang mit 48,1 Prozent allerdings schon 1966. Im Jubiläumsjahr 1985 konnte die CSU darauf stolz sein, die absolute Mehrheit seit 15 Jahren nicht mehr verloren zu haben und seit 1982 mit 58,3 Prozent zu regieren. Um in diese Höhen zu klettern, bedurfte es einer gewaltigen sozialen und mentalen Integrationsleistung der Partei, die trotz eindeutiger politischer Positionierung ohne eine gehörige Portion Liberalität unmöglich gewesen wäre. Keiner erkannte das klarer als Franz Josef Strauß, der sie immer wieder mit zielgerichteter Strategie und Kraftakten durchsetzte. Nach seinem politischen Ziehvater, Josef Müller, und noch stärker als dieser wurde

Strauß zur Führungsfigur der Modernisten gegen die Traditionalisten in der CSU, zumal sein Vorgänger Hanns Seidel, mit dem er in diesen Fragen übereinstimmte, früh verstarb. Diese liberale Komponente der CSU als Ausdruck der Liberalitas Bavariae zu vermitteln, gar eine Identität von CSU und bayerischem Lebensgefühl zu suggerieren, zählte zu den Erfolgsrezepten, an denen der Parteivorsitzende entscheidenden Anteil hatte. Franz Josef Strauß brachte dieses Ziel auf den Punkt: »Die Gleichsetzung des Freistaats Bayern und der freiheitlichen Volkspartei CSU müssen wir fortsetzen!«[356]

Dieser Aufstieg dokumentierte sich in der Mitgliederentwicklung: Begann die CSU schon 1946 mit immerhin 69 370 Mitgliedern, so sackte sie in ihren ersten Krisenjahren erheblich ab, der Tiefststand war 1953 mit weniger als der Hälfte erreicht, als nur noch 32 985 Mitglieder zu verzeichnen waren. Das bedeutete etwa ein Sechstel der damaligen Mitgliederstärke der Schwesterpartei CDU, die es auf gut 210 000 brachte. Die dringend notwendige Reorganisation der CSU und ihre zunächst stärker auf Bundesebene als im Freistaat sichtbaren politischen Erfolge erlaubten seit Mitte der 1950er-Jahre einen kontinuierlichen Anstieg der Mitgliederzahl auf 182 852 im Jahr 1985, womit sich der prozentuale Abstand zur großen Schwester deutlich verringerte. Die CDU erreichte nicht zuletzt aufgrund der vom damaligen Parteivorsitzenden Helmut Kohl mit seinen aufeinanderfolgenden Generalsekretären Biedenkopf und Geißler seit 1973 vorangetriebenen Parteireformen im gleichen Jahr eine Mitgliederzahl von 718 590.[357]

Auch dauerhafte Regierungspartei war die CSU in Bayern zunächst nicht, wenngleich sie überwiegend in der Regierung vertreten war, einige Jahre in Koalition mit der SPD, zeitweise unter dem sozialdemokratischen Ministerpräsidenten Hoegner. Regierungspartei war die CSU immerhin von 1945 bis 1954 und seit 1957, seitdem stellte sie ununterbrochen den Ministerpräsidenten. Außer in mehreren zum Teil kurzlebigen Kabinetten Hoegner waren stets CSU-Politiker in Bayern Regierungschefs: vier Monate, bis Ende September 1946, der von der amerikanischen Besatzungsmacht ernannte Fritz Schäffer (dem dann für 15 Monate Wilhelm Hoegner folgte), seit Dezember 1946 bis 1954 sowie 1960 bis 1962 Hans Ehard, 1957 bis 1960 Hanns Seidel, 1962 bis 1978 Alfons Goppel und seitdem Franz Josef Strauß. In den Bundesregierungen war die CSU von 1949 bis 1969 sowie seit 1982 (bis 1998) vertreten, immer auch mit klassischen Ressorts. Die Erfolgsgeschichte der Partei unterlag also keinem Zweifel: Auf Landes- wie auf Bundesebene prägte die CSU inhaltlich und personell jahrzehntelang entscheidend die Politik bzw. übte wesentlichen Einfluss aus. Allerdings stellte die CSU nie den Bundeskanzler oder den Bundespräsidenten, Bundestagspräsident wurde bis dahin mit Richard Stücklen nur einmal ein CSU-Politiker. Die Stärke der CSU, gemeinsam – wenngleich des Öfteren im Dissens – mit der CDU zu agieren, bildete bei der Besetzung der drei Spitzenämter im Bund zugleich ihre Schwäche, war sie doch in dieser Kombination naturgemäß die Juniorpartnerin, die im Allgemeinen sogar dann weniger fordern konnte als die FDP, wenn der Stimmenanteil der CSU bei den Bundestagswahl höher ausfiel. Nicht erst zu Zeiten von Bundeskanzler Kohl war das so, auch Konrad Adenauer begünstigte oft die kleineren Koalitionspartner, weil er sie brauchte – und geriet dann regelmäßig mit Fritz Schäffer und Franz Josef Strauß aneinander.

Auch wenn sich seit Beginn der CSU-Geschichte zeigte, dass der Parteivorsitzende nicht allmächtig war, Mehrheiten immer wieder gewinnen und verschiedentlich zurückstecken musste, weil die Partei ihm kräftig in die Parade fuhr, blieb sowohl in der CSU als auch in der Öffentlichkeit unstrittig, dass der Erfolg der Partei wesentlich durch die Persönlichkeit von Franz Josef Strauß getragen wurde, der sich seinerseits ohne Weiteres Alleingänge leistete und sich an der Spitze der Partei die eigene Gestaltungsfreiheit nicht durch Rücksichten auf sein Mandat beschneiden lassen wollte. Aus Anlass des 20. Jahrestags der Wahl von Franz Josef Strauß zum Parteivorsitzenden hielt CSU-Landesgruppenchef Friedrich Zimmermann 1981 im Landesvorstand eine Rede, in der er feststellte: »Die Volkspartei, wie sie heute vor uns steht, haben wir ganz wesentlich Franz Josef Strauß zu verdanken. Er hat die CSU herausgehoben aus gewissen Beengungen ihrer Anfangszeit… Franz Josef Strauß war es, der dem christlich-sozialen Element auch das liberale und nationale Element hinzugefügt hat, ohne die die großen Erfolge der letzten 20 Jahre nicht möglich gewesen wären. Er hat es im wesentlichen bewirkt, daß die CSU heute, obwohl organisatorisch auf Bayern beschränkt, in der ganzen Bundesrepublik Deutschland als eine der großen Kräfte der Nation anerkannt ist.«[358] Und Strauß bekräftigte diese Position in der gleichen Sitzung mit der Bemerkung: »Wir wären von allen guten Geistern verlassen, wenn wir den Schwerpunkt unserer Politik in Bonn aufgäben.«

Ohne Zweifel zählte er in den ersten vier Jahrzehnten zu den erfolgreichsten deutschen Parteiführern. Bevor Willy Brandt Vorsitzender der SPD und Helmut Kohl derjenige der CDU wurde, war er in dieser Hinsicht allein auf weiter Flur. Konrad Adenauer führte seine Partei zwar ebenfalls von Erfolg zu Erfolg, doch wirkte er in erster Linie als Bundeskanzler. Die CDU wurde unter seinem Vorsitz vielleicht übertrieben, aber nicht ganz zu Unrecht als »Kanzlerwahlverein« bezeichnet und stellte kaum eine eigenständige schlagkräftige Truppe neben der Unionsfraktion und der Regierung dar. Auch Brandt entfaltete zwar innerhalb seiner Partei große integrative Kraft, wirkte aber weniger als Strauß und

Kohl als Reorganisator der Partei oder der Fraktion. Franz Josef Strauß wurde seit dem 18. März 1961 stets wiedergewählt – mit Ausnahme der Jahre 1963, als er 86,8 Prozent erhielt, und nach dem Milliardenkredit 1983, als er sich mit 77 Prozent bescheiden musste, immer mit Mehrheiten weit über 90 Prozent, im Jubiläumsjahr 1985 besonders unangefochten mit 98,8 Prozent, für eine demokratische Partei ein (rekord)verdächtiger Wert, für den er sich bewegt bedankte und die CSU als »Kampfgemeinschaft« eigener Art und »Glücksfall der deutschen Geschichte« lobte.[359]

Alles in allem gab es für die CSU Grund genug, ihre zum Teil turbulente Geschichte zu feiern, der Vorsitzende entfaltete in seiner Rede am 22. November 1985 ein weites Panorama, in dem er von seiner persönlichen, ebenfalls 40-jährigen Geschichte in der Partei ebenso zehrte wie von seiner Neigung zur weiten historischen Perspektive. Und mochten die Kritiker auch über die Partei spotten, »die das schöne Bayern erfunden hat«[360], so konnte der überwältigende Erfolg der CSU doch kaum geleugnet werden, die anderen Parteien fanden einfach kein Rezept gegen sie.[361] Natürlich ist ein Jubiläum kein Ort der Selbstkritik oder kritischer Geschichtsschreibung, gleichwohl handelte es sich bei der eingehenden Rede von Strauß nicht einfach um eine Jubelrede, eher um eine inhaltliche Selbstvergewisserung über den historischen Ort seiner Partei und ihre zukünftige Orientierung.[362] Aus diesem Grund verquickte Franz Josef Strauß sein eigenes politisches Credo mit dem der CSU, ohne zu verschweigen, welche innerparteilichen Kämpfe die Durchsetzung der modernen Grundprinzipien gekostet hatte, wobei er besonders die Verdienste des Parteigründers und ersten Vorsitzenden Josef Müller hervorhob.

Das Scheitern der Weimarer Demokratie, Inflation und Massenarbeitslosigkeit beschrieb er als Ursachen der »nationalsozialistischen Gewaltherrschaft«, die er als »größte Katastrophe der nationalen und der Weltgeschichte« ansah. Auf dieser desaströsen Voraussetzung erfolgte der »Neuaufbau Deutschlands«: »Die Jahre von 1933 bis 1945 konnten wir weder überspringen, als ob sie ein aus jeglichem Zusammenhang der deutschen Geschichte gefallener Fremdkörper gewesen wären, und einfach dort weitermachen, wo 1933 die politische Entwicklung, Gott sei es geklagt, einen anderen Weg eingeschlagen hatte, noch konnten wir bedingungslos und geschichtslos auf dem Punkte Null völlig neu ansetzen. Es kam darauf an, die Lehren aus der Vergangenheit zu ziehen, an die guten und erhaltenswerten Überlieferungen aus der Zeit vor 1933 anzuknüpfen und sie, geläutert durch die furchtbaren Erfahrungen der Zeit des Nationalsozialismus, in die Gegenwart und in die Zukunft hinüberzunehmen.«[363]

Ohne Umschweife brachte Strauß hier wesentliche historische Er-

kenntnisse auf den Punkt, die in der Geschichtswissenschaft lange diskutiert worden sind. So wies er ebenso beiläufig wie eindeutig die Einschätzung zurück, der Nationalsozialismus sei bloß ein »Betriebsunfall« der
deutschen Geschichte gewesen. Aber ordnete er auch die Diktatur längerfristig in die deutsche Geschichte ein, so lehnte er es doch ab, diese
nur auf die zwölf Jahre zu reduzieren. Und auch die Annahme wies
Strauß zurück, 1945 sei ein historisch voraussetzungsloser Neuanfang,
eine »Stunde Null«, möglich gewesen. Strauß beschrieb Kapitulation und
Teilung, das Glück – nicht Verdienst – der Deutschen, die in den drei
Westzonen lebten, das Trümmerfeld, »zu dem eine Staats- und Gesellschaftsordnung ohne Gott, ohne Gewissen und ohne Achtung vor der
Würde des Menschen die Überlebenden des Zweiten Weltkrieges geführt
hat«.[364] Er erwähnte Hoffnungslosigkeit und Verzweiflung, zugleich aber
den Willen derjenigen, die trotz allem auf die Zukunft setzten, um einen
Staat des Rechts, eine freiheitliche Verfassungsordnung sowie eine freie
Marktwirtschaft mit starker sozialer Komponente zu verwirklichen. Aus-
drücklich würdigte er die gemeinsame Leistung von Einheimischen und
Vertriebenen beim Neuaufbau der zerbombten Städte und des gesamten
Landes.

Strauß' politische Wertorientierung erwuchs sowohl aus historischem
Denken als auch aus seinem Bekenntnis zum »christlichen Sittengesetz«.
Erst der Abfall von dieser ethischen Grundlage habe ein menschenver-
achtendes Regime wie den Nationalsozialismus möglich gemacht: »Wir
halten Rückschau nicht um ihrer selbst willen. Wir wollen uns nicht
selbstgefällig auf die Schultern klopfen und uns untätig, bequem, faul
in den Sesseln zurücklehnen. Die Rückschau soll uns dazu helfen, daß
wir die Anforderungen, die die Gegenwart an uns stellt, um so klarer erkennen und daß wir entschlossen die Christlich-Soziale Union, die
modernste Partei Europas, in die künftigen Jahrzehnte ihres Bestehens
führen.«[365] Wie aber definierte Strauß die Aufgabe der Politik, was bedeutete ihm Politik aus christlicher Verantwortung? Wie eng, wie weit fasste
er den Begriff »christlich« für seine Partei, ihre Mitglieder, ihre Wähler?
»Die Politik muß den Menschen in den Mittelpunkt ihrer Bemühungen
stellen und nicht die Macht, sie muß Recht und Freiheit des Menschen in
staatlicher Ordnung garantieren. Das nennen wir Politik aus christlicher
Verantwortung.«[366] Freiheit bildete den Schlüsselbegriff seines politischen Denkens. Dabei betonte er Einzigartigkeit und Selbstverantwort-
lichkeit des Menschen, der ein in seinem Gewissen gebundenes, in seinem Wesen unzerstörbares Geschöpf Gottes sei.

Welchen Anspruch kann eine Partei wie die CSU erheben, wenn sie
sich christlich nennt? Strauß' Antwort fällt liberal aus, jeden »Alleinver-
tretungsanspruch« einer Partei – auch der eigenen – für das Christentum

weist er zurück: Wir erheben nicht den Anspruch, bessere Christen zu sein als andere, glauben nicht, das christliche Sittengesetz allein oder besser auslegen zu können: »Wir huldigen auch keinem überholten, klerikalen Traditionalismus, keinem konfessionellen Machtstreben oder gar einem Monopolanspruch, der alle diskriminieren würde, die sich nicht zu einer christlichen Konfession bekennen oder die als Christen nicht den Weg zur Union gefunden haben.« Ebenso zweifelsfrei bekannte sich Strauß zur Trennung von Staat, Kirche und Partei, wobei er an die Lehren der Weimarer Republik anschloss und die Fortsetzung einer konfessionell gebundenen Partei wie der Zentrumspartei oder der Bayerischen Volkspartei definitiv ausschloss. Als große, unverzichtbare Errungenschaft sah er deshalb die Gründung überkonfessioneller christlicher Parteien. Strauß erinnerte an die Ziele, die einer der CSU-Gründer, der christliche Gewerkschaftsführer Adam Stegerwald, schon 1920 verfochten hatte und für deren Durchsetzung in der CSU Josef Müller entscheidend wurde. Doch ging Strauß noch darüber hinaus, wenn er bemerkte: Nicht allein die Zusammenarbeit von Christen beider Konfessionen müsse in seiner Partei selbstverständlich sein, vielmehr sei die CSU für alle Bürger offen, »die sich zum christlichen Sittengesetz in der weitesten Auslegung seines Wortes bekennen, gleichgültig ob sie praktizierende Mitglieder der Kirche sind oder nicht, gleichgültig ob sie überhaupt zu einer Kirche gehören oder nicht«. Im gleichen Sinne äußerte sich Strauß schon einige Jahre früher im CSU-Landesvorstand.[367] Verglichen mit den Positionen, die in der Gründergeneration Alois Hundhammer, Fritz Schäffer, Prälat Meixner, der Petra-Kreis und die Katholische Aktion Bayern einnahmen, kam diese Leitlinie von Strauß einer Revolution gleich. Fast dezent erschien seine Formulierung, dieser von ihm seit Beginn vertretene Standpunkt sei in seiner Partei »heftig umstritten« gewesen. Und eine weitere Klarstellung durfte bei Strauß nicht fehlen: »Eine Partei ist keine Ersatzkirche und die Kirche ist nicht ein Dienstleistungsinstrument für eine christliche Partei.«[368] Der Erfolg habe diese grundlegende Orientierung bestätigt: »Die CSU ist Volkspartei und mehrheitsfähig geworden durch die Liberalisierung in konfessioneller Hinsicht und sie ist die große bayerische Volkspartei.«[369]

An zwei inzwischen historischen Beispielen demonstrierte Strauß, dass dieses Programm nicht nur Lippenbekenntnis war, und nannte die Abschaffung der konfessionellen Lehrerbildung und schließlich die Einführung der einheitlichen christlichen Volksschule anstelle der Konfessionsschule. Und er wäre nicht Parteivorsitzender gewesen, wenn er außer an die Sachgründe nicht auch an die Konsequenzen für die CSU gedacht hätte. Hatte er das erste Problem innerparteilich noch gemeinsam mit dem damaligen Ministerpräsidenten Hanns Seidel gelöst, so das zweite mit der SPD gegen den widerstrebenden Teil der eigenen Partei! So war es nur vordergründig ungewöhnlich, dass der Parteivorsitzende in der Jubiläumsrede für die CSU erklärte: »Ich danke heute noch dem damaligen Landesvorsitzenden der SPD, Volkmar Gabert, daß er in Einsicht auch der Fragwürdigkeit des Gesetzentwurfs der SPD, und ich in Einsicht der Fragwürdigkeit des Gesetzentwurfs der CSU, uns dann zu einer Lösung durchgerungen haben, die in dem berühmten Schulprotokoll die Unterschrift von drei Parteivorsitzenden trägt, nämlich die Unterschriften der Vorsitzenden der CSU, der SPD und des damals nicht im Landtag vertretenen Vorsitzenden der FDP. Daß diese Etappe gemeistert wurde, hat der CSU ohne Zweifel eine große Krise erspart und ihre Mehrheitsfähigkeit stabilisiert.«[370]

Auch die anderen Grundpositionen der CSU, die sich zum Teil nach längeren lebhaften Debatten in der Partei durchgesetzt hatten, benannte Strauß in seiner Rede. Dazu gehörte die Gestaltung der föderativen Ordnung im Bundesstaat. Da die CSU im Parlamentarischen Rat gegen das Grundgesetz gestimmt hatte, weil sie eine stärker föderative Gestaltung wünschte, erklärte Strauß: »Wenn aber nein gesagt wird, dann muß damit auch ein grundsätzliches Bekenntnis zu Gesamtdeutschland verbunden werden.«[371] Strauß wollte eine der deutschen Geschichte entsprechende Gestaltung der föderativen Ordnung: Aufgrund des Subsidiaritätsprinzips sah er den Föderalismus als wesentlich moderner an als den Unitarismus. Was eine untergeordnete Einheit lösen könne, brauche nicht nach oben abgegeben zu werden – auch hierin war der traditionsbewusste Strauß vielen seiner Kritiker voraus, wird doch heute diese Forderung als Mittel gegen Bürokratisierung und Europamüdigkeit angesichts der wachsenden Zuständigkeit der EU-Kommission immer lauter. Und für Strauß war klar, die Liebe zu Bayern müsse mit dem Bekenntnis zu Deutschland und der europäischen Orientierung verbunden werden.

Einen ebenso starken Akzent legte Strauß in seiner Jubiläumsrede auf die Durchsetzung der freiheitlichen sozialen Marktwirtschaft, bei der die CSU und er selbst im Frankfurter Wirtschaftsrat Ludwig Erhard unterstützt hätten. Eingehend referierte er die sozialpolitischen Komponenten der CSU-Politik, die nicht allein wegen ihrer Ausdehnung auf alle sozialen Schichten eine Volkspartei sein sollte, sondern zugleich wegen der »sozialpolitischen Eckpfeiler« ihrer Politik.[372] Zu den grundsätzlichen Aussagen gehörten nicht allein ein Bekenntnis zur ordnenden, die Freiheit des Einzelnen und den Frieden sichernde Funktion des Staates, die dezidierte Ablehnung jeglichen Totalitarismus, das Bekenntnis zum Widerstandsrecht gegen verfassungs- bzw. rechtswidrige Aktionen eines Unrechtsregimes, wobei er sich auf den christlichen Widerstand gegen die NS-Diktatur berief. Strauß erwähnte auch den kommunistischen

Widerstand gegen den Nationalsozialismus, kritisierte ihn allerdings, weil er nicht die Wiederherstellung des Rechtsstaats zum Ziel gehabt habe, sondern selbst auf eine kollektivistische und totalitäre Gesellschafts- und Staatsordnung hinauslief.

Strauß stellte in dieser Rede erneut die von ihm wiederholt behandelte Frage: Wie liberal, wie konservativ ist die CSU? Er beantwortete sie fast in Analogie zur christlichen Grundorientierung: Die freiheitlichen Verfassungsbewegungen seit Beginn des 19. Jahrhunderts, die menschenrechtlichen Forderungen nach Freiheit, Sicherheit und Eigentum, nach Gleichheit vor dem Gesetz seien »längt nicht mehr geistiges und politisches Eigentum einer einzigen Partei«. Die CSU sei eine glühende Befürworterin der Grundlagen des freiheitlichen Rechtsstaats und der parlamentarischen Demokratie. Insofern charakterisierte Franz Josef Strauß die CSU als liberale Partei – und beschrieb damit zugleich das ideologische Grundproblem der FDP, hatten doch nicht allein die CSU, sondern auch alle anderen demokratischen Parteien wie CDU und SPD diese Komponenten des Liberalismus in ihre Politik integriert. Strauß' Bekenntnis zu liberalen Grundprinzipien beschränkte sich nicht auf diesen festlichen öffentlichen Anlass. Wie ernst er sie nahm, ließ er auch in einer internen Sitzung des CSU-Landesvorstands erkennen, als er erklärte: Die liberale Idee sei ein erheblicher Beitrag zur europäischen Geistesgeschichte des 17., 18. und 19. Jahrhunderts. Das sei ein Kampf um Freiheit gewesen, den man niemals aufgeben dürfe und der zum Teil mit revolutionären Mitteln ausgefochten worden sei. So habe auch die Französische Revolution von 1789 eine liberale Komponente besessen. Wir sind »Vertreter der echten liberalen Idee«. Und Strauß fügte hinzu, die CSU könne ihre politischen Grundaussagen nicht wechseln wie Modeartikel, nur um leichter wählbar zu sein.[373]

Strauß betonte, die CSU habe ebenfalls eine »konservative Komponente«, indem sie »auf dem Boden unserer Geschichte, auf der Tradition unserer Heimat« steht. »Wer nicht weiß, woher er kommt, der weiß nicht, wo er steht, und der weiß nicht, wohin er gehen soll…« Doch blickten moderne Konservative nicht mehr rückwärts, sie wollten nicht alles nostalgisch bewahren, »bloß, weil es einmal gewesen ist«, sie wollten keineswegs erhalten, »was nicht Bestand hat vor den Forderungen der Gegenwart und den Ansprüchen der Zukunft«. [374]

Im letzten umfangreichen Teil seiner Rede zog Franz Josef Strauß eine inhaltliche Bilanz der politischen Leistungen der CSU, in der er auf die einzelnen Stationen und Politikfelder im Bund einging. Er erwähnte u. a. die mit Fritz Schäffer beginnende, später von ihm selbst betriebene solide Finanzpolitik, die Verteidigungs- und Sicherheitspolitik mit der »Bundeswehr als Instrument der Friedenspolitik«, die Bonner Koalitionspolitik

u. a. m. Er wandte sich dagegen, mit dem jeweiligen Zeitgeist zu marschieren, und gelangte zu dem Schluss, die CSU habe von Beginn an »alle wichtigen Entscheidungen und Weichenstellungen in der Politik der Bundesrepublik Deutschland mitgetragen und zur wirtschaftlichen, politischen und gesellschaftlichen Entwicklung in der Bundesrepublik Deutschland entscheidende Beiträge geleistet. Wir haben Bayern gestaltet und zur Gestaltung Deutschlands beigetragen.«[375] Das war nicht zu bestreiten, doch sogar hier ging er auf die harten politischen Auseinandersetzungen, die diesen Weichenstellungen vorausgegangen waren, nur zurückhaltend ein. Auch die herben Enttäuschungen, die er selbst erlebt hatte, seine Umstrittenheit, die *Spiegel*-Affäre, den Streit um die Ostpolitik, den Trennungsbeschluss von Wildbad Kreuth – all das thematisierte er verständlicherweise hier so wenig wie viele Fragen der politischen Praxis. Seine grundsätzliche politische Orientierung aber entfaltete er konzentriert und dem festlichen Anlass angemessen ohne Polemik.

Welches Ansehen Strauß inzwischen genoss, zeigte sich nicht allein auf dem Parteitag des CSU, vielmehr gab es gleich mehrere Jubiläumsanlässe: Das 40-jährige Parteijubiläum bedeutete zugleich eine vier Jahrzehnte während Arbeit des Vorsitzenden in der Politik und der eigenen Partei. In das gleiche Jahr 1985 fiel der 70. Geburtstag von Franz Josef Strauß. Er wurde unter anderem im Antiquarium der Residenz fürstlich gefeiert, ein Empfang mit 4000 Bürgern im Kaiserhof der Residenz gehörte ebenso dazu wie die mehr als 1000 Blechbläser auf dem Odeonsplatz. Und nicht zu vergessen, die Gratulationscour für über 1000 Ehrengäste ebenfalls im Gartensaal der Residenz, an ihrer Spitze Bundespräsident Richard von Weizsäcker und Bundeskanzler Helmut Kohl – fürwahr der Geburtstag eines Herrschers. Herbert Wehner grantelte: »Herr Strauß hat nicht Geburtstag, er hat Geburtswochen.« Und Golo Mann würdigte den Bayerischen Ministerpräsidenten am 6. September 1985 in der *Bild*-Zeitung: »Was mir an ihm imponiert, ist die gewaltige Vitalität, die blendende Intelligenz ... Dazu die ungeheuren Erfahrungen, die Kenntnisse eines Politikers, der seit über 40 Jahren in diesem schweren Geschäft ist. Strauß gehört in die Reihe der großen deutschen Nachkriegspolitiker wie Adenauer und Wehner.« Und Golo Mann fügte hinzu: »Es ist sein Schicksal, Chef der kleineren Unions-Partei zu sein. Gäbe es nur eine einzige Union in der Bundesrepublik, dann, so glaube ich, hätte er Bundeskanzler werden müssen.«[376]

Landtagswahl 1986 und Kabinettsumbildung

Am Ende dieser ereignisreichen Legislaturperiode, in der vieles auf den Weg gebracht, aber wie die großen Infrastrukturprojekte noch nicht abgeschlossen war, fand unter dem Einfluss der öffentlichen Auseinandersetzungen um die Kernkraft nach der Reaktorkatastrophe in Tschernobyl und die Wiederaufarbeitungsanlage in Wackersdorf am 12. Oktober 1986 die bayerische Landtagswahl statt, zu der 14 Parteien antraten. Diese Wahl stand also unter einem ähnlichen Vorzeichen wie die Europawahl 15 Monate zuvor. Die CSU verlor 2,5 Prozent und kam mit nun 55,8 Prozent immer noch auf eine deutliche absolute Mehrheit. Die SPD wiederum konnte nicht von den leichten Verlusten der CSU profitieren, sie büßte sogar 4,4 Prozent ein und landete bei 27,5 Prozent. Hinzugewonnen hatten nur die Grünen, die mit einem Plus von 2,9 auf 7,5 Prozent erstmals in den Bayerischen Landtag gelangten. Die FDP stagnierte unverändert bei 3,5 Prozent und scheiterte damit an der Fünf-Prozent-Hürde. Wahlforscher nehmen an, dass die Verluste der CSU auf die 3 Prozent Wähler zurückgingen, die die Republikaner gewählt hatten, während der Rückgang der SPD den Grünen zugute kam. Allerdings sind hier regionale Differenzen zu beachten, verlor die CSU doch im Landkreis Schwandorf, in dem Wackersdorf liegt, 14,3 Prozent. Damit musste aufgrund der Umweltthematik gerechnet werden, und insofern fiel das Ergebnis insgesamt nicht sensationell aus. Jedenfalls hatte das offensichtliche Engagement sowohl der CSU als auch der SPD für den Umweltschutz beiden Parteien keinen Zuwachs beschert, die offensichtliche Kompetenz von Franz Josef Strauß verblasste in der öffentlichen Wahrnehmung aufgrund seines dezidierten Engagements für die Kernenergie – obwohl es ebenfalls umweltpolitisch motiviert war. Der Ministerpräsident konnte machen, was er wollte, als Umweltpolitiker wurde er von der Umweltbewegung nicht gesehen, obwohl er immer wieder engagierte und kompetente Reden zu dieser Problematik hielt. Strauß selbst führte in der »Bonner Runde« der Parteivorsitzenden die Verluste der CSU auf die geringe Wahlbeteiligung, aber auch auf die Wahlabstinenz der Bauern sowie der Heimatvertriebenen zurück, die möglicherweise aus Enttäuschung nicht zur Wahl gegangen seien. Für die SPD aber »sei die Wahl grausam in die Binsen gegangen«. Tatsächlich warf bei allen Parteivorsitzenden bereits die nächste Wahl, die für den 25. Januar 1987 anstehende Bundestagswahl, ihre Schatten voraus, sodass die Kommentatoren fragten: Welche Schlüsse lässt die bayerische Wahl auf die kommende Bundestagswahl zu?[377]

War das Wahlergebnis vorhersehbar, so nicht die Kabinettsbildung.

Hatte Franz Josef Strauß lange, von Ausnahmen abgesehen, auf Kontinuität gesetzt, so kam es nun zu einigen Aufsehen erregenden Änderungen. Franz Josef Strauß wurde am 23. Oktober 1986 erneut zum Ministerpräsidenten gewählt, auf ihn entfielen 123 von 199 abgegebenen Stimmen. Der Landtag hatte 204 Abgeordnete, von denen offenbar 5 fehlten bzw. nicht an der Wahl teilnahmen; die CSU-Fraktion zählte 128 Mitglieder. Seine Regierungserklärung gab der wiedergewählte Ministerpräsident am 10. Dezember 1986 ab. Abgesehen davon, dass mit der Justizministerin Mathilde Berghofer-Weichner erstmals eine Frau bayerische Staatsministerin wurde, Edmund Stoiber wie erwähnt Ministerrang erhielt und einige Mitglieder das Ressort tauschten – Justizminister Gustl Lang wurde Innenminister, der bisherige Innenminister Karl Hillermeier wurde Arbeitsminister –, gab es eine wirkliche Sensation: Kultusminister Hans Maier schied nach 16 Jahren außerordentlich erfolgreicher Arbeit aus dem Kabinett aus. Dieser Schritt erregte Aufsehen, weil von Amtsmüdigkeit keine Rede sein konnte, zumal er trotz seiner langen Amtsdauer erst 56 Jahre alt war. Maier genoss hohes Ansehen in der Kulturpolitik der Bundesrepublik und galt damals als der bedeutendste deutsche Kultusminister. Ohne jeden Zweifel zählte er trotz jahrelanger heftiger Angriffe sozialdemokratischer und linksliberaler Bildungspolitiker zu den führenden Repräsentanten des deutschen Geisteslebens – nicht allein ein Minister für Kultur, sondern eine Personifikation der Kultur. Und schließlich waren er und der Regierungschef selbst die großen Intellektuellen im Kabinett. Überdies war Hans Maier Präsident des Zentralkomitees der deutschen Katholiken, neben anderen Mandaten war er Mitglied im Landesvorstand der CSU und besaß in der CSU-Landtagsfraktion zahlreiche Anhänger, zumal er auf kulturpolitischem Gebiet der einzige CSU-Politiker war, der den Attacken der Opposition gewachsen, ja überlegen war und aus dem Stegreif ebenso subtile wie brillante Reden halten konnte.

Was gab es also für Gründe, ihn abzulösen? Den offiziellen Grund nannte der Ministerpräsident in seiner Regierungserklärung: Das Kultusministerium habe einen so großen Aufgabenbereich mit zentralen zukunftsorientierten Sektoren, dass die Leitung durch einen Minister allein nicht mehr geleistet werden könne.[378] Schon fünf Jahre vorher hatte Strauß einmal im Landesvorstand über das »Riesenkultusministerium« geklagt.[379] 1986 wurde auch auf andere Bundesländer verwiesen, die längst ihre Kultusministerien geteilt hätten. Tatsächlich gehörten über die Hälfte der bayerischen Beamten zum Kultusressort, es handelte sich um ein Schlüsselministerium der Landespolitik, das Maier länger als jeder andere innegehabt hatte. Strauß bot Maier an, nach einer Teilung das Ministerium für Wissenschaft und Kunst zu übernehmen, was seinen Interessen als hochrangiger Wissenschaftler (als Organist war er zudem Künstler) besonders entsprach. Doch das Wissenschaftsministerium wäre das politisch und quantitativ weniger gewichtige Teilministerium gewesen – vielleicht »feiner«, jedenfalls aber kleiner als das Kultusministerium, das für die Schulen zuständig sein sollte. Hans Maier, der mit 63,3 Prozent – also 7,5 Prozent über dem Durchschnitt der CSU – seinen Wahlkreis Günzburg wiedergewonnen hatte und bisher vier Legislaturperioden lang das Gesamtministerium geführt hatte, sah die Notwendigkeit der Teilung nicht, machte aber wegen des Umfangs der Aufgaben selbst den Vorschlag, zusätzlich einen zweiten Staatssekretär zu bestellen. Als Strauß darauf nicht einging, lehnte Hans Maier die Berufung zum Staatsminister für Wissenschaft und Kunst ab. Die Befürworter von Hans Maier in der Landtagsfraktion waren überrumpelt, spätere Proteste, auch aus den eigenen Reihen, änderten nichts mehr, Franz Josef Strauß war offenbar entschlossen, Hans Maier loszuwerden.

Als Strauß am 30. Oktober 1986 die Kabinettsliste unmittelbar vor der Wahl des Ministerpräsidenten präsentierte, war eine Diskussion darüber nicht mehr möglich, auch Maier selbst konnte sich dazu in der Fraktion – die die Liste allerdings einstimmig billigte – nicht mehr äußern. Strauß berichtete vor der Fraktion, er habe eine Reihe mehrstündiger Gespräche über die Kabinettsliste geführt und mit dem Fraktionsvorsitzenden und CSU-Generalsekretär Gerold Tandler jeden Namen abgesprochen. Der Ministerpräsident erklärte anschließend dem Landtag, Professor Hans Maier habe sich »der geteilten Führung seines Ministeriums nicht zur Verfügung gestellt«. Strauß würdigte die »großen Verdienste« Maiers, der »sinn- und maßvolle Reformvorstellungen« durchgesetzt habe, als der Reformeifer in der ganzen Bundesrepublik »mit zum Teil rätedemokratischen Zielen sich des in Jahrhunderten gewachsenen deutschen Hochschulwesens bemächtigte«.[380]

Die SPD-Fraktion bezeichnete das Ausscheiden von Hans Maier trotz aller Meinungsverschiedenheiten, die sie mit ihm gehabt habe, als Verlust. In der *Süddeutschen Zeitung* kritisierte Malte Buschbeck in einem ausführlichen Artikel trotz Anerkennung für seine bedeutende Persönlichkeit Maiers Kulturpolitik als »Bastion gegen den Geist der Zeit« und zitierte eine frühere Äußerung von Peter Glotz, der Maier als »wirksamsten Gegner sozialdemokratischer Bildungspolitik« bezeichnet hatte.[381] Die FAZ hingegen würdigte Hans Maiers hohen Rang und seine geistige Unabhängigkeit ebenso achtungsvoll wie seine Leistungen als Kultusminister.[382] Die *Welt* charakterisierte Hans Maier mit den Worten: »In seiner Person hat er Macht und Geist, in Deutschland traditionell durch einen tiefen Graben getrennt, versöhnt. Der Gesamtstaat, nicht nur Bayern und die Unionsparteien, haben einen herben Verlust erlitten.« Der *Donau-Kurier* schrieb: »Denn bei aller Anerkennung, die Maiers Wirken als nunmehr letzter ›Kultusminister‹ im Freistaat Bayern auch bei Strauß gefunden hatte, ein bequemer Mann, ein blinder Parteigänger gar, war der Politik-Professor nie gewesen. Er hatte den Parteivorsitzenden oft und unerschrocken herausgefordert, manchmal sogar mit einer gewissen politischen Lebensmüdigkeit.«[383]

Als Nachfolger für das Kultusministerium wurde der nicht dem Landtag angehörende Vorsitzende des Kulturpolitischen Arbeitskreises der CSU, Landrat Hans Zehetmair, nominiert, der als Altphilologe und ehemaliger Studienrat sachliche und administrative Kompetenz mitbrachte. Zum Wissenschaftsminister wurde der ehemalige Präsident der TU München und Professor Wolfgang Wild berufen, der parteilos und ohne politische Erfahrung war – wie es 1970 auch für Hans Maier, damals Ordinarius für Politische Wissenschaft an der LMU München, gegolten hatte. Doch erwies sich Wild nicht wie Maier als politisches Naturtalent und blieb deshalb nur kurz im Amt. Nach dem Tod von Strauß wurden 1989 die beiden Ministerien wieder zusammengelegt, Hans Zehetmair leitete seitdem das Gesamtministerium als ebenfalls sehr erfolgreicher Kultusminister – was Hans Maiers Ablehnung der Teilung dann indirekt bestätigte.

War der von Strauß genannte Grund vorgeschoben, oder gab es andere Gründe für die Teilung des Kultusministeriums? Wollte Strauß Hans Maier zwar im Kabinett halten, aber sein politisches Gewicht vermindern? Oder rechnete der Ministerpräsident damit, dass der bisherige Kultusminister die Teilung des Ministeriums und die Berufung zum Wissenschaftsminister ablehnen würde? Es spricht viel für die Deutung, dass Franz Josef Strauß den zuweilen unbequemen Staatsminister Maier zwar schätzte und dennoch loswerden wollte, und ebenso wahrscheinlich ist, dass er Maiers Reaktion richtig vorhersah, also von dessen Weigerung ausging, sich als »reduzierter Minister« an den Kabinettstisch zu setzen. Guter Stil wäre es zumindest gewesen, mit Maier vor der Entscheidung eingehend die Teilungspläne zu besprechen und ihm dann wenigstens die Wahl zwischen beiden Teilministerien zu lassen. Zwar hatte es in Einzelfragen des Öfteren einen Dissens zwischen Ministerpräsident und Staatsminister gegeben, aber doch keine grundsätzlich unterschiedliche Richtung in der Wissenschafts- und Schulpolitik. Auch nahm Strauß Maier verschiedentlich gegen Kritik an schulpolitischen Entscheidungen aus den eigenen Reihen in Schutz, die Maier zu große Liberalität vorwarfen, während die Opposition und die linksliberale Öffentlichkeit Maier als zu konservativ einstuften, zumal er sich auch als (Mit)Begründer des Bundes Freiheit der Wissenschaft eindeutig gegen die revolutionäre Veränderung der Universität gestemmt hatte. Als Minister hatte Maier in den unruhigsten und schwierigsten Jahren, die es für dieses Amt geben konnte, den 1970er-Jahren, mit klugen Gegenkonzepten und Standhaftigkeit den Revolten getrotzt.

Als einmal die Zulassung eines evangelischen Schulbuchs durch den Kultusminister im CSU-Landesvorstand attackiert wurde, fragte zwar auch der Ministerpräsident, wer diesen Mist zugelassen habe, ließ sich aber durch Kultusminister Maier sofort überzeugen, als dieser darlegte, dass er nach der Rechtslage keine Handhabe zur Ablehnung gehabt hätte. Strauß wandte sich dann selbst gegen die »Detailjammerei« über Hans Maier und erklärte schließlich: Die eigene Partei, die CSU, verteidige das Kultusministerium nur schwach, wenn der Minister und seine Staatssekretärin in der Öffentlichkeit als intolerant, konservativ/reaktionär und ewig gestrig diffamiert würden. Umgekehrt bezöge das Kultusministerium, wenn es im Deutschunterricht – sagen wir – zwischen Johann Wolfgang Goethe und Bertolt Brecht einen Mittelkurs steuere, von beiden Seiten Prügel.[384]

Tatsächlich dürfte das Verhältnis von beiden Seiten ambivalent gewesen sein. Maier, der die überragenden intellektuellen Kapazitäten von Strauß bewunderte, der einen glänzenden Essay über Strauß als Redner zu dessen Festschrift beigesteuert hatte, irritierten Strauß' zuweilen undisziplinierte emotionale und maßlose Ausfälle, ohne dass er sich durch sie einschüchtern ließ. Strauß mochte nicht allein die Eigenständigkeit Maiers stören, die er bei anderen seiner CSU-Kollegen, wenngleich manchmal knurrend, akzeptierte. Obwohl auch Maier nicht zum klerikal orientierten Flügel der CSU gehörte, galt er Strauß als Präsident des ZK der deutschen Katholiken doch als sehr kirchennah, vielleicht zu kirchennah. Und vielleicht gab es auch ein wenig intellektuelle Eifersüchtelei auf den großen Gelehrten, wer weiß.

In die Vorgeschichte gehört jedenfalls ein Vorfall vom Juli 1983. Als im *Münchner Merkur* ein Artikel über den Milliardenkredit vermutlich auf der Basis von Indiskretionen aus einer Kabinettssitzung veröffentlicht wurde und Strauß verständlicherweise einen Wutanfall bekam, dass nicht einmal die Staatsregierung das vereinbarte Stillschweigen wahren könne, erklärten alle Minister – auch Hans Maier –, keine Informationen an den Journalisten Rudolf Lambrecht gegeben zu haben. Daraufhin wurde beschlossen, gegebenenfalls juristisch gegen die Zeitung vorzugehen. Um die Ausgangsbasis zu verbessern, kamen die Juristen auf den von Strauß akzeptierten Gedanken, alle Regierungsmitglieder sollten eine eidesstattliche Versicherung abgeben. Daraufhin erklärte Maier, abgesehen davon, dass der Artikel selbst ein Nebenschauplatz sei, habe er schon eindeutig (eidesstattlich) dargestellt, mit dem Artikel nichts zu tun zu haben. Außerdem halte er es für unwürdig, wenn die Mitglieder des Kabinetts einen Umgang pflegten, der auf dem Austausch eidesstattlicher Versicherungen beruhe, das mache das Kabinett in den Augen der Öffentlichkeit lächerlich.[385] Es ist schwer zu sagen, ob Strauß diese durchaus plausible Haltung Maiers als Illoyalität auffasste oder ihm misstraute. Jedenfalls regte er sich über Maiers Charakterisierung der Diskussion als »Kasperltheater« auf. Einiges spricht jedenfalls für diese Deutung, zumal das Misstrauen bei Spitzenpolitikern, die sich in ständigen Kämpfen gegen Rivalen durchsetzen müssen, alles andere als selten ist.

Nach Hans Maiers Darstellung waren die folgenden Jahre durch Querelen mit dem Regierungschef unerfreulich, zumal dieser Beschwerden gegen ihn auf die Tagesordnung des Kabinetts gesetzt und sich auch in Personalangelegenheiten des Kultusministeriums eingemischt habe, nachdem der Vorsitzende des Lehrerverbandes, Wilhelm Ebert, dem Ministerpräsidenten ein »dickes Konvolut« mit Beschwerden über das Kultusministerium übergeben habe. Franz Josef Strauß' Entschluss dürfte durch die wiederholte Kritik von CSU-Politikern an Hans Maiers Schulpolitik bzw. der vermeintlichen Verselbstständigung der Kultusbürokratie beeinflusst worden sein. Souverän wirkte die Entscheidung von Strauß, Maier durch Teilung des Kultusministeriums auszumanövrieren, jedenfalls nicht. Auch dürfte die Eigenständigkeit Maiers kaum ein ausschlaggebender Grund für Strauß gewesen sein, hatte er es doch in seiner 40-jährigen politischen Laufbahn innerhalb und außerhalb der eigenen Partei ständig mit selbstbewussten politischen Schwergewichten zu tun, mit denen er sich in der Regel, selbst nach heftigem Streit, wieder arrangierte. Und was ist von der handschriftlichem Notiz von Franz Josef Strauß auf einem undatierten, doch in den zeitlichen Kontext passenden Zettel zu halten, »Maier hätte bleiben können«?[386] So bleibt also auch in diesem Fall ein unerklärlicher Rest.

Die letzten Jahre 1986 bis 1988

Als der zum dritten Mal wiedergewählte Ministerpräsident Franz Josef Strauß am 10. Dezember 1986 im Bayerischen Landtag seine Regierungserklärung abgab, war die bayerische Landtagswahl erst einige Wochen vorüber und der Wahlkampf für die sechs Wochen später stattfindende Bundestagswahl in vollem Gange. Auch wenn er weniger kämpferisch gewesen wäre, als er war, bestand dieses Politikerleben doch aus einem fortgesetzten Kampf. Seine Gesundheit schonte er nicht, im öffentlichen wie im privaten Leben blieb auch der 71-Jährige im vollen Einsatz – eine Kraftnatur, die stets aus dem Vollen schöpfte und der keine noch so großen Strapazen etwas anhaben konnten. Doch der äußere Eindruck täuschte, er kränkelte des Öfteren, ließ sich von seinem »Leibarzt« Valentin Argirov am Starnberger See behandeln, schüttelte jeden Eindruck von Schwäche immer wieder ab, trat aber keineswegs kürzer. Unverändert arbeitete er zu viel, aß zu viel und trank zu viel. Nach dem Tod seiner Frau Marianne im Sommer 1984 schien er nach zeitweiligem Innehalten, unterstützt von seinen Kindern, allmählich wieder zu sich gefunden zu haben und hatte sich doch verändert. Nicht selten flüchtete er vor der Trauer in hastige Betriebsamkeit.

Die Regierungserklärung im Dezember 1986 erweckte demgegenüber, trotz einiger kritischer Passagen gegenüber dem auf Bundesebene stärkeren Wahlkampfgegner SPD und den Grünen, den Eindruck gelassener Souveränität, die der eigenen Leistung, derjenigen seiner Regierung und seiner Fraktion gewiss war. Thematisch bewegte sich Strauß in den Bahnen der vorangehenden Regierungserklärungen nach Neuwahlen des Landtags, wenngleich der bilanzierende Charakter stärker hervor-, die Bundespolitik eher zurücktrat. Nachdem er alle zentralen Themen der bayerischen Politik im Horizont der Bundes- und Europapolitik dargestellt hatte, endete er mit der selbstbewusst vertretenen Leitlinie: »Unsere Aufgabe lautet: Bayerns Zukunft sichern, Bayern als christliches Land erhalten, Bayern zum modernsten Staat Europas machen.«[387] Modernität hieß aber auch dieses Mal nicht die Vernachlässigung der Tradition, sprach Strauß doch eingehend über »Bayern als Kulturstaat«, über Wissenschaft und Bildung, über die Bedeutung der Geisteswissenschaften, über Geschichtswissenschaften und Geschichtsbewusstsein, das sich auf die gesamte deutsche Geschichte erstrecken, aber die Auseinandersetzung mit dem Nationalsozialismus einschließen müsse. Doch dürfe sie die aktuelle Politik nicht lähmen. Alles in allem handelte es sich wiederum um eine enzyklopädische Bestandsaufnahme bayerischer Politik aus der Sicht des Ministerpräsidenten.

In manchen seiner Wahlkampfreden nahmen historische Reflexionen einen ungleich größeren Raum ein, als aus solchem Anlass üblich. Er stellte keineswegs nur Überlegungen zur jüngsten Geschichte der Bundesrepublik an, die als Auseinandersetzung mit dem politischen Gegner oder den sozialliberalen Jahren angelegt waren. Vielmehr verband Franz Josef Strauß historische Perspektiven mit Gegenwartsdiagnosen, wenn er über den geschichtlichen Ort der Sowjetunion und ihre Probleme nachdachte und dabei fast beiläufig einen Exkurs über »Revolutionen als Mittel politischer Veränderung« einflocht. Wissenschaftsgeschichtlich interessant waren nicht zuletzt die Reminiszenzen an den eigenen Geschichtsunterricht bzw. das eigene Studium, in dem es in der Hauptsache um Ereignisgeschichte gegangen sei, nicht aber um Strukturgeschichte.[388]

Mehr und mehr beschäftigte Strauß auch die Frage, in welchem Maße historische Belastungen die Politik prägen durften. Gehörte er zu den Politikern, die sich von 1945 an unentwegt mit dem Nationalsozialismus auseinandersetzten und diesen Prozess für nötig hielten, so sorgte er sich zunehmend um die innere und äußere Handlungsfähigkeit der deutschen Politik: »Denn die ewige Vergangenheitsbewältigung als gesellschaftspolitische Dauerbüßeraufgabe lähmt ein Volk!« Aber Strauß sagte auch: »Es gibt eine Kollektivverantwortung, eine Kollektivhaftung, zu der haben wir uns immer bekannt, um die materiellen und moralischen Schäden dieser Politik des Unrechtes auszugleichen.« Und: Auch »der Frage weichen wir nicht aus… wie es zu Hitler kommen konnte… Die Barbarei ging aus von der brutalen Politik Hitlers, aber die Faszination der Barbarei hat auch andere dann angesteckt.«[389] Die zentrale Botschaft von Franz Josef Strauß lautete: Hitler ist »nicht Anfang und Ende deutscher Geschichte«, weshalb er auch Beispiele von den deutschen Kaisern des Mittelalters über Martin Luther zu den »großen Geistern des Humanismus, der Renaissance, der Aufklärung« bis zu bedeutenden Staatsmännern wie Otto von Bismarck und Konrad Adenauer als Zeugen anführte: »Das ist unsere Geschichte, bei der wir uns der Tiefen bewußt sein müssen, aber auch der Höhen uns nicht schämen dürfen.«[390] In der Ursachenanalyse über den Nationalsozialismus beschränkte sich Strauß jedoch auf die Zeit zwischen den Kriegen und grub nicht tiefer, wie es sonst seine Art war. Schließlich hielt er eine Wahlrede, keine systematisch aufgebaute Vorlesung. Und so changierte er immer wieder zwischen historischen Einsprengseln und aktuellen Bezügen. Kaum ein Politiker flocht in Wahlreden so viele historische Informationen und Reflexionen ein. Nur selten aber wurden diese Abschnitte in der politischen Berichterstattung wahrgenommen, obwohl sie zu den Markenzeichen seiner langen Reden gehören, die immer auch belehren wollten.

Die Doppelperspektive von historischer Betrachtung und Gegenwartsanalyse zeigte sich kaum minder, als der Bayerische Ministerpräsident am 11. April 1987 den Staatsbesuch des israelischen Staatspräsidenten Chaim Herzog in der Bundesrepublik als wichtiges Zeichen für Gegenwart und Zukunft der deutsch-israelischen Geschichte würdigte. Strauß, der seit Langem enge Beziehungen zu Israel unterhielt und insbesondere mit Shimon Peres freundschaftlich verbunden blieb, setzte sich schon seit seinem erwähnten ersten Israel-Besuch über Jahrzehnte hinweg nachdrücklich nicht allein verbal für das Existenzrecht des Staates Israel ein, sondern ebenso für seine militärische Sicherheit. Aus diesem Grund gehörte er schon in seiner Zeit als Verteidigungsminister zu jenen, die soweit möglich Waffenlieferungen befürworteten. Doch wie an anderen Beispielen ebenso deutlich wird, hinderten sein Geschichtsbewusstsein und die von ihm gewünschte Erinnerungskultur nicht die politische Freiheit des Denkens und Handelns: »Die besondere Verantwortung, die das deutsche Volk gegenüber dem Staat Israel und seinen Bürgern hat, entbindet uns aber nicht von der Aufgabe, selbst über Israel und seine Probleme nachzudenken, selbst zu entscheiden, wie wir einem auf Gerechtigkeit gegründeten Frieden in dieser Region näher kommen können. Gerecht und dauerhaft wird eine Friedenslösung nur dann sein... wenn nicht von einer Seite einseitig Opfer und Zugeständnisse verlangt werden und wenn alle beteiligten Parteien den Willen haben, vom Gegeneinander zum Miteinander zu finden.«[391] Franz Josef Strauß hatte, wie gezeigt worden ist, starkes persönliches Interesse an Israel, doch hinderte ihn dies nicht, die politische Gesamtkonstellation im Nahen Osten zu berücksichtigen.[392]

Eine Woche vor der Wahl beschäftigte sich Strauß am 17. Januar 1987 mit dem Problem der geistigen Führung. Es ist schwer zu sagen, ob der sogenannte Historikerstreit von 1986 oder die fortgesetzte Debatte über das Haus der Geschichte der Bundesrepublik in Bonn ihn dazu angeregt hatten oder er durch internationale politische Erfahrungen diese Thematik wieder aufnahm. Konkrete Hinweise finden sich in diesen Reden vom November 1986 und Januar 1987 nicht. Sie korrespondierten eher mit der seit 1982 geführten Diskussion über die »geistige Wende«, die Helmut Kohl angeregt hatte, die jedoch zugleich in Franz Josef Strauß' ständiger Auseinandersetzung mit der, wie er es nannte, »liberal-sozialistischen« Mentalität wurzelte, gegen die er immer wieder auf einer geistigen Auseinandersetzung beharrt hatte. Sie sollte auf den fundamentalen Werten und Leitlinien freiheitlicher christlich-sozialer Politik gründen: »Wir müssen unseren Beitrag leisten zum Bild der Deutschen von sich selber, von ihrer Zukunft und ihrer Geschichte. Politik heißt Kursbestimmung, nicht nur rationale Verwaltung.« Und seine historische Argumentation mündete in der Feststellung, Europa brauche ein nationalbewusstes Deutschland: »Wir brauchen wieder mehr aufrechten Gang in der Geschichte der Gegenwart und in der Geschichte der Zukunft.« Allerdings »keine nationale Überheblichkeit, kein nationales Herrenmenschengefühl«.[393] Zwar unterschätzte Strauß, wie die Jahrzehnte nach seiner Rede zeigen, ganz offensichtlich die Möglichkeit, nach der deutschen und europäischen Katastrophe zu einer »Normalität« im deutschen Geschichts- und Nationalbewusstsein zurückzukehren, wie sie die europäischen Nachbarstaaten kennzeichnete. Doch gehörten die Ausflüge in die deutsche Geschichte und die Probleme der Erinnerungskultur zu seinem weiteren Programm, für die Wahlentscheidung Kontur und Profil der Unionsparteien zu schärfen, und das geschah naturgemäß nicht in erster Linie am Beispiel historischer, sondern gegenwärtiger Politikfelder.

Auch diese Bundestagswahl war von sprachlichen Ausfällen nicht frei, doch für die Senkung des Niveaus war, wie nicht zuletzt die erwähnten Reden zeigen, nicht Franz Josef Strauß verantwortlich. So nannte der damalige SPD-Fraktionsvorsitzende im Niedersächsischen Landtag und spätere Bundeskanzler Gerhard Schröder den bayerischen Ministerpräsidenten eine »Sau« und Bayern einen »Saustall der Konservativen«, weil Strauß das Asylrecht zum Wahlkampfthema gemacht habe. Strauß hatte sich 1986 gegen den Missbrauch des Asylrechts gewandt und die Änderung von Artikel 16 des Grundgesetzes mit der Begründung gefordert, die Bundesrepublik Deutschland sei kein Einwanderungsland. Strauß reagierte damit nicht allein auf die wachsende Zahl von Asylbewerbern, die 1986 fast 100 000 und damit den zweithöchsten Stand seit sechs Jahren erreicht hatte[394], sondern wollte auch den Republikanern den Wind aus den Segeln nehmen, die mit ausländerfeindlichen Parolen hausieren gingen. Auf Schröders Beleidigung reagierte Franz Josef Strauß nicht selbst, er ließ lediglich seinen Pressesprecher ironisch replizieren.[395] Vergleiche politischer Gegner mit Tieren beschränkten sich also nicht auf eine Partei.

Die Bundestagswahl 1987 brachte für die Unionsparteien mit zusammen 44,3 Prozent bei einer um fast 5 Prozent gesunkenen Wahlbeteiligung (84,3 Prozent) ein enttäuschendes Ergebnis, sank ihr Anteil doch gegenüber der Wahl von 1983 um 4,5 Prozent. Die SPD musste leichte Einbußen hinnehmen und kam auf 37,0 Prozent, FDP (9,1 Prozent) und Grüne (8,3 Prozent) erzielten deutliche Zugewinne. Der Bundesanteil der CSU lag mit 9,8 Prozent um 0,8 Prozent unter der Wahl von 1983, doch blieb sie weiter vor der FDP und wurde knapp drittstärkste Partei. Auf Bayern bezogen erreichte die CSU 55,1 Prozent (gegenüber 59,5 im Jahr 1983). Die SPD kam in Bayern auf 27 Prozent und verzeichnete dort ebenfalls Verluste. Insgesamt wurde die Bonner Koalition der Unionsparteien und der FDP mit zusammen 53,4 Prozent bei leichten Verlusten bestätigt.

Franz Josef Strauß hatte auf Platz 1 der CSU-Liste kandidiert. Wollte er es noch einmal wissen, hoffte er doch noch auf die absolute Mehrheit[396], die die Union indes weit verfehlte, um dann tatsächlich Anspruch auf das Außenministerium und die Vizekanzlerschaft anzumelden? Zumindest dürfte er mit diesem Gedanken gespielt haben. Da jedoch die parteipolitische Konstellation 1987 gegenüber 1983 unverändert blieb, verzichtete Franz Josef Strauß am 19. März auf sein Bundestagsmandat und blieb Ministerpräsident. Dem Bundeskanzler dankte er am 11. März 1987 schriftlich für das Angebot, ein Ministerium seiner Wahl mit Ausnahme der von der FDP besetzten Ministerien zu übernehmen und es mit der Stellvertretung des Bundeskanzlers zu verbinden. Dies hätte jetzt ein klassisches Ressort wie Finanzen, Verteidigung oder Inneres sein können – die beiden ersten hatte er schon einmal inne, das Letztere entsprach nicht seinen politischen Schwerpunkten. Doch Strauß lehnte mit Hinweis auf sein Amt als Ministerpräsident ab. Ohnehin bestünden »enge Verflechtungen« zwischen Bundes- und Landespolitik sowie die Möglichkeit, »in anderer Form der Zusammenarbeit unserer gemeinsamen Politik auch weiterhin zu dienen«.[397] Helmut Kohl bemerkte, auch dieses Mal habe ihm Franz Josef Strauß einen Korb gegeben, das einzige Ministerium, das er sofort übernommen hätte, wäre das Auswärtige Amt gewesen. Doch habe es die FDP für Hans-Dietrich Genscher reklamiert und hätte bei Ablehnung sogar die Koalition platzen lassen. Strauß habe geglaubt, von der Münchner Staatskanzlei aus größeren Einfluss auf die Bonner Politik zu haben, und ihm »unzählige Briefe« und »meterlange Fernschreiben« geschrieben[398] – ob sie wirklich so lang waren, sei dahingestellt, doch fest steht: Einfluss auf die Bonner Politik wollte Franz Josef Strauß weiterhin nehmen. Die Legitimation sah er nicht allein in Kompetenz, Erfahrung und dem CSU-Vorsitz, sondern ebenso in der dialektischen Beziehung zwischen Bund und Ländern. Vor allem aber wäre diese dritte Regierung Kohl wie die vorangegangene ohne seine CSU ausgeschlossen gewesen, war doch trotz leichter Schrammen auch dieser Wahlkampf erfolgreich – er sollte wie die Koalitionsverhandlungen, an denen er teilnahm, sein letzter sein. Die CSU hatte ein weiteres Mal in Bayern die absolute Mehrheit gewonnen, und ohne ihren Zehn-Prozent-Bundesanteil hätte die christlich-liberale Koalition keine Mehrheit gehabt. Die Polarisierung, die Strauß aufgrund seines auf klare Alternativen setzenden Wahlkampfstils stets bedeutete, schadete offenbar einer Persönlichkeit wie ihm nicht wirklich, seiner Partei half sie.

In Franz Josef Strauß' Entscheidung für München kam ohne Zweifel zum Ausdruck, dass er nun seit acht Jahren als erfolgreicher Ministerpräsident amtierte, der unbestrittene und verehrte, wenngleich nach wie vor auch befehdete Herrscher Bayerns. Sinn für Repräsentation hatte er längst entwickelt, sie trug fast monarchische Züge, was außerhalb des Freistaats zuweilen befremdete, als eigenartiges bayerisches Charakteristikum oder als Folklore erschien. Gleichwohl faszinierte Strauß keineswegs nur in Bayern und blieb in der Bundespolitik ebenso präsent wie in seinen weltpolitischen Kontakten. Nur wenige deutsche Politiker dieser Jahre, kaum einer außer den Amtsträgern Helmut Kohl und Hans-Dietrich Genscher sowie den ehemaligen Bundeskanzlern Willy Brandt und Helmut Schmidt, wurde von allen führenden Staatsmännern der Welt empfangen wie Franz Josef Strauß. Ausländische Spitzenpolitiker suchten das Gespräch mit ihm, zahlreiche Briefe belegen das persönliche Verhältnis, das er zu ihnen entwickelt hatte. In Bayern war Franz Josef Strauß selbst der Erste, warum sollte er in Bonn der Zweite sein? Und schließlich liebte er Bayern. Was ihn – vielleicht – 1983 noch gereizt hätte, ein zweites Mal Bundesfinanzminister zu werden, bildete nun kaum noch eine Versuchung. Es trifft keineswegs den Kern, seine bundespolitischen Interventionen als eifersüchtige Nörgelei auf den Bundeskanzler abzutun oder ihn als Störenfried der Bonner Koalition zu sehen, wie das Teile der CDU, der FDP sowie der Öffentlichkeit behaupten. Warum sollte der Vorsitzende der zweitstärksten Koalitionspartei nicht seine Vorstellungen einbringen, warum sollte er nicht die im Grundgesetz geregelten bundespolitischen Mitwirkungsrechte der Länder vertreten, warum sollte er nicht konstruktive Vorschläge machen dürfen?

Es gehört zu den unausrottbaren Klischees, dass die Kritik von Strauß in den 1970er-, vor allem aber in den 1980er-Jahren grundsätzlich destruktiv gewesen sei. Gewiss hatte er zuweilen negative Anwandlungen, die oft seiner Ungeduld, meist aber seinen grundsätzlichen Überzeugungen entsprangen, denen er nicht hinreichend Rechnung getragen sah. Es gab – wie im Fall der Rede im »Wienerwald« 1976 – zuweilen eine destruktive Resignation, zuweilen auch wütende Abreaktionen in Parteigremien. Er konnte Zwänge nicht ausstehen und rebellierte notorisch gegen sie. Doch so gut wie immer kehrte Strauß nach impulsiven und emotionalen Reaktionen schnell zu konstruktiver Politik zurück, suchte durchaus Kompromisse. Nur zu gut wusste ein derart erfahrener politischer Profi wie er, wie parteipolitische und parlamentarische Entscheidungsprozesse funktionieren. Dazu zählte es im Übrigen, bewusst Forderungen schärfer zu formulieren, um sie wenigstens partiell durchsetzen zu können. Doch jenseits spontaner Aktionen und Reaktionen gilt für Strauß: Sein Politikverständnis setzte zunächst prinzipiell auf die Inhalte, auf die Klärung von politischen Zielen mithilfe der Kontroverse anstelle vorzeitiger Verwischung von Standpunkten – dieses Verhalten gehörte zu den essenziellen Komponenten und Beweggründen seiner Politik. Ein solches Vorgehen zählt zu den urdemokratischen Verfahren, ist das Salz der Demokratie, gibt ihr Dynamik. Strauß' Streitbarkeit resultierte aus seinen Überzeugungen und seiner inhaltlichen Kompetenz. Er hatte etwas zu sagen und sagte es vernehmlich. Der Kompromiss stand für ihn am Ende, nicht am Beginn. Die Lauen im Lande mochte er nicht.

Für seine Entscheidung, in München zu bleiben, mögen private Motive ebenfalls eine Rolle gespielt haben. Zwar wandelte er nicht gerade auf Freiersfüßen, doch tauchte Franz Josef Strauß im November 1986 überraschend auf einem Empfang des Privatsenders »tv weiß blau« auf. Sein Sohn Franz Georg war an diesem Sender beteiligt, und Strauß' ehemaliger Mitarbeiter, der Rechtsanwalt Hermann Mayer, war dort gerade tätig geworden. Der Blick von Franz Josef Strauß fiel auf eine junge, sehr attraktive Frau, die dort Assistentin der Geschäftsführung war. Der Blitz schlug ein, Strauß fand offenbar sofort Gefallen an der charmanten und lebenslustigen 39-jährigen Salzburgerin Renate Piller. Wenn Franz Josef Strauß wollte, konnte er sehr charmant sein, und jetzt wollte er. Zwar dürfte sie kaum eine Partnerin der intellektuellen und politischen Statur von Marianne Strauß gewesen sein, doch aber eine patente, angenehme und lebhafte Gefährtin. Wie dem auch sei, Renate Piller schien für den 71-Jährigen ein Jungbrunnen zu werden. Sie, 32 Jahre jünger und aktiv, wollte ständig etwas unternehmen. Viele Fotos zeigen beide auf Festen, beim Fasching, bei anderen Anlässen. Franz Josef Strauß, der nie Schwäche zeigen wollte, schaut manchmal fröhlich drein, oft aber auch nachdenklich, nicht selten müde. Mitzuhalten, das gebot schon das männliche Selbstverständnis. Doch seine ohnehin schon vielfältigen privaten Aktivitäten neben seinen zahlreichen, ebenso strapaziösen wie zeitraubenden Pflichten noch zu steigern bedeutete einen weiteren Kraftakt – einen Kraftakt, den der ältere, nicht mehr gesunde Mann die junge Frau natürlich nicht merken ließ. Unabhängig von den Imponderabilien, die eine solche Situation für die Familie birgt, befürchteten seine Kinder, ihr Vater könne sich übernehmen, wie sein Sohn Franz Georg schrieb: »seine junge Lebensgefährtin (achtete) durchaus auf seine Gesundheit … Aber es gab keine Ruhepausen mehr. Er wollte das so.«[399]

Renate Piller berichtete später, sogar ihr, der Jüngeren, sei das hektische Leben oft zu stressig gewesen. Wenn man den romanhaften Schilderungen mancher Autoren Glauben schenken darf, sattelte Franz Josef Strauß, der nie ein Freund der Schickeria gewesen war, nun auf sein anstrengendes Leben geradezu eine Jetset-Mentalität auf, als könne er von keiner Vergnügung genug bekommen, als habe er keine Zeit mehr zu verlieren. Solche Darstellungen beschreiben genau, wie Strauß seine neue Freundin in das Ristorante Canal Grande am Nymphenburger Kanal einlud, wie er mit Feinkost-Käfer-Tüten bepackt zu ihrer fünf Stockwerke ohne Fahrstuhl gelegenen Wohnung »hochschnauft« … Waren die Autoren unter vier Augen oder auch nur auf der Treppe dabei? Die Historiker jedenfalls nicht, deswegen halten sie ihre Phantasie im Zaum.[400]

Protokollarisch erwies sich die Beziehung nach den damals üblichen Regeln als unlösbar. Die Tochter Monika nahm seit dem Tod ihrer Mutter viele repräsentative Aufgaben an der Seite ihres Vaters wahr, aber eine geschiedene Lebensgefährtin an der Seite des katholischen Ministerpräsidenten in offizieller Funktion? Unmöglich! Wieder einmal fühlte sich Franz Josef Strauß in seiner Freiheit eingeschränkt, wieder einmal rebellierte er dagegen und erwog offenbar, Renate Piller zu heiraten, und zwar mit einer kirchlichen Trauung! Eine Scheidung aber gibt es nach katholischem Kirchenrecht nicht, eine kirchlich geschlossene Ehe kann allenfalls durch die Rota annulliert werden. Renate Piller hat diese Auflösung vermutlich auf Wunsch von Strauß betrieben und auch erreicht. Ihre nur kurze Zeit bestehende, lange zurückliegende Ehe wurde für ungültig erklärt. Die Heiratsabsicht von Franz Josef Strauß löste nicht allein bei seinen Kindern, sondern auch bei den Eingeweihten in der CSU-Spitze Rumoren aus, dafür mochte das katholische Eheverständnis ebenso eine Rolle gespielt haben wie die Verehrung für Marianne Strauß. Doch kam es anders, und vielleicht zögerte Strauß selbst noch, wer weiß.

In das Jahr 1987 fielen nicht allein höchst unterschiedliche Staatsbesuche in Bayern, sondern neben anderen Reisen zwei politisch bedeutsame Reisen von Franz Josef Strauß. So besuchte Papst Johannes Paul II. am 3. Mai 1987 München und Augsburg, was zu einem Triumphzug mit einer großen Messe im Olympiastadion führte, an der der Ministerpräsident selbstverständlich teilnahm. Weniger Begeisterung löste der Staatsbesuch des DDR-Staatsratsvorsitzenden und SED-Generalsekretärs Erich Honecker vom 7. bis zum 11. September 1987 aus, der ihn auch nach München führte – die politische Symbolkraft nach den erfolgreichen deutschland-politischen Aktivitäten von Franz Josef Strauß war unverkennbar, zumal sie durch den Empfang, den der Ministerpräsident im Antiquarium der Residenz gab, unterstrichen wurde. Und schließlich brach Franz Josef Strauß zu seiner fünften Reise nach China am 11. bis 16. Oktober auf, wodurch er nicht nur seine Reisediplomatie fortsetzte, sondern gleicher-maßen seine guten persönlichen Beziehungen zur chinesischen Führung wie diejenigen des Freistaats zu China unterstrich. Den Höhepunkt bildete freilich sein Besuch beim Kreml-Chef Gorbatschow Ende Dezember 1987.

Der Besuch Honeckers[401] fiel insofern unter neue deutschlandpoliti-sche Auspizien, als die SPD mit der SED nach mehrjähriger Beratung der Grundwertekommission der SPD unter Leitung von Erhard Eppler mit einer Abordnung von Mitgliedern der Akademie der Wissenschaften der DDR im August 1987 ein gemeinsames »Strategiepapier« beider Parteien beschlossen hatte, in dem eine gleichberechtigte Zusammenarbeit verein-bart wurde.[402] Dieses »Strategiepapier« verließ die bisherige, immer noch gemeinsame Basis der demokratischen Parteien in der Bundesrepublik, weil es nicht mehr nur um pragmatisch orientierte Verhandlungen zur Verbesserung der innerdeutschen Situation ging, sondern um eine Zu-sammenarbeit in der Sache, als ob die SED eine demokratische Partei sei wie jede andere, die DDR ein Staat wieder jeder andere. Besonders gravie-rend war der vereinbarte »Verzicht auf Versuche, sich unmittelbar in die praktische Politik in anderen Staaten einzumischen«, eher selbstverständ-lich der Hinweis auf den »friedlichen Wettbewerb der Systeme, ein Wett-bewerb, der sich im Rahmen der erarbeiteten Regeln hält und eine Kultur des politischen Streits ... einschließt.« Geradezu skandalös erschien im Vergleich zum bisherigen deutschlandpolitischen Grundkonsens der bundesdeutschen Parteien die Unterstellung prinzipieller Gleichwertigkeit der Systeme, die darin zum Ausdruck kam, dass SPD und SED von der grundsätzlichen Reformfähigkeit »beider Systeme« ausgingen. Eine solche Verwischung der fundamentalen Differenz von Demokratie und Diktatur wäre Franz Josef Strauß so wenig in den Sinn gekommen wie der Verzicht darauf, sich verbal – oder im Verhandlungswege – in die Politik der DDR »einzumischen«. Natürlich ist es wohlfeil, dieses Strategiepapier im Lichte der Erfahrung des gut zwei Jahre später erfolgenden Zusammenbruchs der DDR illusionär oder gar lächerlich zu finden. Doch reicht die Perspektive des Jahres 1987 selbst, um in diesem Papier die Aufgabe unverzichtbarer demokratischer – und deutschlandpolitischer – Positionen zu sehen.

Doch auch der Aufenthalt Honeckers in München war nicht frei von problematischen Aspekten. Zwar verwunderte der Besuch als solcher nach den Verhandlungen von Strauß mit der DDR-Führung seit 1983 nicht, doch irritierte selbst Parteifreunde, dass der Ministerpräsident Honeckers Auftritt in München gegenüber dem Bonner Protokoll steigerte und ihn mit den Ehrenbezeugungen für ein Staatsoberhaupt empfing. Honecker legte größten Wert auf Gleichberechtigung und empfand den Staatsbesuch in der Bundesrepublik »als Krönung seiner Laufbahn«.[403] Der Empfang, den ihm Strauß in München bereitete, lag zwar in der Logik seiner erfolgreichen Deutschlandpolitik, besaß aber doch etwas Anstößiges, weil Honecker eben nicht als ausländisches Staatsoberhaupt gelten konnte, weil die DDR zwar als zweiter deutscher Staat, nicht aber als Ausland anerkannt wurde. Wie sagte doch einst Willy Brandt: Es existieren zwar zwei Staaten auf deutschem Boden, doch sind sie füreinander nicht Ausland, »ihre Beziehungen können nur von besonderer Art sein«! Strauß selbst betonte wiederholt, man brauche gerade ihn nicht über den wahren Charakter kommunistischer Diktaturen zu belehren, ihm komme es darauf an, innerhalb Deutschlands ein erträgliches Nebeneinander zu schaffen, solange die deutsche Frage nicht gelöst sei. Auch erwähnte er, dass selbst Papst Johannes Paul II. Honecker 1985 im Vatikan empfangen hatte. Insofern wollte auch Strauß Honecker den protokollarischen Gefallen tun, getreu der von ihm seit 1983 verfolgten Maxime: Wenn wir es geschickt anstellen, die DDR-Führung nicht in eine Trotzecke drängen, nicht vorher demonstrativ Forderungen erheben, eine gewisse Umarmungsstrategie praktizieren, erreichen wir mehr. Und was zählte gegenüber einer solchen pragmatischen Politik – die nachweislich großen Erfolge von Strauß, die die DDR in größere Abhängigkeit von der Bundesrepublik gebracht hatten, oder das völkerrechtlich und staatsrechtlich betrachtet übertriebene Protokoll des Besuchs? Eine solche Argumentation unterschätzt indes, welch unverzichtbare Rolle die deutschlandpolitische Rechtswahrung besaß, zu der Strauß mit der Klage vor dem Bundesverfassungsgericht 1973 selbst entscheidend beigetragen hatte. War vielleicht doch etwas Eitelkeit im Spiel, als Ministerpräsident des Freistaats einen Aufsehen erregenden Staatsbesuch zu inszenieren?

Franz Josef Strauß selbst betonte, er habe bei seiner Tischrede im Antiquarium Honecker »keine bittere Wahrheit erspart, als ich das Thema der deutschen Teilung, als ich Mauer und Stacheldraht ansprach«. Auch sei seine Tischrede in ganzer Länge in Rundfunk und Fernsehen übertragen und im SED-Zentralorgan *Neues Deutschland* vollständig abgedruckt worden, Honecker habe seine »Ausführungen kommentarlos, also auch ohne Widerspruch« zur Kenntnis genommen. Es mag sein, dass die Ausstrahlung der Tischrede des Ministerpräsidenten die vorher vereinbarte Gegenleistung für das Protokoll gewesen ist, Strauß also eine Güterabwägung zwischen dem Erfolg, argumentativ und informatorisch die DDR-Bevölkerung zu erreichen, und der staatsrechtlich relevanten Symbolik vorgenommen hat. Gegen die sachliche Aussage von Strauß war jedoch nichts einzuwenden, obgleich er zurückhaltender formulierte, als es sonst seine Art war – ganz ohne Diplomatie konnte natürlich eine Tischrede bei solchem Anlass nicht abgehen. Vor laufenden Kameras erklärte Strauß seinem Gast Honecker: »Wir wollen die Einheit der deutschen Nation erhalten. Deshalb ist es unser Bestreben, daß die Menschen ungehindert zueinander kommen und miteinander sprechen können … Tausend Jahre gemeinsamer Geschichte und Kultur können auch durch ideologische Schranken nicht ungeschehen gemacht werden. Wir werden deshalb alles, was in unserer Kraft steht, tun, damit das Bewußtsein von der Einheit der Deutschen Nation bewahrt wird. Die Mauer in Berlin, ein fast vollkommenes Netz von Sperrmaßnahmen, ein Rechtssystem, das den illegalen Grenzübertritt als Verbrechen einstuft – mit der juristischen Folge des Schießbefehls –, der Zwang behördlicher Genehmigung für den Besuch von Eltern, Geschwistern und Verwandten, all das paßt nicht mehr in die neue Phase der weltpolitischen Entwicklung … «[404]

Im Gespräch unter vier Augen besprachen Strauß und Honecker zunächst Sicherheits- und Nachrüstungsprobleme. Wie stets führte Strauß mit präzisen Angaben über Raketenzahl und Reichweiten in die sicherheitspolitische Lage ein, beide Gesprächspartner waren sich einig, dass ein Krieg unbedingt vermieden werden müsse. Die Erde wäre schon nach den ersten Atomschlägen unbewohnbar, bemerkte Strauß und behandelte Abrüstung, doppelte Null-Lösung und andere einschlägige Fragen. Der zweite Teil des Gesprächs galt den deutschlandpolitischen Fortschritten seit ihrem ersten Treffen 1983 sowie den Wünschen, die Strauß für den Kulturaustausch, den Reiseverkehr, die Grenzanlagen, die Präsenz westdeutscher Firmen bei der Leipziger Messe, den Sportverkehr, Städtepartnerschaften, Autobahnbau u. a. m. vortrug. Honecker sagte die Prüfung der Wünsche zu und schloss mit dem Hinweis, dass Strauß seit 1983 durch seine »realistische« und nicht »illusionäre Politik« zu der positiven Entwicklung beitrage.[405]

Die spektakulärste außenpolitische Aktion von Franz Josef Strauß war sicher der überraschende Besuch beim Generalsekretär der KPdSU Michail Gorbatschow im Kreml, der ihn nach längerer Ankündigung am Heiligabend ganz kurzfristig nach Moskau eingeladen hatte – so kurzfristig, dass die Mitglieder der CSU-Führung, die den Ministerpräsidenten begleiteten, völlig überrumpelt waren. Die Reise sollte vom 28. bis 31. Dezember 1987 stattfinden: eine Premiere für Franz Josef Strauß. Alle Kontinente hatte er mehrfach besucht, überall in der Welt die führenden Staatsmänner und außenpolitischen Experten getroffen, doch noch nie war er im Kreml, nie in Moskau gewesen – er war ja »nur bis Stalingrad gekommen«, und das lag 45 Jahre zurück. Breschnew hatte er einst im Schloss Gymnich getroffen, noch nicht aber Gorbatschow. Allerdings hatte er sich intensiv und lange mit der Sowjetunion beschäftigt, als Verteidigungsminister, als Außenpolitiker, als Deutschlandpolitiker und nicht zuletzt als ideologiehistorischer Kenner des Kommunismus. Wie üblich hatte er viel gelesen, sich immer wieder Berichte besorgt. Und seine Prognose über die Zukunft der Sowjetunion, die er seit dem Amtsantritt Gorbatschows 1985 immer wieder geäußert hatte, erwies sich als überraschend hellsichtig – schon zwei Jahre nach seinem Besuch traf sie ein. Mit dem Ende der Sowjetunion rechnete er, aber mit einem so rapiden Ende?

Ungefähr zwei Jahre vor seinem Moskau-Besuch hatte Franz Josef Strauß beim Wahlparteitag der CSU in München im November 1986 einen Satz wiederholt, den er schon öfter gesagt hatte: Der Anfang vom Niedergang des Kommunismus und der Sowjetmacht sei bereits eingetreten, die polnische Frage sei unlösbar, sie könne nur durch eine radikale Änderung des sozio-ökonomischen Systems gelöst werden, doch würde dann »die gesamte Machtkonstellation des sowjetischen Imperiums zusammenbrechen«. Er listete weitere Probleme auf, beispielsweise den Krieg in Afghanistan, der trotz der Opfer nicht zu gewinnen sei, man könne der Sowjetunion nur raten: raus aus Afghanistan. »Die Sowjets und ihre Verbündeten geben einen unverhältnismäßig hohen Anteil am Sozialprodukt für Rüstung aus, für Rüstung, die sich wirtschaftlich nicht rentiert …« Auf dem Feld der Naturwissenschaft und ihrer industriellen Anwendung sei der Westen dem Osten turmhoch überlegen, da die moderne wissenschaftliche Forschung Freiheit der Information und der Diskussion ohne prädeterminierte Zielsetzungen benötige. Die Voraussetzungslosigkeit der modernen Naturwissenschaft könne in einem Zwangssystem, in dem die Ergebnisse die Ideologie rechtfertigen müssen, nicht praktiziert werden.[406]

Und neun Monate vorher hatte er beim Passauer Aschermittwoch am 12. Februar 1986 erklärt: »Der Anfang vom Ende der Weltmacht des Kommunismus hat schon begonnen. Der Einsturz wird nicht erfolgen durch Krieg oder durch Revolution. Aber die Kräfte der Freiheit – sehen Sie nach Ungarn, sehen Sie nach Polen, sehen Sie in den anderen Teil Deutschlands hinüber! Da haben sich Änderungen und Wandlungen abgespielt. Nicht umsonst versucht Herr Gorbatschow die Zügel anzuziehen. Aber auch er ist zum Scheitern verurteilt, weil er eine wesentliche Änderung des inneren Druckes nur erreichen kann, wenn er das System aufgibt und schrittweise durch ein freiheitliches System zu ersetzen bereit ist. So weit sind wir noch nicht. Aber wir sind auf dem Wege dazu.«[407] Die Anschauung galt ihm als Fundament der Erkenntnis, also brannte Strauß darauf, mit dem sowjetischen Parteichef zu reden, der zwar verglichen mit der bis dahin üblichen gerontokratischen Herrschaft als »bunter Vogel« galt, doch trotz aller Einsicht in den Reformbedarf des Sowjetregimes im Käfig des kommunistischen Systems gefangen war. Würde er den von Strauß prognostizierten Weg – und damit dessen Ende – riskieren?

Zunächst aber ging Strauß selbst ein Risiko ein, wagte er doch einen Flug, der am Ende weit riskanter war als anderen Flüge zuvor, bei denen er ebenfalls gelegentlich bis an die Grenze gegangen war. Am 28. Dezember 1987 startete Franz Josef Strauß bei gutem Wetter die Düsenmaschine Cessna Citation II in München-Riem, begleitet von Theo Waigel, Edmund Stoiber, Gerold Tandler, Wilfried Scharnagl, seinem Büroleiter in der Staatskanzlei Gerd Amtstätter, seinem Sohn Franz Georg und dem Coburger Flugunternehmer Heinrich Then, dem die Maschine gehörte, als Kopiloten. Doch der Moskauer Flughafen Scheremetjewo stand wegen Schneetreibens kurz vor der Sperrung. Nebel, Schnee, eine vereiste Piste schlossen eine Landung eigentlich aus – eigentlich. Die Überlegung des Kopiloten, eventuell einen Ausweichflughafen anzufliegen, soll Strauß kurz und knapp, ja dramatisch beantwortet haben: Geht nicht, der Sprit reicht nicht, wir müssen runter.[408] In der Not konnte nur eine fliegerische Meisterleistung die CSU-Führung retten. Franz Josef Strauß vollbrachte sie und beeindruckte schon dadurch seine Gastgeber nachdrücklich. Seine Begleiter dürften noch einige Zeit gezittert haben, er aber war mit sich zufrieden, gut gelaunt, wenngleich auch er unter höchster Anspannung gestanden hatte. Und welcher deutsche oder ausländische Politiker wäre überhaupt in der Lage gewesen, eine Düsenmaschine zu fliegen und sie unter diesen widrigen Umständen sogar zu landen? Doch selbst nach Moskau zu fliegen reizte ihn ungeheuer. Dieses Mal ging es nicht um die Zahl der Flugstunden, die ein Pilot benötigt, um seine Lizenz zu behalten. Und wäre Strauß über Moskau wirklich umgekehrt, wenn der Sprit für den Rückflug gereicht hätte? Jedenfalls erregte der Besuch von Strauß im Kreml großes öffentliches Aufsehen, die dramatische Landung ebenso. Wäre sie nicht lebensgefährlich gewesen, hätte sie als Prolog einer sensationellen Inszenierung erscheinen können.

Und nun folgte zunächst eine fast dreistündige Unterhaltung mit Außenminister Eduard Schewardnadse sowie am nächsten Tag, ebenfalls in Anwesenheit des für Auswärtige Angelegenheiten zuständigen ZK-Sekretärs Anatoly F. Dobrynin, das zweieinhalbstündige Gespräch mit Gorbatschow, über das Strauß eingehend in seinen *Erinnerungen* berichtet.[409] Es ist das letzte Kapitel des Fragment gebliebenen Werkes. Doch verfügen wir auch über das knappe, aber pointierte Urteil Gorbatschows über seinen Gast aus Bayern: »... Selbst mit Franz Josef Strauß, der im Dezember 1987 Moskau besuchte, fand ich eine gemeinsame Sprache. Ich muß in diesem Zusammenhang sagen, daß Strauß, trotz der verbreiteten Klischees, die von unseren Journalisten bis zum Überdruß strapaziert wurden, auf mich einen starken Eindruck machte: ein Mann mit festen Positionen, der aber gleichzeitig die Fähigkeit besaß, umfassend und realistisch die Welt, die Lage in Europa sowie die Rolle der UdSSR und der Bundesrepublik in der Weltpolitik zu bewerten.«[410]

Das in entspannter Atmosphäre geführte Gespräch begann Gorbatschow mit dem Hinweis auf die Veränderungen in der Welt, was allein schon der Besuch von Strauß im Kreml zeige: »Alles ist in Bewegung, so auch in der Sowjetunion.« Das gab dem Altphilologen Strauß die Gelegenheit, auf das Wort des ionischen Naturphilosophen Heraklit hinzuweisen: panta rhei, alles fließt. Nach einigen Reminiszenzen über vermeintliche historische Gesetzmäßigkeiten, wie sie die kommunistische Geschichtstheorie annahm, sowie aktuelle Veränderungen, die Strauß auf die Formel einer »Akzeleration der Geschichte« brachte, in der der »Krieg keinen Platz mehr« habe, diskutierten die beiden Politiker zunächst dieses Thema. Strauß konstatierte: »Krieg ist zwischen den industriellen und hochentwickelten Völkern endgültig vorbei.« Den Grund sah Strauß in der Zerstörungskraft der Nuklearwaffen sowie in der Diagnose, dass der wissenschaftliche und technologische Fortschritt und seine ökonomischen und gesellschaftlichen Folgen den Systemkonflikt entscheiden würden. Doch blieben die Gesprächspartner nicht bei grundsätzlichen oder allgemeinen Aussagen stehen, sondern diskutierten eingehend Abrüstungsschritte in Bezug auf die einzelnen Waffensysteme sowie deren Ungleichgewichtigkeit zwischen der NATO und dem Warschauer Pakt. Strauß lehnte die doppelte Null-Lösung ab, »weil die Nachrüstung der Kurzstreckenraketen durch die Sowjetunion« die Bundesrepublik stärker bedrohte.[411] Dieser Teil des Gesprächs basierte bei Gorbatschow und Strauß auf Kenntnis der strategischen Probleme, der Waffensysteme und der unterschiedlichen Abrüstungsverhandlungen, die sich auf chemische Waffen, auf den INF-Vertrag (Intermediate-Range Nuclear Forces), auf START (Strategic Arms Reduction Talks) und andere einschlägige Themen bezogen.

Stärker als dies heute im öffentlichen Bewusstsein ist, wurden die damaligen Staatsmänner sowohl durch die Erfahrung des Zweiten Weltkriegs, darunter den erstmaligen Einsatz von Atomwaffen 1945 gegen Japan, sowie die je spezifische Situation des Kalten Krieges geprägt. So gab es beispielsweise kaum ein Gespräch zwischen Strauß und Honecker, in dem beide sich nicht mit dem Thema Krieg und der totalen Gefährdung der Menschheit beschäftigten. Immer wieder warnte Strauß vor einer Dominanz militärischen Denkens. Und auch in Moskau predigte Franz Josef Strauß wie seit Jahrzehnten: Die Charakterisierung von Clausewitz, der Krieg sei die Fortsetzung der Politik mit anderen Mitteln, dürfe heute keinesfalls mehr gelten. Wenn es ein durchgängiges Merkmal des sicherheitspolitischen und militärischen Denkens von Strauß gibt, dann entspricht es gewiss nicht seinem Image als Kaltem Krieger. Ganz im Gegenteil zeigen alle Dokumente, dass der von der fünfjährigen Kriegserfahrung lebenslang geprägte Franz Josef Strauß ein Friedenspolitiker war, der militärische Stärke ausschließlich als Instrument sah, durch Gleichgewicht den Krieg zu verhindern, durch Nuklearstrategie Kriegsführung unmöglich zu machen. Natürlich war er Realist genug, um die Gefahr einer Verselbstständigung und Unkontrollierbarkeit der riesigen Waffenarsenale zu fürchten. Gerade deshalb forderte er die Priorität des Politischen gegenüber dem Militärischen in der Verteidigungspolitik. Deshalb klingen manche seiner politischen Maximen zu diesem Thema, die er in Gesprächen mit Gorbatschow, mit Honecker und früher mit Breschnew äußerte, geradezu beschwörend. Und bei seinem Moskauer Treffen mit Gorbatschow fand er einen Gesprächspartner, der in diesen essenziellen Fragen durchaus ähnlich dachte.

Natürlich sprach Franz Josef Strauß auch das Kernthema der Deutschlandpolitik an: »Wir halten an der Einheit der deutschen Nation fest, auch wenn es zur Zeit zwei deutsche Staaten gibt. ... Der Schlüssel für die Wiedervereinigung eines freien Deutschland liegt in Moskau, nicht in Washington.« Das dritte zentrale Gesprächsthema bildete die Reformpolitik Gorbatschows[412], wobei der Generalsekretär Ziele und Probleme von

Perestroika und Glasnost in Wirtschaft und Gesellschaft darlegte. Strauß fragte nach, ob sich beide Vorhaben auch auf die politische Ebene erstrecken würden, worauf Gorbatschow zunächst eher ausweichend antwortete, man dürfe in der Politik kein Abenteurertum betreiben. Dann erwähnte er jedoch die »Demokratisierung der Partei, des Staates und der Gerichte … unter der Losung: Alle Macht den Sowjets«. »Es geht um reale Rechte bei den Neuwahlen des Systems.« Strauß ging sodann auf die hoch entwickelte sowjetische Militärtechnik sowie die Überlegenheit der russischen gegenüber der amerikanischen Raumfahrt ein – ein gewisser Widerspruch zu seiner generellen Bewertung der Überlegenheit des Westens in Naturwissenschaft und Technik. Doch sei die Sowjetunion ohne diese beiden Sektoren praktisch noch ein Entwicklungsland, das im Übrigen bei seinem Handel mit der Bundesrepublik kaum Fertigwaren, dafür aber zu 85 Prozent Erdöl und Erdgas exportiere. Die Sowjetunion müsse eine marktkonforme Warenstruktur entwickeln, was absetzbar sei, entscheide in freien Marktwirtschaften der Verbraucher, nicht der Staat.

Strauß stellte nach eingehender Diskussion fest, er fühle sich darin bestätigt, dass Perestroika und Glasnost russische und keine westlich inspirierten Begriffe seien. Trotz der Freundlichkeit des Gesprächs solle »man sich nicht über die Härte Gorbatschows täuschen. Das ist kein Kompromißler, das ist kein Überläufer, das ist kein Verräter am System.« Und auch die weiteren Einschätzungen von Strauß trafen die damaligen Absichten: »Gorbatschow und die neue politische Führung der Sowjetunion wollen keinen Krieg. Nach innen will man Reformen, aber keine grundsätzliche Änderung des Systems, und man will offenbar Konflikte abbauen. Es ist unsere Pflicht, auf diesem schwierigen Weg zu helfen, mit Augenmaß und Nüchternheit, ohne Illusionen und unter Anlegung der richtigen Maßstäbe. Wer mit westlichen Augen die neue Entwicklung in der Sowjetunion betrachtet und westliche Vorstellungen damit verbindet, wird enttäuscht werden.«[413] Strauß sah die Offenheit der Situation; welcher Weg sich durchsetzen würde, blieb abzuwarten. Die traditionellen Tendenzen der sowjetischen Geschichte, auch ihr militärisches Denken, waren in seinen Augen keineswegs verschwunden, wenngleich es Hoffnung gab. Aufgrund dieser Einschätzung warnte er sowohl vor Pessimismus als auch vor überzogenem Optimismus in Bezug auf die Entwicklung in der Sowjetunion. Franz Josef Strauß war, wie Michail Gorbatschow richtig erkannte, Realist. Wiederum blieb es Strauß versagt, die spätere Entwicklung, auch die seines Gesprächspartners, zu erleben.

Zurück in Bayern ging es wenig später zur traditionellen Klausurtagung der CSU in Wildbad Kreuth, bei der der Ministerpräsident lebhaft und begeistert von seiner ersten Moskau-Reise berichtete und ein positives Bild von Gorbatschow zeichnete. Der KPdSU-Generalsekretär verfüge »über alle notwendigen persönlichen wie fachlichen… Qualitäten, um diese gigantische Aufgabe zu lösen«. Kritisch äußerte sich hingegen der von Theo Waigel, dem Vorsitzenden der CSU-Landesgruppe, eingeladene Henry Kissinger. Er teilte keineswegs die Ansicht seines alten Freundes Strauß, dass Gorbatschow dem Gedanken der kommunistischen Weltrevolution abgeschworen habe, berichtet Friedrich Voss. Strauß habe jedoch alle kritischen Nachfragen seiner Parteifreunde zu seiner Einschätzung der Politik Gorbatschows entkräften können.[414]

Wenngleich auch landespolitische Themen anstanden, blieben für den Ministerpräsidenten die internationalen Beziehungen aktuell. So brach Strauß kurz nach der Klausurtagung am 19. Januar zu einer zehntägigen Reise nach Südafrika auf, drei Tage nach der Rückkehr stand er am 3. Februar bereits wieder am Rednerpult des Bayerischen Landtags und attackierte den Zentralismus der EG-Kommission, die eine Papierlawine auslöse und Zuständigkeiten usurpiere. Der Zentralismus, der sich als staatliche Organisationsform überlebt habe, dürfe nicht über die Hintertreppe via Brüssel wieder ins Haus kommen.[415]

Südafrika gehörte zu den Ländern, die Franz Josef Strauß wiederholt aufsuchte, dafür aber regelmäßig kritisiert wurde, weil es sich um Reisen zu einem Apartheid-Regime handelte, dessen Grundprinzip die Rassentrennung war. Persönlich gute Kontakte zu Präsident Pieter Willem Botha, aber auch zu Außenminister Roelof Frederik »Pik« Botha pflegte er seit Langem, allerdings sparte er dabei die Verletzung von Menschenrechten nicht aus und führte auch Gespräche mit Vertretern der Oppositionspartei ANC (African National Congress). So setzte sich Strauß beispielsweise für die Freilassung Nelson Mandelas ein, was dieser später bestätigte.[416] Franz Josef Strauß äußerte sich am 2. Februar 1988 vor der Bundestagsfraktion der CDU/CSU zum Fall Mandela. Zwar sah er Nelson Mandela aufgrund vorheriger Beteiligung an Bombenanschlägen kritisch, doch habe er zu Staatspräsident Botha gesagt: »Ohne Freilassung Mandelas können Sie keine sinnvollen Verhandlungen mit den Schwarzen aufnehmen.« Strauß, der in Südafrika auch mit ANC-Führern gesprochen hatte, die wie Buthelezi auf Gewaltlosigkeit setzten, erklärte Botha weiter: Die »Freilassung von Mandela, für die auch Buthelezi sich bei mir besonders heftig eingesetzt hat… ist halt eine politische Notwendigkeit.«[417] Strauß sprach sich in Südafrika auch gegen die Apartheid-Politik aus, »deren erklärter Feind ich schon aufgrund meiner christlichen Überzeugung bin«.[418] Botha habe ihm schriftlich die Freilassung von 14 politischen Gefangenen garantiert.

Auch engagierte Strauß sich in anderen Regionen Afrikas. So entwarf er beispielsweise handschriftlich in englischer Sprache einen Friedensplan zur Transformation Rhodesiens in Zimbabwe, den er dann im Sommer 1977 an den damaligen rhodesischen Ministerpräsidenten Ian Smith sandte. Strauß' Leitfrage lautete: »My question and proposal is: It is possible to establish an alliance between conservative black leaders and the white element, to maintain the admirable performances of Rhodesia and to develop the country into a peaceful future?«[419] Seine Gespräche in Südafrika galten unter anderem einem Export von U-Booten – ein Geschäft, über das seit 1984 verhandelt worden und zwischen dem Auswärtigen Amt und Strauß strittig war. Eine Ausfuhrgenehmigung des Bundessicherheitsrats wurde jedenfalls nicht erteilt. In solchen Fällen zeigten sich dann doch die Grenzen seines Einflusses. Da er nicht Mitglied der Bundesregierung war, gehörte er solchen Gremien nicht an und konnte seine Wünsche nicht selbst vorbringen, weshalb er sie meist dem Bundeskanzler, gelegentlich den betreffenden Bundesministern mitteilte – selten aber denen der FDP, handelte es sich doch vor allem beim Auswärtigen Amt um deren Domäne. In diesem Fall hatte Franz Josef Strauß schon im Juli 1984 bei einer der gemeinsamen Wanderungen Helmut Kohl den Alternativvorschlag einer großen und einer kleinen Lösung gemacht: Entweder liefere man die U-Boote selbst, wofür er sich aussprach, oder die Produktionspläne und Blaupausen für die U-Boote, was natürlich einen erheblich geringeren Auftragswert bedeute. Strauß argumentierte in solchen Fällen weniger militärstrategisch als ökonomisch und mit dem Verlust von Arbeitsplätzen.

Doch scheiterte das Vorhaben schließlich am Widerstand Hans-Dietrich Genschers sowie an der öffentlichen Auseinandersetzung, die 1987 mit der zunächst ergebnislosen, dann in der folgenden Legislaturperiode erneuten Einsetzung eines parlamentarischen Untersuchungsausschusses endete.[420] Den Antwortentwurf von Außenminister Genscher auf eine Große Anfrage der Grünen im Bundestag lehnte Strauß in einem Telegramm an Kohl entschieden ab, er entspreche zwar Genschers Wunsch, eine Kontinuität seiner Außenpolitik über den Koalitionsbruch von 1982 hinaus zu konstruieren, jedoch keiner Koalitionsvereinbarung der jetzigen Regierung. Dabei bezog sich der CSU-Vorsitzende nicht allein auf Südafrika, sondern zugleich auf die Namibia-Politik. Unter anderem missfiel Strauß »die undifferenzierte Verurteilung der Militäraktionen Südafrikas in Angola … in den mir bekannten Teilen des Antwortentwurfs fehlt jedes Wort über die kubanischen Söldner in Angola wie wohl auch insgesamt über die Verbrechen der SWAPO«. Die Beschlussvorlage sei außerdem unvereinbar mit der von ihm geforderten »Wiedererrichtung eines deutschen Konsulats in Windhoek und deutscher Entwicklungshilfe zur Vorbereitung Namibias auf die Entlassung in die Unabhängigkeit«.[421]

Genscher fand Strauß' Südafrikapolitik »reaktionär«, geriet – nur ein einziges Mal, wie er betont – mit ihm heftig aneinander, obwohl beide in der bayerischen Landesvertretung mit Helmut Kohl gerade noch gemütlich beim Wein zusammengesessen hätten. Der Außenminister gab sich arrogant und holte nach eigener Darstellung zum Gegenschlag aus: »›Herr Strauß, Sie müssen sich endlich angewöhnen, nicht nur den *Bayernkurier* zu lesen, wenn Sie weltpolitisch mitreden wollen‹ – eine gewiss ungehörige Bemerkung. Er sprang auf, ich erhob mich ebenfalls. Drohend stand er mir gegenüber. Bundeskanzler Kohl packte seine Pfeife in die Tasche und meinte: ›Wenn sich die Sache hier so entwickelt, möchte ich lieber gehen‹… und war verschwunden. Daraufhin sagte ich: ›Herr Strauß, warum sollen wir weitermachen, wenn der nicht mehr zusieht?‹ Das fand Strauß großartig; er lachte, die Luft war raus. Wir ließen uns noch ein Bier und einen Schnaps kommen.«[422] Eine schöne Anekdote, sollte sie nicht stimmen, wäre sie jedenfalls gut erfunden und trifft so oder so einen Charakterzug von Franz Josef Strauß. Und Genscher bestätigte im gleichen Atemzug durchaus die Verdienste von Strauß. Er sei eine »der anerkanntesten Persönlichkeiten der deutschen Nachkriegspolitik« – dem als Verteidigungs-, Finanzminister und Ministerpräsident ein »Platz in der Geschichte Nachkriegsdeutschlands« sicher sei.

Das Südafrika-Engagement von Strauß war jedoch nicht allein von strategischen oder regionalpolitischen Überlegungen geleitet, sondern vielmehr von handfesten bayerischen Wirtschaftsinteressen. Als die EG-Länder Sanktionsmaßnahmen gegen die weiße Minderheitsregierung beschlossen, die Großbritannien ablehnte und die auch in der Bundesrepublik auf Skepsis stießen, beklagte sich Strauß wieder einmal beim Bundeskanzler: Das Auswärtige Amt sei von der vereinbarten Linie abgewichen, und der Bundesaußenminister habe sogar eine Kündigung des Kulturabkommens mit Südafrika angekündigt. Schließlich sehe Genscher restriktive Regelungen für den Export von nichtmilitärischen oder paramilitärischen Gütern vor. »Das würde bedeuten, daß z.B. MBB seine Zusammenarbeit mit Südafrika auf dem Gebiet des Hubschrauberbaues aufgeben, BMW für seine PKW-Produktion seine Motoren nicht mehr bestellen dürfte usw. 70 bis 80 v. H. der Belegschaft bei BMW (Pretoria) sind z. B. nicht Weiße, sondern Farbige und Schwarze.« Außerdem wandte sich Strauß scharf dagegen, die »uralte historische Zusammenarbeit, die auch die Einfuhr deutscher Kulturgüter nach Südafrika einschließt«, abzubrechen.[423]

Die Reisen von Franz Josef Strauß in andere Staaten und Kontinente stießen nicht allein im Auswärtigen Amt gelegentlich auf Irritationen, sondern erregten besonders dann öffentliches Interesse oder Kritik seiner politischen Gegner, wenn er Diktatoren besuchte, beispielsweise in Chile General Pinochet. Doch handelte es sich bei solchen Treffen nicht um politische Sympathiebekundungen. Seine Visiten galten ebenso kommunistischen Diktatoren des Ostblocks wie Militärdiktaturen Lateinamerikas. Strauß stimmte wohl mit dem Willy Brandt zugeschriebenen Wort überein: Wenn die Bundesrepublik nur mit Demokraten diplomatische Beziehungen pflegen wolle, könne sie zwei Drittel ihrer Botschaften in anderen Staaten schließen. Franz Josef Strauß sah solche Gespräche als Teil der Realpolitik, zugleich dienten sie dem Zweck, sich vor Ort Informationen zu verschaffen. Und nicht zu vergessen: Häufig drang Strauß bei seinen Gesprächspartnern auf die Freilassung politischer Häftlinge, wie er das auch in Südafrika getan hatte. Dort zählte er zu den nicht sehr zahlreichen ausländischen Staatsmännern, die Vertrauen auf beiden Seiten genossen. Aber waren diejenigen seiner Kritiker konsequent, die zwar Besuche bei »rechten« Diktatoren bemängelten, sie bei »linken« Diktatoren aber normal fanden?

Wie wenig sich die außenpolitischen Überlegungen von Franz Josef Strauß auf politische, militärische oder wirtschaftliche Sektoren reduzieren lassen, zeigt unter anderem eine Grundsatzrede, die der Ministerpräsident am 12. Juni 1986 im Goethe-Institut in München hielt und die er sowohl dem Bundeskanzler als auch dem Außenminister zuleitete. Sie hatte »die längst fällige Kurskorrektur in der auswärtigen Kulturpolitik« zum Ziel, wie er an Kohl schrieb.[424] Bei Genscher, den er an seine Verantwortung für diesen Bereich der Außenpolitik vor und nach 1982 erinnerte, beklagte er sich über die wissentliche Verdrehung seiner Ausführungen im Deutschen Bundestag am 20. Juni 1986. Im Übrigen mache Genscher so weiter, als habe es den Koalitionswechsel 1982 nicht gegeben. Er zitierte Genscher, der das ungehinderte Auftreten von Künstlern und Literaten, beispielsweise von Heinrich Böll und Günter Grass, als »Zierde für eine freiheitliche Demokratie und einen Kulturstaat« bezeichnet hatte. Strauß kommentierte diese Bemerkung, es verstehe sich von selbst, dass er Genscher darin »voll zustimme – allerdings mit einigen Anmerkungen«. Er bot dann eine Blütenlese von Zitaten, die er zutreffend als politische und nicht künstlerische bezeichnete und die das Ansehen der Bundesrepublik im Ausland schädigen würden. So habe etwa Heinrich Böll die Bundesrepublik Deutschland als »trauriges Land ohne Trauer« bezeichnet, er habe »dort, wo der Staat gewesen sein könnte oder sollte, nur einige Reste von Macht erblickt, die mit rattenhafter Wut verteidigt werden«. Peter Handke habe erklärt, Deutschland »lasse ihn an einen Kadaver denken, an eine von einem Erdbeben verwüstete Gegend«. Schließlich bezeichnete Hans Magnus Enzensberger die Bundesrepublik als »jenseits aller Reparatur«. Solche gegen die Bundesrepublik gerichteten Äußerungen erlaubten es den politisch Verantwortlichen nicht mehr, sie »in die Zuständigkeit der Literaturwissenschaft zu verweisen!«.

Strauß' Kritik beschränkte sich indes nicht auf einzelne Veranstaltungen in den Goethe-Instituten, vielmehr kritisierte er die thematische Verengung: »Die deutsche Literaturgeschichte scheint – von wenigen Ausnahmen abgesehen – in den Goethe-Instituten erst mit Bertolt Brecht, die deutsche Geschichte erst 1920 zu beginnen. Die historischen Veranstaltungen haben fast ausschließlich die Zeit der nationalsozialistischen Herrschaft und die Jahre unmittelbar davor zum Thema. Unausbleiblich werden so Selbstbezichtigung und Selbstmitleid als ›typisch deutsche Gefühlsregungen‹ das Bild bestimmen, das sich Ausländer von den Bürgern der Bundesrepublik Deutschland machen.«[425] In der Rede selbst ging Franz Josef Strauß systematisch, fast enzyklopädisch vor und behandelte unter anderem die historische Entwicklung und den politischen Stellenwert der Auswärtigen Kulturpolitik, nicht weniger eingehend aber das Verhältnis von Staat und Kultur sowie Personalprobleme und die UNESCO.[426]

Strauß nahm weiterhin seine vielfältigen Aufgaben wahr, redete im In- und Ausland, schrieb Briefe an den Bundeskanzler, hielt Grundsatzreferate, wie beispielsweise am 24. September 1988 im bulgarischen Varna über »Perspektiven der Ost-West-Wirtschaftsbeziehung«. Bei dem Rückflug ereignete sich aufgrund eines technischen Defekts in der von ihm gesteuerten Maschine in etwa 10 000 Metern Höhe ein plötzlicher Druckabfall mit schlagartigem Sauerstoffverlust, den Strauß nur durch einen sofortigen Sinkflug bis auf 3000 Meter abfangen konnte: Ohne seine blitzschnelle Reaktion wäre es fast zur Katastrophe gekommen.[427] Da er seit Monaten unter Herz-Kreislauf-Problemen litt, machten sich seine Kinder schon seit Langem Sorgen, rieten zu einer Kur und zum Abnehmen. Auch während des gemeinsamen Urlaubs, den die Familie wie üblich im August in Les Issambres verbrachte, erholte sich Franz Josef Strauß nicht wirklich. Der Stress beim Rückflug von Varna dürfte ihm stärker zugesetzt haben, als er sich anmerken ließ.[428] Aber nicht nur solch strapaziöse Reisen mutete sich Strauß in seinem letzten Lebensjahr weiterhin zu, auch in Bayern war er aus politischen, repräsentativen oder auch privaten Anlässen viel unterwegs.

Trotz seiner ungebrochenen Mobilität glaubten manche Beobachter nach inzwischen 43-jähriger aufreibender, scheinbar omnipräsenter politischer Aktivität bei Franz Josef Strauß Verschleißerscheinungen wahrzunehmen, nachlassende Führungskraft zu erkennen. Anzeichen dafür gab es. So herrschte allgemeine Verwunderung, dass Strauß den schwer erkrankten Wirtschaftsminister Anton Jaumann, früher eine der Stützen des Kabinetts und bereits seit 1970 im Amt, nicht ablöste, bis dieser selbst am 14. Juni 1988 zurücktrat. Nachdem der Ministerpräsident den Fraktionsvorsitzenden Gerold Tandler als Nachfolger wieder ins Kabinett geholt hatte, musste ein neuer Vorsitzender der CSU-Landtagsfraktion gefunden werden. Die Fraktion wünschte Alois Glück, der seit 1986 Staatssekretär im Umweltministerium war. Obwohl er nicht sein Lieblingskandidat war, schlug Strauß ihn schließlich selbst vor: Glück wurde mit 102 von 119 abgegebenen Stimmen gewählt.[429] Dieser Vorgang galt als Schwächezeichen, gingen die Beobachter doch davon aus, dass Strauß früher seinen eigenen Kandidaten durchgesetzt hätte. Doch scheint er sich überhaupt nicht auf einen eigenen Kandidaten festgelegt zu haben.

Und schließlich ließ sich der Ministerpräsident durch seine Flugleidenschaft und seinen nachhaltigen Einsatz für die Flugindustrie hinreißen, sich für die Steuerbefreiung von Flugbenzin einzusetzen, was in seiner eigenen Partei auf erhebliche Vorbehalte stieß und sein Staatskanzlei-Chef Edmund Stoiber für nicht durchsetzbar hielt. Nachdem die sozialliberale Koalition 1981 die Einführung der Mineralölsteuer beschlossen hatte, die etwa 30 000 Privat- und Geschäftsflieger betraf, sann Strauß darauf, sie wieder rückgängig zu machen. Die Gelegenheit bot sich, als Pläne einer Steuerreform im Bund wenigstens partiell realisiert werden sollten, wozu auch Strauß seit vielen Jahren immer wieder Vorschläge gemacht hatte. Er setzte in diesem Fall seinen Wunsch für die Regierungsvorlage der Bundesregierung durch. Da jedoch damit Steuerausfälle in Millionenhöhe verbunden waren, andererseits aber Sozialleistungen gestrichen wurden, liefen auch in der Union Sozialpolitiker Sturm. Das war populär, weil die Besteuerung des Flugbenzins für Privat- und Geschäftsflieger als »Reichensteuer« galt. Wohl das erste und einzige Mal geriet der Ministerpräsident unmittelbar vor der Sondersitzung des Bayerischen Landtags am 5. Juli 1988, die die Opposition beantragt hatte, lautstark mit der CSU-Landtagsfraktion aneinander: Er musste schließlich nachgeben und einem Kompromiss zustimmen, der weiterhin eine Besteuerung der Hobbyflieger, nicht aber der gewerblichen Luftfahrt vorsah.[430] Wenngleich es sich hier eher um einen Nebenschauplatz handelte und nicht wie im Fall des Fraktionsvorsitzes um eine personalpolitische Machtfrage, galt doch das Vorpreschen von Strauß gegen die von ihm sogenannte Bagatellsteuer als Zeichen dafür, dass ihn sein politischer Instinkt verlassen hatte. Das traf für dieses Beispiel sicher zu, andererseits konnte daraus schon deshalb kein generelles Urteil abgeleitet werden, weil er schon früher gelegentlich zu vergleichbaren Spontanreaktionen neigte und dann regelmäßig Kompromisse aushandelte. Jedenfalls meinte der eine oder andere CSU-Abgeordnete, bei Strauß sei inzwischen die »Summe seiner Nachteile größer als die Summe seiner Vorteile«, was offensichtlich bei ihm selbst Rückzugsgedanken provozierte.[431] Solche kurzzeitigen Anflüge kamen allerdings ebenfalls schon früher vor, wenn er sich kräftig ärgerte.

Ungewöhnlich waren unterschiedliche Auffassungen zwischen der

CSU-Landtagsfraktion oder der Staatsregierung und dem Parteivorsitzenden ohnehin nicht, weder bei Personalien noch bei Sachfragen. Ein Beispiel aus den 1970er-Jahren, als er noch in Bonn war, bildete die Gebietsreform, über die sich noch der alte Strauß in seinen *Erinnerungen* aufregte. Neben administrativen Mängeln beklagte Franz Josef Strauß vor allem den »unhistorischen Sinn«, mit dem sie betrieben worden sei. So warf er sogar den eigenen Mannen vor, gelegentlich »bemerkenswerte, instinktlose Fehlentscheidungen getroffen« zu haben. Der zu Zeiten Willy Brandts und durch diesen befeuerte »Reformwahn« sei selbst an Bayern nicht spurlos vorübergegangen. Das Wort Reform sei »zu einer Art pseudotheologischer Beschwörungsformel geworden, zu einem rituellen Symbol«. So habe man unter »dem Druck einer reformeuphorischen Bürokratie« den traditionsreichen oberbayerischen Landkreis Wasserburg am Inn aufgelöst, die alte fränkische Bischofsstadt Eichstätt sowie das schwäbische Neuburg an der Donau Oberbayern zugeschlagen und weitere vergleichbare Fehler gemacht. »Ich habe in meiner Partei unzählige Male gesagt, daß man zwar eine natürliche Weiterentwicklung betreiben und den Anforderungen der modernen Zeit durch eine vorwärtsgerichtete Politik Rechnung tragen müsse, daß man sich aber von der krankhaften Reformsucht der SPD nicht anstecken lassen dürfe.«[432]

Doch sogar die CSU war vom Zeitgeist nicht frei, und auch Strauß selbst muss unter den Voraussetzungen seiner Zeit, nicht der unseren beurteilt werden. Doch zeichnet ihn stärker als die meisten Politiker dieser Jahrzehnte zugleich die Rebellion gegen die Zeitgeister aus, selbst von ihnen wollte er sich die Freiheit des Denkens und Handelns nicht diktieren lassen. So verband er auf singuläre Weise Traditionalität und Modernität und ist nicht zuletzt deshalb in die üblichen Kategorien wie »konservativ« oder »fortschrittlich« schwer einzuordnen. Der ungebrochene und nicht zu brechende Freiheitsdrang, das rebellische Wesen von Franz Josef Strauß führt ebenso in das Rätsel seiner Individualität wie die schier überbordende Vitalität, Emotionalität, Rationalität, Intellektualität, die allesamt, so widersprüchlich sie sein mögen, seine Herrschernatur kennzeichnen. Alles unvereinbar? Eigentlich ja, doch die vielen Charakterzüge, die dann doch eine Einheit bilden, machen den Reiz der Persönlichkeit von Franz Josef Strauß aus und erklären die so gegensätzlichen Reaktionen, die er bei seinen Zeitgenossen – bis heute – hervorruft: Von Hass bis zu Liebe und Verehrung reicht die Skala.

Als Franz Josef Strauß nicht lange vor seinem Ende das Kapitel seiner *Erinnerungen* »Bayern und die CSU« diktierte, streifte er die personelle Zukunft seiner Partei. Er habe immer darauf geachtet, hervorragende politische Nachwuchskräfte heranzuziehen, um so die Kontinuität über seine eigene Amtszeit hinaus zu sichern: Tatsächlich gehört diese Absicht selten zu den Fähigkeiten großer Männer, schon gar nicht jenen von Machtmenschen – Strauß hatte sie, so wenig er sonst in der Wahl seiner privaten Freunde immer große Menschenkenntnis bewies. In Moskau stellte er den russischen Gastgebern seine Delegation mit der launigen Bemerkung vor: Von afrikanischen Potentaten habe er gelernt, man solle potenzielle Nachfolger auf Auslandsreisen stets mitnehmen, dann könnten sie zu Hause keinen Umsturz anzetteln.[433] Einer allerdings fehlte, den er in seinen *Erinnerungen* neben den anderen Kandidaten ebenfalls nannte: Max Streibl. Obwohl Strauß wohl die Absicht hatte, 1990 nochmals zu kandidieren, beschäftigte ihn offenbar die Nachfolgefrage. War er von Vorahnungen heimgesucht? Und schließlich hatte er seit einiger Zeit begonnen, *Erinnerungen* zu diktieren, der Rückblick begann ihn also stärker zu beschäftigen als früher. Zwar spielten auch davor prägende Lebenserfahrungen mit, doch verband er sie in der Regel mit dem Blick des erklärenden und interpretierenden Historikers. Obwohl das Werk unvollendet blieb, vorzeitig abgebrochen wurde, wie manches in seinem Leben, handelt es sich doch um ein bedeutendes persönliches Zeugnis der politischen Literatur, naturgemäß aus seiner Sicht, aber doch die eigenen Motive ebenso bloßlegend wie komplexe politische Einsichten prägnant und reflektiert entfaltend. Als Glücksfall erwies sich, dass sein »politisch-literarisches Alter ego«, Wilfried Scharnagl, der zahllose Strauß-Reden und -Artikel gesammelt und herausgegeben hat, nach dem Tod des Bayerischen Ministerpräsidenten die umfangreichen Diktate in einer Form redigierte, die einen authentischen Strauß-Text schuf, in der aus jeder Zeile Franz Josef Strauß spricht: »Was ich denke, schreibt Scharnagl, und was Scharnagl schreibt, sage ich.«[434]

Das Ende

Samstag, 1. Oktober 1988: Franz Josef Strauß besucht gemeinsam mit Bundesverteidigungsminister Rupert Scholz das Oktoberfest. Rupert Scholz, bedeutender Staatsrechtslehrer und erfahrener Berliner Justizsenator, war von Helmut Kohl nach vertraulicher Absprache mit Franz Josef Strauß einige Monate vorher, am 18. Mai 1988, als Nachfolger für den zum NATO-Generalsekretär ernannten Manfred Wörner berufen worden. Doch traf er nicht allein in dem höchst komplizierten Verteidigungsministerium, sondern auch bei Konkurrenten in der CDU-Fraktion auf Probleme. Flugunfälle bei Flugschauen, für die er keine persönliche Verantwortung trug, kamen später hinzu. Wer konnte seine Lage besser nachvollziehen als Franz Josef Strauß, auch wenn die eigene Amtszeit in diesem Ministerium nun bereits 26 Jahre zurücklag? Jedenfalls war Strauß bereit, seinem späteren Nachfolger mit Rat und Unterstützung zur Seite zu stehen. Wenngleich Besuche des Oktoberfests zu den Pflichtterminen eines Bayerischen Ministerpräsidenten gehören, aber normalerweise gern wahrgenommen werden, was bei Franz Josef Strauß naheliegt, verband er also auch in diesem Fall die bayerische Folklore mit dem dienstlichen Anlass, trank aber, wie sich Rupert Scholz erinnert, keinen Alkohol. Danach wollte er einem ungeteilten Vergnügen, seiner Jagdleidenschaft, nachgehen und folgte einer Einladung von Johannes Fürst von Thurn und Taxis in dessen Jagdrevier bei Regensburg. Dorthin ließ sich Strauß nachmittags mit dem Hubschrauber bringen.

Kaum war er in den Wagen gestiegen, um zur Jagd zu fahren, wollte Strauß noch kurz warten: Der Flug sei etwas anstrengend gewesen, sagte er dem Fahrer. Plötzlich brach er zusammen. Wiederbelebungsversuche durch das Personal sowie einen herbeigerufenen Notarzt halfen nichts, mehrere Rippen wurden ihm dabei gebrochen. Ein Rettungshubschrauber flog ihn in das Krankenhaus der Barmherzigen Brüder in Regensburg, doch trotz der dortigen Notoperation erlangte Franz Josef Strauß das Bewusstsein nicht wieder, er starb zwei Tage später am 3. Oktober 1988. Die Diagnose lautete »akutes Herz-Kreislauf-Versagen«. Hätte man ihn wiederbeleben können, wäre das vermutlich für ihn eine Katastrophe gewesen, da die Ärzte aufgrund der Unterversorgung seines Gehirns mit Sauerstoff nach seinem Zusammenbruch bleibende, sehr schwere geistige Behinderungen befürchteten.[435] Einen derart behinderten Franz Josef Strauß kann man sich nicht vorstellen, aber auch schon schwere Einschränkungen dieses so aktiven Lebens hätten einen schaurigen Kontrast gebildet. Strauß als passiver Greis? Unmöglich. Bange Hoffnungen knüpften sich an jede Nachricht, die an diesen zwei Tagen aus dem Regensburger Krankenhaus drang – doch vergeblich.

Die Menschen waren geschockt, nicht nur in seiner Heimat. Bayern ohne Franz Josef Strauß konnte sich kaum jemand vorstellen. Die Teilnahme am Tod des Bayerischen Ministerpräsidenten überwältigte alle, an der Autobahn von Regensburg nach München, auf der sein Leichnam überführt wurde, säumten Trauernde mit Kerzen an vielen Abschnitten, an Brücken und Parkplätzen seinen Weg. Im Prinz-Carl-Palais, seinem repräsentativen Amtssitz, wurde er aufgebahrt, auch dort nahmen Tausende Abschied. Nach der Trauersitzung des Bayerischen Landtags folgte das Requiem in der Münchner Frauenkirche. Joseph Kardinal Ratzinger, zeitweilig Erzbischof von München und Freising, hielt später bei der Beisetzung in der Familiengruft eine bewegende Predigt mit den immer wieder zitierten Worten: »Wie eine Eiche ist er vor uns gestanden, kraftvoll, lebendig, unverwüstlich, so schien es, und wie eine Eiche ist er gefällt worden.«

Nach dem Staatsakt in der Münchner Residenz zogen sechs mit weiß umrandeten schwarzen Decken behängte Pferde den Sarg über die Ludwigstraße durch ein Spalier Zehntausender, die um Franz Josef Strauß trauerten. Der Zug führte bis zum Siegestor an der Leopoldstraße in seinem Schwabing, in dem er 73 Jahre vorher geboren worden war, wo er studiert hatte, von wo er in die Welt hinausgegangen, doch stets zurückgekehrt war. Seine Kinder Monika, Max, Franz Georg und seine inzwischen 81-jährige Schwester Maria, die sich ein Leben lang um seine Gesundheit gesorgt hatte, schritten hinter dem Sarg, danach folgte die gesamte Bundesregierung, an ihrer Spitze Bundeskanzler Helmut Kohl. Etwa 2000 Trauergäste gaben Franz Josef Strauß das letzte Geleit, darunter zahlreiche Ministerpräsidenten, Bischöfe, Würdenträger aus allen Lebensbereichen und natürlich Symbole bayerisch-österreichischer Tradition – Hunderte von Trachtenvereinen, Landsmannschaften, 41 Kompanien mit 1400 Gebirgsschützen, darunter die Tiroler, deren Ehrenmitglied er war. Das Ehrenspalier für den toten Ministerpräsidenten zählte insgesamt 3600 Personen. Für keinen König konnte es großartigere Trauerfeierlichkeiten geben. Die einfühlenden Trauerreden von Bundeskanzler Helmut Kohl, Bundespräsident Richard von Weizsäcker sowie Kardinal Ratzinger führten noch einmal die unverwechselbare Persönlichkeit von Franz Josef Strauß vor Augen.[436] Vom Siegestor wurde der Leichnam nach Rott am Inn überführt, wo er neben seiner Frau Marianne in der Familiengruft der Zwicknagls beigesetzt wurde.

»Tod und Verklärung« überschrieb Rudolf Augstein seinen Nachruf. Seit Jahrzehnten hatte er wie kein Zweiter Franz Josef Strauß publizistisch bekriegt und war wohl doch von Strauß fasziniert. Die Trauerfeierlichkeiten gerieten nicht allein durch das monarchisch anmutende Zeremoniell so eindrucksvoll oder pompös, wie kritische Beobachter argwöhnten, sondern zugleich durch die korrespondierende öffentliche Anteilnahme Hunderttausender, die nicht inszeniert war, durch die in- und ausländischen Würdigungen. Und langfristig blieb auch die »Verklärung« nur die eine Facette öffentlicher Wahrnehmung. Doch hatte Franz Josef Strauß nicht erst nach seinem Tod große Bewunderung und Anerkennung erfahren. Tatsächlich war die Zahl der Ehrungen aus aller Welt, die er schon seit jungen Jahren erfuhr, Legion: So verlieh die Universität Detroit ihm den ersten seiner insgesamt sieben Ehrendoktortitel bereits 1957, am meisten dürfte ihn die erst 1985 verliehene Ehrendoktorwürde der Sozialwissenschaftlichen Fakultät der Ludwig-Maximilians-Universität[437] in seiner Heimatstadt München erfreut haben, wo er 1981 auch Ehrenbürger geworden war. Seit 1960 purzelten die höchsten Orden nur so, Franz Josef Strauß erhielt sie in insgesamt 20 Staaten der Erde, darunter europäische, afrikanische, lateinamerikanische, arabische, asiatische.

Die erste Ehrenbürgerwürde erhielt er im türkischen Izmir schon 1957, die zweite 1959 in Chicago. Nach seinem Tod wurden Straßen nach ihm benannt, Briefmarken aufgelegt, Münzen geprägt. Und unter allen ihn ehrenden und an ihn erinnernden Bennungen wäre ihm wohl die des Flughafens München als die wichtigste erschienen.[438] Doch eine ungebrochene »Verklärung« erfuhr er trotzdem nicht, dafür sorgten schon seine zahlreichen Kritiker, darunter Rudolf Augstein selbst. Und wäre sie einer so streitbaren Persönlichkeit wie Franz Josef Strauß wirklich angemessen gewesen?

So wird man ihm wohl eher gerecht, wenn man außer an die eindringlichen Würdigungen einiger Weggefährten, die Wilfried Scharnagl in einer Sonderausgabe des *Bayernkurier* mit zahlreichen Pressestimmen am 8. Oktober 1988 veröffentlichte, daran erinnert: Auch viele seiner bedeutenden Gegner von Willy Brandt, Helmut Schmidt, Hans-Jochen Vogel bis zu Walter Scheel und Hans-Dietrich Genscher erkannten den Rang und die Leistung von Franz Josef Strauß für die Bundesrepublik Deutschland an. Und selbst bei Rudolf Augstein klingt die Bewunderung durch, wenn er am 10. Oktober 1988 schrieb, er habe den »barocken Menschen« und »sicherlich bedeutendsten Politiker Bayerns seit 1918« gemocht. Zugleich aber sei er seit dessen Besuch in seinem Hamburger Haus 1957 zutiefst überzeugt gewesen, dass Strauß keinesfalls Bundeskanzler werden dürfe. Selbst als Außenminister wäre dieser »außergewöhnliche Mensch und Politiker«, dieser »überlebensgroß intelligente« Mann »mit seinen vielseitigen Begabungen«, der »Größte« in Bayern, der »Herzog aus dem Volk«, ein »Alptraum« gewesen. Robert Leicht bemerkte, »Franz Josef Strauß war kein politisches Urgestein, sondern ein Vulkan, kein Fels, sondern Lava«.[439] In der *Frankfurter Allgemeinen* schrieb Georg Paul Hefty nicht allein einen klugen Leitartikel unter der die Paradoxie evozierenden Überschrift »Konservativ und ein Erneuerer«, sondern außerdem eine Würdigung unter dem Titel »Tod eines Großen«.[440] Kritik ändert nichts am singulären Rang von Franz Josef Strauß – er selbst hätte das wohl nicht anders gesehen und frei nach Platon hinzugefügt: »Alles Große steht im Sturm.«

Dank

Bei der Arbeit an dieser Biografie habe ich vielfältige Unterstützung erfahren. Den Kindern von Franz Josef Strauß – Staatsministerin a. D. Monika Hohlmeier MdEP, Dr. Franz Georg Strauß sowie Max Josef Strauß – danke ich herzlich für die Genehmigung zur uneingeschränkten Benutzung des umfangreichen schriftlichen Nachlasses ihres Vaters in der Hanns-Seidel-Stiftung in München sowie für zusätzliche wichtige Informationen und Gespräche.

Die Benutzung des Nachlasses sowie weiterer Archivbestände der Hanns-Seidel-Stiftung wurde mir sehr erleichtert durch die ebenso effiziente, freundliche und langandauernde Unterstützung durch die dortigen Archivare, insbesondere ihre Leiterin Dr. Renate Höpfinger, ihren Vertreter Andreas Bitterhof sowie Tobias Flümann M. A. Der CSU-Landesleitung danke ich für die Möglichkeit, die noch nicht veröffentlichten Protokolle der CSU-Landesgruppe sowie einschlägige Protokolle des CSU-Landesvorstands einzusehen. Frau Dr. Höpfinger danke ich außerdem herzlich für die außerordentlich akribische Lektüre des Textes.

Frau Dr. Maike Kohl-Richter und Herrn Bundeskanzler a. D. Dr. Helmut Kohl danke ich sehr herzlich für die Einsicht in den Briefwechsel zwischen ihm und Franz Josef Strauß sowie aufschlussreiche Unterhaltungen.

Für sehr ergiebige Gespräche über Hintergründe und wichtige Vorgänge danke ich herzlich auch Zeitzeugen und Weggefährten von Franz Josef Strauß (in alphabetischer Reihenfolge): den Herren Staatsminister a. D. Prof. Dr. Hans Maier, Wilfried Scharnagl (ehemaliger Chefredakteur des *Bayernkurier*), Bundesminister a. D. Dr. Oscar Schneider, Ministerpräsident a. D. Dr. Edmund Stoiber, Staatsminister a. D. Gerold Tandler, Bundesminister a. D. Dr. Theo Waigel. Weitere Auskünfte verdanke ich auch den Herren Staatssekretär a. D. Dr. Wilhelm Knittel, Ministerialdirektor a. D. Dr. Friedrich Wilhelm Rothenpieler sowie Ministerpräsident a. D. Prof. Dr. Bernhard Vogel.

Bei der Literaturbeschaffung und der Bibliografie war mir Kathrin Lia- kov M. A. behilflich. Für nachhaltige Hilfe danke ich auch den Mitarbei- tern des Piper Verlags, allen voran dem bisherigen Cheflektor Ulrich Wank für Anregungen und sorgfältige Lektüre des Textes sowie Kristin Rotter, die umsichtig die Betreuung des Bandes nach seinem Ausschei- den übernommen hat.

Einen besonderen Dank verdient wie bei früheren Büchern meine Frau, die von Beginn an mitgedacht, kritisch gelesen und die Arbeit an diesem Buch in jeder Beziehung selbstlos gefördert hat.

Horst Möller

Anmerkungen

Teil I

1 Harold Nicolson, *Die Kunst der Biographie und andere Essays*, Berlin und Frankfurt a. M. 1958, S. 11.

2 Franz Josef Strauß, *Die Erinnerungen*, TB-Ausgabe, Berlin 1989, S. 261 und 259.

3 Edmund Stoiber, *Weil die Welt sich ändert. Politik aus Leidenschaft – Erfahrungen und Perspektiven*, München 2012, S. 107.

4 Karl Mannheim, »Das Problem der Generationen«, in: ders., *Wissenssoziologie*, eingel. u. hg. von Kurt H. Wolff, Berlin u. Neuwied 1964, S. 509 ff., das Zitat S. 511 f.

5 Ebd., S. 518 f.

6 Max Spindler, *Erbe und Verpflichtung. Aufsätze und Vorträge zur bayerischen Geschichte*, hg. von Andreas Kraus, München 1966, darin u. a. »Die Grundlagen der Kulturentwicklung in Bayern«, S. 3 – 23, sowie »Der Ruf des barocken Bayern«, S. 55 – 77.

7 Jacob Burckhardt, *Weltgeschichtliche Betrachtungen*, Berlin o. J., S. 155. In der kritischen Ausgabe nach den handschriftlichen Notizen lautet diese Passage etwas anders, da dort der letzte Satz fehlt (»auch … «), doch erscheint mir auch dieser wesentlich. Vgl. Jacob Burckhardt, *Über das Studium der Geschichte. Der Text der ›Weltgeschichtlichen Betrachtungen‹ auf Grund der Vorarbeiten von Ernst Ziegler nach den Handschriften*, hg. von Peter Ganz, München 1982, S. 378.

8 F. J. Strauß, *Erinnerungen*, S. 15 f.

9 Maria Strauß, »Herkunft und Familie«, in: *Franz Josef Strauß. Erkenntnisse – Standpunkte – Ausblicke*, hg. von Karl Carstens, Alfons Goppel, Henry Kissinger, Golo Mann, München 1985, S. 42 – 51, das Zitat S. 43 f.

10 Reifezeugnis, in: Nachlass Strauß Fam, Nr. 12, Archiv für Christlich-Soziale Politik, Hanns-Seidel-Stiftung München (*ACSP*), künftig zitiert als NL Strauß Fam, mit Mappennummer.

11 Kurt Vogel, »Mein Schüler Strauß«, in: *Franz Josef Strauß. Erkenntnisse – Standpunkte – Ausblicke*, S. 54 – 58.

12 Maria Strauß, »Herkunft und Familie«, ebd., S. 49.

13 Leonore von Tucher, »Gemeinsame Schulzeit«, in: ebd., S. 52 – 54, hier: S. 53.

14 NL Strauß Fam, Nr. 481 – 490, letztere Mappe enthält Briefwechsel mit der Familie.

15 Vgl. Winfried Becker, »Der Einbruch des Nationalsozialismus an der Universität München. Situationsberichte des Geschichtsstudenten Hans Rall an Professor Max Buchner«, in: *Bayern. Vom Stamm zum Staat. Festschrift für Andreas Kraus zum 80. Geburtstag*, hg. von Konrad Ackermann, Alois Schmid, Wilhelm Volkert, München 2001, Bd. 2, S. 513 – 546, hier S. 521, sowie Hans Rall an Max Buchner, 19. 7. 1934, ebd., S. 543.

16 F. J. Strauß, *Erinnerungen*, S. 36.

17 Hermann Bengtson, »Vor fünfzig Jahren«, in: *Franz Josef Strauß. Erkenntnisse – Standpunkte – Ausblicke*, S. 58 – 62, hier S. 60.

18 NL Strauß Fam, Nr. 483, S. 2.

19 Karl Alexander von Müller, *Im Wandel einer Welt. Erinnerungen, Band III: 1919 – 1932*, hg. von Otto Alexander von Müller, München 1966, S. 125 ff., S. 299 ff.; siehe auch Matthias Berg, *Karl Alexander von Müller. Historiker für den Nationalsozialismus*, Göttingen 2014, demzufolge die Vorlesungen Müllers sich thematisch und inhaltlich vor und nach 1933 nicht wesentlich unterschieden – anders als seine »Promotionsbetreuung« (S. 235 f.).

20 Vgl. das allein schon wegen seines Materialreichtums zur Geschichtswissenschaft während der NS-Diktatur unentbehrliche Werk von Helmut Heiber, *Walter Frank und sein Reichsinstitut für Geschichte des neuen Deutschland*, Stuttgart 1966.

21 F. J. Strauß, *Erinnerungen*, S. 36. Vgl. insges.: Elisabeth Kraus, *Die Universität München im Dritten Reich, Aufsätze. Teil II*, München 2008.

22 Vgl. insges. kritischer zum Verhalten Dirlmeiers: Maximilian Schreiber, »Altertumswissenschaften im Nationalsozialismus. Die klassische Philologie an der Ludwig-Maximilians-Universität«, in: *Die Universität München im Dritten Reich. Aufsätze. Teil I*, hg. von Elisabeth Kraus. München 2006, S. 181 – 248, insbes. S. 220 – 228 u. ö.

23 F. J. Strauß, *Erinnerungen*, S. 42.

24 Ebd., S. 38, sowie insges. zur Einordnung des NSKK: Dorothee Hochstetter, *Motorisierung und »Volksgemeinschaft«. Das Nationalsozialistische Kraftfahrkorps (NSKK) 1931 – 1945*, München 2005.

25 NL Strauß Fam, Nr. 498. Die Feldpostbriefe von Strauß an Franz Dirlmeier hatte ihm dessen Sohn am 30. August 1982 aus dem Nachlass seines Vaters zugesandt.

26 F. J. Strauß, *Erinnerungen*, S. 40, die anderen Hinweise ebd., S. 36 – 40.

27 NL Strauß Fam, Nr. 13.

28 Ebd., Nr. 22, Teil 1.

29 Ebd., Nr. 13.

30 Ebd., Nr. 486.

31 F. J. Strauß, *Erinnerungen*, S. 22.

32 Vgl. Konrad Adenauer, *Reden 1917 – 1967. Eine Auswahl*, hg. von Hans-Peter Schwarz, Stuttgart 1975, S. 32 (1. Februar 1919). Vgl. Rudolf Morsey, »Streiflichter zur Geschichte der deutschen Katholikentage 1848 – 1932«, in: ders., *Von Windthorst bis Adenauer. Ausgewählte Aufsätze zu Politik, Verwaltung und politischem Katholizismus im 19. und 20. Jahrhundert*, hg. von Ulrich von Hehl, Hans Günter Hockerts, Horst Möller und Martin Schumacher, Paderborn usw. 1997,

S.197, sowie Hugo Stehkämper, *Konrad Adenauer als Katholikentagspräsident 1922*, Mainz 1977.

33 F.J. Strauß, *Erinnerungen*, S.25 f.

34 K. Adenauer, *Reden*, S.46 f. (28. August 1922).

35 Franz Josef Strauß, »Konrad Adenauer und sein Werk«, in: *Konrad Adenauer und seine Zeit, Bd.I: Beiträge von Weg- und Zeitgenossen*, hg. von Dieter Blumenwitz, Klaus Gotto, Hans Maier, Konrad Repgen, Hans-Peter Schwarz, Stuttgart 2. Aufl. 1976, S.85 – 98, hier S.85 f.

36 H. Bengtson, »Vor fünfzig Jahren«, S.60.

37 Vgl. Winfried Becker, »Der Einbruch des Nationalsozialismus«, S.527 – 546.

38 Vgl. Horst Möller, »München – Der Marsch auf die Feldherrnhalle«, in: *Schauplätze der Geschichte in Bayern*, hg. von Alois Schmid und Katharina Weigand, München 2003, S.369 – 387; David Clay Large, *Hitlers München. Aufstieg und Fall der Hauptstadt der Bewegung*, München 2. Aufl. 2001; *München. »Hauptstadt der Bewegung«*, München 1993 (Ausstellungskatalog des Münchner Stadtmuseums).

39 Vgl. die Tabellen bei Mathias Rösch, *Die Münchner NSDAP 1925 – 1933*, München 2002, S.548 f. Die Reichsergebnisse insgesamt, allerdings mit zum Teil unterschiedlichen Bezugsgrößen, in: Horst Möller, *Die Weimarer Republik. Eine unvollendete Demokratie*, 10. Aufl. München 2012, S.330 f.

40 Horst Möller, »München um die Jahrhundertwende«, in: *Bayern. Vom Stamm zum Staat. Festschrift für Andreas Kraus zum 80. Geburtstag*, hg. von Konrad Ackermann, Alois Schmid, Wilhelm Volkert, München 2002, Bd.2, S.459 – 474.

41 Klaus Mann, *Der Wendepunkt. Ein Lebensbericht*, München/Frankfurt a.M. 1976, S.322. Die erste Ausgabe erschien in englischer Sprache 1942 unter dem Titel *The Turning Point*.

42 Vgl. anschaulich etwa Hans F. Nöhbauer, *München. Eine Geschichte der Stadt und ihrer Bürger, Bd.2: Von 1854 bis zur Gegenwart*, München 1992, S.250 ff.; Richard Bauer, *Geschichte Münchens*, München 2003, S.147 ff.; Wilfried Rudloff, »Notjahre – Stadtpolitik in Krieg, Inflation und Weltwirtschaftskrise 1914 bis 1933«, in: *Geschichte der Stadt München*, hg. von Richard Bauer, München 1992, S.336 – 368.

43 F.J. Strauß, *Erinnerungen*, S.33.

44 Ebd., S.41.

45 Ebd., S.48 f.

46 H. Bengtson, »Vor fünfzig Jahren«, S.61, sowie F.J. Strauß, *Erinnerungen*, S.55.

47 Vgl. dazu jetzt: Sabine Pamperrien, *Helmut Schmidt und der Scheißkrieg. Die Biografie 1918 bis 1945*, München 2014, S.159 – 222.

48 F.J. Strauß, *Erinnerungen*, S.51.

49 Die Zitate ebd., S.51 und 52. Grundlegend für zahlreiche spätere Untersuchungen zu den Einsatzgruppen bleibt: Helmut Krausnick, Hans-Heinrich Wilhelm, *Die Truppe des Weltanschauungskrieges. Die Einsatzgruppen der Sicherheitspolizei und des SD 1938 – 1942*, Stuttgart 1981. Vgl. auch Ralf Ogorrek, *Die Einsatzgruppen und die »Genesis der Endlösung«*, Berlin 1996; speziell zur von Strauß erwähnten Einsatzgruppe D: Andrej Angrick, *Besatzungspolitik und Massen-*

mord. Die Einsatzgruppe D in der südlichen Sowjetunion 1941–1943, Hamburg 2003. Umfassende Dokumentation: *Die Verfolgung und Ermordung der europäischen Juden durch das nationalsozialistische Deutschland 1933–1945*, hg. i. A. des Bundesarchivs, des Instituts für Zeitgeschichte, des Lehrstuhls für Neuere und Neueste Geschichte an der Albert-Ludwigs-Universität Freiburg und des Lehrstuhls für Geschichte Ostmitteleuropas an der Freien Universität Berlin, von Susanne Heim, Ulrich Herbert, Hans-Dieter Kreikamp, Horst Möller, Gertrud Pickhan, Dieter Pohl und Hartmut Weber, *Bd. 7: Sowjetunion mit annektierten Gebieten I.* Bearbeitet von Bert Hoppe und Hildrun Glass, München 2011. – Die Einsatzgruppen, denen in der Sowjetunion circa 3000 Mann aus dem Sicherheitsdienst der SS, der Gestapo, der Kripo (aus dem Reichssicherheitshauptamt) und Einheiten der Ordnungspolizei sowie der Waffen-SS angehörten, ermordeten vornehmlich in der von Strauß geschilderten Form durch Massenerschießungen in weniger als einem Jahr weit über 500 000 Menschen (manche Schätzungen liegen erheblich höher).

50 Vgl. zum Ganzen das mehrbändige Wehrmachtsprojekt des Instituts für Zeitgeschichte München-Berlin, darin die Bände: Christian Hartmann, *Wehrmacht im Ostkrieg. Front und militärisches Hinterland 1941/42*, München 2009; Dieter Pohl, *Die Herrschaft der Wehrmacht. Deutsche Militärbesatzung und einheimische Bevölkerung in der Sowjetunion 1941–1944*, München 2008; Johannes Hürter, *Hitlers Heerführer. Die deutschen Oberbefehlshaber im Krieg gegen die Sowjetunion 1941/42*, München 2006; Christian Hartmann, Johannes Hürter, Peter Lieb, Dieter Pohl, *Der deutsche Krieg im Osten 1941–1944. Facetten einer Grenzüberschreitung*, München 2009; zur öffentlichen Debatte auch Horst Möller, »Eine Blamage, wahrlich keine Pionierleistung. Die falschen Bilder der ›Wehrmachtsausstellung‹ waren Folge einer verfehlten Konzeption«, in: *Frankfurter Allgemeine Zeitung*, 3. Januar 2000.

51 Andreas Hillgruber, *Hitlers Strategie. Politik und Kriegführung 1940–1944*, 3. Aufl. Bonn 1993 (zuerst 1965). Zum »historischen Ort« und der Besonderheit des Krieges gegen die Sowjetunion vgl. insbes. S. 564–578.

52 Dies sei 1952 gewesen: F. J. Strauß, *Erinnerungen*, S. 29.

53 Ebd., S. 56 f.

54 Vgl. etwa Gerd Kohlmann, »Begegnung mit Leutnant Strauß in Rußland«, in: *Franz Josef Strauß. Erkenntnisse*, hg. von K. Carstens u. a., S. 62–66, sowie das Zeugnis des seinerzeitigen Kriegsberichterstatters Paul Botzenhardt, zit. bei Wilfried Scharnagl, *Mein Strauß. Staatsmann und Freund*, Neuried 2008, S. 41 ff.

55 NL Strauß Fam, Nr. 20, 21.

56 Beispiele bei Luitpold Braun, *Der unbekannte Strauß – die Schongauer Jahre. Mit einem Vorwort von Theo Waigel*, Schongau 1992, S. 13–16.

57 NL Strauß Fam, Nr. 491.

58 Vgl. F. J. Strauß, *Erinnerungen*, S. 50 ff.

59 E. Stoiber, *Weil die Welt sich ändert*, S. 81.

60 F. J. Strauß, *Erinnerungen*, S. 63.

61 Ebd., S. 45.

62 NL Strauß Fam, Nr. 25.

63 NL Strauß Fam, Nr. 22.

64 NL Strauß Fam, Nr. 29.

65 Eidesstattliche Erklärung des Hauptmanns a. D. Willy Schnieber vom 5. 2. 1946, Blatt 13, Unterlagen Strauß, Stadtarchiv Schongau, Text in: L. Braun, *Der unbekannte Strauß*, S. 6 – 8. Vgl. auch Blatt 15.

66 Vgl. Verhandlungen des Spruchausschusses, Akt 025, Archiv des Landratsamtes Weilheim-Schongau, Dienststelle Schongau, zitiert bei L. Braun, *Der unbekannte Strauß*, S. 55 f.

67 NL Strauß Fam, Nr. 25. Die Schreibfehler im ersten englischen Text, der offensichtlich einer deutschen Schreibkraft diktiert worden ist, wurden korrigiert.

68 NL Strauß Fam, Nr. 22.

69 NL Strauß Fam, Nr. 25.

70 F. J. Strauß, *Erinnerungen*, S. 72 f. sowie vorher S. 62 f.

71 Vgl. Nina Krieg, in: *Geschichte der Stadt München*, hg. von R. Bauer, S. 395 f.

72 Vgl. Horst Möller, »Erinnerungsbilder und Zukunftserwartungen. Der 8. Mai 1945 in der Perspektive des 20. Jahrhunderts«, in: *Politik – Bildung – Religion. Hans Maier zum 65. Geburtstag*, hg. von Theo Stammen, Heinrich Oberreuter, Paul Mikat, Paderborn 1996, S. 261 – 273.

73 Vgl. die Angaben bei L. Braun, *Der unbekannte Strauß*, S. 87 ff., hier S. 90.

74 Ebd., S. 91 – 113.

75 Vgl. S. 31 ff.

76 Dr. Wilhelm Hoegner, *Der schwierige Außenseiter. Erinnerungen eines Abgeordneten, Emigranten und Ministerpräsidenten*, 2. Auflage, Hof 1975 (zuerst 1959), S. 294 sowie 323.

77 NL Strauß Fam, Nr. 674.

78 NL Strauß Fam, Nr. 23. Das Original dieser maschinenschriftlich 19 Seiten umfassenden Rede liegt im Bayerischen Hauptstaatsarchiv, BJER 72.

79 Text in: *Ursachen und Folgen. Vom deutschen Zusammenbruch 1918 und 1945 bis zur staatlichen Neuordnung Deutschlands in der Gegenwart. Eine Urkunden- und Dokumentensammlung zur Zeitgeschichte*, hg. von Herbert Michaelis und Ernst Schraepler unter Mitwirkung von Günter Scheel, Berlin o. J., Bd. 24: *Deutschland unter dem Besatzungsregime*, S. 25 – 45, das Zit. S. 27 f.

80 Vgl. als Übersicht: Horst Möller, »Wandlungen der Besatzungspolitik in Deutschland 1945 – 1949«, in: *Zwischen Kontinuität und Fremdbestimmung. Zum Einfluß der Besatzungsmächte auf die deutsche und japanische Rechtsordnung 1945 bis 1950*, hg. von Bernhard Diestelkamp u. a., Tübingen 1996, S. 37 – 53, mit weiterer Literatur; insges. *OMGUS-Handbuch. Die amerikanische Militärregierung in Deutschland 1945 – 1949 (Quellen und Darstellungen zur Zeitgeschichte*, hg. vom Institut für Zeitgeschichte, Bd. 35), hg. von Christoph Weisz, München 1994; Karl-Ulrich Gelberg, »Vom Kriegsende bis zum Ausgang der Ära Goppel (1945 – 1978)«, in: *Handbuch der bayerischen Geschichte, 4. Bd. Das neue Bayern. Von 1800 bis zur Gegenwart, Erster Teilband: Staat und Politik*, begr. von Max Spindler, neu hg. von Alois Schmid, 2. völlig neu bearb. Aufl. München 2003, S. 635 – 956, hier S. 635 – 802, insbes. S. 757 ff.

81 Noch immer nützlich das seinerzeit grundlegende Werk von Heino Kaack, *Geschichte und Struktur des deutschen Parteiensystems*, Opladen 1971, zur Ausgangssituation nach 1945, S. 155 – 193.

82 Vgl. dazu Klaus Schönhoven, *Die Bayerische Volkspartei 1924–1932*, Düsseldorf 1972, S. 17 ff.

83 *Die CSU 1945–1948. Protokolle und Materialien zur Frühgeschichte der Christlich-Sozialen Union*, hg. im Auftrag des Instituts für Zeitgeschichte von Barbara Fait und Alf Mintzel unter Mitarbeit von Thomas Schlemmer, 3 Bde. München 1993, Bd. 2, S. 1639.

84 Angabe nach Thomas Schlemmer, *Aufbruch, Krise und Erneuerung. Die Christlich-Soziale Union 1945 bis 1955* (*Quellen und Darstellungen zur Zeitgeschichte*, hg. vom Institut für Zeitgeschichte, Bd. 41), München 1998, S. 70 f.

85 Grundlegende Beiträge zur Geschichte der CSU veröffentlichte in soziologischer und politikwissenschaftlicher Perspektive Alf Mintzel, *Die CSU. Anatomie einer konservativen Partei*, Opladen 1975, ders., *Geschichte der CSU. Ein Überblick*, Opladen 1977; ders., *Die CSU-Hegemonie in Bayern*, Passau 1999; fundierteste neuere Darstellung des ersten Jahrzehnts: Thomas Schlemmer, *Aufbruch, Krise und Erneuerung*; materialreich mit zahlreichen Einzelstudien und Übersichten: *Geschichte einer Volkspartei. 50 Jahre CSU 1945–1995*, hg. von der Hanns-Seidel-Stiftung, München 1995.

86 Vgl. Horst Möller, »Vom christlich-bürgerlichen und konservativen Widerstand gegen Hitler zur Gründung von CDU und CSU«, in: *Politische Studien 403*, 56. Jg. Sept./Okt. 2005, S. 26–38, sowie: Thomas Schlemmer, »Grenzen der Integration. Die CSU und der Umgang mit der nationalsozialistischen Vergangenheit. Der Fall Dr. Max Frauendorfer«, in: *VfZ* 48 (2000), S. 675–742.

87 F. J. Strauß, *Erinnerungen*, S. 76 und 78.

88 Dr. Wilhelm Hoegner, *Der schwierige Außenseiter*, S. 277 ff. Über ihn: Peter Kritzer, *Wilhelm Hoegner. Politische Biographie eines bayerischen Sozialdemokraten*, München 1979.

89 Vgl. insges. Ilse Unger, *Die Bayernpartei. Geschichte und Struktur 1945–1957*, Stuttgart 1979.

90 *Die CSU 1945–1948*, Bd. 2, S. 1036–1038.

91 Ebd., S. 1631.

92 Ebd., S. 1649.

93 Ebd., S. 1685.

94 NL Strauß Fam, Nr. 735 sowie *Tagesanzeiger – Regensburger Anzeiger* v. 9. Juli 1951 u. a. Zeitungen.

95 NL Strauß Fam, Nr. 735: Joseph Baumgartner an Franz Josef Strauß, 29. Juli 1952, Franz Josef Strauß an Joseph Baumgartner, 23. August 1952.

96 *An der Spitze der CSU: Die Führungsgremien der Christlich-Sozialen Union 1946 bis 1955*, hg. v. Jaromír Balcar und Thomas Schlemmer, München 2007, S. 59.

97 *Die CSU 1945–1948*, Bd. 1, S. 93 f.

98 Ebd., S. 94.

99 Ebd., S. 146 (in der gleichen Sitzung am 30./31. März 1946).

100 Ebd., S. 779, sowie Abstimmungsergebnis S. 788.

101 Ebd., S. 946–949.

102 Ebd., Bd. 2, S. 983.

103 Vgl. seine Erinnerungen: Dr. Josef Müller, *Bis zur letzten Konsequenz. Ein Leben für Frieden und Freiheit* (1967), Neuaufl. München 1975, sowie Friedrich

Hermann Hettler, *Josef Müller (»Ochsensepp«). Mann des Widerstandes und erster CSU-Vorsitzender*, München 1991.

104 Vgl. die heftigen Dispute in der Sitzung des Landesausschusses der CSU am 3. Januar 1947 in Augsburg, in: *Die CSU 1945 – 1948*, S. 961 – 1060, sowie die Darstellung von Th. Schlemmer, *Aufbruch, Krise und Erneuerung*, S. 180 ff.

105 Zur damaligen Entwicklung der CSU als einer der Ersten grundlegend Karl Möckl, »Die Struktur der Christlich-Sozialen Union in Bayern in den ersten Jahren ihrer Gründung«, in: *ZBLG* 36 (1973), S. 719 – 753 (v. a. auf der Basis des Nachlasses von Fritz Schäffer).

106 Vgl. zur WAV: Hans Woller, *Die Loritz-Partei. Geschichte, Struktur und Politik der Wirtschaftlichen Aufbau-Vereinigung (WAV) 1945 – 1955*, Stuttgart 1982.

107 J. Müller, *Bis zur letzten Konsequenz*, S. 341.

108 Vgl. zum Ganzen auch auf Grundlage der Landtagsprotokolle Karl-Ulrich Gelberg, *Hans Ehard. Die föderalistische Politik des bayerischen Ministerpräsidenten 1946 – 1954*, Düsseldorf 1992, S. 40 ff. Dort auch die zutreffende Einschätzung, Ehard habe nicht zwischen den Flügeln gestanden, sondern deutlich näher bei dem Hundhammer-Schäffer-Flügel, sowie die Gründe für seine Nominierung im zweiten Wahlgang.

109 So Müller selbst: J. Müller, *Bis zur letzten Konsequenz*, S. 342, sowie Udo Wengst, *Thomas Dehler 1897 – 1967. Eine politische Biographie*, München 1997, S. 93. Dort auch Erläuterung des Kontextes.

110 Josef Müller, »Rede zum Dank für die Glückwünsche zum 80. Geburtstag«, in: *Zum 100. Geburtstag. Josef Müller, der erste Vorsitzende der CSU, »Politik für eine neue Zeit«*, hg. von der Hanns-Seidel-Stiftung. Sonderausgabe der Politischen Studien, München 1998, S. 187. Dort auch weitere Literatur zu Müller, S. 217 ff.

111 Peter Siebenmorgen, »Franz Josef Strauß und die verborgene Prägekraft des Josef Müller«, in: ebd., S. 67.

112 Ebd. die psychologisch eindringende Interpretation von Siebenmorgen.

113 Franz Josef Strauß, »Rede zum 80. Geburtstag von Josef Müller am 6. April 1978«, ebd., S. 181 – 186.

114 Vgl. dazu eingehend Thomas Schlemmer, *Aufbruch, Krise und Erneuerung*, S. 119 – 218.

115 Ebd., S. 41.

116 Ebd., S. 158 ff.

117 Sitzung des CSU-Landesausschusses vom 28./29. Februar 1948, in: *Die CSU 1945 – 1948*, Bd. 2, S. 1635.

118 Ebd., Bd. 2, S. 1040. Im Text spricht Müller von »bis«, meint aber offensichtlich »zurück bis«.

119 Ebd., S. 1040 – 1043, das Zitat S. 1040 f.

120 Vgl. Horst Möller, »Deutschland zwischen Ost und West: Die deutschen Parteien und die Westintegration nach 1945«, in: *Staat und Parteien. Festschrift für Rudolf Morsey zum 65. Geburtstag*, hg. von Karl Dietrich Bracher u. a., Berlin 1992, S. 771 – 802.

121 Vgl. die Übersicht bei H. Möller, »Wandlungen der Besatzungspolitik«, S. 46 ff.

122 Rudolf Uertz, *Christentum und Sozialismus in der frühen CDU*, Stuttgart 1981.

123 NL Strauß, Sammlung Kray, RA 75/27. Die Zeichensetzung des Zitats ist dadurch zu erklären, dass es sich offenbar um den Mitschnitt der Rede handelte. Vgl. zum zeitgeschichtlichen Kontext des Ahlener Programms und seiner zugrunde liegenden Wertorientierung: Hans-Otto Kleinmann, *Geschichte der CDU 1945–1982*, hg. von Günter Buchstab, Stuttgart 1993, S. 84 ff., 89 f.

124 NL Strauß, Sammlung Kray, RA 75/27.

125 *Die CDU/CSU im Frankfurter Wirtschaftsrat. Protokolle der Unionsfraktion 1947–1949*, bearbeitet von Rainer Salzmann, Düsseldorf 1988, S. 153 und 157. Vgl. insges. auch Alfred C. Mierzejewski, *Ludwig Erhard. Der Wegbereiter der Sozialen Marktwirtschaft*, Berlin 2005 (amer. Originalausgabe: North Carolina 2004), S. 102 ff.; Volkhard Laitenberger, *Ludwig Erhard. Der Nationalökonom als Politiker. Mit einem Vorwort von Helmut Kohl*, Göttingen – Zürich 1986, S. 54 ff. Erhard war vorher parteiloser Bayerischer Wirtschaftsminister im Kabinett Hoegner und danach Leiter der Sonderstelle Geld und Kredit.

126 F. J. Strauß, *Erinnerungen*, S. 94.

127 NL Strauß Fam, Nr. 24.

128 F. J. Strauß, *Erinnerungen*, S. 92.

129 Vgl. *Wörtliche Berichte und Drucksachen des Wirtschaftsrates des Vereinigten Wirtschaftsgebietes 1947–1949*, hg. vom Institut für Zeitgeschichte und dem Deutschen Bundestag, Wissenschaftliche Dienste. Bearbeiter: Christoph Weisz und Hans Woller, Bd. 1–6, München-Wien 1977 (im Folgenden zitiert als *Wirtschaftsrat*).

130 Vgl. *Die CDU/CSU im Frankfurter Wirtschaftsrat.*

131 F. J. Strauß, *Erinnerungen*, S. 92.

132 *Wirtschaftsrat*, Bd. II, S. 806.

133 Ebd., S. 786–801.

134 Ebd., S. 1217 f., die Zitate S. 1217.

135 Ebd., S. 1294–1296.

136 Ebd., S. 1234–1238.

137 So in der Sitzung der Unionsfraktion vom 18. Oktober 1948, in: *Die CDU/CSU im Frankfurter Wirtschaftsrat*, S. 284.

138 Ebd. sowie S. 310 (2. Dezember 1948).

139 So die Zusammenfassung des Abgeordneten Max Zwicknagl, ebd., S. 281.

140 Vgl. die Dokumente sowie das Rundschreiben des SPD-Abgeordneten Kriedemann in: Christoph Stamm, *Die SPD im Frankfurter Wirtschaftsrat 1947–1949. Protokolle, Aufzeichnungen, Rundschreiben*, Bonn 1993, S. 240 ff.

141 Ebd., S. 284.

142 Vgl. *Adenauer. Briefe 1947–1949*, bearb. von Hans-Peter Mensing (*Adenauer. Rhöndorfer Ausgabe*, hg. von Rudolf Morsey und Hans-Peter Schwarz), Berlin 1984, S. 321, 331 ff.; 345.

143 Vgl. zu Folgendem Günter J. Trittel, »Hans Schlange-Schöningen. Ein vergessener Politiker der ›Ersten Stunde‹«, in: *VfZ*, H. 1, 35. Jg. 1987, S. 25–63, insbes. S. 54–63.

144 *Wirtschaftsrat*, Bd. II, S. 1488.

145 Ebd., S. 1558.

146 Ebd., Bd. VI, S. 1412.

147 Ebd., Bd. III, S. 1867.

148 Ebd., Bd. III, S. 1993.

149 Ebd., S. 1867–1870.

Teil II

1 Müller hatte ihn in der Sitzung des geschäftsführenden Landesvorstands am 30. 8. 1948 vorgeschlagen, Protokoll in: *An der Spitze der CSU*, S. 159.

2 Über seine Rolle im Bundestagswahlkreis Weilheim siehe jetzt die gründliche Dissertation von Karl Rösch, *Franz Josef Strauß – Bundestagsabgeordneter im Wahlkreis Weilheim (1949–1978)*, München 2014.

3 Sitzung vom 3. Oktober 1949, *An der Spitze der CSU*, S. 199.

4 Vgl. A. Mintzel, *Die CSU*, S. 234 ff.

5 Sitzung vom 17. Juni 1949, *An der Spitze der CSU*, S. 186 und Anm. 5.

6 A. Mintzel, *Die CSU*, S. 225 ff.

7 Über das Schiedsgerichtsverfahren gegen Schäffer und Anton Pfeiffer vgl. u. a. die Sitzung des Landesvorstands der CSU am 17. Juli 1948, *An der Spitze der CSU*, S. 130 ff.

8 Vgl. insgesamt K.-U. Gelberg, *Hans Ehard*, der den Akzent denn auch zutreffend auf die Regierungstätigkeit Ehards einschließlich seiner bundespolitischen Aktivitäten legt.

9 A. Mintzel, *Die CSU*, S. 245.

10 So A. Mintzel, *Geschichte der CSU*, S. 64 ff., und Th. Schlemmer, *Aufbruch*, S. 331 ff.

11 Zit. bei A. Mintzel, *Die CSU*, S. 249.

12 Sitzung des CSU-Landesvorstands vom 28. Oktober 1949, *An der Spitze der CSU*, S. 210–212.

13 Ebd., S. 239.

14 Sitzung vom 9. Juni 1950, ebd., S. 262 sowie S. 257 f.

15 *Die CSU-Landesgruppe im Deutschen Bundestag. Sitzungsprotokolle 1949–1972*, bearb. von Andreas Zellhuber, Tim B. Peters, Düsseldorf 2011, S. 9.

16 Brief Schäffers an Strauß vom 20. August 1949, ebd., S. LIV.

17 Sitzung vom 21. 9. 1949, in: *Die CDU/CSU-Fraktion im Deutschen Bundestag. Sitzungsprotokolle 1949–1953*, bearb. von Helge Heidemeyer, Düsseldorf 1998, S. 8.

18 Vgl. das Protokoll in: *Auftakt zur Ära Adenauer. Koalitionsverhandlungen und Regierungsbildung 1949*, bearb. von Udo Wengst, Düsseldorf 1985, S. 140 f.

19 Alf Mintzel, »Franz Josef Strauß und die CSU-Landesgruppe im Deutschen Bundestag«, in: *Anspruch und Leistung. Widmungen für Franz Josef Strauß*, hg. von Friedrich Zimmermann, Stuttgart-Degerloch 1980, S. 282–307, das Zitat S. 289.

20 Vgl. dazu Petra Weber, »Föderalismus und Lobbyismus. Die CSU-Landesgruppe zwischen Bundes- und Landespolitik 1949 bis 1969«, in: *Bayern im Bund, Bd. 3: Politik und Kultur im föderativen Staat 1949 bis 1973*, hg. von Thomas Schlemmer und Hans Woller, München 2004 (*Quellen und Darstellungen zur Zeitgeschichte*, hg. vom Institut für Zeitgeschichte Bd. 54), S. 23–116, hier S. 112.

21 Vgl. zur strittigen Kandidatenaufstellung, zur Sozial- und Konfessionsstruktur und zum Ergebnis: Th. Schlemmer, *Aufbruch*, S. 339–364.

22 F. J. Strauß, *Erinnerungen*, S. 159.

23 Vgl. Andreas Zellhuber, »Einleitung«, in: *Die CSU-Landesgruppe im Deutschen Bundestag*, S. LXVII.

24 *Die CDU/CSU-Fraktion im Deutschen Bundestag. Sitzungsprotokolle 1953–1957*, bearb. von Helge Heidemeyer, Erster Halbband, Düsseldorf 2003, Einleitung, S. XXXII.

25 F. J. Strauß, *Erinnerungen*, S. 113.

26 »Sitzung der CDU/CSU-Fraktion vom 1. 9. 1949«, in: *Auftakt zur Ära Adenauer*, S. 176 und 183.

27 F. J. Strauß, *Erinnerungen*, S. 113 ff., »Die Rhöndorfer Konferenz«.

28 Ebd., S. 115.

29 »Protokoll der Sitzung vom 21. 8. 1949«, in: *Auftakt zur Ära Adenauer*, S. 39. Erstmals veröffentlicht wurde das Protokoll mit präziser Einleitung und Kommentierung durch Rudolf Morsey, »Die Rhöndorfer Weichenstellung vom 21. August 1949. Neue Quellen zur Vorgeschichte der Koalitions- und Regierungsbildung nach der Wahl zum ersten Deutschen Bundestag«, in: *VfZ*, 28. Jg. 1980, S. 508–542 mit weiteren einschlägigen Quellen.

30 Vgl. zum Ganzen die Darstellung von Rudolf Morsey, »Die Bildung der ersten Regierungskoalition 1949. Adenauers Entscheidungen von Frankfurt und Rhöndorf am 20. und 21. August 1949«, in: Rudolf Morsey, *Von Windthorst bis Adenauer*, S. 535–552, insbesondere zu den bayerischen Teilnehmern und den erzielten Vereinbarungen: S. 540. Abweichende Darstellung von Strauß u. a. in: »Konrad Adenauer und sein Werk«, in: *Konrad Adenauer und seine Zeit. Bd. 1 Beiträge von Weg- und Zeitgenossen*, S. 85–98, insbesondere S. 90 f.

31 Die Aufzeichnung Elmenaus ist abgedruckt bei R. Morsey, »Die Bildung der ersten Regierungskoalition«, S. 545–549.

32 Hans-Peter Schwarz, *Adenauer. Bd. I: Der Aufstieg 1876–1952*, Stuttgart 1986, S. 651.

33 *Adenauer – Heuss. Unter vier Augen. Gespräche aus den Gründerjahren 1949–1959*, bearb. von Hans-Peter Mensing, Berlin 1997, S. 210 (*Adenauer. Rhöndorfer Ausgabe*, hg. von Rudolf Morsey und Hans-Peter Schwarz).

34 F. J. Strauß, *Erinnerungen*, S. 127.

35 Franz Josef Strauß, ›Der Alte war ein Mann mit vielen Schichten …‹, in: *Konrad Adenauer 1876/1976*, hg. von Helmut Kohl, 2. verb. Aufl. Stuttgart und Zürich 1976, S. 191.

36 F. J. Strauß, *Erinnerungen*, S. 132 und 133, und insgesamt zu Adenauer S. 127.

37 Vgl. die Aufschlüsselung bei A. Zellhuber, »Einleitung«, in: *Die CSU-Landesgruppe im Deutschen Bundestag*, S. XXXV.

38 Protokoll in: *Die CSU-Landesgruppe im Deutschen Bundestag*, S. 47 f.

39 NL Strauß, Ministerbüro BMVg, Nr. 211 (Faksimile des Strauß-Briefs mit Adenauers Anstreichungen und Marginalien in: *Adenauer. Briefe 1953–1955*, bearb. von Hans Peter Mensing, Berlin 1995 (*Adenauer. Rhöndorfer Ausgabe*), S. 168–173).

40 *Adenauer. Briefe 1953–1955*, S. 167.

41 Vgl. dazu das Protokoll der vorbereitenden Sitzung vom 21. Januar 1955: *An der Spitze der CSU*, S. 535–558.

42 Ebd., S. 463 f. Sitzung des Landesvorstands der CSU in Nürnberg, 8. Oktober 1954, das Zitat von Rinke S. 464.

43 *Die Kabinettsprotokolle der Bundesregierung, Bd. 6: 1953*, bearb. von Ulrich Enders und Konrad Reiser, Boppard 1989, S. 574–576.

44 Ebd., *Bd. 7: 1954*, bearb. von Ursula Hüllbüsch und Thomas Trumpp, Boppard 1993, S. 45–48, Sitzung vom 29. Januar 1954.

45 NL Strauß Fam, Nr. 900, Brief Strauß an Staatssekretär Dr. Nahm, 18. Oktober 1954.

46 *Adenauer. Briefe 1953–1955*, S. 488 (Anm. 2).

47 Vgl. den Briefwechsel im NL Strauß, Ministerbüro BMVg, Nr. 211.

48 Horst Möller, »Die Politik Konrad Adenauers im Spannungsfeld von Westintegration und ›Deutscher Frage‹«, in: ders., *Aufklärung und Demokratie*, München 2003, S. 311–328.

49 *Adenauer, »Wir haben wirklich etwas geschaffen«, Protokolle des CDU-Bundesvorstands 1953–1957*, bearb. von Günter Buchstab, Düsseldorf 1990, S. 269 (Sitzung vom 11. Oktober 1954).

50 Ebd., S. 263.

51 Ebd., S. 292 ff.

52 Ebd., S. 299 ff.

53 Ebd., S. 311.

54 H. Blankenhorn, *Verständnis und Verständigung. Blätter eines politischen Tagebuchs 1949 bis 1979*, Berlin 1980, S. 205 (Tagebuch, 31. Dezember 1954).

55 Vgl. H.-P. Schwarz, *Adenauer, Bd. II: Der Staatsmann 1952–1967*, Stuttgart 1991, S. 170, zum ganzen Vorgang ebd., S. 168 ff., der allerdings auf die generelle Unzufriedenheit der CSU, die sich nicht auf Strauß beschränkte, hier nicht näher eingeht. Das Adenauer-Zitat in der Sitzung der CDU/CSU-Fraktion vom 13. November 1956 in: *Die CDU/CSU-Fraktion im Deutschen Bundestag 1953–1957*, S. 1314 f.

56 Heinrich Krone, *Tagebücher, Bd. I: 1945–1961*, bearb. von Hans-Otto Kleinmann, Düsseldorf 1995, S. 233 (17. November 1956).

57 *Die CDU/CSU-Fraktion im Deutschen Bundestag 1953–1957*, S. 400.

58 Preusker an Strauß, 11. Oktober 1954, in: NL Strauß, Ministerbüro BMVg, Nr. 199.

59 Ebd.

60 *Die CSU-Landesgruppe im Deutschen Bundestag*, S. 121 (CD-ROM), und NL Strauß, Ministerbüro BMVg, Nr. 211.

61 Theodor Heuss, *Lieber Dehler! Briefwechsel mit Thomas Dehler*, hg. von Friedrich Henning, München-Wien 1983, S. 97 f., 214 f. Vgl. zum Ganzen U. Wengst, *Thomas Dehler*, S. 222–234.

62 *Adenauer – Heuss. Briefwechsel*, S. 96, 400.

63 F. J. Strauß, *Erinnerungen*, S. 281–283.

64 *Die CDU/CSU-Fraktion im Deutschen Bundestag 1953–1957*, S. 422 (Fraktionsvorstandssitzung v. 19. Oktober 1954) sowie S. 423–425.

65 Vgl. K.-U. Gelberg, *Hans Ehard*, S. 513–516.

66 Ebd., S. 520, der diese Einschätzung zurückweist, sowie A. Mintzel, *Die CSU. Anatomie einer konservativen Partei*, S. 285 ff.

67 Protokoll in: *An der Spitze der CSU*, S. 475 ff.

68 K.-U. Gelberg, *Hans Ehard*, S. 523, auf der Grundlage der Korrespondenz von Ehard.

69 *An der Spitze der CSU*, S. 484 ff.

70 Ebd., S. 548 und 549.

71 Ebd., S. 555 (Protokoll der Sitzung vom 21. Januar 1955).

72 Zum ganzen Vorgang A. Mintzel, *Die CSU. Anatomie einer konservativen Partei*, S. 288 – 293.

73 F. J. Strauß, *Erinnerungen*, S. 607. Vgl. auch Horst Möller, »Hanns Seidel als Parteipolitiker«, in: *Weltanschauung und politisches Handeln. Hanns Seidel zum 100. Geburtstag*, hg. von Alfred Bayer und Manfred Baumgärtel, München 2001, S. 67 – 88, hier S. 73 f.

74 H. Krone, *Tagebücher, Bd. I*, S. 221.

75 H. Krone, *Tagebücher, Bd. I*, S. 398.

76 Protokoll der Landesversammlung der CSU vom 22. Januar 1955, in: *ACSP*, Landesversammlungen/Parteitage der CSU, PT, Kopie in: Sammlung Alf Mintzel, IfZ-Archiv, ED 720, Bd. 20.

77 *Adenauer – Heuss. Unter vier Augen*, S. 152 (Gespräch vom 6. Dezember 1954).

78 *Die Kabinettsprotokolle der Bundesregierung*, Bd. 7 (1954), S. 539.

79 *An der Spitze der CSU*, S. 505: So Schäffer in der a. o. Sitzung des Landesvorstands der CSU am 17. Januar 1955.

80 Vgl. insgesamt Christoph Henzler, *Fritz Schäffer*, München 1994, S. 491 ff.

81 Vgl. Adenauers Gesprächsaufzeichnung, in: *Adenauer. Briefe 1953 – 1955*, S. 213 f.

82 *Die CDU/CSU-Fraktion im Deutschen Bundestag 1953 – 1957*, S. 1123 f.

83 *Die CSU-Landesgruppe im Deutschen Bundestag*, S. 186 (25. Juni 1956), sowie ebd., CD-ROM.

84 *An der Spitze der CSU*, S. 326 (Protokoll der Sitzung vom 21. April 1952 in München).

85 *Geschichte einer Volkspartei. 50 Jahre CSU*, S. 552, das Dollinger-Interview ebd., zur Landesgruppe vgl. S. 536 f.

86 Ebd., S. 575.

87 *An der Spitze der CSU*, S. 512 (Vorstandssitzung vom 17. Januar 1955).

88 Vgl. Petra Weber, »Föderalismus und Lobbyismus«, S. 35.

89 H. Krone, *Tagebücher, Bd. I*, S. 408.

90 Vgl. Horst Möller, »Die Politik Konrad Adenauers im Spannungsfeld von Westintegration und ›Deutscher Frage‹«, S. 311 – 328.

91 Vgl. Konrad Adenauer, *Erinnerungen 1945 – 1953*, Stuttgart 1965, S. 355 ff. Bezeichnenderweise behandelt Adenauer alle mit der Sicherheitspolitik zusammenhängenden Fragen in Abschnitten, die der Gesamtüberschrift »Auf dem Weg zur Erlangung der vollen Souveränität« zugeordnet sind (ebd., S. 341 – 397), bevor er dann ein eigenes größeres Kapitel »Deutsche Wiederbewaffnung« folgen lässt (ebd., S. 398 ff.).

92 Vgl. Eugen Gerstenmaier, *Streit und Friede hat seine Zeit. Ein Lebensbericht*, Frankfurt a. M., Berlin, Wien 1981, S. 326: »Auch F. J. Strauß war überrascht«, sowie Kurt Georg Kiesinger, *Dunkle und helle Jahre. Erinnerungen 1904 – 1958*, hg. von Reinhard Schmoeckel, Stuttgart 1989, S. 389.

93 Diese kritische Einschätzung findet sich nicht allein bei Strauß, sondern auch beim Adenauer-Vertrauten Heinrich Krone, *Tagebücher, Bd. I*, S. 99.

94 F. J. Strauß, *Erinnerungen*, S. 175 f., 179 f., zum ganzen Bundestagsauftritt: ebd., S. 175 – 180.

95 Herbert Blankenhorn, *Verständnis und Verständigung*, Tagebuch 9. Juli 1952, zit. bei H.-P. Schwarz, *Adenauer. Der Staatsmann 1952 – 1967*, Stuttgart 1991, S. 21. Otto Lenz hingegen fand, Gerstenmaier sei gegenüber Carlo Schmid stark abgefallen: *Im Zentrum der Macht. Das Tagebuch von Staatssekretär Lenz 1951 – 1953*, bearb. von Klaus Gotto, Hans-Otto Kleinmann und Reinhard Schreiner, Düsseldorf 1989, S. 389.

96 Rede über einen deutschen Verteidigungsbeitrag im Deutschen Bundestag am 7. Februar 1952, abgedr. in: Franz Josef Strauß, *Bundestagsreden*, hg. von Leo Wagner mit einem Vorwort von K. G. Kiesinger, Bonn 1968, S. 14 – 40, die Zitate S. 15.

97 Ebd., S. 18.

98 Ebd., S. 24 f.

99 Ebd., S. 30.

100 Die Zitate ebd., S. 35 – 37.

101 Ebd., S. 28.

102 *Archiv der Gegenwart. Deutschland 1949 bis 1999*, Bd. 1, April 1948 – 1953 September, Sankt Augustin 2000, S. 753 f.

103 F. J. Strauß, *Erinnerungen*, S. 127 – 151.

104 F. J. Strauß, *Bundestagsreden*, hg. von Leo Wagner, S. 41 f.

105 Vgl. zuletzt Peter Ruggenthaler (Hrsg.), *Stalins großer Bluff. Die Geschichte der Stalin-Note in Dokumenten der sowjetischen Führung* (Schriftenreihe der *Vierteljahrshefte für Zeitgeschichte*, Bd. 95), München 2007.

106 F. J. Strauß, *Bundestagsreden*, S. 46.

107 Ebd., S. 67, die gesamte Rede: S. 48 – 67.

108 F. J. Strauß, *Bundestagsreden*, S. 77.

109 Ebd., S. 89 f.

110 NL Strauß Fam, Nr. 902.

111 *Adenauer. Briefe 1953 – 1955* (*Adenauer. Rhöndorfer Ausgabe*), S. 249 – 259 (Nr. 216, 217).

112 Vgl. *Biographisches Handbuch des deutschen Auswärtigen Dienstes 1871 – 1945*, hg. vom Auswärtigen Amt, Bd. 2 G – K., bearb. von Gerhard Keiper, Martin Kröger, Paderborn usw. 2005, S. 13.

113 NL Strauß Fam, Nr. 902.

114 Ebd., Nr. 902.

115 NL Strauß Fam, Nr. 902.

116 Richard Jaeger an Franz Josef Strauß, 16. Juni 1955, in: ebd.

117 Wilhelm G. Grewe, *Rückblenden 1976 – 1951*, Frankfurt a. M., Berlin, Wien 1979, S. 280.

118 *Adenauer – Heuss. Unter vier Augen*, S. 164.

119 F. J. Strauß, *Bundestagsreden*, S. 91 – 94 (16. Juli 1955).

120 F. J. Strauß, *Erinnerungen*, S. 243.

121 Ebd., S. 246.

122 Vgl. *Adenauer. Briefe 1955–1957*, S. 70–73, S. 416 (Adenauer an Dehler, 13. Okt. 1955, 20. Okt 1955).

123 *Die Kabinettsprotokolle der Bundesregierung, Bd. 8, 1955*, hg. für das Bundesarchiv von Friedrich P. Kahlenberg, bearb. von Michael Hollmann und Kai von Jena, München 1997, S. 553 f.

124 Ebd., S. 757–759.

125 F. J. Strauß, undatiertes Interview, vermutlich Ende Oktober 1955, NL Strauß Fam, Nr. 921.

126 *Bulletin der Bundesregierung*, Nr. 20, v. 28. Januar 1956, S. 161.

127 F. J. Strauß, *Erinnerungen*, S. 248.

128 Leo Brandt/Carlo Schmid, *Die zweite industrielle Revolution*, Hannover 1956.

129 Die Rede ist auch abgedruckt in: Carlo Schmid, *Europa und die Macht des Geistes*, (*Gesammelte Werke*, Bd. II), Lizenzausgabe Frankfurt a. M., Wien, Zürich 1975, S. 137–165, die Zitate S. 139 und 149.

130 Carlo Schmid, *Erinnerungen*, Bern, München, Wien 1979, S. 586–591.

131 F. J. Strauß, *Erinnerungen*, S. 261.

132 Vgl. die Beschlüsse des SPD-Parteitags in: Franz Osterroth/Dieter Schuster, *Chronik der deutschen Sozialdemokratie Bd. III: Nach dem Zweiten Weltkrieg*, 2. neu bearb. u. erw. Aufl. Berlin, Bonn 1978, S. 189, die Zitate S. 192 und 193.

133 F. J. Strauß, *Erinnerungen*, S. 249.

134 NL Strauß Fam, Nr. 930, Vertrauliches Ergebnisprotokoll der Sitzung vom 23. 3. 1956.

135 F. J. Strauß, *Erinnerungen*, S. 261.

136 NL Strauß Fam, Nr. 921, undatiertes Interview.

137 F. J. Strauß, *Erinnerungen*, S. 243.

138 NL Strauß Fam, Nr. 921.

139 Franz Josef Strauß, »Zwischen Wissen und Gewissen«, in: *Badisches Tageblatt*, Baden-Baden 31. Dezember 1955.

140 *Die Kabinettsprotokolle der Bundesregierung, Bd. 9: 1956*, bearb. von Ursula Hüllbüsch, München 1998, S. 492–495.

141 F. J. Strauß, *Erinnerungen*, S. 255: »Meine Befürchtungen im Hinblick auf Euratom erwiesen sich als unbegründet.«

142 Vgl. dazu Stephan Geier, *Schwellenmacht. Bonns heimliche Atomdiplomatie von Adenauer bis Schmidt*, Paderborn 2013, S. 66.

143 S. Geier, *Schwellenmacht*, S. 73, datiert die Kabinettsumbildung falsch und gibt deswegen fälschlich an, dass Balke bei der Sitzung am 5. Oktober bereits Atomminister gewesen sei.

144 *Die Kabinettsprotokolle der Bundesregierung, Bd. 9: 1956*, S. 626.

145 So Geier, *Schwellenmacht*, S. 74 f.

146 Vgl. zum Ganzen Joachim Radkau, *Aufstieg und Krise der deutschen Atomwirtschaft 1945–1975. Verdrängte Alternativen in der Kerntechnik und der Ursprung der nuklearen Kontroverse*, Reinbek 1983; Michael Eckert, »Die Anfänge der Atompolitik in der Bundesrepublik Deutschland«, in: *VfZ* 37, 1989, S. 115–143; sowie Georges-Henri Soutou, *Lalliance incertaine. Les rapports politico-stratégiques franco-allemands, 1954–1996*, Paris 1996, S. 38–78. Siehe unten S. 200 f.

147 *Die Kabinettsprotokolle der Bundesregierung, Bd. 9: 1956*, S. 629, vgl. insges. die S. 625–629. Adenauer sprach in der Sitzung von »Ministerpräsident« Spaak.

148 H. Krone, *Tagebücher, Bd. 1*, S. 230 f.

149 So F. J. Strauß, *Erinnerungen*, S. 300 f. Dieser Satz habe sich ihm fest eingegraben.

150 Die Strauß-Zitate ebd., S. 309, 318.

151 H.-P. Schwarz, *Adenauer. Der Staatsmann 1952–1967*, S. 271.

152 H. Blankenhorn, *Verständnis und Verständigung*, S. 253 (5. Okt. 1956).

153 NL Strauß Fam, Nr. 910.

154 Ebd.

155 F. J. Strauß, *Erinnerungen*, S. 309 f.

156 Felix von Eckardt, *Ein unordentliches Leben. Lebenserinnerungen*, Düsseldorf, Wien 1967 (ND 1968), S. 441 f.

157 H. Blankenhorn, *Verständnis und Verständigung*, S. 254.

158 *Adenauer. Briefe 1955–1957*, S. 247.

159 *Adenauer – Heuss. Unter vier Augen*, S. 210.

160 F. J. Strauß, *Erinnerungen*, S. 309.

161 F. J. Strauß, *Erinnerungen*, S. 190 und 254.

162 Wolfgang Koeppen, *Das Treibhaus*, 3. TB-Auflage Frankfurt a. M. 1979 (Erstauflage 1953), S. 132.

163 Beispiele im NL Strauß Fam, Nr. 917.

164 F. J. Strauß, *Erinnerungen*, S. 445.

165 Zum ganzen Vorgang NL Strauß Fam, Nr. 995 und 996. Die Feststellung von Peter Merseburger in *Willy Brandt*, Stuttgart, München 2002, S. 337 (sowie insgesamt S. 334–338), Strauß habe Sievers »berufliche Unterstützung« zukommen lassen, ist also einzuschränken.

166 Daniela Münkel, *Kampagnen, Spione, geheime Kanäle. Die Stasi und Willy Brandt*, Berlin 2013, S. 19 f. (BF informiert 32).

167 Markus Wolf, *Spionagechef im geheimen Krieg. Erinnerungen*, München 1997, S. 93 f.

168 F. J. Strauß, *Erinnerungen*, S. 322.

169 Ebd., S. 342 ff.

170 F. J. Strauß, *Erinnerungen*, S. 298.

171 *Protokolle des CDU-Bundesvorstands 1953–1957*, S. 1087, die gesamte Diskussion ebd., S. 1061–1090.

172 H. Blankenhorn, *Verständnis und Verständigung*, S. 253 f. (5. Oktober 1956).

173 Gerd Schmückle, »Die Bundeswehr – vom Nullpunkt an«, in: *Anspruch und Leistung. Widmungen für Franz Josef Strauß*, S. 70–81, das Zitat S. 72.

174 Ebd., S. 73. Die Angaben von Schmückle und Strauß weichen etwas voneinander ab: Heusinger habe gesagt, in fünf Jahren könnten 360 000 Mann aufgestellt werden (*Erinnerungen*, S. 308).

175 *Die Kabinettsprotokolle Bd. 9: 1956*, S. 658 f., vgl. auch den kurzen Bericht von Strauß zur NATO-Ratstagung in der Sitzung der Bundesregierung vom 30. Oktober, ebd., S. 669.

176 Ebd., S. 776.

177 Vgl. *Handbuch für Innere Führung*, hg. vom Bundesministerium für Verteidigung, 3. Aufl. 1964.

178 F. J. Strauß, *Erinnerungen*, S. 326 f.

179 Adenauer, »... *um den Frieden zu gewinnen*«. *Protokolle des CDU-Bundesvorstands 1957–1961*, bearb. von Günter Buchstab, Düsseldorf 1994, S. 1017.

180 *Die CSU-Landesgruppe im Deutschen Bundestag*, S. 119 (Sitzung vom 13. 1. 1955).

181 Gerd Schmückle, NATO-General a. D., im Gespräch mit Dr. Johannes Grotzky, alpha-Forum des Bayerischen Rundfunks (8. 9. 1998).

182 *Kriegsbriefe gefallener deutscher Juden*, Stuttgart-Degerloch 1961 (Neuaufl.), Geleitwort von Franz Josef Strauß, S. 5 – 13.

183 *Die CDU/CSU-Fraktion im Deutschen Bundestag 1953 – 1957*, S. 616 f.

184 F. J. Strauß, *Erinnerungen*, S. 304 ff.

185 Rede vom 8. November 1956, in: *Franz Josef Strauß, Bundestagsreden*, 2. Aufl. Bonn 1969, S. 95 – 100, die Zitate S. 97 bzw. 95.

186 Ebd., S. 98.

187 Vgl. die Sammlung: *Wolf Graf von Baudissin, Nie wieder Sieg! Programmatische Schriften 1951 – 1981*, München 1982.

188 G. Schmückle, *Die Bundeswehr*, S. 75.

189 F. J. Strauß, *Erinnerungen*, S. 310 f.

190 NL Strauß Fam, Nr. 988, sowie F. J. Strauß, *Erinnerungen*, S. 315.

191 NL Strauß Fam, Nr. 998.

192 Zum Vorstehenden insgesamt: G. Schmückle, *Die Bundeswehr*, S. 75 f.

193 Ebd., S. 75.

194 Vgl. G. Schmückle, *Die Bundeswehr*, S. 75 f.

195 F. J. Strauß, *Erinnerungen*, S. 342.

196 H. Blankenhorn, *Verständnis und Verständigung*, S. 259 (Eintrag vom 11. bis 14. Dezember 1956) sowie S. 257 (Eintrag vom 6. November 1956).

197 Vgl. den Bericht des damaligen Staatssekretärs Karl Carstens, *Erinnerungen und Erfahrungen*, hg. von Kai von Jena und Reinhard Schmoeckel, Boppard a. Rhein 1993, S. 205 f.

198 Vgl. *Die Kabinettsprotokolle der Bundesregierung, Bd. 9: 1956*, S. 693 ff.

199 *Die Kabinettsprotokolle der Bundesregierung, Bd. 10: 1957*, bearb. von Ulrich Enders und Josef Henke, München 2000, S. 254 ff.

200 Ebd., S. 256.

201 F. J. Strauß, *Erinnerungen*, S. 353 ff.

202 *Die Kabinettsprotokolle der Bundesregierung Bd. 9: 1956*, S. 486 – 488 (Sitzung vom 20. Juli 1956).

203 S. Geier, *Schwellenmacht*, S. 102.

204 *Die Kabinettsprotokolle der Bundesregierung, Bd. 9: 1956*, S. 704, der gesamte Text von Adenauers außen- und sicherheitspolitischer Bestandsaufnahme ebd., S. 703 – 710.

205 *Adenauer. Briefe 1955 – 1957*, S. 269 f. (8. Dezember 1956).

206 *Die Kabinettsprotokolle der Bundesregierung, Bd. 9: 1956*, S. 709.

207 *Die Kabinettsprotokolle der Bundesregierung, Bd. 9: 1956*, S. 775 f., sowie Hallstein, ebd., S. 774.

208 In: F. J. Strauß, *Bundestagsreden*, 2. Aufl. S. 119 – 139, das Zitat S. 129.

209 Ebd., S. 132 f.

210 Ebd., S. 138.

211 Text der Rede in: Franz Josef Strauß, *Bundestagsreden*, S. 140 – 145, das Zitat S. 142.

212 Vgl. Adenauer an Erhard, 25. Februar 1958, in: *Adenauer. Briefe 1957 – 1959*, S. 78 f., und Kommentar, S. 395, zu Nr. 64, Anm. 4, sowie Kabinettssitzung vom 26. Februar 1958, in: *Die Kabinettsprotokolle der Bundesregierung, Bd. 11: 1958*, bearb. von Ulrich Enders und Christoph Schawe unter Mitwirkung von Ralf Behrendt, Josef Henke und Uta Rössel, München 2002, S. 151 f.

213 *Dokumente zur Deutschlandpolitik, II. Reihe, Bd. 3/1957*, Frankfurt a. M., Berlin 1967, S. 594 f.

214 Text in: *Willy Brandt. Berliner Ausgabe, Bd. 3*, bearb. von Siegfried Heimann, Bonn 2004, S. 237 f.

215 F. J. Strauß, *Erinnerungen*, S. 365 f.

216 *Die Kabinettsprotokolle der Bundesregierung, Bd. 11: 1958*, S. 198 – 203, das Zitat S. 203, FN 38.

217 Vgl. ebd., S. 311, Sitzung vom 30. Juli 1958.

218 Ebd., S. 225, Sitzung vom 30. April 1958.

219 Ebd., S. 229.

220 Vgl. insges. Kurt Klotzbach, *Der Weg zur Staatspartei. Programmatik, praktische Politik und Organisation der deutschen Sozialdemokratie 1945 bis 1965*, Berlin, Bonn 1982, S. 472 sowie insgesamt S. 467 – 475.

221 Ebd., S. 475 ff., sowie Hartmut Soell, *Fritz Erler*, Berlin, Bad Godesberg 1976, Bd. 1, S. 218 ff.

222 Die Schilderung Adenauers über die gesamte Diskussion zur Sicherheitspolitik und Atombewaffnung einschließlich der deutsch-französischen sowie deutsch-amerikanischen Gespräche und der NATO-Konferenz in seinen *Erinnerungen 1955 – 1959*, Stuttgart 1967, S. 296 – 346, lässt keine wesentlichen Unterschiede zur Politik von Strauß erkennen.

223 Vgl. insgesamt Colette Barbier, »Les négociations franco-germano-italiennes en vue de l'établissement d'une coopération militaire nucléaire au cours des années 1956 – 1958«, in: *Revue d'histoire diplomatique*, 104. Jg. 1990, S. 81 – 113; Jean Doise/Maurice Vaïsse, *Politique étrangère de la France. Diplomatie et outil militaire 1871 – 1991*, 2. Aufl. Paris 1992, S. 540 ff., 595 – 601; U. Lappenküper, *Die deutsch-französischen Beziehungen 1949 – 1963, Bd. I*, S. 1139 – 1199; S. Geier, *Schwellenmacht*, S. 107, sowie zum Ganzen ebd., S. 106 ff.

224 Aufzeichnung in: *Die Bundesrepublik Deutschland und Frankreich: Dokumente 1949 – 1963*, hg. von Horst Möller und Klaus Hildebrand, *Bd. 1, Außenpolitik und Diplomatie*, bearb. von Ulrich Lappenküper, München 1997, S. 682 – 688.

225 Ebd., S. 682 f.

226 Ebd., S. 686.

227 Aufzeichnung der Unterredung vom 20. 11. 1957, ebd., S. 689 – 694, das Zitat S. 690.

228 So irreführend S. Geier, *Schwellenmacht*, S. 108: Adenauer habe dieses Projekt auf keinen Fall an seinen Verteidigungsminister delegieren wollen. Tatsächlich hatte Adenauer, der sich auch auf Vereinbarungen von Strauß bezog, lediglich gesagt, die Verteidigungsminister sollten nur die konkreten Themen, nicht aber die allgemeinpolitischen erörtern, für die er die Richtlinienkompetenz reklamierte.

229 *Die Bundesrepublik Deutschland und Frankreich, Bd. 1*, S. 691.

230 Adenauer, *Teegespräche 1955–1958 (Adenauer. Rhöndorfer Ausgabe)*, Berlin 1986, S. 245.

231 Das Protokoll der Besprechung vom 25. November 1957 in: *Die Bundesrepublik Deutschland und Frankreich, Bd. 1*, S. 694 f., die Zitate S. 695.

232 F. J. Strauß, *Erinnerungen*, S. 342–351, vgl. auch K. Adenauer, *Erinnerungen*, S. 414 ff., bei Adenauers Besuch in Colombey am 14. September 1958 wurde die Kooperation in der Atomrüstung zumindest nicht vertieft, vgl. de Gaulles allgemeinen Hinweis auf gemeinsame Waffenproduktion, ebd., S. 433.

233 Charles de Gaulle, *Mémoires*, Édition présentée, établie et annotée par Marius-François Guyard, Paris 2000, S. 1031 (Bibl. de la Pléiade).

234 Vgl. etwa das Gespräch von Strauß, Blankenhorn und anderen mit Vertretern des französischen Außenministeriums bei Botschafter Blankenhorn in Paris am 20. November 1958, in: *Die Bundesrepublik Deutschland und Frankreich, Bd. 1*, S. 790–794.

235 Ebd., S. 793 f.

236 Kurzprotokoll des Gesprächs der Verteidigungsminister Franz Josef Strauß und Pierre Messmer, 28. März 1960, NL Strauß Fam, Nr. 991.

237 Franz Josef Strauß, »Wege zu Sicherheit und Frieden«, in: *Bulletin der Bundesregierung*, 16. April 1959, Nr. 70, S. 671 ff.

238 In: »Politik aus erster Hand. Ansprache des Bundesverteidigungsministers Franz Josef Strauß«, in: »gehört-gelesen. Die Manuskripte der interessantesten Sendungen des Bayerischen Rundfunks«, 4. April 1960, S. 194.

239 Ebd., S. 201.

240 Ebd., S. 201 f.

241 Zitat bei U. Wengst, *Thomas Dehler*, S. 309.

242 *Die CDU/CSU im Deutschen Bundestag. Sitzungsprotokolle 1957–1961*, bearb. von Reinhard Schiffers, Düsseldorf 2004, S. 91 (Sitzung vom 11. Februar 1958).

243 NL Strauß Fam, Nr. 970, dort auch der Text des Bundespresseamts über die FDP.

244 Ebd.

245 Ebd.

246 Ebd.

247 *Die Kabinettsprotokolle der Bundesregierung, Bd. 14: 1961*, bearb. von Ulrich Enders und Jörg Filthaut unter Mitwirkung von Ralf Behrendt, Josef Henke, Uta Rössel und Christoph Seemann, München 2004, S. 292.

248 NL Strauß Fam, Nr. 971.

249 Unterlagen im NL Strauß Fam, Nr. 967.

250 F. J. Strauß, *Erinnerungen*, S. 319 ff.

251 G. Schmückle, *Die Bundeswehr*, S. 78.

252 Deutscher Bundestag, 4. WP, 156. und 157. Sitzung 20. und 21. Januar 1965, die Rede von Strauß in: Sten. Ber., S. 7701–7712, sowie Deutscher Bundestag, 5. WP, Drucksache V/450, Bericht des Verteidigungsausschusses.

253 Deutscher Bundestag, 4. WP, 156. Sitzung, S. 7701.

254 Ebd., S. 7708.

255 Presseübersicht des BMVg, NL Strauß Fam, Nr. 973.

256 Dieses und die folgenden Zitate nach den Presseauszügen des BMVg, NL Strauß Fam, Nr. 973.

257 Kopie des Vermerks des Inspekteurs der Luftwaffe, Panitzki, für Verteidigungsminister von Hassel v. 18. Januar 1965, S. 5 , in: NL Strauß Fam, Nr. 726.

258 So Bundesverteidigungsminister von Hassel am 20. Januar im Deutschen Bundestag, 4. WP, 156. Sitzung, a. a. O., S. 7680.

259 Diese und die anderen hier gegebenen einschlägigen Angaben aus der Beantwortung der Bundesregierung auf die Großen Anfragen der SPD, der CDU/CSU und FDP betreffend Flugsicherheit des Starfighters F-104 G. bzw. Waffensystems »Starfighter« vom 1. und 3. März 1966, 50 Seiten, NL Strauß Fam, Nr. 973.

260 Ebd., S. 19.

261 Bericht des Verteidigungsausschusses des Deutschen Bundestages über die Beratungen zum Waffensystem »Starfighter«, 5. WP, Drucksache V/450, S. 4.

262 Verteidigungsausschuss des Deutschen Bundestages, 3. WP, 19. Sitzung vom 29. Juni 1962, S. A 31, NL Strauß, Ministerbüro BMVg, Nr. 973.

263 Verteidigungsausschuss des Deutschen Bundestages, ebd., S. B 10 f.

264 Beantwortung der Großen Anfrage, 4. WP, a. a. O., S. 27.

265 Ebd., S. 22.

266 Bericht des Verteidigungsausschusses des Deutschen Bundestages, 5. WP, Drs. V/450, S. 3.

267 Bericht des Verteidigungsausschusses des Deutschen Bundestages, 5. WP, Drs. V/450, S. 4.

268 *Frankfurter Neue Presse*, 24. Oktober 1961.

269 *Süddeutsche Zeitung*, 8. Oktober 1965.

270 Beschlussempfehlung und Bericht des 1. Untersuchungsausschusses nach Art. 44 des Grundgesetzes vom 20. 3. 1980, BT-Drucksache 8/3835 (oft abgek. bezeichnet als Strauß-Scharnagl- oder als Lockheed-Ausschuss).

271 Aussage am 30. Januar 1978, in: NL Strauß Fam, Nr. 725.

272 Bundesministerium der Justiz, Bericht und Vorschläge der Arbeitsgruppe Lockheed-Dokumente (Stand 27. April 1977), Geheim, 131 S., hier S. 129.

273 Ebd., S. 125.

274 Ebd., S. 129.

275 NL Strauß Fam, Nr. 725.

276 *Der Deutsche Bundestag 1949 bis 1989 in den Akten des Ministeriums für Staatssicherheit (MfS) der DDR. Gutachten für den Deutschen Bundestag gemäß § 37 (3) des Stasi-Unterlagen-Gesetzes*, hg. vom Bundesbeauftragten für die Unterlagen des Staatssicherheitsdienstes der ehemaligen Deutschen Demokratischen Republik, Berlin 2013, S. 151 und 276 f.

277 Ebd., S. 290.

278 NL Strauß Fam, Nr. 983. Ein Teil der folgenden Darstellung beruht auf der dortigen Korrespondenz und den Prozessunterlagen der Kanzlei des Prozessvertreters von Strauß, Dr. Hartwig Cramer.

279 NL Strauß Fam, Nr. 713 (Mappe 2).

280 Ebd.

281 Ebd. Der Vermerk ist handschriftlich gezeichnet mit »Bernards«.

282 Ebd.

283 Ebd.

284 NL Strauß Fam, Nr. 983:Vertrag in den Unterlagen des RA Cramer.

285 Ebd.

286 *Apropos Strauß. Eine Dokumentation. Mit einem Vorwort von Konrad Ade-nauer*, hg. von der Studiengesellschaft für staatspolitische Öffentlichkeitsarbeit in Frankfurt a. M., Stuttgart 1965, S. 40.

287 Ebd. S. 25 – 65, hier S. 34. Siehe auch die Prozessunterlagen in: NL Strauß Fam, Nr. 713, sowie NL Strauß BMVg, Nr. 117 und 118.

288 *Apropos Strauß*, S. 28.

289 Ebd.

290 Alle Unterlagen im NL Strauß Fam, Nr. 713, z. T. Auszüge in: *Apropos Strauß*, S. 25 – 105, dieses Zitat S. 30.

291 Ebd., S. 28 – 31.

292 Heinrich Krone, *Tagebücher, Bd. II: 1961 – 1966*, bearb. von Hans-Otto Klein-mann, Düsseldorf 2003, S. 51 und 49.

293 *Adenauer. Briefe 1961 – 1963*, S. 104 – 106 sowie 407 f.

294 NL Strauß Fam, Nr. 713 (Teil 2).

295 F. J. Strauß, *Erinnerungen*, S. 441.

296 Ebd., S. 453.

297 H. Krone, *Tagebücher, Bd. II*, S. 51.

298 Ebd.

299 *Die CSU-Landesgruppe im Deutschen Bundestag*, S. 342.

300 Franz Josef Strauß an Konrad Adenauer, 12. Oktober 1962, in: NL Strauß, BMVg, Nr. 209.

301 Deutscher Bundestag, 4. WP, 43. Sitzung, S. 1903, zit. in: *Apropos Strauß*, S. 31 f.

302 *Datenhandbuch zur Geschichte des Deutschen Bundestags 1949 bis 1999, Bd. II: Kap. 7 – 13*, , bearb. von Peter Schindler, hg. vom Presse- und Informationszent-rum des Deutschen Bundestages, Baden-Baden 1999, S. 2185 und 2191.

303 Ebd., S. 2206.

304 NL Strauß Fam, Nr. 713.

305 Deutscher Bundestag, 4. Wahlperiode, Bd. 51, S. 1569 – 1585 die Debatte, die Abstimmung S. 1584.

306 NL Strauß Fam, Nr. 987.

307 Vgl. U. Wengst, *Dehler*, S. 327 ff.

308 *FDP-Bundesvorstand, Sitzungsprotokolle 1960 – 1967*, bearb. von Reinhard Schif-fers und Udo Wengst, Düsseldorf 1993, S. 331.

309 *Die CDU/CSU-Fraktion im Deutschen Bundestag 1961 – 1966*, bearb. von Corinna Franz, Düsseldorf 2003, S. 317, die ganze Sitzung ebd., S. 314 – 323.

310 Ebd., S. 319 f.

311 Ebd., S. 320 – 322.

312 *Adenauer. Briefe 1961 – 1963*, S. 141 (Adenauer an Strauß, 9. August 1962).

313 *Die Kabinettsprotokolle der Bundesregierung, Bd. 15: 1962*, bearb. von Uta Rössel und Christoph Seemann unter Mitwirkung von Ralf Behrendt, Ulrich Enders und Josef Henke, München 2005, S. 379 (Sitzung vom 22. August 1962).

314 Siehe auch den Auszug: »Peter Merseburger, Augstein, Strauß und die SPIE-GEL-Affäre«, in: Martin Doerry/Hauke Janssen (Hrsg.), *Die Spiegel-Affäre. Ein Skandal und seine Folgen*, München/Hamburg 2013, S. 86 – 111. Vgl. insgesamt: Peter Merseburger, *Rudolf Augstein*, 2. Aufl. München 2009, S. 224 ff.

315 Ebd., S. 239.

316 Text der Debatte in: Jürgen Seifert (Hrsg.), *Die* Spiegel-*Affäre*, 2 Bde., Olten und Freiburg i. Breisgau 1966, Bd. I: Alfred Grosser/Jürgen Seifert, *Die Staatsmacht und ihre Kontrolle*, S. 338.

317 Eine eingehende Chronologie und zahlreiche zentrale Dokumente der *Spiegel-*Affäre enthält die Dokumentation: Alfred Grosser, Jürgen Seifert, *Die* Spiegel-*Affäre*, Bd. 1, S. 235 – 299.

318 H.-P. Schwarz, *Adenauer, Bd. II*, S. 775.

319 Adenauer, »Stetigkeit in der Politik«, in: *Protokolle des CDU-Bundesvorstands 1961 – 1965 (Forschungen und Quellen zur Zeitgeschichte, Bd. 32)*, bearb. von Günter Buchstab, Düsseldorf 1998, S. 360 (3. Dezember 1962). Norstad war zwischen 1956 und 1962 Oberbefehlshaber der NATO-Streitkräfte in Europa.

320 »Bedingt abwehrbereit«, in: *Der Spiegel* Nr. 41/1962, 8. Oktober 1962.

321 F. J. Strauß, *Erinnerungen*, S. 419, sowie Pressemitteilung der Bundesanwaltschaft vom 16. Oktober 1964, in: *Die* Spiegel-*Affäre, Bd. I*, S. 305. Eine Kopie des Gutachtens von Dr. Wunder (18. Oktober 1962) ist im Bundesarchiv Koblenz zugänglich (Kopie der FüAkBw – Abt. Bundeswehr – 12. April 1967, 206/67 str. geh. 2. Ausf. 25 Blatt).

322 Strauß an Adenauer, 19. Dezember 1962, in: NL Strauß, Ministerbüro BMVg, Nr. 209.

323 Ebd. Im Nachlass Walter Strauß, Institut für Zeitgeschichte, ED 94, Bde. 226 und 227, finden sich ein umfangreicher Briefwechsel, Urteile, Stellungnahmen, jedoch kein konkreter Hinweis. W. Strauß sah die Verantwortung u. a. bei der FDP. Ein Indiz könnte seine Bemerkung sein: »Ich glaubte unter einer Weisung des Bundeskanzlers zu stehen, eine solche Weisung war, wie sich dann ergab, niemals erteilt worden.« Walter Strauß an Min.-Dirigent a. D. Dr. Henning von Armin, 11. Dezember 1962 (ED 94-227-6). Andererseits berichtet Strauß, Stammberger, der nicht in Bonn war, habe den Brief des Generalbundesanwalts vom 18. Oktober 1962 erhalten und auch Kenntnis von der Anzeige von der Heydtes wegen Landesverrats gegen den *Spiegel* gehabt, er selbst sei erst am 24. Oktober von dem bevorstehenden »Zugriff« informiert worden (W. Strauß an Bundesjustizminister Ewald Bucher, 11. Februar 1963, ebd., ED 94-226-98).

324 Stellungnahme des Hamburger Innensenators Helmut Schmidt auf einer Pressekonferenz am 13. März 1963, Text in: *Die* Spiegel-*Affäre, Bd. I*, S. 509 f. Vgl. auch Hartmut Soell, *Helmut Schmidt, Bd. I*, S. 407 ff.

325 Verhandlungen des Deutschen Bundestages, 4. WP, 45. Sitzung, 7. November 1962, der Text der Bundestagsdebatte ist auch abgedruckt in: *Die* Spiegel-*Affäre, Bd. I*, S. 307 – 376, das Adenauer-Zitat S. 350.

326 K. Carstens, *Erinnerungen*, S. 237, sowie F. J. Strauß, *Erinnerungen*, S. 420.

327 *Akten zur Auswärtigen Politik der Bundesrepublik Deutschland 1962*, hg. von Horst Möller, Klaus Hildebrand und Gregor Schöllgen, bearb. von Mechthild Lindemann, Michael Mayer, wiss. Leiterin Ilse Dorothee Pautsch, München

2010, Dok. 409, 1762 ff., vgl. dort auch weitere Dokumente zur Kuba-Krise (im Folgenden. zit. als *AAPD*).

328 Ebd., Dok. 419, S. 1799 – 1803, insbes. S. 1803.

329 Ebd., S. 1782 ff., Dok. 415.

330 Ebd., S. 1766 – 1768, Dok. 410.

331 Original im NL Strauß, Sammlung Kray, Endurteile Nr. A – 1. Der Text ist fast vollständig abgedruckt in: *Die* Spiegel-*Affäre, Bd. I*, S. 549 – 573 und wird danach zitiert.

332 NL Strauß Fam, Nr. 716.

333 Bundestagsdebatte v. 7. November 1962, in: *Die* Spiegel-*Affäre, Bd. I*, S. 351.

334 NL Strauß Fam, Nr. 716, »Angelegenheit Ahlers«, S. 2 f., 7, 12. Verfasser ist vermutlich ein Dr. J. Wenz.

335 Hopf an Strauß, 16. 9. 1963, NL Strauß Fam, Nr. 717.

336 Text ebd., S. 11 ff., das Zitat S. 22 f.

337 Ebd.

338 Einstellungsbeschluss, in: *Die* Spiegel-*Affäre, Bd. I*, S. 549 – 563.

339 Ebd., S. 562.

340 Ebd., S. 566, 572 f.

341 Bundestagsdebatte vom 7. November 1962, ebd., S. 351.

342 Vgl. zu Dehler und der *Spiegel*-Affäre U. Wengst, *Thomas Dehler*, S. 329 ff., das Zitat ebd., S. 330.

343 Vgl. H.-P. Schwarz, *Adenauer Bd. II*, S. 771.

344 Bundestagsdebatte 7. November, in: *Die* Spiegel-*Affäre, Bd. I*, S. 329.

345 Ebd., S. 331.

346 Ebd., S. 383.

347 Ebd., S. 339.

348 Ebd., S. 385.

349 Ebd., S. 395 f.

350 Ebd., S. 419.

351 So H.-P. Schwarz, *Adenauer, Bd. II*, S. 788.

352 Der Text des Interviews in: *Die* Spiegel-*Affäre, Bd. I*, S. 490 f. Der Kommentar dazu in der Anmerkung S. 492 verdreht den Inhalt.

353 Ebd., S. 489.

354 Bundestagsdebatte vom 9. November 1962, in: *Die* Spiegel-*Affäre, Bd. I*, S. 409.

355 Ebd., S. 402 f.

356 Beschluss des Bundesgerichtshof v. 13. Mai 1965, Text in: *Neue Juristische Wochenschrift* 1965, Heft 25, S. 1187 – 1190, der sich auf die Frage des »publizistischen Landesverrats« bezog.

357 Strauß an Adenauer, 28. November 1962, in: NL Strauß, Ministerbüro BMVg, Nr. 209.

358 Adenauer an Strauß, 17. Dezember 1962, ebd.

359 H. Krone, *Tagebücher, Bd. II*, S. 131 f.

360 Alle zitierten Passagen entstammen dem Brief von Strauß an Adenauer vom 19. November 1962, in: NL Strauß, Ministerbüro BMVg, Nr. 209. Der Brief ist auszugsweise publiziert in: *Adenauer. Briefe 1961 – 1963*, S. 451 f. (Anm. 6 zu Nr. 141).

361 *FDP-Bundesvorstand, Sitzungsprotokolle 1960 – 1967*, S. 355 ff.

362 Ebd., S. 357 f.

363 Ebd., S. 364.

364 Ebd., S. 359.

365 Ebd., S. 365.

366 Klaus-Jürgen Matz, *Reinhold Maier (1889–1971). Eine politische Biographie*, Düsseldorf 1989, S. 469 f.

367 *FDP-Bundesvorstand, Sitzungsprotokolle 1960–1967*, S. 373 (Sitzung vom 19. November 1962).

368 H. Krone, *Tagebücher, Bd. II*, S. 115 (Eintrag 7. bis 9. November 1962) sowie S. 116 f. (Eintrag vom 11. bis 17. November 1962). Zu Strauß beim Empfang des Bundespräsidenten auch Erich Mende in: *FDP-Bundesvorstand, Sitzungsprotokolle 1960–1967*, S. 374, über das »schlechte Betragen« des Verteidigungsministers, der auf dem Höhepunkt der Kuba-Krise nicht hätte verantwortlich handeln können, wenn das notwendig gewesen wäre. »Die Empörung im eigenen Lager ist bei den meisten Skandalen das entscheidende Moment« (Frank Bötsch, »Die SPIEGEL-Affäre und das Ende der Ära Adenauer«, in: M. Doerry/ H. Janssen (Hrsg.), *Die SPIEGEL-Affäre*, S. 215–230, das Zitat S. 216). Allerdings erklärt diese generell zutreffende Feststellung nicht die ganze Komplexität dieser Affäre: Strauß hatte keineswegs nur Gegner im eigenen Lager, sondern ebenso entschiedene Anhänger. Vor allem aber spielten die Koalitionsprobleme, die Kanzlerfrage und die auf sie bezogenen Rivalitäten, der Dauerbeschuss auf Strauß in den Medien eine Rolle, schließlich die Reibungen zwischen den Schwesterparteien selbst.

369 Vgl. *FDP-Bundesvorstand, Sitzungsprotokolle 1960–1967*, S. 374 f.

370 Adenauer, »*Stetigkeit in der Politik«. Die Protokolle des CDU-Bundesvorstands 1961–1965*. Bearb. von Günter Buchstab, Düsseldorf 1998, S. 292 ff., die Zitate S. 293–296 (Sitzung vom 22. November 1962).

371 Ebd., S. 299.

372 Ebd., S. 310.

373 Ebd., S. 315 f.

374 *Die CDU/CSU-Fraktion im Deutschen Bundestag 1961–1966*, S. 409 (13.11.1962).

375 Ebd., S. 425.

376 Ebd., S. 427.

377 Ebd., S. 429 und 430.

378 Ebd., S. 444.

379 *Die CSU-Landesgruppe im Deutschen Bundestag*, S. 350 ff. (Sitzung vom 12.11.1962). Auch hier verwies Strauß auf die Defizite der Öffentlichkeitsarbeit der Union.

380 Ebd., Text auf der CD-ROM, S. 706 (Sitzung vom 15. November 1962).

381 Ebd., CD-ROM, S. 708–710 (Sitzungen vom 29. und 30. November 1962).

382 Ebd., S. 709. (29. November 1962).

383 Abgedruckt in: *Die Spiegel-Affäre Bd. I*, S. 274.

384 Vgl. die Auswahl an Presseartikeln in der Dokumentation: *Die Spiegel-Affäre, Bd. II*.

385 Vgl. dazu jetzt auch die widersprüchlichen Beiträge in: *Die Spiegel-Affäre. Ein Skandal und seine Folgen*, darin die Beiträge von Peter Merseburger, S. 86 ff.,

und Thomas Schlemmer, S. 248 ff., sowie das »Gespräch der Töchter« Franziska Augstein und Monika Hohlmeier über ihre Väter, in: M. Doerry, H. Janssen, *Die SPIEGEL-Affäre*, S. 300 ff.

386 NL Strauß Fam, Nr. 1090 (Notizen aus dem BND für General Gehlen vom 3. 12., 17. 12. bzw. 14. 12. 1962).

387 G. Schmückle, *Die Bundeswehr*, S. 77 und 80 f.

388 Rede des Staatssekretärs des Bundesministeriums der Verteidigung, Volkmar Hopf, zur Verabschiedung des Bundesministers der Verteidigung, Franz Josef Strauß, am 19. Dezember 1962 in Wahn, BMVg Pressereferat, in: NL Strauß Fam, Nr. 953.

389 So der sozialdemokratische *PPP*, 15. Januar 1959, Nr. 1, zit. in *CSU-Correspondenz*, in: NL Strauß Fam, Nr. 954.

390 General Norstad an Verteidigungsminister Strauß am 19. Dezember 1962, in: NL Strauß Fam, Nr. 953.

391 Ebd.

392 Reden zur Verabschiedung von Franz Josef Strauß als Bundesverteidigungsminister am 19. Dezember 1962 von Adenauer, Generalinspekteur Foertsch, Staatssekretär Hopf, Vizepräsident (des Deutschen Bundestages) Jaeger in: NL Strauß Fam, Nr. 953.

393 Text: Pressereferat des Bundesministers der Verteidigung, in: NL Strauß Fam, Nr. 953.

394 Pressereferat des BMVg, 25. Februar 1958, Aktuelle Informationen Nr. 6, NL Strauß Fam, Nr. 976.

395 Deutscher Bundestag, 3. WP, 87. Sitzung, 5. November 1959, Sp. 4760 – 4767.

396 Ebd., Drucksache 1244.

397 *SPD-Pressedienst* vom 28. Dezember 1959, P/XIV/293.

398 So übersandte Außenminister von Brentano am 7. Dezember 1959 an Bundeskanzler Adenauer eine kritische Stellungnahme und verwies auf die notwendige Analyse des Verteidigungsministeriums, beides in: NL Strauß Fam, Nr. 977.

399 »Politik aus erster Hand. Ansprache des Bundesverteidigungsministers Franz Josef Strauß«, in: »gehört-gelesen. Die Manuskripte der interessantesten Sendungen des Bayerischen Rundfunks«, 4. April 1960, S. 194.

Teil III

1 W. Scharnagl, *Mein Strauß*, S. 120; Thomas Dalberg, *Franz Josef Strauß, Porträt eines Politikers*, Gütersloh 1968, S. 134 f.

2 F. G. Strauß, *Mein Vater*, München 2008, S. 57.

3 Ebd., sowie Werner Biermann, *Strauß. Aufstieg und Fall einer Familie*, überarb. TB-Auflage, Reinbek 2006, S. 78 ff.

4 Vgl. u. a. den Bericht von Marianne Strauß für die *Passauer Neue Presse* (1984) in: *Marianne Strauß. Ein Buch der Erinnerung*, hg. von Wilfried Scharnagl, Percha am Starnberger See 1984, S. 167 ff.

5 Theodor Heuss an Toni Stolper, 10. November 1957, in: *Theodor Heuss, Der Bundespräsident. Briefe 1954 – 1959 (Theodor Heuss, Stuttgarter Ausgabe)*, hg. von Ernst Wolfgang Becker, Martin Vogt und Wolfram Werner, Berlin 2013, S. 393.

6 Vgl. etwa NL Strauß Fam, Nr. 514: Vollmacht von Marianne Strauß vom 14. 9. 1969 zum Erwerb eines Geschäftsanteils eines Werks in Bergisch-Gladbach oder auch Spenden, Reisekosten bzw. Spesenabrechnungen ihres Mannes: NL Strauß Fam, Nr. 785.

7 Vgl. etwa die Aufstellungen in NL Strauß Fam, Nr. 788, Aufstellungen über die Wertpapierdepots der CSU durch Maria Strauß 1978 – 1982.

8 F. G. Strauß, *Mein Vater*, S. 63 f.

9 F. Voss, *Den Kanzler im Visier*, Mainz 2000, S. 310. Vgl. zu den Finanzen der CSU grundsätzlich: A. Mintzel, *Die CSU. Anatomie einer konservativen Partei*, S. 356 – 381.

10 F. G. Strauß, *Mein Vater*, S. 126.

11 Vgl. ebd., S. 235 ff.

12 So Monika Hohlmeier im Gespräch von Martin Doerry mit Franziska Augstein und Monika Hohlmeier über ihre Väter, in: M. Doerry, H. Janssen, *Die SPIEGEL-Affäre*, S. 325.

13 F. G. Strauß, *Mein Vater*, S. 152.

14 Interview von Friedrich Nowottny mit Marianne Strauß 1980, in: W. Scharnagl (Hrsg.), *Marianne Strauß. Ein Buch der Erinnerung*, S. 91.

15 Vgl. etwa die Schilderungen und Zitate von Marianne Strauß bei W. Scharnagl, *Mein Strauß*, S. 122 ff.

16 Gespräch von Martin Doerry mit Franziska Augstein und Monika Hohlmeier, in: M. Doerry, H. Janssen, *Die SPIEGEL-Affäre*, S. 309.

17 Marianne Strauß Anfang 1984 in einem Kommentar zur Politik für die *Passauer Neue Presse*, in: W. Scharnagl (Hrsg.), *Marianne Strauß*, S. 167 – 188, das Zitat S. 170.

18 Toni Hohlmeier an Franz Josef Strauß, 6. März 1985, NL Strauß Fam, Nr. 498.

19 Vgl. die Rede von Marianne Strauß beim Sozialwerk der Deutschen Multiple-Sklerose-Gesellschaft am 18. Juni 1980, in: W. Scharnagl (Hrsg.), *Marianne Strauß*, S. 100 – 106.

20 Vgl. ebd. S. 173 – 178.

21 Vgl. insgesamt ebd., das Zitat S. 61.

22 Abgedr. ebd., S. 89 ff., die Zitate S. 89.

23 F. Voss, *Den Kanzler im Visier*, S. 33 f. (Mai 1970).

24 So z. B. Wolfram Bickerich, *Franz Josef Strauß*, Düsseldorf 1996, S. 216 – 230, offenbar auf Grundlage des Hepp-Tagebuchs im Archiv des *Spiegel* sowie nahezu identisch: W. Biermann, *Strauß*, S. 210 – 226, und mehrere weitere Darstellungen mit geringfügigen Modifikationen, doch ohne belastbare neue Quellen.

25 Interview Marianne Strauß mit Friedrich Nowottny, März 1980, für das Fernsehmagazin *Funkuhr*, in: W. Scharnagl (Hrsg.), *Marianne Strauß*, das Zitat S. 91.

26 NL Strauß Fam, Nr. 719.

27 NL Strauß Fam, Nr. 727.

28 Die Abrechnung findet sich in NL Strauß Fam, Nr. 733.

29 Vgl. die gründliche Untersuchung von Anneke Jankus, »Kein Polit-Mannequin. Eine Untersuchung über Franz Josef Strauß und sein Verhältnis zu den Medien«, Diss. rer. pol. Universität Mainz 2004.

30 NL Strauß Fam, Nr. 720.

31 Strauß hat sich im Bundestag am 25. Oktober 1962 in diesem Sinne geäußert, auch in anderen Reden findet sich eine außerordentlich positive Bewertung des ersten Reichspräsidenten Friedrich Ebert, z. B. in: NL Strauß Fam, Nr. 714 (undatiertes Redemanuskript).

32 NL Strauß Fam, Nr. 554, Strauß an Schacht, 7. Oktober 1965.

33 Vgl. Otto Gritschneder, *Fachlich geeignet, politisch unzuverlässig… Memoiren*, München 1996. Zum Prozess Strauß gegen Augstein ebd., S. 152 f., dort ist die persönliche Abneigung gegen Strauß ebenfalls offensichtlich.

34 So berichtet Dr. Erich Müller (Bregenz) am 3. August 1965 in einem Brief an Strauß auf der Basis von Informationen der Österreich-Korrespondentin des *Spiegel*, Dr. Inge Santner-Cyrus. So auch weitere Informationen, u. a. an Marianne Strauß am 4. November 1965, in: NL Strauß Fam, Nr. 715.

35 *Der Spiegel* Nr. 14, 1. April 1964, sowie das folgende Zitat siehe FN 36, Protokoll, S. 57.

36 Protokoll der öffentlichen Sitzung der 18. Zivilkammer des Landgerichts München I in Sachen Dr. h. c. Franz Josef Strauss gegen Augstein Rudolf vom 9. März 1965, S. 10 f. (Az 18 o 680/64), in: NL Strauß Fam, Nr. 715.

37 Ebd., S. 17 ff. Das Zitat S. 18.

38 Ebd., S. 19.

39 Ebd., S. 21.

40 Strauß an Ehard, 5. Januar 1954, in: NL Strauß, BMVg, Nr. 177.

41 Endurteil des Landgerichts München I, 18. Zivilkammer, vom 15. Juli 1965 in Sachen Strauss Franz Josef, Dr. h.c., Oberregierungsrat a. D., Rott am Inn, gegen Augstein Rudolf, Verleger in Hamburg, Az. 18 0680/64, S. 1 f., in: NL Strauß Fam, Nr. 715 (Kopie des gesamten Vorgangs aus dem *Spiegel*-Verlag).

42 Urteil vom 28. Juli 1966, in: NL Strauß Fam, Nr. 715, S. 2.

43 Kopie in NL Strauß Fam, Nr. 715, Dofivat an Rost (?), 20. August 1965.

44 *FAZ* vom 2. Juli 1959: »Mommer kündigt Rückkehr zur Politik Schumachers an«.

45 Helmut Schmidt im *Hamburger Echo*, 30. Mai 1961, sowie in *Die Welt*, 29. Mai 1961. Im NL Strauß, Fam, Nr. 959, findet sich eine ganze Sammlung der persönlichen Angriffe gegen Strauß 1959–1961.

46 »Wegen übler Nachrede verurteilt. Unrichtige Behauptungen über Bundesminister Strauß. Drei Monate Gefängnis für die Angeklagten«, in: *Bonner Rundschau* v. 21. März 1961.

47 NL Strauß Fam, Nr. 956, 957.

48 Texte in einer Sammlung des Pressereferats des BMVg, NL Strauß Fam, Nr. 954.

49 Der *Tagesspiegel* v. 13. Februar 1959: »Empörung über Strauß. Sein Angriff auf Brandt wird auch in der CDU als wenig glücklich empfunden.«

50 Text in: NL Strauß Fam, Nr. 957.

51 *CSU-Correspondenz*, 2. März 1961.

52 *Willy Brandt. Berliner Ausgabe*, hg. von Helga Grebing, Gregor Schöllgen und Heinrich August Winkler, Bd. 3: *Berlin bleibt frei. Politik in und für Berlin 1947–1966*, bearb. von Siegfried Heimann, Berlin 2004, S. 307: Brandt an Strauß, 7. März 1961.

53 Willy Brandt, *Begegnungen und Einsichten 1960–1975*, München 1978, S. 49.

54 *Frankfurter Rundschau* vom 28. April 1975: »Schöfberger vergleicht Strauß mit Hitler«.

55 Autorisierter Redetext von Klaus Thüsing MdB, 14. September 1979 in Essen, in: NL Strauß Fam, Nr. 731.

56 Kurzprotokoll in: NL Strauß Fam, Nr. 766. Dort auch weitere Materialien zum Vorgang.

57 Ebd., S. 2/3 sowie S. 7.

58 Ebd., S. 7.

59 Ebd., S. 4 – 6.

60 Ebd., S. 12.

61 Kurzprotokoll aus der Besprechung vom 1. Dezember 1962, 20 Uhr, in: NL Strauß Fam, Nr. 766, S. 6 (es handelt sich um die zweite Sitzung an diesem Tag im engeren Kreis von Vorstandsmitgliedern).

62 Kurzprotokoll der Sitzung der Landesvorstandschaft vom 30. November 1962, in: NL Strauß Fam, Nr. 766, S. 2.

63 *Münchner Merkur*, 11. Dezember 1962.

64 Text der Presseerklärung in: NL Strauß Fam, Nr. 766.

65 A. Mintzel, *Geschichte der CSU*, S. 392.

66 H. Krone, *Tagebücher Bd. II*, S. 417.

67 Briefe und Vermerke in: NL Strauß Fam, Nr. 871.

68 So zum Beispiel der Briefwechsel über die Spanienreise von Strauß 1955/56, in: NL Strauß Fam, Nr. 902.

69 NL Strauß Fam, Nr. 529, Brentano an Strauß, 14. September 1964.

70 NL Strauß Fam, Nr. 537, u. a. Briefe von Strauß an Heubl v. 28. Januar 1972 und der Rechtsanwälte Josef und Marianne Thora an Strauß, 9. Juni 1976.

71 H. Krone, *Tagebücher Bd. II*, S. 412 (Eintrag vom 29. September 1965).

72 »Zurück ins Kabinett? Ein Interview mit dem Vorsitzenden der CSU«, in: *Die Zeit*, 8. April 1966.

73 H. Krone, *Tagebücher Bd. II*, S. 412.

74 NL Strauß Fam, Nr. 508, Reinhold Kreile an Franz Josef Strauß, 5. Oktober 1964, mit Anlagen.

75 »Fast ein Wehner der Union«, in: *Der Spiegel* 17/1978, S. 28 – 35.

76 NL Strauß, BMF, Nr. 11, Strauß an Augstein am 7. Mai 1969 bzw. 7. Juli 1969, Augstein an Strauß am 24. Juni 1969.

77 Vgl. Claudia Friemberger, *Alfons Goppel. Vom Kommunalpolitiker zum Bayerischen Ministerpräsidenten*, München 2001, zur Entscheidung für Goppel und die Haltung von Strauß, der nach anfänglichem Zögern dann doch in Bonn bleiben wollte, insbes. S. 156 – 169.

78 *FAZ*, 20. Mai 1965.

79 Text in: *Die Bundesrepublik Deutschland und Frankreich, Bd. 1*, Nr. 313, S. 951 – 955, zur Entwicklung der deutsch-französischen Beziehungen ebd. die Dokumente Nr. 300 – 325. Vgl. auch Hans-Peter Schwarz, *Eine Entente Elémentaire. Das deutsch-französische Verhältnis im 25. Jahr des Élysée-Vertrages*. Mit einer Dokumentation (Arbeitspapiere zur Internationalen Politik Nr. 47), Bonn 1988, sowie grundlegend: Ulrich Lappenküper, *Die deutsch-französischen Beziehungen 1949 – 1963, Bd. II*, S. 1707 – 1823.

80 F. J. Strauß, *Erinnerungen*, S. 461 f.

81 Vgl. Torsten Oppelland, *Gerhard Schröder (1910–1989). Politik zwischen Staat, Partei und Konfession*, Düsseldorf 2002.

82 F. J. Strauß, *Erinnerungen*, S. 467.

83 H. Krone, *Tagebücher Bd. II, 1961–1967*, S. 410 (Eintrag vom 27. September 1965).

84 Vgl. insgesamt Tim Geiger, *Atlantiker gegen Gaullisten. Außenpolitischer Konflikt und innerparteilicher Machtkampf in der CDU/CSU 1958–1969*, München 2008.

85 Vgl. etwa *CDU/CSU-Fraktion im Deutschen Bundestag 1961–1966*, S. 503 (Sitzung der Fraktion v. 15. 1. 1963).

86 Vgl. etwa die Sitzung der CSU-Landesgruppe vom 7. Oktober 1963, Dok. 363, CD-ROM, S. 757.

87 F. J. Strauß, *Erinnerungen*, S. 465 und 460.

88 Ebd., S. 445, sowie W. Brandt, *Erinnerungen*, S. 66.

89 Vgl. zur Entwicklung des Neutralitätsdiskurses Alexander Gallus, *Die Neutralisten. Verfechter eines vereinten Deutschland zwischen Ost und West 1945–1990*, Düsseldorf 2001.

90 F. J. Strauß, *Erinnerungen*, S. 465.

91 Ebd., S. 466.

92 Franz Josef Strauß, *Herausforderung und Antwort. Ein Programm für Europa*, 3. Aufl. Stuttgart 1968, S. 232.

93 Franz Josef Strauß, »Meine Reise nach Israel«, Sonderdruck des *Bayernkurier* (o. Datum 1963), aus: *Die Allgemeine Sonntagszeitung*.

94 Franz Josef Strauß an J. G. A. Hertslet, 13. März 1953, in: NL Strauß Fam, Nr. 985.

95 Vgl. etwa David Ben Gurion und Shimon Peres in: NL Strauß Fam, Nr. 562.

96 Schimon Peres, »Er war schnell, brillant und ISRAEL treu«, in: *Wer war Franz Josef Strauß wirklich? Bayernkurier. Das Sonderheft zum Jubiläumsjahr 2015*, S. 69.

97 *CDU/CSU-Fraktion im Deutschen Bundestag 1961–1966*, S. 657 f. (Fraktionssitzung vom 23. April 1963).

98 Ebd., S. 661.

99 Ebd., S. 813 (Sitzung vom 14. Oktober 1963).

100 Ebd., S. 815 ff. (15. Oktober 1963).

101 Ebd., S. 815 ff.

102 *Die CSU-Landesgruppe im Deutschen Bundestag*, Dok. 355 (22. April 1963), CD-ROM, S. 735.

103 *CDU/CSU-Fraktion im Deutschen Bundestag 1961–1966*, S. 819.

104 Vgl. grundsätzlich: Daniel Koerfer, *Der Kampf ums Kanzleramt. Erhard und Adenauer*, 2. Aufl. Stuttgart 1988.

105 *Die CSU-Landesgruppe im Deutschen Bundestag*, Dok. 355, CD-ROM, S. 741.

106 Ebd., S. 735.

107 F. J. Strauß, *Erinnerungen*, S. 470.

108 Ebd.

109 *Die CSU-Landesgruppe im Deutschen Bundestag*, Dok. 361 (27. September 1961), CD-ROM, S. 744.

110 *FDP-Bundesvorstand, Sitzungsprotokolle 1960–1967*, S. 623 f. (Sitzung vom 1. April 1965).

111 H. Krone, *Tagebücher, Bd. II, 1961–1966*, S. 376 (Eintrag vom 25. Mai 1965).

112 E. Gerstenmaier, *Streit und Friede*, S. 529 f.

113 Zur Bildung des zweiten Kabinetts Erhard vgl. Klaus Hildebrand, *Von Erhard zur Großen Koalition 1963–1969*, Stuttgart, Wiesbaden 1984, S. 152 ff.

114 *CDU/CSU-Fraktion im Deutschen Bundestag 1961–1966*, Dok. 317 (19. 10. 1965), S. 1581.

115 *Die CSU-Landesgruppe im Deutschen Bundestag*, S. 420 (Sitzung vom 20. Oktober 1965).

116 *FDP-Bundesvorstand, Sitzungsprotokolle 1960–1967*, S. 655 (Sitzung vom 15. Oktober 1965).

117 Ebd., S. 637 (Sitzung vom 22. September 1965).

118 Bundespräsident Lübke hatte sogar beim Bonner Staatsrechtslehrer Ulrich Scheuner ein Gutachten eingeholt, weil er Schröder nicht zum Außenminister ernennen wollte, was aber offenbar nicht den gewünschten Erfolg hatte, da dem Bundeskanzler das Vorschlagsrecht zustand. Vgl. H. Krone, *Tagebücher, Bd. II*, S. 413 (Eintrag vom 1. Oktober 1965).

119 *FDP-Bundesvorstand, Sitzungsprotokolle 1960–1967*, S. 641 und 643 (Sitzung vom 23. September 1965).

120 H. Krone, *Tagebücher Bd. II, 1961–1967*, S. 414.

121 *CDU/CSU Fraktion im Deutschen Bundestag 1961–1966*, S. 2011 (Sitzung vom 4. Oktober 1966).

122 Ebd., S. 2011 f.

123 F. J. Strauß, *Erinnerungen*, S. 476.

124 *CDU/CSU-Fraktion im Deutschen Bundestag 1961–1966*, S. 2007–2011 (Sitzung vom 4. Oktober 1966).

125 NL Strauß Fam, Nr. 582: Der Vorsitzende der CSU, Franz Josef Strauß, an Bundeskanzler Prof. Dr. Ludwig Erhard, 5. Juli 1966.

126 Erhard an Strauß, 15. August 1966, ebd.

127 Vgl. insgesamt zum Wandel des Zeitgeistes in diesen Jahren: K. Hildebrand, *Von Erhard zur Großen Koalition*, S. 215 ff., sowie den Essay von Karl Dietrich Bracher, *Die Bewährung der Zweiten Republik*, ebd., S. 7–16, und einige Beiträge in: Axel Schildt u. a. (Hrsg.), *Dynamische Zeiten. Die 60er Jahre in den beiden deutschen Gesellschaften*, Hamburg 2000.

128 Vgl. Wolfgang Schollwer, *FDP im Wandel. Aufzeichnungen 1961–1966*, hg. von Monika Faßbender, München 1994.

129 So etwa Stefan Finger, *Franz Josef Strauß. Ein politisches Leben*, München 2005, S. 275 ff.

130 H. Krone, *Tagebücher Bd. II*, S. 507 (18. September 1966).

131 *CDU/CSU-Fraktion im Deutschen Bundestag 1961–1966*, S. 1898–1973 (Sitzung vom 12./13. September 1966).

132 Die Strauß-Rede ebd., S. 1920–1931 (12. September 1966), das Zitat S. 1923.

133 Ebd.

134 Ebd., S. 1925–1927.

135 Ebd., S. 1929.

136 Sitzung des Landesvorstands der CSU, 7. Oktober 1966, in: *ACSP*, PVo/Präs, auszugsweise gedruckt bei A. Mintzel, *Geschichte der CSU*, S. 384–390, zur Finanzierung insgesamt.

137 Ebd., S. 386.

138 Textauszüge (mit Stellungnahmen zum Vorschlag von Strauß) ebd., S. 386–390.

139 Horst Möller, »Machtpolitik im Schafspelz – Walter Scheel (Jg. 1919) als Parteipolitiker und Staatsmann«, in: Bastian Hein/Manfred Kittel/Horst Möller (Hrsg.), *Gesichter der Demokratie. Porträts zur deutschen Zeitgeschichte*, München 2012, S. 269–290, hier S. 273 f.

140 *Die Kabinettsprotokolle der Bundesregierung, Bd. 19: 1966*, bearb. von Christine Fabian und Uta Rössel unter Mitwirkung von Ralf Behrendt und Christoph Seemann, München 2009, S. 436–440, 441–444 (dort das Kommuniqué) (26. Oktober 1966).

141 K. Hildebrand, *Von Erhard zur Großen Koalition*, S. 202.

142 H. Krone, *Tagebücher Bd. II*, S. 505 f. (3. September 1966).

143 Vgl. Rudolf Morsey, *Heinrich Lübke. Eine politische Biographie*, Paderborn 1996, S. 460–468.

144 Vgl. die präzise Rekonstruktion von Rudolf Morsey, »Die Vorbereitung der Großen Koalition von 1966. Unionspolitiker im Zusammenspiel mit Herbert Wehner seit 1962«, in: ders., *Von Windthorst bis Adenauer*, S. 553–570.

145 Kiesinger, »Wir leben in einer veränderten Welt«, *Die Protokolle des CDU-Bundesvorstands 1966–1969* (*Forschungen und Quellen zur Zeitgeschichte, Bd. 50*), bearb. von Günter Buchstab unter Mitarbeit von Denise Lindsay, Düsseldorf 2005, S. 338 (Sitzung vom 8. November 1966).

146 H. Krone, *Tagebücher Bd. II*, S. 498 (11. Juli 1966).

147 Ebd., S. 517 (29. Oktober 1966).

148 *Protokolle des CDU Bundesvorstands 1966–1969*, S. 363 f.

149 Ebd., S. 366–369 (F. J. Strauß), S. 371 f. (Erhard).

150 *CDU/CSU-Fraktion im Deutschen Bundestag 1961–1966*, S. 2208 f.

151 E. Gerstenmaier, *Streit und Friede*, S. 538.

152 H. Krone, *Tagebücher Bd. II*, S. 520 (9. November 1966).

153 Ebd., S. 521 (10. November 1966).

154 Vgl. zum Ganzen Rudolf Morsey, »Die Große Koalition – Vorgeschichte und Nachwirkungen«, in: Günter Buchstab/Philipp Gassert/Peter Thaddäus Lang (Hrsg.), *Kurt Georg Kiesinger 1904–1988*, Freiburg, Basel, Wien 2005, S. 393–420; Rudolf Morsey, »Die Vorbereitung der Großen Koalition von 1966«. Über Schauff: Rudolf Morsey, »Johannes Schauff (1902–1990)«, in: *Zeitgeschichte in Lebensbildern, Bd. 8*, hg. von Rudolf Morsey, Mainz 1997, S. 233–246 f., 322 f.; Dieter Marc Schneider, *Johannes Schauff (1902–1990)*, München 2001.

155 »Zurück ins Kabinett? Ein Interview mit dem Vorsitzenden der CSU«, in: *Die Zeit*, 8. April 1966.

156 H. Krone, *Tagebücher, Bd. II*, S. 522 (17. November 1966).

157 *Die SPD-Fraktion im Deutschen Bundestag. 2. Halbbd.: Sitzungsprotokolle 1964–1966*, bearb. von Heinrich Potthoff, Düsseldorf 1993, S. 1010 (11. November 1966).

158 *Protokolle des CDU-Bundesvorstands 1965–1969*, S. 375–419 (Sitzung vom 29. November 1966).

159 *Die CDU/CSU-Fraktion im Deutschen Bundestag, Sitzungsprotokolle 1961–1966*, S. 2280. (Sitzung vom 30. November 1966).

160 Ebd., S. 2281–2285.

161 *Die SPD-Fraktion im Deutschen Bundestag, Sitzungsprotokolle 1964–1966*, S. 1018 (22. November 1966).

162 Ebd., S. 1037 (26./27. November 1966).

163 Ebd., S. 1040.

164 Ebd., S. 1077 (30. November/1. Dezember 1966).

165 *Der Spiegel* Nr. 52, 19. 12. 1966, S. 25.

166 W. Brandt, *Begegnungen und Einsichten*, S. 176.

167 *Die SPD-Fraktion im Deutschen Bundestag. Sitzungsprotokolle 1964–1966*, S. 1077 (30. November/1. Dezember 1966).

168 Ebd., S. 1060 f. (26./27. November 1966).

169 Ebd.. S. 1086 (30. November/1. Dezember 1966).

170 Ebd., S. 1029–1070 (26./27. November 1966).

171 Ebd. die Debatte, S. 1070–1091, die Beiträge von Heinemann S. 1084 sowie Schmidt S. 1082 (30. November/1. Dezember 1966).

172 Ebd., S. 1090.

173 Vgl. Reinhard Müller, *Die Akte Wehner. Moskau 1937 bis 1941*, Reinbek b. Hamburg 1994; ders., *Herbert Wehner – Moskau 1937*, Hamburg 2004; sowie Selbstzeugnisse: Herbert Wehner, *Zeugnis. Persönliche Notizen 1929–1942*, Neuaufl. Bergisch-Gladbach 1984; ders., *Wandel und Bewährung. Ausgewählte Reden und Schriften 1930–1980*, 5. erw. Aufl., hg. von Gerhard Jahn, Lizenzausg. Frankfurt a. M. 1982.

174 W. Brandt, *Erinnerungen*, S. 169.

175 W. Brandt, *Begegnungen und Einsichten*, S. 176.

176 C. Schmid, *Erinnerungen*, S. 824.

Teil IV

1 W. Brandt, *Begegnungen*, S. 181–184.

2 Beispiele finden sich bei Petra Weber, *Carlo Schmid. 1896–1979. Eine Biographie*, München 1996, S. 709 f.

3 Vgl. *Die Kabinettsprotokolle der Bundesregierung 1966*, S. 504–527 (Sitzungen vom 7., 12. und 14. Dezember).

4 Ebd., S. 516.

5 Vgl. K. Hildebrand, *Von Erhard zur Großen Koalition*, S. 272, dort auch eine Gesamteinschätzung der Großen Koalition, S. 241–283.

6 *Der Kreßbronner Kreis. Die Protokolle des Koalitionsausschusses der ersten Großen Koalition aus CDU, CSU und SPD*, eingel. u. bearb. von Stefan Marx, Düsseldorf 2013.

7 Ebd., S. 200.

8 Ebd., S. 223 f. (11. Februar 1969).

9 Ebd., S. 234–239, das Zitat S. 239 (Sitzung vom 2./3. Juni 1969).

10 Parteitag der SPD 1969, S. 458, zit. in: *Kreßbronner Kreis*, S. 259, Anm. 23. Dazu die Antwort Stücklens auf der CSU-Landesversammlung, zit. ebd. Anm. 24.

11 Vgl. etwa P. Weber, *Carlo Schmid*, S. 706 ff.

12 W. Brandt, *Begegnungen*, S. 182 f.

13 »Grundsatzprogramm der Sozialdemokratischen Partei Deutschlands, beschlossen auf dem außerordentlichen Parteitag in Bad Godesberg 1959«, in: *Programmatische Dokumente der deutschen Sozialdemokratie*, hg. u. eingel. von Dieter Dowe und Kurt Klotzbach, Berlin, Bonn, Bad Godesberg 1973, S. 349 – 371, sowie: »Herbert Wehner, Rede vor dem Deutschen Bundestag vom 30. Juni 1960«, abgedr. in: *Herbert Wehner. Wandel und Bewährung*, S. 232 – 248. Dort hieß es u. a.: »Die Bundesrepublik ist ein zuverlässiger Vertragspartner, gleichgültig ob die jetzige Regierung oder die gegenwärtige Opposition als Regierung die Geschäfte führt« (S. 247).

14 Deutscher Bundestag. Sten. Ber., 5. WP, 82. Sitzung 15. Dezember 1966.

15 Vgl. insgesamt zu dieser Thematik: Eckhard Jesse, *Wahlrecht zwischen Kontinuität und Reform. Eine Analyse der Wahlsystemdiskussion und der Wahlrechtsänderungen in der Bundesrepublik Deutschland 1949 – 1983*, Düsseldorf 1985, hier bes. S. 111 – 129, 169 – 210.

16 Die grundlegenden Debatten im Bundestag sowie die Urteile des Bundesverfassungsgerichts finden sich in: Deutscher Bundestag (Hrsg.): *Zur Verjährung nationalsozialistischer Verbrechen. Dokumentation der parlamentarischen Bewältigung des Problems 1960 – 1979*, 3 Bde., Bonn 1980 (*Zur Sache* 3/80. Themen parlamentarischer Beratung); Peter Reichel, *Vergangenheitsbewältigung in Deutschland. Die Auseinandersetzung mit der NS-Diktatur in Politik und Justiz*, 2. überarb. Aufl. München 2007, S. 182 – 198.

17 *CDU/CSU-Fraktion im Deutschen Bundestag*, S. 1487 ff., die Diskussionsbeiträge von Strauß S. 1488 – 1496.

18 *Kreßbronner Kreis*, S. 77 f.

19 Ebd., S. 196.

20 Abgedr. in der Dokumentation: *Ein Weg aus der Vergangenheit. Eine Dokumentation zur Verjährungsfrage und zu den NS-Prozessen*, hg. von Rolf Vogel, mit einem Schlußwort von Dr. Robert M. W. Kempner, Frankfurt a. M., Berlin 1969, S. 73 – 75.

21 *Die CSU-Landesgruppe im Deutschen Bundestag*, Sitzung vom 22. April 1969, CD-ROM, S. 905.

22 »Jaeger: Teilamnestie statt Verjährung«, in: *FAZ* v. 20. Februar 1969.

23 *Die CSU-Landesgruppe im Deutschen Bundestag*, 6. Mai 1969, CD-ROM, S. 906.

24 Ebd., Sitzung vom 10. Juni 1969.

25 *Die Kabinettsprotokolle der Bundesregierung, Bd. 22: 1969*, bearb. von Walter Naasner und Christoph Seemann unter Mitwirkung von Christine Fabian und Uta Rössel, München 2012, S. 213.

26 Die Bundestagsdebatte mit den Abstimmungslisten ist außer in den Sten. Berichten der 5. WP dokumentiert in: Deutscher Bundestag (Hrsg.), *Zur Verjährung nationalsozialistischer Verbrechen*, Teil II, Bonn 1980, S. 380 ff. (Ehmke, S. 381 ff.; Jaeger, S. 390 ff., M. Hirsch, S. 401 ff. und Busse (FDP), S. 408 ff.), dort S. 434 das Abstimmungsergebnis. Vgl. auch die Debattendokumentation in: *Ein Weg aus der Vergangenheit*, S. 120 – 217. Hier finden sich außerdem Pressestimmen sowie juristische Kommentare u. a. des Leiters der Zentralen Ermittlungsstelle zur Aufklärung von NS-Verbrechen in Ludwigsburg, Dr. Adalbert Rückerl.

27 *Die Kabinettsprotokolle der Bundesregierung, Bd. 20: 1967*, bearb. von Walter Naasner und Christoph Seemann unter Mitwirkung von Christina Fabian und Uta Rössel, München 2010, S. 85 f. (18. Januar 1967).

28 *CDU/CSU-Fraktion, Sitzungsprotokoll 1966 – 1969*, S. 35 – 42 (17. Januar 1967).

29 Konrad Adenauer, *Erinnerungen Bd. III, 1955 – 1959*, S. 369 – 395.

30 *Konrad Adenauer, Reden 1917 – 1967. Eine Auswahl*, hg. von Hans-Peter Schwarz, Stuttgart 1975, S. 482.

31 Rede am 15. Oktober 1964 im Deutschen Bundestag, 4. WP, 137. Sitzung, abgedr. in: *F. J. Strauß, Bundestagsreden*, 2. Aufl., Bonn 1975, S. 217 – 224: »Die Zweierunion und die Europäisierung der deutschen Frage«.

32 F. J. Strauß, *Herausforderung und Antwort*, S. 163. Wolfgang Krieger, *Franz Josef Strauß. Der barocke Demokrat aus Bayern*, Göttingen 1995, S. 60, sieht darin ein sehr weites Vorpreschen für einen Unionspolitiker in Richtung auf die spätere Ostpolitik der sozialliberalen Koalition.

33 Regierungserklärung vom 13. Dezember, abgedr. in: *Die Regierungserklärungen der Bundesrepublik Deutschland* (*Deutsches Handbuch der Politik, Bd. 5*, hg. von Hans Ulrich Behn), München, Wien 1971, S. 185 – 204, das Zitat S. 198.

34 W. Brandt, *Erinnerungen*, S. 169.

35 Franz Josef Strauß, »Grundfragen deutscher Politik«, in: *Gegenwartsfragen der Politik. Politische Schriftenreihe des NEUEN PRESSECLUBS*, München, Heft Nr. 5/1965, S. 3

36 Ebd., S. 5   15, die Zitate, S. 6, 12, 13, 15.

37 F. J. Strauß, *Herausforderung und Antwort*, S. 168.

38 *Die CSU-Landesgruppe im Deutschen Bundestag*, Sitzung vom 28. – 30. September 1967, CD-ROM, S. 882.

39 *Mann in der Zeit*, 1. April 1968, zit. in: *Kreßbronner Kreis*, S. 77, Anm. 6.

40 *Frankfurter Rundschau*, 25. Februar 1970.

41 NL Strauß, BMF, Nr. 33.

42 Ebd., Strauß an Bloemer, 7. November 1968.

43 *Kreßbronner Kreis*, S. 67 f. (26. März 1968).

44 Markus Wolf, *Spionagechef im geheimen Krieg*, S. 93.

45 *FAZ*, 20. Mai 1969, zit in: *Kreßbronner Kreis*, S. 235 f., Anm. 5.

46 Vgl. G. H. Soutou, *L'alliance incertaine*, S. 136 ff., 149 – 201 (über den Fouché-Plan), 204 ff., 305 ff.; J. Doise/M. Vaïsse, *Diplomatie et outil militaire*, S. 595 – 622; sowie zur Entwicklung der strategischen Grundpositionen Hélène Miard-Delacroix, *Im Zeichen der europäischen Einigung 1963 bis zur Gegenwart* (*Deutsch-Französische Geschichte*, hg. vom Deutschen Historischen Institut Paris, Bd. 11), Darmstadt 2011, S. 74 – 95.

47 *AAPD 1968*, bearb. von Mechthild Lindemann und Matthias Peter, Dok. 146, 147, S. 525 – 552, das Strauß-Zitat S. 538, der Diskussionsbeitrag S. 537 – 538.

48 Blankenhorn an Strauß, 2. Juni 1969, in: NL Strauß, BMF, Nr. 32.

49 Vgl. *AAPD 1967*, bearb. von Ilse Dorothee Pautsch, Jürgen Klöckler, Matthias Peter und Harald Rosenbach, Dok. 151; 1968, Dok. 33, 158, 192; 1969, Dok. 142, 158, 185, 224; sowie: Werner Link, in: Karl Dietrich Bracher/Wolfgang Jäger/Werner Link, *Republik im Wandel 1969 – 1974. Die Ära Brandt*, Stuttgart, Mannheim 1986, S. 234 f.

50 *Kreßbronner Kreis*, S. 55 (Sitzung vom 5. März 1968) sowie Anm. 15, 16. Vgl. insges. auch Detlef Bischoff, *Franz Josef Strauß, die CSU und die Außenpolitik. Konzeption und Realität am Beispiel der Großen Koalition*, Meisenheim am Glan 1973, sowie S. Geier, *Schwellenmacht*, S. 226 f.

51 So fälschlich ebd., S. 227 (über Barzels und Strauß' Ablehnung des Sperrvertrags).

52 *CDU/CSU-Fraktion im Deutschen Bundestag 1966–1969*, S. 713.

53 »Zurück ins Kabinett? Ein Interview mit dem Vorsitzenden der CSU«, in: *Die Zeit*, 8. April 1966.

54 *AAPD 1968*, S. 529 (Brandt), S. 544 f. (Bahr).

55 *Kabinettsprotokolle 1969*, S. 197–205 (Sitzung vom 23. April 1969).

56 C. Schmid, *Erinnerungen*, S. 823.

57 Vgl. dazu auch seine Bundestagsrede vom 30. Oktober 1969, 6. WP, 7. Sitzung, abgedr. in: F. J. Strauß, *Bundestagsreden*, S. 111.

58 Friedrich Voss, *Den Kanzler im Visier*, S. 7.

59 Göttingen 1968.

60 *CDU/CSU-Fraktion im Deutschen Bundestag. Sitzungsprotokolle 1966–1969*, bearb. von Stefan Marx, Düsseldorf 2010, S. 26–30, die Zahl S. 29.

61 *Kabinettsprotokolle 1967*, S. 93 ff.

62 *CDU/CSU-Fraktion im Deutschen Bundestag. Sitzungsprotokolle 1966–1969*, Sitzung vom 24. Januar 1967 (CD-ROM, S. 86, die gesamte Rede von Strauß ebd., S. 81–87).

63 Ebd., S. 88–91.

64 Horst Vogel, »Solide Finanzpolitik. Franz Josef Strauß als Bundesfinanzminister«, in: *Anspruch und Leistung. Widmungen für Franz Josef Strauß*, S. 95.

65 Text der Rede in: F. J. Strauß, *Bundestagsreden*, S. 235–239. (12. April 1967, Deutscher Bundestag 5. WP, 101. Sitzung).

66 Text ebd., S. 240–255 (6. September 1967, 5. WP, 119. Sitzung).

67 Ebd., S. 242 f., die vorherigen Zusammenfassungen beziehen sich auf die S. 240–242.

68 Vgl. das *Jahresgutachten des Sachverständigenrats 1973/74*, die Tabelle ist abgedruckt in: *Staatslexikon der Görres-Gesellschaft*, 7. Aufl., Bd. 1, Freiburg i. Br. 1985, S. 974.

69 H. Vogel, *Solide Finanzpolitik*, S. 99 f.

70 F. J. Strauß, *Bundestagsreden*, S. 243, 247.

71 Ebd., S. 243.

72 *Kreßbronner Kreis*, S. 15.

73 Franz Josef Strauß, »Theorie und Praxis der Finanzpolitik«, Ansprache … anläßlich der Eröffnung des Instituts für Finanzwissenschaften der Universität Innsbruck am Samstag, den 11. Februar 1967, Text in: NL Strauß, BMF, Nr. 6, die Zitate S. 2–5.

74 Franz Josef Strauß, *Die Finanzverfassung*, München, Wien 1969, Vorwort.

75 Hans Vogel, »Einleitung: Anspruch und Grenzen einer antizyklischen Finanzpolitik von 1966–1969«, in: *Anspruch und Leistung. Widmungen für Franz Josef Strauß*, S. 94–108, das Zitat S. 94.

76 *Die Kabinettsprotokolle 1969*, S. 159–161, Sondersitzung vom 21. März 1969.

77 F. J. Strauß, *Die Finanzverfassung*, S. 68–184.

78 Ebd., S. 185, 186.

79 Alex Möller, »Franz Josef Strauß – der Bundesfinanzminister der Großen Koalition«, in: *Franz Josef Strauß. Erkenntnisse – Standpunkte – Ausblicke*, S. 96–99, die Zitate S. 98 und 99.

80 Gerhard Stoltenberg, *Wendepunkte. Stationen deutscher Politik 1947 bis 1990*, Berlin 1997, S. 179.

81 Vgl. *Kabinettsprotokolle der Bundesregierung, Bd. 21: 1968*, bearb. von Christine Fabian und Uta Rössel unter Mitwirkung von Walter Naasner und Christoph Seemann, München 2011, S. 466 f.

82 *Kabinettsprotokolle der Bundesregierung 1969*, S. 236 (Sitzung vom 9. Mai 1969).

83 Ebd. *1968*, S. 153, Anm. 12 (Sitzung v. 27. März 1968).

84 Ebd., S. 237 und 239 f. (Sitzung vom 9. Mai 1969).

85 Ebd., S. 235 f., 239, 241.

86 Im Sinne der *NZZ* eher K. Hildebrand, *Von Erhard zur Großen Koalition*, S. 402.

87 G. Stoltenberg, *Wendepunkte*, S. 179.

88 *Kabinettsprotokolle der Bundesregierung 1969*, S. 240 f.

89 Rudolf Morsey, *Die Bundesrepublik Deutschland*, München 1987, S. 113.

90 *Die SPD-Fraktion im Deutschen Bundestag. Sitzungsprotokolle 1966–1969*, bearb. von Bettina Tüffers, Düsseldorf 2009, S. 539. Vgl. zur Einordnung: Horst Möller, »Die politischen Parteien und die Protestbewegung von 1968 in der Bundesrepublik Deutschland und Frankreich«, in: Bernhard Gotto, Horst Möller, Jean Mondot, Nicole Pelletier (Hrsg.), *Krisen und Krisenbewusstsein in Deutschland und Frankreich in den 1960er Jahren*, München 2012, S. 17–26.

91 NL Strauß, BMF, Nr. 82, Brief des Ministerbüros an Major Dr. Hermann Hagema vom 25. September 1969.

92 F. Voss, *Den Kanzler im Visier*, S. 26.

93 Vgl. K. Hildebrand, *Von Erhard zur Großen Koalition*, S. 369 ff.

94 Jürgen Habermas, »Thesen gegen die Koalition der Mutlosen mit den Machthabern«, in: *Frankfurter Schule und Studentenbewegung, Bd. II, Dokumente*, hg. von Wolfgang Kraushaar, Hamburg, Frankfurt a. M. 1998, S. 216–217, das Zitat S. 217.

95 Theodor W. Adorno an Max Horkheimer, 8. Dezember 1966, ebd., S. 218 f.

96 Text ebd., S. 270.

97 Text ebd., S. 382.

98 Jürgen Habermas, »Probe für die Volksjustiz – Zu den Anklagen gegen die Intellektuellen«, in: *Der Spiegel* 10. Oktober 1977, abgedr. in: *Frankfurter Schule Bd. II*, S. 817–818.

99 So Gerd Koenen, *Das rote Jahrzehnt. Unsere kleine deutsche Kulturrevolution*, 2. Aufl., Frankfurt a. M. 2004, S. 304, über den Arbeiterbund für den Wiederaufbau der KPD.

100 NL Strauß, BMF, Nr. 81.

101 Wolfgang Kraushaar, *1968. Das Jahr, das alles verändert hat*, München, Zürich 1998, S. 245 f.

102 Helmut Kohl, »Die Union und die Intellektuellen – Eine Zwischenbilanz«, in:

Anspruch und Leistung, Widmungen für Franz Josef Strauß, S. 171 – 187, die Zitate S. 172 und 183.

103 Hermann Glaser, *Kulturgeschichte der Bundesrepublik Deutschland 1945 – 1989, Bd. I – III*, München 1985 – 1989, das Zitat Bd. II, S. 191.

104 Karlheinz Deschner, »Franz Josef Strauß, der Architekt Europas«, in: *Schriftsteller testen Politikertexte. Mit Beiträgen von Rudolf Augstein u. a.*, hg. von Hans Dieter Baroth, 1967, S. 27 – 51.

105 *Schwarzbuch Franz Josef Strauß*, Köln 1972, S. 100.

106 Vgl. kritisch zu dieser Behauptung: Horst Möller, »Unser letzter Stolz«, in *FAZ*, 9. Juni 2012.

107 Aus persönlich erfahrener Doppelperspektive hierzu: Hans Maier, »Die Intellektuellen und die Politik«, in: ders., *Kultur und politische Welt*, München 2008 (*Gesammelte Schriften Band III*), S. 53 – 58.

108 Vgl. insges. Axel Schildt, Detlef Siegfried, *Deutsche Kulturgeschichte. Die Bundesrepublik – 1945 bis zur Gegenwart*, München 2009; H. Glaser, *Kulturgeschichte der Bundesrepublik*.

109 Vgl. Horst Möller, »Zeitgeschichte – Fragestellungen, Interpretationen, Kontroversen«, in: *Aus Politik und Zeitgeschichte*, 8. Januar 1988, S. 3 – 16.

110 Dazu umfassend H.-P. Schwarz, *Die Ära Adenauer, 1949 – 1957*, S. 375 – 464 (»Der Geist der fünfziger Jahre«); sowie zur Forschungsgeschichte »Restauration« oder »Verhinderte Neuordnung«: R. Morsey, *Die Bundesrepublik Deutschland*, S. 151 ff., 206 ff.

111 Noch bei den Beratungen zur Gründung des Hauses der Geschichte der Bundesrepublik Deutschland in Bonn seit 1983 wurde der im Gutachten enthaltene Begriff »Erfolgsgeschichte« heftig kritisiert, heute dominiert diese Bewertung. Vgl. etwa die Gesamtdarstellungen: Manfred Görtemaker, *Geschichte der Bundesrepublik Deutschland*, München 1999; Peter Graf Kielmansegg, *Nach der Katastrophe. Eine Geschichte des geteilten Deutschland*, Berlin 2000; Heinrich August Winkler, *Der lange Weg nach Westen, Bd. II: Deutsche Geschichte vom »Dritten Reich« bis zur Wiedervereinigung*, München 2000; Edgar Wolfrum, *Die geglückte Demokratie. Geschichte der Bundesrepublik von ihren Anfängen bis zur Gegenwart*, Stuttgart 2006.

112 *Die CSU-Landesgruppe im Deutschen Bundestag*, S. 441 f. (1. Oktober 1969).

113 W. Brandt, *Erinnerungen*, S. 267, ders., *Begegnungen*, S. 293 ff.; Arnulf Baring in Zusammenarbeit mit Manfred Görtemaker, *Machtwechsel. Die Ära Brandt/Scheel*, Stuttgart 1982, S. 126.

114 Vgl. Marie-Luise Recker, »Wahlen und Wahlkämpfe in der Bundesrepublik Deutschland 1949 – 1969«, in: Gerhard A. Ritter (Hrsg.), *Wahlen und Wahlkämpfe in Deutschland. Von den Anfängen im 19. Jahrhundert bis zur Bundesrepublik*, Düsseldorf 1997, S. 267 – 309, insbes. S. 308; Thomas Mergel, *Propaganda nach Hitler. Eine Kulturgeschichte des Wahlkampfs in der Bundesrepublik 1949 – 1990*, Göttingen 2010.

115 F. Voss, *Den Kanzler im Visier*, S. 21.

116 Vgl. D. Hoffmann, »›Verdächtige Eile‹. Der Weg zur Koalition aus SPD und F.D.P. nach der Bundestagswahl vom 28. September 1969« (Dokumentation), in: *VfZ* 48 (2000), S. 515 – 564, hier S. 520 f.

117 Vgl. insgesamt Günter Buchstab/Philipp Gassert/Peter Thaddäus Lang (Hrsg.), *Kiesinger*, S. 717 ff.

118 H. Kohl, *Erinnerungen 1930–1982*, S. 262 ff.

119 H. Möller, »Machtpolitik im Schafspelz«, S. 286 f.

120 Walter Scheel, »Gemeinsamkeiten und Gegensätze«, in: *Franz Josef Strauß. Erkenntnisse – Standpunkte – Ausblicke*, S. 581–584, das Zitat S. 582.

121 Vgl. die Dokumentation von D. Hoffmann, »Verdächtige Eile«, S. 518.

122 *Die CSU-Landesgruppe im Deutschen Bundestag*, S. 443 (Sitzung vom 15. Oktober 1969).

123 F. Voss, *Den Kanzler im Visier*, S. 22.

124 Vgl. Hans-Otto Kleinmann, *Geschichte der CDU 1945–1982*, S. 315 ff.; Hans-Peter Schwarz (Hrsg.), *Die Fraktion als Machtfaktor. CDU/CSU im Deutschen Bundestag 1949 bis heute*, München 2009, darin v. a. S. 115–139: Werner Link, »Die CDU/CSU-Fraktion und die neue Ostpolitik – in den Phasen der Regierungsverantwortung und der Opposition, 1966–1975«, sowie generell Hans-Peter Schwarz, »Die Fraktion als Machtfaktor«, ebd., S. 277–314.

125 Alex Möller, *Genosse Generaldirektor*, TB-Ausgabe, München, Zürich 1980, S. 482 ff.

126 Zum Hintergrund insges. H. Soell, *Helmut Schmidt. Von 1969 bis heute*, Stuttgart 2008, S. 145, 168 ff.

127 Zit. ebd., S. 173.

128 Franz Josef Strauß, *Signale. Beiträge zur deutschen Politik 1969–1978*, ausgewählt und eingeleitet von Wilfried Scharnagl, München 1978, S. 33–35. »Die Union zeigt klare Alternativen«, Rede auf dem Parteitag der CSU am 3./4. Juli 1970.

129 Franz Josef Strauß, »Zensur für Bonn: Ungenügend«, *Bayernkurier*, 3. Oktober 1970, abgedr. ebd., S. 43–53, das Zit. S. 49.

130 »Regierungserklärung von Bundeskanzler Willy Brandt vor dem Deutschen Bundestag vom 28. Oktober 1969«, in: *Die Regierungserklärungen der Bundesrepublik Deutschland*, S. 205–235, die Zitate S. 206 und 235.

131 F. J. Strauß, *Bundestagsreden* (1975), S. 92–112, die Zitate S. 93–95.

132 Vgl. H. Möller, »Machtpolitik im Schafspelz«, S. 282–285, und die dort zit. Dokumente der *AAPD* 1970.

133 F. J. Strauß, *Erinnerungen*, S. 497.

134 Vgl. insgesamt: Bernd Rother (Hrsg.), *Willy Brandts Außenpolitik*, Wiesbaden 2014; P. Merseburger, *Willy Brandt*, S. 430–578; Gregor Schöllgen, *Willy Brandt*, akt. u. erw. Neuausgabe Berlin 2013, S. 129 ff.; Hélène Miard-Delacroix, *Willy Brandt*, Paris 2013, S. 96 ff., 142 ff., S. 159–188.

135 Willy Brandt, in: *Willy Brandt. Berliner Ausgabe*, Bd. 3, S. 253.

136 Franz Josef Strauß, »Die Fragen aber bleiben«, in: ders., *Signale*, S. 36–42, die Zitate S. 38 f.

137 Ebd., S. 41.

138 Rede von Franz Josef Strauß im Deutschen Bundestag, 24. Februar 1972, 6. WP, 172. Sitzung, abgedr. in: F. J. Strauß, *Bundestagsreden* (1975), S. 131–151, das Zit. S. 135.

139 Text des Deutsch-sowjetischen Vertrags und des Briefes zur deutschen Einheit,

in: Auswärtiges Amt (Hrsg.), *40 Jahre Außenpolitik der Bundesrepublik Deutschland. Eine Dokumentation*, Stuttgart 1989, S. 225 f.

140 *Die CSU-Landesgruppe im Deutschen Bundestag*, S. 1139 (Sitzung vom 17. Januar 1972).

141 Ebd., S. 1143 (31. Januar 1972) sowie S. 1147 (3. Februar 1972).

142 Rede von F. J. Strauß vom 24. Februar 1972, in: *Bundestagsreden* (1975), S. 133.

143 Ebd., S. 135.

144 Ebd., S. 138.

145 Ebd., S. 134.

146 Ebd., S. 140.

147 Ebd., S. 141.

148 Ebd., S. 148.

149 Ebd., S. 151.

150 Christian Hacke, *Die Außenpolitik der Bundesrepublik Deutschland*, aktualisierte u. erw. Neuauflage Frankfurt a. M., Berlin 1997, S. 175 f. Vgl. insges. S. 159–177 sowie grundlegend: Werner Link, »Außen- und Deutschlandpolitik in der Ära Brandt 1969–1974«, in: *Republik im Wandel*, S. 163–282, hier insbes. S. 206–213.

151 *Die CSU-Landesgruppe im Deutschen Bundestag*, CD-ROM, S. 1147 (Sitzung vom 21. Februar 1972).

152 Vgl. das mehrbändige Projekt des Instituts für Zeitgeschichte München–Berlin zur KSZE, zusammenfassende Beiträge der einzelnen Autoren in: Helmut Altrichter/Hermann Wentker (Hrsg.), *Der KSZE-Prozess. Vom Kalten Krieg zu einem neuen Europa 1975 bis 1990*, München 2011 (*Zeitgeschichte im Gespräch*, *Bd. 11*); unter den Einzelveröffentlichungen für diesen Zusammenhang: Yuliya von Saal, *Die Folgen des KSZE-Prozesses in der Sowjetunion der Perestrojka. Wachsender Demokratisierungsdruck, Werteumbruch und der Zerfall der Sowjetunion*, München 2013; Helmut Altrichter, *Kleine Geschichte der Sowjetunion 1917–1991*, 4. akt. u. erw. Auflage München 2013, S. 168–171.

153 *Die CSU-Landesgruppe im Deutschen Bundestag*, CD-ROM, S. 1160 f. (Sitzung vom 2. Mai 1972) sowie S. 1162 f. (Sitzung vom 4. Mai 1972).

154 Ebd., S. 1164 (erste Sitzung vom 9. Mai 1972).

155 Ebd., S. 1167–1169 (Sitzung vom 15. Mai 1972).

156 F. Voss, *Den Kanzler im Visier*, S. 71.

157 F. J. Strauß, *Erinnerungen*, S. 491 f.

158 *CSU-Landesgruppe*, S. 566–568, das Zit. S. 568 (Sitzung vom 16. Mai 1972).

159 »Eine einmalige Chance für die Regierung«, *Bild am Sonntag*, 7. Mai 1972, abgedr. in: Rainer Barzel, *Die Tür blieb offen*, Bonn 1998, S. 152–156.

160 Die Zitate ebd., S. 153 f., 155 f.

161 Die unterschiedlichen Erklärungen dafür bleiben trotz Plausibilität insofern spekulativ, als sie nicht durch Quellen belegt werden. Vgl. etwa S. Finger, *Franz Josef Strauß*, S. 345 ff., der sich u. a. auf Interviews mit Friedrich Zimmermann und Friedrich Voss stützt.

162 F. Voss, *Den Kanzler im Visier*, S. 36–38.

163 Ebd., S. 69–71.

164 Kopien der Briefe von Ingeborg Geisendörfer an Franz Josef Strauß am 1. Juni

1978 sowie von Franz Josef Strauß an Rainer Barzel vom 1. Juni 1978 in: Sammlung Bundeskanzler a. D. Dr. Helmut Kohl, Schriftwechsel mit der CSU Dr. Strauß, Dr. Zimmermann u. a. 1. 12. 1976 – 5. 10. 1980.

165 F. J. Strauß, *Erinnerungen*, S. 494.

166 W. Brandt, *Erinnerungen*, S. 290 ff.

167 *Der Deutsche Bundestag 1949 bis 1989 in den Akten des Ministeriums für Staatssicherheit*, S. 232 – 234.

168 P. Merseburger, *Willy Brandt*, S. 692, zum gesamten Vorgang ebd., S. 690 – 697, Merseburger urteilt, dass Brandt »anrüchige Sachen grundsätzlich anderen überließ« und später gegenüber der Journalistin Wiebke Bruhns in dieser politischen Situation Stimmenkauf – als Gegenmittel – gerechtfertigt fand.

169 *Die CSU-Landesgruppe im Deutschen Bundestag*, CD-ROM, S. 1158 (Sitzung vom 27. April 1972), S. 1173 (Sitzung vom 5. Juni 1972); W. Brandt, *Erinnerungen*, S. 295 f.

170 *Die CSU-Landesgruppe im Deutschen Bundestag*, CD-ROM, S. 1172 (Sitzung vom 5. Juni 1972).

171 F. Voss, *Den Kanzler im Visier*, S. 56 (Dezember 1971).

172 Vgl. insgesamt zu den ost- und deutschlandpolitischen Verhandlungen: Werner Link, »Außen- und Deutschlandpolitik in der Ära Brandt 1969 – 1974«, in: K. D. Bracher/W. Jäger/W. Link, *Republik im Wandel*, S. 163 – 282, zum Grundlagenvertrag S. 214 – 225.

173 *Die CSU-Landesgruppe im Deutschen Bundestag*, Sitzung vom 18. Januar 1973, S. 7, in: LG 7. WP, *ACSP*.

174 Ebd., S. 8.

175 *Bayernkurier*, 11. November 1972, Text in: F. J. Strauß, *Signale*, S. 99.

176 Rede im Deutschen Bundestag, 9. Mai 1973, 7. WP, 29. Sitzung, abgedr. in F. J. Strauß, *Bundestagsreden*, S. 202 – 226, das Zitat S. 207.

177 F. J. Strauß, *Erinnerungen*, S. 498.

178 Protokolle der Landesvorstandssitzungen vom 20. November 1972 und 12. März 1973, in *ACSP*, zit. bei Dieter Blumenwitz, »Die Christlich-Soziale Union und die deutsche Frage«, in: *Geschichte einer Volkspartei. 50 Jahre CSU*, S. 342 f.

179 F. Voss, *Den Kanzler im Visier*, S. 78 (Januar 1973).

180 *Die CSU-Landesgruppe im Deutschen Bundestag*, Sitzung vom 30. Januar 1973, in: LG 7. WP, *ACSP*.

181 Ebd., Sitzung vom 13. Februar 1973, TOP 3.

182 Ebd., S. 3 f.

183 Ebd., S. 5 f. Text der UN-Charta von 1945 mit Änderungen von 1965 in: Günther Unser, *Die UNO. Aufgaben – Strukturen – Politik*, 7. Aufl. München 2004, Anhang, S. 407 ff., die Art. 53 und 107 ebd., S. 422, 435.

184 C. Friemberger, *Alfons Goppel*, S. 245.

185 Sitzung des CSU-Landesvorstands vom 21. Mai 1973, *ACSP*, zit. bei D. Blumenwitz, *Die Christlich-Soziale Union und die deutsche Frage*, S. 345 f.

186 Vgl. D. Blumenwitz, *Die Christlich-Soziale Union*, S. 346 f. aufgrund der Kabinettsprotokolle der Bayerischen Staatsregierung.

187 Sitzung der CSU-Landesgruppe vom 21. März 1973, *ACSP*.

188 Franz Josef Strauß, »Alternative zu Brandt und Bahr (Oktober 1971)«, in: F. J. Strauß, *Signale*, S. 65 – 67, das Zitat S. 66.

189 Texte in: *Dokumente des geteilten Deutschland*, hg. von Ingo von Münch, *Bd. II: Seit 1968*, Stuttgart 1974, S. 94–102 sowie weitere Anlagen S. 102–122.

190 Zum Ganzen: Rainer Barzel, *Ein gewagtes Leben. Erinnerungen*, Stuttgart, Leipzig 2001, S. 312–315.

191 *Die CSU-Landesgruppe im Deutschen Bundestag*, Sitzung vom 9. Mai 1973, in: LG 7. WP, *ACSP*, S. 1–5.

192 Ebd., Sitzung vom 15. Mai 1973.

193 Ebd., Sitzung vom 17. Mai 1973, S. 2.

194 K. Carstens, *Erinnerungen*, S. 423 f., sowie Tim Szatkowski, *Karl Carstens. Eine politische Biographie*, Köln, Weimar, Wien 2007, S. 220–227.

195 Vgl. Hans-Otto Kleinmann, *Geschichte der CDU*, S. 353.

196 CSU-Landesgruppe, Sitzung vom 20. Februar 1973, in: LG, *ACSP*.

197 F. J. Strauß, *Erinnerungen*, S. 500 f.

198 D. Blumenwitz, *Die Christlich-Soziale Union*, S. 347.

199 F. J. Strauß, *Gebote der Freiheit*, München 1980, S. 91.

200 Vgl. Dieter Blumenwitz, »Grundvertrag und Verfassungsklage«, in: *Anspruch und Leistung. Widmungen für Franz Josef Strauß*, S. 151–170, insbes. S. 153 ff.

201 F. J. Strauß, *Gebote der Freiheit*, S. 90.

202 F. J. Strauß, *Erinnerungen*, S. 504 f.

203 Ebd., S. 505.

204 Ebd., S. 506 f.

205 W. Link, *Außen- und Deutschlandpolitik in der Ära Brandt*, S. 222.

206 F. J. Strauß, *Gebote der Freiheit*, S. 91 ff.

207 Zum weiteren Kontext: Thomas Raithel, Andreas Rödder, Andreas Wirsching (Hrsg.), *Auf dem Weg in eine neue Moderne? Die Bundesrepublik Deutschland in den siebziger und achtziger Jahren*, München 2009; sowie (mit ausführlicher Bibliografie) Bernhard Gotto, Horst Möller, Jean Mondot, Nicole Pelletier (Hrsg.), *Nach »Achtundsechzig«. Krisen und Krisenbewusstsein in Deutschland und Frankreich in den 1970er Jahren*, München 2013, darin u. a.: Horst Möller, »Die 1970er Jahre als zeithistorische Epochenschwelle«, S. 1–11; Udo Wengst, »Die unregierbare Demokratie? Parteien und politisches System in der Bundesrepublik Deutschland in den 1970er Jahren«, S. 13–21; Hélène Miard-Delacroix, »Le choc pétrolier et la crise de société en Allemagne et en France«, S. 51–60.

208 Sitzung des CSU-Landesgruppe vom 17. Mai 1973, *ACSP*.

209 Peter Boenisch, »Kohl und Strauß«, in: *Helmut Kohl im Spiegel seiner Macht*, hg. von Reinhard Appel, Bonn 1990, S. 161–167, hier S. 161.

210 Zitat ebd.

211 Helmut Kohl, *Erinnerungen 1982–1990*, München 2005, S. 745.

212 F. J. Strauß, *Erinnerungen*, S. 553.

213 H. Kohl, *Erinnerungen 1982–1990*, S. 747 f.

214 Ebd., S. 748, sowie Eduard Ackermann, *Politiker. Vom richtigen und vom falschen Handeln*, Bergisch-Gladbach o. J., S. 134.

215 H. Kohl, *Erinnerungen 1982–1990*, S. 739.

216 Ebd., S. 742 f.

217 Ebd., S. 746.

218 Fritz Zimmermann an Helmut Kohl, 8. Februar 1979, Helmut Kohl an Fritz Zimmermann, 8. Februar 1979, Sammlung Bundeskanzler a. D. Dr. Helmut Kohl (Schriftwechsel mit der CSU A – Z, 1. 12. 1976 – 5. 10. 1980).

219 Franz Josef Strauß an Helmut Kohl, 23. Dezember 1976, in: Sammlung Bundeskanzler a. D. Dr. Helmut Kohl. Schriftwechsel mit der CSU v. 1. 12. 1976 – 5. 10. 1980.

220 P. Boenisch, »Kohl und Strauß«, S. 165.

221 Der Vorsitzende der CSU-Landesgruppe an den Vorsitzenden der CDU/CSU-Fraktion im Deutschen Bundestag, 31. 1. 1979 (Vertraulich), in: Sammlung Bundeskanzler a. D. Dr. Helmut Kohl, Korrespondenz mit der CSU 1976 – 1980.

222 F. Voss, *Den Kanzler im Visier*, S. 85.

223 F. Zimmermann, *Kabinettstücke*, S. 39 ff.

224 Zum Ganzen siehe die Schilderungen von F. G. Strauß, *Mein Vater*, S. 28 ff.

225 Edmund Stoiber, »Franz Josef Strauß – Der Homo Politicus«, in: *Politische Studien* 452, 64. Jg. November – Dezember 2013, S. 84.

226 Rede von Franz Josef Strauß auf der Tagung der CSU-Landesgruppe in Sonthofen am 18./19. November 1974, hier zit. S. 2, 3, 4, http://www.gavagai.de/zitat/politik/HHC72R.htm.

227 CSU-Landesgruppe, Sitzung vom 4. Juni 1974, *ACSP*.

228 F. J. Strauß, Rede in Sonthofen, 18. November 1974, S. 1.

229 Ebd., S. 4.

230 Ebd., S. 6.

231 NL Strauß Fam, Nr. 769.

232 F. J. Strauß, Rede in Sonthofen, 18. November 1974, S. 8.

233 CSU-Landesgruppe, Sitzung vom 7. April 1975, *ACSP*.

234 F. Zimmermann, *Kabinettstücke*, S. 37.

235 F. Voss, *Den Kanzler im Visier*, S. 109 f. (März 1975).

236 F. Zimmermann, *Kabinettstücke*, S. 39 – 44.

237 F. Voss, *Den Kanzler im Visier*, S. 111 f., sowie der im Anhang abgedruckte Brief von Franz Josef Strauß an Annemarie Renger, 12. März 1975 (Faksimile), Anhang 11, S. 386 – 389.

238 *Der Spiegel*, 41/1977, 3. 10. 1977, S. 29, vgl. auch NL Strauß Fam, Nr. 859 (Büro Bonn).

239 H. Kohl, *Erinnerungen* 1930 – 1982, S. 368.

240 So könnte man S. Finger, *Franz Josef Strauß*, S. 385, verstehen, der die Rede abdruckt: S. 366 – 399.

241 So interpretiert S. Finger den Vorgang, ebd., S. 383 ff.

242 F. J. Strauß, *Erinnerungen*, S. 517, der kurze Bericht über die gesamte Reise ebd., S. 517 – 520. Eingehender Wolfgang Horlacher, *Mit Strauß in China. Tagebuch einer Reise*, Stuttgart 1975 sowie F. Voss, *Den Kanzler im Visier*, S. 88 – 107, und die von Voss als ›note-taker‹ verfassten Gesprächsprotokolle: ebd., S. 350 – 384 (Anhänge Nr. 5 – 9).

243 F. Voss, *Den Kanzler im Visier*, S. 352 – 356 (Anhang 5).

244 Botschafter Pauls, Peking, an das Auswärtige Amt, in: *AAPD* 1975, bearb. von Michael Kieninger, Mechthild Lindemann und Daniela Taschler, Bd. 1, S. 34 – 37 (Dok. Nr. 7).

245 Gespräch von Franz Josef Strauß mit Ministerpräsident Tschou En-lai, 17. Januar 1975, in: F. Voss, *Den Kanzler im Visier*, S. 379 (Anhang 9).

246 Ebd., S. 383.

247 CSU-Landesgruppe, Sitzung vom 8. Oktober 1974, S. 3, *ACSP*.

248 Ebd., Sitzung vom 15. Oktober 1974.

249 Ebd., Sitzung vom 22. April 1975.

250 Die Zahlenangaben finden sich bei W. Krieger, *Franz Josef Strauß*, S. 71.

251 H. Kohl, *Erinnerungen 1930 – 1982*, S. 369.

252 CSU-Landesgruppe, Sitzung vom 13. Mai 1975, S. 4, *ACSP*.

253 Ebd., Sitzung vom 10. Juni 1974, S. 4 f.

254 Ebd., Sitzung vom 13. Mai 1975, S. 4.

255 K. Carstens, *Erinnerungen*, S. 469, H. Kohl, *Erinnerungen 1930 – 1982*, S. 369 f.

256 CSU-Landesgruppe, Sitzung vom 23. September 1974, S. 3. *ACSP*. Widerspruch gab es nicht, allerdings war Franz Josef Strauß nicht anwesend.

257 H. Kohl, *Erinnerungen 1930 – 1982*, S. 371 f.

258 CSU-Landesgruppe, Sitzung vom 10. Juni 1975, *ACSP*.

259 Ebd., Sitzung vom 20. Juni 1975.

260 Ebd., Sitzung vom 16. September 1975.

261 Zu den Auseinandersetzungen über die Kanzlerkandidatur insgesamt auch: Hans-Peter Schwarz, *Helmut Kohl. Eine politische Biographie*, München 2012, S. 196 ff.

262 CSU-Landesgruppe, Sitzung vom 14. Januar 1974, S. 1 f., *ACSP*.

263 Ebd., Sitzung vom 6. April 1976, S. 3 (es handelte sich um die erste (90.) Sitzung der CSU-Landesgruppe an diesem Tag, es gab noch eine zweite).

264 Ebd., Sitzung vom 22. April 1974, S. 1.

265 Ebd., Sitzung vom 17. Februar 1976.

266 Auszüge in: *40 Jahre Außenpolitik der Bundesrepublik Deutschland*, S. 321, einschl. Protokoll der Verhandlungen der beiden Außenminister sowie *AAPD* 1975, Dok. 241, S. 1134 – 1135 (Gesprächsaufzeichnung); Dok. 244 (S. 1144 – 1148), Dok. 296 (S. 1365 – 1373): Gespräch von AM Genscher mit dem polnischen AM Olszowski, 9. Oktober 1975, über die Einzelheiten der Vereinbarungen.

267 Zum Ganzen F. J. Strauß, *Erinnerungen*, S. 508 ff. Vgl. Tim Szatkowski, »Die CDU/CSU und die deutsch-polnischen Vereinbarungen vom Oktober 1975«, in *VfZ* 1/2011.

268 H. Kohl, *Erinnerungen 1930 – 1982*, S. 379 – 384.

269 CSU-Landesgruppe, Sitzung vom 6. April 1976, S. 2 f., *ACSP*.

270 F. J. Strauß, *Bundestagsreden* (1975), S. 308 – 330. Obwohl der Text hier abgedruckt ist, handelt sich in diesem Fall um keine Bundestagsrede.

271 Vgl. u. a. Hans-Otto Kleinmann, »1969 – 1982«, in: *Lexikon der Christlichen Demokratie in Deutschland*, hg. von Winfried Becker, Günter Buchstab, Anselm Doering-Manteuffel, Rudolf Morsey, Paderborn 2002; S. 78 – 85, hier S. 82; Horst Möller, »1982 – 1990«, ebd., S. 86 – 96, hier S. 86 f.

272 Tabelle *Lexikon der Christlichen Demokratie*, S. 708.

273 Vgl. insgesamt Alf Mintzel, *Die CSU-Hegemonie in Bayern*, Passau 1999.

274 CSU-Landesgruppe, Sitzung vom 7. Oktober 1976, *ACSP*.

275 Ebd., Sitzung vom 15. November 1976.

276 So auch W. Scharnagl, *Mein Strauß*, S. 208.

277 Ebd.

278 Interview mit Bundestagspräsident a. D. Richard Stücklen, in: *Geschichte einer Volkspartei. 50 Jahre CSU*, S. 601. Das Protokoll der Sitzung der CSU-Landesgruppe vom 19. November 1976 findet sich in der Sammlung der Protokolle im *ACSP* nicht.

279 W. Scharnagl, *Mein Strauß*, S. 207 f.

280 F. Zimmermann, *Kabinettstücke*, S. 10.

281 Interview mit Bundesminister a. D. Dr. Friedrich Zimmermann, in: *Geschichte einer Volkspartei*, S. 628.

282 NL Richard Jaeger, C: 310, Aufzeichnung über die Klausurtagung der CSU in Wildbad Kreuth vom 19. November 1976, in: *ACSP*.

283 *Abgeordnete des Deutschen Bundestages. Aufzeichnungen und Erinnerungen. Bd. 16 Walter Althammer*, München 2002, S. 147, seine gesamte Darstellung des Vorgangs in Kreuth und die Reaktion darauf ebd., S. 146–152.

284 Interview mit Bundesminister a. D. Dr. Richard Jaeger, in: *Geschichte einer Volkspartei*, S. 577.

285 Interview mit Bundesminister a. D. Dr. Werner Dollinger, in: *Geschichte einer Volkspartei*, S. 537

286 F. Zimmermann, *Kabinettstücke*, S. 21–25.

287 Ebd., S. 26 ff.

288 H. Kohl, *Erinnerungen 1930–1982*, S. 419 ff.

289 Zu Kreuth und der Reaktion der CDU bzw. Kohls vgl. auch H.-P. Schwarz, *Helmut Kohl*, S. 214–226.

290 W. Althammer, *Aufzeichnungen und Erinnerungen*, S. 149.

291 NL Strauß Fam, Nr. 747.

292 Ebd., hier auch zahlreiche weitere Protestschreiben.

293 F. Zimmermann, *Kabinettstücke*, S. 30 f.

294 W. Althammer, *Aufzeichnungen und Erinnerungen*, S. 151.

295 Vgl. Wolfgang Pauly, »Christliche Demokraten und Christlich-Soziale, Untersuchung zum innerparteilichen Bündnisverhalten von CDU und CSU 1969–1979«, Diss. Trier 1981, S. 276 f.; Wolfgang Jäger, »Helmut Kohl setzt sich durch, 1976–1982«, in: Hans-Peter Schwarz (Hrsg.), *Die Fraktion als Machtfaktor. CDU/CSU im Deutschen Bundestag 1949 bis heute*, München 2009, S. 144; insges. auch Günter Buchstab, »Ein parlamentarisches Unikum: die CDU/CSU-Fraktionsgemeinschaft«, ebd., S. 255–274, zu Kreuth S. 269 ff.

296 Der Text der Rede ist abgedruckt bei Wolfram Bickerich, *Franz Josef Strauß*, Düsseldorf 1996, S. 355–365, das Zitat S. 357.

297 Ebd., S. 364.

298 Ebd., S. 356. Nach Auskunft von Dr. Franz Georg Strauß wurde das Mitglied der Jungen Union ermittelt, das den Mitschnitt der Rede weitergegeben hatte, nachdem alle anderen Anwesenden bis auf einen eidesstattliche Erklärungen abgegeben hatten, dass sie keinen Text weitergegeben hätten.

299 *CSU-Landesgruppe*, Sitzung vom 30. November 1976, S. 4, *ACSP*.

300 Ebd., S. 4.

301 Ebd., Sitzung vom 1. Dezember 1976, S. 1 f.

302 Ebd., 13. Dezember 1976.

303 Ebd., S. 4.

304 Ebd., Sitzung vom 13. Dezember 1976, S. 1 f.

305 Texte bei A. Mintzel, *Geschichte der CSU*, S. 408–412.

306 Ebd., S. 412.

307 Franz Josef Strauß an Helmut Kohl, 6. April 1977, S. 1/2, Sammlung Bundeskanzler a. D. Dr. Helmut Kohl, Schriftwechsel mit der CSU 1. 12. 1976 – 5. 10. 1980.

308 Franz Josef Strauß an Helmut Kohl, 21. März 1977, ebd.

309 Franz Josef Strauß an Helmut Kohl, 13. Mai 1977 und 2. Juni 1977, Helmut Kohl an Franz Josef Strauß, 1. Juni 1977, ebd. Paul Röhner war parlamentarischer Geschäftsführer der CSU-Landesgruppe.

310 Franz Josef Strauß an Helmut Kohl, 27. Mai 1977, in: Sammlung Bundeskanzler a. D. Dr. Helmut Kohl, Schriftwechsel mit der CSU 1976 – 1980.

311 Franz Josef Strauß an Helmut Kohl, 28. Oktober 1977, ebd.

312 Helmut Kohl an Franz Josef Strauß, 3. Mai 1978, ebd.

313 Franz Josef Strauß, Rede zum Bundeshaushalt 1975 im Deutschen Bundestag am 19. September 1974, 7. WP, 116. Sitzung, abgedr. in: *Bundestagsreden* (1975), S. 282 – 307.

314 Franz Josef Strauß, »Die Zeit der Entscheidung ist da«, in: F. J. Strauß, *Signale*, S. 201 – 208, die Zitate S. 201 ff.

315 Franz Josef Strauß, »Bayerns Auftrag für Deutschland und Europa«, in: ebd., S. 221 – 230, das Zitat S. 225.

Teil V

1 In diesem Sinne äußerte sich auch der Büroleiter des CSU-Vorsitzenden (seit 1974) bzw. des Ministerpräsidenten (seit November 1978), Staatssekretär a. D. Dr. Wilhelm Knittel, zit. in: S. Finger, *Franz Josef Strauß*, S. 421, sowie Manfred Frühauf, der ehemalige Leiter von Strauß' Bonner Büro, ebd., S. 421 f.

2 »Fast ein Wehner der Union«. Der CSU-Vorsitzende Franz Josef Strauß über seine Rolle in der Bundespolitik, in: *Der Spiegel* 17/1978, S. 28 – 35. An dem Gespräch in der Münchner CSU-Zentrale nahmen für den *Spiegel* außer Rudolf Augstein noch Erich Böhme und Dirk Koch teil.

3 C. Friemberger, *Alfons Goppel*, S. 247 f.

4 Vgl. zum Wahlkreisengagement detailliert und differenzierend für die jeweiligen Legislaturperioden: K. Rösch, *Franz Josef Strauß – Bundestagsabgeordneter im Wahlkreis Weilheim 1949 – 1978.*

5 NL Strauß Fam, Nr. 759.

6 Vgl. A. Mintzel, *Geschichte der CSU*, S. 341.

7 NL Strauß Fam, Nr. 768, Bruno Merk an Franz Josef Strauß, 14. Januar 1977 sowie 26. Juni 1977.

8 Hans Maier, *Böse Jahre, gute Jahre*, München 2011, S. 249 ff.

9 Ebd., S. 251.

10 Vgl. insges. die konzise Übersicht von Karl-Ulrich Gelberg, »Bayern 1978 – 1998«, in: *Handbuch der Bayerischen Geschichte*. Begründet von Max Spindler, IV, 1. Teilband: *Staat und Politik*, völlig neu bearb. Aufl., in Verbindung mit

Dieter Albrecht, Karl-Ulrich Gelberg, Heinz Hürten, Andreas Kraus, Wilhelm Volkert, Eberhard Weis, Walter Ziegler, hg. von Alois Schmid, München 2003, S. 957–977.

11 Text der Regierungserklärung auch in: *Franz Josef Strauß. Verantwortung vor der Geschichte. Beiträge zur deutschen und internationalen Politik 1978–1985*, ausgewählt, eingel. und hg. von Wilfried Scharnagl, mit einer Einführung von Gerold Tandler, Percha 1985, S. 69–111, das Zitat S. 69.

12 Vgl. Hans Ferdinand Groß, *Hanns Seidel 1901–1961. Eine politische Biographie*, München 1992; Alfred Bayer, Manfred Baumgärtel (Hrsg.), *Weltanschauung und politisches Handeln. Hanns Seidel zum 100. Geburtstag*, München 2001, darin S. 67–88: Horst Möller, »Hanns Seidel als Parteipolitiker«. Der erfahrene Parlamentarier Strauß wollte den Landtag stärker informieren, damit dieser sich eine eigene Meinung bilden könne, »bevor er durch die Staatsregierung zumindest politisch gebunden sei. Dem Landtag müsse mitgeteilt werden, w a s geregelt werden solle, w i e es geregelt werden solle, welche Gründe f ü r oder g e g e n eine Regelung sprächen ...« (Prot. Kabinettssitzung vom 21. 11. 1978, Bayer. Staatskanzlei).

13 Vgl. zur konkurrierenden Zuständigkeit von Bund und Ländern sowie Art. 32 Abs. GG, der die »Pflege der Beziehungen zu auswärtigen Staaten« als »Sache des Bundes« dekretiert und damit Art. 30 GG durchbricht (Länderzuständigkeit), u. a. Hans-Jochen Vogel, »Die bundesstaatliche Ordnung des Grundgesetzes«, in: *Handbuch des Verfassungsrechts der Bundesrepublik Deutschland*, hg. von Ernst Benda, Werner Maihofer, Hans-Jochen Vogel unter Mitwirkung von Konrad Hesse, Berlin, New York 1983, S. 809–862, hier S. 850–853.

14 *F. J. Strauß. Verantwortung vor der Geschichte*, S. 71–74. Zur Rationalisierung der Verwaltung gehörte auch das schon in der Kabinettssitzung vom 21. 11. 1978 erklärte Ziel von Strauß: Bayern sei das Land mit den meisten Gesetzen und Verordnungen, er wünschte »diese Rechtsvorschriften zu durchforsten, um festzustellen, auf welche verzichtet werden könne und welche einer Neufassung bedürften.« (Prot. Bayer. Staatskanzlei, S. 7). Übrigens verliefen, soweit es die Protokolle zeigen, die präzise durch die Staatskanzlei vorbereiteten Sitzungen des Kabinetts viel geschäftsmäßig-administrativer als die des Landesvorstands. Längere Reden hielt Strauß im Kabinett kaum.

15 S. o. Kap. 9, Fußnote 191.

16 K.-U. Gelberg, »Bayern 1978–1998«, S. 962; über die Organisationsstruktur der Staatskanzlei: Konrad Kruis, »Die Bayerische Staatskanzlei«, in: *Die Verwaltung* 20 (1987), S. 163–176, insbesondere S. 168 ff.

17 H. Maier, *Böse Jahre, gute Jahre*, S. 256.

18 Vgl. Hans F. Zacher, »Vom Lebenswert der Bayerischen Verfassung«, in: Andreas Kraus (Hg.), *Land und Reich. Stamm und Nation. Probleme und Perspektiven bayerischer Geschichte. In: Festgabe für Max Spindler zum 90. Geburtstag*, München 1984, Bd. III, hier: S. 510 ff.

19 Edmund Stoiber, »Franz Josef Strauß – Der Homo politicus«, in: *Politische Studien*, 60. Jg., Nr. 452 (Nov. – Dez. 2013), S. 81–88, das Zitat S. 84.

20 Vgl. H. Kohl, *Erinnerungen 1930–1982*, S. 415 und 518; K. Carstens, *Erinnerungen*, S. 521 ff.; H. Möller, »Machtpolitik im Schafspelz«, S. 290.

21 Vgl. *Von Heuss bis Herzog. Die Bundespräsidenten im politischen System der Bundesrepublik*, hg. von Eberhard Jäckel, Horst Möller und Hermann Rudolph, Stuttgart 1999, darin spezieller die Beiträge von Horst Möller, S. 7 – 13, Hans-Peter Schwarz, S. 17 – 41, und Adolf M. Birke, S. 87 – 99; sowie Horst Möller, » Das Amt des Bundespräsidenten«, in: *Die politische Meinung*, 54. Jg. Mai 2009, S. 47 – 53.

22 Vgl. H. Maier, *Böse Jahre, gute Jahre*, S. 281 – 285.

23 H. Kohl, *Erinnerungen 1930 – 1982*, S. 519.

24 Sitzung des CSU-Landesvorstands, 29. Januar 1979, S. 61, *ACSP*. Die Aussage von Zimmermann (*Kabinettstücke*, S. 78 f.), Strauß habe Stücklen nur widerwillig akzeptiert, lässt sich deshalb kaum halten.

25 K. Carstens, *Erinnerungen*, S. 521 ff.

26 Vgl. etwa die Ausführungen von Friedrich Zimmermann in der CSU-Landesgruppe, Sitzung vom 7. September 1977, *ACSP*.

27 Vgl. H.-O. Kleinmann, *Geschichte der CDU*, S. 427 f.; H.-P. Schwarz, *Helmut Kohl*, S. 239 ff.

28 *Rheinische Post*, 9. Dezember 1978, der volle Wortlaut erschien an diesem Tag, eine Interpretation mit einer eindeutigen Schlagseite einen Tag vorher, worauf sowohl Strauß selbst im »Bericht aus Bonn« (8. Dezember 1979) reagierte, ebenso Zimmermann für die Landesgruppe: *CSU Presse-Mitteilungen*, 8. Dezember 1978.

29 CSU-Landesgruppe, Klausurtagung in Wildbad Kreuth vom 11. – 13. Januar 1979, S. 1 f., *ACSP*.

30 Vgl. zum Ganzen H.-O. Kleinmann, *Geschichte der CDU*, S. 408 – 421, insbes. S. 415 und 419.

31 Vgl. den Bericht Zimmermanns über die Vorstandssitzung der SPD, in: CSU-Landesgruppe, 2. Mai 1977, *ACSP*.

32 Detailliert ausgemalt bei H.-P. Schwarz, *Helmut Kohl*, S. 240 – 253.

33 Vgl. zur Kandidatensuche, zu den Kontroversen über die NSDAP-Mitgliedschaft von Carstens und seines Vorgängers sowie zum Wahlvorgang: K. Carstens, *Erinnerungen*, S. 521 – 527.

34 H.-O. Kleinmann, *Geschichte der CDU*, S. 432.

35 CSU-Landesgruppe, Sitzung vom 18. April 1977 u. ö., *ACSP*.

36 *Der Spiegel*, 2. Januar 1978, S. 33 f.

37 In diesem Sinn auch Wilhelm Knittel, zit. in: S. Finger, *Franz Josef Strauß*, S. 423 f.

38 Vgl. die Interviews mit ihnen, zit. bei S. Finger, *Franz Josef Strauß*, S. 424 – 426.

39 E. Stoiber, *Weil die Welt sich ändert*, S. 64 – 67.

40 F. Zimmermann, *Kabinettstücke*, S. 81 ff.

41 CSU-Landesvorstand, 11. Juni 1979, S. 22, *ACSP*.

42 F. Zimmermann, *Kabinettstücke*, S. 86 ff., ebd., S. 87 f. ist auch der Beschluss des Landesvorstands abgedruckt.

43 Ebd., S. 86 – 95, die farbige, aber stark auf den Autor selbst zentrierte Darstellung; sowie H. Kohl, *Erinnerungen 1930 – 1982*, S. 537 – 539, die Zahlenangaben über die Wortmeldungen und die Dauer der Debatten weichen etwas voneinander ab, H. Kohl spricht von 90 Wortmeldungen in fünf Stunden.

44 F. Zimmermann, *Kabinettstücke*, S. 95.

45 Inhaltliche Kritik an der von Geißler nach Strauß' Urteil betriebenen »ideologisch-progressiven Öffnung nach links« findet sich verschiedentlich in den *Erinnerungen* von Strauß, u. a. S. 565.

46 F. Zimmermann, *Kabinettstücke*, S. 97; dort auch Bemerkungen über anfängliche Probleme zwischen den beiden Generalsekretären bei der Wahlkampforganisation.

47 E. Stoiber, *Weil die Welt sich ändert*, S. 68.

48 Edmund Stoiber an Heiner Geißler, 13. Juli 1979, in: Sammlung Bundeskanzler a. D. Dr. Helmut Kohl, Briefwechsel mit der CSU 1. 12. 1978 – 5. 10. 1980.

49 CSU-Landesvorstand, 24. September 1979 sowie 6. Oktober 1979, *ACSP*.

50 H. Kohl, *Erinnerungen 1930 – 1982*, S. 543.

51 Kopie in Sammlung Bundeskanzler a. D. Dr. Helmut Kohl, Briefwechsel mit der CSU 1976 – 1980.

52 Vgl. insgesamt die Darstellung von Wolfgang Jäger, in: ders./Werner Link, *Republik im Wandel 1974 – 1982. Die Ära Schmidt*, Stuttgart 1987, S. 9 – 272, hier S. 166 – 173.

53 *FAZ*, 18. Juni 1980.

54 Willy Brandt, in: *Sozialdemokrat Magazin*, 5. September 1979. Auch in: *Willy Brandt. Berliner Ausgabe*, Bd. 9, S. 244 – 246, die Zitate S. 245.

55 Vgl. *FAZ* v. 29. September 1980, »Der Münchner Oktoberfest-Mord eine Tat von Rechtsextremisten« sowie den Kommentar über »Spuren von München«.

56 Texte zu Anti-Strauß-Kampagnen 1975 1984 in: NL Strauß Fam, Nr. 731 sowie oben: »Strauß im Streit«.

57 F. G. Strauß, *Mein Vater*, S. 77 ff.

58 CSU-Landesvorstand, 24. September 1979, *ACSP*.

59 *Stern*, 24. April 1980.

60 »Triumph der Angst. Ivan Nagel über den Strauß-Film ›Der Kandidat‹«, *Spiegel*, 21. April 1980, S. 245 – 252, die Zitate S. 252.

61 *FAZ*, 7. September 2007, S. 37.

62 Bewertungsstelle Gutachten, darin über den *Kandidaten*, S. 31 – 35 a, das Zitat S. 33. Kopie in Sammlung Bundeskanzler a. D. Dr. Helmut Kohl, Briefwechsel mit der CSU 1976 – 1980, Anlage zum Brief von Helmut Kohl an Franz Josef Strauß, 9. Juni 1980.

63 Klausurtagung des CSU-Landesvorstands, 14./15. Dezember 1980, *ACSP*.

64 CSU-Landesvorstand, 10. November 1980, *ACSP*.

65 Vgl. F. Voss, *Den Kanzler im Visier*, S. 213 f.

66 H. Kohl, *Erinnerungen 1930 – 1982*, S. 542.

67 CSU-Landesvorstand, Sitzung vom 2. Juli 1979, *ACSP*.

68 Ebd.

69 Franz Josef Strauß in der CSU-Landesgruppe, Sitzung vom 9. Mai 1977, S. 7, *ACSP*.

70 H.-O. Kleinmann, *Geschichte der CDU*, S. 437 ff.

71 G. Stoltenberg, *Wendepunkte*, S. 263.

72 H. Kohl, *Erinnerungen 1930 – 1982*, S. 543; sowie F. Zimmermann, *Kabinettstücke*, S. 98.

73 H. Kohl, *Erinnerungen 1930 – 1982*, S. 541.

74 H.-O. Kleinmann, *Geschichte der CDU*, S. 437.

75 *FAZ*, 6. Oktober 1980, S. 1, »Die Verlierer«.

76 CSU-Landesvorstand, 6. Oktober 1980, *ACSP*.

77 F. Voss, *Den Kanzler im Visier*, S. 218 (Dezember 1980).

78 *FAZ*, 6. Oktober 1980: »Helmut Schmidt bleibt Bundeskanzler«.

79 CSU-Landesvorstand, 14./15. Dezember 1980, *ACSP*.

80 Zitiert in: Helmut Schmidt, *Weggefährten. Erinnerungen und Reflexionen*, Berlin 1996, S. 508.

81 CSU-Landesvorstand, Sitzung vom 10. November 1980, *ACSP*.

82 Ebd., S. 23.

83 Ebd., S. 30.

84 CSU-Landesvorstand, 14./15. Dezember 1980, Anlage, *ACSP*.

85 Vgl. dazu auch die Wahlkampfanalyse von T. Mergel, *Propaganda nach Hitler*, S. 327 – 329 u. ö.

86 F. J. Strauß, *Erinnerungen*, S. 554.

87 Zitiert bei W. Jäger, in: *Republik im Wandel*, S. 249.

88 »Strauß soll seine Rechthaberei lassen«, Interview mit Wirtschaftsminister Otto Graf Lambsdorff, in: *Der Spiegel*, 11. Oktober 1982, S. 27 – 31.

89 Zu den Vorgängen insgesamt: W. Jäger, *Republik im Wandel*, S. 234 – 263.

90 Ebd., S. 261, sowie ebd., S. 261 – 263, die präzise Analyse der Situation Schmidts und Brandts in der SPD.

91 »Woran Schmidt zu messen ist«, *Bayernkurier*, 24. April 1982, abgedr. in: F. J. Strauß, *Verantwortung vor der Geschichte*, S. 261 – 266, das Zitat S. 261.

92 »Die rote Götterdämmerung«, in: *Bayernkurier*, 1. Mai 1982, abgedr. ebd., S. 267 – 274, die Zitate S. 268.

93 *Stern* vom 15. Juli 1982.

94 CSU-Landesvorstand, Sitzung vom 27. September 1982, S. 4, *ACSP*.

95 Ebd., S. 56. Dies berichtete Generalsekretär Stoiber nach einem Gespräch mit seinem CDU-Kollegen Geißler.

96 CSU-Landesvorstand, Sitzung vom 20. September 1982, S. 1 ff., *ACSP*.

97 F. J. Strauß, *Erinnerungen*, S. 558 f.

98 Günter Bannas, »Genscher meint, die FDP habe sich mit der CDU gegen CSU durchgesetzt«, *FAZ* v. 22. September 1982; auch Herbert Riehl-Heyse, »Die CSU will keine Liberalen«, *SZ* v. 22. September 1982.

99 Vgl. insgesamt H.-P. Schwarz, *Helmut Kohl*, S. 272 – 286.

100 CSU-Landesvorstand, Sitzung vom 20. September 1982, *ACSP*.

101 Ebd., S. 9/10.

102 CSU-Landesvorstand, Sitzung vom 27. September 1982, S. 4 ff., *ACSP*.

103 Herbert Riehl-Heyse, »Wundersame Wandlung in der Wahlnacht«, *SZ* vom 28. September 1982.

104 F. Zimmermann, *Kabinettstücke*, S. 133 ff. Auch hat Strauß selbst im CSU-Landesvorstand am 29. September über seinen Auftritt in der Bundestagsfraktion berichtet: Dort hatte er gesagt, die CSU werde den späteren Termin mittragen, auch wenn sie ihn nicht für richtig halte. Zimmermann neigt auch hier dazu, die eigene Rolle gegenüber Strauß – und dessen spontane Wandlungen – zu betonen, die in Bezug auf die Terminfrage aber unklar bleibt. Auch in der Dar-

stellung von Helmut Kohl, *Erinnerungen 1930–1982*, S. 627–636, die die unterschiedliche Einschätzung von ihm und Strauß zeigt, findet sich kein Hinweis auf die Entscheidungsbildung in der CDU/CSU-Fraktion, sondern nur auf die Erklärung von Franz Josef Strauß. Die Darstellung von F. Voss, *Den Kanzler im Visier*, S. 234, Strauß habe bei der CSU-Vorstandssitzung am 20. September zum Wahltermin nicht das Wort ergriffen, trifft nicht zu, ganz im Gegenteil.

105 Auskunft von Ministerpräsident a. D. Dr. Edmund Stoiber am 17. Oktober 2014. Nach Bundesminister a. D. Dr. Theo Waigel teilte die Mehrheit der CSU-Landesgruppe diese Einschätzung (Gespräch vom 2. Februar 2015).

106 Paul Pucher, »Gespräch mit Ministerpräsident Franz Josef Strauß über die Ereignisse der letzten Wochen. Dreizehn Jahre vergessen – eine Zumutung für den Wähler«, *Münchner Merkur* vom 7. Oktober 1982.

107 CSU-Landesvorstand, Sitzung vom 27. September 1982, S. 1–13, 37 ff. *ACSP*.

108 G. Stoltenberg, *Wendepunkte*, S. 277.

109 »Kein Anlaß für Jubelgesänge«, *Der Spiegel*, Nr. 40/1982, 4. Oktober 1982, S. 29–32.

110 Franz Josef Strauß, »Positionen und Perspektiven«, in: *Bayernkurier*, 2. Oktober 1982. Nachgedr. in: *Franz Josef Strauß. Verantwortung vor der Geschichte*, S. 275–282, das Zitat S. 275.

111 Ebd., S. 280.

112 CSU-Landesvorstand, Sitzung vom 11. Oktober 1982, S. 3, *ACSP*.

113 Ebd., S. 22.

114 F. J. Strauß, *Erinnerungen*, S. 560.

115 Ebd., S. 562.

116 Ebd., S. 564.

117 K. Carstens, *Erinnerungen*, S. 551, sowie zum ganzen Vorgang S. 551–569. Zu Kohls folgendem Angebot, vier CSU-Minister mit Strauß, fünf ohne ihn: H. Kohl, *Erinnerungen 1982–1990*, S. 123; F. Voss, *Den Kanzler im Visier*, S. 244.

118 Franz Josef Strauß an Heinrich Windelen, 27. 4. 1983, Kopie in: Sammlung Bundeskanzler a. D. Dr. Helmut Kohl, Ordner Pers Bk 1982–1986. Briefwechsel Stoiber, Strauß u. a.

119 Ebd., Anlage zum Brief an Windelen, Punkt 24.

120 Vgl. *FAZ* vom 19. April 1983, S. 2.

121 Vgl. »Kohl sagt Gespräch mit DDR-Politbüromitglied Mittag ab«, in: *FAZ* vom 19. April 1983, S. 1.

122 Telefonat Kohl/Honecker, 18. April 1983, abgedr. in der Dokumentation von Heinrich Potthoff, »*Die Koalition der Vernunft*«. *Deutschlandpolitik in den 80er Jahren*, München 1995, S. 112–118.

123 Vgl. insgesamt zum Kontext: *Enquete-Kommission »Aufarbeitung von Geschichte und Folgen der SED-Diktatur in Deutschland«*, hg. vom Deutschen Bundestag, *Deutschlandpolitik: Bd. V, 1–3*, Baden-Baden, Frankfurt a. M. 1995; Karl-Rudolf Korte, *Deutschlandpolitik in Helmut Kohls Kanzlerschaft*, Stuttgart 1998 (*Geschichte der Deutschen Einheit, Bd. 1*), zum Milliardenkredit insbes. S. 161–184; Andreas Wirsching, *Abschied vom Provisorium. Geschichte der Bundesrepublik Deutschland 1982–1990*, München 2006, S. 594–598.

124 »FDP und CSU streiten über die Deutschlandpolitik«, in: *FAZ* vom 25. April 1983, S. 1 f.

125 »Jetzt ruft Strauß plötzlich April, April«, in: *Der Spiegel* Nr. 29/1983 (18. Juli 1983), S. 17 ff., sowie ebd., S. 20 ff., »CSU – Schwer verdaubar«.

126 Ebd., S. 18, Erich Böhme, »Wenden und fädeln«.

127 *SZ* vom 7. Juli 1983.

128 »Was Strauß riskiert«, in: *Münchner Merkur* vom 1. Juli 1983.

129 Alexander Schalck-Golodkowski, *Deutsch-deutsche Erinnerungen*, 2. Aufl., Reinbek b. Hamburg 2000, S. 290.

130 *Stiftung Parteien und Massenorganisationen der DDR*, Bundesarchiv Berlin, DL 226/1137, Blatt 220 (künftig abgek. zit. SAPMO). Die Paginierung ist insofern verwirrend, als sich jeweils eine handschriftliche und eine gestempelte Variante finden, hier wird grundsätzlich nach der gestempelten Blatt-Paginierung zitiert. Die Vermerke von Schalck-Golodkowski tragen generell das Datum des folgenden Tages nach dem Gespräch.

131 A. Schalck-Golodkowski, *Deutsch-deutsche Erinnerungen*, S. 297.

132 F. G. Strauß, *Mein Vater*, S. 140, vgl. auch insgesamt die dortigen Schilderungen, S. 135–144.

133 NL Strauß Fam, Nr. 1039.

134 Ebd.

135 So u. a. die Auskunft von Max Josef Strauß, der Schalck-Golodkowski oft begegnet ist (Gespräch vom 17. Dez. 2014).

136 Vermerk von Schalck-Golodkowski über das Gespräch mit Strauß (6. Mai 1983), S. 7, SAPMO, BA Berlin, DL 226/1137, Blatt 226.

137 Ebd., S. 6. Blatt 225.

138 Ebd., S. 8. Blatt 227.

139 Niederschrift Schalck-Golodkowskis vom 6. Juni 1983, S. 4 (Blatt 137).

140 Vermerk Schalck-Golodkowskis vom 6. Mai 1983, S. 10, 17 (Blatt 229, 236).

141 H. Kohl, *Erinnerungen 1982–1990*, S. 173.

142 Vgl. die Dokumentation von Andreas Malycha, »Ungeschminkte Wahrheiten. Ein vertrauliches Gespräch von Gerhard Schürer, Chefplaner der DDR, mit der Stasi über die Wirtschaftspolitik der SED im April 1978«, in: *VfZ* 59. Jg. (2011), S. 283–305.

143 Vgl. Hans-Hermann Hertle, »Der Weg in den Bankrott der DDR-Wirtschaft. Das Scheitern der ›Einheit von Wirtschafts- und Sozialpolitik‹ am Beispiel der Schürer-Mittag-Kontroverse im Politbüro 1988«, in: *Deutschland Archiv* 25 (1992), S. 127–131; ders., »Der ökonomische Untergang des SED-Staates«, ebd., S. 1019–1030. Generell: Klaus Schröder unter Mitarbeit von Steffen Alisch, *Der SED-Staat. Geschichte und Strukturen der DDR*, Sonderausgabe München 1998, S. 269 ff.

144 Veronika Heyde, »Die Rolle von Franz Josef Strauß bei der Vergabe der Milliardenkredite an die DDR 1983/84«, in: *Bayerische Lebensbilder 3. Biografien, Erinnerungen, Zeugnisse. Vom Überwinden der Mauer*, hg. von Renate Höpfinger (Hanns-Seidel-Stiftung), München 2014, S. 99–121, das Zitat S. 99.

145 Niederschrift von Schalck-Golodkowski über das Gespräch am 5. Juni 1983, S. 9 (Blatt 142).

146 Ebd., S. 5 (Blatt 138).

147 Niederschrift von Schalck-Golodkowski über das Gespräch mit Strauß (26. Mai 1983). In seinen *Erinnerungen* berichtet Strauß fälschlich, Jenninger habe ihn schon bei dem zweiten Treffen begleitet.

148 Niederschrift über das Gespräch zwischen Strauß und Schalck-Golodkowski am 25. Mai 1983 (26. 5. 1983), S. 3 f., *SAPMO* DL 226/1137 (Blatt 174/175).

149 Ebd., Anlage (Text der Botschaft Honeckers an Strauß), S. 6 und 7 (Blatt 188, 189).

150 Ebd., Niederschrift Schalck-Golodkowskis vom 6. Juni 1983, S. 1 (Blatt 134).

151 V. Heyde, »Die Rolle von Franz Josef Strauß«, S. 109.

152 Niederschrift Schalck-Golodkowskis vom 27. September 1983 (DL 226/1189, Blatt 504), S. 4.

153 V. Heyde, »Die Rolle von Franz Josef Strauß«, S. 113 f.

154 Franz Josef Strauß an Helmut Kohl, 29. 10. 1983, in: Sammlung Bundeskanzler a. D. Dr. Helmut Kohl, Persönlich Bk St 1982 – 1986. Kohl notierte »Privatakte«.

155 NL Strauß Fam, Nr. 1043 Anlage 1 und 2.

156 Ebd., Anlage 3.

157 Niederschrift Schalck-Golodkowskis vom 6. Juni 1983 (DL 226/1137, Blatt 127), S. 7.

158 Ebd., (Blatt 123/124) S. 3/4.

159 »Bonn setzt deutschlandpolitische Akzente. Der Bund verbürgt Milliardenkredit an die DDR«, *FAZ* 29. Juni 1983; über die Rolle von Strauß in diesem Zusammenhang: »Geben und Neben«, ebd.

160 Mdl. Mitteilung von Ministerpräsident a. D. Dr. Edmund Stoiber, 17. Oktober 2014, sowie E. Stoiber, *Weil die Welt sich ändert*, S. 83 – 85. Allerdings erinnern sich Gerold Tandler und Theo Waigel anders: Sie seien eingeweiht gewesen. (Gespräche vom 4. Dezember 2014 bzw. 2. Februar 2015).

161 H. Kohl, *Erinnerungen 1982 – 1990*, S. 181.

162 Helmut Kohl, *Berichte zur Lage 1982 – 1989. Der Kanzler und Parteivorsitzende im Bundesvorstand der CDU Deutschlands*, bearb. von Günter Buchstab und Hans-Otto Kleinmann, Düsseldorf 2014.

163 F. J. Strauß, *Erinnerungen*, S. 527.

164 CSU-Landesvorstand, Sitzung vom 11. Juli 1983, S. 8 – 23 u. ö., *ACSP*.

165 Vgl. auch die Erinnerungen des damaligen CSU-Bundestagsabgeordneten Klaus Rose, »Der Strauß'sche Milliardenkredit – ein politischer Überraschungscoup. Ein Mitglied des Haushaltsausschusses erinnert sich«, in: *Bayerische Lebensbilder Bd. 3*, S. 145 – 151.

166 H. Kohl, *Erinnerungen 1982 – 1990*, S. 173 – 190.

167 Renate Höpfinger veröffentlichte den Text unter dem Titel: »Zum Verlauf der Kreditgewährung an die Außenhandelsbank der DDR – Abschrift eines Vermerks aus dem Nachlass von Franz Josef Strauß«, in: *Bayerische Lebensbilder Bd. 3*, S. 123 – 126.

168 »Tatsachen über einen Kredit«, in: *Franz Josef Strauß. Verantwortung vor der Geschichte*, S. 389 – 393, hier S. 392.

169 Franz Josef Strauß an Helmut Kohl, 7. 7. 1983, in: Sammlung Bundeskanzler a. D. Dr. Helmut Kohl, Pers. 1982 – 1986, Ordner St.

170 F. J. Strauß, *Erinnerungen*, S. 527 f.

171 Dieses Motiv nennt Gerold Tandler, was sowohl Max Josef als auch Franz Georg Strauß als »Originalton« ihres Vaters bestätigen.

172 So u. a. W. Krieger, *Franz Josef Strauß*, S. 88. Zu den unterschiedlichen Interpretationen vgl. auch Manfred Kittel, »Strauß' Milliardenkredit für die DDR«, in: Udo Wengst/Hermann Wentker (Hg.), *Das doppelte Deutschland. 40 Jahre Systemkonkurrenz*, Berlin 2008, S. 307 – 331.

173 F. J. Strauß, *Erinnerungen*, S. 528.

174 Vgl. den Dankbrief und Reisebericht von Marianne Strauß an ihren Schwager Gottfried Albrecht, der damals Botschaftsrat an der Botschaft der Bundesrepublik in Warschau war: Renate Höpfinger, »Brief vom 7. August 1983: Marianne Strauß an Gottfried Albrecht«, in: *Bayerische Lebensbilder Bd. 3*, S. 141 – 144, der Brief selbst S. 143 f.

175 Vgl. den Artikel »Zustimmung, aber auch Bedenken zum Besuch Weizsäckers in Ost-Berlin«, *FAZ* vom 16. September 1983.

176 Text des Gesprächs mit Anlage in: H. Potthoff, »*Die Koalition der Vernunft*«, S. 145 – 159. Es handelt sich dabei um eine Niederschrift der SED, Strauß selbst berichtete darüber in seinen *Erinnerungen*, S. 526, 536 – 547.

177 In: H. Potthoff, »*Die Koalition der Vernunft*«, S. 146.

178 Mitschnitt in: ebd., S. 224 – 236, die Bemerkung Helmut Kohls, S. 234: »Sie sprechen hier mit einem Mann, der nichts unternehmen wird, Sie in eine ungute Lage … zu bringen …«

179 Gespräch Honecker/Strauß, ebd., S. 147.

180 Ebd., S. 148.

181 Ebd., S. 157.

182 Gespräch Johannes Rau/Erich Honecker, 11. Januar 1985, in: ebd., S. 293.

183 Information von Schalck-Golodkowski an das Politbüromitglied und ZK-Sekretär Günter Mittag über das Gespräch mit Franz Josef Strauß vom 26. 9. 1983 (27. 9. 1983). Die Zitate S. 1 und 2 (Blatt 500, 501, 506) in Niederschrift Schalck-Golodkowskis. Wortlaut im Original.

184 »In dem Gespräch mit Ministerpräsident F. J. Strauß ist folgendes darzulegen«, Anlage 1, o. Datum, NL Strauß Fam, Nr. 1043, *ACSP* (vermutlich zwischen November 1983 und Anfang 1984).

185 F. J. Strauß, *Erinnerungen*, S. 535 f.

186 »DDR-Kredit als brillanter taktischer Schachzug gelobt«, *FAZ*, 14. Juli 1983.

187 F. J. Strauß, *Erinnerungen*, S. 534 ff.

188 Franz Josef Strauß, Aktenvermerk über meinen Besuch der Leipziger Messe am Sonntag, 11. März 1984, in: NL Strauß Fam, Nr. 1041, S. 7 f.

189 Vgl. V. Heyde, »Die Rolle von Franz Josef Strauß«, S. 117 ff.

190 Vgl. ebd., sowie insgesamt über die Beziehungen der DDR und der Sowjetunion: Hermann Wentker, *Außenpolitik in engen Grenzen. Die DDR im internationalen System 1049 – 1989*, München 2007, insbesondere S. 477 – 521.

191 Noch für den 15. Januar 1988 findet sich eine Gesprächsunterlage für das Treffen mit Schalck-Golodkowski, bei dem humanitäre Wünsche den Anfang machten: NL Strauß Fam, Nr. 1045.

192 Mitteilung Archivdirektor Gerhard Fürmetz, Bayerisches Hauptstaatsarchiv,

vom 20.10.2014, sowie Gerhard Fürmetz, »Bayern und die DDR im letzten Jahrzehnt vor der Wiedervereinigung – Hilfegesuche von DDR-Bürgern und ihren westdeutschen Verwandten an die Bayerische Staatskanzlei, jetzt einzeln erschlossen«, in: *Nachrichten aus den Staatlichen Archiven Bayerns* Nr. 67; Jan Philipp Wölbern, *Der Häftlingsfreikauf aus der DDR 1962/63 – 1989*, Göttingen 2014.

193 A. Schalck-Golodkowski, *Deutsch-deutsche Erinnerungen*, S. 307.

194 Deutscher Bundestag, 12. WP, Drs. 12/7600, dort finden sich im Übrigen Aussagen über die »politische Bedeutung Dr. Schalck-Golodkowskis« (S. 437 ff.) sowie zu den Gesprächen von Jenninger und seinem Nachfolger als Chef des Kanzleramts, Wolfgang Schäuble (S. 452 – 457).

195 Bayerischer Landtag 12. WP, Drs. 12/16598, S. 26 – 38 (Provisionen, S. 31).

196 Ebd., S. 32.

197 Mitteilung an den Gesprächspartner, NL Strauß Fam, Nr. 1041, *ACSP*. Eine Aufstellung und Bewertung der Reisen und Übersiedlungen – der innerdeutschen Mobilität – findet sich bei A. Wirsching, *Abschied vom Provisorium*, S. 606 – 610.

198 Bayerischer Landtag, Untersuchungsausschuss, 12. WP. Drs. 12/16598, S. 30.

199 Vgl. auch Horst Möller, »Worin lag das ›national‹ Verbindende in der Epoche der Teilung?«, in: *Koordinaten deutscher Geschichte in der Epoche des Ost-West-Konflikts*, hg. von Hans Günter Hockerts unter Mitarbeit von Elisabeth Müller-Luckner, München 2004, S. 307 – 323.

200 Nl Strauß Fam, Nr. 24 und 25.

201 Ebd., Nr. 697.

202 Ebd., Nr. 23.

203 NL Strauß Fam, Nr. 93.

204 S. o. Kapitel 10.

205 Vgl. insges. A. Wirsching, *Abschied vom Provisorium*, S. 66 ff.

206 F. Voss, *Den Kanzler im Visier*, S. 278.

207 Zitiert bei A. Wirsching, *Abschied vom Provisorium*, S. 70.

208 Franz Josef Strauß an Helmut Kohl, 15.5.1984, in: Sammlung Bundeskanzler a.D. Dr. Helmut Kohl, Bk Persönlich Ordner St 1982 – 1986.

209 Franz Josef Strauß an Friedrich Zimmermann, 8. Dezember 1961, in: NL Strauß Fam, Nr. 783, dort auch weitere einschlägige Briefe.

210 NL Strauß Fam, Nr. 862.

211 NL Strauß Fam Nr. 579.

212 Belege in: NL Strauß Fam, Nr. 516.

213 Ebd.

214 Vgl. u. a. *FAZ* vom 23. Januar 1975; *Der Spiegel* 20. Januar 1975, sowie ausführlich ebd., 5. April 1976: »Unternehmer. Millionen im Ausland. Eine der schillerndsten Figuren der westdeutschen Unternehmer-Szene tritt ab: Fritz Ries, enger Freund der CDU und CSU-Prominenz, will seine hochverschuldeten Pegulan-Werke verkaufen.« Es ging in diesen Artikeln auch um einen Prozess, den Ries gegen Bernt Engelmann wegen Diffamierung in dessen Buch *Großes Bundesverdienstkreuz* (1974) angestrengt hatte, den Engelmann als »Tatsachenroman« bezeichnete. Engelmann bezichtigte Ries, von sogenannten »Arisierungen«

profitiert und Zwangsarbeiter beschäftigt zu haben. Ries erschoss sich am 20. Juli 1977 in seinem Haus in Frankenthal.

215 Vgl. dazu auch Gregor Schöllgen, *Diehl. Ein Familienunternehmen in Deutschland 1902–2002*, Berlin–München, u. a. S. 160 ff., 270 ff.

216 Vgl. NL Strauß Fam, Nr. 405 sowie Auskunft Dr. Franz Georg Strauß.

217 *Süddeutsche Zeitung* vom 23./24. Oktober 1999, S. 63, sowie W. Bickerich, *Franz Josef Strauß*, S. 295; W. Biermann, *Strauß*, S. 286. Bickerich belegt seine Darstellung allerdings nicht mit nachprüfbaren Quellen, andere Autoren wiederholen sie. Für die »Geldgier« von Strauß nennt er das nicht zugängliche Tagebuch von Marcel Hepp als Beleg, der allerdings todkrank seit Anfang 1970 in Heidelberg im Krankenhaus lag und Ende des Jahres starb. Auch wenn das Tagebuch existiert, ist seine zeitliche und sachliche Reichweite begrenzt, zudem muss der Zeitpunkt der Abfassung berücksichtigt werden. Wie ein Brief vom August 1970 belegt, hatte sich die anfängliche Bewunderung von Hepp für Strauß in Hass verwandelt, da er Strauß massiv verübelte, die von ihm selbst und anderen Rechtsintellektuellen gewünschte rechtskonservative Politik nicht zu betreiben, s. u. S. 637.

218 NL Strauß Fam, Nr. 577. Die Unterlagen des 1971 verstorbenen Schatzmeisters der CSU (seit 1967) und persönlich haftenden Flick-Gesellschafters Wolfgang Pohle, die 1996 durch Zufall auf einem Flohmarkt in Siegburg auftauchten, sind zweifellos eine interessante Quelle, jedoch für die Frage nach der Wirtschaftstätigkeit von Strauß weniger sensationell als die beiden seinerzeit veröffentlichten *Spiegel*-Artikel von Dirk Koch und Hartmut Palmer (22. und 29. 7. 1996) suggerieren, zumal sie mit den hier detailliert behandelten vermeintlichen Affären, z. B. »Fibag« oder »Onkel Aloys«, vermengt werden (s. o. Teil II, Kapitel 10).

Die im *Spiegel* genannten Sonderkonten des Parteivorsitzenden waren nicht nur in der Parteiführung bekannt, sondern in der Regel den Schatzmeistern bzw. den mit der Kontoführung Beauftragten. Die CSU machte in dieser Hinsicht ebensowenig eine Ausnahme wie bei den über die Sonderkonten abgewickelten Parteispenden. Aufschlussreicher ist indes der zweite Artikel, der die Spannungen von Strauß und Zimmermann behandelt, die auf den Bankrott der Bau-Union 1966 zurückgingen: Zimmermann war Aufsichtsratsvorsitzender dieser 1960 gegründeten bayerischen Firma, die unter anderem Wohnungen für Bundeswehrangehörige baute bzw. bauen wollte. Strauß schloss 1962 in seiner Eigenschaft als Parteivorsitzender mit 125 000 DM aus einem Sonderkonto der Partei mit Zimmermann einen Treuhandvertrag über eine Beteiligung ab, sie betrug 25 % des damaligen Stammkapitals der Bau-Union. Nach den dort zitierten Unterlagen Pohles handelte es sich sehr wahrscheinlich um eine Beteiligung der Partei, nicht aber von Strauß persönlich. Die Aktivität der Bau-Union fiel im Wesentlichen in die Jahre 1962 bis 1966. Insgesamt handelte es sich um einen wirtschaftlichen Reinfall, jedoch nicht um einen Strauß betreffenden strafrechtlich relevanten Vorgang. Dass Strauß angesichts der Gläubigerforderungen und der Prozesse, die am 5. April 1967 zu einem Vergleich führten, die finanzielle Beteiligung der CSU an dem Unternehmen nicht öffentlich diskutiert wissen wollte, ist nicht überraschend.

219 Vgl. statt vieler Artikel den *Spiegel* vom 13. 6. 1994, »Amigo-Ausschuß. Reibach

gesichert. Zwei bayerische Regierungschefs haben offenbar die Verfassung gebrochen«. Das Magazin wartete das Ergebnis der Beratungen nicht ab, sondern hatte schon nach der ersten Sitzung des Ausschusses sein Urteil gesprochen. Die Frage, warum der Untersuchungsausschuss 69 Ordner durcharbeitete und über 50 Zeugen vernahm, stellte sich der Verfasser des Artikels nicht.

220 Bericht des Untersuchungsausschusses des Bayerischen Landtags betreffend das Verhalten von Mitgliedern der Staatsregierung (Drs. 12/15594), S. 18.

221 Ebd., S. 19.

222 Ebd., S. 21 f.

223 Ebd., S. 22 f.

224 Ebd. S. 40. Vgl. zum Stil der Auseinandersetzung und zur Entstehungsgeschichte des Ausschusses neben dem Bericht selbst (S. 2): P. J. Kock, *Der Bayerische Landtag*, S. 359 f.

225 Aufgrund der Genehmigung der Kinder von Franz Josef Strauß konnte ich sowohl den Erbschein als auch die Ergebnisse der Betriebsprüfung einsehen.

226 Beide Urteile lagen mir vor. Auch das zweite ist nun rechtskräftig.

227 »Grundsatzprogramm der Christlich-Sozialen Union. Verabschiedet vom CSU-Parteitag am 14. Dezember 1968«, in: *Parteiprogramme*. Hg. von Siegfried Hergt, o. O. u. J., S. 191 – 201, der fragliche Passus S. 192.

228 »Parteitag des CSU Dezember 1968«, Maschinenschriftliches Protokoll, *ACSP*, S. 24.

229 Vgl. *Was heißt heute konservativ?* Hg. von Mike Mohring, Jena 2010, darin u. a. Andreas Rödder, »Was heißt heute konservativ?«, S. 37 – 47; Horst Möller, »Demokratische Geschichtskultur«, S. 120 – 132, für diesen Zusammenhang insbes. S. 120 f.

230 Grundlegend Karl Mannheim, »Das konservative Denken«, in: ders. *Wissenssoziologie. Auswahl aus dem Werk*, eingel. u. hg. von Kurt H. Wolff, Neuwied 1964, S. 408 – 508.

231 »Parteitag der CSU, Dezember 1968«, *ACSP*, S. 41 – 43.

232 Ebd., S. 25 – 27.

233 Ebd., S. 31 – 34, 49 (Abstimmung).

234 Auszüge in: *Parteiprogramme*. Hg. von S. Hergt, S. 206 – 2011, das Zitat S. 207.

235 NL Strauß Fam, Nr. 564, Giselher Wirsing an Franz Josef Strauß, 16. August 1966: Dank an Strauß und seine Frau »für die so überaus freundliche Aufnahme in Rott«, sowie deutsch-französische Beziehungen und die Rolle von Strauß in diesem Kontext.

236 NL Strauß Fam, Nr. 564, Armin Mohler an Franz Josef Strauß, 30. März 1974 (Kopie) mit Kommentar von Strauß.

237 NL Strauß, Sammlung Kray, Personenordner 4.2.4 HEPP, *ACSP*. Vgl. jetzt Nils Wegner, *Die deutsche Geschichte geht weiter … Die Brüder Marcel und Robert Hepp und ihr politischer Weg in den 1950er und 1960er Jahren*, Berlin 2015, S. 32 ff.

238 Vgl. Johannes Großmann, *Die Internationale der Konservativen. Transnationale Elitenzirkel und private Außenpolitik in Westeuropa seit 1945*, München 2014, S. 4, 207 ff., 326 ff., 441 ff., 459 ff.

239 F. J. Strauß, *Erinnerungen*, S. 238 ff.

240 Wolfgang Freiherr von Welck an Franz Josef Strauß, 27. April 1963, NL Strauß Büro, PV Nr. 5099.

241 Franz Josef Strauß an David Rockefeller, 19. Dezember 1968, NL Strauß BMF, Nr. 149.

242 Franz Josef Strauß, *Zur Lage.* Nachwort Golo Mann, Stuttgart 1979.

243 Golo Mann, »›Liberal‹ und ›konservativ‹ in der modernen deutschen Geschichte«, in: Franz Josef Strauß, *Erkenntnisse, Standpunkte, Ausblicke*, S. 278 – 306, über Strauß die Seiten S. 299 – 306, das Zitat S. 306.

244 F. J. Strauß, *Erinnerungen*, S. 181.

245 Zitiert bei Hans Maier, »Strauß als Rhetor. Redekunst und Parlamentarismus heute«, in: *Anspruch und Leistung*. Hg. von F. Zimmermann, S. 261 – 280, hier S. 277.

246 *Franz Josef Strauß, Tondokumente im Schallarchiv des Bayerischen Rundfunks 1952 – 1988*, hg. vom Bayerischen Rundfunk, München o. J.

247 F. J. Strauß, *Erinnerungen*, S. 180. Die gesamten Ausführungen zur Redekunst ebd., S. 180 – 198.

248 H. Maier, »Strauß als Rhetor«, S. 261 – 280.

249 NL Strauß Fam, Nr. 667. Die Rede wurde offenbar mitgeschnitten und ist nicht redigiert.

250 F. J. Strauß, *Erinnerungen*, S. 184 ff.

251 Franz Josef Strauß am 17. Dezember 1976 im Deutschen Bundestag, 8. WP, 6. Sitzung, abgedr. in: *Franz Josef Strauß, Bundestagsreden und Zeitdokumente 1974 – 1979*. Vorwort Golo Mann. Hg. von Friedrich Voss, Bonn 1979, S. 127 – 156, das Zitat, S. 150 f. (Es gibt unterschiedliche Auflagen mit identischem Titel, aber nur teilidentischen Inhalten, allerdings unterschiedlichen Herausgebern).

252 Den Text dieser internen Anweisung verdanke ich Dr. Franz Georg Strauß.

253 Würzburg o. J.

254 München 1965.

255 In: Willi Eichler u. a., *Menschenwürdige Gesellschaft*, 2. Band, München/Wien 1969, der Beitrag von Franz Josef Strauß (gemeinsam mit Josef Stingl), ebd., S. 205 – 269.

256 Franz Josef Strauß/Heinrich Pleticha, *Politik aus erster Hand. Grundfragen der Politik in Dokumenten und Aussagen von Zeitgenossen*, Würzburg 1969, Einführung S. 9 – 12, 367 – 370.

257 In: Franz Josef Strauß, *Zur Lage*, S. 44 – 64.

258 Franz Josef Strauß, *Gebote der Freiheit*, München 1980, S. 255 – 280.

259 Franz Josef Strauß, *Signale. Beiträge zur deutschen Politik 1969 – 1978*. Ausgewählt und eingeleitet von Wilfried Scharnagl, München 1978, S. 133 – 146.

260 Franz Josef Strauß, »Bayerns Auftrag für Deutschland und Europa«, ebd., S. 221 – 230.

261 Franz Josef Strauß, »Die geistesgeschichtliche Herausforderung ›Europa‹: Der Beitrag des christlichen Lagers«, in: *Bundestagsreden und Zeitdokumente*, hg. von F. Voss, S. 203 – 231. Vgl. zum Europakonzept von Strauß (allerdings mit einem Schwerpunkt auf der europäischen Verteidigungs- und Nuklearpolitik): Beatrice Heuser, »The European Dream of Franz Josef Strauß«, in: *Journal of European Integration History* 1998, vol. 4, Nr. 1, S. 75 – 103.

262 Helmut Schmidt, »Franz Josef Strauß zum 70. Geburtstag«, in: Franz Josef Strauß, *Erkenntnisse, Standpunkte, Ausblicke*, S. 584–587, das Zitat S. 587.

263 F. J. Strauß, »Das Verhältnis von Programm und Pragmatismus«, in: *Bundestagsreden* (1979), S. 108 f.

264 Ebd., S. 110.

265 Vgl. etwa Arnold Gehlen, »Industrielle Gesellschaft und Staat. Über einige Triebkräfte des politischen Lebens der Gegenwart«, in: ders., *Studien zur Anthropologie und Soziologie*, Neuwied am Rhein und Berlin 1963, S. 247–262, insbes. S. 248 ff.

266 F. J. Strauß, »Das Verhältnis von Programm und Pragmatismus«, S. 110/111.

267 Hedwig Conrad-Martius, *Utopien der Menschenzüchtung. Der Sozialdarwinismus und seine Folgen*, München 1955.

268 Franz Josef Strauß, »Der Mensch als Maß und Mitte der Politik, Vortrag vor der Katholischen Akademie in Bayern, 9. Dezember 1973«, Sonderdruck Dokumentation der Christlich-Sozialen Union, NL Strauß Fam, Nr. 666.

269 Vgl. Arnold Gehlen, *Der Mensch. Seine Natur und seine Stellung in der Welt*, 9. Aufl. Frankfurt a. M. 1971.

270 F. J. Strauß, »Das Verhältnis von Programm und Pragmatismus«, S. 119-126.

271 F. J. Strauß, »Die geistesgeschichtliche Herausforderung ›Europa‹«, S. 230.

272 Vgl. zum ganzen Vorgang E. Stoiber, *Weil die Welt sich ändert*, S. 76–78.

273 Interview mit Marcel Hepp, seinem ehemaligen Persönlichen Referenten und späteren Chefredakteur des *Bayernkurier*, der 1970 mit 34 Jahren an Knochenkrebs verstarb. Das sehr lange Interview liegt nur teilweise vor und ist undatiert: NL Strauß, Slg. Kray, Personenorder 4.2.4 HEPP, S. 42 f.

274 Renate Höpfinger, »Als Jurist an der Nahtstelle zwischen Politik und Verwaltung – Zeitzeugen-Interview mit Dr. Wilhelm Knittel«, in: Hanns Seidel Stiftung (Hg.), *Biografien, Erinnerungen, Zeugnisse. Bayerische Lebensbilder 3*, München 2014, S. 16 ff., die letzte Bemerkung S. 19.

275 Mündliche Auskunft Ministerpräsident a. D. Dr. Edmund Stoiber, 17. Oktober 2014.

276 E. Stoiber, *Weil die Welt sich ändert*, S. 86.

277 R. Höpfinger, »Interview mit Wilhelm Knittel«, S. 19 und 43.

278 Ebd., S. 16 f.

279 E. Stoiber, *Weil die Welt sich ändert*, S. 88.

280 Vgl. F. J. Strauß, *Erinnerungen*, S. 537–539.

281 Die vorstehenden Angaben zu den bayerisch-chinesischen Wirtschaftsbeziehungen bei: Claus Brügmann und Renate Höpfinger, »Ministerpräsident Franz Josef Strauß«, in: »*Das schönste Amt der Welt*«. *Die Bayerischen Ministerpräsidenten 1945–1993* (Staatliche Archive Bayerns, Kleine Ausstellungen Nr. 13), München 1999, S. 147–170, hier S. 163, Nr. 144.

282 Vgl. insgesamt Heinrich Oberreuter, »Konkurrierende Kooperation – Die CSU in der Bundespolitik«, in: *Geschichte einer Volkspartei*, S. 319–332.

283 Franz Josef Strauß an Helmut Kohl, 7. Juni 1983, in: Sammlung Bundeskanzler a. D. Dr. Helmut Kohl, Ordner Bk Persönlich, St, 1982–1986. Die Angelegenheit zog sich mehrere Jahre hin, bis die Bayerische Staatsregierung 1987 ein Auffangkonzept für die Maxhütte entwickelte. Hierfür war die Beteiligung der bun-

deseigenen Peine-Salzgitter AG notwendig, wofür Ministerpräsident Strauß Bundeskanzler Kohl gewann. Doch sträubte sich trotz Einschaltung von Bundesfinanzminister Stoltenberg und Kanzleramtsminister Schäuble der Vorstand des Unternehmens, worauf Strauß in einer Serie von Briefen immer drängender eine Entscheidung des Bundeskanzlers aufgrund seiner Richtlinienkompetenz forderte. Dabei ging sein Interesse wie so oft über den unmittelbaren Anlass der Vertretung bayerischer Wirtschaftsinteressen hinaus. So schrieb Strauß am 16. Dezember 1987 an Kohl, es werde immer vordringlicher, »die zersplitterten Strukturen zu überwinden … eine stärkere Kooperation der Stahlwerke (wäre) im Hinblick auf die Marktmacht staatlicher Stahlkonzerne in anderen EG-Ländern … ein Gebot der Stunde« (Ebd. Akte Strauß 1987 – 1988 sowie die Briefe von Franz Josef Strauß an Helmut Kohl zwischen dem 30. Oktober 1987 und dem 19. Januar 1988, ebd.).

284 Franz Josef Strauß an Helmut Kohl, 2. Oktober 1983, S. 1 f.; Helmut Kohl an Franz Josef Strauß, 5. Oktober 1983, beide in: Sammlung Bundeskanzler a. D. Dr. Helmut Kohl, Ordner Bk Persönlich, St 1982 – 1986.

285 Franz Josef Strauß an Helmut Kohl, 7. 11. 1983, mit Antwort von Helmut Kohl vom 29. November 1983, ebd.

286 Franz Josef Strauß an Helmut Kohl, 26. März 1984, ebd.

287 Franz Josef Strauß an Helmut Kohl, 10. Januar 1985, ebd.

288 Franz Josef Strauß an Helmut Kohl, 15. Mai 1984, ebd. Auch solche Initiativen von Franz Josef Strauß gegenüber Helmut Kohl erstreckten sich über mehrere Jahre bzw. wurden aus konkreten Anlässen wieder aufgegriffen: So wandte er sich mit einem Maßnahmekatalog zur Vorbereitung der Steuerreform 1990 an den Bundeskanzler. Er forderte u. a. den Abbau »steuerlicher Härten für die Landwirtschaft«, sprach sich gegen die Abschaffung der Investitionszulage aus und diskutierte über die Konsequenzen der Beseitigung der Steuerfreiheit für gemeinnützige Wohnungsunternehmen: In diesem Fall besäßen sie das Recht zur Veräußerung, womit ihre Bindung an die Gemeinnützigkeit wegfalle (Strauß an Kohl, 15. März 1988, in: ebd. Akte Strauß 1987 – 1988). Wiederum zeigt sich eine dezidiert sozialpolitische Komponente seiner Argumentation.

289 Franz Josef Strauß an Helmut Kohl, 8. Juli 1984, S. 4, ebd., Ordner Bk Persönlich, St 1982 – 1986.

290 Helmut Kohl an Franz Josef Strauß, 27. August 1984, S. 3, ebd.

291 Vgl. oben zum Amtsantritt als Bundesfinanzminister sowie Interview Marcel Hepp, Interview, S. 43 f.

292 Franz Josef Strauß an Helmut Kohl, 23. Januar 1984, S. 3, in: Sammlung Bundeskanzler a. D. Dr. Helmut Kohl, Ordner Bk Persönlich, St 1982 – 1986.

293 Franz Josef Strauß an Helmut Kohl, 2. April 1985, ebd.

294 Franz Josef Strauß an Helmut Kohl, 7. April 1986, ebd.

295 Franz Josef Strauß an Helmut Kohl, 1. Juni 1984, ebd., S. 2.

296 Franz Josef Strauß an Helmut Kohl, 31. Juli 1984, ebd., die Zitate S. 1 und S. 6.

297 Franz Josef Strauß an den Chefredakteur der Bild-Zeitung Horst Fust, 17. September 1984, in: ebd.

298 In: Franz Josef Strauß. Erkenntnisse, Standpunkte, Ausblicke, S. 408 – 425.

299 Franz Josef Strauß an Helmut Kohl, 5. Dezember 1985 sowie 31. Oktober 1985, in: Sammlung Bundeskanzler a. D. Dr. Helmut Kohl, Ordner Bk Persönlich St 1982–1986.

300 Franz Josef Strauß an Helmut Kohl, 30. September 1983, S. 2, ebd.

301 Text der Rede in: Helmut Herles, *Das Parlament der Regierenden. 40 Jahre Bundesrat. Eine Chronik seiner Präsidenten*, Stuttgart 1989, S. 534–545, die Zitate ebd. S. 535 und 543.

302 Text vom 16. November 1984, ebd., S. 549–553, das Zitat S. 550.

303 Angaben nach C. Brügmann und R. Höpfinger, in: »*Das schönste Amt der Welt*«, S. 162, Nr. 143.

304 Text in: F. J. Strauß, *Verantwortung vor der Geschichte*, S. 291–364.

305 Ebd., S. 299.

306 H. Kohl, *Berichte zur Lage*, S. 467–469, das Strauß-Zitat S. 468, Anm. 24.

307 F. J. Strauß, *Verantwortung vor der Geschichte*, S. 309.

308 Ebd., S. 318–322. Der damalige Oberbürgermeister von München, Bundesminister a. D. Dr. Hans-Jochen Vogel, hat mich darauf hingewiesen, dass Franz Josef Strauß sich auf seinen Wunsch hin sehr für den Ausbau Münchens zur Vorbereitung der Olympiade engagiert hat, z. B. als Vorsitzender des Aufsichtsrats der Olympia-Baugesellschaft von 1967 bis 1969 sowie für die Schaffung des Olympiaparks und des Olympiastadions.

309 Vgl. insgesamt das grundlegende Forschungsprojekt des Instituts für Zeitgeschichte *Bayern im Bund* (7 Bde.), insbesondere die von Thomas Schlemmer und Hans Woller herausgegebenen Bände 1–3, Bd. 1: *Die Erschließung des Landes 1949 bis 1973*, München 2001; Bd. 2: *Gesellschaft im Wandel 1949–1973*, München 2002; Bd. 3: *Politik und Kultur im föderativen Staat 1949 bis 1973*, München 2004, sowie Bd. 6, Thomas Schlemmer, *Industriemoderne in der Provinz. Die Region Ingolstadt zwischen Neubeginn, Boom und Krise 1945 bis 1975*, München 2009, und Bd. 7, Stefan Grüner, *Geplantes »Wirtschaftswunder«? Industrie und Strukturpolitik in Bayern 1945 bis 1973*, München 2009; sowie Mark Milosch, *The House that Strauss built: The Christian Social Union and the Politics of Modernizing Bavaria, 1949–1969*, New York 2005.

310 Das Vorstehende basiert auf der Untersuchung von Alexander Gall, »›Gute Straßen bis ins kleinste Dorf‹ Verkehrspolitik und Landesplanung 1945 bis 1976«, in: *Bayern im Bund, Bd. 1: Die Erschließung des Landes 1949 bis 1973*, S. 119–204, hier S. 187–200.

311 Ebd., S. 203.

312 Franz Josef Strauß an Helmut Kohl, 12. Mai 1983, in: Sammlung Bundeskanzler a. D. Dr. Helmut Kohl, Ordner Bk Persönlich St 1982–1986.

313 Die folgenden Angaben basieren auf unterschiedlichen Quellen. Vgl. Website der Flughafen München GmbH (http://www.munich-airport.de); Ralph D. Hildebrand/Rainer Wallbaum, *Der Flughafen München: Ein Jahrhundertwerk*, München 1992; Helmut Trunz, *Flughafen München: Drehkreuz des Südens*, Stuttgart 2009; Flughafen München GmbH, *Statistischer Jahresbericht 2013*, sowie der ausführliche Artikel »Flughafen München«, Wikipedia, Stand Oktober 2014.

314 F. J. Strauß, *Verantwortung vor der Geschichte*, S. 324–326, 329–332, das Zitat S. 325.

315 Franz Josef Strauß an Helmut Kohl, 23. Juli 1984, in: Sammlung Bundeskanzler a. D. Dr. Helmut Kohl, Ordner Pers. Bk 1982 – 1986.

316 F. J. Strauß, *Verantwortung vor der Geschichte*, S. 332.

317 Hierzu und zum Folgenden: Peter Jakob Kock, *Der Bayerische Landtag. Eine Chronik*, Würzburg 1996, S. 270 – 272.

318 Vgl. neben Kock auch die Übersicht zum Thema Wackersdorf mit Literaturhinweisen bei K.-U. Gelberg, in: *Handbuch der Bayerischen Geschichte*, Bd. IV,1, S. 970 f.

319 J. P. Kock, *Der Bayerische Landtag*, S. 271.

320 Ebd., S. 275.

321 H. Kohl, *Berichte zur Lage*, S. 425, Anm. 11.

322 J. P. Kock, *Der Bayerische Landtag*, S. 278 – 280, die Zusammenfassung der Debatte.

323 Abgedr. in: F. J. Strauß, *Auftrag für die Zukunft*, S. 315 – 363.

324 Ebd., S. 339.

325 Ebd., S. 353, sowie insgesamt S. 350 ff.

326 Ebd., S. 361 f.

327 Ebd., S. 363.

328 P. J. Kock, *Der Bayerische Landtag. Eine Chronik*, S. 276 f.

329 Franz Josef Strauß an Helmut Kohl, 8. August 1984, die Zitate S. 4 und 6, in: Sammlung Bundeskanzler a. D. Dr. Helmut Kohl, Pers. BK 1982 – 1986.

330 P. J. Kock, *Der Bayerische Landtag*, S. 282, sowie F. J. Strauß, *Auftrag für die Zukunft*, S. 365 – 371, 373 – 379 u. ö.

331 K.-U. Gelberg, *Bayern 1978 – 1998*, S. 969.

332 P. J. Kock, *Der Bayerische Landtag*, S. 336 f.

333 Franz Josef Strauß an Helmut Kohl, 21. Mai 1985, in: Sammlung Bundeskanzler a. D. Dr. Helmut Kohl, Ordner Bk Persönlich St 1982 – 1986.

334 Franz Josef Strauß, » Wir sind in Bayern vorne« (Rede in Passau am 12. Februar 1986), abgedr. in: F. J. Strauß, *Auftrag für die Zukunft*, S. 199 – 247, das Zitat S. 236.

335 Ebd., S. 246.

336 Ebd., S. 237.

337 Marcel Hepp, Interview über Franz Josef Strauß, NL Strauß, Slg Kray, Personenordner 4.2.4. HEPP, S. 35 f., undatiert, maschinenschriftlich. Es ist auch nicht zu klären, wer, wann, wo das Interview gemacht hat. Da Hepp Anfang 1970 schwer erkrankte und im Dezember starb, muss es vermutlich in der zweiten Hälfte der 1960er-Jahre verfasst worden sein.

338 Ludwig Bölkow, » Verdienste um die europäische Luftfahrtindustrie«, in: F. Zimmermann (Hg.), *Anspruch und Leistung*, S. 249 – 260, hier S. 250 und 251. Vgl. auch die persönlichen Erinnerungen des mit Franz Josef Strauß befreundeten Sepp Hort, der nach verschiedenen anderen beruflichen Stationen, darunter in der CSU, von 1970 bis 1988 Geschäftsführer, zwischen 1978 und 1988 auch stellvertretender Vorsitzender der Geschäftsführung von Messerschmitt-Bölkow-Blohm (MBB) war: Zeitzeugen-Interview mit Sepp Hort vom 4. 2. bis 31. 3. 2004 von Renate Höpfinger, in: *Bayerische Lebensbilder 2. Biografien – Erinnerungen – Zeugnisse*, München 2004 (Hanns-Seidel-Stiftung), S. 100 – 181, hier insbes. S. 140 ff., 149 ff., 176. Das Interview ist auch aufschlussreich für die

gute politische Zusammenarbeit für die Luftfahrtindustrie über Parteigrenzen hinweg, insbesondere mit der SPD.

339 Die Rede, aufgrund des Textes im Nachlass bearbeitet von Claus Brügmann, ist abgedruckt in: R. Höpfinger (Hrsg.), *Bayerische Lebensbilder* 2, S. 56 – 78, vgl. auch die ebd., S. 79 – 96, veröffentlichte Rede vom 30. September 1988 in Augsburg bei der Einweihungsfeier einer Fertigungshalle für die Raumfahrtindustrie der MAN, bearb. von Renate Höpfinger.

340 Mark Milosch, »Die Rolle von Franz Josef Strauß bei der Ansiedlung der Luftfahrtindustrie in Bayern«, in: R. Höpfinger (Hrsg.), *Bayerische Lebensbilder* 2, S. 14 – 55, das Zitat S. 14 f.

341 Vgl. zum Kontext: Christopher Magnus Andres, *Die bundesdeutsche Luft- und Raumfahrtindustrie 1945 – 1970. Ein Industriebereich im Spannungsfeld von Politik, Wirtschaft und Militär*, Frankfurt a. M. 1996.

342 L. Bölkow, »Verdienste«, S. 256 f. Vgl. auch: Ulrich Kirchner, *Geschichte des bundesdeutschen Verkehrsflugzeugbaus: der lange Weg zum Airbus*, Frankfurt a. M. 1998.

343 C. Brügmann und R. Höpfinger, »Ministerpräsident Franz Josef Strauß«, in: »*Das schönste Amt der Welt*«, Erläuterungen zu Exponat 136, S. 156 f.

344 L. Bölkow, »Verdienste«, S. 259.

345 Franz Josef Strauß an Helmut Kohl, 22. Juni 1983, in: Sammlung Bundeskanzler a. D. Dr. Helmut Kohl, Ordner Pers. Bk 1982 – 1986.

346 Franz Josef Strauß an Helmut Kohl, 13. 5. 1983, in: Sammlung Bundeskanzler a. D. Dr. Helmut Kohl, Ordner Pers. Bk 1982 – 1986.

347 Ebd., S. 5.

348 Etwa Helmut Kohl an Franz Josef Strauß, 5. September 1984, ebd.

349 Franz Josef Strauß an Helmut Kohl, 5. Februar 1985, ebd. Vgl. auch Franz Josef Strauß an Helmut Kohl, 1. Juli 1987. Auch für die Raumfahrt engagierte sich Strauß nachhaltig und empfahl eine »zentrale Institution zur Koordinierung und Steuerung der raumfahrtpolitischen Programme der Bundesregierung«. Gekränkt war er allerdings, als er die Realisierung aus der Zeitung erfuhr, dies entspreche nicht dem vereinbarten Stil unter Koalitionspartnern. Auch bei der Raumfahrt wollte er darüber hinaus schon wegen der dort vorhandenen Infrastruktur die Interessen Bayerns gewahrt wissen (Vgl. Strauß an Kohl, 9. Januar bzw. 13. Juni 1987), betonte aber gegenüber dem baden-württembergischen Ministerpräsidenten Lothar Späth, der eigene Landesunternehmen ohne Kooperationsvorschlag in Stellung bringen wollte, »die Bundesrepublik sollte sich beim europäischen Aufbruch in den Weltraum nicht durch eine innerdeutsche Kleinstaaterei lächerlich machen« (Strauß an Späth, 8. Januar 1987; alle Briefe ebd. Akte Strauß 1987 – 1988).

350 Zitiert bei L. Bölkow, »Verdienste«, S. 254.

351 Vgl. dazu F. G. Strauß, *Mein Vater*, S. 175 – 181.

352 Ebd., S. 180.

353 Vgl. die Beileidsbekundungen sowie die Fotos der Trauerfeierlichkeiten in: *Marianne Strauß. Ein Buch der Erinnerung*, hg. von Wilfried Scharnagl, Percha am Starnberger See 1984, S. 24 – 56.

354 F. G. Strauß, *Mein Vater*, S. 179.

355 H. Kohl, *Erinnerungen 1982–1990*, S. 303.

356 CSU-Landesvorstand, Sitzung vom 16. März 1981, S. 26, *ACSP*.

357 Zahlen nach den Tabellen in: *Lexikon der Christlichen Demokratie*, S. 708, Anhang.

358 CSU-Landesvorstand, Sitzung vom 16. März 1981, S. 5, *ACSP*.

359 Franz Josef Strauß, »Mein Dank kommt von Herzen«, in: F. J. Strauß, *Auftrag für die Zukunft*, S. 173–176 (30. November 1985).

360 Herbert Riehl-Heyse, *CSU. Die Partei, die das schöne Bayern erfunden hat*, München 1979.

361 Vgl. grundlegend Alf Mintzel, *Die CSU-Hegemonie in Bayern*, Passau 1999.

362 Text in: F. J. Strauß, *Auftrag für die Zukunft*, S. 125–172.

363 Ebd., S. 132.

364 Ebd., S. 127–133, das Zitat S. 127.

365 Ebd., S. 126.

366 Ebd., S. 133.

367 Ebd., S. 134–137, sowie CSU-Landesvorstand, Sitzung vom 16. März 1981, S. 19, *ACSP*.

368 F. J. Strauß, *Auftrag für die Zukunft*, S. 137.

369 Ebd., S. 147.

370 Ebd., S. 145 f.

371 Ebd., S. 151.

372 Ebd., S. 152–154.

373 CSU-Landesvorstand, Sitzung vom 10. November 1980, S. 12, *ACSP*.

374 F. J. Strauß, *Auftrag für die Zukunft*, S. 142 f.

375 Ebd., S. 157.

376 Zitate bei F. Voss, *Den Kanzler im Visier*, S. 286–288.

377 Vgl. *FAZ* v. 13. Oktober 1986 , S. 1 f.: »Verluste der CSU und der SPD in Bayern« sowie »So ungefähr hatte man es sich vorgestellt« (Roswin Finkenzeller).

378 Franz Josef Strauß, Regierungserklärung vor dem Bayerischen Landtag, 10. Dezember 1985, abgedr. in: F. J. Strauß, *Auftrag für die Zukunft*, S. 421–473: Das große Ziel: Bayern, der modernste Staat Europas, hier S. 436 f.

379 CSU-Landesvorstand, Sitzung vom 14./15. Dezember 1981, Klausurtagung in Wildbad Kreuth, Teil II, S. 89, *ACSP*.

380 Zitat in der Dokumentation von J. P. Kock, *Der Bayerische Landtag*, S. 286.

381 *SZ* vom 3. November 1986, S. 10.

382 *FAZ* vom 1. November 1986: »Abschied. Hans Maier geht«.

383 Abgedruckt bei J. P. Kock, *Der Bayerische Landtag*, S. 287.

384 CSU-Landesvorstand, 14./15. Dezember 1981, S. 89 und 96, *ACSP*.

385 CSU-Landesvorstand, Sitzung vom 11. Juli 1983, *ACSP*, sowie H. Maier, *Böse Jahre, gute Jahre*, S. 285 ff. In den Jahren 1983/84 findet sich in den Kabinettssitzungen zwar der eine oder andere Dissens zwischen Strauß und Maier, doch betrafen Unterschiede kaum Grundsatzfragen. Ein Beispiel bildet die von Strauß gewünschte Abschaffung der Belegpflicht an den Universitäten, die Maier beibehalten wollte, um die Vergleichbarkeit mit anderen Bundesländern zu erhalten. Man einigte sich auf eine auf zwei Jahre befristete probeweise Abschaffung (Prot. der Sitzung vom 08. 05. bzw. 15. 05. 1984, Bayer. Staatskanzlei).

386 NL Strauß Fam, Nr. 405.

387 Regierungserklärung vom 10. Dezember 1986, abgedr. in: F. J. Strauß, *Auftrag für die Zukunft*, S. 421 – 471, das Zitat S. 471.

388 Rede von Franz Josef Strauß auf dem Münchner Wahlkongress der CSU am 21./22. November 1986, ebd., S. 389 – 420.

389 Ebd., S. 401 – 403.

390 Ebd., S. 401.

391 Franz Josef Strauß, »Zum Besuch Chaim Herzogs. 11. April 1987«, in: F. J. Strauß, *Auftrag für die Zukunft*, S. 497 – 503, das Zitat S. 499.

392 S. o., S. 337 ff.

393 Text vom 17. Januar 1987, in: F. J. Strauß, *Auftrag für die Zukunft*, S. 481 – 487.

394 Vgl. zum Kontext: A. Wirsching, *Abschied vom Provisorium*, S. 296 – 306.

395 Vgl. F. Voss, *Den Kanzler im Visier*, S. 294 (September 1986).

396 Ebd., S. 297.

397 Franz Josef Strauß an Helmut Kohl, 11. März 1987, abgedruckt ebd., S. 301.

398 H. Kohl, *Erinnerungen 1982 – 1990*, S. 493.

399 Zum Ganzen: F. G. Strauß, *Mein Vater*, S. 238 ff.

400 Vgl. beispielsweise: Wolfram Bickerich, *Franz Josef Strauß*, S. 317 f., und stärker ausgeschmückt auf der Basis von Artikeln und Erzählungen von Renate Piller in der Illustrierten *Stern*, Werner Biermann, *Strauß. Aufstieg und Fall einer Familie*, überarb. TB-Ausgabe, Berlin 2006, S. 293 ff.

401 Vgl. dazu H. Kohl, *Erinnerungen 1982 – 1990*, S. 544 – 579; H. Potthoff, *Die »Koalition der Vernunft«*, S. 31 ff. (Einführung); K.-R. Korte, *Deutschlandpolitik in Helmut Kohls Kanzlerschaft*, S. 324 – 375; H.-P. Schwarz, *Helmut Kohl*, S. 461 ff.

402 Der Text ist abgedr. in: *Deutschland Archiv* 21 (1988), S. 86 – 91, gekürzt in: *Deutsche Geschichte in Quellen und Darstellungen, Bd. 11. Bundesrepublik und DDR 1969 – 1990*, hg. von Dieter Grosser, Stephan Bierling und Beate Neuss, Stuttgart 1996, S. 291 – 294. Vgl. zum Ganzen: P. Merseburger, *Willy Brandt*, S. 823 ff.; A. Wirsching, *Abschied vom Provisorium*, S. 618.

403 Vgl. zu den Vorbereitungen A. Schalck-Golodkowski, *Deutsch-deutsche Erinnerungen*, S. 312.

404 F. J. Strauß, *Erinnerungen*, S. 549.

405 Gespräch Franz Josef Strauß/Erich Honecker, 11. September 1987 in München, Aufzeichnung in: H. Potthoff, *Die »Koalition der Vernunft«*, S. 657 – 661.

406 Rede auf dem Wahlkongress vom 21. und 22. November 1986, in: F. J. Strauß, *Auftrag für die Zukunft*, S. 404 – 409, die Zitate S. 404, 406, 409.

407 Rede vom 12. Februar 1986 in Passau, ebd., S. 247.

408 Die Berichte weichen etwas voneinander ab, am anschaulichsten: F. G. Strauß, *Mein Vater*, S. 254 – 257, ihm zufolge erwähnte Then lediglich mögliche Ausweichflughäfen.

409 F. J. Strauß, *Erinnerungen*, S. 612 – 626, sowie: *Strauß in Moskau … und im südlichen Afrika. Bericht, Bilanz, Bewertung*, hg. von Wilfried Scharnagl, Percha am Starnberger See 1988.

410 Michail Gorbatschow, *Erinnerungen*, Berlin 1995, S. 702.

411 F. J. Strauß, *Erinnerungen*, S. 614 und 616.

412 Ebd., S. 619 – 624.

413 Ebd., S. 624 und 625.

414 F. Voss, *Den Kanzler im Visier*, S. 312 – 314 (Januar 1988). Strauß' Bericht ist abgedruckt in: *Strauß in Moskau*, S. 55 – 78. Dort auch ein Interview von Theo Waigel über die Moskau-Reise, S. 79 – 82, der über sie eine Aufzeichnung angefertigt hatte.

415 P. J. Kock, *Der Bayerische Landtag*, S. 293.

416 Mündliche Auskunft von Edmund Stoiber sowie Max Josef Strauß.

417 Aus einem Brief von F. J. Strauß an H. Kohl (Eingangsstempel 15. Juli 1988) geht klar hervor, dass Strauß im Februar 1988 seine Südafrika-Reise auf Bitten des Bundeskanzlers unternommen hatte, also keine »Nebenaußenpolitik« vorlag, in: Sammlung Bundeskanzler a. D. Dr. Dr. Helmut Kohl, Akte Strauß 1987 – 1988. Der Bericht von Franz Josef Strauß ist abgedruckt in: *Strauß in Moskau … und im südlichen Afrika*, S. 161 – 184, die Zitate S. 172 sowie 175.

418 Zit. ebd., S. 212, sowie die Erklärung des Parlamentarischen Geschäftsführers der CSU-Landesgruppe im Bundestag, Dr. Wolfgang Bötsch, ebd., S. 199 f.

419 Den Hinweis und eine Fotokopie verdanke ich Staatssekretär a. D. Dr. Wilhelm Knittel.

420 F. Voss, *Den Kanzler im Visier*, S. 318. Über diese Frage schrieb Strauß am 31. Juli und am 5. November 1984 an Kohl, wobei die kleine Lösung (Software) im Wert von 116 Mill. DM und die große Lösung (Hardware) von 475 Mill. DM unterschieden wurde, für letztere traten offenbar Kohl und Strauß ein, zumal bereits ein Vertrag, nicht aber die Genehmigung vorlag. Beide Briefe in: Sammlung Bundeskanzler a. D. Dr. Helmut Kohl, Briefwechsel mit der CSU 1982 – 1986.

421 Franz Josef Strauß an Helmut Kohl, 17. 2. 1986, die Zitate S. 3, Sammlung Bundeskanzler a. D. Dr. Helmut Kohl, Ordner Bk Pers. St 1982 – 1986. Am 18. Mai 1987 empörte sich Strauß in einem Brief an Kohl über die Angriffe und Todesdrohungen gegen deutsche Entwicklungspolitiker und Entwicklungshelfer, die das SWAPO-Politbüro-Mitglied Moses Garoeb bei einem Namibia-Workshop im April 1987 in Bonn geäußert hatte. Weder die Bundesregierung noch das Auswärtige Amt habe darauf reagiert. Dessen Staatsminister Schäfer (FDP) habe sogar Garoeb zu einem Gespräch empfangen. In dieser Angelegenheit schrieb Strauß am gleichen Tag auch an den FDP-Vorsitzenden und Bundeswirtschaftsminister Martin Bangemann, mit dem ihn »gute und vertrauensvolle Zusammenarbeit«, verbinde. Doch werde er nicht länger hinnehmen, dass ihn FDP-Politiker »aus der zweiten Linie« attackierten – »aus persönlicher Profilierungssucht und um einer billigen Publizität willen, für die angesichts der politischen Struktur unserer Medienlandschaft die Kritik an meiner Person eine Garantie ist«. Beide Briefe ebd. Akte Strauß 1987 – 1988. Tatsächlich stand hinter den FDP-Angriffen auf Strauß sein Dissens mit Genscher über die Namibia-Politik bzw. die Afrikapolitik insgesamt.

422 Hans-Dietrich Genscher, *Erinnerungen*, Berlin 1995, S. 472.

423 Franz Josef Strauß an Helmut Kohl, 11. September 1985, in: Sammlung Bundeskanzler a. D. Dr. Helmut Kohl, Bk Pers. Ordner St 1982 – 1986. In Chile unterstützte Strauß, der dorthin gegen Ende der Ära Pinochet auch von der Opposition eingeladen wurde, eindeutig die Demokratisierungsbemühungen. Er teilte deren Auffassung, »daß die Regierungsgewalt gemäß der Verfassung von den

Streitkräften den zivilen Kräften übergeben werden muß, ohne daß ein ähnliches politisches Klima entsteht, wie es zur Zeit Allendes herrschte.« Vgl. dazu den Briefwechsel von Strauß mit den Gruppen der Christlich-Sozialen und der Sozialen Demokratie vom 21. Januar bzw. 19. Februar 1987, den er mit ausführlichen Informationen am 21. Januar bzw. 20. Februar 1987 an Bundeskanzler Kohl übersandte. Er empfahl, einen gemäßigten und zur Demokratisierung bereiten General aus der Junta zu empfangen, um die notwendigen strukturellen Änderungen in Chile zu unterstützen. Die Briefe finden sich in: Sammlung Bundeskanzler a. D. Dr. Helmut Kohl, Akte Strauß 1987–1988.

424 Franz Josef Strauß an Helmut Kohl, 6. August 1986, ebd.

425 Franz Josef Strauß an Hans-Dietrich Genscher, 6. August 1986, Kopie ebd., die Zitate S. 4 und 6.

426 Franz Josef Strauß, Auswärtige Kulturpolitik, Grundsatzreferat im Goethe-Institut München am 12. Juni 1986, Manuskript im Besitz des Verf. Siehe dazu oben »Franz Josef Strauß als politischer Denker«, S. 633 ff.

427 Vgl. S. Finger, *Franz Josef Strauß*, S. 527, auf der Grundlage eines Interviews mit Friedrich Wilhelm Rothenpieler, der ebenfalls in dem Flugzeug saß.

428 F. G. Strauß, *Mein Vater*, S. 268.

429 P. J. Kock, *Der Bayerische Landtag*, S. 295.

430 Ebd., S. 296. In einem eingehenden Telegramm an Bundeskanzler Kohl erinnerte Strauß nicht allein an die Koalitionsvereinbarung, sondern setzte im Einzelnen mit genauen Berechnungen seine Gründe plausibel auseinander, wobei er betonte, die Union könne nicht etwas in der Regierung tun, was sie in der Opposition bekämpft habe. Im Übrigen wies er die »Verleumdung« zurück, er verfolge mit seinem Einsatz für die Befreiung der allgemeinen Luftfahrt vom Flugbenzin persönliche Interessen: Tatsächlich habe er die Sportfliegerei seit 10 Jahren aufgegeben. »meine fluege zahlt der staat oder die partei.« Er wies darauf hin, dass selbstverständlich alle Bundesminister und Bundesbedienstete Militärflugzeuge »in nicht unerheblicher Zahl und fuer viele zwecke benutzen.« (Kleinschreibung im Telegramm; Strauß an Kohl, 10. Mai 1988, Sammlung Bundeskanzler a. Dr. Dr. Helmut Kohl, Akte Strauß 1987–1988).

431 F. G. Strauß, *Mein Vater*, S. 266.

432 F. J. Strauß, *Erinnerungen*, S. 597.

433 F. G. Strauß, *Mein Vater*, S. 254.

434 W. Scharnagl, *Mein Strauß*, S. 248–250. Das Zitat: *Bild*-Zeitung, 31. Juli 1985.

435 Vgl. E. Stoiber, *Weil die Welt sich ändert*, S. 91 ff.; W. Bickerich, *Franz Josef Strauß*, S. 318 f.; S. Finger, *Franz Josef Strauß*, S. 525 ff.

436 *Abschied vom bayerischen Ministerpräsidenten Dr. h. c. Franz Josef Strauß. Eine Dokumentation*, München 1988; Werner K. Blessing, »Pompe funèbre für F. J. S.«, in: Helmut Altrichter (Hg.), *Bilder erzählen Geschichte*, Freiburg i. Br. 1995, S. 299–338.

437 »Sozialwissenschaftliche Fakultät der Ludwig-Maximilians-Universität München. Ehrenpromotion Franz Josef Strauß 13. Juli 1985«, München o. J. (Laudationes und Rede von Strauß über die Finanzreform von 1969).

438 Eine Liste der Ehrungen findet sich in: Hanns Seidel Stiftung (Hrsg.), *Von der Leidenschaft, der Res publica zu dienen. Franz Josef Strauß 1915–1988*, bearbeitet

von Renate Höpfinger unter Mitarbeit von Katharina Köhn, Andreas Bitterhof, Claus Brügmann, München 2013, S. 88.

439 *Zeit online*, 8. Dezember 1989.

440 *FAZ*, 4. Oktober 1988.

Quellen und Literatur

1 Archivalien bzw. unveröffentlichte Dokumente
Archiv für Christlich Soziale Politik der Hanns-Seidel-Stiftung München (*ACSP*)
Nachlass Franz Josef Strauß:
NL Strauß Fam
NL Strauß Fam, BMVg
NL Strauß Fam, BMF
NL Strauß Sammlung Kray, RA 75/27
Archiv des Landratsamtes Weilheim-Schongau, Dienststelle Schongau, Verhand-
lungen des Spruchkammerausschusses, Akt 025 (Kopie im *ACSP*)
Stadtarchiv Schongau, Unterlagen Strauß (Kopien im *ACSP*)

CSU-Landesgruppe im Deutschen Bundestag, Protokolle 1972–1982
CSU-Landesvorstand
NL Richard Jaeger

Institut für Zeitgeschichte – Archiv
ED 720 Sammlung Alf Mintzel
NL Walter Strauß ED 94

Stiftung Parteien und Massenorganisationen der DDR (SAPMO), Bundesarchiv
Berlin
DL 226/1137 (Gesprächsvermerke Staatssekretär Dr. Alexander Schalck-Golodkowski)
Sammlung Bundeskanzler a. D. Dr. Helmut Kohl:
Briefwechsel mit der CSU 1976–1980
Briefwechsel mit der CSU 1980–1982
Briefwechsel Bk Persönlich, St 1982–1986
Akte Strauß 1987–1988
Bayerische Staatskanzlei: Kabinettsprotokolle 1978, 1983/84

2 Reden und sonstige Publikationen von Franz Josef Strauß,
sofern nicht im Nachlass
Strauß, Franz Josef, »Zwischen Wissen und Gewissen«, in: *Badisches Tageblatt*,
Baden-Baden, 31. Dezember 1955.

Strauß, Franz Josef, »Wege zu Sicherheit und Frieden«, in: *Bulletin der Bundesregierung* Nr. 70 (16. April 1959), S. 671 – 673.

Strauß, Franz Josef, »Geleitwort«, in: *Kriegsbriefe gefallener deutscher Juden*, Stuttgart-Degerloch 1961, S. 5 – 13.

Strauß, Franz Josef, »An alliance of continents«, in: *International Affairs*, Vol. 41, No. 2 (April 1965), S. 191 – 203.

Strauß, Franz Josef, *Grundfragen deutscher Politik*, München 1965 (*Gegenwartsfragen der Politik. Politische Schriftenreihe des Neuen Presseclubs*, München, Heft Nr. 5).

Strauß, Franz Josef, *The Grand Design. A European Solution to German Reunification*, London 1965.

Strauß, Franz Josef, *Entwurf für Europa*, Stuttgart 1966.

Strauß, Franz Josef, *Herausforderung und Antwort. Ein Programm für Europa*, 3. Aufl., Stuttgart 1968.

Strauß, Franz Josef. Bundestagsreden, hg. von Leo Wagner mit einem Vorwort von K. G. Kiesinger, Bonn 1968.

Strauß, Franz Josef/Pleticha, Heinrich, *Politik aus erster Hand. Grundfragen der Politik in Dokumenten und Aussagen von Zeitgenossen*, Würzburg 1969.

Strauß, Franz Josef, *Die Finanzverfassung*, München-Wien 1969.

Strauß, Franz Josef, »Ordnungsvorstellungen der Christlichen Demokraten«, in: *Menschenwürdige Gesellschaft. Ordnungsvorstellungen der Sozialisten, Liberalen und Christlichen Demokraten*, mit Beiträgen von Willi Eichler u. a., Bd. 2, München–Wien 1969, S. 206 – 240.

Strauß, Franz Josef, »Der Mensch als Maß und Mitte der Politik« (Vortrag vor der Katholischen Akademie in Bayern, 9. 12. 1973, veröffentlicht als Dokumentation der Christlich-Sozialen Union).

Strauß, Franz Josef, *Bundestagsreden und Zeitdokumente*, Redaktion Friedrich Voss, 2. Aufl., Bonn 1975.

Strauß, Franz Josef, *Analyse der weltpolitischen Situation*, Würzburg o. J. (1975).

Strauß, Franz Josef, »›Der Alte war ein Mann mit vielen Schichten ...‹«, in: *Konrad Adenauer 1876/1976*, hg. von Helmut Kohl, 2. verb. Aufl., Stuttgart und Zürich 1976, S. 188 – 196.

Strauß, Franz Josef, »Konrad Adenauer und sein Werk«, in: *Konrad Adenauer und seine Zeit, Bd. I: Beiträge von Weg- und Zeitgenossen*, hg. von Dieter Blumenwitz, Klaus Gotto, Hans Maier, Konrad Repgen, Hans-Peter Schwarz, Stuttgart 1976, 2. Auflage, S. 85 – 98.

Franz Josef Strauß, *Signale. Beiträge zur deutschen Politik 1969 – 1978*, ausgewählt und eingeleitet von Wilfried Scharnagl, München 1978.

Strauß, Franz Josef, *Bundestagsreden und Zeitdokumente 1974 – 1979*, hg. von Friedrich Voss. Vorwort von Golo Mann, Bonn 1979.

Strauß, Franz Josef, *Gebote der Freiheit*, München 1980.

Strauß, Franz Josef, *Verantwortung vor der Geschichte. Beiträge zur deutschen und internationalen Politik 1978 – 1985*. Ausgewählt, eingeleitet und hg. von Wilfried Scharnagl. Mit einer Einführung von Gerold Tandler, Percha am Starnberger See 1985.

Strauß, Franz Josef, »Finanzpolitik im Bundesstaat. Dargestellt an der Finanzreform von 1969 und ihren Auswirkungen«, in: Sozialwissenschaftliche Fakultät der Ludwig-Maximilians-Universität München: Ehrenpromotion Franz Josef Strauß, 13. Juli 1985, München o. J. (1985), S. 41–87.

Strauß, Franz Josef, »Auswärtige Kulturpolitik«, Grundsatzreferat im Goethe-Institut München 12. Juni 1986 (unveröffentlicht).

Strauß, Franz Josef, *Auftrag für die Zukunft. Beiträge zur deutschen und internationalen Politik 1985–1987.* Ausgewählt, eingeleitet und hg. von Wilfried Scharnagl, 3. Aufl., Percha am Starnberger See 1988.

Strauß in Moskau ... und im südlichen Afrika. Bericht, Bilanz, Bewertung, hg. von Wilfried Scharnagl, Percha am Starnberger See 1988.

Strauß, Franz Josef, *Die Erinnerungen,* TB-Aufl., Berlin 1989.

Strauß, Franz Josef, »Zum Verlauf der Kreditgewährung an die Außenhandelsbank der DDR – Abschrift eines Vermerks aus dem Nachlass von Franz Josef Strauß«, in: Renate Höpfinger (Hrsg.), *Bayerische Lebensbilder,* Bd. 3, S. 123–126.

Franz Josef Strauß, »Reden zur Luftfahrtindustrie«, in: R. Höpfinger (Hrsg.), *Bayerische Lebensbilder,* Bd. 2, S. 56–78 (1958) sowie S. 79–96 (1988).

Strauß, Franz Josef, »Tondokumente im Schallarchiv des Bayerischen Rundfunks 1952–1988«, hg. vom Bayerischen Rundfunk – Historische Kommission, München o. J. (1988).

Marianne Strauß. Ein Buch der Erinnerung, hg. von Wilfried Scharnagl, Percha am Starnberger See 1984.

»Marianne Strauß an Gottfried Albrecht, 7. August 1983«, in: R. Höpfinger (Hrsg.), *Bayerische Lebensbilder,* Bd. 3, S. 141–144.

3 Gedruckte Dokumente, Editionen, Selbstzeugnisse, Zeitgenössisches

Abgeordnete des Deutschen Bundestages. Aufzeichnungen und Erinnerungen. Bd. 16: Walter Althammer, München 2002.

Akten zur Auswärtigen Politik der Bundesrepublik Deutschland. Im Auftrag des Auswärtigen Amtes herausgegeben vom Institut für Zeitgeschichte. Hauptherausgeber Hans-Peter Schwarz, Mitherausgeber Helga Haftendorn, Klaus Hildebrand, Werner Link, Horst Möller, Rudolf Morsey bzw. Jahrgänge 1962 sowie 1975–1984 Hauptherausgeber Horst Möller, Mitherausgeber Klaus Hildebrand, Gregor Schöllgen (bzw. anstelle von Klaus Hildebrand ab Jg. 1981 Andreas Wirsching). Wissenschaftlicher Leiter Rainer A. Blasius (bis Jahrgang 1970), Ilse Dorothee Pautsch (1962 sowie ab Jahrgang 1971), abgek. zitiert *AAPD* mit Jahrgang. (Die Bearbeiter sind jeweils beim Nachweis der Erstzitierung genannt.)

Auswärtiges Amt (Hrsg.), *40 Jahre Außenpolitik der Bundesrepublik Deutschland. Eine Dokumentation,* Stuttgart 1989.

Abschied vom Bayerischen Ministerpräsidenten Dr. h. c. Franz Josef Strauß. Eine Dokumentation, München 1988.

Ackermann, Eduard, *Politiker. Vom richtigen und falschen Handeln,* Bergisch-Gladbach o. J.

Adenauer. Rhöndorfer Ausgabe, hg. von Rudolf Morsey und Hans-Peter Schwarz (Stiftung Bundeskanzler-Adenauer-Haus).

Adenauer – Heuss. Unter vier Augen. Gespräche aus den Gründerjahren 1949–1959. Bearb. von Hans Peter Mensing, Berlin 1997.

Heuss – Adenauer, Unserm Vaterlande zugute. Der Briefwechsel 1948 – 1963. Bearb. von Hans Peter Mensing, Berlin 1989.

Adenauer, Briefe 1945 – 1963. Bearb. von Hans Peter Mensing, 9 Bde., Berlin bzw. Paderborn 1983 – 2006.

Adenauer, Teegespräche 1950 – 1961. Bearbeitet von Hanns Jürgen Küsters, 3 Bde., Berlin 1984 – 1988.

Adenauer, Teegespräche 1961 – 1963. Bearb. von Hans Peter Mensing, Berlin 1992.

Adenauer, Die letzten Lebensjahre 1963 – 1967. Briefe und Aufzeichnungen, Gespräche, Interviews und Reden. Bearb. von Hans Peter Mensing, 2 Bde. Paderborn 2009.

Adenauer, Konrad, *Erinnerungen 1945 – 1963*, 4 Bde. Stuttgart 1965 – 1968.

Adenauer, Konrad, *Reden 1917 – 1967. Eine Auswahl*, hg. von Hans-Peter Schwarz, Stuttgart, 1975.

An der Spitze der CSU. Die Führungsgremien der Christlich-sozialen Union 1946 bis 1955, hg. und bearb. von Jaromír Balcar und Thomas Schlemmer, München 2007.

Apropos Strauß. Eine Dokumentation. Mit einem Vorwort von Konrad Adenauer, hg. von der Studiengesellschaft für staatspolitische Öffentlichkeitsarbeit in Frankfurt a. M., Stuttgart-Degerloch 1965.

Archiv der Gegenwart. Deutschland 1949 bis 1999, 10 Bde., Sankt Augustin 2000.

Auftakt zur Ära Adenauer. Koalitionsverhandlungen und Regierungsbildung 1949. Bearb. von Udo Wengst, Düsseldorf 1985.

Barzel, Rainer, *Geschichten aus der Politik. Persönliches aus meinem Archiv*, 2. Aufl., Frankfurt a. M. und Berlin 1988.

Barzel, Rainer, *Ein gewagtes Leben. Erinnerungen*, Stuttgart, Leipzig 2001.

Barzel, Rainer, *Im Streit und umstritten. Anmerkungen zu Konrad Adenauer, Ludwig Erhard und den Ostverträgen*, Frankfurt a. M. und Berlin 1986.

Barzel, Rainer, *Die Tür blieb offen. Mein persönlicher Bericht über die Ostverträge – Mißtrauensvotum – Kanzlersturz*, Bonn 1998.

Baudissin, Wolf Graf von, *Nie wieder Sieg! Programmatische Schriften 1951 – 1981*, München – Zürich 1982.

Bayerischer Landtag. Sitzungsberichte und Drucksachen, 1978 – 1994.

Bengtson, Hermann: »Vor fünfzig Jahren«, in: *Franz Josef Strauß. Erkenntnisse – Standpunkte – Ausblicke*, hg. von Karl Carstens u. a., S. 58 – 62.

Blankenhorn, Herbert, *Verständnis und Verständigung. Blätter eines politischen Tagebuchs 1949 – 1979*, Frankfurt a. M. – Berlin – Wien 1980.

Boenisch, Peter, »Kohl und Strauß«, in: *Helmut Kohl im Spiegel seiner Macht*, hg. von Reinhard Appel, Bonn 1990.

Bölkow, Ludwig, »Verdienste um die europäische Luftfahrtindustrie«, in: *Anspruch und Leistung*, hg. von F. Zimmermann.

Brandt, Leo/Schmid, Carlo, *Die zweite industrielle Revolution*, Hannover 1956

Brandt, Willy, Berliner Ausgabe, hg. von Helga Grebing, Gregor Schöllgen und Heinrich August Winkler im Auftrag der Bundeskanzler-Willy-Brandt-Stiftung, 10 Bde., Bonn 2002 – 2009 (Bandbearbeiter sind jeweils bei der Erstzitierung vermerkt).

Bundeskanzler Brandt, Reden und Interviews, hg. vom Presse- und Informationsamt der Bundesregierung, Bonn 1971.

Brandt, Willy, *Begegnungen und Einsichten. Die Jahre 1960–1975*. TB-Ausg. München–Zürich 1978.

Brandt, Willy, *Erinnerungen*, 3. erw. Aufl., Berlin–Frankfurt a. M. 1989.

Bulletin der Bundesregierung.

Die Bundesrepublik Deutschland und Frankreich: Dokumente 1949–1963, hg. von Horst Möller und Klaus Hildebrand, Bd. 1 *Außenpolitik und Diplomatie*. Bearb. von Ulrich Lappenküper, München 1997.

Carstens, Karl, *Erinnerungen und Erfahrungen*, hg. von Kai von Jena und Reinhard Schmoeckel, Boppard am Rhein 1993.

Die CDU/CSU im Frankfurter Wirtschaftsrat. Protokolle der Unionsfraktion 1947–1949. Bearbeitet von Rainer Salzmann, Düsseldorf 1988.

Die CSU 1945–1948. Protokolle und Materialien zur Frühgeschichte der Christlich-Sozialen Union, hg. im Auftrag des Instituts für Zeitgeschichte von Barbara Fait und Alf Mintzel unter Mitarbeit von Thomas Schlemmer, 3 Bde., München 1993.

Die CDU/CSU-Fraktion im Deutschen Bundestag. Sitzungsprotokolle (Quellen zur Geschichte des Parlamentarismus und der Politischen Parteien. 4. Reihe, Deutschland seit 1945)

1949–1953. Bearb. von Helge Heidemeyer, Düsseldorf 1998.

1953–1957. Bearb. von Helge Heidemeyer, 2 Bde., Düsseldorf 2003.

1957–1961. Bearb. von Reinhard Schiffers, 2 Bde., Düsseldorf 2004.

1961–1966. Bearb. von Corinna Franz, 4 Bde., Düsseldorf 2004.

1966–1969. Bearb. von Stefan Marx, 2 Bde., Düsseldorf 2011.

Lehrjahre der CSU. Eine Nachkriegspartei im Spiegel vertraulicher Berichte an die amerikanische Militärregierung, hg. von Klaus-Dietmar Henke/Hans Woller (Schriftenreihe der *Vierteljahrshefte für Zeitgeschichte*, Bd. 48), Stuttgart 1984.

Die CSU-Landesgruppe im Deutschen Bundestag. Sitzungsprotokolle 1949–1972. Bearb. von Andreas Zellhuber/Tim B. Peters, Düsseldorf 2011.

Datenhandbuch zur Geschichte des Deutschen Bundestags 1949 bis 1999, Bd. II: Kap. 7–13, , bearb. von Peter Schindler, hg. vom Presse- und Informationszentrum des Deutschen Bundestages, Baden-Baden 1999.

Deschner, Karlheinz, »Franz Josef Strauß, der Architekt Europas«, in: *Schriftsteller testen Politikertexte*. Mit Beiträgen von Rudolf Augstein u. a., hg. von Hans Dieter Baroth, München 1967.

Deutsche Geschichte in Quellen und Darstellungen, Bd. 11: *Bundesrepublik und DDR 1969–1990*, hg. von Dieter Grosser, Stephan Bierling und Beate Neuss, Stuttgart 1996.

Deutscher Bundestag. Stenografische Berichte und Drucksachen.

Deutscher Bundestag (Hrsg.), *Deutschlandpolitik*, Bd. V, 1–3, Baden-Baden/Frankfurt a. M. 1995.

Deutscher Bundestag (Hrsg.): *Zur Verjährung nationalsozialistischer Verbrechen. Dokumentation der parlamentarischen Bewältigung des Problems 1960–1979*, 3 Bde., Bonn 1980.

Der Deutsche Bundestag 1949 bis 1989 in den Akten des Ministeriums für Staats-

sicherheit (MfS) der DDR. Gutachten für den Deutschen Bundestag gemäß § 37 (3) des Stasi-Unterlagengesetzes, hg. vom Bundesbeauftragten für die Unterlagen des Staatssicherheitsdienstes der ehemaligen Deutschen Demokratischen Republik, Berlin 2013.

Dokumente des geteilten Deutschland, hg. von Ingo von Münch, 2 Bde., Stuttgart 1968/1974.

Dowe, Dieter/Klotzbach, Kurt (Hrsg.), *Programmatische Dokumente der deutschen Sozialdemokratie*, Berlin – Bonn-Bad Godesberg 1973.

Eckardt, Felix von, *Ein unordentliches Leben. Lebenserinnerungen*, Düsseldorf – Wien 1967 (ND 1968).

FDP-Bundesvorstand, Sitzungsprotokolle 1949 – 1967.

Die Liberalen unter dem Vorsitz von Theodor Heuss und Franz Blücher 1949 – 1954. Bearb. von Udo Wengst, 2 Bde., Düsseldorf 1990.

Die Liberalen unter dem Vorsitz von Thomas Dehler und Reinhold Maier 1954 – 1960. Bearb. von Udo Wengst, Düsseldorf 1991.

Die Liberalen unter dem Vorsitz von Erich Mende 1960 – 1967. Bearb. von Reinhard Schiffers, Düsseldorf 1993.

Flughafen München GmbH, *Statistischer Jahresbericht 2013.*

Franz Josef Strauß. Erkenntnisse – Standpunkte – Ausblicke, hg. von Karl Carstens, Alfons Goppel, Henry Kissinger, Golo Mann, München 1985.

Anspruch und Leistung. Widmungen für Franz Josef Strauß, hg. von Friedrich Zimmermann, Stuttgart-Degerloch 1980.

Gauweiler, Peter, »Strauß – der politische Gigant«, in: *Münchner Merkur*, 1. Oktober 2008, S. 11.

Genscher, Hans-Dietrich, *Erinnerungen*, Berlin 1995.

Gerstenmaier, Eugen, *Streit und Friede hat seine Zeit. Ein Lebensbericht*, Frankfurt a. M., Berlin, Wien 1981.

Gorbatschow, Michail, *Erinnerungen*, Berlin 1995.

Grewe, Wilhelm G., *Rückblenden 1951-1976*, Frankfurt a. M., Berlin, Wien 1979.

Gritschneder, Otto, *Fachlich geeignet, politisch unzuverlässig ... Memoiren*, München 1996.

Habermas, Jürgen, »Probe für die Volksjustiz – Zu den Anklagen gegen die Intellektuellen«, in: *Der Spiegel*, 10. Oktober 1977, abgedr. in: *Frankfurter Schule und Studentenbewegung. Bd. II, Dokumente*, hg. von Wolfgang Kraushaar, Hamburg–Frankfurt a. M. 1998, S. 817 – 818.

Habermas, Jürgen, »Thesen gegen die Koalition der Mutlosen mit den Machthabern«, in: *Frankfurter Schule und Studentenbewegung. Bd. II*, S. 216 – 217.

Handbuch für Innere Führung, hg. vom Bundesministerium für Verteidigung, 3. Aufl. 1964.

Heuss, Theodor, *Lieber Dehler! Briefwechsel mit Thomas Dehler*, hg. von Friedrich Henning, München – Wien 1983.

Heuss, Theodor, *Der Bundespräsident. Briefe 1954 – 1959 (Theodor Heuss – Stuttgarter Ausgabe)*, hg. von Ernst Wolfgang Becker, Martin Vogt und Wolfram Werner, Berlin 2013.

Horlacher, Wolfgang, *Mit Strauß in China. Tagebuch einer Reise*, Stuttgart-Degerloch 1975.

Sepp Hort, »Interview mit Renate Höpfinger, Februar/März 2004«, in: R. Höpfinger (Hrsg.), *Bayerische Lebensbilder*, Bd. 2, S. 100 – 181.

Hoegner, Wilhelm, *Der schwierige Außenseiter. Erinnerungen eines Abgeordneten, Emigranten und Ministerpräsidenten*, 2. Aufl., Hof (Saale) 1975 (zuerst 1959).

Kabinettsprotokolle der Bundesregierung 1949 – 1969, Bde. 1 – 22, hg. von Hans Booms/Friedrich Kahlenberg/Hartmut Weber bzw. Michael Hollmann, Boppard am Rhein bzw. München 1982 – 2012. (Die Bearb. sind jeweils beim Nachweis der Erstzitierungen genannt.)

Kiesinger, Kurt Georg, *Dunkle und helle Jahre. Erinnerungen 1904 – 1958*, hg. von Reinhard Schmoeckel, Stuttgart 1989.

Kock, Peter Jakob, *Der bayerische Landtag. Eine Chronik sowie Ergänzungsband zur Chronik, Protokolle*, 2 Bde., Würzburg 1996.

Koeppen, Wolfgang, *Das Treibhaus* (1953), 3. TB-Aufl., Frankfurt a. M. 1979.

Kohl, Helmut, »Die Union und die Intellektuellen – Eine Zwischenbilanz«, in: *Anspruch und Leistung, Widmungen für Franz Josef Strauß*, hg. von Friedrich Zimmermann, Stuttgart-Degerloch 1980, S. 171 – 187.

Kohl, Helmut, *Erinnerungen 1930 – 1982, 1982 – 1990*, 2 Bde., München 2004/2005.

Kohl, Helmut, *Berichte zur Lage 1982 – 1989, 1989 – 1998. Der Kanzler und Parteivorsitzende im Bundesvorstand der CDU Deutschlands*. Bearb. von Günter Buchstab und Hans-Otto Kleinmann, 2 Bde., Düsseldorf 2012/2014.

Kohlmann, Gerd, »Begegnung mit Leutnant Strauß in Rußland«, in: *Franz Josef Strauß. Erkenntnisse – Standpunkte – Ausblicke*, hg. von Karl Carstens u. a., S. 62 – 66.

Der Kreßbronner Kreis. Die Protokolle des Koalitionsausschusses der ersten Großen Koalition aus CDU, CSU und SPD (Forschungen und Quellen zur Zeitgeschichte. Im Auftrag der Konrad-Adenauer-Stiftung hg. von Günter Buchstab, Hanns Jürgen Küsters, Rudolf Morsey und Hans-Peter Schwarz). Eingel. und bearb. von Stefan Marx, Düsseldorf 2013.

Krone, Heinrich, *Tagebücher. Erster Band: 1945 – 1961, Zweiter Band: 1961 – 1966*. Bearb. von Hans-Otto Kleinmann, Düsseldorf 1995/2003.

Lenz, Otto, *Im Zentrum der Macht. Das Tagebuch von Staatssekretär Lenz 1951 – 1953*. Bearb. von Klaus Gotto, Hans-Otto Kleinmann und Reinhard Schreiner, Düsseldorf 1989.

Maier, Hans, »Strauß als Rhetor. Redekunst und Parlamentarismus heute«, in: *Anspruch und Leistung. Widmungen für Franz Josef Strauß*, hg. von F. Zimmermann, S. 261 – 280.

Maier, Hans, »Die Intellektuellen und die Politik«, in: Hans Maier, *Kultur und politische Welt*, München 2008.

Maier, Hans, *Böse Jahre, gute Jahre. Ein Leben 1931 ff.*, München 2011.

Majonica, Ernst, *Das politische Tagebuch 1958 – 1972*. Bearb. von Hans-Otto Kleinmann und Christopher Beckmann, Düsseldorf 2011.

Mann, Klaus, *Der Wendepunkt. Ein Lebensbericht*, München u. Frankfurt a. M. 1976 (Erstausgabe in engl. Sprache 1942 u. d. T. *The Turning Point*).

Möller, Alex, »Franz Josef Strauß – der Bundesfinanzminister der Großen Koalition«, in: *Franz Josef Strauß. Erkenntnisse – Standpunkte – Ausblicke*, hg. von K. Carstens u. a., S. 96 – 99.

Möller, Alex, *Genosse Generaldirektor*, TB-Aufl., München – Zürich 1980.

Müller, Josef, *Bis zur letzten Konsequenz. Ein Leben für Frieden und Freiheit*, München 1975.

Müller, Josef, »Rede zum Dank für die Glückwünsche zum 80. Geburtstag«, in: *Zum 100. Geburtstag. Josef Müller, der erste Vorsitzende der CSU, »Politik für eine neue Zeit«*, hg. von der Hanns-Seidel-Stiftung. Sonderausgabe der *Politischen Studien*, München 1998.

Müller, Karl Alexander von, *Im Wandel einer Welt. Erinnerungen Bd 3: 1919 – 1932*, hg. von Otto Alexander von Müller, München 1966.

Parteiprogramme. Eine Dokumentation der Grundsatzprogramme und aktueller politischer Ziele, hg. von Siegfried Hergt, o. O. u. o. J.

Deutsche Parteiprogramme, hg. von Wilhelm Mommsen, 3. Aufl., München 1960. (*Deutsches Handbuch der Politik*, Bd. 1).

Die Protokolle des CDU-Bundesvorstands, bearb. von Günter Buchstab
1950 – 1953. Adenauer, »Es mußte alles neu gemacht werden«. Düsseldorf 1986.
1953 – 1957. Adenauer, » Wir haben wirklich etwas geschaffen«, Düsseldorf 1990.
1957 – 1961. Adenauer, »… um den Frieden zu gewinnen«, Düsseldorf 1994.
1961 – 1965. Adenauer, »Stetigkeit in der Politik«, Düsseldorf 1998.
1965 – 1969. Kiesinger (unter Mitarb. von Denise Lindsay), » Wir leben in einer veränderten Welt«, Düsseldorf 2005.

Die Regierungserklärungen der Bundesrepublik Deutschland (*Deutsches Handbuch der Politik*, Bd. 5, hg. von Hans Ulrich Behn), München – Wien 1971.

Riehl-Heyse, Herbert, *CSU. Die Partei, die das schöne Bayern erfunden hat*, München 1979.

Rose, Klaus, »Der Strauß'sche Milliardenkredit – ein politischer Überraschungscoup. Ein Mitglied des Haushaltsausschusses erinnert sich«, in: R. Höpfinger (Hrsg.), *Bayerische Lebensbilder*, Bd. 3, S. 145 – 151.

Ruggenthaler, Peter (Hrsg.), *Stalins großer Bluff. Die Geschichte der Stalin-Note in Dokumenten der sowjetischen Führung* (Schriftenreihe der *Vierteljahrshefte für Zeitgeschichte* Bd. 95), München 2007.

Schalck-Golodkowski, Alexander, *Deutsch-deutsche Erinnerungen*, 2. Aufl., Reinbek b. Hamburg 2000.

Scharnagl, Wilfried, *Mein Strauß. Staatsmann und Freund*, Neuried 2008.

Scheel, Walter, »Gemeinsamkeiten und Gegensätze«, in: *Franz Josef Strauß. Erkenntnisse – Standpunkte – Ausblicke*, hg. von K. Carstens u. a., S. 581 – 584.

Schmid, Carlo, *Erinnerungen*, Bern, München, Wien 1979.

Schmid, Carlo, *Europa und die Macht des Geistes* (*Gesammelte Werke*, Bd. II) Lizenzausgabe Frankfurt a. M., Wien, Zürich 1975.

Schmidt, Helmut, »Franz Josef Strauß zum 70. Geburtstag«, in: *Franz Josef Strauß. Erkenntnisse – Standpunkte – Ausblicke*, hg. von K. Carstens u. a., S. 584 – 587.

Schmidt, Helmut, *Menschen und Mächte*, 5. Aufl., Berlin 1988.

Schmidt, Helmut, *Weggefährten. Erinnerungen und Reflexionen*, Berlin 1996.

Schmückle, Gerd im Gespräch mit Dr. Johannes Grotzky, BR-online, @Forum, 8. 9. 1998.

Schollwer, Wolfgang, *FDP im Wandel. Aufzeichnungen 1961 – 1966*, hg. von Monika Faßbender, München 1964.

Schwarzbuch: Franz Josef Strauß, hg. von Wolfgang Roth, Ingrid Matthäus, Dieter Lasse, Walter Haas unter Mitarbeit von Bernt Engelmann, Köln 1972.

Die SPD-Fraktion im Deutschen Bundestag. Sitzungsprotokolle 1949 – 1969 (Quellen zur Geschichte des Parlamentarismus und der Politischen Parteien, 4. Reihe).

1949 – 1957. Bearb. von Petra Weber, 2 Bde., Düsseldorf 1993.

1957 – 1961. Bearb. von Wolfgang Hölscher, Düsseldorf 1993.

1961 – 1966. Bearb. von Heinrich Potthoff, 2 Bde., Düsseldorf 1993.

1966 – 1969. Bearb. von Bettina Tüffers, Düsseldorf 2009.

Die Spiegel-Affäre, hg. von Jürgen Seifert, Olten 1966 (Texte und Dokumente zur Zeitgeschichte):

Bd. I Alfred Grosser/Jürgen Seifert, *Die Staatsmacht und ihre Kontrolle.*

Bd. II Thomas Ellwein/Manfred Liebel/Inge Negt, *Die Reaktion der Öffentlichkeit.*

Stamm, Christoph, *Die SPD im Frankfurter Wirtschaftsrat 1947 – 1949. Protokolle, Aufzeichnungen, Rundschreiben*, Bonn 1993.

Stoiber, Edmund, *Weil die Welt sich ändert. Politik aus Leidenschaft – Erfahrungen und Perspektiven*, München 2012.

Stoiber, Edmund, »Franz Josef Strauß – Der Homo Politicus«, in: *Politische Studien* 452, 64. Jg. November – Dezember 2013.

Stoltenberg, Gerhard, *Wendepunkte. Stationen deutscher Politik 1947 bis 1990*, Berlin 1997.

Strauß, Franz Georg, *Mein Vater. Erinnerungen*, 2. Aufl., München 2008.

Stücklen, Richard, *Bundestagsreden und Zeitdokumente*, hg. von Hans Merkel, Bonn 1979.

Tucher, Leonore von, »Gemeinsame Schulzeit«, in: *Franz Josef Strauß. Erkenntnisse – Standpunkte – Ausblicke*, hg. von K. Carstens u. a., S. 52 – 54.

Ursachen und Folgen. Vom deutschen Zusammenbruch 1918 und 1945 bis zur staatlichen Neuordnung Deutschlands in der Gegenwart. Eine Urkunden- und Dokumentensammlung zur Zeitgeschichte, hg. von Herbert Michaelis und Ernst Schraepler unter Mitwirkung von Günter Scheel, Berlin o. J., Bd. 24: *Deutschland unter dem Besatzungsregime.*

Die Verfolgung und Ermordung der europäischen Juden durch das nationalsozialistische Deutschland 1933 – 1945, hg. i. A. des Bundesarchivs, des Instituts für Zeitgeschichte, des Lehrstuhls für Neuere und Neueste Geschichte an der Albert-Ludwigs-Universität Freiburg und des Lehrstuhls für Geschichte Ostmitteleuropas an der Freien Universität Berlin, von Susanne Heim, Ulrich Herbert, Hans-Dieter Kreikamp, Horst Möller, Gertrud Pickhan, Dieter Pohl und Hartmut Weber, Bd. 7: *Sowjetunion mit annektierten Gebieten I.* Bearbeitet von Bert Hoppe und Hildrun Glass, München 2011.

Vogel, Horst, »Solide Finanzpolitik. Franz Josef Strauß als Bundesfinanzminister«, in: *Anspruch und Leistung. Widmungen für Franz Josef Strauß,* hg. von F. Zimmermann, S. 93 – 108.

Vogel, Kurt, »Mein Schüler Strauß«, in: *Franz Josef Strauß. Erkenntnisse – Standpunkte – Ausblicke,* hg. von K. Carstens u. a., S. 54 – 58.

Vogel, Rolf (Hrsg.), *Ein Weg aus der Vergangenheit. Eine Dokumentation zur Verjährungsfrage und zu den NS-Prozessen.* Mit einem Schlußwort von Dr. Robert M. W. Kempner, Frankfurt a. M. – Berlin 1969.

Voss, Friedrich, *Den Kanzler im Visier. 20 Jahre mit Franz Josef Strauß,* Mainz – München 2000.

Wehner, Herbert, *Wandel und Bewährung. Ausgewählte Reden und Schriften 1930 – 1980.* 5. erw. Aufl., hg. von Gerhard Jahn, Frankfurt a. M. – Wien 1981.

Wehner, Herbert, *Zeugnis. Persönliche Notizen 1929 – 1942,* Neuaufl., Bergisch-Gladbach 1984.

Wolf, Markus, *Spionagechef im geheimen Krieg. Erinnerungen,* München 1997.

Wörtliche Berichte und Drucksachen des Wirtschaftsrates des Vereinigten Wirtschaftsgebietes 1947 – 1949, hg. vom Institut für Zeitgeschichte und dem Deutschen Bundestag, Wissenschaftliche Dienste. Bearbeiter: Christoph Weisz und Hans Woller, Bde. 1 – 6, München – Wien 1977.

Zimmermann, Friedrich, *Kabinettstücke. Politik mit Strauß und Kohl 1976 – 1991,* München – Berlin 1991.

4 Zeitungen, Zeitschriften
Bayernkurier, Frankfurter Allgemeine Zeitung (FAZ), Frankfurter Rundschau (FR), Münchner Merkur, Süddeutsche Zeitung (SZ), Der Spiegel, Stern, Die Welt, Die Zeit (Regionalzeitungen sind in den Anmerkungen genannt).

V. Sekundärliteratur
Abelshauser, Werner, *Deutsche Wirtschaftsgeschichte von 1945 bis zur Gegenwart.* 2. überarb. u. erw. Aufl., München 2011.

Ahonen, Pertti, »Franz Josef Strauss and the German Nuclear Question, 1956 – 1962«, in: *The Journal of Strategic Studies,* Vol. 18, No. 2 (June 1995), S. 25 – 51.

Altrichter, Helmut, *Kleine Geschichte der Sowjetunion 1917 – 1991,* 4. akt. u. erw. Aufl., München 2013.

Altrichter, Helmut/Wentker, Hermann, *Der KSZE-Prozess. Vom Kalten Krieg zu einem neuen Europa 1975 bis 1990,* München 2011.

Aly, Götz, *Unser Kampf. 1968 – ein irritierender Blick zurück,* Frankfurt a. M. 2008.

Andres, Christopher Magnus, *Die bundesdeutsche Luft- und Raumfahrtindustrie 1945 – 1970. Ein Industriebereich im Spannungsfeld von Politik, Wirtschaft und Militär,* Frankfurt a. M. 1996.

Angrick, Andrej, *Besatzungspolitik und Massenmord. Die Einsatzgruppe D in der südlichen Sowjetunion 1941–1943*, Hamburg 2003.

Anfänge westdeutscher Sicherheitspolitik 1945–1956, hg. vom Militärgeschichtlichen Forschungsamt, 3 Bde., München 1982–1993.

Bd. 1: Roland G. Foerster, Christian Greiner, Georg Meyer, Hans-Joachim Rautenberg, Norbert Wiggershaus, *Von der Kapitulation bis zum Pleven-Plan (1982)*.

Bd. 2: Lutz Köllner, Klaus A. Maier, Wilhelm Meier-Dörnberg, Hans-Erich Volkmann, *Die EVG-Phase (1989)*.

Bd. 3: Hans Ehlert, Christian Greiner, Georg Meyer und Bruno Thoß, *Die NATO-Option (1993)*.

Auswärtiges Amt (Hrsg.), *Biographisches Handbuch des deutschen Auswärtigen Dienstes 1871–1945*, Bd. 2: *G–K*. Bearb. von Gerhard Keiper, Martin Kröger, Paderborn usw. 2005.

Barbier, Colette, »Les négocations franco-germano-italiennes en vue de l'établissement d'une coopération militaire nucléaire au cours des années 1956–1958«, in: *Revue d'histoire diplomatique*, 104. Jg., 1990, S. 81–113.

Baring, Arnulf in Zusammenarbeit mit Manfred Görtemaker, *Machtwechsel. Die Ära Brandt/Scheel*, Stuttgart 1982.

Balcar, Jaromír, *Politik auf dem Lande. Studien zur bayerischen Provinz 1945 bis 1972* (*Bayern im Bund*, Bd. 4) München 2004.

Bauer, Richard (Hrsg.), *Geschichte der Stadt München*, München 1992.

Bauer, Richard, *Geschichte Münchens*, München 2003.

Bayer, Alfred/Baumgärtel, Manfred (Hrsg.), *Weltanschauung und politisches Handeln. Hanns Seidel zum 100. Geburtstag*, München 2001.

Becker, Winfried, *CDU und CSU 1945–1950*, Mainz 1987.

Becker, Winfried, »Franz Josef Strauß (1915–1988)«, in: *Zeitgeschichte in Lebensbildern. Aus dem deutschen Katholizismus des 19. und 20. Jahrhunderts*, Bd. 7, hg. von Jürgen Aretz, Rudolf Morsey und Anton Rauscher, Mainz 1994, S. 227–244.

Becker, Winfried, »Der Einbruch des Nationalsozialismus an der Universität München. Situationsberichte des Geschichtsstudenten Hans Rall an Professor Max Buchner«, in: *Bayern. Vom Stamm zum Staat. Festschrift für Andreas Kraus zum 80. Geburtstag*, hg. von Konrad Ackermann, Alois Schmid, Wilhelm Volkert, München 2001, Bd. 2, S. 513–546.

Bickerich, Wolfram, *Franz Josef Strauß. Die Biographie*, Düsseldorf 1996.

Biermann, Werner, *Strauß. Aufstieg und Fall einer Familie*. Überarb. TB-Ausgabe, Berlin 2006.

Birke, Adolf. M., *Nation ohne Haus. Deutschland 1945–1961* (*Die Deutschen und ihre Nation* 6), Berlin 1989.

Bischoff, Detlef, *Franz Josef Strauß, die CSU und die Außenpolitik. Konzeption und Realität am Beispiel der Großen Koalition*, Meisenheim am Glan 1973.

Blasius, Rainer A., »Geschäftsfreundschaft statt diplomatischer Beziehungen. Zur Israel-Politik 1962/63«, in: *Von Adenauer zu Erhard. Studien zur Auswärtigen Politik der Bundesrepublik Deutschland 1963*. Hg. von Rainer A. Blasius, München 1994, S. 154–210.

Blessing, Werner K., »Pompe funèbre für F. J. S.«, in: Helmut Altrichter (Hrsg.), *Bilder erzählen Geschichte*, Freiburg i. Br. 1995, S. 299 – 338.

Blumenwitz, Dieter, »Die Christlich-Soziale Union und die deutsche Frage«, in: *Geschichte einer Volkspartei. 50 Jahre CSU*, S. 333 – 365.

Blumenwitz, Dieter, »Grundvertrag und Verfassungsklage«, in: *Anspruch und Leistung*, hg. von F. Zimmermann, S. 151 – 170.

Blumenwitz, Dieter u. a. (Hrsg.), *Konrad Adenauer und seine Zeit*. Bd. 1: *Beiträge von Weg- und Zeitgenossen*, 2. Aufl., Stuttgart 1976.

Bösch, Frank, *Die Adenauer-CDU. Gründung, Aufstieg und Krise einer Erfolgspartei 1945 – 1969*, Stuttgart – München 2001.

Bösch, Frank, »Die SPIEGEL-Affäre und das Ende der Ära Adenauer«, in: M. Doerry/H. Janssen (Hrsg.), *Die SPIEGEL-Affäre*, S. 215 – 230.

Bracher, Karl Dietrich, »Die Bewährung der Zweiten Republik«, in: K. Hildebrand, *Von Erhard zur Großen Koalition*, S. 7 – 16.

Bracher, Karl Dietrich, Jäger, Wolfgang, Link, Werner, *Republik im Wandel 1969 – 1974. Die Ära Brandt*, Stuttgart 1986.

Braun, Luitpold, *Der unbekannte Strauß – die Schongauer Jahre*. Mit einem Vorwort von Theo Waigel, Schongau 1992.

Brügmann, Claus/Höpfinger, Renate, »Ministerpräsident Franz Josef Strauß«, in: »*Das schönste Amt der Welt*«. *Die Bayerischen Ministerpräsidenten 1945 – 1993* (Staatliche Archive Bayerns, Kleine Ausstellungen Nr. 13), München 1999.

Brügmann, Claus, »Der Nachlaß Franz Josef Strauß im Archiv für Christlich-Soziale Politik – Ein Zwischenbericht«, in: *Politische Studien*, Heft 361, 49. Jg. Sept./Okt. 1998, S. 106 – 120.

Buchstab, Günter, »Ein parlamentarisches Unikum: die CDU/CSU-Fraktionsgemeinschaft«, in: H.-P. Schwarz (Hrsg.), *Die Fraktion als Machtfaktor*, S. 255 – 274.

Burckhardt, Jacob, *Weltgeschichtliche Betrachtungen*, Berlin o. J.

Deutinger, Stefan, *Vom Agrarland zum High-Tech-Staat. Zur Geschichte des ›Forschungsstandorts Bayern‹ 1945 – 1980*, München 2000.

Deutinger, Stefan, »Eine ›Lebensfrage‹ für die bayerische Industrie‹. Energiepolitik und regionale Energieversorgung 1945 bis 1990«, in: Th. Schlemmer/H. Woller (Hrsg.), *Die Erschließung des Landes* (*Bayern im Bund*, Bd. 1), S. 1 – 31.

Doerry, Martin/Janssen, Hauke (Hrsg.), *Die SPIEGEL-Affäre. Ein Skandal und die Folgen*, München 2013.

Doise, Jean/Vaïsse, Maurice, *Diplomatie et outil militaire: politique étrangère de la France 1871 – 1991*, Paris (1987), 1992.

Eckert, Michael, »Die Anfänge der Atompolitik in der Bundesrepublik Deutschland«, in: *VfZ*, 37. Jg. 1989, 115 – 143.

Falter, Jürgen, »Die bayerische Landtagswahl vom 15. Oktober 1978: Anti-Strauß-Wahl oder Mobilisierungsschwäche einer ›Staatspartei‹«?, in: *Zeitschrift für Parlamentsfragen*, 1979, S. 50 – 64.

Falter, Jürgen, »Die bayerische Landtagswahl vom 10. Oktober 1982: Im Süden – beinahe – alles beim Alten«, in: *Zeitschrift für Parlamentsfragen*, H. 1, 1983, S. 82 – 95.

Finger, Stefan, *Franz Josef Strauß. Ein politisches Leben*, München 2005.

Friedenberger, Claudia, *Alfons Goppel. Vom Kommunalpolitiker zum Bayerischen Ministerpräsidenten*, München 2001.

Fürmetz, Gerhard, »Bayern und die DDR im letzten Jahrzehnt vor der Wiedervereinigung – Hilfegesuche von DDR-Bürgern und deren westdeutschen Verwandten an die Bayerische Staatskanzlei jetzt einzeln erschlossen«, in: *Nachrichten aus den Staatlichen Archiven Bayerns* Nr. 67/2014, S. 22 – 23.

Gall, Alexander, »›Gute Straßen bis ins kleinste Dorf!‹ Verkehrspolitik und Landesplanung 1945 bis 1976«, in: *Die Erschließung des Landes 1949 bis 1973 (Bayern im Bund*, Bd. 1), München 2001.

Gallus, Alexander, *Die Neutralisten. Verfechter eines vereinten Deutschland zwischen Ost und West 1945 – 1990*, Düsseldorf 2001.

Gassert, Philipp, *Kurt Georg Kiesinger, 1904 – 1988. Kanzler zwischen den Zeiten*, München 2006.

Geier, Stephan, *Schwellenmacht. Bonns heimliche Atomdiplomatie von Adenauer bis Schmidt*, Paderborn 2013.

Geiger, Tim, *Atlantiker gegen Gaullisten. Außenpolitischer Konflikt und innerparteilicher Machtkampf in der CDU/CSU 1958 – 1969*, München 2008.

Geiger, Tim, »Der Streit um die deutsche Europapolitik in den 1960er Jahren«, in: Hanns Jürgen Küsters (Hrsg.), *Deutsche Europapolitik christlicher Demokraten von Konrad Adenauer bis Angela Merkel (1945 – 2013)*, Düsseldorf 2014, S. 331 – 362.

Gelberg, Karl-Ulrich, *Hans Ehard. Die föderalistische Politik des bayerischen Ministerpräsidenten 1946 – 1954*, Düsseldorf 1992.

Gelberg, Karl-Ulrich, »Vom Kriegsende bis zum Ausgang der Ära Goppel (1945 – 1978), Bayern 1978 – 1998«, in: *Handbuch der Bayerischen Geschichte*. Begründet von Max Spindler, IV. 1. Teilband: *Staat und Politik*. Völlig neu bearb. Aufl. in Verbindung mit Dieter Albrecht, Karl-Ulrich Gelberg, Heinz Hürten, Andreas Kraus, Wilhelm Volkert, Eberhard Weis, Walter Ziegler, hg. von Alois Schmid, München 2003, S. 635 – 1008.

Geschichte einer Volkspartei. 50 Jahre CSU 1945 – 1995, hg. von der Hanns-Seidel-Stiftung, Redaktion Burkhard Haneke, Renate Höpfinger u. a., München 1995.

In Verantwortung für Bayern. 50 Jahre CSU-Fraktion im Bayerischen Landtag 1946 – 1996, hg. von der CSU-Fraktion im Bayerischen Landtag, München 1996.

Glaser, Hermann, *Kulturgeschichte der Bundesrepublik Deutschland 1945 – 1989*, Bd. I – III, München 1985 – 1989.

Gniss, Daniela, *Der Politiker Eugen Gerstenmaier 1906 – 1986*, Düsseldorf 2005.

Görtemaker, Manfred, *Geschichte der Bundesrepublik Deutschland*, München 1999.

Granieri, Ronald J., »Franz Josef Strauß and the End of the Cold War«. in: Bozo, Frédéric u. a., *Visions of the End of the Cold War in Europe, 1945 – 1990*, New York, Oxford 2012, S. 105 – 118.

Groß, Hans Ferdinand, *Hanns Seidel 1901 – 1961. Eine politische Biographie*, München 1992.

Großmann, Johannes, *Die Internationale der Konservativen. Transnationale Elitezirkel und private Außenpolitik in Westeuropa seit 1945*, München 2014.

Grüner, Stefan, *Geplantes »Wirtschaftswunder«? Industrie und Strukturpolitik in Bayern 1945 bis 1973* (*Bayern im Bund*, Bd. 7), München 2009.

Hacke, Christian, *Die Außenpolitik der Bundesrepublik Deutschland*. Akt. u. erw. Neuaufl., Frankfurt a. M. – Berlin 1997.

Handbuch des Verfassungsrechts der Bundesrepublik Deutschland, hg. von Ernst Benda, Werner Maihofer, Hans-Jochen Vogel unter Mitwirkung von Konrad Hesse, Berlin – New York 1983.

Hanns Seidel – »Ein Leben für Bayern«. Berichte und Studien der Hanns-Seidel-Stiftung, Bd. 35, München 1986. (Texte von Politikern wie Franz Josef Strauß, Peter Schmidhuber, Theo Waigel und Historikern wie Karl Möckl.)

Hanns-Seidel-Stiftung (Hrsg.), *Von der Leidenschaft, der Res publica zu dienen. Franz Josef Strauß 1915 – 1988*. Bearbeitet von Renate Höpfinger unter Mitarbeit von Katharina Köhn, Andreas Bitterhof, Claus Brügmann, München 2013.

Hartmann, Christian/Hürter, Johannes/Lieb, Peter/Pohl, Dieter, *Der deutsche Krieg im Osten 1941 – 1944. Facetten einer Grenzüberschreitung*, München 2009.

Hartmann, Christian, *Wehrmacht im Ostkrieg. Front und militärisches Hinterland 1941/42*, München 2009.

Heiber, Helmut, *Walter Frank und sein Reichsinstitut für Geschichte des neuen Deutschlands*, Stuttgart 1966.

Herbert, Ulrich, *Geschichte Deutschlands im 20. Jahrhundert*, München 2014.

Herles, Helmut, *Das Parlament der Regierenden. 40 Jahre Bundesrat. Eine Chronik seiner Präsidenten*, Stuttgart 1989.

Hertle, Hans-Hermann, »Der Weg in den Bankrott der DDR-Wirtschaft. Das Scheitern der › Einheit von Wirtschafts- und Sozialpolitik‹ am Beispiel der Schürer-Mittag-Kontroverse im Politbüro 1988«, in: *Deutschland Archiv* 25 (1992), S. 127 – 131.

Hertle, Hans-Hermann, »Der ökonomische Untergang des SED-Staates«, ebd. S. 1019 – 1030.

Hettler, Friedrich Hermann, *Josef Müller (»Ochsensepp«). Mann des Widerstandes und erster CSU-Vorsitzender*, München 1991.

Heuser, Beatrice, »›The European Dream of Franz Josef Strauss«, in: *Journal of European Integration History*, 1998, Vol. 4, Nr. 1, S. 75 – 103.

Heyde, Veronika, »Die Rolle von Franz Josef Strauß bei der Vergabe der Milliardenkredite an die DDR 1983/84«, in: R. Höpfinger (Hrsg.), *Bayerische Lebensbilder*, Bd. 3, S. 99 – 121.

Hildebrand, Klaus, *Von Erhard zur Großen Koalition 1963 – 1969*, Stuttgart – Wiesbaden 1984.

Hildebrand, Ralph D./Wallbaum, Rainer, *Der Flughafen München: Ein Jahrhundertwerk*, München 1992.

Hillgruber, Andreas, *Hitlers Strategie. Politik und Kriegführung 1940 – 1944*, 3. Aufl., Bonn 1993 (zuerst 1965).

Hochstetter, Dorothee, *Motorisierung und »Volksgemeinschaft«. Das Nationalsozialistische Kraftfahrkorps (NSKK) 1931 – 1945*, München 2005.

Höpfinger, Renate (Hrsg.), *Biografien, Erinnerungen, Zeugnisse. Bayerische Lebensbilder 2: Franz Josef Strauß, Ludwig Bölkow, Sepp Hort*, Hanns-Seidel-Stiftung, München 2004.

Höpfinger Renate (Hrsg.), *Biografien, Erinnerungen, Zeugnisse, Bayerische Lebensbilder 3: Vom Überwinden der Mauer*, München 2014.

Höpfinger, Renate, »Als Jurist an der Nahtstelle zwischen Politik und Verwaltung – Zeitzeugen-Interview mit Dr. Wilhelm Knittel«, in: *Biografien, Erinnerungen, Zeugnisse. Bayerische Lebensbilder 3*, S. 7–79.

Hoffmann, D., »›Verdächtige Eile‹. Der Weg zur Koalition aus SPD und FDP nach der Bundestagswahl vom 28. September 1969 (Dokumentation)«, in: *VfZ*, 48. Jg. 2000, S. 515–564.

Huber, Martin, *Die Bundestagswahlkämpfe der CDU/CSU als Oppositionsparteien 1972, 1976, 1980, 2002*, München 2008.

Hürter, Johannes, *Hitlers Heerführer. Die deutschen Oberbefehlshaber im Krieg gegen die Sowjetunion 1941/42*, München 2006.

Jäckel, Eberhard/Möller, Horst/Rudolph, Hermann (Hrsg.), *Von Heuss bis Herzog. Die Bundespräsidenten im politischen System der Bundesrepublik*, Stuttgart 1999.

Jäger, Wolfgang, »Helmut Kohl setzt sich durch, 1976–1982«, in: Hans-Peter Schwarz (Hrsg.): *Die Fraktion als Machtfaktor*, S. 141–159.

Jäger, Wolfgang/Link, Werner, *Republik im Wandel 1974–1982. Die Ära Schmidt*, Stuttgart 1987.

Jankus, Anneke, »Franz Josef Strauß und sein Verhältnis zu dem Hamburger Nachrichtenmagazin »Der Spiegel«, in: *Publizistik*, H 3, Sept. 2002, 47. Jg., S. 295–308.

Jankus, Anneke, *Kein Polit-Mannequin. Eine Untersuchung über Franz Josef Strauß und sein Verhältnis zu den Medien*, Diss. rer. pol. Universität Mainz 2004.

Jesse, Eckhard, *Wahlrecht zwischen Kontinuität und Reform. Eine Analyse der Wahlsystemdiskussion und der Wahlrechtsänderungen in der Bundesrepublik Deutschland 1949–1983*, Düsseldorf 1985.

Kaack, Heino, *Geschichte und Struktur des deutschen Parteiensystems*, Opladen 1971.

Kielmansegg, Peter Graf, *Nach der Katastrophe. Eine Geschichte des geteilten Deutschland*, Berlin 2000.

Kirchner, Ulrich, *Geschichte des bundesdeutschen Verkehrsflugzeugbaus: Der lange Weg zum Airbus*, Frankfurt a. M. 1998.

Kittel, Manfred, »Strauß' Milliardenkredit für die DDR«, in Udo Wengst/Hermann Wentker (Hrsg.), *Das doppelte Deutschland. 40 Jahre Systemkonkurrenz*, Berlin 2008, S. 307–331.

Kleinmann, Hans-Otto, *Geschichte der CDU 1945–1982*, hg. von Günter Buchstab, Stuttgart 1993.

Klotzbach, Kurt, *Der Weg zur Staatspartei. Programmatik, praktische Politik und Organisation der deutschen Sozialdemokratie 1945 bis 1965*, Berlin–Bonn 1982.

Koenen, Gerd, *Das rote Jahrzehnt. Unsere kleine deutsche Kulturrevolution*, 2. Aufl., Frankfurt a. M. 2004.

Koerfer, Daniel, Der Kampf ums Kanzleramt. Erhard und Adenauer, 2. Aufl., Stuttgart 1988.

Korte, Karl-Rudolf, *Deutschlandpolitik in Helmut Kohls Kanzlerschaft* (*Geschichte der Deutschen Einheit*, Bd. 1), Stuttgart 1998.

Kraus, Elisabeth (Hrsg.), *Die Universität München im Dritten Reich*, Aufsätze, 2 Bde., München 2006/2008.

Kraushaar, Wolfgang, 1968. *Das Jahr, das alles verändert hat*, München – Zürich 1998.

Krausnick, Helmut/Wilhelm, Hans-Heinrich, *Die Truppe des Weltanschauungskrieges. Die Einsatzgruppen der Sicherheitspolizei und des SD 1938 – 1942*, Stuttgart 1981.

Krieg, Nina, »›Solang der Alte Peter...‹ – Die vermeintliche Wiedergeburt Alt-Münchens nach 1945«, in: *Geschichte der Stadt München*, hg. von Richard Bauer, München 1992, S. 394 – 421.

Krieger, Wolfgang, *Franz Josef Strauß. Der barocke Demokrat aus Bayern*, Göttingen 1995.

Kritzer, Peter, *Wilhelm Hoegner. Politische Biographie eines bayerischen Sozialdemokraten*, München 1979.

Kruis, Konrad, »Die Bayerische Staatskanzlei«, in: *Die Verwaltung* 20 (1987), S. 163 – 176.

Laitenberger, Volkhard, *Ludwig Erhard. Der Nationalökonom als Politiker*. Mit einem Vorwort von Helmut Kohl, Göttingen – Zürich 1986.

Lappenküper, Ulrich, *Die deutsch-französischen Beziehungen 1949 – 1963*, 2 Bde., München 2001.

Large, David Clay, *Hitlers München. Aufstieg und Fall der Hauptstadt der Bewegung*, 2. Aufl., München 2001.

Lexikon der Christlichen Demokratie in Deutschland, hg. von Winfried Becker, Günter Buchstab, Anselm Doering-Manteuffel, Rudolf Morsey, Paderborn 2002.

Link, Werner, »Die CDU/CSU-Fraktion und die neue Ostpolitik in den Phasen der Regierungsverantwortung und der Opposition, 1966 – 1975«, in: H.-P. Schwarz (Hrsg.), *Die Fraktion als Machtfaktor*, S. 115 – 139.

Link, Werner, »Außen- und Deutschlandpolitik in der Ära Brandt 1969 – 1974«, in: Karl Dietrich Bracher/Wolfgang Jäger/Werner Link, *Republik im Wandel 1969 – 1974. Die Ära Brandt*, Stuttgart – Mannheim 1986, S. 163 – 282.

Malycha, Andreas, »Ungeschminkte Wahrheiten. Ein vertrauliches Gespräch von Gerhard Schürer, Chefplaner der DDR, mit der Stasi über die Wirtschaftspolitik der SED im April 1978 (Dokumentation)«, in: *VfZ*, 59. Jg. 2011, S. 283 – 305.

Mannheim, Karl, »Das Problem der Generationen«, in: ders., *Wissenssoziologie*, eingel. u. hg. von Kurt H. Wolff, Berlin u. Neuwied 1964, S. 509 – 565.

Mannheim, Karl, »Das konservative Denken«, ebd., S. 408 – 483.

Matz, Klaus-Jürgen, *Reinhold Maier (1889 – 1971). Eine politische Biographie*, Düsseldorf 1989.

Meier-Walser, Reinhard C., »Politischer Realismus im Denken und Handeln – theoriebildende Elemente im außenpolitischen Werk von Franz Josef Strauß«, in: *Politische Studien* 361 (1998), S. 3 – 9.

Mergel, Thomas, »Staatlichkeit und Landesbewußtsein. Politische Symbole und Staatsrepräsentation in Bayern und Nordrhein-Westfalen 1945 bis 1975«, in: Th.

Schlemmer/H. Woller (Hrsg.), *Politik und Kultur im föderalen Staat* (*Bayern im Bund*, Bd. 3), S. 281–347.

Mergel, Thomas, *Propaganda nach Hitler. Eine Kulturgeschichte des Wahlkampfs in der Bundesrepublik 1949–1990*, Göttingen 2010.

Merseburger, Peter, *Willy Brandt 1913–1992. Visionär und Realist*, Stuttgart – München 2002.

Merseburger, Peter, *Rudolf Augstein. Der Mann, der den Spiegel machte*, 2. Aufl., München 2009.

Miard-Delacroix, Hélène, *Im Zeichen der europäischen Einigung 1963 bis in die Gegenwart* (*Deutsch-Französische Geschichte*, hg. vom Deutschen Historischen Institut Paris, Bd. 11), Darmstadt 2011.

Miard-Delacroix, Hélène, *Willy Brandt*, Paris 2013.

Mierzejewski, Alfred C., *Ludwig Erhard. Der Wegbereiter der Sozialen Marktwirtschaft*, Berlin 2005 (am. Originalausgabe North Carolina 2004).

Milosch, Mark S., *Modernizing Bavaria. The politics of Franz Josef Strauß and the CSU, 1949–1969*, New York – Oxford 2006.

Milosch, Mark, »Die Rolle von Franz Josef Strauß bei der Ansiedlung der Luftfahrtindustrie in Bayern«, in: R. Höpfinger (Hrsg.), *Bayerische Lebensbilder 2*, S. 14–55.

Mintzel, Alf, *Die CSU. Anatomie einer konservativen Partei*, Opladen 1975.

Mintzel, Alf, *Geschichte der CSU. Ein Überblick*, Opladen 1977.

Mintzel, Alf, *Die CSU-Hegemonie in Bayern*, Passau 1999.

Mintzel, Alf, »Franz Josef Strauß und die CSU-Landesgruppe im deutschen Bundestag«, in: *Anspruch und Leistung. Widmungen für Franz Josef Strauß*, hg. von Friedrich Zimmermann, Stuttgart-Degerloch 1980, S. 281–307.

Möckl, Karl, »Die Struktur der Christlich-Sozialen Union in Bayern in den ersten Jahren ihrer Gründung«, in: *Zeitschrift für Bayerische Landesgeschichte 36* (1973), S. 719–753.

Möller, Horst, »Zeitgeschichte – Fragestellungen, Interpretationen, Kontroversen«, in: *Aus Politik und Zeitgeschichte*, 8. Januar 1988.

Möller, Horst, »Deutschland zwischen Ost und West: Die deutschen Parteien und die Westintegration nach 1945«, in: *Staat und Parteien. Festschrift für Rudolf Morsey zum 65. Geburtstag*, hg. von Karl Dietrich Bracher u. a., Berlin 1992, S. 771–802.

Möller, Horst, »Franz Josef Strauß (1915–1988)«, in: *Die großen Deutschen unserer Epoche*, hg. von Lothar Gall, Berlin 1995, S. 535–553.

Möller, Horst, »Erinnerungsbilder und Zukunftserwartungen. Der 8. Mai 1945 in der Perspektive des 20. Jahrhunderts«, in: *Politik – Bildung – Religion. Hans Maier zum 65. Geburtstag*, hg. von Theo Stammen, Heinrich Oberreuter, Paul Mikat, Paderborn 1996, S. 261–273.

Möller, Horst, »Wandlungen der Besatzungspolitik in Deutschland 1945–1949«, in: *Zwischen Kontinuität und Fremdbestimmung. Zum Einfluß der Besatzungsmächte auf die deutsche und japanische Rechtsordnung 1945 bis 1950*, hg. von Bernhard Diestelkamp u. a., Tübingen 1996, S. 37–53.

Möller, Horst, »Hanns Seidel als Parteipolitiker«, in: Alfred Bayer/Manfred Baumgärtel (Hrsg.), *Weltanschauung und politisches Handeln. Hanns Seidel zum 100. Geburtstag*, München 2001, S. 67–88.

Möller, Horst, »München um die Jahrhundertwende«, in: *Bayern. Vom Stamm zum Staat. Festschrift für Andreas Kraus zum 80. Geburtstag*, hg. von Konrad Ackermann, Alois Schmid, Wilhelm Volkert, München 2002, S. 459 – 474.

Möller, Horst, »München – Der Marsch auf die Feldherrnhalle«, in: *Schauplätze der Geschichte in Bayern*, hg. von Alois Schmid und Katharina Weigand, München 2003, S. 369 – 387.

Möller, Horst, »Die Ära Kohl – Versuch einer politischen Bilanz«, in: *Geschichtsbilder: Weichenstellungen deutscher Geschichte nach 1945*, hg. von Jürgen Aretz, Günter Buchstab, Jörg-Dieter Gauger i. A. d. Konrad-Adenauer-Stiftung, Freiburg im Breisgau 2003, S. 239 – 263.

Möller, Horst, »Die Politik Konrad Adenauers im Spannungsfeld von Westintegration und ›Deutscher Frage‹«, in: ders., *Aufklärung und Demokratie. Historische Studien zur politischen Vernunft*, hg. von Andreas Wirsching, München 2003, S. 311 – 328.

Möller, Horst, »Worin lag das ›national‹ Verbindende in der Epoche der Teilung?«, in: *Koordinaten deutscher Geschichte in der Epoche des Ost-West-Konflikts*, hg. von Hans Günter Hockerts unter Mitarbeit von Elisabeth Müller-Luckner, München 2004, S. 307 – 323.

Möller, Horst, »Vom christlich-bürgerlichen und konservativem Widerstand gegen Hitler zur Gründung von CDU und CSU«, in: *Politische Studien* 403, 56. Jg. Sept/Okt. 2005, S. 26 – 38.

Möller, Horst, »Hanns Seidels christliches Menschenbild als Grundlage politischen Handelns«, in: H. Zehetmair (Hrsg.), *Politik aus christlicher Verantwortung*, S. 85 – 95.

Möller, Horst, »Das Amt des Bundespräsidenten«, in: *Die politische Meinung*, 54. Jg. Mai 2009, S. 47 – 53.

Möller, Horst, »L'admission de la République fédérale d'Allemagne en tant qu'État-membre des Nations unies et la question allemande«, in: Ministère des Affaires étrangères – Directions des Archives (éd.), *8ᵉ Conférence internationale des éditeurs de documents diplomatiques, sous la direction de Gabriel Robin*, Paris 2008, S. 263 – 270.

Möller, Horst, »Machtpolitik im Schafspelz – Walter Scheel (Jg. 1919) als Parteipolitiker und Staatsmann«, in: Bastian Hein/Manfred Kittel/Horst Möller (Hrsg.), *Gesichter der Demokratie. Porträts zur deutschen Zeitgeschichte*, München 2012, S. 269 – 290.

Möller, Horst, »Die politischen Parteien und die Protestbewegung von 1968 in der Bundesrepublik Deutschland und Frankreich«, in: Bernhard Gotto, Horst Möller, Nicole Pelletier (Hrsg.), *Krisen und Krisenbewusstsein in Deutschland und Frankreich in den 1960er Jahren*, München 2012, S. 17 – 26.

Möller, Horst, *Die Weimarer Republik. Eine unvollendete Demokratie*, 10. Aufl., München 2012.

Möller, Horst, »Franz Josef Strauß, Die politische Biographie eines großen Deutschen«, in: *Politische Studien* 452, 64. Jg. Nov./Dez. 2013, S. 66 – 80.

Möller, Horst, »Die 1970er Jahre als zeithistorische Epochenschwelle«, in: Bernhard Gotto, Horst Möller, Jean Mondot, Nicole Pelletier (Hrsg.), *Nach »Achtundsechzig«. Krisen und Krisenbewusstsein in Deutschland und Frankreich in den 1970er Jahren*, München 2013, S. 1 – 11.

Morsey, Rudolf, »Die Rhöndorfer Weichenstellung vom 21. August 1949. Neue Quellen zur Vorgeschichte der Koalitions- und Regierungsbildung nach der Wahl zum ersten Deutschen Bundestag«, in: *VfZ*, 28. Jg. 1980, S. 508 – 542.

Morsey, Rudolf, *Heinrich Lübke. Eine politische Biographie*, Paderborn 1996.

Morsey, Rudolf, »Die Bildung der ersten Regierungskoalition 1949. Adenauers Entscheidungen von Frankfurt und Rhöndorf am 20. und 21. August 1949«, in: Rudolf Morsey, *Von Windthorst bis Adenauer. Ausgewählte Aufsätze zu Politik, Verwaltung und politischem Katholizismus im 19. und 20. Jahrhundert*, hg. von Ulrich von Hehl, Hans Günter Hockerts, Horst Möller und Martin Schumacher, Paderborn usw. 1997, S. 535 – 552.

Morsey, Rudolf, »Die Vorbereitung der Großen Koalition von 1966. Unionspolitiker im Zusammenspiel mit Herbert Wehner seit 1962«, in: ebd., S. 553 – 570.

Morsey, Rudolf, »Streiflichter zur Geschichte der deutschen Katholikentage 1848 – 1932«, in: ebd, S. 187 – 200.

Morsey, Rudolf, *Die Bundesrepublik Deutschland. Entstehung und Entwicklung bis 1969*, 4. überarb. u. erw. Aufl., München 2000 (*Oldenbourg Grundriss der Geschichte*, Bd. 19).

Morsey, Rudolf, »Die Große Koalition – Vorgeschichte und Nachwirkungen«, in: Günter Buchstab/Philipp Gassert/Peter Thaddäus Lang (Hrsg.), *Kurt Georg Kiesinger 1904 – 1988*, Freiburg – Basel – Wien 2005, S. 393 – 419.

Morsey, Rudolf, »Johannes Schauff (1902 – 1990)«, in: *Zeitgeschichte in Lebensbildern. Aus dem deutschen Katholizismus des 19. und 20. Jahrhunderts*, Bd. 8, hg. von Jürgen Aretz, Rudolf Morsey und Anton Rauscher, Mainz 1997; S. 233 – 246.

Morsey, Rudolf, »Karl Theodor Freiherr von und zu Guttenberg (1921 – 1972)«, in: ebd., S. 123 – 138.

Müchler, Günter, *CDU/CSU. Das schwierige Bündnis*, München 1976.

Müller, Reinhard, *Die Akte Wehner. Moskau 1937 bis 1941*, Reinbek b. Hamburg 1994.

Müller, Reinhard, *Herbert Wehner – Moskau 1937*, Hamburg 2004.

Münchner Stadtmuseum, *München ›Hauptstadt der Bewegung‹*, Ausstellungskatalog, München 1993.

Münkel, Daniela, *Kampagne, Spione, geheime Kanäle. Die Stasi und Willy Brandt*, Berlin 2013.

Nicolson, Harold, *Die Kunst der Biographie und andere Essays*, Berlin u. Frankfurt a. M. 1958.

Nöhbauer, Hans F., *München. Eine Geschichte der Stadt und ihrer Bürger*, Bd. 2: *Von 1854 bis zur Gegenwart*, München 1992.

Oberreuter, Heinrich, *Wendezeiten. Zeitgeschichte als Prägekraft politischer Kultur*, München 2010.

Oberreuter, Heinrich, *Republikanische Demokratie. Verfassungsstaat im Wandel*, Baden-Baden 2012.

Oberreuter, Heinrich, »Konkurrierende Kooperation – Die CSU in der Bundesrepublik«, in: *Geschichte einer Volkspartei. 50 Jahre CSU 1945 – 1995*, hg. von der Hanns-Seidel-Stiftung, München 1995.

Ogorrek, Ralf, *Die Einsatzgruppen und die »Genesis der Endlösung«*, Berlin 1996.

OMGUS-Handbuch. Die amerikanische Militärregierung in Deutschland 1945–1949, hg. von Christoph Weisz (*Quellen und Darstellungen zur Zeitgeschichte*, hg. vom Institut für Zeitgeschichte, Bd. 35), München 1994.

Oppelland, Torsten, *Gerhard Schröder (1910–1989). Politik zwischen Staat, Partei und Konfession*, Düsseldorf 2002.

Osterroth, Franz/Schuster, Dieter, *Chronik der deutschen Sozialdemokratie*, Bd. III: *Nach dem Zweiten Weltkrieg*, 2. neu bearb. u. erw. Aufl., Berlin – Bonn 1978.

Pauly, Wolfgang, *Christliche Demokraten und Christlich-Soziale. Untersuchungen zum innerparteilichen Bündnisverhalten von CDU und CSU 1969–1979*, Diss. Trier 1981.

Pohl, Dieter, *Die Herrschaft der Wehrmacht. Deutsche Militärbesatzung und einheimische Bevölkerung in der Sowjetunion 1941–1944*, München 2008.

Potthoff, Heinrich, *Die »Koalition der Vernunft«. Deutschlandpolitik in den 80er Jahren*, München 1995.

Radkau, Joachim, *Aufstieg und Krise der deutschen Atomwirtschaft 1945–1975. Verdrängte Alternativen in der Kerntechnik und der Ursprung der nuklearen Kontroverse*, Reinbek 1983.

Raithel, Thomas/Rödder, Andreas/Wirsching, Andreas, *Auf dem Weg in die Moderne? Die Bundesrepublik Deutschland in den siebziger und achtziger Jahren*, München 2009.

Recker, Marie-Luise, »Wahlen und Wahlkämpfe in der Bundesrepublik Deutschland 1949–1969«, in: Gerhard A. Ritter (Hrsg.), *Wahlen und Wahlkämpfe in Deutschland. Von den Anfängen im 19. Jahrhundert bis zur Bundesrepublik*, Düsseldorf 1997.

Reichel, Peter, *Vergangenheitsbewältigung in Deutschland. Die Auseinandersetzung mit der NS-Diktatur in Politik und Justiz*, 2. überarb. Aufl., München 2007.

Rödder, Andreas, *Die Bundesrepublik Deutschland 1969–1990*, (*Oldenbourg Grundriss der Geschichte*, Bd. 19 A), München 2004.

Rödder, Andreas, »Was heißt heute konservativ?«, in: Mike Mohring (Hrsg.), *Was heißt heute konservativ?*, Jena 2010, S. 37–47.

Rösch, Karl, *Franz Josef Strauß – Bundestagsabgeordneter im Wahlkreis Weilheim 1949–1978*, München 2014.

Rösch, Mathias, *Die Münchner NSDAP 1925–1933*, München 2002.

Rother, Bernd (Hrsg.), *Willy Brandts Außenpolitik*, Wiesbaden 2014.

Rudloff, Wilfried, »Notjahre – Stadtpolitik in Krieg, Inflation und Weltwirtschaftskrise 1914 bis 1933«, in: *Geschichte der Stadt München*, hg. von Richard Bauer, München 1992, S. 336–368.

Rumschöttel, Hermann, »Die Aufnahme in das Maximilianeum. Eine Fußnote zur politischen Biografie von Franz Josef Strauß«, in: *Jb. für fränkische Landesforschung*, Bd. 66, Jg. 2006, S. 581–592.

Sandschneider, Eberhard, »Regierungsbildung 1987: Koalitionsverhandlungen und Personalentscheidungen«, in: *Zeitschrift für Parlamentsfragen*, Heft 2/1987, S. 203–221.

Sarcinelli, Ulrich, *Politische Kommunikation in Deutschland. Medien und Politikvermittlung im demokratischen System*, Wiesbaden 2011.

Schildt, Axel, Siegfried, Detlef, *Deutsche Kulturgeschichte. Die Bundesrepublik 1945 bis zur Gegenwart*, München 2009.

Schildt, Axel, *Dynamische Zeiten. Die 60er Jahre in den beiden deutschen Gesellschaften*, Hamburg 2000.

Schlemmer, Thomas, *Aufbruch, Krise und Erneuerung. Die Christlich-Soziale Union 1945 bis 1955 (Quellen und Darstellungen zur Zeitgeschichte*, Bd. 41, hg. vom Institut für Zeitgeschichte), München 1998.

Schlemmer, Thomas, »Die aufsässige Schwester. Forschungen und Quellen zur Geschichte der CSU 1945–1976«, in: *Historisch-Politische Mitteilungen* 6 (1999), S. 287–324.

Schlemmer, Thomas, »Grenzen der Integration. Die CSU und der Umgang mit der nationalsozialistischen Vergangenheit. Der Fall Dr. Max Frauendorfer (Dokumentation)«, in: *VfZ*, 48. Jg. 2000, S. 675–742.

Schlemmer, Thomas, »Bis an den Rand der Spaltung – Die Flügelkämpfe in der CSU 1945 bis 1949«, in: H. Zehetmair (Hrsg.), *Politik aus christlicher Verantwortung*, S. 60–72.

Schlemmer, Thomas, *Industriemoderne in der Provinz. Die Region Ingolstadt zwischen Neubeginn, Boom und Krise 1945 bis 1975 (Bayern im Bund*, Bd. 6), München 2009.

Schlemmer, Thomas, »›Wer hat Angst vorm schwarzen Mann?‹ – Franz Josef Strauß, die CSU und die politische Kultur einer Gesellschaft im Aufbruch«, in: M. Doerry/H. Janssen (Hrsg.), *Die SPIEGEL-Affäre*, S. 248–276.

Schlemmer, Thomas/Woller, Hans (Hrsg.), *Bayern im Bund*, Bd. 1–7, München 2001–2009 (*Quellen und Darstellungen zur Zeitgeschichte*, hg. vom Institut für Zeitgeschichte). Die Monografien dieses Projekts sind, soweit einschlägig, unter Verfassernamen aufgeführt.

Bd. 1: *Die Erschließung des Landes 1949 bis 1973* (2001).

Bd. 2: *Gesellschaft im Wandel 1949 bis 1973* (2002).

Bd. 3: *Politik und Kultur im föderativen Staat 1949 bis 1973* (2004).

Schmidt, Wolfgang, »›Eine Garnison wäre eine feine Sache‹. Die Bundeswehr als Standortfaktor 1955 bis 1975«, in: Th. Schlemmer/H. Woller (Hrsg.), *Bayern im Bund*, Bd. 1, S. 357–440.

Schneider, Dieter Marc, *Johannes Schauff (1902–1990)*, München 2001.

Schöllgen, Gregor, *Diehl. Ein Familienunternehmen in Deutschland 1902–2002*, Berlin–München 2002.

Schöllgen, Gregor, *Willy Brandt. Die Biographie*. Akt. u. erw. Neuaufl., Berlin 2013.

Schöllgen, Gregor, *Deutsche Außenpolitik von 1945 bis zur Gegenwart*, München 2013.

Schönhoven, Klaus, *Die Bayerische Volkspartei 1924–1932*, Düsseldorf 1972.

Schönhoven, Klaus, *Wendejahre. Die Sozialdemokratie in der Zeit der Großen Koalition 1966–1969*, Bonn 2004.

Schönhoven, Klaus, *Herbert Wehner und die Große Koalition (Gesprächskreis Geschichte*, Heft 69, hg. von der Friedrich-Ebert-Stiftung), Bonn 2006.

Schöps, Joachim, *Die SPIEGEL-Affäre des Franz Josef Strauß*, Reinbek b. Hamburg 1983 (SPIEGEL-Buch mit Nachwort von Rudolf Augstein).

Schreiber, Maximilian, »Altertumswissenschaften im Nationalsozialismus. Die klassische Philologie an der Ludwig-Maximilians-Universität München im Dritten Reich«, in: E. Kraus (Hrsg.), *Die Universität München im Dritten Reich*. Aufsätze. Teil I, München 2006, S. 181–248.

Schröder, Klaus unter Mitarbeit von Steffen Aisch, *Der SED-Staat. Geschichte und Strukturen der DDR*, Sonderausgabe, München 1998.

Schwarz, Hans-Peter, *Die Ära Adenauer. Gründerjahre der Republik*, Stuttgart–Wiesbaden 1981.

Schwarz, Hans-Peter, *Die Ära Adenauer. Epochenwechsel*, Stuttgart Wiesbaden 1983.

Schwarz, Hans-Peter, *Eine Entente Elémentaire. Das deutsch-französische Verhältnis im 25. Jahr des Elysée-Vertrages. Mit einer Dokumentation* (*Arbeitspapiere zur Internationalen Politik*, Nr. 47), Bonn 1988.

Schwarz, Hans-Peter, »Adenauer und die Kernwaffen«, in: *VfZ*, 37. Jg. 1989, S. 567–593.

Schwarz, Hans-Peter, *Adenauer. Der Aufstieg 1876–1952*, Stuttgart 1986.

Schwarz, Hans-Peter, *Adenauer. Der Staatsmann 1952–1967*, Stuttgart 1991.

Schwarz, Hans-Peter, *Axel Springer*, Berlin 2008.

Schwarz, Hans-Peter (Koordinator), *Die Bundesrepublik Deutschland. Eine Bilanz nach 60 Jahren*, (Bayerische Landeszentrale für politische Bildung), München 2008.

Schwarz, Hans-Peter (Hrsg.), *Die Fraktion als Machtfaktor. CDU/CSU im Deutschen Bundestag 1949 bis heute*, München 2009.

Schwarz, Hans-Peter, *Helmut Kohl. Eine politische Biographie*, München 2012.

Siebenmorgen, Peter, »Franz Josef Strauß und die verborgene Prägekraft des Josef Müller«, in: *Zum 100. Geburtstag. Josef Müller, der erste Vorsitzende der CSU, »Politik für eine neue Zeit«*, hg. von der Hanns-Seidel-Stiftung. Sonderausgabe der *Politischen Studien*, München 1998, S. 167–179.

Siebenmorgen, Peter, »Franz Josef Strauß 1915–1988«, in: *Deutsche Politiker 1949–1969*, hg. von Torsten Oppelland, Darmstadt 1999, S. 120–131.

Soell, Hartmut, *Helmut Schmidt*, 2 Bde., München 2003/2008.

Soell, Hartmut, *Fritz Erler*, 2 Bde., Berlin–Bad Godesberg 1976.

Soutou, Georges-Henri, »Die Nuklearpolitik der Vierten Republik«, in: *VfZ*, 37. Jg. 1989, S. 605–610.

Soutou, Georges-Henri, *L'alliance incertaine. Les rapports politico-stratégiques franco-allemands, 1954–1996*, Paris 1996.

Soutou, Georges-Henri, *La guerre de Cinquante Ans. Le conflit Est-Ouest 1943–1990*, Paris 2001.

Spindler, Max, *Erbe und Verpflichtung. Aufsätze und Vorträge zur bayerischen Geschichte*, hg. von Andreas Kraus, München 1966.

Stehkämper, Hugo, *Konrad Adenauer als Katholikentagspräsident 1922*, Mainz 1977.

Szatkowski, Tim, *Karl Carstens. Eine politische Biographie*, Köln–Weimar–Wien 2007.

Szatkowski, Tim, »Die CDU/CSU und die deutsch-polnischen Vereinbarungen vom Oktober 1975«, in: *VfZ*, 59. Jg. 2011, S. 53–78.

Taschler, Daniela, *Vor neuen Herausforderungen. Die außen- und deutschlandpoliti-sche Debatte in der CDU/CSU-Bundestagsfraktion während der Großen Koalition (1966–1969)*, Düsseldorf 2001.

Trischler, Helmuth, »Nationales Innovationssystem und regionale Innovationspoli-tik. Forschung in Bayern im westdeutschen Vergleich 1945 bis 1980«, in: Th. Schlemmer/H. Woller (Hrsg.), *Bayern im Bund*, Bd. 3, S. 117–194.

Trittel, Günter J., »Hans Schlange-Schöningen. Ein vergessener Politiker der ›Ers-ten Stunde‹«, in: *VfZ*, 35. Jg. 1987, S. 25–63.

Trunz, Helmut, *Flughafen München: Drehkreuz des Südens*, Stuttgart 2009.

Uertz, Rudolf, *Christentum und Sozialismus in der frühen CDU*, Stuttgart 1981.

Unger, Ilse, *Die Bayernpartei. Geschichte und Struktur 1945–1957*, Stuttgart 1979.

Vaïsse, Maurice, *La grandeur. Politique étrangère du général de Gaulle 1958–1969*, Paris 1998.

Vaïsse, Maurice, *La puissance ou l'influence? La France dans le monde depuis 1958*, Paris 2009.

Vogel, Hans-Jochen, »Die bundesstaatliche Ordnung des Grundgesetzes«, in: *Handbuch des Verfassungsrechts*, S. 809–862.

Weber, Petra, *Carlo Schmid 1896–1979. Eine Biographie*, München 1996.

Weber, Petra, »Föderalismus und Lobbyismus. Die CSU-Landesgruppe zwischen Bundes- und Landespolitik 1949 bis 1969«, in: Th. Schlemmer/H. Woller (Hrsg.), *Bayern im Bund*, Bd. 3, S. 23–116.

Wegner, Nils, *Die deutsche Geschichte geht weiter … Die Brüder Marcel und Robert Hepp und ihr politischer Weg in den 1950- und 1960er-Jahren*, Berlin 2015.

Wengst, Udo, *Thomas Dehler 1897–1967. Eine politische Biographie*, München 1997.

Wentker, Hermann, *Außenpolitik in engen Grenzen. Die DDR im internationalen System 1949–1989*, München 2007.

Wentker, Hermann, »Doppelter UN-Beitritt. Deutsch-deutsche Konkurrenz auf der internationalen Bühne«, in: Udo Wengst/Hermann Wentker (Hrsg.), *Das doppelte Deutschland. 40 Jahre Systemkonkurrenz*, Berlin 2008, S. 235–258.

Winkler, Heinrich August, *Der lange Weg nach Westen*, Bd. 2: *Deutsche Geschichte vom »Dritten Reich« bis zur Wiedervereinigung*, München 2000.

Wirsching, Andreas, *Abschied vom Provisorium. Geschichte der Bundesrepublik Deutschland 1982–1990*, München 2006.

Wölbern, Jan Philipp, *Der Häftlingsfreikauf aus der DDR 1962/63–1989*, Göttingen 2014.

Wolfrum, Edgar, *Die geglückte Demokratie. Geschichte der Bundesrepublik von ihren Anfängen bis zur Gegenwart*, Stuttgart 2006.

Wolfrum, Edgar, »Geschichtspolitik in Bayern. Traditionsvermittlung, Vergangen-heitsbearbeitung und populäres Geschichtsbewußtsein nach 1945«, in: Th. Schlemmer/H. Woller (Hrsg.), *Bayern im Bund*, Bd. 3, S. 349–409.

Woller, Hans, *Die Loritz-Partei. Geschichte, Struktur und Politik der Wirtschaft-lichen Aufbau-Vereinigung (WAV) 1945–1955*, Stuttgart 1982.

Zacher, Hans F., »Vom Lebenswert der Bayerischen Verfassung«, in: Andreas Kraus (Hrsg.), *Land und Reich. Stamm und Nation. Probleme und Perspektiven bayerischer Geschichte*, in: *Festgabe für Max Spindler zum 90. Geburtstag*, München 1984, Bd. III, S. 510 ff.

Hans Zehetmair (Hrsg.) unter Mitarbeit von Philipp W. Hildmann, *Politik aus christlicher Verantwortung*, Wiesbaden 2007.

Zorn, Wolfgang, *Bayerns Geschichte im 20. Jahrhundert*, München 1986.

Bildnachweis

Namenregister

Steinhoff, Johannes 217
Steinrücke, Hr. 622
Stoiber, Edmund 44, 330, 536, 544, 550–553, 556f., 559, 566, 571f., 591, 596, 602, 628–630, 652f., 655, 696, 712, 721
Stolper, Toni 296
Stoltenberg, Gerhard 367, 376, 384, 401f., 416, 418, 420, 497f., 502f., 524, 551, 557, 564, 570, 582, 585, 591, 601f., 658, 682
Stoph, Willi 391, 608
Storch, Anton 81, 83
Strasser, Gregor 37
Strauß, Franz Georg 294–298, 492, 518, 564, 631f., 655, 683f., 701, 706f., 712, 720, 725
Strauß, Franz Josef sen. 22–25, 31–33, 44, 51, 297
Strauß, Maria 14, 22f., 25, 37, 44, 293f., 297, 684, 725
Strauß, Marianne 44, 236, 291–301, 309f., 338, 352, 492, 498, 539, 564, 608, 616f., 623–625, 631, 641, 651, 655, 683–685, 701, 707f., 725
Strauß, Max Josef 294–297, 492, 608, 631f., 725
Strauß, Monika *siehe* Hohlmeier, Monika
Strauß, Peter 22
Strauß, Walburga 22f., 25, 31–33, 44, 51, 297
Strauß, Walter 248–250, 270f., 273–275
Streibl, Max 362, 472, 516, 524, 536, 540, 594, 627–629, 675f., 723
Ströbele, Hans-Christian 491
Stücklen, Richard 106, 118, 126, 128, 362, 382f., 387–389, 401, 435, 446, 449, 451f., 455f., 458f., 465, 468, 470f., 486, 495, 502, 504, 506, 512, 514f., 521, 524, 547, 554, 591, 687
Süsterhenn, Adolf 241

Tacitus 29
Tandler, Gerold 504, 514, 517, 521, 524, 540, 552, 602, 697, 712, 720

Taviani, Paolo Emilio 197, 199f.
Teller, Edward 14
Then, Heinrich 712
Theophrast 29
Thukydides 15, 29
Thurn und Taxis, Johannes Fürst von 724
Thüsing, Klaus 318f., 559
Tillmanns, Robert 132
Tocqueville, Alexis de 384
Tolksdorf, Karl-Heinz 502
Truman, Harry S. 55, 131
Tschou En-lai 499, 501
Tyerman, Donald 199

Valentin, Karl 36
Verheugen, Günter 575
Vogel, Bernhard 570, 608, 655
Vogel, Hans 414
Vogel, Hans-Jochen 223, 319, 590, 608, 726
Voigt, Ekkehard 595, 603
Vollmar, Georg von 62
Voss, Friedrich 294, 299, 404, 449, 456, 490, 496, 498, 552, 560, 567, 675, 716
Vossler, Karl 27

Wacher, Gerhard 276, 633
Wagner, Leo 457
Wagner, Richard 534
Waigel, Theo 486, 515f., 554, 591, 602, 606, 712, 716
Wallenstein (Albrecht Wenzel Eusebius von Waldstein) 19, 24
Wallmann, Walter 672
Wallraff, Günter 304, 318
Walser, Martin 429
Wang Shu 501
Warnecke, Klaus 318f.
Warnke, Jürgen 587, 591
Wasum, Brigitte 293
Wasum, Wilhelm 293
Weber, Adolf 30, 80
Weber, Max 427, 632, 649
Wehner, Herbert 13, 16, 139f., 169, 206, 253, 262, 272, 314, 320–323, 360, 364,